KB132302

완역
完譯

사
기
세
가

역대 제후와 공신들의 연대기

완역 사기 세가

초판 1쇄 인쇄 2015년 12월 17일 초판 1쇄 발행 2015년 12월 24일

지은이 사마천   옮긴이 신동준
펴낸이 연준혁
기획 설완식

2분사 1부서 편집장 김남철
편집 이지은
표지디자인 이세호 본문디자인 이세호 한향림

펴낸곳 (주)위즈덤하우스 출판등록 2000년 5월 23일 제13-1071호
주소 (10402) 경기도 고양시 일산동구 정발산로 43-20 센트럴프라자 6층
전화 031)936-4000 팩스 031)903-3893 홈페이지 www.wisdomhouse.co.kr

값 25,000원 ⓒ 신동준, 2015

ISBN 978-89-6086-863-2 04910
ISBN 978-89-6086-866-3 (세트)

국립중앙도서관 출판시도서목록(CIP)

완역 사기 세가 : 역대 제후와 공신들의 연대기 / 지은이: 사마천 ;
옮긴이: 신동준. -- 고양 : 위즈덤하우스, 2015
    p. ;   cm
원표제: 史記 世家
원저자명: 司馬遷
중국어 원작을 한국어로 번역
ISBN 978-89-6086-863-2 04910 : ₩25000
ISBN 978-89-6086-866-3 (세트) 04910
사기(역사)[史記]
중국사[中國史]
912.03-KDC6
951.01-DDC23   CIP2015026543

완역
完譯

사기 세가

史記 世家

— 역대 제후와 공신들의 연대기 —

사마천 지음 · 신동준 옮김

위즈덤하우스

〈세가世家〉는 제후들의 사적事跡을 다루고 있다. 정윤론正閏論의 정통
설에 따른 것이다. 왕조의 근본인 황실은 바른 자리를 뜻하는 정위
正位, 여타 제후들은 남는 자리를 뜻하는 윤위閏位에 해당한다는 의미
다. 적자의 자손이 보위를 잇는 것을 정위, 서자의 자손이 보위를 잇
는 것을 윤위로 표현하는 것이 대표적이다.

정윤론은 훗날 성리학에 의해 이론적으로 집대성되었다. 그 효
시가 《사기》에서 드러난다. 천하를 호령한 제왕의 역사를 다룬 〈본
기本紀〉와 봉건 제후의 이야기를 기록한 〈세가〉와 제왕과 제후를
위해 일한 인물들의 사적에 초점을 맞춘 〈열전列傳〉으로 구분한 것
이 그렇다. 성격상 〈세가〉는 〈본기〉와 〈열전〉의 중간에 속한다. 문
체도 〈본기〉가 간결체의 정사正史 형식을 띠고 있는 데 반해 〈열전〉
은 만연체의 야사野史 형식을 띠고 있으며, 〈세가〉는 그 중간에 해
당한다.

〈세가〉는 제왕의 자리를 둘러싼 경쟁에서 밀려나거나 제왕의 참
모 또는 왕사王師 노릇을 한 자들을 다루고 있는 것이 특징이다. 일각

에서 〈본기〉를 일인자 리더십, 〈세가〉를 이인자 리더십에 관한 기록으로 간주하는 이유다. 현대 리더십 이론의 관점에서 보면 〈세가〉가 〈본기〉보다 더욱 진한 감동을 줄 수 있다. 온갖 굴욕을 견뎌내며 마침내 천하를 호령하는 패자의 자리에 오른 월왕越王 구천句踐과 그를 뒷받침한 문종文種과 범리范蠡* 등의 이야기를 다룬 〈월왕구천세가越王句踐世家〉가 대표적이다. 되지 않을 것을 뻔히 알면서도 바삐 천하를 주유하며 자신의 정치이상을 실현하고자 애쓴 공자孔子의 일대기를 다룬 〈공자세가孔子世家〉도 커다란 울림을 안겨준다.

반면교사로 삼을 만한 인물을 다룬 경우도 적지 않다. 방종과 일탈을 일삼다가 봉지를 잃은 것은 물론 멸문지화를 당한 자들의 사적이 그렇다. 〈외척세가外戚世家〉에 소개된 인물들이 대표적이다. 뛰어난 포부를 배경으로 한때 제왕의 자리에 올랐으나 작은 승리에 자만하다 이내 패망을 자초한 반란군의 수괴를 다룬 〈진섭세가陳涉世家〉도 예외가 아니다. 고금을 막론하고 스스로를 채찍질하며 부단히 노력하는 자만이 새로운 왕조를 세우는 등 최후의 승리자가 될 수 있다는 사실을 새삼 깨닫게 만드는 일화들이다.

〈세가〉는 비록 제왕의 자리에는 오르지 못했으나 〈열전〉에 나오는 인물보다는 한 단계 높은 인물의 사적을 다루고 있다. 대표적인 인물이 바로 〈제태공세가齊太公世家〉에 나오는 태공망太公望 여상呂尙과 〈노주공세가魯周公世家〉에 나오는 주공周公 단旦 등이다. 같은 제후일지라도 자신을 지나치게 드러낸 나머지 토사구팽의 대상이 된 오월吳越시대의 오자서伍子胥와 초한지제楚漢之際 당시의 한신韓信

● 많은 사람이 범리의 이름을 범려로 쓰고 있으나 려蠡 자는 사람 이름으로 쓸 때는 리로 읽는다.

을 비롯해 과하게 욕심을 드러내다가 멸문지화를 당한 전국全國시대 말기의 여불위呂不韋와 이사李斯 등을 〈열전〉에서 다룬 것과 대비된다.

〈세가〉의 세世 자는 대대손손 이어졌다는 세습世襲의 뜻이다. 가家는 하나의 왕국을 이루었다는 의미로, 〈세가〉는 곧 대대로 이어진 제후의 역사를 뜻한다. 이인자 리더십을 발휘한 자들을 다루고 있는 만큼 위로는 일인자인 제왕을 어떻게 모셔야 하고, 아래로는 백성을 어떻게 다스리는 것이 좋은지 여부를 판단할 수 있는 귀중한 자료에 해당한다.

〈세가〉는 권 31의 〈오태백세가吳太伯世家〉를 시작으로 권 60의 〈삼왕세가三王世家〉에 이르기까지 총 30편으로 구성되어 있다. 12편 〈본기〉보다 약 두 배, 70편 〈열전〉의 절반가량 분량이다. 다루는 대상 및 문체는 말할 것도 없고 분량 면에서도 〈본기〉와 〈열전〉의 중간쯤에 해당하는 셈이다. 〈세가〉의 구성은 〈본기〉·〈열전〉과 마찬가지로 시대별로 배열되어 있다. 사마천은 〈열전〉의 마지막 편인 〈태사공자서太史公自序〉에서 〈세가〉의 편제와 관련해 이십팔수二十八宿가 북극성을 중심으로 돌듯이 제왕을 보필하며 큰 공을 세운 자를 중심으로 30편을 편제했다고 밝혔다. 〈공자세가〉와 〈진섭세가〉를 제외한다면 총 28편이 되는 까닭에 이십팔수가 북극성을 중심으로 도는 것과 닮았다.

사실 〈공자세가〉와 〈진섭세가〉는 〈세가〉보다는 〈열전〉에 편입시키는 것이 합리적이다. 기존의 70편에 이 두 개의 편을 합치면 총 72편이 되는 까닭에 역법曆法에서 말하는 이십팔수, 삼십육천강三十六天罡, 칠십이지살七十二地煞 개념에 부합하게 되기 때문이다. 사마천은 천문역법을 전문으로 연구하는 태사령太史令의 직책을 맡았다. 그럼에도 이에 대해 별다른 설명을 하지 않아 논란의 여지를 만들어놓았다. 더구나 그는 스승인 동중서의 영향으로 음양오행설을 신봉하는 입장이었다. 천문역법은 고대 이래 음양오행설의 영향을 크게 받은 영역에 속한다.

현재 학계에서는 사마천 스스로 만세의 사표師表인 공자와 진나라에 최초로 반기를 든 혁명아 진섭陳涉을 특별히 취급했을 가능성을 지적하는 견해가 주류를 이루고 있다. 그렇다면 '반란군의 수괴 역할을 한 진섭을 과연 공자와 같은 급으로 취급하는 것이 타당한가' 하는 의문이 남는다. 실제로 한고조 이후의 역사만을 다루고 있는 《한서漢書》는 〈본기〉에 편제된 〈항우본기項羽本紀〉와 〈세가〉에 편제된 〈진섭세가〉를 하나로 묶어 〈진승항적전陳勝項籍傳〉으로 편제해놓았다. 공자가 〈세가〉에 편제된 것은 용인할 수 있으나 진섭을 〈세가〉에 편제한 것은 용인할 수 없다는 취지를 분명히 드러낸 셈이다. 이처럼 사마천이 〈세가〉를 30편으로 편제한 것을 두고 아직도 명쾌한 해석이 나오지 않고 있는 상황이다.

〈세가〉를 시기별로 나누면 〈오태백세가〉·〈제태공세가〉·〈노주공세가〉·〈연소공세가燕召公世家〉·〈관채세가管蔡世家〉·〈진기세가陳杞世家〉·〈위강숙세가衛康叔世家〉·〈송미자세가宋微子世家〉·〈진세가晉世家〉·〈초세가楚世家〉·〈월왕구천세가〉·〈정세가鄭世家〉 등 열두 편은 춘추春秋시대에 속한다. 〈조세가趙世家〉·〈위세가魏世家〉·〈한세가韓世家〉·〈전경중완세가田敬仲完世家〉 등 네 편은 전국시대 인물을 다룬 것이다. 〈공자세가〉와 〈진섭세가〉는 춘추시대 말기에 활약한 공자와 진초지제의 단초를 연 진섭을 다룬 것으로 시대적 구분과 무관하다. 두 편을 전국시대의 제후를 다룬 〈정세가〉 뒤에 배치한 점에 비추어볼 때 춘추전국시대를 통틀어 독특한 인물로 공자와 진섭을 꼽을 만하다는 취지를 드러낸 것으로 보인다.

나머지 〈외척세가〉·〈초원왕세가楚元王世家〉·〈형연세가荊燕世家〉·〈제도혜왕세가齊悼惠王世家〉·〈소상국세가蕭相國世家〉·〈조상국세가曹相國世家〉·〈유후세가留侯世家〉·〈진승상세가陳丞相世家〉·〈강후주발세가絳侯周勃世家〉·〈양효왕세가梁孝王世家〉·〈오종세가五宗世家〉·〈삼왕세가〉 등 열두 편은 한漢나라가 건립된 이후의 인물을 다루고 있는 것이 특징이다.

〈소상국세가〉·〈조상국세가〉·〈유후세가〉·〈진승상세가〉·〈강후주발세가〉 등 다섯 편은 한나라 건국에 결정적인 공헌을 한 소하蕭何·조참曹參·장량張良·진평陳平·주발周勃 등 5대 공신을 다루고 있다. 황실의 핏줄은 아니나 건국공신으로서 제후에 봉해진 점에 주목해 특별히 〈열전〉이 아닌 〈세가〉에서 다룬 것으로 보인다. 한무제의 세 아들을 다루고 있는 〈삼왕세가〉는 서문 격인 곽거병霍去病의 상소가 "태사공 왈"로 시작되는 문단과 취지 면에서 적잖은 차이가 있어 후대인의 가필이 있었던 것으로 보는 견해가 일반적이다.

〈세가〉의 일부 대목은 사실과 동떨어져 야사의 색채를 짙게 드러낸다. 사료 부족에 따른 것으로 보인다. 일각에서 〈세가〉를 〈본기〉보다 〈열전〉에 가깝다고 평한다. 실제로 〈세가〉의 일부 대목은 〈열전〉 못지않게 인간의 심리를 절묘하게 표현해놓았다. 대표적인 것이 〈소상국세가〉·〈유후세가〉·〈조상국세가〉다. 당나라 때의 문인 한유韓愈는 조참의 일생을 그린 〈조상국세가〉를 당대 최고의 명문으로 꼽은 바가 있다. 도가사상에 입각한 조참의 공성신퇴功成身退와 무위지치無

爲之治 행보를 높이 평가한 결과다. 21세기 관점에서 볼지라도 〈세가〉에 나오는 여러 인물의 다양한 이인자 리더십 행보는 참고할 만한 것이 매우 많다.

| 차례 |

일러두기

- 이 책은 사마천司馬遷의 《사기史記》 가운데 권 31 〈오태백세가吳太伯世家〉부터 권 60 〈삼왕세가三王世家 〉까지 이르는 〈세가世家〉를 완역한 것이다.
- 각 권 도입부에 있는 해제와 본문 주석은 역자의 글이다. 또한 본문은 역자가 소제목을 붙이고 구분했다.
- 번역은 원문에 충실하되, 독자의 이해를 돕기 위해 풀어 썼다.
- 인명·지명·서명 등의 한자어는 원칙적으로 처음 나올 때만 병기했다.
- 본문의 전집이나 총서, 단행본 등은《 》로, 개별 작품이나 편명 등은〈 〉로 표기했다.

● 권 31 ●

오태백세가
吳太伯世家

〈세가〉의 첫머리에 나오는 〈오태백세가〉는 주나라의 시조인 고공단보古公亶父의 맏아들인 오태백吳太伯이 동생인 계력季歷에게 보위를 양보한 뒤 남쪽 오吳나라로 내려가 나라를 세우고, 그의 후손인 오왕吳王 합려闔閭와 부차夫差가 천하를 제패한 이야기를 다루고 있다. 오태백을 제후의 전범典範으로 간주했음을 암시한다. 오왕 수몽壽夢의 아들 계찰季札이 보위를 양보한 것도 이런 맥락에서 이해할 수 있다.

〈오태백세가〉를 〈세가〉의 첫머리에 배치한 이유는 〈열전〉에 백이伯夷와 숙제叔齊가 서로 보위를 양보한 일화를 다룬 〈백이열전〉을 첫머리에 배치한 것과 같은 취지다.

오조세가

오태백과 그의 동생 중옹仲雍은 모두 훗날 주나라 태왕太王으로 추존된 고공단보의 아들이자 계력의 형이다.* 막내 계력이 가장 현명했다. 그에게는 덕성과 지혜가 뛰어난 아들 희창姬昌이 있었다. 태왕이 계력을 세우고 장차 희창에게 보위를 전하고자 했다. 태백과 중옹 두 사람은 이를 알고 형만荊蠻 땅으로 달아났다. 몸에 문신을 새기고 머리를 잘라 군주가 될 수 없다는 것을 표시함으로써 계력을 피하고자 한 것이다. 계력이 이내 즉위했다. 그가 왕계王季다. 왕계의 아들 희창이 바로 주문왕周文王이다.

당시 태백은 형만으로 달아나 스스로 보위에 오른 뒤 구오句吳를 칭했다.** 형만 사람들 가운데 그를 우러러 따르는 자가 1,000여 호戶나 되었다. 그를 오태백에 옹립했다. 오태백이 죽은 뒤 아들이 없자 동생 중옹이 즉위했다. 그가 오중옹吳仲雍이다. 오중옹이 죽은 뒤 그의 아들 계간季簡이 즉위했다. 계간 사후 아들 숙달叔達이 즉위했다. 숙달이 죽은 뒤 다시 주장周章이 보위를 이었다. 당시 주무왕은 은殷나라를 멸하고 태백과 중옹의 후손을 찾다가 주장을 찾아내게 되었다. 주장은 이미 오나라 군주가 되어 있던 까닭에 그를 오 땅에 봉했다. 이어 주장의 동생 우중虞仲을 주나라 도성 북쪽에 위치한 옛 하나

• 《사기색은史記索隱》은 태백의 태太, 중옹의 중仲, 계력의 계季가 항렬을 표시한 것으로 보았다. 《사기집해史記集解》는 위소韋昭의 주석을 인용해 주무왕이 오백吳伯으로 추봉한 까닭에 오태백의 명칭을 얻게 되었다고 분석했다.
•• 《사기집해》는 송충宋忠의 주를 인용해 구오를 태백이 머물던 장소라고 했다. 이에 대해 《사기색은》은 《한서》에 대한 안사고顏師古의 주를 인용해 구句는 남쪽 방언에서 숨을 고르기 위해 덧붙이는 발어사發語詞로 어월於越의 뜻이라고 했다.

라의 도읍지에 봉했다. 그것이 우虞나라다. 우중이 제후의 반열에 오르게 된 배경이다.

주장 사후 아들 웅수熊遂가 즉위했다. 웅수 사후 아들 가상柯相, 가상 사후 아들 강구이彊鳩夷, 강구이 사후 아들 여교의오餘橋疑吾, 여교의오 사후 아들 가로柯盧, 가로 사후 아들 주요周繇, 주요 사후 아들 굴우屈羽, 굴우 사후 아들 이오夷吾, 이오 사후 아들 금처禽處, 금처 사후 아들 전轉, 전 사후 아들 파고頗高, 파고 사후 아들 구비句卑가 즉위했다. 이때 진헌공晉獻公은 주나라 왕실 도성의 북쪽에 있던 우공虞公을 멸했다. 이로써 진나라는 괵虢나라를 칠 수 있는 길을 열었다. 구비 사후 거제去齊, 거제 사후 아들 수몽이 즉위했다. 수몽이 즉위한 후 오나라가 점차 강대해지기 시작했다. 수몽은 스스로 왕을 칭했다.

당초 오태백이 오나라를 세운 이후 5대째가 되었을 때 주무왕이 은나라를 멸하고, 오태백의 후손에게 두 개의 나라를 봉해주었다. 하나가 우나라다. 이는 중원中原에 있었다. 다른 하나가 오나라다. 이는 만이蠻夷 땅에 있었다. 12대가 지난 후 진晉나라가 중원의 우나라를 멸했다. 우나라가 멸망한 지 2대가 지났을 때 만이 땅에 둥지를 튼 오나라가 융성했다. 오태백에서 수몽까지 모두 19대가 지났다.

수몽 2년, 국외로 달아났던 초楚나라 대부大夫 신공申公 무신巫臣이 초나라 장수 자반子反을 원망해 진晉나라로 망명한 뒤 이내 진나라 사자 자격으로 오나라로 오게 되었다. 오나라 백성에게 전쟁하는 법과 병거兵車를 모는 법을 가르쳐주고자 한 것이다. 오나라는 신공 무신의 아들에게 오나라의 행인行人 역할을 맡게 했다. 이를 계기로 오나라가 중원의 각국과 사귀기 시작했다. 오나라가 이내 초나라를 친 배경이다.

수몽 16년, 초공왕楚共王이 오나라를 쳐 형산衡山에 이르렀다. 수몽 25년, 오왕 수몽이 죽었다. 그에게는 네 명의 아들이 있었다. 첫째가 제번諸樊, 둘째가 여채餘祭, 셋째가 여말餘眛, 넷째가 계찰이다. 계찰이 가장 현명하고 재능이 뛰어났다. 수몽은 생전에 그에게 보위를 물려주려 했다. 그러나 계찰이 이를 사양했다. 첫째인 제번을 세워 임시로 정사를 돌보며 권력을 행사하게 한 이유다. 제번 원년, 제번이 탈상한 뒤 계찰에게 보위를 물려주고자 했다. 계찰이 사양했다.

"전에 조선공曹宣公이 죽었을 때 각국 제후와 조나라 백성들은 새 왕인 조성공曹成公이 의롭지 못하다고 여겨 자장子臧을 옹립하고자 했습니다. 그러나 자장은 조나라를 떠나 조성공이 계속 보위를 지키게 했습니다. 이를 두고 군자가 말하기를, '자장은 능히 절개를 지킬 수 있었다'고 했습니다. 그대는 합법적인 계승자인데 누가 감히 그대를 거역하겠습니까? 나라를 다스리는 것은 저의 뜻이 아닙니다. 저는 비록 재능은 없지만 자장의 절개를 따르고자 합니다."

오나라 백성이 간절히 계찰을 세우고자 했다. 계찰이 마침내 가족을 떠나 밭을 갈며 거절의 뜻을 분명히 했다. 이에 더는 그에게 강요하지 않았다. 이해 가을, 오나라가 초나라를 쳤으나 초나라가 이를 물리쳤다. 제번 4년, 진평공晉平公이 즉위했다. 제번 13년, 오왕 제번이 죽으면서 동생 여채에게 보위를 물려준다는 유언을 남겼다. 형이 동생에게 차례로 보위를 물려주어 반드시 계찰에게 이르게 하려는 속셈이었다. 그것이 선왕先王인 수몽의 유훈을 지키는 것이라고 여겼다. 형제들은 모두 계찰의 높은 인격과 군은 절개를 칭송하며 차례로 집권한 뒤 보위를 계찰에게 넘겨주고자 했다. 당시 계찰은 연릉延

陵에 봉해진 까닭에 연릉계자延陵季子로 불리었다.

여채 3년, 제齊나라 대부 경봉慶封이 죄를 짓고 오나라로 망명했다. 오왕 여채가 그에게 주방현朱方縣을 식읍食邑으로 내렸다. 또 딸을 시집보내 그가 제나라에 있을 때보다 더욱 부유하게 만들어주었다. 여채 4년, 오나라가 계찰을 노魯나라에 사자로 보냈다. 계찰이 주나라 왕실의 음악을 청해 들었다. 노나라 악사樂師들이 그를 위해 〈주남周南〉과 〈소남召南〉을 노래했다. 계찰이 이같이 평했다.

"아름답다. 기초를 다지기 시작했으니 아직 높은 경지에 이르지는 못했으나 백성의 근면하고 원망하지 않는 심경을 잘 나타냈다."

그다음으로 〈패풍邶風〉·〈용풍鄘風〉·〈위풍衛風〉을 노래하자 이같이 평했다.

"아름답다. 음조가 심원하다. 근심에 차 있으나 곤궁하지는 않다. 내가 듣건대 위강숙衛康叔과 위무공衛武公의 덕행이 이와 같다고 했다. 이는 위衛나라의 악곡일 것이다."

〈왕풍王風〉을 노래하자 이같이 평했다.

"아름답다. 근심 속에서도 두려움이 없다. 이는 주나라 왕실이 동천東遷한 이후의 악곡일 것이다."

〈정풍鄭風〉을 노래하자 이같이 평했다.

"소리가 매우 가늘다. 백성이 감당하지 못할 것이다. 정鄭나라가 제일 먼저 패망하지 않겠는가?"

〈제풍齊風〉을 노래하자 이같이 평했다.

"아름답다. 웅대해 대국의 기상이 있다. 마치 동해東海를 상징하는 것 같다. 아마도 태공太公의 나라일 것이다. 그러나 앞날을 헤아릴 수는 없다."

〈빈풍豳風〉을 노래하자 이같이 평했다.

"아름답다. 기풍이 넓고 크다. 즐거워하면서도 지나치지 않으니 아마도 주공이 동쪽을 정벌할 때의 악곡일 것이다."

〈진풍秦風〉을 노래하자 이같이 평했다.

"이는 중원의 음악이라고 말할 수 있다. 능히 중원에 동화하면 웅대해져 지극한 경지에 이를 것이다. 아마도 서주西周 옛터의 악곡일 것이다."

〈위풍魏風〉을 노래하자 이같이 평했다.

"아름답다. 가락의 고저가 완만하고, 호방하면서도 부드럽고, 검약하면서도 평범하다. 이처럼 덕으로 나라를 다스리면 현명한 군주가 될 수 있을 것이다."

〈당풍唐風〉을 노래하자 이같이 평했다.

"근심이 깊다. 도당陶唐에 나라를 세운 요임금의 유풍遺風 때문일 것이다. 그렇지 않다면 어찌 생각이 이같이 깊을 수 있겠는가? 미덕을 지닌 자의 후손이 아니면 누가 능히 이와 같을 수 있겠는가?"

〈진풍陳風〉을 노래하자 이같이 평했다.

"나라에 군주가 없으니 어찌 오래갈 수 있겠는가?"

〈회풍鄶風〉 이하의 음악에 대해서는 더는 평하지 않았다. 〈소아小雅〉를 노래하자 이같이 평했다.

"아름답다. 애조를 띠고 있으나 반역할 마음은 없다. 원망을 하면서도 직접 말하지 않는다. 주나라의 덕행이 쇠미했을 때의 음악일 것이다. 아직 선왕의 유민遺民이 있기 때문이다."

〈대아大雅〉를 노래하자 이같이 평했다.

"광대하고 화목하다. 소리가 완곡하면서도 강건하니 주문왕의 덕행 때문일 것이다."

〈송颂〉을 노래하자 이같이 평했다.

"음악의 극치에 달했다. 곧으면서도 오만하지 않고, 굽은데도 굴복하지 않고, 가까이하면서도 핍박하지 않고, 멀리하면서도 마음이 떠나 있지 않고, 변화가 있으면서도 사악하거나 문란하지 않고, 반복하면서도 싫증나지 않고, 구슬프나 근심하지 않고, 즐거워도 방종하지 않고, 사용해도 모자라지 않고 광대해도 드러나지 않고, 은혜를 베풀어도 낭비하지 않고, 구하더라도 욕심을 드러내지 않고, 멈추더라도 크게 정체하지 않고, 활발하면서도 방탕하지 않다. 오성五聲이 조화를 이루고 팔풍八風이 조화를 이룬 덕분이다. 음절에 법도가 있고 선율에 규칙이 있으니 이는 성현의 음악에 모두 공통적으로 들어 있는 것이다."

〈상소象箾〉와 〈남약南籥〉의 춤을 보고는 이같이 평했다.

"아름답다. 그러나 또한 여한餘恨이 있다."

〈대무大武〉의 춤을 보고 이같이 평했다.

"아름답다. 주나라의 흥성이 바로 이런 것이다."

〈소호韶護〉의 춤을 보고 이같이 평했다.

"그토록 위대한 성인도 덕행이 부족한 것을 느낀 듯하다. 성인이 된다는 것은 실로 쉽지 않다."

〈대하大夏〉의 춤을 보고 이같이 평했다.

"아름답다. 힘들여 일하고도 스스로 은덕이 있다고 여기지 않는다. 하나라 우왕이 아니면 누가 능히 그리하겠는가?"

〈초소招箾〉의 춤을 보고 이같이 평했다.

"덕행이 지극한 땅에 이르렀다. 위대하다. 마치 하늘처럼 감싸지 않는 것이 없고 땅처럼 담지 않는 것이 없는 듯하다. 덕행이 극에 달했다. 더는 보탤 것이 없다. 여기까지 보고 이미 만족했으니 다른 음악이 있을지라도 더는 감상을 청하지 않겠다."

계찰이 노나라를 떠나 다시 제나라로 갔다. 안영晏嬰을 만나 이같이 충고했다.

"그대는 빨리 봉지와 정권을 돌려주시오. 봉지와 정권이 없어야만 비로소 재난을 피할 수 있을 것이오. 제나라의 정권은 장차 귀속될 곳이 있을 것이고, 그리되지 않으면 재난이 그치지 않을 것이오."

안영은 진환자陳桓子를 통해 정권과 봉지를 돌려주었다. 덕분에 난씨欒氏과 고씨高氏가 일으킨 재난을 피할 수 있었다. 계찰이 제나라를 떠나 정나라로 갔다. 재장인 자산子産을 보니 마치 옛날부터 아는 사람 같았다. 자산에게 말했다.

"정나라 집권자의 사치로 재난이 닥쳐 반드시 정권이 당신에게 돌아올 것이오. 그대는 나라의 예법에 따라 국정을 신중히 처리하도록 하시오. 그리하지 않으면 정나라는 장차 몰락할 것이오."

정나라를 떠나 위衛나라로 갔다. 거원蘧瑗·사구史狗·사추史鰌·공자 형荊·공숙公叔 발發·공자 조朝 등에게 말했다.

"위나라에는 군자가 많소. 재앙이 없을 것이오."

계찰이 진晉나라로 가 숙읍宿邑에 머물려다 종소리를 들었다. 이내 권신인 대부 손림보孫林父에게 이같이 말하고 그곳을 떠났다.

"괴이하다! 내가 듣건대 말재주가 있으나 덕행이 없으면 반드시 죽임을 당한다고 했소. 그대는 군주에게 죄를 짓고도 아직 이곳에 머물러 있고, 두려워해도 부족한 터에 아직 즐거움을 누리고 있는 것이오? 그대가 이곳에 있는 것은 제비가 장막 위에 둥지를 튼 것과 같소.* 군주의 시신이 빈소에 있는데 어찌 즐거워할 수 있는 것이오?"

손림보는 이를 듣고 평생 음악을 듣지 않았다. 진나라에 도착해 권신인 조문자趙文子 · 한선자韓宣子 · 위헌자魏獻子에게 말했다.

"진나라의 정권은 장차 당신 세 가문에 집중될 것이오."

진나라를 떠날 때 대부 숙향叔向**에게 말했다.

"그대는 노력하시오! 군주가 사치하나 대부분 어진 신하들이고, 대부들이 모두 부유하니 정권은 이내 세 가문에게 돌아갈 것이오. 그대는 정직하니 반드시 스스로 재앙을 면하는 방법을 강구해야 할 것이오."

계찰이 당초 사자로 갈 때 북쪽 서徐나라 군주를 만났다. 서나라 군주는 계찰의 보검寶劍을 좋아했으나 감히 말하지 않았다. 계찰은 내심 그의 뜻을 알았으나 중원의 여러 나라를 사자로서 돌아다녀야 했기에 검을 바치지는 않았다. 돌아오는 길에 서나라에 도착해보니 서나라 군주는 이미 죽은 뒤였다. 계찰이 보검을 풀어 나무에 걸어놓고 떠났다. 시종이 물었다.

"서나라 군주는 이미 죽었는데 또 누구에게 주려는 것입니까?"

계찰이 대답했다.

"그리 말하지 마라. 나는 당초 그에게 주기로 마음먹었다. 그가 죽었다고 어찌 나의 뜻을 바꿀 수 있겠는가?"

여채 7년, 초나라 공자 위圍가 형의 아들인 초나라 왕 협오夾敖를

• 원문인 연지소우막燕之巢于幕은《춘추좌전春秋左傳》〈노양공魯襄公 29년〉조에서 따온 것이다.《춘추좌전》에는 연지소어막상燕之巢於幕上으로 되어 있다. 매우 위급한 상황을 뜻한다. 통상 연소어막燕巢于幕으로 표현한다. 눈썹이 타들어가는 초미지급焦眉之急과 뜻이 같다.
•• 원문은 숙향叔嚮이다. 그러나《춘추좌전》에는 숙향叔向으로 나온다.

시해하고 보위에 올랐다. 그가 초영왕楚靈王이다. 여채 10년, 초영왕이 제후들을 모은 뒤 오나라의 주방朱方을 치고, 제나라에서 망명한 경봉을 주살했다. 오나라도 초나라를 쳐 세 개의 성읍을 빼앗고 돌아왔다. 여채 11년, 초나라가 오나라의 우루雩婁까지 쳐들어왔다. 여채 12년, 초나라가 또 쳐들어와 간계乾谿에 주둔했다. 오나라 군사에 패해 철군했다. 여채 17년, 오왕 여채가 죽고 동생 여말이 즉위했다. 여말 2년, 초나라 공자 기질棄疾이 초영왕을 죽이고 대신 즉위했다. 여말 4년, 오왕 여말이 세상을 떠나면서 동생 계찰에게 보위를 물려주고자 했다. 계찰이 사양하고 달아났다. 오나라 백성이 말했다.

"선왕은 형이 죽으면 동생이 보위를 이어받도록 유언했다. 반드시 계찰에게 보위를 전해주어야 하나 계찰이 달아나며 보위에 오르고자 하지 않는다. 그러니 여말이 마지막 계승자다. 이미 여말이 죽었으니 응당 그의 아들이 보위를 이어받아야 한다."

그러고는 여말의 아들 요僚를 옹립했다.

●● 吳太伯, 太伯弟仲雍, 皆周太王之子, 而王季歷之兄也. 季歷賢, 而有聖子昌, 太王欲立季歷以及昌, 於是太佰·仲雍二人乃犇荊蠻, 文身斷髮, 示不可用, 以避季歷. 季歷果立, 是爲王季, 而昌爲文王. 太伯之犇荊蠻, 自號句吳. 荊蠻義之, 從而歸之千餘家, 立爲吳太伯. 太伯卒, 無子, 弟仲雍立, 是爲吳仲雍. 仲雍卒, 子季簡立. 季簡卒, 子叔達立. 叔達卒, 子周章立. 是時周武王克殷, 求太伯·仲雍之後, 得周章. 周章已君吳, 因而封之. 乃封周章弟虞仲於周之北故夏虛, 是爲虞仲, 列爲諸侯. 周章卒, 子熊遂立. 熊遂卒, 子柯相立. 柯相卒, 子彊鳩夷立. 鳩夷卒, 子餘橋疑吾立. 餘橋疑吾卒, 子柯盧立. 柯盧卒, 子周繇立. 周繇卒, 子屈羽立. 屈羽卒, 子夷吾立. 夷吾卒, 子禽處立. 禽處卒, 子轉

立. 轉卒, 子頗高立. 頗高卒, 子句卑立. 是時晉獻公滅周北虞公, 以開
晉伐虢也. 句卑卒, 子去齊立. 去齊卒, 子壽夢立. 壽夢立而吳始益大,
稱王. 自太伯作吳, 五世而武王克殷, 封其後爲二, 其一虞, 在中國, 其
一吳, 在夷蠻. 十二世而晉滅中國之虞. 中國之虞滅二世, 而夷蠻之吳
興. 大凡從太伯至壽夢十九世. 王壽夢二年, 楚之亡大夫申公巫臣怨楚
將子反而奔晉, 自晉使吳, 敎吳用兵乘車, 令其子爲吳行人, 吳於是始
通於中國. 吳伐楚. 十六年, 楚共王伐吳, 至衡山. 二十五年, 王壽夢卒.
壽夢有子四人, 長曰諸樊, 次曰餘祭, 次曰餘眛, 次曰季札. 季札賢, 而
壽夢欲立之, 季札讓不可, 於是乃立長子諸樊, 攝行事當國. 王諸樊元
年, 諸樊已除喪, 讓位季札. 季札謝曰, "曹宣公之卒也, 諸侯與曹人不
義曹君, 將立子臧, 子臧去之, 以成曹君, 君子曰'能守節矣'. 君義嗣,
誰敢幹君! 有國, 非吾節也. 劄雖不材, 願附於子臧之義." 吳人固立季
札, 季札棄其室而耕, 乃舍之. 秋, 吳伐楚, 楚敗我師. 四年, 晉平公初
立. 十三年, 王諸樊卒. 有命授弟餘祭, 欲傳以次, 必致國於季札而止,
以稱先王壽夢之意, 且嘉季札之義, 兄弟皆欲致國, 令以漸至焉. 季札
封於延陵, 故號曰延陵季子. 王餘祭三年, 齊相慶封有罪, 自齊來奔吳.
吳予慶封朱方之縣, 以爲奉邑, 以女妻之, 富於在齊.

四年, 吳使季札聘於魯, 請觀周樂. 爲歌周南·召南. 曰, "美哉, 始基
之矣, 猶未也. 然勤而不怨." 歌邶·鄘·衛. 曰, "美哉, 淵乎, 憂而不困
者也. 吾聞衛康叔·武公之德如是, 是其衛風乎?" 歌王. 曰, "美哉, 思
而不懼, 其周之東乎?" 歌鄭. 曰, "其細已甚, 民不堪也, 是其先亡乎?"
歌齊. 曰, "美哉, 泱泱乎大風也哉. 表東海者, 其太公乎? 國未可量也."
歌豳. 曰, "美哉, 蕩蕩乎, 樂而不淫, 其周公之東乎?" 歌秦. 曰, "此之
謂夏聲. 夫能夏則大, 大之至也, 其周之舊乎?" 歌魏. 曰, "美哉, 渢渢

乎, 大而寬, 儉而易, 行以德輔, 此則盟主也."歌唐. 曰, "思深哉, 其有陶唐氏之遺風乎? 不然, 何憂之遠也? 非令德之後, 誰能若是!"歌陳. 曰, "國無主, 其能久乎?"自鄶以下, 無譏焉. 歌小雅. 曰, "美哉, 思而不貳, 怨而不言, 其周德之衰乎? 猶有先王之遺民也."歌大雅. 曰, "廣哉, 熙熙乎, 曲而有直體, 其文王之德乎?"歌頌. 曰, "至矣哉, 直而不倨, 曲而不詘, 近而不偪, 遠而不攜, 而遷不淫, 復而不厭, 哀而不愁, 樂而不荒, 用而不匱, 廣而不宣, 施而不費, 取而不貪, 處而不底, 行而不流. 五聲和, 八風平, 節有度, 守有序, 盛德之所同也."見舞象箾·南籥者, 曰, "美哉, 猶有感."見舞大武, 曰, "美哉, 周之盛也其若此乎?"見舞韶護者, 曰, "聖人之弘也, 猶有慙德, 聖人之難也!"見舞大夏, 曰, "美哉, 勤而不德! 非禹其誰能及之?"見舞招箾, 曰, "德至矣哉, 大矣, 如天之無不燾也, 如地之無不載也, 雖甚盛德, 無以加矣. 觀止矣, 若有他樂, 吾不敢觀."

去魯, 遂使齊. 說晏平仲曰, "子速納邑與政. 無邑無政, 乃免於難. 齊國之政將有所歸, 未得所歸, 難未息也."故晏子因陳桓子以納政與邑, 是以免於欒高之難. 去齊, 使於鄭. 見子產, 如舊交. 謂子產曰, "鄭之執政侈, 難將至矣, 政必及子. 子爲政, 愼以禮. 不然, 鄭國將敗."

去鄭, 適衛. 說蘧瑗·史狗·史鰌·公子荊·公叔發·公子朝曰, "衛多君子, 未有患也."自衛如晉, 將舍於宿, 聞鍾聲, 曰, "異哉! 吾聞之, 辯而不德, 必加於戮. 夫子獲罪於君以在此, 懼猶不足, 而又可以畔乎? 夫子之在此, 猶燕之巢于幕也. 君在殯而可以樂乎?"遂去之. 文子聞之, 終身不聽琴瑟. 適晉, 說趙文子·韓宣子·魏獻子曰, "晉國其萃於三家乎!"將去, 謂叔向曰, "吾子勉之! 君侈而多良, 大夫皆富, 政將在三家. 吾子直, 必思自免於難."

季札之初使, 北過徐君. 徐君好季札劍, 口弗敢言. 季札心知之, 爲使
上國, 未獻. 還至徐, 徐君已死, 於是乃解其寶劍, 繫之徐君冢樹而去.
從者曰, "徐君已死, 尚誰予乎?" 季子曰, "不然. 始吾心已許之, 豈以死
倍吾心哉!" 七年, 楚公子圍弑其王夾敖而代立, 是爲靈王. 十年, 楚靈
王會諸侯而以伐吳之朱方, 以誅齊慶封. 吳亦攻楚, 取三邑而去. 十一
年, 楚伐吳, 至雩婁. 十二年, 楚復來伐, 次於乾谿, 楚師敗走. 十七年,
王餘祭卒, 弟餘眛立. 王餘眛二年, 楚公子棄疾弑其君靈王代立焉. 四
年, 王餘眛卒, 欲授弟季札. 季札讓, 逃去. 於是吳人曰, "先王有命, 兄
卒弟代立, 必致季子. 季子今逃位, 則王餘眛後立. 今卒, 其子當代." 乃
立王餘眛之子僚爲王.

합려세가

오왕 요 2년, 공자 광光이 초나라를 쳤다가 패하고 선왕이 타던 배
를 잃었다. 공자 광은 두려운 나머지 몰래 초나라 군사의 진지로 들
어가 다시 배를 탈취해왔다. 오왕 요 5년, 초나라로부터 오자서가 망
명해왔다. 공자 광이 객례客禮로 맞이했다. 공자 광은 오왕 제번의 아
들이다. 그는 늘 이같이 말하곤 했다.

"선친의 형제는 모두 네 명이다. 보위는 응당 계찰에게 전해야 한
다. 계찰은 보위를 계승하지 않겠다고 했다. 그렇다면 선친이 제일
먼저 보위에 올랐으니 응당 내가 즉위해야 한다."

그러고는 몰래 현능賢能한 자들을 불러 오왕 요를 습격하는 데 이
용하고자 했다. 오왕 요 8년, 오나라가 공자 광을 시켜 초나라를 치게

했다. 공자 광이 초나라 군사를 격파하고, 전에 초나라 태자로 있던 건建의 모친을 거소居巢로 모셨다. 돌아오는 길에 북쪽으로 쳐들어가 진陳과 채蔡 두 나라 군사를 물리쳤다. 오왕 요 9년, 공자 광이 초나라로 쳐들어가 거소와 종리鍾離 두 곳을 함락시켰다.

당초 초나라 변경邊境 마을 비량卑梁의 소녀와 오나라 변경 마을의 여인이 뽕잎을 따는 일로 다투었다. 두 집안이 모두 분노해 서로를 쳤다. 변경을 다스리던 두 나라 지방관장도 이를 듣고 역시 대로해 서로를 쳤다. 오나라의 변경이 무너졌다. 오왕 요가 대로한 나머지 곧 군사를 보내 초나라를 쳤다. 이내 두 마을을 점령한 뒤 철군했다. 오자서는 당초 오나라로 망명했을 때 초나라 토벌의 이점을 오왕 요에게 간한 바 있다. 이때 곁에 있던 공자 광이 이같이 말했다.

"오자서의 부친과 형이 초나라 왕에게 살해당했습니다. 그는 자신의 복수를 다하려는 것입니다. 결코 오나라에 이롭다고 볼 수는 없습니다."

오자서는 공자 광이 다른 마음을 품고 있다는 것을 눈치챘다. 곧 용사勇士 전제專諸를 공자 광에게 천거했다. 공자 광은 크게 기뻐하며 객례로 오자서를 접대했다. 오자서는 교외에 은거해 밭을 갈며 전제의 거사를 기다렸다. 오왕 요 12년 겨울, 오자서의 원수인 초평왕楚平王이 죽었다. 오왕 요 13년 봄, 오왕 요가 초나라의 국상國喪을 틈타 공자 갑여蓋餘 및 촉용燭庸에게 명해 군사를 이끌고 초나라의 육읍六邑과 첨읍灊邑을 포위하게 했다. 이어 계찰을 진나라로 보내 제후들의 동정을 살피게 했다. 초나라는 군사를 보내 오나라 군사의 퇴로를 차단했다. 오나라 군사가 진퇴양난에 빠진 이유다. 오나라 공자 광이 크게 기뻐하며 이같이 말했다.

"이런 절호의 기회를 놓칠 수는 없다!"

그러고는 전제에게 말했다.

"이때를 놓치면 언제 다시 기회가 올 수 있겠소? 나는 보위의 진정한 계승자요. 이치대로 하면 응당 내가 보위에 올라야 했소. 나는 차제에 즉위하고자 하오. 계찰이 돌아온다고 해도 나를 내쫓지는 않을 것이오."

전제가 말했다.

"오왕 요를 죽일 수 있습니다. 그의 모친은 이미 늙었고, 아들은 아직 어리고, 두 명의 공자는 병사를 이끌고 초나라를 치러 갔다가 초나라 군사에 의해 퇴로가 끊겼습니다. 지금 오왕 요는 밖으로 초나라의 포위공격을 받고 있고, 조정 내에서는 강직하고 정직한 신하가 없어 우리에게 대항할 방법이 없습니다."

공자 광이 당부했다.

"내 몸이 곧 그대 몸이오!"

오왕 요 4월 병자일, 공자 광이 지하실에 무장한 용사들을 매복시킨 뒤 오왕 요에게 술을 마시자고 청했다. 오왕 요가 병사를 왕궁에서 공자 광의 집에 이르는 길에 배치했다. 대문·계단·내문內門·좌석까지 모두 오왕 요의 친병이 손에 짧은 칼을 들고 호위했다. 연회 도중 공자 광이 짐짓 발을 다친 것처럼 가장해 지하실로 피했다. 이어 전제에게 구운 생선의 뱃속에 비수를 숨긴 채 상을 올리도록 했다. 전제가 생선의 뱃속에서 비수를 꺼내 곧바로 오왕 요를 찔렀다. 오왕 요의 호위병들이 짧은 칼로 전제의 가슴을 찔렀다. 결국 오왕 요는 시해되었다. 덕분에 공자 광은 마침내 보위에 오를 수 있었다. 그가 오왕 합려闔廬다. 합려는 전제의 아들을 경卿으로 삼았다. 계찰이 돌아와 복명復命했다.

"선왕의 제사가 지속되고, 백성의 군주가 폐위되지 않고, 사직이 계속 모셔지면 그가 우리의 군주다. 내가 감히 누구를 원망하겠는가? 죽은 사람을 애통해하고 살아 있는 사람을 섬기며 천명을 기다리고자 한다. 내가 일으킨 변란이 아니면 누군가를 군주로 세웠을 경우 그를 따르는 것이 바로 선인의 법도다."

그러고는 오왕 요의 무덤 앞에서 복명한 뒤 통곡했다. 이어 다시 자신의 자리로 돌아와 새 왕의 명을 기다렸다. 당시 오나라 공자 촉용과 갑여 두 사람은 병사를 이끌고 출정했다가 초나라 군사에 의해 포위당한 상황이었다. 공자 광이 오왕 요를 죽이고 대신 즉위했다는 소식을 듣고는 이내 병사를 이끌고 초나라에 투항했다. 초나라가 이들을 서舒 땅에 봉했다.

합려 원년, 오자서를 발탁해 행인으로 삼은 뒤 국가대사를 함께 논의했다. 초나라가 대부 백주리伯州犁를 죽이자 그의 손자 백비伯嚭가 오나라로 망명했다. 오나라가 그를 대부로 삼았다. 합려 3년, 오왕 합려와 오자서, 백비가 군사를 이끌고 초나라로 쳐들어갔다. 오나라 공자 촉용과 갑여의 봉지인 서 땅을 함락시킨 뒤 두 공자를 주살했다. 공자 광이 여세를 몰아 초나라 도성인 영郢으로 쳐들어가고자 했다. 장수 손무孫武가 만류했다.

"백성이 너무 피곤해합니다. 다른 기회를 노리십시오."

합려 4년, 초나라를 공격해 육읍과 첨읍을 점령했다. 합려 5년, 월나라를 공격해 승리했다. 합려 6년, 초나라가 영윤 자상子常을 보내 오나라를 쳤다. 오나라 군사가 초나라 군사를 예장豫章에서 대파하고, 초나라의 거소를 점령한 뒤 돌아왔다. 합려 9년, 오왕 합려가 오자서와 손무에게 물었다.

"당초 그대들은 초나라 도성인 영도를 칠 수 없다고 했소. 지금은 과연 어떠하오?"

두 사람이 입을 모아 대답했다.

"초나라 영윤 자상이 탐욕스러운 모습을 보여 속국인 당唐나라와 채나라 군주 모두 그를 원망하고 있습니다. 대왕이 초나라를 대파하고자 하면 반드시 두 나라의 지지를 얻어야 합니다."

합려가 이를 좇았다. 전국의 군사를 동원한 뒤 당나라 및 채나라 군사와 함께 서쪽으로 초나라를 치러 갔다. 한수漢水에 이르렀을 때 초나라도 군사를 동원해 저지에 나섰다. 양쪽이 한수를 사이에 두고 진을 쳤다. 오왕 합려의 동생 부개夫槪가 곧바로 싸우고자 했다. 합려가 동의하지 않았다. 부개가 말했다.

"대왕은 이미 저에게 군사를 맡겼고, 지금 우리 군사는 승리할 수 있는 유리한 상황에 있습니다. 또 무엇을 기다리는 것입니까?"

그러고는 부하 5,000명을 이끌고 초나라 군사를 쳤다. 초나라 군사가 대패해 황급히 달아났다. 오왕 합려가 군사를 독촉해 곧바로 추격에 나섰다. 초나라 도성에 이르기까지 모두 다섯 번 싸웠다. 다섯 번 모두 초나라 군사가 패했다. 초소왕楚昭王이 황급히 도성을 빠져나와 운현鄖縣으로 달아났다. 운현 현령縣令의 동생이 초소왕을 척살하고자 했다. 초소왕이 운현 현령과 함께 수隨나라로 달아났다. 이 와중에 오나라 군사가 영도를 함락시켰다. 오자서와 백비는 초평왕의 시체를 관에서 꺼낸 뒤 채찍질을 가했다. 부형의 원수를 갚고자 한 것이다.

합려 10년 봄, 월나라는 오왕 합려의 초나라 도성 공략으로 국내가 비었다는 것을 알고 오나라를 침공했다. 오나라는 다른 곳에 있는 군사를 동원해 월나라를 쳤다. 초나라가 진秦나라에 위급하다고 고했다. 진나라에서 군사를 보내 초나라를 구했다. 오나라 군사가 패했다. 합려의 동생 부개는 진나라와 월나라가 차례로 오나라 군사를 물리치고 오왕 합려가 초나라에 남아서 떠나지 않는 것을 보고는 곧 오나라로 돌아가 즉위했다. 합려가 이 소식을 듣고 곧바로 군사를 이끌고 돌아와 부개를 쳤다. 부개는 패해 초나라로 달아났다. 초소왕이 이 기회를 이용해 이해 9월에 다시 영도로 돌아왔다. 이어 부개를 오나라와 가까운 당계堂谿에 봉하고 당계씨堂谿氏라고 불렀다.

합려 11년, 오왕 합려가 태자 부차를 보내 초나라를 치고 번읍番邑을 점령했다. 초소왕이 두려운 나머지 영도를 떠나 약鄀 땅으로 천도했다. 합려 15년, 공자가 노나라 재상의 직무를 대행했다.* 합려 19년 여름, 오나라가 월나라를 쳤다. 월왕 구천이 취리欈李에서 오나라 군사를 맞이해 싸웠다. 월나라는 죽음을 각오한 병사들을 오나라 진영 앞으로 보냈다. 세 줄로 열을 서 큰소리로 고함을 지른 뒤 스스로 목을 베었다. 오나라 군사가 이 장면을 보며 정신을 놓은 사이 월나라가 오나라 군사를 쳐 고소姑蘇에서 대승을 거두었다. 오왕 합려가 발가락에 상처를 입었다. 오나라 군사가 7리를 후퇴했다. 오왕 합려가 결국 상처로 인해 죽었다. 죽기 직전 사자를 보내 태자 부차를 즉위시켰다. 부차는 궁문에 사람을 세워둔 뒤 매번 자신이 드나들 때마다 이같이 외치게 했다.

---

* 원문은 공자상로孔子相魯다. 《사기색은》은 《춘추좌전》〈노정공魯定公 10년〉조에 나오는 공구상相孔丘相에서 인용한 것으로 보았다. 두예杜預는 주석에서 상相 자를 대리한다는 뜻의 섭행攝行으로 풀이했다.

"그대는 구천이 부왕을 죽인 일을 잊었는가?"

그러면 이같이 대답하곤 했다.

"어찌 감히 잊을 리 있겠습니까!"

3년 뒤 이내 월나라에 복수했다.

●● 王僚二年, 公子光伐楚, 敗而亡王舟. 光懼, 襲楚, 復得王舟而還. 五年, 楚之亡臣伍子胥來奔, 公子光客之. 公子光者, 王諸樊之子也. 常以爲吾父兄弟四人, 當傳至季子. 季子卽不受國, 光父先立. 卽不傳季子, 光當立. 陰納賢士, 欲以襲王僚. 八年, 吳使公子光伐楚, 敗楚師, 迎楚故太子建母於居巢以歸. 因北伐, 敗陳·蔡之師. 九年, 公子光伐楚, 拔居巢·鍾離. 初, 楚邊邑卑梁氏之處女與吳邊邑之女爭桑, 二女家怒相滅, 兩國邊邑長聞之, 怒而相攻, 滅吳之邊邑. 吳王怒, 故遂伐楚, 取兩都而去. 伍子胥之初奔吳, 說吳王僚以伐楚之利. 公子光曰, "胥之父兄爲僇於楚, 欲自報其仇耳. 未見其利." 於是伍員知光有他志, 乃求勇士專諸, 見之光. 光喜, 乃客伍子胥. 子胥退而耕於野, 以待專諸之事. 十二年冬, 楚平王卒. 十三年春, 吳欲因楚喪而伐之, 使公子蓋餘·燭庸以兵圍楚之六·濳. 使季札於晉, 以觀諸侯之變. 楚發兵絶吳兵後, 吳兵不得還. 於是吳公子光曰, "此時不可失也." 告專諸曰, "不索何獲! 我眞王嗣, 當立, 吾欲求之. 季子雖至, 不吾廢也." 專諸曰, "王僚可殺也. 母老子弱, 而兩公子將兵攻楚, 楚絶其路. 方今吳外困於楚, 而內空無骨鯁之臣, 是無奈我何." 光曰, "我身, 子之身也."

四月丙子, 光伏甲士于窟室, 而謁王僚飮. 王僚使兵陳於道, 自王宮至光之家, 門階戶席, 皆王僚之親也, 人夾持鈹. 公子光詳爲足疾, 入于窟室, 使專諸置匕首於炙魚之中以進食. 手匕首刺王僚, 鈹交於匃, 遂弑王僚. 公子光竟代立爲王, 是爲吳王闔廬. 闔廬乃以專諸子爲卿. 季子至, 曰, "苟先君無廢祀, 民人無廢主, 社稷有奉, 乃吾君也. 吾敢誰怨乎? 哀死事生, 以待天命. 非我生亂, 立者從之, 先人之道也." 復命, 哭僚墓, 復位而待. 吳公子燭庸·蓋餘二人將兵遇圍於楚者, 聞公子光弑王僚自立, 乃以其兵降楚, 楚封之於舒. 王闔廬元年, 舉伍子胥爲行人而與謀國事. 楚誅伯州犁, 其孫伯嚭亡奔吳, 吳以爲大夫. 三年, 吳王闔廬與子胥·伯嚭將兵伐楚, 拔舒, 殺吳亡將二公子. 光謀欲入郢, 將軍孫武曰, "民勞, 未可, 待之." 四年, 伐楚, 取六與灊. 五年, 伐越, 敗之. 六年, 楚使子常囊瓦伐吳. 迎而擊之, 大敗楚軍於豫章, 取楚之居巢而還. 九年, 吳王闔廬請伍子胥·孫武曰, "始子之言郢未可入, 今果如何?" 二子對曰, "楚將子常貪, 而唐·蔡皆怨之. 王必欲大伐, 必得唐·蔡乃可." 闔廬從之, 悉興師, 與唐·蔡西伐楚, 至於漢水. 楚亦發兵拒吳, 夾水陳. 吳王闔廬弟夫槩欲戰, 闔廬弗許. 夫槩曰, "王已屬臣兵, 兵以利爲上, 尙何待焉?" 遂以其部五千人襲冒楚, 楚兵大敗, 走. 於是吳王遂縱兵追之. 比至郢, 五戰, 楚五敗. 楚昭王亡出郢, 奔鄖. 鄖公弟欲弑昭王, 昭王與鄖公奔隨. 而吳兵遂入郢. 子胥·伯嚭鞭平王之尸以報父讎. 十年春, 越聞吳王之在郢, 國空, 乃伐吳. 吳使別兵擊越. 楚告急秦, 秦遣兵救楚擊吳, 吳師敗. 闔廬弟夫槩見秦越交敗吳, 吳王留楚不去, 夫槩亡歸吳二自立爲吳王. 闔廬聞之, 乃引兵歸, 攻夫槩. 夫槩敗奔楚. 楚昭王乃得以九月復入郢, 而封夫槩於堂谿, 爲堂谿氏. 十一年, 吳王使太子夫差伐楚, 取番. 楚恐而去郢徙. 十五年, 孔子相魯. 十九年夏, 吳伐越, 越王句踐迎擊之檇李. 越使死士挑戰, 三行造吳師, 呼, 自剄. 吳師觀之, 越因伐吳, 敗之姑蘇, 傷吳王闔廬指, 軍卻七里. 吳王病傷而死. 闔廬使立太子夫差, 謂曰, "爾而忘句踐殺汝父乎?" 對曰, "不敢!" 三年, 乃報越.

부차세가

부차 원년, 대부 백비를 태재太宰로 삼았다. 오왕 부차는 군사들에게 활쏘기를 훈련시키며 늘 복수를 다짐했다. 부차 2년, 오왕 부차가 잘 훈련된 병사들을 모두 출동시켜 월나라를 쳤다. 부초夫椒에서 월나라 군사를 격파하고 고소 싸움의 패배를 설욕했다. 월왕 구천이 갑옷으로 무장한 병사 5,000명을 이끌고 회계산會稽山으로 물러났다. 대부 문종을 시켜 오나라 군사의 태재 백비를 통해 오왕 부차에게 강화를 청하게 했다. 모든 월나라의 백성을 노비로 받아줄 것을 청하는 내용이었다. 오왕 부차가 이를 받아들이려 하자 오자서가 간했다.

"전에 유과씨有過氏가 하나라와 성姓이 같은 짐관斟灌을 토벌하고 짐심斟尋을 쳐 하나라 군주 제상帝相을 멸망시켰습니다. 제상의 왕비 후민后緡은 마침 임신 중이었습니다. 유잉국有仍國으로 달아나 소강少康을 낳자, 소강이 유잉국의 목정牧正 자리를 맡았습니다. 유과지가 다시 소강을 죽이려 하자 소강이 유우국有虞國으로 달아났습니다. 유우국은 하나라의 은덕을 생각해 두 딸을 그에게 시집보내고 윤읍綸邑을 하사했습니다. 덕분에 소강은 사방 10리의 토지와 500명을 거느리게 되었습니다. 이후 그는 하나라 유민을 불러들인 뒤 법제를 정돈했습니다. 또 사람을 시켜 상대방을 유인한 뒤 마침내 유과씨를 멸하고 하나라 우왕의 공업을 회복했습니다. 제사를 지낼 때 하늘과 함께 하나라 선조도 모시는 식으로 원래의 권력을 되찾은 것입니다. 지금 오나라는 유과씨만큼 강하지 않고, 구천은 오히려 소강보다 강합니다. 여세를 몰아 그를 제거하지 않고 그냥 놓아두면 훗날 더욱 다루기 어렵지 않겠습니까? 더욱이 구천은 능히 어려움을 잘 견뎌낼 수 있는 자입니다. 지금 그를 제거하지 않으면 훗날 반드시 후회할 것입니다.”

오왕 부차가 이를 듣지 않았다. 태재 백비의 말을 좇아 강화를 결정하고, 월나라와 강화조약을 맺은 뒤 철군했다. 부차 7년, 오왕 부차는 제경공齊景公의 죽음을 계기로 제나라 대신大臣들이 권력다툼을 벌이고, 새 왕의 나이가 어리다는 이야기를 듣고는 군사를 일으켜 북쪽으로 제나라를 정벌하고자 했다. 오자서가 간했다.

“월왕 구천은 음식을 먹을 때 맛있는 것은 먹지 않고, 옷을 입을 때 비단 옷을 입지 않고, 죽은 자가 있으면 조문하고, 병든 자가 있으면 위문하는 식으로 장차 백성을 동원하고자 합니다. 이런 자가 죽지 않으면 반드시 오나라의 후환이 될 것입니다. 지금 가장 경계해야 하는 것은 월나라입니다. 대왕이 그를 제거하지 않은 채 전력을 기울여 제나라를 치고자 하는 것은 잘못이 아니겠습니까!”

오왕 부차가 이를 듣지 않았다. 이내 제나라로 쳐들어가 애릉艾陵에서 제나라 군사를 격파했다. 증읍繪邑에 이르러 노애공魯哀公을 부른 뒤 소와 양, 돼지를 각각 100마리씩 사용하는 접대인 백뢰百牢를 요구했다. 노나라의 권신 계강자季康子가 공자의 제자 자공子貢을 보내 주나라 예법으로 태재 백비를 설득해 오나라의 무리한 요구를 철회하도록 했다.• 오왕 부차는 군사를 이끌고 제나라와 노나라의 남쪽 국경 일대를 침범해 다스렸다.

• 《춘추좌전》〈노애공魯哀公 7년〉조에 따르면 당시 오나라를 설득하고자 한 사람은 자공이 아닌 노나라 대부 자복경백子服景伯이고, 그는 천자가 받는 상등의 향례도 열두 뢰를 넘지 않는다고 설득했으나 오나라가 듣지 않았다. 당시 자복경백은 “오나라는 장차 망하고 말 것이다. 천도를 버리고 예의 근본에 배치되고 있기 때문이다. 그들의 요구를 들어주지 않으면 반드시 그들은 우리에게 해를 끼칠 것이다”라고 저주하며 오나라의 요구를 들어주었다.

부차 9년, 추邾나라를 위해 노나라를 쳤다. 노나라와 조약을 맺은 후 돌아왔다. 부차 10년, 돌아오는 길에 제나라를 쳤다. 부차 11년, 또 북으로 가 제나라를 쳤다. 월왕 구천이 부하들을 이끌고 오왕 부차를 조현했다. 많은 값진 예물들을 바치자 부차가 크게 기뻐했다. 오자서만이 걱정하며 이같이 간했다.

"이는 오나라를 포기하는 것입니다. 월나라는 가장 경계해야 할 나라입니다. 지금 제나라로부터 얻은 성과는 마치 자갈밭을 얻은 것처럼 아무 쓸모가 없습니다.《서경書經》〈반경지고盤庚之誥〉는 '화근은 절대로 남기지 않는다'고 했습니다. 은나라는 이 원칙을 따랐기에 흥성한 것입니다."

오왕 부차가 이를 듣지 않고 오자서를 제나라에 보냈다. 오자서는 자신의 아들을 제나라 대부 포식鮑息에게 부탁하고 돌아와 복명했다. 부차가 이를 듣고 대로했다. 오자서에게 촉루屬鏤라는 보검을 보내 자진하게 했다. 자진하기 직전에 오자서가 당부했다.

"내 무덤 위에 가래나무를 심고 그것이 자라면 관을 짜도록 하라. 또 내 눈을 뽑아서 오나라의 동문東門에 걸어 월나라가 오나라를 멸망시키는 것을 볼 수 있게 하라."

제나라 대부 포씨鮑氏가 제도공齊悼公을 죽였다. 오왕 부차가 이 소식을 듣고 진영의 문 밖에서 사흘을 통곡한 뒤 해상으로 진격해 제나라를 쳤다. 제나라 백성이 오나라 군사를 무찔렀다. 오왕 부차가 물러났다. 부차 13년, 오왕 부차가 노나라와 위衛나라 군주를 불러 탁고橐皐에서 회맹會盟했다.

부차 14년 봄, 오왕은 북상해 황지黃池에서 제후들과 회합했다. 중원을 제패해 주나라 왕실을 보전하고자 한 것이다. 6월 병자일, 월왕 구천이 오나라를 쳤다. 6월 을유일, 월나라 군사 5,000명이 오나라와 교전했다. 6월 병술일, 오나라 태자 우友를 포획했다. 6월 정해일, 오나라 도성에 진입했다. 오나라 사람이 오왕 부차에게 패전 소식을 보고했다. 부차는 이 소식이 제후들에게 알려지는 것을 꺼려했다. 어떤 자가 그 소식을 누설하자 오왕 부차가 노해 군영의 장막 안에서 소식을 전하러 온 일곱 명을 죽였다. 이해 7월 신축일, 부차가 진정공晉定公과 맹주 자리를 다투었다. 오왕 측이 말했다.

"주나라의 왕족 가운데 우리가 제일 위다."

진정공 측이 반박했다.

"주왕실과 성이 같은 희성姬姓의 제후 가운데 우리가 패자伯者다."•

진정공의 가신 조앙趙鞅이 화를 내며 오왕 부차를 칠 준비를 했다. 그러나 결국 오왕 부차가 맹주가 되었다.•• 오왕 부차가 맹약을 맺고 진정공과 헤어진 뒤 장차 송나라를 침공하고자 했다. 태재 백비가 만류했다.

"싸워 이길 수는 있으나 점유할 수는 없습니다."

군사를 이끌고 그대로 돌아왔다. 그사이 오나라는 월나라의 침공으로 태자를 잃고, 국내는 텅 비게 되었다. 오왕 부차가 밖에 오래 머물러 있었던 탓에 병사들이 모두 크게 지쳤다. 결국 비싼 재물을 바

• 원문은 어희성아위패於姬姓我爲伯다. 희성은 요임금이 주나라의 시조인 후직后稷에게 처음으로 내린 성씨다. 여기의 패伯는 패패霸와 같다.

•• 원문은 내장진정공乃長晉定公이다. 이를 두고 일부는 "진정공이 먼저 삽혈歃血했다"는 뜻으로 풀이하나 이는 큰 잘못이다. 이같이 풀이할 경우 "부차가 먼저 삽혈하고 진정공이 그다음으로 삽혈했다"는 《국어國語》〈오어吳語〉의 "오공선헌吳公先獻, 진후아지晉侯亞之" 구절과 정반대의 뜻이 된다. 《춘추좌전》〈노애공 13년〉조의 "내선진인乃先晉人" 구절도 《국어》와 같은 취지다. 오나라가 진나라에 앞서 삽혈했다는 뜻이다. "내선진인"은 "내선어진인乃先於晉人"과 같은 의미다.

치며 월나라와 강화했다. 부차 15년, 제나라의 권신 전상田常이 제 간공齊簡公을 시해했다. 부차 18년, 월나라가 더욱 강대해졌다. 월왕 구천이 군사를 지휘해 입택笠澤에서 오나라 군사를 격파했다. 초나라는 진陳나라를 멸했다. 부차 20년, 월왕 구천이 다시 오나라를 쳤다. 부차 21년, 월나라 군사가 오나라 도성인 고소를 포위했다. 부차 23년 11월 정묘일, 월나라가 오나라에 대승을 거두었다. 월왕 구천이 오왕 부차에게 100호의 민가民家를 주며 동해의 용동甬東으로 들어가 사는 방안을 제시했다. 부차가 거절했다.

"나는 이미 늙어서 왕을 섬길 수가 없소. 나는 오자서의 의견을 듣지 않아 스스로 이 지경에 빠진 것을 후회하오."

그러고는 곧 칼로 목을 찔러 자진했다.• 월나라가 오나라를 멸한 뒤 태재 백비가 불충한 신하였다는 이유로 살해하고 철군했다.••

●● 王夫差元年, 以大夫伯嚭爲太宰. 習戰射, 常以報越爲志. 二年, 吳王悉精兵以伐越, 敗之夫椒, 報姑蘇也. 越王句踐乃以甲兵五千人棲於會稽, 使大夫種因吳太宰嚭而行成, 請委國爲臣妾. 吳王將許之, 伍子胥諫曰, "昔有過氏殺斟灌以伐斟尋, 滅夏帝相. 帝相之妃緡方娠, 逃於有仍而生少康. 少康爲有仍牧正. 有過又欲殺少康, 少康奔有虞. 有虞思夏德, 於是妻之以二女而邑之於綸, 有田一成, 有衆一旅. 後遂收夏衆, 撫其官職. 使人誘之, 遂滅有過氏, 復禹之績, 祀夏配天, 不失舊

• 원문은 오왕 부차가 스스로 목을 찔러 죽었다는 뜻의 수자경사遂自剄死로 나온다. 그러나 《춘추좌전》〈노애공 22년〉조에는 기원전 473년에 목을 매 자진한 내액乃縊로 되어 있다.
•• 원문은 주태재비誅太宰嚭다. 이 또한 《춘추좌전》〈노애공 24년〉조 기록과 배치된다. 여기에는 기원전 471년 노나라의 권신 계강자가 망명한 노애공이 월나라를 끌어들여 자신을 칠까 크게 두려워한 나머지 사람을 시켜 월나라 태재로 있던 백비에게 뇌물을 전한 기사가 나온다. 백비는 오나라가 패망한 후에도 오나라에 있을 때처럼 월나라의 태재로 있었던 셈이된다. 주의를 요하는 대목이다.

物. 今吳不如有過之彊, 而句踐大於少康. 今不因此而滅之, 又將寬之, 不亦難乎! 且句踐爲人能辛苦, 今不滅, 後必悔之." 吳王不聽, 聽太宰嚭, 卒許越平, 與盟而罷兵去. 七年, 吳王夫差聞齊景公死而大臣爭寵, 新君弱, 乃興師北伐齊. 子胥諫曰, "越王句踐食不重味, 衣不重采, 弔死問疾, 且欲有所用其衆. 此人不死, 必爲吳患. 今越在腹心疾而王不先, 而務齊, 不亦謬乎!" 吳王不聽, 遂北伐齊, 敗齊師於艾陵. 至繒, 召魯哀公而徵百牢. 季康子使子貢以周禮說太宰嚭, 乃得止. 因留略地於齊魯之南. 九年, 爲騶伐魯, 至與魯盟乃去. 十年, 因伐齊而歸. 十一年, 復北伐齊. 越王句踐率其衆以朝吳, 厚獻遺之, 吳王喜. 唯子胥懼, 曰, "是棄吳也." 諫曰, "越在腹心, 今得志於齊, 猶石田, 無所用. 且盤庚之誥有顚越勿遺, 商之以興." 吳王不聽, 使子胥於齊, 子胥屬其子於齊鮑氏, 還報吳王. 吳王聞之, 大怒, 賜子胥屬鏤之劍以死. 將死, 曰, "樹吾墓上以梓, 令可爲器. 抉吾眼置之吳東門, 以觀越之滅吳也." 齊鮑氏弑齊悼公. 吳王聞之, 哭於軍門外三日, 乃從海上攻齊. 齊人敗吳, 吳王乃引兵歸. 十三年, 吳召魯 · 衛之君會於橐皋. 十四年春, 吳王北會諸侯於黃池, 欲霸中國以全周室. 六月戊丙子, 越王句踐伐吳. 乙酉, 越五千人與吳戰. 丙戌, 虜吳太子友. 丁亥, 入吳. 吳人告敗於王夫差, 夫差惡其聞也. 或泄其語, 吳王怒, 斬七人於幕下. 七月辛丑, 吳王與晉定公爭長. 吳王曰, "於周室我爲長." 晉定公曰, "於姬姓我爲伯." 趙鞅怒, 將伐吳, 乃長晉定公. 吳王已盟, 與晉別, 欲伐宋. 太宰嚭曰, "可勝而不能居也." 乃引兵歸國. 國亡太子, 內空, 王居外久, 士皆罷敝, 於是乃使厚幣以與越平. 十五年, 齊田常殺簡公. 十八年, 越益彊. 越王句踐率兵使復伐敗吳師於笠澤. 楚滅陳. 二十年, 越王句踐復伐吳. 二十一年, 遂圍吳. 二十三年十一月丁卯, 越敗吳. 越王句踐欲遷吳王夫差於甬東, 予

百家居之. 吳王曰, "孤老矣, 不能事君王也. 吾悔不用子胥之言, 自令
陷此." 遂自剄死. 越王滅吳, 誅太宰嚭, 以爲不忠, 而歸.

태사공은 평한다.

"공자는 말하기를, '태백은 덕행이 최고라고 말할 수 있다. 보위를
세 번이나 양보하자 백성은 그를 어떻게 찬양해야 좋을지 몰랐다'라
고 했다. 나는《춘추》를 읽고서야 비로소 중원의 우나라와 형만 땅의
오나라가 형제의 나라라는 사실을 알았다. 연릉계자의 어진 덕성과
도의의 무궁한 경지를 우러러 그리워한다. 사물의 조짐을 보면 곧
그 맑고 탁함을 알 수 있다. 아, 연릉계자가 어찌 견문이 넓고 학식이
풍부한 박물군자博物君子가 아니겠는가!"

●● 太史公曰, "孔子言, '太伯可謂至德矣, 三以天下讓, 民無得而稱
焉.' 余讀春秋古文, 乃知中國之虞與荊蠻句吳兄弟也. 延陵季子之仁
心, 慕義無窮, 見微而知淸濁. 嗚呼, 又何其閎覽博物君子也!"

제태공세가
齊太公世家

〈제태공세가〉는 주나라의 개국공신인 태공망 여상의 봉국인 제 나라의 역사를 다루고 있다. 제나라의 역사는 여상이 제후로 봉해 지는 주무왕 12년부터 그의 후손이 끊기는 제강공 26년까지 모두 660여 년 동안 이어진다. 전국시대의 제나라는 국명만 같을 뿐 전 씨田氏로 성을 바꾼 진씨陳氏의 역사다. 춘추시대의 제나라와 구분 해야 한다.

〈제태공세가〉에서 가장 주목해야 할 것은 제환공齊桓公이 관중管仲 을 얻어 사상 최초로 패업을 이룬 대목이다. 관중은 중국의 전 역사 를 통틀어 가장 뛰어난 정치가이자 사상가에 해당한다. 그의 저서 《관자管子》의 내용이 이를 뒷받침한다. 《관자》는 상업을 농업과 같 은 비중으로 중시하는 농상병중農商竝重의 입장을 취하고 있다. 관 중을 효시로 하는 제자백가를 상가商家로 부르는 이유다. 키워드는 부민富民을 통한 부국강병富國强兵이다. 일각에서 《관자》를 사상 최 초의 정치경제학서로 평하는 이유다.

태공세가

태공망 여상은 동해 부근 사람이다. 선조는 일찍이 사악四嶽이 된 후하나라 우왕이 물과 땅을 정리하는 것을 돕는 대공을 세웠다. 이들은 순舜임금과 하나라 우왕 시대에 여呂 또는 신申 땅에 봉해졌다. 성은 강씨姜氏였다. 하나라와 은나라 때는 방계의 후손이 신과 여 땅에 봉해지기도 했고, 또 서민이 되기도 했다. 상尙은 그 후예다. 본래의 성은 강씨였으나 이후 봉지를 성으로 삼은 까닭에 여상으로 불린 것이다. 일찍이 여상은 곤궁하고 연로했다. 낚시질로 주나라 서백西伯에게 접근하고자 했다. 이때 서백이 사냥을 하기 위해 먼저 점을 쳤다. 이런 점괘가 나왔다.

"잡을 것은 용도 이무기도 아니고, 호랑이도 곰도 아니다. 잡을 것은 패왕霸王의 보필이다."

서백이 사냥을 나갔다가 과연 위수渭水 북쪽에서 여상을 만났다. 이야기를 나누고는 크게 기뻐했다.

"우리 선대인 태공이 이르기를, '장차 성인이 주나라에 올 것이고, 주나라는 그로 인해 일어날 것이다'라고 했소. 선생이 실로 그분이 아니오? 우리 태공이 선생을 기다린 지 오래되었소."

여상을 태공망이라 부르게 된 이유다. 함께 수레를 타고 돌아와 왕사로 삼았다. 혹자는 이같이 말했다.

"태공은 박학다식해 은나라 주紂를 섬겼으나 주가 포악무도한 모습을 보이자 이내 떠나버렸다. 제후들에게 유세했지만 알아주는 자를 만나지 못했다. 그러다가 마침내 서쪽으로 가 서백에게 의지하게 되었다."

혹자는 이같이 말하기도 했다.

"여상은 처사의 모습으로 바닷가에 숨어 살았다. 서백이 유리羑里에 구금되자 평소 여상을 알고 있던 산의생散宜生과 굉요閎夭가 그를 불러냈다. 여상이 말하기를, '내가 듣기에 서백은 현명하고 또 어른을 잘 모신다고 하니 어찌 그에게 가지 않겠는가?'라고 했다. 세 명은 서백을 위해 미녀와 보물을 구해 은나라 주에게 속죄의 대가로 바쳤다. 서백이 구금에서 풀려나 주나라로 돌아올 수 있었던 이유다."

이처럼 전설에 따라 여상이 주나라를 섬기게 된 경위를 달리 말한다. 그러나 요점은 하나같이 그가 주문왕과 주무왕의 스승이 되었다는 점이다. 당시 서백 희창은 유리에서 돌아온 뒤 여상과 은밀히 계책을 세운 뒤 덕행을 열심히 닦아 마침내 은나라를 무너뜨렸다. 뛰어난 용병술과 기묘한 계책을 편 덕분이다. 후대에 용병술과 주나라의 권모權謀를 말하는 자들 모두 태공을 그 효시로 존숭하는 이유다. 당시 서백이 공평한 정사를 하고, 우나라와 예芮나라의 분쟁을 해결하자 시인들이 서백을 '천명을 받은 문왕文王'이라고 기렸다. 주문왕은 숭崇과 밀수密須, 견이犬夷 등을 정벌하고, 풍豐을 크게 건설했다. 천하의 3분의 2를 주나라에 귀순하게 한 것은 대부분 태공의 계책에 따른 덕분이다.

주문왕이 죽자 주무왕이 즉위했다.● 주무왕 9년, 주무왕이 주문왕의 유업을 잇기 위해 동쪽으로 정벌에 나섰다. 제후들이 자신에게 모이는지 여부를 시험하고자 한 것이다. 군사가 출동하기에 앞서 스

● 사가史家들은 이 시기를 기원전 1056년으로 추정하고 있다.

승 상보尙父가 왼손에는 황금 장식의 도끼, 오른손에는 털이 긴 모우旄牛의 꼬리로 장식을 한 백색 군기를 들고 출정선서를 했다.

외뿔소여, 외뿔소여
너희 모두 모으라
배의 노를 맡기리니
늦게 온 자는 베리라

정벌군이 맹진盟津에 이르렀을 때 미리 기약하지 않고도 모여든 제후가 800명이나 되었다. 제후들이 입을 모아 건의했다.
"은나라 주를 칠 수 있습니다."
주무왕이 반대했다.
"아직 안 되오."
이내 군사를 돌려 돌아온 뒤 태공과 함께 《서경》〈태서太誓〉를 썼다. 2년 뒤 은나라 주가 간언을 하는 비간比幹을 죽이고, 기자箕子를 구금했다. 주무왕이 은나라 주를 치기에 앞서 거북점을 쳤다. 점괘가 불길한데다 폭풍우까지 내렸다. 여러 대신이 모두 두려워했으나 태공만은 계속 전진할 것을 강력히 권했다. 주무왕이 마침내 출정하게 된 이유다. 주무왕 11년 정월 갑자일, 목야牧野에서 출정선서를 하고 은나라 주를 쳤다. 은나라 주의 군사가 무너지자 주가 달아나 녹대鹿臺 위로 올라갔다. 주무왕이 끝까지 추격해 그의 목을 베었다. 다음날, 주무왕이 토지신의 제단 앞에 서고, 여러 대신은 맑은 물을 받들고, 위강숙 희봉姬封이 색을 입힌 자리를 펴고, 스승 상보가 제물의 짐승을 끌고, 사관史官 일佚이 죽간竹簡에 쓴 축문을 읽으며 신神에게 은나라 주의 죄를 징벌한 사실을 고했다. 이어 녹대의 돈과 거교鉅橋의 식량을 풀어 가난한 백성을 구했다. 비간의 묘를 높이 쌓고 기자의 구금을 풀었다. 구정九鼎을 주나라의 도읍으로 옮겼다. 덕분에 주나라의 정사를 정비해 온 천하를 일신할 수 있었다. 이런 일들은 대부분 왕사인 상보의 계책에 따른 것이다.

주무왕은 은나라를 평정한 뒤 천하의 왕이 되었다. 왕사인 상보를 제 땅의 영구營丘에 봉했다. 스승 상보가 봉국에 부임할 때 도중에 묵으면서 가는 것이 매우 느렸다. 여관 주인이 말했다.

"내가 듣기에 시기를 얻기는 어려워도 잃기는 쉽다고 했소. 손님은 잠자는 것이 매우 편안하니 마치 봉국에 부임하는 사람이 아닌 듯하오."

여상이 이를 듣고 밤중에 입는 옷을 걸친 채로 행진해 여명에 봉국에 닿았다. 당시 내萊나라 군주가 침공해 태공과 영구를 놓고 다투었다. 영구는 내나라 가까이에 있었다. 내나라 백성은 이족夷族이다. 은나라 주의 정사가 어지럽고, 주나라가 이제 막 성립해 먼 나라들까지는 안정시키지 못하는 것을 틈타 태공과 다툰 것이다. 태공은 봉국에 이르자 정사를 가다듬고, 그곳의 풍속을 좇았다. 의례를 간소화하고, 상공업을 장려하고, 어염魚鹽 생산을 편하게 했다. 많은 사람이 제나라에 귀순하며 제나라가 대국이 된 배경이다.

주성왕周成王이 아직 어렸을 때 관숙管叔과 채숙蔡叔이 난을 일으켰다. 회이淮夷가 주나라 왕실에 반역하자 주나라 왕실이 소강공召康公을 보내 태공에게 이같이 명했다.

"동쪽으로 바다, 서쪽으로 황하, 남쪽으로 목릉穆陵, 북쪽으로 무체無棣까지 5등급의 제후와 구주九州의 백伯에 이르는 오후구백五侯九伯

의 잘못을 제나라가 모두 징벌해도 좋다."

　제나라는 징벌의 권한을 차지한 후 대국이 되었다. 영구에 도성을 두었다. 태공이 대략 100여 세에 죽자 아들 제정공齊丁公 급伋이 즉위했다. 제정공 사후 아들 제을공齊乙公 득得, 제을공 사후 아들 제계공齊癸公 자모慈母, 제계공 사후 아들 제애공齊哀公 불신不辰이 즉위했다. 제애공 때 기후紀侯가 주나라 왕실에 제애공을 참소했다. 주나라 왕이 제애공을 팽형烹刑에 처하고 그의 동생 정靜을 세웠다. 그가 제호공齊胡公이다. 제호공은 도성을 박고薄姑로 옮겼다. 당시 주이왕周夷王의 치세였다. 제애공의 동복동생 강산姜山이 제호공을 원망했다. 자신을 따르는 무리와 함께 영구의 사람들을 이끌고 제호공을 습격해 죽이고 대신 즉위했다. 그가 제헌공齊獻公이다. 제헌공은 즉위한 해에 제호공의 자식을 모두 쫓아내고, 도성을 박고에서 임치臨菑로 옮겼다. 제헌공 9년, 제헌공이 죽자 아들 제무공齊武公 수壽가 즉위했다.

　제무공 9년, 주여왕周厲王이 달아나 체彘 땅에 머물렀다. 제무공 10년, 주나라 왕실이 혼란해지자 대신들이 왕 대신 정사를 펼쳤다. 이 시기를 공화共和로 부른다. 제무공 20년, 주선왕周宣王이 즉위했다. 제무공이 즉위한 지 26년 만에 죽자 아들 제여공齊厲公 무기無忌가 즉위했다. 제여공은 포악한 정사를 펼쳤다. 죽은 제호공의 아들이 다시 제나라 도성 임치에 들어오자 제나라 백성이 그를 옹립한 뒤 그와 함께 제여공을 공격해 죽였다. 제호공의 아들도 이 싸움에서 죽었다. 제나라 백성이 제여공의 아들 적赤을 옹립했다. 그가 제문공齊文公이다. 제문공은 제여공을 죽인 일흔 명을 모두 사형에 처했다.

　●● 太公望呂尚者, 東海上人. 其先祖嘗爲四嶽, 佐禹平水土甚有功. 虞夏之際封於呂, 或封於申, 姓姜氏. 夏商之時, 申·呂或封枝庶子孫,或爲庶人, 尙其後苗裔也. 本姓姜氏, 從其封姓, 故曰呂尙. 呂尙蓋嘗窮困, 年老矣, 以漁釣奸周西伯. 西伯將出獵, 卜之, 曰, "所獲非龍非彲, 非虎非羆, 所獲霸王之輔." 於是周西伯獵, 果遇太公於渭之陽, 與語大說, 曰, "自吾先君太公曰 '當有聖人適周, 周以興'. 子眞是邪? 吾太公望子久矣." 故號之曰'太公望', 載與俱歸, 立爲師. 或曰, "太公博聞, 嘗事紂. 紂無道, 去之. 遊說諸侯, 無所遇, 而卒西歸周西伯." 或曰, "呂尙處士, 隱海濱. 周西伯拘羑里, 散宜生 · 閎夭素知而招呂尙. 呂尙亦曰, '吾聞西伯賢, 又善養老, 盍往焉.' 三人者爲西伯求美女奇物, 獻之於紂, 以贖西伯. 西伯得以出, 反國."

言呂尙所以事周雖異, 然要之爲文武師. 周西伯昌之脫羑里歸, 與呂尙陰謀修德以傾商政, 其事多兵權與奇計, 故後世之言兵及周之陰權皆宗太公爲本謀. 周西伯政平, 及斷虞芮之訟, 而詩人稱西伯受命曰文王. 伐崇 · 密須 · 犬夷, 大作豐邑. 天下三分, 其二歸周者, 太公之謀計居多. 文王崩, 武王卽位. 九年, 欲修文王業, 東伐以觀諸侯集否. 師行, 師尙父左杖黃鉞, 右把白旄以誓, 曰, "蒼兕蒼兕, 總爾衆庶, 與爾舟楫, 後至者斬!" 遂至盟津. 諸侯不期而會者八百諸侯. 諸侯皆曰, "紂可伐也." 武王曰, "未可." 還師, 與太公作此太誓.

居二年, 紂殺王子比干, 囚箕子. 武王將伐紂, 卜龜兆, 不吉, 風雨暴至. 群公盡懼, 唯太公彊之勸武王, 武王於是遂行. 十一年正月甲子, 誓於牧野, 伐商紂. 紂師敗績. 紂反走, 登鹿, 臺遂追斬紂. 明日, 武王立于社, 群公奉明水, 衛康叔封布采席, 師尙父牽牲, 史佚策祝, 以告神討紂之罪. 散鹿臺之錢, 發鉅橋之粟, 以振貧民. 封比干墓, 釋箕子囚. 遷九鼎, 脩周政, 與天下更始. 師尙父謀居多. 於是武王已平商而王天下, 封師尙父於齊營丘. 東就國, 道宿行遲. 逆旅之人曰, "吾聞時難得而易

失. 客寢甚安, 殆非就國者也." 太公聞之, 夜衣而行, 犁明至國. 萊侯來
伐, 與之爭營丘. 營丘邊萊. 萊人, 夷也, 會紂之亂而周初定, 未能集遠
方, 是以與太公爭國. 太公至國, 脩政, 因其俗, 簡其禮, 通商工之業, 便
魚鹽之利, 而人民多歸齊, 齊爲大國. 及周成王少時, 管蔡作亂, 淮夷畔
周, 乃使召康公命太公曰, "東至海, 西至河, 南至穆陵, 北至無棣, 五侯
九伯, 實得征之." 齊由此得征伐, 爲大國. 都營丘. 蓋太公之卒百有餘
年, 子丁公呂伋立. 丁公卒, 子乙公得立. 乙公卒, 子癸公慈母立. 癸公
卒, 子哀公不辰立. 哀公時, 紀侯譖之周, 周烹哀公而立其弟靜, 是爲胡
公. 胡公徙都薄姑, 而當周夷王之時. 哀公之同母少弟山怨胡公, 乃與
其黨率營丘人襲攻殺胡公而自立, 是爲獻公. 獻公元年, 盡逐胡公子,
因徙薄姑都, 治臨菑. 九年, 獻公卒, 子武公壽立. 武公九年, 周厲王出
奔, 居彘. 十年, 王室亂, 大臣行政, 號曰 '共和'. 二十四年, 周宣王初
立. 二十六年, 武公卒, 子厲公無忌立. 厲公暴虐, 故胡公子復入齊, 齊
人欲立之, 乃與攻殺厲公. 胡公子亦戰死. 齊人乃立厲公子赤爲君, 是
爲文公, 而誅殺厲公者七十人.

희양세가

제문공이 즉위한 지 20년 만에 죽자 아들 제성공齊成公 탈脫이 즉위
했다. 제성공이 즉위한 지 9년 만에 죽자 아들 제장공齊莊公 구購가 즉
위했다. 제장공 24년, 견융犬戎이 주유왕周幽王을 죽이자 주나라 왕실
이 동쪽 낙읍雒邑으로 천도했다. 진秦나라가 처음으로 제후의 반열에
들었다. 제장공 56년, 진晉나라 백성이 군주인 진소후晉昭侯를 시해했

다. 제장공 64년, 제장공이 죽자 아들 제희공齊釐公 녹보祿甫가 즉위했다. 제희공 9년, 노은공魯隱公이 즉위했다. 제희공 19년, 노환공魯桓公이 형인 노은공을 시해하고 대신 즉위했다. 제희공 25년, 북융北戎이 제나라를 침공했다. 정나라가 태자 홀忽을 보내 제나라를 도와주었다. 제나라 왕이 그에게 딸을 시집보내려 하자 홀이 사양했다.

"정나라는 작고 제나라는 크니 저의 짝이 아닙니다."

제희공 32년, 제희공의 동복동생 이중년夷仲年이 죽었다. 제희공이 이중년의 아들 공손公孫 무지無知를 사랑해 녹봉과 의복 등을 태자와 똑같이 해주도록 명했다. 제희공 33년, 제희공이 죽자 태자 제예諸兒가 즉위했다. 그가 제양공齊襄公이다. 제양공 원년, 제양공은 일찍이 태자였을 때 무지와 싸운 적이 있다. 즉위 후 무지의 녹봉과 의복 등의 봉양을 없앴다. 무지가 원한을 품었다. 제양공 4년, 노환공이 부인과 함께 제나라로 왔다. 제양공은 전에 노환공의 부인과 사통했다. 노환공의 부인은 제양공의 이복 여동생이다. 제희공 때 노환공에게 시집가서 그의 부인이 되었다. 노환공과 함께 제나라에 오자 제양공이 다시 그녀와 사통한 것이다. 노환공이 이를 알고 부인에게 화를 내자 부인이 이를 제양공에게 알렸다. 제양공은 노환공과 함께 술을 마시며 그를 크게 취하게 만든 뒤 역사力士 팽생彭生에게 수레에서 노환공의 갈비뼈를 부러뜨려 그를 죽이게 시켰다. 수레에서 내려왔을 때 노환공은 이미 죽어 있었다. 노나라가 이를 비난하자 제양공이 팽생을 죽여 노나라에 사과했다.

제양공 8년, 기紀나라를 쳤다. 기나라가 도성을 옮겼다. 제양공 12년, 당초 양공은 대부 연칭連稱·관지보管至父를 규구葵丘에 보내 국경을 수비하게 했다. 근무기간은 오이가 날 때 갔다가 다음해에 오이가 날 때까지였다. 이들이 수비를 간 지 1년이 되어 오이가 날 때가 지났다. 제양공이 교대할 병사를 보내지 않았다. 어떤 자가 이들을 교대시켜줄 것을 청했으나 제양공이 허락지 않았다. 연칭과 관지보가 대로한 나머지 무지와 손을 잡고 난을 꾀했다. 연칭에게는 궁녀이면서 총애를 받지 못한 사촌 누이가 있었다. 연칭이 그녀에게 제양공의 틈을 살피게 하면서 이같이 약속했다.

"일이 성공하면 너는 무지의 부인이 된다."

이해 겨울 12월, 제양공이 고분姑棻에 놀러 나갔다가 내친 김에 패구沛丘까지 사냥을 나갔다. 제양공이 멧돼지를 발견했다. 종자가 외쳤다.

"팽생이다!"

제양공이 노해 멧돼지를 쏘아 맞추자 멧돼지가 사람처럼 서서 울부짖었다. 제양공이 크게 놀라 수레 아래로 떨어져 발을 다치고 신발을 잃어버렸다. 궁으로 돌아온 뒤 신발을 책임지는 역인役人 불茀●에게 300대의 채찍질을 가했다. 제양공이 다쳤다는 소식을 들은 무지·연칭·관지보 등이 무리를 이끌고 궁을 습격했다. 이때 궁에서 나오던 불과 마주쳤다. 불이 말했다.

"궁궐을 들이쳐 놀라게 하는 것을 잠시 멈추시오. 궁궐 사람들을 놀라게 했다가는 들어가기가 쉽지 않소."

무지가 믿지 않자 불이 제양공에게 맞은 상처를 보여주었다. 불의 말을 믿은 무지 일행은 궁 밖에서 기다리면서 불을 먼저 안으로 들여보냈다. 불이 먼저 들어가 곧바로 제양공을 문틈에 숨겼다. 한참이

● 《춘추좌전》에는 비費로 나온다.

지나자 무지 등이 두려움을 견디지 못해 궁 안으로 들이닥쳤다. 불
이 궁중의 호위병 및 제양공의 총신寵臣들과 합세해 무지 등에게 반
격했으나 모두 죽고 말았다. 무지가 방 안으로 들어가 제양공을 찾
으려 했으나 찾지 못했다. 이때 누군가가 문틈에 발이 있는 것을 발
견했다. 문을 젖히니 제양공이 있었다. 무지가 곧 그를 죽이고 즉위
했다.

●● 文公十二年卒, 子成公脫立. 成公九年卒, 子莊公購立. 莊公
二十四年, 犬戎殺幽王, 周東徙雒. 秦始列爲諸侯. 五十六年, 晉弑其君
昭侯. 六十四年, 莊公卒, 子釐公祿甫立. 釐公九年, 魯隱公初立. 十九
年, 魯桓公弑其兄隱公而自立爲君. 二十五年, 北戎伐齊. 鄭使太子忽
來救齊, 齊欲妻之. 忽曰, "鄭小齊大, 非我敵." 遂辭之. 三十二年, 釐
公同母弟夷仲年死. 其子曰公孫無知, 釐公愛之, 令其秩服奉養比太
子. 三十三年, 釐公卒, 太子諸兒立, 是爲襄公. 襄公元年, 始爲太子時,
嘗與無知, 及立, 紲無知秩服, 無知怨. 四年, 魯桓公與夫人如齊. 齊襄
公故嘗私通魯夫人. 魯夫人者, 襄公女弟也, 自公時嫁爲魯桓公婦, 及
桓公來而襄公復通焉. 魯桓公知之, 怒夫人, 夫人以告齊襄公. 齊襄公
與魯君飮, 醉之, 使力士彭生抱上魯君車, 因拉殺魯桓公, 桓公下車則
死矣. 魯人以爲讓, 而齊襄公殺彭生以謝魯. 八年, 伐紀, 紀遷去其邑.
十二年, 初, 襄公使連稱·管至父戍葵丘, 瓜時而往, 及瓜而代. 往戍一
歲, 卒瓜時而公弗爲發代. 或爲請代, 公弗許. 故此二人怒, 因公孫無知
謀作亂. 連稱有從妹在公宮, 無寵, 使之襄公, 曰, "事成以女爲無知夫
人." 冬十二月, 襄公遊姑棼, 遂獵沛丘. 見彘, 從者曰, "彭生." 公怒, 射
之, 彘人立而啼. 公懼, 墜車傷足, 失屨. 反而鞭主屨者三百. 出宮, 而無
知·連稱·管至父等聞公傷, 乃遂率其衆襲宮. 逢主屨茀, 茀曰, "且無

入驚宮, 驚宮未易入也." 無知弗信, 茀示之創, 乃信之. 待宮外, 令茀先入. 茀先入, 卽匿襄公戶閒. 良久, 無知等恐, 遂入宮. 茀反與宮中及公之幸臣攻無知等, 不勝, 皆死. 無知入宮, 求公不得. 或見人足於戶閒, 發視, 乃襄公, 遂弑之, 而無知自立爲齊君.

제환공세가

제환공 원년 봄, 제나라 군주 무지가 옹림雍林으로 놀러 갔다. 옹림 출신 가운데 일찍이 무지에게 원한을 품은 자들이 있었다. 그가 놀러온 것을 틈타 습격해 죽인 뒤 제나라 대부에게 고했다.

"무지가 양공을 시해하고 대신 즉위했기에 저희가 삼가 처단했습니다. 대부가 새로이 공자들 가운데 합당한 자를 세우면 저희는 명을 받들겠습니다."

당초 제양공은 노환공을 술에 취하게 만든 뒤 팽생을 시켜 죽이고 그 부인과 사통했다. 이후 부당한 처벌로 사람을 죽이는 일이 잦았고, 여색에 빠져 지냈다. 누차 대신들을 속이는 행동을 하자 여러 동생은 그 재앙이 자신들에게 미칠까 두려워했다. 둘째 공자 규糾는 외가인 노나라로 도망쳤다. 그 모친은 노후魯侯의 딸이다. 관중과 소홀召忽이 그를 보필했다. 이후 그의 이복동생 소백小白이 외가인 거莒나라로 도망쳤다. 포숙鮑叔이 그를 보필했다. 소백의 모친은 위공衛公의 딸로 제희공의 총애를 입었다.

소백은 어려서부터 대신 고혜高傒를 좋아했다. 옹림의 사람들이 무지를 죽인 덕분에 새 군주를 옹립하는 문제를 논의하게 되자 고혜와

국의중國懿仲은 먼저 거나라로 망명한 소백을 몰래 불러들였다. 이 때 노나라도 무지가 죽었다는 이야기를 듣고 군사를 동원해 공자 규를 호송했다. 관중에게는 따로 군사를 이끌고 가 거나라에서 제나라로 들어오는 길을 막게 했다. 관중이 소백을 쏘아 맞추었다. 관중이 쏜 화살이 허리띠 갈고리 부분을 맞추었고, 이에 소백은 죽은 시늉을 했다. 관중은 사람을 시켜 말을 타고 급히 달려가 이를 보고하도록 했다. 크게 안심한 노나라 군사는 공자 규를 호송하는 행군을 늦추어 엿새 만에 제나라 경계에 닿았다. 이때는 이미 고혜가 먼저 입국한 공자 소백을 옹립한 뒤였다. 그가 제환공이다.

제환공은 관중이 쏜 화실이 허리띠 갈고리 부분을 맞추자 죽은 시늉을 해 관중을 오판하도록 만든 뒤 침대 수레인 온거溫車를 타고 내달렸던 것이다. 당시 제나라 안에서는 고혜와 국의중의 호응이 있었다. 소백은 제나라에 먼저 들어간 덕분에 곧바로 즉위할 수 있었고, 또 군사를 풀어 노나라 군사를 막을 수 있었다. 이해 가을, 제나라 군사가 노나라 군사와 간시乾時에서 싸웠다. 노나라 군사가 패주했다. 제나라가 노나라 군사의 퇴로를 차단하는 바람에 노장공이 간신히 귀국할 수 있었다. 제환공이 노장공에게 서신을 보냈다.

공자 규는 형제라 차마 죽이지 못하겠으니 노후 스스로 그를 죽이기 바라오. 소홀과 관중은 나와는 원수지간이니 내 직접 이들을 잡아 죽인 뒤 젓갈을 담아 기분을 풀고자 하오. 노후가 이를 좇지 않으면 곧 노나라 도성을 포위할 것이오.

노나라 백성은 이를 걱정한 나머지 공자 규를 생두笙瀆에서 죽였다. 소홀은 주군을 좇아 자진했으나 관중은 구금되기를 청했다. 당초 제환공은 즉위 직후 군사를 보내 노나라를 칠 때까지만 해도 관중을 죽일 생각이었다. 포숙아鮑叔牙가 만류했다.

"저는 다행히도 군주를 섬기게 되었다가 군주가 마침내 즉위했습니다. 군주가 이미 지존이 되었으니 저로서는 더는 높여드릴 것이 없습니다. 군주가 장차 제나라만 다스리시고자 하면 고혜와 저 포숙아로도 충분할 것입니다. 그러나 군주가 이제 패왕이 되고자 하면 관이오管夷吾(관중)가 없어서는 안 됩니다. 관이오가 보필하는 나라는 장차 그 위세가 커지게 될 것입니다. 그를 놓쳐서는 안 되는 이유입니다."

제환공이 그의 말을 좇았다. 당시 제환공이 노나라에 서신을 보낸 것은 겉으로는 관중을 잡아 죽여 기분을 풀려는 것이었으나 사실은 그를 등용하려는 것이었다. 관중도 이를 알고 일부러 구금되어 돌아가기를 청했다. 포숙아는 관중을 영접해 당부堂阜에 이른 뒤 관중의 족쇄와 수갑을 풀어주었다. 이어 목욕재계로 재앙을 떨어낸 뒤 제환공을 조현하게 했다. 제환공이 관중을 두터이 예우하며 대부로 삼아 정사를 맡겼다. 제환공은 관중을 얻고 포숙아를 비롯해 습붕隰朋·고혜 등과 함께 제나라의 정사를 가다듬었다. 5호를 기초로 하는 군사 조직을 만들고, 화폐를 주조하며 어로漁撈와 제염製鹽 등의 이용후생 조치를 취하고, 빈궁한 자들을 구제하고 능력 있는 현사賢士들을 등용해 우대했다. 제나라 백성 모두 크게 기뻐했다.

제환공 2년, 담郯나라를 쳐서 멸했다. 담나라 군주가 거나라로 달아났다. 전날 제환공이 도망칠 때 담나라를 지난 적이 있다. 담나라가 무례하게 굴었기에 이들을 친 것이다. 제환공 5년, 노나라를 쳤다.

노나라 장수가 이끄는 군사가 패했다. 노장공이 수遂 땅을 바치며 강화를 청했다. 제환공이 이를 허락해 가柯 땅에서 노장공과 회맹했다. 노장공이 맹서하려 할 때 조말曹沫*이 단壇 위에서 비수로 제환공을 위협하며 말했다.

"빼앗은 노나라 땅을 돌려주시오."

제환공은 이를 수락하자 조말이 비수를 치우고 북쪽을 바라보며 신하의 자리에 섰다. 제환공이 이내 후회하며 땅을 반환하지 않고 조말을 죽이고자 했다. 관중이 만류했다.

"협박당해 승낙했다가 약속을 저버리고 그를 죽이는 것은 한때의 작은 기분풀이에 지나지 않습니다. 그러나 이로써 제후들에게 신의를 잃게 되고, 나아가 천하의 지지마저 잃게 됩니다. 이는 불가합니다."

제나라가 곧 조말이 세 번의 싸움에서 잃은 땅을 노나라에게 돌려주었다. 제후들이 이 소식을 듣고는 모두 제나라를 신뢰하며 의지하고자 했다. 제환공 7년, 제후들이 견甄 땅에서 제환공과 회맹했다. 제환공이 처음으로 패권을 잡은 계기다. 제환공 14년, 진여공陳厲公 약躍의 아들로 시호諡號가 경중敬仲인 진완陳完이 제나라로 망명해왔다. 제환공이 그를 경으로 등용하고자 했으나 그가 사양했다. 이에 공정工正으로 삼았다. 그가 전국시대 초기 제나라를 찬탈한 전성자田成子 전상의 선조다.

제환공 23년, 산융山戎이 연나라를 치자 연나라가 황급히 제나라

● 조말의 이름이 다양하다. 《춘추좌전》과 《춘추곡량전春秋穀梁傳》 및 《국어》에는 조귀曹劌, 《여씨춘추呂氏春秋》에는 조홰曹翽, 《전국책戰國策》과 《사기》는 조말로 되어 있다. 《춘추공양전春秋公羊傳》은 이름을 생략한 채 조자曹子로 표현해놓았다.

에게 도움을 청했다. 제환공이 연나라를 구하기 위해 산융을 치고 고죽孤竹까지 갔다가 환군했다. 연장공燕莊公이 제환공을 전송하다가 제나라의 경내까지 들어왔다. 제환공이 말했다.

"천자가 아니면 제후는 영토 밖까지 나가 전송하지 않소. 나는 연나라에 대해 예의를 갖추지 않을 수 없소."

그러고는 도랑을 파서 경계로 삼은 뒤 연장공이 마중 나온 곳까지 연나라에게 넘겨주었다. 이어 연장공에게 옛 연소공燕召公의 덕정德政을 다시 펼 것을 당부하고, 옛 주성왕과 주강왕周康王 때처럼 주나라 왕실에 공물을 충실히 바칠 것을 명했다. 제후들이 이를 듣고는 모두 제나라를 좇았다. 제환공 27년, 노민공魯湣公의 모친 애강哀姜은 제환공의 여동생으로, 노나라 공자 경보慶父와 통간했다. 경보가 노민공을 시해했다. 애강은 경보를 옹립하고자 했다. 노나라 백성은 노희공魯釐公을 옹립했다. 제환공이 애강을 소환해 죽였다. 제환공 28년, 위문공衛文公이 적狄나라에게 침공을 당하자 제나라에 위급을 알렸다. 제나라가 제후들을 이끌고 초구楚丘에 성을 쌓고 위衛나라 군주를 옹립했다.

제환공 29년, 제환공이 부인 채희蔡姬와 뱃놀이를 했다. 물에 익숙한 채희가 배를 흔들자 제환공이 두려워하며 멈출 것을 명했지만 채희가 듣지 않았다. 제환공이 배에서 내린 뒤 화를 내며 채희를 친정으로 돌려보냈다. 그러나 채나라와 국교를 끊지는 않았다. 채후蔡侯가 화를 내며 채희를 다른 곳으로 시집보냈다. 제환공이 대로한 나머지 군사를 일으켜 채나라를 쳤다. 제환공 30년 봄, 제환공이 제후들을 이끌고 채나라를 치자 채나라가 무너졌다. 여세를 몰아 초나라를 쳤다. 초성왕楚成王이 군사를 일으켜 저지에 나서면서 사자를 보내 물었다.

"무슨 연고로 내 땅을 밟은 것이오?"

관중이 제환공을 대신해 대답했다.

"전에 소강공이 우리 태공에게 말하기를, '5등급의 제후와 구주의
백에 이르는 잘못을 제나라가 모두 징벌해도 좋으니 주나라 왕실을
충실히 보좌하도록 하라'고 했소. 그러면서 우리 선대 군주에게 동
쪽으로는 바다, 서쪽으로는 황하, 남쪽으로는 목릉, 북쪽으로는 무체
에 이르기까지 모두 관할하게 했소. 초나라의 공물인 포모包茅*가 들
어오지 않아 주나라 왕실 제사가 제 모습을 갖출 수 없는 까닭에 질
책하러 온 것이오. 또 주소왕周昭王이 남쪽으로 순수巡狩**하러 갔다가
환공하지 못한 책임을 문책하러 왔소."

초성왕이 사자의 입을 빌려 말했다.

"공물이 올라가지 않은 것은 과군寡君의 잘못이오. 이후 어찌 감히
바치지 않을 수 있겠소? 그러나 주소왕이 순수하러 나갔다가 돌아오
지 못한 것은 한수에게 물어보시오."

제나라 군사가 형陘 땅에 진주進駐했다. 여름이 되어 초왕이 굴완屈
完을 시켜 군사를 이끌고 가 제나라에 대항하게 했다. 제나라 군사가
소릉召陵으로 물러났다. 제환공이 굴완에게 제나라 군사의 수가 많은
것을 뽐내자 굴완이 말했다.

"군주가 도의를 따져서 행동하면 가능할 것입니다. 그리하지 않을
경우 초나라는 방성方城으로 이어진 봉우리를 성으로 삼고, 장강과

● 장강長江과 회수淮水 일대에서 나는 띠 풀을 말한다. 제사나 봉선封禪을 할 때 이것을 이용
해 술을 걸렀다. 삼척모三脊茅로도 불린다.
●● 천자가 제후의 나라를 순회하며 시찰하는 것을 뜻한다.

한수를 해자孩子로 삼아 대항할 것입니다. 그러면 군주가 어떻게 전진할 수 있겠습니까?"

제환공은 굴완과 맹약을 맺고 물러갔다. 제환공이 철군 도중 진陳나라를 경유했다. 진나라의 원도도袁濤塗가 제나라 군사를 속여 동쪽으로 우회하도록 했다가 발각되었다. 이해 가을, 제나라가 진陳나라를 쳤다. 이해에 진晉나라 태자 신생申生이 죽었다.

제환공 35년 여름, 제후들과 규구에서 회맹했다. 주양왕周襄王이 제환공에게 조정대신 재공宰孔을 보내 주문왕·주무왕에게 제사 지냈던 고기와 주홍색의 화살 및 큰 수레를 하사했다. 엎드려 절하지 말도록 명하자 제환공이 이를 받아들이려 했다. 관중이 간하자 이내 섬돌 아래로 내려가 엎드려 절하고 하사품을 받았다. 이해 가을, 다시 제후들을 모아 규구에서 회맹했다. 제환공이 더욱 교만한 기색을 띠었다. 주나라 왕실은 재공을 회맹에 보냈다. 제후들 내에 이반하는 자들이 있었다. 진헌공은 병이 나 늦게 오다가 재공과 마주쳤다. 재공이 만류했다.

"제후齊侯는 교만해졌소, 가지 마시오."

이해에 진헌공이 죽고 대부 이극里克이 공자 해제奚齊와 탁자卓子를 시해했다. 진목공秦穆公이 진晉나라 공자 이오의 이복누이인 부인을 위해 이오를 진晉나라로 들여보내 보위에 앉히고자 했다. 당시 제환공도 진晉나라의 변란을 평정하기 위해 고량高粱에 이른 뒤 습붕을 들여보내 이오를 옹립한 후 철군했다. 이때 주나라 왕실은 쇠미해졌고, 제나라와 초나라 및 진晉나라만 강해졌다. 진晉나라는 처음으로 회맹에 참여한데다 진헌공 사후라 국내가 혼란해졌다. 진목공은 나라가 멀고 외져서 중원의 회맹에 참여하지 않았다. 초성왕은 이제 막 형만 땅을 복속시킴으로써 이적夷狄이 스스로 나라를 세운 셈이 되었다. 오직 제나라만 중원의 회맹을 주재한 이유다. 제환공이 덕을 잘 선양한 덕분에 제후들이 회맹에 참여했다. 제환공이 봉선할 뜻을 밝혔다.

"과인은 남쪽을 정벌해 소릉까지 이르러 웅산熊山을 바라보았고, 북쪽으로 산융·이지離枝·고죽을 쳤소. 서쪽으로 대하大夏를 정벌해 유사流沙를 경유했고, 발굽을 싼 말을 수레에 매달고 태항산太行山에 올라 비이산卑耳山에 이른 뒤 돌아왔소. 제후들 가운데 아무도 과인의 명을 거스르지 못했소. 과인은 전쟁을 위한 세 번의 회맹과 평화를 위한 여섯 번의 회맹으로 제후들을 도합 아홉 번 규합했고, 나아가 천하의 주나라 왕실의 내분을 한 번 바로잡았소. 옛날 하·은·주 삼대三代의 왕이 천명을 받은 것과 이 일들이 무엇이 다르겠소? 과인도 옛날의 제왕들처럼 태산泰山에서 하늘에 제사를 받들고, 양보산梁父山에서 땅에 제사를 받들고자 하오."

관중이 만류했으나 듣지 않았다. 먼 지방에서 진기한 보물이 이르고 나서야 봉선할 수 있다고 설득하자 겨우 받아들였다. 제환공 38년, 주양왕의 동생인 왕자 대帶가 융戎·적翟과 공모해 주나라를 쳤다. 제환공이 관중을 보내 주나라에서 융을 평정하게 했다. 주양왕이 관중을 상경上卿의 예로 접견하고자 했다. 관중이 엎드려 절하며 사양했다.

"저는 군왕의 신하를 섬기는 신하[陪臣]인데 어찌 감히 그럴 수 있겠습니까!"

세 번을 사양한 뒤 하경下卿의 예를 받아들여 주양왕을 조현했다. 제환공 39년, 주양왕의 동생 대가 제나라로 망명했다. 제나라가 중손

仲孫을 보내 주양왕에게 대신 사죄했다. 주양왕이 화를 내며 듣지 않았다. 제환공 41년, 진목공이 진혜공晉惠公을 생포했다가 다시 돌려보냈다. 이해에 관중과 습붕이 모두 죽었다. 관중이 병이 났을 때 제환공이 문병 차 찾아갔다가 물었다.

"여러 신하 가운데 누가 재상이 될 만하오?"

"군주보다 신하를 더 잘 아는 사람은 없습니다."

제환공이 물었다.

"역아易牙는 어떻소?"

"제 자식을 죽여 군주에 영합했으니 인정에 어긋납니다. 불가합니다."

"개방開方은 어떻소?"

"부모를 배반하고 군주에게 영합했으니 인정에 어긋납니다. 가까이 두기 어렵습니다."

"수조豎刁•는 어떻소?"

"자신의 생식기를 갈라 군주에게 영합했으니 인정에 어긋납니다. 친애하기 어렵습니다."

관중이 죽자 제환공은 관중의 말을 듣지 않고 이 세 명을 가까이 두어 중용했다. 이 세 명이 전횡한 배경이다. 제환공 42년, 융이 주나라를 치자 주나라가 제나라에 급히 도움을 청했다. 제나라가 제후들에게 명해 각기 군사를 보내 주나라 왕실을 수비하게 했다. 이해에 진나라 공자 중이重耳가 제나라로 왔다. 제환공이 그에게 딸을 시집보냈다.

• 원문에는 수도豎刀로 나오나 《춘추좌전》과 《한서》〈고금인표서古今人表序〉에는 수초豎貂, 《관자》에는 수조와 수초가 같이 나온다. 수도의 도刀는 조刁의 가차 내지 오자로 보인다.

제환공 43년, 원래 제환공에게는 왕희王姬·서희徐姬·채희 등 세 명의 부인이 있었다. 모두 아들이 없었다. 제환공은 여색을 좋아해 총애하는 희첩姬妾이 많았다. 부인과 같은 예우를 받는 자가 여섯 명이나 있었다. 장위희長衛姬는 공자 무궤無詭, 소위희少衛姬는 제혜공齊惠公 원元, 정희鄭姬는 제효공齊孝公 소昭, 갈영葛嬴은 제소공齊昭公 반潘, 밀희蜜姬는 제의공齊懿公 상인商人, 송화자宋華子는 공자 옹雍을 낳았다. 제환공과 관중은 훗날 제효공으로 즉위하는 공자 소의 앞날을 송양공宋襄公에게 부탁하며 태자로 세웠다. 옹무雍巫(역아)는 장위희의 총애를 입었다. 내관인 수조를 통해 제환공에게 많은 예물을 바쳐 제환공의 총애를 입었다. 제환공은 이들에게 무궤를 태자로 세울 것을 허락했다. 관중이 죽자 다섯 공자 모두 태자가 되려 했다.

이해 겨울 10월 을해일, 제환공이 죽었다. 역아는 궁중에 들어가 수조와 함께 궁중의 총신들에 의지해 여러 대부를 죽이고 공자 무궤를 옹립했다. 태자인 공자 소가 송나라로 달아났다. 제환공이 병이 났을 때 다섯 공자는 각자 당파를 이루어 보위를 다투었다. 제환공이 숨을 거두자 마침내 서로 공격하는 지경에 이르렀다. 궁중이 텅 비어 감히 나서서 제환공의 시신을 입관시킬 자가 없었다. 제환공의 시신이 침상에서 67일이나 방치되자 시신의 구더기가 문 밖까지 기어 나왔다. 이해 12월 을해일, 무궤가 즉위한 뒤 입관과 부고計告를 했다. 12월 신사일 밤, 대렴大殮을 하고 빈소에 안치했다.

제환공은 10여 명의 아들이 있었다. 나중에 보위에 오른 자가 모두 다섯 명이다. 무궤는 즉위 서른 달 만에 죽어 시호가 없다. 이후 차례로 제효공 소·제소공 반·제의공 상인·제혜공 원이 즉위했다. 제효공 원년 3월, 송양공이 제후의 군사를 이끌고 공자 소를 호위해 돌려보내면서 제나라를 쳤다. 제나라 백성이 이를 두려워해 군주 무 지를 죽였다. 제나라 백성이 태자 소를 옹립하려 하자 네 명의 공자 무리가 공자 소를 쳤다. 공자 소가 송나라로 달아나자 송나라가 네 명의 공자 무리와 싸웠다. 이해 5월, 송나라가 네 명의 공자 무리를 격파하고 공자 소를 옹립했다. 그가 제효공이다. 송나라는 제환공와 관중이 이들에게 공자 소를 맡겼기에 제나라로 와 네 명의 공자 무리를 친 것이다. 변란으로 인해 이해 8월에야 비로소 제환공을 안장할 수 있었다.

●● 桓公元年春, 齊君無知遊於雍林. 雍林人嘗有怨無知, 及其往遊, 雍林人襲殺無知, 告齊大夫曰, "無知弑襄公自立, 臣謹行誅. 唯大夫更立公子之當立者, 唯命是聽." 初, 襄公之醉殺魯桓公, 通其夫人, 殺誅數不當, 淫於婦人, 數欺大臣, 群弟恐禍及, 故次弟糾奔魯. 其母魯女也. 管仲·召忽傅之. 次弟小白奔莒, 鮑叔傅之. 小白母, 衛女也, 有寵於釐公. 小白自少好善大夫高傒. 及雍林人殺無知, 議立君, 高·國先陰召小白於莒. 魯聞無知死, 亦發兵送公子糾, 而使管仲別將兵遮莒道, 射中小白帶鉤. 小白詳死, 管仲使人馳報魯. 魯送糾者行益遲, 六日至齊, 則小白已入, 高傒立之, 是爲桓公. 桓公之中鉤, 詳死以誤管仲, 已而載溫車中馳行, 亦有高·國內應, 故得先入立, 發兵距魯. 秋, 與魯戰于乾時, 魯兵敗走, 齊兵掩絶魯歸道. 齊遺魯書曰, "子糾兄弟, 弗忍誅, 請魯自殺之. 召忽·管仲讎也, 請得而甘心醢之. 不然, 將圍魯." 魯人患之, 遂殺子糾于笙瀆. 召忽自殺, 管仲請囚. 桓公之立, 發兵攻魯, 心欲殺管仲. 鮑叔牙曰, "臣幸得從君, 君竟以立. 君之尊, 臣無以增君. 君將治齊, 卽高與叔牙足也. 君且欲霸王, 非管夷吾不可. 夷吾所居國國重, 不可失也." 於是桓公從之. 乃詳爲召管仲欲甘心, 實欲用之. 管仲知之, 故請往. 鮑叔牙迎受管仲, 及堂阜而脫桎梏, 齋祓而見桓公. 桓公厚禮以爲大夫, 任政. 桓公旣得管仲, 與鮑叔·隰朋·高傒修齊國政, 連五家之兵, 設輕重魚鹽之利, 以贍貧窮, 祿賢能, 齊人皆說. 二年, 伐滅郯, 郯子奔莒. 初, 桓公亡時, 過郯, 郯無禮, 故伐之. 五年, 伐魯, 魯將師敗. 魯莊公請獻遂邑以平, 桓公許, 與魯會柯而盟. 魯將盟, 曹沫以匕首劫桓公於壇上, 曰, "反魯之侵地!" 桓公許之. 已而曹沫去匕首, 北面就臣位. 桓公後悔, 欲無與魯地而殺曹沫. 管仲曰, "夫劫許之而倍信殺之, 愈一小快耳, 而棄信於諸侯, 失天下之援, 不可." 於是遂與曹沫三敗所亡地於魯. 諸侯聞之, 皆信齊而欲附焉. 七年, 諸侯會桓公於甄, 而桓公於是始霸焉. 十四年, 陳厲公子完, 號敬仲, 來奔齊. 齊桓公欲以爲卿, 讓, 於是以爲工正. 田成子常之祖也. 二十三年, 山戎伐燕, 燕告急於齊. 齊桓公救燕, 遂伐山戎, 至于孤竹而還. 燕莊公遂送桓公入齊境. 桓公曰, "非天子, 諸侯相送不出境, 吾不可以無禮於燕." 於是分溝割燕君所至與燕, 命燕君復修召公之政, 納貢于周, 如成康之時. 諸侯聞之, 皆從齊. 二十七年, 魯釐公母曰哀姜, 桓公女弟也. 哀姜淫於魯公子慶父, 慶父弒湣公, 哀姜欲立慶父, 魯人更立釐公. 桓公召哀姜, 殺之. 二十八年, 衛文公有狄亂, 告急於齊. 齊率諸侯城楚丘而立衛君. 二十九年, 桓公與夫人蔡姬戲船中. 蔡姬習水, 蕩公, 公懼, 止之, 不止, 出船, 怒, 歸蔡姬, 弗絶. 蔡亦怒, 嫁其女. 桓公聞而怒, 興師往伐. 三十年春, 齊桓公率諸侯伐蔡, 蔡潰. 遂伐楚. 楚成王興師問曰, "何故涉吾地?" 管仲對曰, "昔召康公命我先君太公曰, '五侯九伯, 若實征之, 以夾輔周室.' 賜我先君履, 東至海, 西至河, 南至穆陵, 北至無棣. 楚貢包茅不入, 王祭不具, 是以來責. 昭王南征不復, 是以來問." 楚王曰, "貢之不入, 有之, 寡人罪也, 敢不共乎! 昭王之出不復, 君其問之水濱." 齊

師進次于陘. 夏, 楚王使屈完將兵扞齊, 齊師退次召陵. 桓公矜屈完以
其衆. 屈完曰, "君以道則可, 若不, 則楚方城以爲城, 江·漢以爲溝, 君
安能進乎?" 乃與屈完盟而去. 過陳, 陳袁濤塗詐齊, 令出東方, 覺. 秋,
齊伐陳. 是歲, 晉殺太子申生. 三十五年夏, 會諸侯于葵丘. 周襄王使
宰孔賜桓公文武胙·彤弓矢·大路, 命無拜. 桓公欲許之, 管仲曰, "不
可", 乃下拜受賜. 秋, 復會諸侯於葵丘, 益有驕色. 周使宰孔會. 諸侯頗
有叛者. 晉侯病, 後, 遇宰孔. 宰孔曰, "齊侯驕矣, 弟無行." 從之. 是歲,
晉獻公卒, 里克殺奚齊·卓子, 秦穆公以夫人入公子夷吾爲晉君. 桓公
於是討晉亂, 至高梁, 使隰朋立晉君, 還. 是時周室微, 唯齊·楚·秦·晉
爲彊. 晉初與會, 獻公死, 國內亂. 秦穆公辟遠, 不與中國會盟. 楚成王
初收荊蠻有之, 夷狄自置. 唯獨齊爲中國會盟, 而桓公能宣其德, 故諸
侯賓會. 於是桓公稱曰, "寡人南伐至召陵, 望熊山, 北伐山戎·離枝·
孤竹, 西伐大夏, 涉流沙, 束馬懸車登太行, 至卑耳山而還. 諸侯莫違寡
人. 寡人兵車之會三, 乘車之會六, 九合諸侯, 一匡天下. 昔三代受命,
有何以異於此乎? 吾欲封泰山, 禪梁父." 管仲固諫, 不聽, 乃說桓公以
遠方珍怪物至乃得封, 桓公乃止. 三十八年, 周襄王弟帶與戎·翟合謀
伐周, 齊使管仲平戎於周. 周欲以上卿禮管仲, 管仲頓首曰, "臣陪臣,
安敢!" 三讓, 乃受下卿禮以見. 三十九年, 周襄王弟帶來奔齊. 齊使仲
孫請王, 爲帶謝. 襄王怒, 弗聽. 四十一年, 秦穆公虜晉惠公, 復歸之. 是
歲, 管仲·隰朋皆卒. 管仲病, 桓公問曰, "羣臣誰可相者?" 管仲曰, "知
臣莫如君." 公曰, "易牙如何?" 對曰, "殺子以適君, 非人情, 不可." 公
曰, "開方如何?" 對曰, "倍親以適君, 非人情, 難近." 公曰, "豎刀如何?"
對曰, "自宮以適君, 非人情, 難親." 管仲死, 而桓公不用管仲言, 卒近
用三子, 三子專權. 四十二年, 戎伐周, 周告急於齊, 齊令諸侯各發卒戍

周. 是歲, 晉公子重耳來, 桓公妻之. 四十三年. 初, 齊桓公之夫人三, 曰王姬·徐姬·蔡姬, 皆無子. 桓公好內, 多內寵, 如夫人者六人, 長衛姬, 生無詭, 少衛姬, 生惠公元, 鄭姬, 生孝公昭, 葛嬴, 生昭公潘, 密姬, 生懿公商人, 宋華子, 生公子雍. 桓公與管仲屬孝公於宋襄公, 以爲太子. 雍巫有寵於衛共姬, 因宦者豎刀以厚獻於桓公, 亦有寵, 桓公許之立無詭. 管仲卒, 五公子皆求立. 冬十月乙亥, 齊桓公卒. 易牙入, 與豎刀因內寵殺群吏, 而立公子無詭爲君. 太子昭奔宋. 桓公病, 五公子各樹黨爭立. 及桓公卒, 遂相攻, 以故宮中空, 莫敢棺. 桓公尸在牀上六十七日, 尸蟲出于戶. 十二月乙亥, 無詭立, 乃棺赴. 辛巳夜, 斂殯. 桓公十有餘子, 要其後立者五人, 無詭立三月死, 無諡, 次孝公, 次昭公, 次懿公, 次惠公. 孝公元年三月, 宋襄公率諸侯兵送齊太子昭而伐齊. 齊人恐, 殺其君無詭. 齊人將立太子昭, 四公子之徒攻太子, 太子走宋, 宋遂與齊人四公子戰. 五月, 宋敗齊四公子師而立太子昭, 是爲齊孝公. 宋以桓公與管仲屬之太子, 故來征之. 以亂故, 八月乃葬齊桓公.

경영세가

제효공 6년 봄, 제나라가 송나라를 쳤다. 그들이 제나라에서의 동맹에 오지 않았기 때문이다. 여름, 송양공이 죽었다. 제효공 7년, 진문공晉文公이 즉위했다. 제효공 10년, 제효공이 죽었다. 제효공의 동생 반이 위衛나라 공자 출신 개방을 이용해 제효공의 아들을 죽이고 대신 즉위했다. 그가 제소공이다. 제소공은 제환공의 아들로 생모는 갈영이다.

제소공 원년, 진문공이 초나라를 성복城濮에서 대파하고 제후를 천토踐土에 모은 뒤 주나라 왕실에 조현했다. 천자가 진문공에게 패伯를 칭하게 했다. 제소공 6년, 적나라 군사가 제나라를 침공했다. 이해에 진문공이 죽었다. 진秦나라 군사가 효산殽山에서 진晉나라 복병에게 걸려 패했다. 제소공 12년, 진목공이 죽었다.

　제소공 19년 5월, 제소공이 죽자 아들 사舍가 즉위했다. 사의 모친은 제소공에게 총애받지 못했다. 제나라 백성이 사를 두려워하지 않았다. 제소공의 동생 상인은 제환공 사후 보위를 다투었다가 뜻을 이루지 못하자 은밀히 현사들과 사귀며 백성에게 덕을 베풀었다. 백성이 그를 좋아한 이유다. 제소공 사후 아들 사가 즉위했으나 외롭고 미약했다. 이해 10월, 상인이 무리와 함께 제소공의 사당으로 가 군주인 사를 죽인 뒤 대신 즉위했다. 그가 제의공이다. 제의공은 제환공의 아들로 그의 생모는 밀희다.

　제의공 4년 봄, 제의공이 공자였을 때 병융丙戎의 부친과 사냥을 갔다가 포획물을 두고 다투다가 진 일이 있었다. 제의공은 군주가 되자 그의 발을 자르고 아들 병융에게 마부 노릇을 하도록 했다. 또 제의공은 용직庸職의 미모의 처를 빼앗았다. 그녀를 궁중으로 불러들인 뒤 용직에게 참승驂乘•을 맡도록 했다. 이해 5월, 의공이 신지申池에 놀러 나갔다. 그를 모시던 병융과 용직이 목욕하면서 서로 장난을 쳤다. 용직이 병융을 욕했다.

　"발 잘린 자의 아들!"

• 군주와 함께 수레를 타는 총신을 지칭한다. 고대에 수레를 탈 때는 가운데에 말을 모는 어자御者, 왼쪽에 주군, 오른쪽에 호위병이 앉았다. 수레의 균형을 잡아주기 위한 조치였다. 참승은 호위병 대신 수레의 오른쪽에 앉았다.

병융도 용직을 욕했다.

"아내를 빼앗긴 자!"

두 사람은 서로의 말에 부끄러워하며 제의공을 원망했다. 곧 모의를 한 뒤 제의공과 함께 대나무 숲으로 놀러 갔다. 마차 위에서 제의공을 죽인 뒤 대밭에 버려두고 달아났다. 제의공이 즉위한 후 교만해지자 백성이 그를 좇지 않았다. 제나라 백성이 그의 아들을 버리고 위衛나라에서 공자 원을 맞이해 옹립했다. 그가 제혜공이다. 제혜공은 제환공의 아들이다. 생모는 위공의 딸로, 소위희로 불리었다. 제나라의 내란을 피해 위나라에 있다가 옹립된 것이다.

제혜공 2년, 장적長翟이 침공했다. 제나라 대부인 왕자 출신 성보城父가 이들을 쳐 수령을 죽이고 그 수급을 북문北門에 묻었다. 진晉나라 대신 조천趙穿이 군주인 진영공晉靈公을 시해했다. 제혜공 10년, 제혜공이 죽자 아들 제경공齊頃公 무야無野가 즉위했다. 앞서 대부 최저崔杼는 제혜공의 총애를 입었다. 제혜공이 죽자 고씨 및 국씨國氏 일족이 최저의 핍박을 두려워해 최저를 내쫓았다. 최저가 위衛나라로 달아났다.

제경공 원년, 초장왕楚莊王이 강대한 무력을 배경으로 진陳나라를 쳤다. 제경공 2년, 초장왕이 정나라를 포위 공격하자 정백鄭伯이 투항했다. 얼마 후 다시 정백의 나라를 복원시켰다. 제경공 6년 봄, 진나라가 대부 극극郤克을 제나라에 사자로 보냈다. 제경공이 모친인 태부인太夫人에게 장막 안에서 곱사등이인 그를 구경하게 했다. 극극이 올라오자 태부인이 이를 보고 소리 내어 웃었다. 귀국길에 극극이 이를 갈았다.

"이 치욕을 갚지 않고는 다시 황하를 건너지 않으리라!"

극극이 귀국해 제나라를 치겠다고 청했으나 진후晉侯가 허락지 않았다. 제나라 사자가 진나라로 왔다. 극극이 제나라 사자 네 명을 하내河內에서 붙잡아 죽였다. 제경공 8년, 진나라가 제나라를 쳤다. 제나라가 공자 강强을 진나라에 볼모로 보내자 진나라가 군사를 철수시켰다. 제경공 10년 봄, 제나라가 노나라와 위衛나라를 쳤다. 노나라와 위나라 대부들이 진나라로 가 군사를 청했다. 모두 극극을 통했다. 진나라가 극극에게 병거兵車 800승乘의 중군中軍, 사섭士燮에게 상군上軍, 난서欒書에게 하군下軍을 이끌게 했다. 이들이 두 나라를 구하기 위해 제나라를 쳤다. 이해 6월 임신일, 제나라 군사와 미계산靡笄山 아래서 조우했다. 6월 계유일, 안鞍 땅에 진陣을 쳤다. 제나라 대부 방추보逢丑父가 제경공의 병거 오른쪽에 서서 호위했다. 제경공이 말했다.

"돌격해 들어가자. 진나라 군사를 쳐부수고 밥을 먹기로 하자."

극극이 제나라 군사의 화살에 맞았다. 피가 신발까지 흘렀다. 극극이 군진軍陣의 영채營寨로 돌아가려 하자 수레를 모는 어자가 만류했다.

"저는 당초 적진으로 쳐들어갈 때 두 번이나 다쳤으나 감히 아프다는 말을 하지 못했습니다. 사병들을 놀라게 할까 두려우니 장군이 좀 참으십시오."

드디어 다시 싸웠다. 싸움 도중 제나라 군사가 위급해지자 방추보는 제경공이 포로로 잡힐까 우려해 서로 자리를 바꾸었다. 제경공이 오른쪽에 서 있다가 병거가 나무에 걸려 멈추어 섰다. 진나라 부장部將 한궐韓厥이 제경공의 병거 앞에 엎드려 절하며 조롱했다.

"저희 군주가 소신小臣을 시켜 노나라와 위나라를 구하라고 했습니다.”

미리 자리를 바꾼 방추보가 제나라 군주인 척하며 제경공에게 내려가서 마실 물을 가져오게 했다. 이 틈에 제경공이 달아날 수 있었다. 제경공이 달아나서는 제나라 군대로 돌아갔다. 진나라의 극극이 방추보를 죽이려 하자 방추보가 말했다.

“군주의 죽음을 대신하려 한 자가 죽임을 당하면 이후 신하 된 자들 가운데 자신의 군주를 위해 충성하는 자가 없을 것이다.”

극극이 그를 풀어주었다. 방추보가 결국 제나라로 도망쳤다. 진나라 군사가 제나라 군사를 추격해 마릉馬陵까지 이르렀다. 제경공이 보물을 바쳐 사죄를 청했으나 들어주지 않았다. 진나라 군사가 기어이 극극을 비웃은 제경공의 모친인 소동숙蕭桐叔의 딸을 내놓으라 하며 이같이 엄포했다.

“제나라 밭두둑 사이의 길을 동서 방향으로 만들도록 하라.”•

제나라가 거절했다.

“동숙의 딸은 군주의 모친이다. 군주의 모친은 그대 진나라 군주의 모친과도 같다. 그대들은 그분을 어디에 둘 것인가? 게다가 그대들은 의를 기치로 내걸고 정벌에 나섰으면서 포악한 행위로 끝을 맺으려 하니 과연 그래도 되는 것인가?”

진나라 군사가 제나라의 청을 받아들였다. 제나라에게 노나라와 위나라로부터 빼앗은 땅을 돌려주게 했다. 제경공 11년, 진나라가 처음으로 육경六卿을 두었다. 안 땅의 전공戰功에 포상을 했다. 제경공은 진나라로 가 진경공晉景公을 왕王으로 높여 배견하고자 했다. 진경공

• 진晉나라 군사의 병거가 침공할 때 유리하게 만들고자 한 것이다. 진나라는 동쪽, 제나라는 서쪽에 위치한 결과다.

이 감히 듣지 않자 그냥 돌아왔다. 귀국한 제경공이 원유苑囿에 관한 금제禁制를 풀고, 조세를 경감하고, 외롭고 병든 이들을 돕고, 창고를 열어 백성을 구제했다. 백성이 크게 기뻐했다. 그는 또 제후들에게도 두터운 예로 대했다. 제경공이 죽을 때까지 백성이 좋아하며 좋은 이유다. 제후들도 침공하지 않았다.

제경공 17년, 제경공이 죽자 아들 제영공齊靈公 환環이 즉위했다. 제영공 9년, 진나라 대부 난서가 군주인 진여공晉厲公을 죽였다. 제영공 10년, 진도공이 제나라를 쳤다. 제영공이 공자 광을 볼모로 보냈다. 제영공 19년, 공자 광을 태자로 세운 뒤 고후高厚에게 그를 보좌하면서 종리에서 제후들과 회맹하게 했다. 제영공 27년, 진晉나라가 순림보荀林父의 손자인 중항헌자中行獻子 순언荀偃을 시켜 제나라를 쳤다. 제나라 군사가 무너지자 제영공이 임치로 달아났다. 대부 안영이 제지했으나 제영공이 듣지 않았다. 안영이 말했다.

"군주는 너무 용기가 없습니다!"

진나라 군사가 임치를 포위하자 제나라 군사는 성만 지킬 뿐 감히 나와 싸우지 못했다. 진나라 군사가 임치성의 외성外城을 불태우고 철군했다. 제영공 28년, 원래 제영공은 노나라의 공녀公女를 아내로 맞아 낳은 아들 광을 태자로 삼았다. 이후 제영공은 다시 중희仲姬과 융희戎姬를 곁에 두었다. 특히 융희가 제영공의 총애를 입었다. 중희가 공자 아牙를 낳자 그를 융희에게 맡긴 이유다. 융희가 아를 태자로 삼기를 청하자 제영공이 이를 허락하고자 했다. 중희가 반대했다.

"안 됩니다. 광이 태자가 되어 이미 제후의 반열에 들었습니다. 이제 아무 연고 없이 그를 폐하면 군주는 반드시 후회할 것입니다."

제영공이 말했다.

"과인이 결정하면 그뿐이다!"

태자 광을 동쪽 변경으로 보내고 고후를 태자 아의 사부로 삼았다. 제영공의 병이 위중해지자 최저가 원래의 태자 광을 맞이해 옹립했다. 그가 제장공이다. 제장공이 융희를 죽였다.

●● 六年春, 齊伐宋, 以其不同盟于齊也. 夏, 宋襄公卒. 七年, 晉文公立. 十年, 孝公卒, 孝公弟潘因衛公子開方殺孝公子而立潘, 是爲昭公. 昭公, 桓公子也, 其母曰葛嬴. 昭公元年, 晉文公敗楚於城濮, 而會諸侯踐土, 朝周, 天子使晉稱伯. 六年, 翟侵齊. 晉文公卒. 秦兵敗於殽. 十二年, 秦穆公卒. 十九年五月, 昭公卒, 子舍立爲齊君. 舍之母無寵於昭公, 國人莫畏. 昭公之弟商人以桓公死爭立而不得, 陰交賢士, 附愛百姓, 百姓說. 及昭公卒, 子舍立, 孤弱, 卽與衆十月卽墓上弑齊君舍, 而商人自立, 是爲懿公. 懿公, 桓公子也, 其母曰密姬.

懿公四年春, 初, 懿公爲公子時, 與丙戎之父獵, 爭獲不勝, 及卽位, 斷丙戎父足, 而使丙戎僕. 庸職之妻好, 公內之宮, 使庸職驂乘. 五月, 懿公遊於申池, 二人浴, 戲. 職曰, "斷足子!" 戎曰, "奪妻者!" 二人俱病此言, 乃怨. 謀與公遊竹中, 二人弑懿公車上, 棄竹中而亡去. 懿公之立, 驕, 民不附. 齊人廢其子而迎公子元於衛, 立之, 是爲惠公. 惠公, 桓公子也. 其母衛女, 曰少衛姬, 避齊亂, 故在衛. 惠公二年, 長翟來, 王子城父攻殺之, 埋之於北門. 晉趙穿弑其君靈公. 十年, 惠公卒, 子頃公無野立. 初, 崔杼有寵於惠公, 惠公卒, 高·國畏其偪也, 逐之, 崔杼奔衛. 頃公元年, 楚莊王彊, 伐陳, 二年, 圍鄭, 鄭伯降, 已復國鄭伯. 六年春, 晉使郤克於齊, 齊使夫人帷中而觀之. 郤克上, 夫人笑之. 郤克曰, "不是報, 不復涉河!" 歸, 請伐齊, 晉侯弗許. 齊使至晉, 郤克執齊使者四人河內, 殺之. 八年. 晉伐齊, 齊以公子彊質晉, 晉兵去. 十年春, 齊伐魯·

衛. 魯·衛大夫如晉請師, 皆因郤克. 晉使郤克以車八百乘爲中軍將, 士燮將上軍, 欒書將下軍, 以救魯·衛, 伐齊. 六月壬申, 與齊侯兵合靡笄下. 癸酉, 陳于鞍逢丑父爲齊頃公右. 頃公曰, "馳之, 破晉軍會食." 射傷郤克, 流血至履. 克欲還入壁, 其御曰, '我始入, 再傷, 不敢言疾, 恐懼士卒, 願子忍之.' 遂復戰. 戰, 齊急, 丑父恐齊侯得, 乃易處, 頃公爲右, 車絓於木而止. 晉小將韓厥伏齊侯車前, 曰, '寡君使臣救魯·衛', 戲之. 丑父使頃公下取飲, 因得亡, 脫去, 入其軍. 晉郤克欲殺丑父. 丑父曰, '代君死而見僇, 後人臣無忠其君者矣.' 克舍之, 丑父遂得亡歸齊. 於是晉軍追齊至馬陵. 齊侯請以寶器謝, 不聽. 必得笑克者蕭桐叔子, 令齊東畝. 對曰, '叔子, 齊君母. 齊君母亦猶晉君母, 子安置之? 且子以義伐而以暴爲後, 其可乎?' 於是乃許, 令反魯·衛之侵地. 十一年, 晉初置六卿, 賞鞍之功. 齊頃公朝晉, 欲尊王晉景公, 晉景公不敢受, 乃歸. 歸而頃公弛苑囿, 薄賦斂, 振孤問疾, 虛積聚以救民, 民亦大說. 厚禮諸侯. 竟頃公卒, 百姓附, 諸侯不犯. 十七年, 頃公卒, 子靈公環立. 靈公九年, 晉欒書弒其君厲晉. 十年, 晉悼公伐齊, 齊令公子光質晉. 十九年, 立子光爲太子, 高厚傅之, 令會諸侯盟於鍾離. 二十七年, 晉使中行獻子伐齊. 齊師敗, 靈公走入臨菑. 晏嬰止靈公, 靈公弗從. 曰, "君亦無勇矣!" 晉兵遂圍臨菑, 臨菑城守不敢出, 晉焚郭中而去. 二十八年, 初, 靈公取魯女, 生子光, 以爲太子. 仲姬, 戎姬. 戎姬嬖, 仲姬生子牙, 屬之戎姬. 戎姬請以爲太子, 公許之. 仲姬曰, "不可. 光之立, 列於諸侯矣, 今無故廢之, 君必悔之." 公曰, "在我耳." 遂東太子光, 使高厚傅牙爲太子. 靈公疾, 崔杼迎故太子光而立之, 是爲莊公. 莊公殺戎姬.

장공세가

이해 5월 임진일, 제영공이 죽자 제장공이 즉위했다. 제장공은 태자 아를 구두句寶의 언덕에서 붙잡아 죽였다. 이해 8월, 최저가 고후를 죽였다. 진나라가 제나라의 내란 소식을 듣고 제나라를 정벌해 고당高唐까지 이르렀다. 제장공 3년, 진나라 대부 난영欒盈이 달아나 제나라로 오자 제장공이 그를 후대했다. 안영과 전문자田文子가 간했으나 듣지 않았다. 제장공 4년, 제장공이 난영을 시켜 몰래 진나라 곡옥曲沃으로 들어가 안에서 호응하게 했다. 이때 군사를 딸려 보내며 태항산에 올라 진晉나라의 관문인 맹문산孟門山으로 들어가게 했다. 난영이 이끄는 제나라 군사가 패했다. 제나라 군사가 철군하면서 조가朝歌를 공략했다.

제장공 6년, 원래 제나라 대부 당공棠公에게 미모의 처가 있었다. 당공이 죽자 최저가 그녀를 맞아들였다. 제장공은 그녀와 사통해 자주 최저의 집에 갔다. 최저의 관冠을 가져다가 다른 사람에게 주기까지 했다. 그의 시종이 만류했다.

"이는 불가한 일입니다."

최저가 대로한 나머지 제장공이 진나라를 칠 때 진나라와 공모해 제장공을 습격하고자 했다. 그러나 좀처럼 기회를 잡지 못했다. 제장공은 전에 환관 가거賈擧에게 태형을 가한 적이 있다. 가거는 여전히 제장공의 시종으로 있었다. 그 역시 최저를 위해 제장공을 해칠 기회를 엿보며 설원雪冤하고자 했다. 이해 5월, 거나라 군주인 거자莒子가 제장공을 만나러 왔다. 5월 갑술일, 제장공이 연회를 열어 그를 접대했다. 최저가 병을 핑계 삼아 직무를 돌보지 않았다. 5월 을해일,

제장공이 최저의 집으로 가 문병하고는 최저의 처를 찾았다. 최저의 처가 내실로 들어가 최저와 함께 안에서 문을 잠그고 나오지 않았다. 제장공이 기둥을 안고 노래했다. 환관 가거가 제장공을 수행하는 관원들을 대문 밖에서 기다리게 한 뒤 안으로 들어와 대문을 잠갔다. 최저의 부하들이 무기를 들고 안에서 나오자 제장공이 대臺 위로 올라가 화해를 청했으나 들어주지 않았다. 천지신명에 맹서할 것을 청했으나 들어주지 않았다. 다시 종묘에서 자진하겠다고 청했으나 이 역시 들어주지 않았다. 이들이 말했다.

"군주의 신하 최저는 병이 위독해 친히 명을 들을 수 없습니다. 게다가 여기는 군주의 궁궐과 가깝습니다. 최저의 신하인 저희는 다투어 음란한 자를 붙잡을 뿐이고 다른 명은 모릅니다."

제장공이 담을 넘으려 하자 화살이 허벅지에 꽂혔다. 제장공이 거꾸로 떨어지자 곧바로 죽였다. 안영이 최저의 집 문밖에서 말했다.

"군주가 사직을 위해 죽으면 신하도 그를 따라 죽고, 군주가 사직을 위해 달아나면 신하도 그를 따라 달아난다. 만일 군주가 사적인 일로 죽거나 달아난 것이라면 그의 총신이 아닌 바에야 누가 그런 책임을 지겠는가!"

문이 열리자 안영이 안으로 들어가 제장공의 시신의 허벅지 위에 머리를 파묻고 곡을 한 뒤 예법에 따라 세 번 펄쩍 뛰고 밖으로 나왔다.• 사람들이 최저에게 건의했다.

• 원문인 침공시이곡枕公尸而哭을 두고 일부는 "제장공의 시신을 베개 삼아 곡을 했다"고 풀이했다. 이는 잘못이다. 《춘추좌전》〈노양공 25년〉조의 원문은 침시고枕尸股로, 이는 "시신의 허벅지 위에 머리를 파묻었다"는 뜻이다. 삼용이출三踊而出의 삼용은 세 번 위로 뛰어오르는 것으로 군주가 죽었을 때의 상례喪禮를 말한다.

"안영을 죽여야 합니다."

최저가 말했다.

"그는 백성이 받드는 사람이다. 그를 놓아주어야 민심을 얻을 수 있다."

5월 정축일, 최저가 제장공의 이복동생 저구杵臼를 옹립했다. 그가 제경공이다. 제경공의 모친은 노나라 대신 숙손선백叔孫宣伯의 딸이다. 제경공은 즉위 후 최저를 우상右相, 경봉을 좌상左相으로 삼았다. 두 재상은 변란이 일어날 것을 우려해 도성의 인사들에게 이같이 맹서했다.

"최씨崔氏·경씨慶氏와 함께하지 않는 자는 죽는다!"

안영이 하늘을 우러러 말했다.

"내가 무엇을 쟁취하고자 하지 않는 것은 다만 군주에게 충성하고 사직에 이익이 되는 자만을 따르고자 하기 때문이다."

그러고는 맹서하지 않으려 했다. 경봉이 안영을 죽이려 하자 최저가 만류했다.

"충신이니 내버려두시오."

제나라의 사관인 태사太史가 이를 죽간에 기록했다.

　　최저가 장공을 시해했다.

최저가 그를 죽였다. 태사의 동생이 다시 똑같이 기록하자 최저가 또 그를 죽였다. 막냇동생이 다시 똑같이 기록하자 최저가 어쩔 수 없이 풀어주었다.

●● 五月壬辰, 靈公卒, 莊公卽位, 執太子牙於句竇之丘, 殺之. 八月,崔杼殺高厚. 晉聞齊亂, 伐齊, 至高唐. 莊公三年, 晉大夫欒盈奔齊, 莊公厚客待之. 晏嬰·田文子諫, 公弗聽. 四年, 齊莊公使欒盈閒入晉曲沃爲內應, 以兵隨之, 上太行, 入孟門. 欒盈敗, 齊兵還, 取朝歌. 六年, 初, 棠公妻好, 棠公死, 崔杼取之. 莊公通之, 數如崔氏, 以崔杼之冠賜人. 侍者曰, "不可." 崔杼怒, 因其伐晉, 欲與晉合謀襲齊而不得閒. 莊公嘗笞宦者賈擧, 賈擧復侍, 爲崔杼閒公以報怨. 五月, 莒子朝齊, 齊以甲戌饗之. 崔杼稱病不視事. 乙亥, 公問崔杼病, 遂從崔杼妻. 崔杼妻入室, 與崔杼自閉戶不出, 公擁柱而歌. 宦者賈擧遮公從官而入, 閉門, 崔杼之徒持兵從中起. 公登而請解, 不許, 請盟, 不許, 請自殺於廟, 不許. 皆曰, "君之臣杼疾病, 不能聽命. 近於公宮. 陪臣爭趣有淫者, 不知二命." 公踰牆, 射中公股, 公反墜, 遂弑之. 晏嬰立崔杼門外, 曰, "君爲社稷死則死之, 爲社稷亡則亡之. 若爲己死己亡, 非其私暱, 誰敢任之!" 門開而入, 枕公尸而哭, 三踊而出. 人謂崔杼, "必殺之." 崔杼曰, "民之望也, 舍之得民." 丁丑, 崔杼立莊公異母弟杵臼, 是爲景公. 景公母, 魯叔孫宣伯女也. 景公立, 以崔杼爲右相, 慶封爲左相. 二相恐亂起, 乃與國人盟曰, "不與崔慶者死!" 晏子仰天曰, "嬰所不獲唯忠於君利社稷者是從!" 不肯盟. 慶封欲殺晏子, 崔杼曰, "忠臣也, 舍之." 齊太史書曰 '崔杼弑莊公', 崔杼殺之. 其弟復書, 崔杼復殺之. 少弟復書, 崔杼乃舍之.

경공세가

제경공 원년, 당초 최저는 아들 최성崔成과 최강崔彊을 두었다. 이들의 모친이 죽자 당공의 처였던 동곽녀東郭女를 새 아내로 맞아들여

아들 최명崔明을 낳았다. 동곽녀는 전남편의 아들 당무구棠無咎와 그녀의 동생 동곽언東郭偃을 최저의 가신이 되게 했다. 최성이 죄를 범하자 두 가신은 당장 그 죄를 묻고, 최명을 사자嗣子로 세웠다. 최성이 최읍崔邑으로 물러가 여생을 보내기를 청하자 최저가 이를 허락했다. 두 가신이 반대했다.

"최읍은 최씨의 종묘가 있는 읍입니다. 그럴 수는 없습니다."

최성과 최강은 화가 나 경봉에게 이를 하소연했다. 경봉은 최저와 이미 사이가 벌어진 까닭에 내심 최씨들이 망하기를 바라고 있었다. 최성과 최강이 당무구와 동곽언을 최저의 집에서 죽이자 집안사람들 모두 달아났다. 최저가 대로했으나 곁에 사람이 없었다. 한 환관에게 수레를 몰게 한 뒤 직접 경봉을 만나러 갔다. 경봉이 최저에게 말했다.

"그대를 위해 이들을 처벌하겠소!"

최저를 미워한 자신의 가신 노포별盧蒲嫳에게 최씨 집을 치게 했다. 노포별이 최성과 최강을 죽이고 최씨 집 사람들을 모두 죽였다. 최저의 부인은 자진했다. 최저도 돌아갈 데가 없어 자진하고 말았다. 경봉이 상국相國이 되어 전횡했다. 제경공 3년 10월, 경봉이 사냥을 나갔다. 당시 경봉은 최저를 제거한 뒤 더욱 교만해졌다. 술과 사냥을 즐기며 정사를 돌보지 않았다. 아들 경사慶舍가 정사를 도맡았다. 이들 사이도 이미 틈이 벌어졌다. 전문자가 아들 전환자田桓子에게 말했다.

"곧 내란이 일어날 것이다."

전씨·포씨·고씨·난씨의 네 호족胡族이 함께 경씨를 타도할 방안을 상의했다. 경사가 갑병甲兵을 풀어 경봉의 저택을 포위한 뒤 네 호족의 부하들이 함께 공격해 깨뜨렸다. 경봉은 사냥에서 돌아오다가 자신의 저택으로 들어가지 못하고 노나라로 달아났다. 제나라 백성이 노나라를 질책하자 경봉은 다시 오나라로 달아났다. 오나라가 주방의 땅을 그에게 내주고, 일족을 모아 그곳에 살게 했다. 경봉은 제나라에 있을 때보다 더 부유한 생활을 했다. 이해 가을, 제나라 백성이 제장공의 유해를 이장하고 최저의 시체를 저잣거리에 내걸었다. 사람들의 마음을 흡족하게 풀어주고자 한 것이다.

제경공 9년, 안영이 제경공의 사자가 되어 진나라로 갔다. 숙향에게 은밀히 말했다.

"제나라의 정권은 결국 전씨에게 돌아갈 것이오. 전씨에게 큰 덕은 없지만 공적인 힘을 사사로이 행사하며 백성에게 덕을 베풀고 있소. 백성이 이들을 좋아하고 있소."

제경공 12년, 제경공이 진나라로 가 진평공을 만났다. 이들과 함께 연나라를 정벌하고자 한 것이다. 제경공 18년, 제경공이 다시 진나라로 가 진소공晉昭公을 만났다. 제경공 26년, 제경공이 노나라 도성 교외로 사냥을 갔다. 내친 김에 노나라 도성을 방문해 안영과 함께 노나라의 예법을 물었다. 제경공 31년, 노소공魯昭公이 계씨季氏의 반란을 피해 제나라로 망명했다. 제경공이 그에게 2만 5,000호의 봉토를 주려 하자 노나라 대부 자가子家가 받지 말도록 간했다. 노소공이 제경공에게 노나라 정벌을 청했다. 제나라가 노나라의 운鄆 땅을 빼앗아 노소공에게 주고 그곳에 살게 했다. 제경공 32년, 혜성이 나타났다. 제경공이 백침대柏寢臺에 앉아 탄식했다.

"당당하다, 누가 이 나라를 차지하게 될 것인가?"

신하들이 모두 흐느껴 우는데 안영만 웃었다. 제경공이 화를 내자 안영이 말했다.

"저는 신하들의 과도한 아첨을 비웃은 것입니다."

제경공이 말했다.

"혜성이 동북쪽에 출현했으니 바로 제나라 분야分野에 해당하오.*
과인은 이를 우려하는 것이오."

안영이 말했다.

"군주는 누대를 높이 쌓고 못을 깊이 판 뒤 세금을 거두지 못하거
나 형벌이 무섭지 않을까 우려하는 것입니다. 이제 장차 불길한 징
조를 뜻하는 혜성인 패성彗星이 출현할 것입니다.** 그런 터에 저런
혜성 따위야 무엇이 두렵겠습니까?"

제경공이 물었다.

"기도로 재앙을 없앨 수 없겠소?"

안영이 대답했다.

"만일 신神을 축원으로 불러올 수 있다면 기도로 물리치는 것도 가
능할 것입니다. 그러나 백성의 고통과 원망은 수만을 헤아리고 있습
니다. 군주 한 사람의 기도로 해결하고자 한들 어찌 수많은 입을 이
겨낼 수 있겠습니까?"

당시 제경공은 궁궐의 수축을 즐기고, 사냥개와 말을 모아 기르
고, 사치스러운 생활을 하고, 조세와 형벌을 무겁게 했다. 안영이 이
런 말로 충간한 이유다. 제경공 42년, 오왕 합려가 초나라를 쳐서 도

● 고대에는 하늘의 열두 개 성차星次, 즉 이십팔수의 구역을 지상과 1대 1로 연결시켰다. 해
당 하늘은 분성分星, 땅은 분야라고 했다.

●● 《사기정의史記正義》는 패성의 패彗 음이 패佩와 같다고 했다. 객성客星 주변을 침범해 서
로 해를 입히는 별로 해석했다.

성인 영까지 들어갔다. 제경공 47년, 노나라 계손씨의 가신인 양호陽虎가 주군인 계씨를 쳤다가 이기지 못했다. 제나라로 망명한 뒤 제나라에 노나라 공벌을 청했다. 제경공이 포자鮑子의 간언을 듣고 양호를 구금했다. 양호가 감시가 허술한 틈을 타 진晉나라로 달아났다. 제경공 48년, 노정공魯定公과 협곡夾谷에서 우호를 맺기 위한 회맹을 했다. 제나라 대부 이서犂鉏가 말했다.

"공구孔丘(공자)는 예의는 알지만 겁쟁이입니다. 내나라 사람에게 음악을 연주하게 하고, 기회를 보아 노나라 군주를 붙잡으면 뜻대로 될 것입니다."

제경공은 공자가 노나라 재상이 될까 우려했다. 노나라가 패자가 될까 두려워한 것이다. 이내 이서의 계책을 좇았다. 회담이 한창 진행 중일 때 내나라 사람이 들어와 가무를 시작했다. 공자가 한 걸음씩 계단을 올라갔다. 이어 관원을 시켜 내나라 사람을 붙잡아 베어 죽인 뒤 예의에 근거해 제경공을 질책했다. 제경공이 부끄러워하며 빼앗은 노나라의 땅을 돌려주고 사과한 뒤 회담을 마치고 돌아갔다. 이해에 안영이 죽었다.

제경공 55년, 진나라의 범씨范氏와 중항씨中行氏가 군주인 진정공에게 반역했다. 진나라가 이들을 일거에 치자 제나라에 식량지원을 청했다. 제나라 대부 전기田乞가 모반할 생각으로 역모할 자들과 사당私黨을 만든 뒤 제경공을 설득했다.

"범씨와 중항씨는 제나라에 누차 은덕을 베풀었습니다. 구해주지 않으면 안 됩니다."

제경공이 전기를 시켜 이들을 도와주고 식량을 보내게 했다. 제경공 58년 여름, 제경공의 부인인 연희燕姬 소생의 적자嫡子가 죽었다.

제경공의 애첩 예희內姬 소생의 아들 도茶가 있었다. 도는 나이가 어렸다. 모친인 예희는 신분이 비천하고 품행도 좋지 않았다. 대부들은 도가 후사가 될까 우려했다. 여러 아들 가운데 나이가 많고 현명한 자를 가려 태자로 세워야 한다고 주장한 이유다. 제경공은 연로한데도 후계자에 관한 이야기를 꺼렸다. 게다가 도의 모친 예희를 사랑한 까닭에 도를 태자로 세우고 싶어 했다. 그러나 이를 입 밖으로 꺼내기가 어려웠다. 대부들에게 은근히 말했다.

"우선 즐기기나 합시다. 나라에 어찌 군주가 없을까 걱정이겠소?"

이해 가을, 제경공이 병이 났다. 국혜자國惠子와 고소자高昭子에게 명해 막내아들 도를 태자로 세우게 하고, 여러 공자를 내 땅으로 내쫓았다. 제경공이 죽자 태자 도가 즉위했다. 그가 안유자晏孺子다.

●● 景公元年, 初, 崔杼生子成及彊, 其母死, 取東郭女, 生明. 東郭女使其前夫子無咎與其弟偃相崔氏. 成有罪, 二相急治之, 立明爲太子. 成請老於崔杼, 崔杼許之, 二相弗聽, 曰, "崔, 宗邑, 不可."成·彊怒, 告慶封. 慶封與崔杼有郤, 欲其敗也. 成·彊殺無咎·偃於崔杼家, 家皆奔亡. 崔杼怒, 無人, 使一宦者御, 見慶封. 慶封曰, "請爲子誅之."使崔杼仇盧蒲嫳攻崔氏, 殺成·彊, 盡滅崔氏, 崔杼婦自殺. 崔杼母歸, 亦自殺. 慶封爲相國, 專權. 三年十月, 慶封出獵. 初, 慶封已殺崔杼, 益驕, 嗜酒好獵, 不聽政令. 慶舍用政, 已有內郤. 田文子謂桓子曰, "亂將作."田·鮑·高·欒氏相與謀慶氏. 慶舍發甲圍慶封宮, 四家徒共擊破之. 慶封還, 不得入, 奔魯. 齊人讓魯, 封奔吳. 吳與之朱方, 聚其族而居之, 富於在齊. 其秋, 齊人徙葬莊公, 僇崔杼尸於市以說衆. 九年, 景公使晏嬰之晉, 與叔向私語曰, "齊政卒歸田氏. 田氏雖無大德, 以公權私, 有德於民, 民愛之."十二年, 景公如晉, 見平公, 欲與伐燕. 十八年, 公復如晉,

見昭公. 二十六年, 獵魯郊, 因入魯, 與晏嬰俱問魯禮. 三十一年, 魯昭
公辟季氏難, 奔齊. 齊欲以千社封之, 子家止昭公, 昭公乃請齊伐魯, 取
鄆以居昭公. 三十二年, 彗星見. 景公坐柏寢, 嘆曰, "堂堂! 誰有此乎?"
群臣皆泣, 晏子笑, 公怒. 晏子曰, "臣笑群臣諛甚." 景公曰, "彗星出東
北, 當齊分野, 寡人以爲憂." 晏子曰, "君高臺深池, 賦斂如弗得, 刑罰
恐弗勝, 茀星將出, 彗星何懼乎?" 公曰, "可禳否?" 晏子曰, "使神可祝
而來, 亦可禳而去也. 百姓苦怨以萬數, 而君令一人禳之, 安能勝衆口
乎?" 是時景公好治宮室, 聚狗馬, 奢侈, 厚賦重刑, 故晏子以此諫之.
四十二年, 吳王闔閭伐楚, 入郢.

四十七年, 魯陽虎攻其君, 不勝, 奔齊, 請齊伐魯. 鮑子諫景公, 乃囚
陽虎. 陽虎得亡, 奔晉. 四十八年, 與魯定公好會夾谷. 犁鉏曰, "孔丘知
禮而怯, 請令萊人爲樂, 因執魯君, 可得志." 景公害孔丘相魯, 懼其霸,
故從犁鉏之計. 方會, 進萊樂, 孔子歷階上, 使有司執萊人斬之, 以禮讓
景公. 景公慙, 乃歸魯侵地以謝, 而罷去. 是歲, 晏嬰卒. 五十五年, 范·
中行反其君於晉, 晉攻之急, 來請粟. 田乞欲爲亂, 樹黨於逆臣, 說景
公曰, "范·中行數有德於齊, 不可不救." 及使乞救而輸之粟. 五十八年
夏, 景公夫人燕姬適子死. 景公寵妾芮姬生子荼, 荼少, 其母賤, 無行,
諸大夫恐其爲嗣, 乃言願擇諸子長賢者爲太子. 景公老, 惡言嗣事, 又
愛荼母, 欲立之, 憚發之口, 乃謂諸大夫曰, "爲樂耳, 國何患無君乎?"
秋, 景公病, 命國惠子·高昭子立少子荼爲太子, 逐群公子, 遷之萊. 景
公卒, 太子荼立, 是爲晏孺子.

도공세가

이해 겨울, 제경공을 아직 안장하지 않았을 때였다. 여러 공자가 죽임을 당할까 두려워해 모두 망명했다. 도의 이복형 가운데 공자 수·공자 구駒·공자 검黔 등은 위衛나라로 달아났다. 또 공자 장䭾*과 공자 양생陽生은 노나라로 달아났다. 내나라 백성이 이를 노래로 불렀다.

> 경공의 시신도 함께 묻지 않고
> 군국대사를 함께 도모치 않고
> 군사여, 군사여
> 도대체 어디로 갔단 말인가

안유자 원년 봄, 대부 전기가 고씨와 국씨를 짐짓 섬기고 조회에 갈 때마다 참승의 자격으로 곁에 붙어 다니면서 이같이 말했다.

"어르신이 군주의 신임을 얻자 대부들 모두 저마다 위태롭게 여겨 난을 꾀하고 있습니다."

그러고는 다시 대부들에게 말했다.

"고소자는 두려워할 만하오. 그가 일어나기 전에 먼저 손을 씁시다."

대부들이 그의 말에 동조했다. 안유자 원년 6월, 전기와 포목鮑牧이 대부들과 함께 병사를 이끌고 궁정으로 들어가 고소자를 쳤다. 고소자가 이 소식을 듣고 국혜자와 함께 안유자를 구하러 갔다. 안유자

● 공자 장이 《춘추좌전》 〈노양공 21년〉조에는 서鉏로 나온다.

의 군사가 패해 전기의 무리에게 쫓기자 국혜자는 거나라로 달아났다. 전기의 무리는 곧 되돌아와 고소자를 죽였다. 안영의 아들 안어晏圉는 노나라로 달아났다. 이해 8월, 병의자秉意玆가 노나라로 달아났다. 전기가 국씨와 고씨 두 재상을 쳐부순 뒤 노나라로 사람을 보내 공자 양생을 불러왔다. 양생은 제나라로 와 전기의 집에 몰래 숨어 있었다. 이해 10월 무자일, 전기가 대부들을 초청했다.

"제 아들 상常의 어미가 제사에서 남은 음식을 간략히 준비했소. 부디 오셔서 한잔하시기 바랍니다."

주연이 열리자 전기는 양생에게 자루를 씌워 좌석의 중앙에 앉혀 두었다가 자루를 벗겨 양생을 꺼내 보이며 이같이 말했다.

"이분이 바로 제나라 군주입니다!"

대부들이 모두 엎드려 조현했다. 전기가 여러 대부와 맹약하고 양생을 옹립하고자 했다. 대부 포목이 술에 취하자 전기가 다른 대부들에게 거짓으로 말했다.

"저는 포목과 상의해 함께 양생을 옹립하기로 한 것입니다."

포목이 화를 냈다.

"그대는 제경공의 명을 잊었소?"

여러 대부가 서로 얼굴을 바라보며 후회하는 기색을 보였다. 양생이 앞으로 나아가 머리를 조아리며 말했다.

"될 만하면 세워주시고, 아니면 그러지 않아도 됩니다."

포목은 자신에게 화가 미칠까 두려워 다시 말했다.

"모두 경공의 공자들이오. 안 될 이유가 뭐 있겠습니까?"

함께 맹약해 양생을 옹립했다. 그가 제도공이다. 제도공은 궁으로 들어가자 사람들을 시켜 안유자를 태駘 땅으로 옮기도록 한 뒤 도중에 야영하는 장막 안에서 죽였다. 안유자의 모친 예희도 추방했다. 예희는 원래 신분이 비천했고 안유자는 나이가 어렸기에 권력을 장악하지 못했다. 백성들이 그들을 무시한 이유다.

제도공 원년, 제나라가 노나라를 쳐서 환읍讙邑과 천읍闡邑을 빼앗았다. 전에 제도공이 공자의 신분으로 노나라에 망명해 있을 때 노나라 권신 계강자가 여동생 계희季姬를 그에게 시집보냈다. 제도공이 귀국해 즉위한 뒤 사람을 보내 그녀를 맞아오게 했다. 당시 계희는 숙부인 계방후季魴侯와 사통하고 있었다. 계강자에게 이런 사정을 고백하자 계강자가 감히 그녀를 제나라로 보내지 못했다. 제나라가 노나라를 공격해 끝내 계희를 데려간 배경이다. 계희가 총애를 받게 되면서 제나라는 빼앗은 노나라의 땅을 돌려주었다.

당시 포목은 제도공과 틈이 벌어져 관계가 좋지 못했다. 제도공 4년, 오나라와 노나라가 제나라의 남쪽 변경을 쳤다. 포목이 제도공을 시해한 뒤 오나라에 부고했다. 오왕 부차가 사흘 동안 군문軍門 밖에서 곡을 하면서 해로를 통해 제나라를 토벌하고자 했다. 제나라 백성이 이들을 쳐부수자 오나라 군사가 철군했다. 진나라 대신 조앙이 제나라를 쳐서 뇌읍賴邑까지 들어온 뒤 물러갔다. 제나라 백성이 제도공의 아들 임壬을 옹립했다. 그가 제간공이다.

●● 冬, 未葬, 而群公子畏誅, 皆出亡. 茶諸異母兄公子壽·駒·黔奔衛, 公子駔·陽生奔魯. 萊人歌之曰, "景公死乎弗與埋, 三軍事乎弗與謀, 師乎師乎, 胡黨之乎?" 晏孺子元年春, 田乞僞事高·國者, 每朝, 乞驂乘, 言曰, "子得君, 大夫皆自危, 欲謀作亂." 又謂諸大夫曰, "高昭子可畏, 及未發, 先之." 大夫從之. 六月, 田乞·鮑牧乃與大夫以兵入公宮, 攻高昭子. 昭子聞之, 與國惠子救公. 公師敗, 田乞之徒追之, 國惠子奔莒, 遂反殺高昭子. 晏圉奔魯. 八月, 齊秉意兹. 田乞敗二相, 乃使人之魯召公子陽生. 陽生至齊, 私匿田乞家. 十月戊子, 田乞請諸大夫曰, "常之母有魚菽之祭, 幸來會飲." 會飲, 田乞盛陽生橐中, 置坐中央, 發橐出陽生, 曰, "此乃齊君矣!" 大夫皆伏謁. 將與大夫盟而立之, 鮑牧醉, 乞誣大夫曰, "吾與鮑牧謀共立陽生." 鮑牧怒曰, "子忘景公之命乎?" 諸大夫相視欲悔, 陽生前, 頓首曰, "可則立之, 否則已." 鮑牧恐禍起, 乃復曰, "皆景公子也, 何爲不可!" 乃與盟, 立陽生, 是爲悼公. 悼公入宮, 使人遷晏孺子於駘, 殺之幕下, 而逐孺子母芮子. 芮子故賤而孺子少, 故無權, 國人輕之. 悼公元年, 齊伐魯, 取讙·闡. 初, 陽生亡在魯, 季康子以其妹妻之. 及歸卽位, 使迎之. 季姬與季魴侯通, 言其情, 魯弗敢與, 故齊伐魯, 竟迎季姬. 季姬嬖, 齊復歸魯侵地. 鮑子與悼公有郤, 不善. 四年, 吳·魯伐齊南方. 鮑子弑悼公, 赴于吳. 吳王夫差哭於軍門外三日, 將從海入討齊. 齊人敗之, 吳師乃去. 晉趙鞅伐齊, 至賴而去. 齊人共立悼公子壬, 是爲簡公.

간공세가

제간공 4년 봄, 제간공이 부군父君인 제도공 양생과 함께 노나라에 있을 때 자가 자아子我인 감지闞止를 총애했다. 즉위한 뒤 감지에게 국정을 맡긴 이유다. 잔기의 아들 전상이 감지를 두려워한 나머지 조회 때 몇 번씩이나 사방을 둘러보곤 했다. 전상의 당질堂姪인 제간 공의 시종으로 있던 전앙田鞅이 제간공에게 말했다.

"전상과 감지 두 사람을 함께 임용할 수는 없습니다. 군주는 한 사람을 택하십시오."

제간공이 듣지 않았다. 감지가 저녁에 입조入朝하던 가운데 전씨의 일족인 전역田逆이 살인하는 것을 목격했다. 그를 붙잡아 궁 안으로 들어갔다. 전상이 찬탈을 꾀한 까닭에 전씨들은 일족이 화목했다. 곧 전역에게 병을 가장하게 하고, 간수에게 술을 선물해 취하게 만들었다. 이어 간수를 죽인 뒤 전역을 달아나게 했다. 전역이 달아나자 감지는 전씨의 본가에서 여러 전씨와 맹약했다. 전에 전표田豹가 감지의 가신이 되기 위해 대부 공손에게 자신을 천거해달라고 부탁한 적이 있다. 이는 전표가 상복喪服을 입게 되면서 중지되었다. 전표는 훗날 감지의 가신이 되어 총애를 받았다. 감지가 전표에게 말했다.

"내가 전씨들을 모두 몰아낸 뒤 그대를 전씨의 우두머리로 세우면 괜찮겠는가?"

전표가 대답했다.

"저는 전씨의 먼 방계입니다. 게다가 주군에게 거스르는 자들도 불과 몇 사람에 불과합니다. 어찌 꼭 모두 쫓아내야 하는 것입니까?"

그러고는 이를 전씨들에게 알렸다. 전역이 전상에게 말했다.

"감지가 군주의 총애를 받고 있습니다. 우리가 먼저 손을 쓰지 않으면 반드시 그대에게 화가 미칠 것입니다."

전역이 공궁公宮 안으로 들어가 살았다. 이해 여름 5월 임신일, 전상의 형제들이 수레 네 대를 타고 제간공의 처소로 들어갔다. 감지가 정사를 보는 장막 안에 있다가 나와 맞이했다. 이들은 곧바로 몰려든 뒤 문을 잠가버렸다. 환관들이 막아서자 전역이 이들을 죽였다. 당시 제간공은 여인들과 단대檀臺에서 술을 마시고 있었다. 전상이 들어와 자리를 침전寢殿으로 옮길 것을 권했다. 제간공이 대로한 나머지 창을 집어 들어 찌르려 했다. 전씨와 한패인 태사 자여子余가 말했다.

"군주에게 해를 끼치려는 것이 아니라 해악을 제거하려는 것입니다."

전상이 정궁正宮에서 나와 무기고에 머물다가 제간공이 여전히 대로해 있다는 소식을 듣고는 달아날 준비를 하며 이같이 말했다.

"어딘들 군주가 없겠는가!"

전역이 칼을 빼들고 저지했다.

"머뭇거리는 것은 일을 망치는 적입니다. 어느 곳인들 전씨의 종족宗族이 없겠습니까? 그대를 죽이지 않으면 저는 전씨의 종족도 아닙니다."

전상이 달아날 생각을 버렸다. 당시 감지는 돌아가서 무리를 모은 뒤 궁중의 큰 문과 작은 문을 쳤다. 그러나 한 곳에서도 이기지 못해 이내 달아났다. 전씨들이 그를 추격했다. 풍구豐丘 사람들이 감지를 붙잡은 뒤 전씨에게 이 사실을 알렸다. 감지를 곽관郭關에서 죽였다. 전상이 감지의 가신인 대륙자방大陸子方을 죽이려다 전역의 요청으로 풀어주었다.• 대륙자방은 제간공의 명을 내세워 길에서 마차 하나를 취한 뒤 옹문雍門을 빠져나갔다. 당시 전표가 그에게 마차를 주려 하자 그는 사양하며 이같이 말했다.

"전역이 나를 풀어주도록 청했다. 다시 전표가 내게 마차까지 내주면 나는 전씨에게 사적인 은의를 입는 셈이 된다. 감지를 섬겼으

• 대륙大陸은 성, 자방子方은 이름이다. 《사기집해》는 복건服虔의 주석을 인용해 뒤에 나오는 동곽가東郭賈와 동일한 인물로 보았다. 두예도 《춘추좌전》에 대한 주에서 동곽가를 대륙자방으로 해석했다.

면서 다시 그 원수에게 은의를 입는다면 무슨 낯으로 노나라와 위衛나라 선비를 만날 수 있겠는가?"

5월 경진일, 전상이 제간공을 서주徐州에서 포획했다. 제간공이 탄식했다.

"과인이 진작 전앙의 말을 좇았으면 이 지경에 이르지는 않았을 것이다."

5월 갑오일, 전상이 서주에서 제간공을 죽인 후 제간공의 동생 오鰲를 옹립했다. 그가 제평공齊平公이다. 제평공이 즉위하자 전상이 재상이 되어 제나라의 정사를 임의로 좌우했다. 제나라 안평安平의 동쪽 땅을 떼어 전씨의 봉읍奉邑으로 삼았다. 제평공 8년, 월나라가 오나라를 멸했다. 제평공이 재위 25년 만에 죽자 아들 제선공齊宣公 적積이 즉위했다. 제선공 51년, 제선공이 죽자 아들 제강공齊康公 대貸가 즉위했다. 전회田會가 늠구廩丘에서 반기를 들었다. 제강공 2년, 한韓·위魏·조趙 삼진三晉이 처음으로 제후의 반열에 올랐다. 제강공 19년, 전상의 증손자 전화田和가 처음으로 제후가 되었다. 곧 제강공을 해변으로 이주시켰다. 제강공 26년, 제강공이 죽자 여씨呂氏의 제사가 끊겼다. 전씨가 마침내 제나라를 차지했다. 전씨의 제나라는 제위왕齊威公 때 천하의 강자가 되었다.

●● 簡公四年春, 初, 簡公與父陽生俱在魯也, 監止有寵焉. 及卽位, 使爲政. 田成子憚之, 驟顧於朝. 御鞅言簡公曰, "田·監不可並也, 君其擇焉." 弗聽. 子我夕, 田逆殺人, 逢之, 遂捕以入. 田氏方睦, 使囚病而遺守囚者酒, 醉而殺守者, 得亡. 子我盟諸田於陳宗. 初, 田豹欲爲子我臣, 使公孫言豹, 豹有喪而止. 後卒以爲臣, 幸於子我. 子我謂曰, "吾盡逐田氏而立女, 可乎?" 對曰, "我遠田氏矣. 且其違者不過數人, 何盡

逐焉!"遂告田氏. 子行曰, "彼得君, 弗先, 必禍子." 子行舍於公宮. 夏
五月壬申, 成子兄弟四乘如公. 子我在幄, 出迎之, 遂入, 閉門. 宦者禦
之, 子行殺宦者. 公與婦人飲酒於檀臺, 成子遷諸寢. 公執戈將擊之, 太
史子餘曰, "非不利也, 將除害也." 成子出舍于庫, 聞公猶怒, 將出, 曰,
"何所無君!" 子行拔劍曰, "需, 事之賊也. 誰非田宗? 所不殺子者有如
田宗." 乃止. 子我歸, 屬徒攻闈與大門, 皆弗勝, 乃出. 田氏追之. 豐丘
人執子我以告, 殺之郭關. 成子將殺大陸子方, 田逆請而免之. 以公命
取車於道, 出雍門. 田豹與之車, 弗受, 曰, "逆爲余請, 豹與余車, 余有
私焉. 事子我而有私於其讎, 何以見魯·衛之士?" 庚辰, 田常執簡公于
徐州. 公曰, "余蚤從御鞅言, 不及此." 甲午, 田常弑簡公于徐州. 田常
乃立簡公弟驁, 是爲平公. 平公卽位, 田常相之, 專齊之政, 割齊安平
以東爲田氏封邑. 平公八年, 越滅吳. 二十五年卒, 子宣公積立. 宣公
五十一年卒, 子康公貸立. 田會反廩丘. 康公二年, 韓·魏·趙始列爲諸
侯. 十九年, 田常曾孫田和始爲諸侯, 遷康公海濱. 二十六年, 康公卒,
呂氏遂絶其祀. 田氏卒有齊國, 爲齊威王, 彊於天下.

태사공은 평한다.

"나는 일찍이 제나라로 가본 적이 있다. 서쪽 태산에서 동쪽 낭야산
琅邪山까지 이어지고, 북쪽은 바다로 뻗어 있다. 비옥한 땅이 2,000리
에 달한다. 백성은 마음이 넓고 숨은 재능이 많다. 그들의 타고난 품
성이다. 태공의 성덕聖德으로 나라의 기초를 세우고, 제환공의 강성
함으로 선정善政을 베풀었다. 제후들과 회맹해 패자를 칭한 배경이
다. 이 또한 당연한 일이 아니겠는가? 양양하게 넓구나, 실로 대국의
기풍이다!"

●● 太史公曰, "吾適齊, 自泰山屬之琅邪, 北被于海, 膏壤二千里, 其民闊達多匿知, 其天性也. 以太公之聖, 建國本, 桓公之盛, 修善政, 以爲諸侯會盟, 稱伯, 不亦宜乎? 洋洋哉, 固大國之風也!"

노주공세가

魯周公世家

〈노주공세가〉는 주공 단을 시조로 하는 노나라의 역사를 다루고 있다. 주공 단은 주나라 최고의 개국공신이다. 노나라가 시종 주나라 왕실과 밀접한 관계를 맺으며 서주의 문화를 온전히 보유한 이유다. 실제로 노나라는 시종 약소국으로 존재했음에도 열국의 제후들 내에서 존경을 받았다. 춘추전국시대를 통틀어 열국 가운데 전란이 가장 적었던 이유다. 노나라 출신인 공자가 존왕양이尊王攘夷를 전면에 내세우며 주공 단을 성인으로 높인 것도 결코 우연으로 볼 수 없다. 《논어論語》에서 제환공을 도와 사상 첫 패업을 이룬 관중을 최고의 인자仁者로 평한 것도 이런 맥락에서 이해할 수 있다. 그러나 전국시대 말기에 들어와 약육강식 행보가 당연시되면서 약소국 노나라는 이내 초나라에 병탄되고 말았다. 고금동서를 막론하고 난세에는 칼이 붓을 압도한다는 사실을 보여주는 대목이다.

주공세가

주공 단은 주무왕의 동생이다. 주문왕 때부터 단은 효성이 지극하고 애정이 돈독해 다른 공자들과 달랐다. 주무왕이 즉위하자 늘 주무왕을 보필하며 많은 일을 처리했다. 주무왕 9년, 주무왕이 동쪽으로 맹진孟津에 도달할 당시 주무왕을 쫓아 출정했다. 주무왕 11년, 목야에서 은나라 주를 칠 당시 주무왕을 곁에서 보필했다. 이때 〈목서牧誓〉를 지었다. 주공은 은나라를 무너뜨릴 때 은나라 궁성으로 진격해 주부터 죽였다. 당시 주공은 큰 도끼, 소공召公은 작은 도끼를 들고 주무왕을 곁에서 보좌했다. 희생의 피로 토지신에게 제사를 지내면서 주의 죄를 하늘에 고한 뒤 이 사실을 은나라 백성에게 전파시켰다. 옥에 갇혀 있던 기자를 석방했다. 주무왕은 은나라 주의 아들로 자가 녹보祿父인 무경武庚을 제후에 봉했다. 이어 동생인 관숙과 채숙에게 그의 사부 역할을 수행하게 했다. 무경이 은나라의 제사를 이어받았다.

당시 주무왕은 공신功臣과 일족의 친척을 두루 제후에 책봉했다. 주공 단을 소호少昊의 옛터인 곡부曲阜에 봉하며 노공魯公으로 삼은 것이 대표적이다. 당시 주공은 봉지인 노나라로 가지 않고 궁정에 남아 주무왕을 보필했다. 주무왕이 은나라를 무너뜨린 지 2년이 되었어도 천하가 안정되지 않았다. 주무왕이 병이 나 온전하지 못하자 신하들이 두려움에 떨었다. 태공과 소공이 점을 쳤다. 주공이 말했다.

"우리 선왕을 근심스럽게 할 수는 없다!"

곧 스스로 볼모가 되어 세 개의 제단인 삼단三壇을 설치하고, 북쪽

을 향해 서서 벽옥璧玉을 머리에 이고, 옥으로 만든 예물용 홀笏인 규
圭를 손에 들고, 태왕 고공단보와 왕계 및 주문왕 등 삼왕三王에게 축
사를 올렸다. 사관이 죽간에 쓴 축문을 읽었다.

오직 선왕 삼왕의 장손인 왕 발이 지금 병에 걸려 괴로워하고 있습니
다. 만일 삼왕이 자식을 하늘에 바쳐야 하는 책임이 있다면 저 단이
왕 발의 몸값을 대신하겠습니다. 저는 능력이 많고 재주가 뛰어나 귀
신을 잘 섬길 수 있습니다. 왕 발은 저보다 재능이 없어 귀신을 잘 섬
길 수 없습니다. 왕 발은 상제上帝의 조정으로부터 천명을 받아, 천하
의 백성을 어루만져 다스리고, 삼왕의 후손을 천하에 정착시켰습니
다. 천하의 백성들 가운데 그를 경외하지 않는 자가 없습니다. 하늘
이 내린 천명을 실추시키지 않는 것이 우리 선왕이신 삼왕이 영원히
귀의할 바입니다. 지금 저는 곧바로 큰 거북을 통해 명을 받도록 하
겠습니다. 선왕 삼왕이 저의 요청을 수락하면 저는 벽옥과 규를 들고
돌아가 명을 기다릴 것입니다. 그러나 수락하지 않으면 저는 곧 옥과
홀을 감출 것입니다.

주공은 먼저 사관을 시켜 태왕과 왕계 및 주문왕에게 자신이 주무
왕 대신 죽겠다는 취지의 축문을 고하게 했다. 이어 삼왕을 향해 점
을 치게 했다. 복인卜人들이 입을 모아 말했다.
"길합니다."
그러고는 점서占書를 보여주며 길조를 확인시켰다. 주공이 기뻐하
며 점서를 보관한 것을 열어보니 점서에 길하다고 되어 있었다. 주
공이 안으로 들어가 주무왕에게 축하했다.

"대왕에게 아무런 해가 없을 것입니다. 제가 삼왕에게 새로운 명을 받았습니다. 대왕은 오로지 주나라를 잘 다스리는 것만 생각하십시오. 이는 오직 천자에게 부여된 것이기도 합니다."

주공은 축문을 쇠로 봉인한 등나무 궤짝에 넣고 호위하는 자에게 감히 발설치 말도록 당부했다. 다음날, 주무왕은 병이 나았다. 이후 주무왕이 서거할 때 주성왕은 어린 탓에 아직 강보에 싸여 있었다. 주공은 주무왕의 서거 소식을 듣고는 천하인이 이반할까 두려워했다. 곧바로 천자가 서는 섬돌에 서서 주성왕을 대신해 섭정했다. 관숙과 그의 여러 동생이 주공을 의심하며 유언비어를 퍼뜨렸다.

"주공은 앞으로 주성왕에게 이롭지 못할 것이다."

주공이 곧바로 태공망 여상과 연소공 석奭에게 말했다.

"내가 오해받는 것을 피하지 않고 섭정하는 것은 천하가 왕실을 이반할까 두려워하기 때문이오. 그래서 우리의 선왕이신 태왕과 왕계 및 주문왕 등 삼왕에게 고하지 않은 것이오. 삼왕이 오랫동안 천하를 위해 애쓴 덕분에 오늘날 치도治道가 거의 완성단계에 이르게 되었소. 주무왕은 일찍 서거했고, 주성왕은 아직 어리오. 이런 어려움 속에서 주나라의 치도를 완성하는 것이 바로 내가 섭정하는 이유요."

그러고는 마침내 주성왕을 힘껏 보필했다. 이때 아들 백금伯禽에게 봉국인 노나라로 가게 했다. 봉국으로 가는 백금에게 이같이 훈계했다.

"나는 문왕의 아들이고, 무왕의 동생이고, 주성왕의 숙부다. 나 역시 천하에서 신분이 낮지는 않을 것이다. 나는 목욕을 한 번 할 때마다 머리카락을 세 번 움켜쥐고, 식사를 한 번 할 때마다 음식을 세 번

뱉어내며 선비를 맞이했다. 그런데도 오히려 천하의 현인賢人을 잃을까 걱정했다. 너는 노나라로 가거든 삼가 봉국을 가졌다는 이유로 교만한 모습을 보여서는 안 된다."

관숙·채숙·무경 등이 과연 회이 사람들을 이끌고 반기를 들었다. 주공이 곧바로 주성왕의 명을 받들어 군사를 일으킨 뒤 동쪽으로 토벌에 나섰다. 이때 〈대고大誥〉를 지었다. 마침내 관숙을 주살하고, 무경을 죽였다. 채숙을 추방한 뒤 은나라 유민을 받아들였다. 강숙을 위衛 땅에 봉했다. 또 은나라 주의 서형庶兄인 미자微子를 송宋 땅에 봉해 은나라 제사를 받들게 했다. 회이의 동쪽 땅을 평정한 지 2년 만에 모두 안정시켰다. 제후들이 승복하며 주나라를 좇았다.

하늘이 큰 복을 내려, 주성왕의 동생인 당숙우唐叔虞가 상서로운 벼인 가화嘉禾를 얻었다. 다른 줄기에서 하나의 이삭이 팬 것이 그렇다. 이를 주성왕에게 바치자 주성왕은 당숙에게 명해 동쪽 땅에 있는 주공에게 선사하게 했다. 〈궤화餽禾〉를 지은 배경이다. 주공은 먼저 하사한 벼를 받고, 천자의 명을 기려 〈가화嘉禾〉를 지었다. 동쪽 땅이 평정되자 주공은 돌아와 주성왕에게 복명하면서 시를 지어 바쳤다. 이를 〈치효鴟鴞〉로 명명했다. 주성왕 역시 주공을 감히 질책하지 못했다.

주성왕 7년 2월 을미일, 주성왕이 주무왕의 묘를 참배하고 풍읍豐邑으로 가 주문왕의 묘를 참배했다. 태보太保 소공을 낙읍으로 먼저 보내 땅을 시찰하게 했다. 이해 3월, 주공이 먼저 주나라의 동쪽 낙읍으로 가 성을 쌓았다. 도읍지에 관해 점을 치자 길조로 나왔다. 마침내 그곳을 도성으로 삼았다. 주성왕이 성장해 정무를 처리할 수 있게 되자 주공은 주성왕에게 곧바로 정권을 돌려주었다. 주성왕이 국정에 임하자 주공은 주성왕 대신 다스릴 때는 남쪽을 향해 천자를 대신해 제후를 접견했다.● 7년 뒤 주공은 주성왕에게 정권을 완전히 돌려주고 북쪽을 향해 신하의 자리에 섰다. 공축하고 삼가는 것이 마치 두려워하는 듯했다. 전에 주성왕이 어렸을 때 병이 나자 주공은 곧바로 자신의 손톱을 잘라 황하에 던지고는 신에게 이같이 축원했다.

> 왕은 아직 어려 식견이 없습니다. 신의 명을 어지럽힌 자는 바로 저
> 단입니다.

그리고는 축문을 문서 창고에 보관했다. 덕분에 주성왕의 병이 나았다. 주성왕이 친정親政에 임하자 어떤 자가 주공을 참소했다. 주공이 초나라로 망명했다. 주성왕은 문서 창고를 열어 주공의 축문을 발견하자마자 눈물을 흘리며 주공을 귀국시켰다. 주공은 귀국했으나 주성왕이 장성해서도 정사를 방탕하게 처리할까 우려했다. 곧바로 〈다사多士〉와 〈무일毋逸〉을 지은 이유다. 〈무일〉에서 그는 이같이 말했다.

> 부모가 장구한 세월 동안 이룩한 창업을 후손들은 교만과 사치를 부
> 려 잊어버리고, 가업을 망친다. 그러니 어찌 자식 된 자로서 삼가지
> 않을 수 있겠는가! 옛날 은나라 중흥을 이룬 중종中宗 태무太戊는 천
> 명을 엄숙히 받들고 경외했지. 친히 법을 준수해 백성을 다스렸고,

● "천자를 대신해"라는 구절의 원문은 배의倍依다. 배倍는 등에 질 부負의 뜻을 지닌 배背와 통한다. 《사기집해》는 《예기禮記》를 인용해 옥좌 뒤에 있는 도끼 문양의 병풍을 등에 지고 그 앞에 섰다는 뜻의 부부의負斧依로 풀이했다. 부의斧依는 곧 천자를 상징하는 도끼 문양 병풍을 지칭한다.

삼가며 두려워했기에 감히 정사를 그만두거나 안락에 빠지지 않았다네. 75년 동안 보위를 지킬 수 있었던 이유다. 은나라 고종高宗 무정武丁은 오랫동안 성 밖에서 노역을 했고, 소인들과 함께 생활을 했지. 즉위 직후 상사喪事가 일어나자 3년 동안 말을 하지 않았네. 그가 마침내 말을 하자 모두 기뻐했지. 감히 정사를 그만둔다거나 안락에 빠지지 않았고, 은나라를 안정시켰네. 크고 작은 일에 백성의 원한을 사지 않았기에 55년 동안 보위를 지켰지. 조갑祖甲 때 의롭지 못하게 즉위했다고 여겨 오랫동안 성 밖에서 소인 노릇을 했네. 하층민의 바람을 알았기에 하층민을 보호하고 은혜를 베풀 수 있었지. 홀아비와 과부를 업신여기지 않았기에 33년 동안 보위를 누렸네.

〈다사〉에서 이같이 말했다.

은나라 탕왕湯王에서 제을帝乙까지 제사를 따르고 덕행을 닦지 않은 자가 없었지. 제왕들은 천명을 어긴 적이 없었네. 이후 오늘날 후대 은나라 주가 황음하고 향락에 빠져 하늘과 백성의 바람을 돌아보지 못했지. 백성 모두 천벌을 받으리라 여겼네. 주문왕은 새벽부터 정오까지 식사할 틈이 없었지. 덕분에 보위를 50년 동안 누렸네.

주공은 이를 지어 주성왕을 경계시킨 것이다. 주성왕이 풍읍에 있을 때 천하는 이미 안정되었으나 주나라의 관직과 행정이 아직 정비되지 않았다. 주공이 〈주관周官〉을 지어 관직을 세분해 규정했다. 또 〈입정立政〉*을 지어 백성을 편안하게 하자 백성이 기뻐했다. 주공이 풍읍에 있을 때 병이 들었다. 죽기 직전에 이같이 말했다.

"반드시 나를 성주成周에 묻어, 내가 감히 주성왕을 떠나지 않는다는 것을 분명히 해주시오."

주공 사후 주성왕 역시 겸양하면서 주공을 필畢 땅에 묻었다. 주문왕의 뜻을 좇아 감히 주공을 신하로 생각하지 않았음을 분명히 한 것이다. 주공 사후 아직 추수를 하지 않았을 때 폭풍우가 몰아쳐 벼가 모두 쓰러지고 나무가 모두 뽑혔다. 주나라 백성이 크게 두려워했다. 주성왕이 대부들과 함께 조복朝服을 입고 주공의 축문을 넣고 금색 실로 봉한 궤짝인 금등서金縢書를 열어보았다. 거기서 주공이 주무왕을 대신해 죽고자 한 내용의 축문을 찾아냈다. 태공과 소공 및 주성왕이 사관과 집사에게 묻자 이들이 이같이 대답했다.

"분명 그런 일이 있었습니다. 옛날 주공이 저희에게 감히 발설하지 말라 명했습니다."

주성왕이 축문을 들고 눈물을 흘렸다.

"이후 점괘에 어긋남이 없을 것이다! 옛날 주공이 왕조를 위해 부지런히 애썼지만 과인은 나이가 어려 알지 못했다. 지금 하늘이 주공의 덕을 위엄 있게 밝히려 하니 과인 또한 그 뜻을 받들 것이다. 예법을 좇아 교사郊祀를 지내는 것이 마땅하다."

주성왕이 교외에서 제사를 지내자 하늘이 곧바로 비를 내리고 바람을 거두어 벼가 모두 일어섰다. 태공망과 소공이 백성에게 명해 쓰러진 큰 나무를 모두 일으켜 세우고 가지런히 하도록 했다. 이해

● 입정의 입立은 바로 세운다는 뜻이다. 《서경》에 〈입정立政〉이 편제되어 있다. 《관자》에도 똑같은 편이 편제되어 있지만 〈이정立政〉으로 읽는다. 여기의 이는 정사에 임한다는 뜻의 임할 이莅 내지 이涖와 같다. 같은 글자가 '입'과 '이' 두 가지로 사용되고 있는 점에 주의할 필요가 있다.

의 수확은 풍년이었다. 당시 주성왕은 곧바로 노나라에 명해 교외에서 주문왕에게 제사 지내도록 했다. 노나라가 천자의 예악禮樂을 사용하게 된 것은 바로 주공의 덕을 기렸기 때문이다. 주공은 죽었으나 아들 백금은 이미 먼저 봉지를 받았다. 그가 노공이다. 당초 노공 백금이 노나라 땅을 봉지로 받고 3년 뒤 주공에게 처음으로 정사를 보고했다. 주공이 물었다.

"왜 이토록 늦었는가?"

백금이 대답했다.

"그곳의 풍속과 예의를 변혁하고, 삼년상을 치른 뒤 상복을 벗느라 늦었습니다."

당시 태공망 여상도 제나라에 봉지를 받았다. 다섯 달 후 주공에게 정사를 보고하자 주공이 물었다.

"왜 이토록 빠른 것이오?"

태공이 대답했다.

"저는 군신의 예의를 간소화하면서 그곳의 풍속과 행사를 따랐기 때문입니다."

나중에 백금의 뒤늦은 보고를 접하며 이같이 탄식했다.

"아, 훗날 노나라는 제나라를 섬기게 될 것이다! 대략 정사가 간소하고 쉽지 않으면 백성은 가까이 다가오지 않는다. 정사가 간략하고 백성에게 친근하면 백성이 반드시 귀의하게 된다."

백금이 즉위한 후 관숙과 채숙 등이 반기를 들었다. 회이와 서융徐戎이 이에 동조했다. 백금이 군사를 이끌고 가 이들을 힐肹 땅에서 치고 〈힐서肹誓〉를 지었다.

너의 갑옷과 투구를 준비하고, 함부로 잘못 다루는 일이 없게 하라.
함부로 마구간을 훼손하지 마라. 달아난 말과 소, 도망간 노비가 대
열을 이탈하면 쫓지 말고, 공손히 돌아가게 하라. 감히 훔치거나 약
탈하지 마라. 남의 담을 뛰어넘지 마라. 노나라의 서·남·북 세 방향
에 사는 성 밖과 교외의 주민은 들어라. 그대들은 마른 풀, 식량, 정간
楨榦을 비축해 공급에 부족함이 없도록 하라.• 나는 갑술일에 보루를
쌓고 서융을 칠 것이다. 감히 때를 놓치는 일이 없게 하라. 명을 위반
하면 사형에 처할 것이다.

〈힐서〉를 지은 뒤 마침내 서융을 평정하고 노나라를 안정시켰다.
노공 백금이 죽자 아들 노고공魯考公 추酋가 즉위했다. 노고공이 재위
4년 만에 죽고 동생 희熙가 즉위했다. 그가 노양공魯煬公이다. 노양공
이 궁궐인 모궐문茅闕門을 세웠다. 노양공이 재위 6년 만에 죽자 아들
노유공魯幽公 재宰가 즉위했다. 노유공 14년, 노유공의 동생 비濆가 노
유공을 시해하고 대신 즉위했다. 그가 노위공魯魏公이다. 노위공이 재
위 50년 만에 죽자 아들 노여공魯厲公 탁擢이 즉위했다. 노여공이 재
위 37년 만에 죽자 노나라 백성이 그의 동생 구具를 옹립했다. 그가
노헌공魯獻公이다. 노헌공이 재위 32년 만에 죽자 아들 노진공魯眞公
비濞가 즉위했다. 노진공 14년, 주여왕이 무도한 짓을 하다가 체 땅
으로 망명했다. 공화정이 시작되었다. 노진공 29년, 주선왕이 즉위했

● 추교芻茭와 구량糗糧을 《사기집해》는 공안국孔安國의 주석을 인용해 마소에게 먹일 건초
를 충분히 비축하고, 군량에 부족함이 없도록 스스로 준비하라는 취지로 해석했다. 구糗는 전
투식량인 볶은 쌀 내지 미숫가루를 지칭한다. 정간을 《사기집해》는 마융馬融의 주석을 인용
해 정楨은 담을 쌓을 때 앞에 세우는 기둥으로, 간榦은 양옆에 세우는 기둥으로 풀이했다.

다. 노진공 30년, 노진공이 죽고 동생 오放가 즉위했다. 그가 노무공魯
武公이다. 노무공 9년 봄, 노무공이 큰아들 괄括, 작은아들 희戱와 함께
서쪽으로 가 주선왕을 조현했다. 주선왕은 희를 좋아해 희를 노나라
태자로 삼고자 했다. 주나라 대신 번중산보樊仲山父가 간했다.

"맏이를 폐하고 작은아들을 세우는 것은 순리가 아닙니다. 순리에
어긋나면 반드시 왕명을 어기게 됩니다. 왕명을 어기면 반드시 주살
해야 하는데 명령이 집행되면 복종하지 않을 수 없습니다. 명령이
집행되지 않으면 정사가 올바로 서지 않습니다. 명령이 집행되었는
데도 복종하지 않으면 백성이 장차 윗사람을 저버릴 것입니다. 무릇
아랫사람이 윗사람을 섬기고, 어린이가 어른을 섬기는 것은 서열을
지키기 때문입니다. 지금 천자가 제후를 책봉하면서 그 작은아들을
세우는 것은 백성에게 반역을 가르치는 것입니다. 만일 노나라가 그
명을 따르고, 다른 제후들이 이를 본받으면 왕명은 장차 막히게 될
것입니다. 복종하지 않는다고 징벌하면 이는 스스로 왕명을 징벌하
는 것입니다. 징벌하는 것도 잘못이고, 징벌하지 않는 것 또한 잘못
이니 대왕은 이를 헤아리도록 하십시오."

주선왕이 이를 듣지 않고 마침내 희를 노나라 태자로 삼았다. 이
해 여름, 노무공이 귀국해 죽자 희가 즉위했다. 그가 노의공魯懿公
이다.

●● 周公旦者, 周武王弟也. 自文王在時, 旦爲子孝, 篤仁, 異於群子.
及武王卽位, 旦常輔翼武王, 用事居多. 武王九年, 東伐至盟津, 周公輔
行. 十一年, 伐紂, 至牧野, 周公佐武王, 作牧誓. 破殷, 入商宮. 已殺紂,
周公把大鉞, 召公把小鉞, 以夾武王, 釁社, 告紂之罪于天, 及殷民. 釋
箕子之囚. 封紂子武庚祿父, 使管叔·蔡叔傅之, 以續殷祀. 徧封功臣

同姓戚者. 封周公旦於少昊之虛曲阜, 是爲魯公. 周公不就封, 留佐武王. 武王克殷二年, 天下未集, 武王有疾, 不豫, 群臣懼, 太公·召公乃繆卜. 周公曰, "未可以戚我先王." 周公於是乃自以爲質, 設三壇, 周公北面立, 戴璧秉圭, 告于太王·王季·文王. 史策祝曰, "惟爾元孫王發, 勤勞阻疾. 若爾三王是有負子之責於天, 以旦代王發之身. 旦巧能, 多材多蓺, 能事鬼神. 乃王發不如旦多材多蓺, 不能事鬼神. 乃命于帝庭, 敷佑四方, 用能定汝子孫于下地, 四方之民罔不敬畏. 無墜天之降葆命, 我先王亦永有所依歸. 今我其卽命於元龜, 爾之許我, 我以其璧與圭歸, 以俟爾命. 爾不許我, 我乃屛璧與圭." 周公已令史策告太王·王季·文王, 欲代武王發, 於是乃卽三王而卜. 卜人皆曰吉, 發書視之, 信吉. 周公喜, 開籥, 乃見書遇吉. 周公入賀武王曰, "王其無害. 旦新受命三王, 維長終是圖. 茲道能念予一人." 周公藏其策金縢匱中, 誡守者勿敢言. 明日, 武王有瘳.

其後武王旣崩, 成王少, 在强葆之中. 周公恐天下聞武王崩而畔, 周公乃踐阼代成王攝行政當國. 管叔及其群弟流言於國曰, "周公將不利於成王." 周公乃告太公望·召公奭曰, "我之所以弗辟而攝行政者, 恐天下畔周, 無以告我先王太王·王季·文王. 三王之憂勞天下久矣, 於今而后成. 武王蚤終, 成王少, 將以成周, 我所以爲之若此." 於是卒相成王, 而使其子伯禽代就封於魯. 周公戒伯禽曰, "我文王之子, 武王之弟, 成王之叔父, 我於天下亦不賤矣. 然我一沐三捉髮, 一飯三吐哺, 起以待士, 猶恐失天下之賢人. 子之魯, 愼無以國驕人."

管·蔡·武庚等果率淮夷而反. 周公乃奉成王命, 興師東伐, 作大誥. 遂誅管叔, 殺武庚, 放蔡叔. 收殷餘民, 以封康叔於衛, 封微子於宋, 以奉殷祀. 寧淮夷東土, 二年而畢定. 諸侯咸服宗周. 天降祉福, 唐叔得禾, 異母同穎, 獻之成王, 成王命唐叔以餽周公於東土, 作餽禾. 周公既受命禾, 嘉天子命, 作嘉禾. 東土以集, 周公歸報成王, 乃爲詩貽王, 命之曰鴟鴞. 王亦未敢訓周公. 成王七年二月乙未, 王朝步自周, 至豐, 使太保召公先之雒相土. 其三月, 周公往營成周雒邑, 卜居焉, 曰吉, 遂國之. 成王長, 能聽政. 於是周公乃還政於成王, 成王臨朝. 周公之代成王治, 南面倍依以朝諸侯. 及七年後, 還政成王, 北面就臣位, 匔匔如畏然. 初, 成王少時, 病, 周公乃自揃其蚤沈之河, 以祝於神曰, "王少未有識, 奸神命者乃旦也." 亦藏其策於府. 成王病有瘳. 及成王用事, 人或譖周公, 周公奔楚. 成王發府, 見周公禱書, 乃泣, 反周公. 周公歸, 恐成王壯, 治有所淫佚, 乃作多士, 作毋逸.

　毋逸稱, "爲人父母, 爲業至長久, 子孫驕奢忘之, 以亡其家, 爲人子可可不愼乎! 故昔在殷王中宗, 嚴恭敬畏天命, 自度治民, 震懼不敢荒寧, 故中宗饗國七十五年. 其在高宗, 久勞于外, 爲與小人, 作其卽位, 乃有亮闇, 三年不言, 言乃讙, 不敢荒寧, 密靖殷國, 至于小大無怨, 故高宗饗國五十五年. 其在祖甲, 不義惟王, 久爲小人于外, 知小人之依, 能保施小民, 不侮鰥寡, 故祖甲饗國三十三年." 多士稱曰, "自湯至于帝乙, 無不率祀明德, 帝無不配天者. 在今後嗣王紂, 誕淫厥佚, 不顧天及民之從也. 其民皆可誅." 周多士 "文王日中昃不暇食, 饗國五十年." 作此以誡成王. 成王在豐, 天下已安, 周之官政未次序, 於是周公作周官, 官別其宜, 作立政, 以便百姓. 百姓說. 周公在豐, 病, 將沒, 曰, "必葬我成周, 以明吾不敢離成王." 周公既卒, 成王亦讓, 葬周公於畢, 從文王, 以明予小子不敢臣周公也. 周公卒後, 秋未穫, 暴風雷雨, 禾盡偃, 大木盡拔. 周國大恐. 成王與大夫朝服以開金縢書, 王乃得周公所自以爲功代武王之說. 二公及王乃問史百執事, 史百執事曰, "信有, 昔周公命我勿敢言." 成王執書以泣, 曰, "自今後其無繆卜乎! 昔周公勤勞王家, 惟予幼人弗及知. 今天動威以彰周公之德, 惟朕小子其迎, 我國家禮亦宜之." 王出郊, 天乃雨, 反風, 禾盡起. 二公命國人, 凡大木所偃, 盡起而築之. 歲則大孰. 於是成王乃命魯得郊祭文王. 魯有天子禮樂者, 以褒周公之德也. 周公卒, 子伯禽固已前受封, 是爲魯公. 魯公伯禽之初受封之魯, 三年而後報政周公. 周公曰, "何遲也?" 伯禽曰, "變其俗, 革其禮, 喪三年然後除之, 故遲." 太公亦封於齊, 五月而報政周公. 周公曰, "何疾也?" 曰, "吾簡其君臣禮, 從其俗爲也." 及後聞伯禽報政遲, 乃歎曰, "嗚呼, 魯後世其北面事齊矣! 夫政不簡不易, 民不有近, 平易近民, 民必歸之."

伯禽卽位之後, 有管・蔡等反也, 淮夷・徐戎亦興反. 於是伯禽率師伐之於肸, 作肸誓, 曰, "陳爾甲胄, 無敢不善. 無敢傷牿. 馬牛其風, 臣妾逋逃, 勿敢越逐, 敬復之. 無敢寇攘, 踰牆垣. 魯人三郊三隧, 峙爾芻茭・糗糧・楨幹, 無敢不逮. 我甲戌築而征徐戎, 無敢不及, 有大刑." 作此肸誓, 遂平徐戎, 定魯. 魯公伯禽卒, 子考公酋立. 考公四年卒, 立弟熙, 是謂煬公. 煬公築茅闕門. 六年卒, 子幽公宰立. 幽公十四年. 幽公弟潰殺幽公而自立, 是爲魏公. 魏公五十年卒, 子厲公擢立. 厲公三十七年卒, 魯人立其弟具, 是爲獻公. 獻公三十二年卒, 子眞公濞立. 眞公十四年, 周厲王無道, 出奔彘, 共和行政. 二十九年, 周宣王卽位. 三十年, 眞公卒, 弟敖立, 是爲武公. 武公九年春, 武公與長子括, 少子戲, 西朝周宣王. 宣王愛戲, 欲立戲爲魯太子. 周之樊仲山父諫宣王曰, "廢長立少, 不順, 不順, 必犯王命, 犯王命, 必誅之, 故出令不可不順也. 令之不行, 政之不立, 行而不順, 民將棄上. 夫下事上, 少事長, 所以爲順. 今天子建諸侯, 立其少, 是敎民逆也. 若魯從之, 諸侯效之, 王命將有所雍, 若弗從而誅之, 是自誅王命也. 誅之亦失, 不誅亦失, 王其圖之." 宣王弗聽, 卒立戲爲魯太子. 夏, 武公歸而卒, 戲立, 是爲懿公.

은환세가

노의공 9년, 노의공의 형 괄의 아들 백어伯御와 노나라 백성이 노의공을 시해했다. 백어가 대신 즉위했다. 백어 즉위 11년, 주선왕은 노나라를 정벌해 백어를 주살했다. 노나라 공자 가운데 제후들을 인도하고, 노나라의 후계자가 될 만한 사람이 누구인지 물었다. 대부 번목중樊穆仲이 대답했다.

"노의공의 동생 칭稱이 엄숙하고 공손하며 총명합니다. 또 웃어른을 공손히 모십니다. 임무를 맡기고 형벌을 집행할 때는 반드시 먼저 선왕의 교훈을 묻고 역사적 사실을 살핍니다. 한 번도 물었던 교훈에 어긋나지 않았고, 살폈던 역사적 사실에 어긋남이 없었습니다."

주선왕이 말했다.

"그렇다면 능히 그가 백성을 인도하고 다스릴 수 있겠다."

그러고는 곧 칭을 이궁夷宮에서 즉위시켰다. 그가 노효공魯孝公이다. 이후 제후들이 자주 왕명을 어기게 되었다. 노효공 25년, 제후들이 주나라를 이반했다. 견융이 주유왕을 죽였다. 진秦나라가 처음으로 제후의 대열에 섰다. 노효공 27년, 노효공이 죽자 아들 불황弗湟이 즉위했다. 그가 노혜공魯惠公이다. 노혜공 30년, 진나라 사람이 군주인 진소후를 시해했다. 노혜공 45년, 진나라 사람이 또 군주인 진효

后晉孝侯를 시해했다. 노혜공 46년, 노혜공이 죽자 장서자長庶子* 식息
이 섭정하면서 군주의 직권을 행사했다. 그가 노은공이다.

당초 노혜공의 본부인에게는 자식이 없었다. 천첩賤妾인 성자聲子
가 식을 낳았다. 식이 성장해 송나라에서 아내를 맞이했다. 송나라
여인은 미인이었다. 노혜공이 탈취해 아내로 삼았다.** 그 사이에서
아들 윤允이 태어나자 송나라 여인을 부인으로 올리고 윤을 태자로
삼았다. 노혜공이 죽자 윤이 어렸던 까닭에 노나라 백성이 모두 식
에게 섭정하게 했다.《춘추》에서 즉위했다고 말하지 않은 이유다. 노
은공 5년, 노은공이 무당정武棠亭에서 고기 잡는 것을 감상했다. 노은
공 8년, 천자를 조현할 때 숙식하던 노나라 허전許田을 천자를 모시
고 태산에 제사 지내던 정나라의 팽祊 땅과 서로 바꾸었다. 군자가
이를 비웃었다. 노은공 11년 겨울, 노나라 공자 휘揮가 노은공에게 아
첨했다.

"백성이 군주를 옹호한 까닭에 마침내 보위에 오른 것입니다. 저
는 군주를 위해 태자 윤을 제거할 생각입니다. 저를 재상으로 삼아
주십시오."

노은공이 반대했다.

"선군의 명이 있었다. 윤이 어렸기에 내가 그를 대신한 것이다. 이

● 서자庶子 가운데 가장 나이가 많은 자를 칭한다. 서장자庶長子는 첫째가 서자인 경우를 말
한다. 서장자는 반드시 장서자에 해당하나, 장서자가 반드시 서장자가 되는 것은 아니다.
●● 노혜공이 며느리가 될 여성을 탈취해 아내로 삼았다는 구절은 항간의 이설일 공산이 크
다. 이는《춘추좌전》〈노은공 원년〉조의 서문과 배치된다. 서문에는 "노혜공의 원비元妃는 송
무공宋武公의 장녀인 맹자孟子다. 맹자가 죽자 맹자의 조카딸인 성자를 계실繼室로 맞아들여
노은공을 낳았다. 이에 앞서 송무공이 딸 중자仲子가 노혜공에게 시집와 노환공魯桓公을 낳았
다. 노환공이 어렸을 때 노혜공이 죽자 서자인 노은공이 즉위해 적자인 노환공을 받들었다"
고 되어 있다.

제 윤이 성장했으니 나는 바야흐로 토구菟裘의 땅에 집을 짓고 노년을 준비할 것이다. 윤에게 정권을 줄 생각이다."

공자 휘는 공자 윤이 이를 듣고 오히려 자신을 죽이려 할까 두려워했다. 곧 윤에게 노은공을 무함했다.

"은공이 마침내 보위에 계속 머물기 위해 그대를 죽이고자 합니다. 그대는 이를 깊이 생각하십시오. 그대를 위해 제가 은공을 제거하겠습니다."

윤이 이를 허락했다. 노은공 11월, 노은공이 종무鍾巫•에게 제사를 올리기 위해 사포社圃에서 재계하고, 위씨蔿氏•• 집에 묵었다. 공자 휘가 사람을 시켜 위씨 집에서 노은공을 시해하고 윤을 즉위시켰다. 그가 노환공이다.

노환공 원년, 정나라가 벽옥을 보태 다시 팽 땅을 허전과 바꾸었다. 노환공 2년, 송나라가 뇌물로 바친 정鼎을 태묘太廟에 바치자 군자들이 이를 비웃었다. 노환공 3년, 공자 휘를 제나라로 보내 노환공의 부인을 맞이하게 했다. 노환공 6년, 부인이 아들을 낳았다. 노환공과 생일이 같아 이름을 동同이라 지었다. 동이 성장해 태자가 되었다. 노환공 16년, 조曹나라에서 회맹한 뒤 정나라를 정벌하고 정여공鄭厲公을 정나라로 들어가게 했다. 노환공 18년 봄, 부인과 함께 제나라로 가려 했다. 대부 신수申繻가 간했으나 노환공이 이를 듣지 않고 제나

• 종무를 《사기집해》는 가규賈逵의 주석을 인용해 제사의 명칭이라고 했다. 《춘추좌전》 〈노은공 11년〉조에 따르면 노은공은 아직 공자로 있을 때 정나라 사람과 호양狐壤에서 싸우다 포로로 잡힌 적이 있었다. 정나라 사람이 그를 정나라 대부 윤씨尹氏 집에 가두었다. 노은공은 윤씨에게 뇌물을 주고 윤씨 가문의 신주인 종무에게 기도를 드렸다. 이후 윤씨와 함께 돌아와서는 종무를 모시는 사당을 노나라에 세우게 되었다고 했다.
•• 《춘추좌전》에는 위씨蔿氏로 되어 있다.

라로 갔다. 제양공이 노환공의 부인과 사통했다. 노환공이 부인에게
화를 내자 부인이 이복오빠인 제양공에게 이를 고했다. 이해 여름 4
월 병자일, 제양공이 노환공에게 잔치를 베풀었다. 노환공이 취하자
공자 팽생을 시켜 노환공을 부축해 수레에 실은 뒤 틈을 보아 늑골
을 꺾게 했다. 팽생이 명을 좇아 수레 안에서 노환공을 죽였다. 노나
라 백성이 제나라 군주에게 알렸다.

"과군은 군주의 위엄이 두려워 감히 편히 머물지 못하고 우호의
예를 다했습니다. 예를 다하고도 돌아오지 못했으나 죄를 추궁할 곳
이 없습니다. 청컨대 팽생을 잡아들여 제후들 사이에 퍼져 있는 추
문을 없애주십시오."

제나라가 팽생을 죽여 노나라 백성을 무마했다. 태자 동이 즉위했
다. 그가 노장공魯莊公이다. 노장공의 모친이 제나라에 머물며 감히
노나라로 귀국하지 못했다.

●● 懿公九年, 懿公兄括之子伯御與魯人攻弑懿公, 而立伯御爲君.
伯御卽位十一年, 周宣王伐魯, 殺其君伯御, 而問魯公子能道順諸侯
者, 以爲魯後. 樊穆仲曰, "魯懿公弟稱, 肅恭明神, 敬事耆老, 賦事行
刑, 必問於遺訓而咨於固實, 不幹所問, 不犯所知咨." 宣王曰, "然, 能
訓治其民矣." 乃立稱於夷宮, 是爲孝公. 自是後, 諸侯多畔王命. 孝公
二十五年, 諸侯畔周, 犬戎殺幽王. 秦始列爲諸侯. 二十七年, 孝公卒,
子弗湟立, 是爲惠公. 惠公三十年, 晉人弑其君昭侯. 四十五年, 晉人又
弑其君孝侯. 四十六年, 惠公卒, 長庶子息攝當國, 行君事, 是爲隱公.
初, 惠公適夫人無子, 公賤妾聲子生子息. 息長, 爲娶於宋. 宋女至而
好, 惠公奪而自妻之. 生子允. 登宋女爲夫人, 以允爲太子. 及惠公卒,
爲允少故, 魯人共令息攝政, 不言卽位. 隱公五年, 觀漁於棠. 八年, 與

鄭易天子之太山之邑祊及許田, 君子譏之. 十一年冬, 公子揮諂謂隱公曰, "百姓便君, 君其遂立. 吾請爲君殺子允, 君以我爲相." 隱公曰, "有先君命. 吾爲允少, 故攝代. 今允長矣, 吾方營菟裘之地而老焉, 以授子允政." 揮懼子允聞而反誅之, 乃反譖隱公於子允曰, "隱公欲遂立, 去子, 子其圖之. 請爲子殺隱公." 子允許諾. 十一月, 隱公祭鍾巫, 齊于社圃, 館于寪氏. 揮使人殺隱公于寪氏, 而立子允爲君, 是爲桓公. 桓公元年, 鄭以璧易天子之許田. 二年, 以宋之賂鼎入於太廟, 君子譏之. 三年, 使揮迎婦于齊爲夫人. 六年, 夫人生子, 與桓公同日, 故名曰同. 同長, 爲太子. 十六年, 會于曹, 伐鄭, 入厲公. 十八年春, 公將有行, 遂與夫人如齊. 申繻諫止, 公不聽, 遂如齊. 齊襄公通桓公夫人. 公怒夫人, 夫人以告齊侯. 夏四月丙子, 齊襄公饗公, 公醉, 使公子彭生抱魯桓公, 因命彭生摺其脅, 公死于車. 魯人告于齊曰, "寡君畏君之威, 不敢寧居, 來脩好禮. 禮成而不反, 無所歸咎, 請得彭生以除醜於諸侯." 齊人殺彭生以說魯. 立太子同, 是爲莊公. 莊公母夫人因留齊, 不敢歸魯.

장민세가

노장공 5년 겨울, 위衛나라를 치고 위혜공衛惠公을 본국으로 돌려보냈다. 노장공 8년, 제나라 공자 규가 망명해왔다. 노장공 9년, 노나라가 공자 규를 제나라로 돌려보내 제환공을 쫓아내고자 했다. 제환공이 군사를 일으켜 노나라를 치자 노나라가 부득불 공자 규를 죽였다. 공자 규를 모시던 소홀이 주군을 쫓아 자진했다. 제나라가 노나라에 관중의 생환을 통고하자 노나라 대부 시백施伯이 말했다.

"제나라가 관중을 얻고자 하는 것은 그를 죽이려는 것이 아니고, 장차 등용하려는 것입니다. 그가 등용되면 노나라에 우환이 됩니다. 그를 죽여 시체로 보내는 것이 낫습니다."

노장공이 이를 듣지 않고 마침내 관중을 포박한 뒤 제나라로 보냈다. 제환공이 관중을 재상으로 삼았다. 노장공 13년, 노장공과 조말이 가 땅에서 제환공과 회맹했다. 조말이 제환공을 위협해 약탈당한 노나라의 땅을 요구했다. 맹약이 성립되자 제환공을 풀어주었다. 제환공이 맹약을 파기하려 하자 관중이 간했다. 이내 노나라로부터 빼앗은 땅을 돌려주었다. 노장공 15년, 제환공이 처음으로 패자가 되었다. 노장공 23년, 노장공이 제나라로 가 토지신 제사에 참석해 열병식을 관전했다.

노장공 32년, 당초 노장공은 대를 쌓고 위로 올라갔다가 대부 당씨黨氏의 집을 굽어보았다. 이때 당씨의 맏딸인 맹임孟任을 발견하고는 곧 그녀를 따라가게 되었다. 맹임이 문을 닫아걸고 거절하자 노장공이 그녀에게 부인으로 맞이할 것을 허락했다. 이에 맹임이 팔뚝을 그어 맹서하는 할비割臂 의식을 거행해 그 피를 노장공과 나누어 마셨다. 이후 함께 궁으로 들어와 공자 반斑을 낳았다.● 공자 반이 성장해 대부 양씨梁氏의 딸을 좋아하게 되었다. 그녀를 살펴보러 갔다가 가축 사육을 담당한 어인圉人 낙犖이 담 밖에서 양씨의 딸과 놀이를 하는 것을 보게 되었다. 공자 반이 화가 나 낙에게 채찍을 가했다. 노장공이 이를 듣고 말했다.

"낙은 완력이 강한 자이니 그를 죽이도록 해라. 채찍질만 하고 그

● 《춘추좌전》에는 공자 반般으로 나온다.

냥 방치해서는 안 된다."

그러나 반은 그리하지 않았다. 마침내 노장공이 병이 났다. 노장공
은 세 명의 동생이 있었다. 첫째가 경보, 둘째가 숙아叔牙, 셋째가 계
우季友였다. 일찍이 노장공은 제나라 여인을 아내로 얻었다. 그녀가
애강이다. 애강은 아들을 낳지 못했다. 애강의 여동생은 숙강叔姜이
다. 그녀는 아들 개開를 낳았다. 노장공은 적자가 없고 맹임을 사랑했
기에 그녀의 아들 반을 옹립하고자 했다. 병이 든 후 동생 숙아에게
후계자에 관해 묻자 숙아가 이같이 대답했다.

"부친이 죽으면 아들이 계승하고, 형이 죽으면 동생이 이어받는
것이 노나라의 법입니다. 경보가 살아 있으니 후계를 이을 수 있습
니다. 군주는 무엇을 염려하는 것입니까?"

노장공은 숙아가 경보를 보위에 세우려 하는 것을 알고 크게 걱정
했다. 그가 나가자 계우에게 물었다. 계우가 대답했다.

"목숨을 다해 공자 반을 세우겠습니다."

노장공이 물었다.

"지금 숙아는 경보를 세우고자 하는데 어찌해야 좋은가?"

계우는 노장공의 명을 받아 숙아를 침무씨鍼巫氏 집에서 기다리게
했다. 곧 침계鍼季를 시켜 숙아를 위협해 짐새의 깃으로 만든 독주인
짐주鴆酒를 먹게 했다.

"이것을 마시면 후손의 제사를 받을 것이다. 그렇지 않으면 죽어
서도 후손이 없을 것이다."

숙아가 이내 독주를 마시고 죽었다. 노나라는 숙아의 아들을 세워
숙손씨叔孫氏로 삼았다. 노장공 8월 계해일, 노장공이 죽자 마침내 계
우가 공자 반을 옹립했다. 노장공의 명과 같았다. 공자 반은 상喪을

받들며 당씨 집에 머물렀다. 당시 경보는 애강과 통간해왔다. 애강의 여동생인 숙강 소생의 개開를 옹립하고자 한 이유다. 10월 기미일, 노장공 사후 계우가 공자 반을 옹립하자 경보가 어인 낙을 시켜 공자 반을 죽였다. 계우가 진陳나라로 망명했다. 경보가 노장공의 아들 개를 옹립했다. 그가 노민공이다.

노민공 2년, 경보와 애강의 통간이 더욱 잦아졌다. 애강이 경보와 모의해 노민공을 살해한 뒤 경보를 옹립하고자 했다. 경보가 복의 ▷齮에게 노민공을 무위武闈에서 습살襲殺하게 했다. 계우가 이 소식을 듣고는 진陳나라로부터 노민공의 동생 신申과 함께 주邾나라로 가 노나라에 자신들을 들여보낼 것을 청했다. 당시 노나라 백성들이 경보를 죽이려 하자 경보가 두려운 나머지 거莒나라로 달아났다. 계우가 신을 받들고 귀국해 그를 옹립했다. 그가 노희공이다. 노희공 역시 노장공의 작은아들이다. 애강은 두려운 나머지 주나라로 달아났다. 계우가 뇌물을 가지고 거나라로 가 경보를 넘겨줄 것을 청했다. 경보를 데리고 돌아온 뒤 사람을 시켜 죽이려 한 것이다. 경보가 망명을 청했지만 계우가 듣지 않고 곧바로 대부 해사奚斯를 시켜 죽이게 했다. 경보는 해사가 울며 지나가는 소리를 듣고는 이내 자진했다.

당시 제환공은 자신의 여동생 애강이 경보와 음란한 짓을 벌이며 노나라를 위태롭게 한다는 이야기를 듣고는 곧 주나라에 있던 애강을 제나라로 불러들인 뒤 죽였다. 이어 시체를 노나라로 보내 갈기갈기 찢게 했다. 노희공이 청해 애강의 시체를 매장했다. 계우의 모친은 진陳나라 여인이다. 계우가 진나라로 망명하자 진나라가 이를 구실로 계우와 신을 호송했다. 당초 계우가 막 태어나려 할 때 부친인 노환공이 사람을 시켜 점을 친 적이 있다.

"태어날 아이는 사내이고, 그 이름은 우友다. 그는 양사兩社* 사이에서 공실을 보좌할 것이다. 훗날 그가 망명하면 노나라는 번성하지 못할 것이다."

계우가 태어날 때 보니 과연 손바닥에 우友 자 무늬가 있었다. 우라고 이름을 짓고 호를 성계成季라 한 이유다. 이후 그는 계씨가 되었고, 경보의 후손은 맹씨孟氏가 되었다. 노희공 원년, 계우를 문양汶陽과 비鄑 땅에 봉했다. 계우가 이내 재상이 되었다. 노희공 9년, 진나라 대부 이극이 군주인 해제와 탁자를 잇달아 시해했다. 제환공이 노희공을 이끌고 진나라의 난을 쳤다. 고량까지 이르렀다가 귀환하면서 진혜공을 옹립했다. 노희공 17년, 제환공이 죽었다. 노희공 24년, 진문공이 즉위했다. 노희공 33년, 노희공이 죽자 아들 흥興이 즉위했다. 그가 노문공魯文公이다. 노문공 원년, 초나라 태자 상신商臣이 부왕인 초성왕을 시해하고 대신 즉위했다. 노문공 3년, 노문공이 진양공晉襄公을 조현했다.

노문공 11년 10월 갑오일, 노나라가 적나라를 함鹹 땅에서 무찔렀다. 장적의 교여喬如를 생포했다. 부보종생富父終甥이 창으로 교여를 찔러 죽이고 그의 머리를 자구子駒의 문에 묻었다. 숙손득신叔孫得臣이 이를 기념해 아들 숙손선백의 이름을 교여로 지었다. 당초 송무공 때 적나라 장수 수만鄋瞞이 송나라를 치자, 사도司徒 황보皇父가 군사를 이끌고 방어에 나서 장구長丘에서 적나라를 격파하고 장적의 연사緣斯를 생포했다. 이후 진나라는 노潞나라를 격파하고 교여의 동생 분여棼如를 생포했다. 제혜공 2년에 수만이 제나라를 치자 제나라

● 양사를《사기집해》는 가규의 주석을 인용해 대신이 머물며 정무를 다루는 주사周社와 호사毫社를 지칭한다고 풀이했다.

대부인 왕자 성보가 교여의 막냇동생 영여榮如를 사로잡은 뒤 그의 수급을 북문에 묻었다. 위衛나라 백성이 교여의 동생 간여簡如를 생포했다. 이로써 수만이 패망했다.

노문공 15년, 계문자季文子가 진나라에 사자로 갔다. 노문공 18년 2월, 노문공이 죽었다. 노문공에게 두 명의 비妃가 있었다. 장비長妃는 제나라 출신 애강으로 오惡와 시視를 낳았다. 차비次妃인 경영敬嬴은 총애를 받아 아들 퇴俀를 낳았다. 퇴가 동문양중東門襄仲과 사사로이 일을 꾸미자 동문양중이 그를 옹립하고자 했다. 숙중혜백叔仲惠伯이 반대했다.

"불가하오."

동문양중이 제혜공에게 도움을 청했다. 막 즉위한 제혜공이 노나라와 친하게 지내기 위해 이를 받아들였다. 이해 겨울 10월, 동문양중이 오와 시를 죽이고 퇴를 옹립했다. 그가 노선공魯宣公이다. 애강은 제나라로 돌아갈 때 저잣거리를 울면서 지나갔다.

"하늘이여, 동문양중이 무도하게 적자를 죽이고 서자를 옹립했습니다!"

저잣거리의 사람들이 모두 울자 노나라 백성이 그녀를 애강으로 불렀다. 노나라의 공실公室이 쇠약해지고, 맹손씨孟孫氏와 중손씨 및 계손씨 등 이른바 삼환三桓이 강성해진 배경이다. 노선공 12년, 초장왕이 강대한 무력을 배경으로 정나라를 포위했다. 정양공鄭襄公이 항복하자 초나라는 정나라를 복원시켰다. 노선공 18년, 노선공이 죽자 아들 흑굉黑肱이 즉위했다. 그가 노성공魯成公이다. 계문자가 말했다.

"우리에게 적자를 죽이고 서자를 옹립하게 해 큰 지지를 잃게 한 자는 바로 동문양중이다."

당초 동문양중이 노선공을 옹립했기에 아들 공손 귀보歸父가 노선공의 총애를 입었다. 노선공은 삼환을 제거하기 위해 진晉나라와 모의해 삼환을 치고자 했다. 노선공이 죽자 계문자가 이를 원망했다. 공손 귀보가 제나라로 달아난 이유다. 노성공 2년 봄, 제나라가 노나라를 쳐 융隆 땅을 빼앗았다. 이해 여름, 노성공이 진나라 대부 극극과 함께 안 땅에서 제경공의 군사를 격파했다. 제나라가 침공한 노나라 땅을 돌려주었다. 노성공 4년, 노성공이 진나라로 갔다. 진경공이 노나라를 함부로 대했다. 노성공이 진나라를 배반하고 초나라와 연합하고자 한 이유다. 어떤 자가 간해 그리하지는 않았다. 노성공 10년, 노성공이 진나라로 갔다. 진경공이 죽었을 때 아직 진나라에 체류하고 있었다. 진나라 노성공에게 장례식 참석을 강요했다. 노나라는 이에 관한 언급을 꺼렸다.

노성공 15년, 처음으로 오왕 수몽과 종리에서 회맹했다. 노성공 16년, 숙손선백이 진나라에 계문자 주살을 통고했다. 계문자는 의리가 있는 까닭에 진나라가 이를 허락지 않았다. 노성공 18년, 노성공이 죽자 아들 오午가 즉위했다. 그가 노양공이다. 노양공의 당시 나이는 세 살이었다. 노양공 원년, 진도공이 즉위했다. 전해 겨울에 진나라 대부 난서가 군주인 진여공을 시해했기 때문이다. 노양공 4년, 노양공이 진나라에 입조했다. 노양공 5년, 계문자가 죽었다. 집에는 비단 옷을 입은 첩이 없었고, 마구간에는 곡식을 먹는 말이 없었고, 창고에는 금과 구슬이 없었다. 이런 자세로 세 명의 군주를 보필했다. 군자가 그를 기렸다.

"계문자는 청렴하고 충성스럽다!"

노양공 9년, 진나라와 함께 정나라를 쳤다. 진도공이 위衛나라에서 노양공의 성인식인 관례冠禮를 거행했다. 계무자季武子가 수행해 관례를 도왔다. 노양공 11년, 노나라의 권신인 삼환이 삼군三軍을 나누어 가졌다. 노양공 12년, 진나라에 입조했다. 노양공 16년, 진평공이 즉위했다. 노양공 21년, 노양공이 진평공을 조현했다.

노양공 22년, 공구가 태어났다. 노양공 25년, 제나라 대부 최저가 군주인 제장공을 시해한 뒤 제장공의 동생 제경공을 옹립했다. 노양공 29년, 오나라 연릉계자 계찰이 노나라에 사자로 왔다. 주나라 음악에 관해 묻고 담긴 뜻을 알려주자 노나라 백성들이 그를 존경했다. 노양공 31년 6월, 노양공이 죽었다. 이해 9월, 태자 자야子野가 죽었다. 노나라 백성이 제귀齊歸의 아들 주裯를 옹립했다.• 그가 노소공魯昭公이다.

●● 莊公五年冬, 伐衛, 內衛惠公. 八年, 齊公子糾來奔. 九年, 魯欲內子糾於齊, 後桓公, 桓公發兵擊魯, 魯急, 殺子糾. 召忽死. 齊告魯生致管仲. 魯人施伯曰, "齊欲得管仲, 非殺之也, 將用之, 用之則爲魯患. 不如殺, 以其屍與之." 莊公不聽, 遂囚管仲與齊. 齊人相管仲. 十三年, 魯莊公與曹沫會齊桓公於柯, 曹沫劫齊桓公, 求魯侵地, 已盟而釋桓公. 桓公欲背約, 管仲諫, 卒歸魯侵地. 十五年, 齊桓公始霸. 二十三年, 莊公如齊觀社. 三十二年, 初, 莊公築臺臨黨氏, 見孟女, 說而愛之, 許立爲夫人, 割臂以盟. 孟女生子斑.

斑長, 說梁氏女, 往觀. 圉人犖自牆外與梁氏女戲. 斑怒, 鞭犖. 莊公聞之, 曰, "犖有力焉, 遂殺之, 是未可鞭而置也." 斑未得殺. 會莊公有

• 《춘추좌전》에 따르면 노양공의 첩인 경귀敬歸 소생인 태자 자야는 노양공의 죽음을 지나치게 애통해한 나머지 이내 죽었다. 자야가 죽자 경귀의 여동생 제귀 소생인 공자 주가 노소공으로 즉위했다. 공자 주가 《춘추좌전》에는 도裯로 나온다.

疾. 莊公有三弟, 長曰慶父, 次曰叔牙, 次曰季友. 莊公取齊女爲夫人
曰哀姜. 哀姜無子. 哀姜娣曰叔姜, 生子開. 莊公無適嗣, 愛孟女, 欲立
其子斑. 莊公病, 而問嗣於弟叔牙. 叔牙曰, "一繼一及, 魯之常也. 慶父
在, 可爲嗣, 君何憂?" 莊公患叔牙欲立慶父, 退而問季友. 季友曰, "請
以死立斑也." 莊公曰, "曩者叔牙欲立慶父, 柰何?" 季友以莊公命命牙
待於鍼巫氏, 使鍼季劫飮叔牙以鴆, 曰, "飮此則有後奉祀, 不然, 死且
無後." 牙遂飮鴆而死, 魯立其子爲叔孫氏. 八月癸亥, 莊公卒, 季友竟
立子斑爲君, 如莊公命. 侍喪, 舍于黨氏. 先時慶父與哀姜私通, 欲立哀
姜娣子開. 及莊公卒而季友立斑, 十月己未, 慶父使圉人犖殺魯公子斑
於黨氏. 季友奔陳. 慶父竟立莊公子開, 是爲湣公. 湣公二年, 慶父與哀
姜通益甚. 哀姜與慶父謀殺湣公而立慶父. 慶父使卜齮襲殺湣公於武
闈. 季友聞之, 自陳與湣公弟申如邾, 請魯求內之. 魯人欲誅慶父. 慶父
恐, 奔莒. 於是季友奉子申入, 立之, 是爲釐公. 釐公亦莊公少子. 哀姜
恐, 奔邾. 季友以賂如莒求慶父, 慶父歸, 使人殺慶父, 慶父請奔, 弗聽,
乃使大夫奚斯行哭而往. 慶父聞奚斯音, 乃自殺. 齊桓公聞哀姜與慶父
亂以危魯, 及召之邾而殺之, 以其屍歸, 戮之魯. 魯釐公請而葬之. 季友
母陳女, 故亡在陳, 陳故佐送季友及子申. 季友之將生也, 父魯桓公使
人卜之, 曰, "男也, 其名曰 '友', 閒于兩社, 爲公室輔. 季友亡, 則魯不
昌." 及生, 有文在掌曰 '友', 遂以名之, 號爲成季. 其後爲季氏, 慶父後
爲孟氏也. 釐公元年, 以汶陽鄪封季友. 季友爲相. 九年, 晉里克殺其君
奚齊·卓子. 齊桓公率釐公討晉亂, 至高梁而還, 立晉惠公. 十七年, 齊
桓公卒. 二十四年, 晉文公卽位. 三十三年, 釐公卒, 子興立, 是爲文公.
文公元年, 楚太子商臣弑其父成王, 代立. 三年, 文公朝晉襄公. 十一年
十月甲午, 魯敗翟于鹹, 獲長翟喬如, 富父終甥舂其喉, 以戈殺之, 埋其

首於子駒之門, 以命宣伯. 初, 宋武公之世, 鄭瞞伐宋, 司徒皇父帥師禦
之, 以敗翟于長丘, 獲長翟緣斯. 晉之滅路, 獲喬如弟棼如. 齊惠公二
年, 鄭瞞伐齊, 齊王子城父獲其弟榮如, 埋其首於北門. 衛人獲其季弟
簡如. 鄭瞞由是遂亡. 十五年, 季文子使於晉. 十八年二月, 文公卒. 文
公有二妃, 長妃齊女爲哀姜, 生子惡及視, 次妃敬嬴, 嬖愛, 生子俀. 俀
私事襄仲, 襄仲欲立之, 叔仲曰不可. 襄仲請齊惠公, 惠公新立, 欲親
魯, 許之. 冬十月, 襄仲殺子惡及視而立俀, 是爲宣公. 哀姜歸齊, 哭而
過市, 曰, "天乎! 襄仲爲不道, 殺適立庶!" 市人皆哭, 魯人謂之"哀姜."
魯由此公室卑, 三桓彊. 宣公俀十二年, 楚莊王彊, 圍鄭. 鄭伯降, 復國
之. 十八年, 宣公卒, 子成公黑肱立, 是爲成公. 季文子曰, "使我殺適立
庶失大援者, 襄仲." 襄仲立宣公, 公孫歸父有寵. 宣公欲去三桓, 與晉
謀伐三桓. 會宣公卒, 季文子怨之, 歸父奔齊. 成公二年春, 齊伐取我
隆. 夏, 公與晉克敗齊頃公於齊復歸我侵地. 四年, 成公如晉, 晉景公不
敬魯. 魯欲背晉合於楚, 或諫, 乃不. 十年, 成公如晉. 晉景公卒, 因留成
公送葬, 魯諱之. 十五年, 始與吳王壽夢會鍾離. 十六年, 宣伯告晉, 欲
誅季文子. 文子有義, 晉人弗許. 十八年, 成公卒, 子午立, 是爲襄公. 是
時襄公三歲也. 襄公元年, 晉立悼公. 往年冬, 晉欒書弒其君厲公. 四
年, 襄公朝晉. 五年, 季文子卒. 家無衣帛之妾, 廐無食粟之馬, 府無金
玉, 以相三君. 君子曰, "季文子廉忠矣." 九年, 與晉伐鄭. 晉悼公冠襄
公於衛, 季武子從, 相行禮. 十一年, 三桓氏分爲三軍. 十二年, 朝晉.
十六年, 晉平公卽位. 二十一年, 朝晉平公. 二十二年, 孔丘生. 二十五
年, 齊崔杼弒其君莊公, 立其弟景公. 二十九年, 吳延陵季子使魯, 問周
樂, 盡知其意, 魯人敬焉. 三十一年六月, 襄公卒. 其九月, 太子卒. 魯人
立齊歸之子裯爲君, 是爲昭公.

소공세가

당초 노소공은 나이가 열아홉이 되었는데도 여전히 치기가 남아 있었다. 숙손목숙叔孫穆叔이 그를 옹립하지 않으려 했다.

"태자가 죽었을 때 동복형제가 있으면 그를 세울 수 있고, 그렇지 않으면 서장자를 세운다. 나이가 같으면 현자賢者를 택하고, 의리가 동등하면 점을 친다. 지금 제귀 소생 주는 적손이 아니고, 또한 상중에 슬퍼하지 않고 기뻐하는 기색을 보였다. 그를 세우면 반드시 계씨의 우환이 될 것이다."

계무자가 이를 듣지 않고 마침내 공자 주를 노소공으로 옹립했다. 노소공은 장례를 치르는 동안 상복을 세 번이나 바꿔 입었다. 군자가 이를 비난했다.

"이 사람은 제명에 죽지 못할 것이다."

노소공 3년, 노소공이 진나라에 입조하는 길에 황하에 이르렀다. 진평공이 사양해 그대로 돌아왔다. 노나라는 이를 치욕스럽게 생각했다. 노소공 4년, 초영왕이 제후들을 신 땅에 모았다. 노소공이 병을 핑계 삼아 가지 않았다. 노소공 7년, 계무자가 죽었다. 노소공 8년, 초영왕이 장화대章華臺를 낙성하고 노소공을 불렀다. 노소공이 가서 축하하자 초나라가 보물을 내렸다. 그러나 이내 후회하고 속임수를 써다시 가져갔다. 노소공 12년, 노소공이 진나라에 조현하러 가는 길에 황하에 이르렀다. 진소공이 사양해 도중에 돌아오게 되었다. 노소공 13년, 초나라 공자 기질이 군왕인 초영왕을 시해하고 대신 즉위했다. 노소공 15년, 진나라에 조현을 갔다. 진나라가 노소공을 계속 요구하며 진소공 장례의 참석을 강요했다. 노나라는 이를 부끄럽게 여겼다. 노소공 20년, 제경공과 안영이 노나라 변경에서 사냥을 했다. 노나라로 들어온 김에 예법에 관해 물었다. 노소공 21년, 진나라로 조현을 가는 길에 황하에 이르렀지만, 진나라가 사양해 돌아왔다. 노소공 25년 봄, 구욕조鸜鵒鳥가 날아와 둥지를 틀었다. 노나라 대부 사기師己가 말했다.

"노문공과 노성공 때 동요에서 이르기를, '구욕새가 날아와 둥지를 틀면 공公은 간후乾侯 땅에 살고, 구욕새가 날아와 잠을 자면 공은 바깥 들판에서 산다네!'라고 했습니다."

일찍이 계씨와 후씨郈氏가 닭싸움을 벌인 적이 있다. 계씨는 닭의 날개에 겨자가루를 뿌렸고, 후씨는 발톱에 쇠갈고리를 끼웠다. 계평자季平子가 화를 내며 후씨를 공격했다. 후소백郈昭伯 역시 계평자에게 화를 냈다. 장소백臧昭伯의 종제 장회臧會가 장씨 집에서 다른 사람을 무함한 뒤 계씨 집으로 달아났다. 장소백이 장회를 잡아들이자 계평자가 대로한 나머지 장씨의 우두머리 가신을 억류했다. 장씨와 후씨가 이를 노소공에게 보고했다. 9월 무술일, 노소공이 계씨를 정벌하기 위해 진격했다. 계평자가 누대 위로 올라가 청했다.

"군주는 무함을 사실로 믿고 저의 죄를 살피지도 않은 채 저를 치는 것입니다. 청컨대 제가 기수沂水로 옮길 수 있게 해주십시오."

노소공이 허락지 않았다. 다시 비 땅에 연금해달라 했으나 이 또한 허락지 않았다. 수레 다섯 대를 끌고 망명하겠다고 청했으나 이 역시 받아들여지지 않았다. 대부 자가구子家駒가 간했다.

"군주는 이를 허락하셔야 합니다. 정권이 계씨에게 시작된 지 오래되었고, 이들의 무리가 된 자가 많습니다. 그들이 장차 음모를 꾸밀 것입니다."

노소공이 듣지 않았다. 후씨가 말했다.

"반드시 그를 죽여야 합니다."

이때 숙손씨의 가신 종려廝戾가 무리에게 물었다.

"계씨가 있는 것과 없는 것 가운데 어느 쪽이 유리한가?"

입을 모아 대답했다.

"계씨가 없으면 숙손씨도 없소."

종려가 격려했다.

"그렇다면 계씨를 구하자!"

마침내 공실의 군사를 격파했다. 맹의자孟懿子는 숙손씨가 이겼다는 말을 듣자 이내 후소백을 죽이고자 했다. 당시 후소백이 노소공의 사자로 오자 맹씨가 곧바로 그를 가둔 뒤 도성의 남문南門 서쪽에서 죽였다. 삼환이 함께 노소공을 치자 노소공이 제나라로 달아났다. 9월 기해일, 노소공이 제나라에 이르렀다. 제경공이 노소공에게 말했다.

"거나라의 국경에서 서쪽으로 2만 5,000호인 1,000사社를 드리고 장차 군명君命을 받들도록 하겠소."

노소공이 기뻐하자 자가가 간했다.

"이는 주공의 위업을 버리고 제나라의 속국이 되는 것입니다. 가당키나 한 일입니까?"

제경공이 이내 그만두었다. 자가가 노소공에게 말했다.

"제경공을 믿을 수 없으니 일찌감치 진나라로 가느니만 못합니다."

노소공이 듣지 않았다. 숙손소자叔孫昭子가 노소공을 조현하고 돌아와 계평자를 배견하자 계평자가 고개를 숙였다. 숙손소자는 노소공을 맞아들이고자 했으나 맹손씨와 계손씨가 이내 후회하며 반대한 까닭에 영입이 중지되었다. 노소공 26년 봄, 제나라가 노나라를 쳐 운 땅을 빼앗고 노소공을 그곳에 안치했다. 이해 여름, 제경공이 장차 노소공을 귀국시키려 했다. 노나라의 뇌물을 받지 말라고 명한 이유다. 노나라 대부 신풍申豐과 여가汝賈가 제나라 대신 고흘高齕과 자장子將에게 곡식 5,000유庾를 주기로 약속했다.• 자장이 제경공에 게 말했다.

"노나라 대신들이 자신들의 군주를 모시지 않는 기이한 일이 일 어났습니다. 송원공宋元公이 노나라를 위해 진나라로 가 노소공을 귀 국시키려 했으나 도중에 죽었습니다. 숙손소자가 자국 군주를 귀국 시키려 했으나 병도 앓지 않았는데 죽었습니다. 이로써 미루어 혹여 하늘이 노나라를 버린 것이 아닌지 모르겠습니다. 그도 아니면 노나 라 군주가 귀신에게 죄를 지어 이 지경에 이른 것이 아니겠습니까? 군주는 잠시 기다리도록 하십시오."

제경공이 이를 좇았다. 노소공 28년, 노소공이 진나라로 가 귀국을 청했다. 계평자가 진晉나라 육경과 내통했다. 육경이 계씨의 뇌물을 받고 건의하자 진나라 군주가 곧 노소공의 귀국을 중지시킨 뒤 간후 땅에 안치했다. 노소공 29년, 노소공이 운 땅으로 갔다. 제경공이 사 람을 시켜 노소공에게 서신을 보냈다. 서신에서 노소공을 대부를 뜻 하는 '주군主君'으로 칭했다.•• 노소공이 이를 치욕으로 여겨 화를 내 며 간후 땅으로 떠났다. 노소공 31년, 진나라가 소공을 귀국시키기 위해 계평자를 불렀다. 계평자가 베옷을 입고 맨발로 걸었다. 육경을 통해 진군에게 사죄하고자 했다. 육경이 그를 대신해 말했다.

• 1유는 2두斗 4승升이다. 두예는《춘추좌전》의 주에서 16두로 풀이했다.
•• 《사기집해》는 복건의 말을 인용해 "당시 대부를 주主로 칭했다. 노소공을 대부에 비유한 것이다"라고 해석했다.

"진나라가 노소공을 귀국시키려 해도 백성이 이를 듣지 않는다고
합니다."

결국 진나라가 노소공을 귀국시키려는 움직임을 중지했다. 노소
공 32년, 노소공이 간후 땅에서 죽었다. 노나라 백성이 노소공의 동
생 송宋을 군주로 삼았다. 그가 노정공이다.

●● 昭公年十九, 猶有童心. 穆叔不欲立, 曰, "太子死, 有母弟可立,
不卽立長. 年鈞擇賢, 義鈞則卜之. 今禂非適嗣, 且又居喪意不在戚而
有喜色, 若果立, 必爲季氏憂." 季武子弗聽, 卒立之. 比及葬, 三易衰.
君子曰, "是不終也." 昭公三年, 朝晉至河, 晉平公謝還之, 魯恥焉. 四
年, 楚靈王會諸侯於申, 昭公稱病不往. 七年, 季武子卒. 八年, 楚靈王
就章華臺, 召昭公. 昭公往賀, 賜昭公寶器, 已而悔, 復詐取之. 十二年,
朝晉至河, 晉平公謝還之. 十三年, 楚公子棄疾弒其君靈王, 代立. 十五
年, 朝晉, 晉留之葬晉昭公, 魯恥之. 二十年, 齊景公與晏子狩竟, 因入
魯問禮. 二十一年, 朝晉至河, 晉謝還之. 二十五年春, 鸜鵒來巢. 師己
曰, "文成之世童謠曰鸜鵒來巢, 公在乾侯. 鸜鵒入處, 公在外野, 啊弧!
季氏與郈氏鬪雞, 季氏芥雞羽, 郈氏金距. 季平子怒而侵郈氏, 郈昭伯
亦怒平子. 臧昭伯之弟會僞讒臧氏, 匿季氏, 臧昭伯囚季氏人. 季平子
怒, 囚臧氏老. 臧·郈氏以難告昭公. 昭公九月戊戌伐季氏, 遂入. 平
子登臺請曰, "君以讒不察臣罪, 誅之, 請遷沂上." 弗許. 請囚於鄪, 弗
許. 請以五乘亡, 弗許. 子家駒曰, "君其許之. 政自季氏久矣, 爲徒者
衆, 衆將合謀." 弗聽. 郈氏曰, "必殺之." 叔孫氏之臣戾謂其衆曰, "無季
氏與有, 孰利?" 皆曰, "無季氏是無叔孫氏." 戾曰, "然, 救季氏!" 遂敗
公師. 孟懿子聞叔孫氏勝, 亦殺郈昭伯. 郈昭伯爲公使, 故孟氏得之. 三
家共伐公, 公遂奔. 己亥, 公至于齊. 齊景公曰, "請致千社待君." 子家

曰,"棄周公之業而臣於齊, 可乎?"乃止. 子家曰, "齊景公無信, 不如早
之晉."弗從. 叔孫見公還, 見平子, 平子頓首. 初欲迎昭公, 孟孫·季孫
後悔, 乃止. 二十六年春, 齊伐魯, 取鄆而居昭公焉. 夏, 齊景公將內公,
令無受魯賂. 申豐·汝賈許齊臣高齕·子將粟五千庾. 子將言於齊侯
曰, "群臣不能事魯君, 有異焉. 宋元公爲魯如晉, 求內之, 道卒. 叔孫昭
子求內其君, 無病而死. 不知天棄魯乎? 抑魯君有罪于鬼神也? 願君且
待."齊景公從之. 二十八年, 昭公如晉, 求入. 季平子私於晉六卿, 六卿
受季氏賂, 諫晉君, 晉君乃止, 居昭公乾侯. 二十九年, 昭公如鄆. 齊景
公使人賜昭公書, 自謂"主君."昭公恥之, 怒而去乾侯. 三十一年, 晉欲
內昭公, 召季平子. 平子布衣跣行, 因六卿謝罪. 六卿爲言曰, "晉欲內
昭公, 衆不從."晉人止. 三十二年, 昭公卒於乾侯. 魯人共立昭公弟宋
爲君, 是爲定公.

정애세가

노정공이 즉위했을 때 진나라 대부 조간자趙簡子가 점을 치는 사묵
史墨에게 물었다.

"계씨가 망할 것 같은가?"

사묵이 대답했다.

"망하지 않을 것입니다. 계우가 노나라에 큰 공을 세워 비 땅을 받
고 상경이 되었고, 계문자와 계무자 때에 이르러 대대로 그 공을 더
했습니다. 노문공이 죽자 동문양중이 적자를 죽이고 서자를 옹립했
습니다. 이후 노나라 군주는 권력을 잃게 되었습니다. 계씨가 정권을

잡은 후 지금까지 모두 네 명의 군주가 거쳐 갔습니다. 백성이 군주를 알지 못하는데 어떻게 나라를 얻겠습니까? 주군은 거복車服과 작호爵號를 신중히 해야 합니다. 남에게 함부로 주어서는 안 됩니다."

　노정공 5년, 계평자가 죽었다. 계씨의 가신 양호가 내심 노여워하면서 계환자季桓子를 감금했다가 맹서를 맺은 후 방면했다. 노정공 7년, 제나라가 노나라를 쳐 운 땅을 빼앗은 뒤 노나라의 양호에게 이를 봉읍으로 내리며 노나라 정사에 참여하도록 했다. 노정공 8년, 양호가 삼환의 적자를 모두 죽인 뒤 자신이 좋아하는 서자로 바꾸고자 했다. 계환자를 수레에 실은 뒤 죽이려 했으나 계환자가 속임수를 써서 탈출했다. 삼환이 함께 양호를 치자 양호는 양관陽關을 거점으로 삼았다. 노정공 9년, 노나라가 양호를 치자 양호가 제나라로 달아났다가 이내 진나라의 조씨趙氏에게 몸을 맡겼다.

　노정공 10년, 노정공과 제경공이 협곡에서 회맹했다. 공자가 노정공을 수행하면서 행사를 주관했다. 제나라가 노정공을 습격하려 하자 공자가 예의에 맞추어 계단을 오른 뒤 제나라의 음란한 음악을 성토했다. 제경공이 두려운 나머지 곧 그만두고, 빼앗은 땅까지 돌려주며 사과했다. 노정공 12년, 공자의 제자 자로를 시켜 삼환의 성읍을 무너뜨린 뒤 무기를 회수했다. 그러나 맹손씨는 성읍을 무너뜨리지 않으려 했다. 공벌하고자 했으나 이기지 못해 이내 그만두었다. 계환자가 제나라의 무희舞姬를 받아들이자 공자가 노나라를 떠났다. 노정공 15년, 노정공이 죽자 아들 장將이 즉위했다. 그가 노애공이다. 노애공 5년, 제경공이 죽었다. 노애공 6년, 제나라 전기가 군주인 유자孺子를 시해했다. 노애공 7년, 오왕 부차가 강대해져 제나라를 치고, 증鄫 땅까지 이르렀다. 노나라에서 소·양·돼지를 각각 100뢰씩

징수했다. 계강자가 자공을 시켜 오왕 부차와 태재 백비를 설득하고
자 했다. 자공이 《주례周禮》를 내세워 유세하자 오왕 부차가 말했다.

"내 몸에 문신이 있소. 나에게 예의를 따지지 마시오!"

이에 곧 그만두었다. 노애공 8년, 오나라가 추邾나라를 위해 노나
라를 쳤다. 도성 아래에 이르렀다가 동맹을 맺고 돌아갔다. 제나라
가 노나라를 치고 세 개의 성읍을 빼앗았다. 노애공 10년, 제나라 남
쪽 변경을 쳤다. 노애공 11년, 제나라가 노나라를 쳤다. 계씨가 공자
의 제자 염유冉有를 등용했다. 그가 공을 세우자 공자를 떠올렸다. 공
자가 위衛나라에서 노나라로 돌아온 이유다. 노애공 14년, 제나라의
권신 전상이 군주인 제간공을 서주에서 시해했다. 공자가 전상을 정
벌할 것을 청했으나 노애공이 듣지 않았다. 노애공 15년, 자복경백이
사자가 되어 자공을 부관으로 대동한 채 제나라로 갔다. 제나라가
노나라에 빼앗은 땅을 돌려주었다. 전상이 막 재상이 되어 제후들과
화친하고자 한 결과다. 노애공 16년, 공자가 죽었다.

노애공 22년, 월왕 구천이 오왕 부차를 멸했다. 노애공 27년 봄, 계
강자가 죽었다. 이해 여름, 노애공이 삼환을 우환으로 여겼다. 장차
제후들을 이용해 이들을 제압하고자 했다. 삼환 역시 노애공이 난을
일으킬까 우려했다. 군신 간에 큰 틈이 생긴 이유다. 노애공이 능판陵
阪으로 유람을 갔다가 우연히 길에서 맹무백孟武伯을 만났다.

"묻건대 과인이 제명에 죽겠소?"

맹무백이 대답했다.

"모르겠습니다."

노애공이 월나라를 이용해 삼환을 치고자 했다. 이해 8월, 노애공
이 대부 형씨陘氏에게 가자 삼환이 노애공을 쳤다. 노애공이 위衛나

라로 달아났다가 추나라를 거쳐 마침내 월나라로 갔다. 노나라 백성이 노애공을 영접하며 복귀시키고자 했으나, 노애공은 끝내 유산씨有山氏 저택에서 죽었다. 그의 아들 영寧이 즉위했다. 그가 노도공魯悼公이다.

노도공 때 역시 삼환의 세력이 막강했다. 노도공은 마치 작은 제후와 같았다. 삼환의 세력보다 나약해진 결과다. 노도공 13년, 삼진이 지백智伯을 멸하고 그 땅을 나누어 가졌다. 노애공 37년, 노도공이 죽자 아들 가嘉가 즉위했다. 그가 노원공魯元公이다. 노원공이 재위 21년 만에 죽자 아들 현顯이 즉위했다. 그가 노목공魯穆公이다. 노목공이 재위 33년 만에 죽자 아들 분奮이 즉위했다. 그가 노공공魯共公이다. 노공공이 재위 22년 만에 죽자 아들 둔屯이 즉위했다. 그가 노강공魯康公이다. 노강공이 재위 9년 만에 죽자 아들 언匽이 즉위했다. 그가 노경공魯景公이다. 노경공이 재위 29년 만에 죽자 아들 숙叔이 즉위했다. 그가 노평공魯平公이다. 당시 육국 모두 왕호王號를 사용했다.

노평공 12년, 진혜문왕秦惠文王이 죽었다. 노평공 22년, 노평공이 죽자 아들 가賈가 즉위했다. 그가 노문공魯文公이다. 노문공 7년, 초회왕楚懷王이 진秦나라에서 죽었다. 노문공 23년, 노문공이 죽고, 아들 수讎가 즉위했다. 그가 노경공魯頃公이다. 노경공 2년, 진秦나라가 초나라의 영 땅을 점령했다. 초경양왕楚頃襄王이 동쪽 진陳나라로 거처를 옮겼다. 노경공 19년, 초나라가 노나라를 정벌하고 서주를 빼앗았다. 노경공 24년, 초고열왕楚考烈王이 노나라를 정벌해 멸했다. 노경공이 황급히 달아난 뒤 작은 읍으로 옮겨 서인이 되었다. 이로써 노나라의 종묘사직이 단절되었다. 노경공은 가읍柯邑에서 죽었다. 노나라의 세계世系는 주공 단에서 노경공까지 모두 34대다.

●● 定公立, 趙簡子問史墨曰, "季氏亡乎?" 史墨對曰, "不亡. 季友有大功於魯, 受鄪爲上卿, 至于文子·武子, 世增其業. 魯文公卒, 東門遂殺適立庶, 魯君於是失國政. 政在季氏, 於今四君矣. 民不知君, 何以得國! 是以爲君愼器與名, 不可以假人." 定公五年, 季平子卒. 陽虎私怒, 囚季桓子, 與盟, 乃捨之. 七年, 齊伐我, 取鄆, 以爲魯陽虎邑以從政. 八年, 陽虎欲盡殺三桓適, 而更立其所善庶子以代之, 載季桓子將殺之, 桓子詐而得脫. 三桓共攻陽虎, 陽虎居陽關. 九年, 魯伐陽虎, 陽虎奔齊, 已而奔晉趙氏. 十年, 定公與齊景公會於夾谷, 孔子行相事. 齊欲襲魯君, 孔子以禮歷階, 誅齊淫樂, 齊侯懼, 乃止, 歸魯侵地而謝過. 十二年, 使仲由毁三桓城, 收其甲兵. 孟氏不肯墮城, 伐之, 不克而止. 季桓子受齊女樂, 孔子去. 十五年, 定公卒, 子將立, 是爲哀公. 哀公五年, 齊景公卒. 六年, 齊田乞弒其君孺子. 七年, 吳王夫差彊, 伐齊, 至繒, 徵百牢於魯. 季康子使子貢說吳王及太宰嚭, 以禮詘之. 吳王曰, "我文身, 不足責禮." 乃止. 八年, 吳爲鄒伐魯, 至城下, 盟而去. 齊伐我, 取三邑. 十年, 伐齊南邊. 十一年, 齊伐魯. 季氏用冉有有功, 思孔子, 孔子自衛歸魯. 十四年, 齊田常弒其君簡公於徐州. 孔子請伐之, 哀公不聽. 十五年, 使子服景伯·子貢爲介, 適齊, 齊歸我侵地. 田常初相, 欲親諸侯. 十六年, 孔子卒. 二十二年, 越王句踐滅吳王夫差. 二十七年春, 季康子卒. 夏, 哀公患三桓, 將欲因諸侯以劫之, 三桓亦患公作難, 故君臣多閒. 公遊于陵阪, 遇孟武伯於街, 曰, "請問余及死乎?" 對曰, "不知也." 公欲以越伐三桓. 八月, 哀公如陘氏. 三桓攻公, 公奔于衛, 去如鄒, 遂如越. 國人迎哀公復歸, 卒于有山氏. 子寧立, 是爲悼公. 悼公之時, 三桓勝, 魯如小侯, 卑於三桓之家. 十三年, 三晉滅智伯, 分其地有之. 三十七年, 悼公卒, 子嘉立, 是爲元公. 元公二十一年卒, 子顯立, 是爲穆公. 穆公三十三年卒, 子奮立, 是爲共公. 共公二十二年卒, 子屯立, 是爲康公. 康公九年卒, 子匽立, 是爲景公. 景公二十九年卒, 子叔立, 是爲平公. 是時六國皆稱王. 平公十二年, 秦惠王卒. 二十二年, 平公卒, 子賈立, 是爲文公. 文公七元年, 楚懷王死于秦. 二十三年, 文公卒, 子讎立, 是爲頃公. 頃公二年, 秦拔楚之郢, 楚頃王東徙于陳. 十九年, 楚伐我, 取徐州. 二十四年, 楚考烈王伐滅魯. 頃公亡, 遷於下邑, 爲家人, 魯絶祀. 頃公卒于柯. 魯起周公至頃公, 凡三十四世.

태사공은 평한다.

"내가 듣건대 공자는 말하기를, '심하다, 노나라 도가 쇠약해진 모습이! 그러나 수수洙水와 사수泗水 사이에 있는 노나라에 예의에 관한 논의가 끊이지 않았다[斷斷如也]'고 했다.* 경보·숙아·노민공 때를 살펴보니 어찌 그리도 혼란했던 것인가? 노은공과 노환공 때의 사건, 동문양중이 적자를 죽이고 서자를 옹립한 사건, 삼환이 북쪽을 바라보며 신하가 되고서도 친히 노소공을 공격해 노소공이 달아난 사건 등이 그렇다. 노나라는 읍양揖讓의 예를 따랐건만 벌어진 사건은 어찌 그리도 도리에 어긋났던 것인가!"

●● 太史公曰, "余聞孔子稱曰, '甚矣魯道之衰也! 洙泗之閒斷斷如也.' 觀慶父及叔牙閔公之際, 何其亂也? 隱桓之事, 襄仲殺適立庶, 三家北面爲臣, 親攻昭公, 昭公以奔. 至其揖讓之禮則從矣, 而行事何其戾也!"

● 《사기색은》은 은은여야斷斷如也를 《논어》〈향당鄕黨〉및 〈선진先進〉에 나오는 은은여야誾誾如也와 같은 뜻으로 풀이했다. 갑론을박하며 공정히 논쟁한다는 뜻이다. 일부 판본에는 단단여야斷斷如也로 되어 있다고 했다.

권 34

연소공세가
燕召公世家

〈연소공세가〉는 연나라 시조인 소공 석과 그 후손에 관한 이야기를 다루고 있다. 연나라는 기원전 11세기에 건립된 뒤 기원전 222년 진시황秦始皇에게 패망할 때까지 근 1,000년 동안 이어졌다. 춘추전국시대를 통틀어 열국 가운데 가장 오래된 나라에 해당한다. 연나라는 이웃한 조선 및 제나라와 각축하면서 성장한 나라다. 상대적으로 열국 내에서 상무尙武 정신이 뛰어났던 이유다. 전국시대 말기 연나라 태자 단丹이 자객 형가荊軻를 시켜 진시황 척살을 꾀했던 것도 이런 맥락에서 이해할 수 있다.

소공세가

연소공 석은 주나라 왕실과 성이 같은 희씨姬氏다. 주무왕이 은나라 주를 멸한 후 연소공을 북연北燕 땅에 봉했다. 주성왕 때 연소공은 삼공三公 가운데 하나인 높은 지위에 올라 섬陝 땅의 서쪽 일대를 관장했다. 그 동쪽 일대는 주공이 관할했다. 주성왕이 나이가 어렸기에 주공이 국정을 대행해 국사를 관장했다. 연소공은 주공이 천자의 지위를 탐하지는 않을지 의심했다. 주공이 〈군석君奭〉을 지은 이유다. 연소공이 계속 주공을 의심하자 주공이 말했다.

"은나라 탕왕 때는 이윤伊尹 같은 현자가 하늘을 감동시켰다. 태무제太戊帝 때는 이척伊陟과 신호臣扈 같은 현자가 하늘을 감동시켰고, 무함巫咸 같은 대신이 왕가王家를 보필했다. 조을제祖乙帝 때는 무함의 아들 무현巫賢 같은 대신이 있었고, 무정제武丁帝 때는 감반甘般 같은 대신이 있었다. 이들 모두 현신賢臣으로서 신하의 도리를 다하고, 온갖 정성을 다해 군왕을 보필했다. 은나라가 안정되고 잘 다스려진 이유다."

연소공이 크게 기뻐했다. 그가 서쪽 일대를 다스릴 때 백성의 환심을 크게 얻었다. 고을과 성읍을 순시할 때는 으레 팥배나무인 감당수甘棠樹 아래서 송사를 판결하고, 정무를 처리했다. 후백侯伯부터 일반 서인에 이르기까지 적절히 일을 맡겼다. 덕분에 저마다 자리를 얻어 직분을 잃은 자가 단 한 사람도 없었다. 연소공이 죽자 백성들이 그의 치세를 생각하며 감당수를 그리워한 나머지 그 나무를 잘 보전하며, 〈감당甘棠〉 시를 지어 그의 공덕을 노래했다. 연소공에서 9대를 내려오면 연혜후燕惠侯에 이른다. 연혜후가 제후에 봉해진 시기는 주여왕이 체 땅으로 달아나 공화정이 실시되던 때다. 연혜후가 죽자 아들 연희후燕釐侯가 즉위했다. 이해에 주선왕이 즉위했다.

연희후 21년, 정나라에서 정환공鄭桓公이 처음으로 제후에 봉해졌다. 연희후 36년, 연희후가 죽자 아들 연경후燕頃侯가 즉위했다. 연경후 20년, 여색에 빠져 정사를 소홀히 한 주유왕을 견융이 살해했다. 진秦나라가 처음으로 제후에 봉해졌다. 연경후 24년, 연경후가 죽자 아들 연애후燕哀侯가 즉위했다. 연애후가 2년 만에 죽자 아들 연정후燕鄭侯가 즉위했다. 연정후가 36년 동안 재위하다 죽자 아들 연목후燕繆侯가 즉위했다. 연목후 7년은 노은공 원년에 해당한다.

연목후가 18년 만에 죽자 아들 연선후燕宣侯가 즉위했다. 연선후가 13년 만에 죽자 아들 연환후燕桓侯가 즉위했다. 연환후가 7년 만에 죽자 '공'의 칭호를 사용한 아들 연장공이 즉위했다. 연장공 12년, 제환공이 처음으로 패자를 칭했다. 연장공 16년, 송나라 및 위衛나라와 함께 주혜왕周惠王을 쳤다. 주혜왕이 온溫 땅으로 달아나자 주나라 사람이 주혜왕의 아우 퇴頹를 옹립했다. 연장공 17년, 정나라가 연나라 대부 중보仲父를 체포한 뒤 그곳에 연금된 주혜왕을 주나라로 돌려보냈다. 연장공 27년, 산융이 침공하자 제환공이 연나라를 구하고 산융을 북쪽으로 쫓아낸 뒤 돌아왔다. 연장공이 제환공을 배웅하기 위해 국경 밖까지 나가자 제환공은 연장공이 배웅 나온 곳까지 연나라에 떼어준 뒤 자신과 함께 천자에게 조공을 바치게 했다. 조공 물품이 주성왕 때와 차이가 없었다. 또 연장공에게 연소공의 법도를 다시 잘 따르도록 했다. 연장공이 보위에 오른 지 33년 만에 죽자 아들 연양공燕襄公이 즉위했다.

연양공 26년, 진문공이 천토에서 회맹한 뒤 패자가 되었다. 연양공

31년, 진秦나라 군사가 효산에서 진晉나라 군사에게 패했다. 연양공 37년, 진목공이 죽었다. 연양공 40년, 연양공이 죽고 연환공燕桓公이 즉위했다. 연환공이 16년 만에 죽고 연선공燕宣公이 즉위했다. 연선공이 15년 만에 죽고 연소공燕昭公이 뒤를 이었다. 연소공이 13년 만에 죽고 연무공燕武公이 즉위했다. 이해에 진나라가 극씨郤氏 대부 세 명을 주살했다. 연무공이 19년 만에 죽자 연문공燕文公이 즉위했다. 연문공이 6년 만에 죽자 연의공燕懿公이 즉위했다. 연의공 원년, 제나라 대부 최저가 군주인 제장공을 시해했다. 연의공이 재위 4년 만에 죽자 아들 연혜공燕惠公이 즉위했다.

연혜공 원년, 제나라 대부 고지高止가 망명해왔다. 연혜공 6년, 당초 연혜공은 많은 총신을 두고 있었다. 이후 여러 대부를 배제하고 총신 송宋을 중용하려 하자 낌새를 눈치챈 대부들이 합세해 송을 죽였다. 연혜공이 두려운 나머지 제나라로 달아났다. 연혜공 4년, 제나라 대부 고언高偃이 진나라로 가 함께 연나라를 토벌한 뒤 연혜공을 돌려보내는 방안을 제시했다. 진평공이 이를 받아들였다. 제나라와 함께 연나라를 토벌한 뒤 연혜공이 돌아가게 했다. 연혜공이 귀국 후 곧 죽자 연나라 백성이 연도공燕悼公을 옹립했다. 연도공이 재위 7년 만에 죽자 연공공燕共公이 즉위했다. 연공공이 5년 만에 죽자 연평공燕平公이 즉위했다. 진나라에서 군권君權이 쇠약한 틈을 타서 육경의 세력이 점차 비대해지기 시작했다. 연평공 18년, 오왕 합려가 초나라를 쳐 도성인 영까지 진공했다. 연평공은 재위 19년 만에 죽었다. 뒤를 이은 연간공燕簡公이 재위 12년 만에 죽자 연헌공燕獻公이 즉위했다. 진나라 대부 조앙이 조가에서 범길석范吉射과 중항인中行寅을 포위했다. 연헌공 12년, 제나라 권신 전상이 군주인 제간공을 시해했다. 연헌공 14년, 공자가 죽었다. 연헌공 28년, 연헌공이 죽자 연효공燕孝公이 즉위했다.

연효공 12년, 진나라에서는 여섯 대신 가운데 한강자韓康子·위환자魏桓子·조양자趙襄子 세 명이 육경 가운데 한 사람인 지백知伯을 죽이고 그의 영지를 나누어 가졌다. 이후 삼진의 세력이 점차 강성해지기 시작했다. 연효공 15년, 연효공이 죽자 연성공燕成公이 즉위했다. 연성공이 16년 만에 죽자 연민공燕湣公이 즉위했다. 연민공이 31년 만에 죽자 연희공燕釐公이 즉위했다. 이해에 삼진이 주나라 천자에 의해 각각 제후로 공식 승인받았다. 연희공 30년, 임영林營에서 제나라 군사를 격파했다. 연희공이 죽자 연환공이 즉위했다. 연환공이 11년 만에 죽자 연문공燕文公이 즉위했다. 이해에 진헌공秦獻公이 죽었다. 이후 진秦나라가 더욱 강성해졌다. 연문공 19년, 제위왕이 죽었다. 연문공 28년, 소진蘇秦이 최초로 연문공을 배견한 뒤 자신의 주장을 펼쳤다. 연문공이 소진에게 거마車馬와 금백金帛을 주어 조나라로 보냈다. 조숙후趙肅侯가 그를 임용했다. 육국이 합종合縱함에 따라 연문공이 우두머리가 되었다. 진혜문왕이 자신의 딸을 연나라로 시집보내 연나라 태자의 아내가 되게 했다. 연문공 29년, 연문공이 죽자 태자가 보위를 이었다. 그가 연역왕燕易王이다.

●● 召公奭與周同姓, 姓姬氏. 周武王之滅紂, 封召公於北燕. 其在成王時, 召王爲三公, 自陝以西, 召公主之, 自陝以東, 周公主之. 成王旣幼, 周公攝政, 當國踐祚, 召公疑之, 作君奭. 君奭不說周公. 周公乃稱 "湯時有伊尹, 假于皇天, 在太戊時, 則有若伊陟·臣扈, 假于上帝, 巫咸治王家, 在祖乙時, 則有若巫賢, 在武丁時, 則有若甘般, 率維茲有陳, 保有殷." 於是召公乃說. 召公之治西方, 甚得兆民和. 召公巡行鄕邑, 有棠樹, 決獄政事其下, 自侯伯至庶人各得其所, 無失職者. 召公卒, 而民人思召公之政, 懷棠樹不敢伐, 哥詠之, 作甘棠之詩. 自召公已下九世至惠侯. 燕惠侯當周厲王奔彘, 共和之時. 惠侯卒, 子釐侯立. 是歲, 周宣王初卽位. 釐侯二十一年, 鄭桓公初封於鄭. 三十六年, 釐侯卒, 子頃侯立. 頃侯二十年, 周幽王淫亂, 爲犬戎所弑. 秦始列爲諸侯. 二十四年, 頃侯卒, 子哀侯立. 哀侯二年卒, 子鄭侯立. 鄭侯三十六年卒, 子繆侯立. 繆侯七年, 而魯隱公元年也. 十八年卒, 子宣侯立. 宣侯十三年卒, 子桓侯立. 桓侯七年卒, 子莊公立. 莊公十二年, 齊桓公始霸. 十六年, 與宋·衛共伐周惠王, 惠王出奔溫, 立惠王弟穨爲周王. 十七年, 鄭執燕仲父而內惠王于周. 二十七年, 山戎來侵我, 齊桓公救燕, 遂北伐山戎而還. 燕君送齊桓公出境, 桓公因割燕所至地予燕, 使燕共貢天子, 如成周時職, 使燕復修召公之法. 三十三年卒, 子襄公立. 襄公二十六年, 晉文公爲踐土之會, 稱伯. 三十一年, 秦師敗于殽. 三十七年, 秦穆公卒. 四十年, 襄公卒, 桓公立. 桓公十六年卒, 宣公立. 宣公十五年卒, 昭公立. 昭公十三年卒, 武公立. 是歲晉滅三郤大夫. 武公十九年卒, 文公立. 文公六年卒, 懿公立. 懿公元年, 齊崔杼弑其君莊公. 四年卒, 子惠公立. 惠公元年, 齊高止來奔. 六年, 惠公多寵姬, 公欲去諸大夫而立寵姬宋, 大夫共誅姬宋, 惠公懼, 奔齊. 四年, 齊高偃如晉, 請共伐燕, 入其君. 晉平公許, 與齊伐燕, 入惠公. 惠公至燕而死. 燕立悼公. 悼公七年卒, 共公立. 共公五年卒, 平公立. 晉公室卑, 六卿始彊大. 平公十八年, 吳王闔閭破楚入郢. 十九年卒, 簡公立. 簡公十二年卒, 獻公立. 晉趙鞅圍范·中行於朝歌. 獻公十二年, 齊田常弑其君簡公. 十四年, 孔子卒. 二十八年, 獻公卒, 孝公立. 孝公十二年, 韓·魏·趙滅知伯, 分其地, 三晉彊. 十五年, 孝公卒, 成公立. 成公十六年卒, 湣

公立. 湣公三十一年卒, 釐公立. 是歲, 三晉列爲諸侯. 釐公三十年, 伐
敗齊于林營. 釐公卒, 桓公立. 桓公十一年卒, 文公立. 是歲, 秦獻公卒.
秦益彊. 文公十九年, 齊威王卒. 二十八年, 蘇秦始來見, 說文公. 文公
予車馬金帛以至趙, 趙肅侯用之. 因約六國, 爲從長. 秦惠王以其女爲
燕太子婦. 二十九年, 文公卒, 太子立, 是爲易王.

연왕세가

　　연역왕이 즉위했을 때 제선왕齊宣王은 연문공의 장례를 틈타 연나
라를 치고 열 개의 성읍을 빼앗았다. 소진이 제나라를 설득시켜 그
열 개의 성읍을 돌려주게 했다. 즉위 10년이 되던 해부터 연나라 군
주가 왕호를 쓰기 시작했다. 소진이 연문공의 부인과 남몰래 통간했
다. 죽임을 당할까 두려워한 소진이 연역왕을 회유했다. 자신을 제나
라에 사자로 보내주면 반간계反間計로 제나라를 교란시킬 계책을 찾
아보겠다는 내용이었다. 연역왕은 재위 12년 만에 세상을 떠났고 아
들 쾌噲가 즉위했다. 연왕 쾌가 즉위한 후 제나라가 소진을 죽였다.
소진이 연나라에 있을 때 연나라 재상 자지子之와 사돈을 맺고, 그의
아우인 소대蘇代 또한 자지와 교분을 맺었다. 소진이 죽자 제선왕은
소대를 등용했다. 연왕 쾌가 즉위한 지 3년째 되던 해에 연나라가 초
나라 및 삼진과 함께 진秦나라를 쳤다. 그러나 결국 패해 철군하게
되었다. 자지는 연나라 재상이 된 이후 지위가 더욱 높아지고 권세
가 강해졌다. 마침내 국사를 멋대로 좌우하는 상황에 이르게 되었다.
소대가 제나라 사자로 연나라에 당도했을 때 연왕 쾌가 물었다.

"제나라 왕은 어떠하오?"

"패자가 되기는 틀렸습니다."

"어째서 그렇소?"

"자신의 신하를 신임하지 않기 때문입니다."

연왕 쾌가 자지를 더욱 존중하게 만들 속셈으로 그리 말한 것이다. 과연 연왕 쾌가 자지를 크게 신임하자 자지는 소대에게 100금金을 멋대로 쓰도록 주었다. 이때 유세가인 녹모수鹿毛壽•가 연왕 쾌에게 말했다.

"나라를 국상國相인 자지에게 모두 양위하는 것은 옳지 못합니다. 사람들이 요임금을 현인이라고 말하는 것은 그가 군주의 지위를 허유許由에게 넘겨주려 했기 때문입니다. 허유가 듣지 않았지만 말입니다. 이로써 요임금은 군주의 지위를 양위하고자 했다는 명성을 얻고, 실제로는 군주의 지위를 전혀 잃어버리지 않았습니다. 지금 군주가 나라를 자지에게 양위하면 자지는 감히 듣지 않을 것입니다. 그리하면 군주가 요임금과 똑같은 덕행을 쌓는 결과를 낳을 것입니다."

연왕 쾌는 나라를 자지에게 맡겼고, 자지는 지극히 존귀한 지위를 차지하게 되었다. 이를 두고 어떤 자가 말했다.

"하나라 우왕은 익益을 천거했고, 이어 아들 계啓와 친한 자들을 관원으로 임용했다. 우왕이 노쇠해 정무를 돌보지 못할 입장이 되자 아들 계가 천하를 맡을 만한 인물이 되지 못한다고 여겨 보위를 익

• 녹모수를《사기집해》는 서광徐廣의 말을 인용해 착모厝毛라고 기록된 판본이 있다고 했다. 《사기색은》은《춘추후어春秋後語》에 착모수厝毛壽로 기록되어 있다고 했다. 또《한비자韓非子》〈외저설外儲說 우하右下〉에 나오는 반수潘壽가 곧 녹모수라고 했다.

에게 물려주었다. 얼마 후 계가 자신의 무리와 함께 익을 공격해 보위를 빼앗았다. 이후로 세인들은 우왕이 겉으로만 나라를 익에게 물려주었을 뿐 사실은 아들 계에게 스스로 보위를 차지하도록 만든 것이라고 했다. 지금 연왕이 나라를 자지에게 맡겼으나 관원 모두 태자 쪽 사람이 아닌 자가 없다. 이는 겉으로만 자지에게 맡긴 것이고, 실제로는 태자가 권력을 장악한 것이다.”

연왕 쾌는 300석 이상 관원의 인수를 거두어 자지에게 넘겨주었다. 자지는 사실상 군주의 자리에 앉아 군왕의 직권을 행사했다. 연왕 쾌는 늙어 정무를 처리하지 못했다. 오히려 자지의 신하 신세가 된 이유다. 나라의 모든 일이 자지에 의해 결정되었다. 자지가 사실상 대권을 차지한 지 3년이 되자 나라가 혼란에 빠졌다. 백관들 모두 공포에 떨었다.• 연나라 장수 시피市被가 연왕 쾌의 아들인 태자 평平과 모의해 자지를 치려 했다. 이때 제나라의 장수들이 제민왕齊湣王에게 이같이 건의했다.

“이 기회를 틈타 치면 반드시 연나라를 깨뜨릴 수 있습니다.”

제민왕이 사람을 보내 연나라 태자 평에게 이같이 전했다.

“과인이 듣건대 태자는 큰 뜻을 품어 사사로움을 버린 채 공의公義를 세우고, 군신의 대의를 바로잡고, 부자의 지위를 명확히 할 계책이 있다고 했소. 과인의 나라는 규모가 작아 선봉先鋒이나 후위後衛에 서기에는 부족하오. 비록 그러나 태자가 명하면 기꺼이 따르도록 하겠소.”

• 원문 백성통공百姓恫恐의 백성百姓은 백관百官을 지칭한다. 당시 관직은 일족이 세습해 맡았던 까닭에 백성을 백관과 같은 뜻으로 사용했다. 《사기색은》은 통恫이 통痛과 동일하다고 했다.

태자가 당파를 만들고 무리를 모은 뒤 시피에게 공궁을 포위해 자지를 습격하게 했다. 그러나 성공을 거두지 못했다. 시피는 백관들과 함께 도리어 태자 평을 치다가 전사했다. 태자가 시피의 시체를 뭇사람들이 보도록 거리에 내다놓았다. 수개월에 걸친 동란으로 수만 명이 죽었다. 백성은 공포에 떨고, 백관들은 마음이 떠났다. 제나라에서 객경客卿으로 있던 맹자가 간했다.

"지금 연나라를 치는 것은 마치 주문왕과 주무왕이 은나라를 치는 것과 같습니다. 이 기회를 놓치면 안 됩니다."

제민왕이 대부 장자章子에게 명해 오도五都의 군사와 북쪽 백성을 이끌고 연나라를 치게 했다. 연나라 군사들은 방어할 마음이 없었다. 성문도 닫지 않은 채 활짝 열어놓았다. 연왕 쾌가 패사하고, 제나라가 대승을 거둔 이유다. 연나라 국상 자지가 죽은 지 2년 뒤 연나라 백성이 태자 평을 옹립했다.● 그가 연소왕燕昭王이다. 연소왕은 나라가 침공을 당해 패망하기 일보 직전에 보위에 올랐다. 공손한 태도로 많은 예물을 갖추어 현자들을 널리 초빙했다. 대신 곽외郭隗에게 당부했다.

"제나라가 우리의 혼란을 틈타 기습공격을 가한 까닭에 나라가 거의 망할 지경에 이르렀소. 우리는 국토가 좁고 힘이 약하오. 이 상태로는 원수를 갚을 수 없다는 사실을 익히 알고 있소. 현사를 얻은 뒤

● 《사기색은》에 따르면 태자 평이 연소왕으로 즉위했다는 〈연소공세가〉의 기록은 연왕 쾌가 태자 및 국상 자지와 함께 내란 와중에 모두 죽었다고 기록된 연표의 기록과 배치된다. 《죽서기년》은 국상 자지가 태자 평을 죽인 것으로 되어 있다. 《조계가趙系家》에는 조무령왕趙武靈王이 연나라의 내란 와중에 한韓나라에 있는 공자 직職을 불러들여 연소왕으로 옹립했다고 되어 있다. 《전국책》이 이를 좇았다. 중국의 역사학자 전목錢穆도 공자 직이 연소왕으로 즉위한 것으로 보았다. 그러나 《사기색은》을 쓴 사마정司馬貞은 〈연소공세가〉의 기록이 타당한 것으로 보았다. 《자치통감資治通鑑》도 이를 좇았다.

함께 나라를 다스려 선왕의 치욕을 말끔히 씻는 것이 과인의 소망이오.* 그대가 만일 마땅한 사람을 만나면 일러주시오. 과인이 직접 찾아가 모셔오도록 하겠소."

곽외가 제안했다.

"군주가 현사를 초빙할 생각이 있으면 먼저 저를 불러주십시오. 그러면 저보다 현명한 사람들이 어찌 천리 길을 마다하겠습니까!"

연소왕이 곽외에게 주택을 마련해주고, 스승으로 받들었다. 과연 위나라 병법가 악의樂毅, 제나라 음양가 추연鄒衍, 조나라 장수 극신劇辛이 귀순하는 등 많은 인사가 앞다투어 연나라로 몰려왔다. 연소왕은 사람이 죽으면 일일이 찾아가 애도를 표하고 유족을 위문했다. 신민과 동고동락한 것이다. 연소왕 28년, 연나라가 부유해졌다. 병사들은 쾌락에 빠져 안일해진 나머지 전쟁을 가벼이 여겼다. 연소왕이 악의를 상장군上將軍으로 삼은 뒤 진秦·초·한·조·위 등 오국과 모의해 제나라를 쳤다. 제나라 군사가 패해 사방으로 흩어졌다. 제민왕도 도성을 버린 채 외지로 달아났다. 오국 가운데 오직 연나라만 패주하는 제나라 군사를 끝까지 추격해 마침내 제나라 도성 임치까지 진공했다. 제나라의 보물들을 노획하고, 궁실과 종묘를 불살랐다. 제나라의 성읍 가운데 함락되지 않은 곳으로는 오로지 요성聊城과 거읍莒邑, 즉묵卽墨밖에 없었다.** 나머지 영토는 모두 연나라에 예속되었다. 이런 상태가 6년 동안 지속되었다.

---

* 함께 다스린다는 뜻의 원문은 공국共國이다. 여기의 공共은 함께 다스린다는 뜻의 동사로 사용되었다.
●● 《전국책》〈제책齊策〉에는 요성이 나오지 않는다. 〈제책〉의 기록이 역사적 사실에 가깝다. 《사기》의 전국시대 기록은 《전국책》에 의존하고 있기 때문이다.

당시 연나라 장수 악의는 제나라 정벌에 대공을 세웠다. 이 와중에 연소왕이 재위 33년 만에 죽게 되었다. 아들이 연혜왕燕惠王으로 즉위했다. 연혜왕은 태자로 있을 때 악의와 사이가 좋지 않았다. 그는 즉위 후 악의를 의심한 까닭에 장수 기겁騎劫을 보내 악의가 맡고 있던 대장군大將軍 직책을 대신하게 했다. 화가 미칠까 우려한 악의가 조나라로 달아났다. 당시 제나라 장수 전단田單은 즉묵에서 군사를 일으켜 연나라 군사를 물리쳤다. 대장인 기겁이 죽자 연나라 군사들이 모두 철군했다. 덕분에 제나라는 이전의 성읍을 모두 회복하게 되었다. 제민왕이 거 땅에서 죽자 그의 아들이 보위를 물려받았다. 그가 제양왕齊襄王이다.

연혜왕이 재위 7년 만에 죽자 한·위·초 삼국이 합세해 연나라를 쳤다. 연무성왕燕武成王이 즉위했다. 연무성왕 7년, 제나라 장수 전단이 연나라로 쳐들어와 중양中陽 땅을 공략했다. 연무성왕 13년, 진秦나라가 장평長平에서 조나라 군사 40여만 명을 포획한 뒤 생매장했다. 연무성왕 14년, 연무성왕이 죽자 아들 연효왕燕孝王이 즉위했다. 연효왕 원년, 조나라 도성 한단邯鄲을 포위하고 있던 진秦나라 군사들의 포위망을 풀고 철군했다. 연효왕 3년, 연효왕이 죽자 아들 희喜가 즉위했다. 연왕 희 4년, 진소양왕秦昭襄王이 죽었다. 연왕 희가 재상인 율복栗腹에게 명해 조나라와 우호동맹을 맺고, 500금으로 조나라 왕의 장수를 빌게 했다. 율복이 돌아와 보고했다.

"조나라 백성 가운데 장성한 사람들은 모두 장평의 전쟁 때 죽고, 살아남은 아이들은 아직 성년이 되지 않았습니다. 가히 공격할 만합니다."

연왕 희가 악의의 아들인 창국군昌國君 악간樂間을 불러 자문을 구했다. 악간이 대답했다.

"조나라는 사방으로 적국과 전쟁을 치른 경험이 있는 나라입니다. 게다가 백성들 모두 전쟁이라면 이골이 나 있습니다. 공격할 수 없습니다."

연왕 희가 물었다.

"우리는 다섯으로 하나를 칠 정도로 수적인 우위를 점하고 있소."

"그래도 안 됩니다."

연왕 희가 노여워했다. 군신들 모두 가능하다고 여겼다. 결국 출병하기로 결정했다. 군사를 둘로 나누어 편성한 뒤 병거 2,000승을 마련했다. 군사 일부는 율복이 장수가 되어 호성鄗城을 치고, 나머지 일부는 경진卿秦이 장수가 되어 대성代城을 치게 했다. 오직 대부 장거將渠만이 이같이 간했다.

"조나라와 서로 교류하기로 약속하고 또 500금을 보내 조나라 왕의 장수를 빌렸습니다. 사자가 돌아와 하는 보고만 믿고 그들을 공격하는 것은 상서롭지 못합니다. 그런 전쟁은 성공할 수 없습니다."

연왕 희가 듣지 않았다. 친히 일부 군사인 편군偏軍을 이끌고 참전했다. 장거가 연왕 희의 인수를 잡아당기며 만류했다.

"대왕이 직접 참전해서도 안 되고, 갈지라도 성공할 수 없습니다."

연왕 희가 발로 걸어차자 장거가 울면서 간했다.

"신은 저 자신을 위해 그러는 것이 아니라 바로 대왕을 위해 그러는 것입니다!"

연나라 군사가 송자宋子 땅에 이르자 조나라가 장수 염파廉頗를 보내 응전했다. 염파가 호성에서 율복이 이끄는 연나라 군사를 격파했다. 악간의 일족인 악승樂乘은 대성에서 경진이 이끄는 연나라 군사를 대파했다. 악간은 두려운 나머지 조나라로 달아났다. 염파가 연나라 군사를 500여 리나 쫓아가 연나라 도성을 포위했다. 연나라가 강화를 청했으나 염파가 응하지 않았다. 반드시 장거가 강화회담에 나설 것을 요구했다. 연나라가 부득불 장거를 재상으로 삼아 강화회담을 처리하게 했다. 조나라가 장거의 청을 받아들여 포위를 풀었다.

연왕 희 6년, 진나라가 동주東周를 멸하고, 그곳에 삼천군三川郡을 두었다. 연왕 희 7년, 진나라가 조나라의 유차楡次 등 서른일곱 개 성읍을 공략한 뒤 그곳에 태원군太原郡을 두었다. 연왕 희 9년, 훗날 진시황으로 등극하는 진왕 영정嬴政이 즉위했다. 연왕 희 10년, 조나라가 염파를 보내 번양繁陽을 공략했다. 조효성왕趙孝成王이 죽고, 조도양왕趙悼襄王이 즉위했다. 조도양왕이 장수 악승을 보내 염파의 직책을 대신하게 했다. 염파가 듣지 않고 악승을 치자 악승이 달아났다. 염파는 위魏나라 도성인 대량大梁으로 망명했다. 연왕 희 12년, 조나라가 장수 이목李牧을 보내 연나라를 공격해 무수武遂와 방성 두 곳을 점령했다.

장수 극신은 원래 조나라에 있을 때 방훤龐煖과 친하게 지냈으나 이내 연나라로 달아났다. 연왕 희는 조나라가 누차 진秦나라의 공격을 받아 크게 지쳐 있고, 염파마저 조나라를 떠난 데 이어 방훤을 대장으로 임명한 것을 보고 피폐해진 조나라를 치고자 했다. 극신에게 문의하자 극신이 이같이 대답했다.

"방훤은 쉽게 대적할 수 있습니다."

연왕 희가 극신을 장군으로 삼은 뒤 조나라를 치게 했다. 조나라는 방훤을 보내 연나라의 진공을 저지했다. 방훤이 연나라 군사 2만 명을 무찌르고 극신을 죽였다. 이해에 진나라가 위나라의 스무 개 성읍을 점령하고 그곳에 동군東郡을 두었다. 연왕 희 19년, 진나라가 조나라 업성鄴城 밑에 있는 아홉 개 성읍을 점령했다. 조도양왕이 죽었다. 연왕 희 23년, 연나라 태자 단이 진나라에 볼모로 있다가 도주해왔다. 연왕 희 25년, 진나라가 한韓나라 왕 안安을 생포한 뒤 그 땅에 영천군潁川郡을 두었다. 연왕 희 27년, 조나라 왕 천遷을 포로로 잡고, 조나라를 멸했다. 조나라 공자 가嘉가 대代 땅으로 달아난 뒤 대왕代王을 칭했다.

연나라 사람들 모두 진나라가 육국을 멸할 날이 멀지 않고, 진나라 병사들이 이미 역수易水 지역까지 접근해 조만간 재앙이 밀어닥칠 것을 알았다. 태자 단이 몰래 신체가 건강한 병사 스무 명을 양성했다. 자객 형가를 보내 독항督亢 땅의 지도를 바치는 와중에 진왕秦王 정政을 암살하고자 한 것이다. 그러나 도중에 발각되어 형가는 죽임을 당했다. 진나라가 장수 왕전王翦을 보내 연나라를 쳤다. 연왕 희 29년, 진나라가 연나라 도성인 계성薊城을 점령했다. 연왕 희가 멀리 요동遼東으로 달아난 뒤 태자 단의 수급을 진왕 정에게 바쳤다. 연왕 희 30년, 진나라가 위나라를 멸했다. 연왕 희 33년, 진나라가 요동 일대를 점령해 연왕 희를 생포하고, 연나라를 멸했다. 이해에 진나라 장수 왕분王賁이 조나라의 대왕 가를 생포했다.

●● 易王初立, 齊宣王因燕喪伐我, 取十城, 蘇秦說齊, 使復歸燕十城. 十年, 燕君爲王. 蘇秦與燕文公夫人私通, 懼誅, 乃說王使齊爲反間, 欲以亂齊. 易王立十二年卒, 子燕噲立. 燕噲旣立, 齊人殺蘇秦. 蘇秦之在燕, 與其相子之爲婚, 而蘇代與子之交. 及蘇秦死, 而齊宣王復用蘇代. 燕噲三年, 與楚·三晉攻秦, 不勝而還. 子之相燕, 貴重, 主斷. 蘇代爲齊使於燕, 燕王問曰, "齊王奚如?" 對曰, "必不霸." 燕王曰, "何也?" 對曰, "不信其臣." 蘇代欲以激燕王以尊子之也. 於是燕王大信子之. 子之因遺蘇代百金, 而聽其所使. 鹿毛壽謂燕王, "不如以國讓相子之. 人之謂堯賢者, 以其讓天下於許由, 許由不受, 有讓天下之名而實不失天下. 今王以國讓於子之, 子之必不敢受, 是王與堯同行也." 燕王因屬國於子之, 子之大重. 或曰, "禹薦益, 已而以啓人爲吏. 及老, 而以啓人爲不足任乎天下, 傳之於益. 已而啓與交黨攻益, 奪之. 天下謂禹名傳天下於益, 已而實令啓自取之. 今王言屬國於子之, 而吏無非太子人者, 是名屬子之而實太子用事也." 王因收印自三百石吏已上而效之子之. 子之南面行王事, 而噲老不聽政, 顧爲臣, 國事皆決於子之. 三年, 國大亂, 百姓恫恐. 將軍市被與太子平謀, 將攻子之. 諸將謂齊湣王曰, "因而赴之, 破燕必矣." 齊王因令人謂燕太子平曰, "寡人聞太子之義, 將廢私而立公, 飭君臣之義, 明父子之位. 寡人之國小, 不足以爲先後. 雖然, 則唯太子所以令之." 太子因要黨聚衆, 將軍市被圍公宮, 攻子之, 不克. 將軍市被及百姓反攻太子平, 將軍市被死, 以徇. 因搆難數月, 死者數萬, 衆人恫恐, 百姓離志. 孟軻謂齊王曰, "今伐燕, 此文·武之時, 不可失也." 王因令章子將五都之兵, 以因北地之衆以伐燕. 士卒不戰, 城門不閉, 燕君噲死, 齊大勝. 燕子之亡二年, 而燕人共立太子平, 是爲燕昭王. 燕昭王於破燕之後卽位, 卑身厚幣以招賢者. 謂郭隗曰, "齊因孤之國亂而襲破燕, 孤極知燕小力少, 不足以報. 然誠得賢士以共國, 以雪先王之恥, 孤之願也. 先生視可者, 得身事之." 郭隗曰, "王必欲致士, 先從隗始. 況賢於隗者, 豈遠千里哉!" 於是昭王爲隗改築宮而師事之. 樂毅自魏往, 鄒衍自齊往, 劇辛自趙往, 士爭趨燕. 燕王弔死問孤, 與百姓同甘苦. 二十八年, 燕國殷富, 士卒樂軼輕戰, 於是遂以樂毅爲上將軍, 與秦·楚·三晉合謀以伐齊. 齊兵敗, 湣王出亡於外. 燕兵獨追

北, 入至臨淄, 盡取齊寶, 燒其宮室宗廟. 齊城之不下者, 獨唯聊·莒·
卽墨, 其餘皆屬燕, 六歲. 昭王三十三年卒, 子惠王立. 惠王爲太子時,
與樂毅有隙. 及卽位, 疑毅, 使騎劫伐將. 樂毅亡走趙. 齊田單以卽墨擊
敗燕軍, 騎劫死, 燕兵引歸, 齊悉復得其故城. 湣王死于莒, 乃立其子爲
襄王. 武成王七年, 齊田單伐我, 拔中陽. 十三年, 秦敗趙於長平四十餘
萬. 十四年, 武成王卒, 子孝王立. 孝王元年, 秦圍邯鄲者解去. 三年卒,
子今王喜立. 今王喜四年, 秦昭王卒. 燕王命相栗腹約歡趙, 以五百金
爲趙王酒. 還報燕王曰, "趙王壯者皆死長平, 其孤未壯, 可伐也." 王召
昌國君樂閒問之. 對曰, "趙四戰之國, 其民習兵, 不可伐." 王曰, "吾以
五而伐一." 對曰, "不可." 燕王怒, 群臣皆以爲可. 卒起二軍, 車二千乘,
栗腹將而攻鄗, 卿秦攻代. 唯獨大夫將渠謂燕王曰, "與人通關約交, 以
五百金飮人之王, 使者報而反攻之, 不祥, 兵無成功." 燕王不聽, 自將
偏軍隨之. 將渠引燕王綬止之曰, "王必無自往, 往無成功." 王蹴之以
足. 將渠泣曰, "臣非以自爲, 爲王也!" 燕軍至宋子, 趙使廉頗將, 擊破
栗腹於鄗. 樂乘破卿秦樂乘於代. 樂閒奔趙. 廉頗逐之五百餘里, 圍其
國. 燕人請和, 趙人不許, 必令將渠處和. 燕相將渠以處和. 趙聽將渠,
解燕圍. 六年, 秦滅東西周, 置三川郡. 七年, 秦拔趙楡次三十七城, 秦
置大原郡. 九年, 秦王政初卽位. 十年, 趙使廉頗將攻繁陽, 拔之. 趙孝
成王卒, 悼襄王立. 使樂乘代廉頗, 廉頗不聽, 攻樂乘, 樂乘走, 廉頗奔
大梁. 十二年, 趙使李牧攻燕, 拔武遂·方城. 劇辛故居趙, 與龐煖善,
已而亡走燕. 燕見趙數困于秦, 而廉頗去, 令龐煖將也, 欲因趙獘攻之.
問劇辛, 辛曰, "龐煖易與耳." 燕使劇辛將擊趙, 趙使龐煖擊之, 取燕軍
二萬, 殺劇辛. 秦拔魏二十城, 置東郡. 十九年, 秦拔趙之鄴九城. 趙悼
襄王卒. 二十三年, 太子丹質於秦, 亡歸燕. 二十五年, 秦虜滅韓王安,

置潁川郡. 二十七年, 秦虜趙王遷, 滅趙. 趙公子嘉自立爲代王. 燕見秦
且滅六國, 秦兵臨易水, 禍且至燕. 太子丹陰養壯士二十人, 使荊軻獻
督亢地圖於秦, 因襲刺秦王. 秦王覺, 殺軻, 使將軍王翦擊燕. 二十九
年, 秦攻拔我薊, 燕王亡, 徙居遼東, 斬丹以獻秦. 三十年, 秦滅魏.
三十三年, 秦拔遼東, 虜燕王喜, 卒滅燕. 是歲, 秦將王賁亦虜代王嘉.

태사공은 평한다.

"연소공 석은 어질다고 할 수 있다! 백성이 그가 정무를 처리하던
감당수도 그리워하는데, 하물며 그에 대해서는 어떠하겠는가? 연나
라는 밖으로 만맥蠻貊과 붙어 있고, 안으로 제나라 및 진나라와 국경
이 닿아 있었다. 강대국 사이에 끼어 근근이 명맥을 유지하느라 국
력이 가장 약했다. 패망 직전에 이른 적이 한두 번이 아니었다. 그럼
에도 800~900년 동안이나 사직의 제사를 받들었다. 희성의 여러 제
후국 가운데 가장 오래된 것이다. 이 어찌 연소공의 공적 덕분이 아
니겠는가!"

●● 太史公曰, "召公奭可謂仁矣! 甘棠且思之, 況其人乎? 燕北外迫
蠻貉, 內措齊·晉, 崎嶇彊國之間, 最爲弱小, 幾滅者數矣. 然社稷血食
者八九百歲, 於姬姓獨後亡, 豈非召公之烈邪!"

관채세가
管蔡世家

〈관채세가〉는 춘추시대의 약소국인 채나라와 조나라의 역사를 다루고 있다. 두 나라 모두 잦은 외침으로 인해 부침을 거듭했다. 완전히 패망하기 전에 일단 사라졌다가 다시 패권국의 아량으로 부흥한 사실이 이를 뒷받침한다. 이를 사가들은 존망계절存亡繼絶로 표현했다. 춘추시대를 호령한 오패五覇의 덕목 가운데 하나로 존망계절이 거론된 배경이다. 그러나 전국시대로 들어와 약육강식이 횡행하면서 더는 존망계절이 통하지 않게 되었다. 약소국이 이웃한 강대국에 의해 여지없이 병탄된 이유다. 이들 약소국의 패망에는 외환外患도 외환이지만 내우內憂가 크게 작용했다. 〈관채세가〉를 통해 난세에는 외환보다 내우가 더 위험하다는 사실을 거듭 확인할 수 있다.

채후세가

관숙 선鮮과 채숙 탁度은 주문왕의 아들이고, 주무왕의 아우다. 주무왕의 동복형제는 모두 열 명이다. 모친, 즉 태사太姒는 주문왕의 정비正妃다. 맏아들은 백읍고伯邑考다. 다음이 주무왕 발發, 다음이 관숙 선, 다음이 주공 단, 다음이 채숙 탁, 다음이 조숙曹叔 진탁振鐸, 다음이 성숙成叔 무武, 다음이 곽숙霍叔 거處, 다음이 강숙 봉封, 다음이 염계冉季 재載다. 염계 재가 막내다. 동복형제 열 명 가운데 오로지 발과 단만 현능해 주문왕을 곁에서 보필했다. 주문왕은 맏아들인 백읍고를 버리고 발을 태자로 삼았다. 주문왕이 세상을 떠난 후 발이 즉위했다. 그가 주무왕이다. 백읍고는 이미 일찍 죽고 없었다.

주무왕이 은나라 주를 멸하고 천하를 평정한 뒤 공신들과 자신의 형제들을 제후로 봉했다. 선에게는 관管, 탁에게는 채 땅을 봉지로 내주었다. 주무왕은 두 아우에게 은나라 주의 아들 무경 녹보를 보좌하며 은나라 유민을 다스리게 했다. 노魯 땅에 분봉된 단은 이후 주나라 왕실의 재상이 되었다. 그가 주공이다. 조숙 진탁은 조, 성숙 무는 성成, 곽숙 거는 곽霍 땅을 각각 봉지로 받았다. 강숙 봉과 염계 재는 아직 어린 까닭에 봉지를 받지 못했다.

주무왕 사후 뒤를 이어 즉위한 주성왕은 나이가 너무 어려 주공 단이 왕권을 대행했다. 관숙과 채숙은 주공이 주성왕에게 불리하게 정무를 처리할 것을 의심했다. 무경을 끼고 반기를 든 이유다. 주공 단은 주성왕의 명을 받들어 무경과 관숙도 죽였다. 채숙은 풀어준 뒤 병거 10승과 노비 일흔 명을 주고 멀리 추방했다. 이후 은나라 유민이 둘로 나뉘었다. 미자 계啓를 송 땅에 분봉해 은나라 조상의 제사를 받들게 했다. 은나라 유민의 일부는 그를 따랐고, 다른 일부는 강숙 봉을 좇았다. 강숙은 위군衛君에 봉해졌다. 그가 위강숙이다. 계재季載는 염冉 땅에 봉해져 염계로 불리었다. 염계와 강숙 모두 품행이 선량해 주공이 중용했다. 강숙은 조정의 사구司寇, 염계는 사공司空에 기용된 것이 그렇다. 두 사람 모두 주성왕을 잘 보필해 천하에 명성을 떨쳤다.

채숙이 멀리 추방되어 죽었을 때 호胡라는 아들이 있었다. 그는 부친과 달리 조상의 덕을 준수하고 품행이 선량했다. 주공이 그 소문을 듣고는 그를 노나라 경사卿士로 임명했다. 덕분에 노나라가 잘 다스려졌다. 주공은 주성왕에게 진언해 그를 다시 채 땅에 봉해 채숙의 제사를 받들게 했다. 그가 채중蔡仲이다. 주무왕의 나머지 다섯 형제 모두 각자 분봉받은 나라로 돌아갔다. 조정에 남아서 천자의 관원이 된 자는 아무도 없었다.

채중이 죽자 아들 채백蔡伯 황荒이 뒤를 이었다. 채백 사후 아들 채궁후蔡宮侯, 채궁후 사후 아들 채여후蔡厲侯, 채여후 사후 아들 채무후蔡武侯가 뒤를 이었다. 채무후 때 주여왕이 나라를 잃고 체 땅으로 달아나는 일이 일어났다. 주나라가 공화로 다스려지자 많은 제후가 주나라에 반기를 들었다. 채무후 사후 아들 채이후蔡夷侯가 즉위했다. 채이후 11년, 주선왕이 즉위했다. 채이후 28년, 채이후가 죽자 아들 채희후蔡釐侯 소사所事가 즉위했다. 채희후 39년, 주유왕이 견융한테 피살되었다. 주나라 왕실이 비천하고 쇠약해져 동쪽 낙읍으로 천도했다. 이때 진秦나라가 비로소 제후의 반열에 오르게 되었다. 채희후 48년, 채희후가 죽자 아들 채공후蔡共侯 흥興이 즉위했다. 채공후가 2년 만에 죽자 아들 채대후蔡戴侯가 즉위했다. 채대후가 10년 만에 죽자 아들 채선후蔡宣侯 조보措父가 즉위했다.

　채선후 28년, 노은공이 즉위했다. 채선후 35년, 채선후가 죽자 아들 채환후蔡桓侯 봉인封人이 즉위했다. 채환후 3년, 노은공이 시해되는 사건이 일어났다. 채환후 20년, 채환후가 죽자 아우인 채애후蔡哀侯 헌무獻舞가 즉위했다. 채애후 11년, 먼저 채애후가 진陳나라 군주의 딸을 맞아들이고, 식息나라 군주 역시 진나라 군주의 딸에게 장가를 가게 되었다. 식부인息夫人이 시집을 가는 길에 채나라를 지나게 되었다. 채애후가 처제인 그녀에게 불경스럽게 대했다. 식나라 군주가 대로해 초문왕楚文王에게 이같이 청했다.

　"귀국에서 우리나라를 공략해 들어오는 척하고, 제가 채후에게 구원을 청하면 그가 반드시 올 테니 그 기회를 틈타 치면 성공을 거둘 수 있을 것입니다."

　초문왕이 이를 그대로 좇아 채애후를 생포한 뒤 자기 나라로 돌아갔다. 채애후는 9년 동안 초나라에 잡혀 있다가 그곳에서 죽었다. 총 20년 동안 재위하다 죽자 채나라 백성은 그의 아들 힐肹을 옹립했다. 그가 채목후蔡繆侯다. 채목후는 여동생을 제환공에게 출가시켰다. 채목후 18년, 제환공이 채희와 더불어 뱃놀이를 할 때 채희가 배를 마구 흔들자 그만둘 것을 종용했다. 말을 듣지 않자 화를 내며 이내 친정으로 돌려보냈다. 그러나 관계를 완전히 끊은 것은 아니었다. 채목후는 여동생이 돌아온 것을 보고 대로한 나머지 다른 데로 시집보냈다. 소식을 접한 제환공이 크게 화를 내며 채나라를 쳤다. 채나라 군사가 대패하고 채목후는 포로로 잡혔다. 제나라 군사는 내친 김에 남진해 초나라 소릉邵陵까지 쳐들어갔다. 얼마 후 제후들이 채목후를 대신해 죄를 빌자 제환공이 채목후를 귀국시켰다. 채목후 29년, 채목후가 죽자 아들 채장후蔡莊侯 갑오甲午가 즉위했다.

채장후 3년, 제환공이 죽었다. 채장후 14년, 진문공이 성복에서 초나라 군사를 대파했다. 채장후 20년, 초나라 태자 상신이 부왕인 초성왕을 시해하고 보위를 차지했다. 채장후 25년, 진목공이 죽었다. 채장후 33년, 초장왕이 즉위했다. 채장후 34년, 채장후가 죽자 아들 채문후蔡文侯 신이 즉위했다. 채문후 14년, 초장왕이 진陳나라를 공격해 하징서夏徵舒를 죽였다. 채문후 15년, 초나라가 정나라를 포위했다. 정나라가 항복하자 초나라가 포위를 풀었다. 채문후 20년, 채문후가 죽자 아들 채경후蔡景侯 고固가 즉위했다. 채경후 원년, 초장왕이 죽었다. 채경후 49년, 채경후가 태자 반般을 초나라의 여인에게 장가보냈다. 채경후가 며느리를 통간하자 태자가 부친 채경후를 죽이고 보위를 차지했다. 그가 채영후蔡靈侯다.

채영후 2년, 초나라 공자 위가 왕인 겹오郟敖를 시해하고 스스로 왕이 되었다. 그가 초영왕이다. 채영후 9년, 진陳나라 사도 초招가 군주인 진애공陳哀公을 시해했다. 초나라가 공자 기질을 보내 진陳나라를 멸하고 그 땅을 점령했다. 채영후 12년, 초영왕이 채영후에게 그의 부친을 시해하게 하고는 채영후를 신 땅으로 유인했다. 채영왕은 그곳에 병사를 매복시키고는 그에게 술을 잔뜩 먹여 취한 틈을 이용해 죽인 뒤 그의 병사 일흔 명도 함께 죽였다. 이어 공자 기질에게 명해 채나라를 포위하게 했다. 이해 11월, 채나라를 멸한 뒤 기질을 채공蔡公에 임명했다.

초나라가 채나라를 무너뜨린 지 3년이 지난 뒤 초나라 공자 기질이 초영왕을 시해하고 보위를 차지했다. 그가 초평왕이다. 초평왕은 채경후의 어린 아들 려廬를 찾아내 채나라의 보위를 잇게 했다. 그가 채평후蔡平侯다. 이해에 초평왕은 또 진陳나라도 회복시켰다. 초평왕은 즉위하자마자 제후들의 환심을 사기 위해 이미 멸망해버린 진나라와 채나라의 후손을 찾아내 이들에게 사직을 잇게 한 것이다.

채평후가 재위 9년 만에 죽자 채영후 반의 손자인 동국東國이 채평후의 아들을 몰아내고 보위를 차지했다. 그가 채도후蔡悼侯다. 채도후의 부친은 은태자隱太子 우다. 우는 채영후의 태자였다. 채평후가 그를 죽이고 보위를 차지했기에 채평후가 죽은 뒤 그의 아들 동국이 채평후의 아들을 물리치고 보위에 올라 채도후가 된 것이다. 채도후는 재위 3년 만에 세상을 떠나고, 아우 채소후蔡昭侯 신이 즉위했다. 채소후 10년, 초소왕을 조현하러 갔다. 이때 아름답고 귀한 가죽옷 두 벌을 가지고 가서는 한 벌은 초소왕에게 바치고 나머지 한 벌은 자신이 입었다. 초나라 재상 자상이 이를 갖고 싶어 했다. 채소후가 눈치를 채지 못하고 주지 않았다. 자상이 초소왕의 면전에서 채소후를 나쁘게 말하자 초소왕이 채소후를 3년 동안 초나라에 붙잡아놓았다. 채소후는 비로소 자신을 돌려보내지 않은 원인을 눈치채고는 가죽옷을 자상에게 헌납했다. 자상은 이를 받자마자 초소왕에게 진언해 채소후를 돌려보냈다. 채소후는 귀국길에 진나라로 가 함께 초나라를 토벌할 것을 청했다.

채소후 13년 봄, 채소후가 소릉에서 위영공衛靈公과 회맹했다. 채소후는 주나라 대부 장홍萇弘과 몰래 연락하며 회맹의 자리에서 위영공보다 앞에 배치해줄 것을 청했다. 위영공은 대부 사추를 보내 시조인 강숙의 공덕을 찬양하게 했다. 결국 위영공이 앞자리에 앉게 되었다. 이해 여름, 진나라를 위해 심沈나라를 멸하자 초소왕이 대로해 채나라를 쳤다. 채소후는 아들을 오나라에 볼모로 보낸 뒤 오나라와 더불어 초나라를 칠 계책을 세웠다. 이해 겨울, 채나라가 오왕 합려와 함께 초나라 군사를 격파하고, 초나라 도성인 영까지 진공했다. 초나라 영윤슈尹 자상은 채소후가 원한을 품은 것을 알고 두려운 나머지 정나라로 달아났다. 채소후 14년, 오나라 군사가 물러가고 초소왕이 잃었던 땅을 회복했다. 채소후 16년, 초나라 영윤이 갖은 고초를 겪고 있는 백성을 생각해 눈물을 흘리며 오나라 군사를 불러들인 채나라에 관한 설욕 계책을 세웠다. 채소후가 크게 두려워했다. 채소후 26년, 공자가 채나라를 방문했다. 초소왕이 채나라를 토벌하려 하자 두려움을 느낀 채소후가 이를 오왕 부차에게 급히 알렸다. 오왕 부차는 채나라가 너무 멀리 떨어져 있어 구원의 편의를 위해 오나라 국경 가까이 천도할 것을 제의했다. 채소후가 이를 홀로 몰래 허락한 뒤 이 문제를 대부들과 상의하지 않았다. 오나라가 구원 차 오자 그 틈에 주래州來로 천도했다.

채소후 28년, 채소후가 오왕을 배견할 준비를 갖추자 대부들은 그가 다시 도성을 옮길까 두려운 나머지 이利라는 도적을 몰래 궁중에 들여보내 채소후를 암살하게 했다. 이후 그 도적을 죽여 사건을 대략 무마시켰다. 이어 채소후의 아들 삭朔을 옹립했다. 그가 채성후蔡成侯다. 채성후 4년, 송나라가 조나라를 무너뜨렸다. 10년, 제나라 대신 전상이 군주인 제간공을 시해했다. 채성후 13년, 초나라가 진陳나라를 멸했다. 채성후 19년, 채성후가 죽고 그의 아들 채성후蔡聲侯 산産이 즉위했다. 채성후가 재위 15년 만에 죽자 아들 채원후蔡元侯가 즉위했다. 채원후가 재위 6년 만에 죽자 아들 채후 제齊가 즉위했다. 채후 제 4년, 초혜왕楚惠王이 채나라를 무너뜨렸다. 채후 제가 달아났다. 이로써 채나라 종묘 제사가 끊어졌다. 채나라는 진陳나라보다

33년 뒤에 패망한 셈이다.

주문왕의 장남인 백읍고가 죽은 뒤 그 후손의 봉지가 어디인지 알 길이 없다. 주무왕 희발^{姬發}과 그의 후손들에 대해서는 〈주본기周本紀〉에 기록해놓았다. 관숙 선은 반란죄로 처형되었기에 후손이 없다. 주공 단의 후손은 노나라 제후로 있었기에 〈노주공세가〉, 채숙 탁의 후손은 채나라 제후로 있었기에 〈관채세가〉에 기록해두었다. 조숙 진탁의 후손은 조나라 제후로 있었기에 〈관채세가〉에 기록해놓았다. 성숙 무의 후손은 세상에 알려진 바가 없다. 곽숙 거의 후손은 곽후^{霍侯}에 봉해졌으나 진헌공에 의해 패망했다. 강숙 봉의 후손은 위후^{衛侯}에 봉해졌다. 이들에 대해서는 〈위강숙세가〉에 따로 기록해두었다. 염계 재의 후손은 세상에 알려진 바가 없다.

●● 管叔鮮·蔡叔度者, 周文王子而武王弟也. 武王同母兄弟十人. 母曰太姒, 文王正妃也. 其長子曰伯邑考, 次曰武王發, 次曰管叔鮮, 次曰周公旦, 次曰蔡叔度, 次曰曹叔振鐸, 次曰成叔武, 次曰霍叔處, 次曰康叔封, 次曰冉季載. 冉季載最少. 同母昆弟十人, 唯發·旦賢, 左右輔文王, 故文王舍伯邑考而以發爲太子. 及文王崩而發立, 是爲武王. 伯邑考既已前卒矣. 武王已克殷紂, 平天下, 封功臣昆弟. 於是封叔鮮於管, 封叔度於蔡, 二人相紂子武庚祿父, 治殷遺民. 封叔旦於魯而相周, 爲周公. 封叔振鐸於曹, 封叔武於成, 封叔處於霍. 康叔封·冉季載皆少, 未得封. 武王既崩, 成王少, 周公旦專王室. 管叔·蔡叔疑周公之爲不利於成王, 乃挾武庚以作亂. 周公旦承成王命伐誅武庚, 殺管叔, 而放蔡叔, 遷之, 與車十乘, 徒七十人從. 而分殷餘民爲二, 其一封微子啓於宋, 以續殷祀, 其一封康叔爲衛君, 是爲衛康叔. 封季載於冉. 冉季·康叔皆有馴行, 於是周公擧康叔爲周司寇, 冉季爲周司空, 以佐成

王治, 皆有令名於天下. 蔡叔度既遷而死. 其子曰胡, 胡乃改行, 率德馴
善. 周公聞之, 而舉胡以爲魯卿士, 魯國治. 於是周公言於成王, 復封胡
於蔡, 以奉蔡叔之祀, 是爲蔡仲. 餘五叔皆就國, 無爲天子吏者. 蔡仲
卒, 子蔡伯荒立. 蔡伯荒卒, 子宮侯立. 宮侯卒, 子厲侯立. 厲侯卒, 子武
侯立. 武侯之時, 周厲王失國, 奔彘, 共和行政, 諸侯多叛周. 武侯卒, 子
夷侯立. 夷侯十一年, 周宣王卽位. 二十八年, 夷侯卒, 子釐侯所事立.
釐侯三十九年, 周幽王爲犬戎所殺, 周室卑而東徙. 秦始得列爲諸侯.
四十八年, 釐侯卒, 子共侯興立. 共侯二年卒, 子戴侯立. 戴侯十年卒,
子宣侯措父立. 宣侯二十八年, 魯隱公初立. 三十五年, 宣侯卒, 子桓侯
封人立. 桓侯三年, 魯弑其君隱公. 二十年, 桓侯卒, 弟哀侯獻舞立. 哀
侯十一年, 初, 哀侯娶陳, 息侯亦娶陳. 息夫人將歸, 過蔡, 蔡侯不敬. 息
侯怒, 請楚文王, "來伐我, 我求救於蔡, 蔡必來, 楚因擊之, 可以有功."
楚文王從之, 虜蔡哀侯以歸. 哀侯留九歲, 死於楚. 凡立二十年卒. 蔡人
立其子肹, 是爲繆侯. 繆侯以其女弟爲齊桓公夫人. 十八年, 齊桓公與
蔡女戱船中, 夫人蕩舟, 桓公止之, 不止, 公怒, 歸蔡女而不絶也. 蔡侯
怒, 嫁其弟. 齊桓公怒, 伐蔡, 蔡潰, 遂虜繆侯, 南至楚邵陵. 已而諸侯
爲蔡謝齊, 齊侯歸蔡侯. 二十九年, 繆侯卒, 子莊侯甲午立. 莊侯三年,
齊桓公卒. 十四年, 晉文公敗楚於城濮. 二十年, 楚太子商臣弑其父成
王代立. 二十五年, 秦穆公卒. 三十三年, 楚莊王卽位. 三十四年, 莊侯
卒, 子文侯申立. 文侯十四年, 楚莊王伐陳, 殺夏徵舒. 十五年, 楚圍鄭,
鄭降楚, 楚復釋之. 二十年, 文侯卒, 子景侯固立. 景侯元年, 楚莊王卒.
四十九年, 景侯爲太子般娶婦於楚, 而景侯通焉. 太子弑景侯而自立,
是爲靈侯. 靈侯二年, 楚公子圍弑其王郟敖而自立, 爲靈王. 九年, 陳司
徒招弑其君哀公. 楚使公子棄疾滅陳而有之. 十二年, 楚靈王以靈侯弑

其父, 誘蔡靈侯于申, 伏甲飮之, 醉而殺之, 刑其士卒七十人. 令公子棄
疾圍蔡. 十一月, 滅蔡, 使棄疾爲蔡公. 楚滅蔡三歲, 楚公子棄疾弑其君
靈王代立, 爲平王. 平王乃求蔡景侯少子廬, 立之, 是爲平侯. 是年, 楚
亦復立陳. 楚平王初立, 欲親諸侯, 故復立陳·蔡後. 平侯九年卒, 靈侯
般之孫東國攻平侯子而自立, 是爲悼侯. 悼侯父曰隱太子友. 隱太子友
者, 靈侯之太子, 平侯立而殺隱太子, 故平侯卒而隱太子之子東國攻平
侯子而代立, 是爲悼侯. 悼侯三年卒, 弟昭侯申立. 昭侯十年, 朝楚昭
王, 持美裘二, 獻其一於昭王而自衣其一. 楚相子常欲之, 不與. 子常讒
蔡侯, 留之楚三年. 蔡侯知之, 乃獻其裘於子常, 子常受之, 乃言歸蔡
侯. 蔡侯歸而之晉, 請與晉伐楚. 十三年春, 與衛靈公會邵陵. 蔡侯私於
周萇弘以求長於衛, 衛使史鰌言康叔之功德, 乃長衛. 夏, 爲晉滅沈, 楚
怒, 攻蔡. 蔡昭侯使其子爲質於吳, 以共伐楚. 冬, 與吳王闔閭遂破楚入
郢. 蔡怨子常, 子常恐, 奔鄭. 十四年, 吳去而楚昭王復國. 十六年, 楚
令尹爲其民泣以謀蔡, 蔡昭侯懼. 二十六年, 孔子如蔡. 楚昭王伐蔡, 蔡
恐, 告急於吳. 吳爲蔡遠, 約遷以自近, 易以相救, 昭侯私許, 不與大夫
計. 吳人來救蔡, 因遷蔡于州來. 二十八年, 昭侯將朝于吳, 大夫恐其復
遷, 乃令賊利殺昭侯, 已而誅賊利以解過, 而立昭侯子朔, 是爲成侯. 成
侯四年, 宋滅曹. 十年, 齊田常弑其君簡公. 十三年, 楚滅陳. 十九年, 成
侯卒, 子聲侯産立. 聲侯十五年卒, 子元侯立. 元侯六年卒, 子侯齊立.
侯齊四年, 楚惠王滅蔡, 蔡侯齊亡, 蔡遂絶祀. 後陳滅三十三年. 伯邑
考, 其後不知所封. 武王發, 其後爲周, 有本紀言. 管叔鮮作亂誅死, 無
後. 周公旦, 其後爲魯, 有世家言. 蔡叔度, 其後爲蔡, 有世家言. 曹叔振
鐸, 有後爲曹, 有世家言. 成叔武, 其後世無所見. 霍叔處, 其後晉獻公
時滅霍. 康叔封, 其後爲衛, 有世家言. 冉季載, 其後世無所見.

태사공은 평한다.

"관숙과 채숙이 반란을 일으킨 것은 기록해둘 만한 가치가 없다. 그러나 주무왕이 죽고 뒤이어 즉위한 주성왕이 나이가 어려 모든 백성이 회의를 품었다. 동복형제인 성숙 무와 염계 재 등 10여 명이 잘 보필한 덕분에 제후들이 결국 주나라 왕실을 받들게 되었다. 이들의 사적을 〈세가〉에 덧붙이기로 한다."

●● 太史公曰, "管蔡作亂, 無足載者. 然周武王崩, 成王少, 天下旣疑, 賴同母之弟成叔·冉季之屬十人爲輔拂, 是以諸侯卒宗周, 故附之世家言."

조후세가

조숙 진탁은 주무왕의 동생이다. 무왕이 은나라 주를 멸한 뒤 아우 진탁을 조후曹侯에 봉했다. 진탁 사후 아들 조태백曹太伯 비脾, 조태백 사후 아들 조중군曹仲君 평平, 조중군 평 사후 아들 조궁백曹宮伯 후侯, 조궁백 후 사후 아들 조효백曹孝伯 운雲, 조효백 운 사후 아들 조이백曹夷伯 희喜가 즉위했다. 조이백 23년, 주여왕이 체 땅으로 도피했다. 조이백이 재위 30년 만에 죽고 그의 아우 조유백曹幽伯 강彊이 즉위했다. 조유백 9년, 아우 소蘇가 조유백을 시해하고 대신 즉위했다. 그가 조대백曹戴伯이다. 조대백 원년, 주선왕이 보위에 오른 지 3년째 되는 해다. 조대백 30년, 조대백이 죽자 아들 조혜백曹惠伯 시兕가 즉위했다. 조혜백 25년, 주유왕이 견융에게 살해되었다. 주나라가 동쪽 낙읍으로 천도했다. 천자의 세력이 날로 쇠약해져 제후들은 거의

가 주나라 왕실을 등졌다. 이때 진秦나라가 제후의 반열에 오르게 되었다.

조혜백 36년, 조혜백이 죽자 아들 석보石甫가 즉위했다. 그의 동생 무武가 다시 석보를 죽이고 대신 즉위했다. 그가 조목공曹繆公이다. 조목공이 재위 3년 만에 죽자 아들 조환공曹桓公 종생終生이 즉위했다. 조환공 35년, 노은공이 즉위했다. 조환공 45년, 노은공이 시해를 당했다. 조환공 46년, 송나라에서 대부 화보독華父督이 상공殤公과 대부 공보孔父를 시해했다. 조환공 55년, 조환공이 죽자 아들 조장공曹莊公 석고夕姑가 즉위했다. 조장공 23년, 제환공이 처음으로 패자를 칭하기 시작했다. 조장공 31년, 조장공이 죽자 아들 조희공曹釐公 이夷가 즉위했다. 조희공이 재위 9년 만에 죽자 아들 조소공曹昭公 반般이 즉위했다. 조소공 6년, 제환공이 채나라를 격파하고 이어 초나라 소릉까지 쳐들어갔다. 조소공 9년, 조소공이 죽자 아들 조공공曹共公 양襄이 즉위했다. 조공공 16년, 진나라 공자 중이가 망명하는 길에 조나라에 들렀다. 조공공이 무례하게 대했다. 갈비뼈가 하나로 붙은 중이의 변협騈脅을 몰래 엿보고자 한 것이다. 대부 희부기釐負羈가 만류했으나 듣지 않았다. 희부기는 중이에게 선심을 베풀어 좋은 교분을 맺었다. 조공공 21년, 진문공 중이가 조나라를 치고 조공공을 생포해 자기 나라로 데리고 갔다. 그리고 군사들에게 명을 내려 희부기의 종족들이 살고 있는 마을에는 발을 들여놓지 말도록 조치했다. 어떤 자가 간했다.

"전에 제환공이 패권을 차지했을 때는 성이 다른 나라도 국권을 회복시켜주는 아량을 베풀었습니다. 지금 그대는 오히려 조군曹君을 감금해 성이 같은 제후를 멸망시키려 합니다. 그래서야 장차 어찌 제후들을 잘 호령할 수 있겠습니까?"

진문공이 이를 좇아 조공공을 돌려보냈다. 조공공 25년, 진문공이 죽었다. 조공공 35년, 조공공이 죽자 아들 조문공曹文公 수壽가 즉위했다. 조문공이 재위 23년 만에 죽자 아들 조선공 강彊이 즉위했다. 조선공이 재위 17년 만에 죽고 동생 조성공 부추負芻가 즉위했다. 조성공 3년, 진여공이 조나라를 쳐 조성공을 생포해 귀국했다가 얼마 후 풀어주었다. 조성공 5년, 진나라 대부 난서와 중항언中行偃이 정활程滑을 시켜 진여공을 시해했다.

조성공 23년, 조성공이 죽자 아들 조무공曹武公 승勝이 즉위했다. 조무공 26년, 초나라 공자 기질이 부왕인 초영왕을 시해하고 보위를 차지했다. 조무공 27년, 조무공이 죽자 아들 조평공曹平公 수須가 즉위했다. 조평공이 재위 4년 만에 죽자 아들 조도공曹悼公 오午가 즉위했다. 이해에 송·위衛·진陳·정 등이 크게 화재를 당했다. 조도공 8년, 송경공宋景公이 즉위했다. 조도공 9년, 조도공은 송나라에 조현을 갔다. 송나라가 억류한 채 보내주지 않자 조나라가 그의 동생 야野를 옹립했다. 그가 조성공이다. 조도공은 끝내 송나라에서 죽었다. 시신이 조나라로 돌아와 안장되었다.

조성공 5년, 조평공의 동생 통通이 조성공을 시해하고 보위를 차지했다. 그가 조은공曹隱公이다. 조은공 4년, 조성공의 동생 노露가 조은공을 시해하고 즉위했다. 그가 조정공曹靖公이다. 조정공은 재위 4년 만에 죽자 아들 조공曹公 백양伯陽이 즉위했다. 조공 백양 3년, 조나라의 어떤 자가 꿈을 꾸었다. 귀족들이 사궁社宮에 모여 조나라를 패망하게 하는 계책을 상의했다. 조숙 진탁이 나타나 만류하면서 공손강公孫彊이 등단할 때까지만이라도 기다려달라고 애걸했다. 귀족들이 그에 동의하는 내용이었다. 그 사람은 날이 밝자 아무리 찾아보았지만 그런 이름을 가진 사람을 찾을 수 없었다. 자신의 아들에게 훈계했다.

"내가 죽고 나서 공손강이라는 사람이 정권을 잡게 되었다는 소문을 듣거든 반드시 조나라를 떠나야 한다. 나라가 망함에 따라 화를 입는 일이 없도록 하라."

조공 백양은 즉위한 뒤에 사냥을 즐겨 했다. 조공 백양6년, 조나라의 야인野人 공손강 또한 사냥을 좋아했다. 흰 기러기를 잡아서 백양에게 바치고는 사냥에 관해 이야기했다. 이어 시정施政에 관한 자신의 견해를 밝히자 백양이 크게 기뻐하며 총애했다. 사성司城의 벼슬을 주어 국가대사에 참여하게 한 이유다. 전에 이상한 꿈을 꾸었던 사람의 아들은 이 소문을 듣고 곧바로 조나라를 떠났다.

공손강은 조공 백양에게 패자에 관한 이론을 설명했다. 조공 백양14년, 조공 백양이 공손강의 말을 그대로 믿고 따랐다. 진나라를 배반하고, 송나라를 침공한 것이 그렇다. 송경공이 반격할 때 진나라가 조나라를 구하지 않았다. 조공 백양 15년, 송나라가 조나라를 멸했다. 백양과 공손강을 압송해간 뒤 죽였다. 조나라의 종묘사직 제사가 끊긴 이유다.

●● 曹叔振鐸者, 周武王弟也. 武王已克殷紂, 封叔振鐸於曹. 叔振鐸卒, 子太伯脾立. 太伯卒, 子仲君平立. 仲君平卒, 子宮伯侯立. 宮伯侯卒, 子孝伯雲立. 孝伯雲卒, 子夷伯喜立. 夷伯二十三年, 周厲王奔于彘. 三十年卒, 弟幽伯彊立. 幽伯九年, 弟蘇殺幽伯代立, 是爲戴伯. 戴伯元年, 周宣王已立三歲. 三十年, 戴伯卒, 子惠伯兕立. 惠伯二十五年, 周幽王爲犬戎所殺, 因東徙, 益卑, 諸侯畔之. 秦始列爲諸侯. 三十六年, 惠伯卒, 子石甫立, 其弟武殺之代立, 是爲繆公. 繆公三年卒, 子桓公終生立. 桓公三十五年, 魯隱公立. 四十五年, 魯弑其君隱公. 四十六年, 宋華父督弑其君殤公, 及孔父. 五十五年, 桓公卒, 子莊公夕姑立. 莊公二十三年, 齊桓公始霸. 三十一年, 莊公卒, 子釐公夷立. 釐公九年卒, 子昭公班立. 昭公六年, 齊桓公敗蔡, 遂至楚召陵. 九年, 昭公卒, 子共公襄立. 共公十六年, 初, 晉公子重耳其亡過曹, 曹君無禮, 欲觀其駢脅. 釐負羈諫, 不聽, 私善於重耳. 二十一年, 晉文公重耳伐曹, 虜共公以歸, 令軍毋入釐負羈之宗族閭. 或說晉文公曰, "昔齊桓公會諸侯, 復異姓, 今君囚曹君, 滅同姓, 何以令於諸侯?" 晉乃復歸共公. 二十五年, 晉文公卒. 三十五年, 共公卒, 子文公壽立. 文公二十三年卒, 子宣公彊立. 宣公十七年卒, 弟成公負芻立. 成公三年, 晉厲公伐曹, 虜成公以歸, 已復釋之. 五年, 晉欒書·中行偃使程滑弑其君厲公. 二十三年, 成公卒, 子武公勝立. 武公二十六年, 楚公子棄疾弑其君靈王代立. 二十七年, 武公卒, 子平公頃須立. 平公四年卒, 子悼公午立. 是歲, 宋·衛·陳·鄭皆火. 悼公八年, 宋景公立. 九年, 悼公朝于宋, 宋囚之, 曹立其弟野, 是爲聲公. 悼公死於宋, 歸葬. 聲公五年, 平公弟通弑聲公代立, 是爲隱公. 隱公四年, 聲公弟露弑隱公代立, 是爲靖公. 靖公四年卒, 子伯陽立. 伯陽三年, 國人有夢衆君子立于社宮, 謀欲亡曹, 曹叔振鐸止之, 請待公孫彊, 許之. 旦, 求之曹, 無此人. 夢者戒其子曰, "我亡, 爾聞公孫彊爲政, 必去曹, 無離曹禍." 及伯陽卽位, 好田弋之事. 六年, 曹野人公孫彊亦好田弋, 獲白鴈而獻之, 且言田弋之說, 因訪政事. 伯陽大說之, 有寵, 使爲司城以聽政. 夢者之子乃亡去. 公孫彊言霸說於曹伯. 十四年, 曹伯從之, 乃背晉幹宋. 宋景公伐之, 晉人不救. 十五年, 宋滅曹, 執曹伯陽及公孫彊以歸而殺之. 曹遂絶其祀.

태사공은 평한다.

"나는 조공공이 희부기의 말을 듣지 않고, 대부가 타는 수레에 미희 300명을 태웠다는 이야기를 검토했다. 이로써 오직 덕이 서지 않았다는 것을 알게 되었다. 조나라 시조 진탁이 꿈에 나타난 것이 어찌 종묘사직의 제사를 보전하려는 것이 아니겠는가? 공손강이 무리한 정사를 꾀하지 않았다면 진탁에 관한 제사가 어찌 하루아침에 문득 끊어졌겠는가!"

●● 太史公曰, "余尋曹共公之不用僖負羈, 乃乘軒者三百人, 知唯德之不建. 及振鐸之夢, 豈不欲引曹之祀者哉? 如公孫彊不脩厥政, 叔鐸之祀忽諸!"

진기세가
陳杞世家

〈진기세가〉는 주나라 초기에 분봉된 소국인 진陳나라와 기杞나라의 역사를 다루고 있다. 두 나라 모두 내우외환 속에서 이내 주변의 강대국에 병탄되고 말았다. 약소국의 역사를 다루고 있는 〈관채세가〉와 사뭇 닮은 이유다. 〈관채세가〉와 유사한 내용의 〈진기세가〉를 따로 편제한 것은 진나라가 전설적인 제왕인 순임금을, 기나라가 하나라 우왕의 후손이 세운 나라였다는 점을 부각시키기 위한 것으로 보인다. 주나라와 성이 같은 제후국을 다룬 〈관채세가〉와 달리 성이 다른 제후국을 다룬 〈진기세가〉의 내용이 상대적으로 복잡한 것도 이런 맥락에서 이해할 수 있다.

진국세가

진호공陳胡公 만滿은 우나라 순임금의 후손이다. 순임금이 평민으로 있을 때 요임금이 두 딸을 시집보내 규예嬀汭에 살게 했다. 그의 후손이 이를 성씨로 삼았기에 규씨嬀氏가 되었다. 순임금은 죽기 전 천하를 우禹에게 물려주고, 자신의 아들 상균商均은 제후로 봉했다. 하나라 때 순임금의 후손들은 어떤 때는 봉국의 지위를 상실하기도 하고, 또 어떤 때는 봉국의 지위를 보장받기도 했다. 주무왕이 은나라 주와 벌인 전쟁에서 승리를 거둔 후 비로소 순임금의 후손들을 다시 찾아내 제후에 봉했다. 이때 발탁된 사람이 규만嬀滿이다. 주무왕은 그를 진陳 땅에 봉해 순임금의 제사를 받들게 했다. 그가 진호공이다.

진호공 사후 아들 진신공陳申公 서후犀侯, 진신공 사후 아우 진상공陳相公 고양皐羊, 진상공 사후 진신공의 아들 돌突이 즉위했다. 그가 진효공陳孝公이다. 진효공이 죽자 아들 진신공陳愼公 어융圉戎이 즉위했다. 그가 즉위한 때는 주여왕의 치세에 해당된다. 진신공이 죽자 아들 진유공陳幽公 영寧이 즉위했다. 진유공 12년, 주여왕이 체 땅으로 달아났다. 진유공 23년, 진유공이 죽자 아들 진희공陳釐公 효孝가 즉위했다. 진희공 6년, 주선왕이 즉위했다. 진희공 36년, 진희공이 죽자 아들 진무공陳武公 영靈이 즉위했다. 진무공이 재위 15년 만에 죽자 아들 진이공陳夷公 열說이 즉위했다. 이해에 주유왕이 즉위했다. 진이공은 재위 3년 만에 죽고 아우 진평공陳平公 섭燮이 즉위했다. 진평공 7년, 주유왕이 견융에게 살해당하고, 주나라가 동쪽 낙읍으로 천도했다. 진秦나라가 비로소 제후로 분봉되었다. 진평공 23년, 진평공이 죽자 아들 진문공 어圉가 즉위했다.

진문공 원년, 진문공이 채후의 딸을 맞아들여 아들 타他를 얻었다. 진문공 10년, 진문공이 죽고 맏아들인 진환공陳桓公 포鮑가 즉위했다. 진환공 23년, 노은공이 즉위했다. 진환공 26년, 위衛나라에서 공자 주우州吁가 주군을 시해했다. 진환공 33년, 노은공이 시해를 당했다. 진환공 38년 정월, 갑술일부터 기축일 사이에 진환공 포가 죽었다. 진문공의 아들 타는 모친이 채후의 딸이다. 채나라 백성이 진환공의 동생인 오보五父와 진환공의 태자 면免을 죽이고 그를 옹립했다. 그가 진여공이다.* 진환공의 병이 위중할 때 내란이 일어난 까닭에 백성은 제각기 분산되었다. 장례 날짜를 재차 알린 이유다. 진여공 2년, 진여공이 아들 경중 완完을 낳았다. 전에 주나라 태사가 진陳나라에 들른 적이 있다. 진여공이 그에게 《주역周易》으로 자신의 아들의 장래에 관해 점을 부탁했다. 관괘觀卦에서 비괘否卦로 넘어가는 괘를 얻었다. 그가 이같이 풀이했다.

　"이는 나라의 광채를 보는 것이니 군주에게 큰 도움이 될 것입니다. 그는 장차 진씨를 대신해 나라를 보유하게 될 것입니다. 이 나라에 있지 않으면 아마 다른 나라에 있을 것입니다. 그 자신이 그리되지 않으면 그의 후손들이 그리될 것입니다. 만일 다른 나라라고 하

● 이 대목에 대한 이설이 분분하다. 《사기집해》는 초주譙周의 주석을 인용해, 《춘추좌전》에 따르면 타는 채나라 사람에게 죽임을 당한 진환공의 동생인 오보이고, 진여공은 태자 면의 동생인 약을 지칭한다고 했다. 《사기색은》은 사마천이 려厲와 리利의 음이 비슷한 까닭에 착오를 범했다고 분석했다. 《사기색은》은 또 반고가 《한서》에서 진여공 약이 진환공의 동생이라 했으나 이 또한 잘못이라고 했다. 진환공이 죽었을 때 진환공의 이복동생인 타他가 외가의 나라인 채나라와 손을 잡고 충신인 오보와 태자 면을 죽이고 즉위했다. 이후 그가 음탕하고 잔학한 모습을 보이자 태자 면의 동생으로 진환공의 둘째 아들인 약이, 셋째 아들인 임 및 넷째 아들인 저구와 함께 채나라 사람과 합세해 타를 죽인 뒤 보위에 올랐다. 그가 바로 진여공이다. 사마천이 타를 진여공이라고 한 것도 잘못이고, 약을 진이공陳利公이라 한 것 역시 잘못이다.

면 반드시 강씨姜氏의 나라일 것입니다. 강씨 성은 태악太嶽의 후손입니다. 만물이란 원래 두 가지 면이 모두 성대할 수는 없는 법입니다. 진나라가 쇠망해야 그가 비로소 창성해질 수 있을 것입니다."

진여공은 채후의 딸을 아내로 삼았다. 그 여인이 채나라 사람과 통간을 했다. 진여공도 누차 채나라로 가서는 다른 여인들과 음란한 행위를 일삼았다. 진여공 7년, 진여공에게 죽임을 당한 진환공의 태자 면의 세 동생이 채나라 사람을 시켜 미인계로 진여공을 유혹하게 했다. 큰 동생 약, 가운데 동생 임, 막냇동생 저구가 그들이다. 이 세 명이 채나라 사람과 함께 공모한 뒤 진여공을 죽이고, 큰형인 약을 옹립했다. 그가 진이공이다. 진이공은 진환공의 아들이다. 진이공이 즉위한 지 다섯 달 만에 죽고 동생 임이 즉위했다. 그가 진장공陳莊公이다. 진장공은 7년 만에 죽고 막냇동생 저구가 즉위했다. 그가 진선공陳宣公이다.

진선공 3년, 초무왕楚武王이 세상을 떠났다. 초나라 세력이 점차 강해지기 시작했다. 진선공 17년, 주혜왕이 진선공의 딸을 왕비로 삼았다. 진선공 21년, 진선공은 애첩이 아들 관款을 낳자 그에게 자리를 물려주기 위해 태자 어구御寇를 죽였다. 어구는 평소 진여공의 아들 공자 완完을 좋아했다. 공자 완은 화가 미칠까 두려워 제나라로 달아났다. 제환공이 진나라에서 망명한 공자 완을 경에 임명하려 하자 완이 사양했다.

"망명자 신분인 제가 화를 면한 것만도 군주의 은혜 덕분입니다. 고관의 자리는 저에게 과분한 것입니다."

제환공이 그에게 공정의 벼슬을 내렸다. 제나라 대부 의중懿仲이 진나라에서 망명해온 경중 완을 사위로 맞이하기 위해 점을 쳤다.

점괘가 이같이 나왔다.

"봉황鳳皇 암수 두 마리가 날며 함께 우짖는 소리가 웅장하다. 규씨 성의 후손은 장차 강씨 성의 나라에서 발전하게 될 것이다. 그의 5대 후손들은 장차 창성해 정경正卿과 어깨를 나란히 할 것이고, 8대 이후에는 그보다 더 높은 자리가 없을 것이다."

진선공 37년, 제환공이 채나라를 쳐 대파했다. 계속 남진해 초나라의 소릉까지 진격했다. 회군하는 길에 진나라를 경유하고자 했다. 원도도轅濤塗가 이들이 진나라 땅에 발을 들여놓는 것을 꺼려 거짓으로 동쪽 길로 가게 했다. 험악한 동쪽 길로 접어든 제환공이 대로해 진나라 대부 원도도를 체포했다. 이해에 진헌공이 태자 신생을 자진하게 만들었다. 진선공 45년, 진선공이 죽자 아들 관이 즉위했다. 그가 진목공陳穆公이다. 진목공 5년, 제환공이 죽었다. 진목공 16년, 진 문공이 성복 전투에서 초나라 군사를 대파했다. 이해에 진목공이 죽자 아들 진공공陳共公 삭朔이 즉위했다. 진공공 6년, 초나라 태자 상신이 부왕인 초성왕을 죽이고 즉위했다. 그가 초목왕楚穆王이다. 진공공 11년, 진목공이 죽었다. 진공공 18년, 진공공이 죽자 아들 진영공陳靈公 평국平國이 즉위했다. 진영공 원년, 초장왕이 즉위했다. 진영공 6년, 초나라가 진陳나라를 쳤다. 진영공 10년, 초나라와 강화했다. 진 영공 14년, 진영공이 대부 공녕孔寧 및 의행보儀行父와 함께 하희夏姬 와 통간했다. 그녀의 내의를 입고 조정에 나가 희롱하기도 했다. 대부 설야洩冶가 간했다.

"군주와 신하가 음란한 짓을 일삼아서야 어찌 백성에게 자신들의 말을 따르도록 할 수 있겠습니까?"

진영공이 그 사실을 통간한 두 대부에게 말해주었다. 두 대부는 설야를 죽일 테니 진영공은 말리지 말라고 당부한 뒤 그를 죽였다. 진영공 15년, 진영공과 두 대부가 하씨夏氏 집에서 술을 마셨다. 진영공이 두 대부를 놀렸다.

"하희의 아들 하징서가 자네를 닮았소!"

두 대부가 대꾸했다.

"주군을 닮은 것 같기도 합니다."

밖에서 이 말을 엿들은 하징서가 대로했다. 진영공이 술자리를 물리고 나올 때 하징서가 마구간에 숨어 있다가 활로 진영공을 사살했다. 공녕과 의행보는 초나라, 진영공의 태자 오午는 진陳나라로 달아났다. 하징서가 자립해 즉위했다. 하징서는 원래 진나라 대부였다. 하희는 어숙御叔의 처이자 하징서의 모친이다. 진성공陳成公 원년 겨울, 초장왕이 하징서의 진영공 시해를 구실로 제후들을 이끌고 진나라를 쳤다. 진나라 백성에게 고했다.

"두려워할 것 없다. 나는 단지 징서를 주살하러 왔을 따름이다."

이어 하징서를 죽인 뒤 진나라를 병탄해 현縣으로 만들었다. 신하들이 모두 축하했다. 제나라에 사자로 갔다가 돌아온 신숙시申叔時만은 축하하러 오지 않았다. 초장왕이 그 까닭을 묻자 이같이 대답했다.

"속담에 이르기를, '소를 몰아 남의 밭을 짓밟게 하자 밭주인이 그 소를 빼앗아 달아났다'라는 말이 있습니다. 남의 밭을 짓밟아놓은 것이 죄가 아니라고 할 수는 없지만 그렇다고 남의 소를 빼앗으면 어찌 그보다 무거운 죄가 아니겠습니까? 지금 대왕은 하징서가 자신의 군주를 시해했다는 이유로 제후의 군사를 모아 의에 입각해 쳤습니다. 그렇다면 그것으로 끝내고 돌아가야지 이를 기회로 땅을 차지해서야 되겠습니까? 그런 식으로 장차 어찌 천하의 패자로 군림할 수 있겠습니까? 축하의 인사를 드리지 않은 이유입니다."

"옳은 말이오."

그러고는 곧 진나라로 망명한 진영공의 태자를 데려오게 해 옹립했다. 진나라의 보위가 그대로 이어지게 한 것이다. 그가 진성공이다. 공자는 사서史書를 보다가 초나라가 진나라를 원래대로 회복시킨 대목을 읽고는 이같이 기렸다.

"현명하다, 초장왕이여! 천승千乘의 나라를 가벼이 여기고 신숙시의 한마디 말을 무겁게 여겼구나!"

진성공 28년, 초장왕이 죽었다. 진성공 29년, 진陳나라가 초나라와 맺은 맹약을 배반했다. 진성공 30년, 초공왕이 진나라를 쳐들어왔다. 이해에 진성공이 죽자 아들 진애공 약弱이 즉위했다. 초공왕이 진나라의 국상을 이유로 철군했다. 진애공 3년, 초나라 군사가 진나라를 포위했다가 다시 철군했다. 진애공 28년, 초나라 공자 위가 군주인 겹오를 시해하고 즉위했다. 그가 초영왕이다.

진애공 34년, 당초 진애공은 정나라 군주의 딸을 아내로 맞이했다. 큰 부인이 도태자悼太子 사師, 그녀의 동생인 작은 부인이 공자 언偃을 낳았다. 그밖에 두 명의 애첩이 있었다. 큰 첩은 유留, 작은 첩은 승勝을 낳았다. 진애공은 특히 유를 총애해 자신의 동생인 사도 초에게 앞날을 부탁했다. 진애공이 병석에 누웠다. 이해 3월, 사도 초가 도태자를 죽이고, 유를 태자로 세웠다. 진애공이 대로해 사도 초를 죽이려 하니 초가 군사를 일으켜 진애공을 연금했다. 진애공이 스스로 목을 매어 죽었다.

이해 4월, 진陳나라가 초나라에 사자를 보냈다. 초영왕은 진나라에 난이 일어났다는 소식을 접하고는 곧바로 사자를 죽이고 공자 기질에게 군사를 몰고 가 진나라를 치게 했다. 진나라 군주 유가 정나라로 달아났다. 이해 9월, 초나라가 진나라를 포위했다. 이해 11월, 진나라를 멸하고 공자 기질을 진공陳公에 임명했다. 사도 초가 도태자를 죽였을 때 도태자의 아들 오吳가 진나라로 달아났다. 진평공이 태사 조趙에게 물었다.

"진陳나라는 결국 망해버릴 것 같소?"

태사가 대답했다.

"진씨는 전욱顓頊의 후손입니다. 제나라에서 정권을 얻었지만 이내 망하게 될 것입니다. 막幕부터 고수瞽瞍까지 천명을 거역한 사람이 없었습니다. 순임금은 완전해 결함이 없는 미덕을 지녔을 뿐 아니라 제왕의 자리까지 올랐고, 수 땅에 이르기까지 대대로 작위를 잘 보전해왔습니다. 호공에 이르러서는 주나라 천자가 그에게 성씨를 수여해 순임금에 관한 제사를 받들게 했습니다. 그리고 덕을 이룬 후대들은 반드시 100대를 이어갈 것입니다. 순임금의 세계는 단절되지 않을 것이고, 앞으로는 제나라에서 흥기할 것입니다."

초영왕이 진나라를 무너뜨린 지 5년 뒤 초나라 공자 기질이 초영왕을 시해하고 보위를 차지했다. 그가 초평왕이다. 초평왕은 막 즉위했을 때 여러 제후들과 우호관계를 맺고 싶어 했다. 도태자의 아들 오를 찾아내 옹립한 이유다. 그가 진혜공陳惠公이다. 보위가 비어 있은 지 5년 만에 진혜공이 즉위한 셈이다. 진애공이 죽은 해로 소급해 그해를 원년으로 삼았다. 진혜공 10년, 진陳나라에 큰 화재가 발생했다. 진혜공 15년, 오왕 요가 공자 광을 시켜 진나라를 치고, 이어서 호胡·심나라의 땅을 빼앗았다. 진혜공 28년, 오왕 합려와 오자서가 초나라를 치고 초나라 도성 영까지 진격했다. 이해에 진혜공이 죽자 아들 진회공陳懷公 유柳가 즉위했다. 진회공 원년, 오나라가 초나라를 격파한 뒤 영도에서 진회공을 불러 회동했다. 진회공이 그냥 돌아가려 하자 진나라 대부들이 만류했다.

"오나라가 새로 득세하고 초나라가 비록 패망의 위기에 몰려 있으나 초나라와 맺은 옛정이 있으니 초나라를 배반해서는 안 됩니다."

진회공이 병을 구실로 돌아갔다. 진회공 4년, 오나라가 재차 진회공을 불렀다. 진회공은 후환이 두려운 나머지 마지못해 오나라로 향했다. 오왕 부차는 진회공이 전에 청을 듣지 않았던 것에 관해 화를 내며 그를 억류했다. 진회공은 끝내 오나라에서 죽었다. 진나라가 진회공의 아들 월越을 옹립했다. 그가 진민공陳湣公이다.

진민공 6년, 공자가 진나라로 왔다. 오왕 부차가 진나라를 쳐 세 개의 성읍을 탈취했다. 진민공 13년, 오나라가 재차 진나라를 치자 진나라가 초나라에 구원을 청했다. 초소왕이 구원 차 와서 성보에 진을 치자 오나라 군사가 물러갔다. 이해에 초소왕이 성보에서 죽었다. 공자는 진나라에 있었다. 진민공 15년, 송나라가 조나라를 멸했다. 진민공 16년, 오왕 부차가 제나라를 치고 애릉에서 제나라 군사를 대파했다. 사자를 보내 진민공을 불렀다. 진민공은 후환이 두려워 부득불 오나라로 갔다. 초나라가 진나라를 쳤다. 진민공 21년, 제나라 권신 전상이 제간공을 시해했다. 진민공 23년, 초나라의 백공白公 승勝이 영윤 자서子西와 대부 자기子綦를 죽이고 초혜왕을 습격했다. 섭공葉公이 백공의 군사를 격파하자 백공이 패주한 뒤 자진했다. 진민공 24년, 초혜왕이 나라를 되찾은 뒤 군사를 동원해 북벌에 나섰다. 진민공을 죽이고 마침내 진나라를 멸한 뒤 그 땅을 병탄했다. 이해에 공자가 죽었다.

●● 陳胡公滿者, 虞帝舜之後也. 昔舜爲庶人時, 堯妻之二女, 居于嬀
汭, 其後因爲氏姓, 姓嬀氏. 舜已崩, 傳禹天下, 而舜子商均爲封國. 夏
后之時, 或失或續. 至于周武王克殷紂, 乃復求舜後, 得嬀滿, 封之於
陳, 以奉帝舜祀, 是爲胡公. 胡公卒, 子申公犀侯立. 申公卒, 弟相公皐
羊立. 相公卒, 立申公子突, 是爲孝公. 孝公卒, 子愼公圉戎立. 愼公當
周厲王時. 愼公卒, 子幽公寧立. 幽公十二年, 周厲王奔于彘. 二十三
年, 幽公卒, 子釐公孝立. 釐公六年, 周宣王卽位. 三十六年, 釐公卒, 子
武公靈立. 武公十五年卒, 子夷公說立. 是歲, 周幽王卽位. 夷公三年
卒, 弟平公爕立. 平公七年, 周幽王爲犬戎所殺, 周東徙. 秦始列爲諸
侯. 二十三年, 平公卒, 子文公圉立. 文公元年, 取蔡女, 生子佗. 十年,
文公卒, 長子桓公鮑立. 桓公二十三年, 魯隱公初立. 二十六年, 衛殺
其君州吁. 三十三年, 魯弑其君隱公. 三十八年正月甲戌己丑, 桓公鮑
卒. 桓公弟佗, 其母蔡女, 故蔡人爲佗殺五父及桓公太子免而立佗, 是
爲厲公. 桓公病而亂作, 國人分散, 故再赴. 厲公二年, 生子敬仲完. 周
太史過陳, 陳厲公使以周易筮之, 卦得觀之否, “是爲觀國之光, 利用賓
于王. 此其代陳有國乎? 不在此, 其在異國? 非此其身, 在其子孫. 若在
異國, 必姜姓. 姜姓, 太嶽之後. 物莫能兩大, 陳衰, 此其昌乎?” 厲公取
蔡女, 蔡女與蔡人亂, 厲公數如蔡淫. 七年, 厲公所殺桓公太子免之三
弟, 長曰躍, 中曰林, 少曰杵臼, 共令蔡人誘厲公以好女, 與蔡人共殺厲
公而立躍, 是爲利公. 利公者, 桓公子也. 利公立五月卒, 立中弟林, 是
爲莊公. 莊公七年卒, 少弟杵臼立, 是爲宣公. 宣公三年, 楚武王卒, 楚
始彊. 十七年, 周惠王娶陳女后. 二十一年, 宣公後有嬖姬生子款, 欲
立之, 乃殺其太子禦寇. 禦寇素愛厲公子完, 完懼禍及己, 乃奔齊. 齊

桓公欲使陳完爲卿, 完曰, "羈旅之臣, 幸得免負簷, 君之惠也, 不敢當高位." 桓公使爲工正. 齊懿仲欲妻陳敬仲, 卜之, 占曰, "是謂鳳皇于飛, 和鳴鏘鏘. 有嬀之後, 將育于姜. 五世其昌, 并于正卿. 八世之後, 莫之與京." 三十七年, 齊桓公伐蔡, 蔡敗, 南侵楚, 至召陵, 還過陳. 陳大夫轅濤塗惡其過陳, 詐齊令出東道. 東道惡, 桓公怒, 執陳轅濤塗. 是歲, 晉獻公殺其太子申生. 四十五年, 宣公卒, 子款立, 是爲穆公. 穆公五年, 齊桓公卒. 十六年, 晉文公敗楚師于城濮. 是歲, 穆公卒, 子共公朔立. 共公六年, 楚太子商臣弒其父成王代立, 是爲穆王. 十一年, 秦穆公卒. 十八年, 共公卒, 子靈公平國立. 靈公元年, 楚莊王卽位. 六年, 楚伐陳. 十年, 陳及楚平. 十四年, 靈公與其大夫孔寧 · 儀行父皆通於夏姬, 衷其衣以戲於朝. 泄冶諫曰, "君臣淫亂, 民何效焉?" 靈公以告二子, 二子請殺泄冶, 公弗禁, 遂殺泄冶. 十五年, 靈公與二子飮於夏氏. 公戲二子曰, "徵舒似汝." 二子曰, "亦似公." 徵舒怒. 靈公罷酒出, 徵舒伏弩廐門射殺靈公. 孔寧 · 儀行父皆奔楚, 靈公太子午奔晉. 徵舒自立爲陳侯. 徵舒, 故陳大夫也. 夏姬, 御叔之妻, 舒之母也. 成公元年冬, 楚莊王爲夏徵舒殺靈公, 率諸侯伐陳. 謂陳曰, "無驚, 吾誅徵舒而已." 已誅徵舒, 因縣陳而有之, 群臣畢賀. 申叔時使於齊來還, 獨不賀. 莊王問其故, 對曰, "鄙語有之, 牽牛徑人田, 田主奪之牛. 徑則有罪矣, 奪之牛, 不亦甚乎? 今王以徵舒爲賊弒君, 故徵兵諸侯, 以義伐之, 已而取之, 以利其地, 則後何以令於天下! 是以不賀." 莊王曰, "善." 乃迎陳靈公太子午於晉而立之, 復君陳如故, 是爲成公. 孔子讀史記至楚復陳, 曰, "賢哉楚莊王! 輕千乘之國而重一言." 二十八年, 楚莊王卒. 二十九年, 陳倍楚盟. 三十年, 楚共王伐陳. 是歲, 成公卒, 子哀公弱立. 楚以陳喪, 罷兵去. 哀公三年, 楚圍陳, 復釋之. 二十八年, 楚公子圍弒其君郟敖自

立, 爲靈王. 三十四年, 初, 哀公娶鄭, 長姬生悼太子師, 少姬生偃. 二嬖
妾, 長妾生留, 少妾生勝. 留有寵哀公, 哀公屬之其弟司徒招. 哀公病,
三月, 招殺悼太子, 立留爲太子. 哀公怒, 欲誅招, 招發兵圍守哀公, 哀
公自經殺. 招卒立留爲陳君. 四月, 陳使使赴楚. 楚靈王聞陳亂, 乃殺陳
使者, 使公子棄疾發兵伐陳, 陳君留奔鄭. 九月, 楚圍陳. 十一月, 滅陳.
使棄疾爲陳公. 招之殺悼太子也, 太子之子名吳, 出奔晉. 晉平公問太
史趙曰, "陳遂亡乎?" 對曰, "陳, 顓頊之族. 陳氏得政於齊, 乃卒亡. 自
幕至于瞽瞍, 無違命. 舜重之以明德. 至於遂, 世世守之. 及胡公, 周賜
之姓, 使祀虞帝. 且盛德之後, 必百世祀. 虞之世未也, 其在齊乎?" 楚
靈王滅陳五歲, 楚公子棄疾弑靈王代立, 是爲平王. 平王初立, 欲得和
諸侯, 乃求故陳悼太子師之子吳, 立爲陳侯, 是爲惠公. 惠公立, 探續哀
公卒時年而爲元, 空籍五歲矣. 十年, 陳火. 十五年, 吳王僚使公子光伐
陳, 取胡·沈而去. 二十八年, 吳王闔閭與子胥敗楚入郢. 是年, 惠公卒,
子懷公柳立. 懷公元年, 吳破楚, 在郢, 召陳侯. 陳侯欲往, 大夫曰, "吳
新得意, 楚王雖亡, 與陳有故, 不可倍." 懷公乃以疾謝吳. 四年, 吳復召
懷公. 懷公恐, 如吳. 吳怒其前不往, 留之, 因卒吳. 陳乃立懷公之子越,
是爲湣公. 湣公六年, 孔子適陳. 吳王夫差伐陳, 取三邑而去. 十三年,
吳復來伐陳, 陳告急楚, 楚昭王來救, 軍於城父, 吳師去. 是年, 楚昭王
卒於城父. 時孔子在陳. 十五年, 宋滅曹. 十六年, 吳王夫差伐齊, 敗之
艾陵, 使人召陳侯. 陳侯恐, 如吳. 楚伐陳. 二十一年, 齊田常弑其君簡
公. 二十三年, 楚之白公勝殺令尹子西·子綦, 襲惠王. 葉公攻敗白公,
白公自殺. 二十四年, 楚惠王復國, 以兵北伐, 殺陳湣公, 遂滅陳而有
之. 是歲, 孔子卒.

기국세가

　기나라의 동루공東樓公은 하나라 우왕의 후손이다. 은나라 때 우왕의 후손은 때로는 제후에 봉해지기도 했고, 때로는 제후의 명맥을 유지하지 못하기도 했다. 주무왕이 전쟁에서 은나라 주를 이기고 나서 사방에서 우왕의 후손을 찾으려 노력했다. 그렇게 해서 찾아낸 사람이 바로 동루공이다. 주무왕은 그에게 기 땅을 봉지로 내주고 우왕의 제사를 받들게 했다.

　동루공이 서루공西樓公, 서루공이 제공題公, 제공이 모취공謀娶公을 낳았다. 모취공이 집정한 시기는 주여왕의 치세에 해당한다. 모취공은 기무공杞武公을 낳았다. 기무공이 47년 동안 재위하다가 죽자 아들 기정공杞靖公이 즉위했다. 기정공이 재위 23년 만에 죽자 아들 기공공杞共公이 즉위했다. 기공공이 8년 만에 죽자 아들 기덕공杞德公이 즉위했다. 기덕공이 18년 만에 죽자 동생 기환공杞桓公 고용姑容이 즉위했다. 기환공이 17년 만에 죽자 아들 기효공杞孝公 개匄가 즉위했다. 기효공은 17년 만에 죽자 동생 기문공杞文公 익고益姑가 즉위했다.

　기문공이 14년 만에 죽자 아우인 기평공杞平公 울鬱이 즉위했다. 기평공이 18년 만에 죽자 아들 기도공杞悼公 성成이 즉위했다. 기도공이 23년 만에 죽자 아들 기은공杞隱公 기乞가 즉위했다. 이해 7월, 기은공의 동생인 수遂가 기은공을 죽이고 대신 즉위했다. 그가 기희공杞釐公이다. 기희공이 15년 만에 죽자 아들 기민공杞湣公 유維가 즉위했다. 기민공 15년, 초혜왕이 진陳나라를 멸했다. 기민공 16년, 기민공의 아우인 알로閼路가 기민공을 시해하고 보위를 차지했다. 그가 기애공杞哀公이다. 기애공이 즉위한 지 10년 만에 죽고 기민공의 아들 칙勅이 즉위했다. 그가 기출공杞出公이다. 기출공이 12년 만에 죽자 아들 기간공杞簡公 춘春이 즉위했다. 그가 즉위한 지 1년째인 해는 초혜왕 44년이다. 이때 초나라가 기나라를 멸했다. 기나라는 진陳나라보다 34년 늦게 멸망한 셈이다. 기나라는 미미하고 약소한 나라이므로, 이렇다 할 사적이 별로 없다. 순임금의 후손을 주무왕이 진陳나라에 봉했으나 이때에 이르러 초혜왕에 의해 멸망한 것이다. 진나라 사적을 〈진기세가〉에 기록해두었다. 하나라 우왕의 후손을 주무왕이 기나라에 봉했지만 이들 역시 초혜왕에 의해 멸망했다. 그들의 사적도 〈진기세가〉에 기록해두었다.

설契의 후손이 세운 나라가 은나라다. 은나라 사적은 〈은본기殷本紀〉에 기록해놓았다. 은나라 패망 후 주나라는 그 후손을 송나라에 봉했다. 이들은 제민왕에게 멸망당했다. 그 사적은 〈송미자세가〉에 기록해두었다. 후직의 후손이 세운 나라가 주나라다. 이들은 진소양왕에게 멸망당했다. 그 사적은 〈주본기〉에 기록해놓았다. 고요皐陶의 후손 가운데 일부는 영英·육六 두 나라에 봉해졌다. 이들은 초목왕에게 멸망당했다. 이들의 세계를 적어놓은 보첩譜牒은 전해지지 않는다. 백이의 후손이 주무왕 때 재차 제나라에 봉해졌다. 태공망이 당사자다. 이들은 진씨에 의해 멸망당했다. 그 사적은 〈제태공세가〉에 기록했다.

백예伯翳의 후손은 주평왕周平王 때에 이르러 제후에 봉해져 진秦나라가 되었다. 이들은 항우에게 멸망당했다. 그 사적에 대해서는 〈진본기秦本紀〉에 기록되어 있다. 수垂·익益·기夔·용龍과 그들의 후손은 어느 땅에 봉했는지 확실치 않다. 기록도 보이지 않는다. 이상 열한 명은 모두 요순 때 공덕이 있는 신하로 명성이 자자했던 자들이다. 이 가운데 다섯 명의 후손은 군왕의 자리까지 올랐다. 나머지 사람들의 후손도 명성을 떨치는 제후가 되었다. 등滕·설薛·추 등 삼국은 하·은·주 삼대 때 분봉된 소규모 나라들이다. 동시대의 다른 제후국과 나란히 언급하기에는 부족한 점이 있다. 이들에 대해서는 거론하지 않는다.

주무왕 때 제후의 수가 1,000여 명에 달했다. 주유왕과 주여왕 이후에는 여러 제후가 서로 공격을 일삼고 병탄에 주력했다. 강江·황黃·호·침 같은 소규모 나라도 등장했다. 그 수가 이루 헤아릴 수 없을 정도로 많아 일일이 기록하지 않는다.

◉◉ 杞東樓公者, 夏禹之後苗裔也. 殷時或封或絶. 周武王克殷紂, 求禹之後, 得東樓公, 封之於杞, 以奉夏氏祀. 東樓公生西樓公, 西樓公生題公, 題公生謀娶公. 謀娶公當周厲王時. 謀娶公生武公. 武公立四十七年卒, 子靖公立. 靖公二十三年卒, 子共公立. 共公八年卒, 子德公立. 德公十八年卒, 弟桓公姑容立. 桓公十七年卒, 子孝公匄立. 孝公十七年卒, 弟文公益姑立. 文公十四年卒, 弟平公鬱立. 平公十八年卒, 子悼公成立. 悼公十二年卒, 子隱公乞立. 七月, 隱公弟遂弑隱公自立, 是爲釐公. 釐公十九年卒, 子湣公維立. 湣公十五年, 楚惠王滅陳. 十六年, 湣公弟閼路弑湣公代立, 是爲哀公. 哀公立十年卒, 湣公子敕立, 是爲出公. 出公十二年卒, 子簡公春立. 立一年, 楚惠王之四十四年, 滅杞. 杞後陳亡三十四年. 杞小微, 其事不足稱述. 舜之後, 周武王封之陳, 至楚惠王滅之, 有世家言. 禹之後, 周武王封之杞, 楚惠王滅之, 有世家言. 契之後爲殷, 殷有本紀言. 殷破, 周封其後於宋, 齊湣王滅之, 有世家言. 后稷之後爲周, 秦昭王滅之, 有本紀言. 皋陶之後, 或封英·六, 楚穆王滅之, 無譜. 伯夷之後, 至周武王復封於齊, 曰太公望, 陳氏滅之, 有世家言. 伯翳之後, 至周平王時封爲秦, 項羽滅之, 有本紀言. 垂·益·夔·龍, 其後不知所封, 不見也. 右十一人者, 皆唐虞之際名有功德臣也, 其五人之後皆至帝王, 餘乃爲顯諸侯. 滕·薛·騶, 夏·殷·周之閒封也, 小, 不足齒列, 弗論也. 周武王時, 侯伯尚千餘人. 及幽·厲之後, 諸侯力攻相幷. 江·黃·胡·沈之屬, 不可勝數, 故弗采著于傳上云.

태사공은 평한다.

"순임금의 덕행은 가히 지극하다고 이를 만하다. 보위를 하나라 우왕에게 선양했지만, 그에 대한 후손들의 제사가 하·은·주 삼대까지 이어졌다. 초나라가 진陳나라를 멸망시켜 대가 끊기는 듯했으나 전상이 제나라를 차지하면서 계속 이어졌다. 그 후손이 100대에 이르도록 끊기지 않았고, 후손들의 숫자 또한 많았다. 봉토를 지닌 자가 한둘이 아니었다. 우왕의 후손이 세운 나라로는 주나라 때 오로지 기나라만 존재했다. 너무 작은 나라여서 특별히 거론할 것조차 없다. 초혜왕 때 기나라가 멸망해 우왕의 후손이 끊기는가 싶었으나 이후 그의 후손인 월왕 구천이 뒤이어 일어났다."

●● 太史公曰, "舜之德可謂至矣! 禪位於夏, 而後世血食者歷三代. 及楚滅陳, 而田常得政於齊, 卒爲建國, 百世不絶, 苗裔茲茲, 有土者不乏焉. 至禹, 於周則杞, 微甚, 不足數也. 楚惠王滅杞, 其後越王句踐興."

권 37

위강숙세가

衛康叔世家

〈위강숙세가〉는 주문왕의 9자를 제후로 봉한 위衛나라의 역사를 다룬다. 주문왕 아들의 봉국을 다루고 있는 점에서 〈관채세가〉 뒤에 오는 것이 합리적이다. 그렇다면 〈위강숙세가〉를 왜 〈진기세가〉와 〈송미자세가〉 사이에 배치한 것일까? 사마천이 위나라의 최장 존속 이유를 은나라의 패망에서 교훈을 얻은 결과로 보았기 때문이라는 견해가 그럴듯하다. 실제로 위나라는 비록 제후가 아닌 군君의 명칭이기는 했으나 진시황이 천하통일을 이룬 뒤에도 계속 존속했다. 이는 매우 특이한 사례에 속한다. 사마천도 〈태사공자서〉에서 열국 가운데 위나라가 가장 늦게 패망한 점에 주목할 필요가 있다고 지적했다.

강숙세가

위강숙은 이름이 봉이고, 주무왕의 동복동생이다. 봉 아래에 염계가 있다. 그가 막내다. 주무왕이 은나라 주에서 승리를 거둔 후 은나라 유민들과 이들이 사는 땅을 은나라 주의 아들로 자가 녹보인 무경에게 나누어주었다. 여타의 제후들과 동등하게 대우했다. 이들의 조상에 관한 제사를 받들게 하고 대가 끊기지 않도록 배려한 것이다. 이후 무경이 기꺼이 복종하지 않자 주무왕은 그가 역심을 품을까 두려운 나머지 자신의 두 아우 관숙과 채숙에게 무경을 보좌하게 했다. 은나라 유민을 다독이고자 한 것이다.

주무왕 사후 뒤를 이어 즉위한 주성왕은 나이가 어렸다. 주공 단이 주성왕을 대리해 나라를 다스렸다. 관숙과 채숙은 주공 단을 믿지 않고 곧 무경과 더불어 난을 일으켜 낙양洛陽인 성주를 치려고 했다. 주공 단은 주성왕의 명을 받들어 은나라 유민들을 정벌하고 무경과 관숙을 죽인 뒤 채숙을 멀리 추방했다.• 이어 강숙을 위衞나라에 봉해 황하黃河와 기수淇水 사이의 은나라 옛터에 자리 잡게 했다. 무경처럼 은나라 유민을 관할하게 한 것이다. 당시 주공 단은 나이가 적은 강숙이 사리에 어두울까 걱정이 되어 이같이 당부했다.

"반드시 은나라 땅에 거주하고 있는 현인·군자 그리고 연장자를 심방해 이들에게 전에 은나라가 흥기했다가 멸망한 연유를 물어보고 그 백성을 잘 보살펴야 한다."

은나라 주가 주색에 눈이 멀어 화를 자초한 패망원인을 일러준 이

• 원문은 방채숙放蔡叔이다. 《춘추좌전》〈노소공魯昭公 원년〉조에는 살채숙蔡蔡叔으로 나온다. 살蔡의 발음은 '채'가 아닌 추방한다는 뜻의 '살'이다.

유다. 주공 단은 〈자재梓材〉를 지어 군자가 정무를 처리할 때 가래나무의 재질을 거울삼아야 한다고 일깨워주었다. 자신이 쓴 글을 〈강고康誥〉·〈주고酒誥〉·〈자재〉로 명명해 강숙을 훈계한 것이다. 강숙이 그 나라에 당도해 주공으로부터 받은 가르침을 잘 실행해 단결시켰다. 백성도 크게 기뻐하며 좇았다. 주성왕은 장성한 후 친히 정사에 임했다. 강숙을 주나라의 사구에 임명하고, 위衛나라의 보기寶器와 제기祭器를 하사해 그의 덕행을 기렸다.

강숙의 사후 아들 위강백衛康伯이, 위강백의 사후 아들 위고백衛考伯이, 위고백의 사후 아들 위사백衛嗣伯이, 위사백의 사후 아들 위첩백衛庫伯이, 위첩백의 사후 아들 위정백衛靖伯이, 위정백의 사후 아들 위정백衛貞伯이, 위정백의 사후 아들 위경후衛頃侯가 즉위했다. 위경후가 주이왕에게 많은 공물을 바치자 주이왕이 위나라에 후작侯爵의 작위를 내려주었다. 위경후가 재위 12년 만에 죽자 아들 위희후衛釐侯가 즉위했다.

●● 衛康叔名封, 周武王同母少弟也. 其次尙有冉季, 冉季最少. 武王已克殷紂, 復以殷餘民封紂子武庚祿父, 比諸侯, 以奉其先祀勿絶. 爲武庚未集, 恐其有賊心, 武王乃令其弟管叔·蔡叔傅相武庚祿父, 以和其民. 武王旣崩, 成王少. 周公旦代成王治, 當國. 管叔·蔡叔疑周公, 乃與武庚祿父作亂, 欲攻成周. 周公旦以成王命興師伐殷, 殺武庚祿父·管叔, 放蔡叔, 以武庚殷餘民封康叔爲衛君, 居河·淇, 故商墟. 周公旦懼康叔齒少, 乃申告康叔曰, "必求殷之賢人君子長者, 問其先殷所以興, 所以亡, 而務愛民." 告以紂所以亡者以淫於酒, 酒之失, 婦人是用, 故紂之亂自此始. 爲梓材, 示君子可法則. 故謂之康誥·酒誥·梓材以命之. 康叔之國, 旣以此命, 能和集其民, 民大說. 成王長, 用事, 擧康叔爲周司寇, 賜衛寶祭器, 以章有德. 康叔卒, 子康伯代立. 康伯卒, 子考伯立. 考伯卒, 子嗣伯立. 嗣伯卒, 子㡣伯立. 㡣伯卒, 子靖伯立. 靖伯卒, 子貞伯立. 貞伯卒, 子頃侯立. 頃侯厚賂周夷王, 夷王命衛爲侯. 頃侯立十二年卒, 子釐侯立.

희후세가

위희후 13년, 주여왕이 체 땅으로 달아났다. 두 명의 재상이 함께 정무를 대행했다. 위희후 28년, 주선왕이 즉위했다. 위희후 42년, 위희후가 죽고 태자인 공백共伯 여餘가 즉위했다. 공백의 아우 화和가 위희후의 총애를 입었다. 일찍이 위희후가 화에게 많은 재물을 주었다. 화는 그 재물로 무사들을 매수해 공백을 습격했다. 공백이 위희후의 묘로 달아났다가 묘도墓道에서 자진했다. 위나라 백성이 그를 위희후 묘 곁에 묻고는 시호를 공백이라 했다. 이어 화를 옹립했다. 그가 위무공이다.

위무공은 즉위한 후 강숙의 정령政令을 다시 잘 시행해 백성을 편안하게 다스렸다. 위무공 42년, 견융이 주유왕을 죽였다. 위무공이 군사를 이끌고 가 주나라를 구하고 견융을 평정하는 대공을 세웠다. 주평왕이 위무공에게 공작의 작위를 내렸다. 위무공이 재위한 지 55년 만에 죽자 아들 위장공衛莊公 양揚이 즉위했다. 위장공 5년, 제나라 여인을 아내로 맞이했다. 그녀는 미모가 빼어났으나 아들이 없었다. 다시 진陳나라 여인을 아내로 맞이해 아들을 얻었으나 일찍 죽었다. 둘째 부인의 여동생 역시 위장공의 총애를 받아 아들 완完을 낳았다. 완의 모친이 죽자 위장공은 제부인齊夫人에게 그를 잘 양육하게 당부하며 태자로 삼았다. 위장공에게 애첩 하나가 있었다. 아들 주우를 낳았다. 위장공 18년, 주우가 장성해 전쟁놀이를 즐기자 위장공이 그에게 군사를 이끌게 했다. 대부 석작石碏이 간했다.

"주우가 군사 방면에 조예가 있으나 첩의 소생이므로 그에게 군사를 맡긴다면 장차 큰 화근이 될 것입니다."

위장공이 듣지 않았다. 위장공 23년, 위장공이 죽고 태자 완이 즉위했다. 그가 위환공衛桓公이다. 위환공 2년, 주우가 교만하고 사치를 부려 직위를 박탈하고자 했다. 주우가 국외로 망명했다. 위환공 13년, 정장공鄭莊公의 아우 단段이 형을 쳤으나 실패로 끝나자 이내 망명한 뒤 주우와 교유했다. 위환공 16년, 주우가 위나라에서 망명한 자들을 모아 위환공을 습격해 죽인 뒤 즉위했다. 정장공의 아우 단은 정나라를 공격하고자 뜻을 세우고는 송·진陳·채 등에 동참을 청했다. 세 나라가 모두 수락했다. 위나라 백성은 주우가 즉위한 후 전쟁을 좋아하고 위환공을 죽이는 것을 목격한 까닭에 그를 좋아하지 않았다.

대부 석작은 위환공의 모친이 진陳나라 출신인 것을 구실로 주우의 편으로 가장했다. 위나라 군사가 정나라로 가고 없는 틈을 이용해 석작이 주우를 없애버릴 계책을 진후陳侯와 공모했다. 곧 대부 우재추右宰醜를 보내 음식을 바치게 하고는 기회를 틈타 복濮 땅에서 주우를 죽였다.● 이어 형邢나라로 가 위환공의 아우 진晉을 맞이해 옹립했다. 그가 위선공衛宣公이다. 위선공 7년, 노은공이 시해를 당했다. 위선공 9년, 송나라 대부 화보독이 군주인 상공과 대부 공보가孔父嘉

● 《사기집해》는 복건의 주를 인용해 우재추를 위나라 대부의 이름으로 풀이했다. 성이 우재인지 우인지 여부는 확실치 않다.

를 죽였다. 위선공 10년, 진晉나라 곡옥의 장백莊伯이 군주인 진애후晉 哀侯를 시해했다.• 위선공 18년, 당초 위선공은 서모인 이강夷姜을 첩 으로 삼아 아들 급을 낳았다. 위선공은 급을 태자에 봉하고 우공자右 公子에게 그를 가르치게 했다. 우공자가 태자에게 제나라 여인을 중 매했다. 성혼 전에 위선공이 며느리가 될 여인의 미모가 빼어난 것 을 보고는 자신이 차지한 뒤 태자에게는 다른 여인을 맺어주었다.

위선공이 제나라 여자로부터 아들 수壽와 삭朔을 얻었다. 좌공자左 公子에게 두 아들의 교육을 맡겼다. 태자 급의 모친 이강이 죽자 위선 공의 정부인正夫人이 삭과 공모해 태자 급을 비방했다. 위선공은 태 자의 아내가 될 여인을 탈취한 일로 인해 태자를 내심 미워하며 태 자의 자리에서 쫓아내고자 했다. 그러던 차에 태자 급에 관한 비방 을 듣게 되자 크게 화를 내면서 곧 태자 급을 제나라 사자로 보내면 서 강도를 시켜 국경에서 살해하게 했다. 태자 급에게 사자로 갈 때 들고 가도록 백모白旄를 내주었다. 그러고는 강도에게 백모를 들고 가는 자를 보거든 죽이라고 일러주었다. 태자 급이 막 길을 떠나려 고 할 때 삭의 동복형이자 태자 급의 이복동생인 수는 삭이 태자를 미워하고, 부친 위선공이 태자를 죽이려고 음모를 꾸미고 있는 것을 알고는 태자 급을 만류했다.

"국경 지역에서 강도가 나타나 태자가 들고 가는 백모를 보면 죽 이려고 달려들 테니 태자는 길을 떠나지 마십시오!"

태자 급이 말했다.

"부친의 명을 받들지 않고 생을 추구하는 것은 옳지 못하다."

• 〈진세가〉에 따르면 진애후를 시해한 인물은 공옥 장백이 아니라 그의 아들 진무공晉武公 이다. 곡옥 장백이 시해한 사람은 진효후다.

그러고는 곧 길을 떠났다. 수는 태자가 멈추지 않는 것을 보고는 그의 백모를 몰래 빼앗아 먼저 출발했다. 국경 땅에 숨어 있던 강도가 과연 수가 백모를 들고 오는 것을 보자 그를 죽였다. 수가 죽은 뒤 태자 급이 그곳에 당도해 강도에게 말했다.

"네가 죽여야 할 사람은 그가 아니라 바로 나다!"

강도가 태자 급도 죽이고는 곧바로 위선공에게 달려가 보고했다. 위선공은 삭을 태자에 봉했다. 위선공 19년, 위선공이 죽고 태자 삭이 즉위했다. 그가 위혜공이다. 좌우 두 공자는 삭이 즉위한 것이 불만이었다. 위혜공 4년, 좌우 두 공자는 전에 위혜공이 태자 급을 무함해 죽게 만든 것에 원한을 품고 난을 일으켰다. 위혜공을 내친 뒤 태자 급의 아우 검모黔牟를 옹립했다. 위혜공이 제나라로 달아났다.

위군 검모가 즉위한 지 8년째 되던 해에 제양공이 제후들을 이끌고 주나라 왕의 명을 받들어 함께 위나라를 쳤다. 이어 위혜공을 자기 나라로 돌려보내고 좌우 두 공자를 죽였다. 위군 검모는 주나라로 달아났고, 위혜공이 복위되었다. 위혜공은 당초 즉위한 지 3년 만에 망명하고, 망명지에서 8년을 보낸 뒤 귀국한 셈이다. 전후의 재위 기간을 통산하면 모두 13년이다.

위혜공 25년, 위혜공은 주나라 왕실이 검모의 망명을 받아들인 것에 관해 원한을 품고 연나라와 함께 주나라를 쳤다. 주혜왕이 온 땅으로 달아났다. 위나라와 연나라 연합군이 주혜왕의 아우인 왕자 퇴를 옹립했다. 위혜공 29년, 정나라가 주혜왕을 주나라 도성으로 돌려보냈다. 위혜공 31년, 위혜공이 죽자 아들 위의공衞懿公 적이 즉위했다. 위의공은 즉위한 후 학을 기르는 것을 좋아했다. 음탕한 향락을 즐기고 사치가 심했다. 위의공 9년, 적인翟人이 위나라를 침공했다.

위의공이 군사를 일으켜 막으려 했으나 군사들 가운데 일부가 반기를 들기도 했다. 대신들이 말했다.

"군주가 학을 즐겨 기르니 학에게 적족翟族의 사람들과 대항해 싸우라 하면 될 것입니다."

논란을 벌이고 있을 때 적인 군사들이 위나라 도성까지 진격해 들어와 위의공을 죽였다. 위의공의 즉위에 백성은 물론 대신들도 불복했다. 위의공의 부친 위혜공 삭이 태자 급을 무함해 죽이고 즉위한 이래 위의공에 이르기까지 기회만 있으면 이들을 엎어버리고자 했다. 마침내 위혜공의 후손을 멸하고 검모의 아우인 소백昭伯의 아들 신을 옹립했다. 그가 위대공衛戴公이다. 위대공 신은 즉위한 원년에 죽었다. 제환공은 위나라가 누차 난을 당하는 것을 보고는 제후들을 이끌고 가 적인을 정벌하고, 위나라를 위해 초구에 성을 쌓아주었다. 이어 위대공의 아우 훼燬를 옹립했다. 그가 위문공이다. 위문공은 국내에 난이 일어나자 제나라로 도망친 바가 있었다. 제나라는 이때에 이르러 그를 본국으로 돌려보냈던 것이다.

전에 적인이 위의공을 죽였을 때 위나라 백성은 이들을 미워하지 않았다. 전에 위선공이 죽인 태자 급의 후손을 옹립하고 싶었으나 태자 급의 아들은 이미 죽고 없었다. 태자 급을 대신해 죽은 공자 수 또한 아들이 없었다. 태자 급의 동복형제 두 명이 있었다. 한 명이 검모다. 그는 일찍이 제나라로 달아난 위혜공을 대신해 8년 동안 재위하다가 물러난 바가 있다. 둘째 동생은 소백이다. 소백과 검모는 이미 죽고 없었던 까닭에 소백의 아들 신을 옹립한 것이다. 그가 위대공이다. 위대공이 죽고 그의 아우 훼를 옹립했다. 그가 위문공이다. 위문공은 즉위 직후 조세를 경감시켰고, 형벌에 불공평한 일이 없게 했다. 솔선해 근면한 모습을 보여줄 뿐 아니라 백성과 고통을 함께 해 잘 따르게 했다. 위문공 16년, 진나라 공자인 중이가 국외로 도망치는 길에 위나라에 들른 적이 있다. 위나라는 예를 다해 대해주지 않았다. 위문공 17년, 제환공이 죽었다. 위문공 25년, 위문공이 죽자 아들 위성공衛成公 정鄭이 즉위했다.

위성공 3년, 진나라가 송나라에 구원병을 보내기 위해 위나라에게 길을 빌려주기를 청했다. 위성공은 허락지 않았다. 진나라는 당초의 계책을 바꾸어 남쪽으로 강을 건너 송나라로 구원병을 보내주었다. 군사를 징집해줄 것을 청하자 위나라 대부들은 응해주려 했으나 위성공이 허락지 않았다. 대부 원훤元咺이 위성공을 치자 위성공이 국외로 망명했다. 진문공 중이가 위나라를 치고 그 땅의 일부를 송나라에 나누어주었다. 전에 자신에게 무례하게 대한 것과 송나라에 구원병을 보낼 때 길을 비켜주지 않은 것에 대한 보복이었다. 위성공은 진陳나라로 달아난 지 2년 뒤 주나라 왕실로 가 자신의 귀국을 도와줄 것을 청했고, 그곳에서 진문공과 만나게 되었다. 진나라가 사람을 시켜서 위성공을 독살하고자 했다. 위성공은 주나라 왕실에 몰래 뇌물을 준 관계로 술에 독을 넣기로 되어 있는 사람이 독을 조금만 넣은 덕분에 죽음을 면할 수 있었다. 얼마 후 주나라 천자가 위성공을 위해 진문공에게 간청해 마침내 귀국이 성사되었다.

위성공은 귀국한 뒤 곧바로 대부 원훤을 주살했다. 위군 하瑕가 국외로 망명했다. 위성공 7년, 진문공이 죽었다. 위성공 12년, 위성공이 진양공을 조현했다. 위성공 14년, 진목공이 죽었다. 위성공 26년, 제나라 대부 병촉邴歜이 군주인 제의공을 시해했다. 위성공 35년, 위성공이 죽자 아들 위목공衛穆公 속遬이 즉위했다. 위목공 2년, 초장왕이 진陳나라를 치고 하징서를 죽였다. 위목공 3년, 초장왕이 정나라를 포위했다. 정나라가 항복하자 군사를 풀었다. 위목공 11년, 위나라 대부 손량부孫良夫가 노나라를 구하기 위해 제나라를 치고 전에 빼앗긴 땅을 되찾았다. 위목공이 죽자 아들 위정공衛定公 장臧이 즉위했다. 위정공이 재위 12년 만에 죽자 아들 위헌공衛獻公 간衎이 즉위했다.

위헌공 13년, 위헌공이 악사 조曹로 하여금 궁첩宮妾에게 거문고를 가르치게 했다. 그녀가 잘못하자 악사가 곤장을 때렸다. 궁첩이 위헌공에게 이를 일러바치면서 악사 조를 헐뜯었다. 위헌공이 악사 조를 불러다 곤장 300대를 때리게 했다. 위헌공 18년, 위헌공이 대부 손림보와 영식甯殖에게 아침 식사 전에 궁으로 들어와 대기하라는 명을 내렸다. 자신은 시간이 늦도록 오지 않고 아무 말도 없이 왕실 동산에 가 기러기 사냥을 즐겼다. 두 대부가 부득불 그곳으로 찾아갔으나 위헌공은 사냥 옷을 그대로 입은 채 이들을 맞이했다. 두 대부는 화가 나 숙宿 땅으로 가버렸다. 손림보의 아들은 누차 위헌공의 술자리를 시봉한 적이 있다. 이때 위헌공이 악사 조에게 〈교언巧言〉의 끝 장章을 연창演唱하게 했다. 악사 조는 전에 위헌공이 자신에게 곤장을 300대나 때리게 한 일을 상기했다. 화가 머리끝까지 치밀었으나 원한을 억누르며 곡을 연주했다. 내심 손림보를 격분시켜 위헌공에게 설욕하고자 했다. 손림보가 이를 대부 거백옥蘧伯玉에게 말하자 거백옥이 말했다.

"나는 모르겠소."

손림보가 그 길로 곧 위헌공에게 쳐들어갔다. 위헌공은 제나라로 달아났다. 제나라가 위헌공을 취聚 땅에 머물게 했다. 손림보가 영식과 함께 위정공의 아우인 추秋를 옹립했다. 그가 위상공衛殤公이다. 위상공 추가 즉위한 뒤 손림보를 숙 땅에 봉했다. 위상공 12년, 대부 영희寧喜와 손림보가 서로 위상공의 총애를 독차지하려고 다투었다. 서로 원한을 품게 되자 위상공은 영희를 시켜 손림보를 치게 했다. 손림보가 진나라로 가 위헌공의 복위를 도와달라고 청했다. 당시 위헌공은 제나라에 있었다. 제경공이 소식을 듣고는 위헌공을 대동하고 진나라로 가 지지를 호소했다. 진나라는 위헌공을 위해 위나라로 진격한 뒤 위나라를 유인해 동맹을 맺었다. 위상공은 진나라로 가 진평공을 배견하고자 했으나 진평공은 위상공과 영희를 체포하고는 위헌공을 복위시켰다. 위헌공은 12년 동안 국외에서 망명생활을 하다가 귀국한 셈이다. 위헌공은 복위한 원년에 영희를 주살했다. 위성공 복위 3년, 오나라 연릉계자 계찰이 사자로 가는 길에 위나라에 들렀다. 거백옥과 사추를 만나 이같이 말했다.

"위나라는 군자가 많이 있으니 별 문제가 없을 것이오."

그러고는 숙 땅에 들리자 손림보가 그를 환영하기 위해 경磬 음악을 연주했다. 계찰이 곡을 듣고 탄식했다.

"어쩐지 즐거운 마음이 들지 않소. 곡조가 구슬프니 위나라를 어지럽게 하는 것이 바로 이곳에서 비롯된 것 같소!"

이해에 위헌공이 죽자 아들 위양공衛襄公 오가 즉위했다. 위양공 6년, 초영왕이 제후들과 회동했다. 위양공이 몸이 불편하다는 구실로 참석하지 않았다. 위양공 9년, 위양공이 죽었다. 생전에 위양공에게 천한 가문 출신의 첩이 하나 있었다. 위양공이 그녀를 총애해 아이를 갖게 되었다. 하루는 꿈에 어떤 자가 나타나 그녀에게 말했다.

"나는 강숙이다. 너의 아들이 반드시 위나라를 가질 수 있도록 해주겠다. 이름을 원元으로 짓도록 하라!"

위양공의 첩이 이상하다고 여겨 그 길로 대부 공성자孔成子를 찾아가 물었다. 공성자가 일러주었다.

"강숙은 위나라의 시조인 분입니다."

이후 그 첩이 아이를 낳으니 과연 사내아이였다. 태몽의 자초지종을 위양공에게 고했더니 위양공이 말했다.

"이는 하늘이 점지해준 일이다! 그 아이의 이름을 원이라고 하라!"

위양공의 부인에게 아들이 없었다. 원에게 대를 잇게 했다. 그가 위영공이다.

●● 釐侯十三年, 周厲王出奔于彘, 共和行政焉. 二十八年, 周宣王立. 四十二年, 釐侯卒, 太子共伯餘立爲君. 共伯弟和有寵於釐侯, 多予之賂, 和以其賂賂士, 以襲攻共伯於墓上, 共伯入釐侯羨自殺. 衛人因葬之釐侯旁, 諡曰共伯, 而立和爲衛侯, 是爲武公. 武公卽位, 修康叔之政, 百姓和集. 四十二年, 犬戎殺周幽王, 武公將兵往佐周平戎, 甚有功, 周平王命武公爲公. 五十五年, 卒, 子莊公揚立. 莊公五年, 取齊女爲夫人, 好而無子. 又取陳女爲夫人, 生子, 蚤死. 陳女女弟亦幸於莊公, 而生子完. 完母死, 莊公令夫人齊女子之, 立爲太子. 莊公有寵妾, 生子州吁. 十八年, 州吁長, 好兵, 莊公使將. 石碏諫莊公曰, "庶子好兵, 使將, 亂自此起." 不聽. 二十三年, 莊公卒, 太子完立, 是爲桓公. 桓公二年, 弟州吁驕奢, 桓公絀之, 州吁出奔. 十三年, 鄭伯弟段攻其兄, 不勝, 亡, 而州吁求與之友. 十六年, 州吁收聚衛亡人以襲殺桓公, 州吁自立爲衛君. 爲鄭伯弟段欲伐鄭, 請宋·陳·蔡與俱, 三國皆許州吁. 州吁新立, 好兵, 弑桓公, 衛人皆不愛. 石碏乃因桓公母家於陳, 詳爲善州吁. 至鄭郊, 石碏與陳侯共謀, 使右宰醜進食, 因殺州吁于濮, 而迎桓公弟晉於邢而立之, 是爲宣公.

宣公七年, 魯弒其君隱公. 九年, 宋督弒其君殤公, 及孔父. 十年, 晉曲沃莊伯弒其君哀侯. 十八年, 初, 宣公愛夫人夷姜, 夷姜生子伋, 以爲太子, 而令右公子傅之. 右公子爲太子取齊女, 未入室, 而宣公見所欲爲太子婦者好, 說而自取之, 更爲太子取他女. 宣公得齊女, 生子壽‧子朔, 令左公子傅之. 太子伋母死, 宣公正夫人與朔共讒惡太子伋. 宣公自以其奪太子妻也, 心惡太子, 欲廢之. 及聞其惡, 大怒, 乃使太子伋於齊而令盜遮界上殺之, 與太子白旄, 而告界盜見持白旄者殺之. 且行, 子朔之兄壽, 太子異母弟也, 知朔之惡太子而君欲殺之, 乃謂太子曰, "界盜見太子白旄, 卽殺太子, 太子可毋行." 太子曰, "逆父命求生, 不可." 遂行. 壽見太子不止, 乃盜其白旄而先馳至界. 界盜見其驗, 卽殺之. 壽已死, 而太子伋又至, 謂盜曰, "所當殺乃我也." 盜幷殺太子伋, 以報宣公. 宣公乃以子朔爲太子.

十九年, 宣公卒, 太子朔立, 是爲惠公. 左右公子不平朔之立也, 惠公四年, 左右公子怨惠公之讒殺前太子伋而代立, 乃作亂, 攻惠公, 立太子伋之弟黔牟爲君, 惠公奔齊. 衛君黔牟立八年, 齊襄公率諸侯奉王命共伐衛, 納衛惠公, 誅左右公子. 衛君黔牟奔于周, 惠公復立. 惠公立三年出亡, 亡八年復入, 與前通年凡十三年矣. 二十五年, 惠公怨周之容舍黔牟, 與燕伐周. 周惠王奔溫, 衛‧燕立惠王弟頹爲王. 二十九年, 鄭復納惠王. 三十一年, 惠公卒, 子懿公赤立. 懿公卽位, 好鶴, 淫樂奢侈. 九年, 翟伐衛, 衛懿公欲發兵, 兵或畔. 大臣言曰, "君好鶴, 鶴可令擊翟." 翟於是遂入, 殺懿公. 懿公之立也, 百姓大臣皆不服. 自懿公父惠公朔之讒殺太子伋代立至於懿公, 常欲敗之, 卒滅惠公之後而更立黔牟之弟昭伯頑之子申爲君, 是爲戴公. 戴公申元年卒. 齊桓公以衛數亂, 乃率諸侯伐翟, 爲衛築楚丘, 立戴公弟燬爲衛君, 是爲文公. 文公以

亂故奔齊, 齊人入之. 初, 翟殺懿公也, 衛人憐之, 思復立宣公前死太子
伋之後, 伋子又死, 而代伋死者子壽又無子. 太子伋同母弟二人, 其一
曰黔牟, 黔牟嘗代惠公爲君, 八年復去, 其二曰昭伯. 昭伯·黔牟皆已
前死, 故立昭伯子申爲戴公. 戴公卒, 復立其弟燬爲文公. 文公初立, 輕
賦平罪, 身自勞, 與百姓同苦, 以收衛民. 十六年, 晉公子重耳過, 無禮.
十七年, 齊桓公卒. 二十五年, 文公卒, 子成公鄭立. 成公三年, 晉欲假
道於衛救宋, 成公不許. 晉更從南河度, 救宋. 徵師於衛, 衛大夫欲許,
成公不肯. 大夫元咺攻成公, 成公出奔. 晉文公重耳伐衛, 分其地予宋,
討前過無禮及不救宋患也. 衛成公遂出奔陳. 二歲, 如周求入, 與晉文
公會. 晉使人鴆衛成公, 成公私於周主鴆, 令薄, 得不死. 已而周爲請晉
文公, 卒入之衛, 而誅元咺, 衛君瑕出奔. 七年, 晉文公卒. 十二年, 成
公朝晉襄公. 十四年, 秦穆公卒. 二十六年, 齊邴歜弑其君懿公. 三十五
年, 成公卒, 子穆公遫立. 穆公二年, 楚莊王伐陳, 殺夏徵舒. 三年, 楚
莊王圍鄭, 鄭降, 復釋之. 十一年, 孫良夫救魯伐齊, 復得侵地. 穆公卒,
子定公臧立. 定公十二年卒, 子獻公衎立. 獻公十三年, 公令師曹教宮
妾鼓琴, 妾不善, 曹笞之. 妾以幸惡曹於公, 公亦笞曹三百. 十八年, 獻
公戒孫文子·甯惠子食, 皆往. 日旰不召, 而去射鴻於囿. 二子從之, 公
不釋射服與之言. 二子怒, 如宿. 孫文子子數侍公飲, 使師曹歌巧言之
卒章. 師曹又怒公之嘗笞三百, 乃歌之, 欲以怒孫文子, 報衛獻公. 文子
語蘧伯玉, 伯玉曰, "臣不知也." 遂攻出獻公. 獻公奔齊, 齊置衛獻公於
聚邑. 孫文子·甯惠子共立定公弟秋爲衛君, 是爲殤公. 殤公秋立, 封
孫文子林父於宿. 十二年, 甯喜與孫林父爭寵相惡, 殤公使甯喜攻孫林
父. 林父奔晉, 復求入故衛獻公. 獻公在齊, 齊景公聞之, 與衛獻公如晉
求入. 晉爲伐衛, 誘與盟. 衛殤公會晉平公, 平公執殤公與甯喜而復入

衛獻公. 獻公亡在外十二年而入. 獻公後元年, 誅甯喜. 三年, 吳延陵季
子使過衛, 見蘧伯玉·鰌, 曰, "衛多君子, 其國無故." 過宿, 孫林父爲擊
磬, 曰, "不樂, 音大悲, 使衛亂乃此矣." 是年, 獻公卒, 子襄公惡立. 襄
公六年, 楚靈王會諸侯, 襄公稱病不往. 九年, 襄公卒. 初, 襄公有賤妾,
幸之, 有身, 夢有人謂曰, "我康叔也, 令若子必有衛, 名而子曰 '元'." 妾
怪之, 問孔成子. 成子曰, "康叔者, 衛祖也." 及生子, 男也, 以告襄公.
襄公曰, "天所置也." 名之曰元. 襄公夫人無子, 於是乃立元爲嗣, 是爲
靈公.

영공세가

위영공 5년, 진소공을 조현했다. 위영공 6년, 초나라 공자 기질이
초영왕을 시해하고 즉위했다. 그가 초평왕이다. 위영공 11년, 큰 화
재가 발생했다. 위영공 38년, 천하유세에 나선 공자가 위나라로 왔
다. 위영공이 그에게 노나라에 있을 때와 동일한 봉록으로 대우해주
었다. 이후 틈이 생겨 공자는 위나라를 떠났다. 이후 귀국할 즈음 공
자가 다시 위나라를 찾았다. 위영공 39년, 태자 괴외蒯聵가 위영공의
부인인 생모 남자南子를 미워해 그녀를 살해하고자 했다. 괴외는 무
리를 통솔하는 가신家臣 희양속戲陽遫과 거사를 논의하고는 조회 시
간에 그녀를 해치려 했다. 희양속은 뒷일이 걱정이 되어 과감히 나
서지 못하고 머뭇거렸다. 괴외가 희양속에게 누차 눈짓을 하는 바람
에 그녀가 눈치를 채고는 큰소리로 외치며 달아났다.

"태자가 나를 죽이려 한다!"

그 소리를 들은 위영공이 크게 화를 내자 태자 괴외가 송나라로 달아났다. 얼마 후 다시 진나라로 가 조씨에게 몸을 의탁했다. 위영공 42년 봄, 위영공이 교외로 유람을 떠나는 길에 자신이 탄 수레를 자영子郢에게 맡긴 뒤 몰게 했다. 자영은 위영공의 작은아들로 이름은 자남子南이다. 위영공이 태자가 국외로 달아난 것을 원망하면서 자영에게 말했다.

"내가 장차 너를 후계자로 삼고자 한다!"

자영이 사양했다.

"저는 자질이 부족해 사직에 욕을 끼치게 될 테니 군주가 달리 도모해주소서!"

이해 여름, 위영공이 죽자 위영공의 부인 남자가 자영을 태자에 봉했다.

"이는 선왕의 명이다!"

자영이 극구 사양했다.

"국외로 도망간 태자 괴외의 아들 첩輒이 여기 있습니다. 저는 감히 태자 자리에 오를 수 없습니다."

괴외의 아들 첩이 즉위했다. 그가 위출공衛出公이다. 이해 6월 을유일, 진나라 대부 조간자가 괴외를 귀국시키고자 했다. 노나라에서 망명한 양호에게, 약 열 명에게 상복을 입혀 위나라로부터 태자의 귀국을 영접하기 위해 온 것처럼 꾸미게 했다. 자신은 태자 괴외를 배웅했다. 위나라 백성이 소문을 듣고는 군사를 보내 괴외의 귀국을 막았다. 괴외는 부득불 숙 땅에 머물렀다. 위나라도 철군했다. 위출공 4년, 제나라 대부 전기가 군주의 어린 아들을 시해했다. 위출공 8년, 제나라 대부 포자가 군주인 제도공을 시해했다. 공자가 진陳나라에서 위나라로 왔다.

위출공 9년, 공문자孔文子가 공자에게 병법에 관해 가르침을 청하자 공자가 대답하지 않았다. 이후에 노애공이 사람을 보내 영접할 뜻을 밝히자 공자가 14년만에 천하유세를 마치고 노나라로 돌아갔다. 위출공 12년, 공문자가 태자 괴외의 누이를 아내로 맞이해 공회孔悝를 낳았다. 공씨孔氏 집에는 혼량부渾良夫라는 이름의 젊고 잘생긴 노비가 있었다. 공문자 사후 공회의 모친과 사통했다. 공회의 모친은 혼량부를 태자 괴외가 있는 곳으로 보냈다. 태자가 그를 맞이해 이같이 약속했다.

"만일 내가 귀국해 복위할 수 있도록 도와만 준다면 그대에게 크게 보답을 주겠다. 대부가 되어 높은 수레를 탈 수 있도록 해줄 뿐 아니라 그대가 범한 세 가지 죽을죄를 완전히 사면해주겠다!"

그밖에도 공회의 모친을 아내로 삼을 수 있도록 해주겠다고 약속했다. 윤달에 혼량부와 태자 괴외가 함께 위나라 도성으로 잠입해 공씨 집의 외원外園에 숨었다. 날이 막 어두워진 틈을 이용해 부녀 복장으로 갈아입고, 머리에 수건을 두르고 수레에 올라서 내시인 나羅에게 수레를 몰게 해 공씨 집으로 달려갔다. 공씨 집안의 가신 난녕欒寧이 누구냐고 묻자 친척집 소첩이라고 대답하고는 곧바로 공회의 모친 백희伯姬의 처소로 들어가 짐을 풀었다. 그곳에서 밥을 먹은 후 공회의 모친이 창을 들고 앞장서고, 태자와 갑옷 차림을 한 다섯 명이 수퇘지 한 마리를 둘러메고 뒤를 쫓았다. 백희가 공회를 협박해 뒷간으로 데려가 강제로 굳게 약속하게 했다. 이어 높다란 누대樓臺로 올라간 뒤 공회를 시켜 위나라 신하들을 소집하게 했다. 난녕은 술을 마시려고 고기를 굽다가 고기가 채 익지도 않을 즈음 반란이 일어났다는 소식을 접하고는 급히 사람을 보내 공자의 제자 자로에게 알렸다. 대부 소호召護는 병거가 아닌 일반 수레를 탄 뒤 술잔을 기울이고 안주로 불고기를 먹으면서 위출공을 호송해 노나라로 달아났다. 자로가 공씨 집에 들어가려는 참에 문을 막 나오는 자고子羔와 마주쳤다. 자고가 자로에게 말했다.

"문이 이미 닫혔소!"

자로가 말했다.

"잠시 기다리시오. 내가 문 앞에 가보겠소."

"이미 다 끝난 일이오. 공연히 화나 당하지 마시오!"

자로가 말했다.

"이 집의 밥을 먹고 있는 이상 이 재난을 그냥 보고만 있을 수는 없잖소!"

자고는 아무 대꾸도 없이 곧바로 나갔다. 자로가 문 앞에 당도하자 공손감公孫敢이 문을 닫으면서 소리쳤다.

"들어오지 마라. 들어와서 뭘 하려고 그러는가?"

자로는 대꾸했다.

"공손이여, 봉록은 탐하면서 재난은 모른 척하는가? 나는 그렇지 않다. 그의 봉록을 먹는 이상 반드시 그를 재난으로부터 구해내야 한다."

심부름꾼이 나가는 틈을 이용해 겨우 안으로 들어갈 수 있었다. 태자가 공회를 사로잡고 있는 누대 아래로 내려가 외쳤다.

"태자가 공회를 생포한들 무슨 소용이 있습니까? 설령 그를 죽인다고 하더라도 반드시 누군가가 이후를 이어 태자를 지속적으로 칠 것입니다!"

태자 괴외가 듣지 않았다. 자로가 여러 사람을 향해 외쳤다.

"태자는 용기가 없는 사람이니 만일 누대를 불살라버리면 반드시 공회를 석방할 것이오!"

태자가 이를 듣고는 겁에 질려 대부 석기石乞와 우염盂黶을 보내 자로를 대적하게 했다. 이들이 창으로 자로를 쳐서 갓끈을 잘랐다. 자로가 외쳤다.

"군자는 그대로 죽임을 당할지언정 갓을 벗지는 않는 법이다!"

그러고는 갓끈을 여민 뒤 싸우다 죽었다. 공자가 위나라에 난리가 났다는 소식을 듣고는 이같이 탄식했다.

"아, 자고는 돌아오겠지만 자로는 죽고 말겠구나!"

결국 공회가 태자 괴외를 옹립했다. 그가 위장공이다. 위장공 괴외는 위출공의 부친이다. 그는 국외에 머물 때 대부들이 자신을 영접하러 오지 않은 것을 원망했다. 위장공 즉위 원년, 대신들을 주살하고자 했다.

"과인이 나라 밖에다 몸을 의탁한 세월이 한두 해가 아니다. 그대들 역시 이를 익히 잘 알고 있었을 터인데, 실로 고약한 자들이다."

신하들이 난을 일으키려 하자 그만두었다. 위장공 2년, 노나라의 공자가 죽었다. 위장공 3년, 위장공이 성벽 위로 올라가 융인들이 모여 사는 융주戎州를 바라보며 말했다.

"융족戎族의 오랑캐들이 어떻게 우리 곁에 있는 것인가?"

융주에서 그 소식을 듣자 근심에 싸였다. 이해 10월, 융주 사람들이 이를 진나라 권신 조간자에게 고했다. 조간자가 군사를 보내 위나라를 포위했다. 이해 11월, 위장공이 국외로 망명했다. 위나라 백성이 공자 반사斑師를 옹립했다. 제나라가 위나라를 쳐 반사를 포로로 잡아가고, 대신 공자 기起를 옹립했다. 위군 기 원년, 위나라 대부 석만부石曼專가 위군 기를 치자 기가 제나라로 달아났다. 위출공 첩이 제나라에서 돌아와 복위했다. 위출공은 12년 동안 재위했다가 국외로 달아나 4년을 보낸 뒤 복위한 것이다. 위출공 후원後元 원년, 위출공이 자신을 쫓아 함께 망명한 자들에게 큰 상을 내렸다. 위출공이 21년 동안 재위하다가 죽자 그의 숙부 검黔이 위출공의 아들을 몰아내고 즉위했다. 그가 위도공衛悼公이다. 위도공이 재위 5년 만에 죽자 아들 위경공衛敬公 불弗이 즉위했다. 위경공이 재위 19년 만에 죽자 아들 위소공衛昭公 규가 즉위했다. 당시 삼진의 세력이 점차 강성해졌다. 위소공이 작은 후작의 신세로 전락했다. 진나라에서 분리되어 나온 조나라의 속국이 된 것이 그렇다.

위소공 6년, 공자 미亹가 위소공을 시해하고 즉위했다. 그가 위회공衛懷公이다. 위회공 11년, 공자 퇴가 위회공을 시해하고 즉위했다. 그가 위신공衛慎公이다. 위신공의 부친은 공자 적適이고, 공자 적의 부친은 위경공이다. 위신공이 재위 42년 만에 죽자 아들 위성공衛聲公 훈訓이 즉위했다. 위성공이 재위 11년 만에 죽자 아들 위성후衛成侯 속遫이 즉위했다. 위성후 11년, 공손앙公孫鞅이 진秦나라로 들어갔다. 위성후 16년, 위나라 군주의 작위가 후작으로 격하되었다. 위성후 29년, 위성후가 죽자 아들 위평후衛平侯가 즉위했다. 위평후가 8년 만에 죽자 아들 위사군衛嗣君이 즉위했다. 위사군 5년, 군주의 지위가 더욱 떨어져 군君을 칭했다. 영토는 오직 복양濮陽밖에 없었다. 위사군이 재위 42년 만에 죽자 아들 위회군衛懷君이 즉위했다. 위회군 31년, 위나라로 조현을 갔다. 위나라가 그를 죄인으로 간주해 구금했다가 죽였다. 위나라가 위사군의 아우를 즉위시켰다. 그가 위원군衛元君이다. 위원군은 위나라의 사위였기에 즉위시켰던 것이다. 위원군 14년, 진秦나라가 위나라를 치고 동부 일대를 점유하고는 그곳에다 동군을 두었다. 이어 위원군을 야왕현野王縣으로 옮긴 뒤 복양을 동군에 편입시켰다. 위원군 25년, 위원군이 죽자 아들 각角이 즉위했다. 위군 각 9년, 진나라가 천하를 통일하고 진시황제가 즉위했다. 위군 각 21년, 진나라 2세二世 황제 호해가 위군 각을 내쫓아 서민으로 삼았다. 이로써 위衛나라 종묘제사가 끊기고 말았다.

●● 靈公五年, 朝晉昭公. 六年, 楚公子棄疾弒靈王自立, 爲平王. 十一年, 火. 三十八年, 孔子來, 祿之如魯, 後有隙, 孔子去. 後復來. 三十九年, 太子蒯聵與靈公夫人南子有惡, 欲殺南子. 蒯聵與其徒戱陽遫謀, 朝, 使殺夫人. 戱陽後悔, 不果. 蒯聵數目之, 夫人覺之, 懼, 呼曰, "太子欲殺我!"靈公怒, 太子蒯聵奔宋, 已而之晉趙氏. 四十二年春, 靈公遊于郊, 令子郢僕. 郢, 靈公少子也, 字子南. 靈公怨太子出奔, 謂郢曰, "我將立若爲後." 郢對曰, "郢不足以辱社稷, 君更圖之." 夏, 靈公卒, 夫人命子郢爲太子, 曰, "此靈公命也." 郢曰, "亡人太子蒯聵之子輒在也, 不敢當." 於是衛乃以輒爲君, 是爲出公. 六月乙酉, 趙簡子欲入蒯聵, 乃令陽虎詐命衛十餘人衰歸, 簡子送蒯聵. 衛人聞之, 發兵擊蒯聵. 蒯聵不得入, 入宿而保, 衛人亦罷兵. 出公輒四年, 齊田乞弒其君孺子. 八年, 齊鮑子弒其君悼公. 孔子自陳入衛. 九年, 孔文子問兵於仲尼, 仲尼不對. 其後魯迎仲尼, 仲尼反魯. 十二年, 初, 孔圉文子取太子蒯聵之姊, 生悝. 孔氏之豎渾良夫美好, 孔文子卒, 良夫通於悝母. 太子在宿, 悝母使良夫於太子. 太子與良夫言曰, "苟能入我國, 報子以乘軒, 免子三死, 毋所與." 與之盟, 許以悝母爲妻. 閏月, 良夫與太子入, 舍孔氏之外圃. 昏, 二人蒙衣而乘, 宦者羅御, 如孔氏. 孔氏之老欒甯問之,稱姻妾以告. 遂入, 適伯姬氏. 旣食, 悝母杖戈而先, 太子與五人介, 輿從之. 伯姬劫悝於廁, 盟之, 遂劫以登. 欒甯將飮酒, 炙未熟, 聞亂, 使告仲由. 召護駕乘車, 行爵食炙, 奉出公輒奔魯. 仲由將入, 遇子羔將出, 曰, "門已閉矣." 子路曰, "吾姑至矣." 子羔曰, "不及, 莫踐其難." 子路曰, "食焉不其難." 子羔遂出. 子路入, 及門, 公孫敢闔門, 曰, "毋入爲也!" 子路曰, "是公孫也? 求利而逃其難. 由不然, 利其祿, 必救其患." 有使者出, 子路乃得入. 曰, "太子焉用孔悝? 雖殺之, 必或繼之." 且曰, "太子無勇. 若燔, 必舍孔叔." 太子聞之, 懼, 下石乞·盂敵子路, 以戈擊之, 割纓. 子路曰, "君子死, 冠不免." 結纓而死. 孔子聞衛亂, 曰, "嗟乎! 柴也其來乎? 由也其死矣." 孔悝竟立太子蕢聵, 是爲莊公. 莊公蕢聵者, 出公父也, 居外, 怨大夫莫迎立. 元年卽位, 欲盡誅大臣, 曰, "寡人居外久矣, 子亦嘗聞之乎?" 群臣欲作亂, 乃止. 二年, 魯孔丘卒. 三年, 莊公上城, 見戎州. 曰, "戎虜何爲是?" 戎州病之. 十月, 戎州告趙簡子, 簡子圍衛. 十一月, 莊公出奔, 衛人立公子斑師爲衛君. 齊伐衛, 虜斑師, 更立公子起爲衛君. 衛君起元年, 衛石曼專逐其君起, 起奔齊. 衛出公輒自齊復歸立. 初, 出公立十二年亡, 亡在外四年復入. 出公後元年, 賞從亡者. 立二十一年卒, 出公季父黔攻出公子而自立, 是爲悼公. 悼公五年卒, 子敬公弗立. 敬公十九年卒, 子昭公糾立. 是時三晉彊, 衛如小侯, 屬之. 昭公六年, 公子亹弑之代立, 是爲懷公. 懷公十一年, 公子穨弑懷公而代立, 是爲愼公. 愼公父, 公子適, 適父, 敬公也. 愼公四十二年卒, 子聲公訓立. 聲公十一年卒, 子成侯遬立. 成侯十一年, 公孫鞅入秦. 十六年, 衛更貶號曰侯. 二十九年, 成侯卒, 子平侯立. 平侯八年卒, 子嗣君立. 嗣君五年, 更貶號曰君, 獨有濮陽. 四十二年卒, 子懷君立. 懷君三十一年, 朝魏, 魏囚殺懷君. 魏更立嗣君弟, 是爲元君.

元君爲魏壻, 故魏立之. 元君十四年, 秦拔魏東地, 秦初置東郡, 更徙衛野王縣, 而并濮陽爲東郡. 二十五年, 元君卒, 子君角立. 君角九年, 秦并天下, 立爲始皇帝. 二十一年, 二世廢君角爲庶人, 衛絶祀.

태사공은 평한다.

"내가 세가의 기록을 읽다가 위선공의 태자가 여인 때문에 피살되고, 그의 동생 수가 형과 죽음을 놓고 다투는 식의 추양推讓하는 대목에 이르게 되었다. 이는 진헌공의 태자 신생이 계모 여희驪姬의 과실을 일러바치지 않은 것과 별반 다를 것이 없다. 두 사람의 자진은 부군을 불의에 빠지게 해 명예를 훼손하는 것을 두려워했기 때문이다. 끝내 죽음에 이르렀으니 이 어찌 슬프지 않은가! 때로는 부자와 형제가 서로 죽이기도 하니, 어찌 이런 일이 있을 수 있단 말인가?"

●● 太史公曰, "余讀世家言, 至於宣公之太子以婦見誅, 弟壽爭死以相讓, 此與晉太子申生不敢明驪姬之過同, 俱惡傷父之志. 然卒死亡, 何其悲也! 或父子相殺, 兄弟相滅, 亦獨何哉?"

송미자세가
宋微子世家

〈송미자세가〉는 은나라의 마지막 왕인 주의 서형 미자를 봉한 송나라의 역사를 다루고 있다. 미자와 더불어 은나라의 삼인三仁으로 일컫는 기자와 비간의 일화를 함께 실어놓은 이유다. 기자는 거짓으로 미친 척했고, 비간은 무참히 죽임을 당했고, 미자는 간언이 받아들여지지 않자 봉지로 돌아갔다가 주무왕에게 투항했다.

〈송미자세가〉는 《서경》과 《시경詩經》 및 《춘추좌전》의 내용을 요약해놓았다는 것이 중평이다. 사마천은 송양공이 홍수泓水의 싸움에서 이른바 송양지인宋襄之仁을 발휘하다가 참패한 뒤 후대인의 웃음거리가 된 것을 신랄히 비판해놓았다. 《춘추좌전》의 사평史評을 이어받은 것이다.

미자세가

미자 개˙는 은나라 왕 제을의 큰아들이고, 은나라 주의 서형이다. 은나라 주가 즉위한 뒤 모든 것이 밝지 못하고 정사 또한 음란했다. 미자가 누차 간했으나 주가 듣지 않았다. 주나라 서백 희창이 덕을 닦아 기飢나라를 멸하자 조이祖伊는 그 화가 장차 미칠 것이 두려워 이를 주왕에게 고했다. 주왕은 말했다.

"내가 태어난 것은 곧 천명을 받았다는 뜻이 아니겠소? 그가 나에게 무엇을 할 수 있겠소?"

미자는 끝내 주왕을 깨우칠 길이 없다고 여겨 목숨을 끊고자 했다. 그러나 도성을 떠난 후 홀로 결정할 수가 없어 태사太師와 소사少師를 찾아갔다.

"은나라는 덕정을 닦지 않아 나라를 잘 다스리지 못하고 있소. 우리 선조인 탕왕은 여러 공적을 이루어놓았소. 그러나 은나라 주는 술에 푹 빠져 아녀자들만을 가까이하다가 결국은 탕왕의 덕정을 어지럽히고 그르쳤소. 은나라 왕실의 사람들은 노소를 막론하고, 모두 초야에서 도둑질하기를 좋아하고, 즐겨 내란을 일으켰소. 조정대신들은 서로 본받아 법도가 없었고, 모두 죄를 지어도 언제나 잡히는 법이 없었소. 일반 백성도 덩달아 무리지어 서로 적이 되고 원수가 된 이유요. 지금 은나라의 전장典章이 모두 무너지려 하고 있소! 마치 물을 건너려는데 나루터와 물가가 없는 것과 같소. 은나라가 마침내

● 원래 이름은 계다. 한경제漢景帝 유계劉啓의 이름을 꺼려 계를 개로 기록한 것이다. 이를 군주의 이름을 직접 부르지 않는 피휘避諱라고 말한다. 보통 피휘는 글자를 바꾸는 개자改字, 획수를 줄이는 결필缺筆, 글자를 빼고 자리를 비워두는 공자空字 등의 방법을 동원했다.

망하는 때가 바로 지금인 듯하오."

그러고는 이같이 물었다.

"태사, 소사! 내가 달리 나설 길이 있겠소? 우리나라가 파멸에서 벗어날 수 있겠소? 지금 그대들이 나를 이끌어줄 좋은 생각이 없어 결국 멸망의 길로 떨어지면 어떻게 하겠소?"

태사가 대답했다.

"왕자여, 하늘이 엄중히 재앙을 내려 은나라를 멸하고자 해도, 주왕은 전혀 두려워하지 않고 더군다나 원로들의 말씀을 실천하고자 하지도 않습니다. 현재 은나라의 백성조차 천지신명에 관한 제사를 경시하는 지경입니다. 지금 실로 나라를 다스려, 나라가 잘 다스려진다면 죽어도 여한이 없을 것이나 만일 죽어서도 끝내 다스려지지 않으면 오히려 떠나는 편이 나을 것입니다."

미자가 달아난 이유다. 기자는 주의 친척이다. 주가 상아 젓가락을 사용하기 시작하자 기자가 탄식해 말했다.

"그가 이미 상아 젓가락을 사용한 이상, 틀림없이 옥잔을 사용할 것이고, 옥잔을 사용하면 곧 먼 지방의 진귀하고 기이한 기물을 사용하려 들 것이다. 장차 수레와 말 그리고 궁실의 사치스러움이 이것으로 시작해 진정시킬 방법이 없게 될 것이다."

과연 주는 음탕하고 방종해졌다. 기자가 간했으나 듣지 않았다. 어떤 자가 권했다.

"가히 떠나는 편이 낫습니다."

기자가 반대했다.

"신하 된 자가 간했으나 듣지 않는다고 떠나버리면 이는 군주의 과실을 부추기는 꼴이고, 나 자신도 백성의 기쁨을 뺏는 것이 되오.

차마 그리할 수는 없소."

머리를 풀어헤치고 미친 척하다가 잡혀서 노비가 되었다. 풀려난 후 마침내 숨어 살면서 거문고를 두드리며 스스로 슬픔에 잠겼다. 이를 〈기자조箕子操〉라 한다. 비간 역시 주의 친척이다. 기자가 간했다가 듣지 않자 물러난 뒤 결국 노비가 되는 것을 보고 탄식했다.

"군주에게 과실이 있어도 사력을 다해 간쟁하지 않으면 백성에게는 무슨 죄가 있단 말인가?"

그러고는 직접 달려가 간했다. 주가 대로했다.

"나는 성인의 마음에 일곱 개의 구멍이 있다고 들었다. 과연 실로 이런 일이 있을 수 있는가?"

비간을 죽이고는 가슴을 열어 들여다보았다. 미자가 탄식했다.

"부자 사이는 골육의 정이 있고, 군신은 도의로 맺어 있다. 부친이 과실이 있으면 자식 된 자가 누차 간할 것이나 그래도 듣지 않으면 그를 따라다니며 통곡하면 된다. 그러나 신하 된 자가 누차 간해도 군주가 듣지 않으면 그 도의에 따라 떠나는 편이 낫다."

태사와 소사가 떠날 것을 권하자 미자가 곧바로 떠났다. 주무왕이 주를 정벌해 은나라를 무너뜨리자 미자가 종묘 안의 제기를 가지고 주무왕의 영문으로 갔다. 이내 상의를 벗고는 손을 등 뒤로 묶게 한 뒤 왼쪽으로 사람을 시켜 양을 끌고, 오른쪽으로 사람을 시켜 띠를 쥐게 하고는 무릎걸음으로 앞으로 나아가 고했다. 주무왕이 미자를 석방하고 그의 작위를 회복시켰다. 이어 주의 아들 무경 녹보에게 은나라 제사를 지속하게 한 뒤 관숙과 채숙에게 그를 보좌하게 했다. 주무왕이 은나라를 멸한 후 기자를 방문해 이같이 말했다.

"아! 하늘은 묵묵히 하계下界의 백성을 안정시키고 또한 서로 화목

하게 만든다. 과인은 오히려 하늘이 백성을 안정시키는 그 상도常道
의 순서조차도 모르고 있었소."

기자가 대답했다.

"전에 곤鯀이 홍수를 막으면서 오행五行의 질서를 어지럽히자, 하
늘이 대로해 홍범洪範 아홉 가지를 주지 않아 상도가 깨졌습니다. 곤
이 벌을 받아 죽자 우禹가 그의 일을 이어받아 다시 일으켰습니다.
하늘은 홍범 아홉 가지를 우에게 주니 상도가 다시 순서를 찾게 되
었습니다. 첫째가 오행, 둘째가 오사五事, 셋째가 팔정八政, 넷째가 오
기五紀, 다섯째가 황극皇極, 여섯째가 삼덕三德, 일곱째가 계의稽疑, 여
덟째가 서징庶徵, 아홉째가 오복五福을 누리는 것과 육극六極을 피하
는 것입니다. 오행은 첫째가 물, 둘째가 불, 셋째가 나무, 넷째가 쇠,
다섯째가 흙입니다. 물은 만물을 기름지게 하며 또한 아래로 흐르고,
불은 불꽃을 왕성하게 하며 또한 위로 솟고, 나무는 굽기도 하고 또
한 곧기도 하며, 쇠는 멋대로 변형할 수 있고, 흙은 씨를 뿌리고 수확
할 수 있습니다. 물이 아래로 흘러 기름지게 된 것은 짜고, 불꽃이 위
로 솟아 왕성해진 것은 쓰고, 나무가 굽기도 하고 곧기도 한 것은 시
고, 쇠가 멋대로 변형된 것은 맵고, 흙에서 씨를 뿌리고 수확한 것은
감미로운 법입니다.

오사는 첫째가 몸가짐, 둘째가 말씨, 셋째가 관찰, 넷째가 청취, 다
섯째가 사고입니다. 몸가짐은 공손해야 하고, 말씨는 따를 수 있도록
해야 하고, 관찰력은 명확해야 하고, 청취력은 분명해야 하고, 사고
력은 예리해야 합니다. 몸가짐이 공손하면 마음은 엄숙해지고, 말씨
가 따를 수 있도록 되면 잘 다스릴 수 있고, 관찰력이 명확하면 지혜
롭게 되고, 청취력이 분명하면 계책이 따르게 마련이고, 사고력이 예

리하면 성스럽게 됩니다. 팔정은 첫째가 식食이고, 둘째가 화貨이고, 셋째가 사祀이고, 넷째가 사공이고, 다섯째가 사도이고, 여섯째가 사구이고, 일곱째가 빈賓이고, 여덟째가 사師입니다. 오기는 첫째가 세歲이고, 둘째가 월月이고, 셋째가 일日이고, 넷째가 성신星辰이고, 다섯째가 역수曆數입니다. 황극은 군주가 정교正敎를 시행하기 위해 세운 준칙을 말합니다. 때가 되어 오복의 도를 구해 백성에게 시행하면 백성은 왕의 준칙을 따르고, 또한 대왕은 준칙을 어떻게 유지하는 것이 좋은지 알게 됩니다. 이같이 하면 왕의 백성은 사악한 붕당의 풍조를 가지지 않게 되고, 또한 굴종하고 결탁하는 행위도 하지 않게 되어 모두 대왕이 세운 준칙을 지킵니다. 무릇 그 백성은 계책을 가지고 행동하며 아울러 몸가짐도 갖추니 대왕은 응당 이들을 생각하게 됩니다. 어떤 자가 준칙을 지키지 않을지라도 죄를 범하지 않으면 대왕은 응당 이들을 받아들여야만 합니다. 대왕은 환한 얼굴과 기쁜 모습으로 사람을 대하고, 본인 스스로 미덕을 애호한다고 하는 자에게 작록을 내려야 합니다. 이런 사람들이 대왕이 세운 준칙을 지킬 수 있습니다.

홀아비와 과부와 같은 약자들을 모욕하지 말아야 하고, 권세가와 같은 고명한 자들을 두려워하지 말아야 합니다. 능력이 있고 아울러 실천력이 있는 자들에게 이들의 재능을 발휘하게 하면 나라는 창성할 것입니다. 무릇 정직한 사람에게는 부를 주고 선한 도로 잘 접대해야 합니다. 만일 대왕이 정직한 자들을 나라에 잘 이용하지 못하면 이들은 죄를 범한 것처럼 가장해 왕을 떠날 것입니다. 또한 나라에 도움이 되지 않는 사람들에게 대왕이 작록을 내리면 왕의 행위를 죄악으로 몰고 갈 것입니다. 사적인 것에 치우치지도 말고, 간사한 것에 기울지도 말고, 오직 성왕의 정의만을 준수해야 합니다. 아울러 편애하지도 말고 오직 성왕의 정도만을 준수해야 합니다. 악에 치우치지 말고 오직 성왕의 정도만을 걸어가야 합니다. 사적인 것에 기울지 마십시오. 성왕의 길이 넓어지는 이유입니다. 사적인 것에 기울지 마십시오. 그래야만 성왕의 길이 평탄해집니다. 배반하지 말며 간사한 것으로도 기울지 마십시오. 그래야만 성왕의 길이 정직해집니다. 군주 된 자는 준칙을 지키는 자들을 모아야만 하고, 신하 된 자는 준칙을 만든 사람에게 돌아가야 합니다. 군주는 준칙에 따라 행하고, 또한 신하들에게 그의 말을 전하게 해 이로써 백성을 교육하면 곧 천심天心을 따르는 것입니다. 무릇 백성은 준칙에 따라 자신의 의견을 발표하고, 군주가 이를 받아들여 실행하면 곧 천자가 되어 그 빛을 더하게 되는 것입니다. 이같이 함으로써 천자는 백성의 부모가 되는 것이고, 나아가 천하의 주성왕이 되는 것입니다.

삼덕은 첫째가 정직, 둘째가 강극剛克, 셋째가 유극柔克입니다. 천하가 평안하면 정직으로 가르치고, 천하가 강포해 불순하면 엄격함으로 다스리고, 천하가 화순和順하면 부드러움으로 다스립니다. 깊이 숨겨진 음모는 엄격함으로 극복하고, 고명한 군자들은 부드러움으로 다스립니다. 군주는 작록과 포상을 공정하게 내리고, 형벌 또한 공평하게 내리고, 좋은 음식도 즐깁니다. 그러나 신하는 작록과 포상을 내리지 않고, 형벌 또한 내리지 않으며, 좋은 음식을 즐기지 못합니다. 신하가 만일 작록과 포상을 내리고, 형벌 또한 내리고, 좋은 음식도 즐긴다면 그 해는 집안에 미칠 것이고, 그 흉凶은 나라에 미치게 되어 관원들은 모두 부정을 저지르고, 백성은 각자의 본분을 지키지 못하게 됩니다.

계의는 복卜과 서筮에 정통한 사람을 관리로 임용해 복과 서를 행하게 시키는 것입니다. 우선 복을 보면 어떤 것은 비가 내리는 모양이고, 어떤 것은 비가 그쳐 구름이 위에 떠 있는 모양이고, 어떤 것은 뜬구름이 이어지는 모양이고, 어떤 것은 안개 모양이고, 어떤 것은 음양의 기운이 서로 침공하는 모양입니다. 다음으로 서를 보면 내괘內卦와 외괘外卦가 있으니 모두 일곱 가지입니다. 이 가운데 복점卜占은 다섯 가지이고 서점은 두 가지입니다. 이를 추정하고 변화시켜 길흉 여부를 가리게 됩니다. 귀복龜卜과 점괘를 볼 줄 아는 사람들이 복서의 관직에 임명됩니다. 만일 세 명이 거북점의 조짐과 괘상卦象을 판단할 때는 의견이 같은 두 사람의 판단을 좇아야 합니다.

만일 대왕이 큰 의문이 생기면 내심 깊이 생각한 뒤 관원들과 의논하고, 그 연후에 백성과 토론을 벌이고, 마지막으로 다시 귀복과 점괘를 쳐봅니다. 왕이 찬성하면 귀복도 찬성하는 것이고, 점괘도 찬성하는 것이고, 관원들도 찬성하는 것이고, 백성도 찬성하는 것이니 이를 일컬어 대동大同이라 부릅니다. 그러면 왕 스스로도 강해지고, 후손들 또한 흥성해지는 것이니 바로 대길大吉인 것입니다. 만일 대왕이 찬성하고, 귀복도 찬성하고, 점괘도 찬성하면 관원들이 반대하고, 백성이 반대해도 길리吉利인 것입니다. 만일 관원들이 찬성하고, 귀복도 찬성하고, 점괘도 찬성하면 대왕이 반대하고, 백성이 반대해도 길리인 것입니다. 만일 백성이 찬성하고, 귀복도 찬성하고, 점괘도 찬성하면 대왕이 반대하고, 관원들이 반대해도 길리인 것입니다. 만일 대왕이 찬성하고, 귀복도 찬성할 경우 점괘가 반대하고, 관원들이 반대하고, 백성 또한 반대하면 안으로는 길리이나 밖으로는 흉험凶險이 따릅니다. 만일 귀복과 점괘가 모두 사람들의 의견과 상반

되면 조용히 지낼 때는 길리이나 거동만 하면 반드시 흉험이 따릅니다. 서징은 혹 비가 오고, 혹 맑고, 혹 따뜻하고, 혹 한랭하고, 혹 바람이 부는 그런 징조를 말합니다. 이 다섯 가지 기상氣象이 모두 구비되고 또한 그 순서에 따라 진행되면 모든 초목은 어김없이 무성해집니다. 그 가운데 어느 한 기상이라도 지나치면 곧 재해가 따르고, 부족해도 재해가 따릅니다.

아름다운 행위의 징표로 말하면 군주의 자태가 경건하고 엄숙하면 빗물이 때맞추어 만물을 기름지게 하고, 군주의 정사가 맑고 밝으면 햇빛이 대지를 비추고, 군주의 두뇌가 밝고 지혜로우면 기후가 때맞추어 따뜻해지고, 천자의 생각이 좋은 계략을 갖추고 있으면 때맞추어 추위가 다가오고, 군주의 정리情理가 통달하면 때맞추어 바람이 생깁니다. 추악한 행위의 징표로 말하면 군주의 행위가 광망狂妄하면 자주 비가 내리고, 천자의 행위가 주제넘으면 자주 가뭄이 생기고, 군주가 향락에 안주하면 자주 무더위가 기승을 부리고, 군주가 행하는 일이 성급하면 자주 추위가 찾아들고, 군주의 마음이 어두우면 자주 바람이 몰아칩니다.

군주의 직책은 크게 중요해 1년을 위주로 하고, 대신들은 각자 직책이 있어 한 달을 위주로 하고, 여러 백관은 다시 그 직책을 나누어 하루를 위주로 합니다. 년·월·일이 정상적으로 움직이면 백곡이 풍성해지고, 정사 또한 밝아지고, 어진 신하들은 그 명성을 드높여 나라가 안녕을 누리게 됩니다. 그러나 년·월·일이 어긋나게 움직이면 백곡이 보잘것없어지고, 정사 또한 어두워지고, 어진 신하들은 숨게 되어 나라는 안녕을 누리지 못하게 됩니다. 백성은 곧 여러 별과 같습니다. 별들 가운데 어떤 것은 바람을 좋아하고, 어떤 것은 비를 좋아합니다. 해와 달의 운행에는 겨울이 있고 여름이 있는 것처럼 각각 상규常規가 있습니다. 그러나 만일 달이 별을 만나면 바람이 불거나 비가 내리게 됩니다. 오복은 첫째가 수이고, 둘째가 부이고, 셋째가 강녕이고, 넷째가 유호덕攸好德이고, 다섯째가 고종명考終命입니다. 육극은 첫째가 흉·단·절折이고, 둘째가 질疾이고, 셋째가 우憂이고, 넷째가 빈貧이고, 다섯째가 악惡이고, 여섯째가 약弱입니다.”

주무왕이 기자를 조선에 봉해 그를 신하의 신분으로 대하지 않았다. 이후 기자가 주왕을 배견하기 위해 옛 은나라 도읍지를 지나가다가, 이미 파괴된 궁실에 곡식이 자라고 있는 것을 보게 되었다. 슬픈 생각이 들어 소리 내어 울고 싶었으나 이내 망설여졌다. 울먹이자니 아녀자 꼴이 되는 듯했다. 이내 〈맥수麥秀〉를 지어 노래했다.

보리 이삭 쑥쑥 패고
벼와 기장 기름지다
저 교활한 어린아이는
나와 사이가 안 좋지

교활한 어린아이를 뜻하는 교동狡僮은 바로 은나라 주를 가리킨다. 은나라 백성이 이를 듣고 모두 눈물을 흘렸다. 주무왕이 죽자 주성왕이 즉위했으나 아직 나이가 어려 주공 단이 대신 정무를 처리했다. 관숙과 채숙이 주공에게 의심을 품고 무경과 함께 난을 일으켜 주성왕과 주공을 습격하고자 했다. 주공이 주성왕의 명을 받들어 무경을 주살하고, 관숙을 죽이고, 채숙을 추방했다. 또 미자 개에게 명해 무경을 대신해 은나라 조상의 제사를 모시게 했다. 미자는 〈미자

지명微子之命)을 지어 이 뜻을 널리 알리고는 송나라를 세웠다. 미자
는 원래 인자하고 어질었기에 무경을 대신할 수 있었다. 은나라 유
민들이 그를 크게 사랑하고 존경했다. 미자 개가 죽자 그의 동생 연
衍을 세웠다. 그가 미중微仲이다. 미중이 죽자 아들 송공宋公 계계稽가 즉
위했다. 송공 계가 죽자 아들 송정공宋丁公 신, 송정공 신이 죽자 아들
송민공宋湣公 공공共, 송민공 공이 죽자 동생인 송양공宋煬公 희가 즉위
했다. 송양공이 즉위한 지 얼마 지나지 않아 송민공의 아들 부사鮒祀
가 송양공을 시해하고 대신 즉위하며 이같이 말했다.

"내가 응당 즉위해야 했다!"

그가 송여공宋厲公이다. 송여공이 죽자 그의 아들 송희공宋釐公이
즉위했다.

●● 微子開者, 殷帝乙之首子而帝紂之庶兄也. 紂旣立, 不明, 淫亂於
政, 微子數諫, 紂不聽. 及祖伊以周西伯昌之修德, 滅阢國, 懼禍至, 以
告紂. 紂曰, "我生不有命在天乎? 是何能爲!"於是微子度紂終不可諫,
欲死之, 及去, 未能自決, 乃問於太師·少師曰, "殷不有治政, 不治四
方. 我祖遂陳於上, 紂沈湎於酒, 婦人是用, 亂敗湯德於下. 殷旣小大好
草竊姦宄, 卿士師師非度, 皆有罪辜, 乃無維獲, 小民乃並興, 相爲敵
讎. 今殷其典喪! 若涉水無津涯. 殷遂喪, 越至于今."曰, "太師, 少師,
我其發出往? 吾家保于喪? 今女無故告予, 顚躋, 如之何其?"太師若
曰, "王子, 天篤下菑亡殷國, 乃毋畏畏, 不用老長. 今殷民乃陋淫神祇
之祀. 今誠得治國, 國治身死不恨. 爲死, 終不得治, 不如去."遂亡. 箕
子者, 紂親戚也. 紂始爲象箸, 箕子歎曰, "彼爲象箸, 必爲玉桮, 爲桮,
則必思遠方珍怪之物而御之矣. 輿馬宮室之漸自此始, 不可振也."紂
爲淫泆, 箕子諫, 不聽. 人或曰, "可以去矣."箕子曰, "爲人臣諫不聽而

去, 是彰君之惡而自說於民, 吾不忍爲也." 乃被詳狂而爲奴. 遂隱而鼓
琴以自悲, 故傳之曰箕子操. 王子比干者, 亦紂之親戚也. 見箕子諫不
聽而爲奴, 則曰, "君有過而不以死爭, 則百姓何辜!" 乃直言諫紂. 紂怒
曰, "吾聞聖人之心有七竅, 信有諸乎?" 乃遂殺王子比干, 刳視其心.

微子曰, "父子有骨肉, 而臣主以義屬. 故父有過, 子三諫不聽, 則隨
而號之, 人臣三諫不聽, 則其義可以去矣." 於是太師·少師乃勸微子
去, 遂行. 周武王伐紂克殷, 微子乃持其祭器造於軍門, 肉袒面縛, 左牽
羊, 右把茅, 膝行而前以告. 於是武王乃釋微子, 復其位如故. 武王封
紂子武庚祿父以續殷祀, 使管叔·蔡叔傅相之. 武王旣克殷, 訪問箕子.
武王曰, "於乎! 維天陰定下民, 相和其居, 我不知其常倫所序." 箕子對
曰, "在昔鯀陻鴻水, 汨陳其五行, 帝乃震怒, 不從鴻范九等, 常倫所斁.
鯀則殛死, 禹乃嗣興. 天乃錫禹鴻范九等, 常倫所序. "初一曰五行, 二
曰五事, 三曰八政, 四曰五紀, 五曰皇極, 六曰三德, 七曰稽疑, 八曰庶
徵, 九曰嚮用五福, 畏用六極. "五行, 一曰水, 二曰火, 三曰木, 四曰金,
五曰土. 水曰潤下, 火曰炎上, 木曰曲直, 金曰從革, 土曰稼穡. 潤下作
鹹, 炎上作苦, 曲直作酸, 從革作辛, 稼穡作甘. "五事, 一曰貌, 二曰言,
三曰視, 四曰聽, 五曰思. 貌曰恭, 言曰從, 視曰明, 聽曰聰, 思曰睿. 恭
作肅, 從作治, 明作智, 聰作謀, 睿作聖. "八政, 一曰食, 二曰貨, 三曰
祀, 四曰司空, 五曰司徒, 六曰司寇, 七曰賓, 八曰師. "五紀, 一曰歲, 二
曰月, 三曰日, 四曰星辰, 五曰曆數. "皇極, 皇建其有極, 斂時五福, 用
傅錫其庶民, 維時其庶民于女極, 錫女保極. 凡厥庶民, 毋有淫朋, 人毋
有比德, 維皇作極. 凡厥庶民, 有猷有爲有守, 女則念之. 不協于極, 不
離于咎, 皇則受之. 而安而色, 曰予所好德, 女則錫之福. 時人斯其維皇
之極. 毋侮鰥寡而畏高明. 人之有能有爲, 使羞其行, 而國其昌. 凡厥正

人, 旣富方穀. 女不能使有好于而家, 時人斯其辜. 于其母好, 女雖錫之福, 其作女用咎. 毋偏毋頗, 遵王之義. 毋有作好, 遵王之道. 毋有作惡, 遵王之路. 毋偏毋黨, 王道蕩蕩. 毋黨毋偏, 王道平平. 毋反毋側, 王道正直. 會其有極, 歸其有極. 曰王極之傅言, 是夷是訓, 于帝其順. 凡厥庶民, 極之傅言, 是順是行, 以近天子之光. 曰天子作民父母, 以爲天下王."三德, 一曰正直, 二曰剛克, 三曰柔克. 平康正直, 彊不友剛克, 內友柔克, 沈漸剛克, 高明柔克. 維辟作福, 維辟作威, 維辟玉食. 臣無有作福作威玉食. 臣有作福作威玉食, 其害于而家, 凶于而國, 人用側頗辟, 民用僭忒."稽疑, 擇建立卜筮人. 乃命卜筮, 曰雨, 曰濟, 曰涕, 曰霧, 曰克, 曰貞, 曰悔, 凡七. 卜五, 占之用二, 衍貣. 立時人爲卜筮, 三人占則從二人之言. 女則有大疑, 謀及女心, 謀及卿士, 謀及庶人, 謀及卜筮. 女則從, 龜從, 筮從, 卿士從, 庶民從, 是之謂大同, 而身其康彊, 而子孫其逢吉. 女則從, 龜從, 筮從, 卿士逆, 庶民逆, 吉. 卿士從, 龜從, 筮從, 女則逆, 庶民逆, 吉. 庶民從, 龜從, 筮從, 女則逆, 卿士逆, 吉. 女則從, 龜從, 筮逆, 卿士逆, 庶民逆, 作內吉, 作外凶. 龜筮共違于人, 用靜吉, 用作凶."庶徵 曰雨, 曰陽, 曰奧, 曰寒, 曰風, 曰時. 五者來備, 各以其序, 庶草繁廡. 一極備, 凶. 一極亡, 凶. 曰休徵 曰肅, 時雨若, 曰治, 時暘若, 曰知, 時奧若, 曰謀, 時寒若, 曰聖, 時風若. 曰咎徵 曰狂, 常雨若, 曰僭, 常暘若, 曰舒, 常奧若, 曰急, 常寒若, 曰霧, 常風若. 王眚維歲, 卿士維月, 師尹維日. 歲月日時毋易, 百穀用成, 治用明, 畯民用章, 家用平康. 日月歲時旣易, 百穀用不成, 治用昏不明, 畯民用微, 家用不寧. 庶民維星, 星有好風, 星有好雨. 日月之行, 有冬有夏. 月之從星, 則以風雨."五福, 一曰壽, 二曰富, 三曰康寧, 四曰攸好德, 五曰考終命. 六極, 一曰凶短折, 二曰疾, 三曰憂, 四曰貧,

五曰惡, 六曰弱." 於是武王乃封箕子於朝鮮而不臣也. 其後箕子朝
周, 過故殷虛, 感宮室毀壞, 生禾黍, 箕子傷之, 欲哭則不可, 欲泣爲
其近婦人, 乃作麥秀之詩以歌詠之. 其詩曰, "麥秀漸漸兮, 禾黍油油.
彼狡僮兮, 不與我好兮!"所謂狡童者, 紂也. 殷民聞之, 皆爲流涕. 武
王崩, 成王少, 周公旦代行政當國. 管·蔡疑之, 乃與武庚作亂, 欲襲
成王·周公. 周公旣承成王命誅武庚, 殺管叔, 放蔡叔, 乃命微子開代
殷後, 奉其先祀, 作微子之命以申之, 國于宋. 微子故能仁賢, 乃代武
庚, 故殷之餘民甚戴愛之. 微子開卒, 立其弟衍, 是爲微仲. 微仲卒,
子宋公稽立. 宋公稽卒, 子丁公申立. 丁公申卒, 子湣公共立. 湣公共
卒, 弟煬公熙立. 煬公卽位, 湣公子鮒祀弑煬公而自立, 曰, "我當立."
是爲厲公. 厲公卒, 子釐公擧立.

송공세가

송희공 17년, 주여왕이 체 땅으로 달아났다. 송희공 28년, 송희공
이 죽자 아들 송혜공宋惠公 한覵이 즉위했다. 송혜공 4년, 주선왕이
즉위했다. 송혜공 30년, 송혜공이 죽자 아들 송애공宋哀公이 즉위했
다. 송애공이 즉위 원년에 죽자 아들 송대공宋戴公이 즉위했다. 송대
공 29년, 주유왕이 견융에 의해 피살되었다. 진秦나라가 제후의 반열
에 들어섰다.

송대공 34년, 송대공이 죽자 아들 송무공 사공이 즉위했다. 송무공
이 딸을 낳았다. 송무공의 딸은 노혜공의 부인이 되어 노환공을 낳
았다. 송대공 18년, 송무공이 죽자 아들 송선공宋宣公 역力이 즉위했

다. 송선공에게 태자 여이與夷가 있었다. 송선공 19년, 송선공이 병에 걸려 위중하게 되자 동생 화和에게 양위하고자 했다.

"부친이 죽으면 아들이 계위繼位하고, 형이 죽으면 동생이 계위하는 것은 천하가 다 아는 도리다. 과인은 화를 후사로 삼고자 한다."

화가 여러 번 사양하다가 결국 승낙했다. 송선공이 죽자 동생 화가 즉위했다. 그가 송목공宋穆公이다. 송목공 9년, 병이 중해지자 대사마大司馬 공보를 불러 말했다.

"선군이 태자 여이를 두고도 보위를 과인에게 양위했소. 과인은 이를 결코 잊지 못하고 있소. 과인이 죽은 뒤 반드시 여이를 즉위시켜야 하오."

공보가 말했다.

"대신들 모두 공자 풍馮을 내세우고자 합니다."

송목공이 말했다.

"공자 풍을 내세워서는 안 되오. 과인은 선공을 배신할 수 없소."

송목공이 아들 풍을 정나라로 옮겨가 살게 했다. 이해 8월 경진일, 송목공이 죽자 송선공의 아들 여이가 즉위했다. 그가 송상공宋殤公이다. 군자가 이 이야기를 듣고 이같이 평했다.

"송선공은 가히 지인知人이라 칭할 만하다. 동생을 즉위하게 해 도의를 온전히 하고, 자신의 아들이 다시 왕의 자리를 물려받도록 만든 것이 그렇다."

송상공 원년, 위衛나라 공자 주우가 군주 완을 시해하고 대신 즉위했다. 제후들을 끌어들이기 위해 사람을 송나라에 보내 말했다.

"송나라 공자 풍이 정나라에 있으니 틀림없이 난을 일으킬 것입니다. 나와 더불어 그를 토벌하는 것이 좋을 듯합니다."

송나라가 승낙한 뒤 주우와 더불어 정나라를 토벌해 동문까지 이르렀다가 돌아왔다. 송상공 2년, 정나라가 송나라를 쳤다. 설욕하기 위해 동문에서 한차례 전쟁을 치렀다. 이후 제후들이 누차 송나라를 쳤다. 송상공 9년, 대사마 공보가의 처는 미인이었다. 외출했다가 길에서 태재 화보독을 우연히 만났다. 화보독이 크게 기뻐하며 눈길을 떼지 않았다. 이내 공보가의 처를 탐낸 나머지, 사람을 시켜 나라 안에 이런 소문을 퍼뜨렸다.

"송상공이 즉위한 지 10년이 채 못 되었다. 열한 차례의 전쟁을 일으켜 백성이 그 고통을 감당할 수 없다. 이는 모두 공보가가 만든 것이다. 나는 그를 죽여 백성을 안심시키고자 한다."

이해에 노은공이 시해를 당했다. 송상공 10년, 화보독이 공보가를 공격해 죽이고 그의 처를 빼앗았다. 송상공이 화를 내자 화보독은 송상공마저 살해한 뒤 정나라로 가 송목공의 아들 풍을 맞아들여 옹립했다. 그가 송장공宋莊公이다. 송장공 원년, 화보독이 국상이 되었다. 송장공 9년, 정나라의 제중祭仲을 잡아들인 뒤 공자 돌突의 옹립을 다짐받고자 했다. 제중이 찬성했다. 송장공 19년, 송장공이 죽자 아들 송민공 첩捷이 즉위했다. 송민공 7년, 제환공이 즉위했다. 송민공 9년, 송나라에 수해가 발생했다. 노나라가 장문중臧文仲을 보내 위문했다. 송민공이 스스로를 책망했다.

"내가 귀신을 잘 섬기지 못하고, 정사 또한 밝지 못해 수해가 발생했다."

장문중이 이를 기렸다. 이 말은 곧 공자 자어子魚가 송민공에게 가르쳐준 것이다. 송민공 10년 여름, 송나라가 노나라를 쳤다. 승구乘丘에서 싸웠다. 노나라 군사가 송나라의 남궁만南宮萬을 생포했다. 송나라 백성이 남궁만의 석방을 간청했다. 결국 송나라로 돌아가게 되었다. 송민공 11년 가을, 송민공과 남궁만이 사냥을 나갔다. 길을 다투다가 남궁만이 시비를 걸자 송민공이 화를 내며 모욕했다.

"전에 과인은 그대를 존경했지만 지금 그대는 노나라의 포로일 뿐이다!"

본래 힘이 센 남궁만은 이 말에 원한을 품고 몽택蒙澤에서 바둑판으로 송민공을 쳐 죽였다. 대부 구목仇牧이 이야기를 전해 듣고 무기를 들고 송민공의 방문에 이르자 남궁만이 먼저 구목을 쳤다. 구목은 문짝에 이를 부딪쳐 죽었다. 남궁만은 태재 화보독을 죽이고 공자 유遊를 옹립했다. 공자 소蕭와 어열禦說이 박亳 땅으로 달아났다. 남궁만의 동생인 남궁우南宮牛가 박을 포위 공격했다. 이해 겨울, 소 땅의 사람들과 송나라 도성에 있던 공자들이 함께 남궁우를 공격해 죽였다. 또 송나라의 새 군주인 유를 살해한 뒤 송민공의 동생 어열을 옹립했다. 그가 송환공宋桓公이다. 남궁만은 진陳나라로 달아났다. 송나라 백성이 진나라에 뇌물을 보내 압송을 부탁했다. 진나라 백성이 여인을 보내 좋은 술로 남궁만을 취하게 만들었다. 이어 가죽으로 그를 묶어 송나라로 돌려보냈다. 송나라 백성이 남궁만의 몸을 찢어 소금에 절였다.

송환공 2년, 제후들이 송나라를 토벌하기 위해 도성 근교까지 진공한 뒤 돌아갔다. 송환공 3년, 제환공이 패자를 칭하기 시작했다. 송환공 23년, 위衛나라 백성이 제나라로 와 위나라 공자 훼를 맞이해 옹립했다. 바로 위문공이다. 위문공의 여동생이 송환공의 부인이다. 진목공이 즉위했다. 송환공 30년, 송환공의 병이 위중해지자 태자 자보妓甫가 서형 목이目夷의 옹립 방안을 건의했다. 송환공은 태자의 뜻이 도의에 맞는다고 여겼지만 결국 듣지 않았다. 송환공 31년 봄, 송환공이 죽자 태자 자보가 즉위했다. 그가 송양공이다. 서형 목이를 상국으로 삼았다. 송환공의 안장이 끝나기 직전 제환공이 규구에서 제후들과 회맹했다. 송양공이 회맹에 참가했다.

●● 釐公十七年, 周厲王出奔彘. 二十八年, 釐公卒, 子惠公覵立. 惠公四年, 周宣王卽位. 三十年, 惠公卒, 子哀公立. 哀公元年卒, 子戴公立. 戴公二十九年, 周幽王爲犬戎所殺, 秦始列爲諸侯. 三十四年, 戴公卒, 子武公司空立. 武公生女爲魯惠公夫人, 生魯桓公. 十八年, 武公卒, 子宣公力立. 宣公有太子與夷. 十九年, 宣公病, 讓其弟和, 曰, "父死子繼, 兄死弟及, 天下通義也. 我其立和." 和亦三讓而受之. 宣公卒, 弟和立, 是爲穆公. 穆公九年, 病, 召大司馬孔父謂曰, "先君宣公舍太子與夷而立我, 我不敢忘. 我死, 必立與夷也." 孔父曰, "群臣皆願立公子馮." 穆公曰, "毋立馮, 吾不可以負宣公." 於是穆公使馮出居于鄭. 八月庚辰, 穆公卒, 兄宣公子與夷立, 是爲殤公. 君子聞之, 曰, "宋宣公可謂知人矣, 立其弟以成義, 然卒其子復享之. 殤公元年, 衛公子州吁弑其君完自立, 欲得諸侯, 使告於宋曰, "馮在鄭, 必爲亂, 可與我伐之." 宋許之, 與伐鄭, 至東門而還. 二年, 鄭伐宋, 以報東門之役. 其後諸侯數來侵伐. 九年, 大司馬孔父嘉妻好, 出, 道遇太宰華督, 督說, 目而觀之. 督利孔父妻, 乃使人宣言國中曰, "殤公卽位十年耳, 而十一戰, 民苦不堪, 皆孔父爲之, 我且殺孔父以寧民." 是歲, 魯弑其君隱公. 十年, 華督攻殺孔父, 取其妻. 殤公怒, 遂弑殤公, 而迎穆公子馮於鄭而立之, 是爲莊公. 莊公元年, 華督爲相. 九年, 執鄭之祭仲, 要以立突爲鄭君. 祭仲許, 竟立突. 十九年, 莊公卒, 子湣公捷立. 湣公七年, 齊桓公卽位. 九年, 宋水, 魯使臧文仲往弔水. 湣公自罪曰, "寡人以不能事鬼神, 政不脩, 故水." 臧文仲善此言. 此言乃公子子魚敎湣公也. 十年夏, 宋伐魯, 戰於乘丘, 魯生虜宋南宮萬. 宋人請萬, 萬歸宋. 十一年秋, 湣公與南宮萬獵, 因博爭行, 湣公怒, 辱之, 曰, "始吾敬若, 今若, 魯虜也." 萬有力, 病此言, 遂以局殺湣公于蒙澤. 大夫仇牧聞之, 以兵造公門. 萬搏牧, 牧齒著門闔死. 因殺太宰華督, 乃更立公子游爲君. 諸公子奔蕭, 公子禦說奔亳. 萬弟南宮牛將兵圍亳. 冬, 蕭及宋之諸公子共擊殺南宮牛, 弑宋新君游而立湣公弟禦說, 是爲桓公. 宋萬奔陳. 宋人請以賂陳. 陳人使婦人飮之醇酒, 以革裹之, 歸宋. 宋人醢萬也. 桓公二年, 諸侯伐宋, 至郊而去. 三年, 齊桓公始霸. 二十三年, 迎衛公子燬於齊, 立之, 是爲衛文公. 文公女弟爲桓公夫人. 秦穆公卽位. 三十年, 桓公病, 太子茲甫讓其庶兄目夷爲嗣. 桓公義太子意, 竟不聽. 三十一年春, 桓公卒, 太子茲甫立, 是爲襄公. 以其庶兄目夷爲相. 未葬, 而齊桓公會諸侯于葵丘, 襄公往會.

양공세가

송양공 7년, 송나라의 땅에 유성이 비처럼 떨어졌다. 빗방울도 뒤섞여 있었다. 여섯 마리의 새가 뒤로 날아갔다. 바람이 너무 세고 빨랐기 때문이다. 송환공 8년, 제환공이 죽자 송나라가 회맹을 소집하고자 했다. 송양공 12년 봄, 송양공이 녹상鹿上에서 회맹을 소집했다. 초성왕에게 제후들을 이끌고 자신을 패자로 옹립해줄 것을 청했다. 초성왕이 승낙했다. 공자 목이가 간했다.

"작은 나라가 다투어 회맹을 주재하겠다고 하는 것은 화를 자초하는 것입니다."

송양공이 듣지 않았다. 이해 가을, 제후들이 우盂 땅에서 회맹했다. 목이가 탄식했다.

"화가 장차 여기에 있을 것이다. 군주의 욕심이 지나치니 어찌 감당할 수가 있겠는가?"

과연 초나라는 송양공을 체포한 뒤 송나라를 쳤다. 이해 겨울, 제후들이 박 땅에서 회맹했다. 초성왕이 송양공을 석방했다. 목이가 말했다.

"그 화는 아직도 끝나지 않았다."

송양공 13년 여름, 송나라가 정나라를 쳤다. 목이가 말했다.

"그 화가 바로 여기에 있다."

이해 가을, 초나라가 송나라를 토벌해 정나라를 구하고자 했다. 송양공이 응전하려 하자 목이가 간했다.

"하늘이 은나라를 포기한 지 오래되었으니 싸워서는 안 됩니다."

이해 11월 겨울, 송양공이 초성왕과 홍수에서 교전했다. 초나라 군사가 미처 강을 다 건너지 못했을 때 목이가 건의했다.

"초나라는 병사가 많고 우리는 병사가 적으니 이들이 강을 완전히 건너지 못한 기회를 이용해 먼저 공격을 해야만 합니다."

송양공이 듣지 않았다. 초나라 병사가 이미 완전히 강을 건너기는 했으나 전열을 채 갖추지 못했을 때 목이가 다시 건의했다.

"지금 공격해도 괜찮습니다."

송양공이 반대했다.

"저들이 전열을 갖추기를 기다릴 생각이오."

초나라 군사가 전열을 다 갖추자 송나라 군사가 비로소 공격을 시작했다. 송나라 군사가 대패했다. 송양공도 다리에 상처를 입었다. 송나라 백성 모두 송양공을 원망했다. 송양공이 변명했다.

"군자는 다른 사람이 어려울 때 그를 곤궁에 빠뜨리지 않고, 다른 사람이 전열을 갖추지 못했을 때 공격을 하지 않는 법이다."

목이가 말했다.

"전쟁을 하면 승리를 얻는 것이 공적입니다. 어찌 실제와 동떨어진 말만 늘어놓는 것입니까? 군주의 말씀대로라면 노비가 되어 다른 사람을 섬기는 것이 낫지, 어찌 전쟁을 치를 필요가 있겠습니까?"

초성왕이 정나라를 구해주자 정나라는 술과 음식으로 그를 정중히 대접했다. 주성왕은 그곳을 떠날 때 정나라 군주의 두 딸을 아내로 맞이해 돌아갔다. 정나라 대부 숙첨叔瞻이 말했다.

"초왕은 예를 알지 못해 생을 곱게 마칠 수 없을 것이다. 향연의 예를 받고 마지막에는 남녀를 분별하지 못하는 지경에 이르렀다. 그가 패업을 이룰 수 없다는 것은 자명한 일이다."

이해 13년, 진나라 공자 중이가 송나라를 지나고 있었다. 양공은 초나라와의 전쟁에서 부상을 입어 진나라의 원조를 얻어야 했기 때문에 중이를 융성하게 대접하고는 여든 마리에 해당하는 20승의 말까지 선물했다. 송양공 14년 여름, 송양공이 홍수의 싸움에서 입은 부상으로 병이 생겨 죽었다. 아들 송성공宋成公 왕신王臣이 즉위했다. 송성공 원년, 진문공이 즉위했다. 송성공 3년, 송성공이 초나라를 배반하고 진나라와 친하게 지냈다. 송양공이 전에 진문공으로부터 은혜를 입은 적이 있기 때문이다.

송성공 4년, 초성왕이 송나라를 쳤다. 송나라가 이를 긴급히 진나라에 알렸다. 송성공 5년, 진문공이 송나라를 구했다. 초나라 군사가 퇴각했다. 송성공 9년, 진문공이 죽었다. 송성공 11년, 초나라 태자 상신이 부친 초성왕을 죽이고 즉위했다. 송성공 16년, 진목공이 죽었다. 송성공 17년, 송성공이 죽었다. 송성공의 동생인 어御가 태자와 대사마 공손고公孫固를 죽이고 대신 즉위했다. 송나라 백성이 합세해 어를 죽이고 송성공의 작은아들 저구를 옹립했다. 그가 송소공宋昭公이다.

송소공 4년, 송나라는 장구에서 장적의 연사와 싸워 이겼다. 송소공 7년, 초장왕이 즉위했다. 송소공 9년, 송소공이 정도를 가지 않자 백성들이 그를 떠받들지 않았다. 송소공의 동생 포鮑•는 재능과 덕행이 뛰어났고 선비들을 겸양으로 대할 줄 알았다. 원래 송양공의 부인은 공자 포와 사통하고자 했으나 공자 포가 허락지 않았다. 포의 비위를 맞추기 위해 그를 도와 백성에게 은혜를 베풀고, 대부 화원華元에게 추천하도록 해 그를 우사右師로 삼았다. 송소공이 사냥하러 나가자 송양공의 부인 왕희가 위백衛伯을 보내 송소공 저구를 격살했다. 동생 포가 즉위한 배경이다. 그가 송문공宋文公이다.

송문공 원년, 진나라가 제후들을 이끌고 송나라를 쳤다. 송소공의 시해를 묻고자 한 것이다. 송문공이 이미 즉위했다는 소식을 듣고 철군했다. 송문공 2년, 송소공 아들이 송문공 동생인 수須와 함께 송무공·송목공宋繆公·송대공·송장공·송환공의 후손을 믿고 난을 일으켰다. 송문공이 그들을 모두 잡아 죽였다. 송무공과 송목공 후손들은 내쫓았다. 송문공 4년 봄, 초나라 왕은 정나라에게 송나라를 토벌하게 했다. 송나라가 화원을 대장으로 삼아 대항했다. 정나라가 송

• 원문에는 포혁鮑革으로 되어 있다. 《사기집해》는 서광의 주를 인용해 혁革을 잘못 들어간 연자衍字로 보았다.

나라를 깨뜨리고 화원을 포획했다. 당초 교전이 벌어질 즈음, 화원이 양을 잡아 군사들에게 먹도록 주었다. 그러나 마부는 양고기 국을 먹지 못했다. 기분이 상한 마부가 정나라 군사들을 향해 돌진했다. 송나라 군사가 대패하고, 화원이 정나라 군사의 포로가 된 이유다. 송나라는 병거 100승과 문마紋馬 400필로 화원과 교환하고자 했다. 이를 다 보내기도 전에 화원이 송나라로 탈주해 돌아왔다.

송문공 14년, 초장왕이 정나라를 포위·공격했다. 정나라 군주가 초나라에 투항하자 초나라는 포위를 풀고 떠났다. 송문공 16년, 초나라 사자가 송나라를 지나고 있었다. 송나라는 초나라와 옛 원수지간인지라 초나라 사자를 억류했다. 이해 9월, 초장왕은 송나라 도성을 포위했다. 송문공 17년, 초나라가 송나라 도성을 다섯 달 동안 포위한 채 풀지 않았다. 송나라 도성 안에 먹을 것이 떨어졌다. 다급해지자 화원이 밤에 몰래 성을 넘어가 초나라의 주장主將 자반을 만났다. 자반이 초장왕에게 이를 고하자 초장왕이 물었다.

"성안이 어떠한가?"

"사람의 뼈를 쪼개 밥을 짓고 자식을 서로 바꿔 먹을 지경까지 왔다고 합니다."

초장왕이 말했다.

"실로 틀림없는 말이오! 아군도 이틀치 식량밖에 없소."

초장왕은 믿는 바가 있어 이내 철군했다. 송문공 22년, 송문공이 죽자 아들 송공공宋共公 하瑕가 즉위했다. 당시부터 후장厚葬을 시작했다. 군자들은 화원이 신하 같지 않다고 비난했다.

송공공 원년, 화원은 초나라 장수 자중子重, 진나라 장수 난서와 사이가 좋았다. 진·초 두 나라와 모두 동맹을 맺었다. 송공공 13년, 송공공이 죽었다. 화원은 우사가 되었고, 어석魚石은 좌사左師가 되었다. 사마司馬인 당산唐山이 태자 비肥를 공격해 죽이고 화원도 죽이려 했다. 화원이 진나라로 달아나다가 어석이 그를 가로막자 황하 물가에서 되돌아와 당산을 죽였다. 송공공의 작은아들 성成을 옹립했다. 그가 송평공宋平公이다.

송평공 3년, 초공왕은 송나라의 팽성彭城을 공략한 뒤 그곳을 송나라의 좌사인 어석에게 봉했다. 송평공 4년, 제후들이 힘을 합쳐 어석을 죽이려 하자 팽성을 송나라에 돌려주었다. 송평공 35년, 초나라 공자 위가 군주를 죽이고 대신 즉위했다. 그가 초영왕이다. 송평공 44년, 송평공이 죽자 아들 송원공 좌佐가 즉위했다.

송원공 3년, 초나라 공자 기질이 초영왕을 죽이고 대신 즉위했다. 바로 초평왕이다. 송원공 8년, 송나라에 큰 화재가 발생했다. 송원공 10년, 송원공이 신의를 지키지 않고 속임수를 써 많은 공자를 죽였다. 대부 화씨華氏와 상씨向氏가 난을 일으켰다. 초평왕의 태자 건이 투항하러 와서는 화씨가 난을 일으켜 서로 싸우는 것을 보고, 그곳을 떠나 정나라로 향했다. 송원공 15년, 송원공은 노소공이 계씨를 피해 국외에 머물고 있는 것을 보고는 노나라로 돌려보내는 방안을 강구하다가 죽었다. 아들 송경공 두만頭曼이 즉위했다. 송경공 16년, 노나라 양호가 투항했다가 얼마 후 다시 떠났다. 송경공 25년, 공자가 송나라를 지나갔다. 송나라 사마 환퇴桓魋가 공자를 증오해 죽이려 했다. 공자가 옷을 갈아입어 위기를 벗어났다.

송경공 30년, 조나라가 송나라를 배반한 데 이어 진晉나라까지 배반했다. 송나라가 조나라를 쳤다. 진나라가 구하지 않자 결국 조나라를 멸하고 이들의 땅을 차지했다. 송경공 36년, 제나라 대부 전상이 제간공을 시해했다. 송경공 37년, 초혜왕이 진陳나라를 멸했다. 화성이 하늘의 심수心宿 구역을 침범했다. 심수에 해당하는 땅이 바로 송나라였다. 송경공이 이를 걱정하자 사성司星 자위子韋가 말했다.

"재해를 재상들에게 옮길 수 있습니다."

송경공이 말했다.

"재상은 매우 중요한 자리요. 과인의 팔다리에 견줄 수 있소."

자위가 다시 말했다.

"백성에게 옮길 수 있습니다."

"군주란 반드시 백성에게 의지해야만 하오."

"한 해의 수확으로 옮길 수 있습니다."

송경공이 물었다.

"한 해의 수확이 좋지 않아 기황饑荒이 들어 백성이 고통에 빠지면 과인은 누구를 믿고 군주 노릇을 한단 말이오?"

자위가 대답했다.

"하늘은 고명해 사람의 미세한 일까지 모두 살필 수 있습니다. 군주가 말씀하신 세 마디로 볼 때 군주의 자격을 충분히 갖추고 있습니다. 형혹은 틀림없이 옮겨갈 것입니다."

다시 관측해보니 과연 삼도三度를 옮겨갔다. 송경공 64년, 송경공이 죽었다. 송나라 공자인 특特이 태자를 죽이고 대신 즉위했다. 그가 송소공宋昭公이다.● 송소공은 송원공의 증서손曾庶孫이다. 송소공 부친은 공손 규이고, 공손 규 부친은 공자 단진褍秦이고, 공자 단진은 송원공의 작은아들이다. 송경공이 송소공의 부친 공손 규를 죽인

● 시호가 앞에 나온 송소공 저구와 같다. 송나라에는 소공이 두 명 존재한 셈이다.

까닭에 송소공이 그 원한으로 태자를 죽이고 대신 즉위한 것이다.

송소공 47년, 송소공이 죽자 아들 송도공宋悼公 구유購由가 즉위했다. 송도공이 재위 8년 만에 죽자 아들 송휴공宋休公 전田이 즉위했다. 송휴공 전이 재위 23년 만에 죽자 아들 송벽공宋辟公 벽병辟兵이 즉위했다. 송벽공이 재위 3년 만에 죽자 아들 척성剔成●이 즉위했다. 척성 41년, 척성의 동생 언偃이 습격하자 척성이 패해 제나라로 달아났다. 언이 즉위해 송나라 군주가 되었다. 송공 언 11년, 언이 스스로 왕王을 칭했다. 동쪽으로 제나라를 격파하고 다섯 개의 성읍을 빼앗았다. 남쪽으로 초나라를 격파하고 300리를 빼앗았다. 서쪽으로 위나라와 싸워 이겼다. 제나라와 위나라가 송나라의 적국이 되었다.

송왕 언이 쇠가죽 주머니에 피를 담아 걸고는 활을 쏘아 맞추었다. 이를 사천射天이라 한다. 또한 그는 술과 여인에 빠졌다. 대신들 가운데 간하는 자가 있으면 곧바로 그를 쏘아 죽이곤 했다. 제후들이 그를 걸송桀宋이라 불렀다.

"송왕은 다시 조상 주의 전철을 밟고 있다. 죽이지 않을 수 없다."

모두 제나라가 송나라를 토벌하기를 요구했다. 송왕 언 47년, 제민왕이 위나라 및 초나라와 더불어 송나라를 쳤다. 송왕 언을 죽여 송나라를 멸한 뒤 영토를 세 나라가 나누어 가졌다.

●● 襄公七年, 宋地賈星如雨, 與雨偕下, 六鶂退蜚, 風疾也. 八年, 齊桓公卒, 宋欲爲盟會. 十二年春, 宋襄公爲鹿上之盟, 以求諸侯於楚, 楚

● 일각에서는 사성司城의 잘못으로 보고 있다. 송나라에서는 송무공의 이름인 사공을 꺼려 관직명을 사성으로 바꾸었는데 훗날 사성이 척성으로 오독되었다는 것이다. 이를 좇을 경우 송나라 역시 전국시대 말기에 들어와 주인이 강씨에서 전씨로 바뀐 제나라처럼 은나라 후손의 성씨인 자씨子氏가 끊긴 것이 된다. 실제로《한비자》〈충효忠孝〉는 사성의 직책에 있던 대씨戴氏가 자씨의 후손이 다스린 송나라의 대권을 탈취했다고 기록해놓았다. 연구할 만한 대목이다.

人許之. 公子目夷諫曰, "小國爭盟, 禍也." 不聽. 秋, 諸侯會宋公盟于
盂. 目夷曰, "禍其在此乎? 君欲已甚, 何以堪之!" 於是楚執宋襄公以伐
宋. 冬, 會于亳, 以釋宋公. 子魚曰, "禍猶未也." 十三年夏, 宋伐鄭. 子
魚曰, "禍在此矣." 秋, 楚伐宋以救鄭. 襄公將戰, 子魚諫曰, "天之棄商
久矣, 不可." 冬, 十一月, 襄公與楚成王戰于泓. 楚人未濟, 目夷曰, "彼
眾我寡, 及其未濟擊之." 公不聽. 已濟未陳, 又曰, "可擊." 公曰, "待其
已陳." 陳成, 宋人擊之. 宋師大敗, 襄公傷股. 國人皆怨公. 公曰, "君
子不困人於阸, 不鼓不成列." 子魚曰, "兵以勝爲功, 何常言與! 必如
公言, 即奴事之耳, 又何戰爲?" 楚成王已救鄭, 鄭享之, 去而取鄭二姬
以歸. 叔瞻曰, "成王無禮, 其不沒乎? 爲禮卒於無別, 有以知其不遂霸
也." 是年, 晉公子重耳過宋, 襄公以傷於楚, 欲得晉援, 厚禮重耳以馬
二十乘. 十四年夏, 襄公病傷於泓而竟卒, 子成公王臣立. 成公元年, 晉
文公卽位. 三年, 倍楚盟親晉, 以有德於文公也. 四年, 楚成王伐宋, 宋
告急於晉. 五年, 晉文公救宋, 楚兵去. 九年, 晉文公卒. 十一年, 楚太
子商臣弑其父成王代立. 十六年, 秦穆公卒. 十七年, 成公卒. 成公弟
禦殺太子及大司馬公孫固而自立爲君. 宋人共殺君禦而立成公少子杵
臼, 是爲昭公. 昭公四年, 宋敗長翟緣斯於長丘. 七年, 楚莊王卽位. 九
年, 昭公無道, 國人不附. 昭公弟鮑革賢而下士. 先, 襄公夫人欲通於公
子鮑, 不可, 乃助之施於國, 因大夫華元爲右師. 昭公出獵, 夫人王姬使
衛伯攻殺昭公杵臼. 弟鮑革立, 是爲文公. 文公元年, 晉率諸侯伐宋, 責
以弑君. 聞文公定立, 乃去. 二年, 昭公子因文公母弟須與武·繆·戴·
莊·桓之族爲亂, 文公盡誅之, 出武·繆之族. 四年春, 鄭楚命楚鄭伐
宋. 宋使華元將, 鄭敗宋, 囚華元. 華元之將戰, 殺羊以食士, 其御羊羹
不及, 故怨, 馳入鄭軍, 故宋師敗, 得囚華元. 宋以兵車百乘文馬四百四

贖華元. 未盡入, 華元亡歸宋. 十四年, 楚莊王圍鄭. 鄭伯降楚, 楚復釋之. 十六年, 楚使過宋, 宋有前仇, 執楚使. 九月, 楚莊王圍宋. 十七年, 楚以圍宋五月不解, 宋城中急, 無食, 華元乃夜私見楚將子反. 子反告莊王. 王問, "城中何如?"曰, "析骨而炊, 易子而食." 莊王曰, "誠哉言! 我軍亦有二日糧." 以信故, 遂罷兵去. 二十二年, 文公卒, 子共公瑕立. 始厚葬. 君子譏華元不臣矣. 共公元十年, 華元善楚將子重, 又善晉將欒書, 兩盟晉楚. 十三年, 共公卒. 華元爲右師, 魚石爲左師. 司馬唐山攻殺太子肥, 欲殺華元, 華元奔晉, 魚石止之, 至河乃還, 誅唐山. 乃立共公少子成, 是爲平公. 平公三年, 楚共王拔宋之彭城, 以封宋左師魚石. 四年, 諸侯共誅魚石, 而歸彭城於宋. 三十五年, 楚公子圍弑其君自立, 爲靈王. 四十四年, 平公卒, 子元公佐立. 元公三年, 楚公子棄疾弑靈王, 自立爲平王. 八年, 宋火. 十年, 元公毋信, 詐殺諸公子, 大夫華·向氏作亂. 楚平王太子建來奔, 見諸華氏相攻亂, 建去如鄭. 十五年, 元公爲魯昭公避季氏居外, 爲之求入魯, 行道卒, 子景公頭曼立. 景公十六年, 魯陽虎來奔, 已復去. 二十五年, 孔子過宋, 宋司馬桓魋惡之, 欲殺孔子, 孔子微服去. 三十年, 曹倍宋, 又倍晉, 宋伐曹, 晉不救, 遂滅曹有之. 三十六年, 齊田常弑簡公. 三十七年, 楚惠王滅陳. 熒惑守心. 心, 宋之分野也. 景公憂之. 司星子韋曰, "可移於相." 景公曰, "相, 吾之股肱." 曰, "可移於民." 景公曰, "君者待民." 曰, "可移於歲." 景公曰, "歲饑民困, 吾誰爲君!" 子韋曰, "天高聽卑. 君有君人之言三, 熒惑宜有動." 於是候之, 果徙三度. 六十四年, 景公卒. 宋公子特攻殺太子而自立, 是爲昭公. 昭公者, 元公之曾庶孫也. 昭公父公孫糾, 糾父公子褍秦, 褍秦卽元公少子也. 景公殺昭公父糾, 故昭公怨殺太子而自立. 昭公四十七年卒, 子悼公購由立. 悼公八年卒, 子休公田立. 休公田

二十三年卒, 子辟公兵立. 辟公三年卒, 子剔成立. 剔成四十一年, 剔成
弟偃攻襲剔成, 剔成敗奔齊, 偃自立爲宋君. 君偃十一年, 自立爲王. 東
敗齊, 取五城, 南敗楚, 取地三百里, 西敗魏軍, 乃與齊·魏爲敵國. 盛
血以韋囊, 縣而射之, 命曰, "射天." 淫於酒婦人. 群臣諫者輒射之. 於
是諸侯皆曰 '桀宋'. "宋其復爲紂所爲, 不可不誅." 告齊伐宋. 王偃立
四十七年, 齊湣王與魏·楚伐宋, 殺王偃, 遂滅宋而三分其地.

태사공은 평한다.

"공자가 이르기를, '미자는 은나라 주를 떠났고, 기자는 노비가 되
었고, 비간은 간하다가 죽임을 당했다. 은나라에 이런 세 명의 어진
자가 있었다'고 했다. 《춘추》는 송나라의 혼란이 태자를 폐하고 동
생을 내세운 송선공 때부터 시작되었고, 10대에 이르기까지 안녕을
얻지 못했다고 비난했다. 그러나 송양공은 인의를 닦아 제후들의 맹
주가 되고자 했다. 대부 정고보正考父는 그를 찬미해 설과 은나라 탕
왕 및 고종 시대를 거슬러 서술했고, 은나라가 흥기한 것을 내용으
로 한 〈상송商頌〉을 지었다. 송양공이 홍수의 싸움에서 비록 패하기
는 했으나 어떤 군자는 크게 칭송할 만하다고 여겼다. 당시 중원의
여러 나라가 예의가 없는 것을 비난하며 송양공을 기린 것은 그에게
겸양의 예의가 있었기 때문이다."

●● 太史公曰, "孔子稱, '微子去之, 箕子爲之奴, 比干諫而死, 殷有三
仁焉.' 春秋譏宋之亂自宣公廢太子而立弟, 國以不寧者十世. 襄公之
時, 修行仁義, 欲爲盟主. 其大夫正考父美之, 故追道契·湯·高宗, 殷
所以興, 作商頌. 襄公旣敗於泓, 而君子或以爲多, 傷中國闕禮義, 襃之
也, 宋襄之有禮讓也."

진세가

晉世家

〈진세가〉는 춘추시대에 제환공에 이어 두 번째로 패업을 이룬 진문공의 사적을 중심으로 중원의 패권국인 진晉나라의 역사를 다루고 있다. 진문공은 19년 동안 망명생활을 한 것으로 유명하다. 진나라가 그의 즉위를 계기로 춘추시대 말까지 오랫동안 중원의 패권국으로 군림하게 된 것도 그의 이런 사적과 무관치 않을 것이다. 〈진세가〉가 《사기》 130편 가운데 가장 긴 이유도 이런 맥락에서 이해할 수 있다. 〈진시황본기〉가 몇백 자 더 많기는 하나 이는 가의賈誼의 〈과진론過秦論〉을 전재한 데 따른 것이다. 사실상 〈진세가〉가 가장 길다고 보아도 틀리지 않다.

실제로 춘추시대를 가장 세밀하게 다룬 《춘추좌전》과 춘추외전春秋外傳으로 불리는 《국어》 모두 진나라에 관한 기록이 가장 많다. 《춘추좌전》은 전체의 4분의 1, 《국어》는 전체의 절반가량에 달한다. 〈진세가〉는 《춘추좌전》 및 《국어》를 요약해놓은 내용이라는 것이 중평이다. 동일한 내용을 두고 《춘추좌전》과 《국어》의 내용이 약간 다르게 기술된 경우 〈진세가〉는 주로 《춘추좌전》의 기록을 좇고 있다.

공자는 제환공이 올바른 패업인 정패正霸를 이룬 반면 진문공은 올바르지 못한 패업인 휼패譎霸를 이루었다고 비판했으나 사마천은 진문공을 긍정적으로 평가해놓았다. 진문공의 패업을 긍정적으로 평가한 여타 제자백가의 입장을 수용한 결과로 보인다.

진조세가

진나라 당숙우는 주무왕의 아들이자 주성왕의 아우다. 일찍이 주무왕이 숙우의 모친과 결혼할 때 꿈에 천신이 주무왕에게 말했다.

"내가 너에게 아들 하나를 낳게 할 터이니 이름을 우라고 하라. 내가 당 일대를 그에게 주겠다."

주무왕이 아들을 낳자 과연 그 손바닥에 무늬로 우虞라는 글자가 있었다. 이름을 우로 지은 이유다. 주무왕이 죽고 주성왕이 즉위했다. 당나라에 난이 일어나자 주공 단이 당나라를 멸했다. 주성왕이 숙우와 함께 있다가 장난삼아 오동나무 잎으로 규珪를 만들어 숙우에게 주며 말했다.

"이것으로 너를 제후에 봉한다."

사일史佚이 주성왕에게 숙우를 제후로 봉하게 청했다. 주성왕이 말했다.

"과인은 그에게 농담했을 뿐이다."

사일이 말했다.

"천자는 농담을 하셔서는 안 됩니다. 말씀을 하면 곧 사관이 이를 기록하고 예의로 이를 완성하고 음악으로 이를 노래합니다."

마침내 숙우를 당나라에 봉했다. 당나라는 황하와 분하汾河의 동쪽에 있으며 그 넓이는 100리나 된다. 그를 당숙우로 칭했다. 성은 희姬, 자는 자우子于다. 당숙의 아들은 진후 섭燮이고, 진후의 아들은 진무후晉武侯 영족寧族이고, 진무후의 아들은 진성후晉成侯 복인服人이고, 진성후의 아들은 진여후晉厲侯 복福이고, 진여후의 아들은 진정후晉靖侯 의구宜臼다. 진정후 이후부터는 재위한 햇수를 추산할 수 있으나,

당숙우에서 진정후까지 5대는 추산할 수 없다.

진정후 17년, 주여왕이 미혹하고 포학해 주나라 백성이 난을 일으켰다. 주여왕이 체 땅으로 도망을 가고 대신들이 정사를 대행했다. 이를 공화라 한다. 진정후 18년, 진정후가 죽자 아들 진희후晉釐侯 사도가 즉위했다. 진희후 14년, 주선왕이 즉위했다. 진희후 18년, 진희후가 죽자 아들 진헌후晉獻侯 적籍이 즉위했다. 진헌후가 재위 11년 만에 죽자 아들 진목후晉穆侯 비왕費王이 즉위했다. 진목후 4년, 제나라 공실의 강씨를 부인으로 삼았다. 진목후 7년, 조條 땅을 쳤다. 태자 구仇를 낳았다. 진목후 10년, 천무千畝를 정벌하고 전공을 세웠다. 둘째 아들 성사成師를 얻었다. 진나라 대부 사복師服이 말했다.

"괴이하다! 군왕이 아들들에게 이름을 붙인 것이! 태자는 구라고 했다. 구는 원수라는 뜻이다. 그리고 작은아들을 성사라고 했다. 성사는 큰 이름으로 무엇을 이룬다는 뜻이다. 이름이라는 것은 자신의 출신을 칭하는 것이며 실질적인 내용은 자신이 결정하는 것이다. 지금 적자와 서자의 이름이 반대로 되었으니 이는 이후에 진나라가 혼란에 빠질 것을 예고하는 것이 아니겠는가?"

진목후 27년, 진목후가 죽고 아우 상숙殤叔이 대신 즉위했다. 태자 구가 피신했다. 진상숙 3년, 주선왕이 붕어했다. 진상숙 4년, 태자 구가 무리를 이끌고 상숙을 습격한 뒤 즉위했다. 그가 진문후晉文侯다. 진문후 10년, 주유왕이 무도했다. 견융이 침공해 주유왕을 시해했다. 주나라가 동쪽 낙읍으로 천도했다. 진양공秦襄公이 처음으로 제후의 반열에 올랐다. 진문후 35년, 진문후가 죽자 아들 소후昭侯 백伯이 보위를 이었다. 진소후 원년, 진문후의 아우 성사를 곡옥 땅에 봉했다. 곡옥의 성읍城邑이 익성翼城보다 컸다. 익성은 진나라 도성都城이다.

성사가 곡옥에 봉해지자 환숙桓叔이라 불리었다. 진정후의 서얼 손자인 난빈欒賓이 재상이 되어 환숙을 보필했다. 환숙은 당시 쉰여덟이었다. 덕치를 즐겨 베풀자 진나라 백성 모두 그를 좇았다. 군자가 말했다.

"진나라의 환란은 장차 곡옥에 있을 것이다. 그 가지가 근본보다 크고 민심을 얻었으니 어찌 난이 없기를 바라겠는가?"

진소후 7년, 진나라 대신 반보潘父가 주군인 진소후를 시해하고 곡옥의 환숙을 맞아들였다. 환숙이 진나라 도성으로 들어가려 했다. 진나라 백성이 군사를 일으켜 환숙을 쳤다. 환숙이 패한 뒤 곡옥으로 돌아갔다. 진나라 백성은 함께 진소후의 아들 평平을 옹립했다. 그가 진효후다. 곧 반보를 주살했다. 진효후 8년, 곡옥의 환숙이 죽자 아들 선鮮이 환숙을 대신했다. 그가 곡옥의 장백이다. 진효후 15년, 곡옥의 장백이 익성에서 주군인 진효후를 시해했다. 진나라 백성이 장백을 치자 장백이 다시 곡옥으로 후퇴했다. 진나라 백성이 진효후의 아들 극郤을 주군으로 옹립했다. 그가 진악후晉鄂侯다.

진악후 2년, 노은공이 새로 즉위했다. 진악후는 재위 6년 만에 죽었다. 곡옥의 장백은 진악후가 죽었다는 말을 듣고 군사를 일으켜 진나라 도성을 쳤다. 주평왕이 괵공虢公에게 명해 장백을 치게 했다. 장백이 달아나 곡옥을 지켰다. 진나라 백성이 진악후의 아들 광을 옹립했다. 그가 진애후다. 진애후 2년, 곡옥의 장백이 죽고 그의 아들 칭稱이 즉위했다. 그가 곡옥의 무공武公이다. 진애후 6년, 노나라가 주군 노은공을 시해했다. 진애후 8년, 진나라가 형정陘廷을 침공했다. 형정 사람들이 곡옥의 무공과 상의했다. 진애후 9년, 형정 사람들이 진나라를 공격해 분하 근방에서 진애후를 포획했다. 진나라 백성이 진애후의 아들 소자小子를 옹립했다. 그가 소자후小子侯다.

진소자후 원년, 곡옥의 무공이 한만韓萬을 보내 포로로 잡힌 진애후를 죽였다. 곡옥이 더욱 강성해졌으나 진나라는 어찌할 수 없었다. 진소자후 4년, 곡옥의 무공이 진소자후를 유인해 죽였다. 주환왕周桓王이 괵중虢仲을 보내 곡옥 무공을 치고자 했다. 곡옥 무공이 곡옥으로 후퇴하면서 진애후의 아우 민緡을 진후로 세웠다. 진후 민 4년, 송나라가 정나라 대부 제중을 잡고, 공자 돌을 정나라 군주로 옹립하고자 했다. 진후 민 19년, 제나라 대부 관지보가 주군 제양공을 시해했다. 진후 민 28년, 제환공이 패자를 칭하기 시작했다. 곡옥의 무공이 진후 민을 공격해 진나라를 멸했다. 이어 진나라의 모든 보화와 기물을 주희왕周釐王에게 뇌물로 바쳤다. 주희왕이 곡옥의 무공을 진나라의 군주로 임명하며 제후로 삼았다. 당시 곡옥 무공은 진나라 땅을 모두 병탄해 자신의 영토로 삼았다.

곡옥 무공이 재위 37년 때 군호君號를 진무공으로 바꾸었다. 진무공은 진나라 도성으로 옮겼다. 전에 곡옥에서 즉위한 것을 합쳐 계산하면 총 38년이 된다. 진무공 칭은 진목후의 증손이고, 곡옥 환숙의 손자다. 환숙은 곡옥에서 처음으로 봉작을 받았다. 진무공은 곡옥 장백의 아들이다. 곡옥 환숙이 곡옥에서 봉작을 받을 때부터 진무공이 진나라를 멸망시킬 때까지 도합 67년이 걸렸다. 이때 비로소 진나라를 대표하는 제후가 된 것이다. 진무공은 진나라를 대표한 지 2년 만에 죽었다. 곡옥에서 있을 때부터 합산하면 재위 39년이 된다. 그의 사후 아들 진헌공 궤제詭諸가 즉위했다.

●● 晉唐叔虞者, 周武王子而成王弟. 初, 武王與叔虞母會時, 夢天謂武王曰, "余命女生子, 名虞, 余與之唐." 及生子, 文在其手曰 '虞', 故遂因命之曰虞. 武王崩, 成王立, 唐有亂, 周公誅滅唐. 成王與叔虞戲, 削桐葉爲珪以與叔虞, 曰, "以此封若." 史佚因請擇日立叔虞. 成王曰, "吾與之戲耳." 史佚曰, "天子無戲言. 言則史書之, 禮成之, 樂歌之." 於是遂封叔虞於唐. 唐在河·汾之東, 方百里, 故曰唐叔虞. 姓姬氏, 字子于. 唐叔子燮, 是爲晉侯. 晉侯子寧族, 是爲武侯. 武侯之子服人, 是爲成侯. 成侯子福, 是爲厲侯. 厲侯之子宜臼, 是爲靖侯. 靖侯已來, 年紀可推. 自唐叔至靖侯五世, 無其年數. 靖侯十七年, 周厲王迷惑暴虐, 國人作亂, 厲王出奔于彘, 大臣行政, 故曰'共和'. 十八年, 靖侯卒, 子釐侯司徒立. 釐侯十四年, 周宣王初立. 十八年, 釐侯卒, 子獻侯籍立. 獻侯十一年卒, 子穆侯費王立. 穆侯四年, 取齊女姜氏爲夫人. 七年, 伐條. 生太子仇. 十年, 伐千畝, 有功. 生少子, 名曰成師. 晉人師服曰, "異哉, 君之命子也! 太子曰仇, 仇者讎也. 少子曰成師, 成師大號, 成之者也. 名, 自命也, 物, 自定也. 今適庶名反逆, 此後晉其能毋亂乎?" 二十七年, 穆侯卒, 弟殤叔自立, 太子仇出奔. 殤叔三年, 周宣王崩. 四年, 穆侯太子仇率其徒襲殤叔而立, 是爲文侯. 文侯十年, 周幽王無道, 犬戎殺幽王, 周東徙. 而秦襄公始列爲諸侯. 三十五年, 文侯仇卒, 子昭侯伯立. 昭侯元年, 封文侯弟成師于曲沃. 曲沃邑大於翼. 翼, 晉君都邑也. 成師封曲沃, 號爲桓叔. 靖侯庶孫欒賓相桓叔. 桓叔是時年五十八矣, 好德, 晉國之衆皆附焉. 君子曰, "晉之亂其在曲沃矣. 末大於本而得民心, 不亂何待!" 七年, 晉大臣潘父弒其君昭侯而迎曲沃桓叔. 桓叔欲入晉, 晉人發兵攻桓叔. 桓叔敗, 還歸曲沃. 晉人共立昭侯子平爲君, 是爲孝侯. 誅潘父. 孝侯八年, 曲沃桓叔卒, 子鱓代桓叔, 是爲曲沃莊伯. 孝侯十五年, 曲沃莊伯弒其君晉孝侯于翼. 晉人攻曲沃莊伯, 莊伯復入曲沃. 晉人復立孝侯子郤爲君, 是位鄂侯. 鄂侯二年, 魯隱公初立.

鄂侯六年卒. 曲沃莊伯聞晉鄂侯卒, 乃興兵伐晉. 周平王使虢公將兵伐曲沃莊伯, 莊伯走保曲沃. 晉人共立鄂侯子光, 是爲哀侯. 哀侯二年曲沃莊伯卒, 子稱代莊伯立, 是爲曲沃武公. 哀侯六年, 魯弒其君隱公. 哀侯八年, 晉侵陘廷. 陘廷與曲沃武公謀, 九年, 伐晉于汾旁, 虜哀侯. 晉人乃立哀侯子小子爲君, 是爲小子侯. 小子元年, 曲沃武公使韓萬殺所虜晉哀侯. 曲沃益彊, 晉無如之何. 晉小子之四年, 曲沃武公誘召晉小子殺之. 周桓王使虢仲伐曲沃武公, 武公入于曲沃, 乃立晉哀侯弟緡爲晉侯. 晉侯緡四年, 宋執鄭祭仲而立突爲鄭君. 晉侯十九年, 齊人管至父弒其君襄公. 晉侯二十八年, 齊桓公始霸. 曲沃武公伐晉侯緡, 滅之, 盡以其寶器賂獻于周釐王. 釐王命曲沃武公爲晉君, 列爲諸侯, 於是盡倂晉地而有之. 曲沃武公已卽位三十七年矣, 更號曰晉武公. 晉武公始都晉國, 前卽位曲沃, 通年三十八年. 武公稱者, 先晉穆侯曾孫也, 曲沃桓叔孫也. 桓叔者, 始封曲沃. 武公, 莊伯子也. 自桓叔初封曲沃以至武公滅晉也, 凡六十七歲, 而卒代晉爲諸侯. 武公代晉二歲, 卒. 與曲沃通年, 卽位凡三十九年而卒. 子獻公詭諸立.

헌공세가

진헌공 원년, 주혜왕의 아우 퇴ᑱ가 주혜왕을 쳤다. 주혜왕이 도성을 빠져나가 난을 피하면서 정나라의 역읍櫟邑에 머물렀다. 진헌공 5년, 진헌공이 여융驪戎을 정벌하고 여희와 여희의 여동생을 얻은 뒤 두 여인을 모두 총애했다. 진헌공 8년, 대부 사위士蔿가 건의했다.

"진나라 공자가 매우 많아 이들을 다 죽이지 않으면 환란이 발생할 것입니다."

진헌공이 사람을 보내 그 공자들을 모두 죽였다. 그리고 성을 쌓아 도읍으로 하고 이름은 강絳이라 했다. 이후 강이 진나라 도성이 되었다. 진헌공 9년, 진나라 공자들이 이미 괵나라로 달아났다. 괵나라가 이를 트집 삼아 진나라를 재차 쳤으나 실패했다. 진헌공 10년, 진나라가 괵나라를 치려 하자 사위가 만류했다.

"그들이 난을 일으킬 때까지 기다리시는 것이 좋을 것입니다."

진헌공 12년, 여희가 해제를 낳았다. 진헌공이 내심 태자 신생을 폐하고자 했다.

"곡옥은 우리 선조의 묘소가 있는 곳이고, 포읍蒲邑은 진秦나라와 가깝고, 굴읍屈邑은 적나라와 가깝다. 만일 아들들을 보내 그곳을 지키게 하지 않으면 난이 일어날까 걱정스러울 것이다."

태자 신생은 곡옥, 공자 중이는 포읍, 공자 이오는 굴읍에 각각 머물게 했다. 진헌공과 여희의 아들 해제는 도성인 강絳에 머물렀다. 이로써 진나라 백성은 태자가 보위에 오르지 못하리라는 것을 알았다. 태자 신생의 모친은 제환공의 딸로 이름은 제강齊姜이다. 일찍 죽었다. 태자 신생의 동복누이는 진목공의 부인이 되었다. 중이의 모친은 적 땅 호씨狐氏의 여인이다. 이오의 모친은 중이 모친의 여동생이다. 진헌공에게는 여덟 명의 아들이 있었다. 태자 신생을 비롯해 공자 중이와 이오는 현명하고 품행이 선량했다. 여희를 얻고 난 뒤 진헌공과 그의 세 아들은 소원해졌다.

진헌공 16년, 진헌공이 상하 2군軍을 만들었다. 진헌공 자신은 상군, 태자 신생은 하군을 각각 통솔했다. 대부 조숙趙夙은 어가와 병거, 필만畢萬은 호위를 담당했다. 이들은 괵·위魏·경耿나라를 공격해 멸했다. 군사를 거두고 돌아와 태자더러 곡옥에 성을 쌓게 했다. 경나라 땅은 조숙, 위나라 땅은 필만에게 주어 다스리게 하면서 대부로 삼았다. 사위가 태자 신생에게 말했다.

"태자는 보위에 오르지 못할 것입니다. 도성을 나누어주고 경의 작위를 주었으니 녹위祿位의 극점에 이른 것입니다. 어찌 다시 직위를 얻을 수 있겠습니까? 차라리 달아나 장차 죄가 이르는 것을 미연에 막는 것이 나을 것입니다. 오나라 태백처럼 되는 것도 가능하지 않겠습니까? 그러면 명성도 남길 수 있습니다."

태자 신생이 듣지 않았다. 복언卜偃이 말했다.

"필만의 후손들은 반드시 발전할 것이다. 만萬은 수가 가득 찬 것이고, 위魏은 높고 크다는 뜻이다. 위나라 땅을 필만에게 상으로 주었으니 하늘이 그의 복을 열어준 것이다. 천자에게는 억조창생이 있고 제후에게는 만민萬民이 있다. 지금 그에게 큰 이름을 내리고 그로 숫자를 채우게 하니 반드시 무리가 따를 것이다."

당초 필만이 점을 치면서 진나라에서의 관원 생활을 물었다. 둔괘에서 비괘로 변했다. 대부 신료辛廖가 예언했다.

"길하다. 둔은 견고하다는 뜻이고, 비는 들어간다는 의미다. 무엇이 이보다 길할 것인가! 그의 후대는 반드시 번성할 것이다."

진헌공 17년, 진헌공이 태자 신생을 시켜 동산東山을 정벌하게 했다. 이극이 진헌공에게 이같이 간했다.

"태자는 종묘의 제사와 사직의 제물을 봉헌하고, 조석으로 주군의 음식을 점검하는 사람입니다. '적자 맏아들'이라 하는 것입니다. 주군께서 밖으로 행차하시면 안에서 지키고, 주군께서 안에서 지키시면 태자는 수행합니다. 수행하는 것을 무군撫軍, 즉 주군을 보필하며 군사들을 위무하는 것이라 하고, 지키는 것을 감국監國, 즉 주군을 대신해 국정을 관원·감독하는 것이라 합니다. 이는 옛날부터 내려온 제도입니다. 군사를 통솔하는 것은 군무를 전담하는 것이고, 명을 내리는 것은 주군과 경이 도모하는 것이니 이는 태자가 할 일은 아닙니다. 군사의 총사령관은 명을 제정하고 널리 알리는 데에 있을 뿐, 만일 주군에게 보고하고 지시를 받는다면 위엄이 없어질 것이고, 독단으로 전횡하면 이는 불효입니다. 주군의 보위를 이을 적자는 군사를 통솔할 사령관이 될 수는 없습니다. 주군께서 태자더러 군사를 통솔하라 했는데 사람을 잘못 쓰면 태자가 군사를 통솔하는 데 위엄이 없어질 것이니 이같이 되면 장차 어떻게 하시겠습니까?"

진헌공이 말했다.

"과인에게는 몇 명의 아들이 있소. 장차 누구를 태자로 세울지 아직 모르겠소."

이극이 대답을 하지 않고 물러난 뒤 태자를 만났다. 태자가 물었다.

"나는 장차 폐위될 것인가?"

이극이 대답했다.

"태자는 노력하십시오. 군사 일을 배우고 임무를 잘 완성하지 못할까 우려하면 폐위될 이유가 있겠습니까? 태자는 불효하지 않을까만 우려하고, 보위를 계승하지 못할까 우려하실 필요가 없습니다. 자신을 닦으며 남을 질책하지 않으면 위난을 면할 수 있을 것입니다."

태자 신생이 군사를 통솔하자 진헌공은 그에게 좌우가 서로 다른 옷을 입고, 병권을 상징하는 패옥佩玉인 금결金玦을 차게 했다. 이극은 병을 핑계로 태자를 좇지 않았다. 태자가 마침내 동산을 쳤다. 진헌공 19년, 진헌공이 말했다.

"전에 우리의 주군인 장백과 무공이 진나라의 난신亂臣을 주살할 때 괵나라는 늘 진나라를 도와 우리를 쳤고, 진나라에서 도망한 공자를 은닉하기도 했다. 만일 이들을 토벌하지 않으면 이후 후손에게 우환을 남길 것이다."

대부 순식荀息에게 명해 굴읍에서 난 명마를 우나라에게 바치고 길을 빌려줄 것을 청하게 했다. 우나라가 길을 빌려주자 마침내 괵나라를 정벌해 하양下陽 땅을 취하고 돌아왔다. 진헌공이 몰래 여희에게 말했다.

"과인은 태자를 폐출하고 해제로 그를 대신하고자 하오."

여희가 울며 말했다.

"태자의 지위는 모든 제후가 이미 다 알고 있는 일이고, 또 그는 수차례나 군사를 통솔해 백성이 그에게 마음이 기울어져 있습니다. 천첩이 어떻게 고의로 적자를 폐하고 서자를 세운다는 말씀이십니까? 군왕이 반드시 그리하시겠다면 첩은 자진하겠습니다."

여희가 태자를 칭송하는 척했으나 몰래 사람들에게 태자를 비방하게 해 자신의 자식을 태자로 세우려고 한 것이다. 진헌공 21년, 여희가 태자에게 말했다.

"군왕이 꿈에 돌아가신 모친 제강을 보았소. 태자는 곧 곡옥으로 가 제사를 올려야겠소. 제사 음식을 군왕에게 보내도록 하시오."

태자 신생이 곡옥으로 가 생모인 제강에게 제사를 드리고 제사 고기를 진헌공에게 보냈다. 마침 진헌공은 밖으로 사냥을 나간 터라 고기를 궁중에 놓아두었다. 여희가 사람을 시켜 그 속에 독을 넣게 했다. 이틀이 지나 진헌공이 사냥터에서 돌아오자 주방장이 제사 고기를 진헌공에게 바쳤다. 진헌공이 이를 먹으려 하자 여희가 곁에서 제지했다.

"제사 고기가 멀리서 왔습니다. 반드시 검사해보아야 합니다."

그러고는 땅에 던져 개에게 주니 개가 먹고 죽었다. 어린 환관에게 먹였더니 그 역시 죽었다. 여희가 눈물을 흘리며 말했다.

"태자가 이토록 잔인하다니! 부친을 시해하고 그 자리를 대신하려는 것입니다. 하물며 다른 사람이야 어떻겠습니까? 군왕은 연로해 이내 돌아가실 분이신데 그걸 참지 못하고 시해하려 하다니!"

그러고는 진헌공에게 이같이 말했다.

"태자가 이같이 하는 것은 소첩과 해제 때문입니다. 소첩과 해제 두 사람이 국외로 피할까 합니다. 혹여 다소 일찍이 자진하더라도 우리 두 모자가 태자의 어육魚肉이 되지 않기를 바라옵니다. 당초 군왕이 그를 폐출하시려 할 때 소첩은 오히려 유감이라 느꼈습니다. 이제 보니 소첩이 크게 잘못했습니다."

태자가 이 소식을 듣고 곡옥의 신성新城으로 달아났다. 진헌공이 대로해 태자의 사부 두원관杜原款을 죽였다. 어떤 자가 태자에게 물었다.

"독약을 넣은 사람은 여희인데 태자는 어찌해서 스스로 해명을 하지 않으십니까?"

태자 신생이 대답했다.

"부군은 늙으셔서 여희가 아니면 잠도 편안히 들 수 없고 식사도 달게 드시지 못하오. 만일 해명을 하면 군왕이 여희에게 화를 내실 터인데 그러면 안 되오."

또 어떤 자가 태자에게 말했다.

"국외로 달아나시는 것이 좋을 것입니다."

태자가 말했다.

"이 오명을 지고 밖으로 도망하면 누가 받아주겠소? 스스로 자진할 뿐이오."

이해 12월 무신일, 태자 신생이 신성에서 자진했다. 당시 중이와 이오가 헌공을 조현했다. 어떤 자가 여희에게 말했다.

"두 공자는 여희가 참언을 하셔서 태자를 죽게 한 사실을 원망하고 있습니다."

여희가 두려운 나머지 진헌공 앞에서 두 공자를 헐뜯었다.

"신생이 제사 고기에 독약을 넣을 때 두 공자는 이 사실을 알았습니다."

두 공자는 이 소식을 듣고 두려워했다. 중이는 포읍, 이오는 굴읍으로 달아난 뒤 성을 굳게 닫고 친히 방비를 했다. 당초 진헌공은 대부 사위를 보내 두 공자를 위해 포읍과 굴읍의 성벽을 수리하고 축조하게 했다. 완공을 하지 못했을 때 이오가 이런 상황을 보고했다. 진헌공이 대부 사위를 질책했다. 사위가 사죄했다.

"변경의 성읍에는 도적이 적은데 성벽을 쌓을 필요가 있겠습니까?"

그러고는 곧 노래를 지어 불렀다.

여우갖옷 털로 덮였지
한 나라에 세 군주니
난 누굴 좋아야 하나

이때 마침내 포읍과 굴읍의 성벽이 완성되었다. 신생이 죽자 두 공자도 돌아가 자신들의 성읍을 방비했다. 진헌공 22년, 진헌공은 두 아들이 말도 없이 돌아간 것에 대로해 과연 모반할 의사가 있었다고 여겼다. 군사를 보내 포읍을 치게 한 이유다. 시인寺人 발제勃鞮가 중이에게 자진을 명했다. 중이가 담을 넘어 달아날 때 발제가 그 뒤를 쫓아가 그의 옷소매를 베었다. 중이가 적나라로 달아났다. 진헌공이 또 사람을 보내 굴읍을 치게 했다. 이오가 굴읍의 방어가 견실해 깨뜨릴 수 없었다.

이해에 진나라는 또 우나라에게 괵나라 정벌을 구실로 길을 빌려 달라고 했다. 우나라 대부 궁지기宮之奇가 간했다.

"진나라에게 길을 빌려주셔서는 안 됩니다. 그러면 장차 우나라도 멸망시킬 것입니다."

우나라 군주가 반박했다.

"진나라 군주와 과인은 성이 같으니 과인을 치지는 않을 것이다."

궁지기가 다시 간했다.

"태백과 우중은 주태왕周太王의 아들입니다. 태백이 달아나자 보위를 계승할 수 없게 되었습니다. 괵중과 괵숙虢叔은 왕계의 아들이며 주문왕의 경사입니다. 이들의 공훈은 조정에 기록되어 있고, 맹약의 서류를 보존하는 맹부盟府에 보관되어 있습니다. 장차 괵나라가 멸망하면 어찌 우나라를 애석해 하겠습니까? 우나라가 환숙과 장백의 후손들보다 더 친합니까? 곡옥 환숙과 장백의 후손은 무슨 죄가 있어 모두 멸망했습니까? 우나라와 괵나라는 마치 이와 입술과도 같습니다. 입술이 없으면 이가 시리게 되는 순망치한脣亡齒寒을 당하게 될 것입니다."

우공이 듣지 않고 진나라에게 길을 허락해주었다. 궁지기는 그의 가솔을 데리고 우나라를 떠났다. 이해 겨울, 진나라가 괵나라를 멸했다. 괵공 추_丑가 주나라 도성으로 달아났다. 진나라 군사가 돌아오면서 우나라를 습격해 멸하고 우공과 그의 대부 정백_{井伯}과 백리해_{百里奚}를 포로로 잡아 헌공의 딸인 진목희_{秦穆姬}의 몸종으로 삼았다. 이어 사람을 보내 우나라의 제사를 모시게 했다. 순식이 전에 우나라에 준 굴읍의 말을 끌고 헌공에게 바쳤다. 진헌공이 웃으며 말했다.

"말은 과인의 말이지만 나이도 더 들었구나!"

진헌공 23년, 진헌공이 가화_{賈華} 등을 보내 굴읍을 토벌하게 했다. 굴읍 사람들이 사방으로 흩어졌다. 이오가 적나라로 달아나려 하자 기예_{冀芮}가 만류했다.

"안 됩니다. 중이가 이미 그곳에 있습니다. 또 그곳으로 간다면 진나라는 반드시 군사를 몰아 적나라를 칠 것입니다. 적나라는 진나라를 무서워하기에 화는 우리의 머리 위에 떨어질 것입니다. 그럴 바에는 양_梁나라로 달아나시는 편이 나을 것입니다. 양나라는 진_秦나라와 가까이 있고 진나라는 강대합니다. 우리의 군주가 죽고 나면 그들에게 쉽게 환국을 청할 수 있습니다."

공자 이오가 외가의 나라인 양나라로 피신했다. 진헌공 25년, 진_秦나라가 적나라를 쳤다. 적나라는 중이가 있었기에 설상_{齧桑}에서 진나라를 치자 진나라는 후퇴하고 말았다. 당시 진나라는 강대해 서쪽으로 하서_{河西} 일대를 차지해 진나라와 접경을 이루었고, 북쪽으로 적나라와 인접했다. 동쪽으로는 하내 땅에 이르렀다. 여희의 동생이 도자_{悼子}를 낳았다. 진헌공 26년 여름, 제환공이 규구에서 각국의 제후와 성대한 회맹을 했다. 진헌공은 병이 난 바람에 출발이 늦어 아직 도착하지 않았을 때 주나라 왕실의 재공을 만났다. 재공이 말했다.

"제환공이 더욱더 교만해져 덕을 닦지 않고 변경을 경략하려 해 제후들이 불평하고 있습니다. 공은 군이 회맹에 참석할 필요가 없을 것입니다. 그는 진나라를 어찌할 수 없을 것입니다."

진헌공도 병이 심하므로 돌아갔다. 병이 매우 위중해지자 순식을 불러 물었다.

"과인은 해제를 후사로 삼을 것이오. 그러나 나이가 적어 대신들이 복종하지 않고 난을 일으킬지도 모르니 그대가 그를 능히 옹립할 수 있겠소?"

"할 수 있습니다."

"무엇으로 보증할 수 있겠소?"

순식이 대답했다.

"반드시 군왕이 사후에도 다시 살아난 것처럼 명을 따를 것입니다. 살아 있는 자가 부끄럽지 않도록 하는 것으로 보증하겠습니다."

진헌공은 해제를 순식에게 맡겼다. 순식은 재상이 되어 국정을 주관했다. 이해 가을 9월, 진헌공이 죽었다. 이극과 대부 비정邳鄭은 중이를 영접하고자 해 삼공자의 무리를 이용해 난을 일으켰다. 순식에게 물었다.

"세 공자의 원한이 터져 나올 참이오. 밖으로는 진秦나라, 안으로는 백성이 도우려 하고 있소. 그대는 장차 어떻게 할 것이오?"

순식이 대답했다.

"나는 선군의 말씀을 어길 수 없소."

이해 10월, 이극이 장례를 지내는 곳에서 해제를 죽였다. 진헌공의 장례는 아직 끝나지 않았다. 순식이 해제를 죽이고자 할 때 어떤 자가 말했다.

"해제의 아우 도자를 옹립해 그를 보좌하는 것이 낫지 않겠소?"

순식이 곧 도자를 옹립한 뒤 진헌공의 장례를 치렀다.

●● 獻公元年, 周惠王弟攻惠王, 惠王出奔, 居鄭之櫟邑. 五年, 伐驪戎, 得驪姬·驪姬弟, 俱愛幸之. 八年, 士蒍說公曰, "故晉之群公子多, 不誅, 亂且起." 乃使盡殺諸公子, 而城聚都之, 命曰絳, 始都絳. 九年, 晉群公子旣亡奔虢, 虢以其故再伐晉, 弗克. 十年, 晉欲伐虢, 士蒍曰, "且待其亂." 十二年, 驪姬生奚齊. 獻公有意廢太子, 乃曰, "曲沃吾先祖宗廟所在, 而蒲邊秦, 屈邊翟, 不使諸子居之, 我懼焉." 於是使太子申生居曲沃, 公子重耳居蒲, 公子夷吾居屈. 獻公與驪姬子奚齊居絳. 晉國以此知太子不立也. 太子申生, 其母齊桓公女也, 曰齊姜, 早死. 申生同母女弟爲秦穆公夫人. 重耳母, 翟之狐氏女也. 夷吾母, 重耳母女弟也. 獻公子八人, 而太子申生·重耳·夷吾皆有賢行. 及得驪姬, 乃遠此三子. 十六年, 晉獻公作二軍. 公將上軍, 太子申生將下軍, 趙夙御戎, 畢萬爲右, 伐滅霍, 滅魏, 滅耿. 還, 爲太子城曲沃, 賜趙夙耿, 賜畢萬魏, 以爲大夫. 士蒍曰, "太子不得立矣. 分之都城, 而位以卿, 先爲之極, 又安得立! 不如逃之, 無使罪至. 爲吳太伯, 不亦可乎, 猶有令名." 太子不從. 卜偃曰, "畢萬之後必大. 萬, 盈數也, 魏, 大名也. 以是始賞, 天開之矣. 天子曰兆民, 諸侯曰萬民, 今命之大, 以從盈數, 其必有衆." 初, 畢萬卜仕於晉國, 遇屯之比. 辛廖占之曰, "吉. 屯固比入, 吉孰大焉. 其後必蕃昌." 十七年, 晉侯使太子申生伐東山. 里克諫獻公曰, "太子奉冢祀社稷之粢盛, 以朝夕視君膳者也, 故曰冢子. 君行則守, 有守則從, 從曰撫軍, 守曰監國, 古之制也. 夫率師, 專行謀也, 誓軍旅, 君與國政之所圖也, 非太子之事也. 師在制命而已, 稟命則不威, 專命則不孝, 故君之嗣適不可以帥師. 君失其官, 率師不威, 將安用之?" 公曰, "寡人有子, 未知其太子誰立." 里克不對而退, 見太子. 太子曰, "吾其廢乎?"
里克曰, "太子勉之! 敎以軍旅, 不共是懼, 何故廢乎? 且子懼不孝, 毋
懼不得立. 修己而不責人, 則免於難." 太子帥師, 公衣之偏衣, 佩之金
玦. 里克謝病, 不從太子. 太子遂伐東山. 十九年, 獻公曰, "始吾先君莊
伯·武公之誅晉亂, 而虢常助晉伐我, 又匿晉亡公子, 果爲亂. 弗誅, 後
遺子孫憂." 乃使荀息以屈産之乘假道於虞. 虞假道, 遂伐虢, 取其下
陽以歸. 獻公私謂驪姬曰, "吾欲廢太子, 以奚齊代之." 驪姬泣曰, "太
子之立, 諸侯皆已知之, 而數將兵, 百姓附之, 柰何以賤妾之故廢適立
庶? 君必行之, 妾自殺也." 驪姬詳譽太子, 而陰令人譖惡太子, 而欲立
其子. 二十一年, 驪姬謂太子曰, "君夢見齊姜, 太子速祭曲沃, 歸釐於
君." 太子於是祭其母齊姜於曲沃, 上其薦胙於獻公. 獻公時出獵, 置胙
於宮中. 驪姬使人置毒藥胙中. 居二日, 獻公從獵來還, 宰人上胙獻公,
獻公欲饗之. 驪姬從旁止之, 曰, "胙所從來遠, 宜試之." 祭地, 地墳, 與
犬, 犬死, 與小臣, 小臣死. 驪姬泣曰, "太子何忍也! 其父而欲弑代之,
況他人乎? 且君老矣, 旦暮之人, 曾不能待而欲弑之!" 謂獻公曰, "太子
所以然者, 不過以妾及奚齊之故. 妾願子母辟之他國, 若早自殺, 毋徒
使母子爲太子所魚肉也. 始君欲廢之, 妾猶恨之, 至於今, 妾殊自失於
此." 太子聞之, 奔新城. 獻公怒, 乃誅其傅杜原款. 或謂太子曰, "爲此
藥者乃驪姬也, 太子何不自辭明之?" 太子曰, "吾君老矣, 非驪姬, 寢不
安, 食不甘. 卽辭之, 君且怒之. 不可." 或謂太子曰, "可奔他國." 太子
曰, "被此惡名以出, 人誰內我? 我自殺耳." 十二月戊申, 申生自殺於新
城. 此時重耳·夷吾來朝. 人或告驪姬曰, "二公子怨驪姬譖殺太子." 驪
姬恐, 因譖二公子, "申生之藥胙, 二公子知之." 二子聞之, 恐, 重耳走
蒲, 夷吾走屈, 保其城, 自備守. 初, 獻公使士爲二公子築蒲·屈城, 弗

就. 夷吾以告公, 公怒士蔿. 士蔿謝曰, "邊城少寇, 安用之?" 退而歌曰,
"狐裘蒙茸, 一國三公, 吾誰適從!" 卒就城. 及申生死, 二子亦歸保其
城. 二十二年, 獻公怒二子不辭而去, 果有謀矣, 乃使兵伐蒲. 蒲人之宦
者勃鞮命重耳促自殺. 重耳踰垣, 宦者追斬其衣袪. 重耳遂奔翟. 使人
伐屈, 屈城守, 不可下. 是歲也, 晉復假道於虞以伐虢. 虞之大夫宮之奇
諫虞君曰, "晉不可假道也, 是且滅虞." 虞君曰, "晉我同姓, 不宜伐我."
宮之奇曰, "太伯·虞仲, 太王之子也, 太伯亡去, 是以不嗣. 虢仲·虢叔,
王季之子也, 爲文王卿士, 其記勳在王室, 藏於盟府. 將虢是滅, 何愛於
虞? 且虞之親能親於桓·莊之族乎? 桓·莊之族何罪, 盡滅之. 虞之與
虢, 脣之與齒, 脣亡則齒寒." 虞公不聽, 遂許晉. 宮之奇以其族去虞. 其
冬, 晉滅虢, 虢公醜奔周. 還, 襲滅虞, 虜虞公及其大夫井伯百里奚以
媵秦穆姬, 而修虞祀. 荀息牽曩所遺虞屈産之乘馬奉之獻公, 獻公笑
曰, "馬則吾馬, 齒亦老矣!" 二十三年, 獻公遂發賈華等伐屈, 屈潰. 夷
吾將奔翟. 冀芮曰, "不可, 重耳已在矣, 今往, 晉必移兵伐翟, 翟畏晉,
禍且及. 不如走梁, 梁近於秦, 秦彊, 吾君百歲後可以求入焉." 遂奔梁.
二十五年, 晉伐翟, 翟以重耳故, 亦擊晉於齧桑, 晉兵解而去. 當此時,
晉彊, 西有河西, 與秦接境, 北邊翟, 東至河內. 驪姬弟生悼子. 二十六
年夏, 齊桓公大會諸侯於葵丘. 晉獻公病, 行後, 未至, 逢周之宰孔. 宰
孔曰, "齊桓公益驕, 不務德而務遠略, 諸侯弗平. 君弟毋會, 毋如晉何."
獻公亦病, 復還歸. 病甚, 乃謂荀息曰, "吾以奚齊爲後, 年少, 諸大臣
不服, 恐亂起, 子能立之乎?" 荀息曰, "能." 獻公曰, "何以爲驗?" 對曰,
"使死者復生, 生者不慚, 爲之驗." 於是遂屬奚齊於荀息. 荀息爲相, 主
國政. 秋九月, 獻公卒. 里克·邳鄭欲內重耳, 以三公子之徒作亂, 謂荀
息曰, "三怨將起, 秦·晉輔之, 子將何如?" 荀息曰, "吾不可負先君言."

十月, 里克殺奚齊於喪次, 獻公未葬也. 荀息將死之, 或曰不如立奚齊
弟悼子而傅之, 荀息立悼子而葬獻公.

혜공세가

이해 11월, 이극이 조정에서 도자를 시해했다. 순식도 죽었다. 군
자가 말했다.

"《시경》에서 말하기를, '백옥의 반점은 더욱 닦을 수 있으나 말이
잘못된 것은 고칠 수 없다'고 했다. 이는 순식을 두고 한 말인가! 그
는 그 말을 어기지 않았다."

일찍이 진헌공이 여융을 칠 때 첨을 치자 이런 점괘가 나왔다.

"이[齒牙]가 화근이 된다."

훗날 여융을 쳐서 여희를 얻고 그녀를 총애했으나 마침내 이로써
난이 일어나게 된 것이다. 이극 등이 이미 해제와 도자를 죽인 뒤 적
나라에 사람을 보냈다. 공자 중이를 영접해 옹립하고자 한 것이다.
중이가 사양했다.

"부친의 명을 거역해 나라 밖으로 달아났고, 부친이 돌아가셨소.
그런데도 자식의 예로 장례를 치르지도 못했으니 내 어찌 감히 환국
하겠소! 대부들은 다른 공자를 옹립하시오."

사자가 이극에게 보고하자 이극은 양나라에 사람을 보내 이오를
영접하고자 했다. 이오가 가려고 하자 여성呂省과 극예郤芮가 만류
했다.

"국내에 아직 보위를 이을 공자가 있습니다. 국외에서 찾는다는

것은 믿을 수 없습니다. 진秦나라로 가 강국의 도움을 받지 않고 환국하면 위험할 수 있습니다."

대부 극예에게 후한 뇌물을 가지고 진나라로 가 이같이 약속하게 했다.

"만일 환국할 수 있게 하면 진晉나라의 하서 땅을 진秦나라에게 주도록 하겠소."

동시에 이극에게 서신을 보내 이같이 말했다.

"실로 보위를 이을 수 있다면 분양汾陽의 성읍을 봉토로 주겠소."

진목공은 곧 이오에게 군사를 보내 환국할 수 있게 했다. 제환공도 진晉나라에 내란이 발생했다는 소식을 듣고 제후를 인솔해 그곳으로 갔다. 진秦나라 군사와 이오도 진晉나라에 도착했다. 제나라에서 습붕을 보내 진秦나라와 회동해 함께 이오를 환국시키고 그를 진나라의 군주로 옹립했다. 그가 바로 진혜공晉惠公이다. 제환공은 진나라의 고량에 이르렀다가 돌아갔다.

진혜공 이오 원년, 비정을 진秦나라에 보내 사과의 말을 전했다.

"당초 이오가 하서 땅을 군왕에게 드리기로 해 이제 다행히 환국해 보위에 올랐소. 대신들이 말하기를, '토지는 선군의 토지인데 주군이 국외로 달아났다가 무엇을 믿고 멋대로 진秦나라에게 허락했습니까?'라고 했소. 과인은 수차례 논쟁을 했으나 어쩔 도리가 없어 이같이 귀국에 관해 사과를 드리는 바이오."

그러고는 분양의 땅을 이극에게 봉하지 않았을 뿐 아니라 그의 권력을 빼앗았다. 이해 4월, 주양왕이 주공 기보忌父를 보내 제나라와 진나라 대부와 회동해 함께 진혜공을 방문하기로 했다. 진혜공은 중이가 국외에 있기에 이극이 정변을 일으킬까 두려웠다. 곧 이극에게 자진을 명했다.

"그대가 없었더라면 과인은 보위에 오르지 못했을 것이오. 비록 그렇더라도 그대 역시 두 군주와 한 명의 대부를 죽였으니 그대의 군주 된 사람으로 어찌 난처하지 않겠소?"

이극이 대답했다.

"전에 주군을 폐하지 않았다면 주군이 어떻게 일어날 수 있었겠습니까? 그러나 이미 즉위하신 지금, 저를 죽이시려 하면 그 또한 어찌 구실이 없겠습니까? 마침내 이같이 말씀하시면 신은 명을 따르겠습니다."

그러고는 칼로 자진했다. 비정은 진秦나라에 사죄의 사절로 갔다가 돌아오지 않았기에 변을 당하지 않았다. 진나라의 주군 이오는 태자 신생의 무덤을 개장改葬했다. 이해 가을, 호돌狐突이 옛 도성인 곡옥으로 갔다가 꿈속에서 신생을 만났다. 신생이 호돌에게 수레에 오르도록 한 뒤 이같이 말했다.

"이오는 무례하다. 내가 천제天帝에게 청을 드려 진나라를 진秦에게로 귀속시키게 할 것이다. 그러면 진秦나라는 나를 위해 제사를 지낼 것이다."

호돌이 대답했다.

"제가 듣건대 신령은 자신의 친족이 아닌 사람이 지내는 제사는 흠향하지 않는다고 했습니다. 그리하면 그대의 제사가 단절되지 않는다는 말씀입니까? 그대는 이런 이치를 다시 고려하셔야 합니다."

신생이 말했다.

"내가 천제에게 다시 청해보겠소. 열흘 이후 신성 서쪽에 무당이 있어 나의 신령을 현현시킬 것이오."

호돌이 대답하자 신생이 홀연히 자취를 감추었다. 호돌은 기한이 되자 약속 장소로 가 신생을 또 만났다. 신생이 그에게 말했다.

"천제에게 죄 있는 사람을 징벌해도 좋다는 허락을 받았다. 한원韓原에서 패배하게 될 것이다."

이내 아이들이 동요를 지어 불렀다.

> 태자의 묘를 개장했지
> 14년이 지난 이후에
> 진나라는 창성치 못해
> 창성은 형에게 있지

비정은 진나라로 사자를 갔다가 이극이 피살되었다는 소식을 들었다. 진목공에게 말했다.

"여성·극칭郤稱·기예는 확실히 하서 땅을 진秦나라에게 주는 것을 반대했습니다. 만일 그들에게 많은 재물을 주고 상의해 진晉나라 군주인 이오를 축출하고 중이를 환국시키도록 하면 일은 반드시 성공할 것입니다."

진목공은 이를 허락하고 사람을 보내 비정과 함께 진나라로 들어가 세 명에게 뇌물을 듬뿍 보냈다. 세 명이 말했다.

"선물이 많고 말이 달콤한 것으로 보아 이는 비정이 우리를 진秦나라에게 팔아넘기려는 짓이다."

이들은 비정과 이극, 비정을 따르는 일곱 명의 대부인 이른바 칠여대부七輿大夫*를 주살했다. 비정의 아들 비표邳豹가 진秦나라로 달아나 진나라를 칠 것을 건의했으나 진목공이 듣지 않았다. 진혜공은

즉위한 이후 진秦나라에게 땅을 주겠다는 약속과 이극에게 봉토를 주겠다는 약속을 어겼다. 그뿐 아니라 일곱 대부마저 죽였다. 민심이 그에게 향하지 않았다. 진혜공 2년, 주나라 왕실이 소공 과過를 시켜 진혜공을 방문하게 했다. 진혜공의 태도가 거만했다. 소공이 그를 비난했다. 진혜공 4년, 진나라에 기근이 들었다. 진秦나라에게 양식을 구매할 수 있도록 해달라고 청했다. 진목공이 백리해에게 물었다. 백리해가 대답했다.

"하늘의 재앙은 돌고 도는 것이라 각국에서 돌아가며 일어납니다. 기근의 재앙을 구제하고 이웃 나라를 두루 도와주는 것은 나라의 정당한 도리입니다. 도와주시지요."

비정의 아들 표가 반대했다.

"그들을 공격해야 합니다."

진목공이 말했다.

"그 나라의 국왕은 과인도 매우 싫어하지만 그의 백성에게 무슨 잘못이 있는가!"

마침내 이들에게 양식을 주기로 하고 진秦나라 도성 옹雍에서 진나라의 강읍絳邑까지 수송해주었다. 진혜공 5년, 진秦나라에 기근이 들었다. 진晉나라에게 식량을 청했다. 진혜공은 신하들과 상의했다. 대부 경정慶鄭이 말했다.

"진秦나라의 도움으로 보위에 올랐는데 저들에게 땅을 주기로 한 약속마저 어겼습니다. 그런데도 우리 진나라가 기근이 들자 이들은

● 후백에게 일곱 대의 수레가 뒤따른 데서 나온 관직명이다. 좌항左行을 맡은 공화共華를 포함해 우항右行을 맡은 가화, 숙견叔堅, 추천騅歂, 유호纍虎, 특궁特宮, 산기山祁 등을 말한다. 모두 신생 휘하의 대부였다.

우리에게 양식을 팔아주었습니다. 이제 저들이 기근이 들어 우리에게 식량판매를 청하니 응당 들어주어야 합니다. 무슨 의문이 있어 상의하는 것입니까?"

곽석虢射이 반대했다.

"작년에 하늘이 진晉나라를 진秦나라에게 주고자 했을 때 진秦나라는 칠 줄 모르고 오히려 우리에게 식량을 팔아주었습니다. 지금 하늘이 진秦나라를 우리에게 주려는 것입니다. 어찌 하늘의 뜻을 거역하겠습니까? 이 기회를 이용해 이들을 쳐야 합니다."

진혜공이 곽석의 계책을 채택해 진秦나라에게 식량을 팔지 않고 오히려 군사를 일으켜 이들을 쳤다. 진秦나라가 크게 노해 역시 군사를 일으켜 진나라를 쳤다. 진혜공 6년 봄, 진목공이 군사를 통솔해 진晉나라를 쳤다. 진혜공이 경정에게 물었다.

"진秦나라 군사가 국경 깊이 들어왔다. 어찌해야 하오?"

"진秦나라가 주군을 환국시켜 보위를 잇게 했습니다. 주군은 그와의 약속을 어겼고, 우리 진晉나라가 기근이 들었을 때 진秦나라는 양곡을 수송해주었습니다. 진秦나라가 기근이 들자 우리 진晉나라는 오히려 은혜를 저버리고 그 기근을 틈타 이들을 쳤습니다. 그러니 이제 진秦나라가 국경 깊이 치고 들어오는 것 또한 당연한 일이 아니겠습니까?"

진나라는 점을 쳐서 수레와 호위를 담당할 사람으로 경정이 모두 길하다고 해 그로 결정했다. 진혜공이 말했다.

"경정은 불손하다."

보양步陽에게 수레와 병거를 맡게 하고, 가복도家僕徒에게 호위를 책임지게 해 진공하게 했다. 이해 9월 임술일, 진목공과 진혜공이 한원에서 접전했다. 진혜공의 말이 무거운 탓에 진흙 속에 깊이 빠져 움직이지 못했다. 진秦나라 군사가 다가오자 진혜공이 다급한 나머지 경정에게 수레를 끌어오라고 소리를 쳤다. 경정이 말했다.

"점쳐서 나온 말을 믿지 않으셨으니 실패해도 당연하지 않겠습니까?"

그러고는 떠나갔다. 다시 양요미梁繇靡를 보내 수레를 끌게 하고 괵석에게 호위를 담당하게 해 진목공을 맞아 싸웠다. 진목공의 장사가 진나라 군사를 치니 진나라는 패퇴해 마침내 진목공을 놓쳤다. 진秦나라가 오히려 진혜공을 사로잡아 귀환했다. 장차 그를 죽여 하늘에 제사를 올리고자 했다. 진혜공의 누이가 바로 진목공의 부인이다. 소복을 입고 통곡하며 눈물을 흘렸다. 진목공이 말했다.

"진나라의 군주를 잡아 장차 즐거운 일에 쓰고자 하다가 이 지경에 이르게 되었소. 과인은 듣건대, 당숙이 비로소 봉작을 받는 것을 보고 기자가 말하기를, '당숙의 후손은 반드시 창대할 것이다'라고 했소. 진나라가 어찌 망할 리 있겠소?"

진혜공과 왕성王城에서 회맹을 하고 그를 석방할 것을 허락했다. 진혜공도 여성 등을 보내 백성에게 알렸다.

"과인이 비록 귀국할 수 있지만 종묘사직을 뵈올 면목이 없다. 길일을 잡아 자어子圉에게 보위를 잇게 하라."

진晉나라 백성이 이를 듣고 모두 통곡했다. 진목공이 여생呂省●에게 물었다.

"진晉나라는 화목한가?"

● 《춘추좌전》에는 여생呂甥으로 나온다.

"화목하지 않습니다. 백성은 주군을 잃고 양친까지 희생당할까봐 두려워할 뿐 자어를 옹립하는 것은 우려하지 않고 말하기를, '원수는 반드시 갚을 것이다. 비록 융·적과 같은 오랑캐를 섬길지언정 진秦나라는 섬기지 않을 것이다'라고 합니다. 귀족들은 주군을 사랑하고 보호하려 하나 자신들의 죄를 아는 까닭에 진秦나라의 명을 기다리면서 말하기를, '반드시 은혜에 보답할 것이다'라고 합니다. 이런 두 가지 주장이 있어 화목하지 않다고 말씀 드리는 것입니다."

진목공은 진혜공이 머무는 곳을 바꾸고 그에게 일곱 뢰의 가축을 보냈다. 이해 11월, 진혜공을 돌려보냈다. 진혜공은 국내로 돌아오자 경정을 주살하고 정사와 교화를 밝게 닦았다. 신하들과 대책을 논의하며 이같이 말했다.

"중이가 국외에 있다. 제후들은 대부분 그를 환국시켜 옹립하는 것이 유리하다고 생각한다."

이내 적나라로 사람을 보내 중이를 살해하고자 했다. 중이는 이 소식을 듣고 제나라로 피신했다. 진혜공 8년, 태자 어圉를 진秦나라에 볼모로 보냈다. 당초 진혜공 이오가 양나라에 달아나 있을 때 양나라 군주인 양백梁伯이 자신의 딸을 그에게 출가시켰다. 그녀는 1남 1녀를 낳았다. 양백이 점을 쳐보았을 때 남자아이는 다른 사람의 신하가 될 것이고, 여자아이는 타인의 첩이 될 것이라 했다. 남자아이의 이름을 어圉, 여자아이 이름을 첩妾으로 지은 이유다.

진혜공 10년, 진秦나라가 양나라를 멸했다. 양백은 토목공사를 크게 일으키는 것을 좋아했다. 성벽을 쌓고 호구壕溝를 만드는 등 백성을 피로하게 했기에 원한을 샀다. 그리고 백성은 수차 자기들끼리 소란을 피우며 말했다.

"진秦나라 오랑캐가 쳐들어온다!"

백성들이 두려워하다가 결국 진나라에게 멸망당한 것이다. 진혜공 13년, 진혜공이 병이 났다. 그에게는 국내에 많은 자식이 있었다. 태자 어가 말했다.

"나의 모친의 친정은 양나라에 있다. 양나라는 지금 진秦나라에게 망했다. 나는 국외에서 진나라에게 경시되고 있으며 국내에도 도와주는 사람이 없다. 주군이 일어나지 못하면 대부들이 나를 경시할까 걱정이다. 다른 공자를 옹립하라."

그러고는 그의 처와 상의해 함께 달아나려 했다. 진秦나라 여자인 태자 어의 처가 말했다.

"그대는 일국의 태자로서 여기에서 곤욕을 치르고 있습니다. 진秦나라가 저더러 그대를 시봉하게 해 그대의 마음을 안정시키라고 했습니다. 그대가 달아나면 저는 그대의 뒤를 따를 수도 없고 또 감히 달아났다고 보고할 수도 없습니다."

태자 어가 마침내 본국인 진나라로 돌아갔다. 진혜공 14년 9월, 진혜공이 죽고 태자 어가 즉위했다. 그가 진회공晉懷公이다. 태자 어가 도주할 당시 진秦나라는 그를 원망했다. 내심 공자 중이를 찾아 보위를 잇게 하려고 생각한 이유다.

●● 十一月, 里克弑悼子於朝, 荀息死之. 君子曰, "詩所謂'白珪之玷, 猶可磨也, 斯言之玷, 不可爲也', 其荀息之謂乎! 不負其言." 初, 獻公將伐驪戎, 卜曰'齒牙爲禍'. 及破驪戎, 獲驪姬, 愛之, 竟以亂晉. 里克等已殺奚齊·悼子, 使人迎公子重耳於翟, 欲立之. 重耳謝曰, "負父之命出奔, 父死不得脩人子之禮侍喪, 重耳何敢入! 大夫其更立他子." 還報里克, 里克使迎夷吾於梁. 夷吾欲往, 呂省·郤芮曰, "內猶有公子可

立者而外求, 難信. 計非之秦, 輔彊國之威以入, 恐危." 乃使郤芮厚賂
秦, 約曰, "卽得入, 請以晉河西之地與秦." 及遺里克書曰, "誠得立, 請
遂封子於汾陽之邑." 秦繆公乃發兵送夷吾於晉. 齊桓公聞晉內亂, 亦
率諸侯如晉. 秦兵與夷吾亦至晉, 齊乃使隰朋會秦俱入夷吾, 立爲晉
君, 是爲惠公. 齊桓公至晉之高梁而還歸. 惠公夷吾元年, 使邳鄭謝秦
曰, "始夷吾以河西地許君, 今幸得入立. 大臣曰, '地者先君之地, 君亡
在外, 何以得擅許秦者?' 寡人爭之弗能得, 故謝秦." 亦不與里克汾陽
邑, 而奪之權. 四月, 周襄王使周公忌父會齊·秦大夫共禮晉惠公. 惠
公以重耳在外, 畏里克爲變, 賜里克死. 謂曰, "微里子寡人不得立. 雖
然, 子亦殺二君一大夫, 爲子君者不亦難乎?" 里克對曰, "不有所廢, 君
何以興? 欲誅之, 其無辭乎? 乃言爲此! 臣聞命矣." 遂伏劍而死. 於是
邳鄭使謝秦未還, 故不及難. 晉君改葬恭太子申生. 秋, 狐突之下國, 遇
申生, 申生與載而告之曰, "夷吾無禮, 余得請於帝, 將以晉與秦, 秦將
祀余." 狐突對曰, "臣聞神不食非其宗, 君其祀毋乃絶乎? 君其圖之."
申生曰, "諾, 吾將復請帝. 後十日, 新城西偏將有巫者見我焉." 許之,
遂不見. 及期而往, 復見, 申生告之曰, "帝許罰有罪矣, 弊於韓." 兒乃
謠曰, "恭太子更葬矣, 後十四年, 晉亦不昌, 昌乃在兄." 邳鄭使秦, 聞
里克誅, 乃說秦繆公曰, "呂省·郤稱·冀芮實爲不從. 若重賂與謀, 出
晉君, 入重耳, 事必就." 秦繆公許之, 使人與歸報晉, 厚賂三子. 三子
曰, "幣厚言甘, 此必邳鄭賣我於秦." 遂殺邳鄭及里克·邳鄭之黨七輿
大夫. 邳鄭子豹奔秦, 言伐晉, 繆公弗聽. 惠公之立, 倍秦地及里克, 誅
七輿大夫, 國人不附. 二年, 周使召公過禮晉惠公, 惠公禮倨, 召公譏
之. 四年, 晉饑, 乞糴於秦. 繆公問百里奚, 百里奚曰, "天菑流行, 國家
代有, 救菑恤鄰, 國之道也. 與之." 邳鄭子豹曰, "伐之." 繆公曰, "其君

是惡, 其民何罪!"卒與粟, 自雍屬絳. 五年, 秦饑, 請糴於晉. 晉君謀之, 慶鄭曰, "以秦得立, 已而倍其地約. 晉饑而秦貸我, 今秦饑請糴, 與之何疑? 而謀之!"虢射曰, "往年天以晉賜秦, 秦弗知取而貸我. 今天以秦賜晉, 晉其可以逆天乎? 遂伐之."惠公用虢射謀, 不與秦粟, 而發兵且伐秦. 秦大怒, 亦發兵伐晉. 六年春, 秦繆公將兵伐晉. 晉惠公謂慶鄭曰, "秦師深矣, 奈何?"鄭曰, "秦內君, 君倍其賂, 晉饑秦輸粟, 秦饑而晉倍之, 乃欲因其饑伐之, 其深不亦宜乎!"晉卜御右, 慶鄭皆吉. 公曰, "鄭不孫."乃更令步陽御戎, 家僕徒爲右, 進兵. 九月壬戌, 秦繆公·晉惠公合戰韓原. 惠公馬鷙不行, 秦兵至, 公窘, 召慶鄭爲御. 鄭曰, "不用卜, 敗不亦當乎!"遂去. 更令梁繇靡御, 虢射爲右, 輅秦繆公. 繆公壯士冒敗晉軍, 晉軍敗, 遂失秦繆公, 反獲晉公以歸. 秦將以祀上帝. 晉君姊爲繆公夫人, 衰絰涕泣. 公曰, "得晉侯將以爲樂, 今乃如此. 且吾聞箕子見唐叔之初封, 曰'其後必當大矣', 晉庸可滅乎!"乃與晉侯盟王城而許之歸. 晉侯亦使呂省等報國人曰, "孤雖得歸, 毋面目見社稷, 卜日立子圉."晉人聞之, 皆哭. 秦繆公問呂省, "晉國和乎?"對曰, "不和. 小人懼失君亡親, 不憚立子圉, 曰'必報讎, 寧事戎·狄'. 其君子則愛君而知罪, 以待秦命, 曰'必報德'. 有此二故, 不和."於是秦繆公更舍晉惠公, 餽之七牢. 十一月, 歸晉侯. 晉侯至國, 誅慶鄭, 修政教. 謀曰, "重耳在外, 諸侯多利內之."欲使人殺重耳於狄. 重耳聞之, 如齊. 八年, 使太子圉質秦. 初, 惠公亡在梁, 梁伯以其女妻之, 生一男一女. 梁伯卜之, 男爲人臣, 女爲人妾, 故名男爲圉, 女爲妾. 十年, 秦滅梁. 梁伯好土功, 治城溝, 民力罷, 怨, 其衆數相驚, 曰'秦寇至', 民恐惑, 秦竟滅之. 十三年, 晉惠公病, 內有數子. 太子圉曰, "吾母家在梁, 梁今秦滅之, 我外輕於秦而內無援於國. 君卽不起, 病大夫輕, 更立他公子."乃謀與其妻俱亡歸. 秦女曰, "子一國太子, 辱在此. 秦使婢子侍, 以固子之心. 子亡矣, 我不從子, 亦不敢言." 子圉遂亡歸晉. 十四年九月, 惠公卒, 太子圉立, 是爲懷公. 子圉之亡, 秦怨之, 乃求公子重耳, 欲內之.

회공세가

태자 어는 보위에 오르자마자 진秦나라가 공격할까 우려했다. 중이를 따라 망명한 사람들 모두 기간 내에 환국하라고 명을 내린 이유다. 기간 내에 도착하지 않는 사람은 그의 일족을 몰살시키겠다고 했다. 호돌의 아들 호모狐毛와 호언狐偃이 중이를 따라 진秦나라에 가 있었다. 호돌은 그들을 돌아오게 하지 않았다. 진회공이 화를 내며 호돌을 구금했다. 호돌이 말했다.

"나의 아들은 중이 공자를 모신 지 몇 해나 되었습니다. 지금 그들을 소환하는 것은 그들에게 주군을 배반하라고 교사하는 것입니다. 무슨 이치로 그들을 설복시킬 수 있겠습니까?"

진회공이 마침내 호돌을 죽였다. 진목공은 군사를 파병해 중이를 보내고, 사람을 보내 난지欒枝·극곡郤穀의 무리와 내응하고는 고량에서 회공을 죽이고 중이를 환국시켰다. 중이가 즉위했다. 그가 진문공이다. 진문공은 이름이 중이로, 진헌공의 아들이다. 어릴 때부터 선비를 좋아해 나이 열일곱에 이미 현사 다섯 명을 곁에 둘 정도였다. 조최趙衰와 외숙인 호언 구범咎犯·가타賈佗·선진先軫·위무자魏武子 등이 그들이다. 중이는 진헌공이 태자로 있을 때 이미 성년이었다. 진헌공이 즉위할 때 중이는 스물한 살이었다.

진헌공 13년, 여희 때문에 중이는 포성蒲城에 주둔하며 진秦나라를 방어했다. 진헌공 21년, 진헌공이 태자 신생을 죽이고 여희가 중이를 무함했다. 중이는 두려워 헌공에게 인사도 하지 않고 포성을 지켰다. 진헌공 22년, 진헌공이 시인 발제勃鞮●를 보내 급히 중이를 주살할 것을 명했다. 중이가 담을 넘어 달아나자 발제가 그를 추격해 옷소매를 베었다. 중이가 적나라로 달아났다. 적나라는 모친의 나라였다. 당시 중이의 나이는 마흔셋이었다. 수행한 다섯 명의 현사 외에 이름이 드러나지 않은 사람 수십 명이 이내 중이를 쫓아 적나라에 도착했다. 적나라는 구여咎如를 토벌하고 두 여인을 얻었다. 장녀는 중이에게 보내어 백조伯儵과 숙유叔劉를 낳았다. 어린 여인은 조최에게 시집을 가 조돈趙盾을 낳았다. 중이가 적나라에서 5년 동안 머무르고 있을 때 진헌공이 죽었다. 이극이 이미 해제와 도자를 시해하고 사람을 보내 중이를 맞아 그를 옹립하고자 했다. 중이는 피살될까 두려워 극구 사양하고 돌아가지 않았다. 오래지 않아 진나라는 중이의 아우 이오를 맞아 보위를 잇게 했다. 그가 바로 진혜공이다. 진혜공 7년, 중이를 두려워해 환관 이제에게 장사들을 데리고 가 중이를 살해하고자 했다. 중이는 이 소식을 듣고 조최 등과 의논했다.

"당초 내가 적나라로 달아났으나 적나라가 나를 지원해줄 것으로는 결코 믿지 않았소. 다만 거리가 가까워 쉽게 오갈 수 있었기에 잠시 머무른 것뿐이오. 머문 지 오래되었으니 이제 큰 나라로 옮기기를 바라오. 제환공은 선행을 좋아하고 패왕이 되어 왕도王道를 펼치고 제후들을 거두어들여 다독이는 데 마음을 쓰고 있소. 이제 들으

● 원문에는 발제가 이제履鞮로 나온다.《사기색은》은 이제가《춘추좌전》에는 시인寺人 발제 또는 시인 피披로 나온다고 했다.《춘추좌전》을 좇았다.

니 관중과 습붕이 죽었다고 하오. 이제 현명하고 능력 있는 선비를 얻고자 할 것이니 내가 어찌 가지 않을 수 있겠소?"

이내 제나라로 출발했다. 이때 중이가 그의 처에게 말했다.

"25년을 기다려도 내가 오지 않으면 재가하시오."

처가 웃으며 말했다.

"25년을 기다리면 제 무덤의 측백나무도 이미 크게 자랐겠습니다. 비록 말은 그러나 소첩은 그대를 기다릴 것입니다."

중이는 적나라에서 무려 12년을 머무른 후 떠났다. 중이가 위衛나라를 지나가게 되었다. 위문공은 예로 그를 접대하지 않았다. 그가 다시 출발해 오록五鹿을 지나갔다. 배가 고팠다. 시골 사람에게 밥을 구걸하자 시골 사람이 그릇에다 흙을 담아 그에게 주었다. 중이가 화를 냈다. 조최가 만류했다.

"진흙은 땅을 가지게 된다는 것을 상징합니다. 그에게 절을 하고 받으셔야 합니다."

중이가 이번에는 제나라에 도착했다. 제환공이 후한 예절로 그를 대접했다. 친족 여인을 그에게 시집보내고 말 20승을 주었다. 중이가 이런 생활에 젖어들었다. 중이가 제나라에 온 지 2년 만에 제환공이 죽고 수조 등이 내란을 일으켰다. 제효공이 즉위했다. 제후의 군사가 수차례 쳐들어왔다. 중이가 제나라에 있은 지 5년이 지났다. 중이는 제나라의 여인을 사랑하게 되어 제나라를 떠날 생각이 없었다. 조최와 구범이 뽕나무 아래서 앞으로의 행동을 상의했다. 그 여인의 시종이 뽕나무 아래서 이들의 말을 듣고 여인에게 알렸다. 여인은 시종을 죽이고 중이에게 급히 움직이기를 권했다. 중이가 말했다.

"사람이 태어나 안락하면 누가 다른 일을 하고자 하겠소? 반드시 여기에서 죽을 일이지 떠나지는 않겠소.”

제나라 여인이 말했다.

“그대는 일국의 공자로서 사정이 곤궁해 여기에 오셨습니다. 저 현사들은 당신에게 생명을 맡기고 있습니다. 그대는 급히 환국해 신하들의 노고에 보답하지 않고 여색에 마음을 두시니 첩은 그대를 대신해 부끄러워하겠습니다. 또한 만일 지금 움직이지 않으면 언제 공을 이루시겠습니까?”

조최 등과 상의해 중이를 취하게 해서는 수레에 그를 태우고 가게 했다. 일행이 한참 멀리 간 뒤 중이가 깨어났다. 그는 매우 화가 나 창을 들고 구범을 죽이려 했다. 구범이 말했다.

“저를 죽여 주군의 뜻을 이룬다면 그건 저의 바람이기도 합니다.”

중이가 말했다.

“만일 성공하지 않으면 외삼촌의 살을 씹어 먹을 것이오.”

“만일 일을 성공시키지 못하시더라도 저의 살은 비리고 상해서 드시기에 충분하지는 않을 것입니다.”

중이가 이내 추격을 멈추었다. 중이 일행이 계속 전진했다. 조나라를 지나갔으나 조공공이 예로 대하지 않고, 중이의 변협騈脇을 몰래 보고자 했다. 조나라 대부 희부기가 만류했다.

“진나라 공자는 현명하고 능력이 있으며 또 같은 성씨로 곤궁에 빠져 우리 조나라를 경유하게 되었습니다. 어찌 예로써 대하지 않으십니까?”

조공공은 그의 의견을 듣지 않았다. 희부기가 사사로이 음식물을 중이에게 보내고 그 음식물 밑에 옥구슬을 놓아두었다. 중이는 그의 음식을 받고 옥구슬은 돌려보냈다. 다시 조나라를 떠나 송나라를 지나갔다. 송양공은 최근 초나라 군사에게 곤욕을 치르고 홍수에서 부상을 입었다. 그는 중이가 현명하고 능력이 있다는 소식을 듣고 한 나라의 국왕을 대하는 예절로 중이를 접대했다. 송나라의 사마 공손고는 구범과 서로 친해지자 이같이 말했다.

"송나라는 작은 나라인데다 최근에 곤란한 일을 당했지요. 송나라를 의지해서는 진나라로 들어갈 수 없을 것이니 큰 나라로 가시지요."

중이 일행이 다시 길을 떠났다. 정나라를 지나갔으나 정문공鄭文公은 예로 접대하지 않았다. 정나라 대부 숙첨이 간했다.

"진나라 공자는 현명하고, 추종자 모두 재상을 지닐 만한 인재들입니다. 게다가 그는 정나라와 같은 성씨입니다. 우리 정나라는 주여왕, 진나라는 주무왕에서 나왔습니다."

정문공이 말했다.

"각국에서 망명해온 제후의 공자들 가운데 여기를 거쳐 간 사람이 매우 많소. 어떻게 이들을 모두 예우할 수 있겠소?"

숙첨이 말했다.

"주군이 예로 대하지 않으시겠다면 그를 주살하는 것이 좋습니다. 그렇지 않으면 이후에 나라의 우환이 될 것입니다."

정문공이 듣지 않았다. 중이가 정나라를 떠나 초나라로 갔다. 초성왕은 제후에 상당하는 예절로 그를 접대했다. 중이가 사양하고 감히받을 수 없다고 했다. 조최가 말했다.

"주군이 국외에 도망한 지 10여 년이라 작은 나라들도 경시했습니다. 큰 나라들이야 오죽하겠습니까? 지금 초나라는 큰 나라인데 주군을 우대하면 주군도 겸양하실 필요가 없습니다. 이건 하늘이 주군에게 길을 열어주는 것입니다."

중이도 객의 예로 초성왕을 대했다. 초성왕은 중이를 후대했으나 중이는 매우 겸손하게 행동했다. 초성왕이 물었다.

"그대가 만일 환국하면 무엇으로 나에게 보답하시겠소?"

중이가 대답했다.

"진기한 금수나 옥구슬이나 비단과 같은 물건은 국왕께도 남아도 는 바일 것이니 무엇으로 보답해야 할지를 모르겠습니다."

초성왕이 말했다.

"비록 그렇지만 어쨌든 무엇으로 보답을 해야 하지 않겠소?"

중이가 말했다.

"만일 부득이해 평원平原의 너른 못 지역에서 병거가 서로 만나게 되면 국왕을 위해 3사舍(90리)를 물리도록 하겠습니다."

이 말을 전해 들은 초나라 장수 자옥子玉이 화를 냈다.

"주군이 진나라 공자를 지극히 후대하셨습니다. 이제 중이의 말이 이처럼 불손하니 그를 죽일 수 있도록 허락해주십시오."

초성왕이 만류했다.

"진나라 공자는 현명하오. 오히려 국외에서 곤궁하고 군색하게 지 낸 지 매우 오래되었소. 그리고 그를 따르는 사람들 모두 치국의 인 재이므로 이는 모두 하늘이 안배하신 것이오. 어떻게 그를 죽일 수 있겠소? 어찌 그리 쉽게 말할 수 있겠소!"

중이가 초나라에서 몇 달을 머무르고 있을 때 진晉나라 태자 어가 진秦나라에서 탈출했다. 진秦나라는 그를 매우 원망하고, 중이가 초 나라에 있다는 소식을 듣고 그를 청했다. 초성왕이 말했다.

"초나라는 거리가 많이 떨어져 다시 몇 나라를 경유해야 진나라에 도착할 수 있을 것이오. 진秦나라와 진晉나라는 서로 접해 있으니 그대는 부디 잘 가시오!"

그는 많은 예물을 중이에게 주었다. 중이가 진나라에 이르자 진목공은 친척 여자 다섯 명을 중이의 처로 삼게 했다. 원래 태자 어의 전처도 여기에 있었다. 중이는 듣지 않으려 했으나 사공계자司空季子가 말했다.

"그의 나라도 정벌하고자 했습니다. 하물며 그의 전처이겠습니까? 받아들여 진나라와 친분을 맺고 환국해야 할 터인데 주군은 어찌해서 소소한 예절에 구속되어 큰 치욕을 잊는 것입니까?"

중이가 제안을 받아들였다. 진목공이 크게 기뻐해 중이와 함께 술을 마셨다. 조최가 〈서묘黍苗〉를 낭송했다. 진목공이 말했다.

"그대가 황급히 환국하고 싶어 하는 마음을 알겠소."

조최가 중이와 함께 좌석을 떠나면서 재배再拜하며 말했다.

"떠돌아다니던 외로운 신하가 군왕을 숭배하는 것이 마치 온갖 곡식이 때맞게 내리는 비를 바라는 것과 같습니다."

이때 진혜공 14년 가을이었다. 진혜공은 이해 9월에 죽고 태자 어가 즉위했다. 이해 11월, 진혜공을 안장했다. 이해 12월, 진晉나라 대부 난지와 극곡 등이 중이가 진秦나라에 있다는 소문을 듣고 몰래 와서 중이와 조최에게 환국할 것을 종용했다. 내응하는 사람이 매우 많았다. 진목공이 중이에게 파병해 환국을 지원했다. 진나라는 진秦나라 군사가 온다는 소식을 듣고 군사를 일으켜 이들에게 대항했다. 그러나 모든 백성은 공자 중이가 돌아온다는 것을 몰래 알고 있었다. 다만 진혜공의 옛 신하 여생과 극예와 같은 사람들은 중이를 옹립하려 하지 않았다. 중이가 마침내 망명 19년 만에 귀국했다. 당시 그의 나이 예순둘이었다. 진나라 백성 대부분이 그에게 마음이 기울어져 있었다.

●● 子圉之立, 畏秦之伐也. 乃令國中諸從重耳亡者與期, 期盡不到者盡滅其家. 狐突之子毛及偃從重耳在秦, 弗肯召. 懷公怒, 囚狐突. 突曰, "臣子事重耳有年數矣, 今召之, 是教之反君也. 何以教之?" 懷公卒殺狐突. 秦繆公乃發兵送內重耳, 使人告欒·郤之黨爲內應, 殺懷公於高梁, 入重耳. 重耳立, 是爲文公. 晉文公重耳, 晉獻公之子也. 自少好士, 年十七, 有賢士五人, 曰趙衰, 狐偃咎犯, 文公舅也, 賈佗, 先軫, 魏武子. 自獻公爲太子時, 重耳固已成人矣. 獻公卽位, 重耳年二十一. 獻公十三年, 以驪姬故, 重耳備蒲城守秦. 獻公二十一年, 獻公殺太子申生, 驪姬讒之, 恐, 不辭獻公而守蒲城. 獻公二十二年, 獻公使宦者履鞮趣殺重耳. 重耳踰垣, 宦者逐斬其衣袪. 重耳遂奔狄. 狄, 其母國也. 是時重耳年四十三. 從此五士, 其餘不名者數十人, 至狄. 狄伐咎如, 得二女. 以長女妻重耳, 生伯鯈·叔劉, 以少女妻趙衰, 生盾. 居狄五歲而晉獻公卒, 里克已殺奚齊·悼子, 乃使人迎, 欲立重耳. 重耳畏殺, 因固謝, 不敢入. 已而晉更迎其弟夷吾立之, 是爲惠公. 惠公七年, 畏重耳, 乃使宦者履鞮與壯士欲殺重耳. 重耳聞之, 乃謀趙衰等曰, "始吾奔狄, 非以爲可用與, 以近易通, 故且休足. 休足久矣, 固願徙之大國. 夫齊桓公好善, 志在霸王, 收恤諸侯. 今聞管仲·隰朋死, 此亦欲得賢佐, 盍往乎?" 於是遂行. 重耳謂其妻曰, "待我二十五年不來, 乃嫁." 其妻笑曰, "犁二十五年, 吾冢上柏大矣. 雖然, 妾待子." 重耳居狄凡十二年而去. 過衛, 衛文公不禮. 去, 過五鹿, 飢而從野人乞食, 野人盛土器中進之. 重耳怒. 趙衰曰, "土者, 有土也, 君其拜受之." 至齊, 齊桓公厚禮, 而以宗女妻之, 有馬二十乘, 重耳安之. 重耳至齊二歲而桓公卒, 會豎刀等爲內亂, 齊孝公之立, 諸侯兵數至. 留齊凡五歲. 重耳愛齊女, 毋去心. 趙衰・咎犯乃於桑下謀行. 齊女侍者在桑上聞之, 以告其主. 其主乃殺侍者, 勸重耳趣行. 重耳曰, "人生安樂, 孰知其他! 必死於此, 不能去." 齊女曰, "子一國公子, 窮而來此, 數士者以子爲命. 子不疾反國, 報勞臣, 而懷女德, 竊爲子羞之. 且不求, 何時得功?" 乃與趙衰等謀, 醉重耳, 載以行. 行遠而覺, 重耳大怒, 引戈欲殺咎犯. 咎犯曰, "殺臣成子, 偃之願也." 重耳曰, "事不成, 我食舅氏之肉." 咎犯曰, "事不成, 犯肉腥臊, 何足食!" 乃止, 遂行. 過曹, 曹共公不禮, 欲觀重耳駢脅. 曹大夫釐負羈曰, "晉公子賢, 又同姓, 窮來過我, 奈何不禮!" 共公不從其謀. 負羈乃私遺重耳食, 置璧其下. 重耳受其食, 還其璧. 去, 過宋. 宋襄公新困兵於楚, 傷於泓, 聞重耳賢, 乃以國禮禮於重耳. 宋司馬公孫固善於咎犯, 曰, "宋小國新困, 不足以求入, 更之大國." 乃去. 過鄭, 鄭文公弗禮. 鄭叔瞻諫其君曰, "晉公子賢, 而其從者皆國相, 且又同姓. 鄭之出自厲王, 而晉之出自武王." 鄭君曰, "諸侯亡公子過此者衆, 安可盡禮!" 叔瞻曰, "君不禮, 不如殺之, 且後爲國患." 鄭君不聽. 重耳去之楚, 楚成王以適諸侯禮待之, 重耳謝不敢當. 趙衰曰, "子亡在外十餘年, 小國輕子, 況大國乎? 今楚大國而固遇子, 子其毋讓, 此天開子也." 遂以客禮見之. 成王厚遇重耳, 重耳甚卑. 成王曰, "子卽反國, 何以報寡人?" 重耳曰, "羽毛齒角玉帛, 君王所餘, 未知所以報." 王曰, "雖然, 何以報不穀?" 重耳曰, "卽不得已, 與君王以兵車會平原廣澤, 請辟王三舍." 楚將子玉怒曰, "王遇晉公子至厚, 今重耳言不孫, 請殺之." 成王曰, "晉公子賢而困於外久, 從者皆國器, 此天所置, 庸可殺乎? 且言何以易之!" 居楚數月, 而晉太子圉亡秦, 秦怨之, 聞重耳在楚, 乃召之. 成王曰, "楚遠, 更數國乃至晉. 秦晉接境, 秦君賢, 子其勉行!" 厚送重耳. 重耳至秦, 繆公以宗女五人妻重耳, 故子圉妻與往. 重耳不欲受, 司空季子曰, "其國且伐, 況其故妻乎! 且受以結秦親而求入, 子乃拘小禮, 忘大醜乎!"遂受. 繆公大歡, 與重耳飮. 趙衰歌黍苗詩. 繆公曰,"知子欲急反國矣."趙衰與重耳下, 再拜曰,"孤臣之仰君, 如百穀之望時雨."是時晉惠公十四年秋. 惠公以九月卒, 子圉立. 十一月, 葬惠公. 十二月, 晉國大夫欒·郤等聞重耳在秦, 皆陰來勸重耳·趙衰等反國, 爲內應甚衆. 於是秦繆公乃發兵與重耳歸晉. 晉聞秦兵來, 亦發兵拒之. 然皆陰知公子重耳入也. 唯惠公之故貴臣呂·郤之屬不欲立重耳. 重耳出亡凡十九歲而得入, 時年六十二矣, 晉人多附焉.

문공세가

진문공 원년 봄, 진秦나라가 중이를 황하까지 환송했다. 구범이 말했다.

"신이 주군을 따라 천하를 주유한 지 이미 오래되었습니다. 신도가 이를 잘 알고 있는데 하물며 주군께서는 어떠하시겠습니까? 청컨대 이곳을 떠나시지요."

중이가 말했다.

"만일 환국하면 그대 구범과 마음이 같지 않은 사람이 있을 것이니 하백河伯이시여! 굽어 살피소서!"

그러고는 구슬을 황하 속으로 던지고 구범과 맹서했다. 당시 개자추介子推가 뒤에서 따르고 있다가 배 위에서 웃으며 말했다.

"실제로 하늘이 공자에게 길을 열어주셨다. 구범이 자신의 공이라 생각하고 주군에게 그 대가를 구하고자 하는 것은 실로 매우 부끄러운 일이다. 그와 함께 관직에 있기를 원치 않는다.”

개자추는 자신을 숨기고 황하를 건넜다. 진秦나라 병사들이 영호令狐를 포위하자 진나라는 여류廬柳에 군사를 주둔시켰다. 이해 2월 신축일, 구범과 진秦 및 진晉나라 대부들이 순郇에서 회맹을 했다. 2월 임인일, 중이가 진나라의 군영 속으로 들어갔다. 2월 병오일, 곡옥으로 진격했다. 2월 정미일, 무궁武宮에 이르러 묘에 배견하고 즉위했다. 그가 진문공이다. 대신들이 모두 곡옥으로 갔다. 진회공 어가 고량으로 달아났다. 2월 무신일, 진문공이 사람을 보내 진회공을 주살했다.

진회공의 옛 대신 여생과 극예는 원래 진문공에게 귀복하지 않았다. 진문공이 즉위하자 피살될까 두려워했다. 무리와 함께 궁을 불사르고 진문공을 시해할 계책을 세웠다. 진문공은 이런 사실을 전혀 알지 못했다. 전에 문공을 살해하고자 했던 시인 발제가 이들의 음모를 알고 이런 일을 문공에게 알리고 과거의 죄를 속죄받고자 했다. 이내 문공을 찾아가 조현을 청했다. 진문공은 그를 접견하지 않고 사람을 보내 질책했다.

“포성에서 네가 과인의 옷소매를 베었다. 이후 과인이 적나라의 군왕과 사냥을 갔을 때 너는 진혜공을 위해 과인을 추적하고 과인을 죽이려 했다. 진혜공이 너에게 사흘의 기한을 주었다. 너는 하루 만에 이르렀으니 어찌 그리 빨랐는가? 너는 그것들을 생각해야 할 것이다.”

발제가 변명했다.

“저는 궁형을 받은 사람으로서 감히 두 마음으로 주군을 섬기거나 주인을 배반할 수 없었습니다. 주군에게 죄를 지은 이유입니다. 주군은 이미 환국해 보위에 올랐는데 설마 포성과 적나라에 있는 것처럼 생각하는 것은 아닙니까? 전에 관중은 활을 쏘아 제환공의 혁대의 갈고리를 맞추었으나 제환공은 관중에게 의지해 패자로 불리지 않았습니까? 이제 궁형을 받은 그가 매우 긴요한 일을 보고하려 합니다. 주군은 접견을 허락지 않으시니 재난이 임박했습니다."

진문공이 그를 접견했다. 발제는 여생과 극예 등의 행동을 진문공에게 고했다. 진문공이 여생과 극예를 부르려 했으나 저들의 무리가 너무 많았다. 진문공은 환국해 즉위할 때 백성이 자신을 배반할까 두려워 옷을 갈아입고 몰래 궁을 빠져나가 왕성으로 간 뒤 진목공을 만났다. 당시 백성들은 이 사실을 전혀 몰랐다.

이해 3월 기축일, 여생과 극예 등이 과연 반기를 들어 궁성을 불살랐으나 진문공을 찾지 못했다. 진문공의 호위군이 그들과 싸웠다. 여생과 극예 등이 군사를 이끌고 달아나려 했다. 진목공이 여생과 극예 등을 유인해 황하 가에서 죽였다. 진나라가 평정을 회복하자 진문공이 다시 환국했다. 이해 여름, 문공은 진秦나라에 이르러 부인을 맞아들였다. 진목공이 진문공에게 주어 처로 삼았던 사람은 모두 부인이 되었다. 진秦나라는 군사 3,000명을 보내 진문공을 호위하고 진나라의 반란을 방비했다.

진문공은 정사를 잘해 백성에게 은혜를 베풀었다. 자신을 따라 떠돌던 사람과 공이 있는 신하들에게 상을 내렸다. 공이 많은 사람에게는 봉토를 내리고 적은 사람에게는 작위를 내렸다. 아직 모두에게 논공행상을 마치기 전인데 주양왕의 아우 희숙姬叔이 난을 일으켰다. 주양왕이 정나라로 달아났다. 그곳에 거주하고 있다며 진나라에게 급박하게 알려왔다. 진나라는 이제 안정되기 시작했는데 군사를 파병할 경우 다른 변란이 일어날지도 모른다고 염려했다. 이래저래 은자隱者 개자추에게는 아직 상이 돌아오지 않았다. 개자추도 봉록을 말하지 않았고, 실제로 봉록 또한 그에게 미치지 않았다. 개자추가 말했다.

"진헌공의 아들이 아홉 명이다. 지금 주군만 살아 계실 뿐이다. 진혜공과 진회공은 가까운 사람이 없었고 국내외에서도 그를 버렸다. 그러나 하늘은 진나라를 멸절滅絶시키지 않았다. 반드시 주인이 있어 제사를 주관하게 할 것이니 지금의 주군이 아니면 누구이겠는가? 실로 하늘이 그분의 길을 여셨다. 몇몇 사람이 자신의 공이라 생각하고 있으니 이 또한 황당한 일이 아니겠는가? 타인의 재물을 훔치는 것을 도둑이라고 하면 하물며 하늘의 공을 탐내어 자신의 공으로 삼는 사람은 무엇이라고 해야겠는가? 신하들이 이들의 죄를 덮고 주군은 이들의 간사함에 상을 내려 상하가 서로 속이고 있다. 실로 이들과 함께 있기가 어렵다!"

그의 모친이 말했다.

"어찌해 가서 구하지 않는가? 죽음으로 누구를 원망하겠는가?"

개자추가 말했다.

"더욱이 그들을 본받는 것은 죄가 더욱 심해질 뿐입니다. 하물며 이미 원망하는 말을 했으니 그들의 봉록을 먹지 않을 것입니다."

모친이 말했다.

"그래도 그들에게 알도록 하는 것이 어떻겠는가?"

"말이란 사람이 꾸미는 것일 뿐인데 사람이 자신을 숨기고자 하면 무엇 때문에 꾸미겠습니까? 꾸미는 것은 현달顯達하는 것을 추구하는 것입니다."

어머니가 말했다.

"능히 그리할 수 있겠는가? 그렇다면 나도 너와 함께 은둔하겠다."

죽을 때까지 이들을 두 번 다시 볼 수 없었다. 개자추의 시종이 이들을 가련하다 생각하고 궁문에다가 글을 써서 붙였다.

용이 하늘에 오르고자 하자 다섯 마리의 뱀이 보좌한다. 용이 이미 구름 속에 오르니 네 마리 뱀은 각각 자신의 집으로 들어간다. 한 마리는 홀로 원망해 마침내 그 처소를 볼 수가 없다.

진문공이 이 글을 보고 말했다.

"이는 개자추다. 과인이 왕실의 일을 우려하고 있다가 그의 공로를 아직 생각하지 못했구나."

사람을 보내 그를 청했으나 그는 이미 가고 없었다. 진문공이 그의 소재를 찾았다. 그가 이미 금상綿上에 있는 산속으로 들어갔다는 것을 듣고 진문공은 산속 주위를 그에게 봉토로 주었다. 산 이름을 개산介山으로 한 뒤 이같이 말했다.

"이로 과인의 과실을 기억하게 하고, 선한 사람을 표창했다."

함께 망명생활을 했던 천신賤臣 호숙壺叔이 물었다.

"군왕이 3차에 걸쳐 논공행상을 하셨습니다. 저에게는 돌아오지 않으니 청컨대 저는 무슨 죄가 있습니까?"

진문공이 대답했다.

"인의로 과인을 인도한 사람과 덕과 은혜로 과인을 방어한 사람은 1등상을 받았다. 행동으로 과인을 보좌해 마침내 공업을 이루게 한 사람은 2등상을 받았다. 활과 바위의 위험을 무릅쓰고 땀을 흘린 공로가 있는 사람은 그 뒤의 상을 받았다. 힘을 다해 과인을 섬겼으나 과인의 잘못을 보완해주지 못한 사람은 그 뒤의 상을 받았다. 이 상을 다 내린 다음에는 그대에게도 돌아갈 것이다."

진나라 백성들 모두 이를 듣고 기뻐했다. 진문공 2년 봄, 진秦나라 군사가 황하 가에 주둔하고 있다가 주양왕을 수도로 호송하고자 했다. 조최가 말했다.

"패자가 되시려면 주양왕을 수도로 호송하며 주나라를 존중하는 것보다 중요한 것은 없습니다. 양왕은 주군과 성이 같은데 진晉나라가 먼저 주양왕을 수도로 모시지 않고 진秦나라에게 주양왕을 모시게 하면 각국을 향해 호령할 수 없을 것입니다. 지금 주양왕을 존중하는 것이 진나라의 크나큰 자산이 될 것입니다."

이해 3월 갑진일, 진나라가 양번陽樊에 군사를 파병해 온 땅을 포위하고 주양왕을 주나라 수도로 호송했다. 이해 4월, 주양왕의 아우 희숙 대를 죽였다. 주양왕이 하내의 양번 땅을 진나라에게 상으로 내렸다. 진문공 4년, 초성왕과 제후들이 송나라를 포위했다. 송나라의 공손고가 진나라에 와서 위급을 알렸다. 선진이 말했다.

"송양공의 은혜에 보답하고, 패업을 확립하시려면 바로 지금입니다."

호언이 말했다.

"초나라가 최근 조나라를 얻고 위衛나라와 혼약을 맺었으니 만일 조와 위 두 나라를 치면 초나라는 반드시 이들을 구하고자 할 것입니다. 그렇다면 송나라는 포위를 면할 수 있을 것입니다."

당시 진나라는 삼군을 만들었다. 조최는 극곡에게 중군을 맡기고,

극진郤溱이 보좌하도록 할 것을 건의했다. 호언은 상군을 통솔하고 호모가 그를 보필했다. 조최는 경에 임명되었다. 난지는 하군을 통솔하고 선진이 그를 보필했다. 순림보가 어가와 병거를 담당했고, 위주는 호위를 담당했다. 그러고는 정벌하러 나갔다. 이해 겨울 12월, 진나라 군사가 태항산 동쪽 땅을 먼저 쳤다. 원읍原邑을 조최에게 봉토로 주었다.

진문공 5년 봄, 진문공이 장차 조나라를 칠 생각으로 위衛나라에게 길을 빌려달라고 했다. 위나라는 허락지 않았다. 진나라가 방향을 바꿔 황하의 남쪽을 건너 조나라를 습격하고 이어 위나라를 쳤다. 이해 정월, 오록을 빼앗았다. 이해 2월, 진문공과 제나라의 군왕이 위나라의 염우斂盂에서 회맹했다. 위나라의 군왕이 진나라와 동맹을 맺기를 청했으나 진나라는 수락하지 않았다. 위나라의 군왕은 초나라에 귀속하고자 했으나 백성이 원치 않았다. 그뿐 아니라 이들의 군왕을 축출해 진나라의 환심을 사기에 이르렀다. 위나라의 군왕은 양우襄牛에 있었고 공자 매買가 위나라를 지키고 있었다. 초나라가 위나라를 원조했으나 성공하지 못했다. 진문공이 조나라를 포위했다.

이해 3월 병오일, 진나라 군사가 조나라 도성으로 들어가 조나라 군주를 질책했다. 그가 희부기의 말을 듣지 않고 오히려 미녀 300명을 화려한 수레에 태워 보냈기 때문이다. 그러나 군사들에게 희부기 일족의 집에는 들어가지 말 것을 명했다. 그의 은덕에 보답한 셈이다.

초나라가 송나라를 포위하자 송나라는 또 진나라에게 위급을 알렸다. 진문공은 이들을 원조하고 초나라로 진공하고 싶어 했다. 그러나 초나라에게 일찍이 은혜를 입었으므로 진격할 수 없었다. 또 송나라를 구하고 싶지 않았으나 송나라도 일찍이 진나라에게 은혜를 베푼 적이 있었다. 진문공이 난감해했다. 선진이 말했다.

"조나라의 군왕을 잡고 조와 위나라의 땅을 송나라에게 주면 초나라는 조와 위 두 나라를 구하기에 급급할 것이고, 이런 상황이라면 송나라를 놓아둘 것입니다."

진문공이 그의 말을 받아들였다. 초성왕도 군사를 끌고 돌아갔다. 초나라 장수 자옥이 말했다.

"군왕이 진나라의 군왕을 특별히 우대하셨습니다. 현재 우리 초나라가 조나라와 위나라를 구하기에 급하다는 것을 알면서도 고의로 이들을 치고 있으니 이는 군왕을 경시하는 것입니다."

초성왕이 말했다.

"진나라 군왕이 국외로 망명한 것이 19년이다. 곤욕스럽고 군색했던 시기가 꽤 오래되었다. 그러다가 마침내 환국하게 되었으니 모든 어려움과 곤경을 알고 있을 것이다. 그의 백성을 능히 이용할 수 있으니 이는 하늘이 그에게 길을 열어준 것이다. 우리는 그를 감당할 수 없다."

자옥이 청했다.

"반드시 공을 세울 것이라고는 감히 말씀을 드릴 수 없습니다만, 저 사악한 소인의 입을 막아버리십시오."

초성왕이 노해 그에게 군사를 적게 주었다. 당시 자옥은 대부 완춘宛春을 보내 진나라에 이같이 통고했다.

"위나라 군주를 복위시키고 조나라를 보존하게 하면 우리도 송나라에 대한 포위를 풀 것이오."

구범이 말했다.

"자옥이 무례합니다. 주군은 하나를 취하십시오. 그가 두 개를 취하고자 하니 이는 허락할 수 없습니다."

선진이 말했다.

"백성을 안정시키는 것을 예禮라고 합니다. 초나라는 한마디 말로 세 나라를 보존하고, 그대는 한마디 말로 이들을 멸망시키려 하니 우리가 오히려 무례한 것입니다. 초나라의 요구에 응하지 않으면 이는 송나라를 포기하는 것이 됩니다. 몰래 조나라와 위나라를 회복시키려 한다고 대답해 이들을 유인하십시오. 이어 완춘을 포로로 잡아들이는 식으로 초나라를 격노하게 해 결전을 치른 뒤 다시 의논하는 것이 나을 것입니다."

진문공은 완춘을 위나라에 감금한 뒤 조나라와 위나라를 회복시킬 것을 은밀히 약속했다. 조나라와 위나라가 이내 초나라와 관계를 끊겠다고 선언했다. 자옥이 화를 내며 진나라 군사를 쳤다. 진나라 군사가 후퇴했다. 한 장수가 물었다.

"왜 후퇴를 하시는 겁니까?"

진문공이 말했다.

"과인이 전에 초나라에 있을 때 대치하게 되면 3사를 후퇴하겠다고 약속한 적이 있다. 이를 위배할 수는 없지 않겠는가?"

초나라 군사도 철수하고자 했으나 자옥이 찬성하지 않았다. 이해 4월 무진일, 송나라 군주, 제나라 장수, 진秦나라 장수 등이 진晉나라 문공의 군사와 함께 성복에 주둔했다. 4월 기사일, 진과 초나라 군사가 회전했다. 초나라 군사가 패배하자 자옥이 나머지 병사를 거두어 철군했다. 4월 갑오일, 진나라 군사가 형옹衡雍으로 돌아가서 천토에 이궁을 건립했다. 당초 정나라는 초나라를 도왔다. 초나라가 패하자 두려운 나머지 진후에게 사람을 보내 맹약을 청했다. 진후는 정백과 동맹을 맺었다.

이해 5월 정미일, 초나라의 포로들을 주나라에 바쳤다. 모두 네 마리 말이 끄는 사마駟馬 수레 100승과 보병 1,000명이다. 천자가 왕자 호虎를 보내 진문공을 패자로 선언하고 큰 수레와 붉은색 화살 100개, 검은색 화살 1,000개, 좋은 술 한 독, 옥 주걱, 그리고 용사 3,000명을 내렸다. 진문공이 세 번 사양한 뒤 절을 하고 받았다. 주양왕이 〈진문후명晉文侯命〉을 지었다.

주왕이 말하기를, "백부伯父는 의를 내세워 제후들을 화목하게 하고, 문왕과 무왕의 업적을 크게 빛나게 했다. 문왕과 무왕은 삼가 밝은 덕을 베풀어 하늘까지 올라가 비추고, 아래로 백성에게 널리 퍼뜨렸다. 천제가 천명을 문왕과 무왕에게 내린 이유다. 과인을 돌보도록 하라. 그대들이 공을 세우면 과인은 길이 보위에 편히 앉을 수 있을 것이다"라고 했다.

이후 진문공은 패자를 뜻하는 패伯로 일컬어지게 되었다. 5월 계해일, 왕자 호가 이궁에서 제후들과 맹서했다. 진나라 군사가 초나라 군사를 불살랐다. 불은 며칠이 지나도 꺼지지 않았다. 문공이 탄식하자 좌우의 신하들이 말했다.

"초나라에 승리를 거두었는데도 근심하니 이는 무슨 까닭입니까?"

진문공이 말했다.

"내가 듣건대 전쟁에서 이겨도 마음이 편안한 사람은 오직 성인뿐이라고 했소. 그래서 두려운 것이오. 게다가 자옥이 아직도 살아 있소. 어찌 즐거워할 수 있겠소?"

자옥은 전쟁에서 패하고 돌아갔다. 초성왕은 그가 자신의 말을 듣지 않고 공을 탐해 진나라와 접전했다고 노여워하며 자옥을 질책했다. 자옥이 자진했다. 소식을 들은 진문공이 기뻐했다.

"우리는 초나라 밖을 쳤다. 초나라의 왕은 안에서 대신을 주살했다. 안과 밖이 상응할 것이다."

이해 6월, 진나라가 위나라 군주를 환국시켰다. 6월 임오일, 진문공이 황하를 건너 북쪽으로 귀국했다. 논공행상을 하니 호언이 으뜸이었다. 어떤 자가 말했다.

"성복의 일은 선진의 책모 덕분입니다."

진문공이 말했다.

"성복의 일을 말하면 호언은 과인에게 믿음을 잃지 말라고 권했소. 선진은 말하기를, '군사는 오직 이기는 것을 으뜸으로 삼는다'고 했소. 과인은 그것으로 승리를 얻었소. 그러나 이는 한때의 유리한 계책이고, 호언의 말은 만세의 공적이오. 어찌 한때의 유리한 계책이 만세의 공적을 뛰어넘을 수 있겠소? 과인이 호언을 앞에 둔 이유요."

이해 겨울, 진문공이 온 땅에서 제후들과 만나 제후를 이끌고 주나라 천자를 조현하고자 했다. 그러나 역량이 충분하지 않아 제후들이 반란을 일으킬까 두려웠다. 곧 사람을 보내 주양왕이 하양河陽으로 순행할 것을 청했다. 6월 임신일, 제후들을 이끌고 천토에 와서 주양왕을 조현했다. 공자가 역사서를 읽다가 진문공 부분에 이르러 이같이 말했다.

"제후는 왕을 부를 수 없다."

《춘추》에 나오는 "왕이 하양을 순시하다"라는 구절은 이를 피한 것이다. 6월 정축일, 제후들이 허許나라를 포위했다. 조백曹伯의 대신 가운데 하나가 진문공에게 말했다.

"제환공은 제후들을 모아 성이 다른 나라를 보존하고 있습니다. 현재 주군은 제후들을 모아 성이 같은 나라를 멸하고 있습니다. 조나라는 숙진탁叔振鐸의 후예이고, 진나라는 당숙의 후예입니다. 제후들을 모아 형제 나라를 멸망시키는 것은 예가 아닙니다."

진문공은 기뻐하며 조백을 복위시켰다. 당시 진나라는 좌·우·가운데 3항三行의 보병 부대를 처음으로 만들었다. 순림보는 중항, 선곡先縠은 우항, 선멸先蔑은 좌항을 이끌었다. 진문공 7년, 진문공과 진목공이 함께 정나라를 포위했다. 진문공이 국외로 유망하고 있을 때 정나라가 무례하게 대했다. 성복 전쟁 당시 정나라는 초나라를 도와주었다. 정나라를 포위한 것은 숙첨을 잡기 위해서였다. 숙첨이 이 소식을 듣고 자진했다.• 정나라가 숙첨의 일로 진문공에게 고하자 진문공이 이같이 말했다.

"반드시 정나라의 국왕을 잡아야 마음에 흡족할 것이다."

정나라 군주가 두려워하며 틈을 타 진목공에게 사자를 보냈다.

"정나라를 멸망시키는 것은 진晉나라를 증강시키는 것입니다. 진

• 숙첨의 자진과 관련해 〈정세가〉에도 유사한 내용이 나온다. "숙첨이 정문공에게 말하기를, '진나라가 정나라를 포위한 원인은 저에게 있으므로, 제가 죽으면 정나라는 포위에서 풀려날 것이니 제가 그리하겠습니다'라고 했다. 그러고는 곧 자진했다. 정나라 사람이 숙첨의 시신을 진나라에 보냈다." 그러나 《국어》〈진어晉語〉는 이와 상반된 내용을 실어놓았다. 이에 따르면 당시 숙첨은 진문공이 팽살烹殺을 명하자 펄펄 끓는 가마솥의 귀를 잡고 이내 솥 안으로 뛰어들려는 자세를 취한 뒤 큰소리로 말하기를, "앞으로 지모와 충성을 다해 군주를 섬기려는 자들은 장차 나와 같은 꼴이 되고 말 것이다"라고 했다. 그러자 진문공이 급히 만류하기를, "잠시 그대를 시험한 것일 뿐이오"라고 했다. 후히 대접한 뒤 돌려보내자 정문공이 그를 장군으로 임명한 것으로 나온다. 이에 관해 《사기색은》 등은 침묵하고 있다. 당시 진문공은 패업에 대한 열망이 강했다. 대의를 위해 사적인 원망을 억제할 줄 알았다. 당시의 정황에 비추어 《국어》의 기록이 역사적인 사실에 가까울 듯싶다.

나라에게는 득이 되지만 진秦나라에게는 이익이 없을 것입니다. 군주는 왜 정나라를 놓아주어 동진東進하기 위한 동쪽 길의 안내자로 삼지 않는 것입니까?•"

진목공이 기뻐하며 병사를 철군했다. 진문공도 철병했다. 진문공 9년 겨울, 진문공이 죽자 아들 진양공 환驩이 즉위했다. 이해에 정나라 군주도 죽었다. 정나라의 어떤 자가 진秦나라에 정보를 팔았다. 진목공이 군사를 보내 정나라를 습격했다. 이해 12월, 진秦나라 군사가 진晉나라의 교외를 지나갔다.

◦◦ 文公元年春, 秦送重耳至河. 咎犯曰, "臣從君周旋天下, 過亦多矣. 臣猶知之, 況於君乎? 請從此去矣." 重耳曰, "若反國, 所不與子犯共者, 河伯視之!" 乃投璧河中, 以與子犯盟. 是時介子推從, 在船中, 乃笑曰, "天實開公子, 而子犯以爲己功而要市於君, 固足羞也. 吾不忍與同位." 乃自隱渡河. 秦兵圍令狐, 晉軍于廬柳. 二月辛丑, 咎犯與秦晉大夫盟于郇. 壬寅, 重耳入于晉師. 丙午, 入于曲沃. 丁未, 朝于武宮, 卽位爲晉君, 是爲文公. 群臣皆往. 懷公圉奔高梁. 戊申, 使人殺懷公. 懷公故大臣呂省 · 郤芮本不附文公, 文公立, 恐誅, 乃欲與其徒謀燒公宮, 殺文公. 文公不知. 始嘗欲殺文公宦者履鞮知其謀, 欲以告文公, 解前罪, 求見文公. 文公不見, 使人讓曰, "蒲城之事, 女斬予袪. 其後我從狄君獵, 女爲惠公來求殺我. 惠公與女期三日至, 而女一日至, 何速也? 女其念之." 宦者曰, "臣刀鋸之餘, 不敢以二心事君倍主, 故得罪於君. 君已反國, 其毋蒲 · 翟乎? 且管仲射鈎, 桓公以霸. 今刑餘之人以事

• 원문은 동도교東道交다.《춘추좌전》〈노희공 29년〉조에는 동도주東道主로 나온다. 동도주는 서쪽의 패자인 진목공이 동쪽으로 진출할 경우 동쪽 길의 안내인이 되겠다는 뜻을 담고 있다. 이는 훗날 일정한 곳으로 지나는 길손을 자신의 집에 묵게 하며 대접하는 주인을 뜻하는 말로 전용되었다.

告而君不見, 禍又且及矣." 於是見之, 遂以呂·郤等告文公. 文公欲召呂·郤, 呂·郤等黨多, 文公恐初入國, 國人賣己, 乃爲微行, 會秦繆公於王城, 國人莫知.

三月己丑, 呂·郤等果反, 焚公宮, 不得文公. 文公之衛徒與戰, 呂·郤等引兵欲奔, 秦繆公誘呂·郤等, 殺之河上, 晉國復而文公得歸. 夏, 迎夫人於秦, 秦所與文公妻者卒爲夫人. 秦送三千人爲衛, 以備晉亂. 文公修政, 施惠百姓. 賞從亡者及功臣, 大者封邑, 小者尊爵. 未盡行賞, 周襄王以弟帶難出居鄭地, 來告急晉. 晉初定, 欲發兵, 恐他亂起, 是以賞從亡未至隱者介子推. 推亦不言祿, 祿亦不及. 推曰, "獻公子九人, 唯君在矣. 惠·懷無親, 外內棄之, 天未絶晉, 必將有主, 主晉祀者, 非君而誰? 天實開之, 二三子以爲己力, 不亦誣乎? 竊人之財, 猶曰是盜, 況貪天之功以爲己力乎? 下冒其罪, 上賞其姦, 上下相蒙, 難與處矣!" 其母曰, "盍亦求之, 以死誰懟?" 推曰, "尤而效之, 罪有甚焉. 且出怨言, 不食其祿." 母曰, "亦使知之, 若何?" 對曰, "言, 身之文也, 身欲隱, 安用文之? 文之, 是求顯也." 其母曰, "能如此乎? 與女偕隱." 至死不復見. 介子推從者憐之, 乃懸書宮門曰, "龍欲上天, 五蛇爲輔. 龍已升雲, 四蛇各入其宇, 一蛇獨怨, 終不見處所." 文公出, 見其書, 曰, "此介子推也. 吾方憂王室, 未圖其功." 使人召之, 則亡. 遂求所在, 聞其入緜上山中, 於是文公環緜上山中而封之, 以爲介推田, 號曰介山, "以記吾過, 且旌善人." 從亡賤臣壺叔曰, "君三行賞, 賞不及臣, 敢請罪." 文公報曰, "夫導我以仁義, 防我以德惠, 此受上賞. 輔我以行, 卒以成立, 此受次賞. 矢石之難, 汗馬之勞, 此復受次賞. 若以力事我而無補吾缺者, 此復受次賞. 三賞之後, 故且及子." 晉人聞之, 皆說. 二年春, 秦軍河上, 將入王. 趙衰曰, "求霸莫如入王尊周. 周晉同姓, 晉不先入王, 後秦入之, 毋以令于天下. 方今尊王, 晉之資也."

三月甲辰, 晉乃發兵至陽樊, 圍溫, 入襄王于周. 四月, 殺王弟帶. 周
襄王賜晉河內陽樊之地. 四年, 楚成王及諸侯圍宋, 宋公孫固如晉告
急. 先軫曰, "報施定霸, 於今在矣." 狐偃曰, "楚新得曹而初婚於衛, 若
伐曹·衛, 楚必救之, 則宋免矣." 於是晉作三軍. 趙衰舉郤縠將中軍,
郤臻佐之, 使狐偃將上軍, 狐毛佐之, 命趙衰爲卿, 欒枝將下軍, 先軫
佐之, 荀林父御戎, 魏犨爲右, 往伐. 冬十二月, 晉兵先下山東, 而以原
封趙衰. 五年春, 晉文公欲伐曹, 假道於衛, 衛人弗許. 還自河南度, 侵
曹, 伐衛. 正月, 取五鹿. 二月, 晉侯·齊侯盟于斂盂. 衛侯請盟晉, 晉人
不許. 衛侯欲與楚, 國人不欲, 故出其君以說晉. 衛侯居襄牛, 公子買
守衛. 楚救衛, 不卒. 晉侯圍曹. 三月丙午, 晉師入曹, 數之以其不用釐
負羈言, 而用美女乘軒者三百人也. 令軍毋入僖負羈宗家以報德. 楚圍
宋, 宋復告急晉. 文公欲救則攻楚, 爲楚嘗有德, 不欲伐也, 欲釋宋, 宋
又嘗有德於晉, 患之. 先軫曰, "執曹伯, 分曹·衛地以與宋, 楚急曹·衛,
其勢宜釋宋." 於是文公從之, 而楚成王乃引兵歸. 楚將子玉曰, "王遇晉
至厚, 今知楚急曹·衛而故伐之, 是輕王." 王曰, "晉侯亡在外十九年, 困
日久矣, 果得反國, 險阨盡知之, 能用其民, 天之所開, 不可當." 子玉請
曰, "非敢必有功, 願以閒執讒慝之口也." 楚王怒, 少與之兵. 於是子玉
使宛春告晉, "請復衛侯而封曹, 臣亦釋宋." 咎犯曰, "子玉無禮矣, 君取
一, 臣取二, 勿許." 先軫曰, "定人之謂禮. 楚一言定三國, 子一言而亡
之, 我則毋禮. 不許楚, 是棄宋也. 不如私許曹·衛以誘之, 執宛春以怒
楚, 旣戰而後圖之." 晉侯乃囚宛春於衛, 且私許復曹·衛. 曹·衛告絶
於楚. 楚得臣怒, 擊晉師, 晉師退. 軍吏曰, "爲何退?" 文公曰, "昔在楚,
約退三舍, 可倍乎!" 楚師欲去, 得臣不肯. 四月戊辰, 宋公·齊將·秦將

與晉侯次城濮. 己巳, 與楚兵合戰, 楚兵敗, 得臣收餘兵去.

甲午, 晉師還至衡雍, 作王宮于踐土. 初, 鄭助楚, 楚敗, 懼, 使人請盟晉侯. 晉侯與鄭伯盟. 五月丁未, 獻楚俘於周, 駟介百乘, 徒兵千. 天子使王子虎命晉侯爲伯, 賜大輅, 彤弓矢百, 玈弓矢千, 秬鬯一卣, 珪瓚, 虎賁三百人. 晉侯三辭, 然后稽首受之. 周作晉文侯命, 王若曰, "父義和, 丕顯文·武, 能愼明德, 昭登於上, 布聞在下, 維時上帝集厥命于文·武. 恤朕身·繼予一人永其在位." 於是晉文公稱伯. 癸亥, 王子虎盟諸侯於王庭. 晉焚楚軍, 火數日不息, 文公歎. 左右曰, "勝楚而君猶憂, 何?" 文公曰, "吾聞能戰勝安者唯聖人, 是以懼. 且子玉猶在, 庸可喜乎!" 子玉之敗而歸, 楚成王怒其不用其言, 貪與晉戰, 讓責子玉, 子玉自殺. 晉文公曰, "我擊其外, 楚誅其內, 內外相應." 於是乃喜. 六月, 晉人復入衛侯. 壬午, 晉侯度河北歸國. 行賞, 狐偃爲首. 或曰, "城濮之事, 先軫之謀." 文公曰, "城濮之事, 偃說我毋失信. 先軫曰'軍事勝爲右', 吾用之以勝. 然此一時之說, 偃言萬世之功, 奈何以一時之利而加萬世功乎? 是以先之."

冬, 晉侯會諸侯於溫, 欲率之朝周. 力未能, 恐其有畔者, 乃使人言周襄王狩于河陽. 壬申, 遂率諸侯朝王於踐土. 孔子讀史記至文公, 曰'諸侯無召王'·'王狩河陽'者, 春秋諱之也. 丁丑, 諸侯圍許. 曹伯臣或說晉侯曰, "齊桓公合諸侯而國異姓, 今君爲會而滅同姓. 曹, 叔振鐸之後, 晉, 唐叔之後. 合諸侯而滅兄弟, 非禮." 晉侯說, 復曹伯. 於是晉始作三行. 荀林父將中行, 先縠將右行, 先蔑將左行. 七年, 晉文公·秦繆公共圍鄭, 以其無禮於文公亡過時, 及城濮時鄭助楚也. 圍鄭, 欲得叔瞻. 叔瞻聞之, 自殺. 鄭持叔瞻告晉. 晉曰, "必得鄭君而甘心焉." 鄭恐, 乃閒令使謂秦繆公曰, "亡鄭厚晉, 於晉得矣, 而秦未爲利. 君何不解鄭, 得爲東道交?" 秦伯說, 罷兵. 晉亦罷兵. 九年冬, 晉文公卒, 子襄公歡立. 是歲鄭伯亦卒. 鄭人或賣其國於秦, 秦繆公發兵往襲鄭. 十二月, 秦兵過我郊.

양공세가

진양공 원년 봄, 진秦나라 군사가 주나라 도성을 지나갔다. 왕손만王孫滿이 이들을 무례하다고 비판했다. 진나라 군사가 활滑나라에 이르자 정나라 상인 현고弦高가 장차 주나라 도성에 가 장사를 하려고 이들을 만났다. 그리고 열두 마리의 소를 잡아 이들을 위로했다. 진나라 군사가 크게 놀란 나머지 되돌아가 활나라를 멸했다. 진晉나라 대부 선진이 말했다.

"진秦나라 군주는 건숙蹇叔의 말을 듣지 않고 백성의 마음과 어긋나고 있으니 가히 공격할 만합니다."

난지가 말했다.

"진나라가 선군에게 베푼 은혜를 아직 보답하지 않았습니다. 공격하는 것은 옳지 않습니다."

선진이 반박했다.

"진나라는 우리의 새로운 주군을 모욕하고 우리와 성이 같은 나라를 치고 있소. 무슨 보답할 은덕이 있다는 것이오?"

결국 진晉나라가 먼저 공격을 가했다. 당시 친정에 나선 진양공은 검은색 상복을 입었다. 이해 4월, 효산에서 진나라 군사를 대파하고 맹명시孟明視·서기술西乞秫·백을병白乙丙 등 세 명의 장수를 포로로 잡았다. 이어 검은색 상복을 입은 채 진문공을 안장했다. 진문공의 부인은 진秦나라 출신이다. 진양공에게 말했다.

"진秦나라 군주가 그의 세 장수를 죽이려 한답니다."

진양공은 이를 허락하고 이들을 보내주었다. 선진이 이 소식을 듣고 진양공에게 말했다.

"우환이 생겼습니다."

선진이 세 장수를 쫓아갔으나 이미 늦었다. 그들은 황하를 건너 배 위에서 고개를 숙이며 사례한 뒤 돌아오지 않았다. 3년 뒤 진秦나라가 맹명시를 보내 진나라를 쳤다. 효산에서의 패배를 설욕하고 진나라의 왕汪 땅을 취하고 돌아왔다. 진양공 4년, 진목공은 대대적으로 진나라를 치고 황하를 건너고 왕관王官을 탈취하고 효산에 병사들의 무덤을 세운 뒤 떠났다. 진나라는 두려워하며 감히 나오지 못하고 성을 방어하고 있었다. 진양공 5년, 진晉나라가 진秦나라를 쳐서 새로 지은 성을 탈취하고 왕관의 일을 설욕했다. 진양공 6년, 조최성자趙衰成子·난정자樂貞子(난지)·구계자범咎季子犯·곽백霍白 등이 모두 죽었다. 조돈이 조최의 뒤를 이어 집정했다. 진양공 7년 8월, 진양공이 죽었다. 태자 이고夷皐는 아직 어렸다. 진나라 백성은 환난이 여러 차례 있었던 까닭에 나이가 많은 군주를 옹립하고자 했다. 조돈이 말했다.

"양공의 아우인 옹을 세웁시다. 그는 선행을 좋아하며 나이도 많소. 그뿐 아니라 선군도 그분을 총애했소. 또 진秦나라와 가까운데 진나라는 원래 우리와 우방이었소. 선량한 사람을 세우면 공고해지고, 나이 든 사람을 섬기면 순리에 맞소. 선군이 총애한 사람을 받드는 것은 효가 되고, 오랫동안 잘 지낸 나라와 손을 잡으면 나라가 안정될 것이오."

가계賈季가 말했다.

"그분의 아우 공자 낙樂을 세우느니만 못하오. 신영辰嬴은 두 군주의 총애를 입었으니 그녀의 아들을 옹립하면 백성은 반드시 안심할 것이오."

조돈이 반박했다.

"신영은 비천해 그 지위가 아홉 사람의 아래에 있소. 그의 아들에게 무슨 위망威望이 있겠소! 또 그녀가 진회공과 진문공의 총애를 입은 것은 음란한 일이오. 선군의 아들로서 큰 것을 구하지 않고 작은 나라에 거처하는 것은 고루한 일이오. 모친이 음란하고 그 아들은 고루하니 위망이 있을 리 없소. 진陳나라는 작고도 멀어 도움이 되지 않소. 장차 무엇을 기대할 수 있겠소?"

이에 사회士會를 진秦나라로 보내 공자 옹을 맞이하게 했다. 가계도 사람을 진陳나라에 보내 공자 낙을 부르게 했다. 조돈이 가계를 폐출했다. 그가 양거보陽處父를 죽였기 때문이다. 이해 10월, 진양공을 안장했다. 이해 11월, 가계가 적나라로 달아났다. 이해에 진목공도 죽었다. 진영공 원년 4월, 진강공秦康公이 말했다.

"전에 문공이 환국할 때 경호 인원이 없었기에 여성과 극예의 환란이 있었다."

그러고는 공자 옹에게 많은 경호 인원을 붙여주었다. 태자 이고의 모친 목영穆嬴은 조정에서 낮이나 밤이나 태자를 껴안고 울면서 말했다.

"선군이 무슨 죄가 있는가? 또 그의 아들이 무슨 죄가 있는가? 적자를 버리고 밖에서 주군을 찾아온다면 이를 장차 어찌할 것인가?"

궁궐을 나와서 태자를 안고 조돈의 처소로 갔다. 조돈에게 머리를 숙이고 말했다.

"선군이 이 아이를 그대에게 맡기면서 당부하기를, '이 아이가 쓸 모 있는 재목이 되면 내가 그대의 은혜에 감사할 것이오. 그렇지 않으면 그대를 원망할 것이오'라고 했소. 지금 선군이 돌아가셨으나 그 말씀이 귀에 쟁쟁한데 그대는 오히려 이 아이를 버리려고 하니 장차 어찌할 셈이오?"

조돈과 대부들 모두 목영을 두려워했다. 이내 질책을 받을까 우려해 공자 옹 대신 태자 이고를 옹립했다. 그가 진영공이다. 그리고 군사를 보내 공자 옹을 호송하고 있는 진秦나라 호위군을 제지시켰다. 조돈이 장군이 되어 진나라 군사를 치고 영호에서 이들을 패퇴시켰다. 선멸과 사회는 진秦나라로 달아났다. 이해 가을, 제·송·위衛·정·조 등 각국의 군주와 조돈이 회합해 호읍扈邑에서 동맹을 맺었다. 영공이 막 보위에 올랐기 때문이다.

●● 襄公元年春, 秦師過周, 無禮, 王孫滿譏之. 兵至滑, 鄭賈人弦高將市于周, 遇之, 以十二牛勞秦師. 秦師驚而還, 滅滑而去. 晉先軫曰, "秦伯不用蹇叔, 反其衆心, 此可擊." 欒枝曰, "未報先君施於秦, 擊之, 不可." 先軫曰, "秦侮吾孤, 伐吾同姓, 何德之報?" 遂擊之. 襄公墨衰. 四月, 敗秦師于, 虜秦三將孟明視·西乞秫·白乙丙以歸. 遂墨以葬文公. 文公夫人秦女, 謂襄公曰, "秦欲得其三將戮之." 公許, 遣之. 先軫聞之, 謂襄公曰, "患生矣." 軫乃追秦將. 秦將渡河, 已在船中, 頓首謝, 卒不反. 後三年, 秦果使孟明伐晉, 報殽之敗, 取晉汪以歸. 四年, 秦繆公大興兵伐我, 度河, 取王官, 封殽尸而去. 晉恐, 不敢出, 遂城守. 五年, 晉伐秦, 取新城, 報王官役也. 六年, 趙衰成子·欒貞子·咎季子犯·霍伯皆卒. 趙盾代趙衰執政. 七年八月, 襄公卒. 太子夷皋少. 晉人

以難故, 欲立長君. 趙盾曰, "立襄公弟雍. 好善而長, 先君愛之, 且近於
秦, 秦故好也. 立善則固, 事長則順, 奉愛則孝, 結舊好則安." 賈季曰,
"不如其弟樂. 辰嬴嬖於二君, 立其子, 民必安之." 趙盾曰, "辰嬴賤, 班
在九人下, 其子何震之有! 且爲二君嬖, 淫也. 爲先君子, 不能求大而
出在小國, 僻也. 母淫子僻, 無威, 陳小而遠, 無援, 將何可乎!" 使士會
如秦迎公子雍. 賈季亦使人召公子樂於陳. 趙盾廢賈季, 以其殺陽處
父. 十月, 葬襄公. 十一月, 賈季奔翟. 是歲, 秦繆公亦卒. 靈公元年四
月, 秦康公曰, "昔文公之入也無衛, 故有呂·郤之患." 乃多與公子雍
衛. 太子母繆嬴日夜抱太子以號泣於朝, 曰, "先君何罪? 其嗣亦何罪?
舍適而外求君, 將安置此?" 出朝, 則抱以適趙盾所, 頓首曰, "先君奉此
子而屬之子, 曰'此子材, 吾受其賜, 不材, 吾怨子'. 今君卒, 言猶在耳,
而棄之, 若何?" 趙盾與諸大夫皆患繆嬴, 且畏誅, 乃背所迎而立太子夷
皋, 是爲靈公. 發兵以距秦送公子雍者. 趙盾爲將, 往擊秦, 敗之令狐.
先蔑·隨會亡奔秦. 秋, 齊·宋·衛·鄭·曹·許君皆會趙盾, 盟於扈, 以
靈公初立故也.

영공세가

진영공 4년, 진秦나라를 쳐서 소량少粱을 빼앗았다. 진秦나라도 진
나라의 효읍郩邑을 빼앗았다. 진영공 6년, 진강공이 진나라를 공격해
기마羈馬 일대를 빼앗았다. 진영공이 성이 나 조돈·조천·극결郤欠을
보내 진나라를 치게 해 하곡河曲에서 크게 싸웠다. 조천에게 가장 큰
공이 돌아갔다. 진영공 7년, 진晉나라의 육경은 사회가 진秦나라에 있

으면서 반란을 획책할까 우려해 위수여魏壽餘에게 진晉나라에 반란한 척하며 진秦나라에 투항하게 했다. 진秦나라가 사회를 보냈다. 그가 위읍魏邑에 이르자 위수여는 곧바로 그를 붙잡아 진나라로 돌아왔다.

진영공 8년, 주경왕周頃王이 죽자 공경대부公卿大夫들이 권력을 다투느라 상을 치르지도 못했다. 진나라는 조돈에게 병거 800승을 이끌고 가 주나라 왕실의 내란을 평정하게 하고 주광왕周匡王을 옹립했다. 이해에 초장왕이 즉위했다. 진영공 12년, 제나라 백성이 주군인 제의공을 시해했다.

진영공 14년, 진영공이 성장하자 생활이 사치스러웠다. 심하게 백성을 착취한 이유다. 담장까지 채색으로 장식할 정도였다. 누대 위에서 사람에게 탄환을 쏘게 한 뒤 사람들이 정신없이 피하는 것을 보고는 즐거워했다. 궁중 요리사에게 곰발바닥 요리를 덜 구웠다고 화를 내며 죽이고는 그의 부인에게 시신을 들고 나가게 했다. 조돈과 사회가 수차례나 간했으나 듣지 않았다. 또 오래지 않아서 죽은 사람의 손을 보게 되자 두 사람이 간했다. 사회가 먼저 간했으나 진영공은 듣지 않았다. 진영공은 이들을 두려워해 역사 서예鉏麑를 시켜 조돈을 죽이게 했다. 막상 가보니 조돈의 내실 문이 열려 있었고 처소에는 절제가 있었다. 서예가 물러나 탄식했다.

"충신을 죽이는 것과 주군의 명을 어기는 것! 그 죄는 같다."

그러고는 스스로 나무에 부딪쳐서 죽었다. 일찍이 조돈은 자주 수산首山에 사냥을 가고는 했다. 하루는 뽕나무 아래서 기아에 허덕이는 사람을 보았다. 그 사람은 시미명示眯明이다.* 조돈이 그에게 먹을 것을 주자 그가 반 정도만 먹었다. 그 이유를 묻자 그가 말했다.

"바깥에서 관직생활을 한 지 3년이 되었습니다. 지금 모친이 어디에 계신지 알지 못합니다. 이를 남겨놓아 모친이 드시도록 해야겠습니다."

조돈은 그가 의로운 사람이라 생각하고 먹을 것과 고기를 더 많이 남겨놓았다. 그리 오래 지나지 않아 그 사람이 진영공의 주방장이 되었으나 조돈은 그를 알아보지 못했다. 이해 9월, 진영공이 조돈을 청해 술을 먹인 후 병사를 매복시키고 그를 살해하고자 했다. 진영공의 주방장 시미명이 이 사실을 알았다. 그는 조돈이 술에 취해 일어서지 못할까 우려해 앞으로 나아가서 말했다.

"주군이 저에게 술 석 잔을 마셔도 좋다고 했습니다."

조돈에게 먼저 떠나게 해 화가 미치지 않게 했다. 조돈이 이미 떠났으나 매복한 병사들은 이 사실을 깨닫지 못하고 우선 무서운 맹견 한 마리를 풀었다. 시미명이 조돈을 위해 개를 죽였다. 조돈이 말했다.

"사람을 버리고 개를 쓰다니. 비록 사납기는 하나 무슨 소용이 있겠는가?"

그러나 조돈은 시미명이 은연중에 자신을 보호해준 은덕을 알지 못했다. 진영공의 지휘에 따라 매복해 있던 병사들이 조돈을 추격했다. 시미명이 이들에게 반격을 가하며 추격을 저지했다. 조돈이 무사히 도주한 이유다. 조돈이 시미명에게 자신을 구해준 이유를 물었다. 시미명이 대답했다.

"저는 뽕나무 아래서 배고파 죽어가던 그 사람입니다."

● 《춘추좌전》에는 시미명提彌明으로 나온다.

조돈이 이름을 물어도 말해주지 않았다. 시미명도 기회를 보아 달아났다. 조돈이 달아났으나 아직 진나라의 경계를 벗어나지는 못했다. 9월 을축일, 조돈의 아우 조천이 도원桃園에서 진영공을 습격해 시해하고는 조돈을 맞이했다. 조돈은 평소 고귀하게 행동하는 사람이라 민심을 얻었고, 진영공은 나이도 적은데 사치해 백성이 그를 듣지 않았기에 그를 시해하기가 용이했던 것이다. 조돈은 원래의 관직을 회복했다. 진나라의 태사 동호董狐가 죽간에 이같이 썼다.

조돈은 주군을 시해했다.

그러고는 이를 조정에서 모두에게 보였다. 조돈이 변명했다.
"주군을 시해한 것은 조천이다. 나는 죄가 없다."
태사가 힐난했다.
"그대는 수석 대신으로서 도주를 했으나 국경을 벗어나지 않았고, 돌아와서도 난을 일으킨 사람을 주살하지 않으니 그대가 아니면 누구란 말이오."
훗날 공자는 이 이야기를 듣고 이같이 말했다.
"동호는 옛날의 훌륭한 사가로서 그의 역사 기록원칙은 숨기지 않는 것이다. 조선자趙宣子는 훌륭한 대부로서 원칙을 준수하다가 오명을 썼다. 안타깝다. 만일 국경을 벗어났더라면 오명을 면할 수 있었을 것이다."
조돈은 조천을 주나라 도성으로 보내 양공의 아우 흑둔黑臀을 영접하게 했다. 그가 진성공晉成公이다. 진성공은 진문공의 작은아들이다. 생모는 주나라 왕실의 여자였다. 9월 임신일, 진성공이 무궁으로

가 조종朝宗을 배견했다.

진성공 원년, 상으로 조씨를 공족대부公族大夫에 임명했다. 정나라를 쳤다. 진晉나라를 배반했기 때문이다. 진성공 3년, 정나라 군주가 갓 보위에 올라 진晉나라를 가까이하고 초나라를 버렸다. 초나라 왕이 화가 나 정나라를 치자 진나라가 이들을 구했다. 진성공 6년, 진秦나라를 쳐서 장수 적赤을 포획했다. 진성공 7년, 진성공과 초장왕이 강함을 다투며 호읍에서 제후들과 회합했다. 진陳나라는 초나라를 두려워해 회맹에 참가하지 않았다. 진성공이 중항환자中行桓子(순림보)를 보내 진秦나라를 쳤다. 그는 정나라를 구하려고 초나라와 싸워초나라 군사를 패퇴시켰다. 이해에 진성공이 죽고 그의 아들 진경공거據가 즉위했다.

●● 四年, 伐秦, 取少梁. 秦亦取晉之. 六年, 秦康公伐晉, 取羈馬. 晉侯怒, 使趙盾·趙穿·郤缺擊秦, 大戰河曲, 趙穿最有功. 七年, 晉六卿患隨會之在秦, 常爲晉亂, 乃詳令魏壽餘反晉降秦. 秦使隨會之魏, 因執會以歸晉. 八年, 周頃王崩, 公卿爭權, 故不赴. 晉使趙盾以車八百乘平周亂而立匡王. 是年, 楚莊王初卽位. 十二年, 齊人弑其君懿公. 十四年, 靈公壯, 侈, 厚斂以彫牆. 從上彈人, 觀其避丸也. 宰夫胹熊蹯不熟, 靈公怒, 殺宰夫, 使婦人持其屍出棄之, 過朝. 趙盾·隨會前數諫, 不聽, 已又見死人手, 二人前諫. 隨會先諫, 不聽. 靈公患之, 使鉏麑刺趙盾. 盾閨門開, 居處節, 鉏麑退, 歎曰, "殺忠臣, 棄君命, 罪一也." 遂觸樹而死. 初, 盾常田首山, 見桑下有餓人. 餓人, 示眯明也. 盾與之食, 食其半. 問其故, 曰, "宦三年, 未知母之存不, 願遺母." 盾義之, 益與之飯肉. 已而爲晉宰夫, 趙盾弗復知也. 九月, 晉靈公飮趙盾酒, 伏甲將攻盾. 公宰示眯明知之, 恐盾醉不能起, 而進曰, "君賜臣, 觴三行可以罷." 欲以

去趙盾, 令先, 毋及難. 盾既去, 靈公伏士未會, 先縱囓狗名敖. 明爲盾
搏殺狗. 盾曰, "棄人用狗, 雖猛何爲." 然不知明之爲陰德也. 已而靈公
縱伏士出逐趙盾, 示眛明反擊靈公之伏士, 伏士不能進, 而竟脫盾. 盾
問其故, 曰, "我桑下餓人." 問其名, 弗告. 明亦因亡去. 盾遂奔, 未出晉
境. 乙丑, 盾昆弟將軍趙穿襲殺靈公於桃園而迎趙盾. 趙盾素貴, 得民
和, 靈公少, 侈, 民不附, 故爲弒易. 盾復位. 晉太史董狐書曰'趙盾弒其
君', 以視於朝. 盾曰, "弒者趙穿, 我無罪." 太史曰, "子爲正卿, 而亡不
出境, 反不誅國亂, 非子而誰?" 孔子聞之, 曰, "董狐, 古之良史也, 書
法不隱. 宣子, 良大夫也, 爲法受惡. 惜也, 出彊乃免." 趙盾使趙穿迎襄
公弟黑臀于周而立之, 是爲成公. 成公者, 文公少子, 其母周女也. 壬
申, 朝于武宮. 成公元年, 賜趙氏爲公族. 伐鄭, 鄭倍晉故也. 三年, 鄭伯
初立, 附晉而棄楚. 楚怒, 伐鄭, 晉往救之. 六年, 伐秦, 虜秦將赤. 七年,
成公與楚莊王爭彊, 會諸侯于扈. 陳畏楚, 不會. 晉使中行桓子伐陳, 因
救鄭, 與楚戰, 敗楚師. 是年, 成公卒, 子景公據立.

경공세가

　　진경공 원년 봄, 진陳나라 대부 하징서가 군주인 진영공을 시해
했다. 2년, 초장왕이 진陳나라를 정벌해 하징서를 주살했다. 진경공
3년, 초장왕이 정나라를 포위하자 정나라가 진晉나라에 위급을 알렸
다. 진나라는 순림보에게 중군, 사회에게 상군, 조삭趙朔에게 하군을
통솔하게 했다. 극극·난서·선곡·한궐·공삭鞏朔 등은 이들을 보좌
하게 했다. 이해 6월, 진나라 군사가 황하에 도착했다. 초나라 군사가

이미 정나라를 항복시켰고, 정나라 군주가 옷을 벗어 어깨를 드러낸 채 초나라와 동맹을 맺으러 갔다는 소식을 들었다. 순림보가 군사를 돌려 귀국하고자 했다. 선곡이 만류했다.

"어쨌든 정나라를 구하러 왔습니다. 가보지 않아서는 안 될 것입니다. 그렇지 않으면 군사들의 마음이 흐트러질 것입니다."

마침내 황하를 건넜다. 초나라는 이미 정나라를 항복시키고 황하가에서 말에게 물을 먹이며 위명威名을 뽐내려 했다. 초나라는 진晉나라와 크게 싸웠다. 정나라는 최근 초나라에 복속되었기에 오히려 초나라 군사를 도와 진나라 군사를 쳤다. 진나라가 패전한 후 황하로 달아나 배를 다투어 타며 강을 건넜다. 배 안에는 사람들의 잘린 손가락이 매우 많았다. 초나라 군사가 진나라 장수 지앵智罃을 포획했다. 돌아온 후 순림보가 말했다.

"소신은 전군을 통솔하는 대장으로서 군사가 패했으니 응당 처벌받아야 할 것입니다. 청컨대 죽여주소서."

진경공이 이를 허락하고자 했다. 사회가 말했다.

"전에 문공이 초나라와 성복에서 싸울 때, 초성왕이 돌아가 자옥을 죽이자 문공은 기뻐했습니다. 지금 초나라가 이미 우리의 군사를 패퇴시켰습니다. 또 우리가 우리의 장수를 죽인다면 이는 초나라를 돕는 일이 됩니다."

진경공이 그만두었다. 진경공 4년, 선곡이 황하 강변으로 가자고 먼저 의견을 냈다가 패했기에 죽임을 당할까 두려운 나머지 적나라로 달아났다가 적나라와 상의해 진晉나라를 치기로 했다. 진나라에서 이를 알고 선곡의 모든 친족을 주살했다. 선곡은 선진의 아들이다. 진경공 5년, 정나라를 쳤다. 초나라를 도왔기 때문이다. 당시 초장왕은 강대해져 있었다. 황하 가에서 진나라 군사를 패퇴시켰기 때문이다. 진경공 6년, 초나라가 송나라를 치자 송나라는 진나라에 위급을 알렸다. 진나라는 송을 구원하고자 했다. 백종伯宗이 계책을 올려 만류했다.

"초나라는 하늘이 길을 열어주고 있으니 감당할 수 없습니다."

대부 해양解揚에게 송나라를 구하려 한다고 유언비어를 퍼뜨리게 했다. 정나라 사람이 그를 잡아 초나라 군사로 보냈다. 초나라 군사는 그에게 매우 많은 재물을 주며 그더러 반대의 말을 하게 해 송나라에게 빨리 투항하게 할 셈이었다. 해양은 가짜로 응답하는 척했으나 결국은 진나라 주군의 말을 송나라에 전했다. 초나라 군사는 그를 죽이려고 했으나 어떤 자가 간해 해양을 석방해 돌려보냈다. 진경공 7년, 진나라는 사회를 적적赤狄에 사자로 보냈다.

진경공 8년, 극극을 제나라에 사자로 보냈다. 제경공의 모친이 누각 위에서 사신들을 보고 웃었다. 극극이 꼽추였고 노나라의 사신은 절름발이였으며 위衛나라의 사신은 애꾸눈이었기 때문이다. 제경공 또한 이 사신들과 같은 비정상적인 사람을 택했던 것이다. 극극이 크게 노한 나머지 귀국 길에 황하 강변에 이르러 이같이 다짐했다.

"반드시 제나라에 설욕할 것이다. 하백이 보고 계신다!"

도성으로 돌아와 진晉나라 군주에게 제나라를 치기를 청했다. 진경공은 그 이유를 물어 알고 난 뒤 말했다.

"그대의 원한으로 어찌 나라를 번거롭게 하겠소!"

그러고는 그의 말을 듣지 않았다. 위문자魏文子가 연로해 은퇴하기를 간청하며 극극을 천거했다. 극극이 실권을 장악한 배경이다. 진경공 9년, 초장왕이 죽었다. 진나라가 제나라를 치자 제나라는 태자 강彊을 진나라에 볼모로 삼게 했다. 진나라 군사가 물러났다. 진경공 11년 봄, 제나라가 노나라를 공격해 융 땅을 빼앗았다. 노나라가 위衛나라에 위급을 알리니 위나라와 노나라가 극극을 거쳐 진나라에게 위급을 알렸다. 진나라는 극극과 난서, 한궐을 보내 병거 800승으로 노나라·위나라와 함께 제나라로 진격했다.

이해 여름, 안 땅에서 제경공과 교전해 그에게 상처를 입히고 곤란을 당하게 했다. 진경공은 그의 시위병과 위치를 바꾸고 우물물을 마시며 겨우 탈출했다. 제나라 군사가 도주에 실패하자 진나라 군사가 북쪽 제나라까지 쫓아갔다. 진경공은 보물과 옥을 바치며 강화를 청했으나 진나라 군사는 듣지 않았다. 극극이 말했다.

"반드시 소동蕭桐의 질녀를 볼모로 삼아야 할 것이다!"

제나라 사자가 말했다.

"소동의 질녀는 경공의 모친이요. 경공의 모친은 진나라의 주군의 모친과 같은데 어떻게 그녀를 볼모로 요구하십니까? 이치에 맞지 않습니다. 다시 결전을 치릅시다."

진나라는 제나라와 강화를 맺고 떠났다. 초나라의 신공 무신이 하희를 훔쳐 진나라로 달아나 진나라는 무신을 형 땅의 대부로 삼았다. 진경공 12년 겨울, 제경공이 진나라에 와서 진경공을 왕으로 옹립하고자 했다. 진경공이 사양해 듣지 않았다. 진나라가 비로소 육군六軍을 만들었다. 한궐·공삭·조천·순추荀騅·조괄趙括·조전趙旃을 경으로 삼아 육군을 관장하게 했다. 포로로 있던 지앵이 초나라에서 귀국했다. 진경공 13년, 노성공이 진나라를 방문했으나 진나라가 그를 존중하지 않았기에 노성공은 화가 나 떠나버렸다. 곧 진나라를 배반했다. 진나라가 정나라를 공격해 범읍을 빼앗았다.

진경공 14년, 양산梁山이 붕괴되었다. 진나라 군주가 백종에게 물었으나 백종은 괴이할 것이 없다고 여겼다. 진경공 16년, 초나라 장수 자반이 신공무신에게 반감을 가져 그의 종족을 몰살시켰다. 무신은 화가 나 자반에게 서신을 보냈다.

"반드시 그대에게 쫓겨 다니다가 죽게 할 것이다!"

그리고 오나라에 사자로 나가기를 청해 그의 아들을 오나라의 행인으로 있게 했고, 오나라의 수레를 몰고 용병하는 방법을 배우게 했다. 오나라와 진나라가 바야흐로 왕래를 하게 되어 함께 초나라를 치기로 약정했다. 진경공 17년, 진나라는 조동趙同과 조괄을 주살하고 그의 집안을 멸족시켰다. 한궐이 말했다.

"조최와 조돈의 공로를 어찌 잊을 수 있겠는가? 어찌 그의 제사를 단절시킬 수 있겠는가?"

다시 조씨의 서자 조무趙武를 조씨의 후손으로 삼고 그에게 봉읍을 주었다. 진경공 19년 여름, 진경공의 병이 깊어 태자 수만壽曼을 주군으로 세웠다. 그가 진여공이다. 한 달쯤 지나 진경공이 죽었다.

●● 景公元年春, 陳大夫夏徵舒弑其君靈公. 二年, 楚莊王伐陳, 誅徵舒. 三年, 楚莊王圍鄭, 鄭告急晉. 晉使荀林父將中軍, 隨會將上軍, 趙朔將下軍, 郤克·欒書·先縠·韓厥·鞏朔佐之. 六月, 至河. 聞楚已服鄭, 鄭伯肉袒與盟而去, 荀林父欲還. 先縠曰, "凡來救鄭, 不至不可, 將率離心." 卒度河. 楚已服鄭, 欲飲馬于河爲名而去. 楚與晉軍大戰. 鄭新附楚, 畏之, 反助楚攻晉. 晉軍敗, 走河, 爭度, 船中人指甚衆. 楚虜我將智罃. 歸而林父曰, "臣爲督將, 軍敗當誅, 請死." 景公欲許之. 隨會曰, "昔文公之與楚戰城濮, 成王歸殺子玉, 而文公乃喜. 今楚已敗我師, 又誅其將, 是助楚殺仇也." 乃止. 四年, 先縠以首計而敗晉軍河上, 恐誅, 乃奔翟, 與翟謀伐晉. 晉覺, 乃族縠. 縠, 先軫子也. 五年, 伐鄭, 爲助楚故也. 是時楚莊王彊, 以挫晉兵河上也. 六年, 楚伐宋, 宋來告急晉, 晉欲救之, 伯宗謀曰, "楚, 天方開之, 不可當." 乃使解揚給爲救宋. 鄭人執與楚, 楚厚賜, 使反其言, 令宋急下. 解揚給許之, 卒致晉君言. 楚欲殺之, 或諫, 乃歸解揚. 七年, 晉使隨會滅赤狄. 八年, 使郤克於齊. 齊頃公母從樓上觀而笑之. 所以然者, 郤克僂, 而魯使蹇, 衛使眇, 故齊亦令人如之以導客. 郤克怒, 歸至河上, 曰, "不報齊者, 河伯視之!" 至國, 請君, 欲伐齊. 景公問知其故, 曰, "子之怨, 安足以煩國!" 弗聽. 魏文子請老休, 辟郤克, 克執政. 九年, 楚莊王卒. 晉伐齊, 齊使太子彊爲質於晉, 晉兵罷. 十一年春, 齊伐魯, 取隆. 魯告急衛, 衛與魯皆因郤克告急於晉. 晉乃使郤克·欒書·韓厥以兵車八百乘與魯·衛共伐齊. 夏, 與頃公戰於鞍, 傷困頃公. 頃公乃與其右易位, 下取飮, 以得脫去. 齊師敗走, 晉追北至齊. 頃公獻寶器以求平, 不聽. 郤克曰, "必得蕭桐姪子爲質" 齊使曰, "蕭桐姪子, 頃公母. 頃公母猶晉君母, 柰何必得之? 不義, 請復戰." 晉乃許與平而去. 楚申公巫臣盜夏姬以奔晉, 晉以巫臣爲邢大夫. 十二年冬, 齊頃公如晉, 欲上尊晉景公爲王, 景公讓不敢. 晉始作六卿軍, 韓厥·鞏朔·趙穿·荀騅·趙括·趙旃皆爲卿. 智罃自楚歸. 十三年, 魯成公朝晉, 晉弗敬, 魯怒去, 倍晉. 晉伐鄭, 取氾. 十四年, 梁山崩. 問伯宗, 伯宗以爲不足怪也. 十六年, 楚將子反怨巫臣, 滅其族. 巫臣怒, 遺子反書曰, "必令子罷於奔命!" 乃請使吳, 令其子爲吳行人, 教吳乘車用兵. 吳晉始通, 約伐楚. 十七年, 誅趙同·趙括, 族滅之. 韓厥曰, "趙衰·趙盾之功豈可忘乎? 柰何絶祀!" 乃復令趙庶子武爲趙後, 復與之邑. 十九年夏, 景公病, 立其太子壽曼爲君, 是爲厲公. 後月餘, 景公卒.

여공세가

진여공 원년, 진여공은 갓 즉위해 제후들과 잘 지내려고 진환공秦桓公과 황하를 사이에 두고 회맹했다. 귀국하자마자 진秦나라가 동맹을 깨고 적나라와 상의해 진나라를 치고자 했다. 진여공 3년, 여상을 진秦나라에 보내 질책하고 제후들과 함께 진나라를 쳤다. 경수涇水에 이르자 마수麻隧에서 진나라 군사를 패퇴시키고 진나라 장수 성차成差를 포획했다. 진여공 5년, 세 명의 극씨가 여공에게 백종을 참언해 그를 죽였다. 백종은 직언과 간언을 좋아했기에 이로써 화를 입은 것이다. 백성은 여공의 말을 듣지 않았다. 진여공 6년 봄, 정나라가 진나라를 배반하고 초나라와 동맹을 맺자 여공은 화가 났다. 난서가 말했다.

"우리 세대에서 제후들의 신뢰를 잃어버릴 수가 없습니다."

그러고는 병사를 일으켰다. 이해 5월, 진여공은 스스로가 원수가 되어 황하를 건넜다. 초나라 군사가 와서 정나라를 구하려 한다는 소식을 듣고 범문자范文子가 군사를 돌리기를 청했다. 극지郤至가 말했다.

"군사를 일으켜 반역의 무리를 주살하고자 합니다. 강한 적을 만났다고 해서 이를 피하면 장차 제후들을 명할 수 없게 됩니다.

마침내 초나라와 교전했다. 5월 계사일, 화살로 초공왕의 눈을 쏘아 맞히자 초나라 군사는 언릉鄢陵에서 패했다. 자반이 남은 병사를 거두어 위무하고 다시 접전하고자 했으나 진나라는 이를 우려했다. 초공왕이 자반을 소환했다. 마침 자반은 시종 수양곡竪陽穀*이 올린

• 《춘추좌전》에는 곡양수穀陽竪로 나오나, 《여씨춘추》에는 수양곡으로 나온다.

술에 취했기에 초공왕을 조현할 수 없었다. 초공왕이 대로해 자반을 질책했다. 자반은 자진했다. 초공왕은 군사를 이끌고 돌아갔다. 진나라는 이후 제후들을 위협해 패권을 잡게 되었다.

진여공에게는 총애하는 첩이 많았다. 언릉에서 귀국한 후 모든 대부를 면직시키고 첩의 형제들을 임용하고자 했다. 어떤 첩의 오빠는 서동胥童이라 했다. 일찍이 극지와 원한이 있었다. 또 난서도 극지가 그의 계책을 듣지 않고 초나라 군사를 패배시킨 일에 관해 원한이 있었다. 사람을 보내 기회를 만들어 몰래 초나라 왕에게 사죄를 했다. 초공왕은 사람을 보내 진여공을 속였다.

"언릉의 전쟁은 실은 극지가 초나라 군사를 불러 전란을 만들려 한 것이며 그는 공자 주周를 맞아 옹립하고자 했소. 마침 다른 동맹국이 없어 이 일이 성사되지 않았던 것이오."

진여공이 난서에게 묻자 난서가 말했다.

"이건 거의 있을 만한 일입니다. 주군이 시험 삼아 주나라 도성으로 사람을 보내 몰래 그를 살펴보도록 하십시오."

진여공이 극지를 주나라로 보냈다. 난서는 또 공자 주에게 극지를 만나게 했으나 극지는 속았다는 사실을 몰랐다. 진여공이 생각해보니 이는 사실이다. 극지를 미워하게 되어 그를 죽이려 했다. 진여공 8년, 진여공이 사냥을 나가서 희첩과 술을 마셨다. 극지가 산돼지를 잡아 바쳤다. 진여공을 모시는 자가 이를 가로채자 극지가 그자를 쏘아 죽였다. 진여공이 크게 화를 냈다.

"계자季子가 과인을 속였다!"

그러고는 세 명의 극씨를 죽이려 했으나 아직 손을 쓰지 않았다. 극의郤錡가 진여공을 칠 생각으로 이같이 말했다.

"내가 비록 죽을지 모르나 그도 재앙을 만날 것이다."

극지가 말했다.

"신의는 주군을 배반하지 않는 것이고, 지혜는 백성을 해롭게 하지 않는 것이고, 용맹은 난을 일으키지 않는 것입니다. 이 세 가지를 잃게 되면 누가 저와 함께하겠습니까? 차라리 죽을 뿐입니다."

이해 12월 임오일, 진여공이 서동에게 병사 800명을 주어 세 극씨를 습격하게 했다. 서동은 조정에서 난서와 중항언을 위협했다.

"두 사람을 죽이지 않으면 반드시 당신들에게 그 우환이 미칠 것이오."

진여공이 말했다.

"하루아침에 세 명의 대신을 죽인다니 과인은 차마 더는 죽일 수는 없소."

서동이 다시 말했다.

"사람들은 장차 주군을 잔혹하게 해할 것입니다."

진여공은 듣지 않고 난서 등에게 감사하며 극씨의 죄를 처벌하려 할 뿐이었다.

"대부들의 직위를 회복시킬 것이오."

두 사람이 머리를 조아렸다.

"매우 다행입니다."

진여공이 서동을 경으로 임명했다. 이해 윤달 을묘일, 진여공이 장려씨匠驪氏의 집으로 가 놀았다. 난서와 중항언이 이들의 무리를 보내 진여공을 습격·체포하게 했다. 그리고 그를 구금시키고 서동을 죽였다. 이어 사람을 주나라 도성에 보내 공자 주를 영접한 뒤 보위에 앉혔다. 그가 진도공이다.

●● 厲公元年, 初立, 欲和諸侯, 與秦桓公夾河而盟. 歸而秦倍盟, 與翟謀伐晉. 三年, 使呂相讓秦, 因與諸侯伐秦. 至涇, 敗秦於麻隧, 虜其將成差. 五年, 三郤讒伯宗, 殺之. 伯宗以好直諫得此禍, 國人以是不附厲公. 六年春, 鄭倍晉與楚盟, 晉怒. 欒書曰, "不可以當吾世而失諸侯." 乃發兵. 厲公自將, 五月度河. 聞楚兵來救, 范文子請公欲還. 郤至曰, "發兵誅逆, 見彊辟之, 無以令諸侯." 遂與戰. 癸巳, 射中楚共王目, 楚兵敗於鄢陵. 子反收餘兵, 拊循欲復戰, 晉患之. 共王召子反, 其侍者豎陽穀進酒, 子反醉, 不能見. 王怒, 讓子反, 子反死. 王遂引兵歸. 晉由此威諸侯, 欲以令天下求霸. 厲公多外嬖姬, 歸, 欲盡去群大夫而立諸姬兄弟. 寵姬兄曰胥童, 嘗與郤至有怨, 及欒書又怨郤至不用其計而遂敗楚, 乃使人閒謝楚. 楚來詐厲公曰, "鄢陵之戰, 實至召楚, 欲作亂, 內子周立之. 會與國不具, 是以事不成." 厲公告欒書. 欒書曰, "其殆有矣! 願公試使人之周微考之." 果使郤至於周. 欒書又使公子周見郤至, 郤至不知見賣也. 厲公驗之, 信然, 遂怨郤至, 欲殺之. 八年, 厲公獵, 與姬飲, 郤至殺豕奉進, 宦者奪之. 至射殺宦者. 公怒, 曰, "季子欺予!" 將誅三郤, 未發也. 郤錡欲攻公, 曰, "我雖死, 公亦病矣." 郤至曰, "信不反君, 智不害民, 勇不作亂. 失此三者, 誰與我? 我死耳!" 十二月壬午, 公令胥童以兵八百人襲攻殺三郤. 胥童因以劫欒書·中行偃于朝, 曰, "不殺二子, 患必及公." 公曰, "一旦殺三卿, 寡人不忍益也." 對曰, "人將忍君." 公弗聽, 謝欒書等以誅郤氏罪, "大夫復位." 二子頓首曰, "幸甚幸甚!" 公使胥童為卿. 閏月乙卯, 厲公遊匠驪氏, 欒書·中行偃以其黨襲捕厲公, 囚之, 殺胥童, 而使人迎公子周于周而立之, 是為悼公.

도평세가

진도공 원년 정월 경신일, 난서와 중항언이 진여공을 죽이고 한 량의 수레로 그를 매장했다. 여공이 구금된 지 엿새 만에 죽임을 당한 것이다. 사후 열흘이 지난 경오일에 지앵이 공자 주를 맞아들여 강성絳城에 왔다. 닭을 잡아 대부들과 상의한 후 그를 옹립했다. 그가 진도공이다. 정월 신사일, 무궁으로 가 참배했다. 이해 2월 을유일, 진도공이 즉위했다. 진도공 주의 조부는 첩捷으로 진양공의 작은아들이다. 보위를 이을 수 없기에 환숙이라 불리었다. 그는 진양공에게 가장 총애를 많이 받았다. 환숙이 혜백惠伯 담談을 낳았고, 담은 도공 주를 낳았다. 도공 주는 즉위할 때 열네 살이었다. 그가 말했다.

"조부와 부친은 보위에 오를 수 없기에 난을 피해 주나라 도성으로 갔다가 거기에서 객사하셨소. 과인 자신도 진나라와는 많이 소원하게 생각되어 군주가 되기를 원치 않았소. 지금 대부들이 문공과 양공의 뜻을 잊지 않고 은혜롭게 환숙의 후손을 옹립했소. 조종과 대부들의 영혼에 의지해 진晉나라의 제사를 받들며 어찌 감히 삼가고 두려워하지 않겠소? 대부들은 모름지기 과인을 잘 보좌해주시오!"

진여공에게 불충한 신하 일곱 명을 축출하고 조종의 옛 공적을 계승하며 백성에게 은혜를 베풀었다. 또 진문공이 환국할 당시 활약한 공신들의 후손을 거두었다. 이해 가을, 정나라를 쳤다. 정나라를 격파하고 다시 진陳나라까지 침공하기에 이르렀다. 진도공 3년, 진나라가 계택鷄澤에서 제후들과 회합했다. 진도공은 여러 신하에게 등용할 만한 사람을 물었다. 기해祁傒가 해호解狐를 천거했다. 해호는 기해와 원수지간이다. 진도공이 다른 사람을 묻자 기해는 자신의 아들 기오

祁午를 천거했다. 이를 두고 군자는 이같이 평했다.

"기해는 실로 공평무사하다! 바깥쪽 사람을 추천함에는 원수라고 해서 숨기지 않았고, 안쪽의 사람을 추천함에는 아들이라고 해서 숨기지 않았다."

제후들이 회합할 때 진도공의 동생 양간楊干이 대열을 혼란하게 했다. 위강魏絳이 양간의 마부를 죽였다. 진도공이 노하자 혹자가 진도공에게 간했다. 진도공은 마침내 위강이 현명하고 능력이 뛰어남을 알게 되었다. 그에게 정사를 맡기고 융족에게 사자로 보낸 이유다. 융족이 매우 가까이 따르게 된 이유다. 진도공 11년, 진도공이 말했다.

"과인이 위강을 등용한 후 아홉 번이나 제후들을 회합하며 융족·적족과 화목하게 된 것은 모두 위강 덕분이다."●

진도공이 그에게 음악을 내렸다. 위강이 세 번 사양하다 받았다. 이해 겨울, 진秦나라가 정나라의 역櫟 땅을 빼앗았다. 진도공 14년, 진도공이 육경에게 제후들을 이끌고 진秦나라를 공격하게 했다. 경수를 건너 진秦나라 군사를 대파한 뒤 흑림棫林에 이르렀다가 돌아왔다. 진도공 15년, 진도공이 악사 광曠에게 치국의 이치를 물었다. 사광이 대답했다.

"오직 인의가 있을 뿐입니다."

이해 겨울, 진도공이 죽고 그의 아들 진평공 표彪가 즉위했다. 진평공 원년, 제나라를 쳤다. 제영공이 진나라 군사와 미하靡下에서 교전

● 《춘추좌전》과 《국어》에 따르면 진도공이 제후들과 회맹한 횟수는 기원전 568년 두 번, 기원전 566년 한 번, 기원전 565년 한 번, 기원전 564년 한 번, 기원전 563년 두 번, 기원전 562년 두 번 등이다. 본문의 '아홉 번'은 회맹의 수가 많다는 뜻으로 사용된 것이다.

했으나 패하고 달아났다.• 제나라 대부 안영이 말했다.

"주군은 용기가 없습니다. 어찌해서 계속 싸우지 않는 것입니까?"

마침내 제나라 군사는 떠났다. 진나라 군사가 추격해 도성 임치를
포위하고 외성의 모든 집을 모조리 불태우고 사람들을 도살했다. 동
쪽으로 교수膠水, 남쪽으로 기수까지 이르자 제나라는 모든 성을 굳
게 닫고 방어했다. 진나라는 군사를 이끌고 철군했다. 진평공 6년, 노
양공이 진나라를 방문했다. 진나라의 난령欒逞이 죄를 지어 제나라로
달아났다. 진평공 8년, 제장공이 몰래 난령을 곡옥으로 보내며 병사
를 뒤따르게 했다. 제나라 병사들이 태항산에 오르자 난령이 곡옥으
로 가다가 돌아와 진나라 도성 강성을 기습했다. 강성은 경계를 하
지 않았다. 진평공은 자진하고자 했으나 범헌자范獻子가 진평공을 말
렸다. 그의 무리로 난령을 반격하자 난령이 패해 곡옥으로 달아났다.
진평공이 곡옥에서 난령을 공격해 죽였다. 마침내 그의 집안을 멸족
시켰다. 난령은 난서의 손자다. 그는 강성으로 들어와서 위씨魏氏와
상의했다. 제장공은 난령이 패했다는 소식을 듣고 곧 돌아와 진나라
의 조가를 공략해 임치의 일을 설욕했다.

진평공 10년, 제나라의 최저가 주군인 제장공을 시해했다. 진나라
는 제나라의 내란을 틈타 고당에서 제나라 군사를 패퇴시키고 태항
산의 일을 설욕했다. 진평공 14년, 오나라의 연릉계자가 사자로 와서
조문자·한선자·위헌자와 이야기를 나눈 뒤 이같이 말했다.

• 진나라와 제나라의 충돌이 〈십이제후연표〉와 〈제태공세가〉에는 진평공 3년의 일로 나
온다. 《춘추좌전》도 진평공 3년에 해당하는 〈노양공 18년〉조에 해당 기록이 나온다. 기원전
555년이다. 《사기집해》는 서광의 말을 인용해 미하가 역하歷下로 나오는 판본이 있다고 했
다. 위치는 미상未詳이다. 《춘추좌전》 〈노양공 18년〉조에는 지금의 산동성山東省 평음平陰에
서 격돌한 것으로 나온다.

"진나라의 정권은 마침내 이 세 명의 손에 돌아갈 것이다."

진평공 19년, 제나라가 안영을 진나라에 사자로 보냈다. 안영이 대부 숙향과 이야기했다. 숙향이 말했다.

"진나라는 현재 쇠하는 시기입니다. 주군은 조세를 많이 거두어 누대나 연못을 만들며 정사를 돌보지 않아서 정사는 마침내 사가私家들의 문門에서 나오고 있으니 어찌 오래갈 수 있겠습니까?"

안영도 이 말이 옳다고 여겼다. 진평공 22년, 연나라를 쳤다. 진평공 26년, 진평공이 죽고 그의 아들 진소공 이夷가 즉위했다. 진소공은 재위 6년 만에 죽었다. 당시 육군을 지휘하는 육경은 더욱 강성해졌고, 공실은 더욱 쇠미해졌다. 아들 진경공晉頃公 거질去疾이 즉위했다.

●● 悼公元年正月庚申, 欒書·中行偃弑厲公, 葬之以一乘車. 厲公囚六日死, 死十日庚午, 智罃迎公子周來, 至絳, 刑雞與大夫盟而立之, 是爲悼公. 辛巳, 朝武宮. 二月乙酉, 卽位. 悼公周者, 其大父捷, 晉襄公少子也, 不得立, 號爲桓叔, 桓叔最愛. 桓叔生惠伯談, 談生悼公周. 周之立, 年十四矣. 悼公曰, "大父·父皆不得立而難於周, 客死焉. 寡人自以疏遠, 毋幾爲君. 今大夫不忘文·襄之意而惠立桓叔之後, 賴宗廟大夫之靈, 得奉晉祀, 豈敢不戰戰乎? 大夫其亦佐寡人!" 於是逐不臣者七人, 修舊功, 施德惠, 收文公入時功臣後. 秋, 伐鄭. 鄭師敗, 遂至陳. 三年, 晉會諸侯. 悼公問群臣可用者, 祁侯擧解狐. 解狐, 侯之仇. 復問, 擧其子祁午. 君子曰, "祁侯可謂不黨矣! 外擧不隱仇, 內擧不隱子." 方會諸侯, 悼公弟楊幹亂行, 魏絳戮其僕. 悼公怒, 或諫公, 公卒賢絳, 任之政, 使和戎, 戎大親附. 十一年, 悼公曰, "自吾用魏絳, 九合諸侯, 和戎·翟, 魏子之力也." 賜之樂, 三讓乃受之. 冬, 秦取我櫟. 十四年, 晉使六卿率諸侯伐秦, 度涇, 大敗秦軍, 至棫林而去. 十五年, 悼公問治國於師曠. 師曠曰, "惟仁義爲本." 冬, 悼公卒, 子平公彪立. 平公元年, 伐齊, 齊靈公與戰靡下, 齊師敗走. 晏嬰曰, "君亦毋勇, 何不止戰?" 遂去. 晉追, 遂圍臨菑, 盡燒屠其郭中. 東至膠, 南至沂, 齊皆城守, 晉乃引兵歸. 六年, 魯襄公朝晉. 晉欒逞有罪, 奔齊. 八年, 齊莊公微遣欒逞於曲沃, 以兵隨之. 齊兵上太行, 欒逞從曲沃中反, 襲入絳. 絳不戒, 平公欲自殺, 獻子止公, 以其徒擊逞, 逞敗走曲沃. 曲沃攻逞, 逞死, 遂滅欒氏宗. 逞者, 欒書孫也. 其入絳, 與魏氏謀. 齊莊公聞逞敗, 乃還, 取晉之朝歌去, 以報臨菑之役也. 十年, 齊崔杼弒其君莊公. 晉因齊亂, 伐敗齊於高唐去, 報太行之役也. 十四年, 吳延陵季子來使, 與趙文子·韓宣子·魏獻子語, 曰, "晉國之政, 卒歸此三家矣." 十九年, 齊使晏嬰如晉, 與叔嚮語. 叔嚮曰, "晉, 季世也. 公厚賦爲臺池而不恤政, 政在私門, 其可久乎!" 晏子然之. 二十二年, 伐燕. 二十六年, 平公卒, 子昭公夷立. 昭公六年卒. 六卿彊, 公室卑. 子頃公去疾立.

진후세가

진경공 6년, 주경왕周景王이 죽고 왕자들의 보위 쟁탈전이 시작되었다. 진나라의 육경이 왕실의 내란을 평정하고 주경왕周敬王을 옹립했다. 진경공 9년, 노나라의 권신 계씨가 주군인 노소공을 쫓아냈다. 노소공은 간후에 머물렀다. 진경공 11년, 위衛·송 두 나라가 사자를 보내 진나라가 노나라의 주군을 환국할 수 있도록 해줄 것을 청했다. 노나라의 계평자는 몰래 범헌자에게 뇌물을 주었다. 범헌자는 이를 받아들인 후 진경공에게 말했다.

"계씨는 죄가 없습니다."

노소공을 환국시키지 않은 이유다. 진경공 12년, 진나라의 종실 집안인 기해의 손자와 숙향의 아들이 주군의 면전에서 서로를 비방했다. 육경은 종실의 힘을 약화시키고자 법을 이용해 종실 일족을 멸하려 했다. 이들의 봉읍을 10현으로 나누어 각각 자신들의 아들을 보내 대부로 삼았다. 진나라의 공실의 권력이 더욱 약화되었고 육경은 더욱 강대해졌다. 진경공 14년, 진경공이 죽고 그의 아들 진정공이 즉위했다. 진정공 11년, 노나라의 양호가 진나라로 달아나자 조간자 앙鞅이 그를 머무르게 했다. 진정공 12년, 공자가 노나라의 재상이되었다. 진정공 15년, 조앙이 한단의 대부 경오畊午를 사자로 보냈으나 믿을 수 없어 그를 죽이려 했다. 경오는 중항인·범길석과 함께 직접 조앙을 쳤다. 조앙이 달아나 진양晉陽을 지켰다. 진정공이 진양을 포위했다.

순력荀櫟과 한불신韓不信, 위치魏侈 등은 범길석과 중항인 등과 척을 진 까닭에 군사를 되돌려 범길석과 중항인을 쳤다. 범길석과 중항인이 반기를 들자 진정공은 이들을 공격해 패퇴시켰다. 범길석과 중항인이 조가로 달아나 성을 굳게 지켰다. 한불신과 위치가 조앙을 위해 진정공에게 사죄했다. 진정공이 조앙을 사면해주고 그의 직위를 복직시켰다. 진정공 22년, 진나라가 범길석과 중항인을 공격해 격파했다. 두 사람이 제나라로 달아났다. 진정공 30년, 진정공과 오왕 부차가 황지에서 회맹해 수장首長을 다투었다. 조앙이 진정공을 수행했다. 오왕이 수장이 되었다.

진정공 31년, 제나라의 전상이 주군인 제간공을 시해한 뒤 제간공의 아우인 오를 옹립했다. 그가 제평공이다. 진정공 33년, 공자가 죽

었다. 진정공 37년, 진정공이 죽고 그의 아들 진출공晉出公 착鑿이 즉
위했다. 진출공 17년, 지백이 조씨·한씨·위씨와 함께 범씨와 중항
씨의 땅을 나누어 봉읍으로 삼았다. 진출공이 화가 나 제와 노 두 나
라에게 알려 이들에게 의지해 네 명의 경을 토벌하고자 했다. 네 명
이 두려워한 나머지 마침내 진출공에게 반격을 가했다. 진출공이 제
나라로 달아나다가 길에서 죽었다. 지백이 진소공의 증손자인 교驕
를 옹립했다. 그가 진애공晉哀公이다.

진애공의 조부 옹은 진소공의 작은아들로, 대자戴子로 불리었다.
대자는 기忌를 낳았다. 기는 지백과 잘 통했으나 일찍 죽었다. 지백
은 진나라를 모두 삼키려고 했다. 그러나 감히 그러지 못해 먼저 기
의 아들 교를 군주로 옹립한 것이다. 당시 진나라의 정사는 모두 지
백에 의해 결정되었다. 진애공은 어떠한 제재도 가할 수 없었다. 지
백이 마침내 범씨와 중항씨의 땅을 소유하게 되자 가장 강성해졌다.
진애공 4년, 조양자·한강자·위환자가 함께 지백을 살해한 뒤 그의
영토를 나누어 가졌다. 진애공 18년, 진애공이 죽고 그의 아들 진유
공晉幽公 유柳가 즉위했다. 진유공의 시대에는 진나라 군주가 권신을
매우 두려워해 오히려 반대로 한씨·조씨·위씨의 군주를 조현했다.
진나라 군주는 다만 강성과 곡옥을 가지고 있을 뿐이다. 나머지는
모두 삼진에게 돌아갔다. 진유공 15년, 위문후魏文侯가 즉위했다. 진
유공 18년, 진유공이 부녀자를 간음하며 밤에 사사로이 성 밖을 나
섰다가 강도에게 살해되었다. 위문후가 진나라 공실의 난을 평정하
고 진유공의 아들 지止를 옹립했다. 그가 진열공晉烈公이다.

진열공 19년, 주위열왕周威烈王이 한韓·위魏·조나라에게 봉작을 내
리고 제후로 임명했다. 진열공 27년, 진열공이 죽자 그의 아들 진효

공晉孝公 기頎가 즉위했다. 진효공 9년, 위무후魏武侯가 즉위했다. 조나라 도성 한단을 기습했으나 승리를 거두지 못하고 돌아갔다. 진효공 17년, 진효공이 죽고 그의 아들 진정공晉靜公 구주俱酒가 즉위했다. 이 해가 제위왕 원년이다. 진정공 2년, 위무후와 한애후韓哀侯, 조경후趙敬侯가 진나라를 멸하고 그 땅을 나누어 가졌다. 진정공은 서인이 되고, 제사가 단절되었다.

●● 頃公六年, 周景王崩, 王子爭立. 晉六卿平王室亂, 立敬王. 九年, 魯季氏逐其君昭公, 昭公居乾侯. 十一年, 衛·宋使使請晉納魯君. 季平子私賂范獻子, 獻子受之, 乃謂晉君曰, "季氏無罪." 不果入魯君. 十二年, 晉之宗家祁傒孫, 叔嚮子, 相惡於君. 六卿欲弱公室, 乃遂以法盡滅其族. 而分其邑爲十縣, 各令其子爲大夫. 晉益弱, 六卿皆大. 十四年, 頃公卒, 子定公午立. 定公十一年, 魯陽虎奔晉, 趙鞅簡子舍之. 十二年, 孔子相魯. 十五年, 趙鞅使邯鄲大夫午, 不信, 欲殺午, 午與中行寅·范吉射親攻趙鞅, 鞅走保晉陽. 定公圍晉陽. 荀櫟·韓不信·魏侈與·中行爲仇, 乃移兵伐·范中行. ·范中行反, 晉君擊之, 敗范·中行. 范·中行走朝歌, 保之. 韓·魏爲趙鞅謝晉君, 乃赦趙鞅, 復位. 二十二年, 晉敗·范中行氏, 二子奔齊. 三十年, 定公與吳王夫差會黃池, 爭長, 趙鞅時從, 卒長吳. 三十一年, 齊田常弑其君簡公, 而立簡公弟驁爲平公. 三十三年, 孔子卒. 三十七年, 定公卒, 子出公鑿立. 出公十七年, 知伯與趙·韓·魏共分·中行地以爲邑. 出公怒, 告齊·魯, 欲以伐四卿. 四卿恐, 遂反攻出公. 出公奔齊, 道死. 故知伯乃立昭公曾孫驕爲晉君, 是爲哀公. 哀公大父雍, 晉昭公少子也, 號爲戴子. 戴子生忌. 忌善知伯, 蚤死, 故知伯欲盡幷晉, 未敢, 乃立忌子驕爲君. 當是時, 晉國政皆決知伯, 晉哀公不得有所制. 知伯遂有范·中行地, 最彊. 哀公四年, 趙襄子·韓康子·魏桓子共殺知伯, 盡幷其地. 十八年, 哀公卒, 子幽公柳立. 幽公之時, 晉畏, 反朝韓·趙·魏之君. 獨有絳·曲沃, 餘皆入三晉. 十五年, 魏文侯初立. 十八年, 幽公淫婦人, 夜竊出邑中, 盜殺幽公. 魏文侯以兵誅晉亂, 立幽公子止, 是爲烈公. 烈公十九年, 周威烈王賜趙·韓·魏皆命爲諸侯. 二十七年, 烈公卒, 子孝公頎立. 孝公九年, 魏武侯初立, 襲邯鄲, 不勝而去. 十七年, 孝公卒, 子靜公俱酒立. 是歲, 齊威王元年也. 靜公二年, 魏武侯·韓哀侯·趙敬侯滅晉後而三分其地. 靜公遷爲家人, 晉絶不祀.

태사공은 평한다.

"진문공은 옛날에 말하는 영명한 군주로서 국외에서 19년을 떠돌며 매우 곤궁했다. 보위에 오른 후 논공행상을 하던 가운데 비록 개자추를 잊기는 했으나 어찌 교만한 군주라고 할 것인가? 진영공은 이미 시해되었고 이후 진성공과 진경공은 극히 엄격했다. 진여공 때에 이르러 특히 가혹했다. 대부들 모두 살해될까 두려워 마침내 화란이 일어난 것이다. 진도공 이후 하루하루 쇠약해져 육경들이 전횡하게 되었다. 군주가 신하를 부리는 책략은 원래 쉬운 일이 아니다!"

●● 太史公曰, "晉文公, 古所謂明君也, 亡居外十九年, 至困約, 及卽位而行賞, 尙忘介子推, 況驕主乎? 靈公旣弑, 其後成·景致嚴, 至厲大刻, 大夫懼誅, 禍作. 悼公以後日衰, 六卿專權. 故君道之御其臣下. 固不易哉!"

초세가
楚世家

〈초세가〉는 남쪽 초나라의 역사를 다루고 있다. 초나라는 춘추전국 시대를 통틀어 시종 강대국으로 군림했다. 인구가 많았을 뿐 아니라 영토 또한 방대한 덕분이었다. 그럼에도《춘추좌전》은 초나라를 시종 남만南蠻이라며 깎아내렸다. 중원의 진晉나라를 높인 것과 대비된다. 초나라가 문득 대국으로 우뚝 서게 된 것은 전적으로 춘추오패의 일원으로 손꼽히는 초장왕의 뛰어난 활약 덕분이었다. 초장왕은 막강한 무력을 배경으로 중원의 패권국인 진晉나라를 제압하고 주나라 도성인 낙양 인근까지 진출한 뒤 천하의 주인을 상징하는 구정의 무게를 묻는 이른바 문정問鼎의 일화를 남긴 인물이다. 이를 계기로 초나라는 시종 북쪽의 중원 진晉나라와 함께 천하를 호령하는 남방의 강국으로 존재했다. 이런 상황은 중원 진나라가 한韓·위魏·조로 삼분되는 전국시대 이후에도 지속되었다. 춘추시대 이래 남방의 모든 소국이 초나라를 사실상 천하의 주인으로 여긴 이유다.

초나라는 초장왕 이후에도 나름대로 국세를 크게 떨쳤으나 보위를 둘러싼 내분이 그치지 않았다. 전국시대로 접어들면서 위세가 크게 떨어진 이유다. 초회왕의 경우는 진소양왕의 유인에 넘어가 객사하기도 했다. 이후 초나라의 쇠락은 가파르게 진행되었다. 진시황 때 들어와 결국 패망한 이유다. 그러나 진시황 사후 최초로 반기를 든 진섭과 오광吳廣을 비롯해 이후 천하를 놓고 치열하게 다툰 항우와 유방 모두 초나라 유민을 자처한 데서 알 수 있듯이 초나라의 저항정신은 결코 사라지지 않았다. 한고조 유방이 초나라 유민을 대표한 초패왕 항우를 제압한 뒤 함양咸陽 인근에 새로운 도성인 장안을 건설하면서 초나라는 비로소 역사 무대 뒤로 사라지게 되었다.

〈초세가〉는 《춘추좌전》·《국어》·《전국책》의 내용을 축약해놓았다는 것이 중평이다.

초조세가

초나라의 선조는 고양씨高陽氏 전욱에서 나왔다. 고양高陽은 황제의
손자이자 창의昌意의 아들이다. 고양은 칭稱, 칭은 권장卷章, 권장은 중
려重黎를 낳았다. 중려는 제곡帝嚳 고신씨高辛氏의 화정火正으로 공적
을 쌓았다. 능히 천하를 밝게 비출 수 있어 제곡이 그에게 축융祝融의
칭호를 내렸다. 당초 공공씨共工氏가 반기를 들자 제곡은 중려에게
토벌을 명했다. 그러나 철저히 소탕하지 못했다. 제곡이 경인일에 중
려를 죽이고, 그의 동생 오회吳回를 후계자로 삼아 화정에 임명하고
축융으로 칭했다.

오회는 육종陸終을 낳고, 육종은 여섯 아들을 낳았다. 모두 배를 절
개해 낳았다. 첫째 아들은 곤오昆吾, 둘째 아들은 참호參胡, 셋째 아들
은 팽조彭祖, 넷째 아들은 회인會人, 다섯째 아들은 조성曹姓, 여섯째 아
들은 계련季連이다. 계련의 성은 미芈다. 초나라 왕족은 그의 후손이
다. 곤오는 하나라에서 후백을 지냈다. 하나라 걸桀 때 탕왕에 의해
멸망했다. 팽조는 은나라에서 후백을 지냈다. 은나라 말기에 멸망했
다. 계련은 부저附沮, 부저는 혈웅穴熊을 낳았다. 이후 점차 쇠락해 일
부는 중원, 일부는 동남쪽에 있는 만이 일대에 살았다. 이들의 가계家
系를 자세히 기록할 수 없는 이유다.

주문왕 때 계련의 후손인 죽웅鬻熊이 있었다. 죽웅은 아들을 돌보
듯이 주문왕을 섬겼으나 일찍 죽었다. 그는 웅려熊麗, 웅려는 웅광熊
狂, 웅광은 웅역熊繹을 낳았다. 웅역은 주성왕 때 살았다. 주성왕이 주
문왕과 주무왕의 공신 후손에게 논공행상할 때 웅역을 초 땅에 봉하
고 자남의 작위를 내렸다. 성을 미芈로 하고 단양丹陽에 도읍하게 했

다. 웅역은 노공 백금, 위강숙의 아들 모牟, 진후 섭燮, 제태공齊太公의 아들 여급呂伋과 함께 주성왕을 섬겼다.

웅역은 웅애熊艾, 웅애는 웅달熊䵣, 웅달은 웅승熊勝을 낳았다. 웅승은 동생 웅양熊楊을 후계자로 삼았다. 웅양은 웅거熊渠를 낳았다. 웅거는 아들 셋을 낳았다. 주이왕 때 왕실이 약해지자 제후들 가운데 천자를 조현하지 않는 자도 있었다. 제후들이 서로를 쳤다. 웅거는 장강과 한수 일대 농민의 환심을 얻어 군사를 일으켰다. 용庸과 양월楊粵을 공격해 악鄂 땅까지 빼앗았다. 웅거가 말했다.

"나는 만이 땅에 있으니 중원 여러 나라와 마찬가지로 같은 국호와 시호를 사용하지 않겠다."

그러고는 큰아들 웅무강熊毋康을 구단왕句亶王, 둘째 아들 웅지홍熊摯紅을 악왕鄂王, 막내아들 웅집자熊執疵를 월장왕越章王으로 삼았다. 주여왕이 포악무도하자 웅거는 주여왕이 초나라를 공격할까 두려워 자신들의 왕호를 없앴다. 웅거의 계승자는 큰아들 웅무강이다. 웅무강은 일찍 죽었다. 웅거가 죽자 둘째 아들 웅지홍이 뒤를 이었다. 웅지홍이 병으로 죽자 그의 동생이 즉위했다. 그가 웅연熊延이다. 웅연은 웅용熊勇을 낳았다. 웅용 6년, 주나라 백성이 반기를 들어 주여왕을 치자 주여왕이 체 땅으로 피난했다. 웅용 10년, 웅용이 죽자 동생 웅엄熊嚴이 즉위했다.

웅엄 10년, 웅엄이 죽었다. 그에게는 아들 네 명이 있었다. 큰아들은 백상伯霜, 둘째 아들은 중설仲雪, 셋째 아들은 숙감叔堪, 막내아들은 계순季徇이다. 웅엄이 죽자 큰아들 백상이 뒤를 이었다. 그가 웅상熊霜이다. 웅상 원년, 주선왕이 즉위했다. 웅상 6년, 웅상이 죽자 세 동생이 보위를 놓고 다투었다. 중설이 죽고, 숙감은 복 땅으로 달아났으

며, 막냇동생 계순이 즉위했다. 그가 웅순熊徇이다. 웅순 16년, 정환
공이 제후에 봉해졌다. 웅순 22년, 웅순이 죽자 아들 웅악熊鄂이 뒤를
이었다. 웅악 9년, 웅악이 죽자 아들 웅의熊儀가 즉위했다. 그가 약오
若敖다. 약오 20년, 주유왕이 견융에게 피살되었다. 주나라가 동쪽 낙
읍으로 천도하고, 진양공이 제후에 봉해졌다. 약오 27년, 약오가 죽
자 아들 웅감熊坎이 뒤를 이었다. 그가 소오霄敖다. 소오 6년, 소오가
죽자 아들 웅순熊眴이 뒤를 이었다. 그가 분모蚡冒다. 분모 13년, 진나
라에 내란이 일어났다. 곡옥 땅에서 분란이 시작되었다. 분모 17년,
분모가 죽자 분모의 동생 웅통熊通이 분모의 아들을 죽이고 즉위했
다. 그가 초무왕이다.

초무왕 17년, 진나라 곡옥의 장백이 종주국宗主國의 군주인 진효
후를 죽였다. 초무왕 19년, 정나라 군주의 동생 단段이 반기를 들었
다. 초무왕 21년, 정나라가 주나라 왕실의 곡식을 빼앗았다. 초무왕
23년, 위환공이 시해를 당했다. 초무왕 29년, 노은공이 시해를 당했
다. 초무왕 31년, 송나라 태재 화독華督이 군주인 송상공을 시해했
다. 초무왕 35년, 초나라 군사가 수나라를 쳤다. 수나라 군주가 변명
했다.

"저에게는 과실이 없습니다."

초무왕이 말했다.

"과인은 만이 지방에 살고 있다. 지금 제후들이 모두 주나라 왕실
을 배반하고 서로 침공하며 살육하고 있다. 과인은 단단히 무장한
채 장차 중원의 정사에 참여하고자 한다. 주나라 왕실로 가 과인의
작위를 높여줄 것을 청하도록 하라."

수나라 군주가 주나라 왕실로 가 초나라 군주의 작위를 높여줄 것

을 요구했다. 주나라 왕실이 이를 허락지 않자 돌아와 그대로 보고했다. 초무왕 37년, 초무왕 웅통이 대로했다.

"과인의 선조 죽웅은 주문왕의 스승으로 일찍 돌아가셨다. 주성왕이 과인의 조상을 뽑아 단지 자남의 작위와 봉지를 내리고 초나라 땅에 살게 했다. 만이의 부족이 모두 우리 초나라에 복종했다. 주나라 왕실이 작위를 높여주지 않으면 과인이 스스로 높이겠다."

그러고는 스스로 무왕武王을 칭했다. 수나라와 맹약을 맺고 철군했다. 이후 초나라는 복 땅을 개간하며 영토로 삼았다. 초무왕 51년, 주나라 천자가 수나라 제후를 불러들여 질책했다. 초나라가 칭왕稱王한 것을 지적한 것이다. 초무왕이 화를 냈다. 수나라 군주가 자신을 배반했다고 여겨 곧바로 수나라 토벌에 나섰다. 그러나 도중에 병사하는 바람에 이내 철군했다. 초무왕의 아들 초문왕 웅자熊貲가 뒤를 이었다. 영 땅으로 천도했다.

초문왕 2년, 신나라를 정벌하고 등鄧나라를 지나게 되었다. 등나라 사람이 말했다.

"초왕을 쉽게 사로잡을 수 있습니다."

등나라 제후가 허락지 않았다. 초문왕 6년, 채나라를 치고 채애후를 사로잡아 돌아왔다. 얼마 후 그를 석방했다. 초나라가 강성해져 장강과 한수 유역의 여러 소국을 괴롭혔다. 이들 나라 모두 초나라를 무서워했다. 초문왕 11년, 제환공이 처음으로 패자를 칭했다. 초나라도 강대해졌다. 초문왕 12년, 등나라에 정벌을 일으켜 이내 그들을 멸했다. 초문왕 13년, 초문왕이 죽자 아들 웅간이 뒤를 이었다. 그가 장오莊敖다. 장오 5년, 장오가 동생 웅운熊惲을 죽이려 했다. 웅운이 수나라로 달아났다. 이후 수나라 군사의 도움으로 장오를 습격해 죽이고 즉위했다. 그가 초성왕이다.

●● 楚之先祖出自帝顓頊高陽. 高陽者, 黃帝之孫, 昌意之子也. 高陽生稱, 稱生卷章, 卷章生重黎. 重黎爲帝嚳高辛居火正, 甚有功, 能光融天下, 帝嚳命曰祝融. 共工氏作亂, 帝嚳使重黎誅之而不盡. 帝乃以庚寅日誅重黎, 而以其弟吳回爲重黎後, 復居火正, 爲祝融. 吳回生陸終. 陸終生子六人, 坼剖而産焉. 其長一曰昆吾, 二曰參胡, 三曰彭祖, 四曰會人, 五曰曹姓, 六曰季連, 羋姓, 楚其後也. 昆吾氏, 夏之時嘗爲侯伯, 桀之時湯滅之. 彭祖氏, 殷之時嘗爲侯伯, 殷之末世滅彭祖氏. 季連生附沮, 附沮生穴熊. 其後中微, 或在中國, 或在蠻夷, 弗能紀其世. 周文王之時, 季連之苗裔曰鬻熊. 鬻熊子事文王, 蚤卒. 其子曰熊麗. 熊麗生熊狂, 熊狂生熊繹. 熊繹當周成王之時, 擧文·武勤勞之後嗣, 而封熊繹於楚蠻, 封以子男之田, 姓羋氏, 居丹陽. 楚子熊繹與魯公伯禽·衛康叔子牟·晉侯爕·齊太公子呂伋俱事成王. 熊繹生熊艾, 熊艾生熊䵣, 熊䵣生熊勝. 熊勝以弟熊楊爲後. 熊楊生熊渠. 熊渠生子三人. 當周夷王之時, 王室微, 諸侯或不朝, 相伐. 熊渠甚得江漢閒民和, 乃興兵伐庸·楊粵, 至于鄂. 熊渠曰, "我蠻夷也, 不與中國之號諡." 乃立其長子康爲句亶王, 中子紅爲鄂王, 少子執疵爲越章王, 皆在江上楚蠻之地. 及周厲王之時, 暴虐, 熊渠畏其伐楚, 亦去其王. 後爲熊毋康, 毋康蚤死. 熊渠卒, 子熊摯紅立. 摯紅卒, 其弟弑而代立,* 曰熊延. 熊延生熊勇. 熊勇六年, 而周人作亂, 攻厲王, 厲王出奔彘. 熊勇十年, 卒, 弟熊嚴爲後. 熊嚴十年, 卒. 有子四人, 長子伯霜, 中子仲雪, 次子叔堪, 少子季

• 《사기정의》는 초주의 주를 인용해, 웅지홍은 병사했다며 시弑의 뜻을 정확히 헤아리기 어렵다고 했다. 《사기색은》은 웅지홍이 동생인 웅연에게 피살될 것으로 풀이했다. 《사기정의》의 해석을 좇았다.

徇. 熊嚴卒, 長子伯霜代立, 是爲熊霜. 熊霜元年, 周宣王初立. 熊霜六年, 卒, 三弟爭立. 仲雪死, 叔堪亡, 避難於濮, 而少弟季徇立, 是爲熊徇. 熊徇十六年, 鄭桓公初封於鄭. 二十二年, 熊徇卒, 子熊咢立. 熊咢九年, 卒, 子熊儀立, 是爲若敖. 若敖二十年, 周幽王爲犬戎所弑, 周東徙, 而秦襄公始列爲諸侯. 二十七年, 若敖卒, 子熊坎立, 是爲霄敖. 霄敖六年, 卒, 子熊眴立, 是爲蚡冒. 蚡冒十三年, 晉始亂, 以曲沃之故. 蚡冒十七年, 卒. 蚡冒弟熊通弑蚡冒子而代立, 是爲楚武王. 武王十七年, 晉之曲沃莊伯弑主國晉孝侯. 十九年, 鄭伯弟段作亂. 二十一年, 鄭侵天子之田. 二十三年, 衛弑其君桓公. 二十九年, 魯弑其君隱公. 三十一年, 宋太宰華督弑其君殤公. 三十五年, 楚伐隨. 隨曰, "我無罪." 楚曰, "我蠻夷也. 今諸侯皆爲叛相侵, 或相殺. 我有敝甲, 欲以觀中國之政, 請王室尊吾號." 隨人爲之周, 請尊楚, 王室不聽, 還報楚. 三十七年, 楚熊通怒曰, "吾先鬻熊, 文王之師也, 蚤終. 成王擧我先公, 乃以子男田令居楚, 蠻夷皆率服, 而王不加位, 我自尊耳." 乃自立, 爲武王, 與隨人盟而去. 於是始開濮地而有之. 五十一年, 周召隨侯, 數以立楚爲王. 楚怒, 以隨背己, 伐隨. 武王卒師中而兵罷. 子文王熊貲立, 始都郢. 文王二年, 伐申過鄧, 鄧人曰, "楚王易取." 鄧侯不許也. 六年, 伐蔡, 虜蔡哀侯以歸, 已而釋之. 楚彊, 陵江漢閒小國, 小國皆畏之. 十一年, 齊桓公始霸, 楚亦始大. 十二年, 伐鄧, 滅之. 十三年, 卒, 子熊囏立, 是爲莊敖. 莊敖五年, 欲殺其弟熊惲, 惲奔隨, 與隨襲弑莊敖代立, 是爲成王.

성왕세가

초성왕 원년, 웅운은 보위에 오르자 은덕을 내리고 제후들과 과거의 우호관계를 회복했다. 사람을 보내 예물을 주나라 천자에게 바치자 천자가 제육祭肉을 내리며 이같이 말했다.

"남방에 있는 이월夷越의 반란을 잘 진압하고 중원 각국을 침공하지 마시오."

초나라 영토는 1,000리로 확장되었다. 초성왕 16년, 제환공은 군사를 이끌고 초나라를 치고 형산陘山에 이르렀다. 초성왕은 장수 굴완에게 군사를 주어 방어하게 하고 제환공과 맹약을 맺었다. 제환공은 초나라가 주나라 왕실에 공물을 바치지 않았다고 질책했다. 초나라가 잘못을 인정하자 제환공이 물러갔다. 초성왕 18년, 초성왕이 군사를 이끌고 북으로 올라가 허나라를 쳤다. 허나라 군주가 웃통을 벗고 황공히 사죄하자 이내 석방했다. 초성왕 22년, 황나라를 쳤다. 초성왕 26년, 영나라를 멸했다. 초성왕 33년, 송양공이 제후들과 회맹할 생각으로 초나라를 불렀다. 초성왕이 대로했다.

"나에게 오라는 것인가? 내가 그를 습격해 모욕을 주겠다."

곧바로 출병해 우 땅에서 송양공을 사로잡아 모욕을 준 뒤 얼마 후 그를 돌려보냈다. 초성왕 34년, 정문공이 남하해 초나라 왕을 조현했다. 초성왕은 북상해 송나라 정벌에 나섰다. 홍수에서 송나라 군사를 대패시키고 활로 송양공에게 부상을 입혔는데, 송양공은 그 부상으로 인해 죽었다. 초성왕 35년, 진나라 공자 중이가 초나라를 지나가자 초성왕이 제후를 맞는 예의를 갖추어 연회를 베풀고 그를 환대했다. 많은 예물을 선물해 진秦나라로 보냈다. 초성왕 39년, 노희공이 출병해 제나라를 정벌할 것을 요구했다. 초나라가 신후申侯에게 군사를 주어 제나라를 쳐 곡穀을 점령한 뒤 제환공의 아들 옹에게 다스리게 했다. 제환공의 일곱 아들이 초나라로 달아나 오자 초성왕이 이들을 상대부上大夫에 봉했다. 기나라가 그의 선조 축융과 죽웅에게 제사를 지내지 않자 기나라를 멸했다. 이해 여름, 송나라를 치러 가자 송나라가 진晉나라에 위급을 알렸다. 진나라가 송나라에 구원병을 보내자 초성왕이 회군하고자 했다. 장수 자옥이 맞서 싸우자고 청했으나 초성왕이 반대했다.

"중이는 나라 밖으로 떠돌아다닌 지 오래되었소. 결국 진나라로 돌아올 것이오. 이는 하늘이 그를 인도하는 것이니 막을 수 없소."

자옥이 싸울 것을 굽히지 않자 그에게 소수의 군사를 주어 보냈다. 진晉나라 군사는 성복에서 자옥을 물리쳤다. 초성왕이 대로해 자옥에게 자진을 명했다. 초성왕 46년, 당초 초성왕은 상신을 태자로 삼고자 했다. 이런 생각을 영윤 자상子上에게 말하자 자상이 반대했다.

"주군의 나이가 아직 젊고 거느리는 처첩 또한 많아서, 태자에 봉했다가 폐하시면 난이 일어날 것입니다. 초나라가 봉한 태자는 언제나 어린 사람이었습니다. 더구나 상신은 두 눈이 독사와 같고 음성 또한 차고 냉혹하며 잔인한 사람이니 태자로 삼아서는 안 됩니다."

초성왕은 자상의 말을 듣지 않고 상신을 태자로 삼았다. 그 후 다시 태자 상신을 폐하고 태자를 세우려 했다. 상신은 이 소식을 듣고 사실 여부를 조사하지 않고 그의 선생인 반숭潘崇에게 물었다.

"어찌해야 진실을 알 수 있겠습니까?"

반숭이 대답했다.

"태자는 왕이 총애하는 고모 강미江芈를 식사에 초대하되, 그녀에게 공경하는 태도를 보이지 마십시오."

상신이 반숭의 말을 그대로 좇았다. 강미가 화가 나 이같이 질타했다.

"대왕이 그대를 죽이고 태자를 따로 봉하려 하는 것도 당연하다."

상신은 반숭에게 말했다.

"사실입니다."

반숭이 물었다.

"태자는 대왕을 섬길 수 있습니까?"

"할 수 없습니다."

"국외로 망명하겠습니까?"

"그럴 수 없습니다."

"정변을 일으킬 수 있습니까?"

상신이 대답했다.

"할 수 있습니다."

이해 겨울 10월, 상신은 궁중 경비병으로 초성왕을 에워쌌다. 초성왕은 곰발바닥 요리를 먹은 후 죽여 달라고 요구했으나 상신이 이를 거절했다. 10월 정미일, 초성왕이 목을 매어 자진했다. 상신이 즉위했다. 그가 초목왕이다. 초목왕은 보위에 오른 뒤 자신이 살던 태자궁을 반숭에게 내리고, 태사로 삼아 국가대사를 관장하게 했다. 초목왕 3년, 강나라를 멸했다. 초목왕 4년, 육나라와 요蓼나라를 멸했다. 두 나라 모두 고요의 후손들이다. 초목왕 8년, 진陳나라를 쳤다. 초목왕 12년, 초목왕이 죽자 아들 초장왕 웅려熊侶가 뒤를 이었다.

●● 成王惲元年, 初卽位, 布德施惠, 結舊好於諸侯. 使人獻天子, 天子賜胙, 曰, "鎭爾南方夷越之亂, 無侵中國." 於是楚地千里. 十六年, 齊桓公以兵侵楚, 至陘山. 楚成王使將軍屈完以兵禦之, 與桓公盟. 桓公數以周之賦不入王室, 楚許之, 乃去. 十八年, 成王以兵北伐許, 許君肉袒謝, 乃釋之. 二十二年, 伐黃. 二十六年, 滅英. 三十三年, 宋襄公欲爲盟會, 召楚. 楚王怒曰, "召我, 我將好往襲辱之." 遂行, 至盂, 遂執辱宋公, 已而歸之. 三十四年, 鄭文公南朝楚. 楚成王北伐宋, 敗之泓, 射傷宋襄公, 襄公遂病創死. 三十五年, 晉公子重耳過楚, 成王以諸侯客禮饗, 而厚送之於秦. 三十九年, 魯僖公來請兵以伐齊, 楚使申侯將兵伐齊, 取, 置齊桓公子雍焉. 齊桓公七子皆奔楚, 楚盡以爲上大夫. 滅夔, 夔不祀祝融·鬻熊故也. 夏, 伐宋, 宋告急於晉, 晉救宋, 成王罷歸. 將軍子玉請戰, 成王曰, "重耳亡居外久, 卒得反國, 天之所開, 不可當." 子玉固請, 乃與之少師而去. 晉果敗子玉於城濮. 成王怒, 誅子玉. 四十六年, 初, 成王將以商臣爲太子, 語令尹子上. 子上曰, "君之齒未也, 而又多內寵, 絀乃亂也. 楚國之擧常在少者. 且商臣蜂目而豺聲, 忍人也, 不可立也." 王不聽, 立之. 後又欲立子職而絀太子商臣. 商臣聞而未審也, 告其傅潘崇曰, "何以得其實?" 崇曰, "饗王之寵姬江羋而勿敬也." 商臣從之. 江羋怒曰, "宜乎王之欲殺若而立職也." 商臣告潘崇曰, "信矣." 崇曰, "能事之乎?" 曰, "不能." "能亡去乎?" 曰, "不能." "能行大事乎?" 曰, "能." 冬十月, 商臣以宮衛兵圍成王. 成王請食熊蹯而死, 不聽. 丁未, 成王自絞殺. 商臣代立, 是爲穆王. 穆王立, 以其太子宮予潘崇, 使爲太師, 掌國事. 穆王三年, 滅江. 四年, 滅六·蓼. 六·蓼, 皋陶之後. 八年, 伐陳. 十二年, 卒. 子莊王侶立.

장왕세가

초장왕은 즉위하고 나서 3년 동안 호령號令도 발하지 않고, 밤낮으로 향락만 즐겼다. 그러면서 전국에 이같이 명했다.

"감히 간하는 자가 있으면 용서치 않고 죽음으로 다스리겠다."

오거伍擧가 간하러 입궐해보니 장왕은 왼손으로 정희를 껴안고, 오른손으로 월나라의 여인을 껴안고 무희들 속에 앉아 있었다. 오거가 말했다.

"제가 수수께끼를 내고자 합니다."

이어 이같이 물었다.

"새 한 마리가 언덕에 앉아 있습니다. 3년 동안 날지도 않고 지저귀지도 않았습니다. 이 새는 무슨 새입니까?"

초장왕이 대답했다.

"3년 동안 날지 않았으나 한번 날면 하늘을 치솟아 오를 것이고, 3년 동안 지저귀지 않았으나 한번 지저귀면 사람을 놀라게 할 것이다. 오거, 그대는 가도 좋다. 과인이 그대의 뜻을 알겠다."

몇 달이 지났지만 장왕은 계속 더욱더 황음에 빠져들었다. 대부 소종蘇從이 입궐해 간했다. 초장왕이 노한 목소리로 물었다.

"그대는 금지령을 듣지 못했는가?"

소종이 대답했다.

"죽음으로 주군을 깨닫게 하는 것이 저의 소원입니다."

초장왕은 비로소 황음을 그만두고 정무를 처리했다. 당시 그에게 죽임을 당한 나쁜 무리가 수백을 헤아렸다. 등용된 사람도 수백을 헤아렸다. 초장왕은 오거와 소종에게 국정을 다스리게 해 백성이 크게 기뻐했다. 이해에 용나라를 멸했다.

초장왕 6년, 송나라를 정벌하고 500여 대에 달하는 마차를 노획했다. 초장왕 8년, 초장왕이 육혼陸渾에 사는 융족을 정벌하고, 낙하洛河에 이르렀다. 주나라 도성 교외에서 열병식을 가지며 힘을 과시했다. 주정왕周定王이 대신 왕손만을 보내 초장왕을 위로했다. 초장왕이 구정의 대소경중을 묻자 왕손만이 대답했다.

"이는 덕행에 있지, 보정寶鼎에 있지 않습니다."

초장왕이 말했다.

"그대는 구정을 막을 수 없소. 초나라가 창칼의 예봉을 꺾는다면 구정을 만들기에 족하오."

왕손만이 말했다.

"아! 주군은 잊으셨는지요? 옛날 순임금과 하나라 우왕이 흥성할 때는 주변의 나라들이 모두 조공을 바치러 왔고, 구주의 제후들이 금속을 헌납해 구정을 만들어 많은 나라가 여러 가지 괴이한 물건을 그려 넣어, 사람들에게 이 괴이한 물건들이 해를 끼치는 것이라는 사실을 알게 했습니다. 하나라 걸이 혼란에 빠지자 구정은 은나라로 옮겨가 600년 동안 나라가 지속되었습니다. 은나라 주가 포학해 구정은 주나라로 넘어갔습니다. 세상에 덕행이 행해지면 구정은 작아지나 무거워져서 옮기기 어렵고, 세상이 혼란해 간사한 사람이 들끓으면 구정은 커지나 가벼워져서 쉽게 옮길 수 있습니다. 옛날 주성왕이 겹욕郟鄏에 구정을 안치했을 때 대대로 30대에 걸쳐 700년 동안 나라가 지속될 것이라는 복점이 나왔으니 이는 하늘의 뜻입니다. 주나라 왕실의 덕정이 비록 미약하기기는 하지만 하늘의 뜻은 바뀌지 않았습니다. 구정의 경중輕重을 물으실 수 없습니다."

초장왕이 이를 듣고 비로소 돌아갔다. 초장왕 9년, 약오씨若敖氏를 재상에 임명했다. 어떤 자가 초장왕의 면전에서 약오씨를 무함하자 약오씨는 죽임을 당할까 두려워 오히려 초장왕을 쳤다. 초장왕이 반격해 약오씨 일족을 주살했다. 초장왕 13년, 서나라를 멸했다. 초장왕 16년, 장왕은 진陳나라를 치고 하징서를 죽였다. 하징서가 자신의 군주를 시해했기에 친 것이다. 진陳나라를 점령한 뒤 진나라 일대를 현으로 편입시켰다. 신하들이 모두 축하했다. 신숙시가 제나라에 사자로 갔다 온 뒤에도 축하의 말을 하지 않았다. 초장왕이 연유를 묻자 그가 대답했다.

"옛 속담에 이르기를, '소를 끌고 다른 출신 밭에 들어가면 밭주인이 소를 빼앗는다'고 했습니다. 밭에 들어가는 것이 잘못이니 소를 빼앗아도 지나친 것이 아니겠지요? 대왕이 진나라에 난이 일어나 제후들을 이끌고 그 난을 평정한 것은 도의로 한 것입니다. 오히려 진나라의 땅을 탐하면 어떻게 천하를 호령하시겠습니까?"

초장왕이 곧바로 진나라 후손들에게 나라를 재건시켜주었다. 초장왕 17년 봄, 초장왕은 정나라를 포위해 석 달 동안 쳤다. 황문皇門으로 들어가자 정양공이 상반신을 드러낸 채 양을 끌고 영접하는 항복 의식을 거행했다.

"저는 하늘의 도움을 얻지 못하고, 대왕을 섬기지 못해 대왕을 진노하게 해 대왕이 친히 여기까지 오도록 만들었습니다. 모두 저의 잘못입니다. 어찌 감히 대왕의 명에 듣지 않겠습니까! 대왕이 저를 남해南海로 유배를 보내거나 노비로 삼아 제후에게 준다 할지라도 대왕의 명에 따르겠습니다. 대왕이 주여왕·주선왕·정환공·정무공鄭武公의 얼굴을 봐서 이들의 사직에 제사 지내게 하고, 대를 끊지 않게 하고, 저의 지위를 낮추어 대왕을 모시게 해주었으면 합니다. 이는 저의 더는 바랄 것이 없는 소망입니다. 그러나 제가 어찌 감히 이런 사치스러운 생각을 할 수 있겠습니까! 감히 대왕에게 저의 마음을 내보였습니다."

초나라 대신들이 말했다.

"허락하면 안 됩니다."

초장왕이 말했다.

"정나라 군주가 이처럼 자신을 낮추고 겸손하니 틀림없이 그의 백성을 믿을 수 있을 것이오. 어떻게 대를 끊을 수 있겠소!"

초장왕은 친히 군기를 들어 좌우 군사를 지휘해 30리 떨어진 땅에 후퇴해 주둔하게 한 뒤 정나라와의 강화를 허락했다. 조나라 대부 반왕潘尪이 정나라로 가 맹약을 체결하고, 정나라 군주의 동생 자량子良을 볼모로 삼아 초나라로 데려왔다. 이해 여름 6월, 진나라 군사가 정나라를 구하기 위해 초나라 군사와 교전했으나 황하 가에서 대패했다. 위옹衛雍에서 회군했다.

초장왕 20년, 송나라 도성을 쳤다. 이는 송나라 사람이 초나라 사자를 죽였기 때문이다. 송나라 도성을 포위한 지 다섯 달이 지나자 성안에 양식이 떨어져 사람들이 서로 아이들을 바꿔 먹고, 죽은 사람의 뼈를 땔나무로 삼기까지 했다. 송나라 대부 화원이 성 밖으로 나와 이 사실을 초장왕에게 알리자 장왕이 찬탄했다.

"군자로다!"

그러고는 포위를 푼 뒤 물러갔다. 초장왕 23년, 초장왕이 죽자 아들 공왕共王 웅심熊審이 뒤를 이었다. 초공왕 16년, 진나라가 정나라에 쳐들어왔다. 정나라가 초나라에게 위급을 알리니 초공왕이 정나라에 구원병을 보냈다. 언릉에서 진나라 군사와 교전했다. 진나라 군사가 초나라 군사를 격파하고, 공왕의 눈에 부상을 입혔다. 초공왕이 장수 자반을 불러들였다. 자반은 술을 좋아해 때마침 호위병 수양곡이 보낸 술을 마시고 취해 있었다. 초공왕은 노기를 띠고 자반을 죽이고 회군했다.

초공왕 31년, 초공왕이 죽자 아들 강왕康王 웅초熊招가 뒤를 이었다. 초강왕楚康王이 15년 동안 재위하고 죽자 아들 웅원熊員이 보위를 이었다. 그가 겹오다. 초강왕이 총애하는 동생으로는 공자 위·비比·석晳·기질 등이 있었다. 겹오 3년, 숙부인 초강왕의 동생 자위를 영윤으로 삼아 군사권을 장악하게 했다. 겹오 4년, 공자 위가 정나라에 사자로 가다가 국왕이 병들었다는 말을 듣고 돌아왔다. 이해 12월 기유일, 공자 위가 입궐해 국왕인 겹오의 병세를 살핀 뒤 갓끈으로 겹오의 목을 매어 죽였다. 이어 겹오의 아들 막莫과 평하平夏를 죽였다. 초나라는 사자를 정나라에 보내 비보를 알려야 했다. 오거는 사신에게 정나라 왕인양 물었다.

"누가 계승자입니까?"

사자가 대답했다.

"대부이신 공자 위입니다."

오거가 사신의 부음을 고쳐서 말하게 했다.

"그대는 정나라 군주에게 말하기를, '공왕의 아들 공자 위가 장자입니다'라고 하시오."

공자 비는 진나라로 도망치고, 공자 위가 즉위했다. 그가 초영왕이다.

●● 莊王卽位三年, 不出號令, 日夜爲樂, 令國中曰, "有敢諫者死無赦!"伍舉入諫. 莊王左抱鄭姬, 右抱越女, 坐鍾鼓之閒. 伍舉曰, "願有進." 隱曰, "有鳥在於阜, 三年不蜚不鳴, 是何鳥也?" 莊王曰, "三年不蜚, 蜚將沖天, 三年不鳴, 鳴將驚人. 舉退矣, 吾知之矣." 居數月, 淫益甚. 大夫蘇從乃入諫. 王曰, "若不聞令乎?" 對曰, "殺身以明君, 臣之願也." 於是乃罷淫樂, 聽政, 所誅者數百人, 所進者數百人, 任伍舉‧蘇從以政, 國人大說. 是歲滅庸. 六年, 伐宋, 獲五百乘. 八年, 伐陸渾戎, 遂至洛, 觀兵於周郊. 周定王使王孫滿勞楚王. 楚王問鼎小大輕重, 對曰, "在德不在鼎." 莊王曰, "子無阻九鼎! 楚國折鉤之喙, 足以爲九鼎." 王孫滿曰, "嗚呼! 君王其忘之乎? 昔虞夏之盛, 遠方皆至, 貢金九牧, 鑄鼎象物, 百物而爲之備, 使民知神姦. 桀有亂德, 鼎遷於殷, 載祀六百. 殷紂暴虐, 鼎遷於周. 德之休明, 雖小必重, 其姦回昏亂, 雖大必輕. 昔成王定鼎于郟鄏, 卜世三十, 卜年七百, 天所命也. 周德雖衰, 天命未改. 鼎之輕重, 未可問也." 楚王乃歸. 九年, 相若敖氏. 人或讒之王, 恐誅, 反攻王, 王擊滅若敖氏之族. 十三年, 滅舒. 十六年, 伐陳, 殺夏徵舒. 徵舒弒其君, 故誅之也. 已破陳, 卽縣之. 群臣皆賀, 申叔時使齊來, 不賀. 王問, 對曰, "鄙語曰, 牽牛徑人田, 田主取其牛. 徑者則不直矣, 取之牛不亦甚乎? 且王以陳之亂而率諸侯伐之, 以義伐之而貪其縣, 亦何以復令於天下!" 莊王乃復國陳後. 十七年春, 楚莊王圍鄭, 三月克之. 入自皇門, 鄭伯肉袒牽羊以逆, 曰, "孤不天, 不能事君, 君用懷怒, 以及敝邑, 孤之罪也. 敢不惟命是聽! 賓之南海, 若以臣妾賜諸侯, 亦惟命是聽. 若君不忘厲‧宣‧桓‧武, 不絶其社稷, 使改事君, 孤之願也, 非所敢望也. 敢布腹心." 楚群臣曰, "王勿許." 莊王曰, "其君能下人, 必能信用其民, 庸可絶乎!" 莊王自手旗, 左右麾軍, 引兵去三十里而舍, 遂許之平. 潘尪入盟, 子良出質. 夏六月, 晉救鄭, 與楚戰, 大敗晉師河上, 遂至衡雍而歸. 二十年, 圍宋, 以殺楚使也. 圍宋五月, 城中食盡, 易子而食, 析骨而炊. 宋華元出告以情. 莊王曰, "君子哉!" 遂罷兵去. 二十三年, 莊王卒, 子共王審立. 共王十六年, 晉伐鄭. 鄭告急, 共王救鄭. 與晉兵戰鄢陵, 晉敗楚, 射中共王目. 共王召將軍子反. 子反嗜酒, 從者豎陽穀進酒醉. 王怒, 射殺子反, 遂罷兵歸. 三十一年, 共王卒, 子康王招立. 康王立十五年卒, 子員立, 是爲郟敖. 康王寵弟公子圍·子比·子皙·棄疾. 郟敖三年, 以其季父康王弟公子圍爲令尹, 主兵事. 四年, 圍使鄭, 道聞王疾而還. 十二月己酉, 圍入問王疾, 絞而弒之, 遂殺其子莫及平夏. 使使赴於鄭. 伍擧問曰, "誰爲後?" 對曰, "寡大夫圍." 伍擧更曰, "共王之子圍爲長." 子比奔晉, 而圍立, 是爲靈王.

영왕세가

초영왕 3년 6월, 초나라는 사자를 진나라에 보내 제후와 회합을 열 것이라고 통보했다. 제후들이 모두 신 땅에 와서 초나라 왕과 회합을 열었다. 오거가 말했다.

"옛날 하나라 계는 균대鈞臺에서 연회를 베풀었고, 은나라 탕왕은 경박景亳에서 명을 내렸습니다. 주무왕은 맹진에서 군사에게 맹서했습니다. 주성왕은 기양岐陽에 모여 사냥을 했습니다. 주강왕은 풍궁豐宮에서 만조백관을 접견했습니다. 주목왕周繆王은 도산塗山에서 회합했습니다. 제환공은 소릉에서 초나라와 맹약을 맺었습니다. 진문공은 천토에서 맹서했습니다. 대왕은 어떤 예의를 갖추시겠습니까?"

초영왕이 말했다.

"제환공의 방법을 택하겠소."

당시 정나라 자산이 그 자리에 있었다. 진晉나라·송나라·노나라·위衛나라는 참가하지 않았다. 초영왕이 제후들과 맹약을 맺은 뒤 교만한 기색을 드러냈다. 오거가 말했다.

"하나라 걸이 유잉有仍에서 회맹을 거행하자 유민有緡이 그에게 반기를 들었습니다. 은나라 주가 여산黎山에서 회맹하자 동이東夷가 반기를 들었습니다. 주유왕이 태실太室에서 맹약의 모임을 열자 융족과 적족이 그에게 반기를 들었습니다. 대왕은 반드시 신중하게 뒷일을 염두에 두어야 합니다!"

이해 7월, 초영왕은 제후의 군사를 이끌고 오나라를 정벌하러 가 주방을 포위했다. 주방을 점령해 경봉을 가두고 그의 일족을 멸했다. 경봉을 본보기로 군중에게 보이며 선포했다.

"여러분, 제나라 경봉을 본받지 마시오. 자신의 국왕을 죽이고, 어린 군주를 속이고, 대부들을 위협해 자신을 지지하게 했습니다."

경봉이 반박했다.

"초공왕의 서자 위를 본받지 마라. 자신의 국왕인 형의 아들 원員을 시해하고 즉위했다!"

초영왕이 곧바로 사람을 보내 경봉을 죽였다. 초영왕 7년, 초영왕이 장화대를 세울 생각으로 영을 내렸다. 유랑민들이 마을에 머물며 부역에 종사한 이유다. 초영왕 8년, 공자 기질에게 군사를 주어 진陳나라를 치게 했다. 초영왕 10년, 채나라 군주를 불러 술에 취하게 만든 뒤 죽였다. 공자 기질을 보내 채나라를 평정하고 그를 진채공陳蔡公에 임명했다. 초영왕 11년, 서나라를 정벌하고 오나라를 위협했다. 초영왕이 간계에 주둔하며 동정을 살피다가 이같이 말했다.

"제나라 · 진晉나라 · 노나라 · 위衛나라는 제후에 봉해질 때 모두 주나라 왕실로부터 보물을 받아갔다. 우리에게는 그런 것이 없었다. 지금 내가 사자를 주나라 왕실로 보내고 구정을 요구해 보물로 삼고자 한다. 과연 저들이 나에게 구정을 주겠는가?"

대부 석보가 대답했다.•

"반드시 줄 것입니다. 옛날 우리의 선조 웅역이 멀리 형산荊山에 있을 때 낡은 수레를 타고, 해진 옷을 입고, 수풀이 우거진 곳에 살았습니다. 그러면서도 산과 물을 건너 천자를 받들고, 복숭아나무로 만든 활과 가시나무로 만든 화살을 주나라에 바쳤습니다. 제나라는 주성왕의 백부와 같은 나라이고, 진나라와 노나라 및 위衛나라는 각각 주성왕 내지 주무왕의 동복형제 나라입니다. 초나라가 받지 못한 보물을 이들은 모두 가지고 있습니다. 주나라 왕실은 지금 크게 쇠퇴해 이 네 나라와 함께 모두 대왕을 섬기고 있으니 대왕의 명에 복종할 것입니다. 어찌 감히 어리석게 구정을 아까워하겠습니까?"

초영왕이 말했다.

"옛날 나의 먼 조상인 계련의 큰형 곤오는 원래 허나라에 살았다. 지금 정나라 백성이 그곳을 탐해 점령하고 나에게 주려고 하지 않는다. 만일 내가 이를 달라고 하면 나에게 주겠는가?"

석보가 대답했다.

"주나라는 구정을 아까워하지 않습니다. 정나라가 어찌 감히 허나라 땅을 아까워하겠습니까?"

초영왕이 말했다.

• 《춘추좌전》〈노소공 12년〉조에는 우윤右尹 자혁子革이 대답한 것으로 나온다.

"옛날 제후들이 나를 멀리하고 진나라를 두려워했다. 지금 내가 진陳·채·불갱不羹의 성지城池를 크게 수리하고 이곳에 천승의 병사를 주둔시키고 있다. 제후들이 나를 두려워하겠는가?"

석보가 대답했다.

"두려워할 것입니다."

초영왕은 기뻐서 말했다.

"석보는 실로 옛일을 잘 안다!"

초영왕 12년 봄, 초영왕이 간계를 좋아한 나머지 떠나는 것을 아쉬워했다. 초나라 백성이 요역으로 크게 고생했다. 초영왕이 신읍申邑에서 제후들과 모임을 가졌다. 월나라 대부 상수과常壽過를 모욕하고, 채나라 대부 관기觀起를 죽였다. 관기의 아들 관종觀從은 오나라로 달아났다. 그는 오왕에게 초나라를 칠 것을 권하고, 월나라 대부 상수과에게 반란을 일으킬 것을 권했다. 자신은 오나라 첩자가 되었다. 사람을 보내 공자 기질의 명을 짐짓 유포시키고, 진나라에서 공자 비比를 채읍으로 불러들였다. 관종은 오나라 및 월나라 군사와 합세해 채읍을 습격할 준비를 했다. 공자 비에게 공자 기질을 만나게 하고, 등鄧 땅에서 맹약을 맺었다. 이어 초나라 도성 영으로 들어가 초영왕의 태자 녹祿을 죽이고, 공자 비를 초왕에 옹립하고, 공자 석晳을 영윤에 임명했다. 공자 기질을 사마로 삼았다. 먼저 왕궁을 평정하고, 관종은 군사를 이끌고 간계로 가 초나라 군사들에게 선포했다.

"나라에 새로운 왕이 들어섰으니 먼저 돌아가는 자는 원래 가지고 있던 관직과 봉지, 전답, 가옥을 회복시켜줄 것이다. 그러나 늦게 돌아가는 자는 유배를 보낼 것이다."

초나라 병사들이 이를 듣고 모두 흩어져 도망치고 초영왕 홀로 남게 되었다. 초영왕은 태자 녹이 살해되었다는 소식을 듣고 마차 아래로 쓰러지면서 말했다.

"사람들이 아들을 사랑하는 것이 나와 같단 말인가?"

시종이 대답했다.

"그보다 훨씬 더합니다."

초영왕이 말했다.

"내가 다른 사람들의 자식을 많이 죽였으니 이런 지경에 이르지 않을 수 있겠소?"

우윤이 말했다.

"대왕은 영 땅의 교외로 돌아가셔서 백성의 처분을 기다리십시오."

초영왕이 말했다.

"사람들이 모두 나를 배반했소."

우윤이 다시 말했다.

"그러면 잠시 제후에게 의탁하고 나라가 안정되기를 기다리십시오."

초영왕이 말했다.

"복을 다시 누릴 수 없을 것이니 내 스스로 치욕을 당하는 수밖에 없구려."

당시 초영왕은 배를 타고 언성鄢城에 들어갈 생각이었다. 우윤은 초영왕이 그의 계책을 듣지 않을 것이라고 생각되자 죽는 것이 걱정되어 초영왕을 떠나 달아났다. 초영왕이 단신으로 산속을 헤매었지만, 산야의 백성이 모두 그를 듣지 않았다. 옛날 견인鋗人을 만나 그에게 말했다.

"나에게 먹을 것을 좀 주시오. 나는 벌써 사흘 동안 아무것도 먹지 못했소."

견인이 말했다.

"새 왕이 조서를 내려, 당신에게 음식을 제공하거나 그대를 따르는 사람은 삼족에게 벌을 내린다고 했습니다. 그리고 지금은 음식을 찾을 만한 곳도 없습니다."

초영왕은 그의 다리를 베개 삼아 잠이 들었다. 견인은 흙더미를 가져다가 다리를 대신하고 달아났다. 초영왕이 깨어보니 사람은 보이지 않았고 배가 고파서 일어서지도 못했다. 우윤芋尹 신무우申無宇의 아들 신해申亥가 말했다.

"저의 부친이 두 번이나 국왕의 명을 어겼습니다. 그런데도 국왕은 그를 죽이지 않았으니 그 은덕이 이보다 큰 것은 없을 것입니다."

그리고 사방으로 초영왕을 찾아다녔다. 이택釐澤에서 영왕이 배가 고파 쓰러져 있는 것을 발견하고 그를 부축해 집으로 데리고 왔다. 여름 5월 계축일, 초영왕이 신해의 집에서 죽었다. 신해는 두 딸에게 순절하게 해 영왕과 함께 묻었다. 당시 초나라는 공자 비를 옹립했으나 초영왕이 살아 돌아올까 걱정만 할 뿐 초영왕이 죽었다는 소식을 듣지 못했다. 관종은 초왕 비에게 말했다.

"공자 기질을 죽이지 않으면 대왕이 비록 나라를 얻기는 했지만 화를 당할 것입니다."

초왕 비가 말했다.

"나는 차마 그럴 수 없소."

관종이 말했다.

"사람들이 대왕을 해치려고 참고 있습니다."

초왕이 듣지 않자 관종은 비의 곁을 떠났다. 공자 기질이 귀국하자 도성 사람들이 밤마다 놀라 허둥대며 말했다.

"영왕이 성으로 돌아왔다!"

5월 을묘일 저녁, 공자 기질은 사람을 보내 강에서 배를 타고 왔다 갔다 하면서 이같이 소리치게 했다.

"영왕이 돌아왔다!"

도성 사람들은 더욱더 놀라고 두려워했다. 그리고 만성연曼成然을 보내 초왕 비와 영윤이 된 공자 석晳에게 알렸다.

"군왕이 돌아왔습니다! 성안의 사람들이 대왕을 죽이려 합니다. 사마(기질)가 곧 돌아올 것입니다. 대왕이 빨리 방책을 세워 치욕을 당하지 않으시기 바랍니다. 백성이 분노해 물이 넘치고 불이 타오르는 것같이 되면 돌이킬 수 없습니다."

초왕 비와 공자 석이 자진했다. 5월 병진일, 공자 기질이 즉위했다. 이름을 웅거熊居로 바꾸었다. 그가 초평왕이다.

◉◉ 靈王三年六月, 楚使使告晉, 欲會諸侯. 諸侯皆會楚于申. 伍舉曰, "昔夏啓有鈞臺之饗, 商湯有景亳之命, 周武王有盟津之誓, 成王有岐陽之蒐, 康王有豐宮之朝, 穆王有塗山之會, 齊桓有召陵之師, 晉文有踐土之盟, 君其何用?" 靈王曰, "用桓公." 時鄭子產在焉. 於是晉·宋·魯·衛不往. 靈王已盟, 有驕色. 伍舉曰 "桀爲有仍之會, 有緡叛之. 紂爲黎山之會, 東夷叛之. 幽王爲太室之盟, 戎·翟叛之. 君其愼終!" 七月, 楚以諸侯兵伐吳, 圍朱方. 八月, 克之, 囚慶封, 滅其族. 以封徇, 曰, "無效齊慶封弑其君而弱其孤, 以盟諸大夫!" 封反曰, "莫如楚共王庶子圍弑其君兄之子員而代之立!" 於是靈王使棄疾殺之. 七年, 就章華臺, 下令內亡人實之. 八年, 使公子棄疾將兵滅陳. 十年, 召蔡侯, 醉而殺之. 使棄疾定蔡, 因爲陳蔡公. 十一年, 伐徐以恐吳. 靈王次於乾谿以

待之. 王曰, "齊·晉·魯·衛, 其封皆受寶器, 我獨不. 今吾使使周求鼎
以爲分, 其予我乎?" 析父對曰, "其予君王哉! 昔我先王熊繹辟在荊山,
蓽露藍蔞以處草莽, 跋涉山林以事天子, 唯是桃弧棘矢以共王事. 齊,
王舅也, 晉及魯·衛, 王母弟也, 楚是以無分而彼皆有. 周今與四國服
事君王, 將惟命是從, 豈敢愛鼎?" 靈王曰, "昔我皇祖伯父昆吾舊許是
宅, 今鄭人貪其田, 不我予, 今我求之, 其予我乎?" 對曰, "周不愛鼎, 鄭
安敢愛田?" 靈王曰, "昔諸侯遠我而畏晉, 今吾大城陳·蔡·不羹, 賦皆
千乘, 諸侯畏我乎?" 對曰, "畏哉!" 靈王喜曰, "析父善言古事焉." 十二
年春, 楚靈王樂乾谿, 不能去也. 國人苦役. 初, 靈王會兵於申, 僇 越大
夫常壽過, 殺蔡大夫觀起. 起子從亡在吳, 乃勸吳王伐楚, 爲閒越大夫
常壽過而作亂, 爲吳閒. 使矯公子棄疾命召公子比於晉, 至蔡, 與吳·
越兵欲襲蔡. 令公子比見棄疾, 與盟於鄧. 遂入殺靈王太子祿, 立子比
爲王, 公子子皙爲令尹, 棄疾爲司馬. 先除王宮, 觀從從師于乾谿, 令楚
衆曰, "國有王矣. 先歸, 復爵邑田室. 後者遷之." 楚衆皆潰, 去靈王而
歸. 靈王聞太子祿之死也, 自投車下, 而曰, "人之愛子亦如是乎?" 侍者
曰, "甚是." 王曰, "余殺人之子多矣, 能無及此乎?" 右尹曰, "請待於郊
以聽國人." 王曰, "衆怒不可犯." 曰, "且入大縣而乞師於諸侯." 王曰,
"皆叛矣." 又曰, "且奔諸侯以聽大國之慮." 王曰, "大福不再, 祇取辱
耳." 於是王乘舟將欲入鄢. 右尹度王不用其計, 懼俱死, 亦去王亡. 靈
王於是獨傍偟山中, 野人莫敢入王. 王行遇其故鋗人, 謂曰, "爲我求食,
我已不食三日矣." 鋗人曰, "新王下法, 有敢饟王從王者, 罪及三族, 且
又無所得食." 王因枕其股而臥. 鋗人又以土自代, 逃去. 王覺而弗見,
遂飢弗能起. 芊尹申無宇之子申亥曰, "吾父再犯王命, 王弗誅, 恩孰大
焉!" 乃求王, 遇王飢於釐澤, 奉之以歸. 夏五月癸丑, 王死申亥家, 申亥

以二女從死, 幷葬之. 是時楚國雖已立比爲王, 畏靈王復來, 又不聞靈
王死, 故觀從謂初王比曰, "不殺棄疾, 雖得國猶受禍." 王曰, "余不忍."
從曰, "人將忍王." 王不聽, 乃去. 棄疾歸. 國人每夜驚, 曰, "靈王入矣!"
乙卯夜, 棄疾使船人從江上走呼曰, "靈王至矣!" 國人愈驚. 又使曼成
然告初王比及令尹子晳曰, "王至矣! 國人將殺君, 司馬將至矣! 君蚤自
圖, 無取辱焉. 衆怒如水火, 不可救也." 初王及子晳遂自殺. 丙辰, 棄疾
卽位爲王, 改名熊居, 是爲平王.

평왕세가

　초평왕은 속임수로 두 왕을 죽이고 등극한 뒤 백성과 제후 들이
반란을 일으킬까 두려워 백성에게 은혜를 베풀었다. 진陳나라와 채
나라의 땅을 돌려주고, 두 나라의 후예를 그곳의 제후로 삼았다. 빼
앗았던 정나라의 땅을 되돌려주었다. 백성을 편안하게 하고 정령을
내려 교화에 힘썼다. 오나라는 초나라가 혼란한 틈을 타서 초나라
장수 다섯 명을 사로잡아 회군했다. 초평왕이 관종에게 물었다.

　"그대는 어떤 관직을 원하오?"

　관종이 복윤卜尹을 원하자 초평왕이 이를 허락했다. 원래 초공왕에
게 총애하는 아들 다섯 명이 있었다. 적자에게 보위를 물려주려 하
지 않고, 산천의 신에게 제사를 올려 신령이 그 가운데 한 사람을 점
지하면 그에게 나라를 맡기고자 했다. 초공왕과 파희巴姬는 사당에
몰래 옥벽玉璧을 묻은 뒤 다섯 아들에게 목욕재계하고 사당 안으로
들어가게 했다. 초강왕은 옥벽을 뛰어넘었고, 초영왕은 팔꿈치를 옥

벽 위에 올려놓았고, 공자 비比와 공자 석皙은 옥벽에서 멀리 떨어졌다. 초평왕은 나이가 어려 그 위에 무릎을 꿇고 절했다. 이때 옥벽의 중심을 누르게 되었다. 초강왕은 나이가 들어 등극했으나 그의 아들에 의해 보위를 빼앗겼고, 공자 위는 초영왕으로 즉위했으나 살해되었고, 공자 비는 10여 일 동안 즉위했을 뿐이고, 공자 석은 즉위하지도 못한 채 죽임을 당했다. 네 아들 모두 후손이 끊기는 멸문의 화를 당했다. 오직 공자 기질만이 후에 초평왕으로 즉위해 초나라 종묘사직에 계속 제사를 지낼 수 있게 되었다. 모두 신령의 계시 때문인 듯 싶다. 당초 공자 비가 진나라에서 돌아오자 한선자가 숙향에게 이같이 물은 적이 있다.

"공자 비가 성공하겠습니까?"

숙향이 대답했다.

"성공치 못할 것입니다."

한선자가 물었다.

"초나라 백성이 모두 초왕을 싫어합니다. 장사꾼이 이익을 취하듯이 새 군주를 세우고자 합니다. 왜 성공할 수 없다는 것입니까?"

숙향이 대답했다.

"그와 친밀한 사람도 없습니다. 그와 원망을 함께할 사람이 누가 있겠습니까? 나라를 취하는 데는 다섯 가지 어려움이 있습니다. 총애하는 사람은 있지만 현인이 없는 것이 하나이고, 현인이 있지만 중요한 지지기반이 없는 것이 둘이고, 중요한 지지기반이 있지만 전반적인 계략이 없는 것이 셋이고, 전반적인 계략은 있지만 백성의 호응이 없는 것이 넷이고, 백성의 호응은 있지만 자신에게 덕행이 없는 것이 다섯입니다.

공자 비는 진나라에서 13년 동안 있었습니다. 진나라와 초나라에서 그를 따르는 출신 가운데 학식이 박학한 사람이 있다는 소리를 들어보지 못했으니 현인이 없는 것이고, 가족이 없고 친척과 친구들이 그를 배반했으니 중요한 지지기반이 없다고 말할 수 있습니다. 때가 되지도 않았습니다. 정변을 일으키고자 하니 전반적인 계략이 없다고 할 수 있습니다. 평생 동안 국외에서 살았으니 백성이 없다고 할 수 있고, 국외를 떠돌아다녔습니다. 그런데도 어느 누구도 그의 행적을 기록하기 좋아하는 사람이 없었습니다. 덕행이 없다고 말할 수 있습니다. 초왕이 포악한 나머지 거리끼는 바가 없어 자멸했지만, 공자 비가 이 다섯 가지 어려움에 직면해 군주를 죽이려 하니 누가 그를 도와 성공시키겠습니까?

초나라를 얻는 사람은 아마 기질이 아니겠습니까? 기질은 진陳나라와 채나라 땅을 다스리고 있고, 방성 이외의 지역도 모두 그에게 귀속되었습니다. 혼란스럽고 사악한 일이 일어나지 않고 도적들이 숨을 죽이고 숨어 있고, 사리사욕으로 백성의 이익을 거스르지 않았기에 백성도 원망하는 마음이 없습니다. 조상들이 그를 점지해주셨으니 초나라 백성이 그를 신임합니다. 미성芈姓은 난이 일어나면 반드시 막내가 보위를 계승하는 것이 초나라의 관례입니다. 자비의 관직은 우윤右尹일 뿐이고, 그의 귀천을 논하면 서자에 불과할 뿐입니다. 신령의 뜻에 따르면 크게 요원하고 백성이 그를 생각하지 않으니 어떻게 보위에 오를 수 있겠습니까!"

한선자가 물었다.

"제환공과 진문공도 그렇지 않았습니까?"

숙향이 대답했다.

"제환공은 위희衛姬의 아들로 희공釐公의 총애를 입었습니다. 포숙아·빈수무賓須無·습붕이 보필했고, 거나라와 위衛나라가 밖에서 지원했습니다. 고씨와 국씨가 안에서 도왔습니다. 그는 즐거운 마음으로 정확한 의견을 듣고, 끊임없이 은혜를 베풀었으니 제나라를 향유하는 것이 마땅하지 않겠습니까? 옛날 우리나라 진문공은 호계희狐季姬의 아들로, 헌공獻公의 총애를 입었습니다. 학문도 게을리하지 않았습니다. 열일곱에 다섯 명의 현사가 있었고, 대부 자여와 자범子犯이 심복이 되었습니다. 위주와 가타가 힘을 다해 보필했고, 제나라·송나라·진秦나라·초나라가 밖에서 지지했고, 난欒·극郤·호狐·선先 네 집안이 안에서 도왔습니다. 19년 동안 떠돌아다녔지만 부국강병에 관한 의지가 더욱더 강해졌습니다. 혜공과 회공이 백성을 배신해 백성이 서로를 이끌며 문공에게 왔습니다. 문공이 진晉나라를 차지하는 것이 마땅하지 않았습니까? 공자 비는 백성에게 이익을 준 적이 없고, 밖에서도 지원하지 않고, 진나라를 떠났습니다. 그런데도 진나라에서 호위하지 않고, 초나라에 돌아왔습니다. 그런데도 초나라가 환대하며 맞아들이지 않았습니다. 어떻게 초나라를 향유할 수 있겠습니까!"

공자 비는 과연 나쁜 종말을 맞았고, 결과적으로 보위에 오른 사람은 기질이다. 숙향이 말한 그대로였다. 초평왕 2년, 비무기費無忌를 진秦나라에 보내 태자 건을 위해 태자비를 맞아들이려 했다. 태자비는 매우 아름다웠다. 비무기가 태자비를 영접해오는 도중에 먼저 성으로 돌아와 초평왕을 부추겼다.

"진나라 여인이 아름다우니 대왕이 직접 그녀를 취하시고, 태자에게는 다른 사람을 구해주시지요."

초평왕은 그의 말에 따라 자신이 진나라 여인을 취해 웅진熊珍을 낳았다. 태자에게는 따로 신부를 구해 결혼시켰다. 오사伍奢는 태자의 태부, 비무기는 소부少傅가 되었다. 비무기는 태자의 총애를 얻지 못하자 자주 태자 건을 무함했다. 태자 건은 당시 열다섯이었고, 그의 모친은 채나라 사람으로 초평왕의 총애를 얻지 못했다. 초평왕이 점차 태자 건을 소원하게 대한 이유다. 초평왕 6년, 태자 건을 성보에 머물게 하고 변경을 지키게 했다. 비무기는 다시 밤낮으로 평왕 면전에서 태자 건을 무함했다.

"제가 진나라 여인을 대왕의 후궁으로 모셔온 그날부터 태자 건은 저를 미워하고 있으니 대왕에 관한 원망이 없을 수 없습니다. 대왕이 좀더 경계하셔야 합니다. 더구나 태자는 성보에서 병권을 쥐고 대외적으로 제후와 결탁해 쳐들어올 것입니다."

초평왕은 태자의 태부 오사를 불러 이 사건을 철저히 규명하라고 명했다. 오사는 비무기가 태자를 무함한 것이라는 사실을 알고 말했다.

"대왕은 어찌해서 하찮은 소인의 말을 듣고 혈육을 멀리하십니까?"

비무기가 말했다.

"지금 그를 제압하지 않으면 후회할 것입니다!"

초평왕은 오사를 옥에 가두고, 사마 분양奮揚에게 태자 건을 불러오게 해 죽이려 했다. 태자는 이 소식을 듣고 송나라로 달아났다. 비무기가 말했다.

"오사에게 두 아들이 있습니다. 함께 죽이지 않으면 초나라의 화근이 될 것입니다. 부친의 죄를 사해준다는 명분을 내세워 이들을 불러들인다면 틀림없이 올 것입니다."

초평왕은 사자를 오사에게 보내 말을 전하게 했다.

"너의 두 아들을 불러오면 살려줄 것이고, 불러오지 못하면 죽음 뿐이다."

오사가 말했다.

"오상은 오겠지만 오원伍員은 오지 않을 것입니다."

초평왕이 물었다.

"왜 그런가?"

오사가 대답했다.

"오상의 사람됨은 품행이 단정하고 절개를 위해 죽을 수 있고, 효가 지극하고 어질어서, 왕명을 받고 부친의 죄를 면할 수 있다면 틀림없이 오고, 자신의 생사를 돌보지 않을 것입니다. 오원의 사람됨은 기지가 있고 계략을 꾸미기를 좋아하고, 용감하면서 공명을 바라고, 오면 반드시 죽는다는 것을 알기에 틀림없이 오지 않을 것입니다. 그러나 장차 초나라는 이 아이로 인해 우환이 있을 것입니다."

초평왕은 이들을 소환하기 위해 사람을 보냈다.

"자, 내가 너희 부친의 죄를 사해주겠다."

오상이 오원에게 말했다.

"아버지의 죄를 사해준다는 말을 듣고 가지 않는 것은 불효다. 아버지가 돌아가신 후 복수할 사람이 없다면 지모가 없는 것이다. 일을 처리하는 능력을 헤아리는 것도 지혜로운 것이다. 너는 도망치고 나는 돌아가서 죽겠다."

오상은 영으로 갔다. 오원은 활에 화살을 메겨 사신에게 말했다.

"부친이 죄를 지었는데 어찌 아들을 불러들인단 말입니까?"

활을 쏘고자 하자 사자가 달아나고, 오원은 오나라로 망명했다. 오사가 이 소식을 듣고 말했다.

"오원이 달아났으니 초나라가 위험해질 것이다!"

초평왕이 오사와 오상을 죽였다. 초평왕 10년, 초나라 태자 건의 모친은 거소에서 몰래 오나라 군사와 내통했다. 오나라는 공자 광을 보내 초나라를 정벌하기 위해 진陳나라와 채나라를 격파하고 태자 건의 모친을 오나라로 데려갔다. 초나라는 겁을 먹고 도성을 옮긴 뒤 다시 성을 쌓았다.

당초 오나라의 변경 마을 비량과 초나라 변경 마을 종리의 아이들이 뽕나무 잎을 서로 빼앗으려다 싸움이 나서, 두 집안이 발끈해 싸우다가 비량 일가가 죽임을 당했다. 비량의 대부가 발끈해 병사를 보내 종리를 쳤다. 초나라 왕이 이 사건을 듣고 노해 군사를 보내 비량을 초토화했다. 오왕이 이 소식을 듣고 대로해 군사를 보내 태자 건의 모친이 거소에 사는 것을 이유로 공자 광에게 종리와 거소를 공격하게 했다. 초나라는 두려워 다시 영성嬴姓을 보수했다. 초평왕 13년, 초평왕이 죽었다. 장수 자상이 말했다.

"태자 진珍이 나이가 어리고, 그의 모친은 전 태자 건에게 시집갔어야 할 사람이었습니다."

그러고는 영윤 자서를 옹립하고자 했다. 자서는 초평왕의 배다른 동생으로 절의가 있는 사람이다. 자서가 말했다.

"나라에는 정상적으로 시행해야 할 법도가 있소. 계승질서를 바꾸면 나라가 어지러워지오. 그리고 자상과 같은 말을 하는 사람은 죽어 마땅하오."

그러고는 태자 진을 옹립했다. 그가 초소왕이다.

•• 平王以詐弑兩王而自立, 恐國人及諸侯叛之, 乃施惠百姓. 復陳
蔡之地而立其後如故, 歸鄭之侵地. 存恤國中, 修政教. 吳以楚亂故, 獲
五率以歸. 平王謂觀從, "恣爾所欲." 欲爲卜尹, 王許之. 初, 共王有寵
子五人, 無適立, 乃望祭群神, 請神決之, 使主社稷, 而陰與巴姬埋璧於
室內, 召五公子齋而入. 康王跨之, 靈王肘加之, 子比·子皙皆遠之. 平
王幼, 抱其上而拜, 壓紐. 故康王以長立, 至其子失之, 圍爲靈王, 及身
而弑, 子比爲王十餘日, 子皙不得立, 又俱誅. 四子皆絕無後. 唯獨棄
疾後立, 爲平王, 竟續楚祀, 如其神符. 初, 子比自晉歸, 韓宣子問叔向
曰, "子比其濟乎?" 對曰, "不就." 宣子曰, "同惡相求, 如市賈焉, 何爲不
就?" 對曰, "無與同好, 誰與同惡? 取國有五難, 有寵無人, 一也, 有人
無主, 二也, 有主無謀, 三也, 有謀而無民, 四也, 有民而無德, 五也. 子
比在晉十三年矣, 晉·楚之從不聞通者, 可謂無人矣, 族盡親叛, 可謂
無主矣, 無釁而動, 可謂無謀矣, 爲羈終世, 可謂無民矣, 亡無愛徵, 可
謂無德矣. 王虐而不忌, 子比涉五難以弑君, 誰能濟之! 有楚國者, 其
棄疾乎? 君陳·蔡, 方城外屬焉. 苟無不作, 盜賊伏隱, 私欲不違, 民無
怨心. 先神命之, 國民信之. 羋姓有亂, 必季實立, 楚之常也. 子比之官,
則右尹也, 數其貴寵, 則庶子也, 以神所命, 則又遠之, 民無懷焉, 將何
以立?" 宣子曰, "齊桓·晉文不亦是乎?" 對曰, "齊桓, 衛姬之子也, 有
寵於釐公. 有鮑叔牙·賓須無·隰朋以爲輔, 有莒·衛以爲外主, 有高·
國以爲內主. 從善如流, 施惠不倦. 有國, 不亦宜乎? 昔我文公, 狐季姬
之子也, 有寵於獻公. 好學不倦. 生十七年, 有士五人, 有先大夫子餘·
子犯以爲腹心, 有魏犨·賈佗以爲股肱, 有齊·宋·秦·楚以爲外主, 有
欒·郤·狐·先以爲內主. 亡十九年, 守志彌篤. 惠·懷棄民, 民從而與
之. 故文公有國, 不亦宜乎? 子比無施於民, 無援於外, 去晉, 晉不送,

歸楚, 楚不迎. 何以有國!"子比果不終焉, 卒立者棄疾, 如叔向言也.

　平王二年, 使費無忌如秦爲太子建取婦. 婦好, 來, 未至, 無忌先歸, 說平王曰, "秦女好, 可自娶, 爲太子更求." 平王聽之, 卒自娶秦女, 生熊珍. 更爲太子娶. 是時伍奢爲太子太傅, 無忌爲少傅. 無忌無寵於太子, 常讒惡太子建. 建時年十五矣, 其母蔡女也, 無寵於王, 王稍益疏外建也. 六年, 使太子建居城父, 守邊. 無忌又日夜讒太子建於王曰, "自無忌入秦女, 太子怨, 亦不能無望於王, 王少自備焉. 且太子居城父, 擅兵, 外交諸侯, 且欲入矣." 平王召其傅伍奢責之. 伍奢知無忌讒, 乃曰, "王奈何以小臣疏骨肉?" 無忌曰, "今不制, 後悔也." 於是王遂囚伍奢. '而召其二子而告以免父死' 乃令司馬奮揚召太子建, 欲誅之. 太子聞之, 亡奔宋. 無忌曰, "伍奢有二子, 不殺者爲楚國患. 盍以免其父召之, 必至." 於是王使使謂奢, "能致二子則生, 不能將死." 奢曰, "尙至, 胥不至." 王曰, "何也?" 奢曰, "尙之爲人, 廉, 死節, 慈孝而仁, 聞召而免父, 必至, 不顧其死. 胥之爲人, 智而好謀, 勇而矜功, 知來必死, 必不來. 然爲楚國憂者必此子." 於是王使人召之, 曰, "來, 吾免爾父." 伍尙謂伍胥曰, "聞父免而莫奔, 不孝也, 父戮莫報, 無謀也, 度能任事, 知也. 子其行矣, 我其歸死." 伍尙遂歸. 伍胥彎弓屬矢, 出見使者, 曰, "父有罪, 何以召其子爲?" 將射, 使者還走, 遂出奔吳. 伍奢聞之, 曰, "胥亡, 楚國危哉." 楚人遂殺伍奢及尙. 十年, 楚太子建母在居巢, 開吳. 吳使公子光伐楚, 遂敗陳·蔡, 取太子建母而去. 楚恐, 城郢. 初, 吳之邊邑卑梁與楚邊邑鍾離小童爭桑, 兩家交怒相攻, 滅卑梁人. 卑梁大夫怒, 發邑兵攻鍾離. 楚王聞之怒, 發國兵滅卑梁. 吳王聞之大怒, 亦發兵, 使公子光因建母家攻楚, 遂滅鍾離·居巢. 楚乃恐而城郢. 十三年, 平王卒. 將軍子常曰, "太子珍少, 且其母乃前太子建所當娶也." 欲立令尹子西. 子西, 平王之庶弟也, 有義. 子西曰, "國有常法, 更立則亂, 言之則致誅."
乃立太子珍, 是爲昭王.

소왕세가

초소왕 원년, 초나라 백성은 모두 비무기를 싫어했다. 그의 무함으
로 태자 건이 달아났고, 오사 부자와 극완郤宛이 죽었기 때문이다. 완
과 동성동본인 백씨伯氏의 아들 비嚭와 오자서는 모두 오나라로 달아
났다. 오나라 군사가 누차 초나라에 쳐들어오자 초나라 백성은 비무
기를 크게 원망했다. 영윤 자상이 백성의 환심을 사기 위해 비무기
를 죽이니 백성이 기뻐했다.

초소왕 4년, 오나라 공자 세 명이 초나라에 투항했다. 초나라 왕은
이들에게 토지와 관직을 주고 오나라에 대항하게 했다. 초소왕 5년,
오나라는 초나라의 육 땅과 잠灊 땅을 공격해 점령했다. 초소왕 7년,
초나라는 자상을 보내 오나라를 쳤다. 오나라 군사가 예장에서 초나
라 군사를 크게 격파했다.

초소왕 10년 겨울, 오왕 합려·오자서·백비가 당나라·채나라와
합세해 초나라를 공격, 대파하고 영에 입성했다. 오나라 군사는 평
왕의 무덤을 파헤쳐 시체에 채찍을 가하는 모욕을 주었다. 이는 오
자서가 한 일이다. 당초 오나라 군사가 쳐들어오자 초나라가 자상을
보내 응전하게 했다. 두 나라 군사는 한수를 마주하고 진을 쳤다. 오
나라 군사가 자상을 격파하자 자상은 정나라로 달아났다. 초나라 군
사가 패퇴할 때 오나라 군사는 여세를 몰아 추격했다. 다섯 번의 싸

움 끝에 영도까지 쳐들어간 것이다. 기묘일, 초소왕이 성을 빠져나와 달아났다. 경진일, 오나라 군사가 영도에 입성했다. 초소왕이 운몽雲夢으로 달아났다. 운몽 사람들은 그가 국왕인지 모르고 활을 쏘아 상처를 입혔다. 초소왕이 운읍鄖邑으로 도망치자 운공鄖公의 동생 회懷가 말했다.

"평왕이 나의 부친을 죽였으니 이제 우리가 그의 아들을 죽여도 되지 않겠습니까?"

운공은 그를 제지했으나 그가 소왕을 살해할까봐 걱정이 되어 소왕과 함께 수나라로 달아났다. 오왕은 소왕이 달아났다는 소식을 듣고, 곧바로 수나라로 쳐들어와서 수나라 사람에게 말했다.

"주나라의 후손이 장강과 한수 땅의 제후에 봉해졌으나 초나라가 이들을 모두 없앴다."

그러고는 초소왕을 죽이려 했다. 초소왕의 시종 자기가 초소왕을 은밀하게 숨기고 초소왕으로 분장한 뒤 수나라 사람에게 말했다.

"나를 오나라 군사에 넘겨주시오."

수나라 백성이 점괘를 보니 소왕을 오나라에 넘기는 것이 불길하다는 점괘가 나왔다. 오왕에게 거절하며 말했다.

"소왕이 도망치고 수나라에 없습니다."

오나라 군사가 성에 들어와 직접 수색하겠다고 요구했으나 수나라 백성이 허락지 않아 철군했다. 초소왕은 영도에서 피신할 때 신포서申包胥를 진秦나라에 보내 구원병을 청했다. 진秦나라는 병거 500대를 초나라에 지원해주었다. 초나라도 패잔병을 모아, 진秦나라 군사와 함께 오나라 군사를 쳤다.

초소왕 11년 6월, 직稷에서 오나라 군사를 물리쳤다. 마침 오왕의 동생 부개가 오왕의 군사들이 많은 사상자를 내고 패하는 광경을 보고 달아나 대신 즉위했다. 합려는 이 소식을 듣고 초나라에서 후퇴해 부개를 쳤다. 부개가 패해 초나라로 달아났다. 초나라는 그를 당계에 봉하고 당계씨라고 불렀다. 초소왕이 당나라를 멸했다. 이해 9월, 영도로 돌아왔다. 초소왕 12년, 오나라가 다시 초나라를 공격해 번읍을 빼앗았다. 초나라는 두려워 영도를 버리고 북쪽 약읍郡邑으로 천도했다.

초소왕 16년, 공자가 노나라 국로國老에 임명되었다. 초소왕 20년, 초나라가 돈頓나라와 호나라를 멸했다. 초소왕 21년, 오나라 합려가 월나라를 쳤다. 월왕 구천이 오왕 합려를 활로 쏘아, 오왕은 부상을 입고 죽었다. 오나라가 월나라를 증오하며, 다시는 서쪽으로 초나라를 치지 않았다. 초소왕 27년 봄, 오나라가 진陳나라를 치자 초소왕은 진나라에 구원병을 보내 성보에 진을 치게 했다. 이해 10월, 초소왕이 진중에서 병으로 쓰러졌다. 하늘에 빨간 구름이 새처럼 태양을 끼고 날아가는 것 같았다. 소왕이 주나라 왕실 태사에게 묻자 태사가 말했다.

"이는 대왕에게 해로운 것입니다. 그러나 재난을 장군과 재상들에게 돌릴 수 있습니다."

장군과 재상들이 이를 듣고 신에게 자신들이 초소왕의 재난을 대신하게 해달라고 기도했다. 초소왕이 말했다.

"장군과 재상 여러분, 나의 어깨와 다리를 예로 들겠소. 지금 재난을 어깨와 다리로 옮긴다고 해서 내 몸의 병을 없앨 수 있겠소?"

장군과 재상들의 요구를 듣지 않았다. 점괘로 병의 원인을 점쳐보니 황하를 숭상해야 한다는 점괘가 나오자 대부들이 하신河神에게 제사 지내며 소원을 빌었다. 초소왕이 반대했다.

"나의 선조가 제후에 봉해진 이후 제사를 지낸 강은 장강과 한수이고, 우리는 일찍이 황하 신에게 죄를 범한 적이 없다."

공자가 진陳나라에서 이를 듣고 기렸다.

"초소왕은 대의를 통달하고 있으니 나라를 잃지 않는 것이 당연하다!"

초소왕의 병이 더욱 심해지자 여러 공자와 대부를 불러 말했다.

"나는 재능이 없어 두 번에 걸쳐 초나라 군사에 굴욕을 당했지만, 지금 천수를 누리고 죽는 것이니 나의 행운이오."

그는 큰아들 신에게 보위를 물려주려 했으나 신은 이를 듣지 않았다. 다시 둘째 아들 결結에게 물려주려 했으나 그도 받아들이려 하지 않았다. 다시 셋째 아들 여閭에게 다섯 번에 걸쳐 권해 겨우 국왕이 되겠다는 응답을 받아냈다. 초나라가 오나라와 교전하려 했다. 경인일, 초소왕이 군영에서 죽었다. 공자 여가 말했다.

"부왕의 병세가 위중해 자신의 아들을 버려두고, 보위를 신하들에게 양위하고자 하는 부왕의 말씀을 당시 내가 받아들인 이유는 왕의 마음을 위로하려는 것이었습니다. 이제 대왕이 돌아가셨으니 내가 어찌 감히 대왕이 양위하고자 하는 마음을 잊을 수 있겠습니까!"

그러고는 자서·자기와 상의해 몰래 군사를 보내 월나라 여인 소생의 자장子章을 영접해 옹립했다. 그가 초혜왕이다. 이후 영도로 철수하고 초소왕을 안장했다. 초혜왕 2년, 자서는 오나라에서 죽은 평왕 태자 건의 아들 승勝을 불러와서 그를 소읍巢邑의 대부로 임명하고 백공이라 불렀다. 백공은 용병을 좋아했고, 또한 겸손하게 선비들을 대함으로써 부친의 원수를 갚을 생각이었다.

초혜왕 6년, 백공은 영윤 자서에게 군사를 일으켜 정나라를 치자고 청했다. 전에 백공의 부친 태자 건이 정나라로 달아났을 때 정나라가 그를 죽였다. 백공은 오자서와 함께 오나라로 망명했다. 자서가 다시 백공을 불러들여 대부가 된 것이다. 백공은 정나라를 증오해 토벌하고자 했다. 자서가 허락은 했지만 군사를 내지는 않았다. 초혜왕 8년, 진나라가 정나라를 치자 정나라는 초나라에 위급을 알렸다. 초나라는 자서를 보내 정나라를 구하게 하고, 재물을 얻어 돌아왔다. 백공 승은 화가 치밀어 죽음을 무릅쓴 용사 석기 등과 함께 조현에서 문득 영윤 자서와 자신을 습격해 죽이고, 승기를 잡아 초혜왕을 납치해 고부高府에 가두고 죽일 준비를 했다.

초혜왕의 시종 굴고屈固가 초혜왕을 업고 소왕부인昭王夫人의 궁으로 달아났다. 백공이 대신 즉위했다. 한 달 뒤 섭공이 초나라 왕을 구하러 오자 초혜왕의 잔당들이 섭공과 함께 백공을 공격해 그를 죽였다. 초혜왕이 다시 복위했다. 이해에 초나라는 진陳나라를 멸해 현으로 삼았다. 초혜왕 13년, 오왕 부차는 세력이 강대해지자 제나라와 진晉나라를 침공하고 초나라를 쳤다. 초혜왕 16년, 월나라가 오나라를 멸했다. 초혜왕 42년, 초나라가 채나라를 멸했다. 초혜왕 44년, 초나라가 기나라를 멸하고 진秦나라와 강화했다. 당시 월나라가 이미 오나라를 멸했지만, 강북江北과 회북淮北 땅을 통치할 수 없었다. 초나라는 동쪽으로 쳐들어가 땅을 사상泗上까지 넓혔다. 초혜왕 57년, 초혜왕이 죽자 아들 초간왕楚簡王 중中이 즉위했다.

초간왕 원년, 북상해 거나라를 공격해 멸했다. 초간왕 8년, 위문후·한무자韓武子·조환자趙桓子가 제후가 되었다. 초간왕 24년, 초간왕이 죽자 아들 초성왕楚聲王 웅당熊當이 즉위했다. 초성왕 6년, 강도가 초성왕을 죽였다. 아들 초도왕楚悼王 웅의熊疑가 즉위했다. 초도왕 2년, 한무자와 조환자, 위문후가 초나라를 공격해 승구까지 이르렀다가 철군했다. 초도왕 4년, 초나라가 주나라를 치고, 정나라가 자양子陽을 죽였다. 초도왕 9년, 한韓나라를 공격해 부서負黍를 빼앗았다. 초도왕 11년 3월, 위문후와 조환자, 한무자가 초나라를 공격해 대량과 유관楡關에서 초나라 군사를 물리쳤다. 초나라가 많은 재물을 진秦나라로 보내 강화를 맺었다. 초도왕 21년, 초도왕이 죽자 아들 초숙왕楚肅王 웅장熊臧이 즉위했다.

초숙왕 4년, 촉蜀나라가 초나라를 공격해 자방玆方을 빼앗았다. 당시 초나라는 한관扜關을 보수해 촉나라를 방어했다. 초숙왕 10년, 위나라가 초나라의 노양魯陽을 빼앗았다. 초숙왕 11년, 초숙왕이 죽었으나 아들이 없었다. 그의 동생 웅양부熊良夫가 즉위했다. 그가 초선왕楚宣王이다. 초선왕 6년, 주나라 천자가 진헌공을 치하했다. 진秦나라가 중흥하고, 위문후와 조환자, 한무자의 세력이 더욱 커졌다. 위혜왕과 제위왕 또한 더욱 강성했다. 초선왕 30년, 진秦나라가 위앙衛鞅을 상商 땅에 봉하고, 남쪽으로 초나라를 침공했다. 이해에 초선왕이 죽자 아들 초위왕楚威王 웅상熊商이 즉위했다.

초위왕 6년, 주현왕周顯王이 주문왕과 주무왕에게 제사를 지낸 제육을 진혜왕秦惠王에게 보냈다. 초위왕 7년, 제나라 재상 맹상군孟嘗君의 부친 전영田嬰이 초나라를 속였다. 초위왕은 제나라를 공격해 서주에서 제나라 군사를 물리치고 제나라에게 전영을 축출하게 위협했다. 전영이 두려워하자 장추張丑가 짐짓 초위왕에게 말했다.

"대왕이 서주에서 제나라를 이긴 원인은 제나라가 전반자田盼子를 등용하지 않았기 때문입니다. 전반자는 제나라에 공이 있어 백성이 그를 위해 힘을 다합니다. 전영은 그를 싫어해 신기申紀를 등용했습니다. 신기는 대신들이 그를 가까이하지 않고, 백성도 그를 위해 애쓰지 않기에 대왕이 제나라를 물리치실 수 있었습니다. 지금 대왕이 제나라에 전영을 축출하라 하면 전영이 쫓겨난 후 반자가 틀림없이 중용될 것입니다. 그가 제나라 군사를 새롭게 정돈해 대왕과 싸운다면 대왕에게 불리할 것입니다!"

초위왕이 전영을 축출하라는 요구를 다시는 언급하지 않았다. 초위왕 11년, 초위왕이 죽자 아들 초회왕 웅괴熊槐가 즉위했다. 이때 초나라 왕이 죽었다는 소식을 들은 위나라가 초나라를 공격해 초나라의 형산陘山을 빼앗았다.

●● 昭王元年, 楚衆不說費無忌, 以其讒亡太子建, 殺伍奢子父與郤宛. 宛之宗姓伯氏子嚭及子胥皆奔吳, 吳兵數侵楚, 楚人怨無忌甚. 楚令尹子常誅無忌以說衆, 衆乃喜. 四年, 吳三公子奔楚, 楚封之以扞吳. 五年, 吳伐取楚之六·潛. 七年, 楚使子常伐吳, 吳大敗楚於豫章. 十年冬, 吳王闔閭·伍子胥·伯嚭與唐·蔡俱伐楚, 楚大敗, 吳兵遂入郢, 辱平王之墓, 以伍子胥故也. 吳兵之來, 楚使子常以兵迎之, 夾漢水陣. 吳伐敗子常, 子常亡奔鄭. 楚兵走, 吳乘勝逐之, 五戰及郢. 己卯, 昭王出奔. 庚辰, 吳人入郢. 昭王亡也至雲夢. 雲夢不知其王也, 射傷王. 王走鄖. 鄖公之弟懷曰, "平王殺吾父, 今我殺其子, 不亦可乎?" 鄖公止之, 然恐其弒昭王, 乃與王出奔隨. 吳王聞昭王往, 卽進擊隨, 謂隨人曰, "周之子孫封於江漢之閒者, 楚盡滅之." 欲殺昭王. 王從臣子綦乃深匿王, 自以爲王, 謂隨人曰, "以我予吳." 隨人卜予吳, 不吉, 乃謝吳王曰, "昭王亡, 不在隨." 吳請入自索之, 隨不聽, 吳亦罷去. 昭王之出郢也, 使申鮑胥請救於秦. 秦以車五百乘救楚, 楚亦收餘散兵, 與秦擊吳. 十一年六月, 敗吳於稷. 會吳王弟夫概見吳王兵傷敗, 乃亡歸, 自立爲王. 闔閭聞之, 引兵去楚, 歸擊夫概. 夫概敗, 奔楚, 楚封之堂谿, 號爲堂谿氏. 楚昭王滅唐. 九月, 歸入郢. 十二年, 吳復伐楚, 取番. 楚恐, 去郢, 北徙都鄀. 十六年, 孔子相魯. 二十年, 楚滅頓, 滅胡. 二十一年, 吳王闔閭伐越. 越王句踐射傷吳王, 遂死. 吳由此怨越而不西伐楚. 二十七年春, 吳伐陳, 楚昭王救之, 軍城父. 十月, 昭王病於軍中, 有赤雲如鳥, 夾日而蜚. 昭王問周太史, 太史曰, "是害於楚王, 然可移於將相." 將相聞是言, 乃請自以身禱於神. 昭王曰, "將相, 孤之股肱也, 今移禍, 庸去是身乎!" 弗聽. 卜而河爲祟, 大夫請禱河. 昭王曰, "自吾先王受封, 望不過江·漢, 而河非所獲罪也." 止不許. 孔子在陳, 聞是言, 曰, "楚昭王通大道矣. 其不失國, 宜哉!" 昭王病甚, 乃召諸公子大夫曰, "孤不佞, 再辱楚國之師, 今乃得以天壽終, 孤之幸也." 讓其弟公子申爲王, 不可. 又讓次弟公子結, 亦不可. 乃又讓次弟公子閭, 五讓, 乃後許爲王. 將戰, 庚寅, 昭王卒於軍中. 子閭曰, "王病甚, 舍其子讓群臣, 臣所以許王, 以廣王意也. 今君王卒, 臣豈敢忘君王之意乎!" 乃與子西·子綦謀, 伏師閉塗, 迎越女之子章立之, 是爲惠王. 然後罷兵歸, 葬昭王. 惠王二年, 子西召故平王太子建之子勝於吳, 以爲巢大夫, 號曰白公. 白公好兵而下士, 欲報仇. 六年, 白公請兵令尹子西伐鄭. 初, 白公父建亡在鄭, 鄭殺之, 白公亡走吳, 子西復召之, 故以此怨鄭, 欲伐之. 子西許而未爲發兵. 八年, 晉伐鄭, 鄭告急楚, 楚使子西救鄭, 受賂而去. 白公勝怒, 乃遂與勇力死士石乞等襲殺令尹子西·子綦於朝, 因劫惠王, 置之高府, 欲弑之. 惠王從者屈固負王亡走昭王夫人宮. 白公自立爲王. 月餘, 會葉公來救楚, 楚惠王之徒與共攻白公, 殺之. 惠王乃復位. 是歲也, 滅陳而縣之. 十三年, 吳王夫差彊, 陵齊·晉, 來伐楚.

十六年, 越滅吳. 四十二年, 楚滅蔡. 四十四年, 楚滅杞. 與秦平. 是時越已滅吳而不能正江‧淮北, 楚東侵, 廣地至泗上. 五十七年, 惠王卒, 子簡王中立. 簡王元年, 北伐滅莒. 八年, 魏文侯‧韓武子‧趙桓子始列爲諸侯. 二十四年, 簡王卒, 子聲王當立. 聲王六年, 盜殺聲王, 子悼王熊疑立. 悼王二年, 三晉來伐楚, 至乘丘而還. 四年, 楚伐周. 鄭殺子陽. 九年, 伐韓, 取負黍. 十一年, 三晉伐楚, 敗我大梁‧榆關. 楚厚賂秦, 與之平. 二十一年, 悼王卒, 子肅王臧立. 肅王四年, 蜀伐楚, 取茲方. 於是楚爲扞關以距之. 十年, 魏取我魯陽. 十一年, 肅王卒, 無子, 立其弟熊良夫, 是爲宣王. 宣王六年, 周天子賀秦獻公. 秦始復彊, 而三晉益大, 魏惠王‧齊威王尤彊. 三十年, 秦封衛鞅於商, 南侵楚. 是年, 宣王卒, 子威王熊商立. 威王六年, 周顯王致文武胙於秦惠王. 七年, 齊孟嘗君父田嬰欺楚, 楚威王伐齊, 敗之於徐州, 而令齊必逐田嬰. 田嬰恐, 張丑僞謂楚王曰, "王所以戰勝於徐州者, 田盼子不用也. 盼子者, 有功於國, 而百姓爲之用. 嬰子弗善而用申紀. 申紀者, 大臣不附, 百姓不爲用, 故王勝之也. 今王逐嬰子, 嬰子逐, 盼子必用矣. 復搏其士卒以與王遇, 必不便於王矣." 楚王因弗逐也. 十一年, 威王卒, 子懷王熊槐立. 魏聞楚喪, 伐楚, 取我陘山.

회왕세가

　초회왕 원년, 장의張儀가 진혜왕의 재상으로 등용되었다. 초회왕 4년, 진혜문공이 처음으로 왕을 칭했다. 초회왕 6년, 초나라는 주국 소양昭陽에게 군사를 통솔하게 해 위나라를 공격해 양릉襄陵에서 위나라 군사를 물리치고 여덟 개 성을 취했다. 다시 군사를 움직여 제나라를 치자 제나라 왕은 이 일로 근심에 싸였다. 유세가 진진陳軫이 때마침 진秦나라 사자가 되어 제나라에 와 있었다. 제나라 왕이 물었다.

"어떻게 초나라 군사를 대적할 수 있겠소?"

진진이 대답했다.

"대왕은 우려하실 필요가 없습니다. 제가 초나라로 가 군사를 멈출 수 있도록 권해보겠습니다."

그리고 초나라 진영으로 가 소양을 조현하고 말했다.

"저는 초나라 군공軍功에 대한 포상을 알고 싶습니다. 적군을 물리치거나 적장을 죽이는 파군살장破軍殺將의 공을 세운 사람에게 어떤 관직을 내립니까?"

소양이 말했다.

"관직은 상주국上柱國에 임명하고, 가장 높은 작위인 집규執珪를 내리겠소."

진진이 말했다.

"이보다 존귀한 관직이 또 있습니까?"

소양이 말했다.

"영윤이 있소."

진진이 말했다.

"지금 그대는 이미 영윤이니 나라에서 가장 높은 관직입니다. 제가 비유를 들어 설명하지요. 어떤 자가 그의 문객들에게 술 한 잔을 주자 문객들이 의논하며 말했습니다. '몇 사람이 이 술을 마시고자 하면 다 마실 수 없습니다. 우리가 땅에 뱀을 그려서 먼저 뱀을 그린 사람이 이 술을 마십시다.' 어떤 자가 말했습니다. '내가 그린 뱀이 먼저 완성되었다.' 그는 술잔을 받쳐 들고 일어서서 말했습니다. '나는 뱀에게 다리를 덧붙일 수 있습니다.' 그가 뱀에게 다리를 그려 넣자 그 출신 다음으로 뱀을 그린 사람이 그의 술잔을 빼앗아 마시고 나서 말했습니다. '뱀은 원래 다리가 없다. 뱀에 다리를 그렸으니 이는 뱀이 아니다.' 지금 그대가 초나라 재상의 지위에 있으면서 위나라를 공격해 위나라 군사를 물리치고 위나라 장군을 죽였으니 공로가 이보다 큰 것은 없는데도, 이미 높은 관직에 있어 다른 것을 더할 수 없는 것과 같습니다. 이제 다시 군사를 정비해 제나라를 치려 하니, 제나라를 물리쳐도 관직은 이보다 더 높아질 수 없습니다. 만일 공격해 이기지 못하면 생명을 잃거나 관직을 잃을 것이고, 초나라에 손실을 가져다줄 것입니다. 이는 예를 들어 설명했던 뱀에게 다리를 그린 것과 같은 경우입니다. 이는 그대가 군사를 이끌고 떠나 제나라에 이익을 주는 것만 못합니다. 이것이 바로 자신을 보호하는 방법입니다."

소양이 말했다.

"좋은 생각이오."

그리고 군사를 이끌고 떠났다. 이해에 연나라와 한韓나라가 왕을 칭했다. 진秦나라는 장의를 보내 초나라·제나라·위나라의 대신들과 회합을 차지하게 해 설상에서 맹약을 맺었다. 초회왕 11년, 소진은 산동 여섯 나라와 합세해 함께 진秦나라를 치고, 초회왕이 합종의 맹주가 되었다. 연합군이 함곡관函谷關에 이르자 진秦나라는 출병해 여섯 나라를 맞아 싸웠다. 여섯 나라 군사가 모두 철수하고, 제나라 군사만 나중에 철군했다. 초회왕 12년, 제민왕이 조·위魏나라의 연합군을 물리치고, 진秦나라도 한韓·조나라 군사를 물리친 뒤 제나라와 패권을 다투었다. 초회왕 16년, 진秦나라는 제나라를 치려 했지만, 초나라가 제나라와 친선을 맺고 합종하자 진혜문왕은 이 상황을 걱정해 장의를 재상의 자리에서 해임한다고 선포했고, 장의를 남쪽으로 내려보내 초회왕을 조현하게 했다. 장의가 초회왕에게 말했다.

"저희 국왕이 가장 좋아하는 분은 대왕이 틀림없고, 만일 저 장의가 문지기가 된다면 대왕이 저의 주인이시기를 바랍니다. 저의 국왕이 증오하는 사람이 제나라 왕임에 지나침이 없고, 저 장의가 가장 증오하는 사람도 제나라 왕임에 틀림없습니다. 그러나 대왕이 제나라 왕과 우호관계를 맺으신다면 저희 국왕은 대왕을 모실 수 없고, 저 장의도 대왕의 문지기가 될 수 없습니다. 대왕이 만일 저를 위해 동쪽의 관문을 봉쇄해 제나라와 단교하고, 지금 저와 함께 사자를 서쪽으로 보내시어 원래 진秦나라가 빼앗았던 사방 600리에 달하는 상오商於 땅을 돌려받으신다면 제나라는 약해질 것입니다. 이는 북쪽으로는 제나라를 약화시키고, 서쪽으로는 진秦나라와 우호적인 관계를 맺게 되는 것인 동시에, 초나라는 상오 땅을 보유함으로써 부유해질 것입니다. 이는 한 가지 계책으로 세 가지 이익을 손에 넣는 것입니다."

초회왕이 크게 기뻐했다. 재상 직인을 장의에게 건네주고 날마다 연회를 베풀어 환대하고, 널리 선포했다.

"우리 초나라가 다시 상오 땅을 되찾았다."

대신들이 모두 초나라 왕에게 축하인사를 했지만, 진진만이 애도의 뜻을 표했다. 초회왕이 물었다.

"무슨 까닭인가?"

진진이 대답했다.

"진秦나라가 대왕을 중히 여기는 것은 대왕이 제나라를 지원하기 때문입니다. 지금 땅을 얻지도 않았습니다. 제나라와 먼저 단교하면 초나라는 고립될 것입니다. 진秦나라가 어떻게 고립되고 지원이 없는 나라를 중히 여기겠습니까? 반드시 초나라를 얕잡아볼 것입니다. 다시 말해 먼저 진秦나라에게서 땅을 돌려받으신 뒤 제나라와 단교하면 진秦나라의 계략은 성공하지 못할 것입니다. 먼저 제나라와 단교하고 난 뒤 진秦나라에게 땅을 내놓으라고 하면 이는 분명 장의에게 속는 것으로, 대왕은 틀림없이 그를 미워하게 될 것입니다. 그를 미워하는 것은 머지않아 서쪽에서 진秦나라가 도발해 우환이 되게 하는 것이고, 북쪽으로 제나라와의 우호관계를 단절하게 되는 것입니다. 서쪽에서 도발한 진나라가 우환이 되고 북쪽으로 제나라와의 우호관계를 단절하면 한韓나라와 위나라 군사가 틀림없이 쳐들어올 것이기에 애도하는 것입니다."

초회왕은 그의 말을 듣지 않고 서쪽에 가 땅을 받아올 장군을 보냈다. 장의는 진秦나라에서 돌아오자 짐짓 술에 취한 척하고 마차에서 떨어져 병을 구실로 석 달 동안 외출하지 않고 상오 땅을 되돌려주지 않았다. 초나라 왕이 말했다.

"장의는 내가 제나라와 단교하는 것만으로 부족하다고 여기는 것이 아닌가?"

용사 송유宋遺를 북쪽으로 보내 제나라 왕을 업신여기고 능멸했다. 제나라 왕은 대로해 초나라의 부절符節을 끊고 진秦나라와 연합했다. 진나라와 제나라가 국교를 맺자 장의는 비로소 조정에 나와서 초나라 장군에게 말했다.

"그대는 왜 아직도 땅을 받지 않았소? 어디에서 어디까지가 사방

6리의 말이요?"

초나라 장군이 말했다.

"내가 위임받고 받으러 온 땅은 600리이며, 6리는 들어보지도 못했소!"

그리고 곧바로 이 상황을 초회왕에게 알렸다. 초회왕은 대로해 군사를 일으켜 진秦나라를 치려 했다. 진진이 다시 만류했다.

"진나라를 치는 것은 좋은 계책이 아닙니다. 진나라에게 큰 도시를 주어 그와 함께 제나라를 치느니만 못합니다. 이같이 하면 우리나라는 진나라에게 땅을 잃기는 하지만, 제나라에서 보상받을 수 있고, 우리나라는 온전할 것입니다. 지금 대왕이 제나라와 단교하고 다시 진나라에 기만죄를 문책하면 이는 우리가 진나라와 제나라의 우의를 돈독하게 해주는 것일 뿐 아니라, 여러 나라 군사가 우리나라를 포위하는 상황을 초래해 나라에 크게 해가 될 뿐입니다."

초회왕이 진진의 건의를 듣지 않았다. 진나라와 단교하고, 군사를 서쪽으로 보내 진나라를 쳤다. 진나라 왕도 군사를 내어 초나라 군사를 맞아 싸웠다. 초회왕 17년 봄, 진秦나라 군사와 단양에서 교전했다. 진秦나라 군사가 초나라 군사를 크게 이겼다. 병사 8만 명을 죽이고, 대장군 굴개屈丐, 부장군 봉후축逢侯丑 등 70여 명을 사로잡고, 한중漢中의 군현郡縣을 빼앗았다. 초회왕은 대로해 전국에 징집령을 내려 군사를 모집해 다시 진秦나라를 쳤다. 남전藍田에서 교전했으나 다시 대패했다. 한나라와 위나라는 초나라가 곤경에 빠졌다는 소식을 듣고, 남하해 초나라를 습격하고, 등읍鄧邑에 이르렀다. 초회왕은 이 소식을 듣고 군사를 인솔해 철군했다.

초회왕 18년, 진秦나라가 초나라와 다시 우호관계를 맺고자 사자를 보냈다. 한중의 반을 돌려주고 초나라와 화친을 맺자고 하는 것이다. 초회왕이 말했다.

"장의를 바랄 뿐, 땅은 필요 없다."

장의는 이 이야기를 듣고 초나라에 사자로 보내달라고 청했다. 진혜문왕이 만류했다.

"초나라 왕이 그대를 잡아들여야만 만족할 텐데 어찌하면 좋겠소?"

장의가 말했다.

"저는 초나라 왕의 대신 근상靳尙과 잘 알고 지냅니다. 근상은 초왕이 총애하는 애첩인 정수鄭袖를 모시고 있습니다. 정수의 말이라면 초나라 왕도 들어줄 수밖에 없습니다. 게다가 제가 지난번에 초나라에 사자로 가 초나라에 상오 땅을 되돌려준다는 약속을 어겼기 때문에, 지금 진나라와 초나라가 크게 싸우고 서로 미워하고 있습니다. 제가 초나라 왕 앞에서 잘못을 인정하지 않으면 원한을 풀 수 없습니다. 더구나 제게는 대왕이 있으니 초나라가 무모하게 저를 죽일 수 없을 것입니다. 만일 초나라가 실로 저를 죽인다면 이는 오히려 우리나라에 유리할 것입니다. 이것이 제가 바라는 것입니다."

그러고는 초나라에 사자로 갔다. 장의가 초나라 도성에 도착했으나 초회왕은 장의를 접견하지 않고 감옥에 가둔 뒤 그를 죽이려고 했다. 장의가 몰래 근상과 내통했다. 근상은 장의를 위해 초회왕에게 간청했다.

"장의를 옥에 가두면 진秦나라 왕이 반드시 대로할 것입니다. 그리고 여러 나라에서 초나라가 진나라와 관계가 석연치 않다는 것을 알면 틀림없이 대왕을 경시할 것입니다."

그리고 부인 정수에게 말했다.

"진秦나라 왕이 장의를 크게 총애합니다. 그런데도 대왕은 장의를 죽이려 합니다. 지금 진秦나라는 상용上庸의 여섯 개 성읍을 초나라에 돌려주고, 미인을 보내 대왕과 결혼시키고, 궁중에서 가무에 뛰어난 사람을 대왕에게 보내 시녀로 삼게 하려 합니다. 대왕은 땅을 중히 여기고, 진나라 여인은 틀림없이 총애를 받게 될 것입니다. 그러면 부인은 물러나야 합니다. 장의를 석방하라고 대왕을 설득하느니만 못합니다."

정수가 마침내 초회왕에게 장의를 석방해달라고 간청해 장의를 풀려나게 했다. 초회왕이 장의를 석방한 뒤 정중하게 환대하자 장의는 이 기회를 틈타 초나라 왕에게 합종의 맹약을 파기하고, 진秦나라와 합세해 진秦나라와 친선을 맺어 형제지국이 되자고 말했다. 장의가 떠난 뒤 굴원屈原이 제나라에서 돌아와 초회왕에게 충언했다.

"왜 장의를 죽이지 않았습니까?"

초회왕이 후회하고 사람을 보내 장의를 뒤쫓게 했으나 장의를 따라잡지 못했다. 이해에 진혜문왕이 죽었다. 초회왕 20년, 제민왕은 합종의 맹주가 되려는 생각에 초나라와 진나라가 연합하는 것을 꺼려 초회왕에게 사자를 보내 편지를 전했다.

과인은 대왕이 존귀한 칭호를 돌보지 않는 것을 우려하고 있습니다. 지금 진秦나라는 혜왕이 죽고 무왕武王이 즉위했습니다. 장의가 위나라로 도망치고, 저리질樗里疾과 공손연公孫衍이 중용되었는데도, 초나라는 진秦나라를 섬기고 있습니다. 저리질은 한韓나라와 우호적이고 공손연은 위나라와 사이가 좋습니다. 초나라가 진秦나라를 섬긴다면 한나라와 위나라는 두려운 나머지 두 사람을 통해 진나라와 연합하고자 할 것이고, 연나라와 조나라도 진秦나라를 섬길 것입니다. 네 나라가 다투어 진秦나라를 섬긴다면 초나라는 진晉나라의 군현으로 위상이 떨어질 것입니다. 대왕은 어찌해서 과인과 일심동체가 되어 한나라·위나라·연나라·조나라 등 네 나라와 합종연맹해 주나라 왕실을 섬기고, 군사를 움직이지 않고 백성을 편안하게 함으로 천하를 호령하려 하시지 않습니까? 세상에 감히 대왕에게 복종하지 않을 사람이 없을 것이니 반드시 대왕의 위명이 크게 떨쳐질 것입니다. 그런 연후에 대왕이 여러 나라를 통솔해 진晉나라를 토벌하면 능히 진나라를 무너뜨릴 수 있습니다. 그때, 대왕이 진나라의 무관武關·파촉巴蜀 그리고 한중 땅을 얻고, 오나라와 월나라의 풍부한 물자를 독차지하고, 장강과 동해의 이익을 독점하고, 한나라와 위나라가 상당上黨을 쪼개주고, 서쪽으로 함곡관을 핍박하면 초나라의 강대함이 지금보다 100만 배가 될 것입니다. 대왕이 장의에게 기만당해 한중을 잃고 대군이 남전에서 대패해 천하에 대왕을 위해 내심 분노하지 않은 사람이 없습니다. 지금 대왕이 경솔히 진秦나라를 섬기려 하는 일을 다시 생각해주시기 바랍니다.

초회왕은 진秦나라와 강화를 맺을 준비를 하다가, 제나라 왕의 편지를 보고 주저해 결정하지 못하고 이를 대신들과 의논했다. 대신들 가운데 어떤 사람은 진나라와 사이좋게 지내자고 주장했고, 어떤 사람은 제나라 왕의 의견에 따르자고 주장했다. 책사 소저昭雎가 말했다.

"대왕이 설령 동방의 월나라로부터 땅을 빼앗는다 해도 설욕하기에는 부족합니다. 진나라로부터 땅을 돌려받으신 연후에야 비로소 제후들 사이에서 설욕할 수 있습니다. 대왕은 제나라와 한나라와 깊은 관계를 맺고 저리질의 권위를 높여주시는 것이 낫습니다. 이같이 하면 대왕은 제나라와 한나라의 국력을 빌려 진나라가 점령했던 땅을 찾을 수 있습니다. 진나라는 일찍이 의양宜陽에서 한나라를 이겼지만, 한나라는 여전히 진晉나라를 섬기고 있습니다. 그것은 한나라 왕 조상의 묘가 평양平陽에 있기 때문입니다. 진晉나라의 무수는 평양에서 70리 밖에 떨어져 있지 않기에 특히 진나라를 두려워하는 것입니다. 이같이 하지 않으면 진나라가 삼천三川을 치고, 조나라가 상당을 치고, 초나라가 하외河外를 치면 한나라는 반드시 멸망할 것입니다.

초나라가 한나라를 도와주면 한나라가 멸망하지 않으리라 보장할 수 없지만, 한나라를 보전하게 할 수 있는 나라는 초나라뿐입니다. 한나라가 진나라에게서 무수 일대를 빼앗고 황하와 효산崤山을 요새로 삼고 있으니 보답해야 할 은덕으로 말하면 초나라보다 큰 나라는 없을 것이기 때문에, 한나라가 크게 빠른 시일 내에 대왕을 섬길 것이라고 생각됩니다.

현재 제나라가 한나라를 신임하고 있는 것은 한나라 공자 매眛가 제나라 재상을 역임하고 있기 때문입니다. 한나라가 이미 진나라로부터 무수를 돌려받은 것에 관해 대왕이 축하하시면 제나라와 한나라의 실력으로 저리질의 권위를 높일 수 있습니다. 저리질이 제나라와 한나라의 지지를 받으면 그 주인은 저리질을 버릴 수 없습니다. 지금 초나라가 그를 지지하면 저리질은 진나라 왕에게 진언하게 되고, 그리되면 다시 초나라가 점령했던 땅을 돌려받으실 수 있습니다.”

당시 초회왕은 이 의견을 받아들여 결국 진나라와 연합하지 않고 제나라와 합세해 한나라와 친선관계를 맺었다. 초회왕 24년, 초나라는 제나라를 버리고 진晉나라와 연합했다. 이해에 진소양왕이 새로 보위에 오르자 많은 재물을 초나라 왕에게 보냈다. 초나라도 사람을 보내 신부를 영접했다. 초회왕 25년, 초회왕이 진나라로 가 진소양왕과 회합을 하고 황극黃棘에서 맹약을 맺었다. 진나라는 다시 초나라에 상용을 돌려주었다. 초회왕 26년, 제나라·한나라·위나라는 초나라가 합종맹약을 파기하고 진나라와 연합하자 세 나라가 함께 초나라 정벌에 나섰다. 초나라는 태자를 진나라에 볼모로 보내고 구원을 청했다. 진나라가 객경 통通에게 군사를 주어 초나라를 구하자 세 나라는 군사를 이끌고 후퇴했다.

초회왕 27년, 진나라에는 초나라 태자와 암투를 벌이는 대부 한 사람이 있었다. 초나라 태자는 그를 죽이고 본국으로 달아났다. 초회왕 28년, 진나라는 제나라·한나라·위나라와 함께 초나라를 공격해 초나라 장수 당말唐眜•을 죽이고 초나라의 중구重丘를 빼앗은 뒤 물러갔다. 초회왕 29년, 진나라는 다시 초나라를 공격해 초나라 군사를 대파했으니 전사한 초나라 병사가 2만 명에 달했다. 초나라 장수 경결景缺도 전사했다. 회왕은 두려운 나머지 태자를 제나라에 보내 볼모로 있게 하고 제나라와 강화할 것을 요구했다.

• 당말의 이름이 문헌에 따라 다양하게 나온다. 《전국책》에 당명唐明, 《자치통감》에 당매唐眛, 《여씨춘추》와 《순자荀子》에는 당멸唐蔑로 나온다. 양옥승梁玉繩은 《사기지의史記志疑》에서 말眜과 멸蔑이 고대에는 서로 통용되었다고 했다. 양옥승의 견해를 좇을 경우 당명과 당매는 말眜의 와전이다. 《자치통감》에 당매唐眛로 나오는 것은 당말의 와전인 당매唐眜의 매眜가 전사과정에서 다시 매眛로 오사誤寫된 결과다. 중역重譯에 따른 오역과 닮았다.

초회왕 30년, 진나라는 다시 초나라를 공격해 8성을 빼앗았다. 소양왕은 초나라 왕에게 편지를 보냈다. 편지에는 이같이 씌어 있었다.

원래, 과인은 군왕과 결의형제를 이루어 황극에서 맹약을 맺었습니다. 군왕은 태자를 볼모로 보내 관계가 크게 원만했습니다. 군왕의 태자가 과인을 기만하고 과인의 중신重臣을 죽이고도 잘못을 인정하지 않고 귀국으로 도망치니 과인은 실로 화를 억누를 길이 없어 군사를 보내 군왕의 변경을 침공한 것입니다. 이제 군왕은 태자를 볼모로 해 제나라와 강화를 맺고자 합니다. 과인은 초나라와 국경을 접하고 있고, 대대로 서로 혼인으로 우호적인 관계를 맺은 지 오래되었습니다. 그러나 지금 초나라와 진秦나라는 관계가 악화되어 제후들을 호령할 수 없게 되었습니다. 과인은 군왕과 무관에서 만나 그 자리에서 동맹을 맺기를 희망합니다. 그리고 동맹을 맺은 뒤 물러가는 것이 과인의 바람입니다. 과인은 우둔함을 무릅쓰고 이 생각을 군왕에게 알려드립니다.

초회왕은 진나라 왕의 이 편지를 보고 걱정에 싸였다. 가자니 속을까봐 걱정이 되었고, 가지 않자니 진나라 왕이 진노할까봐 염려되었다. 소저가 말했다.

"대왕은 가지 말고, 군사를 보내 국경을 굳게 수비하시면 됩니다. 진나라는 속이 검은 늑대와 같아 믿을 수 없습니다. 그는 평소에 제후들을 제압하고자 하는 야심이 있습니다."

회왕의 아들 자란子蘭이 회왕에게 가도록 권하면서 말했다.

"왜 진秦나라의 호의를 거절해야 합니까!"

초회왕이 진소양왕을 만나러 갔다. 진소양왕은 초회왕을 속이기 위해서, 장군에게 군사를 주어 무관에 매복하게 한 뒤 진나라 왕의 깃발을 내걸게 했다. 초나라 왕이 이르자 무관을 걸어 잠그고 초회왕을 사로잡아 서쪽으로 가 함양에 도착했다. 초회왕은 장대章臺에서 진소양왕을 만났으나 속국의 신하와 같은 대우를 받았고, 진소양왕은 초회왕에게 평등한 예의를 갖추지 않았다. 초회왕은 화를 내고 소저의 의견을 듣지 않은 것을 후회했다. 진秦나라는 초나라 왕을 억류하고 있었기에 그에게 무巫와 검중黔中의 군현을 떼어달라고 협박했다. 초회왕은 맹약을 맺으려 했지만, 진나라는 오히려 먼저 땅을 얻으려 했다. 초회왕이 대로했다.

"진나라가 나를 속이고, 또 나에게 땅을 달라고 핍박하다니!"

다시 진소양왕에게 허락지 않자 진소양왕은 그를 옥에 가두었다. 초나라 대신들은 이를 우려하며 함께 상의했다.

"우리 대왕이 진나라에서 돌아오실 수 없고, 진나라가 그를 협박해 땅을 달라고 하고, 태자는 제나라에 볼모로 있으니 만일 제나라와 진나라 두 나라가 공모하면 우리는 나라를 잃게 될 것입니다."

국내에 있는 초회왕의 아들을 옹립하고자 했다. 소저가 말했다.

"대왕과 태자 모두 다른 나라에 억류되어 있습니다. 지금 다시 대왕의 명을 어기고 서자를 옹립하려는 것은 안 될 말입니다."

짐짓 제나라에 국상이 났음을 알렸다. 제민왕은 그의 재상에게 말했다.

"태자를 억류하는 것보다 초나라의 회북 땅을 얻는 편이 낫겠소."

재상이 말했다.

"안 됩니다. 영이 만일 따로 새 왕을 옹립하면 우리는 쓸모없는 인질을 잡고 있는 것입니다. 그리고 오히려 세인에게 우리의 불의를 드러내게 되는 것입니다."

어떤 자가 말했다.

"그렇지 않습니다. 영도가 만일 새 왕을 옹립하면 그 새 왕과 교섭하면 됩니다. '우리에게 하동국下東國을 주면 우리가 초나라를 대신해 태자를 죽이고, 그리하지 않으면 조나라·한나라·위나라 이같이 세 나라가 함께 태자를 옹립할 것입니다.' 이같이 말하면 하동국을 반드시 얻을 수 있습니다."

결과적으로 제나라 왕은 재상의 의견을 듣고 초나라 태자를 돌려보냈다. 태자 횡橫은 초나라에 돌아와 국왕에 올랐다. 그가 초경양왕이다. 그리고 진晉나라에 통고했다.

"우리는 신령스러운 사직의 가호 아래 새 왕을 옹립했소."

초경양왕 원년, 진나라는 초회왕을 협박해도 땅을 얻을 수 없었다. 초나라가 새 왕을 옹립해 진나라에 대항하자 진소양왕은 노기를 띠고 출병해 무관에서 초나라를 공격해 초나라 군사를 대파해 5만 명을 죽이고 석읍析邑 등 열다섯 개 읍을 빼앗고 물러갔다. 초경양왕 2년, 초회왕이 몰래 달아나 귀국하고자 했다. 진나라가 그 사실을 알고 초나라로 통하는 길을 봉쇄했다. 초회왕은 두려워 계책을 바꿔 조그만 길을 이용해 조나라로 가 길을 빌려 도망치려고 했다. 당시 조나라 상왕 주부主父는 이미 은퇴하고 대 땅에 머물고, 그의 아들 조혜왕趙惠王이 새로 즉위해 왕의 직무를 대행했다. 조혜왕은 진나라를 두려워해 초회왕을 받아들이고자 하지 않았다. 결국 초회왕이 위나라로 도망치려 했지만, 진晉나라 군사가 추격해와 부득불 진나라 사자를 따라 돌아갔다. 초회왕이 병을 얻었다.

초경양왕 3년, 초회왕이 진나라에서 죽었다. 진나라는 그의 시신을 초나라로 보냈다. 초나라 백성이 그를 애도하며 자신의 부모형제가 죽은 것처럼 애통해했다. 여러 나라는 이 일로 진나라가 부도덕하다고 여기게 되었다. 진나라와 초나라는 단교했다.

●● 懷王元年, 張儀始相秦惠王. 四年, 秦惠王初稱王. 六年, 楚使柱國昭陽將兵而攻魏, 破之於襄陵, 得八邑. 又移兵而攻齊, 齊王患之. 陳軫適爲秦使齊, 齊王曰, "爲之奈何?" 陳軫曰, "王勿憂, 請令罷之." 卽往見昭陽軍中, 曰, "願聞楚國之法, 破軍殺將者何以貴之?" 昭陽曰, "其官爲上柱國, 封上爵執珪." 陳軫曰, "其有貴於此者乎?" 昭陽曰, "令尹." 陳軫曰, "今君已爲令尹矣, 此國冠之上. 臣請得譬之. 人有遺其舍人一卮酒者, 舍人相謂曰, '數人飮此, 不足以徧, 請邃畫地爲蛇, 蛇先成者獨飮之.' 一人曰, '吾蛇先成.' 擧酒而起, 曰, '吾能爲之足.' 及其爲之足, 而後成人奪之酒而飮之, 曰, '蛇固無足, 今爲之足, 是非蛇也.' 今君相楚而攻魏, 破軍殺將, 功莫大焉, 冠之上不可以加矣. 今又移兵而攻齊, 攻齊勝之, 官爵不加於此, 攻之不勝, 身死爵奪, 有毀於楚, 此爲蛇爲足之說也. 不若引兵而去以德齊, 此持滿之術也." 昭陽曰, "善." 引兵而去. 燕·韓君初稱王. 秦使張儀與楚·齊·魏相會, 盟齧桑. 十一年, 蘇秦約從山東六國共攻秦, 楚懷王爲從長. 至函谷關, 秦出兵擊六國, 六國兵皆引而歸, 齊獨後. 十二年, 齊湣王伐敗趙·魏軍, 秦亦伐敗韓, 與齊爭長. 十六年, 秦欲伐齊, 而楚與齊從親, 秦惠王患之, 乃宣言張儀免相, 使張儀南見楚王, 謂楚王曰, "敝邑之王所甚說者無先大王, 雖儀之所甚願爲門闌之廝者亦無先大王. 敝邑之王所甚憎者無先齊王, 雖儀之所甚憎者亦無先齊王. 而大王和之, 是以敝邑之王不得事王, 而令儀亦不得爲門闌之廝也. 王爲儀閉關而絶齊, 今使使者從儀西取故秦所分楚商於之地方六百里, 如是則齊弱矣. 是北弱齊, 西德於秦, 私商於以爲富, 此一計而三利俱至也." 懷王大悅, 乃置相璽於張儀, 日與置酒, 宣言 "吾復得吾商於之地." 群臣皆賀, 而陳軫獨弔. 懷王曰, "何故?" 陳軫對曰, "秦之所爲重王者, 以王之有齊也. 今地未可得而齊交先絶, 是楚孤也. 夫秦又何重孤國哉, 必輕楚矣. 且先出地而後絶齊, 則秦計不爲. 先絶齊而後責地, 則必見欺於張儀. 見欺於張儀, 則王必怨之. 怨之, 是西起秦患, 北絶齊交. 西起秦患, 北絶齊交, 則兩國之兵必至. 臣故弔." 楚王弗聽, 因使一將軍西受封地. 張儀至秦, 詳醉墜車, 稱病不出三月, 地不可得. 楚王曰, "儀以吾絶齊爲尙薄邪?" 乃使勇士宋遺北辱齊王. 齊王大怒, 折楚符而合於秦. 秦齊交合, 張儀乃起朝, 謂楚將軍曰, "子何不受地? 從某至某, 廣袤六里." 楚將軍曰, "臣之所以見命者六百里, 不聞六里." 卽以歸報懷王. 懷王大怒, 興師將伐秦. 陳軫又曰, "伐秦非計也. 不如因賂之一名都, 與之伐齊, 是我亡於秦, 取償於齊也, 吾國尙可全. 今王已絶於齊而責欺於秦, 是吾合秦齊之交而來天下之兵也, 國必大傷矣." 楚王不聽, 遂絶和於秦, 發兵西攻秦. 秦亦發兵擊之. 十七年春, 與秦戰丹陽, 秦大敗我軍, 斬甲士八萬, 虜我大將軍屈丐 · 裨將軍逢侯丑等七十餘人, 遂取漢中之郡. 楚懷王大怒, 乃悉國兵復襲秦, 戰於藍田, 大敗楚軍. 韓 · 魏聞楚之困, 乃南襲楚, 至於鄧. 楚聞, 乃引兵歸. 十八年, 秦使使約復與楚親, 分漢中之半以和楚. 楚王曰, "願得張儀, 不願得地." 張儀聞之, 請之楚. 秦王曰, "楚且甘心於子, 柰何?" 張儀曰, "臣善其左右靳尙, 靳尙又能得事於楚王幸姬鄭袖, 袖所言無不從者. 且儀以前使負楚以商於之約, 今秦楚大戰, 有惡, 臣非面自謝楚不解. 且大王在, 楚不宜敢取儀. 誠殺儀以便國, 臣之願也." 儀遂使楚. 至, 懷王不見, 因而囚張儀, 欲殺之. 儀私於靳尙, 靳尙

爲請懷王曰, "拘張儀, 秦王必怒. 天下見楚無秦, 必輕王矣." 又謂夫人
鄭袖曰, "秦王甚愛張儀, 而王欲殺之, 今將以上庸之地六縣賂楚, 以
美人聘楚王, 以宮中善歌者爲之媵. 楚王重地, 秦女必貴, 而夫人必斥
矣. 夫人不若言而出之." 鄭袖卒言張儀於王而出之. 儀出, 懷王因善遇
儀, 儀因說楚王以叛從約而與秦合親, 約婚姻. 張儀已去, 屈原使從齊
來, 諫王曰, "何不誅張儀?" 懷王悔, 使人追儀, 弗及. 是歲, 秦惠王卒.

二十六年, 齊湣王欲爲從長, 惡楚之與秦合, 乃使使遺楚王書曰, "寡人
患楚之不察於尊名也. 今秦惠王死, 武王立, 張儀走魏, 樗里疾·公孫
衍用, 而楚事秦. 夫樗里疾善乎韓, 而公孫衍善乎魏, 楚必事秦, 韓·魏
恐, 必因二人求合於秦, 則燕·趙亦宜事秦. 四國爭事秦, 則楚爲郡縣
矣. 王何不與寡人幷力收韓·魏·燕·趙, 與爲從而尊周室, 以案兵息
民, 令於天下? 莫敢不樂聽, 則王名成矣. 王率諸侯並伐, 破秦必矣. 王
取武關·蜀·漢之地, 私吳·越之富而擅江海之利, 韓·魏割上黨, 西薄
函谷, 則楚之彊百萬也. 且王欺於張儀, 亡地漢中, 兵銼藍田, 天下莫
不代王懷怒. 今乃欲先事秦! 願大王孰計之." 楚王業已欲和於秦, 見齊
王書, 猶豫不決, 下其議群臣. 群臣或言和秦, 或曰聽齊. 昭睢曰, "王雖
東取地於越, 不足以刷恥, 必且取地於秦, 而後足以刷恥於諸侯. 王不
如深善齊·韓以重樗里疾, 如是則王得韓·齊之重以求地矣. 秦破韓宜
陽, 而韓猶復事秦者, 以先王墓在平陽, 而秦之武遂去之七十里, 以故
尤畏秦. 不然, 秦攻三川, 趙攻上黨, 楚攻河外, 韓必亡. 楚之救韓, 不能
使韓不亡, 然存韓者楚也. 韓已得武遂於秦, 以河山爲塞, 所報德莫如
楚厚, 臣以爲其事王必疾. 齊之所信於韓者, 以韓公子眛爲齊相也. 韓
已得武遂於秦, 王甚善之, 使之以齊·韓重樗里疾, 疾得齊·韓之重, 其
主弗敢棄疾也. 今又益之以楚之重, 樗里子必言秦, 復與楚之侵地矣."

於是懷王許之, 竟不合秦, 而合齊以善韓. 二十四年, 倍齊而合秦. 秦昭王初立, 乃厚賂於楚. 楚往迎婦. 二十五年, 懷王入與秦昭王盟, 約於黃棘. 秦復與楚上庸. 二十六年, 齊·韓·魏爲楚負其從親而合於秦, 三國共伐楚. 楚使太子入質於秦而請救. 秦乃遣客卿通將兵救楚, 三國引兵去. 二十七年, 秦大夫有私與楚太子鬪, 楚太子殺之而亡歸. 二十八年, 秦乃與齊·韓·魏共攻楚, 殺楚將唐眛, 取我重丘而去. 二十九年, 秦復攻楚, 大破楚, 楚軍死者二萬, 殺我將軍景缺. 懷王恐, 乃使太子爲質於齊以求平. 三十年, 秦復伐楚, 取八城. 秦昭王遺楚王書曰, "始寡人與王約爲弟兄, 盟于黃棘, 太子爲質, 至驩也. 太子陵殺寡人之重臣, 不謝而亡去, 寡人誠不勝怒, 使兵侵君王之邊. 今聞君王乃令太子質於齊以求平. 寡人與楚接境壤界, 故爲婚姻, 所從相親久矣. 而今秦楚不驩, 則無以令諸侯. 寡人願與君王會武關, 面相約, 結盟而去, 寡人之願也. 敢以聞下執事." 楚懷王見秦王書, 患之, 欲往, 恐見欺, 無往, 恐秦怒. 昭雎曰, "王毋行, 而發兵自守耳. 秦虎狼, 不可信, 有幷諸侯之心." 懷王子子蘭勸王行, 曰, "柰何絶秦之驩心!" 於是往會秦昭王. 昭王詐令一將軍伏兵武關, 號爲秦王. 楚王至, 則閉武關, 遂與西至咸陽, 朝章臺, 如蕃臣, 不與亢禮. 楚懷王大怒, 悔不用昭子言. 秦因留楚王, 要以割巫·黔中之郡. 楚王欲盟, 秦欲先得地. 楚王怒曰, "秦詐我而又彊要我以地!" 不復許秦. 秦因留之. 楚大臣患之, 乃相與謀曰, "吾王在秦不得還, 要以割地, 而太子爲質於齊, 齊·秦合謀, 則楚無國矣." 乃欲立懷王子在國者. 昭雎曰, "王與太子俱困於諸侯, 而今又倍王命而立其庶子, 不宜." 乃詐赴於齊, 齊湣王謂其相曰, "不若留太子以求楚之淮北." 相曰, "不可, 郢中立王, 是吾抱空質而行不義於天下也." 或曰, "不然. 郢中立王, 因與其新王市曰 '予我下東國, 吾爲王殺太子, 不然, 將與三國

共立之', 然則東國必可得矣." 齊王卒用其相計而歸楚太子. 太子橫至,
立爲王, 是爲頃襄王. 乃告于秦曰, "賴社稷神靈, 國有王矣." 頃襄王橫
元年, 秦要懷王不可得地, 楚立王以應秦, 秦昭王怒, 發兵出武關攻楚,
大敗楚軍, 斬首五萬, 取析十五城而去. 二年, 楚懷王亡逃歸, 秦覺之,
遮楚道, 懷王恐, 乃從閒道走趙以求歸. 趙主父在代, 其子惠王初立, 行
王事, 恐, 不敢入楚王. 楚王欲走魏, 秦追至, 遂與秦使復之秦. 懷王遂
發病. 頃襄王三年, 懷王卒于秦, 秦歸其喪于楚. 楚人皆憐之, 如悲親
戚. 諸侯由是不直秦. 秦楚絶.

경양세가

초경양왕 6년, 진秦나라가 백기白起를 이궐伊闕에 보내 한韓나라를
공격하게 해 대승을 거두고, 한나라 병사 24만 명을 죽였다. 진나라
왕은 초나라 초경양왕에게 서신을 보냈다.

초나라가 진나라를 배반했으므로 진나라가 여러 나라를 이끌고 초
나라를 공격해 승부를 다투고자 합니다. 군왕이 군사를 재정비해 우
리와 시원하게 싸울 수 있기를 바랍니다.

초경양왕은 걱정이 되어 다시 진나라에게 강화를 맺자고 건의했
다. 초경양왕 7년, 초나라가 진나라로 가 신부를 맞아들여, 진나라와
초나라는 다시 강화를 맺었다. 초경양왕 11년, 제나라 왕과 진나라
왕은 스스로 칭제稱帝했다. 그러나 한 달 뒤 다시 황제의 호칭을 버리

고 왕이라 했다. 초경양왕 14년, 초경양왕과 진나라 소왕은 우호적으로 완읍宛邑에서 강화하고 친척관계를 맺었다. 초경양왕 15년, 초경양왕은 진나라·한나라·조나라·위나라·연나라 등과 함께 제나라를 공격해 회북 땅을 빼앗았다. 초경양왕 16년, 초나라 왕은 진나라 소왕과 언鄢에서 우호적인 회합을 맺었다. 이해 가을, 다시 진나라 왕과 양읍穰邑에서 회합을 맺었다.

초경양왕 18년, 초나라에는 가벼운 화살과 가느다란 실로 북쪽으로 돌아가는 기러기를 쏘아 맞추는 사람이 있었다. 초경양왕이 이 사실을 알고 그를 불러 물었다. 그가 대답했다.

"저는 작은 기러기나 작은 새를 맞추는 것을 좋아합니다. 이는 조그마한 화살이 발휘하는 작용인데 어떻게 대왕에게 말씀 드릴 가치가 있겠습니까? 만일 초나라의 우세를 이용하고 대왕의 현명함을 빌리면 얻을 수 있는 수확은 이같이 조그마한 것이 아닐 것입니다. 옛날에 삼왕은 도덕으로 천하를 영유했고, 오패는 여러 나라의 지지를 받았습니다. 지금의 진秦나라·위나라·연나라·조나라 등은 작은 기러기와 같고, 제나라·노나라·한韓나라·위衛나라 등은 들새와 같습니다. 추나라·비鄪나라·담나라·비邳나라 등은 작은 새와 같습니다. 나머지 나라들은 쏘아 잡을 가치도 없습니다.

이 열두 마리의 작은 새를 대왕은 어떻게 잡으시겠습니까? 대왕은 어찌해서 성인을 화살로 삼고 용사를 실로 삼아 적당한 시기를 보아 활을 쏘아 잡지 않으십니까? 이 열두 마리의 새는 활을 쏘시기만 하면 자루에 담아서 잡아오실 수 있습니다. 이 즐거움은 하루아침에 얻을 수 있는 즐거움이 아니고, 이 수확은 오리나 기러기 같은 사냥물이 아닙니다. 대왕이 아침에 활을 쏘아 위나라 대량의 남쪽을 맞추시면 그의 오른팔에 상처를 입히는 것입니다. 이는 직접 한나라에 영향을 미쳐 중원 땅으로 통하는 길을 끊으므로 상채上蔡 일대는 치지 않아도 무너질 것입니다.

그리고 몸을 돌려 어圉의 동쪽을 향해 쏘는 것은 위나라의 어깨를 절단하는 것이고, 다시 밖으로 눈을 돌려 정도定陶를 치시면 위나라 동쪽은 핍박을 당해 포기하게 되고 그러면 대송大宋과 방여方與 두 고을을 얻을 수 있습니다. 위나라의 좌우 어깨가 절단되면 혼란스러워 질 것이고, 다시 정면으로 담나라를 치시면 대량은 초나라의 소유가 될 수 있습니다. 대왕이 난대蘭臺에서 승리를 축하하고, 서하西河에서 열병식을 연 뒤 위나라의 대량을 평정하시면 이것이 바로 쏘는 첫 번째 즐거움입니다.

만일 대왕이 사냥을 실로 좋아하고 싫증내지 않으신다면 보궁寶弓을 꺼내고 새 줄을 준비해 동해로 가 갈고리 모양의 부리가 있는 큰 물새를 잡고, 장성長城을 수리해 방어선을 삼으십시오. 그런 연후에 아침에 동거東莒를 취하시고, 저녁에 패구를 취하시고, 밤에 즉묵을 취하시고, 돌아오는 길에 오도午道를 점거하면 장성의 동쪽과 태산 북쪽이 손안에 들어오게 됩니다. 우리나라는 서쪽으로는 조나라와 인접해 있고, 북쪽으로는 연나라와 직통하고 있어 제나라·조나라· 연나라 세 나라는 새가 날려고 날개를 펼치는 형상과 같아, 합종은 맹약을 맺을 필요도 없이 자연히 형성될 것입니다. 대왕은 북쪽으로 연나라의 요동을 유람하실 수 있고, 남쪽으로 월나라의 회계會稽를 살펴보실 수 있으니 이는 활을 쏘는 두 번째 즐거움입니다.

사수 유역을 기반으로 한 제후들은 왼손을 들어 가리키고 오른손을 들어 흔들기만 하면 하루아침에 모두 잡아들일 수 있습니다. 지금 진나라가 한나라와의 싸움에서 이겼지만 이는 오히려 오랜 걱정거리가 되었습니다. 한나라의 성들을 획득했으면서도 점령한 성을 지키지 못하고 있고, 위나라를 쳤으나 진전이 없고, 조나라를 습격했으나 오히려 손해를 입었습니다. 진나라와 위나라의 사기와 세력이 곧 없어질 것이므로, 초나라가 잃었던 한중·석析·역酈 등의 땅은 다시 찾을 수 있습니다.

대왕이 보궁을 꺼내 새 줄을 준비하고 명새郬塞에 가 진나라가 피곤할 때를 기다리면 산동과 하내의 광대한 땅을 하나로 하실 수 있습니다. 그리고 백성을 다스려 위로하고 군사를 쉬게 하면 남쪽을 바라보고 왕으로 칭하실 수 있습니다. 진秦나라는 큰 새입니다. 등 뒤로는 대륙을 의지하고 살고, 얼굴은 동쪽을 향해 서 있으며, 왼쪽 어깨로 조나라의 서남쪽을 제어하고 있고, 오른쪽 어깨로는 초나라의 언과 영을 위협하고 있고, 가슴으로 한나라·위나라를 대하고 있고, 아래로는 중원의 여러 나라를 내려다보고 있습니다. 살고 있는 지형이 편리하고, 지세가 유리해 날개를 펴고 높이 날아 3,000리를 종횡무진하니 진나라는 하룻밤 사이에 혼자 힘으로 제압할 수 없음을 알 수 있습니다."

그는 초경양왕을 격노하게 할 생각으로 말했다. 초경양왕이 다시 그를 소환해 자세하게 묻자 그는 계속 말했다.

"선왕이 진나라에게 속임을 당해 국외에서 돌아가셨으니 원한도 이보다 큰 것은 없을 것입니다. 지금 백성이 원한을 품고 있습니다. 큰 나라의 왕에게 설욕할 수 있는 사람은 백공과 오자서뿐입니다. 지금 초나라 국토는 종횡으로 5,000리에 달하고 군사가 100만이어서 전쟁터에서 위세 등등하게 멋대로 할 수 있습니다. 언제나 앉아서 속박만 당하고 있으니 제가 몰래 대왕에게 이런 태도를 취해서는 안 된다고 한 것입니다."

초경양왕은 사자를 여러 나라로 보내 다시 합종연맹을 계책하고 연합으로 진나라를 정벌하고자 했다. 진나라는 이 소식을 듣고 군사를 내어 초나라를 쳤다. 초경양왕은 제나라·한나라와 강화를 맺고 합세해 진나라를 치고, 기회를 틈타 주나라 왕실을 칠 생각이었다. 주난왕周赧王이 보낸 무공武公이 초나라 재상 소자昭子에게 말했다.

"세 나라가 무력으로 주나라 교외를 나누어 자신들의 물자 운송을 편하게 하고 주나라의 보기를 남쪽으로 옮겨 초나라 왕을 받들려 하고 있소. 나는 그리해서는 안 된다고 생각하오. 세인들이 함께 받드는 종주宗主를 죽이고, 노역세대가 천하의 군왕을 다스리면 큰 나라가 그를 가까이하지 않을 것이오. 사람이 많은 것을 믿고 사람이 적은 나라를 핍박하면 작은 나라가 그에게 복종하지 않을 것이오. 큰 나라가 가까이하지 않고 작은 나라가 복종하지 않으면 위명과 실리를 얻을 수 없을 것이오. 위명과 실리를 얻지 못하면서 이같이 백성을 손상시키는 것은 가치가 없소. 주나라 왕실을 모해하는 명성으로 호령을 할 수 없소."

소자가 물었다.

"만일 주나라 왕실을 모해한다 하더라도 그런 일은 없을 것입니다. 설령 그렇다 하더라도, 왜 주나라 왕실을 없애서는 안 됩니까?"

무공이 대답했다.

"병력이 적의 다섯 배가 넘지 않으면 치지 않고, 적의 열 배가 넘지 않으면 성을 포위하지 않는 법이오. 주나라 왕실은 모든 나라가 받드는 군주인 관계로 스무 개의 진나라에 해당된다는 것을 당신도 잘 알 것이오. 한나라가 일찍이 20만의 병력으로 진나라의 성 아래서 모욕을 당해 적진 깊숙이 들어간 정예 군사들이 전사했소. 일반 군사들도 부상당했으나 성은 빼앗을 수 없었소. 100개의 한나라 병력으로 주나라 왕실을 없앨 수 없다는 것은 세인들이 다 아는 사실이오. 서주와 동주 두 나라와 깊은 원한을 맺으면 예의지국인 추나라·노나라 백성의 초나라를 향한 마음이 단절될 것이고, 제나라와 국교를 단절하면 세상에서 명성을 잃어 하는 일마다 위험할 것이오. 당신들이 서주와 동주를 약화시키면 한韓나라가 강해져, 당신들의 방성 이외에 다른 곳은 틀림없이 한나라에 의해 약화될 것이오. 어떻게 그리될 것이라고 아는가? 서주 땅은 이것저것 다 합쳐도 종횡으로 100리밖에 되지 않소. 명의상 천하가 받드는 군주이지, 그 땅을 나누어 가져도 나라를 부유하게 할 수 없고, 그 군사를 포로로 해도 군사를 강하게 할 수 없다는 것이오. 비록 그곳을 치러 가지 않는다고 하더라도 군주를 시해할 죄명은 있소. 그러나 일을 벌이기 좋아하는 군주들과 전쟁을 좋아하는 권신들이 호령을 발하고 군사를 지휘하면서도 어찌해서 시종 창칼을 주나라 왕실에 겨누지 않았겠소? 이는 무슨 까닭이겠소?

제기와 보정이 주나라에 있는 것을 알고 단지 이를 옮겨서 자신을 과시하고자 했을 뿐, 군주를 시해하고자 하는 화를 자초하지는 않았소. 지금 한나라가 제기와 보정을 초나라로 옮기려 하면 나는 세인들이 제기에 초나라와 적이 될까 걱정이 되오. 예를 들어 이야기하리다. 원래 호랑이는 고기가 비려서 식용으로 적당하지 않고, 자신을 방어하는 예리한 발톱이 있소. 그런데도 사람들은 여전히 호랑이를 사냥하고자 하오. 만일 호수 가에 사는 미록麋鹿(고라니나 사슴)에게 호랑이 가죽을 씌우면 미록을 사냥하는 사람은 호랑이를 잡는 것보다 수만 배의 이익을 취할 수 있소. 초나라 땅을 나누어 가지면 각 나라가 부강해지고, 초나라의 죄명을 질책하면 각 나라의 제후들에게 존경받기에 족할 것이오. 지금 그대가 사적인 욕심으로 천하가 받드는 군주를 살해해 하·은·주 삼대에 걸쳐 전해 내려오는 귀중한 보물을 점유하고 구정을 삼키고자 하는 것은 스스로 지금의 제후들보다 높은 위치에 서고자 하는 것이니 이것이 탐욕이 아니고 무엇이겠소? 《주서周書》•에 이르기를, '집안을 일으켜 세우려면 먼저 난이 일어나지 않도록 해야 한다'고 했소. 주나라 왕실의 보기를 남쪽으로 옮기면 초나라를 토벌하고자 하는 대군이 바짝 따를 것이오."

초나라는 계책을 포기하고 실행하지 않았다. 초경양왕 19년, 진秦나라가 초나라를 쳤다. 초나라 군사가 패해 상용·한북漢北 땅을 진나라에게 할양했다. 초경양왕 20년, 진나라 장수 백기는 초나라 서릉西陵을 점령했다. 초경양왕 21년, 백기는 다시 초나라 영을 점령하고 초나라 선왕의 묘지 이릉夷陵을 불태웠다. 초나라 군사가 모두 흩어져 도망치니 다시 응전할 수 없어서, 동북쪽으로 물러나 진성陳城에서 안전을 꾀했다. 초경양왕 22년, 진나라가 다시 초나라의 무와 검중의 군을 점령했다.

초경양왕 23년, 초경양왕이 동쪽에서 10여 만 명의 군사를 모으고, 다시 서쪽으로 가 진秦나라가 점령했던 장강 연안 열다섯 개 읍을 빼

• 《일주서逸周書》를 말한다. 《서경》과 비슷한 책으로, 일부만 남아 있는 까닭에 《일주서》로 불리게 되었다. 모두 70편이나 현재 59편만 전해지고 있다. 후대인이 옛 판본과 서진의 태강 연간 급총汲冢에서 나온 《주서》를 합친 까닭에 수당 이후에는 《급총주서汲冢周書》로 불리었다.

앗고, 군郡을 설치해 진나라를 제어했다. 초경양왕 27년, 3만 명의 병사를 보내 연나라를 치는 삼진을 도왔다. 다시 진秦나라와 화해하고 태자를 볼모로 진나라에 보냈다. 초경양왕은 좌도左徒 황헐黃歇을 진나라로 보내 태자를 받들게 했다. 초경양왕 36년, 초경양왕이 병이 들자 태자가 달아나 돌아왔다. 이해 가을, 초경양왕이 죽고 태자 웅원熊元이 보위를 이었다. 그가 초고열왕이다. 초고열왕은 좌도를 영윤에 제수한 뒤 오 땅에 봉하고 춘신군春申君이라고 했다.

●● 六年, 秦使白起伐韓於伊闕, 大勝, 斬首二十四萬. 秦乃遺楚王書曰, "楚倍秦, 秦且率諸侯伐楚, 爭一旦之命. 願王之飭士卒, 得一樂戰." 楚頃襄王患之, 乃謀復與秦平. 七年, 楚迎婦於秦, 秦楚復平. 十一年, 齊秦各自稱爲帝, 月餘, 復歸帝爲王. 十四年, 楚頃襄王與秦昭王好會于宛, 結和親. 十五年, 楚王與秦·三晉·燕共伐齊, 取淮北. 十六年, 與秦昭王好會於鄢. 其秋, 復與秦王會穰. 十八年, 楚人有好以弱弓微繳加歸鴈之上者, 頃襄王聞, 召而問之. 對曰, "小臣之好射鶀鴈, 羅鷔, 小矢之發也, 何足爲大王道也. 且稱楚之大, 因大王之賢, 所弋非直此也. 昔者三王以弋道德, 五霸以弋戰國. 故秦·魏·燕·趙者, 鶀鴈也, 齊·魯·韓·衛者, 靑首也, 騶·費·郯·邳者, 羅鷔也. 外其餘則不足射者. 見鳥六雙, 以王何取? 王何不以聖人爲弓, 以勇士爲繳, 時張而射之? 此六雙者, 可得而囊載也. 其樂非特朝昔之樂也, 其獲非特鳧鴈之實也. 王朝張弓而射魏之大梁之南, 加其右臂而徑屬之於韓, 則中國之路絶而上蔡之郡壞矣. 還射圉之東, 解魏左肘而外擊定陶, 則魏之東外棄而大宋·方與二郡者擧矣. 且魏斷二臂, 顚越矣, 膺擊郯國, 大梁可得而有也. 王繂繳蘭臺, 飮馬西河, 定魏大梁, 此一發之樂也. 若王之於弋誠好而不厭, 則出寶弓, 碆新繳, 射嗢鳥於東海, 還蓋長城以爲防, 朝射東莒, 夕發淇丘, 夜加卽墨, 顧據午道, 則長城之東收而太山之北擧矣. 西結境於趙而北達於燕, 三國布翅, 則從不待約而可成也. 北遊目於燕之遼東而南登望於越之會稽, 此再發之樂也. 若夫泗上十二諸侯, 左縈而右拂之, 可一旦而盡也. 今秦破韓以爲長憂, 得列城而不敢守也, 伐魏而無功, 擊趙而顧病, 則秦魏之勇力屈矣, 楚之故地漢中‧析‧酈可得而復有也. 王出寶弓, 碏新繳, 涉鄳塞, 而待秦之倦也, 山東‧河內可得而一也. 勞民休衆, 南面稱王矣. 故曰秦爲大鳥, 負海內而處, 東面而立, 左臂據趙之西南, 右臂傅楚鄢郢, 膺擊韓魏, 垂頭中國, 處旣形便, 勢有地利, 奮翼鼓翅, 方三千里, 則秦未可得獨招而夜射也." 欲以激怒襄王, 故對以此言. 襄王因召與語, 遂言曰, "夫先王爲秦所欺而客死於外, 怨莫大焉. 今以匹夫有怨, 尙有報萬乘, 白公‧子胥是也. 今楚之地方五千里, 帶甲百萬, 猶足以踴躍中野也, 而坐受困, 臣竊爲大王弗取也." 於是頃襄王遣使於諸侯, 復爲從, 欲以伐秦. 秦聞之, 發兵來伐楚. 楚欲與齊韓連和伐秦, 因欲圖周. 周王赧使武公謂楚相昭子曰, "三國以兵割周郊地以便輸, 而南器以尊楚, 臣以爲不然. 夫弑共主, 臣世君, 大國不親, 以衆脅寡, 小國不附. 大國不親, 小國不附, 不可以致名實. 名實不得, 不足以傷民. 夫有圖周之聲, 非所以爲號也." 昭子曰, "乃圖周則無之. 雖然, 周何故不可圖也?" 對曰, "軍不五不攻, 城不十不圍. 夫一周爲二十晉, 公之所知也. 韓嘗以二十萬之衆辱於晉之城下, 銳士死, 中士傷, 而晉不拔. 公之無百韓以圖周, 此天下之所知也. 夫怨結兩周以塞驫魯之心, 交絶於齊, 聲失天下, 其爲事危矣. 夫危兩周以厚三川, 方城之外必爲韓弱矣. 何以知其然也? 西周之地, 絶長補短, 不過百里. 名爲天下共主, 裂其地不足以肥國, 得其衆不足以勁兵. 雖無攻之, 名爲弑君. 然而好事之君, 喜攻之臣, 發號用兵, 未嘗不以周爲終始. 是何也? 見祭器在焉, 欲器之至而忘弑君之亂. 今韓以器之在楚, 臣恐天下以器讎楚也. 臣請譬之. 夫虎肉臊, 其兵利身, 人猶攻之也. 若使澤中之麋蒙虎之皮, 人之攻之必萬於虎矣. 裂楚之地, 足以肥國, 詘楚之名, 足以尊主. 今子將以欲誅殘天下之共主, 居三代之傳器, 吞三翮六翼, 以高世主, 非貪而何? 周書曰'欲起無先', 故器南則兵至矣." 於是楚計輟不行. 十九年, 秦伐楚, 楚軍敗, 割上庸·漢北地予秦. 二十年, 秦將白起拔我西陵. 二十一年, 秦將白起遂拔我郢, 燒先王墓夷陵. 楚襄王兵散, 遂不復戰, 東北保於陳城. 二十二年, 秦復拔我巫·黔中郡. 二十三年, 襄王乃收東地兵, 得十餘萬, 復西取秦所拔我江旁十五邑以爲郡, 距秦. 二十七年, 使三萬人助三晉伐燕. 復與秦平, 而入太子爲質於秦. 楚使左徒侍太子於秦. 三十六年, 頃襄王病, 太子亡歸. 秋, 頃襄王卒, 太子熊元代立, 是爲考烈王. 考烈王以左徒爲令尹, 封以吳, 號春申君.

고열세가

초고열왕 원년, 주_州 땅을 진나라에 주고 강화를 맺었다. 당시 초나라는 더욱 약화되었다. 초고열왕 6년, 진나라가 한단을 포위하자 조나라가 초나라에 위급을 알렸다. 초나라는 장수 경양_{景陽}을 보내 조나라를 구했다. 초고열왕 7년, 초나라 군사가 신중_{新中}으로 진격하자 진나라 군사가 포위를 풀고 물러갔다. 초고열왕 12년, 진소양왕이 죽자 초고열왕이 춘신군을 진나라에 조문사절로 보냈다. 초고열왕 16년, 진장양왕_{秦莊襄王}이 죽자 진왕 정이 즉위했다. 초고열왕 22년,

초나라가 여러 나라와 함께 진秦나라를 쳤으나 패해 물러났다. 초나라는 동쪽 수춘壽春으로 천도해 그곳을 영이라 했다. 초고열왕 25년, 초고열왕이 죽자 아들 초유왕楚幽王 한悍이 뒤를 이었다. 이원李園이 춘신군을 죽였다.

초유왕 3년, 진秦나라와 위나라의 연합군이 초나라를 쳤다. 진나라 재상 여불위가 죽었다. 초유왕 9년, 진나라가 한나라를 멸했다. 초유왕 10년, 초유왕이 죽고 같은 모친 형제 가운데 동생 유猶가 보위를 이었다. 그가 초애왕楚哀王이다. 초애왕의 서형 부추의 무리가 문득 초애왕을 죽이고, 부추를 옹립했다. 초애왕은 단 두 달 동안 재위했을 뿐이다. 이해에 진나라는 조왕 천을 생포했다.

부추 원년, 연나라 태자 단이 형가荊軻를 보내 진왕秦王을 암살하게 했다. 부추 2년, 진나라는 장군을 보내 초나라 군사를 대파함으로써, 10여 개 성읍을 빼앗았다. 부추 3년, 진나라가 위나라를 멸했다. 부추 4년, 진나라 장수 왕전은 기蘄에서 초나라 군사를 이기고 장수 항연項燕을 죽였다. 부추 5년, 진나라 장수 왕전과 몽무蒙武가 마침내 초나라를 멸하고, 초나라 왕 부추를 생포했다. 초나라 국호를 없애고 삼군三郡을 두었다.

●● 考烈王元年, 納州于秦以平. 是時楚益弱. 六年, 秦圍邯鄲, 趙告急楚, 楚遣將軍景陽救趙. 七年, 至新中. 秦兵去. 十二年, 秦昭王卒, 楚王使春申君弔祠于秦. 十六年, 秦莊襄王卒, 秦王趙政立. 二十二年, 與諸侯共伐秦, 不利而去. 楚東徙都壽春, 命曰郢. 二十五年, 考烈王卒, 子幽王悍立. 李園殺春申君. 幽王三年, 秦·魏伐楚. 秦相呂不韋卒. 九年, 秦滅韓. 十年, 幽王卒, 同母弟猶代立, 是爲哀王. 哀王立二月餘, 哀王庶兄負芻之徒襲殺哀王而立負芻爲王. 是歲, 秦虜趙王遷. 王負芻元年, 燕太子丹使荊軻刺秦王. 二年, 秦使將軍伐楚, 大破楚軍, 亡十餘城. 三年, 秦滅魏. 四年, 秦將王翦破我軍於蘄, 而殺將軍項燕. 五年, 秦將王翦·蒙武遂破楚國, 虜楚王負芻, 滅楚名爲楚郡云.

태사공은 평한다.

"초영왕은 신읍에서 제후들과 회합을 맺고 제나라 경봉을 죽이고, 장화대를 세우고, 주나라 왕실의 구정을 빼앗으려고 할 때는 의기양양해 천하를 깔보았으나 나중에 신해의 집에서 굶어 죽어 세인들의 비웃음을 샀다. 지조와 품행이 없으니 실로 슬프구나! 사람이 권세가 있다고 해서 남을 대하는 데 신중하게 하지 않는다는 말인가?

기질이 변란을 이용해 보위에 오르고, 진秦나라 여인을 총애함이 너무 지나쳐, 다시 나라가 망하게 되었구나!"

●● 太史公曰, "楚靈王方會諸侯於申, 誅齊慶封, 作章華臺, 求周九鼎之時, 志小天下, 及餓死于申亥之家, 爲天下笑. 操行之不得, 悲夫! 勢之於人也, 可不愼與? 棄疾以亂立, 嬖淫秦女, 甚乎哉, 幾再亡國!"

월왕구천세가

越王句踐世家

〈월왕구천세가〉는 앞에 나오는 〈진세가〉 및 〈초세가〉의 제목에 비
추어볼 때 '월세가'로 표현하는 것이 합리적이다. 그럼에도 〈월왕
구천세가〉로 제목을 정한 데에는 몇 가지 이유가 있을 듯싶다.
첫째, 월나라 역사에서 월왕 구천 이전과 이후의 역사는 그다지 기
록할 만한 것이 없었을 가능성이다. 여기에는 사료의 부족이 크게
작용했음 직하다. 둘째, 구천의 행보를 부각시키고자 했을 가능성
이다. 이 이유가 보다 크게 작용한 것으로 보인다. 대부분의 내용이
구천의 패업에 결정적인 공헌을 한 범리의 사적으로 채워 있는 점
이 그렇다. 내용 면에서 보면 〈월왕구천세가〉라기보다는 '범리열
전'에 가깝다.
주목할 것은 《춘추좌전》에는 범리의 사적이 전혀 나오고 있지 않
은 점이다. 그렇다고 범리를 가공의 인물로 볼 필요는 없다. '춘추
외전'으로 불리는 《국어》에 그의 활약상이 상세히 소개되어 있기
때문이다. 기록의 시간상 차이로 인해 《춘추좌전》에는 누락된 것으
로 보인다.

월왕 구천의 조상은, 하후夏后의 군주 소강의 서자로서 우왕의 후손이다. 그의 선조는 회계 땅에 봉해졌고, 우왕의 제사를 모셨다. 이들은 몸에 문신을 하고 머리를 짧게 잘랐다. 초목을 제거하고 황무지를 개척해 도성을 건설했다. 당시로부터 20여 대가 흘러 윤상允常의 시대에 이르렀다. 윤상이 왕으로 있을 때 오왕 합려와 싸우게 되니 이들은 서로 미워해 공격했다. 윤상이 죽자 아들 구천이 즉위했다. 그가 월왕이다.

월왕 구천 원년, 오왕 합려는 윤상이 죽은 것을 알고는 군사를 일으켜 월나라를 쳤다. 구천이 죽기를 각오한 병사들을 전면에 내세웠다. 이들은 세 줄을 이루어 오나라의 진영에 이르러 크게 외치고 자진했다. 오나라 군사가 쳐다만 보고 있는 사이 월나라 군사는 이들을 습격해 취리에서 물리치고, 오왕 합려를 쏘아 상처를 입혔다. 합려가 죽기 직전에 아들 부차를 불러 이같이 당부했다.

"월나라를 잊지 마라."

월왕 구천 3년, 오왕 부차가 밤낮으로 군사를 훈련시켜 월나라에 복수하려 한다는 것을 듣고, 오나라가 군사를 일으키기 전에 선수를 쳐서 토벌하고자 했다. 범리가 이같이 간했다.

"안 됩니다. 제가 듣건대 무기는 사람을 죽이는 흉기이고, 전쟁은 도리를 거스르는 것으로서 모든 일 가운데 가장 저급한 것입니다. 음모를 꾸며 도리를 거스르고, 흉기를 사용하기를 즐겨 전쟁에 친히 관여하시려 함은 하늘도 허락지 않는 것으로서, 행해도 이득이 없습니다."

구천이 말했다.

"내가 이미 결정했다."

그러고는 곧바로 군사를 일으켰다. 부차는 이 소식을 듣고, 정예 병사를 모두 동원해 월나라 군사를 부초산夫椒山에서 패퇴시켰다. 구천은 남은 병사 5,000명을 후퇴시켜 회계산을 지키게 했다. 부차는 추격해 이들을 포위했다. 구천이 범리에게 물었다.

"그대의 말을 듣지 않아 이 지경에 빠졌소. 어찌해야 좋단 말이오?"

범리가 대답했다.

"충만함을 지속하고자 하면 하늘의 도리를 본받아야 하고, 넘어지려는 것을 안정시키고자 하면 사람의 도리를 알아야 하고, 사리를 통제하고자 하면 땅의 이치를 본받아야 합니다. 겸허한 말과 두둑한 예물을 갖추어 그에게 보내십시오. 만일 그가 듣지 않으면 대왕이 스스로 볼모가 되어 그를 섬기십시오."

"그리하겠소."

곧 대부 문종에게 강화를 청하게 했다. 문종은 무릎걸음을 하고 머리를 조아려 말했다.

"군주의 신하인 구천이 저를 보내 군주의 하급관원에게 '구천은 신하가 되고, 처는 첩이 되기를 청합니다'라고 감히 고합니다."

부차가 이를 승낙하려 하자 오자서가 만류했다.

"하늘이 월나라를 우리 오나라에 주는 것이니 수락하지 마십시오."

문종이 돌아와 구천에게 이를 보고하자 구천은 내심 부인과 자녀는 죽이고 보물은 불태운 뒤 죽음을 무릅쓰고 항전하고자 했다. 문종이 만류했다.

"오나라의 태재 백비는 탐욕스러운 사람이니 뇌물로 유인할 수 있을 것입니다. 몰래 이를 알리십시오."

구천이 문종을 시켜 미녀와 보물을 은밀히 백비에게 건넸다. 백비가 문종을 부차 앞으로 안내했다. 문종이 머리를 조아리며 말했다.

"원컨대 대왕은 구천의 죄를 사해주고 보물을 받아주시기 바랍니다. 불행하게도 사해주시지 않으면 구천은 부인과 자식을 죽이고 보물을 불태운 후 5,000명의 병사로서 결전을 할 터인즉, 반드시 대왕은 상당한 피해를 입게 될 것입니다."

백비가 부차에게 말했다.

"월나라가 이미 신하로 항복하니 용서해주면 나라의 이익이 될 것입니다."

부차는 이를 허락하고자 했다. 오자서가 간했다.

"지금 월나라를 멸하지 않으면 후에 반드시 후회하게 됩니다. 구천은 어진 왕이고, 범리와 문종은 훌륭한 신하입니다. 만일 지금 이들을 월나라로 돌려보낸다면 틀림없이 반란을 일으킬 것입니다."

부차는 이를 듣지 않고 마침내 구천을 사해주고 철병해 돌아갔다. 구천이 회계산에 포위되어 있을 때 탄식했다.

"나는 이같이 끝나는가?"

문종이 말했다.

"은나라 탕왕은 하대夏臺에 갇힌 바 있고 문왕文王은 유리에 구속되었습니다. 중이는 적나라, 소백은 거나라로 도망쳤지만 이들 모두 천하를 얻었습니다. 이로써 미루어볼 때 지금 이 상황 역시 복이 되지 말란 법이 있습니까?"

부차가 사면해주자 구천은 월나라로 돌아가 온갖 고통을 참으며 설욕을 다짐했다. 자리 곁에 쓸개를 매달아놓고, 앉아 있을 때나 누워 있을 때나 이를 쳐다보고, 음식을 먹을 때는 이를 핥곤 했다. 자신에게 이같이 물었다.

"너는 회계산의 치욕을 잊었는가?"

스스로 밭을 갈고, 부인은 길쌈을 하고, 음식으로는 고기를 먹지 않고, 의복으로는 겹옷을 입지 않았다. 자세를 낮추어 현자를 높이고, 손님을 후하게 접대하고, 가난한 사람을 돕고, 죽은 자를 애도하는 식으로 백성과 애환을 같이했다. 범리에게 국정을 맡기려 하자 범리가 사양했다.

"군사의 일이라면 제가 문종보다 낫습니다. 그러나 나라를 안정시키고 백성을 따르게 하는 일은 문종이 더 뛰어납니다."

국정을 문종에게 맡기고, 범리와 대부 자계柘稽를 보내 강화를 맺은 뒤 오나라에 인질로 갔다. 2년 후 오왕 부차가 구천과 범리 등을 돌려보냈다.

●● 越王句踐, 其先禹之苗裔, 而夏后帝少康之庶子也. 封於會稽, 以奉守禹之祀. 文身斷髮, 披草萊而邑焉. 後二十餘世, 至於允常. 允常之時, 與吳王闔廬戰而相怨伐. 允常卒, 子句踐立, 是爲越王. 元年, 吳王闔廬聞允常死, 乃興師伐越. 越王句踐使死士挑戰, 三行, 至吳陳, 呼而自剄. 吳師觀之, 越因襲擊吳師, 吳師敗於檇李, 射傷吳王闔廬. 闔廬且死, 告其子夫差曰, "必毋忘越." 三年, 句踐聞吳王夫差日夜勒兵, 且以報越, 越欲先吳未發往伐之. 范蠡諫曰, "不可. 臣聞兵者凶器也, 戰者逆德也, 爭者事之末也. 陰謀逆德, 好用凶器, 試身於所末, 上帝禁之, 行者不利." 越王曰, "吾已決之矣." 遂興師. 吳王聞之, 悉發精兵擊越, 敗之夫椒. 越王乃以餘兵五千人保棲於會稽. 吳王追而圍之. 越王謂范蠡曰, "以不聽子故至於此, 爲之柰何?" 蠡對曰, "持滿者與天, 定傾者與人, 節事者以地. 卑辭厚禮以遺之, 不許, 而身與之市." 句踐曰, "諾." 乃令大夫種行成於吳, 膝行頓首曰, "君王亡臣句踐使陪臣種敢告下執事, 句踐請爲臣, 妻爲妾." 吳王將許之. 子胥言於吳王曰, "天以越賜吳, 勿許也." 種還, 以報句踐. 句踐欲殺妻子, 燔寶器, 觸戰以死. 種止句踐 曰, "夫吳太宰嚭貪, 可誘以利, 請閒行言之." 於是句踐以美女寶器令 種閒獻吳太宰嚭. 嚭受, 乃見大夫種於吳王. 種頓首言曰, "願大王赦句 踐之罪, 盡入其寶器. 不幸不赦, 句踐將盡殺其妻子, 燔其寶器, 悉五千 人觸戰, 必有當也." 嚭因說吳王曰, "越以服爲臣, 若將赦之, 此國之利 也." 吳王將許之. 子胥進諫曰, "今不滅越, 後必悔之. 句踐賢君, 種· 蠡良臣, 若反國, 將爲亂." 吳王弗聽, 卒赦越, 罷兵而歸. 句踐之困會稽 也, 喟然歎曰, "吾終於此乎?" 種曰, "湯繫夏臺, 文王囚羑里, 晉重耳奔 翟, 齊小白奔莒, 其卒王霸. 由是觀之, 何遽不爲福乎?" 吳旣赦越, 越 王句踐反國, 乃苦身焦思, 置膽於坐, 坐臥卽仰膽, 飲食亦嘗膽也. 曰, "女忘會稽之恥邪?" 身自耕作, 夫人自織, 食不加肉, 衣不重采, 折節下 賢人, 厚遇賓客, 振貧弔死, 與百姓同其勞. 欲使范蠡治國政, 蠡對曰, "兵甲之事, 種不如蠡, 塡撫國家, 親附百姓, 蠡不如種." 於是擧國政屬 大夫種, 而使范蠡與大夫柘稽行成, 爲質於吳. 二歲而吳歸蠡.

회계산에서 돌아온 지 7년 되던 해에 구천이 군사와 백성을 훈련 시켜 오나라에 복수하고자 했다. 대부 봉동逢同이 간했다.

"나라가 망했다가 이제 조금 나아졌습니다. 우리가 군사를 정돈하 면 오나라는 반드시 두려워할 것입니다. 이들이 두려워하면 재난은 분명히 닥치게 되어 있습니다. 매나 수리와 같은 사나운 새는 습격 을 할 때 자신의 모습을 감추는 법입니다. 지금 오나라는 제나라와 진나라를 치고 있습니다. 초나라와 월나라에 깊은 원한을 심어주고 있습니다. 이름은 천하에 떨치고 있으나 실제로는 주나라 왕실을 해하고 있습니다. 덕은 적은데 무력으로 이룬 공이 많아 틀림없이 자만에 빠져 있을 것입니다. 우리나라를 위해 계략을 도모하면 제나라와 교류를 하고 초나라와 친하게 지내고, 진晉나라에 의지하고 오나라를 후하게 받드는 것이 좋습니다. 오나라가 야심이 커지면 틀림없이 경솔하게 전쟁을 도발할 것입니다. 이렇다면 우리는 제·초·진晉나라의 힘을 한데 묶어 세 나라가 오나라를 공격하게 하고, 오나라가 지친 틈을 이용하면 이겨낼 수 있을 것입니다."

"좋은 계책이오."

2년의 세월이 지나 부차는 제나라를 치려고 했다. 오자서가 간했다.

"안 됩니다. 신이 듣건대, 구천은 음식으로는 두 가지 이상 맛있는 것을 먹지 않고 백성과 고락을 같이한다고 합니다. 그가 죽지 않으면 반드시 우리나라에 화근이 될 것입니다. 우리에게 월나라는 뱃속의 큰 질병과 같습니다. 제나라는 피부병인 옴 정도에 불과합니다. 바라건대 대왕은 제나라를 놔두고 우선 월나라를 치시기 바랍니다."

부차는 듣지 않았다. 제나라를 공격해 애릉에서 물리치고, 제나라 대신 고장高張과 국하國夏를 포로로 데리고 돌아와 오자서를 책망했다. 오자서가 말했다.

"대왕은 너무 기뻐하지 마십시오."

부차가 노하자 오자서가 자진하고자 했다. 부차가 그를 제지했다. 대부 문종이 건의했다.

"신이 보건대 부차는 정사하는 것이 매우 교만합니다. 시험 삼아 식량을 빌려달라고 해 우리에 관한 태도를 짐작해보십시오."

과연 이들이 식량을 빌려달라고 하자 부차가 그리려고 했다. 오자서가 반대했다. 부차가 듣지 않고 이내 식량을 빌려주었다. 구천이 속으로 기뻐했다. 오자서가 탄식했다.

"대왕이 내 간언을 듣지 않으시는구나. 3년 뒤 오나라는 폐허가 될 것이다."

백비는 이를 듣고 누차 오자서와 월나라를 처리하는 문제를 놓고 논쟁했다. 부차 앞에서 그를 헐뜯었다.

"오자서는 밖으로는 충성스러워 보이나 실제로는 잔인한 사람입니다. 부친과 형을 돌아보지 않았으니 어찌 대왕을 고려하겠습니까? 대왕이 전에 제나라를 치려 할 때 그는 강하게 반대를 했습니다. 전쟁에 이기자 오히려 왕을 원망하고 있습니다. 대왕이 그를 경계하지 않으시면 그는 반드시 반란을 일으킬 것입니다."

비는 또한 월나라 대부 봉동과 함께 음모를 꾸고, 왕에게 그를 비방했다. 부차가 처음에는 믿지 않고 오자서를 제나라에 사자로 보냈다. 오자서가 자기 아들을 제나라 대부 포목에게 맡겼다는 것을 뒤늦게 알고 부차가 크게 화를 냈다.

"오자서가 나를 속였구나!"

오자서가 돌아오자 부차는 촉루라는 검을 보내 자진하게 했다. 오자서는 크게 웃으며 말했다.

"나는 전에 그대의 부친이 천하를 얻게 했고, 또 그대를 옹립했다. 그대는 당초 나에게 오나라의 절반을 주려 했으나 나는 받지 않았다. 이후 얼마 지나지 않은 지금, 참언을 믿고 나를 죽이려 하는구나. 아아! 부차는 혼자 서지 못할 것이다!"

또한 사자에게 말했다.

"반드시 내 눈을 오나라의 동쪽 문에 매달아놓아라. 월나라 군사가 쳐들어오는 것을 보겠다."

마침내 부차는 백비에게 집정하게 했다. 3년이 지나 구천은 범리를 불러 말했다.

"부차는 이미 오자서를 죽였고, 또한 주위에는 아부를 일삼는 자들만 있소. 공격해도 되겠소?"

"아직 안 됩니다."

이듬해 봄, 부차는 북쪽으로 가 황지에서 제후와 회맹했다. 정예 병사들에게 왕을 수행하게 했고, 수도는 노약한 병사와 태자에게 지키게 했다. 구천이 다시 범리에게 공격 여부를 묻자 그는 "가능합니다"라고 대답했다. 수군水軍 2,000명, 훈련받은 병사 4,000명, 친위병 6,000명, 그 밖에 영중에서 직무를 관장하는 군관軍官 1,000명을 보내 오나라 군사를 패배시키고 태자를 죽였다. 오나라에서는 부차에게 급박한 상황을 보고했다. 부차는 황지에서 제후와 회맹중이어서, 천하가 이를 알까봐 두려워 비밀로 했다. 부차가 회맹을 끝내고 사람을 보내 예를 후하게 해 구천에게 강화를 청했다. 구천 역시 아직 오나라를 완전히 물리칠 수 없음을 알고, 오나라와 강화를 맺었다.

이후 4년이 흘러, 월나라는 다시 오나라를 쳤다. 오나라 병사와 백성은 지쳤고, 정예 병사들은 모두 제나라 및 진나라와의 싸움에서 죽었다. 월나라는 오나라를 크게 물리쳤다. 3년 동안 포위하다가 마침내 부차를 고소산姑蘇山에 가두었다. 부차는 대부 공손웅公孫雄을 보냈다. 공손웅이 어깻죽지를 드러낸 채 무릎걸음으로 나아가 부차를 대신해 구천에게 강화를 청했다.

"고신孤臣• 부차가 속마음을 털어놓겠습니다. 전에 회계산에서 대

• 고립무원의 상태에 처한 변방의 신하를 뜻한다. 현재는 명리와 권세를 추구하지 않는 사람이 자신을 지칭할 때 사용한다.

왕에게 죄를 지었습니다. 고신 부차는 감히 왕의 명을 거역하지 못하고, 강화를 맺어 돌아가기를 바랄 뿐입니다. 지금 대왕은 몸소* 고신을 주살하려 합니다. 고신 부차는 오직 명을 따를 뿐입니다. 바라건대, 회계산에서 고신이 그랬던 것처럼 고신을 용서해주실 수 없겠습니까?"

구천은 차마 모질게 하지 못해 허락하고자 했다. 범리가 반대했다.

"회계산에서의 일은 하늘이 월나라를 오나라에게 주었던 것입니다. 오나라는 취하지 않았습니다. 이제 하늘이 오나라를 월나라에게 넘겨주었습니다. 월나라가 어찌 하늘을 거스른다는 말입니까? 대왕이 조정에 일찍 납시고, 저녁에 늦게 물러나셨던 것은 오나라를 위한 것이 아니었습니까? 22년 동안 도모했다가 하루아침에 이를 버릴 수 있겠습니까? 하늘이 주는 것을 받지 않으면 오히려 천벌을 받는 법입니다.《시경》에서도 '나무 베어 도끼자루 만들려면 그 본이 가까운 데 있다'라고 하지 않았습니까? 대왕은 회계산에서의 재난을 잊지는 않으셨겠지요?"

구천이 말했다.

"나는 그대의 말을 따르고 싶으나 차마 그 사자를 그리 대할 수는 없소."

범리가 북을 쳐 병사를 진격시키며 말했다.

"왕은 이미 나에게 소임을 맡기셨으니 사자는 가시오. 그렇지 않으면 그대에게 죄를 묻겠소."

부차의 사자가 울면서 갔다. 구천은 연민을 느껴 사람을 부차에게

● '몸소'의 원문은 거옥지擧玉趾다. 옥玉은 군왕을 높이는 접두어이고, 지趾는 원래 발을 뜻하나 여기서는 군왕의 신체를 상징한다.

보냈다.

"그대를 용동으로 보내니 그곳에서 100호의 위정자가 되시오."

부차는 사절했다.

"나는 이미 늙었으니 왕을 섬길 수 없소."

그러고는 자진했다. 물건으로 얼굴을 덮으면서 이같이 말했다.

"나는 오자서를 대할 면목이 없구나!"

구천은 부차를 장사 지내고, 태재 백비를 주살했다. 구천이 오나라를 평정한 뒤 군사를 이끌고 북상해 회수를 건너 제나라 및 진나라 제후와 서주에서 회맹하고 주周 왕실에 공물을 올렸다. 주원왕周元王은 구천에게 제사 지낸 고기를 내리고, 제후의 수령으로 삼았다. 구천은 이곳을 떠나 회수를 건너 남하했다. 회수 일대의 땅을 초나라에게 주고, 오나라가 약탈한 송나라의 땅은 송나라에 다시 돌려주었다. 노나라에게는 사수 동쪽의 사방 100리에 달하는 땅을 주었다. 당시 월나라 군사는 양자강 및 회수 동쪽을 주름잡았고, 제후들은 모두 축하하며 구천을 패왕으로 칭했다. 범리는 월나라를 떠나 제나라에서 대부 문종에게 서신을 보냈다.

나는 새가 다 잡히면 좋은 활은 거두어지고, 교활한 토끼가 모두 잡히면 사냥개는 삶아지는 법이오. 월왕 구천은 목이 길고 입은 새처럼 뾰족하니 어려움은 함께할 수 있어도, 즐거움은 같이할 수 없소. 그대는 왜 월나라를 떠나지 않는 것이오?

문종이 편지를 읽고 병을 핑계 삼아 궁궐에 들어가지 않으니 어떤 자가 그가 반란을 일으키려 한다고 참언했다. 구천은 그에게 칼을 내리며 말했다.

"그대는 오나라를 칠 수 있는 계책 일곱 가지를 가르쳐주었소. 나는 그 가운데 세 가지만을 사용해 오나라를 물리쳤소. 나머지 네 가지는 그대에게 있으니 그대는 선왕을 뒤쫓아 가 나를 위해 이를 시험해보기 바라오."

문종이 이내 자진하고 말았다.

●● 句踐自會稽歸七年, 拊循其士民, 欲用以報吳. 大夫逢同諫曰, "國新流亡, 今乃復殷給, 繕飾備利, 吳必懼, 懼則難必至. 且鷙鳥之擊也, 必匿其形. 今夫吳兵加齊·晉, 怨深於楚·越, 名高天下, 實害周室, 德少而功多, 必淫自矜. 爲越計, 莫若結齊, 親楚, 附晉, 以厚吳. 吳之志廣, 必輕戰. 是我連其權, 三國伐之, 越承其弊, 可克也." 句踐曰, "善." 居二年, 吳王將伐齊. 子胥諫曰, "未可. 臣聞句踐食不重味, 與百姓同苦樂. 此人不死, 必爲國患. 吳有越, 腹心之疾, 齊與吳, 疥癬也. 願王釋齊先越." 吳王弗聽, 遂伐齊, 敗之艾陵, 虜齊高·國以歸. 讓子胥. 子胥曰, "王毋喜!" 王怒, 子胥欲自殺, 王聞而止之. 越大夫種曰, "臣觀吳王政驕矣, 請試嘗之貸粟, 以卜其事." 請貸, 吳王欲與, 子胥諫勿與, 王遂與之, 越乃私喜. 子胥言曰, "王不聽諫, 後三年吳其墟乎!" 太宰嚭聞之, 乃數與子胥爭越議, 因讒子胥曰, "伍員貌忠而實忍人, 其父兄不顧, 安能顧王? 王前欲伐齊, 員彊諫, 已而有功, 用是反怨王. 王不備伍員, 員必爲亂." 與逢同共謀, 讒之王. 王始不從, 乃使子胥於齊, 聞其子於鮑氏, 王乃大怒, 曰, "伍員果欺寡人!" 役反, 使人賜子胥屬鏤劍以自殺. 子胥大笑曰, "我令而父霸, 我又立若, 若初欲分吳國半予我, 我不受, 已, 今若反以讒誅我. 嗟乎, 嗟乎, 一人固不能獨立!" 報使者曰, "必取吾眼置吳東門, 以觀越兵入也!" 於是吳任嚭政. 居三年, 句踐召范蠡曰, “吳已殺子胥, 導諛者衆, 可乎?” 對曰, “未可.” 至明年春, 吳王北會諸侯於黃池, 吳國精兵從王, 惟獨老弱與太子留守. 句踐復問范蠡, 蠡曰, “可矣.” 乃發習流二千人, 教士四萬人, 君子六千人, 諸御千人, 伐吳. 吳師敗, 遂殺吳太子. 吳告急於王, 王方會諸侯於黃池, 懼天下聞之, 乃祕之. 吳王已盟黃池, 乃使人厚禮以請成越. 越自度亦未能滅吳, 乃與吳平. 其後四年, 越復伐吳. 吳士民罷弊, 輕銳盡死於齊 · 晉. 而越大破吳, 因而留圍之三年, 吳師敗, 越遂復棲吳王於姑蘇之山. 吳王使公孫雄肉袒膝行而前, 請成越王曰, “孤臣夫差敢布腹心, 異日嘗得罪於會稽, 夫差不敢逆命, 得與君王成以歸. 今君王擧玉趾而誅孤臣, 孤臣惟命是聽, 意者亦欲如會稽之赦孤臣之罪乎?” 句踐不忍, 欲許之. 范蠡曰, “會稽之事, 天以越賜吳, 吳不取. 今天以吳賜越, 越其可逆天乎? 且夫君王蚤朝晏罷, 非爲吳邪? 謀之二十二年, 一旦而棄之, 可乎? 且夫天與弗取, 反受其咎. ‘伐柯者其則不遠’, 君忘會稽之厄乎?” 句踐曰, “吾欲聽子言, 吾不忍其使者.” 范蠡乃鼓進兵, 曰, “王已屬政於執事, 使者去, 不者且得罪.” 吳使者泣而去. 句踐憐之, 乃使人謂吳王曰, “吾置王甬東, 君百家.” 吳王謝曰, “吾老矣, 不能事君王!” 遂自殺. 乃蔽其面, 曰, “吾無面以見子胥也!” 越王乃葬吳王而誅太宰嚭. 句踐已平吳, 乃以兵北渡淮, 與齊 · 晉諸侯會於徐州, 致貢於周. 周元王使人賜句踐胙, 命爲伯. 句踐已去, 渡淮南, 以淮上地與楚, 歸吳所侵宋地於宋, 與魯泗東方百里. 當是時, 越兵橫行於江 · 淮東, 諸侯畢賀, 號稱霸王. 范蠡遂去, 自齊遺大夫種書曰, “蜚鳥盡, 良弓藏, 狡兔死, 走狗烹. 越王爲人長頸鳥喙, 可與共患難, 不可與共樂. 子何不去?” 種見書, 稱病不朝. 人或讒種且作亂, 越王乃賜種劍曰, “子教寡人伐吳七術, 寡人用其三而敗吳, 其四在子, 子爲我從先王試之.” 種遂自殺.

구천 사후 아들 석여鼫與, 석여 사후 아들 불수不壽, 불수 사후 아들 옹翁, 옹 사후 아들 예瞖, 예 사후 아들 지후之侯, 지후 사후 아들 무강無彊이 즉위했다. 무강이 재위할 때 월나라는 군사를 일으켜 북쪽으로는 제나라를 치고, 서쪽으로는 초나라를 치고, 중원의 각 제후들과 힘을 다투었다. 초위왕 때 월나라가 북쪽으로 제나라를 치려 하자 제위왕이 사자를 보내 무강에게 권했다.

"월나라가 초나라를 치지 않으면 크게는 천하를 통일할 수 없고, 작게는 제후들의 맹주가 될 수 없습니다. 월나라가 초나라를 치지 않는 이유를 생각해보니 한韓나라와 위나라의 도움을 얻지 못해서인 듯합니다. 한나라와 위나라는 본래부터 초나라를 치지 않습니다. 한나라가 초나라를 치면 군사가 전멸하고 장수가 죽으며 섭葉과 양적陽翟 두 읍은 위험에 빠지게 됩니다. 위나라 역시 군사가 전멸하고 그 장수가 죽으며 진陳과 상채 두 읍이 불안에 떨게 됩니다. 한나라와 위나라가 월나라를 섬기는 이유는 장수와 병사를 희생시키지 않기 위해서이지, 월나라를 위해 전공을 세우고자 하는 것은 아닙니다. 왜 한나라와 위나라의 협조를 중시하십니까?"

월왕 무강이 말했다.

"내가 한나라와 위나라에 바라는 것은 나아가서 초나라와 서로 베어 죽이면서 싸우는 것이 아닌데, 하물며 성을 치거나 읍을 포위하는 것을 기대하겠소? 원하는 것은 위나라 군사가 대량 아래에 집결하고, 제나라 군사가 남양南陽과 거 땅에서 훈련을 해 상常과 담郯 두 읍의 경계에 집결하는 것이오. 이같이 하면 초나라 군사는 방성산方城山 이북에서 남하하지 못하고, 회수와 사수 사이에서 동진하지 못하고, 상·오於·석·역·종호宗胡 등의 땅과 초나라의 서북부 일대에서 진秦나라를 방비하지 못하고, 강남江南과 사수 유역에서 월나라를 대비하지 못하게 될 것이오. 그러하면 제·진秦·한韓·위魏 네 나라는 초나라에서 자신들의 희망을 실현시킬 수 있소. 한나라와 위나라는 싸우지 않고 땅을 가를 수 있고, 경작하지 않고서도 양식을 수확할 수 있게 되오. 이러하지 않으면 황하와 화산華山 사이에 군사를 배치해 제나라와 진秦나라를 경계하게 될 것이오. 한나라와 위나라가 이처럼 오산하고 있는데, 어찌 내가 이 방법을 사용해 천하를 얻을 수 있겠소?"

제나라의 사신이 말했다.

"참 운 좋게도 아직까지 월나라가 망하지 않았습니다! 저는 이 계략을 중하게 여길 수가 없습니다. 눈동자는 다른 곳의 미세한 솜털은 볼 수 있어도, 자신의 속눈썹은 보지 못하는 법입니다. 지금 대왕이 한나라와 위나라의 오산은 알면서도, 자신의 실수는 보지 못하는 것이 방금 말한 눈동자와 같습니다. 대왕이 이 두 나라에 바라는 것은 전공을 세우는 것도 아니고, 합세해 동맹을 결성하는 것도 아니며, 다만 초나라 병력을 분산시키는 것입니다. 지금 초나라 병사는 이미 분산되어 있습니다. 이 두 나라로부터 무엇을 더 바랄 것이 있다는 말씀입니까?"

월왕 무강이 물었다.

"어떻게 하면 좋겠소?"

그가 대답했다.

"지금 초나라는 세 명의 대부가 모든 군사를 넓게 펼쳐놓았습니다. 북쪽을 향해서는 곡옥·어중於中을 포위해 곧바로 무가관無假關에 이르니 3,700리 길이의 전선에 배치했고, 경취景翠의 군사는 북쪽의 노나라·제나라 및 남양 일대에 집결되어 있으니 이보다 더 크게 분산할 수 있겠습니까? 또한 대왕이 바라시는 바는 한나라와 위나라가 초나라와 싸우는 것입니다. 만일 이들이 싸우지 않으면 군사를 일으키지 않을 생각이니 이는 마치 두 개씩 다섯 무더기가 있는 것은 알고 그것이 10이 되는 것은 모르는 것과 같습니다. 지금 당시 초나라를 치지 않으면 신은 월나라가 크게는 왕 노릇을 할 수 없고 작게는 제후의 맹주 노릇도 할 수 없다고 생각하겠습니다. 또한 수讎·방寵·장사長沙 등은 초나라의 곡창지대이고, 경택릉竟澤陵은 목재가 나는 곳입니다. 월나라가 군사를 내보내 무가관을 뚫으면 이 네 읍은 초나라에 물품을 보낼 수 없게 됩니다. 신이 듣건대, 천하의 왕이 되려다가 실패하면 제후들의 맹주라도 되지만 왕도를 잃으면 제후의 맹주도 될 수 없다고 했습니다. 원컨대 대왕은 병사를 돌려 초나라를 치시기 바랍니다."

월나라는 제나라를 놔두고 초나라를 치러 갔다. 초위왕이 출병해 월나라를 대파하고, 월왕 무강을 죽였다. 절강浙江까지 이르는 옛날 오나라 땅을 다 취하고, 북쪽으로 나아가 서주에서 제나라를 물리쳤다. 월나라는 분산되어 일족형제들의 아들들이 서로 다투었다. 혹자는 왕이라 칭하고 또 혹자는 군君이 되어 강남 연해 일대에 흩어져 초나라에 조공을 바쳤다.

이후 7세대가 지나 민군閩君 요搖에 이르렀다. 그는 제후를 도와 진秦나라의 전복을 꾀했다. 한나라 한고조 유방은 요를 월왕으로 삼아 월나라의 뒤를 잇게 했다. 동월東越과 민군은 모두 월나라의 후예다.

●● 句踐卒, 子王鼯與立. 王鼯與卒, 子王不壽立. 王不壽卒, 子王翁立. 王翁卒, 子王翳立. 王翳卒, 子王之侯立. 王之侯卒, 子王無彊立. 王無彊時, 越興師北伐齊, 西伐楚, 與中國爭彊. 當楚威王之時, 越北伐齊, 齊威王使人說越王曰, "越不伐楚, 大不王, 小不伯. 圖越之所爲不伐楚者, 爲不得晉也. 韓·魏固不攻楚. 韓之攻楚, 覆其軍, 殺其將, 則葉·陽翟危, 魏亦覆其軍, 殺其將, 則陳·上蔡不安. 故二晉之事越也, 不至於覆軍殺將, 馬汗之力不效. 所重於得晉者何也?" 越王曰, "所求於晉者, 不至頓刃接兵, 而況于攻城圍邑乎? 願魏以聚大梁之下, 願齊之試兵南陽莒地, 以聚常·郯之境, 則方城之外不南, 淮·泗之閒不東, 商·於·析·酈·宗胡之地, 夏路以左, 不足以備秦, 江南·泗上不足以待越矣. 則齊·秦·韓·魏得志於楚也, 是二晉不戰分地, 不耕而穫之. 不此之爲, 而頓刃於河山之閒以爲齊秦用, 所待者如此其失計, 奈何其以此王也!" 齊使者曰, "幸也越之不亡也! 吾不貴其用智之如目, 見豪毛而不見其睫也. 今王知晉之失計, 而不自知越之過, 是目論也. 王所待於晉者, 非有馬汗之力也, 又非可與合軍連和也, 將待之以分楚衆也. 今楚衆已分, 何待於晉?" 越王曰, "奈何?" 曰, "楚三大夫張九軍, 北圍曲沃·於中, 以至無假之關者三千七百里, 景翠之軍北聚魯·齊·南陽, 分有大此者乎? 且王之所求者, 鬪晉楚也, 晉楚不鬪, 越兵不起, 是知二五而不知十也. 此時不攻楚, 臣以是知越大不王, 小不伯. 復讎·龐·長沙, 楚之粟也, 竟澤陵, 楚之材也. 越窺兵通無假之關, 此四邑者不上貢事於郢矣. 臣聞之, 圖王不王, 其敝可以伯. 然而不伯者, 王道失也. 故願大王之轉攻楚也." 於是越遂釋齊而伐楚. 楚威王興兵而伐之, 大敗越, 殺王無彊, 盡取故吳地至浙江, 北破齊於徐州. 而越以此散, 諸族子爭立, 或爲王, 或爲君, 濱於江南海上, 服朝於楚. 後七世, 至閩君搖, 佐諸侯平秦. 漢高帝復以搖爲越王, 以奉越後. 東越, 閩君, 皆其後也.

당초 범리는 월왕 구천을 보필하는 데 힘써 노력했다. 20여 년 동안 계책을 세워 마침내 오나라를 멸망시키고, 회계산에서의 치욕을 갚게 되었다. 이후 북쪽으로 출병해 회수를 건너, 제나라와 진晉나라를 압박해 중원 여러 나라에 명을 발하게 되었다. 주나라 왕실을 잘 받들었다. 구천이 즉위하자 범리는 상장군이 되었다. 월나라로 돌아와서, 범리는 너무 커진 자신의 명성을 유지하기 어렵다고 여겼다. 게다가 구천의 사람됨이 어려울 때는 같이할 수 있어도, 편안할 때는 함께하기 어렵다고 여겨 사직서를 써서 구천에게 말했다.

　　"신이 듣건대, 국왕이 심려하면 신하는 고생을 아끼지 말아야 하고, 국왕이 모욕을 당하면 신하는 죽어야 한다고 합니다. 전에 대왕이 회계에서 모욕을 당하셨습니다. 제가 죽지 않았던 것은 복수하기 위해서였습니다. 이제 그 치욕도 설욕했으니 저는 회계의 모욕에 관한 죄를 받겠습니다."

　　구천이 만류했다.

　　"나는 월나라를 둘로 나누어 그대에게 주려 하오. 그리하지 않으면 나는 그대를 벌하겠소."

　　범리가 사양했다.

　　"군주는 자신의 명을 집행하고, 신하는 자신의 희망을 실행할 뿐입니다."

　　가벼운 보물을 간단히 챙겨 집안 식솔들과 함께 배를 타고 가 끝내 돌아오지 않았다. 구천은 회계산에 표시를 해 범리의 봉읍지로 삼았다. 범리는 배를 타고 나아가 제나라에 이르러 성과 이름을 바꾸고 스스로 치이자피鴟夷子皮•를 칭했다. 그는 해변에서 농사를 지었다. 고생을 하며 온 힘을 다해 아들과 함께 생산에 노력했다. 오래되지 않아서 곧 재산이 수십만 금에 달하게 되었다. 제나라 백성이 그가 현명하다는 것을 듣고 그를 상국으로 삼았다. 범리가 탄식했다.

"집에서는 천금의 재산을 이루고, 벼슬살이로는 상국까지 이르렀으니 보통 사람으로서는 정점까지 간 것이다. 존귀한 이름을 오랫동안 가지고 있는 것은 불길하다."

곧 상국의 인장을 돌려주고, 재산을 갈라 친구와 마을 사람들에게 나누어주고, 귀중한 보물만 챙겨서 몰래 빠져나갔다. 도陶 땅에 이르러보니 그곳은 천하의 중심지였다. 교역을 하면 각지와 연결된 까닭에 크게 재산을 모을 수 있을 것으로 판단했다. 곧 스스로를 도주공陶朱公이라고 칭했다. 아들과 함께 농사를 지으며 가축을 길렀다. 또 물건을 사서 쌓아놓았다가 시기를 기다려 되파는 식으로 1할의 이윤을 남겼다. 오래되지 않아 엄청난 재산을 모았다. 세인들이 도주공을 찬양했다. 도주공 범리는 도 땅에 살면서 막내아들을 낳았다. 막내가 청년이 될 무렵, 둘째 아들이 사람을 죽여 초나라 감옥에 갇혔다. 도주공이 말했다.

"살인했으면 죽어 마땅하다. 그러나 내가 듣건대 재력가의 아들은 처형당하지 않는다고 했다."

막내아들을 시켜 살피게 했다. 그리고 황금 1,000일鎰을 가져가게 했다. 이는 헝겊 자루에 넣어 한 대의 마차에 실었다. 막내아들을 막 보내고자 했다. 큰아들이 자신이 가겠다고 했으나 도주공은 이를 승

● 원래 뜻은 술을 담기 위해 쇠가죽으로 만든 부대를 말한다. 오왕 부차는 오자서를 죽인 뒤 그의 시신을 치이자피에 넣어 강에 던졌다. 범리는 월왕 구천이 패업을 이루자 미련 없이 그 곁을 떠났다. 그대로 남아 있다가는 오자서의 운명을 좇을 것으로 내다보았던 것이다. 현명한 행보였음은 말할 것도 없다. 범리는 자신의 운명이 오자서와 닮았다는 취지에서 이같이 자칭했다고 한다.

낙하지 않았다. 큰아들이 말했다.

"집안에 장남이 있어 집안일을 살피므로 가독家督이라 부릅니다. 지금 동생이 죄를 지었습니다. 아버님이 저를 보내지 않고 막내를 보내는 것은 제가 현명하지 않기 때문입니다."

그러고는 자진하고자 했다. 그의 모친이 말했다.

"지금 막내를 보낸다 해도 둘째를 반드시 살려낼지 알 수 없는 일입니다. 그보다 먼저 큰애를 잃게 생겼으니 어찌하면 좋습니까?"

도주공이 할 수 없이 장남을 보냈다. 편지 한 통을 써서 오랜 친구인 장莊 선생에게 건네주게 하면서 이같이 당부했다.

"그곳에 도착하면 장 선생 댁에 이 황금 1,000일을 가져다드려라. 그가 하는 대로 따르고 절대 논쟁하지 마라."

장남은 떠날 때 수백 금의 황금을 따로 챙겼다. 초나라에 이르러 본 장 선생 집은 외성 벽에 붙어 있었다. 명아주 풀숲을 헤치고 겨우 문 앞에 당도해보니 거처가 매우 빈한했다. 장남은 부친의 말씀대로 편지와 황금 1,000일을 건네주었다. 장 선생이 말했다.

"어서 빨리 떠나거라. 결코 머물러 있지 마라. 동생이 나오거든 절대 그 까닭을 묻지 마라."

장남은 이후 장 선생을 방문하지 않고 몰래 머물렀다. 그는 자신이 따로 가져간 황금을 초나라의 실력자에게 바쳤다. 장 선생은 비록 빈민촌에서 살고 있을망정, 그의 청렴결백이 온 나라에 알려져, 왕 이하 모든 사람이 그를 스승처럼 존경했다. 그는 주공이 보내온 황금을 가지고 싶었던 것이 아니라, 일이 성사된 후 돌려주고 신용을 나타내고 싶었던 것이다. 황금이 도착하자 부인에게 말했다.

"이는 도주공의 것이오. 내가 병들어 죽어 미리 도주공에게 건네주지 못하더라도 그대는 잊지 말고 돌려주도록 하시오. 절대 손대지 마시오."

도주공의 장남은 그의 속마음을 몰랐기에, 황금이 별다른 작용을 하지 못한 것으로 짐작했다. 장 선생은 적당한 때 입궐해 왕을 조현하고 말했다.

"어떤 별이 어떤 장소로 움직였습니다. 이는 나라에 불길한 것입니다."

"그럼 어찌하면 좋겠소?"

장 선생은 대답했다.

"덕을 베푸셔야만 이를 없앨 수 있습니다."

"그대는 조금 더 있어주오. 그대가 시키는 대로 하리다."

왕은 사자를 시켜 금·은·동의 세 창고를 봉쇄시켰다. 뇌물을 받은 그 실력자는 깜짝 놀라 도주공의 장남에게 말했다.

"왕이 대사령을 하실 것이오."

"어떻게 그걸 아실 수 있습니까?"

"왕이 매번 대사령을 할 때는 늘 그 세 창고를 봉쇄시켰소. 어젯밤에 대왕이 사자를 보내 봉쇄시키셨다고 하오."

장남은 대사면이 있다면 동생은 당연히 나올 텐데, 장 선생에게 보낸 황금은 별 의미도 없게 되어 아깝다고 여겼다. 장 선생을 다시 찾아가니 장 선생이 깜짝 놀라며 말했다.

"아니, 자네는 아직도 떠나지 않았단 말인가?"

장남이 대답했다.

"그렇습니다. 저번에는 동생 일로 찾아뵈었습니다. 지금 대사면을 의논하고 있다고 하니 동생은 당연히 풀릴 것 같습니다. 하직인사를 드리러 왔습니다."

장 선생은 그가 황금을 다시 가져가고 싶어 하는 것을 알고 이같이 말했다.

"방으로 들어가 황금을 가져가게."

장남이 곧바로 들어가 황금을 가지고 떠나면서 크게 기뻐했다. 장 선생은 주공의 장남에게 배신당한 것을 수치로 여겼다. 이내 입궐해 조현한 뒤 이같이 건의했다.

"신이 저번에 별의 움직임에 관해 말씀 드리자 대왕은 덕을 베풀어 보답하고자 했습니다. 이제 제가 밖에서 들으니 오가는 사람들이 수군거리기를, '도주공의 아들이 살인을 저질러 갇혔는데 황금으로 대왕의 측근을 매수했고, 이번 대사면은 백성을 아끼기 때문이 아니라 도주공의 아들 때문이다'라고 했습니다."

초왕이 대로했다.

"내가 아무리 부덕할지라도 어찌 도주공의 아들을 위해 은혜를 베푼단 말인가!"

곧 판결을 내려 도주공의 둘째 아들을 처형시켰다. 그리고 그 다음 날에야 대사령을 내리니 주공의 장남은 동생의 시신을 지니고 돌아가는 수밖에 없었다. 모친과 마을 사람들이 모두 슬퍼했으나 도주공만은 웃으며 말했다.

"나는 큰애가 동생을 죽음에 이르게 할 줄 원래부터 알았다. 그가 동생을 사랑하지 않아서가 아니라, 단지 돈이 아까워 쓸 줄 몰랐기 때문이다. 큰애는 어려서부터 나와 함께 고생을 했고 살기 위해 고난을 겪었으므로 함부로 돈을 쓰지 못한다. 그러나 막내는 태어나면서부터 내가 부유한 것을 보았고, 좋은 마차와 말을 타고 다니며 사

냥이나 하고 다녔으니 돈이 어떻게 생기는 줄 알기나 하겠는가? 쉽
게 돈을 쓰고 아까워하지 않는 이유다. 저번에 내가 막내를 보내려
했던 것은 그가 돈을 아까워하지 않기 때문이다. 큰애는 그리하지
못해 동생이 죽은 것이다. 이치가 이러하니 슬퍼할 것도 없다. 나는
밤낮으로 둘째 아이의 시신이 도착하기를 기다렸다."

범리는 세 번이나 이주하고도 천하에 이름을 남겼다. 단지 떠나가
기만 한 것이 아니라, 머무는 곳에서 반드시 명성을 떨쳤다. 범리는
도 땅에서 늙어 죽었다. 세상에서 그를 도주공이라 부른 이유다.

◉◉ 范蠡事越王句踐, 旣苦身勠力, 與句踐深謀二十餘年, 竟滅吳, 報
會稽之恥, 北渡兵於淮以臨齊·晉, 號令中國, 以尊周室, 句踐以霸, 而
范蠡稱上將軍. 還反國, 范蠡以爲大名之下, 難以久居, 且句踐爲人可
與同患, 難與處安, 爲書辭句踐曰, "臣聞主憂臣勞, 主辱臣死. 昔者君
王辱於會稽, 所以不死, 爲此事也. 今旣以雪恥, 臣請從會稽之誅." 句
踐曰, "孤將與子分國而有之. 不然, 將加誅于子." 范蠡曰, "君行令, 臣
行意." 乃裝其輕寶珠玉, 自與其私徒屬乘舟浮海以行, 終不反. 於是句
踐表會稽山以爲范蠡奉邑. 范蠡浮海出齊, 變姓名, 自謂鴟夷子皮, 耕
于海畔, 苦身勠力, 父子治産. 居無幾何, 致産數十萬. 齊人聞其賢, 以
爲相. 范蠡喟然嘆曰, "居家則致千金, 居官則至卿相, 此布衣之極也.
久受尊名, 不祥." 乃歸相印, 盡散其財, 以分與知友鄉黨, 而懷其重寶,
閒行以去, 止于陶, 以爲此天下之中, 交易有無之路通, 爲生可以致富
矣. 於是自謂陶朱公. 復約要父子耕畜, 廢居, 候時轉物, 逐什一之利.
居無何, 則致貲累巨萬. 天下稱陶朱公. 朱公居陶, 生少子. 少子及壯,
而朱公中男殺人, 囚於楚. 朱公曰, "殺人而死, 職也. 然吾聞千金之子
不死於市." 告其少子往視之. 乃裝黃金千溢, 置褐器中, 載以一牛車.

且遣其少子, 朱公長男固請欲行, 朱公不聽. 長男曰, "家有長子曰家督, 今弟有罪, 大人不遣, 乃遣少弟, 是吾不肖." 欲自殺. 其母爲言曰, "今遣少子, 未必能生中子也, 而先空亡長男, 奈何?" 朱公不得已而遣長子, 爲一封書遺故所善莊生. 曰, "至則進千金于莊生所, 聽其所爲, 愼無與爭事." 長男旣行, 亦自私齎數百金. 至楚, 莊生家負郭, 披藜藋到門, 居甚貧. 然長男發書進千金, 如其父言. 莊生曰, "可疾去矣, 愼毋留! 卽弟出, 勿問所以然." 長男旣去, 不過莊生而私留, 以其私齎獻遺楚國貴人用事者. 莊生雖居窮閻, 然以廉直聞於國, 自楚王以下皆師尊之. 及朱公進金, 非有意受也, 欲以成事後復歸之以爲信耳. 故金至, 謂其婦曰, "此朱公之金. 有如病不宿誡, 後復歸, 勿動." 而朱公長男不知其意, 以爲殊無短長也. 莊生間時入見楚王, 言"某星宿某, 此則害於楚." 楚王素信莊生, 曰, "今爲奈何?" 莊生曰, "獨以德爲可以除之." 楚王曰, "生休矣, 寡人將行之." 王乃使使者封三錢之府. 楚貴人驚告朱公長男曰, "王且赦." 曰, "何以也?" 曰, "每王且赦, 常封三錢之府. 昨暮王使使封之." 朱公長男以爲赦, 弟固當出也, 重千金虛棄莊生, 無所爲也, 乃復見莊生. 莊生驚曰, "若不去邪?" 長男曰, "固未也. 初爲事弟, 弟今議自赦, 故辭生去." 莊生知其意欲復得其金, 曰, "若自入室取金." 長男卽自入室取金持去, 獨自歡幸. 莊生羞爲兒子所賣, 乃入見楚王曰, "臣前言某星事, 王言欲以修德報之. 今臣出, 道路皆言陶之富人朱公之子殺人囚楚, 其家多持金錢賂王左右, 故王非能恤楚國而赦, 乃以朱公子故也." 楚王大怒曰, "寡人雖不德耳, 奈何以朱公之子故而施惠乎!" 令論殺朱公子, 明日遂下赦令. 朱公長男竟持其弟喪歸. 至, 其母及邑人盡哀之, 唯朱公獨笑, 曰, "吾固知必殺其弟也! 彼非不愛其弟, 顧有所不能忍者也. 是少與我俱, 見苦, 爲生難, 故重棄財. 至如少弟者, 生而見我富, 乘堅驅良逐狡兔, 豈知財所從來, 故輕棄之, 非所惜吝. 前日吾所爲欲遣少子, 固爲其能棄財故也. 而長者不能, 故卒以殺其弟, 事之理也, 無足悲者. 吾日夜固以望其喪之來也." 故范蠡三徙, 成名於天下, 非苟去而已, 所止必成名. 卒老死于陶, 故世傳曰陶朱公.

　　태사공은 평한다.

　　"우왕의 공적이 실로 매우 크다! 아홉 개의 하천을 소통시켜 구주를 안정시킨 덕분에 오늘날까지 온 중원이 평안하다. 그의 후손 구천 때에 이르러 몸과 마음을 다해 노력한 끝에 강대한 오나라를 물리치고, 북쪽으로 중원까지 위세를 떨치고, 주나라 왕실을 받들어 패왕의 칭호를 얻게 되었다. 구천을 어찌 현명하지 않다고 할 수 있겠는가? 아마도 우왕이 남겨준 업적이 있었던 듯하다. 범리는 세 번 옮기고도 모두 이름을 떨쳐, 후대까지 그 명성이 전해지고 있다. 군주와 신하가 모두 이러한데 드러내지 않고자 해도 어찌 그것이 가능하겠는가!"

　　●● 太史公曰, "禹之功大矣! 漸九川, 定九州, 至于今諸夏艾安. 及苗裔句踐, 苦身焦思, 終滅彊吳, 北觀兵中國, 以尊周室, 號稱霸王. 句踐可不謂賢哉? 蓋有禹之遺烈焉. 范蠡三遷皆有榮名, 名垂後世. 臣主若此, 欲毋顯得乎!"

정세가

鄭世家

〈정세가〉는 중원의 약소국인 정나라의 역사를 다루고 있다. 정나라는 원래 춘추시대 초기만 하더라도 결코 약소국이 아니었다. 특히 정장공의 경우는 막강한 무력을 배경으로 패자 역할을 수행했다. 그러나 그는 주나라 왕실과 정면으로 맞붙은 데서 알 수 있듯이 존왕의 역할을 수행하지 못했다. 나아가 정나라 역시 그의 사후 쇠락의 길을 걸었다. 존왕양이를 패자의 기본덕목으로 간주한 후대의 사가들이 정장공 대신 제환공을 춘추오패의 우두머리로 꼽은 이유다. 정나라가 약소국으로 전락한 데는 지정학적인 이유가 크게 작용했다. 중원의 패권국인 진晉나라와 남방의 전통 강국인 초나라의 압박을 수시로 받은 것이 그렇다. 아침에는 진나라, 저녁에는 초나라에 붙는 이른바 조진모초朝晉暮楚의 행보로 명을 이어갔다는 지적을 받는 이유다.

주목할 것은 춘추시대 말기에 이르러 자산이라는 뛰어난 재상이 출현해 부국강병을 실현함으로 정나라를 문득 '허브 국가'로 만들어낸 점이다. 현실에 기초한 강력한 법치를 통해 일련의 부국강병책을 성사시킨 결과다. 일각에서 그를 법가사상의 효시로 꼽는 것도 바로 이 때문이다. 자산보다 1세대 뒤에 활약한 공자는 자산을 군자의 모범으로 삼았다. 《논어》에 나오는 자산과 관한 공자의 언급이 온통 칭송 일변도인 사실이 이를 뒷받침한다. 많은 학자가 자산을 공자의 사상적 스승으로 간주하는 이유다. 실제로 공자의 난세에 대한 기본입장은 사서에 나오는 자산의 행보와 사뭇 닮아 있다.

사마천은 자신과 비슷한 시기에 활약한 제나라 재상 안영을 더 높이 평가했다. 〈관안열전管晏列傳〉에서 관중과 더불어 안영의 사적을 상세히 소개해놓은 반면 자산의 사적은 〈순리열전循吏列傳〉에서 간략히 언급해놓은 것이 그렇다. 공자가 《논어》에서 안영을 단 한 번 언급하는 데 그친 반면 자산에 대해서는 네 번에 걸쳐 극찬을 해놓은 것과 대비된다. 자산과 안영에 대한 평가에서 공자와 사마천은 서로 엇갈리는 입장을 취한 셈이다. 〈정세가〉에서 자산의 사적을 비교적 간략히 언급하는 데 그친 것도 이런 맥락에서 이해할 수 있다.

정조세가

정환공 우는 주여왕의 작은아들이고, 주선왕의 배다른 동생이다. 주선왕이 보위에 오른 지 22년 만에 우는 비로소 정 땅에 봉지를 받았다. 우가 봉지를 받은 33년 동안 백성은 모두 그를 좋아했다. 주유왕이 그를 사도에 임명했다. 그는 주나라 왕실의 백성을 잘 다스렸기에 백성은 모두 기뻐했고, 황하와 낙하雒河 일대의 사람들은 모두 그를 사모했다. 그가 사도로 지내는 1년 동안에 유왕이 포사褒姒를 총애하고 조정의 정사는 돌보지 않았기에 어떤 제후들은 그를 배반했다. 정환공이 태사 백伯에게 물었다.

"조정에 재난이 많은데 내가 어떻게 해야 죽음을 면할 수 있겠소?"

태사 백이 대답했다.

"낙하 이동 지역과 황하·제수濟水 이남에서는 편안히 지낼 수 있습니다."

"왜 그렇소?"

태사 백이 대답했다.

"그곳은 괵·회郐와 가까이 있습니다. 괵·회의 국왕은 이익에 눈이 멀었기에 백성이 그를 따르고 있지 않습니다. 만일 지금 그대가 사도가 되신다면 백성은 모두 그대를 경애할 것이고, 만일 그대가 그곳에 살기를 희망하면 괵·회의 국왕은 그대가 권력을 쥐고 있음을 보고 즐거운 마음으로 땅을 떼어줄 것입니다. 그대가 실로 그곳에 사신다면 괵·회의 백성은 모두 그대의 백성입니다."

정환공이 물었다.

"나는 남쪽의 장강으로 가고 싶은데, 어떻겠소?"

태사 백이 대답했다.

"옛날 축융이 고신씨의 화관火官을 지내면서 커다란 공을 세웠습니다. 그러나 그의 후예들은 주나라에서 번성하지 못했습니다. 초나라가 곧 그의 후예입니다. 주나라가 쇠퇴하면 초나라는 반드시 융성할 것입니다. 초나라가 흥성하면 정나라의 이익에는 도움이 되지 않습니다."

"내가 서쪽으로 가고자 하는데, 그 생각은 어떻소?"

"그곳의 백성은 이익만 탐하기에 오랫동안 머물기는 어렵습니다."

정환공이 다시 물었다.

"주나라가 쇠퇴한 후에는 어느 나라가 흥성할 것 같소?"

태사 백이 대답했다.

"아마도 제나라 · 진秦나라 · 진晉나라 · 초나라가 흥성할 것입니다. 제나라는 성이 강씨로 백이의 후손입니다. 백이는 요임금을 보좌해 예의를 맡아보았습니다. 진秦나라의 성은 영씨嬴氏로 백예의 후손입니다. 백예는 순임금을 도와 모든 사물을 순하게 길들였습니다. 또 초나라의 조상들도 천하에 공로를 세웠습니다. 주무왕이 은나라 주를 정벌한 뒤 주성왕은 숙우에게 당 땅을 봉지로 주었습니다. 그곳은 산천이 험악합니다. 이처럼 덕 있는 후손과 쇠락한 주나라 왕실이 병존하는 것으로 볼 때 진晉나라도 반드시 흥성할 것입니다."

"좋은 생각이오."

곧 주유왕에게 청해 그의 봉지 안의 백성을 동쪽의 낙하 동편으로 옮겼다. 괵 · 회 지역에서 과연 열 개의 읍邑을 내놓았다. 정환공은 마침내 그곳에서 정나라를 세웠다. 2년 후 견융이 여산驪山에서 주유왕을 죽이고 정환공도 죽였다. 정나라 백성이 함께 그의 아들 굴돌掘突

을 옹립했다. 그가 정무공이다. 정무공 10년, 신후의 딸을 맞아들여 부인으로 삼으니 그녀가 곧 무강武姜이다. 무강은 태자 오생寤生을 낳을 때 난산이었다. 출산 후 오생을 좋아하지 않았다. 이후 무강은 단段을 낳았다. 단을 낳을 때는 순산이었다. 출산 후 단을 좋아했다.

정무공 27년, 정무공이 병이 나자 부인은 무공에게 숙단을 태자로 세울 것을 청했으나 정무공이 듣지 않았다. 이해에 정무공이 죽고, 오생이 즉위했다. 그가 정장공이다.

●● 鄭桓公友者, 周厲王少子而宣王庶弟也. 宣王立二十二年, 友初封于鄭. 封三十三歲, 百姓皆便愛之. 幽王以爲司徒. 和集周民, 周民皆說, 河雒之閒, 人便思之. 爲司徒一歲, 幽王以襃后故, 王室治多邪, 諸侯或畔之. 於是桓公問太史伯曰, "王室多故, 予安逃死乎?" 太史伯對曰, "獨雒之東土, 河濟之南可居." 公曰, "何以?" 對曰, "地近虢·鄶, 虢·鄶之君貪而好利, 百姓不附. 今公爲司徒, 民皆愛公, 公誠請居之, 虢·鄶之君見公方用事, 輕分公地. 公誠居之, 虢·鄶之民皆公之民也." 公曰, "吾欲南之江上, 何如?" 對曰, "昔祝融爲高辛氏火正, 其功大矣, 而其於周未有興者, 楚其後也. 周衰, 楚必興. 興, 非鄭之利也." 公曰, "吾欲居西方, 何如?" 對曰, "其民貪而好利, 難久居." 公曰, "周衰, 何國興者?" 對曰, "齊·秦·晉·楚乎? 夫齊, 姜姓, 伯夷之後也, 伯夷佐堯典禮. 秦, 嬴姓, 伯翳之後也, 伯翳佐舜懷柔百物. 及楚之先, 皆嘗有功於天下. 而周武王克紂後, 成王封叔虞于唐, 其地阻險, 以此有德與周衰並, 亦必興矣." 桓公曰, "善." 於是卒言王, 東徙其民雒東, 而虢·鄶果獻十邑, 竟國之. 二歲, 犬戎殺幽王於驪山下, 幷殺桓公. 鄭人共立其子掘突, 是爲武公. 武公十年, 娶申侯女爲夫人, 曰武姜. 生太子寤生, 生之難, 及生, 夫人弗愛. 後生少子叔段, 段生易, 夫人愛之. 二十七年, 武公疾. 夫人請公, 欲立段爲太子, 公弗聽. 是歲, 武公卒, 寤生立, 是爲莊公.

장공세가

정장공 원년, 동생 단에게 경읍京邑을 봉지로 주고 태숙太叔으로 칭했다. 대부 제중이 말했다.

"경읍은 수도보다 큽니다. 그러니 서출의 형제에게 주기에는 적합하지 않습니다."

정장공이 대답했다.

"무강이 이같이 하라고 하셨으니 내가 감히 거역할 수 없소."

태숙 단은 경읍에 가 무기를 정비하고 병사를 훈련시켜, 모친 무강과 정나라 도성을 습격하기로 몰래 계책했다. 정무공 22년, 과연 태숙 단이 도성을 습격했다. 무강이 성내에서 그를 맞이했다. 정장공이 파병해 태숙 단을 토벌하자 단이 달아났다. 정장공이 경읍을 토벌하자 경읍의 백성이 단을 배반했다. 단이 언읍鄢邑으로 달아났다. 언읍의 백성이 흩어지자 단이 다시 공共나라로 달아났다. 정장공이 자신의 모친 무강을 성영城穎으로 내쫓으며 이같이 맹서했다.

"황천에 가기 전에는 다시 만나지 않을 것입니다."

1년여 뒤 정장공이 크게 후회하며 모친을 보고 싶어했다. 영곡穎谷의 고숙考叔이 정장공에게 예물을 바치자 정장공은 그에게 식사를 대접했다. 고숙이 청했다.

"저에게는 모친이 있습니다. 대왕의 음식물을 저의 모친에게 상으로 주시기를 바랍니다."

정장공이 물었다.

"나도 모친이 매우 보고 싶은데, 맹서를 지키지 못할까 두렵소. 그러니 어떻게 하면 좋겠소?"

고숙이 대답했다.

"황천까지 땅을 파서 그곳에서 만나면 되겠습니다."

정장공은 그와 같은 방법으로 모친을 만났다. 정장공 24년, 송목공이 죽자 공자 풍이 정나라로 망명했다. 정나라가 주나라 왕실의 직할 땅을 치고 농작물을 훔쳐갔다. 정장공 25년, 위衛나라의 주우가 군주인 위환공을 죽이고 대신 즉위했다. 이어 송나라와 합세해 정나라를 쳤다. 공자 풍이 정나라로 달아났기 때문이다. 정장공 27년, 정장공이 비로소 주환왕을 조현했다. 주환왕은 정장공이 주나라 땅의 농작물을 훔쳐갔기에 화를 냈다. 그를 예로 대우하지 않은 이유다. 정장공 29년, 정장공은 주환공이 예로 대우하지 않은 것에 원한을 품었다. 노나라와 멀지 않은 팽읍祊邑을 정나라에 붙어 있는 허전과 바꾸었다. 정장공 33년, 송나라가 대부 공보를 죽였다.

정장공 37년, 장장공이 주나라에 조현하지 않자 주환왕이 진陳·채·괵·위衛나라 군사를 이끌고 정나라를 쳤다. 정장공은 제중·고거미高渠彌와 함께 군사를 일으켜 방어하고, 주나라 왕실의 군사를 대파했다. 축첨祝瞻이 화살로 제환공의 팔을 맞추었다. 축첨이 추격하기를 청하자 정장공이 만류했다.

"윗사람을 침해하는 것은 잘못된 일이다. 하물며 천자를 욕되게 할 수 있겠는가?"

밤에 정장공은 제중을 보내 주환왕을 위문했다. 정장공 38년, 북융이 제나라를 쳤다. 제나라가 사자를 보내 정나라에 구원을 청했다. 정나라가 태자 홀을 보내 제나라를 구했다. 제희공이 공실의 여인을 홀에게 시집보내려 하자 홀이 사양했다.

"위나라는 소국이어서 제나라와 친척이 될 수 없습니다."

당시 제중이 함께 있었다. 태자 홀에게 권했다.

"우리 군주는 여러 명의 총희가 있습니다. 태자는 대국의 원조가 없으면 도저히 보위에 오르기 어렵습니다. 지금 세 명의 공자 모두 보위에 오를 수 있는 상황입니다."

세 명의 공자는 태자 홀과 그의 아우 돌과 미를 말한다. 정장공 43년, 정장공이 죽었다. 당초 제중이 정장공의 신임을 얻자 정장공은 그를 경으로 임명했다. 정장공은 제중을 등鄧나라로 보내 등나라의 여인을 데려와 결혼했다. 등나라 여인이 태자 홀을 낳은 인연으로 제중은 태자 홀을 옹립했다. 그가 정소공鄭昭公이다.

이후 정장공은 또 송나라에서 옹씨雍氏의 여자와 결혼해 공자 돌을 낳았다. 옹씨는 송나라 왕의 총애를 입었다. 송장공은 제중이 태자 홀을 옹립한다는 소식을 듣고는 곧 사람을 보내 제중을 유인해 납치한 뒤 이같이 강압했다.

"만일 공자 돌을 옹립하지 않으면 죽일 것이다."

이어 공자 돌을 체포한 뒤 재물을 요구했다. 제중이 송장공의 요구를 받아들여 송나라와 동맹을 맺었다. 이어 공자 돌을 데리고 정나라로 돌아와 옹립했다. 정소공 홀은 제중이 송장공의 강요에 의해 동생 돌을 옹립했다는 소식을 들었다. 이해 9월 정해일, 정소공 홀이 위衛나라로 달아났다. 9월 기해일, 공자 돌이 정나라 도성으로 돌아와 보위에 올랐다. 그가 정여공이다.

●● 莊公元年, 封弟段於京, 號太叔. 祭仲曰,"京大於國, 非所以封庶也."莊公曰,"武姜欲之, 我弗敢奪也."段至京, 繕治甲兵, 與其母武姜謀襲鄭. 二十二年, 段果襲鄭, 武姜爲內應. 莊公發兵伐段, 段走. 伐京, 京人畔段, 段出走鄢. 鄢潰, 段出奔共. 於是莊公遷其母武姜於城潁, 誓言曰,"不至黃泉, 母相見也."居歲餘, 已悔思母. 潁谷之考叔有獻於公, 公賜食. 考叔曰,"臣有母, 請君食賜臣母."莊公曰,"我甚思母, 惡負盟, 奈何?"考叔曰,"穿地至黃泉, 則相見矣."於是遂從之, 見母. 二十四年, 宋繆公卒, 公子馮奔鄭. 鄭侵周地, 取禾. 二十五年, 衛州吁弒其君桓公自立, 與宋伐鄭, 以馮故也. 二十七年, 始朝周桓王. 桓王怒其取禾, 弗禮也. 二十九年, 莊公怒周弗禮, 與魯易祊·許田. 三十三年, 宋殺孔父. 三十七年, 莊公不朝周, 周桓王率陳·蔡·虢·衛伐鄭. 莊公與祭仲·高渠彌發兵自救, 王師大敗. 祝聸射中王臂. 祝聸請從之, 鄭伯止之, 曰,"犯長且難之, 況敢陵天子乎?"乃止. 夜令祭仲問王疾. 三十八年, 北戎伐齊, 齊使求救, 鄭遣太子忽將兵救齊. 齊釐公欲妻之, 忽謝曰,"我小國, 非齊敵也."時祭仲與俱, 勸使取之, 曰,"君多內寵, 太子無大援將不立, 三公子皆君也."所謂三公子者, 太子忽, 其弟突, 次弟子亹也. 四十三年, 鄭莊公卒. 初, 祭仲甚有寵於莊公, 莊公使爲卿, 公使娶鄧女, 生太子忽, 故祭仲立之, 是爲昭公. 莊公又娶宋雍氏女, 生厲公突. 雍氏有寵於宋. 宋莊公聞祭仲之立忽, 乃使人誘召祭仲而執之, 曰,"不立突, 將死."亦執突以求賂焉. 祭仲許宋, 與宋盟. 以突歸, 立之. 昭公忽聞祭仲以宋要立其弟突, 九月辛丁亥, 忽出奔衛. 己亥, 突至鄭, 立, 是爲厲公.

여공세가

정여공 4년, 제중이 나라의 대권을 잡자 여공은 이를 걱정해 몰래 제중의 사위 옹규雍糾에게 제중을 살해하게 했다. 옹규의 처는 제중의 딸이다. 이를 알고 그녀의 모친에게 말했다.

"아버지와 남편 가운데 누구와 더 가깝습니까?"

모친이 말했다.

"아버지는 한 명밖에 없지만, 남자라면 누구나 남편이 될 수 있다."

그녀가 이를 제중에게 알리자 제중은 옹규를 죽이고 그의 시체를 거리에 전시해 군중이 구경하게 했다. 정여공은 제중을 어찌할 도리가 없었다. 옹규에게 실망하고 대로했다.

"부인과 공모하다니 죽어 마땅하다."

이해 여름, 정여공이 쫓겨나 변경의 역읍에 머물렀다. 제중은 정소공 홀을 맞이했다. 6월 을해일, 정소공이 다시 정나라의 수도로 돌아와 보위에 올랐다. 이해 가을, 정여공 돌이 역읍 사람들에게 역읍을 다스리게 하기 위해 정나라에서 파견된 대부 선백單伯을 죽이게 하고 결국 그곳에 정착했다. 제후들이 정여공이 쫓겨났다는 소식을 듣고서 함께 정나라를 쳤다. 그러나 정복하지 못하고 철군했다. 송나라는 여공에게 매우 많은 원병을 주어 스스로 역읍을 지키게 했다. 정소공은 이런 이유로 역읍을 토벌하지 않았다.

정소공 2년, 정소공이 태자였을 때 그의 부친 정장공은 고거미를 대신에 임명하고자 했다. 태자 홀이 그를 미워해 반대했다. 그러나 정장공은 듣지 않고 마침내 고거미를 대신에 임명했다. 정소공이 즉위한 뒤 고거미는 살해될까 두려워했다. 이해 겨울 10월 신묘일, 정소공과 사냥을 나갔다가 야외에서 정소공을 쏘아 죽였다. 제중과 고 거미는 정여공을 입조시킬 수 없어 정소공의 동생인 공자 미를 보위 에 오르게 했다. 공자 미라고 칭한 것은 시호가 없기 때문이다.

공자 미 원년 7월, 제양공이 수지首止에서 제후들과 회합했다. 정 나라 공자 미도 참가하게 되었다. 고거미가 보좌하기 위해 동행했고, 제중은 병 때문에 가지 않았다. 공자 미는 제양공이 공자로 있을 때 서로 싸운 적이 있다. 그들은 원수관계였다. 제후들과 회합하려 할 때 제중은 공자 미에게 가지 말 것을 건의했다. 공자 미가 말했다.

"제나라는 강대한 나라요. 여공이 역읍에 있소. 만일 가지 않으면 제후들을 이끌고 우리를 정벌해 여공에게 되돌려줄 것이오. 내가 가 지 않느니만 못하오. 간다고 해서 어떻게 꼭 욕을 당한다고만 할 수 있겠소? 또 어찌 그대가 하라는 대로만 할 수가 있겠소?"

공자 미가 끝내 참석하러 갔다. 당시 제중은 제양공에게 자신도 죽임을 당할까 두려워 병을 구실로 가지 않았다. 공자 미가 수지에 이르러 제양공에게 사과하지 않자 제양공이 화가 나 복병을 시켜 공 자 미를 살해하게 했다. 고거미가 달아났다가 돌아와서 제중과 상의 했다. 진陳나라로 가 공자 미의 동생 영嬰을 데리고 와 옹립했다. 그가 정자鄭子다. 이해에 제양공은 팽생에게 노환공이 술에 취했을 때를 틈타 늑골을 부러뜨려 죽이게 했다.

공자 미 8년, 제나라 대부 관지보 등이 난을 일으켜 제양공을 죽였 다. 공자 미 12년, 송나라 대부 장만長萬이 송민공을 죽였다. 정나라 대신 제중이 죽었다. 공자 미 14년, 정나라에서 달아나 역읍에 있는 정여공 돌이 사람을 보내 정나라 대부 보가甫假*를 유인해 협박했다. 곧 정여공이 조정에 되돌아가 즉위할 수 있도록 도와달라고 강요했다. 보가가 말했다.

"나를 풀어주면 그대를 위해 정나라 군주를 죽이고 그대를 모셔가 도록 하겠습니다."

정여공이 함께 맹서한 뒤 그를 석방했다. 이해 6월 갑자일, 보가 가 공자 미와 그의 두 아들을 죽이고 정여공 돌을 영접했다. 정여공 이 조정으로 되돌아와 즉위했다. 당초 정나라 수도의 남문에서 내사 內蛇와 외사外蛇가 싸웠다. 결국 내사가 죽었다. 6년 만에 정여공이 조 정으로 되돌아와 다시 보위에 오른 것을 상징했다. 정여공은 조정에 되돌아온 후 백부 원번原繁을 꾸짖었다.

"내가 달아나 국외에 살았소. 백부는 나를 입조하게 할 생각이 없 었던 것 같은데 너무하오."

원번이 말했다.

"군주를 섬김에 두 가지 마음을 품어서는 안 되는 것이 신하로서 의 직무입니다. 저는 저의 죄과가 무엇인지 알고 있습니다."

이내 자진했다. 정여공이 보가에게 말했다.

"너는 군주를 섬기면서 두 마음을 품었다."

곧 그를 죽였다. 죽음에 이르러 보가가 말했다.

"은혜는 갚지 않고 실로 이래도 되는 거요!"

정여공 후後 원년, 제환공이 패자를 칭했다. 정여공 후 5년, 연나라 와 위衛나라가 주혜왕의 동생 퇴와 함께 주혜왕을 공격해 온 땅으로 내쫓았다. 주혜왕의 동생 퇴를 옹립했다. 정여공 후 6년, 주혜왕이 정 나라에 위급을 알렸다. 정여공이 군사를 이끌고 왕자 퇴를 쳤으나

● 《춘추좌전》에는 부하傅瑕로 나온다.

정복하지 못했다. 주여왕은 주혜왕과 함께 정나라로 되돌아와 역읍에 살게 했다. 정여공 후 7년 봄, 정여공이 괵숙과 함께 왕자 퇴를 공격해 죽인 뒤 주혜왕을 도성으로 돌려보냈다.

이해 가을, 정여공이 죽자 아들 정문공 첩踕이 뒤를 이었다. 정여공은 즉위한 지 4년이 지나 역읍으로 달아났다가, 역읍에서 17년 동안 살았다. 다시 되돌아와 7년 동안 재위했다. 망명한 시기까지 계산하면 재위 기간은 총 28년이다.

●● 厲公四年, 祭仲專國政. 厲公患之, 陰使其壻雍糾欲殺祭仲. 糾妻, 祭仲女也, 知之, 謂其母曰, "父與夫孰親?" 母曰, "父一而已, 人盡夫也." 女乃告祭仲, 祭仲反殺雍糾, 戮之於市. 厲公無奈祭仲何, 怒糾曰, "謀及婦人, 死固宜哉!" 夏, 厲公出居邊邑櫟. 祭仲迎昭公忽, 六月乙亥, 復入鄭, 卽位. 秋, 鄭厲公突因櫟人殺其大夫單伯, 遂居之. 諸侯聞厲公出奔, 伐鄭, 弗克而去. 宋頗予厲公兵, 自守於櫟, 鄭以故亦不伐櫟. 昭公二年, 自昭公爲太子時, 父莊公欲以高渠彌爲卿, 太子忽惡之, 莊公弗聽, 卒用渠彌爲卿. 及昭公卽位, 懼其殺己, 冬十月辛卯, 渠彌與昭公出獵, 射殺昭公於野. 祭仲與渠彌不敢入厲公, 乃更立昭公弟子亹爲君, 是爲子亹也, 無謚號. 子亹元年七月, 齊襄公會諸侯於首止, 鄭子亹往會, 高渠彌相, 從, 祭仲稱疾不行. 所以然者, 子亹自齊襄公爲公子之時, 嘗會鬪, 相仇, 及會諸侯, 祭仲請子亹無行. 子亹曰, "齊彊, 而厲公居櫟, 卽不往, 是率諸侯伐我, 內厲公. 我不如往, 往何遽必辱, 且又何至是!" 卒行. 於是祭仲恐齊幷殺之, 故稱疾. 子亹至, 不謝齊侯, 齊侯怒, 遂伏甲而殺子亹. 高渠彌亡歸, 歸與祭仲謀, 召子亹弟公子嬰於陳而立之, 是爲鄭子. 是歲, 齊襄公使彭生醉拉殺魯桓公. 鄭子八年, 齊人管至父等作亂, 弑其君襄公. 十二年, 宋人長萬弑其君湣公. 鄭祭仲死. 十四年, 故鄭亡厲公突在櫟者使人誘劫鄭大夫甫假, 要以求入. 假曰, "舍我, 我爲君殺鄭子而入君." 厲公與盟, 乃舍之. 六月甲子, 假殺鄭子及其二子而迎厲公突, 突自櫟復入卽位. 初, 內蛇與外蛇於鄭南門中, 內蛇死. 居六年, 厲公果復入. 入而讓其伯父原曰, "我亡國外居, 伯父無意入我, 亦甚矣." 原曰, "事君無二心, 人臣之職也. 原知罪矣." 遂自殺. 厲公於是謂甫假曰, "子之事君有二心矣." 遂誅之. 假曰, "重德不報, 誠然哉!" 厲公突後元年, 齊桓公始霸. 五年, 燕·衛與周惠王弟穨伐王, 王出奔溫, 立弟穨爲王. 六年, 惠王告急鄭, 厲公發兵擊周王子穨, 弗勝, 於是與周惠王歸, 王居于櫟. 七年春, 鄭厲公與虢叔襲殺王子穨而入惠王于周. 秋, 厲公卒, 子文公踕立. 厲公初立四歲, 亡居櫟, 居櫟十七歲, 復入, 立七歲, 與亡凡二十八年.

문공세가

정문공 17년, 제환공이 군사를 이끌고 채나라를 치고, 이어 초나라를 치고 소릉까지 이르렀다. 정문공 24년, 정문공의 천한 첩 연길燕姞이라는 여인의 꿈속에서 천제가 그녀에게 한 포기의 난초를 주면서 이같이 말했다.

"나는 백조다. 나는 너의 조상이다. 이 난초를 너의 아들로 삼거라. 그 난초의 향기는 매우 진하다."

연길이 이 꿈을 정문공에게 이야기하자 정문공은 곧 그녀와 잠자리를 같이했다. 이때 그녀에게 한 그루의 난초를 주어 증거로 삼게 했다. 연길이 낳은 아들의 이름을 란蘭으로 지은 이유다. 정문공

36년, 진나라 공자 중이가 정나라를 지나갔다. 정문공은 그를 예로 대우하지 않았다. 정문공의 동생 숙첨이 간했다.

"중이는 현명하고, 또 우리와 성娃이 같고 곤궁할 때 이곳을 지나다 국왕을 방문했습니다. 무례해서는 안 됩니다."

정문공이 말했다.

"제후국의 공자가 달아나다 이곳을 지나가는 일은 흔하다. 내가 어찌 이들을 모두 예우할 수 있겠는가?"

숙첨이 건의했다.

"군주가 만일 예로 대접하지 않으려면 곧 그를 죽이십시오. 죽이지 않고 만일 그가 진晉나라로 돌아간다면 그는 장차 정나라의 재앙이 될 것입니다."

정문공은 이 또한 듣지 않았다. 정문공 37년 봄, 진나라 공자 중이가 진나라로 되돌아가 보위에 오르니 곧 진문공이다. 이해 가을, 정나라가 활나라를 치자 활나라가 항복을 표시했다. 오래지 않아 활나라가 정나라를 배반하고 위衛나라를 좇았다. 정나라가 또 활나라를 쳤다. 주양왕이 백복伯諨을 정나라에 보내 활나라와 화해할 것을 청했다. 정문공은 주혜왕이 역읍에 달아나 있는 것을 그의 부친 정여공이 조정까지 호송해 다시 보위에 오르게 했음에도 주혜왕이 정여공에게 작위나 봉록을 주지 않은 것과, 주양왕이 위나라와 활나라를 도운 데 관해 원한을 품고 있었다.

정문공은 주양왕의 청을 듣지 않고 백복을 가두었다. 주양왕이 화가 나 적인과 함께 정나라를 쳤으나 정벌하지 못했다. 이해 겨울, 적인이 또 주양왕을 쳤다. 주양왕이 정나라로 달아났다. 정문공이 주양왕을 범읍氾邑에 머물게 했다. 정문공 38년, 진문공이 주양왕을 성주로 돌려보냈다. 정문공 41년, 정나라가 초나라를 도와 진나라를 쳤다. 옛날 진문공이 정나라를 지나갈 때도 예로 대우하지 않았다. 정나라는 진晉나라를 배반하고 초나라를 도왔던 것이다.

정문공 43년, 진문공과 진목공이 함께 정나라를 포위해 정나라가 초나라를 도와 진나라를 공격한 것을 징벌했다. 또 전에 진문공이 정나라를 지나갈 때에 했던 무례한 행위를 응징했다. 일찍이 정문공에게는 세 명의 부인이 있었고, 다섯 명의 총애하는 아들이 있었다. 이들 모두 죄를 지어 일찍 죽었다. 정문공이 노해 여러 공자를 모두 추방했다. 공자 난蘭은 진나라로 달아났다. 진문공이 정나라를 포위할 때 함께 종군했다. 당시 공자 난은 진문공을 섬기면서 그를 매우 공경했고, 진문공도 그를 매우 좋아했다. 그러던 가운데 공자 난은 진나라에서 정나라로 되돌아가 태자가 되기 위해 몰래 활동했다.

진나라는 일찍이 숙첨이 진문공을 제거할 것을 주장했기에 그를 체포해 살해하고자 했다. 정문공이 감히 숙첨에게 말하지 못했다. 숙첨이 정문공에게 말했다.

"제가 일찍이 왕에게 권고했으나 대왕은 제 말을 듣지 않으셨습니다. 진나라는 마침내 정나라의 재앙이 되었습니다. 진나라가 정나라를 포위한 원인은 저에게 있으므로, 제가 죽으면 정나라는 포위에서 풀려날 것이니 제가 그리하겠습니다."

그러고는 곧 자진했다. 정나라 사람이 숙첨의 시신을 진나라에 보냈다. 진문공이 말했다.

"반드시 정나라 군주를 한번 보고, 욕보인 뒤 돌아가겠다."

정나라가 이 일로 인해 골머리를 앓았다. 곧 사람을 몰래 진秦나라로 보내 구원을 청했다.

"정나라가 무너지면 진晉나라가 더욱 강해질 것입니다. 이는 진秦나라의 이익에 도움이 되지 못합니다."

진秦나라 군사가 후퇴했다. 진문공이 공자 난을 돌려보내 태자로 세울 생각으로 이를 정나라에 통고했다. 정나라 대부 석규石癸가 말했다.

"길씨姞氏 성의 딸은 후직의 원비이고, 그녀의 후손은 반드시 흥성한다고 들었습니다. 공자 난의 모친은 길씨 성의 후손입니다. 하물며 부인의 아들들은 모두 죽고 없습니다. 나머지 배다른 자식 가운데 공자 난처럼 현능한 사람이 없습니다. 지금 진나라의 포위는 견고하고, 진나라는 계속 공자 난을 태자로 삼을 것을 요구하고 있습니다. 그보다 더는 좋은 조건은 없습니다."

마침내 정나라가 진晉나라의 요구를 수락했다. 진나라와 동맹을 맺고 공자 난을 태자에 앉히자 진나라 군사가 비로소 철군했다. 정문공 45년, 정문공이 죽자 공자 난이 뒤를 이었다. 그가 정목공鄭繆公이다.

●● 文公十七年, 齊桓公以兵破蔡, 遂伐楚, 至召陵. 二十四年, 文公之賤妾曰燕姞, 夢天與之蘭, 曰, "余爲伯儵. 余, 爾祖也. 以是爲而子, 蘭有國香." 以夢告文公, 文公幸之, 而予之草蘭爲符. 遂生子, 名曰蘭. 三十六年, 晉公子重耳過, 文公弗禮. 文公弟叔詹曰, "重耳賢, 且又同姓, 窮而過君, 不可無禮." 文公曰, "諸侯亡公子過者多矣, 安能盡禮之!" 詹曰, "君如弗禮, 遂殺之, 弗殺, 使卽反國, 爲鄭憂矣." 文公弗聽. 三十七年春, 晉公子重耳反國, 立, 是爲文公. 秋, 鄭入滑, 滑聽命, 已而反與衛, 於是鄭伐滑. 周襄王使伯𩰚請滑. 鄭文公怨惠王之亡在櫟, 而文公父厲公入之, 而惠王不賜厲公爵祿, 又怨襄王之與衛滑, 故不聽襄王請而囚伯服. 王怒, 與翟人伐鄭, 弗克. 冬, 翟攻伐襄王, 襄王出奔鄭, 鄭文公居王于氾. 三十八年, 晉文公入襄王成周. 四十一年, 助楚擊晉. 自晉文公之過無禮, 故背晉助楚. 四十三年, 晉文公與秦穆公共圍鄭, 討其助楚攻晉者, 及文公過時之無禮也. 初, 鄭文公有三夫人, 寵子五人, 皆以罪蚤死. 公怒, 溉逐群公子. 子蘭奔晉, 從晉文公圍鄭. 時蘭事晉文公甚謹, 愛幸之, 乃私於晉, 以求入鄭爲太子. 晉於是欲得叔詹爲僇. 鄭文公恐, 不敢謂叔詹言. 詹聞, 言於鄭君曰, "臣謂君, 君不聽臣, 晉卒爲患. 然晉所以圍鄭, 以詹, 詹死而赦鄭國, 詹之願也." 乃自殺. 鄭人以詹尸與晉. 晉文公曰, "必欲一見鄭君, 辱之而去." 鄭人患之, 乃使人私於秦曰, "破鄭益晉, 非秦之利也." 秦兵罷. 晉文公欲入蘭爲太子, 以告鄭. 鄭大夫石癸曰, "吾聞姑姓乃后稷之元妃, 其後當有興者. 子蘭母, 其後也. 且夫人子盡已死, 餘庶子無如蘭賢. 今圍急, 晉以爲請, 利孰大焉!" 遂許晉, 與盟, 而卒立子蘭爲太子, 晉兵乃罷去. 四十五年, 文公卒, 子蘭立, 是爲繆公.

목영세가

정목공 원년 봄, 진목공이 세 명의 장군에게 대규모의 군사를 이끌고 정나라를 습격하기 위해 활나라에 도착했다. 당시 정나라의 상인 현고가 이를 보고 정나라 국왕의 명을 받았다고 사칭해 열두 마리의 소로 진晉나라 군사의 노고를 위로했다. 진秦나라 군사가 아직 정나라에 도착하지도 않은 채 되돌아가자 진晉나라 군사가 효산崤山에서 진秦나라 군사를 습격해 대파했다. 정문공이 죽었을 때 정나라의 사성 증하增買가 정나라의 이런 정보를 진秦나라에 팔았기에 진秦나라 군사가 정나라를 공격한 것이다. 정목공 3년, 정나라가 파병해 진晉나라와 함께 진秦나라를 공격해 왕읍汪邑에서 진秦나라 군사를 대파했다. 전해에 초나라의 태자 상신이 그의 부친 주성왕을 죽이고 즉위했다.

정목공 21년, 상신이 송나라 화원과 합세해 정나라를 쳤다. 화원이 양을 잡아 병사들의 노고를 위로했다. 그의 마부 양짐羊斟에게는 나누어주지 않았다. 양짐이 화가 나 마차를 몰고 정나라 군사로 들어갔기에 정나라가 화원을 포로로 잡을 수 있었다. 송나라가 재물로 화원을 찾아가려 할 때 화원은 이미 정나라에서 도망가고 없었다. 진나라가 조천에게 군사를 이끌고 정나라를 공격하게 했다. 정목공 22년, 정목공이 죽자 아들 희이姬夷가 보위를 이었다. 그가 정영공鄭靈公이다.

정영공 원년 봄, 초나라 왕이 정영공에게 자라를 보내왔다. 자가와 자공子公이 정영공을 조현하려 할 때 자공의 집게손가락이 움직였다. 자가에게 말했다.

"전에 집게손가락이 떨리면 반드시 진기한 음식을 먹게 되더라."

조정에 들어가니 정영공이 마침 자라탕을 먹고 있었다. 자공이 웃으면서 말했다.

"과연 그렇구나!"

정영공이 자공에게 웃는 연유를 묻자 자공이 정영공에게 그 이유를 상세히 고했다. 정영공이 그를 올라오게는 해놓고 그에게 자라탕을 먹게 하지는 않았다. 자공이 매우 화가 나 손가락에 자라탕을 묻혀 맛보고는 곧 나갔다. 정영공이 화가 나 자공을 죽이고자 했다. 자공은 자가와 밀약해 미리 일을 꾸미고, 여름에 영공을 죽였다. 정나라 백성이 정영공의 동생 거질을 옹립하고자 했다. 거질이 사양했다.

"반드시 현명한 사람이 등용되어야 합니다. 저는 불초하고, 반드시 나이의 순서에 좇아야 합니다. 공자 견堅이 저보다 연장자입니다."

공자 견은 정영공의 배다른 동생이고, 거질의 형이다. 공자 견을 옹립했다. 그가 정양공이다.

●● 繆公元年春, 秦繆公使三將將兵欲襲鄭, 至滑, 逢鄭賈人弦高詐以十二牛勞軍, 故秦兵不至而還, 晉敗之於殽. 初, 往年鄭文公之卒也, 鄭司城繒賀以鄭情賣之, 秦兵故來. 三年, 鄭發兵從晉伐秦, 敗秦兵於汪. 往年楚太子商臣弑其父成王代立. 二十一年, 與宋華元伐鄭. 華元殺羊食士, 不與其御羊斟, 怒以馳鄭, 鄭囚華元. 宋贖華元, 元亦亡去. 晉使趙穿以兵伐鄭. 二十二年, 鄭繆公卒, 子夷立, 是爲靈公. 靈公元年春, 楚獻黿於靈公. 子家·子公將朝靈公, 子公之食指動, 謂子家曰, "佗日指動, 必食異物." 及入, 見靈公進黿羹, 子公笑曰, "果然!" 靈公問其笑故, 具告靈公. 靈公召之, 獨弗予羹. 子公怒, 染其指, 嘗之而出. 公怒, 欲殺子公. 子公與子家謀先. 夏, 弑靈公. 鄭人欲立靈公弟去疾, 去疾讓曰, "必以賢, 則去疾不肖, 必以順, 則公子堅長." 堅者, 靈公庶弟, 去疾之兄也. 於是乃立子堅, 是爲襄公.

양공세가

정양공이 보위에 오르자 정목공의 후예를 모두 제거하고자 했다. 목씨는 곧 영공을 죽인 자공의 가족이다. 거질이 말했다.

"꼭 목씨를 제거해야 한다면 내가 정나라를 떠나겠다."

정양공은 그를 죽이지 않고 이들을 모두 대부로 임명했다. 정양공 원년, 초나라는 정나라가 송나라의 뇌물을 받고 화원을 석방한 것을 불쾌하게 생각해 정나라를 쳤다. 정나라는 초나라와의 조약을 파기하고 진晉나라와 친선을 맺었다. 정양공 5년, 초나라가 또 정나라를 치자 진晉나라 군사가 와서 정나라를 도왔다. 정양공 6년, 자가가 죽자 정나라 백성은 이전에 그가 영공을 죽였기에 그의 가족을 추방했다. 정양공 7년, 정나라가 진晉나라와 언릉에서 회맹했다. 정양공 8년, 초장왕은 정나라가 진晉나라와 동맹을 맺었기에 정나라를 침공했다. 정나라 도성을 석 달 동안 포위해 공격하자 정나라는 도성을 내어주고 초나라에 투항했다. 초장왕이 황문에서 정나라 수도로 들어가자 정양공은 사죄의 뜻으로 윗도리를 벗고 양을 끌고 와 초나라 왕을 영접했다.

"저는 대왕의 변읍邊邑을 잘 다스릴 수 없습니다. 대왕에게 불쾌한 마음으로 저의 읍에 오도록 만들었습니다. 모두 저의 죄과입니다. 대왕이 어떤 명을 내린들 어찌 명을 듣지 않을 수 있겠습니까? 대왕이 저를 강남으로 귀양 보내고, 정나라를 다른 제후들에게 준다 하더라도 어찌 듣지 않을 수 있겠습니까? 만일 대왕이 주여왕 및 주선왕, 정환공, 정무공을 잊지 않았다면 저를 불쌍히 여겨 저의 나라를 멸망시키지 말고, 저에게 불모의 땅이라도 조금 주시어 다시 대왕을 섬길 기회를 주십시오. 이는 저의 소원입니다. 다만 감히 그리되리라고 바라지는 않습니다. 이는 대왕에게 저의 진심을 드러내 보인 것입니다. 오직 대왕의 명을 따를 뿐입니다."

초장왕이 초나라 군사를 30리 밖으로 후퇴해 주둔하게 했다. 초나라 대신들이 말했다.

"영에서 여기까지 오느라고 사대부들도 피곤에 지친 지 오래되었습니다. 지금 정나라를 탈취해야 합니다. 그런데도 오히려 방치하고자 하니 이는 무슨 까닭입니까?"

초장왕이 말했다.

"토벌하러 온 이유는 정나라가 복종하지 않았기에 공격한 것이다. 지금 정나라는 이미 복종했다. 또 무엇을 요구하자는 것인가?"

그러고는 끝내 군사를 철군했다. 진晉나라는 초나라가 정나라를 쳤다는 소식을 듣고, 출병해 정나라를 도우려고 했다. 진나라가 출병하려 할 때 반대하는 무리가 있었기에 늦게 도착했다. 황하에 이르렀을 때 초나라 군사는 이미 철수하고 없었다. 진나라 장수 가운데 어떤 사람은 강을 건너 추격하려 하고, 또 어떤 사람들은 돌아가려 했다. 끝내 진나라는 황하를 건너 추격했다. 초장왕이 이 소식을 듣고 되돌아와 진나라 군사를 습격했다. 정나라가 오히려 초나라를 도왔기 때문에 황하에서 진나라 군사는 대패했다. 정양공 10년, 진나라는 또 정나라를 쳤다. 이는 정나라가 진나라를 배반하고 초나라와 가까워졌기 때문이다.

정양공 11년, 초장왕이 송나라를 치자 송나라는 진나라에 급히 구원을 청했다. 진경공이 출병해 송나라를 구하고자 했다. 대부 백종이 간했다.

"하늘이 바야흐로 초나라를 흥성하게 하려고 합니다. 공격해서는 안 됩니다."

장사를 보내 초나라를 속여 송나라에게 항복하지 않게 할 생각이었다. 그 장사는 곽 땅 출신 해양으로 자字는 자호子虎였다. 해양이 정나라를 지날 때 정나라는 초나라와 우호관계를 유지한 까닭에 곧 해양을 체포해 초나라로 압송했다. 초장왕이 해양에게 많은 재물을 상으로 주며 그를 회유했다. 성 아래로 가 송나라의 투항을 재촉한다는 내용이었다. 강요가 거듭되자 해양이 부득불 수락했다. 초나라 군사가 해양을 망루에 오르게 한 뒤 큰소리로 말하게 했다. 그러나 해양은 약속을 어기고 이같이 외쳤다.

"진晉나라는 지금 전군을 동원해 송나라를 구하러 오고 있다. 송나라는 위급할지라도 결코 초나라에 투항하지 마라. 진나라 군사가 오늘 곧 도착할 것이다."

초장왕이 대로해 그를 죽이려 하자 해양이 항변했다.

"군주가 명을 할 때는 의로써 해야 하고, 신하가 명을 받을 때는 믿음으로 관철해야 합니다. 제가 군왕의 명을 받았으니 설령 죽을지라도 군주의 명을 버릴 수는 없습니다."

초장왕이 물었다.

"너는 나의 요구를 좇기로 했다가 배신했다. 너의 믿음은 무엇을 말하는 것인가?"

해양이 대답했다.

"제가 요구에 응한 것은 이런 방법으로 우리 군주의 명을 달성하고자 한 것입니다."

초장왕이 그를 죽이려 하자 해양이 초나라 군신들을 향해 이같이 말했다.

"신하 된 자가 충성을 다하고도 결국 얻는 것은 죽음뿐이라는 사실을 잊어서는 안 된다."

초장왕의 동생들이 모두 그를 사면할 것을 권했다. 초장왕이 해양을 사면해 돌아가게 했다. 진晉나라에서 그를 상경에 임명했다. 정양공 18년, 정양공이 죽자 아들 정도공鄭悼公 비費가 뒤를 이었다. 정도공 원년, 허공部公[●]이 초나라에서 정나라를 비방했다. 정도공이 그의 동생 곤輪을 초나라에 보내 이를 해명했다. 초나라 왕이 그의 해명을 믿지 않고 곤을 감금했다. 정도공은 진晉나라와 강화를 맺고 친해졌다. 곤은 초나라에서 자반과 사적으로 친하게 지냈다. 자반이 건의해 곤을 정나라로 되돌아가게 했다.

정도공 2년, 초나라가 정나라를 치자 진나라가 파병해 구했다. 이 해에 정도공이 죽자 그의 동생 곤이 즉위했다. 그가 정성공鄭成公이다. 정성공 3년, 초공왕이 말했다.

"내가 정성공에게 은혜를 입었다."

사람을 보내와 정성공과 우호관계를 맺었다. 정성공이 몰래 초공왕과 조약을 체결했다. 이해 가을, 정성공이 진晉나라 왕을 조현했다. 진나라 왕이 물었다.

"정나라는 몰래 초나라와 강화를 맺지 않았는가!"

그러고는 정도공을 체포하게 한 뒤 난서에게 정나라를 공격하게 했다. 정도공 4년 봄, 정나라에서 진나라 군사의 포위를 우려했다. 공자 여如가 정성공의 서형 수繻를 옹립하고자 했다. 이해 4월, 진나라 군주는 정나라가 새로운 왕을 옹립했다는 소식을 듣고는 정성공을 석방해 돌려보냈다. 정나라 백성은 정성공이 돌아온다는 소식을 듣고는 공자 수를 살해한 뒤 정성공을 재차 옹립했다. 진나라 군사는 비로소 철군했다.

● 허공을 두고 《사기집해》는 서광의 주석을 인용해 '허'는 나라 이름을 뜻하는 허許의 고자古字이고, 허공은 허영공許靈公을 지칭한다고 풀이했다.

정도공 10년, 정나라는 진나라와 수립한 맹약을 위반하고, 초나라와 결맹했다. 진여공이 대로한 나머지 군사를 보내 정나라를 쳤다. 초공왕이 군사를 보내 정나라를 구했다. 진·초 두 나라 군사가 언릉에서 교전했다. 초나라 군사가 대패했다. 진나라 병사는 또 초공왕의 눈에 화살을 쏘아 상처를 입혔다. 곧 양쪽이 철군했다. 정도공 13년, 진도공이 정나라를 공격해 군사를 유수淸水에 주둔시켰다. 정나라가 성안에서 방어만 하자 진나라 군사도 철군했다.

정도공 14년, 정성공이 죽자 아들 운惲이 즉위했다. 그가 곧 정희공鄭釐公이다. 정희공 5년, 정나라 재상 자사子駟가 정희공을 조현했다. 정희공이 예로 대하지 않았다. 자사가 화가 나 요리사를 시켜 독약으로 정희공을 죽이고, 제후들에게 부고했다.

"희공이 갑작스러운 병으로 세상을 떠났습니다."

이어 정희공의 아들 가嘉를 옹립했다. 가의 나이는 겨우 다섯 살에 불과했다. 그가 정간공鄭簡公이다.

●● 襄公立, 將盡去繆氏. 繆氏者, 殺靈公·子公之族家也. 去疾曰, "必去繆氏, 我將去之." 乃止. 皆以爲大夫. 襄公元年, 楚怒鄭受宋賂縱華元, 伐鄭. 鄭背楚, 與晉親. 五年, 楚復伐鄭, 晉來救之. 六年, 子家卒, 國人復逐其族, 以其弑靈公也. 七年, 鄭與晉盟鄢陵. 八年, 楚莊王以鄭與晉盟, 來伐, 圍鄭三月, 鄭以城降楚. 楚王入自皇門, 鄭襄公肉袒擎羊以迎, 曰, "孤不能事邊邑, 使君王懷怒以及敝邑, 孤之罪也. 敢不惟命是聽. 君王遷之江南, 及以賜諸侯, 亦惟命是聽. 若君王不忘厲·宣王, 桓·武公, 哀不忍絕其社稷, 錫不毛之地, 使復得改事君王, 孤之願也, 然非所敢望也. 敢布腹心, 惟命是聽." 莊王爲卻三十里而後舍. 楚群臣曰, "自郢至此, 士大夫亦久勞矣. 今得國舍之, 何如?" 莊王曰, "所爲

伐, 伐不服也. 今已服, 尙何求乎?"卒去. 晉聞楚之伐鄭, 發兵救鄭. 其
來持兩端, 故遲, 比至河, 楚兵已去. 晉將率或欲渡, 或欲還, 卒渡河. 莊
王聞, 還擊晉. 鄭反助楚, 大破晉軍於河上. 十年, 晉來伐鄭, 以其反晉
而親楚也. 十一年, 楚莊王伐宋, 宋告急于晉. 晉景公欲發兵救宋, 伯宗
諫晉君曰, "天方開楚, 未可伐也."乃求壯士得霍人解揚, 字子虎, 誑楚,
令宋毋降. 過鄭, 鄭與楚親, 乃執解揚而獻楚. 楚王厚賜與約, 使反其
言, 令宋趣降, 三要乃許. 於是楚登解揚樓車, 令呼宋. 遂負楚約而致其
晉君命曰, "晉方悉國兵以救宋, 宋雖急, 愼毋降楚, 晉兵今至矣!"楚莊
王大怒, 將殺之. 解揚曰, "君能制命爲義, 臣能承命爲信. 受吾君命以
出, 有死無隕."莊王曰, "若之許我, 已而背之, 其信安在?"解揚曰, "所
以許王, 欲以成吾君命也."將死, 顧謂楚軍曰, "爲人臣無忘盡忠得死
者!"楚王諸弟皆諫王赦之, 於是赦解揚使歸. 晉爵之爲上卿. 十八年,
襄公卒, 子悼公濆立. 悼公元年, 鄶公惡鄭於楚, 悼公使弟睔於楚自訟.
訟不直, 楚囚睔. 於是鄭悼公來與晉平, 遂親. 睔私於楚子反, 子反言歸
睔於鄭. 二年, 楚伐鄭, 晉兵來救. 是歲, 悼公卒, 立其弟睔, 是爲成公.
成公三年, 楚共王曰, "鄭成公孤有德焉."使人來與盟. 成公私與盟. 秋,
成公朝晉, 晉曰, "鄭私平於楚", 執之. 使欒書伐鄭. 四年春, 鄭患晉圍,
公子如乃立成公庶兄繻爲君. 其四月, 晉聞鄭立君, 乃歸成公. 鄭人聞
成公歸, 亦殺君繻, 迎成公. 晉兵去. 十年, 背晉盟, 盟於楚. 晉厲公怒,
發兵伐鄭. 楚共王救鄭. 晉楚戰鄢陵, 楚兵敗, 晉射傷楚共王目, 俱罷而
去. 十三年, 晉悼公伐鄭, 兵於洧上. 鄭城守, 晉亦去. 十四年, 成公卒,
子惲立. 是爲釐公. 釐公五年, 鄭相子駟朝釐公, 釐公不禮. 子駟怒, 使
廚人藥殺釐公, 赴諸侯曰, "釐公暴病卒."立釐公子嘉, 嘉時年五歲, 是
爲簡公.

간공세가

정간공 원년, 여러 공자가 모의해 재상 자사를 죽이려 했다. 자사가 이를 미리 알고 오히려 여러 공자를 모두 죽였다. 정간공 2년, 진晉나라가 정나라를 쳤다. 정나라가 진나라와 맹약을 맺자 진나라 군사는 철군했다. 이해 겨울, 정나라는 또 초나라와 조약을 체결했다. 자사는 피살될까 두려워 진·초 두 나라와 서로 가깝게 지냈다. 정간공 3년, 승상 자사가 스스로 왕이 되고자 했다. 공자 자공子孔이 위지尉止에게 자사를 죽이게 하고 그를 승상에 임명했다. 자공이 또 보위의 자리에 오르고자 했다. 자산이 말했다.

"자사가 이같이 하려다 뜻을 이루지 못하고 당신에게 살해되었습니다. 그런데도 그대는 또 자사를 본받으려 합니다. 이러면 혼란이 그치지 않을 것입니다."

자공이 자산의 말을 듣고 정간공의 재상이 되었다. 정간공 4년, 진晉나라는 정나라가 초나라와 동맹을 맺은 것에 격노해 정나라를 쳤다. 이에 정나라는 또 진나라와 동맹을 맺었다. 초공왕이 정나라에 구원병을 보내 진나라 병사들을 물리쳤다. 정간공이 진나라와 조약을 맺으려 했다. 초나라는 또 정나라 사자를 구금했다. 정간공 12년, 정간공은 재상 자공이 나라의 전권을 휘두르는 데 분노해 그를 죽이고 자산을 대신에 제수했다.

정간공 19년, 정간공은 진나라로 가 위衛나라 왕을 돌려보내주도록 청하고 여섯 개의 읍을 자산에게 봉지로 주었다. 자산이 사양하고, 세 읍만 받아들였다. 정간공 22년, 오나라는 연릉계자를 정나라에 보냈다. 연릉계자가 자산을 만났다. 마치 옛 친구를 만나는 것같이 하면서 자산에게 말했다.

"정나라의 집정자는 방종하고 무례해 곧 큰 난리가 닥칠 것이니, 정권은 장차 당신에게 넘어갈 것입니다. 그대가 만일 정권을 잡는다면 반드시 예법에 따를 것입니다. 그리하지 않으면 정나라는 장차 망할 것입니다."

자산이 계자를 극진히 대접했다. 정간공 23년, 여러 공자가 총애를 얻으려고 서로 죽였고, 또 자산도 죽이려 했다. 공자 가운데 어떤 자가 말했다.

"자산은 인덕이 있는 사람이고 정나라가 생존하려면 자산이 있어야 한다. 죽이지 마라."

그를 죽이지 않았다. 정간공 25년, 정나라는 자산을 진晉나라에 보내 진평공의 병을 위문했다. 진평공이 물었다.

"점占에 실침實沈과 대태臺駘가 괴이하게 나왔는데 사관도 그 내력을 모르오. 감히 그대에게 묻고자 하오."

자산이 대답했다.

"고신씨에게는 두 명의 아들이 있었습니다. 큰아들이 알백閼伯, 작은아들이 실침이었습니다. 이들은 깊은 숲속에서 살았기에 서로 친하게 지내지 못했습니다. 날마다 무기를 들고 서로 쳤습니다. 요임금은 이들이 서로 사이가 좋지 않음을 알고, 알백을 상구商丘로 옮겨 신성辰星에 제사 지내게 했습니다. 은나라 백성은 이를 계승해왔기 때문에, 신성을 상성商星이라고도 하는 것입니다. 또 실침을 대하로 옮겨 삼성參星에 제사 지내게 했습니다. 당나라 백성은 이를 계승하고, 하나라와 은나라를 섬겼습니다. 말기에는 당숙우라고 불렸습니다.

주무왕의 읍강邑姜이 태숙을 임신했을 때 꿈에 천제가 그녀에게 말하기를, '내가 너에게 아들을 줄 테니 우라고 명명하고, 그에게 당나라를 주어 삼성에 제사 지내도록 하면 그의 후손은 번성할 것이다'라고 했습니다. 태숙을 낳자 손바닥에 무늬가 있었습니다. 우虞 자와 같아 곧 우라고 이름 지었습니다. 이후 주성왕이 당나라를 멸하고, 태숙에게 그곳을 봉지로 주었기에 삼성을 진성晉星이라 부르는 것입니다. 이같이 볼 때 실침은 곧 삼성의 신神입니다.

옛날 금천씨金天氏에게 매昧라는 후손이 있었습니다. 그는 현명玄冥의 우두머리였습니다. 윤격允格과 대태를 낳았습니다. 대태는 부친의 관직을 이어받아 분수汾水와 조수洮水를 통하게 하고, 대택大澤의 제방을 개수하고, 태원太原에 살았습니다. 전욱이 그를 칭송하며 분수 유역에 봉했습니다. 또 심沈·사姒·욕蓐·황의 네 나라에서 그의 제사를 받들게 했습니다. 지금 진晉나라가 분수 유역을 다스리면서 이런 나라들을 없앴습니다. 이같이 볼 때 대태는 분수·조수의 신입니다. 그러나 이 두 신은 국왕을 해칠 수 없습니다. 산천의 신령에게는 홍수나 가뭄의 재해를 만나면 이들에게 제사 지내 재해를 막아줄 것을 부탁하면 되고, 일월성수日月星宿의 신령에게는 풍우상설風雨霜雪이 제때 내리지 않으면 이들에게 제사 지내 재난을 막아줄 것을 부탁하면 됩니다. 국왕의 질병은 음식·애악哀樂·여색에서 비롯된 것입니다."

진평공과 숙향叔嚮 모두 입을 모아 칭송했다.

"잘 들었소. 실로 지식이 풍부하신 박물군자다!"

풍부한 예물을 자산에게 선물했다. 정간공 27년 여름, 정간공이 진晉나라 왕을 조현했다. 이해 겨울, 정간공은 초영왕의 강대함을 두려워해 또 초나라 왕을 조현했다. 자산이 수행했다. 정간공 28년, 정간공이 병이 나자 자산을 보내 제후들과 회합했다. 초영왕과 신에서 동맹을 맺었다. 초나라 왕이 제나라 대부 경봉을 죽였다. 정간공 36년, 정간공이 죽자 아들 정정공鄭定公 영寧이 뒤를 이었다. 이해 가을, 정정공이 진소공을 조현했다.

●● 簡公元年, 諸公子謀欲誅相子駟, 子駟覺之, 反盡誅諸公子. 二年, 晉伐鄭, 鄭與盟, 晉去. 冬, 又與楚盟. 子駟畏誅, 故兩親晉·楚. 三年, 相子駟欲自立爲君, 公子子孔使尉止殺相子駟而代之. 子孔又欲自立. 子産曰, "子駟爲不可, 誅之, 今又效之, 是亂無時息也." 於是子孔從之而相鄭簡公. 四年, 晉怒鄭與楚盟, 伐鄭, 鄭與盟. 楚共王救鄭, 敗晉兵. 簡公欲與晉平, 楚又囚鄭使者. 十二年, 簡公怒相子孔專國權, 誅之, 而以子産爲卿. 十九年, 簡公如晉請衛君還, 而封子産以六邑. 子産讓, 受其三邑. 二十二年, 吳使延陵季子於鄭, 見子産如舊交, 謂子産曰, "鄭之執政者侈, 難將至, 政將及子. 子爲政, 必以禮, 不然, 鄭將敗." 子産厚遇季子. 二十三年, 諸公子爭寵相殺, 又欲殺子産. 公子或諫曰, "子産仁人, 鄭所以存者子産也, 勿殺!" 乃止. 二十五年, 鄭使子産於晉, 問平公疾. 平公曰, "卜而曰實沈·臺駘爲崇, 史官莫知, 敢問?" 對曰, "高辛氏有二子, 長曰閼伯, 季曰實沈, 居曠林, 不相能也, 日操干戈以相征伐. 后帝弗臧, 遷閼伯于商丘, 主辰, 商人是因, 故辰爲商星. 遷實沈于大夏, 主參, 唐人是因, 服事夏·商, 其季世曰唐叔虞. 當武王邑姜方娠大叔, 夢帝謂己, '余命而子曰虞, 乃與之唐, 屬之參而蕃育其子孫.' 及生有文在其掌曰'虞', 遂以命之. 及成王滅唐而國大叔焉. 故參爲晉星. 由是觀之, 則實沈, 參神也. 昔金天氏有裔子曰昧, 爲玄冥師, 生允格·臺駘. 臺駘能業其官, 宣汾·洮, 障大澤, 以處太原. 帝用嘉之, 國之汾川. 沈·姒·蓐·黃實守其祀. 今晉主汾川而滅之. 由是觀之, 則臺

騅, 汾·洮神也. 然是二者不害君身. 山川之神, 則水旱之菑祭之, 日月
星辰之神, 則雪霜風雨不時祭之, 若君疾, 飲食哀樂女色所生也." 平公
及叔嚮曰, "善, 博物君子也!" 厚爲之禮於子産. 二十七年夏, 鄭簡公朝
晉. 冬, 畏楚靈王之彊, 又朝楚, 子産從. 二十八年, 鄭君病, 使子産會諸
侯, 與楚靈王盟於申, 誅齊慶封. 三十六年, 簡公卒, 子定公寧立. 秋, 定
公朝晉昭公.

정공세가

　정정공 원년, 초나라 공자 기질이 초영왕을 죽이고 즉위했다. 그가
초평왕이다. 초평왕은 제후들에게 인덕을 베풀 생각으로, 영공이 점
령한 정나라의 땅을 정나라에 되돌려주었다. 정정공 4년, 진소공이
죽자 진晉나라 육경의 세력이 강대해지고 나라 권력은 쇠퇴했다. 자
산이 한선자에게 말했다.

　"정권을 잡으면 반드시 인덕으로 다스려야 하오. 정권이 무엇으로
공고해지는지 잊어서는 안 되오."

　정정공 6년, 정나라에 화재가 발생했다. 정정공은 재난을 막기 위
해 신에게 제사 지내고자 했다. 자산이 만류했다.

　"덕정을 행하느니만 못합니다."

　정정공 8년, 초나라 태자 건이 정나라로 도망쳤다. 정정공 10년,
태자 건이 진나라와 모의해 정나라를 습격했다. 정나라가 태자 건
을 죽였다. 건의 아들 승勝은 오나라로 달아났다. 정정공 11년, 정정
공이 진晉나라로 갔다. 진나라는 정나라와 일을 꾸미고, 주나라 왕실

의 난신들을 죽이고 주경왕周敬王을 성주로 돌려보냈다. 정정공 13년, 정정공이 죽자 아들 정헌공鄭獻公 채蠆가 뒤를 이었다. 전헌공이 재위 13년 만에 죽자 아들 정성공鄭聲公 승勝이 즉위했다. 당시 진나라의 육경이 강대해져 정나라의 영토를 침공했다. 정나라는 쇠약해졌다.

정성공 5년, 정나라 재상 자산이 죽자 백성 모두 통곡했고, 마치 친척이 죽은 것처럼 비통에 잠겼다. 자산은 정성공鄭成公의 작은아들이다. 인자했고 백성을 사랑했다. 또 충성심과 성실로 군주를 모셨다. 공자가 일찍이 정나라를 지난 적이 있었다. 자산과 형제처럼 친하게 지냈다. 공자는 자산이 죽었다는 소식을 듣고, 눈물을 흘리며 이같이 기렸다.

"그는 고인古人의 유풍을 이어 내려와 백성을 사랑했던 사람이다!"

정성공 8년, 진나라의 범씨와 중항씨가 진나라 군주에게 반기를 들었다. 정나라에 위급을 알리자 정나라가 이들을 구했다. 진나라가 정나라를 쳐 철구鐵丘에서 정나라 군사를 대파했다. 정성공 14년, 송 경공이 조나라를 멸했다. 정성공 20년, 제나라의 전상이 군주인 제간공을 시해하고 재상이 되었다. 정성공 22년, 초혜왕이 진陳나라를 멸했다. 이해에 공자가 죽었다.

정성공 36년, 진나라의 지백이 정나라를 공격해 아홉 개 성읍을 빼앗았다. 정성공 37년, 정성공이 죽자 아들 정애공鄭哀公 역易이 즉위했다. 정애공 8년, 정나라 사람이 정애공을 죽이고 정성공의 동생 추丑를 옹립했다. 그가 정공공鄭共公이다. 정공공 3년, 삼진이 지씨知氏를 멸했다. 정공공 31년, 정공공이 죽자 아들 정유공鄭幽公 이已가 즉위했다. 정유공 원년, 한무자가 정나라를 공격해 정유공을 죽였다. 정나라 백성이 정유공의 동생 태駘를 옹립했다. 그가 곧 정수공鄭繻公

이다. 정수공 15년, 한경후韓景侯가 정나라를 공격해 옹구雍丘를 빼앗았다. 정나라는 경읍에 성을 쌓았다.

정수공 16년, 정나라가 한韓나라를 공격해 부서에서 한나라 군사를 대파했다. 정수공 20년, 한·위·조 삼가三家가 제후의 반열에 올랐다. 정수공 23년, 정나라가 한나라의 양적을 포위·공격했다. 정수공 25년, 정수공이 재상 자양을 죽였다. 정수공 27년, 자양의 무리가 함께 정수공을 죽이고, 정유공의 동생 을乙을 옹립했다. 그가 정군鄭君이다. 정군 을이 보위에 오른 지 2년째 되는 해에 정나라의 부서 땅 사람들이 반란을 일으켰다. 이내 한韓나라에 귀속했다. 정군 11년, 한나라가 정나라를 공격해 양성陽城을 빼앗았다. 정군 21년, 한애후가 정나라를 멸망시키고, 영토를 병탄했다.

●● 定公元年, 楚公子棄疾弑其君靈王而自立, 爲平王. 欲行德諸侯. 歸靈王所侵鄭地于鄭. 四年, 晉昭公卒, 其六卿彊, 公室卑. 子產謂韓宣子曰, "爲政必以德, 毋忘所以立." 六年, 鄭火, 公欲禳之. 子產曰, "不如修德." 八年, 楚太子建來奔. 十年, 太子建與晉謀襲鄭. 鄭殺建, 建子勝奔吳. 十一年, 定公如晉. 晉與鄭謀, 誅周亂臣, 入敬王于周. 十三年, 定公卒, 子獻公蠆立. 獻公十三年卒, 子聲公勝立. 當是時, 晉六卿彊, 侵奪鄭, 鄭遂弱. 聲公五年, 鄭相子產卒, 鄭人皆哭泣, 悲之如亡親戚. 子產者, 鄭成公少子也. 爲人仁愛人, 事君忠厚. 孔子嘗過鄭, 與子產如兄弟. 及聞子產死, 孔子爲泣曰, "古之遺愛也!" 八年, 晉范·中行氏反晉, 告急於鄭, 鄭救之. 晉伐鄭, 敗鄭軍於鐵. 十四年, 宋景公滅曹. 二十年, 齊田常弑其君簡公, 而常相於齊. 二十二年, 楚惠王滅陳. 孔子卒. 三十六年, 晉知伯伐鄭, 取九邑. 三十七年, 聲公卒, 子哀公易立. 哀公八年, 鄭人弑哀公而立聲公弟丑, 是爲共公. 共公三年, 三晉滅知伯. 三十一年, 共公卒, 子幽公已立. 幽公元年, 韓武子伐鄭, 殺幽公. 鄭人立幽公弟駘, 是爲繻公. 繻公十五年, 韓景侯伐鄭, 取雍丘. 鄭城京. 十六年, 鄭伐韓, 敗韓兵於負黍. 二十年, 韓‧趙‧魏列爲諸侯. 二十三年, 鄭圍韓之陽翟. 二十五年, 鄭君殺其相子陽. 二十七年, 子陽之黨共弒繻公駘而立幽公弟乙爲君, 是爲鄭君. 鄭君乙立二年, 鄭負黍反, 復歸韓. 十一年, 韓伐鄭, 取陽城. 二十一年, 韓哀侯滅鄭, 幷其國.

태사공은 평한다.

"속담에 이르기를, '권력에 의지해 이익을 도모하면 권세와 재물은 없어지고 서로의 관계도 멀어진다'고 했다. 보하甫瑕가 곧 이와 같았다. 보하는 비록 정자를 죽이고 정여공을 다시 옹립했지만, 정여공도 끝내는 맹서를 저버리고 그를 죽였다. 진나라 대부 이극과 다른 점이 무엇인가? 순식처럼 절개를 지켜 자신을 희생했지만, 해제를 보전하지도 못했다. 변란이 일어나는 것은 여러 원인이 있기 때문이리라!"

●● 太史公曰, "語有之, '以權利合者, 權利盡而交疏', 甫瑕是也. 甫瑕雖以劫殺鄭子內厲公, 厲公終背而殺之, 此與晉之里克何異? 守節如荀息, 身死而不能存奚齊. 變所從來, 亦多故矣!"

조세가

趙世家

〈조세가〉는 〈세가〉에 소개된 최초의 전국칠웅戰國七雄에 해당한다. 사마천이 조나라를 매우 중시했음을 짐작하게 해주는 대목이다. 전국칠웅 가운데 진秦나라를 제외한 나머지 육국은 함곡관 및 효산 동쪽에 위치한 까닭에 통상 관동육국關東六國 또는 산동육국山東六國으로 불리었다. 산동육국 가운데 조나라를 비롯해 한韓나라와 위魏나라는 원래 춘추시대 당시 중원을 호령한 진晉나라 권신에 의해 삼분된 결과로 나타난 것이다. 사서에서 삼국을 한·위·조를 삼진으로 부르는 이유다. 주나라 왕실은 기원전 403년 삼국을 명실상부한 제후국으로 인정했다. 북송대의 사마광이 《자치통감》에서 전국시대의 개막을 기원전 403년으로 간주한 이유가 여기에 있다. 조나라는 조무령왕 때 북방민족의 복장을 한 채 말을 타고 가며 활을 쏘는 이른바 기사호복騎射胡服 정책을 강력히 시행해 부국강병을 이루고, 영토를 대폭 확장한 바 있다. 산동육국 가운데 조나라를 제외한 모든 나라가 진秦나라의 위세에 눌려 숨도 제대로 쉬지 못하는 상황에서 오직 조나라만이 의연히 진나라와 맞선 배경이다.

학자들은 〈조세가〉의 내용 가운데 조나라의 시조에 해당하는 조씨 고아孤兒에 관한 이야기는 항간에 나돌던 야사를 수록한 것으로 보고 있다. 민국 시기에 활약한 사학자 고힐강顧頡剛은 《사마담작사司馬淡作史》에서 〈조세가〉는 사마천이 아닌 그의 부친 사마담의 작품이라고 주장한 바 있다. 그는 〈조세가〉뿐 아니라 〈자객열전刺客列傳〉과 〈번역등관열전樊酈滕灌列傳〉 및 〈역생육가열전酈生陸賈列傳〉 등도 사마담의 작품이라고 주장했다. 그 이전에도 유사한 주장이 제기되어왔으나 고힐강이 이런 주장을 종합해 고증학적으로 뒷받침했다. 이에 대한 논의가 아직도 분분하다.

성자세가

조씨의 선대는 진秦나라와 같다. 중연中衍에 이르러 은나라 대무大戊의 마부가 되었다. 그의 후예 비렴蜚廉은 두 아들을 두었다. 한 아들의 이름을 오래惡來로 지었다. 오래는 은나라 주를 섬기다가 주나라 백성에게 죽임을 당했다. 그 후손이 진秦나라의 선조가 되었다. 오래의 동생 이름은 계승季勝이다. 그의 후손이 조나라의 선조가 되었다.

계승은 맹증孟增을 낳았다. 맹증은 주성왕의 총애를 입었다. 그가 택고랑宅皐狼이다. 택고랑은 형보衡父, 형보는 조보造父를 낳았다. 조보는 주목왕의 총애를 입었다. 그는 도림桃林의 도려盜驪·화류驊騮·녹이綠耳 등 여덟 필의 준마를 얻어 주목왕에게 바쳤다. 주목왕은 조보를 마부로 삼고 서쪽을 순수하다가 서왕모西王母를 만났다. 함께 즐거이 노닐다가 돌아가는 것을 잊었다. 당시 서언왕徐偃王이 반기를 들자 주목왕은 마차를 타고 하루에 천리 길을 달려 서언왕을 공격해 대파했다. 조보에게 조성趙城을 하사했다. 조씨 성을 가지게 된 배경이다.

조보로부터 6대 후손인 엄보奄父는 자字가 공중公仲이다. 주선왕이 융적戎狄을 칠 때 마부 노릇을 했다. 엄보는 천무의 전쟁에서 주선왕을 위험에서 구했다. 그는 숙대叔帶를 낳았다. 숙대는 주유왕이 황음무도하자 진晉나라로 가 진문후를 섬겼다. 이로써 진나라에서 조씨 가문을 형성하기 시작했다. 숙대 이래 조씨 종족은 더욱 흥성했다. 5대를 지나 조숙에 이른다. 진헌공 16년, 진나라가 곽霍·위魏·경 등 삼국을 정벌할 때 조숙은 장군이 되어 곽나라를 쳤다. 곽공霍公 구求가 제나라로 달아났다. 이해에 진나라에 크게 가뭄이 들었다. 점을 치자 이런 점괘가 나왔다.

"곽태산霍太山 신령이 재앙을 내렸다."

진헌공이 조숙을 제나라에 보내 곽공을 소환하고, 보위를 회복시켜 곽태산 신령에게 제사를 올리게 했다. 진나라에 다시 풍년이 들었다. 진헌공이 조숙에게 경나라 땅을 내렸다. 조숙이 공맹共孟을 낳은 것은 노민공魯閔公 원년이다. 공맹은 조최를 낳고 자를 자여라고 했다.

조최는 진헌공과 여러 공자 가운데 누구를 섬기면 좋을지 점을 쳐 결정하고자 했다. 점괘가 모두 길하지 않았다. 다만 공자 중이를 섬기면 길하다는 점괘가 나왔다. 곧바로 중이를 섬겼다. 중이는 여희지란麗姬之亂●으로 인해 적 땅으로 달아났다. 조최가 그를 쫓았다. 적인이 장고여嗇咎如를 치고 두 여인을 포획한 뒤 젊은 여인은 중이, 나이든 여인은 조최에게 시집을 보냈다. 조최가 조돈을 낳았다.

당초 중이가 진晉나라에 있을 때 조최와 본부인 사이에 이미 조동·조괄·조영제趙嬰齊가 있었다. 조최가 중이를 따라 망명생활을 했다. 19년 후 비로소 진나라로 돌아갈 수 있었다. 중이가 진문공으로 즉위했다. 조최는 원原 땅의 대부가 되었다. 원 땅에 거주하며 국정을 돌보았다. 진문공이 귀국하고 또한 패자의 지위에 오를 수 있었던 것은 대부분 조최의 계책 덕분이다. 자세한 사적은 〈진세가〉에 기록되어 있다.

● 중이의 선군인 진헌공이 여희에게서 자식을 얻은 뒤 태자 신생을 제거하고 여희 소생을 후사로 만들고자 한 데서 빚은 내란을 말한다. 이로 인해 태자 신생은 자진하고 공자 중이는 19년에 걸친 망명생활을 하게 된다. 춘추시대 당시 제환공에 이어 두 번째로 패업을 이룬 진문공 중이는 당대는 물론 제왕정이 시행된 20세기 초까지 19년에 걸친 망명생활 끝에 보위에 오른 유일무이한 군주이기도 하다.

조최가 진나라로 돌아오자 진나라에 있던 본부인이 적 땅에서 얻은 부인을 데려올 것을 한사코 권했다. 그러면서 조돈을 적자로 삼았다. 진나라 본부인의 세 아들 모두가 조돈을 받들게 되었다. 진양공 6년, 조최가 죽었다. 시호를 성계成季라고 했다.

●● 趙氏之先, 與秦共祖. 至中衍, 爲帝大戊御. 其後世蜚廉有子二人, 而命其一子曰惡來, 事紂, 爲周所殺, 其後爲秦. 惡來弟曰季勝, 其後爲趙. 季勝生孟增. 孟增幸於周成王, 是爲宅皋狼. 皋狼生衡父, 衡父生造父. 造父幸於周繆王. 造父取驥之乘匹, 與桃林盜驪 · 驊騮 · 綠耳, 獻之繆王. 繆王使造父御, 西巡狩, 見西王母, 樂之忘歸. 而徐偃王反, 繆王日馳千里馬, 攻徐偃王, 大破之. 乃賜造父以趙城, 由此爲趙氏. 自造父已下六世至奄父, 曰公仲, 周宣王時伐戎, 爲御. 及千畝戰, 奄父脫宣王. 奄父生叔帶. 叔帶之時, 周幽王無道, 去周如晉, 事晉文侯, 始建趙氏于晉國. 自叔帶以下, 趙宗益興, 五世而生至趙夙. 趙夙, 晉獻公之十六年伐霍 · 魏 · 耿, 而趙夙爲將伐霍. 霍公求奔齊. 晉大旱, 卜之, 曰 '霍太山爲祟.' 使趙夙召霍君於齊, 復之, 以奉霍太山之祀, 晉復穰. 晉獻公賜趙夙耿. 夙生共孟, 當魯閔公之元年也. 共孟生趙衰, 字子餘. 趙衰卜事晉獻公及諸公子, 莫吉, 卜事公子重耳, 吉, 卽事重耳. 重耳以驪姬之亂亡奔翟, 趙衰從. 翟伐廧咎如, 得二女, 翟以其少女妻重耳, 長女妻趙衰而生盾. 初, 重耳在晉時, 趙衰妻亦生趙同 · 趙括 · 趙嬰齊. 趙衰從重耳出亡, 凡十九年, 得反國. 重耳爲晉文公, 趙衰爲原大夫, 居原, 任國政. 文公所以反國及霸, 多趙衰計策. 語在晉事中. 趙衰旣反晉, 晉之妻固要迎翟妻, 而以其子盾爲適嗣, 晉妻三子皆下事之. 晉襄公之六年, 而趙衰卒, 諡爲成季.

선자세가

조돈이 성계를 대신해 국정을 맡은 지 2년 뒤 진양공이 죽었다. 태자 이고가 아직 어렸다. 조돈은 나라에 어려운 일이 많은 것을 감안해 진양공의 동생 옹을 옹립하고자 했다. 옹은 당시 진秦나라에 있었다. 사자를 보내 그를 영접하고자 했다. 태자 이고의 모친이 밤낮으로 울며 조돈에게 머리를 조아려 호소했다.

"선군이 무슨 죄를 지었기에 그의 적자를 버리고 달리 군주를 구하십니까?"

조돈이 이 일로 크게 고심했다. 그녀의 종친宗親과 대부 들이 자신을 습격해 주살할까 두려운 나머지 태자를 즉위시켰다. 그가 진영공이다. 동시에 군사를 보내 진양공의 동생을 영접하러 진秦나라로 간 일행을 돌아오지 못하게 막았다. 진영공이 즉위하자 조돈이 더욱 국정을 독단했다. 진영공은 재위한 지 14년이 지나자 날이 갈수록 오만해졌다. 조돈이 누차 간했으나 듣지 않았다. 한번은 곰발바닥 요리를 먹다가 잘 익지 않았다며 요리사를 죽이고는 그 시체를 들고 나가게 했다. 조돈이 이를 보았다. 겁이 난 진영공은 조돈을 죽이고자 했다.

원래 인자하고 동정심이 많은 조돈은 일찍이 뽕나무 아래에 굶주려 쓰러진 사람에게 먹을 것을 주어 살려준 적이 있었다. 조돈이 위험에 처했을 때 그가 조돈을 구해주었다. 덕분에 조돈이 무사히 달아날 수 있었다. 조돈이 아직 국경을 넘기도 전에 조천이 진영공을 시해하고 진양공의 동생 흑둔을 옹립했다. 그가 진성공晉成公이다. 조돈이 다시 돌아와 국정에 임했다. 군자들이 비난했다.

"정경의 몸으로 달아나면서 국경도 넘지 않고, 되돌아와서는 역적을 주벌하지도 않았다."

태사는 이같이 썼다.

　조돈이 군주를 시해했다.

진경공 때 조돈이 죽었다. 시호는 선맹宣孟이다. 그의 아들 삭朔이 뒤를 이었다.

●● 趙盾代成季任國政二年而晉襄公卒, 太子夷皋年少. 盾爲國多難, 欲立襄公弟雍. 雍時在秦, 使使迎之. 太子母日夜啼泣, 頓首謂趙盾曰, "先君何罪, 釋其適子而更求君?" 趙盾患之, 恐其宗與大夫襲誅之, 迺遂立太子, 是爲靈公, 發兵距所迎襄公弟於秦者. 靈公旣立, 趙盾益專國政. 靈公立十四年, 益驕. 趙盾驟諫, 靈公弗聽. 及食熊蹯, 胹不熟, 殺宰人, 持其尸出, 趙盾見之. 靈公由此懼, 欲殺盾. 盾素仁愛人, 嘗所食桑下餓人反扞救盾, 盾以得亡. 未出境, 而趙穿弒靈公而立襄公弟黑臀, 是爲成公. 趙盾復反, 任國政. 君子譏盾"爲正卿, 亡不出境, 反不討賊", 故太史書曰 '趙盾弒其君'. 晉景公時而趙盾卒, 諡爲宣孟, 子朔嗣.

장자세가

진경공 3년, 조삭이 진나라의 하군을 이끌고 정나라를 구하러 갔다. 황하 가에서 초장왕과 교전했다. 조삭이 진성공晉成公의 손위 누이를 부인으로 맞이했다. 같은 해에 대부 도안고屠岸賈가 조씨를 제거하고자 했다. 당초 조돈이 살아 있을 때 꿈을 꾸었다. 숙대가 자신의 허리를 끌어안고 매우 슬피 울었다. 잠시 후 크게 웃으며 손뼉을 치고 노래를 불렀다. 조돈이 점을 쳤다. 불로 지진 거북 껍질의 균열이 끊어졌다가 다시 좋아졌다. 조나라 사관 원援이 풀이했다.

"이 꿈은 매우 흉한 것입니다. 그대의 대가 아닌 그대의 아들 대에 해당합니다. 이 역시 그대의 잘못 때문입니다. 손자 대에 이르러서는 조씨 가문이 더욱 쇠락할 것입니다."

도안고라는 자는 당초 진영공의 총애를 받다가 진경공 때 사구가 되었다. 난을 일으키기 위해 먼저 진영공을 시해한 역적을 처벌한다는 빌미로 조돈을 연루시켰다. 그러고는 여러 장수에게 이같이 말했다.

"조돈이 비록 사건의 내막을 몰랐으나 역시 역적의 두목입니다. 신하 된 자로서 군주를 시해하고도 그의 후손이 조정에서 관직을 맡고 있으니 어떻게 죄 있는 자들을 처벌할 수 있겠습니까? 조씨를 주멸합시다."

한궐이 반대했다.

"진영공이 살해를 당할 때 조돈은 외지에 있었습니다. 우리의 선군이 그가 무죄라고 여겨 그를 죽이지 않았습니다. 지금 여러분이 그의 후손을 죽이고자 하는 것은 선군의 뜻이 아니고 멋대로 주살하는 것입니다. 함부로 주살하는 것은 난을 일으키는 것이라고 합니다. 신하가 큰일을 도모하는데 군주에게 알리지 않는 것은 군주를 안중에 두지 않은 것입니다."

도안고가 듣지 않았다. 한궐이 조삭에게 빨리 달아날 것을 권했다. 그러나 조삭은 도망가려 하지 않고 이같이 말했다.

"그대가 틀림없이 조씨 가문의 제사가 끊기지 않게 해주면 나는 죽어도 여한이 없소."

이를 수락한 한궐은 병을 핑계 삼아 외출하지 않았다. 도안고는 진경공에게 지시도 청하지 않고서는 멋대로 여러 장군과 함께 하궁下宮에서 조씨를 쳤다. 조삭을 비롯해 조동·조괄·조영제 등을 죽여 마침내 일족을 멸했다. 조삭의 아내는 조성공의 누나로 당시 임신 중이었다. 진경공의 궁으로 달아나 숨었다. 조삭의 문객 가운데 공손저구公孫杵臼라는 자가 있었다. 공손저구가 조삭의 친구 정영程嬰에게 물었다.

"왜 같이 죽지 않는가?"

정영이 대답했다.

"조삭의 부인이 임신 중인데 만일 다행히 아들을 낳으면 내가 부양하고, 딸을 낳는다면 나는 조금 천천히 죽을 따름이다."

얼마 후 조삭의 부인이 분만했다. 아들이었다. 도안고가 이 소식을 듣고 궁중을 수색했다. 부인이 갓난아기를 속바지 속 가랑이에 넣은 뒤 이같이 기도했다.

"조씨 종족이 멸망하려면 네가 크게 울고 멸망하지 않으려면 아무 소리도 내지 마라."

수색할 때 아이는 의외로 울지 않았다. 위험을 벗어나자 정영이 공손저구에게 말했다.

"이번 한차례 수색해 잡지 못했으니 뒤 또 수색할 것이 분명한데 어찌해야 하오?"

공손저구가 물었다.

"고아를 부양하는 일과 죽는 일 가운데 어느 것이 어려운가?"

정영이 대답했다.

"죽는 일은 쉬우나 고아를 부양하는 일은 어렵소."

공손저구가 당부했다.

"조씨의 선군이 그대를 후대했으니 그대는 힘을 다해 어려운 일을 맡아주게. 나는 쉬운 일을 담당해 먼저 죽을 것일세."

두 사람은 상의한 끝에 다른 사람의 아이를 데려다 등에 업고 화려한 강보로 덮고서는 산속에 숨었다. 정영이 산에서 내려와 짐짓 여러 장군에게 말했다.

"이 정영은 불초해 조씨 고아를 부양할 능력이 없습니다. 누가 나에게 천금을 준다면 조씨 고아가 숨어 있는 장소를 말해드리겠습니다."

여러 장수가 기뻐하며 그 조건을 수락하고 군사를 출동시켜 정영을 따라가서 공손저구를 쳤다. 공손저구가 짐짓 정영을 욕했다.

"이 소인배 정영아! 전에 하궁의 난에서 순사殉死하지 않고 나와 더불어 조씨 고아를 숨기기로 상의했건만 이제 와서 또 나를 배반하는구나. 아무리 네가 부양할 수 없었기로서니 차마 그를 배신할 수가 있단 말이냐?"

그러고는 아이를 안고 이같이 외쳤다.

"하늘이여! 하늘이여! 조씨 고아가 무슨 죄가 있습니까? 제발 그를 살려주시고 저만 죽여주소서."

여러 장수가 이를 허락지 않고 마침내 공손저구와 아이를 죽였다. 여러 장수는 조씨 고아가 실로 죽은 줄 알고 모두 기뻐했다. 그러나 조씨 고아는 여전히 살아 있었다. 정영은 마침내 고아와 함께 산속에 무사히 숨어 지낼 수 있었다.

•• 趙朔, 晉景公之三年, 朔爲晉將下軍救鄭, 與楚莊王戰河上. 朔娶晉成公姊爲夫人. 晉景公之三年, 大夫屠岸賈欲誅趙氏. 初, 趙盾在時, 夢見叔帶持要而哭, 甚悲, 已而笑, 拊手且歌. 盾卜之, 兆絕而後好. 趙史援占之, 曰, "此夢甚惡, 非君之身, 乃君之子, 然亦君之咎. 至孫, 趙將世益衰." 屠岸賈者, 始有寵於靈公, 及至於景公而賈爲司寇, 將作難, 乃治靈公之賊以致趙盾, 遍告諸將曰, "盾雖不知, 猶爲賊首. 以臣弑君, 子孫在朝, 何以懲罪? 請誅之." 韓厥曰, "靈公遇賊, 趙盾在外, 吾先君以爲無罪, 故不誅. 今諸君將誅其後, 是非先君之意而今妄誅. 妄誅謂之亂. 臣有大事而君不聞, 是無君也." 屠岸賈不聽. 韓厥告趙朔趣亡. 朔不肯, 曰, "子必不絕趙祀, 朔死不恨." 韓厥許諾, 稱疾不出. 賈不請而擅與諸將攻趙氏於下宮, 殺趙朔 · 趙同 · 趙括 · 趙嬰齊, 皆滅其族. 趙朔妻成公姊, 有遺腹, 走公宮匿. 趙朔客曰公孫杵臼, 杵臼謂朔友人程嬰曰, "胡不死?" 程嬰曰, "朔之婦有遺腹, 若幸而男, 吾奉之, 即女也, 吾徐死耳." 居無何, 而朔婦免身, 生男. 屠岸賈聞之, 索於宮中. 夫人置兒絝中, 祝曰, "趙宗滅乎, 若號, 即不滅, 若無聲." 及索, 兒竟無聲. 已脫, 程嬰謂公孫杵臼曰, "今一索不得, 後必且復索之, 奈何?" 公孫杵臼曰, "立孤與死孰難?" 程嬰曰, "死易, 立孤難耳." 公孫杵臼曰, "趙氏先君遇子厚, 子彊爲其難者, 吾爲其易者, 請先死." 乃二人謀取他人嬰兒負之, 衣以文葆, 匿山中. 程嬰出, 謬謂諸將軍曰, "嬰不肖, 不能立趙孤. 誰能與我千金, 吾告趙氏孤處." 諸將皆喜, 許之, 發師隨程嬰攻公孫杵臼. 杵臼謬曰, "小人哉程嬰! 昔下宮之難不能死, 與我謀匿趙氏孤兒, 今又賣我. 縱不能立, 而忍賣之乎!" 抱兒呼曰, "天乎天乎! 趙氏孤兒何罪? 請活之, 獨殺杵臼可也." 諸將不許, 遂殺杵臼與孤兒. 諸將以爲趙氏孤兒良已死, 皆喜. 然趙氏眞孤乃反在, 程嬰卒與俱匿山中.

문자세가

15년 후 진경공이 병이 나 점을 쳤다. 대업大業을 이룬 후대가 순조롭지 못해 재앙이 생긴다는 점괘가 나왔다. 진경공이 한궐에게 물었다. 조씨 고아가 살아 있다는 것을 아는 한궐이 이같이 대답했다.

"대업을 이룬 후대 가운데 진晉나라에서 제사가 끊긴 것은 조씨가 아닙니까? 중연의 후대는 모두 영씨嬴氏입니다. 중연은 사람의 얼굴에 입은 새부리 모양으로 출신 세상에 내려와 은나라 왕 대무를 보필했고, 이후 후손은 주나라의 천자를 보좌하는 등 모두 빛나는 덕행이 있었습니다. 주유왕과 주여왕이 무도하자 숙대가 진나라로 와 선군인 진문후를 섬겼고, 진성공晉成公 때에 이르기까지 대대로 공을 세워 제사가 끊기지 않았습니다. 이제 오직 군왕이 조씨 종족을 멸해 백성이 모두 이를 슬퍼하고 있습니다. 그 조짐이 거북 껍질과 시초蓍草에 나타난 것입니다. 다시 고려해주시기 바랍니다."

진경공이 물었다.

"조씨 가문에 아직 후손이 있는가?"

한궐이 이실직고했다. 진경공은 조씨 고아를 세우기로 한궐과 상의하고, 조씨 고아를 불러다 궁중에 감추어두었다. 여러 장수가 문병차 입궁했다. 진경공은 한궐의 많은 병력을 이용해 조씨 고아를 만나도록 장수들을 압박했다. 조씨 고아의 이름은 조무였다. 장수들이 마지못해 대답했다.

"지난번 하궁의 난은 도안고가 책동한 것입니다. 군주의 명을 사칭해 여러 신하에게 명했던 것입니다. 그렇지 않았다면 누가 감히 난을 일으켰겠습니까? 만일 군왕이 병이 나지 않으셨더라도 저희는 원래 조씨의 후예를 세울 것을 청하고자 했습니다. 지금 군왕이 명하니 이는 저희가 실로 바라던 바입니다."

조무와 정영을 불러 여러 장수에게 두루 절하게 했다. 여러 장수가 이번에는 반대로 정영·조무와 함께 도안고를 공격해 그 종족을 주멸했다. 진경공은 조씨의 옛 전읍田邑을 다시 조무에게 내렸다. 조무가 스무 살이 되어 관례를 행하고 성인이 되자 정영이 여러 대부에게 하직하며 조무에게 말했다.

"그 전 하궁의 난 때 사람들은 모두 순사할 수가 있었습니다. 그때 제가 죽을 수 없었던 것은 아니지만, 저는 조씨의 후예를 부양해 가업을 잇게 하려고 했습니다. 이제 그대가 가업을 잇고 성인이 되었으며 원래의 작위를 되찾았으니 저는 장차 지하로 가 조선맹과 공손저구에게 보고하고자 합니다."

조무가 흐느끼며 머리를 조아려 한사코 만류했다.

"제가 모든 힘을 다해 그대가 죽을 때까지 보답하고자 합니다. 그대가 차마 저를 버리고 죽을 수가 있습니까?"

정영이 대답했다.

"그렇게는 할 수 없습니다. 공손저구는 제가 대사를 성공시킬 수 있다고 여겼기에 저보다 먼저 죽은 것입니다. 이제 제가 가 보고하지 않으면 그는 제가 맡은 일을 완수하지 못한 것으로 알 것입니다."

그러고는 결국 자진했다. 조무는 3년 동안 재최齊衰(부모상 때 입는 상복)를 입었으며 그를 위해 제읍祭邑(제사에 드는 비용을 대는 봉읍)을 마련해 봄가을로 제사를 지내고 대대로 끊이지 않게 했다. 조씨가 복위한 지 11년 만에 진여공은 극씨 대부 세 명을 죽였다. 난서는 화가 자신에게 미칠까 두려워했다. 급기야 군주 진여공을 시해하고 진양공의 증손 주周를 옹립했다. 그가 진도공이다. 진晉나라는 이로부터 대부의 세력이 점차 강성해졌다. 조무가 조씨 종족을 유지한 지 27년 만에 진평공이 즉위했다. 진평공 12년, 조무는 정경이 되었다. 진평공 13년, 오나라의 연릉계자가 진晉나라에 사자로 와 이같이 말했다.

"진나라의 정권이 마침내는 조무자趙武子·한선자·위헌자의 후손에게 돌아가겠구나!"

조무가 죽자 시호를 문자文子라고 했다. 조무는 경숙景叔을 낳았다. 조경숙 때 제경공이 안영을 진나라에 사자로 보냈다. 안영과 숙향이 서로 이야기하게 되었다. 안영이 말했다.

"앞으로 제나라 정권은 결국 전씨에게 돌아가게 될 것이오."

숙향도 이같이 말했다.

"진나라의 정권은 장차 육경에게 돌아갈 것이오. 육경이 오만방자한데 군주는 걱정할 줄도 모르고 있소."

조경숙이 죽자 그가 낳은 아들 조앙이 즉위했다. 그가 조간자다.

●● 居十五年, 晉景公疾, 卜之, 大業之後不遂者爲祟. 景公問韓厥, 厥知趙孤在, 乃曰, "大業之後在晉絶祀者, 其趙氏乎? 夫自中衍者皆嬴姓也. 中衍人面鳥噣, 降佐殷帝大戊, 及周天子, 皆有明德. 下及幽厲無道, 而叔帶去周適晉, 事先君文侯, 至于成公, 世有立功, 未嘗絶祀. 今吾君獨滅趙宗, 國人哀之, 故見龜策. 唯君圖之." 景公問, "趙尙有後子孫乎?" 韓厥具以實告. 於是景公乃與韓厥謀立趙孤兒, 召而匿之宮中. 諸將入問疾, 景公因韓厥之衆以脅諸將而見趙孤. 趙孤名曰武. 諸將不得已, 乃曰, "昔下宮之難, 屠岸賈爲之, 矯以君命, 幷命群臣. 非然, 孰敢作難! 微君之疾, 群臣固且請立趙後. 今君有命, 群臣之願也." 於是召趙武·程嬰遍拜諸將, 遂反與程嬰·趙武攻屠岸賈, 滅其族. 復與趙武田邑如故. 及趙武冠, 爲成人, 程嬰乃辭諸大夫, 謂趙武曰, "昔下宮之難, 皆能死. 我非不能死, 我思立趙氏之後. 今趙武旣立, 爲成人, 復故位, 我將下報趙宣孟與公孫杵臼." 趙武啼泣頓首固請, 曰, "武願苦筋骨以報子至死, 而子忍去我死乎!" 程嬰曰, "不可. 彼以我爲能成事, 故先我死, 今我不報, 是以我事爲不成." 遂自殺. 趙武服齊衰三年, 爲之祭邑, 春秋祠之, 世世勿絶. 趙氏復位十一年, 而晉厲公殺其大夫三郤. 欒書畏及, 乃遂弒其君厲公, 更立襄公曾孫周, 是爲悼公. 晉由此大夫稍彊. 趙武續趙宗二十七年, 晉平公立. 平公十二年, 而趙武爲正卿. 十三年, 吳延陵季子使於晉, 曰, "晉國之政卒歸於趙武子·韓宣子·魏獻子之後矣." 趙武死, 謚爲文子. 文子生景叔. 景叔之時, 齊景公使晏嬰於晉, 晏嬰與晉叔向語. 嬰曰, "齊之政後卒歸田氏." 叔向亦曰, "晉國之政將歸六卿. 六卿侈矣, 而吾君不能恤也." 趙景叔卒, 生趙鞅, 是爲簡子.

간자세가

　진경공 9년, 조간자가 정경의 지위에 있었다. 조간자는 제후들과 회맹한 뒤 이들을 이끌고 주나라를 지켰다. 이듬해인 진경공 10년, 주경왕周敬王을 호위해 주나라로 돌아왔다. 이는 주경왕이 동생인 왕자 조를 피해 밖에서 망명하고 있었기 때문이다. 진경공 12년, 육경이 법도로 군주의 친족인 기씨祁氏와 양설씨羊舌氏를 죽였다. 이어 이들의 봉읍을 10현으로 나눈 뒤 자신의 일족을 현의 대부로 삼았다. 진晉나라의 공실은 이로부터 더욱 쇠약해졌다. 13년 뒤 노나라의 난신 양호가 망명해왔다. 조간자가 뇌물을 받고 그를 후대했다. 조간자가 병이 나 닷새 동안 인사불성이 되었다. 대부들은 모두 걱정이 대단했다. 명의 편작扁鵲이 진찰하고 나오자 가신 동안우董安于가 병세를 물었다. 편작은 대답했다.

"혈맥이 정상인데 뭐 걱정할 것이 있겠습니까? 전에 진목공도 이런 적이 있었는데 이레 만에 깨어났습니다. 깨어난 날에 공손지公孫支와 자여子輿에게 말했다고 합니다. '내가 상제가 사는 땅에 갔는데 매우 즐거웠다. 내가 그리 오랫동안 머문 이유는 마침 배울 것이 있었기 때문이다.' 상제가 나에게 이르기를, '진나라는 장차 대란이 일어나 금후 5대 동안 안정을 얻지 못할 것이다. 그의 후예가 장차 패자가 되겠지만 오래 살지 못하고 죽을 것이고, 패자의 아들이 그대 나라의 남녀 사이를 문란하게 만들 것이다'라고 했습니다. 공손지가 이를 적어 보존했습니다. 진秦나라의 참어讖語는 여기서 비롯된 것입니다. 진헌공 때의 변란, 진문공이 패자가 된 것, 그리고 진양공이 효산에서 진격秦軍을 대파하고 돌아가서는 육욕에 빠져 음란을 자행했던 것 등은 모두 들은 바가 있을 것입니다. 지금 주군의 병이 진목공의 것과 같습니다. 사흘이 지나지 않아 병세가 반드시 호전될 것입니다. 병세가 호전되면 틀림없이 할 말이 있을 것입니다."

이틀 하고도 한나절이 지나자 과연 조간자가 깨어났다. 그러고는 대부들에게 이같이 말했다.

"내가 상제가 사는 땅에 갔는데 매우 즐거웠소. 여러 신과 하늘 한가운데서 노닐었고, 여러 악기로 웅장한 음악이 누차 연주되는 것을 들었소. 또한 만무萬舞를 보았소. 삼대의 음악과 같지는 않았으나 그 소리가 사람의 마음을 감동시켰소. 그때 곰 한 마리가 나를 붙잡으려고 해 상제가 나에게 쏘라고 명했소. 내가 곰을 쏘아 맞추어 죽였소. 또 큰 곰 한 마리가 오자 내가 또 쏘아 맞추어 죽였소. 상제가 크게 기뻐하며 나에게 대나무 상자 두 개를 주셨소. 모두 보조 상자가 달려 있었소. 나는 한 어린애가 상제 곁에 있는 것을 보았소. 상제가 나에게 적견翟犬 한 마리를 주면서 말하기를, '너의 아들이 장성한 후 적견을 그에게 주어라'라고 했소. 상제가 또 나에게 이르기를, '진晉나라가 장차 대대로 쇠락하다가 7대에 이르러 멸망할 것이다. 영성의 사람들이 범괴范魁 서쪽에서 주나라 군사를 대파하겠지만 그 땅을 차지하지는 못할 것이다. 이제 내가 순임금의 공적을 생각해 때가 되면 순임금의 후손인 맹요孟姚라는 여인을 너의 7대손에게 시집보내겠다'라고 했소."

이 말을 들은 동안우가 기록해 보관한 뒤 편작의 말을 조간자에게 고했다. 조간자가 편작에게 밭 4만 무畝를 내렸다. 어느 날 조간자가 외출했을 때였다. 어떤 자가 길을 막고서는 쫓아도 비키지 않자 시종이 화가 나 그를 죽이려 했다. 길을 막은 자가 말했다.

"내가 주군을 배견할 일이 있소."

시종이 조간자에게 보고했다. 조간자가 그를 불러 이같이 말했다.

"아하, 나는 전에 그대를 똑똑히 본 적이 있소."

그가 말했다.

"좌우를 물리쳐주십시오. 긴히 드릴 말씀이 있습니다."

조간자가 시종들을 물러나게 했다. 길을 막은 사람이 말했다.

"주군이 병이 났을 때 제가 상제 곁에 있었습니다."

조간자가 물었다.

"아, 그랬소. 그대가 나를 보았을 때 나는 무얼 하고 있었소?"

"상제가 주군에게 곰과 큰 곰을 쏘라고 하자 모두 죽였습니다."

"그랬소. 그건 무엇을 뜻하는 것이오?"

"진나라에 장차 대란이 일어나면 주군이 제일 먼저 그 피해를 당하게 됩니다. 상제가 주군에게 두 상경을 주살하도록 한 이유입니다. 그 곰과 큰 곰은 이들의 선조입니다."

"상제가 나에게 준 대나무 상자에 모두 보조 상자가 달려 있었소. 이는 무슨 뜻이오?"

"주군의 아들이 장차 적 땅에서 두 나라를 쳐 이길 징조입니다. 그 나라는 모두 성姓이 같은 나라입니다."

"어린아이가 상제 곁에 있는 것을 보았소. 상제가 나에게 적견을 한 마리를 주면서 이르기를, '너의 아들이 장성한 후 적견을 그에게 주어라'고 했소. 어린아이에게 적견을 주라고 한 것은 무슨 뜻이오?"

"그 어린아이는 주군의 아들이고 적견은 대代나라의 선조입니다. 주군의 아들은 장차 틀림없이 대나라를 차지할 것입니다. 주군의 후예는 정사를 개혁하고 오랑캐 복장을 입을 것이며 적 땅에서 두 나라를 합병할 것입니다."

조간자가 이름을 묻고는 장차 관직을 주려고 했다. 그가 사양했다.

"저는 일개 야인으로 상제의 명만 전할 뿐입니다."

그러고는 순식간에 사라졌다. 조간자가 이를 기록해 문서 창고에 보관해두었다. 어느 날 정나라 출신 관상가인 고포자경姑布子卿이 조간자를 배견했다. 조간자가 여러 아들을 불러 관상을 보게 했다. 고포자경이 대답했다.

"장군이 될 사람이 없습니다."

조간자가 물었다.

"그러면 조씨 가문이 멸망한다는 말이오?"

고포자경이 대답했다.

"제가 길에서 한 어린애를 보았습니다. 아마 그대의 아들이겠지요."

조간자가 아들 무휼無恤을 불렀다. 무휼이 오자 고포자경이 일어나 말했다.

"이 아드님이 실로 장군감입니다."

조간자가 물었다.

"이 아이의 어미는 미천한 적나라의 비녀婢女 출신이오. 어찌해서 장차 귀하게 된다고 말하는 것이오?"

고포자경이 대답했다.

"하늘이 내려주신 인재는 비록 태생이 비천하다고 할지라도 나중에는 틀림없이 존귀하게 될 것입니다."

조간자가 여러 아들을 불러 이야기를 나누어보았다. 과연 무휼이 가장 현명했다. 한번은 조간자가 여러 아들에게 이같이 말했다.

"내가 귀중한 부절을 상산常山에 숨겨두었다. 먼저 찾은 사람에게 상으로 주겠다."

여러 아들이 상산으로 말을 달려 산에 올라가 열심히 찾았으나 결국 찾지 못했다. 무휼이 돌아와 말했다.

"이미 부절을 찾았습니다."

"말해보아라."

무휼이 대답했다.

"상산의 위에서 대나라를 내려다보니, 능히 탈취할 수 있을 것 같았습니다."

무휼이 과연 현명하다는 것을 알게 된 조간자는 태자 백로伯魯를 폐위시키고 무휼을 태자로 삼았다. 2년 뒤인 진정공 14년, 범씨와 중항씨가 난을 일으켰다. 진정공 15년 봄, 조간자가 한단의 대부 오午에게 말했다.

"위衛나라 백성 500호를 나에게 돌려주시오. 내가 이들을 진양에 안치하도록 하겠소."

오가 승낙하고 돌아갔으나 그의 부형들이 듣지 않아 약속을 어기게 되었다. 조간자가 오를 체포해 진양에 감금했다. 이어 한단 사람들에게 말했다.

"나는 독자적으로 오를 죽이려고 결심했소. 여러분은 그의 후임으로 누구를 세울 생각이오?"

그러고는 이내 오를 죽였다. 조직趙稷과 섭빈涉賓이 한단을 근거지로 삼아 모반했다. 진정공이 적진籍秦을 보내 한단을 포위하게 했다. 순인荀寅과 범길석은 조오趙午와 관계가 돈독했다. 이들은 적진을 도울 생각은 하지 않고 오히려 반란을 꾀하려 했다. 동안우가 이를 알게 되었다. 이해 10월, 범씨와 중항씨가 조간자를 쳤다. 조간자가 진양으로 달아나자 진나라 군사가 진양을 포위했다. 범길석과 순인의 원수인 위양魏襄 등은 순인을 몰아낼 계책을 꾸몄다. 이내 양영보梁嬰父로 순인을 대신하고, 범길석을 몰아낸 뒤 범고역范皐繹을 세우고자 했다. 순력이 진정공에게 진언했다.

"선군이 대신들에게 명하시기를 난을 일으킨 주동자는 죽여야 한다고 했습니다. 지금 세 명의 대신이 반란을 일으킨 주동자이거늘 단지 조앙만 쫓아내신다면 이는 형벌의 집행이 불공평한 것입니다. 이들을 모두 쫓아내십시오."

이해 11월, 순력과 한불녕韓不佞 및 위치가 진정공의 명을 받들어

범씨와 중항씨를 쳤으나 이기지 못했다. 범씨와 중항씨가 반대로 진정공을 쳤다. 진정공이 반격을 가하자 범씨와 중항씨가 패해 달아났다. 11월 정미일, 두 사람이 조가로 달아났다. 한불녕과 위치가 조간자를 사면해달라고 진정공에게 청했다. 12월 신미일, 조앙이 도성인 강성으로 들어와 진정공의 궁에서 맹서했다.

이듬해인 진정공 16년, 지씨의 우두머리인 지문자知文子가 조앙에게 말했다.

"범씨와 중항씨가 확실히 반란을 일으키기는 했지만 동안우가 중간에서 그 사정을 알고 도발한 것이다. 이는 동안우도 난을 도모하는 데 참여한 것이나 마찬가지다. 진나라 국법으로는 반란을 주동한 자는 죽이게 되어 있다. 범씨와 중항씨는 이미 그 죄를 받았으나 오직 동안우만은 건재하다."

조간자가 이 일로 고민을 했다. 동안우가 말했다.

"제가 죽으면 조씨가 안정되고 진나라가 평안해질 텐데, 제가 죽는 것이 너무 늦었습니다."

그러고는 마침내 자진했다. 조간자가 이를 지백에게 알렸다. 이후 조씨 일족이 비로소 안정되었다. 훗날 공자는 조간자가 군주의 허락도 없이 한단의 대부 조오를 체포하고, 결국 진양으로 물러나 지키고 있다는 말을 듣고는《춘추》에 이같이 썼다.

조앙이 진양을 근거지로 해 모반했다.

조간자의 가신 가운데 주사周舍라는 자가 있었다. 직언하기를 좋아했다. 주사가 죽은 뒤 조간자가 매번 조현를 열어 정무를 처리할 때

마다 언짢아했다. 대부들이 용서를 빌자 조간자가 말했다.

"대부들은 죄가 없소. 내가 듣기에 1,000마리 양의 가죽이 한 마리 여우의 겨드랑이 가죽만 못하다고 하더이다. 여러 대부가 조현에 참가할 때마다 오로지 '예, 예' 하는 공손한 응답만 들리고 주사와 같은 기탄없는 직언은 들을 수 없으니 이를 우려하는 것이오."

조간자가 이같이 한 덕분에 조 땅의 백성을 순종하게 하고 진나라 백성을 다독일 수 있었다. 진정공 18년, 조간자가 범씨와 중항씨를 조가에서 포위했다. 중항문자中行文子가 한단으로 달아났다. 이듬해인 진정공 19년, 위영공이 죽었다. 조간자와 양호가 위나라 태자 괴외를 위나라로 호송했다. 위나라에서 받아주지 않자 척戚 땅에 거주하게 했다. 진정공 21년, 조간자가 한단을 함락시키자 중항문자는 백인柏人으로 달아났다. 조간자가 또 백인을 포위하자 중항문자와 범소자范昭子는 결국 제나라로 달아났다. 조씨가 마침내 한단과 백인을 차지했다. 범씨와 중항씨의 나머지 성읍은 진나라에 귀속되었다. 조간자는 명목상 진나라의 상경이었지만 실질적으로는 진나라의 정권을 독차지했다. 봉지는 제후와 다를 바가 없었다.

진정공 30년, 진정공이 황지에서 오왕 부차와 맹주 자리를 놓고 다투었다. 조간자가 진정공을 수행했다. 마침내 오왕 부차가 맹주가 되었다. 진정공 37년, 진정공이 죽자 조간자는 삼년상을 1년으로 대체했다. 이해에 월왕 구천이 오나라를 멸했다. 진출공 11년, 지백이 정나라를 쳤다. 조간자는 병이 났기에 태자 무휼을 보내 정나라를 포위하게 했다. 지백이 술에 취해 무휼에게 억지로 술을 먹인 뒤 때렸다. 무휼의 가신들이 지백을 죽일 것을 청했다. 무휼이 반대했다.

"주군이 나를 태자로 삼으신 것은 내가 치욕을 참을 수 있는 사람이라고 생각하셨기 때문이오."

내심 지백을 불쾌하게 여겼다. 지백이 돌아와서는 이를 조간자에게 말하고 무휼을 후사의 자리에서 내쫓을 것을 권했으나 조간자는 듣지 않았다. 무휼이 지백을 원망하게 된 배경이다. 진출공 17년, 조간자가 죽자 태자 무휼이 뒤를 이었다. 그가 조양자다.

●● 趙簡子在位, 晉頃公之九年, 簡子將合諸侯戍于周. 其明年, 入周敬王于周, 辟弟子朝之故也. 晉頃公之十二年, 六卿以法誅公族祁氏‧羊舌氏, 分其邑爲十縣, 六卿各令其族爲之大夫. 晉公室由此益弱. 後十三年, 魯賊臣陽虎來奔, 趙簡子受賂, 厚遇之. 趙簡子疾, 五日不知人, 大夫皆懼. 醫扁鵲視之, 出, 董安于問. 扁鵲曰, "血脈治也, 而何怪! 在昔秦繆公嘗如此, 七日而寤. 寤之日, 告公孫支與子輿曰, '我之帝所甚樂. 吾所以久者, 適有學也. 帝告我, 晉國將大亂, 五世不安, 其後將霸, 未老而死, 霸者之子且令而國男女無別' 公孫支書而藏之, 秦讖於是出矣. 獻公之亂, 文公之霸, 而襄公敗秦師於殽而歸縱淫, 此子之所聞. 今主君之疾與之同, 不出三日疾必閒, 閒必有言也." 居二日半, 簡子寤. 語大夫曰, "我之帝所甚樂, 與百神遊於鈞天, 廣樂九奏萬舞, 不類三代之樂, 其聲動人心. 有一熊欲來援我, 帝命我射之, 中熊, 熊死. 又有一羆來, 我又射之, 中羆, 羆死. 帝甚喜, 賜我二笥, 皆有副. 吾見兒在帝側, 帝屬我一翟犬, 曰, '及而子之壯也, 以賜之.' 帝告我, '晉國且世衰, 七世而亡, 嬴姓將大敗周人於范魁之西, 而亦不能有也. 今余思虞舜之勳, 適余將以其胄女孟姚配而七世之孫.'" 董安于受言而書藏之. 以扁鵲言告簡子, 簡子賜扁鵲田四萬畝. 他日, 簡子出, 有人當道, 辟之不去, 從者怒, 將刃之. 當道者曰, "吾欲有謁於主君." 從者以聞. 簡子召之, 曰, "譆, 吾有所見子晣也." 當道者曰, "屛左右, 願有謁."

簡子屛人. 當道者曰, "主君之疾, 臣在帝側." 簡子曰, "然, 有之. 子之
見我, 我何爲?" 當道者曰, "帝令主君射熊與羆, 皆死." 簡子曰, "是, 且
何也?" 當道者曰, "晉國且有大難, 主君首之. 帝令主君滅二卿, 夫熊與
羆皆其祖也." 簡子曰, "帝賜我二笥皆有副, 何也?" 當道者曰, "主君之
子將克二國於翟, 皆子姓也." 簡子曰, "吾見兒在帝側, 帝屬我一翟犬,
曰 '及而子之長以賜之'. 夫兒何謂以賜翟犬?" 當道者曰, "兒, 主君之
子也. 翟犬者, 代之先也. 主君之子且必有代. 及主君之後嗣, 且有革政
而胡服, 幷二國於翟." 簡子問其姓而延之以官. 當道者曰, "臣野人, 致
帝命耳." 遂不見. 簡子書藏之府. 異日, 姑布子卿見簡子, 簡子遍召諸
子相之. 子卿曰, "無爲將軍者." 簡子曰, "趙氏其滅乎?" 子卿曰, "吾嘗
見一子於路, 殆君之子也." 簡子召子毋卹. 毋卹至, 則子卿起曰, "此眞
將軍矣!" 簡子曰, "此其母賤, 翟婢也, 奚道貴哉?" 子卿曰, "天所授, 雖
賤必貴." 自是之後, 簡子盡召諸子與語, 毋卹最賢. 簡子乃告諸子曰,
"吾藏寶符於常山上, 先得者賞." 諸子馳之常山上, 求, 無所得. 毋卹還,
曰, "已得符矣." 簡子曰, "奏之." 毋卹曰, "從常山上臨代, 代可取也."
簡子於是知毋卹果賢, 乃廢太子伯魯, 而以毋卹爲太子. 後二年, 晉定
公之十四年, 范·中行作亂. 明年春, 簡子謂邯鄲大夫午曰, "歸我衛士
五百家, 吾將置之晉陽." 午許諾, 歸而其父兄不聽, 倍言. 趙鞅捕午, 囚
之晉陽. 乃告邯鄲人曰, "我私有誅午也, 諸君欲誰立?" 遂殺午. 趙稷·
涉賓以邯鄲反. 晉君使籍秦圍邯鄲. 荀寅·范吉射與午善, 不肯助秦而
謀作亂, 董安于知之. 十月, 范·中行氏伐趙鞅, 鞅奔晉陽, 晉人圍之.
范吉射·荀寅仇人魏襄等謀逐荀寅, 以梁嬰父代之, 逐吉射, 以范臯繹
代之. 荀櫟言於晉侯曰, "君命大臣, 始亂者死. 今三臣始亂而獨逐鞅,
用刑不均, 請皆逐之." 十一月, 荀櫟·韓不佞·魏哆奉公命以伐范·中

行氏, 不克. 范·中行氏反伐公, 公擊之, 范·中行敗走. 丁未, 二子奔朝
歌. 韓·魏以趙氏爲請. 十二月辛未, 趙鞅入絳, 盟于公宮. 其明年, 知
伯文子謂趙鞅曰,"范·中行雖信爲亂, 安于發之, 是安于與謀也. 晉國
有法, 始亂者死. 夫二子已伏罪而安于獨在."趙鞅患之. 安于曰,"臣死,
趙氏定, 晉國寧, 吾死晚矣."遂自殺. 趙氏以告知伯, 然後趙氏寧. 孔
子聞趙簡子不請晉君而執邯鄲午, 保晉陽, 故書春秋曰'趙鞅以晉陽
畔'. 趙簡子有臣曰周舍, 好直諫. 周舍死, 簡子每聽朝, 常不悅, 大夫
請罪. 簡子曰,"大夫無罪. 吾聞千羊之皮不如一狐之腋. 諸大夫朝, 徒
聞唯唯, 不聞周舍之鄂鄂, 是以憂也."簡子由此能附趙邑而懷晉人.
晉定公十八年, 趙簡子圍范·中行于朝歌, 中行文子奔邯鄲. 明年, 衛
靈公卒. 簡子與陽虎送衛太子蒯聵于衛, 衛不內, 居戚. 晉定公二十一
年, 簡子拔邯鄲, 中行文子奔柏人. 簡子又圍柏人, 中行文子·范昭子
遂奔齊. 趙竟有邯鄲·柏人. 范·中行餘邑入于晉. 趙名晉卿, 實專晉
權, 奉邑侔於諸侯. 晉定公三十年, 定公與吳王夫差爭長於黃池, 趙簡
子從晉定公, 卒長吳. 定公三十七年卒, 而簡子除三年之喪, 期而已.
是歲, 越王句踐滅吳. 晉出公十一年, 知伯伐鄭. 趙簡子疾, 使太子毋
卹將而圍鄭. 知伯醉, 以酒灌擊毋卹. 毋卹群臣請死之. 毋卹曰,"君所
以置毋卹, 爲能忍詢."然亦慍知伯. 知伯歸, 因謂簡子, 使廢毋卹, 簡
子不聽. 毋卹由又怨知伯. 晉出公十七年, 簡子卒, 太子毋卹代立, 是
爲襄子.

양자세가

조양자 원년, 월나라가 오나라를 포위했다. 조양자는 거상 기간 동안에 음식의 가짓수를 줄이고 가신 초륭楚隆을 사자로 보내 오왕 부차를 위문했다. 조양자의 누나는 대왕의 부인이다. 조간자를 안장하고 아직 상복도 벗기 전, 조양자는 북쪽의 하옥산夏屋山에 올라 대왕을 초대했다. 요리사에게 놋쇠로 만든 국자를 들고 대왕과 그 시종들에게 음식을 권하게 했다. 술을 따를 때 몰래 낙숌이라는 이름의 백정을 시켜 국자로 대왕과 그 시종들을 쳐 죽이게 했다. 이어 군사를 일으켜 대나라를 평정했다. 이 소식을 들은 조양자의 누나는 울부짖다가 비녀를 뾰족하게 갈아서는 자진했다. 대나라 백성이 그녀를 가엾게 여겨 자진한 곳을 마계산麻筓山이라 불렀다. 조양자는 대 땅을 백로의 아들 조주趙周에게 봉하고, 대성군代成君으로 삼았다. 백로는 조양자의 형으로 원래 태자였다. 그가 일찍 죽었기에 그의 아들을 봉한 것이다.

조양자가 즉위한 지 4년이 되던 해에 지백은 한韓·위魏·조 세 가문과 함께 범씨와 중항씨의 옛 영토를 나누어 가졌다. 진출공이 노해 이 사실을 제나라와 노나라에 알린 뒤 이들의 힘을 빌려 사경四卿 (지知·조·한·위)을 치고자 했다. 겁이 난 사경은 합세해 진출공을 쳤다. 진출공은 제나라로 달아나다 도중에 죽었다. 지백이 진소공의 증손인 교驕를 옹립했다. 그가 진의공晉懿公이다.

이후 지백은 더욱 교만해졌다. 한씨와 위씨에게 땅을 요구하자 한씨와 위씨가 땅을 주었다. 조씨에게 땅을 요구했으나 조양자는 정나라를 포위했을 때 지백이 자신을 모욕한 적이 있었기에 주지 않았다. 화가 난 지백이 한씨와 위씨를 이끌고 조씨를 쳤다. 조양자가 진양으로 달아나 지켰다.

조양자의 가신 원과原過가 조양자의 뒤를 따라 수행하던 도중 왕택王澤에 이르러 세 사람을 보았다. 이들은 허리띠 위로는 보이지만 허리띠 밑으로는 보이지 않았다. 이들이 원과에게 두 마디로 된 대나무 토막을 주었다. 가운데가 뚫리지 않은 것이다. 그러면서 이같이 말했다.

"우리를 대신해 이를 무휼에게 가져다주도록 하라."

원과는 진양에 이르러 그 일을 조양자에게 알렸다. 조양자가 사흘 동안 목욕재계한 후 친히 대나무 토막을 갈랐다. 안에 붉은색 글씨가 있었다.

조무휼아, 우리는 곽태산 산양후山陽侯의 천사天使다. 3월 병술일, 우리가 장차 네게 되돌아가 지씨를 멸망시키도록 할 것이다. 너 역시 우리를 위해 100개 성읍에 사당을 세우고 제사를 지내도록 하라. 우리는 너에게 임호林胡의 땅을 주리라. 너의 후대에 군세고 용맹스러운 왕이 나타날 것이니 그는 검붉은 피부, 용의 얼굴에 새의 부리 같은 입, 서로 어우러진 귀밑머리와 눈썹 그리고 무성한 구레나룻과 턱수염이 있고,• 넓고 큰 가슴에 하체는 길고 상체는 우람하며, 옷깃을 왼쪽으로 여미고 갑옷을 입고 말을 탈 것이다. 그는 하종河宗을 모두 다 차지해 휴혼休溷과 제맥諸貉의 지역까지 이를 것이다. 남쪽으로는 진나라의 다른 성읍을 정벌하고 북쪽으로는 흑고黑姑를 멸할 것이다.

• 원문은 빈미자염鬢麋髭䫇이다. 염염은 수염鬚髯의 염髯과 같다.

조양자는 재배한 뒤 삼신三神의 명을 받아들였다. 지백이 한씨·위씨와 합세해 진양을 공격한 지 1년이 넘었다. 분수의 물을 끌어다 성에 대자 물에 잠기지 않은 성벽이 3판版 높이에 불과했다. 성안에서는 솥을 공중에 걸어둔 채 음식을 만들었다. 자식을 서로 바꿔 먹기도 했다. 신하들은 모두 딴마음을 품고 예절에 더욱 소홀해졌다. 오로지 고공高共만은 감히 예의를 흐트러뜨리지 않았다. 겁이 난 조양자가 밤중에 재상 장맹동張孟同을 보내 비밀리에 한씨 및 위씨와 내통하게 했다. 3월 병술일, 한씨·위씨와 함께 지씨를 멸하고 그 땅을 나누어 가졌다. 조양자가 논공행상을 할 때 고공을 일등공신으로 쳤다. 장맹동이 반발했다.

"진양이 난을 당했을 때 오직 고공만이 공로가 없습니다."

조양자가 말했다.

"진양이 가장 위급했을 때 모든 대신이 나태해졌으나 오직 고공만은 감히 신하로서의 예의를 잃지 않았으니 그를 제일로 친 것이다."

당시 조씨는 북쪽으로 대 땅을 차지하고 남쪽으로는 지씨를 합병해 한씨·위씨보다 강대해졌다. 마침내 100개 성읍에 삼신의 사당을 지어 제사를 지냈다. 또 원과를 보내 곽태산 사당의 제사를 주관하게 했다. 이후 조양자는 공동씨空同氏를 아내로 얻어 다섯 명의 아들을 낳았다. 조양자는 백로가 지위를 계승하지 못했기에 자신의 아들을 태자로 세우지 않고 백로의 아들 대성군에게 지위를 물려주려 했다. 대성군이 일찍 죽자 대성군의 아들 완浣을 태자로 세웠다. 조양자가 재위 33년 만에 죽자 완이 즉위했다. 그가 조헌후趙獻侯다.

조헌후는 어린 나이에 즉위해 치소治所를 중모中牟에 두었다. 조양자의 동생 조환자가 조헌후를 내쫓고 대 땅에서 스스로 자리에 올랐으나 1년 만에 죽었다. 백성들이 조환자의 즉위는 조양자의 뜻이 아니라 여겼다. 함께 조환자의 아들을 죽인 뒤 다시 조헌후를 맞이해 옹립했다. 조헌후 10년, 중산국中山國의 무공武公이 처음으로 즉위했다. 조헌후 13년, 평읍平邑에 성을 쌓았다. 조헌후 15년, 조헌후가 죽자 아들 조열후趙烈侯 적籍이 즉위했다.

●● 趙襄子元年, 越圍吳. 襄子降喪食, 使楚隆問吳王. 襄子姊前爲代王夫人. 簡子旣葬, 未除服, 北登夏屋, 請代王. 使廚人操銅枓以食代王及從者, 行斟, 陰令宰人各以枓擊殺代王及從官, 遂興兵平代地. 其姊聞之, 泣而呼天, 摩笄自殺. 代人憐之, 所死地名之爲摩笄之山. 遂以代封伯魯子周爲代成君. 伯魯者, 襄子兄, 故太子. 太子蚤死, 故封其子. 襄子立四年, 知伯與趙·韓·魏盡分其范·中行故地. 晉出公怒, 告齊·魯, 欲以伐四卿. 四卿恐, 遂共攻出公. 出公奔齊, 道死. 知伯乃立昭公曾孫驕, 是爲晉懿公. 知伯益驕. 請地韓·魏, 韓·魏與之. 請地趙, 趙不與, 以其圍鄭之辱. 知伯怒, 遂率韓·魏攻趙. 趙襄子懼, 乃奔保晉陽. 原過從, 後, 至於王澤, 見三人, 自帶以上可見, 自帶以下不可見. 與原過竹二節, 莫通. 曰, "爲我以是遺趙毋卹." 原過旣至, 以告襄子. 襄子齊三日, 親自剖竹, 有朱書曰, "趙毋卹, 余霍泰山山陽侯天使也. 三月丙戌, 余將使女反滅知氏. 女亦立我百邑, 余將賜女林胡之地. 至于後世, 且有伉王, 赤黑, 龍面而鳥噣, 鬢麋髭顧, 大膺大胸, 脩下而馮, 左袵界乘, 奄有河宗, 至于休溷諸貉, 南伐晉別, 北滅黑姑." 襄子再拜, 受三神之令. 三國攻晉陽, 歲餘, 引汾水灌其城, 城不浸者三版. 城中懸釜而炊, 易子而食. 群臣皆有外心, 禮益慢, 唯高共不敢失禮. 襄子懼, 乃夜使相張孟同私於韓·魏. 韓·魏與合謀, 以三月丙戌, 三國反滅知氏, 共分其地. 於是襄子行賞, 高共爲上. 張孟同曰, "晉陽之難, 唯共無功."

襄子曰, "方晉陽急, 群臣皆懈, 惟共不敢失人臣禮, 是以先之." 於是趙
北有代, 南幷知氏, 彊於韓·魏. 遂祠三神於百邑, 使原過主霍泰山祠
祀. 其後娶空同氏, 生五子. 襄子爲伯魯之不立也, 不肯立子, 且必欲
傳位與伯魯子代成君. 成君先死, 乃取代成君子浣立爲太子. 襄子立
三十三年卒, 浣立, 是爲獻侯. 獻侯少卽位, 治中牟. 襄子弟桓子逐獻
侯, 自立於代, 一年卒. 國人曰桓子立非襄子意, 乃共殺其子而復迎立
獻侯. 十年, 中山武公初立. 十三年, 城平邑. 十五年, 獻侯卒, 子烈侯
籍立.

열후세가

조열후 원년, 위문후가 중산국을 함락시키고 태자 격擊을 보내 지
키게 했다. 조열후 6년, 조씨가 위씨·한씨와 더불어 제후가 된 뒤 조
헌자趙獻子를 조헌후로 추존했다. 조열후는 음악을 좋아했다. 재상 공
중련公仲連에게 물었다.

"내가 좋아하는 사람이 있소. 그에게 존귀한 지위를 주어도 되겠
는가?"

공중련이 대답했다.

"부유하게 해주는 것은 괜찮지만 존귀하게 해주는 것은 안 됩니다."

조열후가 말했다.

"옳은 말이오. 정나라 출신 가수 창槍과 석石에게 각각 전지田地 1만
무를 하사할 생각이오."

"좋습니다."

이후 대답만 하고서는 주지 않았다. 한 달이 지나 조열후가 대 땅에서 돌아와 공중련에게, 가수에게 전지를 내리기로 한 일에 관해 물었다. 공중련이 대답했다.

"마땅한 곳을 물색하고 있으나 적합한 곳이 없습니다."

얼마 후 조열후가 다시 물었다. 끝내 주지 않았던 공중련은 병을 핑계로 조현에 나오지 않았다. 대 땅에서 온 파오군藩吾君이 공중련에게 물었다.

"그대는 실로 선정을 베풀려는 마음만 있을 뿐 어찌해야 좋을지 방법을 모르고 있소. 지금 그대가 조나라 재상의 지위에 있은 지 4년이나 되었소. 그런데 일찍이 인재를 천거한 적이 있소?"

"없소."

파오군이 말했다.

"우축牛畜·순흔荀欣·서월徐越 모두 인재로 천거할 만하오."

공중련은 이 세 명을 천거했다. 공중련이 조정에 나가자 조열후가 다시 물었다.

"가수의 전지는 어떻게 되었소?"

공중련이 대답했다.

"마침 좋은 곳을 고르게 하고 있습니다."

우축이 조열후를 모시면서 인의의 도리를 충고하고, 왕도로 제약하기를 권유했다. 조열후는 흔쾌히 동의했다. 다음날 순흔이 조열후를 모시면서 뛰어나고 현명한 인재를 등용하고 관리로 임명할 때도 재능 있는 사람을 쓸 것을 건의했다. 그 다음날, 서월이 조열후를 모시면서 재물을 절약하고 씀씀이를 절제하며 신하들의 공적과 덕행을 살펴 헤아릴 것을 건의했다. 이들의 건의 모두 일리가 있었다. 조열후가 크게 기뻐했다. 이내 사람을 재상에게 보내 이같이 전했다.

"가수에게 전지를 내리는 일을 잠시 중단하도록 하라."

그러고는 우축을 사師, 순흔을 중위中尉, 서월을 내사에 임명하고, 재상에게 옷 두 벌을 내렸다. 조열후 9년, 조열후가 죽자 동생 조무공趙武公이 즉위했다.

●● 烈侯元年, 魏文侯伐中山, 使太子擊守之. 六年, 魏·韓·趙皆相立爲諸侯, 追尊獻子爲獻侯. 烈侯好音, 謂相國公仲連曰, "寡人有愛, 可以貴之乎?" 公仲曰, "富之可, 貴之則否." 烈侯曰, "然. 夫鄭歌者槍· 石二人, 吾賜之田, 人萬畝." 公仲曰, "諾." 不與. 居一月, 烈侯從代來, 問歌者田. 公仲曰, "求, 未有可者." 有頃, 烈侯復問. 公仲終不與, 乃稱疾不朝. 番吾君自代來, 謂公仲曰, "君實好善, 而未知所持. 今公仲相趙, 於今四年, 亦有進士乎?" 公仲曰, "未也." 番吾君曰, "牛畜·荀欣·徐越皆可." 公仲乃進三人. 及朝, 烈侯復問, "歌者田何如?" 公仲曰, "方使擇其善者." 牛畜侍烈侯以仁義, 約以王道, 烈侯逌然. 明日, 荀欣侍以選練擧賢, 任官使能. 明日, 徐越侍以節財儉用, 察度功德. 所與無不充, 君說. 烈侯使使謂相國曰, "歌者之田且止." 官牛畜爲師, 荀欣爲中尉, 徐越爲內史, 賜相國衣二襲. 九年, 烈侯卒, 弟武公立.

조후세가

조열후의 뒤를 이은 조무공은 재위 13년 만에 죽었다. 조나라는 다시 조열후의 태자 장章을 즉위시켰다. 그가 조경후다. 이해에 위문후가 죽었다. 조경후 원년, 조무공의 아들 조조趙朝가 난을 일으켰다.

성공하지 못하고 이내 위나라로 달아났다. 조나라가 처음으로 한단에 도성을 정했다. 조경후 2년, 영구靈丘에서 제나라 군사를 물리쳤다. 조경후 3년, 늠구에서 위나라 군사를 구하고 제나라 군사를 대파했다. 조경후 4년, 위나라 군사가 토대兎臺에서 조나라 군사를 격파했다. 조나라에서는 강평剛平에 성을 쌓아서 위衛나라 공략의 근거지로 삼았다.

조경후 5년, 제나라와 위나라가 위나라를 대신해 조나라를 치고 조나라 강평을 점령했다. 조경후 6년, 초나라 병력을 빌려 위나라를 공격하고 극포棘蒲를 점령했다. 조경후 8년, 위나라 황성黃城을 함락시켰다. 조경후 9년, 제나라를 쳤다. 제나라가 연나라를 치자 조나라는 연나라를 구했다. 조경후 10년, 중산국과 방자房子에서 교전했다.

조경후 11년, 삼진이 마침내 진晉나라를 멸하고 그 땅을 나누어 가졌다. 중산국 도성을 공격하면서, 중인中人에서 교전했다. 조경후 12년, 조경후가 죽자 아들 조성후趙成侯 종種이 즉위했다. 조성후 원년, 공자 조승趙勝이 조성후에게 반기를 들었다. 조성후 2년 6월, 큰 눈이 내렸다. 조성후 3년, 태무우太戊牛가 재상이 되었다. 위衛나라를 공격해 일흔세 개의 성읍을 빼앗았다. 위나라는 인蘭 땅에서 조나라 군사를 격파했다. 조성후 4년, 진秦나라와 고안高安에서 싸워 진晉나라를 격파했다. 조성후 5년, 견鄄 땅에서 제나라를 쳤다. 위나라가 회懷 땅에서 조나라를 격파했다. 정나라를 공격해 무찌른 뒤 그 땅을 한韓나라에 주자 한나라는 첫째 아들을 조나라에 내주었다. 조성후 6년, 중산국이 장성을 쌓았다. 위나라를 공격해 탁택涿澤에서 패배시키고, 위혜왕을 포위했다.

조성후 7년, 제나라를 쳐 장성까지 이르렀다. 한나라와 함께 주나라를 쳤다. 조성후 8년, 한나라와 함께 주나라를 양분했다. 조성후 9년, 제나라와 아성阿城 아래서 교전했다. 조성후 10년, 위衛나라를 공격해 견 땅을 손에 넣었다. 조성후 11년, 진秦나라가 위나라를 쳤다. 조나라가 석아石阿로 가 위나라를 구했다. 조성후 12년, 진秦나라가 위나라의 소량을 쳤다. 조나라가 위나라를 구했다. 조성후 13년, 진 헌공이 서장庶長 국國을 보내 위나라의 소량을 공격하고, 위나라 태자와 대부 좌痤를 포로로 잡아갔다. 위나라가 회수에서 조나라 군사를 격파하고 피뢰皮牢를 빼앗았다. 조성후가 한소후韓昭侯•와 상당에서 만났다. 조성후 14년, 한나라와 합세해 진秦나라를 쳤다. 조성후 15년, 위나라를 도와 제나라를 쳤다.

조성후 16년, 한·위 두 나라와 더불어 진晉나라 영토를 나누어 가지고 진晉나라 군주를 단지端氏에 봉했다. 조성후 17년, 조성후가 위혜왕과 갈얼葛孽에서 만났다. 조성후 19년, 제·송 두 나라와 평륙平陸에서 회합하고, 연나라와 아阿 땅에서 회합했다. 조성후 20년, 위나라가 최고급 목재로 만든 서까래를 헌상했다. 이것으로 단대를 세웠다. 조성후 21년, 위나라가 조나라의 한단을 포위했다. 조성후 22년, 위혜왕이 조나라 한단을 함락시키고, 제나라 역시 계릉桂陵에서 위나라를 격파했다. 조성후 24년, 위나라가 조나라에게 한단을 돌려주었다. 위나라 왕과 장수漳水 가에서 회맹했다. 진秦나라가 조나라의 인 땅을 쳤다. 조성후 25년, 조성후가 죽었다. 공자 설緤과 태자 숙후가 다투다가 조설이 패해 한韓나라로 달아났다.

조숙후 원년, 진晉나라 군주의 단씨현端氏縣을 빼앗고 그를 둔류屯

● 시호는 원래 소회昭釐다. 회釐는 희僖와 같다. 두 자 시호가 모두 그렇듯이 문헌에 따라 소후·소회후昭釐侯·소희후昭僖侯·희후僖侯·회후釐侯 등 다양한 명칭으로 나온다.

留로 이주시켰다. 조숙후 2년, 위혜왕과 음진陰晉에서 만났다. 조숙후 3년, 공자 조범趙范이 한단을 습격했다가 이기지 못하고 전사했다. 조숙후 4년, 주나라 천자를 조현했다. 조숙후 6년, 제나라를 공격해 고당을 빼앗았다. 조숙후 7년, 공자 조각趙刻이 위나라의 수원首垣을 쳤다. 조숙후 11년, 진효공秦孝公이 상앙商鞅을 시켜 위나라를 치게 했다. 위나라 장군 공자 앙卬을 포획했다. 조나라도 위나라를 쳤다. 조숙후 12년, 진효공이 죽고 상앙도 죽었다. 조숙후 15년, 수릉壽陵을 축조했다. 위혜왕이 죽었다. 조숙후 16년, 조숙후가 대릉大陵을 유람하고 녹문鹿門을 나섰다. 대무오大戊午가 말고삐를 잡고 만류했다.

"지금은 농사 일이 급한 때입니다. 하루 일을 하지 않으면 100일 동안 먹을 것이 없습니다."

조숙후가 말에서 내려 사죄했다. 조숙후 17년, 위나라의 황성을 포위했으나 함락시키지 못했다. 장성을 쌓았다. 조숙후 18년, 제나라와 위나라가 조나라를 치자 조나라가 황하의 물을 끌어와 적들에게 부어대니 적병은 달아났다. 조숙후 22년, 장의가 진秦나라 재상이 되었다. 조자趙疵가 진秦나라와 싸워 패했다. 진秦나라 군사가 하서에서 조자를 죽이고, 조나라의 인藺과 이석離石 땅을 빼앗았다. 조숙후 23년, 장수 한거韓擧가 제나라·위나라와 싸우다 상구桑丘에서 전사했다. 조숙후 24년, 조숙후가 죽었다. 진秦·초·연燕·제·위魏가 정예병을 1만 명씩 보내 장례에 참석했다. 아들 조무령왕이 즉위했다.

◉◉ 武公十三年卒, 趙復立烈侯太子章, 是爲敬侯. 是歲, 魏文侯卒. 敬侯元年, 武公子朝作亂, 不克, 出奔魏. 趙始都邯鄲. 二年, 敗齊于靈丘. 三年, 救魏于廩丘, 大敗齊人. 四年, 魏敗我兔臺. 築剛平以侵衛. 五年, 齊·魏爲衛攻趙, 取我剛平. 六年, 借兵於楚伐魏, 取棘蒲. 八年, 拔魏黃城. 九年, 伐齊, 齊伐燕, 趙救燕. 十年, 與中山戰于房子. 十一年, 魏·韓·趙共滅晉, 分其地. 伐中山, 又戰於中人. 十二年, 敬侯卒, 子成侯種立. 成侯元年, 公子勝與成侯爭立, 爲亂. 二年六月, 雨雪. 三年, 太戊午爲相. 伐衛, 取鄕邑七十三. 魏敗我藺. 四年, 與秦戰高安, 敗之. 五年, 伐齊于鄄. 魏敗我懷. 攻鄭, 敗之, 以與韓, 韓與我長子. 六年, 中山築長城. 伐魏, 敗澮澤, 圍魏惠王. 七年, 侵齊, 至長城. 與韓攻周. 八年, 與韓分周以爲兩. 九年, 與齊戰阿下. 十年, 攻衛, 取甄. 十一年, 秦攻魏, 趙救之石阿. 十二年, 秦攻魏少梁, 趙救之. 十三年, 秦獻公使庶長國伐魏少梁, 虜其太子·痤. 魏敗我澮, 取皮牢. 成侯與韓昭侯遇上黨. 十四年, 與韓攻秦. 十五年, 助魏攻齊. 十六年, 與韓·魏分晉, 封晉君以端氏. 十七年, 成侯與魏惠王遇葛孽. 十九年, 與齊·宋會平陸, 與燕會阿. 二十年, 魏獻滎椽, 因以爲檀臺. 二十一年, 魏圍我邯鄲. 二十二年, 魏惠王拔我邯鄲, 齊亦敗魏於桂陵. 二十四年, 魏歸我邯鄲, 與魏盟漳水上. 秦攻我藺. 二十五年, 成侯卒. 公子緤與太子肅侯爭立, 緤敗, 亡奔韓. 肅侯元年, 奪晉君端氏, 徙處屯留. 二年, 與魏惠王遇於陰晉. 三年, 公子范襲邯鄲, 不勝而死. 四年, 朝天子. 六年, 攻齊, 拔高唐. 七年, 公子刻攻魏首垣. 十一年, 秦孝公使商君伐魏, 虜其將公子卬. 趙伐魏. 十二年, 秦孝公卒, 商君死. 十五年, 起壽陵. 魏惠王卒. 十六年, 肅侯遊大陵, 出於鹿門, 大戊午扣馬曰, "耕事方急, 一日不作, 百日不食." 肅侯下車謝. 十七年, 圍魏黃, 不克. 築長城. 十八年, 齊·魏伐我, 我決河水灌之, 兵去. 二十二年, 張儀相秦. 趙疵與秦戰, 敗, 秦殺疵河西, 取我藺·離石. 二十三年, 韓擧與齊·魏戰, 死于桑丘. 二十四年, 肅侯卒. 秦·楚·燕·齊·魏出銳師各萬人來會葬. 子武靈王立.

무령세가

　조무령왕 원년, 양문군陽文君 조표趙豹가 재상이 되었다. 양양왕梁襄王과 태자 사嗣, 그리고 한선왕韓宣王과 태자 창倉이 신궁信宮에 와서 조하朝賀했다. 조무령왕이 어려서 정무를 처리할 수 없었다. 박식한 관원 세 명과 좌우 사과司過 세 명이 보필했다. 정무를 처리하게 되었을 때 먼저 선왕 때의 현신인 비의肥義에게 가르침을 구하고 그의 봉록을 높여주었다. 나라 안의 여든 살 이상 되는 덕망 높은 노인에게 매월 선물을 보냈다. 조무령왕 3년, 호鄗에 성을 건축했다. 조무령왕 4년, 한나라와 우서區鼠에서 회합했다. 조무령왕 5년, 한나라 여인을 부인으로 맞이했다. 조무령왕 8년, 한나라가 진秦나라를 쳤으나 이기지 못하고 돌아갔다. 다섯 나라가 서로 왕을 칭했으나 조무령왕은 그리하지 않았다.

　"실질적인 알맹이도 없으면서 어찌 허황된 명분에 안주하겠는가?"

　그러고는 백성에게 자신을 조군趙君으로 부르게 했다. 조무령왕 9년, 한나라 및 위나라와 더불어 진秦나라를 쳤다. 그러나 진나라는 오히려 삼국 연합군을 격파하고 8만 명의 수급을 얻었다. 제나라가 관택觀澤에서 조나라를 격파했다. 조무령왕 10년, 진秦나라가 조나라의 중도中都와 서양西陽을 빼앗았다. 제나라가 연나라를 격파했다. 연나라 재상 자지가 군주 역할을 하자, 군주는 반대로 신하가 되었다. 조무령왕 11년, 무령왕이 공자公子 직職을 한나라에서 불러들여 연왕燕王으로 세우고 악지樂池를 시켜 호위하게 했다.

　조무령왕 13년, 진秦나라가 조나라의 인 땅을 함락시키고 장수 조장趙莊을 포로로 잡아갔다. 초나라와 위나라의 왕이 한단을 방문했

다. 조무령왕 14년, 조하趙何가 위나라를 쳤다. 조무령왕 16년, 진혜
문왕이 죽었다. 조무령왕이 대릉을 유람했다. 어느 날 왕이 꿈속에서
처녀가 거문고를 타며 시 한 수를 노래하는 것을 보았다. 그 내용은
이러했다.

> 미인의 광채가 눈부시다
> 농염한 모습이 능소화 같다
> 운명이여, 나의 운명이여
> 왜 나 왜영娃嬴을 몰라주나

　다른 날 조무령왕이 술을 마시며 즐기다가 몇 번이나 꿈 이야기를
하며 꿈에 보았던 미인의 용모를 상상했다. 이 이야기를 들은 오광
이 부인을 통해 그의 딸 왜영을 궁중에 들여보냈다. 그녀가 바로 맹
요다. 맹요는 조무령왕의 총애를 입었다. 그녀가 바로 혜후惠后다. 조
무령왕 17년, 조무령왕이 구문九門을 나와 조망대를 만든 뒤 제나라
와 중산국의 경내를 살폈다. 조무령왕 18년, 진무왕秦武王이 맹열孟說
과 용무늬의 붉은색 정을 들다가 정강이뼈가 부러져 죽었다. 조무령
왕은 대 땅의 재상 조고趙固를 시켜 진나라 공자 직稷을 연나라에서
영접해 진나라로 호송하게 했다. 공자 직이 보위에 오르니 그가 진
소양왕이다.

　19년 봄 정월, 신궁에서 성대한 조회를 열었다. 비의를 불러 천하
대사를 의논했다. 닷새 후에야 끝났다. 조무령왕은 북쪽으로 중산국
의 영토를 공략하고, 방자 땅에 이르러 대 땅으로 갔다. 북상해 무궁
無窮에 이르렀다. 다시 서쪽으로 황하에 이르러 황화산黃華山 꼭대기

에 올랐다. 누완樓緩을 불러 의논했다.

"나의 선왕은 세상의 변화에 따라 남방 속국의 우두머리를 하고 장수와 부수滏水의 험난한 지세를 연결해 장성을 쌓았다. 인 땅과 곽 랑郭狼을 탈취하고 임荏에서 임호를 무찌르셨으나 대업은 아직 완수하지 못했다. 지금 중산국은 우리나라의 중심에 위치하고 있다. 북쪽으로는 연나라, 동쪽으로는 동호東胡가 있다. 또 서쪽으로는 임호·누번樓煩·진秦나라·한나라의 국경과 접하고 있다. 강력한 무력이 없어 이러다가는 사직이 망하게 되었다. 어찌하면 좋겠는가? 무릇 세상에서 뛰어난 업적을 이루려면 세상의 습속을 위배했다는 책망을 받게 마련이다. 나는 호복胡服(오랑캐 옷)을 입고자 한다."

"좋습니다."

그러나 대신들 모두 이를 원치 않았다. 당시 비의가 조무령왕을 모시고 있었다. 조무령왕이 비의에게 말했다.

"조간자와 조양자 두 선군의 업적은 호와 적에 관해 이로움을 꾀한 데 있소. 신하 된 자로서, 총애를 받을 때는 부모에 대한 효와 형제에 대한 우애를 알고, 나이의 많고 적음을 알며, 현명함과 순종하는 절조가 있어야 하고, 자리에 올랐을 때는 백성을 돕고 군주에게 이롭게 하는 업적이 있어야 하오. 이 두 가지는 신하의 본분이오. 이제 나는 선군의 업적을 계승해 호와 적의 영토를 개척하고자 하오. 그러나 죽을 때까지 그런 현신을 만나지 못할 것 같소. 내가 호복을 입는 것은 적을 약하게 해 힘은 적게 들이고 공을 많이 얻을 수 있는 효과가 있기 때문이오. 백성을 고달프게 하지 않고서도 순리적으로 간자와 양자 두 선군의 업적을 계승할 수 있을 것이오. 무릇 세상에서 뛰어난 업적을 이루려면 세상의 습속을 위배했다는 책망을 받게 마련이고, 심오한 지략이 있는 자는 오만한 백성의 원망을 사게 마련이오. 이제 나는 앞으로 백성에게 호복을 착용하고 말을 타고 활을 쏘는 것을 가르치고자 하오. 세상에서는 틀림없이 과인에 관해 의론이 분분할 것이오. 어찌하면 좋겠소?"

비의가 대답했다.

"신이 듣기에 일을 할 때 머뭇거리면 성공하지 못하고 행동할 때 주저하면 명예를 얻지 못한다고 했습니다. 대왕이 기왕 세상의 습속을 위배했다는 비난을 감수하기로 결심하셨으니 세인들의 의론은 생각하실 필요가 없습니다. 무릇 최고의 덕행을 추구하는 자는 세속적인 것에 부화뇌동하지 않습니다. 큰 공적을 이루고자 하는 자는 범부凡夫와 모의하지 않는 법입니다. 옛날 순임금은 묘인苗人의 춤을 추어 이들을 감화시켰고, 우왕은 나국裸國에서 옷을 벗었습니다. 이는 욕망을 만족시키고 마음을 즐겁게 하기 위해서가 아닙니다. 덕정을 선양해 공적을 이루고자 한 것입니다. 어리석은 자는 일이 이미 성사된 뒤에도 그 연유를 모릅니다. 현명한 자만이 일이 이루어지기도 전에 파악할 수 있습니다. 대왕은 무엇을 주저하고 계십니까?"

조무령왕이 말했다.

"나는 호복을 입는 것을 주저하는 것이 아니라 천하 사람들이 나를 비웃지 않을까 그것이 두렵소. 무지한 자의 즐거움은 현명한 자의 슬픔이고, 어리석은 자가 비웃은 일은 어진 자가 통찰하고 있는 일이오. 세상에서 나를 따르는 자가 호복의 효능을 이루 다 짐작할 수가 없을 것이니 설령 세인들이 이 일로 나를 비웃을지라도 오랑캐 땅과 중산국은 내가 꼭 차지할 것이오."

조무령왕이 마침내 호복을 입었다. 조무령왕은 왕설王緤을 보내 공자_{公子} 성_成에게 말했다.

"과인이 호복을 입고 조현에 참석할 것이니 숙부도 입으시기 바라오. 집안에서는 부모의 말씀을 좇아야 하고 나라에서는 군주의 명에 복종해야 하는 것이 고금의 공인된 행동원칙이오. 아들은 부모에게 반대해서는 안 되고 신하는 군주를 거역해서는 안 되는 것이 상하 간의 통념이오. 지금 과인이 교지_{敎旨}를 내려 복장을 바꿔 입게 했소. 숙부가 입지 않으면 천하 사람들이 비난할까 두렵소. 나라를 다스리는 데는 상도가 있소. 백성을 이롭게 함이 그 근본이오.

정사에 참여하는 데는 원칙이 있소. 명에 따라 행동하는 것이 가장 중요하오. 덕정을 펴려면 먼저 백성을 이해시켜야 하고, 정령을 시행하려면 먼저 귀족들에게 신임을 얻어야 하오. 지금 호복을 입는 목적은 욕망을 만족시키고 마음을 즐겁게 하려는 것이 아니오. 일을 할 때는 목적에 도달해야 공적이 이루어지고, 일이 완성되어 공적을 이룬 후에야 비로소 완벽한 것이라고 할 수 있소.

지금 과인은 숙부가 정사참여의 원칙에 어긋나게 행동해 세상의 비난을 자초할까 두렵소. 과인이 듣기에 국익에 관련된 일은 시행할 때 사악함이 없어야 하고, 귀척_{貴戚}에 의지하면 명예에 손상을 입지 않는다고 했소. 나는 숙부의 위엄과 명망을 빌려 호복의 위업을 달성하고자 하오. 왕설을 시켜 숙부를 뵙게 했으니 부디 호복을 입도록 해주시오."

공자 성이 재배하고 머리를 조아리며 말했다.

"신은 원래 이미 대왕이 호복을 입으신다는 말을 들었습니다. 신은 재주도 없고 병들어 누워 있는 몸이라 조정에 나가 자주 진언을 드리지 못했습니다. 대왕이 저에게 명하시니 신이 감히 응대함으로 저의 우매한 충정을 다하고자 합니다. 신이 듣건대 중국은 총명하고 예지 있는 사람들이 거주하는 곳이고, 만물과 재화가 모이는 곳이고, 성현이 교화를 행한 곳이고, 인의가 베풀어진 곳이고,《시》와《서》, 예악이 쓰이는 곳이고, 특이하고 우수한 기능이 시험되는 곳이고, 먼 곳의 사람들이 관람하러 오는 곳이고, 만이가 모범으로 삼는 곳이라 합니다. 지금 대왕은 이를 버리고 먼 나라의 복장을 입으시니 이는 고대의 교화를 개변함이고, 고대의 도를 바꿈이고, 민심을 거스르는 것이고, 학자의 가르침을 저버리는 것이고, 중국의 풍속과는 동떨어진 것이니 대왕이 이를 신중히 고려하시기 바랍니다.”

사자가 이 말을 조무령왕에게 보고하자 조무령왕이 말했다.

“내가 원래 숙부가 병이 드셨다고 들었다. 친히 가서 부탁드려야겠다.”

조무령왕이 이내 공자 성의 집에 친히 찾아가 이같이 부탁했다.

“무릇 의복이란 입기에 편리하기 위한 것이고 예의란 일을 도모하는 데 편리하기 위한 것입니다. 성인은 지방의 풍속을 관찰해 그에 적합하게 행동하고, 구체적인 상황에 맞추어 예의를 제정했습니다. 이는 국민에게 이익을 가져다주고 나라를 부강하게 만들고자 한 것입니다. 머리를 짧게 자르고 몸에 문신을 하고 팔에 무늬를 아로새기고 옷깃을 왼쪽으로 여미는 것은 구월甌越 백성의 습관입니다. 이를 검게 물들이고 이마에 무늬를 새기고 물고기 가죽으로 만든 모자를 쓰고 조악하게 만들어진 옷을 입는 것은 오나라의 풍습입니다. 예법이나 복장은 같지 않으나 편리한 것을 추구하는 것은 마찬가지입니다. 지방이 다르기에 사용함에 변화가 있고 일이 다르기에 예법도 바뀌는 것입니다.

성인은 실로 나라에 이익이 된다면 그 방법을 일치시킬 필요가 없습니다. 실로 일하다가 편리하면 그 예법을 동일하게 할 필요는 없다고 여겼습니다. 유자儒者는 동일한 스승에게 전수받지만 예의 습속은 천차만별이고, 중국에도 예의는 동일하나 교화에 서로 차별이 있습니다. 하물며 산간벽지의 편리함에 대해서는 말할 것도 없습니다. 시세에 따른 취사선택의 변화에서는 총명한 사람도 억지로 일치하는 것을 요구할 수 없고, 먼 곳과 가까운 곳의 의복에 대해는 성인도 일치하는 것을 강요할 수 없습니다. 궁벽한 촌은 다른 풍속이 많으며 천박한 견해에는 궤변이 많은 법입니다. 알지 못하면서도 의심을 품지 않고 자기 의견과 달라도 비난하지 않는 것은, 공개적으로 널리 중지衆智를 모아 완벽한 것을 추구하고자 하기 때문입니다. 지금 숙부가 말씀하신 것은 일반적인 풍습이고 제가 말하는 것은 풍속을 조성하는 이치입니다.

우리나라는 동쪽으로 황하·장수가 있어 제나라 및 중산국과 공유하고 있으나 선박 시설이 없습니다. 상산에서부터 대와 상당에 이르기까지 동쪽으로는 연나라 및 동호와 변경을 맞대고 있습니다. 또 서쪽으로는 누번·진秦나라·한나라와 변경을 맞대고 있습니다. 지금 기병騎兵과 사수射手의 방비가 없습니다. 과인은 선박 시설도 없습니다. 물가에 사는 주민들이 장차 어떻게 황하와 장수를 지킬 것인가 생각했습니다. 복장을 바꾸고 말 타기와 활쏘기를 배워 연나라·삼호三胡·진秦나라·한나라의 변경을 지키자는 것입니다. 하물며 전에 조간자는 진양에서 상당에 이르는 요충지를 두절하지 않았고, 조양자는 융을 병합하고 대를 점거해 각 오랑캐 부족을 물리쳤습니다. 이는 어리석은 자나 총명한 자나 모두 잘 알고 있는 사실입니다.

전에 중산국이 제나라의 강력한 병력을 믿고 우리 땅을 치고 짓밟았습니다. 우리 백성을 약탈하고 물을 끌어대 호성을 포위했습니다. 사직의 신령이 보우하지 않았더라면 호성은 거의 지키지 못했을 것입니다. 선군은 이를 매우 수치스럽게 여겼는데도 아직 설욕하지 못했습니다. 이제 기병과 사수로 방비하면 가까이는 상당의 지형을 손쉽게 관찰할 수 있고 멀리는 중산국의 원한을 갚을 수 있습니다. 숙부는 풍속에 순종하느라 간자와 양자 두 분의 유지를 어기고 있습니다. 복장을 바꾸었다는 평판을 싫어해 호성의 수치를 망각하는 것은 과인이 바라는 바가 아닙니다."

공자 성이 재배하고 머리를 조아리며 말했다.

"신이 어리석어 왕의 깊은 뜻을 모르고 감히 세속의 견문을 아뢰었으니 이는 신의 잘못입니다. 지금 대왕이 간자와 양자의 유지를 계승하고 선왕의 뜻에 따르신다고 하니 신이 감히 명에 복종하지 않을 수 있겠습니까?"

다시 재배하고 머리를 조아렸다. 조무령왕이 호복을 입을 것을 명했다. 다음날 공자 성이 호복을 입고 조현에 나갔다. 곧 호복을 입으라는 명을 공포했다. 조문趙文·조조趙造·주소周紹·조준趙俊은 모두 조무령왕에게 호복을 입지 않는 옛날 방식이 편하다고 간했다. 조무령왕이 말했다.

"선왕의 풍속이 같지 않은데 과연 어떤 옛 방식을 본받고자 하는 것이오? 제왕들이 서로 답습하지 않소. 그러니 어떤 예법을 따르고자 하는 것이오? 복희伏羲과 신농神農은 교화에 치중하고 형벌을 사용하지 않았소. 황제와 요순은 형벌을 사용하되 잔혹하지 않았소. 삼왕에 이르러서는 시대의 변화에 따라 법규를 제정했고, 실제 상황에 따라 예법을 규정했소. 법령과 제도가 각각 실제 필요에 부합되었고, 의복과 기계는 각각 그 쓰임에 편리했소. 예법 또한 꼭 한 가지 방식일 필요가 없고 나라의 편의를 추구하는 데 반드시 옛것을 본받아야 할 필요는 없소. 성인이 나타나자 서로 답습하지 않았소. 그런데도 즉위했소. 하나라와 은나라가 쇠약해지자 예법을 바꾸지 않았소. 그런데도 멸망했소. 그렇다면 옛것을 위반했다고 해 비난할 수는 없는 것이오. 옛날의 예법을 좇았다고 해 찬양할 것도 없소.

만일 기이한 의복을 입는 자는 마음이 음탕하다면 추나라와 노나라에는 기행奇行이 없을 것이오. 풍속이 바르지 못한 곳에서는 백성이 경솔해진다면 오나라·월나라에는 덕과 재능을 겸비한 인재가 없을 것이오. 하물며 성인은 신체에 편리한 것을 의복이라 했고, 일할 때 편리한 것을 예법이라 하셨소. 무릇 진퇴進退의 예절과 의복의 제도는 일반 백성을 다스리기 위한 것이지, 현자를 논평하기 위한 것이 아니오. 백성은 세속과 어울리고 현인은 변혁과 함께하는 것이오. 옛 속담에 이르기를, '책 속의 지식으로 말을 모는 자는 말의 속성을 다 이해할 수 없고, 옛날 법도로 지금을 다스리는 자는 사리의 변화에 통달할 수 없다'고 했소. 옛 법도만 좇아서는 세속을 초월하기 어렵고, 옛 학문만 좇아서는 지금을 다스리기 어려운 법이오. 그대들은 이런 점에 생각이 미치지 못했던 것이오."

마침내 호복을 보급하고 기병과 사수를 모집했다.

조무령왕 20년, 조무령왕이 중산국의 영토를 공략해 영가寧葭에 이르렀다. 서쪽으로는 호 땅을 치고 유중榆中에 이르렀다. 임호의 왕은 말을 헌상했다. 돌아와 누완을 진秦나라, 구액仇液을 초나라, 부정富丁을 위나라, 조작趙爵을 제나라에 각각 사자로 보냈다. 대 땅의 재상 조고가 호 땅에 주둔해 관리하며 호병胡兵을 모집했다. 조무령왕 21년, 중산국을 쳤다. 조소가 우군右軍, 허균許鈞이 좌군左軍, 공자 장章이 중군을 이끌었다. 조무령왕이 이들을 총괄해 지휘했다. 우전牛翦이 전거戰車와 기병을 이끌고, 조희趙希는 호와 대의 병사를 총괄했다. 조희가 여러 군사와 더불어 골짜기를 지나 곡양曲陽에서 합류했다. 단구丹丘·화양華陽·치鴟의 요새를 공격해 점령했다. 조무령왕의 군사는 호·석읍石邑·봉룡封龍·동원東垣 등지를 점령했다. 중산국이 네 개의 성읍을 바치며 강화하고자 했다. 조무령왕이 이를 허락하고 군사를 철수시켰다.

조무령왕 23년, 다시 중산국을 쳤다. 조무령왕 25년, 혜후가 죽었다. 주소에게 호복을 입고 왕자 하何를 가르치게 했다. 조무령왕 26년, 다시 중산국을 쳤다. 이로써 탈취한 땅이 북쪽으로는 연과 대 땅까지 이르고, 서쪽으로는 운중雲中과 구원九原까지 이르게 되었다.

조무령왕 27년 5월 무신일, 동궁東宮에서 성대한 조회를 열었다. 조무령왕이 왕자 하何에게 보위를 물려주었다. 새 왕이 종묘에 고하는 예를 마치고 조정에 들어와 정무를 처리했다. 대부들 모두 신하로서 복종했다. 비의는 재상이 되어 새 왕의 사부 역할을 겸했다. 그가 조혜문왕趙惠文王이다. 조혜문왕은 혜후 오왜吳娃의 아들이다. 조무령왕은 군주의 부친이라는 뜻의 주부主父를 자칭했다. 주부는 아들에게 국정을 담당하게 하고 자신은 호복을 입고 대부들을 거느려서 서북 방면의 호 땅을 공략했다. 운중과 구원에서 곧바로 진秦나라를 습격하고자 자신이 짐짓 사자로 위장해 진나라로 들어갔다. 진소양왕은 처음에는 이 사실을 알지 못했다. 얼마 후 그의 모습이 매우 위풍당당해 신하 된 자의 풍채가 아니었음을 수상히 여기고 사람을 보내 추적하게 했다. 그러나 주부는 말을 달려 이미 진나라의 관문을 벗어났다. 자세히 조사한 후에야 그가 주부라는 것을 알았다. 진나라 백성들이 경악했다. 주부가 진나라에 잠입한 이유는 친히 지형을 관찰하고 아울러 진소양왕의 그릇을 살피고자 한 것이다.

조혜문왕 2년, 주부가 새로 확장한 땅을 순시하다가 곧 대 땅을 떠나 서쪽으로 향해 서하에서 누번왕樓煩王을 만나 그의 병사를 징발했다. 조혜문왕 3년, 중산국을 멸하고 그 왕을 부시膚施로 이주시켰다. 영수궁靈壽宮을 지었다. 이로부터 북방 지역이 조나라에 귀속되어 대 땅으로 향하는 길이 막힘없이 잘 통하게 되었다. 돌아와서는 논공행상을 하고 대사령을 내렸다. 닷새 동안 주연을 베풀고 장자長子 장章을 대 땅에 봉하고 안양군安陽君으로 삼았다. 장은 원래 사치스러웠다. 내심 동생이 보위에 오른 것에 불만을 품고 있었다. 주부가 전불례田不禮를 보내 장을 보좌하게 했다. 대부 이태李兌가 비의에게 말했다.

"공자 장은 신체가 건장하고 마음이 교만하며 따르는 무리가 많고 야심이 크니 아마도 사심이 있지 않겠소? 또 전불례의 사람됨이 잔인하고 오만하오. 두 사람이 의기투합하면 틀림없이 음모를 꾸며 반란을 일으킬 것이오. 일단 일을 벌이면 요행을 바랄 것이오. 무릇 소인에게 야심이 있으면 생각이 경솔하고 책략이 천박해 단지 이익만을 생각할 뿐 재난은 고려하지 않소. 유유상종해 서로 부추겨 함께 재난의 심연에 빠져드는 이유요. 내가 보기에는 틀림없이 그럴 날이 멀지 않았소. 그대는 책임이 막중하고 권세가 크니 변란이 당신에게 시작되어 화가 당신에게 모여들 것이오. 그대는 틀림없이 제일 먼저 해를 입을 것이오. 인자는 만물을 두루 사랑하고, 지자智者는 재해가 아직 형성되기 전에 방비하는 법이오. 인자하지도 않고 총명하지도 않으면 어떻게 나라를 다스릴 수 있겠소? 그대는 어찌해서 병을 핑계 삼고 두문불출해 정사를 공자 성成에게 맡기지 않는 것이오? 원망이 쏟아지는 대상이 되지도 말고, 재앙을 전달하는 자가 되지도 마시오."

비의가 반대했다.

"안 되오. 당초 주부가 왕을 나에게 부탁하며 이르기를, '그대의 법도를 바꾸지 말고 그대의 생각을 달리하지 말며 한마음을 굳게 지키면서 일생을 마치도록 하라!'고 했소. 나는 재배해 명을 받고 기록해 두었소. 이제 전불례의 난을 두려워해 나의 기록을 망각하면 이보다 더 큰 변절이 어디 있겠소? 조정에 나가 엄숙한 사명을 받고, 물러나와 전력을 다하지 않으면 이보다 더 심한 배신이 어디 있겠소? 변절하고 배신한 신하는 형벌이 용납하지 않을 것이오. 속담에 이르기를, '죽은 자가 다시 살아난다 해도 산 자는 그에 관해 결코 부끄럽지 않다'고 했소. 내가 이미 말한 이상 언약을 완전히 이루고자 하오. 어찌 일신의 안전을 구할 수 있겠소? 지조 있는 신하는 재난이 닥쳐야 절조가 나타나고, 충신은 재앙이 닥쳐야 그 행위가 분명해진다고 했소. 그대는 이미 나에게 가르침을 베풀었고 충고도 해주었소. 나는 이미 내가 한 말에 끝까지 거스르지 않는 행동을 할 뿐이오."

이태가 말했다.

"좋소. 최선을 다하도록 하시오. 내가 그대를 볼 수 있는 것도 올해뿐일 듯싶소."

그러고는 흐느끼며 나갔다. 이태는 누차 공자 성을 만나 전불례의 반란에 방비했다. 다른 날, 비의가 신기信期에게 말했다.

"공자 장과 전불례는 실로 우환거리입니다. 이들은 겉으로는 좋은 말을 하지만 실은 악독한 자들입니다. 이들은 자식으로서는 불효하고 신하로서는 불충합니다. 제가 듣기에 간신이 조정에 있으면 나라의 재앙이고, 참신讒臣이 궁중에 있으면 군주의 좀 벌레라고 했습니다. 이들은 탐욕스럽고 야심이 큽니다. 안에서는 군주의 총애를 얻고, 밖에서는 잔악하고 포악합니다. 이들에게는 왕명을 사칭하며 오만무례하게 굴다가 갑작스러운 명을 멋대로 내리는 것이 어려운 일도 아닙니다. 재난이 장차 나라에 이르게 될 것입니다. 지금 저는 이 일이 걱정되어 밤이 되어도 자는 것을 잊고, 배가 고파도 먹는 것을 잊고 삽니다. 도적이 출몰하고 있으니 방비하지 않을 수 없습니다. 지금부터 군왕을 알현하고자 하는 사람이 있다면 반드시 먼저 저를 만나도록 할 것입니다. 제가 먼저 몸으로 막고, 이상한 조짐이 없어야 비로소 알현하도록 할 것입니다."

"좋소. 내가 이런 말을 들을 수 있게 되니 말이오."

조혜문왕 4년, 조회를 열어 신하들을 부르자 안양군도 와 조현했다. 주부가 조혜문왕에게 정무를 처리하도록 했다. 자신은 곁에서 신하와 왕실 종친들의 예의를 살펴보았다. 장자 장이 의기소침해* 오히려 신하로서 북면北面하고 동생의 아래에 굴신屈身한 것을 보고는 내심 불쌍히 여겼다. 조나라를 양분해 장을 대 땅의 왕으로 봉하고자 했다. 이 계책은 결정도 되지 않은 채 중지되었다.

주부가 왕과 함께 사구沙丘에 유람을 갔을 때 서로 다른 궁에 묵었다. 공자 장이 그의 도당과 전불례를 믿고 난을 일으켜 주부의 명을 사칭해 왕을 불렀다. 먼저 들어간 비의가 이들에 의해 죽임을 당했

● 원문은 래연㒤然이다. 㒤는 피곤하거나 의기가 저상沮喪된 것을 뜻하는 㒤僄의 약자다.

다. 고신高信은 곧바로 왕과 함께 공자 장의 병사에 대응해 전투를 했다. 도성에서 달려온 공자 성과 이태가 네 개 읍의 병사를 일으켜 변란에 대항했다. 이내 공자 장과 전불례를 죽이고 이들의 도당을 멸해 왕실을 안정시켰다.

공자 성은 재상이 되어 안평군安平君으로 불리었고, 이태는 사구가 되었다. 앞서 공자 장이 패해 주부가 있는 곳으로 달아나자 주부가 그를 받아들이니 공자 성과 이태는 주부의 궁을 포위했다. 결국 공자 장이 죽자 공자 성과 이태가 이같이 말했다.

"공자 장 때문에 주부를 포위했다. 만일 군사를 철수시킨다면 우리는 멸족을 당할 것이다."

그러고는 계속 주부를 포위했다. 궁중 사람들에게 고했다.

"궁에서 늦게 나오는 자는 멸족시키겠다."

궁중 사람들이 모두 나왔다. 주부는 나오고 싶었지만 그럴 수 없었다. 먹을 것이 없어 참새 새끼를 구해 먹다가 약 석 달 뒤 사구궁沙丘宮에서 아사했다. 주부가 죽은 것이 확실해지자 비로소 발상發喪하고 제후들에게 부음을 전했다. 당시 조혜문왕은 어렸다. 공자 성과 이태가 대권을 장악하고 주살될 것이 두려워 주부를 포위했던 것이다. 주부는 원래 장자 장을 태자로 삼았으나 이후 오왜를 얻자 그녀를 총애했다. 몇 년을 그녀의 궁에서 떠나지 않다가 아들 하何를 낳자 태자 장을 폐위시키고 하를 후사로 삼았다. 오왜가 죽자 공자 하에 관한 사랑이 식고 원래의 태자를 불쌍히 여겼다. 두 사람을 모두 왕으로 삼으려다가 우물쭈물 결정하지 못한 이유다. 난이 일어나 부자가 모두 죽는 지경에 이르게 되었다. 이로써 후대인의 비웃음을 사게 되었으니 이 어찌 애석한 일이 아니겠는가!

••武靈王元年, 陽文君趙豹相. 梁襄王與太子嗣, 韓宣王與太子倉來朝信宮. 武靈王少, 未能聽政, 博聞師三人, 左右司過三人. 及聽政, 先問先王貴臣肥義, 加其秩, 國三老年八十, 月致其禮. 三年, 城鄗. 四年, 與韓會于區鼠. 五年, 娶韓女爲夫人. 八年, 韓擊秦, 不勝而去. 五國相王, 趙獨否, 曰, "無其實, 敢處其名乎!" 令國人謂己曰'君'. 九年, 與韓·魏共擊秦, 秦敗我, 斬首八萬級. 齊敗我觀澤. 十年, 秦取我中都及西陽. 齊破燕. 燕相子之爲君, 君反爲臣. 十一年, 王召公子職於韓, 立以爲燕王, 使樂池送之. 十三年, 秦拔我藺, 虜將軍趙莊. 楚·魏王來, 過邯鄲. 十四年, 趙何攻魏. 十六年, 秦惠王卒. 王遊大陵. 他日, 王夢見處女鼓琴而歌詩曰, "美人熒熒兮, 顏若苕之榮. 命乎命乎, 曾無我嬴!" 異日, 王飮酒樂, 數言所夢, 想見其狀. 吳廣聞之, 因夫人而內其女娃嬴. 孟姚也. 孟姚甚有寵於王, 是爲惠后. 十七年, 王出九門, 爲野臺, 以望齊·中山之境. 十八年, 秦武王與孟說擧龍文赤鼎, 絶臏而死. 趙王使代相趙固迎公子稷於燕, 送歸, 立爲秦王, 是爲昭王. 十九年春正月, 大朝信宮. 召肥義與議天下, 五日而畢. 王北略中山之地, 至於房子, 遂之代, 北至無窮, 西至河, 登黃華之上. 召樓緩謀曰, "我先王因世之變, 以長南藩之地, 屬阻漳·滏之險, 立長城, 又取藺·郭狼, 敗林人於荏, 而功未遂. 今中山在我腹心, 北有燕, 東有胡, 西有林胡·樓煩·秦·韓之邊, 而無彊兵之救, 是亡社稷, 奈何? 夫有高世之名, 必有遺俗之累. 吾欲胡服." 樓緩曰, "善." 群臣皆不欲. 於是肥義侍, 王曰, "簡·襄主之烈, 計胡·翟之利. 爲人臣者, 寵有孝弟長幼順明之節, 通有補民益主之業, 此兩者臣之分也. 今吾欲繼襄主之跡, 開於胡·翟之鄉, 而卒世不見也. 爲敵弱, 用力少而功多, 可以毋盡百姓之勞, 而序往古之勳. 夫有高世之功者, 負遺俗之累, 有獨智之慮者, 任驁民之怨. 今吾將胡服騎射以敎百姓, 而世必議寡人, 奈何?"肥義曰,"臣聞疑事無功, 疑行無名. 王旣定負遺俗之慮, 殆無顧天下之議矣. 夫論至德者不和於俗, 成大功者不謀於衆. 昔者舜舞有苗, 禹祖裸國, 非以養欲而樂志也, 務以論德而約功也. 愚者闇成事, 智者覩未形, 則王何疑焉."王曰,"吾不疑胡服也, 吾恐天下笑我也. 狂夫之樂, 智者哀焉, 愚者所笑, 賢者察焉. 世有順我者, 胡服之功未可知也. 雖驅世以笑我, 胡地中山吾必有之."於是遂胡服矣. 使王緤告公子成曰,"寡人胡服, 將以朝也. 亦欲叔服之. 家聽於親而國聽於君, 古今之公行也. 子不反親, 臣不逆君, 兄弟之通義也. 今寡人作敎易服而叔不服, 吾恐天下議之也. 制國有常, 利民爲本, 從政有經, 令行爲上. 明德先論於賤, 而行政先信於貴. 今胡服之意, 非以養欲而樂志也, 事有所止而功有所出, 事成功立, 然後善也. 今寡人恐叔之逆從政之經, 以輔叔之議. 且寡人聞之, 事利國者行無邪, 因貴戚者名不累, 故願慕公叔之義, 以成胡服之功. 使緤謁之叔, 請服焉."公子成再拜稽首曰,"臣固聞王之胡服也. 臣不佞, 寢疾, 未能趨走以滋進也. 王命之, 臣敢對, 因竭其愚忠. 曰, 臣聞中國者, 蓋聰明徇智之所居也, 萬物財用之所聚也, 賢聖之所敎也, 仁義之所施也, 詩書禮樂之所用也, 異敏技能之所試也, 遠方之所觀赴也, 蠻夷之所義行也. 今王舍此而襲遠方之服, 變古之敎, 易古人道, 逆人之心, 而怫學者, 離中國, 故臣願王圖之也."使者以報. 王曰,"吾固聞叔之疾也, 我將自往請之."王遂往之公子成家, 因自請之, 曰,"夫服者, 所以便用也, 禮者, 所以便事也. 聖人觀鄉而順宜, 因事而制禮, 所以利其民而厚其國也. 夫翦髮文身, 錯臂左衽, 甌越之民也. 黑齒雕題, 郤冠秫絀, 大吳之國也. 故禮服莫同, 其便一也. 鄉異而用變, 事異而禮易. 是以聖人果可以利其國, 不一其用, 果可以便其事, 不同其禮. 儒者一師而俗異,中國同禮而教離, 況於山谷之便乎? 故去就之變, 智者不能一, 遠近之服, 賢聖不能同. 窮鄉多異, 曲學多辯. 不知而不疑, 異於己而不非者, 公焉而衆求盡善也. 今叔之所言者俗也, 吾所言者所以制俗也. 吾國東有河·薄洛之水, 與齊·中山同之, 無舟楫之用. 自常山以至代·上黨, 東有燕·東胡之境, 而西有樓煩·秦·韓之邊, 今無騎射之備. 故寡人無舟楫之用, 夾水居之民, 將何以守河·薄洛之水, 變服騎射, 以備燕·三胡·秦·韓之邊. 且昔者簡主不塞晉陽以及上黨, 而襄主幷戎取代以攘諸胡, 此愚智所明也. 先時中山負齊之彊兵, 侵暴吾地, 係累吾民, 引水圍鄗, 微社稷之神靈, 則鄗幾於不守也. 先王醜之, 而怨未能報也. 今騎射之備, 近可以便上黨之形, 而遠可以報中山之怨. 而叔順中國之俗以逆簡·襄之意, 惡變服之名以忘鄗事之醜, 非寡人之所望也." 公子成再拜稽首曰, "臣愚, 不達於王之義, 敢道世俗之聞, 臣之罪也. 今王將繼簡·襄之意以順先王之志, 臣敢不聽命乎!" 再拜稽首. 乃賜胡服. 明日, 服而朝. 於是始出胡服令也. 趙文·趙造·周袑·趙俊皆諫止王毋胡服, 如故法便. 王曰, "先王不同俗, 何古之法? 帝王不相襲, 何禮之循? 虙戲·神農教而不誅, 黃帝·堯·舜誅而不怒. 及至三王, 隨時制法, 因事制禮. 法度制令各順其宜, 衣服器械各便其用. 故禮也不必一道, 而便國不必古. 聖人之興也不相襲而王, 夏·殷之衰也不易禮而滅. 然則反古未可非, 而循禮未足多也. 且服奇者志淫, 則是鄒·魯無奇行也, 俗辟者民易, 則是吳·越無秀士也. 且聖人利身謂之服, 便事謂之禮. 夫進退之節, 衣服之制者, 所以齊常民也, 非所以論賢者也. 故齊民與俗流, 賢者與變俱. 故諺曰 '以書御者不盡馬之情, 以古制今者不達事之變'. 循法之功, 不足以高世, 法古之學, 不足以制今. 子不及也." 遂胡服招騎射. 二十年, 王略中山地, 至寧葭, 西略胡地, 至楡中. 林胡王獻

馬. 歸, 使樓緩之秦, 仇液之韓, 王賁之楚, 富丁之魏, 趙爵之齊. 代相
趙固主胡, 致其兵. 二十一年, 攻中山. 趙袑爲右軍, 許鈞爲左軍, 公子
章爲中軍, 王幷將之. 牛翦將車騎, 趙希幷將胡・代. 趙與之陘, 合軍曲
陽, 攻取丹丘・華陽・鴟之塞. 王軍取鄗・石邑・封龍・東垣. 中山獻四
邑和, 王許之, 罷兵. 二十三年, 攻中山. 二十五年, 惠后卒. 使周袑胡
服傅王子何. 二十六年, 復攻中山, 攘地北至燕・代, 西至雲中・九原.
二十七年五月戊申, 大朝於東宮, 傳國, 立王子何以爲王. 王廟見禮畢,
出臨朝. 大夫悉爲臣, 肥義爲相國, 幷傅王. 是爲惠文王. 惠文王, 惠后
吳娃子也. 武靈王自號爲主父. 主父欲令子主治國, 而身胡服將士大
夫西北略胡地, 而欲從雲中・九原直南襲秦, 於是詐自爲使者入秦. 秦
昭王不知, 已而怪其狀甚偉, 非人臣之度, 使人逐之, 而主父馳已脫關
矣. 審問之, 乃主父也. 秦人大驚. 主父所以入秦者, 欲自略地形, 因觀
秦王之爲人也. 惠文王二年, 主父行新地, 遂出代, 西遇樓煩王於西河
而致其兵. 三年, 滅中山, 遷其王於膚施. 起靈壽, 北地方從, 代道大通.
還歸, 行賞, 大赦, 置酒酺五日, 封長子章爲代安陽君. 章素侈, 心不服
其弟所立. 主父又使田不禮相章也. 李兌謂肥義曰, "公子章彊壯而志
驕, 黨衆而欲大, 殆有私乎? 田不禮之爲人也, 忍殺而驕. 二人相得, 必
有謀陰賊起, 一出身徼幸. 夫小人有欲, 輕慮淺謀, 徒見其利而不顧其
害, 同類相推, 俱入禍門. 以吾觀之, 必不久矣. 子任重而勢大, 亂之所
始, 禍之所集也, 子必先患. 仁者愛萬物而智者備禍於未形, 不仁不智,
何以爲國? 子奚不稱疾毋出, 傳政於公子成? 毋爲怨府, 毋爲禍梯." 肥
義曰, "不可. 昔者主父以王屬義也, 曰, '毋變而度, 毋異而慮, 堅守一
心, 以歿而世.' 義再拜受命而籍之. 今畏不禮之難而忘吾籍, 變孰大焉.
進受嚴命, 退而不全, 負孰甚焉. 變負之臣, 不容於刑. 諺曰 '死者復生,

生者不愧'. 吾言已在前矣, 吾欲全吾言, 安得全吾身! 且夫貞臣也難至
而節見, 忠臣也累至而行明. 子則有賜而忠我矣, 雖然, 吾有語在前者
也, 終不敢失."李兌曰, "諾, 子勉之矣! 吾見子已今年耳."涕泣而出.
李兌數見公子成, 以備田不禮之事. 異日肥義謂信期曰, "公子與田不
禮甚可憂也. 其於義也聲善而實惡, 此爲人也不子不臣. 吾聞之也, 姦
臣在朝, 國之殘也, 讒臣在中, 主之蠹也. 此人貪而欲大, 內得主而外爲
暴. 矯令爲慢, 以擅一旦之命, 不難爲也, 禍且逮國. 今吾憂之, 夜而忘
寐, 飢而忘食. 盜賊出入不可不備. 自今以來, 若有召王者必見吾面, 我
將先以身當之, 無故而王乃入."信期曰, "善哉, 吾得聞此也!"四年, 朝
群臣, 安陽君亦來朝. 主父令王聽朝, 而自從旁觀窺群臣宗室之禮. 見
其長子章傫然也, 反北面爲臣, 詘於其弟, 心憐之, 於是乃欲分趙而王
章於代, 計未決而輟. 主父及王遊沙丘, 異宮, 公子章卽以其徒與田不
禮作亂, 詐以主父令召王. 肥義先入, 殺之. 高信卽與王戰. 公子成與李
兌自國至, 乃起四邑之兵入距難, 殺公子章及田不禮, 滅其黨賊而定王
室. 公子成爲相, 號安平君, 李兌爲司寇. 公子章之敗, 往走主父, 主父
開之, 成·兌因圍主父宮. 公子章死, 公子成·李兌謀曰, "以章故圍主
父, 卽解兵, 吾屬夷矣."乃遂圍主父. 令宮中人"後出者夷", 宮中人悉
出. 主父欲出不得, 又不得食, 探爵鷇而食之, 三月餘而餓死沙丘宮. 主
父定死, 乃發喪赴諸侯. 是時王少, 成·兌專政, 畏誅, 故圍主父. 主父
初以長子章爲太子, 後得吳娃, 愛之, 爲不出者數歲, 生子何, 乃廢太子
章而立何爲王. 吳娃死, 愛弛, 憐故太子, 欲兩王之, 猶豫未決, 故亂起,
以至父子俱死, 爲天下笑, 豈不痛乎!

혜문세가

조혜문왕 5년, 막鄭과 역易 땅을 연나라에게 주었다. 조혜문왕 8년, 남행당南行唐에 성을 쌓았다. 조혜문왕 9년, 조량趙梁이 장군이 되어 제나라 군사와 연합, 한나라를 공격해 노관魯關 아래까지 이르렀다. 조혜문왕 10년, 진나라가 스스로 서제西帝를 칭했다. 조혜문왕 11년, 동숙董叔이 위나라와 송나라를 쳤다. 위나라로부터 하양河陽을 얻었다. 진나라가 경양梗陽을 빼앗았다. 조혜문왕 12년, 조량이 군사를 이끌고 제나라를 쳤다. 조혜문왕 13년, 한서韓徐가 장군이 되어 제나라를 쳤다. 공주公主가 죽었다. 조혜문왕 14년, 재상 악의가 조·진秦·한·위·연나라 연합군을 이끌고 제나라를 공격해 영구靈丘를 빼앗았다. 진秦나라와 중양에서 회합했다. 조혜문왕 15년, 연소왕이 와서 회동했다. 조나라가 한·위·진秦나라와 함께 제나라를 쳤다. 제나라가 패퇴했다. 연나라 군사가 단독으로 깊숙이 진공해 제나라 도성 임치를 점령했다. 조혜문왕 16년, 진나라가 다시 조나라와 누차 제나라를 치자 제나라 백성이 매우 걱정했다. 유세객 소려蘇厲가 제나라를 위해 조나라 왕에게 서신을 올렸다.

신이 듣건대, 고대의 현군은 그의 덕행이 천하에 퍼지지도 않았고, 교화가 모든 백성에게 널리 베풀어지지도 않았습니다. 사시사철의 제물祭物도 늘 조상에게 바치는 것도 아니었지만, 감로甘露가 내리고 때 알맞게 비가 오며 오곡이 풍성하고 백성은 역질에 걸리지 않았습니다. 모든 사람이 이를 찬양했지만, 오히려 현명한 군주는 더욱더 분발했다고 합니다.

지금 물론 대왕에게는 선행과 공로가 있습니다만 그것들이 은혜로서 늘 진秦나라에게 베풀어지는 것이 아니고, 또 진나라도 제나라에 관해 원래 그리 원망이나 쌓인 분노가 특별히 심한 것은 아닙니다. 진나라와 조나라는 서로 합세해 강제로 한나라에 출병하기를 요구했습니다. 이것이 진나라가 실로 조나라를 사랑하는 것입니까? 그리고 진나라가 실로 제나라를 증오하는 것입니까? 일이 도에 지나치다면 현명한 군주는 냉정하게 관찰해보아야 할 것입니다. 진나라는 결코 조나라를 사랑하거나 제나라를 증오하는 것이 아니고, 한나라를 멸망시켜 동주·서주의 두 소국을 집어삼키기 위해 제나라를 미끼로 천하를 유혹하고 있는 것입니다. 그리고 일이 성공하지 못할까 두려워서, 군사를 동원해 위나라와 조나라를 협박하고 있습니다. 천하의 제후들이 자신을 경외할까 걱정되자 인질을 보내 신임을 얻고, 또 천하의 제후들이 금방 반기를 들까 두려운 나머지 한나라에서 군사를 징집해 위협했습니다. 겉으로는 우방에 덕을 베푼다고 하지만, 실은 병력이 비어 있는 한나라를 정벌하기 위한 것이니 신은 진나라의 계책이 틀림없이 이런 생각에서 나온 것이라고 생각합니다.

무릇 세상일은 원래 형세가 다르면서도 우환은 같은 법입니다. 초나라가 오랫동안 공격을 당했으나 중산국이 멸망했습니다. 이제 제나라가 오랫동안 공격을 당하니 한나라는 틀림없이 멸망할 것입니다. 제나라를 무찌르면 대왕은 여섯 나라와 그 이익을 나누게 될 것입니다. 그러나 한나라를 멸망시키면 진秦나라에서 이를 독점할 것이고, 또 동주와 서주를 점령하고 서쪽으로 주周 왕실의 제기를 빼앗으면 진秦나라가 혼자 이를 소유할 것입니다. 논밭을 백성에게 나누어주는 일이라도 그 효과를 따지는 법이거늘, 대왕이 얻는 이익은 진秦나라와 비교해 어느 쪽이 더 많겠습니까?

유세객이 말하기를, "한나라가 삼천을 잃고 위나라가 원래 진秦나라 땅이었던 일대를 잃으면 얼마 안 있어 재앙이 이미 조나라에 미칠 것이다"라고 했습니다. 연나라가 제나라의 북부 일대를 모두 점령하면 조나라의 사구沙丘‧거록鉅鹿까지는 300리도 되지 않습니다. 한나라의 상당에서 조나라의 한단까지는 100리입니다. 연나라와 진나라가 왕의 영토를 빼앗으려 하면 지름길로 300리면 통할 수 있을 것입니다.

진나라의 상군上郡은 정관挺關에서 가깝고, 유중까지는 1,500리이니 진나라가 삼군三郡의 병력으로 대왕의 상당을 공격하면 양장羊腸 서쪽과 구주산句注山 남쪽의 땅은 대왕의 소유가 되지 못할 것입니다. 진나라가 구주산을 넘어 상산을 차단하고 그곳에 주둔하면 300리 거리로 연나라와 직통할 수 있고, 대 땅의 준마와 호 땅의 양견良犬은 더는 동쪽 조나라로 내려오지 못할 것입니다. 곤산昆山의 옥 또한 조나라로 운반되어 나오지 못할 것입니다. 이 세 가지 보물 역시 대왕의 소유가 되지 못할 것입니다. 대왕은 오랫동안 제나라를 정벌하셨고 강력한 진秦나라를 따라 한나라를 쳤으니 그 화가 틀림없이 이런 지경까지 이를 것입니다. 원컨대 대왕은 이 문제를 깊이 고려해주시기 바랍니다.

하물며 제나라가 정벌을 당한 이유는 제나라가 대왕을 섬겼기 때문이고, 천하의 제후들이 합세해 군사를 일으킨 것은 대왕을 도모하기 위한 것입니다. 연나라와 진나라가 맹약해 출병할 날이 얼마 남지 않았습니다. 이내 다섯 나라가 대왕의 땅을 삼분하려 할 것입니다. 그러나 제나라는 다섯 나라의 맹약을 어기고 대왕의 우환을 없애드리기 위해 희생하겠습니다. 즉 서쪽으로 출병해 강한 진나라를 제압하고, 진나라에게 제호帝號를 폐지하게 하고 고평高平과 근유根柔를 위나라에 돌려주도록 하며 경분巠分과 선유先兪를 조나라에 돌려주도록 하겠습니다. 제나라는 대왕을 섬기는 것이 최상의 친교임에 틀림없습니다. 지금 대왕은 오히려 우리를 치죄하시니 신은 나중에 대왕을 섬기려는 천하 사람들이 자신 있게 실행하지 못할까 두렵습니다. 원컨대 대왕은 이 점을 깊이 생각해주십시오.

이제 대왕이 천하 제후들과 함께 제나라를 치지 않으신다면 천하는 틀림없이 대왕이 정의롭다고 여길 것입니다. 제나라는 사직을 보존했기에 더욱더 충실히 대왕을 받들 것이고, 천하 제후들은 틀림없이 대왕의 정의로움을 존중할 것입니다. 대왕은 천하의 제후를 거느리고 진나라와 우호를 다지실 수 있습니다. 만일 진나라가 포악하게 굴면 천하의 제후들을 거느리고 그 나라를 제지하실 도성이 있으니 이는 일대의 영예와 영광이 모두 대왕이 마음먹기에 달려 있다는 것입니다.

조나라는 군사를 철수시키고, 진秦나라의 제의를 거절해 제나라를 치지 않았다. 조혜문왕이 연나라 왕과 만났다. 염파가 장수가 되어 제나라의 석양昔陽을 공격해 빼앗았다. 조혜문왕 17년, 악의가 조나라 군사를 이끌고 위나라의 백양을 쳤다. 진나라는 조나라가 자기 나라와 함께 제나라를 치지 않은 것을 원망해 조나라를 치고 두 개의 성을 빼앗았다. 조혜문왕 18년, 진나라가 조나라의 석성石城을 빼앗았다. 조나라 왕은 다시 위衛나라의 동양東陽으로 가 황하의 물줄기를 터서 위나라를 쳤다. 큰비가 내려 장수 가가 범람했다. 진나라의 위염魏冉이 와서 조나라 재상이 되었다. 조혜문왕 19년, 진나라가 조나라의 두 개 성읍을 빼앗았다. 조나라가 백양을 위나라에게 돌려주었다. 조사趙奢가 장수가 되어 제나라의 맥구麥丘를 공격해 점령했다.

조혜문왕 20년, 염파가 장수가 되어 제나라를 쳤다. 조혜문왕이 진소양왕과 서하에서 만났다. 조혜문왕 21년, 조나라는 장수의 물줄기를 바꿔 무평武平 서쪽으로 흐르게 했다. 조혜문왕 22년, 역질이 크게 유행했다. 공자 단丹을 태자로 삼았다. 조혜문왕 23년, 누창樓昌이 장수가 되어 위나라의 기幾 땅을 쳤으나 점령하지 못했다. 이해 12월, 염파가 장수가 되어 기 땅을 공격해 점령했다. 조혜문왕 24년, 염파가 장수가 되어 위나라의 방자를 공격해 빼앗고 거기에 성을 쌓은 뒤 돌아왔다. 또 안양安陽을 공격해 점령했다. 조혜문왕 25년, 연주燕周가 장수가 되어 제나라의 창성昌城과 고당을 공격해 빼앗았다. 위나라와 함께 진秦나라를 쳤다. 진나라 장수 백기는 조나라 군사를 화양에서 쳐부수고 장수 한 명을 포획했다. 조혜문왕 26년, 동호에 점령당했던 대 땅을 도로 빼앗았다. 조혜문왕 27년, 장수의 물줄기를 바꿔 무평의 남쪽으로 흐르게 했다. 조표를 평양군으로 삼았다. 황하가 범람해 큰 홍수가 났다.

조혜문왕 28년, 인상여藺相如가 제나라를 공격해 평읍에 이르렀다. 행진을 멈추고는 북쪽 구문에 큰 성을 쌓았다. 연나라 장수 성안군成安君 공손조公孫操가 군주를 시해했다. 조혜문왕 29년, 진나라와 한나라가 합세해 조나라를 공격해 알여閼與*를 포위했다. 조나라가 조사

● 알여는 조나라 장수 조사趙奢가 진나라 군사를 격파한 곳이다. 알閼의 음을 두고 《사기정의》는 어련반於連反이라 했으나 이는 잘못이다. 흉노 선우의 부인을 뜻하는 연지閼氏의 의미

를 장수로 삼아 진나라를 쳤다. 알여성 아래서 진나라 군사를 대파했다. 조혜문왕이 조사에게 마복군馬服君의 군호를 내렸다. 조혜문왕 33년, 조혜문왕이 죽고 태자 단이 즉위했다. 그가 조효성왕이다.

●● 五年, 與燕鄭·易. 八年, 城南行唐. 九年, 趙梁將, 與齊合軍攻韓, 至魯關下. 及十年, 秦自置爲西帝. 十一年, 董叔與魏氏伐宋, 得河陽於魏. 秦取梗陽. 十二年, 趙梁將攻齊. 十三年, 韓徐爲將, 攻齊. 公主死. 十四年, 相國樂毅將趙·秦·韓·魏·燕攻齊, 取靈丘. 與秦會中陽. 十五年, 燕昭王來見. 趙與韓·魏·秦共擊齊, 齊王敗走, 燕獨深入, 取臨菑. 十六年, 秦復與趙數擊齊, 齊人患之. 蘇厲爲齊遺趙王書曰, 臣聞古之賢君, 其德行非布於海內也, 教順非洽於民人也, 祭祀時享非數常於鬼神也. 甘露降, 時雨至, 年穀豐孰, 民不疾疫, 衆人善之, 然而賢主圖之. 今足下之賢行功力, 非數加於秦也, 怨毒積怒, 非素深於齊也. 秦趙與國, 以彊徵兵於韓, 秦誠愛趙乎? 其實憎齊乎? 物之甚者, 賢主察之. 秦非愛趙而憎齊也, 欲亡韓而吞二周, 故以齊餤天下. 恐事之不合, 故出兵以劫魏·趙. 恐天下畏己也, 故出質以爲信. 恐天下亟反也, 故徵兵於韓以威之. 聲以德與國, 實而伐空韓, 臣以秦計爲必出於此. 夫物固有勢異而患同者, 楚久伐而中山亡, 今齊久伐而韓必亡. 破齊, 王與六國分其利也. 亡韓, 秦獨擅之. 收二周, 西取祭器, 秦獨私之. 賦田計功, 王之獲利孰與秦多? 說士之計曰, "韓亡三川, 魏亡晉國, 市朝未變而禍已及矣." 燕盡齊之北地, 去沙丘·鉅鹿斂三百里, 韓之上黨去邯鄲百里, 燕·秦謀王之河山, 閒三百里而通矣. 秦之上郡近挺關, 至於

로 사용될 때만 '연'으로 읽는다. 나머지 경우는 '알'로 읽는다. 연지는 여성이 화장할 때 사용하는 연지臙脂의 고칭古稱이다. 이후 뜻이 확장되면서 흉노의 부인 또는 한나라 황실의 공주를 지칭하게 되었다.

楡中者千五百里, 秦以三郡攻王之上黨, 羊腸之西, 句注之南, 非王有已. 踰句注, 斬常山而守之, 三百里而通於燕, 代馬胡犬不東下, 昆山之玉不出, 此三寶者亦非王有已. 王久伐齊, 從彊秦攻韓, 其禍必至於此. 願王孰慮之. 且齊之所以伐者, 以事王也, 天下屬行, 以謀王也. 燕秦之約成而兵出有日矣. 五國三分王之地, 齊倍五國之約而殉王之患, 西兵以禁彊秦, 秦廢帝請服, 反高平·根柔於魏, 反巠分·先俞於趙. 齊之事王, 宜爲上佼, 而今乃抵罪, 臣恐天下後事王者之不敢自必也. 願王孰計之也. 今王毋與天下攻齊, 天下必以王爲義. 齊抱社稷而厚事王, 天下必盡重王義. 王以天下善秦, 秦暴, 王以天下禁之, 是一世之名寵制於王也. 於是趙乃輟, 謝秦不擊齊. 王與燕王遇. 廉頗將, 攻齊昔陽, 取之. 十七年, 樂毅將趙師攻魏伯陽. 而秦怨趙不與已擊齊, 伐趙, 拔我兩城. 十八年, 秦拔我石城. 王再之衛東陽, 決河水, 伐魏氏. 大潦, 漳水出. 魏冄來相趙. 十九年, 秦敗取我二城. 趙與魏伯陽. 趙奢將, 攻齊麥丘, 取之. 二十年, 廉頗將, 攻齊. 王與秦昭王遇西河外. 二十一年, 趙徙漳水武平西. 二十二年, 大疫. 置公子丹爲太子. 二十三年, 樓昌將, 攻魏幾, 不能取. 十二月, 廉頗將, 攻幾, 取之. 二十四年, 廉頗將, 攻魏房子, 拔之, 因城而還. 又攻安陽, 取之. 二十五年, 燕周將, 攻昌城·高唐, 取之. 與魏共擊秦. 秦將白起破我華陽, 得一將軍. 二十六年, 取東胡歐代地. 二十七年, 徙漳水武平南. 封趙豹爲平陽君. 河水出, 大潦. 二十八年, 藺相如伐齊, 至平邑. 罷城北九門大城. 燕將成安君公孫操弑其王. 二十九年, 秦·韓相攻, 而圍閼與. 趙使趙奢將, 擊秦, 大破秦軍閼與下, 賜號爲馬服君. 三十三年, 惠文王卒, 太子丹立, 是爲孝成王.

효성세가

조효성왕 원년, 진나라가 조나라를 공격해 세 개의 성을 빼앗았다. 조나라 왕이 막 즉위했을 때 태후太后가 정권을 장악했다. 진나라가 이를 틈타 재빨리 공격해온 것이다. 조나라가 제나라에 구원을 청했다. 제나라 왕이 말했다.

"장안군長安君을 볼모로 보내주면 구원병을 파견할 수 있다."

태후가 응하지 않으려 했다. 대신들이 극력 간했다. 태후가 화를 내며 좌우에 선언했다.

"또다시 장안군을 볼모로 삼자는 말을 하는 사람에게는 노부老婦가 그의 얼굴에 침을 뱉고야 말겠다."

좌사 촉룡觸龍이 태후를 뵙고 싶다고 말했다. 태후는 노기등등해 그를 기다렸다. 촉룡이 입궁해 천천히 잰걸음으로 걸어와 앉은 후 사죄했다.

"노신이 발에 병이 있어 빨리 걸을 수가 없었기에 오랫동안 뵙지 못했습니다. 노쇠해진 제 몸으로 미루어보니 태후님의 옥체 또한 불편하지나 않으신지 걱정되어 태후님을 뵙고자 했습니다."

태후가 대답했다.

"노부(나)는 가마를 타고 다니오."

촉룡이 물었다.

"식사량은 줄지 않으셨습니까?"

"죽을 좀 먹을 뿐이오."

촉룡이 말했다.

"노신은 근래 식욕이 매우 좋지를 않아 하루에 억지로 3, 4리를 걸어 다소 식욕을 증진시키고 있습니다. 이것이 몸에도 좋은 것 같습니다."

"노부는 그리할 수가 없소."

태후의 불쾌했던 기색이 약간 누그러졌다. 촉룡이 말했다.

"노신의 아들 서기舒祺는 나이가 가장 어리고 불초합니다만 신이 이미 노쇠해 내심 그를 매우 사랑하고 있습니다. 원컨대 궁성을 지키는 흑의黑衣•의 결원을 보충해 왕궁을 지키도록 해주십시오. 죽음을 무릅쓰고 고합니다."

태후가 물었다.

"알았소. 나이가 얼마나 되었소?"

"열다섯입니다. 아직 어립니다만 제가 죽기 전에 그 애를 부탁드리고자 합니다."

태후가 다시 물었다.

"당신네 남자들도 어린 자식을 사랑하오?"

"부인네들보다 더합니다."

태후가 웃으며 말했다.

"부인네들은 각별히 더하오."

촉룡이 말했다.

"노신이 사적으로 생각하기에 태후는 장안군보다 연후燕后를 훨씬 더 사랑하시는 것 같습니다."

태후가 대답했다.

"틀렸소. 장안군보다 더 사랑하지는 않소."

• 궁성을 지키는 위사衛士를 뜻하는 말이다. 옛날 궁성을 지키는 위사들이 모두 검은색 옷을 입은 데서 나온 별칭이다.

"부모로서 자식을 사랑하면 이들을 위해 깊고 멀리 생각해야 합니다. 태후가 연후를 시집보내실 때 그녀의 발뒤꿈치를 붙잡고 그녀를 위해 우셨습니다. 딸이 멀리 떠나가는 것을 생각하면 마음 아프기도 하셨겠지요. 이미 시집을 가버린 후에도 그리워하지 않은 것은 아니지만 제사를 지낼 때 축원하기를, '절대로 연후가 돌아오지 않도록 해주십시오'라고 할 것입니다. 이는 생각을 멀리해 그녀의 후손이 대를 이어 연나라의 왕이 되기를 바라시는 것이 아닙니까?"

"그렇소."

촉룡이 물었다.

"지금으로부터 삼대 전에 조나라 역대 군주의 후손으로서 후侯에 봉해진 사람의 후사 가운데 아직 재위하는 자가 있습니까?"

"없소."

"조나라뿐 아니라 여러 다른 봉국 후손의 후사 가운데 아직도 재위하는 자가 있습니까?"

"노부는 본 적이 없소."

촉룡이 말했다.

"이는 가까이 있는 화는 자신에게 미치고 멀리 있는 화는 후손에게 미치기 때문입니다. 어찌 군주의 후손으로서 후에 봉해진 자가 모두 악하겠습니까? 이는 이들이 지위는 존귀하면서도 공훈이 없고, 봉록이 후하면서도 공적이 없습니다. 단지 진귀한 보물만을 많이 소유하고 있기 때문입니다. 이제 태후가 장안군의 지위를 올려주고 비옥한 땅을 봉해주며 귀중한 보물을 많이 주셨으나 지금 그에게 나라를 위해 공을 세우게 하지 않는다면 태후가 돌아가시고 난 후 장안군이 어떻게 조나라에서 몸을 보전할 수 있겠습니까? 노신은 태후가 장안군을 위해 세운 계책이 너무 짧다고 생각해 그를 사랑하심이 연후만 못하다고 한 것입니다."

"알았소. 그대 뜻대로 그를 파견하시오."

장안군을 위해 100대의 마차를 준비해 제나라에 볼모로 보내니 제나라는 비로소 구원군을 보내주었다. 자의子義가 이 이야기를 듣고 말했다.

"군주의 아들은 군주와 서로 피를 나눈 사이인데도 공훈 없이 누리는 존귀한 지위나 공로 없이 받는 봉록으로는 자신의 귀중한 보물을 지킬 수 없으니 하물며 나 같은 사람에게는 말할 것도 없겠구나."

제나라 안평군 전단이 조나라 군사를 이끌고 연나라의 중양을 공격해 점령했다. 또한 한韓나라의 주인注人을 공격해 점령했다. 조효성왕 2년, 조혜문후가 죽었다. 전단이 제나라 재상이 되었다. 조효성왕 4년, 조효성왕이 꿈에 좌우 색깔이 다른 옷을 입고 비룡을 타고 하늘로 올라가다가 끝까지 이르지 못하고 떨어졌다. 금과 옥이 산더미처럼 쌓여 있는 것을 보았다. 다음날 조효성왕이 서사筮史 감敢을 불러 점을 치게 했다. 감이 이같이 풀이했다.

"꿈에 좌우 색깔이 다른 옷을 입은 것은 불완전함을 뜻합니다. 비룡을 타고 날다가 이르지 못하고 떨어진 것은 기세는 있지만 힘이 없음을 상징합니다. 금과 옥이 산처럼 쌓여 있음을 본 것은 우환이 있음을 뜻합니다."

사흘 뒤에 한나라 상당의 태수 풍정馮亭의 사자가 와서 이같이 말했다.

"한나라는 상당을 지킬 수가 없어 진秦나라에 편입시키고자 합니다. 그러나 상당의 관리와 백성은 모두 조나라에 귀속되기를 희망하며 진나라에 편입되는 것을 원치 않습니다. 상당에 성읍 열일곱 개가 있습니다. 모두 재배하며 조나라에 귀속되기를 원합니다. 대왕은 상당의 관원과 백성의 요구를 들어주실지 여부를 결정해주십시오."

조효성왕이 크게 기뻐하며 평양군 조표를 불러 물었다.

"풍정이 성읍 열일곱 개를 바친다고 하니 받는 것이 어떠한가?"

"성인은 이유 없는 이익을 큰 재앙으로 생각합니다."

"그곳 사람들이 내 덕을 사모하는데 왜 이유가 없다고 말하는가?"

조표가 대답했다.

"진秦나라가 한나라의 땅을 잠식해 중간에서 도로를 단절하고 양쪽을 서로 통하지 못하게 했습니다. 그럼으로 원래 가만히 앉아서 상당의 땅을 얻으리라 여겼을 것입니다. 한나라가 진나라에 편입시키지 않으려는 이유는 화를 조나라에게 뒤집어씌우겠다는 의도입니다. 진나라가 수고를 했는데 조나라가 앉아서 그 이익만 얻는 것이 가능합니까? 강대한 나라라고 하더라도 약소한 나라에서 손쉽게 이익을 얻지 못하거늘 하물며 약소한 나라로서 강대한 나라로부터 이익을 얻을 수가 있겠습니까? 그러니 이를 어찌 이유 없는 이익이 아니라고 말할 수 있겠습니까? 하물며 진나라는 우전牛田의 수로를 이용해 양식을 운반하고 한나라를 잠식하고, 가장 좋은 말과 정예 군사로 상국上國을 분할하고 있습니다. 이들의 이런 정책이 이미 실행되고 있는 마당에 진秦나라에 대적해서는 안 되니 절대로 받지 마십시오."

조효성왕이 말했다.

"지금 우리가 100만 대군을 출동시켜 공격해도 여러 해를 넘기도록 성 하나 얻을 수 없었소. 지금 성읍 열일곱 개를 우리나라에 바친다고 하니 이는 크나큰 이익이오."

조표가 나가자 조효성왕은 평원군平原君과 조우趙禹를 불러 이야기했다. 조우가 대답했다.

"100만 대군을 출동시켜 공격해도 여러 해가 지나도록 성 하나 얻을 수 없습니다. 지금 앉아서 성읍 열일곱 개를 얻으니 이같이 큰 이익을 포기할 수 없습니다."

"좋은 생각이오."

곧 평원군 조승을 보내 땅을 받게 했다. 조승이 풍정에게 말했다.

"저는 조나라 신하 조승입니다. 폐국의 군주가 명을 전달하기 위해 저를 파견했습니다. 폐국의 군주는 1만 호의 성읍 세 개를 태수에게 봉하고 1,000호의 성읍 세 개를 각 현령에게 봉하시며 모두 대대로 후侯가 되게 했습니다. 또 관리와 백성에게는 모두 세 계급씩 작위를 올려주고 이들이 모두 평안하게 지내도록 모두에게 여섯 근의 황금을 하사했습니다."

풍정이 눈물을 흘리며 사자를 보지 않은 채 대답했다.

"저는 세 가지 불의不義를 저지르고 싶지 않습니다. 군주를 위해 땅을 지키는 데 목숨을 바쳐 고수하지 못했으니 이것이 첫 번째 불의이고, 진秦나라에 귀속시키라고 했으나 군주의 명을 듣지 않았으니 이것이 두 번째 불의이고, 군주의 땅을 팔아서 상을 받으니 이것이 세 번째 불의입니다."

조나라는 마침내 군사를 출동시켜 상당을 점령했다. 염파는 군사를 이끌고 장평에 주둔했다. 이해 7월, 염파가 면직당하고 조괄이 대신 군사를 지휘했다. 진나라 군사가 조괄을 포위하자 조괄이 군사를 이끌고 항복했다. 군사 40만여 명이 모두 산 채로 매장을 당했다. 조효성왕은 조표의 의견을 듣지 않아 장평의 참화가 일어난 것을 후회했다. 한단으로 돌아와 진나라의 요구를 들어주지 않자 진나라가 한단을 포위했다. 무원武垣의 현령 부표傅豹와 왕용王容·소석蘇射 등은 연나라 백성을 이끌고 연나라로 되돌아갔다. 조나라는 영구靈丘를 초나라 재상 춘신군에게 봉해주었다.

조효성왕 8년, 평원군이 초나라로 가 구원을 청했다. 그가 귀국한 뒤 초나라에서 구원병이 왔고, 위나라 공자 무기도 도와주러 왔다. 진나라는 한단의 포위를 풀었다. 조효성왕 10년, 연나라가 창장昌壯을 공격했다. 이해 5월, 장창을 점령했다. 조나라 장수 악승과 경사慶舍는 진나라 장수 신량信梁의 군사를 공격해 격파했다. 이 와중에 태자가 죽었다. 진나라는 서주를 공격해 점령했다. 도보기徒父祺가 군사를 이끌고 출경出境했다. 조효성왕 11년, 원씨元氏에 성을 쌓고 상원上原을 현으로 삼았다. 무양군武陽君 정안평鄭安平이 죽자 그 봉지를 회수했다. 조효성왕 12년, 한단의 사료 창고에 불이 나 타버렸다. 조효성왕 14년, 평원군 조승이 죽었다. 조효성왕 15년, 위문尉文 땅을 재상 염파에게 봉하고, 그의 봉호를 신평군信平君이라 했다. 연왕燕王은 승상 율복을 보내 조나라와 우호를 다짐하고 황금 500근을 조나라 왕에게 예물로 보냈다. 율복이 돌아가 연나라 왕에게 고했다.

"조나라의 장정들은 모두 장평에서 죽었고, 이들의 고아들은 아직 크지 않았으니 정벌할 수 있을 것입니다."

조효성왕이 창국군 악간을 불러 이 일에 관해 물어보았다. 악간이 말했다.

"조나라는 사방으로 적과 싸우는 나라입니다. 백성들 모두 병법을 익히 알고 있어 정벌할 수 없습니다."

"나는 다수의 병사로 소수의 병사를 치려 한다. 두 명으로 한 명과 싸우면 되겠는가?"

"안 됩니다."

"그렇다면 다섯 명으로 한 명과 싸우면 되겠는가?"

"안 됩니다."

조효성왕이 화를 냈다. 신하들 모두 가능하다고 여겼다. 연나라 왕은 마침내 상군과 하군 두 부대와 병거 2,000승을 출동시켰다. 율복이 장수가 되어 호성을 치고, 경진도 장수가 되어 대 땅을 쳤다. 염파가 조나라 장수가 되어 연나라 군사를 대파하고 율복을 죽였다. 또 경진과 악간을 포로로 붙잡았다. 조효성왕 16년, 염파가 연나라를 포위했다. 악승을 무양군으로 삼았다. 조효성왕 17년, 임시 재상인 대장大將 무양군이 연나라를 공격해 그 도성을 포위했다. 조효성왕 18년, 연릉의 장수 균鈞이 군사를 이끌고 재상 신평군을 쫓아 위나라를 도와 연나라를 쳤다. 진秦나라가 조나라 유차의 서른일곱 개의 성읍을 빼앗았다. 조효성왕 19년, 조나라와 연나라는 땅을 교환해 용태龍兌·분문汾門·임락臨樂을 연나라에 주었다. 연나라는 대신 갈葛·무양武陽·평서平舒를 조나라에 주었다. 조효성왕 20년, 훗날의 진시황인 진왕 정이 즉위했다. 진나라가 조나라의 진양을 빼앗았다. 조효성왕 21년, 조효성왕이 죽었다. 염파가 조나라 장수가 되어 위나라의 번양을 공격해 점령했다. 악승을 보내 염파를 대신하게 했다. 염파가 악승을 치자 악승이 패주했다. 염파는 위나라로 달아났다. 조효성왕의 아들 언偃이 즉위했다. 그가 조도양왕이다.

●● 孝成王元年, 秦伐我, 拔三城. 趙王新立, 太后用事, 秦急攻之. 趙氏求救於齊, 齊曰, "必以長安君爲質, 兵乃出." 太后不肯, 大臣彊諫.

太后明謂左右曰, "復言長安君爲質者, 老婦必唾其面." 左師觸龍言願見太后, 太后盛氣而胥之. 入, 徐趨而坐, 自謝曰, "老臣病足, 曾不能疾走, 不得見久矣. 竊自恕, 而恐太后體之有所苦也, 故願望見太后." 太后曰, "老婦恃輦而行耳." 曰, "食得毋衰乎?" 曰, "恃粥耳." 曰, "老臣閒者殊不欲食, 乃彊步, 日三四里, 少益嗜食, 和於身也." 太后曰, "老婦不能." 太后不和之色少解. 左師公曰, "老臣賤息舒祺最少, 不肖, 而臣衰, 竊憐愛之, 願得補黑衣之缺以衛王宮, 昧死以聞." 太后曰, "敬諾. 年幾何矣?" 對曰, "十五歲矣. 雖少, 願及未塡溝壑而託之." 太后曰, "丈夫亦愛憐少子乎?" 對曰, "甚於婦人." 太后笑曰, "婦人異甚." 對曰, "老臣竊以爲媼之愛燕后賢於長安君." 太后曰, "君過矣, 不若長安君之甚." 左師公曰, "父母愛子, 則爲之計深遠. 媼之送燕后也, 持其踵, 爲之泣, 念其遠也, 亦哀之矣. 已行, 非不思也, 祭祀則祝之曰'必勿使反', 豈非計長久, 爲子孫相繼爲王也哉?" 太后曰, "然." 左師公曰, "今三世以前, 至於趙主之子孫爲侯者, 其繼有在者乎?" 曰, "無有." 曰, "微獨趙, 諸侯有在者乎?" 曰, "老婦不聞也." 曰, "此其近者禍及其身, 遠者及其子孫. 豈人主之子侯則不善哉? 位尊而無功, 奉厚而無勞, 而挾重器多也. 今媼尊長安君之位, 而封之以膏腴之地, 多與之重器, 而不及今令有功於國, 一旦山陵崩, 長安君何以自託於趙? 老臣以媼爲長安君之計短也, 故以爲愛之不若燕后." 太后曰, "諾, 恣君之所使之." 於是爲長安君約車百乘, 質於齊, 齊兵乃出. 子義聞之, 曰, "人主之子, 骨肉之親也, 猶不能持無功之尊, 無勞之奉, 而守金玉之重也, 而況於予乎?" 齊安平君田單將趙師而攻燕中陽, 拔之. 又攻韓注人, 拔之. 二年, 惠文后卒. 田單爲相. 四年, 王夢衣偏裻之衣, 乘飛龍上天, 不至而墜, 見金玉之積如山. 明日, 王召筮史敢占之, 曰, "夢衣偏裻之衣者, 殘也. 乘飛龍上天不至而墜者, 有氣而無實也. 見金玉之積如山者, 憂也."
後三日, 韓氏上黨守馮亭使者至, 曰, "韓不能守上黨, 入之於秦. 其吏民皆安爲趙, 不欲爲秦. 有城市邑十七, 願再拜入之趙, 財王所以賜吏民." 王大喜, 召平陽君豹告之曰, "馮亭入城市邑十七, 受之何如?" 對曰, "聖人甚禍無故之利." 王曰, "人懷吾德, 何謂無故乎?" 對曰, "夫秦蠶食韓氏地, 中絶不令相通, 固自以爲坐而受上黨之地也. 韓氏所以不入於秦者, 欲嫁其禍於趙也. 秦服其勞而趙受其利, 雖彊大不能得之於小弱, 小弱顧能得之於彊大乎? 豈可謂非無故之利哉! 且夫秦以牛田之水通糧蠶食, 上乘倍戰者, 裂上國之地, 其政行, 不可與爲難, 必勿受也." 王曰, "今發百萬之軍而攻, 踰年歷歲未得一城也. 今以城市邑十七幣吾國, 此大利也." 趙豹出, 王召平原君與趙禹而告之. 對曰, "發百萬之軍而攻, 踰歲未得一城, 今坐受城市邑十七, 此大利, 不可失也." 王曰, "善." 乃令趙勝受地, 告馮亭曰, "敝國使者臣勝, 敝國君使勝致命, 以萬戶都三封太守, 千戶都三封縣令, 皆世世爲侯, 吏民皆益爵三級, 吏民能相安, 皆賜之六金." 馮亭垂涕不見使者, 曰, "吾不處三不義也, 爲主守地, 不能死固, 不義一矣, 入之秦, 不聽主令, 不義二矣, 賣主地而食之, 不義三矣." 趙遂發兵取上黨. 廉頗將軍軍長平. 七年月, 廉頗免而趙括代將. 秦人圍趙括, 趙括以軍降, 卒四十餘萬皆阬之. 王悔不聽趙豹之計, 故有長平之禍焉. 王還, 不聽秦, 秦圍邯鄲. 武垣令傳豹·王容·蘇射率燕衆反燕地. 趙以靈丘封楚相春申君. 八年, 平原君如楚請救. 還, 楚來救, 及魏公子無忌亦來救, 秦圍邯鄲乃解. 十年, 燕攻昌壯, 五月拔之. 趙將樂乘·慶舍攻秦信梁軍, 破之. 太子死. 而秦攻西周, 拔之. 徒父祺出. 十一年, 城元氏, 縣上原. 武陽君鄭安平死, 收其地. 十二年, 邯鄲廥燒. 十四年, 平原君趙勝死. 十五年, 以尉文封相國廉頗爲信平君. 燕王令丞相栗腹約驩, 以五百金爲趙王酒, 還歸, 報燕王曰, "趙氏壯者皆死長平, 其孤未壯, 可伐也." 王召昌國君樂間而問之. 對曰, "趙, 四戰之國也, 其民習兵, 伐之不可." 王曰, "吾以衆伐寡, 二而伐一, 可乎?" 對曰, "不可." 王曰, "吾卽以五而伐一, 可乎?" 對曰, "不可." 燕王大怒. 群臣皆以爲可. 燕卒起二軍, 車二千乘, 栗腹將而攻鄗, 卿秦將而攻代. 廉頗爲趙將, 破殺栗腹, 虜卿秦·樂間. 十六年, 廉頗圍燕. 以樂乘爲武襄君. 十七年, 假相大將武襄君攻燕, 圍其國. 十八年, 延陵鈞率師從相國信平君助魏攻燕. 秦拔我楡次三十七城. 十九年, 趙與燕易土, 以龍兌·汾門·臨樂與燕, 燕以葛·武陽·平舒與趙. 二十年, 秦王政初立. 秦拔我晉陽. 二十一年, 孝成王卒. 廉頗將, 攻繁陽, 取之. 使樂乘代之, 廉頗攻樂乘, 樂乘走, 廉頗亡入魏. 子偃立, 是爲悼襄王.

도유세가

조도양왕 원년, 성대한 의식을 거행해 위나라와 친선을 도모했다. 평읍과 중모 사이의 도로를 개통시키려 했으나 성공하지 못했다. 조도양왕 2년, 이목이 장수가 되어 연나라를 치고 무수와 방성을 빼앗았다. 진나라는 춘평군春平君을 불러들여 그를 억류했다. 설균泄鈞이 그를 위해 문신후文信侯에게 말했다.

"춘평군은 조나라 왕이 매우 총애해 낭중郎中들이 시기하는 인물입니다. 낭중들이 서로 공모하기를, '춘평군이 진秦나라로 들어가면 진나라는 틀림없이 그를 억류할 것이다'라며 그를 진나라로 떠밀어 넣은 것입니다. 이제 그대가 그를 억류하시면 조나라와의 관계가 단절되고 낭중들의 계략에 빠지는 것입니다. 차라리 춘평군을 돌려보내고 평도平都를 억류하십시오. 춘평군의 언행은 조나라 왕의 신임을 받고 있습니다. 왕은 틀림없이 후하게 조나라를 떼어내어 우리에게 주고 평도를 되찾아갈 것입니다."

"좋은 생각이오."

곧 춘평군을 보내주었다. 조나라가 한고韓皐에 성을 쌓았다. 조도양왕 3년, 방훤이 장수가 되어 연나라를 치고, 연나라 장수 극신을 포획했다. 조도양왕 4년, 방훤은 조·초·위·연나라의 정예 부대를 이끌고 진나라의 최蕞 땅을 쳤으나 함락시키지 못했다. 군사를 이동시켜 제나라를 공격하고 요안饒安을 빼앗았다. 조도양왕 5년, 부저傅抵가 장수가 되어 평읍에 군사를 주둔시키고, 경사는 동양과 황하의 남쪽에 있던 군사를 이끌고 황하의 교량을 지켰다. 조도양왕 6년, 장안군을 요饒 땅에 봉했다. 위나라가 조나라에게 업鄴 땅을 주었다. 조도양왕 9년, 조나라가 연나라를 공격해 이양성貍陽城을 빼앗았다. 군사가 아직 철수하기도 전에 진나라가 업을 공격해 빼앗았다. 조도양왕이 죽자 아들 조유목왕趙幽繆王 천遷이 즉위했다.

조유목왕 원년, 백인에 성을 쌓았다. 조유목왕 2년, 진나라가 무성武城을 쳤다. 호첩扈輒이 군사를 이끌고 구원에 나섰으나 군사는 패하고 호첩은 전사했다. 조유목왕 3년, 진나라가 적려赤麗와 의안宜安을 쳤다. 이목이 군사를 이끌고 진나라 군과 비肥 성 아래서 싸워 이들을 물리쳤다. 이내 무안군武安君에 봉해졌다. 조유목왕 4년, 진나라가 파오番吾를 쳤으나 이목이 이들과 싸워 물리쳤다. 조유목왕 5년, 대 땅에 대지진이 일어났다. 악서樂徐 서쪽부터 북쪽 평음에 이르기까지 누대·가옥·담벽 등이 대부분 무너지고 땅이 동서로 130보가량 갈라졌다. 조유목왕 6년, 대기근이 들었다. 백성들 사이에 "조나라 사람은 크게 울고 진秦나라 사람은 크게 웃네. 믿지 못하겠거든 땅에 난 농작물을 보소"라는 요언이 유행했다. 조유목왕 7년, 진나라가 조나라를 쳤으나 조나라 대장 이목과 장수 사마상司馬尙이 장수가 되어 반격했다. 이후 이목은 죽임을 당하고 사마상은 면직당했다. 조총趙忽과 제나라 장수 안취顏聚가 이들을 대신했다. 조총의 군사가 패배하고 안취는 도망쳐버리니 조유목왕 조천이 항복했다. 조유목왕 8년 10월, 한단이 진나라 영토가 되었다.

◉◉ 悼襄王元年, 大備魏. 欲通平邑·中牟之道, 不成. 二年, 李牧將, 攻燕, 拔武遂·方城. 秦召春平君, 因而留之. 泄鈞爲之謂文信侯曰, "春平君者, 趙王甚愛之而郎中妬之, 故相與謀曰'春平君入秦, 秦必留之', 故相與謀而內之秦也. 今君留之, 是絶趙而郎中之計中也. 君不如遣春平君而留平都. 春平君者言行信於王, 王必厚割趙而贖平都." 文信侯曰, "善." 因遣之. 城韓皋. 三年, 龐煖將, 攻燕, 禽其將劇辛. 四年, 龐煖將趙·楚·魏·燕之銳師, 攻秦蕞, 不拔, 移攻齊, 取饒安. 五年, 傅抵將, 居平邑, 慶舍將東陽河外師, 守河梁. 六年, 封長安君以饒. 魏與趙鄴. 九年, 趙攻燕, 取貍陽城. 兵未罷, 秦攻鄴, 拔之. 悼襄王卒, 子幽繆王遷立. 幽繆王遷元年, 城柏人. 二年, 秦攻武城, 扈輒率師救之, 軍敗, 死焉. 三年, 秦攻赤麗·宜安, 李牧率師與戰肥下, 卻之. 封牧爲武安君. 四年, 秦攻番吾, 李牧與之戰, 卻之. 五年, 代地大動, 自樂徐以西, 北至平陰, 臺屋牆垣太半壞, 地坼東西百三十步. 六年, 大饑, 民謠言曰, "趙爲號, 秦爲笑. 以爲不信, 視地之生毛." 七年, 秦人攻趙, 趙大將李牧·將軍司馬尙將, 擊之. 李牧誅, 司馬尙免, 趙忽及齊將顏聚代之. 趙忽軍破, 顔聚亡去. 以王遷降. 八年十月, 邯鄲爲秦.

　태사공은 평한다.

"나는 학문에 밝은 풍왕손馮王孫이 말하는 것을 직접 들은 적이 있다. 그는 말하기를, '조나라 왕 조천의 모친은 창기 출신으로 조도양왕의 총애를 입었다. 조도양왕은 적자 조가趙嘉를 폐하고 조천을 태자로 세웠다. 조천은 원래부터 품행이 단정하지 못했고 참언을 믿어 훌륭한 장수 이목을 죽이고 간신 곽개郭開를 기용했다'고 했다. 이 어찌 황당한 일이 아닌가! 진秦나라가 이미 조천을 포로로 잡자 도망쳤던 조나라 대신들이 함께 조가를 옹립해 대 땅에서 6년 동안 왕을 칭했다. 진나라 군사가 진격해 조가를 대파했다. 마침내 조나라는 멸망하고 진나라의 군郡이 되었다."

　●● 太史公曰, "吾聞馮王孫曰, '趙王遷, 其母倡也, 嬖於悼襄王. 悼襄王廢適子嘉而立遷. 遷素無行, 信讒, 故誅其良將李牧, 用郭開.' 豈不繆哉! 秦旣虜遷, 趙之亡大夫共立嘉爲王, 王代六歲, 秦進兵破嘉, 遂滅趙以爲郡."

위세가
魏世家

〈위세가〉는 〈조세가〉 및 〈한세가〉와 마찬가지로 삼진의 일원인 위나라의 역사를 다루고 있다. 주목할 것은 전국시대 초기 위문후가 다스릴 때 위나라가 열국의 패자 역할을 수행한 점이다. 법가인 이회李悝와 병가인 오기吳起 등 뛰어난 인재가 곁에서 보필한 덕분이다. 그러나 뒤를 이은 위무후는 용군庸君에 지나지 않았다. 의심을 받은 나머지 목숨이 위태롭게 된 오기가 초나라로 망명한 사실이 이를 뒷받침한다. 위나라는 위혜왕 때 이웃한 진秦나라의 공격을 받고 지금의 하남성 개봉開封인 양 땅으로 천도했다. 위衛나라 출신 법가사상가인 상앙을 잃은 것이 결정적인 배경으로 작용했다. 이후 위나라는 양나라로 불리게 되었다. 위혜왕을 양혜왕梁惠王으로도 부르는 이유다.

위나라는 전국시대 말기에 더욱 약화되었다. 전국 사군자의 일원으로 꼽히는 신릉군信陵君을 임용하지 않은 것이 근본원인이었다. 사마천도 이를 애석하게 여긴 것이 확실하다. 신릉군이 위왕에게 올린 상소문 전문을 실어놓은 사실이 이를 뒷받침한다.

〈위세가〉역시 《춘추좌전》과 《국어》 및 《전국책》 등을 축약해놓았다는 것이 중론이다. 이밖에도 《맹자孟子》와 《한비자》 및 《여씨춘추》의 관련 내용이 상당부분 인용되어 있다. 맹자가 양혜왕을 찾아가 유세한 내용을 수록한 《맹자》〈양혜왕 상〉이 그대로 전재되어 있는 것이 대표적이다.

위조세가

위나라의 선조는 필공畢公 희고姬高의 후손이다. 필공 희고와 주나라의 왕족은 성이 같다. 주무왕이 은나라 주를 정벌하고, 희고를 필 땅에 봉한 까닭에 성을 필이라 한 것이다. 그의 후손은 관직에 오르지 못하고 백성이 되어 일부는 중원, 일부는 변경에 살았다. 후손 가운데 필만畢萬이라는 자가 있었다. 그는 진헌공을 섬겨 벼슬을 했다. 진헌공 16년, 조숙이 수레를 모는 어자가 되고 필만은 군주를 호위하는 우위右衛가 되어 곽·경·위魏 땅을 공략했다. 이어 경 땅은 조숙, 위 땅은 필만을 대부로 삼아 다스리게 했다. 복언이 말했다.

"필만의 후손은 반드시 크게 번성할 것이다. 만萬은 만수滿數, 위魏는 높고 큰 것을 의미한다. 이로써 보건대 이는 하늘이 열린다는 뜻이 담겨 있는 것이다. 천자는 조민兆民, 제후는 만민을 다스린다고 한다. 지금 이름이 만수를 뜻하니 반드시 많은 백성이 모일 것이다."

처음에 필만이 진晉나라를 섬길 때 점을 치자 점괘가 둔괘에서 비괘로 변했다. 신료가 이같이 풀이했다.

"길하다. 둔괘는 견고, 비괘는 진입을 뜻한다. 이보다 더 좋은 점괘가 또 어디에 있겠는가? 그의 후손이 반드시 번성하리라!"

필만이 녹봉을 받은 지 11년 되던 해에 진헌공이 죽었다. 이후 그의 네 아들이 보위를 쟁탈하느라 나라가 어지러웠다. 필만의 후손들은 날로 번성해 자신들이 제후로 봉해진 곳의 지명을 따서 위씨魏氏라고 했다. 필만의 후손이 위무자를 낳았다. 위무자는 위씨 집안의 후손 자격으로 진나라 공자 중이를 섬겼다. 진헌공 21년, 위무자가 중이와 함께 망명했다. 19년 뒤 돌아와 중이가 진문공으로 즉위했다.

위무자에게 위씨 집안의 봉토를 세습하게 했다. 또 그를 대부의 대열에 올려주고, 위 땅을 다스리게 했다. 위무자는 위도자魏悼子를 낳았다. 위도자는 치소를 곽 땅으로 옮겼다. 그는 아들 위강魏絳을 낳았다. 위강은 진도공을 섬겼다.

진도공 3년, 제후들과 회맹했다. 진도공의 동생 양간의 군사 대열이 문란했다. 위강이 양간에게 모욕을 주었다. 진도공이 대로했다.

"제후들을 회맹한 것은 명예 때문이다. 지금 과인의 동생을 욕되게 했구나!"

이내 위강을 죽이려 했다. 혹자가 진도공을 설득하자 진도공이 뜻을 거두었다. 마침내 위강을 행정관에 삼아 그에게 융족·적족과 화약을 맺도록 해 융족과 적족을 속국으로 삼았다. 진도공 11년, 진도공이 말했다.

"과인이 위강을 임용한 이래 8년 동안에 수없이 제후들을 규합하고 융족·적족과 화약을 맺었으니 이는 그대의 공이다."

악기를 내리자 재삼 사양한 뒤 비로소 받았다. 이후 안읍安邑으로 옮겨 다스렸다. 위강이 죽은 후 시호를 소자昭子라고 했다. 위강은 위영魏嬴, 위영은 위헌자를 낳았다. 위헌자는 진소공을 섬겼다. 진소공 사후 육경이 강해졌고, 공실은 약해졌다. 진경공 12년, 한선자가 퇴임하고, 위헌자가 국정을 맡았다. 진나라의 종족인 기씨와 양설씨가 서로 증오하며 공격했다. 육경이 이들을 죽인 뒤 이들의 봉읍을 모두 빼앗아 10현으로 나누었다. 이어 자신들의 자식들을 10현의 대부로 삼았다. 위헌자와 더불어 조간자·중항문자·범헌자 등이 함께 진경쯤卿으로 있었다. 이로부터 14년 후 공자가 노나라에서 국정을 도왔다. 또 4년이 지나 조간자가 진양의 난으로 인해 한·위와 함께 범

씨와 중항씨를 쳤다. 위헌자는 위치를 낳았다. 위치는 조앙과 함께
범씨와 중항씨를 공격했다. 위치의 손자가 위환자다. 한강자·조양
자와 더불어 지백을 멸한 뒤 그 땅을 나누어 가졌다. 위환자의 손자
가 위문후 위도魏都다.

●● 魏之先, 畢公高之後也. 畢公高與周同姓. 武王之伐紂, 而高封於
畢, 於是爲畢姓. 其後絶封, 爲庶人, 或在中國, 或在夷狄. 其苗裔曰畢
萬, 事晉獻公. 獻公之十六年, 趙夙爲御, 畢萬爲右, 以伐霍·耿·魏, 滅
之. 以耿封趙夙, 以魏封畢萬, 爲大夫. 卜偃曰, "畢萬之後必大矣, 萬,
滿數也, 魏, 大名也. 以是始賞, 天開之矣. 天子曰兆民, 諸侯曰萬民. 今
命之大, 以從滿數, 其必有衆." 初, 畢萬卜事晉, 遇屯之比. 辛廖占之,
曰, "吉. 屯固比入, 吉孰大焉, 其必蕃昌." 畢萬封十一年, 晉獻公卒, 四
子爭更立, 晉亂. 而畢萬之世彌大, 從其國名爲魏氏. 生武子. 魏武子
以魏諸子事晉公子重耳. 晉獻公之二十一年, 武子從重耳出亡. 十九年
反, 重耳立爲晉文公, 而令魏武子襲魏氏之後封, 列爲大夫, 治於魏. 生
悼子. 魏悼子徙治霍. 生魏絳. 魏絳事晉悼公. 悼公三年, 會諸侯. 悼公
弟楊幹亂行, 魏絳僇辱楊幹. 悼公怒曰, "合諸侯以爲榮, 今辱吾弟!"將
誅魏絳. 或說悼公, 悼公止. 卒任魏絳政, 使和戎·翟, 戎·翟親附. 悼
公之十一年, 曰, "自吾用魏絳, 八年之中, 九合諸侯, 戎·翟和, 子之力
也."賜之樂, 三讓, 然後受之. 徙治安邑. 魏絳卒, 諡爲昭子. 生魏嬴. 嬴
生魏獻子. 獻子事晉昭公. 昭公卒而六卿彊, 公室卑. 晉頃公之十二年,
韓宣子老, 魏獻子爲國政. 晉宗室祁氏·羊舌氏相惡, 六卿誅之, 盡取
其邑爲十縣, 六卿各令其子爲之大夫. 獻子與趙簡子·中行文子·范獻
子並爲晉卿. 其後十四歲而孔子相魯. 後四歲, 趙簡子以晉陽之亂也,
而與韓·魏共攻范·中行氏. 魏獻子生魏侈. 魏侈與趙鞅共攻范·中行

氏. 魏俉之孫曰魏桓子, 與韓康子·趙襄子共伐滅知伯, 分其地. 桓子
之孫曰文侯都.

문무세가

위문후 원년은 진영공秦靈公 원년이다. 한무자·조환자·주위왕周威
王 등과 같은 시대다. 위문후 6년, 소량에 성을 쌓았다. 위문후 13년,
태자 격擊에게 번繁 땅과 방 땅을 공격하게 해 그곳 주민들을 몰아냈
다. 위문후 16년, 진나라를 치고 임진臨晉·원리元里에 성을 쌓았다. 위
문후 17년, 중산中山을 친 뒤 태자 격에게 이를 지키게 했다. 조창당趙
倉唐에게 태자를 보좌하게 했다. 태자 격이 조가에서 위문후의 사부
전자방田子方을 만났다. 태자 격이 수레를 비키게 하고, 수레에서 내
려 그를 배견했다. 전자방이 답례를 하지 않았다. 태자 격이 물었다.

"부귀한 사람이 남을 교만하게 대합니까? 아니면 빈천한 사람이
남을 교만하게 대합니까?"

전자방이 대답했다.

"원래는 빈천한 사람만이 남을 교만하게 대할 뿐입니다. 무릇 제
후가 남을 교만하게 대하면 나라를 잃고, 대부가 남을 교만하게 대
하면 집을 잃습니다. 빈천한 사람은 행동할 때 군주의 뜻에 합치하
지 못하고, 진언할 때 군주의 발탁을 받지 못합니다. 군주를 떠나 초
나라나 월나라로 가기를 마치 신을 벗듯이 할 것입니다. 그러니 어
떻게 이들을 같게 볼 수 있겠습니까!"

태자 격이 불쾌해하며 그를 떠났다. 이해에 위나라는 서쪽으로 진

나라를 공격해 정 땅에 이른 뒤 철군했다. 낙음洛陰·합양合陽에 성을 쌓았다. 위문후 22년, 삼진이 제후의 반열에 들었다. 위문후 24년, 진나라가 위나라를 공격해 양호陽狐까지 진격했다. 위문후 25년, 태자 격이 앵罃을 낳았다. 위문후가 공자의 제자 자하子夏로부터 경서를 수학했다. 또 단간목段幹木을 객客으로 대접하면서, 그의 고을을 지날 때면 목례를 하지 않은 적이 없었다.

진秦나라가 위나라를 치려 한 적이 있다. 어떤 자가 말했다.

"위나라의 왕은 예로 현인을 환대해 백성이 모두 어질다고 하고, 윗사람과 아랫사람이 서로 잘 융화되어 침공할 만하지 않습니다."

위문후가 제후들 사이에서 명성을 떨쳤다. 위문후는 대부 서문표西門豹에게 업 땅을 다스리게 했다. 덕분에 하내가 잘 다스려졌다. 위문후가 대부 이극李克에게 말했다.

"선생은 일찍이 과인을 가르치며 말하기를, '집안이 가난하면 양처를 그리게 되고, 나라가 혼란하면 훌륭한 재상을 그리게 된다'고 했소. 지금 위나라 재상을 임명하고자 하는데 위성자魏成子 아니면 척황翟璜인 듯하오. 어찌 생각하시오?"

이극이 대답했다.

"제가 듣건대 비천한 자가 존귀한 사람을 평하지 않고, 소원한 사람이 가까운 사람을 평하지 않는다고 합니다. 저는 궐문 밖에 있습니다. 감히 왕의 명을 받들 수 없습니다."

위문후가 말했다.

"선생은 일에 임하는 것을 사양하지 마시오."

이극이 말했다.

"왕이 세밀히 관찰하지 않으신 까닭입니다. 평소에 지낼 때는 그의 가까운 사람들을 살피고, 부귀할 때는 그와 왕래가 있는 사람을 살피고, 관직에 있을 때는 그가 천거한 사람을 살피고, 곤궁한 상황에서는 그가 하지 않는 일을 살피고, 어려울 때는 그가 취하지 않는 것을 살피십시오. 이 다섯 가지만 살피면 족히 인선을 할 수 있는데, 어찌 저의 조언을 기다리십니까!"

위문후가 말했다.

"선생은 관부로 돌아가시오. 과인의 재상은 이미 정해졌소."

이극이 급히 나와 척황의 집을 방문했다. 척황이 물었다.

"지금 듣자 하니 대왕이 선생을 불러 재상 선임 문제를 물었다고 하오. 도대체 누구를 재상으로 정한 것이오?"

이극이 대답했다.

"위성자가 재상이 되었소."

척황이 노기를 띤 채 말했다.

"귀로 듣고 눈으로 볼 때 내가 어찌 위성자보다 못하오? 서하의 군수는 내가 천거했소. 대왕이 내심 업 땅으로 인해 근심할 때 내가 서문표를 천거했소. 대왕이 중산을 정벌하려 할 때 내가 악양樂羊을 천거했소. 중산을 토벌한 후 이를 지킬 사람을 찾지 못했을 때는 내가 선생을 천거했소. 태자가 사부를 얻지 못했을 때는 내가 굴후부屈侯鮒를 천거했소. 내가 어찌 위성자만 못하단 말이오!"

이극이 말했다.

"그대가 그대의 왕에게 나를 진언한 것이 어찌 장차 큰 벼슬을 구하기 위한 것이겠소. 대왕이 재상을 정하는 문제에 관해 물으시기를, '위성자가 아니면 척황인 듯하오. 어찌 생각하오?'라고 했소. 내가 대답하기를, '군주가 세밀히 관찰하지 않으신 까닭입니다. 평소에 지낼 때는 그의 가까운 사람들을 살피고, 부귀할 때는 그와 왕래가 있는 사람을 살피고, 관직에 있을 때는 그가 천거한 사람을 살피고, 곤궁한 상황에서는 그가 하지 않는 일을 살피고, 어려울 때는 그가 취하지 않는 것을 살피십시오. 이 다섯 가지만 살피면 족히 인선을 할 수 있는데, 어찌 신의 조언을 기다리십니까!'라고 했소. 그래서 위성자가 재상이 될 줄 알았소.

그대가 어찌 위성자와 견줄 만하다고 말하는 것이오? 위성자는 식록이 1,000종鍾인데 10분의 9는 밖에서 쓰고, 10분의 1만 집에서 사용했소. 동쪽에서 복자하卜子夏·전자방·단간목 등 세 명을 얻었소. 이 세 명 모두 대왕이 스승으로 삼았소. 그러나 그대가 천거한 다섯 명은 대왕이 모두 신하로 삼았소. 그대가 어찌 위성자와 비교할 수 있다는 말이오?"

척황이 멈칫거리다 절을 두 번 올리며 말했다.

"제가 비천한 사람입니다. 선생에 관한 대답이 부당했습니다. 원컨대 평생 선생의 제자가 되겠습니다."

위문후 26년, 괵산虢山이 무너져 황하를 막았다. 위문후 32년, 정나라를 쳤다. 산조酸棗에 성을 쌓았다. 주注 읍에서는 진秦나라 군사를 물리쳤다. 위문후 35년, 제나라 군사가 위나라의 양릉을 점령했다. 위문후 36년, 진나라 군사가 위나라의 음진을 침공했다. 위문후 38년, 진나라를 공격해 무하성武下城에서 패전했으나 진나라 장수 식識을 생포했다. 이해에 위문후가 죽고, 태자 격擊이 즉위했다. 그가 위무후다.

위무후 원년, 조경후가 즉위했다. 조나라 공자 삭朔이 난을 일으켰다. 실패하자 위나라로 달아났다. 이후 위나라 군사를 이끌고 한단을 습격했으나 역시 실패하고 철군했다. 위무후 2년, 안읍과 왕원王垣에 성을 쌓았다. 위무후 7년, 제나라를 공격해 상구읍桑丘邑까지 이르렀다. 위무후 9년, 적이 회澮 땅에서 위나라 군사를 패퇴시켰다. 오기에게 제나라를 치게 했다. 영구靈丘까지 진격했다. 제위왕이 즉위했다. 위무후 11년, 한나라 및 조나라와 더불어서 진晉나라 땅을 삼분하고 진나라를 멸했다. 위무후 13년, 진헌공이 약양櫟陽으로 천도했다. 위무후 15년, 북린北藺에서 조나라 군사를 물리쳤다. 위무후 16년, 초나라를 공격해 노양을 취했다. 이해에 위무후가 죽고 공자 앵罃이 즉위했다. 그가 위혜왕이다.

●● 魏文侯元年, 秦靈公之元年也. 與韓武子·趙桓子·周威王同時. 六年, 城少梁. 十三年, 使子擊圍繁·龐, 出其民. 十六年, 伐秦, 築臨晉元里. 十七年, 伐中山, 使子擊守之, 趙倉唐傅之. 子擊逢文侯之師田子方於朝歌, 引車避, 下謁. 田子方不爲禮. 子擊因問曰, "富貴者驕人乎? 且貧賤者驕人乎?" 子方曰, "亦貧賤者驕人耳. 夫諸侯而驕人則失其國, 大夫而驕人則失其家. 貧賤者, 行不合, 言不用, 則去之楚·越, 若脫躧然, 奈何其同之哉!" 子擊不懌而去. 西攻秦, 至鄭而還, 築雒陰·合陽. 二十二年, 魏·趙·韓列爲諸侯. 二十四年, 秦伐我, 至陽狐. 二十五年, 子擊生子罃. 文侯受子夏經藝, 客段幹木, 過其閭, 未嘗不軾也. 秦嘗欲伐魏, 或曰, "魏君賢人是禮, 國人稱仁, 上下和合, 未可圖也." 文侯由此得譽於諸侯. 任西門豹守鄴, 而河內稱治. 魏文侯謂李克曰, "先生嘗敎寡人曰 '家貧則思良妻, 國亂則思良相'. 今所置非成則璜, 二子何如?" 李克對曰, "臣聞之, 卑不謀尊, 疏不謀戚. 臣在闕門之外, 不敢當命." 文侯曰, "先生臨事勿讓." 李克曰, "君不察故也. 居視其所親, 富視其所與, 達視其所擧, 窮視其所不爲, 貧視其所不取, 五者

足以定之矣, 何待克哉!"文侯曰, "先生就舍, 寡人之相定矣." 李克趨
而出, 過翟璜之家. 翟璜曰, "今者聞君召先生而卜相, 果誰爲之?" 李克
曰, "魏成子爲相矣." 翟璜忿然作色曰, "以耳目之所覩記, 臣何負於魏
成子? 西河之守, 臣之所進也. 君內以鄴爲憂, 臣進西門豹. 君謀欲伐
中山, 臣進樂羊. 中山以拔, 無使守之, 臣進先生. 君之子無傅, 臣進屈
侯鮒. 臣何以負於魏成子!" 李克曰, "且子之言克於子之君者, 豈將比
周以求大官哉? 君問而置相'非成則璜, 二子何如?'克對曰, '君不察
故也. 居視其所親, 富視其所與, 達視其所擧, 窮視其所不爲, 貧視其所
不取, 五者足以定之矣, 何待克哉!'是以知魏成子之爲相也. 且子安得
與魏成子比乎? 魏成子以食祿千鍾, 什九在外, 什一在內, 是以東得卜
子夏·田子方·段幹木. 此三人者, 君皆師之. 子之所進五人者, 君皆臣
之. 子惡得與魏成子比?" 翟璜逡巡再拜曰, "璜, 鄙人也, 失對, 願卒
爲弟子." 二十六年, 虢山崩, 壅河. 三十二年, 伐鄭. 城酸棗. 敗秦于注.
三十五年, 齊伐取我襄陵. 三十六年, 秦侵我陰晉. 三十八年, 伐秦, 敗
我武下, 得其將識. 是歲, 文侯卒, 子擊立, 是爲武侯. 魏武侯元年, 趙敬
侯初立, 公子朔爲亂, 不勝, 奔魏, 與魏襲邯鄲, 魏敗而去. 二年, 城安
邑·王垣. 七年, 伐齊, 至桑丘. 九年, 翟敗我于澮. 使吳起伐齊, 至靈
丘. 齊威王初立. 十一年, 與韓·趙三分晉地, 滅其後. 十三年, 秦獻公
縣櫟陽. 十五年, 敗趙北藺. 十六年, 伐楚, 取魯陽. 武侯卒, 子罃立,
是爲惠王.

혜왕세가

위혜왕 원년 초, 위무후가 죽자 공자 앵과 공중완公中緩이 태자 자리를 다투었다. 공손기公孫頎가 송나라에서 조나라, 다시 조나라에서 한나라로 들어와 한의후韓懿侯에게 이같이 건의했다.

"위앵과 공중완이 태자 자리를 다투고 있다는 이야기를 군주도 들었습니까? 지금 위앵은 왕조王錯●를 얻어 상당을 통제하고 있습니다. 이는 실로 위나라의 반을 차지한 것입니다. 그를 제거하면 위나라를 무너뜨리는 것이나 다름없습니다. 이런 기회를 잃어서는 안 됩니다."

한의후가 기뻐하며 조성후와 합세해 위나라를 쳤다. 탁택에서 전투가 벌어졌다. 위나라 군사가 대패해 포위당했다. 조성후가 한의후에게 제안했다.

"위나라 왕을 제거하고 공자 완을 즉위시킨 후 위나라 땅을 떼어 가진 뒤 철수하면 우리에게 이롭습니다."

한의후가 반대했다.

"안 됩니다. 위나라 왕을 죽이면 남들이 우리를 잔악하다고 말할 것이고, 땅을 떼어 가지면 우리를 탐욕스럽다고 할 것입니다. 위나라를 둘로 나누는 것만 못합니다. 위나라를 둘로 나누면 송·위衛나라보다 강하지 못하게 됩니다. 그러면 우리는 영원히 위나라로 인한 우환이 없을 것입니다."

조성후가 듣지 않았다. 한의후가 불쾌해하며 정예 부대를 이끌고

● 《사기집해》는 《급총기년汲冢紀年》을 원용한 서광의 주를 인용해 왕조는 원래 위나라 대부이나 한나라로 망명한 인물이라고 풀이했다.

한밤에 철군했다. 위혜왕이 죽지 않고, 나라가 둘로 나뉘지 않은 것은 두 사람의 모의가 불화를 일으켰기 때문이다. 만일 두 사람이 어느 한쪽의 모의를 좇았으면 위나라는 반드시 둘로 나뉘었을 것이다. "군주가 끝내 적자를 두지 않으면 그 나라는 이내 깨뜨릴 만하다"고 말하는 이유다.

위혜왕 2년, 위나라가 마릉에서 한나라, 회 땅에서 조나라를 격파했다. 위무후 3년, 제나라가 위나라의 관觀 땅에서 위나라 군사를 물리쳤다. 위혜왕 5년, 한의후와 택양宅陽에서 회동했다. 무도武堵에 성을 쌓았다. 한·위 두 나라 군사가 진秦나라에게 패했다. 위혜왕 6년, 송나라의 의대儀臺를 공격해 취했다. 위혜왕 9년, 회 땅에서 한나라를 격파했다. 진나라와 소량에서 회전했다. 진나라가 위나라 장수 공손좌公孫座를 포로로 잡고, 방 땅을 취했다. 진헌공이 죽자 아들 진효공秦孝公이 즉위했다.

위혜왕 10년, 조나라를 공격해 피뢰를 취했다. 혜성이 나타났다. 위혜왕 12년, 유성이 낮에 떨어져 큰 소리가 났다. 위혜왕 14년, 조성후와 호 땅에서 회맹했다. 위혜왕 15년, 노魯나라·위衛나라·송나라·정나라 군주가 위혜왕을 조현하러 왔다. 위혜왕 16년, 진효공秦孝公과 두평杜平에서 만났다. 송나라를 치고 황지를 차지했으나 다시 송나라에게 빼앗겼다. 위혜왕 17년, 진나라와 원리에서 싸웠다. 진나라가 위나라의 소량을 차지했다. 위나라가 조나라의 한단을 포위했다. 위혜왕 18년, 조나라 도성 한단을 함락시켰다. 조나라가 제나라에 구원을 청했다. 제나라가 전기田忌와 손빈孫臏에게 조나라를 구원하게 했다. 계릉에서 위나라 군사를 격파했다.

위혜왕 19년, 제후들이 위나라의 양릉을 포위했다. 위나라가 장성을 쌓고, 고양固陽에 관새關塞를 만들었다. 위혜왕 20년, 한단을 조나라에 되돌려주고, 장수 가에서 맹약을 맺었다. 위혜왕 21년, 동肜 땅에서 진나라와 회동했다. 조성후가 죽었다. 위혜왕 28년, 제위왕이 죽었다. 중산군中山君이 위나라 재상이 되었다. 위혜왕 30년, 위나라가 조나라를 치자 조나라가 제나라에 급히 고했다. 제선왕이 손빈의 계책을 사용해 조나라를 구하고 위나라를 격파했다. 위나라가 군사를 크게 동원해 방연龐涓을 장수로 삼고, 태자 신을 상장군으로 삼았다. 위나라 군사가 외황外黃을 지날 때 외황 사람인 서자徐子가 태자 신에게 말했다.

"저에게 백전백승의 계책이 있습니다."

태자 신이 청했다.

"들을 수 있겠소?"

서자가 대답했다.

"원래 태자에게 들려드리고자 했습니다. 태자가 친히 장군으로 제나라를 공격해 대승을 거두고 거 땅을 병점하면 이는 위나라의 부를 차지하는 것에 불과하고, 귀함도 위나라 왕이 되는 것에 불과합니다. 만일 제나라에 승리하지 못하면 차후로는 위나라가 없는 것입니다. 이것이 신이 말하는 백전백승의 전략입니다."

"좋소. 반드시 공의 말에 철군하게 하겠소."

서자가 말했다.

"태자가 비록 철군하고자 해도 그리할 수 없습니다. 태자에게 전쟁을 하게 권한 이들 가운데 공을 세우고자 하는 자가 많습니다. 태자가 비록 철수하고자 해도, 아마 그리되지는 않을 듯싶습니다."

태자 신이 철수하고자 했다. 어자가 만류했다.

"출정했다가 귀환하는 것은 패배하는 것과 같습니다."

태자 신이 결국 제나라 군과 교전을 했고, 마릉에서 패했다. 제나라 군사가 태자 신을 포로로 삼고, 장수 방연을 죽였다. 이로써 위나라 군사가 대패했다. 위혜왕 31년, 진·조·제 삼국이 합세해 위나라를 쳤다. 진나라 장수 상앙이 위나라 장수 공자 앙卬을 속였다. 그의 군사를 습격해 대파할 수 있었다. 진나라가 상앙을 임용한 덕분에 국토를 동쪽으로 황하까지 확장했다. 제와 조 두 나라가 위나라를 누차 격파했다. 위나라 도성 안읍이 진나라 국경에서 가까워졌다. 대량으로 천도한 이유다. 위혜왕이 공자 혁赫을 태자로 삼았다.

위혜왕 33년, 진효공이 죽고, 상앙이 진나라에서 달아나 위나라에 투항하고자 했다. 위혜왕이 노해 듣지 않았다. 위혜왕 35년, 제선왕과 평아平阿의 남쪽에서 회맹했다. 위혜왕이 누차 전쟁에서 고배를 마신 뒤 공손한 예절과 후한 하사품으로 현자들을 초빙했다. 추연·순우곤淳于髡·맹가孟軻 등이 모두 위나라 도성 대량에 모였다. 혜왕惠王이 청했다.

"과인이 재주가 없어 세 번에 걸쳐서 장병을 잃고, 태자가 포로가 되었소. 상장上將이 전사했으니 나라가 공허하고, 선왕과 종묘사직에 치욕을 주어 과인이 심히 부끄럽소. 노인장이 천리를 멀다 하지 않고 우리나라에 왕림해주셨으니 장차 이 나라에 이로움이 있겠소?"

맹가가 힐난했다.

"대왕은 이같이 이로움[利]에 관해 말씀하지 마십시오. 대왕이 이로움을 바라신다면 대부들도 이로움을 바랄 것이고, 대부들이 이로움을 바란다면 백성도 이로움을 바랄 것이니 상하가 서로 이로움만 다툰다면 나라가 위태로울 것입니다. 왕이 되는 데에는 인仁과 의義

가 있을 따름이지, 어찌 이로움을 바라십니까?"라 했다.

위혜왕 36년, 제나라 왕과 견 땅에서 다시 회맹했다. 이해에 위혜왕이 죽자 아들 위양왕魏襄王이 즉위했다.

●● 惠王元年, 初, 武侯卒也, 子罃與公中緩爭爲太子. 公孫頎自宋入趙, 自趙入韓, 謂韓懿侯曰, "魏罃與公中緩爭爲太子, 君亦聞之乎? 今魏罃得王錯, 挾上黨, 固半國也. 因而除之, 破魏必矣, 不可失也." 懿侯說, 乃與趙成侯合軍幷兵以伐魏, 戰于濁澤, 魏氏大敗, 魏君圍. 趙謂韓曰, "除魏君, 立公中緩, 割地而退, 我且利." 韓曰, "不可. 殺魏君, 人必曰暴, 割地而退, 人必曰貪. 不如兩分之. 魏分爲兩, 不彊於宋‧衛, 則我終無魏之患矣." 趙不聽. 韓不說, 以其少卒夜去. 惠王之所以身不死, 國不分者, 二家謀不和也. 若從一家之謀, 則魏必分矣. 故曰, "君終無適子, 其國可破也." 二年, 魏敗韓于馬陵, 敗趙于懷. 三年, 齊敗我觀. 五年, 與韓會宅陽. 城武堵. 爲秦所敗. 六年, 伐取宋儀臺. 九年, 伐敗韓于澮. 與秦戰少梁, 虜我將公孫痤, 取龐. 秦獻公卒, 子孝公立. 十年, 伐取趙皮牢. 彗星見. 十二年, 星晝墜, 有聲. 十四年, 與趙會鄗. 十五年, 魯‧衛‧宋‧鄭君來朝. 十六年, 與秦孝公會杜平. 侵宋黃池, 宋復取之. 十七年, 與秦戰元里, 秦取我少梁. 圍趙邯鄲. 十八年, 拔邯鄲. 趙請救于齊, 齊使田忌‧孫臏救趙, 敗魏桂陵. 十九年, 諸侯圍我襄陵. 築長城, 塞固陽. 二十年, 歸趙邯鄲, 與盟漳水上. 二十一年, 與秦會彤. 趙成侯卒. 二十八年, 齊威王卒. 中山君相魏. 三十年, 魏伐趙, 趙告急齊. 齊宣王用孫子計, 救趙擊魏. 魏遂大興師, 使龐涓將, 而令太子申爲上將軍. 過外黃, 外黃徐子謂太子曰, "臣有百戰百勝之術." 太子曰, "可得聞乎?" 客曰, "固願效之." 曰, "太子自將攻齊, 大勝幷莒, 則富不過有魏, 貴不益爲王. 若戰不勝齊, 則萬世無魏矣. 此臣之百戰百勝之術也."

太子曰, "諾, 請必從公之言而還矣." 客曰, "太子雖欲還, 不得矣. 彼勸
太子戰攻, 欲啜汁者衆. 太子雖欲還, 恐不得矣." 太子因欲還, 其御曰,
"將出而還, 與北同." 太子果與齊人戰, 敗於馬陵. 齊虜魏太子申, 殺將
軍涓, 軍遂大破. 三十一年, 秦·趙·齊共伐我, 秦將商君詐我將軍公子
卬而襲奪其軍, 破之. 秦用商君, 東地至河, 而齊·趙數破我, 安邑近秦,
於是徙治大梁. 以公子赫爲太子. 三十三年, 秦孝公卒, 商君亡秦歸魏,
魏怒, 不入. 三十五年, 與齊宣王會平阿南. 惠王數被於軍旅, 卑禮厚幣
以招賢者. 鄒衍·淳于髡·孟軻皆至梁. 梁惠王曰, "寡人不佞, 兵三折
於外, 太子虜, 上將死, 國以空虛, 以羞先君宗廟社稷, 寡人甚醜之, 叟
不遠千里, 辱幸至獘邑之廷, 將何以利吾國?" 孟軻曰, "君不可以言利
若是. 夫君欲利則大夫欲利, 大夫欲利則庶人欲利, 上下爭利, 國則危
矣. 爲人君, 仁義而已矣, 何以利爲!" 三十六年, 復與齊王會甄. 是歲,
惠王卒, 子襄王立.

양왕세가

위양왕 원년, 제후들과 서주에서 회맹했다. 서로 왕으로 칭했다.
이때 선군 위혜후魏惠侯를 위혜왕으로 추존했다. 위양왕 5년, 진秦나
라가 조음雕陰에서 위나라 장수 용가龍賈의 군사 4만 5,000명을 격파
했다. 초焦와 곡옥을 포위했다. 진나라에 하서 땅을 넘겨주었다. 위양
왕 6년, 진나라와 응應 땅에서 회동했다. 진나라가 위나라의 땅 분음
汾陰·피씨皮氏·초를 취했다. 위나라가 초나라를 공격해 형산陘山에서
격파했다. 위양왕 7년, 위나라가 상군上郡 전체를 진나라에게 바쳤다.

진나라가 위나라의 포양浦陽을 함락시켰다. 위양왕 8년, 진나라가 초와 곡옥을 돌려주었다.

위양왕 12년, 초나라가 위나라의 양릉을 격파했다. 제후들이 정치를 맡으면서 진나라 재상 장의와 설상에서 회맹했다. 위양왕 13년, 장의가 위나라 재상이 되었다. 위나라에서 여자가 남자로 변하는 일이 일어났다. 진나라가 위나라의 곡옥과 평주平周를 차지했다. 위양왕 16년, 위양왕이 죽자 아들 위애왕魏哀王이 즉위했다. 장의가 다시 진나라로 돌아갔다.

●● 襄王元年, 與諸侯會徐州, 相王也. 追尊父惠王爲王. 五年, 秦敗我龍賈軍四萬五千于雕陰, 圍我焦·曲沃. 予秦河西之地. 六年, 與秦會應. 秦取我汾陰·皮氏·焦. 魏伐楚, 敗之陘山. 七年, 魏盡入上郡于秦. 秦降我蒲陽. 八年, 秦歸我焦·曲沃. 十二年, 楚敗我襄陵. 諸侯執政與秦相張儀會齧桑. 十三年, 張儀相魏. 魏有女子化爲丈夫. 秦取我曲沃·平周. 十六年, 襄王卒, 子哀王立. 張儀復歸秦.

애왕세가

위애왕 원년, 5개국이 합세해 진나라를 쳤다. 이기지 못하고 철군했다. 위애왕 2년, 제나라가 위나라의 관진觀津을 함락시켰다. 위애왕 5년, 진나라가 저리자樗里子에게 위나라의 곡옥을 공격해 취하게 했다. 안문岸門에서 서수犀首를 쫓아버렸다. 위애왕 6년, 진나라가 위나라 공자 정政을 태자로 세웠다. 진나라와 임진에서 회맹했다. 위애왕 7년, 제나라를 쳤다. 진나라와 같이 연나라 정벌에 나섰다.

위애왕 8년, 위衛나라를 정벌해 인접한 성 두 곳을 점령했다. 위군이 이를 우려했다. 위나라 대부 여이如耳가 위군을 만나 물었다.

"청컨대 위나라 군사를 철군하도록 청하면서 성릉군成陵君을 면직시킬 수 있습니까?"

위군이 대답했다.

"선생이 과연 그리해주기만 하면 우리는 대대로 선생을 섬길 것입니다."

여이가 성릉군을 찾아가 말했다.

"전에 위나라가 조나라를 공격해 태항산 주변 양장의 길을 끊고, 알여 일대를 함락시켰습니다. 조나라를 둘로 나누고도 멸망시키지 않은 것은 위나라가 연맹의 종주 노릇을 했기 때문입니다. 지금 위衛나라는 패망의 위기에 처해 장차 서쪽으로 진秦나라를 섬기고자 합니다. 진나라가 위衛나라를 거두는 것은 위魏나라가 위衛나라를 거두어, 위魏나라에게 은덕을 무궁하게 베풀도록 만드느니만 못합니다."

"좋습니다."

여이가 위애왕을 조현했다.

"제가 위衛나라에 관해 드릴 말씀이 있습니다. 위衛나라는 원래 주나라 왕실에서 갈라져 나온 나라입니다. 소국이기는 하나 보물이 많습니다. 지금 위나라가 곤경에 처해 있는데도 보물을 바치지 않는 것은 치든지 거두든지 대왕이 주관하지 않는다고 생각하기 때문입니다. 설령 보물을 바칠지라도 대왕의 손에는 들어오지 않을 것입니다. 제가 보건대 위衛나라를 거두겠다고 말하는 자는 바로 위衛나라의 뇌물을 받은 자일 것입니다."

여이가 나간 뒤 성릉군이 들어와 위애왕에게 여이가 말한 철군 방안을 이야기했다. 위애왕이 이를 듣고는 이내 철군하면서 성릉군을 면직시킨 뒤 평생 다시는 보지 않았다.

위애왕 9년, 진秦나라 왕과 함께 임진에서 회동했다. 장의와 위장魏章 등은 모두 본국인 위나라로 달아났다. 위나라 재상 전수田需 사후 초나라에서 장의·서수·설공薛公 등을 경계했다. 초나라 재상 소어昭魚가 유세가 소대에게 말했다.

"전수 사후 나는 장의·서수·설공 가운데 한 사람이 위나라 재상이 될까 염려되오."

소대가 물었다.

"그렇다면 누가 재상이 되면 당신에게 유리합니까?"

"나는 위나라 태자가 친히 재상이 되었으면 하오."

소대가 말했다.

"내가 그대를 위해 북쪽으로 가 위나라 왕을 만난 뒤 반드시 태자에게 재상이 되도록 하겠습니다."

소어가 물었다.

"어떻게 그리할 수 있소?"

소대가 대답했다.

"그대가 양왕梁王이라 생각하고, 제가 그대를 설득하도록 하겠습니다."

"어찌하면 되오?"

소대가 소어를 양왕이라고 가정해 이같이 설득했다.

"제가 초나라에서 왔을 때 소어가 매우 근심하며 말하기를, '전수 사후 나는 장의·서수·설공 가운데 한 사람이 위나라 재상이 될까 염려되오'라고 했습니다. 제가 대답하기를, '양왕은 현명한 군주이니 반드시 장의를 재상으로 삼지는 않을 것입니다. 장의가 재상이 되면 반드시 진나라를 중시하고 위나라를 경시할 것입니다. 서수가 재상이 되면 반드시 한나라를 중시하고 위나라를 경시할 것이고, 설공이 재상이 되면 반드시 제나라를 중시하고 위나라를 경시할 것입니다. 양왕은 현명한 군주이니 반드시 위나라에 불리하게 하지는 않을 것입니다'라고 했습니다."

양왕의 역할을 맡은 소어가 물었다

"그러면 과인은 누구를 재상으로 삼아야 하오?"

소대가 대답했다.

"태자가 스스로 재상이 되는 것이 낫습니다. 태자가 재상이 되면 세 명 모두 태자가 계속 재상을 하지는 않을 것을 알기에 모두 힘써 자기 나라에게 위나라를 섬기게 해 장차 재상이 되고자 할 것입니다. 위나라는 강력한 무력 위에 이 삼국의 보필을 받으면 절대로 안전할 것입니다. 태자에게 친히 재상이 되게 하는 편이 낫습니다."

마침내 소대가 북쪽으로 가 위애왕을 만나 이같이 유세하자 위나라 태자가 과연 재상이 되었다. 위애왕 10년, 장의가 죽었다. 위애왕 11년, 진무왕과 응 땅에서 회맹했다. 위애왕 12년, 태자가 진나라에 입조했다. 진나라가 위나라의 피씨를 쳤다. 함락시키지 못하고 철군했다. 위애왕 14년, 진나라가 진무왕의 왕비인 무왕후武王后를 친정인 위나라로 돌려보냈다. 위애왕 16년, 진나라가 위나라의 포반蒲反 · 양진陽晉 · 봉릉封陵 땅을 함락시켰다. 위애왕 17년, 진나라와 임진에서 회맹했다. 진나라가 위나라의 포반을 돌려주었다. 위애왕 18년, 진나라와 함께 초나라를 쳤다. 위애왕 21년, 제 · 한 두 나라와 함께 함곡관에서 진나라 군사를 격파했다. 위애왕 23년, 진나라가 다시 하외와 봉릉 땅을 위나라에 돌려주고 강화를 맺었다. 위애왕이 죽자 아들 위소왕魏昭王이 즉위했다.

●● 哀王元年, 五國共攻秦, 不勝而去. 二年, 齊敗我觀津. 五年, 秦使樗里子伐取我曲沃, 走犀首岸門. 六年, 秦求來立公子政爲太子. 與秦會臨晉. 七年, 攻齊. 與秦伐燕. 八年, 伐衛, 拔列城二. 衛君患之. 如耳見衛君曰, "請罷魏兵, 免成陵君可乎?" 衛君曰, "先生果能, 孤請世世以衛事先生." 如耳見成陵君曰, "昔者魏伐趙, 斷羊腸, 拔閼與, 約斬趙, 趙分而爲二, 所以不亡者, 魏爲從主也. 今衛已迫亡, 將西請事於秦. 與其以秦醳衛,• 不如以魏醳衛, 衛之德魏必終無窮." 成陵君曰, "諾." 如耳見魏王曰, "臣有謁於衛. 衛故周室之別也, 其稱小國, 多寶器. 今國迫於難而寶器不出者, 其心以爲攻衛醳衛不以王爲主, 故寶器雖出必不入於王也. 臣竊料之, 先言醳衛者必受衛者也." 如耳出, 成陵君入, 以其言見魏王. 魏王聽其說, 罷其兵, 免成陵君, 終身不見.

九年, 與秦王會臨晉. 張儀‧魏章皆歸于魏. 魏相田需死, 楚害張儀‧犀首‧薛公. 楚相昭魚謂蘇代曰, "田需死, 吾恐張儀‧犀首‧薛公有一人相魏者也." 代曰, "然相者欲誰而君便之?" 昭魚曰, "吾欲太子之自相也." 代曰, "請爲君北, 必相之." 昭魚曰, "奈何?" 對曰, "君其爲梁王, 代請說君." 昭魚曰, "奈何?" 對曰, "代也從楚來, 昭魚甚憂, 曰, '田需死, 吾恐張儀‧犀首‧薛公有一人相魏者也.' 代曰, '梁王, 長主也, 必不相張儀. 儀相, 必右秦而左魏. 犀首相, 必右韓而左魏. 薛公相, 必右齊而左魏. 梁王, 長主也, 必不便也.' 王曰, '然則寡人孰相?' 代曰, '莫若

● 이진역위以秦醳衛의 역醳을 《사기정의》는 석釋과 음이 같다고 했으나 우리말의 음은 역이다. 원래는 쓴 술인 고주苦酒를 뜻하는 말이나 여기서는 공벌攻伐의 반대어로 쓰였다. 신복臣服을 받아준다는 뜻이다.

太子之自相. 太子之自相, 是三人者皆以太子爲非常相也, 皆將務以其
國事魏, 欲得丞相璽也. 以魏之彊, 而三萬乘之國輔之, 魏必安矣. 故曰
莫若太子之自相也.'" 遂北見梁王, 以此告之. 太子果相魏. 十年, 張儀
死. 十一年, 與秦武王會應. 十二年, 太子朝於秦. 秦來伐我皮氏, 未
拔而解. 十四年, 秦來歸武王后. 十六年, 秦拔我蒲反‧陽晉‧封陵.
十七年, 與秦會臨晉. 秦予我蒲反. 十八年, 與秦伐楚. 二十一年, 與
齊‧韓共敗秦軍函谷. 二十三年, 秦復予我河外及封陵爲和. 哀王卒,
子昭王立.

소왕세가

위소왕 원년, 진나라가 위나라의 양성襄城을 함락시켰다. 위소왕
2년, 진나라와 전쟁으로 위나라가 열세에 몰렸다. 위소왕 3년, 한나
라를 도와 진나라를 쳤다. 진나라 장수 백기가 이궐에서 위나라 군
24만 명을 죽였다. 위소왕 6년, 진나라에게 하동河東 땅 400리를 주었
다. 제나라 출신 망묘芒卯는 지략이 많았다. 위나라에서 중용되었다.
위소왕 7년, 진나라가 위나라의 크고 작은 성 예순한 곳을 함락시켰
다. 위소왕 8년, 진소양왕이 서제, 제민왕이 동제東帝를 칭했다. 한 달
여가 지나 모두 제호를 포기하고 다시 왕을 칭했다. 위소왕 9년, 진
나라가 위나라의 신원新垣과 곡양 성을 함락시켰다. 위소왕 10년, 제
나라가 송나라를 멸망시키고, 송왕宋王이 위나라의 온 땅에서 죽었
다. 위소왕 12년, 진秦‧조‧한‧연 4국이 합세해 제나라를 쳤다. 제서
濟西에서 제나라 군사를 물리치자 제민왕이 달아났다. 연나라 군사

가 홀로 임치까지 이르렀다. 진나라 왕과 서주에서 회맹했다. 위소왕 13년, 진나라가 위나라의 안성安城을 함락시켰다. 진나라 군사가 대량까지 왔다가 철군했다. 위소왕 18년, 진나라가 초나라 도성 영을 함락시켰다. 초경양왕이 진陳 땅으로 천도했다. 위소왕 19년, 위소왕이 죽자 아들 위안희왕魏安釐王이 즉위했다.

●● 昭王元年, 秦拔我襄城. 二年, 與秦戰, 我不利. 三年, 佐韓攻秦, 秦將白起敗我軍伊闕二十四萬. 六年, 予秦河東地方四百里. 芒卯以詐重. 七年, 秦拔我城大小六十一. 八年, 秦昭王爲西帝, 齊湣王爲東帝, 月餘, 皆復稱王歸帝. 九年, 秦拔我新垣·曲陽之城. 十年, 齊滅宋, 宋王死我溫. 十二年, 與秦·趙·韓·燕共伐齊, 敗之濟西, 湣王出亡. 燕獨入臨菑. 與秦王會西周. 十三年, 秦拔我安城. 兵到大梁, 去. 十八年, 秦拔郢, 楚王徙陳. 十九年, 昭王卒, 子安釐王立.

안희세가

위안희왕 원년, 진나라가 위나라의 두 성을 함락시켰다. 위안희왕 2년, 또다시 위나라의 두 성을 함락시키고, 대량성大梁城에 군사를 주둔시켰다. 한나라가 구원병을 보내왔다. 온성溫城을 떼어주고 평화협상을 맺었다. 위안희왕 3년, 진나라가 위나라의 4성을 함락시키고, 4만 명의 수급을 얻었다. 위안희왕 4년, 진나라가 위·한·조나라를 연속으로 패배시켰다. 모두 15만 명을 죽였다. 위나라 장수 망묘를 쫓아버렸다. 위나라 장수 단간자段幹子가 진나라에게 남양을 주고 휴전을 청했다. 소대가 위애왕에게 말했다.

"작위를 노리는 자는 단간자이고, 땅을 탐내는 자는 진나라입니다. 지금 대왕이 땅을 탐내는 자에게 작위를 노리는 자를 장악하게 하고, 작위를 노리는 자에게 땅을 탐내는 자를 장악하게 하면 이는 위나라의 땅을 완전히 잃지 않는 한 그치지 않을 것입니다. 하물며 땅을 바치면서 진나라를 섬긴다면 이는 마치 장작을 안고 불을 끄러 가는 것이니 장작이 모두 타버리지 않으면 불은 꺼지지 않을 것입니다."

"사실 그렇소. 그러나 일이 이미 일어났으니 다시 바꿀 수는 없소."

소대가 대답했다.

"대왕은 박희博戲에서 효梟를 중시하는 것을 보지 못했습니까?[•] 유리하면 말을 먹어버리고, 불리하면 멈춥니다. 지금 대왕은 말하기를, '일이 이미 일어났으니 다시 바꿀 수는 없다'고 했습니다. 이는 대왕이 지혜를 쓰는 것이 효를 사용하는 지혜만도 못하다는 뜻이 아닙니까?"

위안희왕 9년, 진나라가 위나라의 회 땅을 함락시켰다. 위안희왕 10년, 진나라 태자가 위나라에 볼모로 있다가 죽었다. 위안희왕 11년, 진나라가 위나라의 처구郪丘를 함락시켰다. 진소양왕이 측근들에게 말했다.

"지금 한과 위 두 나라는 초기와 비교해볼 때 언제가 더 강한가?"

"초기가 더 강합니다"

왕이 물었다.

● 박희는 흑백으로 나뉜 매·사냥개·꿩·송아지·주사위 등 다섯 가지 모양의 말을 가지고 노는 장기의 일종이다. 매 모양의 말이 가장 강하다. 이것으로 승부를 결정짓는다. 육박六博 내지 육박陸博이라고도 한다.

"지금의 여이如耳·위제魏齊와 이전의 맹상군·망묘 가운데 누가 더 현명한가?"

"예전만 못합니다."

"맹상군·망묘가 현명하다 해도, 강한 한과 위나라 군사를 이끌고 진나라를 공격한다 해도 과인을 어찌하지 못했소. 지금 무능한 여이·위제가 약한 한나라와 위나라 군사를 이끌고 진나라를 공격하면 과인을 어찌하지 못하는 것은 자명한 일이오."

측근들이 입을 모아 말했다.

"실로 맞는 말씀입니다."

중기中旗가 거문고에 기대어 대답했다.

"대왕의 추측은 천하의 형세를 잘못 판단한 것입니다. 진나라의 육경이 지배할 때 지씨가 가장 강해 범씨와 중항씨를 멸했습니다. 한나라와 위나라 군사를 이끌고 진양에서 조양자를 포위한 뒤 진수晉水를 진양성晉陽城 안으로 흘려보냈습니다. 물에 잠기지 않은 곳이 3판 높이뿐이었습니다. 지백이 수세水勢를 순시할 때 위환자가 수레를 몰고, 한강자가 동승했습니다. 지백이 말하기를, '내가 전에는 물이 나라를 망하게 할 수 있다는 것을 몰랐다. 지금에야 비로소 이를 알았다'고 했습니다. 분수는 안읍을 잠기게 할 수 있고, 강수絳水는 평양을 잠기게 할 수 있습니다. 위환자는 한강자를 팔꿈치로 치고, 한강자는 위환자를 발로 밟았습니다. 팔꿈치와 발이 수레에서 서로 마주치자 지씨는 그 땅은 나뉘고, 몸은 죽고, 나라는 망해 세상의 웃음거리가 되었습니다. 지금 진나라 군사가 비록 강하지만 지씨보다 낫다고 할 수 없습니다. 한·위 두 나라 역시 비록 약하기는 하나 진양성 때보다는 낫습니다. 지금이 바로 이들이 합세해 진나라를 칠 때입니다. 청컨대 대왕은 이들을 가볍게 보지 마십시오!"

진소양왕이 두려워했다. 제와 초 두 나라가 합세해 위나라를 쳤다. 진나라에 구원을 청하러 가는 위나라 사자의 발길이 이어졌다. 진나라의 구원병은 오지 않았다. 위나라에 당저唐雎라는 약 아흔 살 된 노인이 있었다. 그가 건의했다.

"늙은 이 몸이 서쪽으로 가 진나라 왕을 설득해 신보다 먼저 진나라의 구원병이 출발하게 하겠습니다."

위안희왕이 거듭 인사를 한 뒤 수레를 준비해 진나라에 사자로 보냈다. 당저가 이르러 진소양왕을 조현했다. 진소양왕이 말했다.

"노인장이 아득히 멀리 이곳까지 오느라 심히 고생했소. 위나라에서 누차 구원 요청이 있었소. 과인은 위나라의 다급한 사정을 잘 알고 있소."

당저가 대답했다.

"신이 볼 때 대왕이 이미 위나라의 다급한 사정을 알고도 구원병을 보내지 않는 것은 대왕을 위해 정책을 행하는 신하의 무능 때문인 듯합니다. 무릇 위나라는 만승의 대국입니다. 그러면서도 서면西面해 진나라를 섬기고, 동쪽의 속국으로 칭하고, 관제官制를 받아들이고, 봄가을로 조공을 바치는 것은 진나라가 강대해 족히 맹방이 될 만하다고 믿기 때문입니다. 지금 제·초 두 나라가 이미 합세해 위나라 근교에 모였습니다. 진나라 구원병이 이르지 않으면 다급하지 않다고 핑계 삼을 뿐입니다. 위나라가 화급을 다투면 위나라는 땅을 떼어주고 협약을 맺을 것입니다. 대왕은 무엇을 구하려는 것입니까? 끝까지 다급할 때를 기다려 이들을 구하면 이는 동쪽의 속국인 위나라를 잃고, 적국인 제·초 두 나라를 강하게 만드는 것입니다. 그리되면 대왕에게 무슨 이익이 있겠습니까?"

진소양왕이 바로 군사를 보내 위나라를 구했다. 위나라가 다시 안
정을 찾은 이유다. 이때 조나라에서 사람을 시켜 위안희왕에게 이같
이 고했다.

"저희 조나라를 위해 범좌范痤를 죽여주시면 사방 70리 땅을 대왕
에게 바치겠습니다."

"좋소."

곧 사람을 시켜 그를 잡도록 했다. 그의 집을 포위했으나 죽이지
는 않았다. 범좌가 지붕을 타고 올라가 사자에게 말했다.

"죽은 범좌를 가지고 교역을 하느니 차라리 살아 있는 범좌로 교
역을 하는 편이 낫습니다. 만일 제가 죽는다면 조나라는 왕에게 땅
을 떼어주지 않을 것인데 대왕은 어찌하시겠습니까? 그러니 먼저 땅
을 떼어 받은 연후에 저를 죽여도 됩니다."

위나라 왕이 말했다.

"그렇다."

범좌가 신릉군에게 상서했다.

저는 원래 재상에서 면직된 사람입니다. 조나라는 위나라 왕에게 땅
을 주고 저를 죽이고자 하고, 위나라 왕은 이를 들어주었으니 만일
강력한 진나라가 조나라를 답습해 당신을 죽이고자 하면 어찌하시
겠습니까?

신릉군 무기가 위안희왕에게 진언해 범좌를 석방시키게 했다. 위
안희왕은 진나라가 구원해주었기에 진나라와 가까이 지내고자 했

다. 이어 한나라를 공격해 전에 빼앗긴 땅을 찾으려 했다. 신릉군 무기가 위안희왕에게 말했다.

"진나라는 융적과 풍습이 같고, 호랑이나 늑대 같은 마음이 있어 사납고 폭력적이며 이익만을 추구하고 신용이 없습니다. 예의와 덕행도 모릅니다. 이익이 있다면 친척이나 형제도 돌보지 않고, 금수와 같은 것은 천하가 모두 아는 바입니다. 이들은 후덕한 행동을 한 적이 없습니다. 진왕의 모친 선태후_{宣太后}가 이를 우려하다 죽었습니다. 진왕의 외숙인 양후_{穰侯}는 공로가 지대한데도 결국 쫓겨났습니다. 두 동생은 무고하게 이들의 봉읍을 빼앗겼습니다. 친척에게도 이러한데 하물며 원수의 나라에게는 어떠하겠습니까!

지금 대왕이 진나라와 함께 한나라를 치면 진나라의 화에 더욱 가까워지는 것입니다. 신은 이를 매우 의심스럽게 생각합니다. 대왕이 이를 모른다면 이는 곧 명석하지 못한 것이고, 신하들이 이런 이치를 왕에게 설명하지 않으면 이는 곧 불충입니다. 지금 한나라는 한 여인이 나약한 왕을 보좌하고 있으니 안으로는 큰 내란이 있고, 밖으로는 강력한 진과 위 두 나라 군사와 교전하고 있습니다. 대왕은 한나라가 망하지 않을 것으로 여기십니까? 한나라가 망하면 진나라가 정 땅을 차지하고, 대량과 인접하게 됩니다. 대왕은 이를 안전하다고 여기는 것입니까? 대왕이 옛 땅을 찾고자 하면 지금 강력한 진나라와의 친분에 의지하면 이익이 된다고 여기는 것입니까? 진나라가 섬길 만한 나라가 아닌 것은 아니지만, 한나라를 멸한 후에는 반드시 다른 일을 찾을 것입니다. 다른 일은 바로 가장 쉽고 가장 이로운 것입니다. 쉽고 이로운 일은 분명 초·조 두 나라를 치는 것은 아닐 것입니다. 이는 어찌된 것입니까?

무릇 산을 넘고 강을 건너서, 한나라의 강한 곳을 뚫고 지나 강력한 조나라를 치는 것은 알여의 일을 답습하는 것으로, 진나라는 절대로 그리하지 않을 것입니다. 만일 하내 땅을 지나 업성·조가를 등지고, 장수와 부수를 건너서, 조나라 군과 한단의 교외에서 교전하는 것은 지백의 화를 재연하는 것으로, 진나라는 이 또한 하지 않을 것입니다. 초나라를 치려면 협곡을 지나 3,000리를 행군해 명액의 요새를 공격해야 됩니다. 가야 할 길이 매우 멀고, 칠 곳이 매우 어려우니 진나라는 이 또한 하지 않을 것입니다. 만일 하외를 지나 대량을 등지고, 우측으로는 상채·소릉을 끼고 초나라 군과 진읍陳邑의 교외에서 전투를 벌이는 것도 진나라는 감행하지 않을 것입니다. 진나라는 분명 초와 조나라를 치지 않을 것이고, 또한 위衛·제나라도 치지 않을 것입니다. 무릇 한나라가 멸망한 후 진나라 군사가 출동하는 날에는 반드시 위나라를 치지 않으면 안 됩니다.

진나라는 원래 회·모茅·형구邢丘 등지를 가지고 있었습니다. 궤진圯津에 성을 쌓았다가 또다시 하내까지 핍박하니 하내의 공共과 급汲도 위태롭습니다. 진나라가 정 땅을 차지하고, 원옹垣雍을 얻었습니다. 형택수滎澤水를 흘려보내 대량성을 수몰시키면 대량은 반드시 망할 것입니다. 왕의 사자가 진나라로 향해 진나라에서 안릉군安陵君을 헐뜯자 진나라가 안릉군을 죽이려 한 것이 오래되었습니다. 진나라의 섭양葉陽·곤양昆陽은 위나라의 무양舞陽과 인접해 있습니다. 사자의 중상을 듣는다면 안릉씨는 망할 것이고, 무양 이북을 돌아서 동으로 허 땅에 이르면 남쪽 지역이 반드시 위태로울 것입니다. 그러면 위나라에 해가 없겠습니까?

무릇 한나라를 증오하고 안릉군을 좋아하지 않는 것은 무방하나 진나라가 남방의 나라를 아끼지 않는 것을 염두에 두지 않는 일은 잘못입니다. 전에 진나라가 하서의 옛 진晉나라 땅에 있을 때는 대량과 1,000리나 떨어져 있었습니다. 산하가 막고 있고, 주周와 한 두 나라를 사이에 두고 있었습니다. 임향林鄕의 싸움 이후 지금까지 진나라가 위나라를 일곱 차례 공격해 다섯 번에 걸쳐 위나라의 유囿 안까지 들어왔고, 변경 지방의 성읍들을 모두 함락시켰고, 문대文臺도 부수었고, 수도垂都도 불태웠습니다. 산림을 벌채했고, 산짐승을 모두 잡아갔고, 도성 대량도 포위했습니다. 또한 빠른 속도로 대량성 북쪽을 지나 동쪽으로 도 땅과 위衛 땅의 근교에 이르렀습니다. 북으로는 평감平監에 다다랐습니다. 이로써 진나라에게 잃은 땅이 화산의 남북, 하외와 하내로 큰 현이 수십 개이고, 이름난 도읍이 수백 개입니다. 진나라가 하서의 옛 진晉 땅에 있으면서, 대량과 1,000리 길을 떨어져 있을 때도 화가 이와 같았습니다. 또 하물며 진나라를 섬기고 한나라가 없고, 정 땅을 진나라가 가지고 있습니다. 산하의 가로막음도 없는 상황에서 주나 한나라의 간격도 없고, 대량으로부터 100리가량 떨어져 있습니다. 화는 반드시 여기서 올 것입니다.

일찍이 합종의 계책이 실패한 것은 초와 위 두 나라가 서로 의심하고, 한나라가 참여하지 않았기 때문입니다. 지금 한나라가 진나라의 공격을 3년 동안 받고 있는 상황에서 진나라는 한나라와 강화하고자 합니다. 한나라는 패망할 줄 알면서도 이를 듣지 않은 채 조나라에 인질을 보내 천하의 제후들과 합종해 진나라에 대항하고자 합니다. 이런 상황에서는 초와 조 모두 반드시 군사를 모아야 됩니다. 이는 모두 진나라의 욕심이 끝이 없어 온 천하를 멸망시키고, 중원이 진에게 속국이 되지 않으면 그치지 않을 것을 알기 때문입니다.

신은 합종의 책략으로 왕을 섬기고자 합니다. 대왕은 빨리 초와 조 두 나라의 맹약을 받아들이고, 한나라의 인질을 잡고 한나라를 살려 둔 채 옛 땅을 요구하십시오. 그러면 한나라는 반드시 이를 돌려줄 것입니다. 이는 군민이 힘들이지 않고 잃은 땅을 되찾는 방안입니다. 그 공은 진나라와 더불어 한나라를 패망하게 만들어 강력한 진나라 와 이웃하는 화를 초래하는 것보다 낫습니다.

한나라를 지키고 위나라를 안정해 천하를 이롭게 하는 것에는 지 금이 왕에게 주어진 절호의 기회입니다. 한나라의 상당을 지나 공 과 영寧 땅에 이르는 길을 개방해 이들에게 안성을 지나게 하고, 출 입 관세를 받으면 이는 한나라의 상당을 저당 잡는 것입니다. 지금 이런 세수稅收가 있으면 우리는 한나라와 함께 족히 부국이 됩니다. 한나라는 반드시 위나라에 감격하게 되어 위나라를 사랑하게 되고, 위나라를 존중하게 되고, 위나라를 두려워하게 됩니다. 감히 위나라 를 배반하려 하지 않을 것입니다. 이는 한나라가 위나라의 속현屬縣 이 되는 것입니다. 위나라가 능히 한나라를 속현으로 삼으면 위衛 · 대량 · 하외는 분명 안정될 것입니다. 지금 한나라가 존재하지 않으 면 동주 · 서주와 안릉安陵이 위태롭습니다. 초와 조 두 나라를 대파 하면 위衛나라와 제나라가 심히 두려워할 것입니다. 천하의 제후 들이 서쪽 진나라로 달려가, 진왕을 조현하고 속국이 될 날도 멀지 않습니다.”

위안희왕 20년, 진나라가 조나라의 한단을 포위했다. 신릉군 무기 가 짐짓 왕명을 내세워 장수 진비晉鄙의 군사를 이끌고 조나라를 구 했다. 조나라가 온전할 수 있었던 이유다. 무기가 조나라에 머물렀 다. 위안희왕 26년, 진소양왕이 죽었다. 위안희왕 30년, 위무기가 위나라로 돌아와 다섯 나라 군사를 이끌고 진나라를 공격해 하외에서 진나라를 격파하고 몽오를 쫓아버렸다. 위나라 태자 증增이 진나라에 볼모로 있었다. 진장양왕이 대로해 위나라 태자 증을 가두려고 했다. 어떤 자가 증을 위해 진장양왕에게 말했다.

"공손희公孫喜가 일찍이 위나라 재상에게 말하기를, '청컨대 위나라 군사를 신속하게 보내 진나라를 치십시오. 진나라 왕이 화가 나 반드시 태자 증을 가둘 것입니다. 위나라 왕은 또 화가 나 진나라를 칠 것이고, 진나라는 반드시 태자 증을 해칠 것입니다'라고 했습니다. 지금 대왕이 증을 가두는 것은 공손희의 음모가 실현되는 것입니다. 증을 환대해 위나라와 화약을 맺고, 위나라에게 제·한나라의 의심을 받도록 하십시오."

진장양왕이 증을 가두지 않았다. 위안희왕 31년, 진왕 정이 새로이 즉위했다. 위안희왕 34년, 위안희왕이 죽고 태자 증이 즉위했다. 그가 위경민왕魏景湣王이다. 신릉군 무기가 죽었다. 위경민왕 원년, 진나라 군사가 위나라의 20여 성을 함락시키고, 진나라의 동군으로 삼았다. 위경민왕 2년, 진나라 군사가 위나라의 조가를 함락시켰다. 위衛나라가 야왕野王으로 천도했다. 위경민왕 3년, 진나라 군사가 위나라의 급읍汲邑을 함락시켰다. 위경민왕 5년, 진나라 군사가 위나라의 원읍·포양·연읍衍邑을 함락시켰다. 위경민왕 15년, 위경민왕이 죽자 아들 위왕魏王 가假가 즉위했다.

위왕 가 원년, 연나라의 태자 단이 자객 형가를 보내 진시황을 척살하려다 발각되어 실패했다. 위왕 가 3년, 진나라가 군사가 물을 끌어서 대량을 수몰시키고, 위 왕가를 포획했다. 위나라가 멸망하고, 영토는 진나라의 군현이 되었다.

●● 安釐王元年, 秦拔我兩城. 二年, 又拔我二城, 軍大梁下, 韓來救, 予秦溫以和. 三年, 秦拔我四城, 斬首四萬. 四年, 秦破我及韓·趙, 殺十五萬人, 走我將芒卯. 魏將段幹子請予秦南陽以和. 蘇代謂魏王曰, "欲璽者段幹子也, 欲地者秦也. 今王使欲地者制璽, 使欲璽者制地, 魏氏地不盡則不知已. 且夫以地事秦, 譬猶抱薪救火, 薪不盡, 火不滅." 王曰, "是則然也. 雖然, 事始已行, 不可更矣." 對曰, "王獨不見夫博之所以貴梟者, 便則食, 不便則止矣. 今王曰 '事始已行, 不可更', 是何王之用智不如用梟也?" 九年, 秦拔我懷. 十年, 秦太子外質於魏死. 十一年, 秦拔我郪丘. 秦昭王謂左右曰, "今時韓·魏與始孰彊?" 對曰, "不如始彊." 王曰, "今時如耳·魏齊與孟嘗·芒卯孰賢?" 對曰, "不如." 王曰, "以孟嘗·芒卯之賢, 率彊韓·魏以攻秦, 猶無奈寡人何也. 今以無能之如耳·魏齊而率弱韓·魏以伐秦, 其無奈寡人何亦明矣." 左右皆曰, "甚然." 中旗馮琴而對曰, "王之料天下過矣. 當晉六卿之時, 知氏最彊, 滅范·中行, 又率韓·魏之兵以圍趙襄子於晉陽, 決晉水以灌晉陽之城, 不湛者三版. 知伯行水, 魏桓子御, 韓康子爲參乘. 知伯曰, '吾始不知水之可以亡人之國也, 乃今知之.' 汾水可以灌安邑, 絳水可以灌平陽. 魏桓子肘韓康子, 韓康子履魏桓子, 肘足接於車上, 而知氏地分, 身死國亡, 爲天下笑. 今秦兵雖彊, 不能過知氏, 韓·魏雖弱, 尙賢其在晉陽之下也. 此方其用肘足之時也, 願王之勿易也!" 於是秦王恐. 齊·楚相約而攻魏, 魏使人求救於秦, 冠蓋相望也, 而秦救不至. 魏人有唐雎者, 年九十餘矣, 謂魏王曰, "老臣請西說秦王, 令兵先臣出." 魏王再拜, 遂約車而遣之. 唐雎到, 入見秦王. 秦王曰, "丈人芒然乃遠至此, 甚苦矣! 夫魏之來求救數矣, 寡人知魏之急已." 唐雎對曰, "大王已知魏之急而救不發者, 臣竊以爲用策之臣無任矣. 夫魏, 一萬乘之國也, 然所以西

面而事秦, 稱東藩, 受冠帶, 祠春秋者, 以秦之彊足以爲與也. 今齊·楚
之兵已合於魏郊矣, 而秦救不發, 亦將賴其未急也. 使之大急, 彼且割
地而約從, 王尙何救焉? 必待其急而救之, 是失一東藩之魏而彊二敵
之齊·楚, 則王何利焉?"於是秦昭王遽爲發兵救魏. 魏氏復定. 趙使人
謂魏王曰, "爲我殺范痤, 吾請獻七十里之地."魏王曰, "諾."使吏捕之,
圍而未殺. 痤因上屋騎危, 謂使者曰, "與其以死痤市, 不如以生痤市.
有如痤死, 趙不予王地, 則王將奈何? 故不若與先定割地, 然後殺痤."
魏王曰, "善."痤因上書信陵君曰, "痤, 故魏之免相也, 趙以地殺痤而魏
王聽之, 有如彊秦亦將襲趙之欲, 則君且奈何?"信陵君言於王而出之.
魏王以秦救之故, 欲親秦而伐韓, 以求故地.

  無忌謂魏王曰, "秦與戎翟同俗, 有虎狼之心, 貪戾好利無信, 不識禮
義德行. 苟有利焉, 不顧親戚兄弟, 若禽獸耳, 此天下之所識也, 非有
所施厚積德也. 故太母后也, 而以憂死, 穰侯舅也, 功莫大焉, 而竟逐
之, 兩弟無罪, 而再奪之國. 此於親戚若此, 而況於仇讎之國乎? 今王
與秦共伐韓而益近秦患, 臣甚惑之. 而王不識則不明, 群臣莫以聞則不
忠. 今韓氏以一女子奉一弱主, 內有大亂, 外交彊秦魏之兵, 王以爲不
亡乎? 韓亡, 秦有鄭地, 與大梁鄰, 王以爲安乎? 王欲得故地, 今負彊
秦之親, 王以爲利乎? 秦非無事之國也, 韓亡之後必將更事, 更事必就
易與利, 就易與利必不伐楚與趙矣. 是何也? 夫越山踰河, 絶韓上黨而
攻彊趙, 是復閼與之事, 秦必不爲也. 若道河內, 倍鄴·朝歌, 絶漳滏水,
與趙兵決於邯鄲之郊, 是知伯之禍也, 秦又不敢. 伐楚, 道涉谷, 行三千
里. 而攻冥阨之塞, 所行甚遠, 所攻甚難, 秦又不爲也. 若道河外, 倍大
梁, 右蔡左上蔡·召陵, 與楚兵決於陳郊, 秦又不敢. 故曰秦必不伐楚
與趙矣, 又不攻衛與齊矣. 夫韓亡之後, 兵出之日, 非魏無攻已. 秦固有

懷·茅·邢丘, 城垝津以臨河內, 河內共·汲必危, 有鄭地, 得垣雍, 決熒
澤水灌大梁, 大梁必亡. 王之使者出過而惡安陵氏於秦, 秦之欲誅之久
矣. 秦葉陽·昆陽與舞陽鄰, 聽使者之惡之, 隨安陵氏而亡之, 繞舞陽
之北, 以東臨許, 南國必危, 國無害已乎? 夫憎韓不愛安陵氏可也, 夫
不患秦之不愛南國非也. 異日者, 秦在河西晉, 國去梁千里, 有河山以
闌之, 有周韓以閒之. 從林鄉軍以至于今, 秦七攻魏, 五入圍中, 邊城盡
拔, 文臺墮, 垂都焚, 林木伐, 麋鹿盡, 而國繼以圍. 又長驅梁北, 東至
陶衛之郊, 北至平監. 所亡於秦者, 山南山北, 河外河內, 大縣數十, 名
都數百. 秦乃在河西晉, 去梁千里, 而禍若是矣, 又況於使秦無韓, 有鄭
地, 無河山而闌之, 無周韓而閒之, 去大梁百里, 禍必由此矣. 異日者,
從之不成也, 楚·魏疑而韓不可得也. 今韓受兵三年, 秦橈之以講, ● 識
亡不聽, 投質於趙, 請爲天下鴈行頓刃, 楚·趙必集兵, 皆識秦之欲無
窮也, 非盡亡天下之國而臣海內, 必不休矣. 是故臣願以從事王, 王速
受楚趙之約, 趙而挾韓之質以存韓, 而求故地, 韓必效之. 此士民不勞
而故地得, 其功多於與秦共伐韓, 而又與彊秦鄰之禍也. 夫存韓安魏而
利天下, 此亦王之天時已. 通韓上黨於共·寗, 使道安成, 出入賦之, 是
魏重質韓以其上黨也. 今有其賦, 足以富國. 韓必德魏愛魏重魏畏魏,
韓必不敢反魏, 是韓則魏之縣也. 魏得韓以爲縣衛, 大梁·河外必安矣.
今不存韓, 二周·安陵必危, 楚·趙大破, 衛·齊甚畏, 天下西鄉而馳秦
入朝而爲臣不久矣."

　二十年, 秦圍邯鄲, 信陵君無忌矯奪將軍晉鄙兵以救趙, 趙得全. 無

● 진뇨지이강秦橈之以講의 뇨橈는 동요 내지 굴복시킨다는 뜻이다.《사기색인史記索引》은 "한
나라가 진나라의 침공을 받아 동요한 지 3년이 된 상황에서 진나라는 강화를 통해 한나라를
굴복시키려 했다는 뜻이다"라고 풀이했다.

忌因留趙. 二十六年, 秦昭王卒. 三十年, 無忌歸魏, 率五國兵攻秦, 敗之河外, 走蒙驁. 魏太子增質於秦, 秦怒, 欲囚魏太子增. 或爲增謂秦王曰, "公孫喜固謂魏相曰, '請以魏疾擊秦, 秦王怒, 必囚增. 魏王又怒, 擊秦, 秦必傷'. 今王囚增, 是喜之計中也. 故不若貴增而合魏, 以疑之於齊·韓."

秦乃止增. 三十一年, 秦王政初立. 三十四年, 安釐王卒, 太子增立, 是爲景湣王. 信陵君無忌卒. 景湣王元年, 秦拔我二十城, 以爲秦東郡. 二年, 秦拔我朝歌. 衛徙野王. 三年, 秦拔我汲. 五年, 秦拔我垣·蒲陽·衍. 十五年, 景湣王卒, 子王假立. 王假元年, 燕太子丹使荊軻刺秦王, 秦王覺之. 三年, 秦灌大梁, 虜王假, 遂滅魏以爲郡縣.

태사공은 평한다.

"내가 일찍이 옛날의 대량성을 찾았다. 그곳 사람이 말했다. '진秦나라 군사가 대량을 칠 때 강물을 끌어들여 대량성을 수몰시킨 지석 달이 지나자 성이 물에 잠겼고, 위나라 왕이 투항함으로써 위나라가 멸망했다.' 평론가들이 말했다. '위나라가 신릉군을 등용하지 않은 까닭에 나라가 쇠약해졌고, 멸망에 이르렀다.' 허나 내 생각은 그렇지 않다. 당시 하늘의 뜻이 진나라에게 천하를 평정하게 한 것으로, 아직 그 과업이 완수되지 못했기에 위나라가 비록 아형阿衡과 같은 현신의 보좌를 받았다고 한들 무슨 소용이 있었겠는가?"

●● 太史公曰, "吾適故大梁之墟, 墟中人曰, '秦之破梁, 引河溝而灌大梁, 三月城壞, 王請降, 遂滅魏.' 說者皆曰魏以不用信陵君故, 國削弱至於亡, 余以爲不然. 天方令秦平海內, 其業未成, 魏雖得阿衡之佐, 曷益乎?"

한세가
韓世家

〈한세가〉는 한나라의 역사를 다루고 있다. 한나라는 전국칠웅 가운데 유일하게 한 번도 국세를 제대로 떨친 적이 없다. 한나라의 약세는 사방으로 강대국에 둘러싸인 지정학적 배경과 무관치 않다. 한나라는 춘추시대 당시 중원의 패권국인 진晉나라와 남방의 강국 초나라 사이에서 전전긍긍해야 했던 정나라를 토대로 성립한 나라였다. 법가사상가인 신불해申不害가 재상으로 있을 때 위세를 떨치기는 했으나 이 또한 일시적인 현상에 지나지 않았다. 전국시대 말기 산동육국 가운데 가장 먼저 진나라에 의해 병탄될 위기에 처하자 법가사상을 집대성한 한비자韓非子를 황급히 사자로 보내 잔명의 유지를 꾀한 사실이 이를 방증한다.

한조세가

한나라의 조상은 주나라 왕실과 성이 같은 희씨다. 그 후예들이 진나라를 섬겨 한원에서 봉토를 받아 한무자가 되었다. 한무자의 삼대 후손 가운데 한궐이 있었다. 그는 봉토의 이름을 좇아서 한씨韓氏라고 했다. 진경공 3년, 진나라의 사구 도안고가 난을 일으켰다. 진영공의 적신賊臣 조돈을 죽이려 했다. 조돈이 이미 죽은 까닭에 그의 아들 조삭을 죽이고자 했다. 한궐이 도안고를 만류했으나 도안고가 듣지 않았다. 한궐이 조삭에게 알려 달아나게 했다. 조삭이 말했다.

"그대는 분명 조나라의 사직이 끊기도록 하지는 않을 것이니 내가 죽어도 여한은 없겠소?"

한궐이 이를 들어주었다. 도안고가 조삭을 죽일 때 한궐은 병을 구실로 조회에 나가지 않았다. 그는 정영과 공손저구가 조씨 집안의 고아인 조무를 숨겨둔 것을 알고 있었다. 진경공 11년, 한궐과 극극이 800승의 전거를 이끌고 제나라를 쳤다. 제경공을 안 땅에서 격파하고 봉추보逢丑父를 생포했다. 당시 진나라는 육경을 두었다. 한궐이 한자리를 차지했다. 한헌자韓獻子로 불리었다.

진경공 17년, 진경공이 병에 걸려 점을 쳤다. 대업을 잇지 않아 귀신이 들린 것이라는 점괘가 나왔다. 한궐이 조성계趙成季의 공을 찬양하고, 제사 지낼 후사가 없음을 말하면서 진경공을 감동시켰다. 진경공이 물었다.

"그에게도 아직 후손이 있는가?"

한궐이 조무를 말했다. 진경공이 그에게 옛 조씨의 전읍을 주어 계속 조씨의 제사를 이어가게 했다. 진도공 7년, 한헌자가 은퇴했다.

한헌자가 죽자 아들 한선자가 직책을 이었다. 한선자는 주 땅으로 옮겨가 살았다. 진평공 14년, 오나라 대부 계찰이 진나라에 사자로 와 말했다.

"진나라의 정사가 마침내 한씨·위씨·조씨에게 돌아갈 것이다."

진경공 12년, 한선자가 조씨 및 위씨와 함께 기씨와 양설씨를 치고 그 영토를 10현으로 나누어 가졌다. 진정공 15년, 한선자와 조간자가 범씨와 중항씨를 쳤다. 한선자가 죽자 아들 한정자韓貞子가 뒤를 이었다. 한정자는 평양으로 옮겨가 살았다. 한정자 사후 아들 한간자韓簡子, 한간자 사후 아들 한장자韓莊子, 한장자 사후 아들 한강자가 뒤를 이었다. 한강자가 조양자·위환자와 합세해 지백을 토벌한 뒤 그 땅을 나누어 가졌다. 땅이 방대해 기왕의 제후들보다 컸다. 한강자 사후 아들 한무자가 뒤를 이었다. 한무자 2년, 정나라를 공격해 정유공을 죽였다. 한무자 16년, 한무자가 사후 아들 한경후 건虔이 뒤를 이었다.

한경후 원년, 정나라를 공격해 옹구를 빼앗았다. 한경후 2년, 정나라가 한나라의 부서를 함락시켰다. 한경후 6년, 조와 위 두 나라와 함께 제후의 반열에 들었다. 한경후 9년, 정나라가 한나라의 양적을 포위했다. 한경후 사후 아들 한열후韓列侯 취取가 뒤를 이었다. 한열후 3년, 자객 섭정聶政이 한나라 재상 협루俠累를 죽였다. 한열후 9년, 진나라가 한나라의 의양을 공격해 여섯 개 성읍을 빼앗았다. 한열후 13년, 한열후 사후 아들 한문후韓文侯가 뒤를 이었다.

한문후 2년, 정나라를 공격해 양성陽城을 빼앗았다. 송나라를 공격해 팽성에서 송나라 군주를 잡았다. 한문후 7년, 제나라를 쳐 상구까지 진격했다. 정나라가 진나라에 반기를 들었다. 한문후 9년, 제나라를 쳐 영구靈丘까지 진격했다. 한문후 10년, 한문후 사후 아들 한애후가 뒤를 이었다. 한애후 원년, 조와 위 두 나라와 함께 진晉나라를 나누어 가졌다. 한애후 2년, 정나라를 멸하고, 정읍鄭邑으로 천도했다. 한애후 6년, 한엄韓嚴이 한애후를 시해했다.• 아들 한의후가 즉위했다. 한의후 2년, 위나라가 마릉에서 한나라를 격파했다. 한의후 5년, 위혜왕과 택양에서 회맹했다. 한의후 9년, 위나라가 회수 가에서 한나라를 격파했다. 한의후 12년, 한의후 사후 아들 한소후가 뒤를 이었다.

●● 韓之先與周同姓, 姓姬氏. 其後苗裔事晉, 得封於韓原, 曰韓武子. 武子後三世有韓厥, 從封姓爲韓氏. 韓厥, 晉景公之三年, 晉司寇屠岸賈將作亂, 誅靈公之賊趙盾. 趙盾已死矣, 欲誅其子趙朔. 韓厥止賈, 賈不聽. 厥告趙朔令亡. 朔曰, "子必能不絶趙祀, 死不恨矣." 韓厥許之. 及賈誅趙氏, 厥稱疾不出. 程嬰·公孫杵臼之藏趙孤趙武也, 厥知之. 景公十一年, 厥與郤克將兵八百乘伐齊, 敗齊頃公于鞍, 獲逢丑父. 於是晉作六卿, 而韓厥在一卿之位, 號爲獻子. 晉景公十七年, 病, 卜, 大業之不遂者爲祟. 韓厥稱趙成季之功, 今後無祀, 以感景公. 景公

• 《자치통감》에는 한엄이 엄수嚴遂로 나온다. 유향劉向의 《전국책》과 풍몽룡馮夢龍의 《동주열국지東周列國志》에는 기원전 371년에 엄수가 한애후를 시해한 내용이 기원전 397년에 자객 섭정이 한나라 재상 협루를 척살한 사건과 뒤섞여 나온다. 이는 잘못이다. 《자치통감》 〈주열왕周烈王 5년〉조에 따르면 한애후는 대부 한외韓廆를 상국으로 임명하면서 동시에 엄수를 총애했다. 두 사람은 서로 시기한 나머지 상대방을 해치고자 했다. 결국 엄수가 사람을 시켜 조정에서 한외를 척살하게 하는 지경에 이르게 되었다. 당시 한외는 자객의 칼을 피하기 위해 한애후가 있는 쪽으로 달아났다. 한애후가 엉겁결에 그를 보호하기 위해 껴안았다. 이때 자객이 한애후까지 찔러 죽이고 말았다. 《사기》와 《자치통감》은 두 사건을 엄히 구분했다. 유향은 《전국책》을 편찬하는 과정에서 두 사건을 하나의 사건으로 착각한 듯하다. 《동주열국지》는 《전국책》의 잘못을 답습한 셈이다. 다만 《사기》 〈한세가〉는 한애후의 뒤를 한의후가 이었다고 했으나 〈육국연표六國年表〉에서는 한장후韓莊侯가 뒤를 이었다고 기록해놓았다. 《자치통감》에는 한장후가 등장하지 않는다. 한애후의 뒤를 이은 사람은 한장후가 아닌 한의후였던 것으로 보인다.

問曰, "尙有世乎?" 厥於是言趙武, 而復與故趙氏田邑, 續趙氏祀. 晉悼
公之十七年, 韓獻子老. 獻子卒, 子宣子代. 宣字徙居州. 晉平公十四
年, 吳季札使晉, 曰, "晉國之政卒歸於韓·魏·趙矣." 晉頃公十二年, 韓
宣子與趙·魏共分祁氏·羊舌氏十縣. 晉定公十五年, 宣子與趙簡子侵
伐范·中行氏. 宣子卒, 子貞子代立. 貞子徙居平陽. 貞子卒, 子簡子代.
簡子卒, 子莊子代. 莊子卒, 子康子代. 康子與趙襄子·魏桓子共敗知
伯, 分其地, 地益大, 大於諸侯. 康子卒, 子武子代. 武子二年, 伐鄭, 殺
其君幽公. 十六年, 武子卒, 子景侯立. 景侯虔元年, 伐鄭, 取雍丘. 二
年, 鄭敗我負黍. 六年, 與趙·魏俱得列爲諸侯. 九年, 鄭圍我陽翟. 景
侯卒, 子列侯取立. 列侯三年, 聶政殺韓相俠累. 九年, 秦伐我宜陽, 取
六邑. 十三年, 列侯卒, 子文侯立. 是歲魏文侯卒. 文侯二年, 伐鄭, 取陽
城. 伐宋, 到彭城, 執宋君. 七年, 伐齊, 至桑丘. 鄭反晉. 九年, 伐齊, 至
靈丘. 十年, 文侯卒, 子哀侯立. 哀侯元年, 與趙·魏分晉國. 二年, 滅
鄭, 因徙都鄭. 六年, 韓嚴弑其君哀侯. 而子懿侯立. 懿侯二年, 魏敗我
馬陵. 五年, 與魏惠王會宅陽. 九年, 魏敗我澮. 十二年, 懿侯卒, 子昭
侯立.

소후세가

한소후 원년, 진나라가 서산西山 일대에서 한나라를 함락시켰다.
한소후 2년, 송나라가 한나라의 황지를 빼앗았다. 위나라가 한나라
의 주朱 땅을 빼앗았다. 한소후 6년, 동주를 공격해 능관陵觀과 형구를
취했다. 한소후 8년, 신불해가 한나라 재상이 되었다. 한소후 10년,

대부 한희韓姬가 주군인 진도공을 시해했다.• 한소후 11년, 진나라로 조현을 갔다. 한소후 22년, 신불해가 죽었다. 한소후 24년, 진나라가 한나라의 의양을 함락시켰다. 한소후 25년, 가뭄이 들었다. 장대한 고문高門을 세우기 시작했다. 대부 굴의구屈宜臼가 말했다.

"한소후는 이 문을 나가지 못할 것이다. 이는 때에 맞지 않기 때문이다. 내가 말하는 때라는 것은 시일이 아니라, 사람에게 원래 존재하는 이로운 때와 이롭지 못한 때를 말하는 것이다. 소후가 일찍이 이로움을 알았다면 이 문을 세우지는 않았을 것이다. 몇 년 전에 진나라가 한나라의 의양을 함락시켰고, 지금은 가뭄이 들었다. 한소후는 지금 백성의 어려움을 돌보지 않고 오히려 더욱 사치스럽다. 이는 일컬어 '어려운 때일수록 여유 있게 행동한다'고 한다."

한소후 26년, 고문이 완성되었다. 한소후가 죽었다. 그는 끝내 이 문을 나가지 못했다. 그의 아들 한선혜왕韓宣惠王이 즉위했다.

●● 昭侯元年, 秦敗我西山. 二年, 宋取我黃池. 魏取朱. 六年, 伐東周, 取陵觀·邢丘. 八年, 申不害相韓, 修術行道, 國內以治, 諸侯不來侵伐. 十年, 韓姬弑其君悼公. 十一年, 昭侯如秦. 二十二年, 申不害死. 二十四年, 秦來拔我宜陽. 二十五年, 旱, 作高門. 屈宜臼曰, "昭侯不出此門. 何也? 不時. 吾所謂時者, 非時日也, 人固有利不利時. 昭侯嘗利矣, 不作高門. 往年秦拔宜陽, 今年旱, 昭侯不以此時岫民之急, 而顧益奢, 此謂'時絀擧贏.'" 二十六年, 高門成, 昭侯卒, 果不出此門. 子宣惠王立.

• 전목은 한희를 한나라 대부, 진도공을 잔명을 이어가고 있던 진晉나라 군주로 간주했다.

선혜세가

한선혜왕 5년, 장의가 진나라 재상이 되었다. 한선혜왕 8년, 위나라가 한나라 장수 한거를 격파했다. 한선혜왕 11년, 군호를 후侯에서 왕王으로 바꾸었다. 조나라와 우서에서 회맹했다. 한선혜왕 14년, 진나라가 한나라의 언 땅을 함락시켰다. 한선혜왕 16년, 진나라가 수어脩魚에서 한나라 군사를 격파했다. 탁택에서 한나라 장수 수鰒와 신치申差를 포획했다.• 한나라가 다급해졌다. 공중치公仲侈가 한선혜왕에게 말했다.

"동맹국을 믿을 수 없습니다. 지금 진나라가 초나라를 공격하려고 한 지 오래되었습니다. 대왕은 장의에게 진나라와 화친을 맺게 하고, 진나라에 커다란 성읍 하나를 뇌물로 준 연후에 병력을 정비해 진나라와 더불어 남쪽의 초나라를 치면 됩니다. 이것이 바로 공격의 주체를 하나에서 둘로 바꾸는 이른바 이일역이以一易二의 계책입니다••."

"좋은 생각이오."

공중치에게 몰래 길을 떠나게 했다. 서쪽 진나라와 강화할 계획이었다. 초나라 왕이 이를 듣고는 크게 화를 내며 진진을 불러 물었다. 진진이 대답했다.

• 《사기집해》는 서광의 주석을 인용해 수鰒가 경鯁으로 된 판본도 있다고 했다. 《사기색은》은 탁택濁澤을 〈연표〉 등을 근거로 들어 관택觀澤의 잘못으로 보았다. 그러나 관택은 당시 조나라 땅으로 문맥과 맞지 않는다. 탁택은 지금의 하남성 신정시新鄭市 서남쪽 부근이다. 〈표〉 조성후 6년조 기사에는 탁택涿澤으로 나온다. 탁택濁澤과 같다.
•• 원문은 이일역이지계以一易二之計다. 이는 진나라의 한나라에 대한 공격을 전환시켜 진나라가 한나라와 합세해 초나라를 치는 계책을 말한다. 공격해오는 자를 설득해 함께 다른 공격 목표를 찾는 것을 지칭한다.

"진나라가 초나라를 공격하고자 한 것이 오래되었습니다. 지금 다시 한나라의 유명한 성 하나를 얻고, 군사를 준비하면 진과 한이 합세해 초나라를 칠 것이고, 이는 진나라가 바라던 바입니다. 지금 이미 그들은 이를 얻었으니 초나라는 반드시 공격당할 것입니다. 대왕은 진나라의 말을 들어서 국경 사방에 경계를 시키고, 군사를 일으켜 한나라를 구원한다고 말씀하시고, 전거를 길거리에 가득 채우도록 하시고, 사자를 한나라에 보내십시오. 수레를 몇 대 더 보내고, 그 속에 재물을 많이 넣어 대왕이 한나라를 구원하고자 하는 뜻을 믿도록 하십시오. 한나라가 우리 뜻을 따를 수는 없다고 해도, 한나라 왕이 왕에게 고마움을 느끼고, 제나라와 합심해 공격해오지는 않을 것입니다. 이는 진, 한 나라에게 서로 불화를 조장하는 것으로, 비록 공격을 받을지라도 크게 위태롭지 않을 것입니다. 저의 말을 듣고 진나라와 우호를 끊는다면 틀림없이 진나라가 대로해 한나라에게 크게 원한을 가질 것입니다. 한나라는 남쪽으로 초나라와 친교를 맺고, 진나라를 가벼이 볼 것이고, 진나라를 가벼이 보면 진나라를 대하는 태도도 불경스러울 것입니다. 이것이 바로 진·한 두 나라의 모순을 이용해 우리나라가 화를 면하는 길입니다."

"좋은 생각이오."

그러고는 국경 사방을 경계하게 하고, 군사를 일으켜서 한나라를 구원한다고 말했다. 전거로 길을 가득 채우고, 사자를 한나라에 보냈다. 수레를 대거 추가해 재물을 많이 보냈다. 한나라 왕에게 전했다.

"저희 초나라가 비록 작으나 모든 군사를 출동시켰습니다. 원컨대 대왕이 진나라와 전쟁에서 뜻대로 하면 저희는 사력을 다해 지원하겠습니다."

한선혜왕이 이를 듣고는 크게 기뻐해 공중치의 행차를 멈추게 했다. 공중치가 간했다.

"안 됩니다. 실제로 우리를 치는 것은 진나라이고, 명목상으로 우리를 돕겠다는 것은 초나라입니다. 대왕이 초나라의 헛소리로 인해 강력한 진나라와 가벼이 절교하고 이들과 적이 된다면 반드시 천하의 웃음거리가 될 것입니다. 하물며 초나라와 우리는 형제 나라도 아니고, 또한 평소에 진나라를 칠 모의를 한 것도 아닙니다. 이미 진과 한이 초나라를 칠 움직임이 있자 군사를 출병해 한나라를 지원하겠다고 하는 것은, 필시 진진의 음모입니다. 더욱이 대왕이 이미 사람을 보내 진나라에 알렸습니다. 지금 가지 않으면 이는 진나라를 기만하는 것입니다. 무릇 대왕이 강력한 진나라를 가벼이 속이고, 초나라의 신하 말을 믿는다면 반드시 후회할 것입니다."

한선혜왕이 이를 듣지 않고, 진나라와 절교했다. 진나라가 대로했다. 곧 군사를 보충해 한나라를 쳤다. 큰 전쟁이 벌어졌으나 초나라의 지원군은 결국 오지 않았다. 한선혜왕 19년, 진나라 군사가 안문에서 한나라 군사를 대파했다. 태자 창倉이 볼모로 잡히고 강화를 맺었다. 한선혜왕 21년, 진나라와 함께 초나라를 공격해 초나라 장수 굴개를 격파했다. 또 단양에서 초나라 군 8만 명을 죽였다. 이해에 한선혜왕이 죽고, 태자 창倉이 즉위했다. 그가 한양왕韓襄王이다.

●● 宣惠王五年, 張儀相秦. 八年, 魏敗我將韓舉. 十一年, 君號爲王. 與趙會區鼠. 十四年, 秦伐敗我鄢. 十六年, 秦敗我修魚, 虜得韓將鯁·申差於濁澤. 韓氏急, 公仲謂韓王曰, "與國非可恃也. 今秦之欲伐楚久矣, 王不如因張儀爲和於秦, 賂以一名都, 具甲, 與之南伐楚, 此以一易二之計也." 韓王曰, "善." 乃警公仲之行, 將西購於秦. 楚王聞之大恐,召陳軫告之. 陳軫曰, "秦之欲伐楚久矣, 今又得韓之名都一而具甲, 秦韓幷兵而伐楚, 此秦所禱祀而求也. 今已得之矣, 楚國必伐矣. 王聽臣爲之警四境之內, 起師言救韓, 命戰車滿道路, 發信臣, 多其車, 重其幣, 使信王之救己也. 縱韓不能聽我, 韓必德王也, 必不爲鴈行以來, 是秦韓不和也, 兵雖至, 楚不大病也. 爲能聽我絶和於秦, 秦必大怒, 以厚怨韓. 韓之南交楚, 必輕秦, 輕秦, 其應秦必不敬, 是因秦·韓之兵而免楚國之患也." 楚王曰, "善." 乃警四境之內, 興師言救韓. 命戰車滿道路, 發信臣, 多其車, 重其幣, 謂韓王曰, "不穀國雖小, 已悉發之矣. 願大國遂肆志於秦, 不穀將以楚殉韓." 韓王聞之大說, 乃止公仲之行. 公仲曰, "不可. 夫以實伐我者秦也, 以虛名救我者楚也. 王恃楚之虛名, 而輕絶彊秦之敵, 王必爲天下大笑. 且楚韓非兄弟之國也, 又非素約而謀伐秦也. 已有伐形, 因發兵言救韓, 此必陳軫之謀也. 且王已使人報於秦矣, 今不行, 是欺秦也. 夫輕欺彊秦而信楚之謀臣, 恐王必悔之." 韓王不聽, 遂絶於秦. 秦因大怒, 益甲伐韓, 大戰, 楚救不至韓. 十九年, 大破我岸門. 太子倉質於秦以和. 二十一年, 與秦共攻楚, 敗楚將屈丐, 斬首八萬於丹陽. 是歲, 宣惠王卒, 太子倉立, 是爲襄王.

양왕세가

　한양왕 4년, 진무왕과 임진에서 회맹했다. 이해 가을, 진나라가 감무甘茂를 시켜 한나라 의양을 쳤다. 한양왕 5년, 진나라가 한나라 의양을 함락시키고, 군사 6만 명을 죽였다. 진무왕이 힘자랑을 하다가 죽었다. 한양왕 6년, 진나라가 한나라 무수를 다시 돌려주었다.

한양왕 9년, 진나라가 다시 한나라 무수를 빼앗았다. 한양왕 10년, 태자 영嬰이 진나라에 입조하고 돌아왔다. 한양왕 11년, 진나라가 한나라를 공격해 양穰 땅을 빼앗았다. 진나라와 함께 초나라를 공격해 초나라 장수 당말을 격파했다. 한양왕 12년, 태자 영이 죽었다. 공자 구咎와 공자 기슬蟣蝨이 서로 태자 자리를 다투었다. 당시 기슬은 초나라에 볼모로 있었다. 유세가 소대가 한구韓咎에게 말했다.

"기슬이 초나라에 잡혀 있습니다. 초나라 왕은 그를 돌려보내고자 합니다. 지금 초나라 군사 10만여 명이 방성 밖에 있습니다. 그대는 왜 초나라 왕에게 옹씨 곁으로 1만 호의 성읍을 만들려 하지 않는 것입니까? 한나라가 분명히 군사를 일으켜서 옹씨를 구원할 것이고, 그대는 장수가 될 것입니다. 그대는 한과 초 두 나라의 군사를 이용해 기슬을 도와 데려오면 그가 틀림없이 그대의 말을 들을 것입니다. 한과 초 두 나라 경계에 있는 땅을 당신에게 봉할 것입니다."

한구가 그 계책을 좇았다. 초나라가 옹씨를 포위하고, 한나라가 진나라에 구원을 청했다. 진나라가 한나라를 도와 출병하지 않았다. 대신 공손매公孫昧를 한나라로 가게 했다. 공중치가 소대에게 물었다.

"그대는 진나라가 한나라를 도와줄 것 같소?"

소대가 대답했다.

"진나라 대왕이 말씀하시기를, '남정南鄭과 남전을 지나 초나라로 출병해 그대를 기다리겠다'고 했소. 단지 언행이 일치하지 않을까 염려될 뿐이오."

공중치가 말했다.

"그대는 그럴 것이라고 생각하십니까?"

소대가 대답했다.

"진나라 왕은 반드시 장의의 낡은 수법을 쓸 것입니다. 초위왕이 양나라를 칠 때 장의가 진나라 왕에게 고하기를, '초나라와 함께 위나라를 치면 위나라는 꺾여서 초나라에 항복할 것이고, 한나라는 원래 그의 동맹이니 진나라만 고립될 것입니다. 출병해 이들을 기만시키면 위와 초나라가 크게 싸울 것이고, 진나라는 이를 이용해 서하 밖의 땅을 탈취하는 편이 나을 것입니다'라고 했습니다. 지금의 상황이 바로 진나라가 짐짓 한나라를 지지한다고 말하는 것이니 이들은 실질적으로는 몰래 초나라와 우호를 다질 것입니다.

그대는 진나라 군사가 올 때까지 기다렸다가 초나라와 가볍게 교전하십시오. 초나라는 몰래 진나라가 그대를 위해 출병하지 않을 것을 알고, 가볍게 그대의 군사를 대할 것입니다. 공이 초나라와의 전쟁에서 승리하면 진秦나라는 공과 함께 초나라를 통제할 것이니, 삼천 지역까지 위세를 떨친 후 돌아오십시오. 공이 전쟁에서 초나라에 승리하지 못하면 초나라는 삼천 일대를 봉쇄해 지킬 것이고, 그리되면 그대를 도울 도리가 없습니다. 저는 사력을 다해 그대를 염려하고 있습니다. 사마경司馬庚이 세 번 초나라 도성 영을 드나들고, 감무와 소어가 상·오에서 만나서, 말로는 군부軍符를 거두어들여 초나라의 한나라에 관한 공격을 금지시키기 위함이라지만, 실제로는 약속이 다른 것입니다."

공중치가 두려워하며 물었다.

"그러면 어떻게 합니까?"

소대가 대답했다.

"공은 반드시 한나라를 먼저 생각하고 진나라를 뒤에 생각해야 하고, 본인의 책략을 먼저 고려한 연후에 장의의 권모술수를 생각하십시오. 공이 곧바로 제·초와 연합하면 제·초는 분명히 먼저 공에게 국사를 맡길 것입니다."

당시 초나라는 옹지에 관한 포위망을 풀었다. 소대는 또 진태후秦太后의 아우 미융羋戎에게 말했다.

"공숙 백영伯嬰은 진·초 두 나라가 기슬의 귀환을 지지할까 두려워합니다. 공은 어찌해서 한나라를 대신해 초나라에 볼모로 잡혀 있는 기슬을 귀환시키고 다른 사람으로 대체하라고 하지 않습니까? 만일 초나라 왕이 기슬을 한나라로 돌려보내지 않으면 공숙 백영은 진·초가 기슬을 안중에도 두고 있지 않음을 알 수 있으므로, 반드시 한이 진·초와 연합하게 할 것입니다. 진·초가 한나라를 끼고 위나라를 궁지에 몰면 위나라는 제나라와 감히 연합하지 못할 것이고, 제나라는 고립될 것입니다. 공은 또다시 진나라를 위해 초나라에 기슬의 귀환을 청하고, 초나라가 승낙하지 않으면 한나라의 원한을 사는 것이 됩니다. 한나라가 제·위를 끼고 초나라를 포위하면 초나라는 반드시 공을 중시할 것입니다. 공이 진·초의 권위를 등에 업고 한나라에 덕을 쌓는다면 공숙 백영은 반드시 공에 의지해 국정을 운영할 것입니다."

이같이 했지만 기슬은 끝내 한나라로 귀국하지 못했다. 한나라는 구咎를 태자로 삼았다. 제와 위 두 나라 군주가 한나라를 방문했다. 14년, 한나라와 제나라 및 위나라의 군주가 합세해 진나라를 쳤다. 함곡관에 이르러서 병력을 주둔시켰다.

16년, 진나라가 한나라에 황하 이남 지역과 무수를 주었다. 한양왕이 죽고 태자 구咎가 즉위했다. 그가 한희왕韓釐王이다.

●● 襄王四年, 與秦武王會臨晉. 其秋, 秦使甘茂攻我宜陽. 五年, 秦拔我宜陽, 斬首六萬. 秦武王卒. 六年, 秦復與我武遂. 九年, 秦復取我武遂. 十年, 太子嬰朝秦而歸. 十一年, 秦伐我, 取穰. 與秦伐楚, 敗楚將唐眛. 十二年, 太子嬰死. 公子咎·公子蟣蝨爭爲太子. 時蟣蝨質於楚. 蘇代謂韓咎曰, "蟣蝨亡在楚, 楚王欲內之甚. 今楚兵十餘萬在方城之外, 公何不令楚王築萬室之都雍氏之旁, 韓必起兵以救之, 公必將矣. 公因以韓楚之兵奉蟣蝨而內之, 其聽公必矣, 必以楚韓封公也." 韓咎從其計. 楚圍雍氏, 韓求救於秦. 秦未爲發, 使公孫眛入韓. 公仲曰, "子以秦爲且救韓乎?" 對曰, "秦王之言曰'請道南鄭·藍田, 出兵於楚以待公', 殆不合矣." 公仲曰, "子以爲果乎?" 對曰, "秦王必祖張儀之故智. 楚威王攻梁也, 張儀謂秦王曰, '與楚攻魏, 魏折而入於楚, 韓固其與國也, 是秦孤也. 不如出兵以到之, 魏楚大戰, 秦取西河之外以歸.' 今其狀陽言與韓, 其實陰善楚. 公待秦而到, 必輕與楚戰. 楚陰得秦之不用也, 必易與公相支也. 公戰而勝楚, 遂與公乘楚, 施三川而歸. 公戰不勝楚, 楚塞三川守之, 公不能救也. 竊爲公患之. 司馬庚三反於郢, 甘茂與昭魚遇於商於, 其言收璽, 實類有約也." 公仲恐, 曰, "然則柰何?" 曰, "公必先韓而後秦, 先身而後張儀. 公不如亟以國合於齊楚, 齊楚必委國於公. 公之所惡者張儀也, 其實猶不無秦也." 於是楚解雍氏圍. 蘇代又謂秦太后弟羋戎曰, "公叔伯嬰恐秦楚之內蟣蝨也, 公何不爲韓求質子於楚? 楚王聽入質子於韓, 則公叔伯嬰知秦楚之不以蟣蝨爲事, 必以韓合於秦楚. 秦楚挾韓以窘魏, 魏氏不敢合於齊, 是齊孤也. 公又爲秦求質子於楚, 楚不聽, 怨結於韓. 韓挾齊魏以圍楚, 楚必重公. 公挾秦楚之重以積德於韓, 公叔伯嬰必以國待公." 於是蟣蝨竟不得歸韓. 韓立咎爲太子. 齊·魏王來. 十四年, 與齊·魏王共擊秦, 至函谷而軍焉. 十六年, 秦與我河外及武遂. 襄王卒, 太子咎立, 是爲釐王.

한왕세가

한희왕 3년, 공손희에게 주周·위魏 두 나라 군사를 이끌고 진나라를 공격하게 했다. 진나라가 한나라 군 24만 명을 격파시켰고, 이궐산伊闕山에서 희를 포획했다. 한희왕 5년, 진나라가 한나라의 완성宛城을 함락시켰다. 한희왕 6년, 진나라에 무수 200리 땅을 떼어주었다. 한희왕 10년, 진나라가 한나라 군사를 하산夏山에서 격파했다. 한희왕 12년, 진소양왕과 서주에서 회맹해 진나라를 도와 제나라를 쳤다. 제나라 군사가 패배하자 제민왕이 달아났다. 한희왕 14년, 진나라와 동주·서주 사이에서 회맹했다. 한희왕 21년, 폭원을 시켜 위나라를 구원하게 했으나 진나라에 패배해 원이 개봉으로 달아났다. 한희왕 23년, 조와 위 두 나라가 한나라의 화양산華陽山을 쳤다. 한나라가 급히 진나라에 알렸으나 진나라가 구하지 않았다. 한나라의 상국이 진서陳筮에게 말했다.

"일이 급하니 공이 비록 병중이나 밤을 새워서라도 진나라에 한번 다녀오십시오."

진서가 양후를 만났다. 양후가 말했다.

"일이 급합니까? 그러니 그대를 보냈을 것이오."

"급하지 않습니다."

양후가 화를 냈다.

"그대가 이같이 말하면서 그대 나라 왕의 사신이라 할 수 있소? 무릇 한나라의 사신은 왕래가 빈번한 법이오. 이는 우리나라에 다급한 상황을 알리고자 하기 때문이오. 그대가 와서 급하지 않다고 하는 것은 무슨 까닭이오?"

진서가 말했다.

"한나라가 다급해지면 입장을 바꿔서 다른 나라에 구원을 청할 것입니다. 상황이 급하지 않기에 제가 다시 온 것입니다."

"그대는 진나라 왕을 만날 필요가 없소. 지금 출병해 한나라를 구하겠소."

여드레 만에 진나라 군사가 와 조·위 군사를 화양산 아래서 격파했다. 이해에 희왕이 죽자 아들 한환혜왕韓桓惠王이 즉위했다. 한환혜왕 원년, 연나라를 쳤다. 한환혜왕 9년, 진나라가 한나라 형 땅을 빼앗았고, 분수 가에 성을 세웠다. 한환혜왕 10년, 진나라가 태항산에서 한나라 군사를 쳤다. 한나라 상당군 군수가 상당군을 바치고 조나라에 투항했다. 한환혜왕 14년, 진나라가 상당을 빼앗고, 장평에서 마복군 아들의 졸병 40만여 명을 죽였다. 한환혜왕 17년, 진나라가 한나라 양성과 부서를 함락시켰다. 한환혜왕 22년, 진소양왕이 죽었다.

한환혜왕 24년, 진나라가 한나라의 성고城皋·형양滎陽을 함락시켰다. 한환혜왕 26년, 진나라가 한나라의 상당군을 완전히 차지했다. 한환혜왕 29년, 진나라가 한나라의 열세 개 성읍을 함락시켰다. 한환혜왕 34년, 한환혜왕이 죽자 아들 한왕 안이 즉위했다. 한왕 안 5년, 진나라가 한나라를 공격했다. 한나라가 다급해지자 한비자를 진나라에 사자로 보냈다. 진왕 정이 한비자를 억류한 뒤 기회를 틈타 죽였다. 한왕 안 9년, 진나라가 안왕을 사로잡았다. 한나라 영토를 손에 넣어 영천潁川으로 편입했다. 한나라는 이로써 멸망했다.

●● 釐王三年, 使公孫喜率周·魏攻秦. 秦敗我二十四萬, 虜喜伊闕. 五年, 秦拔我宛. 六年, 與秦武遂地二百里. 十年, 秦敗我師于夏山. 十二年, 與秦昭王會西周而佐秦攻齊. 齊敗, 湣王出亡. 十四年, 與秦會兩周閒. 二十一年, 使暴鳶救魏, 爲秦所敗, 鳶走開封. 二十三年, 趙·魏攻我華陽. 韓告急於秦, 秦不救. 韓相國謂陳筮曰, "事急, 願公雖病, 爲一宿之行." 陳筮見穰侯. 穰侯曰, "事急乎? 故使公來." 陳筮曰, "未急也." 穰侯怒曰, "是可以爲公之主使乎? 夫冠蓋相望, 告敝邑甚急, 公來言未急, 何也?" 陳筮曰, "彼韓急則將變而佗從, 以未急, 故復來耳." 穰侯曰, "公無見王, 請今發兵救韓." 八日而至, 敗趙·魏於華陽之下. 是歲, 釐王卒, 子桓惠王立. 桓惠王元年, 伐燕. 九年, 秦拔我陘, 城汾旁. 十年, 秦擊我於太行, 我上黨郡守以上黨郡降趙. 十四年, 秦拔趙上黨, 殺馬服子卒四十餘萬於長平. 十七年, 秦拔我陽城·負黍. 二十二年, 秦昭王卒. 二十四年, 秦拔我城皋·滎陽. 二十六年, 秦悉拔我上黨. 二十九年, 秦拔我十三城. 三十四年, 桓惠王卒, 子王安立. 王安五年, 秦攻韓, 韓急, 使韓非使秦, 秦留非, 因殺之. 九年, 秦虜王安, 盡入其地, 爲潁州郡. 韓遂亡.

태사공은 평한다.

"한궐이 진경공의 마음을 움직여, 조씨 집안의 고아 조무에게 조씨의 대를 잇게 했다. 덕분에 정영과 공손저구의 의행이 뜻을 이루었다. 이는 천하의 음덕陰德이다. 한씨의 공덕이 진晉나라 말기에 크게 발현되었다. 한씨가 조씨 및 위씨와 더불어 10여 대 동안 제후를 지낸 것은 마땅한 일이리라!"

●● 太史公曰, "韓厥之感晉景公, 紹趙孤之子武, 以成程嬰·公孫杵臼之義, 此天下之陰德也. 韓氏之功, 於晉未覩其大者也. 然與趙·魏終爲諸侯十餘世, 宜乎哉!"

권 46

전경중완세가
田敬仲完世家

〈진경중완세가〉는 태공망 여상의 제나라를 찬탈한 전국시대 전씨田氏의 제나라 역사를 다루고 있다. 전씨는 원래 진씨陳氏로 제환공 때 제나라로 망명한 진陳나라 공자 진완이 조상이다. 그의 시호가 경중敬仲이다. 〈전경중완세가〉라는 기다란 명칭이 나오게 된 배경이다. 전씨의 제나라는 제위왕과 제선왕 때 위세를 크게 떨쳤으나 이후 피폐를 면치 못했다. 특히 제민왕의 경우는 연나라를 위시한 다섯 연합국의 공격을 받아 패망 직전까지 몰렸다. 실제로 제민왕은 구원 차 온 초나라 장수에 의해 허벅지의 힘줄이 뽑힌 뒤 사당의 대들보에 내걸리는 참변을 당했다. 우여곡절 끝에 간신히 나라를 되찾기는 했으나 현상유지에 급급해하다가 결국 진나라에 의해 병탄되고 말았다.

진완세가

진완은 진여공 타他의 아들이다.* 진완이 태어났을 때 마침 주나라 태사가 진陳나라를 지나갔다. 진여공이 그에게 진완의 점을 치게 했다. 관괘에서 비괘로 넘어가는 점괘를 얻었다. 점괘의 뜻은 대략 다음과 같았다.

"이는 나라의 빛을 보고서, 왕의 중신으로 쓰임이 적합한 괘입니다. 이는 그의 대에 진씨가 나라를 가지는 것인가, 아니면 이곳이 아닌 다른 곳에서 나라를 세우는 것인가, 아니면 자신의 대가 아니라 그의 후대에 나라를 세우는 것인가 하는 것입니다. 만일 다른 나라에서라면 필시 강씨 성의 나라일 것입니다. 강씨 성은 사악四嶽의 한 후예입니다. 어떤 사물이든 동시에 강할 수는 없는 법입니다. 진陳나라가 쇠할 즈음 그가 창성할 것입니다."

진여공은 진문공의 작은아들이다. 그의 모친은 채나라 출신이다. 진문공 사후 진여공의 형인 포鮑가 즉위했다. 그가 진환공이다. 진환공은 진여공과 이복형제였다. 진환공이 병에 걸렸을 때 채나라 사람이 진여공 타를 위해 진환공 포와 태자 면을 죽이고 진여공을 옹립했다.** 진여공은 즉위 후 채나라 여인을 맞아들였다. 그녀는 채나라 남자와 간음하고, 누차 채나라로 돌아갔다. 진여공도 자주 채나라

• 진여공의 이름이 타他가 아닌 약이라는 사실은 앞서 언급한 바 있다. 타는 진환공의 동생이고, 약은 진환공의 둘째 아들이다. 뒤에 나오는 "진여공은 진문공의 아들이다" 구절도 "진여공은 진문공의 손자다"로 바꿔 해석해야 한다.

•• 이 구절도 '진환공 사후 채나라 사람이 채나라 여인 소생인 진환공의 이복동생 타他를 옹립하기 위해 진환공의 태자 면을 살해하는 데 동조했으나 이후 그가 음탕한 모습을 보이자 진여공 약을 옹립하는 데 도움을 주었다'로 해석해야 한다. 사기의 본문에 나오는 진여공은 모두 진타陳他로 바꿔 해석해야 역사적 사실에 부합하게 된다.

로 가 음란한 행동을 했다. 진환공의 작은아들 임은 진여공이 자신의 부친과 형을 죽인 것에 원한을 품었다. 채나라 사람에게 진여공을 유인해 살해하도록 만든 이유다. 임이 대신 즉위했다. 그가 진장공이다. 이런 이유로 진완은 즉위하지 못하고, 진나라 대부가 되었다. 진여공이 살해된 것은 음란한 모습을 보이며 출국했기 때문이다. 《춘추》는 "채나라 사람이 진타를 죽였다"고 기록해 그의 죄를 물었다.

진장공이 죽자 동생 저구가 즉위했다. 그가 진선공이다. 진선공 11년, 태자 어구를 죽였다. 어구는 진완과 가까웠다. 진완은 화가 자신에게 미칠까 두려워 제나라로 달아났다. 제환공이 그를 경으로 삼으려 하자 사양했다.

"떠돌이 객이 된 신이 요행히 경제적인 부담을 면한 것도 군주의 은혜입니다. 감히 높은 직책을 맡을 수 없습니다."

제환공이 그를 공정으로 삼았다. 제나라 대부 의중이 딸을 진완에게 아내로 주려고 점을 쳤다. 이런 점괘가 나왔다.

"이는 봉황이 비상하는 듯하고, 화음이 조화를 이루어서 내는 기쁨의 소리다. 유규씨有嬀氏의 후예로서 장차 강씨 성의 나라에서 성장할 것이다. 5대 이후 창성해 경의 지위에 이를 것이다. 8대 이후에는 그보다 더 높은 지위가 없을 것이다."

결국 의중은 자신의 딸을 진완에게 시집보냈다. 진완이 제나라로 도망한 것은 제환공 14년의 일이다. 진완이 죽자 경중敬仲이라는 시호가 내려졌다. 경중은 치자穉子 맹이孟夷를 낳았다. 경중의 성씨는 그가 제나라로 망명한 이후 후손에 의해 진陳에서 전田으로 바뀌었다.

●● 陳完者, 陳厲公他之子也. 完生, 周太史過陳, 陳厲公使卜完, 卦

得觀之否, "是爲觀國之光, 利用賓于王. 此其代陳有國乎? 不在此而在
異國乎? 非此其身也, 在其子孫. 若在異國, 必姜姓. 姜姓, 四嶽之後.
物莫能兩大, 陳衰, 此其昌乎?" 厲公者, 陳文公少子也, 其母蔡女. 文
公卒, 厲公兄鮑立, 是爲桓公. 桓公與他異母. 及桓公病, 蔡人爲他殺桓
公鮑及太子免而立他, 爲厲公. 厲公旣立, 娶蔡女. 蔡女淫於蔡人, 數
歸, 厲公亦數如蔡. 桓公之少子林怨厲公殺其父與兄, 乃令蔡人誘厲公
而殺之. 林自立, 是爲莊公. 故陳完不得立, 爲陳大夫. 厲公之殺, 以淫
出國, 故春秋曰'蔡人殺陳他', 罪之也. 莊公卒, 立弟杵臼, 是爲宣公.
宣公二十一年, 殺其太子禦寇. 禦寇與完相愛, 恐禍及己, 完故奔齊. 齊
桓公欲使爲卿, 辭曰, "羈旅之臣幸得免負簷, 君之惠也, 不敢當高位."
桓公使爲工正. 齊懿仲欲妻完, 卜之, 占曰, "是謂鳳皇于蜚, 和鳴鏘鏘.
有嬀之後, 將育于姜. 五世其昌, 並于正卿. 八世之後, 莫之與京." 卒妻
完. 完之奔齊, 齊桓公立十四年矣. 完卒, 諡爲敬仲. 仲生穉孟夷. 敬仲
之如齊, 以陳字爲田氏.

전제세가

 전치자 맹이는 전민자田湣子 맹장孟莊, 전민자 맹장은 전문자 수무
須無를 낳았다. 전문자 수무는 제장공을 섬겼다. 진晉나라 대부 난령
이 진나라에서 난을 일으키고 제나라로 달아나자 제장공이 그를 후
히 대접했다. 안영과 전문자가 간했으나 제장공이 듣지 않았다. 전
문자는 죽을 때 전환자 무우無宇를 두었다. 전환자 무우도 제장공을
섬겼다. 힘이 세 커다란 총애를 입었다. 전환자 무우는 죽을 때 전무

자田武子 개와 전희자田釐子 기乞를 낳았다. 전희자 기는 제경공을 섬겨 대부가 되었다. 백성들로부터 조세를 거둘 때는 소두小斗로 거두고, 백성에게 베풀 때는 대두大斗를 쓰며 은연중에 백성에게 덕을 베풀었다. 제경공도 이를 멈추게 하지 않았다. 전씨가 제나라의 민심을 얻고, 전씨 일족은 날로 강대해졌다. 민심이 전씨에게 돌아간 이유다. 안영이 누차 간했으나 제경공이 듣지 않았다. 얼마 후 안영이 진나라에 사자로 가서, 숙향과 사적으로 말했다.

"제나라 정권은 결국 전씨에게 돌아갈 것이다."

안영 사후 범씨와 중항씨가 진나라를 배반했다. 진나라 조정의 공격이 심해지자 범씨와 중항씨가 제나라에 군량을 청했다. 전기가 반란에 뜻을 두었다. 이내 제후들과 결속해 제경공을 설득했다.

"범씨와 중항씨가 우리에게 수차례에 걸쳐 덕을 행했습니다. 우리가 구해주지 않으면 안 됩니다."

제나라는 전기에게 이들을 돕게 해 식량을 보냈다. 제경공의 태자가 죽었을 때 제경공에게 예자芮子로 불린 총희가 있었다. 그녀가 아들 도를 낳았다. 제경공은 병이 들자 시호가 혜자惠子인 재상 국하와 시호가 소자인 고장에게 명해 도를 태자로 세웠다. 제경공 사후 두 재상이 도를 즉위시켰다. 그가 안유자다. 전기는 이를 불쾌히 여겼다. 제경공의 다른 아들 양생을 옹립하고자 했다. 양생은 평소 전기와 사이가 좋았다. 안유자가 즉위하자 양생은 노나라로 달아났다. 전기가 짐짓 고소자와 국혜자를 섬겼다. 매번 입조할 때 수행하며 이같이 말했다.

"처음에는 여러 대부가 유자를 옹립하려 하지 않았습니다. 유자가 이미 즉위했고, 그대가 재상이 되니 대부들이 두려워한 나머지 모두 반기를 들려 합니다."

그러고는 대부들에게 이같이 말했다.

"고소자는 무서운 사람이오. 그가 움직이기 전에 우리가 먼저 그를 처치합시다."

여러 대부가 그를 좇았다. 전기와 포목을 비롯한 여러 대부가 군사를 이끌고 공실로 들어가 고소자를 쳤다. 고소자가 이를 듣고, 국혜자와 더불어 안유자를 구하고자 했다. 그러나 공실의 군사가 패했다. 전기의 무리가 국혜자를 쫓아냈다. 국혜자는 거나라로 달아났다. 전기의 무리가 다시 돌아와 고소자를 죽였다. 안영의 아들 안어는 노나라로 달아났다. 전기가 사람을 노나라로 보내 양생을 영접했다. 양생이 제나라로 돌아와 전기의 집에 숨어 있었다. 전기가 제후들에게 청했다.

"전상의 모친이 차례상을 차렸으니 와서 드시면 영광이겠습니다."

대부들이 전씨 집에 와서 회식을 했다. 전기가 양생을 자루에 넣어 자리의 한가운데에 놓았다. 자루를 풀었더니 양생이 나왔다. 양생이 말했다.

"내가 바로 제나라 군주다."

대부들이 모두 엎드려 조아리며 옹립하고자 했다. 전기가 짐짓 말했다.

"나와 포목이 양생을 옹립하기로 상의했다."

포목이 화를 냈다.

"대부는 선군인 경공의 명을 잊었소?"

여러 대부가 돌이키려 하자 양생이 머리를 조아리며 말했다.

"가능하면 나를 옹립하고, 불가능하면 그만두시오."

포목은 자신에게 닥칠 화가 두려워 다시 말했다.

"모두 경공의 아들이오. 어찌 안 되겠소!"

그러고는 모두 전기의 집에서 양생을 옹립했다. 그가 제도공이다. 사람을 시켜 안유자를 태 땅으로 보낸 뒤 이내 그를 죽였다. 제도공이 즉위했다. 전기가 재상이 되어 제나라의 정권을 전횡했다. 제도공 4년, 전기가 죽자 아들 전상이 뒤를 이었다. 그가 전성자다. 포목이 제도공과 불화가 생겨 이내 시해했다.• 제나라 백성이 그의 아들 임을 옹립했다. 그가 제간공이다.

전상과 감지監止가 좌우의 재상이 되어 제간공을 보필했다. 전상은 감지를 시기했다. 감지가 제간공의 총애를 입고 있어 권세를 빼앗을 수 없었다. 전상이 다시 선조인 전희자를 본받아 대두로 대여하고, 소두로 거두었다. 제나라 백성이 노래를 지어 기렸다.

> 할머니가 뜯어온 나물 모두
>
> 전성자 집안으로 들어가지

제나라 대부들이 입조했을 때 전씨의 일족으로 군주의 측근으로 있는 전앙이 간했다.

"전상과 감지를 동시에 재상으로 두어서는 안 됩니다. 군주는 한 사람을 택해야 합니다."

• 《춘추좌전》〈노애공 8년〉조에 따르면 포목이 제도공을 살해한 것이 아니라 제도공이 포목을 살해했다. 《춘추좌전》〈노애공 10년〉조에는 오왕 부차가 제나라의 남쪽 변경을 치는 와중에 제나라 사람이 제도공을 죽인 것으로 되어 있다. 포목이 제도공을 살해했다는 기록은 잘못이다.

제간공이 듣지 않았다. 자아는 감지의 일족으로 전씨와 사이가 나빴다. 전씨의 먼 동족 전표는 자아를 섬기며 그의 총애를 입었다. 자아가 말했다.

"나는 전씨 일족을 모두 제거할 생각이다. 전표가 전씨의 종가를 대신하도록 하라."

전표가 반대했다.

"저는 전씨와 멉니다."

전표가 전씨에게 은밀히 일렀다.

"자아가 전씨 일족을 제거하려 한다. 전씨가 먼저 손을 쓰지 않으면 화를 당할 것이다."

자아가 공실에 들었을 때 전상의 네 형제가 공궁에 들어가 자아를 죽이려 했다. 자아가 급히 문을 닫았다. 제간공은 부인과 도성 인근의 단대에서 술을 마시고 있었다. 이 소식을 듣고 군사를 보내 전상을 치려고 했다. 태사 자여가 말했다.

"전상은 감히 난을 일으키지 못합니다. 해를 제거하려는 것입니다."

제간공이 포기했다. 전상이 물러나와 제간공이 진노했다는 말을 듣고는 죽임을 당할까 두려워 달아나고자 했다. 전자행田子行이 말했다.

"의심은 일을 망치는 근원입니다."

전상이 이내 자아를 쳤다. 자아가 무리와 함께 전씨를 쳤으나 이기지 못하고 달아났다. 전씨의 무리가 이들을 쫓아서 자아와 감지를 죽였다. 제간공이 달아나자 전씨의 무리가 서주까지 제간공을 쫓아가서 잡았다. 제간공이 탄식했다.

"전에 전앙의 말을 들었던들 지금의 재난은 오지 않았을 것이다."

전씨의 무리는 제간공이 복위해 자신들을 죽일 것이 두려워 제간공을 죽였다. 이로써 제간공은 즉위 4년 만에 죽고 말았다. 전상이 제간공의 동생인 오를 옹립했다. 그가 제평공이다. 제평공이 즉위하자 전상이 재상이 되었다. 전상은 이미 간공을 죽였으므로, 제후들이 공모해 자신을 죽일 것이 두려운 나머지 노·위衛 등으로부터 빼앗은 땅을 모두 돌려주었다. 또 서쪽으로 진晉·한·위·조 등과 화약을 맺었다. 남쪽으로는 오·월越나라에 사절을 보내 우호를 다졌다. 안으로는 논공행상을 시행해 백성에게 덕을 베풀었다. 제나라가 이내 안정을 찾은 이유다. 전상이 제평공에게 말했다.

"덕치는 백성의 바람입니다. 군주께서는 이를 행하십시오. 형벌은 백성이 싫어하는 것이니 신이 집행하겠습니다."

이같이 시행한 지 5년이 되어 제나라의 정권은 모두 전상에게 귀속되었다. 전상은 포씨·안씨晏氏·감지 등 공족들 가운데 강자를 모두 제거했다. 제나라 영토 가운데 안평의 동쪽에서 낭야郎邪에 이르는 땅을 자신의 봉읍으로 삼았다. 봉읍이 제평공의 직할령보다 컸다.

전상은 제나라 여인 가운데 키가 7척 이상 되는 여인을 후궁으로 삼았다. 모두 100여 명이나 되었다. 빈객賓客과 친속 들이 후궁에게 드나드는 것을 금지시키지 않았다. 전상이 죽을 때는 아들이 70여 명이나 되었다. 전상이 죽자 아들 전양자田襄子 반盤이 대를 이어 제나라 재상이 되었다. 전상의 시호는 성자成子다.

전양자가 이미 제선공의 재상이 되었을 때 삼진이 지백을 죽이고 그의 땅을 나누어 가졌다. 전양자는 그의 형제 친족에게 모두 제나라의 도시와 지방의 대부가 되어 삼진과 서로 사신 왕래를 하게 했다. 제나라 땅을 모두 차지한 듯했다. 전양자가 죽자 아들 전장자田

莊子 백白이 뒤를 이었다. 전장자는 제선공의 재상이 되었다. 제선공 43년, 진나라를 공격해 황성을 함락시키고, 양호를 포위했다. 제선공 44년, 노나라의 갈과 안릉을 쳤다. 이듬해인 제선공 45년, 노나라의 성 하나를 빼앗았다.

전장자가 죽자 아들 제태공 전화가 뒤를 이었다. 제태공은 제선공의 재상이 되었다. 제선공 48년, 노나라의 성郕 땅을 빼앗았다. 이듬해인 제선공 49년, 제선공이 정나라 사람과 서성西城에서 회맹했다. 또 위衛나라를 공격해 무구毋丘를 취했다. 제선공 51년, 제선공이 죽었다. 전화가 늠구에서 반기를 들었다. 제선공 사후 아들 제강공 대가 즉위했다.

제강공은 14년 동안 재위했다. 술과 여자에 빠져 정사를 돌보지 않았다. 제태공 전화는 제강공을 바닷가로 내쫓고, 성읍 하나를 식읍으로 주어 조상의 제사를 받들게 했다. 이듬해에 노나라가 제나라의 평륙을 함락시켰다. 제태공 3년, 제태공 전화와 위문후가 탁택에서 회맹해 전씨를 제후로 올려줄 것을 청했다. 위문후가 사자에게 주나라 천자와 제후 들에게 알리어 제나라 재상 전화를 제후의 반열에 들일 것을 청했다. 주나라 천자가 이를 허락했다. 제강공 19년, 전화가 제나라의 제후로 봉해졌다. 주나라 왕실이 인정한 제후의 반열에 오른 것을 기념해 개원改元하고, 이를 원년으로 삼았다.

제후 태공 화가 즉위한 지 2년 만에 죽자 아들 제환공 오午가 즉위했다. 제환공 5년, 진秦·위 두 나라가 한나라를 공격했다. 한나라가 제나라에 구원을 청했다. 제환공이 대신들을 소집해 상의했다.

"한나라를 일찍 구해줄 것인가, 아니면 늦게 구원할 것인가?"

대신 추기騶忌가 건의했다.

"구하지 않느니만 못합니다."

단간붕段幹朋이 반대했다.

"구하지 않으면 한나라를 쪼개 위나라에 넘길 것입니다. 구하느니만 못합니다."

전신사田臣思가 말했다.

"군들의 모의는 지나침이 있습니다. 진·위 두 나라가 한나라를 치면 초나라와 조나라가 분명히 구원할 것입니다. 이는 하늘이 제나라에게 연나라를 주는 것입니다."

제환공이 동조했다.

"맞소."

곧 한나라 사자에게 구원할 것을 몰래 알려준 뒤 돌려보냈다. 한나라도 제나라의 지원을 받을 것으로 알고 진·위 두 나라와 교전했다. 초나라와 조나라에서 이를 듣고는 과연 군사를 일으켜 한나라를 도왔다. 제나라는 당시를 이용해 군사를 일으켜 연나라를 습격해 연나라의 상구를 취했다. 제환공 6년, 위衛나라를 구했다. 제환공이 죽자 아들 제위왕 인제因齊가 즉위했다. 이해에 제강공이 죽었다. 후손이 없어 조상의 제사를 받들기 위해 남겨진 봉읍이 모두 전씨의 손에 들어갔다.

●● 田穉孟夷生湣孟莊, 田湣孟莊生文子須無. 田文子事齊莊公. 晉之大夫欒逞作亂於晉, 來奔齊, 齊莊公厚客之. 晏嬰與田文子諫, 莊公弗聽. 文子卒, 生桓子無宇. 田桓子無宇有力, 事齊莊公, 甚有寵. 無宇卒, 生武子開與釐子乞. 田釐子乞事齊景公爲大夫, 其收賦稅於民以小斗受之, 其粟稟予民以大斗, 行陰德於民, 而景公弗禁. 由此田氏得齊衆心, 宗族益彊, 民思田氏. 晏子數諫景公, 景公弗聽. 已而使於晉,與叔向私語曰, "齊國之政卒歸於田氏矣." 晏嬰卒後, 范·中行氏反晉. 晉攻之急, 范·中行請粟於齊. 田乞欲爲亂, 樹黨於諸侯, 乃說景公曰, "范·中行數有德於齊, 齊不可不救." 齊使田乞救之而輸之粟.

景公太子死, 後有寵姬曰芮子, 生子荼. 景公病, 命其相國惠子與高昭子以子荼爲太子. 景公卒, 兩相高·國立荼, 是爲晏孺子. 而田乞不說, 欲立景公他子陽生. 陽生素與乞懽. 晏孺子之立也, 陽生奔魯. 田乞僞事高昭子·國惠子者, 每朝代參乘, 言曰, "始諸大夫不欲立孺子. 孺子旣立, 君相之, 大夫皆自危, 謀作亂." 又紿大夫曰, "高昭子可畏也, 及未發先之." 諸大夫從之. 田乞·鮑牧與大夫以兵入公室, 攻高昭子. 昭子聞之, 與國惠子救公. 公師敗. 田乞之衆追國惠子, 惠子奔莒, 遂返殺高昭子. 晏孺子圉奔魯. 田乞使人之魯, 迎陽生. 陽生至齊, 匿田乞家. 請諸大夫曰, "常之母有魚菽之祭, 幸而來會飮." 會飮田氏. 田乞盛陽生橐中, 置坐中央. 發橐, 出陽生, 曰, "此乃齊君矣." 大夫皆伏謁. 將盟立之, 田乞誣曰, "吾與鮑牧謀共立陽生也." 鮑牧怒曰, "大夫忘景公之命乎?" 諸大夫欲悔, 陽生乃頓首曰, "可則立之, 不可則已." 鮑牧恐禍及己, 乃復曰, "皆景公之子, 何爲不可!" 遂立陽生於田乞之家, 是爲悼公. 乃使人遷晏孺子於駘, 而殺孺子荼. 悼公旣立, 田乞爲相, 專齊政. 四年, 田乞卒, 子常代立, 是爲田成子. 鮑牧與齊悼公有郤, 弒悼公. 齊人共立其子壬, 是爲簡公. 田常成子與監止俱爲左右相, 相簡公. 田常心害監止, 監止幸於簡公, 權弗能去. 於是田常復脩釐子之政, 以大斗出貸, 以小斗收. 齊人歌之曰, "嫗乎采芑, 歸乎田成子!"

齊大夫朝, 御鞅諫簡公曰, "田·監不可並也, 君其擇焉." 君弗聽. 子我者, 監止之宗人也, 常與田氏有郤. 田氏疏族田豹事子我有寵. 子我曰, "吾欲盡滅田氏適, 以豹代田氏宗." 豹曰, "臣於田氏疏矣." 不聽. 已

而豹謂田氏曰, "子我將誅田氏, 田氏弗先, 禍及矣." 子我舍公宮, 田常
兄弟四人乘如公宮, 欲殺子我. 子我閉門. 簡公與婦人飮檀臺, 將欲擊
田常. 太史子餘曰, "田常非敢爲亂, 將除害." 簡公乃止. 田常出, 聞簡
公怒, 恐誅, 將出亡. 田子行曰, "需, 事之賊也." 田常於是擊子我. 子我
率其徒攻田氏, 不勝, 出亡. 田氏之徒追殺子我及監止. 簡公出奔, 田
氏之徒追執簡公于徐州. 簡公曰, "蚤從御鞅之言, 不及此難." 田氏之
徒恐簡公復立而誅己, 遂殺簡公. 簡公立四年而殺. 於是田常立簡公弟
驁, 是爲平公. 平公卽位, 田常爲相. 田常旣殺簡公, 懼諸侯共誅己, 乃
盡歸魯·衛侵地, 西約晉·韓·魏·趙氏, 南通吳·越之使, 脩功行賞, 親
於百姓, 以故齊復定. 田常言於齊平公曰, "德施人之所欲, 君其行之,
刑罰人之所惡, 臣請行之." 行之五年, 齊國之政皆歸田常. 田常於是盡
誅鮑·晏·監止及公族之彊者, 而割齊自安平以東至琅邪, 自爲封邑.
封邑大於平公之所食. 田常乃選齊國中女子長七尺以上爲後宮, 後宮
以百數, 而使賓客舍人出入後宮者不禁. 及田常卒, 有七十餘男. 田常
卒, 子襄子盤代立, 相齊. 常諡爲成子. 田襄子旣相齊宣公, 三晉殺知
伯, 分其地. 襄子使其兄弟宗人盡爲齊都邑大夫, 與三晉通使, 且以有
齊國. 襄子卒, 子莊子白立. 田莊子相齊宣公. 宣公四十三年, 伐晉, 毁
黃城, 圍陽狐. 明年, 伐魯·葛及安陵. 明年, 取魯之一城. 莊子卒, 子太
公和立. 田太公相齊宣公. 宣公四十八年, 取魯之郕. 明年, 宣公與鄭人
會西城. 伐衛, 取毌丘. 宣公五十一年卒, 田會自廩丘反. 宣公卒, 子康
公貸立. 貸立十四年, 淫於酒婦人, 不聽政. 太公乃遷康公於海上, 食一
城, 以奉其先祀. 明年, 魯敗齊平陸. 三年, 太公與魏文侯會濁澤, 求爲
諸侯. 魏文侯乃使使言周天子及諸侯, 請立齊相田和爲諸侯. 周天子許
之. 康公之十九年, 田和立爲齊侯, 列於周室, 紀元年. 齊侯太公和立

二年, 和卒, 子桓公午立. 桓公午五年, 秦·魏攻韓, 韓求救於齊. 齊桓
公召大臣而謀曰, "蚤救之孰與晚救之?" 騶忌曰, "不若勿救." 段幹朋
曰, "不救, 則韓且折而入於魏, 不若救之." 田臣思曰, "過矣君之謀也!
秦·魏攻韓·楚, 趙必救之, 是天以燕予齊也." 桓公曰, "善." 乃陰告韓
使者而遣之. 韓自以爲得齊之救, 因與秦·魏戰. 楚·趙聞之, 果起兵而
救之. 齊因起兵襲燕國, 取桑丘. 六年, 救衛. 桓公卒, 子威王因齊立. 是
歲, 故齊康公卒, 絶無後, 奉邑皆入田氏.

위왕세가

제위왕 원년, 삼진이 제나라의 상사를 틈타 제나라의 영구靈丘를
침공했다. 제위왕 3년, 삼진이 진나라를 멸한 후 그 땅을 나누어 가
졌다. 제위왕 6년, 노나라가 제나라를 공격해 양관까지 들어왔다. 진
나라가 제나라를 공격해 박릉博陵에 이르렀다. 제위왕 7년, 위衛나라
가 제나라를 공격해 설릉薛陵을 차지했다. 제위왕 9년, 조나라가 제나
라를 공격해 견 땅을 차지했다. 제위왕이 당초 즉위한 이래로 국정
을 잘 다스리지 못해, 경대부卿大夫들에게 국정을 맡겼다. 9년 동안 제
후들이 서로 공격해 나라가 잘 다스려지지 않았다. 제위왕이 즉묵의
대부를 소환했다.

"그대가 즉묵을 다스린 뒤 그대를 비방하는 말이 매일 끊이지 않
았소. 그러나 과인이 사람을 시켜서 즉묵을 보니 밭을 개간해 백성
에게 주고, 관에 공무가 쌓인 일도 없이 동쪽은 태평했소. 그럼에도
이런 헛소문이 퍼진 것은 다만 그대가 과인의 측근들에게 명예를 구

하지 않았기 때문이오."

그러고는 그를 1만 호의 식읍에 봉했다. 이어 아 땅의 대부를 소환했다.

"그대가 아 땅을 다스린 뒤 칭송의 소리가 날마다 들렸소. 사람을 시켜서 아 땅을 지켜보니 밭은 개간하지 않고, 백성은 빈곤했소. 전에 조나라가 견 땅을 쳤을 때에도 그대는 구하지 못했소. 위衛나라가 설릉을 차지했을 때에도 그대는 알지 못했소. 이는 그대가 과인의 측근들에게 뇌물을 주어 명예를 구한 것이오."

그러고는 이날 아 땅의 대부를 팽형에 처했다. 그를 기렸던 측근들 역시 모두 팽형에 처했다. 군사를 일으켜 서쪽으로 조·위衛 두 나라를 쳤다. 또 위나라를 탁택에서 격파하고 위혜왕을 포위했다. 위혜왕이 관 땅을 헌납하고 협상을 청했고, 조나라는 제나라에 장성을 돌려주었다. 제나라는 국위를 떨치고, 사람들은 모두 가식과 잘못을 저지르지 않고, 성심껏 임무를 다했다. 비로소 제나라가 잘 다스려졌다. 제후들이 이를 듣고는 20여 년 동안 제나라에 군사를 일으킬 생각을 하지 않았다.

추기자騶忌子가 거문고를 들고 제위왕을 만났다. 제위왕이 기쁘게 생각해 그를 궁내 우실右室에 머물게 했다. 얼마 후 제위왕이 거문고를 타니 추기자가 문을 열고 들어와서 말했다.

"거문고를 실로 잘 타십니다."

제위왕이 발끈하며 거문고를 내려놓은 후 대검을 어루만지며 물었다.

"무릇 그대는 들어온 지 얼마 되지도 않았소. 어찌 잘 타는 줄 아시오?"

추기자가 대답했다.

"무릇 대현大弦은 넓으면서도 봄과 같이 온화해 군君에 비유되고, 소현小弦은 청렴하고 맑으니 재상에 비유됩니다. 잡을 때는 깊게 잡고 놓을 때는 서서히 풀어주니 법령에 비유되고, 모두 함께 소리를 내지만 크고 작음이 서로 다르며 굴절을 일으키면서 서로의 음을 해치지 않음이 사계절과 같으니 이로써 훌륭한 것을 알았습니다."

제위왕이 말했다.

"그대는 음률을 잘 구별하오."

추기자가 말했다.

"어찌 음률만이겠습니까? 무릇 나라를 다스리고 백성을 안정시키는 것도 이 속에 있습니다."

제위왕이 화를 냈다.

"그렇다면 과인이 오음五音을 다스리는 것이 그대만 못할 것이오. 과인이 나라를 다스리고 백성을 안정시키는 것이 어찌 거문고를 타는 것과 같다고 말할 수 있소?"

추기자가 말했다.

"무릇 대현은 넓으면서도 봄과 같이 온화해 군君에 비유되고, 소현은 청렴하고 맑으니 재상에 비유됩니다. 잡을 때는 깊게 잡고 놓을 때는 서서히 풀어주니 법령에 비유되고, 모두 함께 소리를 내지만 크고 작음이 서로 다르며 굴절을 일으키면서 서로의 음을 해치지 않음이 사계절과 같습니다. 무릇 반복되면서도 어지럽지 않은 것은 나라가 잘 다스려지고 창성함이고, 상하좌우가 잘 이어지는 것은 보존되고 멸망하지 않는 것입니다. 거문고의 음이 다스려지면 천하가 다스려지는 것입니다. 무릇 나라가 다스려지고 백성이 무고한 것은 바로 오음을 다스리는 이치와 같지 않습니까?"

제위왕이 동의했다.

"과연 그렇소."

추기자가 제위왕을 만난 지 석 달 만에 재상의 인印을 받았다. 순우곤이 추기자를 보고 이같이 말했다.

"말을 참 잘하시오! 내게 소견이 있소. 선생 앞에서 말하고자 하오."

"삼가 가르침을 받겠습니다."

"신하 된 자가 군주에 관한 예절을 다하면 몸과 명예가 창성할 것이고, 그렇지 않으면 모두 잃을 것이오."

"삼가 가르침을 받겠습니다. 절대로 그 말씀을 마음에서 멀리하지 않겠습니다."

"돼지기름을 가시나무에 발라서 바퀴 축에다가 칠하는 것은 바퀴의 회전을 원활하게 만들기 위한 것이오. 만일 구멍을 각이 지게 뚫으면 돌아가지를 않소."

"삼가 가르침을 받겠습니다. 측근들에게 잘 받들도록 하겠습니다."

"활을 만들 때 잘 마른 나무에 아교를 칠하는 것은, 잘 맞게 하기 위한 것이오. 공간이 비고 틈새가 생기면 메울 수가 없소."

"삼가 가르침을 받겠습니다. 스스로를 온 백성과 거리가 없도록 하겠습니다."

"늑대 가죽옷이 해졌다고, 누런 개가죽으로 기우면 안 되오."

"삼가 가르침을 받겠습니다. 임명할 때는 군자를 선택하게 하고, 잡다한 소인배가 그 속에 끼지 못하게 하겠습니다."

"큰 수레일지라도 균형을 바로잡지 않으면 원래 실을 수 있는 능

력만큼 싣지 못하고, 현악기는 음을 맞추어놓지 않으면 오음을 이룰
수 없소."

"삼가 가르침을 받겠습니다. 법률을 잘 다듬고, 간사한 관원들을
잘 감독하겠습니다."

순우곤이 말을 마친 후 급히 나가면서, 대문에 이르러서 하인을
모아놓고 말했다.

"내가 다섯 가지 비유를 했는데도, 그가 질문에 대답한 말들이 모
두 꼭 맞는 대답이었으니 이 사람은 머지 않아 봉지를 상으로 받을
것이다."

1년이 지나 추기자는 과연 하비下邳를 봉지로 받고, 성후成侯로 불
리었다. 제위왕 23년, 조나라 왕과 평륙에서 회맹했다. 제위왕 24년,
위혜왕과 교외에서 사냥 회동을 했다. 위혜왕이 물었다.

"대왕도 보물이 있소?"

제위왕이 말했다.

"없습니다."

위혜왕이 물었다.

"과인과 같이 작은 나라에서도 1촌寸 되는 진주가 수레 앞뒤에서
번뜩이는 것이 열두 수레이고, 그것이 수레마다 열 개씩 있습니다.
어찌해서 만승의 나라에서 보석이 없단 말입니까?"

제위왕이 대답했다.

"과인이 보물로 여기는 것은 왕과 다릅니다. 과인의 신하 가운데
단자檀子라는 자가 있습니다. 그에게 남쪽의 성을 지키게 하면 초나
라가 감히 동쪽의 땅을 쳐들어오지 못하고, 사수 가의 열두 제후가
모두 조공을 합니다. 또 과인의 신하 가운데 반자라는 자가 있습니

다. 그에게 고당 땅을 지키도록 하면 조나라 백성이 감히 동쪽으로 와서 고기를 잡지 못합니다. 과인의 신하 가운데 검부黔夫라는 자가 있습니다. 그에게 서주를 지키게 하면 우리가 침입할까 두려운 나머지 연나라 백성이 북문에 제사를 올리고, 조나라 백성이 서문에 제사를 올리고, 그를 쫓는 무리가 7,000여 호에 이릅니다. 과인의 신하 가운데 종수種首라는 자가 있습니다. 그에게 도적들을 막도록 하면 길거리에 떨어진 것도 주워가지 않습니다. 이는 천리를 밝히는 것입니다. 어찌 열두 수레만을 밝힐 뿐이겠습니까!"

위혜왕이 부끄러워서, 흥을 잃고 가버렸다. 제위왕 26년, 위혜왕이 한단을 포위하고 조나라가 제나라에 구원을 청했다. 제위왕이 대신들을 소집해 상의했다.

"구하는 것이 좋겠소, 구하지 않는 것이 좋겠소?"

추기자가 대답했다.

"구하지 않는 것이 좋습니다."

단간붕이 반대했다.

"구하지 않으면 의롭지 못할 뿐 아니라, 이롭지도 못합니다."

제위왕이 물었다.

"어찌해 그렇다는 것이오?"

단간붕이 대답했다.

"위씨魏氏가 한단을 병점하면 우리에게 무슨 이익이 있습니까? 차라리 조나라를 구원해 조나라의 교외에 군사를 주둔시키고 조나라를 치지 않으면 위나라 군사는 온전하게 보전됩니다. 남으로 양릉을 공격해 위나라 군사를 괴롭히고, 한단이 함락되면 위나라 군사가 지쳐 있는 틈을 이용해야 합니다."

제위왕이 이를 좇았다. 이후 성후 추기와 전기의 사이가 나빠졌다. 공손열公孫閱이 성후 추기에게 말했다.

"공은 어찌해서 위나라를 치려고 모의하지 않습니까? 전기가 반드시 수장이 될 것입니다. 전쟁에서 승리해 공이 있다면 그대의 모의가 적중한 셈이고, 전쟁에서 승리하지 못하면 앞으로 나아가서 전사하거나 뒤로 후퇴해 패배할 것인즉, 전기의 목숨은 공의 손에 달려 있습니다."

성후 추기가 제위왕에게 진언해 전기에게 남으로 양릉을 공격하게 했다. 이해 10월, 한단을 함락시켰다. 제나라가 군사를 일으켜 위나라를 공격해 계릉에서 대파했다. 제나라는 제후 가운데 가장 강하게 되었고, 스스로 왕으로 칭하고, 천하를 호령하기 시작했다.

제위왕 33년, 대부 모신牟辛을 죽였다. 제위왕 35년, 공손열이 또 성후 추기에게 말했다.

"공은 어찌해서 사람을 시켜서 황금 200냥을 가지고 시장에 가 점을 치면서 말하기를, '나는 전기의 사람이다. 우리는 3전 3승해 명성을 천하에 떨치고 있다. 큰일을 행하고자 한다. 점괘가 길한가, 불길한가?'라고 하지 않는 것입니까?"

성후가 그의 말을 좇았다. 그는 점을 치고 나온 뒤 사람을 시켜 점치는 이를 잡아들여, 점괘의 내용을 제위왕이 듣게 했다. 전기가 이를 듣고는 부하를 이끌고 임치를 쳐 성후 추기를 제거하고자 했다. 그러나 이기지 못해 밖으로 망명했다. 제위왕 36년, 제위왕이 죽자 아들 제선왕 벽강辟疆이 즉위했다.•

• 《사기》〈전경중완세가〉는 주현왕 26년인 기원전 343년에 제위왕이 죽은 것으로 기록해놓았다. 그러나 《자치통감》은 이로부터 10년 뒤인 주현왕 36년에 죽은 것으로 나온다. 춘추전국

●● 齊威王元年, 三晉因齊喪來伐我靈丘. 三年, 三晉滅晉後而分其地. 六年, 魯伐我, 入陽關. 晉伐我, 至博陵. 七年, 衛伐我, 取薛陵. 九年, 趙伐我, 取甄. 威王初卽位以來, 不治, 委政卿大夫, 九年之閒, 諸侯並伐, 國人不治. 於是威王召卽墨大夫而語之曰, "自子之居卽墨也, 毁言日至. 然吾使人視卽墨, 田野闢, 民人給, 官無留事, 東方以寧. 是子不事吾左右以求譽也." 封之萬家. 召阿大夫語曰, "自子之守阿, 譽言日聞. 然使使視阿, 田野不闢, 民貧苦. 昔日趙攻甄, 子弗能救. 衛取薛陵, 子弗知. 是子以幣厚吾左右以求譽也." 是日, 烹阿大夫, 及左右嘗譽者皆幷烹之. 遂起兵西擊趙·衛, 敗魏於濁澤而圍惠王. 惠王請獻觀以和解, 趙人歸我長城. 於是齊國震懼, 人人不敢飾非, 務盡其誠. 齊國大治. 諸侯聞之, 莫敢致兵於齊二十餘年. 騶忌子以鼓琴見威王, 威王說而舍之右室. 須臾, 王鼓琴, 騶忌子推戶入曰, "善哉鼓琴!" 王勃然不說, 去琴按劍曰, "夫子見容未察, 何以知其善也?" 騶忌子曰, "夫大弦濁以春溫者, 君也, 小弦廉折以淸者, 相也, 攫之深, 醳之愉者, 政令也, 鈞諧以鳴, 大小相益, 回邪而不相害者, 四時也, 吾是以知其善也." 王曰, "善語音." 騶忌子曰, "何獨語音, 夫治國家而弭人民皆在其中." 王又勃然不說曰, "若夫語五音之紀, 信未有如夫子者也. 若夫治國家而弭人民, 又何爲乎絲桐之閒?" 騶忌子曰, "夫大弦濁以春溫者, 君也, 小弦廉折以淸者, 相也, 攫之深而舍之愉者, 政令也, 鈞諧以鳴, 大小相益, 回邪而不相害者, 四時也. 夫復而不亂者, 所以治昌也, 連而徑者, 所以存亡也, 故曰琴音調而天下治. 夫治國家而弭人民者, 無若乎五音者." 王曰, "善." 騶忌子見三月而受相印. 淳于髡見之曰, "善說哉! 髡

___

시대에 관한 한《춘추좌전》과《자치통감》의 기록보다 정확한 내용을 수록한 사서는 존재하지 않으므로《자치통감》을 좇는 것이 옳을 것이다.

有愚志, 願陳諸前." 騶忌子曰, "謹受敎." 淳于髡曰, "得全全昌, 失全全亡." 騶忌子曰, "謹受令, 請謹毋離前." 淳于髡曰, "狶膏棘軸, 所以爲滑也, 然而不能運方穿." 騶忌子曰, "謹受令, 請謹事左右." 淳于髡曰, "弓膠昔幹, 所以爲合也, 然而不能傅合疏罅." 騶忌子曰, "謹受令, 請謹自附於萬民." 淳于髡曰, "狐裘雖敝, 不可補以黃狗之皮." 騶忌子曰, "謹受令, 請謹擇君子, 毋雜小人其閒." 淳于髡曰, "大車不較, 不能載其常任, 琴瑟不較, 不能成其五音." 騶忌子曰, "謹受令, 請謹脩法律而督姦吏." 淳于髡說畢, 趨出, 至門, 而面其僕曰, "是人者, 吾語之微言五, 其應我若響之應聲, 是人必封不久矣." 居朞年, 封以下邳, 號曰成侯. 威王二十三年, 與趙王會平陸. 二十四年, 與魏王會田於郊. 魏王問曰, "王亦有寶乎?" 威王曰, "無有." 梁王曰, "若寡人國小也, 尙有徑寸之珠照車前後各十二乘者十枚, 奈何以萬乘之國而無寶乎?" 威王曰, "寡人之所以爲寶與王異. 吾臣有檀子者, 使守南城, 則楚人不敢爲寇東取, 泗上十二諸侯皆來朝. 吾臣有肦子者, 使守高唐, 則趙人不敢東漁於河. 吾吏有黔夫者, 使守徐州, 則燕人祭北門, 趙人祭西門, 徙而從者七千餘家. 吾臣有種首者, 使備盜賊, 則道不拾遺. 將以照千里, 豈特十二乘哉!" 梁惠王慙, 不懌而去. 二十六年, 魏惠王圍邯鄲, 趙求救於齊. 齊威王召大臣而謀曰, "救趙孰與勿救?" 騶忌子曰, "不如勿救." 段幹朋曰, "不救則不義, 且不利." 威王曰, "何也?" 對曰, "夫魏氏幷邯鄲, 其於齊何利哉? 且夫救趙而軍其郊, 是趙不伐而魏全也. 故不如南攻襄陵以弊魏, 邯鄲拔而乘魏之弊." 威王從其計. 其後成侯騶忌與田忌不善, 公孫閱謂成侯忌曰, "公何不謀伐魏, 田忌必將. 戰勝有功, 則公之謀中也, 戰不勝, 非前死則後北, 而命在公矣." 於是成侯言威王, 使田忌南攻襄陵. 十月, 邯鄲拔, 齊因起兵擊魏, 大敗之桂陵. 於是齊最强

於諸侯, 自稱爲王, 以令天下. 三十三年, 殺其大夫牟辛. 三十五年, 公
孫閱又謂成侯忌曰, "公何不令人操十金卜於市, 曰 '我田忌之人也. 吾
三戰而三勝, 聲威天下. 欲爲大事, 亦吉乎不吉乎?'" 卜者出, 因令人捕
爲之卜者, 驗其辭於王之所. 田忌聞之, 因率其徒襲攻臨淄, 求成侯, 不
勝而奔. 三十六年, 威王卒, 子宣王辟彊立.

선왕세가

　　제선왕 원년, 진나라가 상앙을 임용했다. 주나라 천자가 진효공을
패주覇主로 승인했다. 제선왕 2년, 위나라가 조나라를 쳤다. 조와 한
두 나라가 함께 위나라를 쳤다. 조나라가 불리하게도 남량南梁에서
전쟁을 했다. 제선왕이 전기를 불러 원래의 직위를 회복시켰다. 한나
라가 제나라에 구원을 청했다. 제선왕이 대신들을 소집해 상의했다.

　　"일찍 도와주어야 하오, 아니면 늦게 도와주어야 하오?"

　　추기자가 대답했다.

　　"구하지 않는 것만 못합니다."

　　전기가 반대했다.

　　"구하지 않으면 한나라는 더욱 굴욕적으로 위나라에 들어갈 것입
니다. 일찍 구하느니만 못합니다."

　　손빈이 말했다.

　　"한과 위 두 나라 군사가 지치기 전에 이들을 구하는 것은 우리가
한나라를 대신해 위나라 군과 싸우는 것이 됩니다. 이는 한나라의
명을 듣는 것입니다. 하물며 위나라가 한과 조에 관한 공격의 뜻이

있고, 한나라가 멸망에 직면하면 반드시 동쪽으로 제나라에 호소할 것입니다. 우리는 이로써 한나라와 깊은 연맹을 맺고 위나라의 피로한 군사를 뒤늦게 맞이할 것인즉, 이익은 크고 명성 또한 얻을 것입니다."

"옳소."

한나라 사자에게 몰래 알려주고 돌려보냈다. 한나라는 제나라에 의지해 위나라와 전쟁을 했으나 다섯 번 싸워 모두 이기지 못했다. 동쪽 제나라에 기댈 수밖에 없었다. 제나라는 이때 비로소 군사를 일으켰다. 전기와 전영이 장수가 되었다. 손빈을 지휘관으로 삼고, 한과 조 두 나라를 구했다. 손빈이 위나라 군사를 마릉에서 대파했다. 적장 방연을 죽이고, 위나라 태자 신을 포획했다. 이후 삼진의 군왕 모두 전영을 통해 박망성博望城에서 제나라 왕에게 입조해 맹서했다.

제선왕 7년, 위나라 왕과 평아의 남쪽에서 회맹했다. 제선왕 8년, 견 땅에서 다시 만났다. 위혜왕이 죽었다. 제선왕 9년, 위양왕과 서주에서 회맹해 제후들 간에 서로 왕으로 칭하기로 승인했다. 제선왕 10년, 초나라 군사가 제나라의 서주를 포위했다. 제선왕 11년, 위나라와 함께 조나라를 쳤다. 조나라 군사가 황하를 끌어들여 제와 위 두 나라 군사를 물에 잠기게 했다. 두 나라 군사가 철군했다. 제선왕 18년, 진혜문왕이 처음으로 왕을 칭했다. 제선왕이 학문을 닦거나 유세하는 자들을 좋아했다. 추연·순우곤·전병田駢·접여接予·신도愼到·환연環淵 등 일흔일곱 명에게 집을 내리고, 상대부로 삼았다. 이들은 관직에 얽매이지 않고 자유롭게 토론했다. 제나라의 직하稷下에 이런 학자들이 많아졌다. 그 수가 수백에서 1,000여 명을 넘어섰다.

제선왕 19년, 제선왕이 죽자 아들 제민왕 지地가 즉위했다.

●● 宣王元年, 秦用商鞅. 周致伯於秦孝公. 二年, 魏伐趙. 趙與韓親, 共擊魏. 趙不利, 戰於南梁. 宣王召田忌復故位. 韓氏請救於齊. 宣王召大臣而謀曰, "蚤救孰與晚救?" 騶忌子曰, "不如勿救." 田忌曰, "弗救, 則韓且折而入於魏, 不如蚤救之." 孫子曰, "夫韓·魏之兵未弊而救之, 是吾代韓受魏之兵, 顧反聽命於韓也. 且魏有破國之志, 韓見亡, 必東面而愬於齊矣. 吾因深結韓之親而晚承魏之弊, 則可重利而得尊名也." 宣王曰, "善." 乃陰告韓之使者而遣之. 韓因恃齊, 五戰不勝, 而東委國於齊. 齊因起兵, 使田忌·田嬰將, 孫子爲帥師, 救韓·趙以擊魏, 大敗之馬陵, 殺其將龐涓, 虜魏太子申. 其後三晉之王皆因田嬰朝齊王於博望, 盟而去. 七年, 與魏王會平阿南. 明年, 復會甄. 魏惠王卒. 明年, 與魏襄王會徐州, 諸侯相王也. 十年, 楚圍我徐州. 十一年, 與魏伐趙, 趙決河水灌齊·魏, 兵罷. 十八年, 秦惠王稱王. 宣王喜文學遊說之士, 自如騶衍·淳于髡·田駢·接予·愼到·環淵之徒七十六人, 皆賜列第, 爲上大夫, 不治而議論. 是以齊稷下學士復盛, 且數百千人. 十九年, 宣王卒, 子湣王地立.

민왕세가

제민왕 원년, 진나라가 장의를 시켜 제후들의 재상과 설상에서 회맹하게 했다. 제민왕 3년, 설 땅에 전영을 봉했다. 제민왕 4년, 진나라에서 부인을 맞아들였다. 제민왕 7년, 송나라와 함께 위나라를 쳐 관택에서 격파했다. 제민왕 12년, 위나라를 쳤다. 초나라 군사가 옹씨를 포위했다. 진나라가 초나라 장수 굴개를 격파했다. 유세가 소대가 전진田軫에게 말했다.

"제가 선생을 만나고자 하는 것은 선생을 위해 멋진 일을 한 가지 하려 그런 것입니다. 초나라에게 당신에게 이익이 되도록 할 것입니다. 성사되면 복을 얻는 것이고, 성사되지 않아도 복을 받을 것입니다. 근래 제가 문에 서 있을 때 어떤 손님이, 위나라 왕이 한풍韓馮•과 장의에게 한 이야기를 전해주었습니다. 위나라 왕이 이르기를, '자조煮棗는 곧 함락될 것이고, 제나라 군사가 계속 진격하면 그대들이 과인을 구해주면 되오. 과인을 구해주지 않으면 과인은 함락시킬 수가 없소'라고 했다고 합니다. 이는 특별히 전하는 말입니다. 진과 한 두 나라 군사들이 동으로 위나라를 구하러 가기 전, 10여 일이 지나면 위나라는 한나라를 떠나 진나라에 복종할 것입니다. 진나라 역시 장의의 계책을 좇아 손을 잡고 제와 초나라에 대처할 것입니다. 이것이 바로 선생이 성공하는 길입니다."

전진이 물었다.

"어떻게 진나라에게 동쪽으로 출병하지 않게 할 수 있습니까?"

소대가 대답했다.

"한풍이 위나라를 구하기 위해 한 말은 틀림없이 한나라 왕에게 '풍이 위나라를 구하기 위해서'라고 하지 않았을 것입니다. 그보다는 '풍이 진과 한의 군사를 이용해 동쪽의 제와 송을 격파시키고, 풍은 삼국의 군사를 규합해 초나라 장수 굴개가 지쳐 있는 틈을 타서, 남쪽 초나라의 땅을 빼앗으면 옛 땅을 완전히 되찾는 것입니다'라고

• 한풍을 《사기집해》는 서광의 주석을 인용해 한나라 상국 공중치로 풀이했다. 《전국책》에는 공중붕公仲朋으로 나온다.

말했을 것입니다. 장의가 위나라를 구하기 위해 틀림없이 진나라 왕에게 '장의가 위나라를 구하기 위해서'라고 말하지 않을 것입니다. 그보다는 '의가 진과 한 나라 군사로서 동쪽의 제와 송나라 군사에 저항하게 하고, 의가 삼국의 군사를 취합해 굴개가 실패한 틈을 타서, 남쪽의 초나라 땅을 빼앗아야 합니다. 이는 명목상으로는 망하는 나라를 보존하기 위함이나 실질적으로는 한나라의 삼천 땅을 되찾는 것으로, 이것이 왕업입니다'라고 말했을 것입니다. 선생은 초나라 왕에게 한나라의 영토를 주게 하고, 진나라에게 강화조약을 맺도록 하고, 진나라 왕에게 말하기를, '초나라에게 한나라 땅을 주게 하십시오. 대왕은 삼천 땅에 군사를 포진하고, 한나라 군사는 쓰지 않고 초나라의 땅을 얻는 것입니다'라고 하십시오."

"한풍이 동쪽으로 진격하는 것에 대해서는 진나라 왕에게 어떻게 말해야 하오?"

소대가 대답했다.

"그때는 '진나라 군사는 쓰지 않고 삼천을 얻고, 초나라와 한나라를 공격해 위나라를 궁하게 하면 위나라 군사가 감히 동쪽으로 진격하지 못할 것이니 이는 제나라를 고립시키는 것입니다'라고 하십시오."

"장의가 군사를 동쪽으로 진격시키는 것에 대해서는 또 어떻게 말해야 하오?"

소대가 대답했다.

"그때는 '진나라와 한나라가 땅을 얻기 위해 군사를 주둔시키고, 위나라에 명성과 위세를 떨칠 것이고, 위나라는 제나라와 초나라의 지원을 잃지 않고 의지하려 할 것입니다'라고 하십시오. 위나라가 진나라와 한나라로 돌아서려 하면서도 제나라 및 초나라와도 우호를 지키려 하는 것은 초나라가 위나라에게 자신을 받들도록 하는 욕심은 있으면서도 한나라의 땅은 주려고 하지 않기 때문입니다. 선생이 진나라와 한나라 군사를 쓰지 않고 땅을 얻을 수 있게 하면 두 나라에 커다란 은혜를 베푸는 것입니다. 한나라의 군주가 한풍과 장의의 속임수를 받아들여서 동쪽으로 군사를 파병해 위나라에게 순종하게 하면 선생은 주도권을 잡고 진나라와 한나라에서 중책을 맡을 것입니다. 이것이 바로 대왕이 선생을 좋아하고, 장의의 군사력 낭비를 증오하게 만드는 길입니다."

제민왕 13년, 진혜문왕이 죽었다. 제민왕 23년, 진나라와 함께 중구에서 초나라 군사를 격파했다. 제민왕 24년, 진나라가 경양군涇陽君을 제나라에 볼모로 보냈다. 제민왕 25년, 경양군이 진나라로 돌아왔다. 맹상군 설문薛文이 진나라에 들어와서 재상에 임명되었다. 이내 진나라에서 달아났다. 제민왕 26년, 제·한·위 세 나라가 합세해 진나라를 공격해 함곡관에 이르러 주둔했다. 제민왕 28년, 진나라가 한나라에게 하외의 땅을 주고 강화를 맺어 군사를 철수시켰다. 제민왕 29년, 조나라 사람이 주부 조무령왕을 죽였다. 제나라가 조나라를 도와서 중산국을 멸했다. 제민왕 36년, 제민왕이 동제, 진소양왕이 서제를 칭했다. 유세가 소대가 연나라에서부터 제나라로 들어오다 장화궁章華宮의 동문에서 왕을 만났다. 제민왕이 물었다.

"아, 마침 선생이 잘 왔소. 진나라가 위염을 시켜 제호를 가지고 오게 했소. 선생은 어떻게 생각하오?"

소대가 말했다.

"대왕이 신에게 하신 질문이 갑작스럽습니다. 화가 닥치는 것은 언제나 희미하고 서서히 오는 것이니 대왕은 제호를 받으시되 곧바로 사용하지는 마십시오. 진나라가 칭제해 천하가 조용할 때 대왕이 칭제해도 늦지 않습니다. 하물며 칭제를 사양해도 손해될 것이 없습니다. 진나라가 칭제해 천하가 증오하면 대왕은 칭제하지 마십시오. 그러면 천하의 인심을 받을 테니 이는 큰 밑천이 됩니다. 하물며 천하에 두 명의 제帝가 있다면 대왕은 천하가 제나라를 받들 것으로 생각하십니까? 아니면 진나라를 받들 것으로 생각하십니까?"

"진나라를 존경할 것이오."

소대가 물었다.

"제호를 포기하면 천하가 제나라를 사랑하겠습니까? 아니면 진나라를 사랑하겠습니까?"

제민왕이 대답했다.

"제나라를 사랑하고, 진나라를 증오할 것이오."

소대가 물었다.

"양제兩帝가 협약을 맺고 조나라를 치는 것이 이롭습니까? 아니면 송나라의 폭군을 치는 것이 이롭습니까?"

제민왕이 대답했다.

"송나라의 폭군을 치는 것이 이롭소."

소대가 말했다.

"무릇 맹약은 균등하지만, 진나라와 함께 칭제하면 천하는 진나라만을 받들고 제나라는 가벼이 대할 것이나, 칭제를 포기하면 제나라를 사랑하고 진나라를 증오할 것입니다. 조나라를 치는 것은 송나라의 폭군을 치는 것보다 이로울 것이 없습니다. 원컨대 대왕은 칭제를 포기하고 천하의 인심을 거두어서, 맹약을 어기고 진나라에 항거해 두 번째 제호를 다투지 마십시오. 그리고 기회를 보아 송나라를 치십시오. 송나라를 차지하면 위衛나라의 양지陽地가 위험하고, 제서를 차지하면 조나라의 아 땅이 위험하고, 회북을 차지하면 초나라의 하동이 위험하고, 도 땅과 평륙을 차지하면 위나라가 성문을 감히 열지 못할 것입니다.

칭제를 포기하고, 대신 송나라의 폭군을 치면 이로움이 많습니다. 나라의 지위와 명성이 높아지고, 연과 초나라가 위세에 복종하게 되고, 천하에 저항하는 나라가 없을 것입니다. 이는 탕왕 및 주무왕의 업적과 같은 것입니다. 제가 진나라를 존경한다는 미명하에 천하가 진나라를 증오하게 하면 이는 낮은 지위로서 높은 명예를 얻는 것입니다. 원컨대 대왕은 심사숙고하십시오."

제민왕이 칭제를 포기하고 다시 왕호로 복귀했다. 진나라도 칭제를 포기했다. 제민왕 38년, 송나라를 쳤다. 진소양왕이 대로했다.

"과인이 송나라를 사랑하는 것이 신성·양진과 같다. 한섭韓聶은 과인의 친구다. 과인이 좋아하는 바를 공격한 것은 무엇 때문인가?"

소대가 위나라를 위해 진소양왕에게 유세했다.

"한섭이 송나라를 공격한 것은 왕을 위한 것입니다. 제나라는 강한데 송나라가 제나라를 돕는다면 초와 위나라가 반드시 두려워할 것이고, 두려우면 이들은 필시 서쪽의 진나라를 섬길 것이니 이는 대왕이 병력 소모나 병사의 희생 하나 없이 아무 일도 하지 않고 안읍을 차지하는 것으로, 이는 한섭이 왕에게 기대하는 바입니다."

진소양왕이 물었다.

"과인은 제나라가 알지 못할 것을 우려하는 것이오. 때로는 합종하고 때로는 연횡連橫하는 것을 어떻게 말해야 하오?"

소대가 대답했다.

"천하 모든 나라의 명을 어찌 제가 다 알 수 있습니까? 제나라가 이미 송나라를 공격함으로써, 진나라를 섬기는 데는 만승지국萬乘之國의 역량으로 스스로를 무장해야 하고, 서쪽으로 진나라를 섬기지 않으면 송나라 땅은 안정을 꾀할 수 없음을 알 것이기 때문입니다. 중원 각국의 능구렁이같이 늙고 간사한 유세하는 선비들이 모두 지혜를 모아 제와 진 사이의 관계를 이간질시키고자 하고, 빈번하게 서쪽으로 달려가는 무리들은 어느 사람도 제나라를 좋게 말하는 사람이 없습니다. 빈번하게 동쪽으로 달려가는 사람들은 어느 사람도 진나라를 좋게 말하는 사람이 없습니다. 이는 모두 제와 진秦 두 나라의 연합을 바라지 않기 때문입니다. 어찌해서 진晉과 초나라가 지혜로운데, 제와 진秦 두 나라가 우매하겠습니까! 삼진과 초나라가 합치면 반드시 제와 진 사이의 연합을 해치려 모의할 것이고, 제와 진이 합치면 반드시 삼진과 초나라를 칠 것입니다. 이런 원리에 의거해 대사를 결행하십시오."

"좋소."

제나라가 송나라를 정벌하고, 송나라 왕이 달아나 온 땅에서 죽었다. 제나라는 남쪽으로는 초나라의 회북을 탈취하고, 서쪽으로는 삼진을 치고 주나라 왕실과 나란히 천자가 되려고 했다. 사수 가의 제후인 추·노나라 군주들은 모두 자신을 제나라의 신하로 칭했다. 천하의 제후들이 모두 제나라를 두려워한 이유다. 제민왕 39년, 진秦나라가 제나라를 공격해 제나라의 성읍 아홉 개를 함락시켰다. 제민왕 40년, 연·진秦·초·삼진이 공모해 각기 정예부대를 출병시켜서 제나라를 공격해 제서에서 제나라를 물리쳤다. 제나라 왕의 군사가 와

해되어 퇴각했다.

　연나라 장수 악의가 임치에 들어가 제나라의 보물들을 모두 빼앗았다. 제민왕이 위衛나라로 달아났다. 위나라 군주가 스스로 궁을 피해 제민왕이 묵도록 했다. 제민왕의 신하를 자처하며 기물들을 함께 썼다. 제민왕이 불손하자 위나라 사람이 그를 습격했다. 제민왕이 위나라를 떠나 추·노나라로 달아났다. 교만한 기색이 있자 추와 노의 군주도 그를 거두지 않았다. 이내 거나라로 갔다. 초나라는 요치淖齒에게 제나라를 구하게 했다. 요치가 제민왕의 재상이 되었다. 그러나 요치는 이내 제민왕을 죽인 뒤 연나라와 함께 제나라의 영토와 보물들을 나누어 가졌다.

●● 湣王元年, 秦使張儀與諸侯執政會于齧桑. 三年, 封田嬰於薛. 四年, 迎婦于秦. 七年, 與宋攻魏, 敗之觀澤. 十二年, 攻魏. 楚圍雍氏, 秦敗屈丐. 蘇代謂田軫曰, "臣願有謁於公, 其爲事甚完, 使楚利公, 成爲福, 不成亦爲福. 今者臣立於門, 客有言曰魏王謂韓馮·張儀曰, '煮棗將拔, 齊兵又進, 子來救寡人則可矣, 不救寡人, 寡人弗能拔.' 此特轉辭也. 秦·韓之兵毋東, 旬餘, 則魏氏轉韓從秦, 秦逐張儀, 交臂而事齊楚, 此公之事成也." 田軫曰, "奈何使無東?" 對曰, "韓馮之救魏之辭, 必不謂韓王曰 '馮以爲魏', 必曰 '馮將以秦韓之兵東卻齊宋, 馮因搏三國之兵, 乘屈丐之弊, 南割於楚, 故地必盡得之矣'. 張儀救魏之辭, 必不謂秦王曰 '儀以爲魏', 必曰 '儀且以秦韓之兵東距齊宋, 儀將搏三國之兵, 乘屈丐之弊, 南割於楚, 名存亡國, 實伐三川而歸, 此王業也'. 公令楚王與韓氏地, 使秦制和, 謂秦王曰 '請與韓地, 而王以施三川, 韓氏之兵不用而得地於楚'. 韓馮之東兵之辭且謂秦何? 曰 '秦兵不用而得三川, 伐楚韓以窘魏, 魏氏不敢東, 是孤齊也'. 張儀之東兵之辭且謂何? 曰‘秦韓欲地而兵有案, 聲威發於魏, 魏氏之欲不失齊楚者有資矣’. 魏氏轉秦韓爭事齊楚, 楚王欲而無與地, 公令秦韓之兵不用而得地, 有一大德也. 秦韓之王劫於韓馮·張儀而東兵以徇服魏, 公常執左券以責於秦韓, 此其善於公而惡張子多資矣." 十三年, 秦惠王卒. 二十三年, 與秦擊敗楚於重丘. 二十四年, 秦使涇陽君質於齊. 二十五年, 歸涇陽君于秦. 孟嘗君薛文入秦, 卽相秦. 文亡去. 二十六年, 齊與韓魏共攻秦, 至函谷軍焉. 二十八年, 秦與韓河外以和, 兵罷. 二十九年, 趙殺其主父. 齊佐趙滅中山. 三十六年, 王爲東帝, 秦昭王爲西帝. 蘇代自燕來, 入齊, 見於章華東門. 齊王曰, "嘻, 善, 子來! 秦使魏冄致帝, 子以爲何如?" 對曰, "王之問臣也卒, 而患之所從來微, 願王受之而勿備稱也. 秦稱之, 天下安之, 王乃稱之, 無後也. 且讓爭帝名, 無傷也. 秦稱之, 天下惡之, 王因勿稱, 以收天下, 此大資也. 且天下立兩帝, 王以天下爲尊齊乎? 尊秦乎?" 王曰, "尊秦." 曰, "釋帝, 天下愛齊乎? 愛秦乎?" 王曰, "愛齊而憎秦." 曰, "兩帝立約伐趙, 孰與伐桀宋之利?" 王曰, "伐桀宋利." 對曰, "夫約鈞, 然與秦爲帝而天下獨尊秦而輕齊, 釋帝則天下愛齊而憎秦, 伐趙不如伐桀宋之利, 故願王明釋帝以收天下, 倍約賓秦, 無爭重, 而王以其閒擧宋. 夫有宋, 衛之陽地危, 有濟西, 趙之阿東國危, 有淮北, 楚之東國危, 有陶·平陸, 梁門不開. 釋帝而貸之以伐桀宋之事, 國重而名尊, 燕楚所以形服, 天下莫敢不聽, 此湯武之擧也. 敬秦以爲名, 而後使天下憎之, 此所謂以卑爲尊者也. 願王孰慮之." 於是齊去帝復爲王, 秦亦去帝位. 三十八年, 伐宋. 秦昭王怒曰, "吾愛宋與愛新城·陽晉同. 韓聶與吾友也, 而攻吾所愛, 何也?" 蘇代爲齊謂秦王曰, "韓聶之攻宋, 所以爲王也. 齊彊, 輔之以宋, 楚魏必恐, 恐必西事秦, 是王不煩一兵, 不傷一士, 無事而割安邑也, 此韓聶之所禱於王

也."秦王曰, "吾患齊之難知. 一從一衡, 其說何也?"對曰, "天下國令
齊可知乎? 齊以攻宋, 其知事秦以萬乘之國自輔, 不西事秦則宋治不
安. 中國白頭遊敖之士皆積智欲離齊秦之交, 伏式結軼西馳者, 未有
一人言善齊者也, 伏式結軼東馳者, 未有一人言善秦者也. 何則? 皆不
欲齊秦之合也. 何晉楚之智而齊秦之愚也! 晉楚合必議齊秦, 齊秦合
必圖晉楚, 請以此決事."秦王曰, "諾."於是齊遂伐宋, 宋王出亡, 死於
溫. 齊南割楚之淮北, 西侵三晉, 欲以幷周室, 爲天子. 泗上諸侯鄒魯之
君皆稱臣, 諸侯恐懼. 三十九年, 秦來伐, 拔我列城九. 四十年, 燕·秦·
楚·三晉合謀, 各出銳師以伐, 敗我濟西. 王解而卻. 燕將樂毅遂入臨
淄, 盡取齊之寶藏器. 湣王出亡, 之衛. 衛君辟宮舍之, 稱臣而共具. 湣
王不遜, 衛人侵之. 湣王去, 走鄒·魯, 有驕色, 鄒·魯君弗內, 遂走莒.
楚使淖齒將兵救齊, 因相齊湣王. 淖齒遂殺湣王而與燕共分齊之侵地
鹵器.

양왕세가

제민왕이 죽임을 당할 때 그의 아들 법장法章은 이름을 바꿔 거나
라의 태사 교敫의 하인이 되었다. 태사 교의 딸이 법장의 용모를 보
고는 그가 범상하지 않음을 알고 흠모했다. 이내 몰래 먹을 것과 입
을 것을 제공하며 정을 통했다. 요치가 이미 거나라를 떠나고, 거나
라 백성과 제나라의 유신遺臣들이 민왕의 아들을 찾아 즉위시키려
했다. 법장은 이들이 자신을 죽일 것을 두려워해 한참 뒤에야 말을
했다.

"내가 민왕의 아들이다."

거나라 백성이 함께 법장을 옹립했다. 그가 제양왕이다. 제양왕이 거나라 성을 지키며 제나라 백성에게 알렸다.

"왕이 이미 거나라에서 즉위하셨다."

제양왕이 즉위한 후 태사의 딸을 왕후로 삼았다. 그가 군왕후君王后다. 그녀는 아들 건을 낳았다. 태사 교가 말했다.

"여식이 중매인도 없이 스스로 시집을 갔으니 내 자식도 아니다. 우리 가문의 명예를 더럽혔다."

평생 군왕후를 보지 않았다. 군왕후는 어진 까닭에 자식의 예를 벗어난 적이 없었다. 제양왕이 거나라에서 산 지 5년이 되었을 때 전단이 즉묵의 군사를 근거지로 해 연나라 군사를 격파했다. 이어 거나라에서 제양왕을 맞이해 임치로 들어갔다. 제나라의 옛 땅은 모두 다시금 제나라에 귀속되었다. 제양왕이 전단을 안평군으로 삼았다. 제양왕 14년, 진나라가 제나라의 강剛과 수壽 땅을 쳤다. 제양왕 19년, 제양왕이 죽자 아들 건이 즉위했다.

●● 湣王之遇殺, 其子法章變名姓爲莒太史敫家庸. 太史敫女奇法章狀貌, 以爲非恆人, 憐而常竊衣食之, 而與私通焉. 淖齒旣以去莒, 莒中人及齊亡臣相聚求湣王子, 欲立之. 法章懼其誅己也, 久之, 乃敢自言 "我湣王子也." 於是莒人共立法章, 是爲襄王. 以保莒城而布告齊國中, "王已立在莒矣." 襄王旣立, 立太史氏女爲王后, 是爲君王后, 生子建. 太史敫曰, "女不取媒因自嫁, 非吾種也, 汙吾世." 終身不覩君王后. 君王后賢, 不以不覩故失人子之禮. 襄王在莒五年, 田單以卽墨攻破燕軍, 迎襄王於莒, 入臨菑. 齊故地盡復屬齊. 齊封田單爲安平君. 十四年, 秦擊我剛壽. 十九年, 襄王卒, 子建立.

왕건세가

제나라 왕 건이 즉위한 지 6년이 되었다. 진나라가 조나라를 공격하자 제나라와 초나라가 조나라를 구하고자 했다. 진나라 조정이 상의했다.

"제나라와 초나라가 조나라를 구하려 하고 있소. 이들의 관계가 친밀하면 철군하고, 친밀하지 않으면 치기로 합시다."

조나라가 식량이 부족해 제나라에 곡식을 청했다. 제나라가 듣지 않았다. 주자周子가 말했다.

"이를 승낙해 진나라 군사가 퇴각하도록 만드는 것이 낫습니다. 승낙하지 않아서 진나라 군사가 철수하지 않으면 진나라의 계략이 적중하는 것이고, 제와 초 두 나라의 계략이 실패하는 것입니다. 하물며 조나라는 제와 초나라에는 방해물로서, 이는 이가 입술을 얻는 격으로, 입술이 상하면 이가 시리게 됩니다. 오늘 조나라가 망하면 훗날 화가 제와 초나라에 미칩니다. 또한 조나라를 구하는 일은 마치 새는 항아리를 들고 달군 솥단지에 물을 부어야 하듯 다급한 일입니다. 무릇 조나라를 구하는 것은 고매한 일이고, 진나라 군사를 물리치는 것은 명성을 떨치는 일입니다. 망하는 나라를 의롭게 구하고, 강력한 진나라 군사를 물리치는 것은 위세를 떨치는 것입니다. 힘쓰지 않고 곡식을 아끼는 일에 힘쓴다면 나라를 위해 계책하는 이의 잘못이 되는 것입니다."

그러나 제왕 건이 듣지 않았다. 진나라가 장평에서 조나라 군 40만여 명을 무찌르고, 한단을 포위했다. 제왕 건 16년, 진나라가 주나라를 멸했다. 군왕후가 죽었다. 제왕 건 23년, 진나라가 동군東軍을 두었다. 제왕 건 28년, 제나라 왕이 진나라에 입조했다. 진왕 정이 함양에서 술상을 차려놓고 그를 환대했다. 제왕 건 35년, 진나라가 한나라를 멸했다. 제왕 건 37년, 진나라가 조나라를 멸했다. 제왕 건 38년, 연나라가 자객 형가를 보내 진왕 정의 척살을 시도했다. 진왕 정에게 발각되어 형가가 죽임을 당했다. 제왕 건 39년, 진나라가 연나라를 격파하고, 연왕 희가 요동으로 달아났다. 제왕 건 40년, 진나라가 위나라를 멸하고, 진나라 군사를 역하歷下에 주둔시켰다. 제왕 건 42년, 진나라가 초나라를 멸했다. 이듬해에는 대왕 가를 생포했다. 연왕 희를 죽였다.

제왕 건 44년, 진나라 군사가 제나라를 쳤다. 제왕 건은 진나라에 매수된 재상 후승后勝의 이야기를 듣고는 싸움을 마다한 채 군사를 이끌고 가 진나라에 투항했다. 진나라가 제왕 건을 생포해 공 땅으로 보냈다. 제나라를 멸한 뒤 군郡으로 삼았다. 마침내 천하가 하나로 통일되었다. 진왕 정이 황제로 불리었다. 초기에는 군왕후가 현명해 진나라를 섬김이 근엄했고, 제후들과도 믿음이 깊었다. 또 제나라는 동쪽 해변 가에 위치하고 있어 진나라와는 멀리 떨어져 있었다. 진나라는 날마다 삼진·연·초를 쳤고, 다섯 나라는 각기 진나라의 공격으로부터 자신들을 구하기 바빠서, 제나라 왕 건이 즉위한 지 40여 년이 되도록 적군의 침공을 받지 않았다.

군왕후가 죽은 후 후승이 재상이 되어 진나라 첩자의 뇌물을 많이 받았다. 자주 빈객들을 진나라에 입조하게 했다. 진나라는 금품을 더 많이 주어 객들이 돌아와 첩자가 되게 했다. 이들은 왕에게 진나라에 입조하도록 권했다. 침공에 관한 대비를 하지 말고, 5개국이 서로 도와 진나라를 치는 일이 없게 한 것이다. 진나라가 5개국을 차례로 멸망시킬 수 있었던 배경이다. 5개국이 이미 멸망한 상황에서 진나라 군사가 임치에 입성하자 제나라 백성은 감히 저항할 엄두를 내지 못했다. 제왕 건이 이내 항복하고, 공 땅으로 옮겨갔다. 제나라 백성은 제왕 건이 일찌감치 제후들과 합세해 진나라를 치지 않고, 간신과 빈객들의 말만 듣고 나라를 패망하게 한 것을 원망했다. 이들은 이같이 노래했다.

소나무 숲인가, 잣나무 숲인가
왕을 공에 살게 한 자는 빈객인가

제왕 건이 빈객들을 신중하게 살피지 못한 것을 탄식한 것이다.

●● 王建立六年, 秦攻趙, 齊楚救之. 秦計曰, "齊楚救趙, 親則退兵, 不親遂攻之." 趙無食, 請粟於齊, 齊不聽. 周子曰, "不如聽之以退秦兵, 不聽則秦兵不卻, 是秦之計中而齊楚之計過也. 且趙之於齊楚, 扞蔽也, 猶齒之有脣也, 脣亡則齒寒. 今日亡趙, 明日患及齊楚. 且救趙之務, 宜若奉漏甕沃焦釜也. 夫救趙, 高義也, 卻秦兵, 顯名也. 義救亡國, 威卻彊秦之兵, 不務爲此而務愛粟, 爲國計者過矣." 齊王弗聽. 秦破趙於長平四十餘萬, 遂圍邯鄲. 十六年, 秦滅周. 君王后卒. 二十三年, 秦置東郡. 二十八年, 王入朝秦, 秦王政置酒咸陽. 三十五年, 秦滅韓. 三十七年, 秦滅趙. 三十八年, 燕使荊軻刺秦王, 秦王覺, 殺軻. 明年, 秦破燕, 燕王亡走遼東. 明年, 秦滅魏, 秦兵次於歷下. 四十二年, 秦滅楚. 明年, 虜代王嘉, 滅燕王喜. 四十四年, 秦兵擊齊. 齊王聽相后勝計, 不戰, 以兵降秦. 秦虜王建, 遷之共. 遂滅齊爲郡. 天下壹幷於秦, 秦王政立號爲皇帝. 始, 君王后賢, 事秦謹, 與諸侯信, 齊亦東邊海上, 秦日夜攻三晉·燕·楚, 五國各自救於秦, 以故王建立四十餘年不受兵. 君王后死, 后勝相齊, 多受秦閒金, 多使賓客入秦, 秦又多予金, 客皆爲反閒, 勸王去從朝秦, 不脩攻戰之備, 不助五國攻秦, 秦以故得滅五國. 五國已亡, 秦兵卒入臨淄, 民莫敢格者. 王建遂降, 遷於共. 故齊人怨王建不蚤與諸侯合從攻秦, 聽姦臣賓客以亡其國, 歌之曰, "松耶柏耶? 住建共者客耶?" 疾建用客之不詳也.

태사공은 평한다.

"공자는 만년에 《주역》을 즐겨 읽었다. 《주역》은 너무도 심오하다. 그러니 사물과 전적典籍에 정통하지 못한 자가 어찌 주의를 기울일 수 있겠는가! 주나라 태사가 진완의 점을 쳐 10대 이후의 일까지 추산했다. 진완이 제나라로 망명해왔을 때 의중의 점괘도 유사했다. 전기와 전상 때 제나라의 두 군왕을 죽이고 실권을 장악했다. 형세가 점차 진행된 결과라기보다는 점괘의 예언이 맞아떨어진 결과인 듯싶다."

●● 太史公曰, "蓋孔子晚而喜易. 易之爲術, 幽明遠矣, 非通人達才孰能注意焉! 故周太史之卦田敬仲完, 占至十世之後, 及完奔齊, 懿仲卜之亦云. 田乞及常所以比犯二君, 專齊國之政, 非必事勢之漸然也, 蓋若遵厭兆祥云."

공자세가

孔子世家

〈공자세가〉는 만세의 사표로 칭송받은 공자의 일대기를 다루고 있다. 제후가 아닌데도 〈열전〉이 아닌 〈세가〉에 수록한 것은 사마천이 공자를 제후왕에 비유할 만하다고 판단한 데 따른 것이다. 실제로 사마천은 공자를 주공 다음가는 위대한 성인으로 평가했다. 공자를 효시로 하는 유가 사상을 깊이 이해한 결과로 보인다. 〈공자세가〉에 공자의 사적을 전하는 《논어》와 《맹자》·《춘추좌전》·《예기》 등의 관련 대목이 대거 기록되어 있는 것도 이런 맥락에서 이해할 수 있다.

주목할 것은 〈공자세가〉가 공자의 사적을 집대성해놓았음에도 서로 모순되는 내용이 적지 않다는 점이다. 공자를 신비화한 항간의 이야기까지 모두 수록한 결과다. 〈공자세가〉는 제자들의 사적을 다룬 〈열전〉의 〈중니제자열전仲尼弟子列傳〉과 함께 읽을 필요가 있다. 그래야 공자의 실체를 어느 정도 역사적 사실에 가깝게 파악할 수 있다.

공자는 노나라 창평향昌平鄉 추읍陬邑에서 태어났다. 선조는 송나라 출신 공방숙孔防叔이다. 공방숙은 백하伯夏, 백하는 숙양흘叔梁紇을 낳았다. 숙양흘은 안씨顏氏와 야합해 공자를 낳았다. 니구산尼丘山에서 기도한 후 공자를 얻게 되었다. 노양공 22년, 공자가 태어났다. 그가 태어났을 때 머리 중간이 움푹 패어 있었기에 구丘라고 불렀다. 자는 중니仲尼, 성은 공씨다. 공구가 태어난 후 숙양흘이 세상을 떠나 방산防山에서 장사를 지냈다. 방산은 노나라 동부에 있다. 공자는 부친의 묘소가 어디에 있는지 몰라 의심했지만 모친은 이를 숨겼다.

공자는 어려서 소꿉장난을 할 때 늘 제기를 펼쳐놓고 예를 올렸다. 공자는 모친이 죽자 곧 오보지구五父之衢에 빈소를 차렸다. 이는 대략 부모를 함께 매장하는 풍속을 지키기 위해 신중을 기한 것이다. 추읍 출신 만보輓父의 모친이 공자 부친의 묘소를 알려준 연후에 비로소 방산에 합장할 수 있었다. 공자가 아직 상복을 입고 있을 때 계씨가 명사名士들에게 연회를 베풀었다. 공자도 참석하러 갔다. 가신인 양호가 가로막았다.

"계씨는 명사들에게 연회를 베푸는 것이오. 당신에게 베풀려는 것이 아니오."

공자가 물러나고 말았다. 공자 나이 열일곱 살 때의 일이다. 대부 맹희자孟釐子가 병이 나 곧 죽게 되었다. 그는 후계자인 맹의자에게 이같이 훈계했다.

"공구는 성인의 후손이다. 그 조상은 송나라에 있을 때 멸망했다. 그의 조상 불보하弗父何는 원래 송나라의 후계자였으나 아우 송여공에게 양보했다. 정고보 때에 이르러 송대공·송무공·송선공을 섬기면서 세 번이나 명을 받았다. 명을 받을 때마다 더욱 공손한 모습을 보였다. 정에 새겨놓은 명문銘文에 이르기를, '첫 번째 명에 몸을 숙이고, 두 번째 명에 허리를 굽혀 절하고, 세 번째 명에 큰절을 한 뒤받는다. 길을 걸을 때는 중앙으로 걷지 않고 담장을 따라 걸어서 누구도 감히 나를 경멸하지 않는다. 이 솥에 풀과 죽을 쑤어서 청렴하게 산다'고 했다. 그 공손함이 이와 같았다. 내가 듣건대 성인의 후손은 비록 국왕의 지위에 오르지는 못해도 반드시 재덕才德에 통달한자가 있다. 지금 공구는 비록 나이는 어리지만 예를 좋아한다. 그가통달한 자가 아니겠는가? 내가 죽거든 너는 반드시 그를 스승으로모시도록 하라."

맹희자가 죽자 맹의자는 노나라 출신 남궁경숙南宮敬叔과 함께 공자를 찾아가 예를 배웠다. 이해에 계무자가 죽고 계평자가 대를 이어 경의 자리에 올랐다. 공자는 가난하고 천했다. 커서 일찍이 계씨의 말단 관리인 위리委吏로 있을 때 그의 저울질은 공평했다. 직리職吏의 일을 맡고 있을 때 기르던 가축은 크게 번성했다. 덕분에 사공이 되었다. 얼마 후 노나라를 떠났다. 제나라에서 배척되고, 송과 위衛 두 나라에서 쫓겨나고, 진陳과 채 두 나라 사이에서 곤궁에 빠져노나라로 다시 돌아왔다. 공자는 키가 9척 6촌이나 되었다. 사람들이모두 장인長人(키다리)으로 부르며 괴이하게 여겼다. 노나라가 다시 그를 후대하자 노나라로 돌아왔다. 노나라 출신 제자인 남궁경숙이 노나라 군주에게 말했다.

"공자와 더불어 주나라로 가기를 청합니다."

노나라 군주는 그에게 수레 하나, 말 두 필, 시종 한 명을 주며 주나라로 가서 예를 묻게 했다. 당시 노자를 만났다고 한다. 공자가 작별을 하고 떠날 때 노자가 송별하며 이같이 말했다.

"내가 들으니 부귀한 자는 사람을 전송할 때 재물로 하고, 어진 자는 사람을 전송할 때 말로 한다고 했소. 나는 부귀하지 못하나 인자를 자처하기를 좋아하오. 다음과 같은 격언으로 그대를 전송하도록 하겠소. '총명하고 깊게 관찰하는 사람에게는 죽음의 위험이 따른다. 이는 남을 잘 비판하기 때문이다. 지식이 많고 재능이 뛰어난 사람은 그 몸이 위태롭다. 이는 남의 결점을 잘 지적해내기 때문이다. 사람의 자녀 된 자는 부친뻘 되는 사람 앞에서 자신을 낮추고, 사람의 신하 된 자는 군주 앞에서 자신을 치켜세우지 않는 법이다'라는 말이 그것이오."

공자가 주나라에서 노나라로 돌아오니 제자가 더욱 늘어났다. 당시 진평공이 음탕했다. 육경이 권력을 잡고 동쪽으로 제후들을 쳤다. 초영왕은 군사가 강해 중원을 침공했다. 제나라는 대국으로 노나라와 경계를 접하고 있었다. 노나라는 약소해 초나라에 붙으면 진晉나라가 노했고, 진나라에 붙으면 초나라가 쳐들어왔고, 제나라를 경계하지 않으면 제나라 군사가 노나라를 침공했다.

●● 孔子生魯昌平鄕陬邑. 其先宋人也, 曰孔防叔. 防叔生伯夏, 伯夏生叔梁紇. 紇與顔氏女野合而生孔子, 禱於尼丘得孔子. 魯襄公二十二年而孔子生. 生而首上圩頂, 故因名曰丘云. 字仲尼, 姓孔氏. 丘生而叔梁紇死, 葬於防山. 防山在魯東, 由是孔子疑其父墓處, 母諱之也. 孔子爲兒嬉戲, 常陳俎豆, 設禮容. 孔子母死, 乃殯五父之衢, 蓋其愼也. 耶人輓父之母誨孔子父墓, 然後往合葬於防焉. 孔子要経, 季氏饗士, 孔子與往. 陽虎絀曰, "季氏饗士, 非敢饗子也." 孔子由是退. 孔子年十七, 魯大夫孟釐子病且死, 誡其嗣懿子曰, "孔丘, 聖人之後, 滅於宋. 其祖弗父何始有宋而嗣讓厲公. 及正考父佐戴·武·宣公, 三命兹益恭, 故

鼎銘云, '一命而僂, 再命而傴, 三命而俯, 循牆而走, 亦莫敢余侮. 饘於
是, 粥於是, 以餬余口.' 其恭如是. 吾聞聖人之後, 雖不當世, 必有達
者. 今孔丘年少好禮, 其達者歟? 吾卽沒, 若必師之." 及釐子卒, 懿子
與魯人南宮敬叔往學禮焉. 是歲, 季武子卒, 平子代立. 孔子貧且賤. 及
長, 嘗爲季氏史, 料量平, 嘗爲司職吏而畜蕃息. 由是爲司空. 已而去
魯, 斥乎齊, 逐乎宋 · 衛, 困於陳蔡之閒, 於是反魯. 孔子長九尺有六寸,
人皆謂之長人而異之. 魯復善待, 由是反魯. 魯南宮敬叔言魯君曰, "請
與孔子適周." 魯君與之一乘車, 兩馬, 一豎子俱, 適周問禮, 蓋見老子
云. 辭去, 而老子送之曰, "吾聞富貴者送人以財, 仁人者送人以言. 吾
不能富貴, 竊仁人之號, 送子以言, 曰, '聰明深察而近於死者, 好議人
者也. 博辯廣大危其身者, 發人之惡者也. 爲人子者毋以有己, 爲人臣
者毋以有己.'" 孔子自周反于魯, 弟子稍益進焉. 是時也, 晉平公淫, 六
卿擅權, 東伐諸侯, 楚靈王兵彊, 陵轢中國, 齊大而近於魯. 魯小弱, 附
於楚則晉怒, 附於晉則楚來伐, 不備於齊, 齊師侵魯.

노소공 20년, 공자의 나이 서른 살이 되었다. 제경공이 안영과 함
께 노나라에 갔다. 제경공이 공자에게 물었다.

"옛날 진목공은 나라도 작고 외진 땅에 위치했지만 패자가 된 것
은 무슨 까닭이오?"

공자가 대답했다.

"진秦나라는 비록 나라는 작아도 그 뜻이 원대했고, 비록 외진 땅
에 위치했어도 정사를 베푸는 것이 매우 정당했습니다. 진목공은 백
리해를 친히 등용해 대부의 벼슬자리를 내리고 감옥에서 석방시켜
더불어 사흘 동안 대화를 나눈 뒤 그에게 정사를 맡겼습니다. 이로

써 천하를 다스렸다면 진목공은 왕자王者가 될 수도 있었습니다. 왕자 대신 패자가 된 것은 오히려 대단치 않은 것입니다."

제경공이 크게 기뻐했다. 공자가 서른다섯일 때, 계평자가 후소백과 닭싸움을 한 끝에 노소공에게 죄를 지었다. 노소공이 군사를 이끌고 계평자를 쳤다. 계평자는 맹손씨·숙손씨와 합세해 노소공에게 반격했다. 노소공은 군사가 패하자 제나라로 달아났다. 제나라는 노소공을 간후에 머물게 했다. 얼마 후 노나라가 어지러워졌다. 공자가 제나라로 가 고소자의 가신이 되어 제경공과 만나고자 했다. 도중에 제나라의 태사와 음악을 토론하게 되었다. 〈소韶〉 음악을 듣고 배워, 석 달 동안 고기 맛을 잊을 정도로 심취했다. 제나라 백성이 이를 기렸다. 제경공이 공자에게 정사에 관해 묻자 공자가 이같이 대답했다.

"군주는 군주답고 신하는 신하답고 부친은 부친답고 자식은 자식다워야 합니다."

제경공이 말했다.

"옳은 말이오! 만일 군주가 군주답지 못하고 신하가 신하답지 못하고 부친이 부친답지 못하고 자식이 자식답지 못하면 비록 곡식이 있은들 내 어찌 이를 먹을 수 있겠소!"

다른 날 제경공이 다시 공자에게 정사를 물었다. 공자가 이같이 대답했다.

"정사의 요점은 재물을 절제하는 데 있습니다."

제경공은 기뻐하며 장차 이계尼谿의 땅에 공자를 봉하고자 했다. 안영이 반대했다.

"무릇 유학자는 말재간이 있고 융통성을 잘 부려 법으로 규제할 수 없습니다. 거만하고 제멋대로 하는 까닭에 아랫사람으로 두기 어렵습니다. 또 상례를 중시해 슬픔을 다한다며 파산까지 아랑곳하지 않고 큰 장례를 치르는 까닭에 이들의 예법을 풍속으로 삼기 어렵습니다. 도처에 유세를 다니며 관직이나 후한 녹을 바라는 까닭에 나라의 정사를 맡길 수도 없습니다. 현자가 사라진 이후 주나라 왕실이 쇠미해졌습니다. 예악이 붕괴된 지 이미 오래되었습니다. 지금 공자는 용모를 성대히 꾸미고 의례절차를 번거롭게 하고 세세한 행동 규범을 강조하고 있습니다. 이는 몇 세대를 배워도 다 배울 수 없으며 평생을 다해도 그 예를 터득할 수 없습니다. 군주가 공자를 채용해 제나라의 풍속을 바꾸는 것은 백성을 다스리는 좋은 방법이 아닙니다."

이후 제경공은 공자를 공손히 대하면서도 다시는 예를 묻지 않았다. 훗날 제경공이 공자를 붙잡고 말했다.

"내가 그대를 계씨와 똑같은 지위로 대우하는 것은 할 수가 없소."

그러고는 공자에게 계씨와 맹씨 중간에 해당하는 대우를 해주었다. 제나라 대부들이 공자를 해치려 했다. 공자도 이 소문을 들었다. 제경공이 말했다.

"나는 늙었소. 그대를 등용할 수가 없소이다."

공자가 마침내 제나라를 떠나 노나라로 돌아왔다.

●● 魯昭公之二十年, 而孔子蓋年三十矣. 齊景公與晏嬰來適魯, 景公問孔子曰, "昔秦穆公國小處辟, 其霸何也?" 對曰, "秦, 國雖小, 其志大, 處雖辟, 行中正. 身擧五羖, 爵之大夫, 起纍紲之中, 與語三日, 授之以政. 以此取之, 雖王可也, 其霸小矣." 景公說. 孔子年三十五, 而季平子與郈昭伯以鬪雞故得罪魯昭公, 昭公率師擊平子, 平子與孟氏・叔孫氏三家共攻昭公, 昭公師敗, 奔於齊, 齊處昭公乾侯. 其後頃之, 魯亂.

孔子適齊, 爲高昭子家臣, 欲以通乎景公. 與齊太師語樂, 聞韶音, 學之, 三月不知肉味, 齊人稱之. 景公問政孔子, 孔子曰, "君君, 臣臣, 父父, 子子." 景公曰, "善哉! 信如君不君, 臣不臣, 父不父, 子不子, 雖有粟, 吾豈得而食諸!" 他日又復問政於孔子, 孔子曰, "政在節財." 景公說, 將欲以尼谿田封孔子. 晏嬰進曰, "夫儒者滑稽而不可軌法, 倨傲自順, 不可以爲下, 崇喪遂哀, 破產厚葬, 不可以爲俗, 遊說乞貸, 不可以爲國. 自大賢之息, 周室旣衰, 禮樂缺有閒. 今孔子盛容飾, 繁登降之禮, 趨詳之節, 累世不能殫其學, 當年不能究其禮. 君欲用之以移齊俗, 非所以先細民也." 後, 景公敬見孔子, 不問其禮. 異日, 景公止孔子曰, "奉子以季氏, 吾不能." 以季孟之閒待之. 齊大夫欲害孔子, 孔子聞之. 景公曰, "吾老矣, 弗能用也." 孔子遂行, 反乎魯.

공자의 나이 마흔둘에 노소공이 간후에서 죽었다. 그의 뒤를 이어 노정공이 즉위했다. 노정공 5년 여름, 계평자가 죽고 계환자가 자리를 이었다. 하루는 계환자가 우물을 파다가 흙으로 만든 그릇을 얻었다. 그 안에 양羊을 닮은 것이 있었다. 공자에게 말했다.

"개를 얻었소."

공자가 반박했다.

"제가 들은 바로는 이는 양입니다. 전설에 따르면 산의 요괴는 기夔와 망량罔閬, 물의 요괴는 용龍과 망상罔象, 흙의 요괴는 분양墳羊이라고 합니다."

오나라가 월나라를 쳐 도성인 회계를 격파했다. 수레 하나에 가득 찰 만큼 큰 해골을 얻었다. 오왕이 사자를 보내 공자에게 물었다.

"누구의 해골이 가장 큽니까?"

공자가 대답했다.

"우왕이 회계산에서 여러 신을 불러보았을 때 방풍씨防風氏가 늦게 왔습니다. 우왕이 그를 죽였습니다. 그 해골이 수레 하나에 가득 찼다고 합니다. 그것이 가장 큰 해골입니다."

오나라 사자가 물었다.

"누가 신입니까?"

공자가 대답했다.

"산천의 신령은 구름을 부르고 비를 내려 천하에 복을 가져올 수 있습니다. 그 산천을 지키고 제사를 책임지는 것이 신입니다. 토신土神과 곡신穀神을 지키는 것이 공후公侯입니다. 이는 모두 왕자王者에 속합니다."

사자가 물었다.

"방풍씨는 무엇을 지켰습니까?"

공자가 대답했다.

"왕망씨汪罔氏의 군장君長은 봉산封山과 우산禺山을 지켰습니다. 그는 성이 희씨釐氏였습니다. 순임금과 하나라 및 은나라 때는 왕망汪罔, 주나라 때는 장적이라 했습니다. 지금은 대인大人이라 합니다."

사자가 물었다.

"사람들의 키는 어느 정도입니까?"

공자가 대답했다.

"초요씨僬僥氏는 3척으로 가장 작고, 가장 큰 사람이라도 이것의 열 배를 넘지 않았습니다. 이것이 가장 큰 키입니다."

사자가 찬탄했다.

"실로 훌륭하신 성인입니다!"

계환자가 총애하는 신하 가운데 중양회仲梁懷라는 자가 있었다. 양호와 사이가 좋지 않았다. 양호는 중양회를 내쫓으려 했으나 공산불뉴公山不狃가 이를 말렸다. 이해 가을, 중양회가 더욱 교만해졌다. 양호가 그를 체포했다. 계환자가 화를 내자 양호는 계환자마저 가두었다. 더불어 맹약을 한 후에 그를 풀어주었다. 양호는 더욱 방자해져 계씨를 가볍게 여겼다. 계씨 또한 분수를 모르고 공실보다 지나치게 행동했다. 천자의 입장에서 볼 때 제후의 신하인 배신陪臣, 제후의 입장에서 볼 때는 신하의 가신이 국정을 잡은 꼴이 되었다. 노나라에서는 대부 이하 모두가 정도에서 벗어난 행동을 하기 시작했다. 공자가 관직에 나아가지 않고 물러나 《시詩》·《서書》·《예禮》·《악樂》을 편찬했다. 제자들은 더욱 늘어나고 먼 곳에서까지 찾아와 글을 배우지 않는 자가 없었다.

노정공 8년, 공산불뉴가 계씨에게 뜻을 얻지 못하자 양호에게 의탁해 함께 반란을 일으켰다. 삼환의 적장자를 폐하고 평소 양호와 사이가 좋은 서자를 세우고자 했다. 계환자를 체포한 이유다. 계환자는 그를 속여 달아날 수 있었다. 노정공 9년, 양호는 반란이 실패하자 제나라로 달아났다. 당시 공자의 나이 쉰이었다.

•• 孔子年四十二, 魯昭公卒於乾侯, 定公立. 定公立五年, 夏, 季平子卒, 桓子嗣立. 季桓子穿井得土缶, 中若羊, 問仲尼云"得狗." 仲尼曰, "以丘所聞, 羊也. 丘聞之, 木石之怪夔·罔閬, 水之怪龍·罔象, 土之怪墳羊." 吳伐越, 墮會稽, 得骨節專車. 吳使使問仲尼, "骨何者最大?" 仲尼曰, "禹致群神於會稽山, 防風氏後至, 禹殺而戮之, 其節專車, 此爲大矣." 吳客曰, "誰爲神?" 仲尼曰, "山川之神足以綱紀天下, 其守爲神, 社稷爲公侯, 皆屬於王者." 客曰, "防風何守?" 仲尼曰, "汪罔氏之君守封·禺之山, 爲釐姓. 在虞·夏·商爲汪罔, 於周爲長翟, 今謂之大人.”
客曰, “人長幾何?” 仲尼曰, “僬僥氏三尺, 短之至也. 長者不過十之, 數
之極也.” 於是吳客曰, “善哉聖人!” 桓子嬖臣曰仲梁懷, 與陽虎有隙.
陽虎欲逐懷, 公山不狃止之. 其秋, 懷益驕, 陽虎執懷. 桓子怒, 陽虎因
囚桓子, 與盟而釋之. 陽虎由此益輕季氏. 季氏亦僭於公室, 陪臣執國
政, 是以魯自大夫以下皆僭離於正道. 故孔子不仕, 退而脩詩書禮樂,
弟子彌衆, 至自遠方, 莫不受業焉. 定公八年, 公山不狃不得意於季氏,
因陽虎爲亂, 欲廢三桓之適, 更立其庶孽陽虎素所善者, 遂執季桓子.
桓子詐之, 得脫. 定公九年, 陽虎不勝, 奔于齊. 是時孔子年五十.

　공산불뉴는 계씨의 봉읍인 비費 땅에서 계씨에게 반기를 들었다.
이때 도와달라며 사람을 시켜 공자를 초빙했다. 당시 공자는 도를
추구한 지 오래된데다 시험해볼 곳이 없음을 답답해했다. 그러나 아
무도 자신을 등용하고자 하지 않았다. 당시 공자는 이같이 말하곤
했다.

　“주문왕과 주무왕은 풍과 호鎬 땅처럼 그리도 작은 시방에서 왕업
을 일으켰다. 지금 비 땅은 비록 작지만 대략 풍·호 땅과 같지 않겠
는가!”

　그러면 부름에 부응해 가고자 했다. 제자인 자로가 기뻐하는 기색
이 없이 공자를 말렸다. 공자가 말했다.

　“나를 부르는 것이 어찌 무용한 일이겠는가? 그가 만일 나를 등용
하면 나는 훌륭한 동방의 주나라를 세울 수 있을 것이다!”

　그러나 공자는 결국 가지 않았다. 이후 노정공은 공자를 중도의
재로 삼았다. 1년 만에 사방이 모두 공자의 가르침을 좇았다. 공자는

중도의 장에서 사공, 사공에서 다시 대사구大司寇가 되었다. 노정공 10년 봄, 제나라와 화친을 맺었다. 이해 여름, 제나라 대부 여서黎鉏가 제경공에게 말했다.

"노나라가 공구를 중용했습니다. 그 세가 반드시 제나라를 위태롭게 할 것입니다."

노나라에 사자를 보내 친목을 도모하기 위해 협곡에서 만나기로 했다. 노정공은 장차 수레를 타고 아무런 방비 없이 그곳에 가려 했다. 그때 공자는 재상의 일을 임시로 보고 있다가 이같이 말했다.

"신이 듣건대 문사文事에는 반드시 무武를 갖추어야 하고, 무사武事에는 반드시 문文을 갖추어야 한다고 했습니다. 옛날에는 제후가 국경을 나설 때 반드시 문무관원을 수행시켰다고 합니다. 좌우사마左右司馬를 대동하고 가십시오."

"그리하겠소."

좌우사마를 데리고 갔다. 노정공이 협곡에서 제경공과 만났다. 제사에 쓸 고대高臺를 마련하고 흙 계단을 3단으로 만든 뒤 제경공과 노정공은 예에 따라 상견례를 했다. 서로 읍하고 사양하면서 대 위에 올라 술잔을 주고받는 예가 끝나자 제나라의 관원이 앞으로 달려 나와 말했다.

"사방의 음악을 연주하게 하옵소서."

제경공이 말했다.

"좋소."

그때 깃발과 우불羽祓, 창칼과 방패를 든 무리가 북을 치고 시끄럽게 떠들면서 나왔다. 공자가 빨리 앞으로 나와 한 발에 한 계단씩 빠른 걸음으로 대에 오르다가 마지막 한 계단을 오르지 않고 긴 소매를 쳐들고 말했다.

"두 군주가 친목을 위해 만났다. 어찌해서 여기서 이적의 음악을 연주하는가! 물러가게 명하시오!"

관원이 물러나게 했으나 이들이 물러가지 않자 좌우의 수행원들이 안자晏子와 제경공의 눈치를 살폈다. 제경공이 내심 부끄러워하면서 이들을 물러가게 했다. 조금 후 제나라의 관원이 앞으로 달려 나와 말했다.

"청컨대 궁중의 음악을 연주하게 하옵소서."

제경공이 말했다.

"그리하라."

광대와 난쟁이가 재주를 부리며 앞으로 나왔다. 공자가 빨리 달려 나아가 한 발에 한 계단씩 빠른 걸음으로 대에 오르다가 마지막 한 계단을 오르지 않고 말했다.

"필부로 제후를 현혹하게 하는 자는 응당 처형해야 합니다! 아무쪼록 처형할 것을 명하시기를 바랍니다!"

관원이 이들의 허리를 두 동강을 내고 말았다. 공자의 이런 모습을 보자 제경공은 도의나 이론 면에서 상대방에 미치지 못한다는 사실을 알고 두려워하면서도 감탄했다. 돌아와서는 크게 두려워하며 신하들에게 말했다.

"노나라의 신하는 군자의 도로 그 군주를 보필하고 있소. 그대들은 오로지 이적의 도로 과인을 가르쳐 노나라 군주에게 죄를 짓게 했으니 이를 어찌하면 좋겠소?"

한 관원이 나와서 말했다.

"군자는 잘못을 범하면 실물로 사죄하고, 소인은 허례적인 말로 사죄합니다. 군주가 그 일로 마음이 편치 않으면 실물을 내놓고 사과하십시오."

제경공이 곧 노나라로부터 빼앗은 운·문양·구음龜陰 땅을 반환해 사과했다. 노정공 13년 여름, 공자가 노정공에게 말했다.

"신하는 무기를 비축해서는 안 되고, 대부는 100치雉의 성을 쌓아서는 안 됩니다."

자로를 계씨의 가신으로 들여보낸 뒤 삼도三都를 파괴하고자 했다. 숙손씨가 먼저 후郈를 허물었고, 계씨가 곧 비費를 파괴하고자 했고, 공산불뉴와 숙손첩叔孫輒이 비읍費邑 사람을 이끌고 노나라 도성을 습격했다. 노정공은 세 아들과 함께 계씨의 저택으로 피신한 뒤 계무자의 누대에 올랐다. 비읍 사람들이 누대를 공격했으나 이기지 못했다. 그러나 이미 노정공이 있는 누대 밑까지 밀고 들어온 상황이었다. 공자가 대부 신구수申句須와 악기樂頎에게 명해 이들을 격파하게 했다. 비읍 사람들이 패퇴했다. 노나라 백성이 이들을 추격해 고멸姑蔑에서 격파했다. 공산불뉴와 숙손첩은 제나라로 도망쳤고, 마침내 비를 함락시켰다. 장차 성읍成邑을 격파하려 할 때 가신인 공렴처보公斂處父가 맹손씨에게 말했다.

"성읍을 격파하면 제나라 백성이 반드시 북문까지 쳐들어올 것입니다. 또 성읍은 맹손씨의 보루입니다. 성읍이 없으면 맹손씨도 없는 것과 같습니다. 우리는 성읍의 성을 파괴하지 말아야 합니다."

이해 12월, 노정공이 성읍의 성을 포위했으나 함락시키지는 못했다. 노정공 14년, 공자의 나이 쉰여섯이었다. 대사구로 재상의 일을 맡자 얼굴에 희색이 돌았다. 제자가 물었다.

"제가 듣건대 군자는 화가 닥쳐도 두려워하지 않고, 복이 찾아와

도 기뻐하지 않는다고 했습니다."

공자가 말했다.

"그런 말이 있다. 그러나 '귀한 신분으로 신분이 낮은 사람을 공손하게 대하는 데에 낙이 있다'라고도 하지 않았는가?"

얼마 후 공자는 노나라의 정사를 문란하게 한 대부 소정묘少正卯를 주살했다. 공자가 정사를 맡은 지 석 달이 지나자 양과 돼지를 파는 사람들이 값을 속이지 않았다. 남녀가 길을 갈 때 따로 걸었다. 길에 떨어진 물건을 주위가는 사람도 없어졌다. 사방에서 읍에 찾아오는 여행자도 관원에게 허가를 받을 필요가 없었고, 모두 잘 접대해 만족해하며 돌아가게 했다. 제나라 백성이 이 소문을 듣고 두려워하며 말했다.

"공자가 정사를 하면 노나라는 반드시 패권을 잡을 것이다. 노나라가 패권을 잡게 되면 우리 땅이 가까우니 우리가 먼저 병합될 것이다. 그런데도 어찌해서 먼저 약간의 땅을 노나라에 내주지 않는 것인가?"

여서가 말했다.

"먼저 시험 삼아 노나라의 선정을 방해해보시기 바랍니다. 방해해도 되지 않으면 그때 땅을 내놓아도 늦지 않을 것입니다!"

제나라는 미녀 여든 명을 뽑아 모두 아름다운 옷을 입히고 강락무康樂舞를 가르쳐서 무늬 있는 말 120필과 함께 노나라 군주에게 보냈다. 무녀와 아름다운 마차를 우선 노나라 도성 남쪽 높은 문 밖에 늘어놓았다. 계환자는 평복 차림으로 몰래 몇 차례 가서 이를 살펴보고는 장차 접수하고자 했다. 노정공과 각 일대를 순회한다는 평계를 댔다. 실제로는 그곳으로 가 종일 관람하고, 정사는 게을리했다. 자로가 말했다.

"선생님이 노나라를 떠날 때가 왔습니다."

공자가 말했다.

"노나라 군주는 이제 곧 교제郊祭를 지낼 텐데 만일 그때 군주가 희생 제물을 대부들에게 나누어주면 나는 여기에 남을 것이다."

계환자는 결국 제나라의 무녀들을 받아들이고는 사흘 동안 정사를 돌보지 않았다. 교제를 지내고도 그 희생 제물을 대부들에게 나누어주지 않았다.

◉◉ 公山不狃以費畔季氏, 使人召孔子. 孔子循道彌久, 溫溫無所試, 莫能己用, 曰, "蓋周文武起豐鎬而王, 今費雖小, 儻庶幾乎!" 欲往. 子路不說, 止孔子. 孔子曰, "夫召我者豈徒哉? 如用我, 其爲東周乎!" 然亦卒不行. 其後定公以孔子爲中都宰, 一年, 四方皆則之. 由中都宰爲司空, 由司空爲大司寇. 定公十年春, 及齊平. 夏, 齊大夫黎鉏言於景公曰, "魯用孔丘, 其勢危齊." 乃使使告魯爲好會, 會於夾谷. 魯定公且以乘車好往. 孔子攝相事, 曰, "臣聞有文事者必有武備, 有武事者必有文備. 古者諸侯出疆, 必具官以從. 請具左右司馬." 定公曰, "諾." 具左右司馬. 會齊侯夾谷, 爲壇位, 土階三等, 以會遇之禮相見, 揖讓而登. 獻酬之禮畢, 齊有司趨而進曰, "請奏四方之樂." 景公曰, "諾." 於是旄旌羽袚矛戟劍撥鼓噪而至. 孔子趨而進, 歷階而登, 不盡一等, 舉袂而言曰, "吾兩君爲好會, 夷狄之樂何爲於此! 請命有司!" 有司卻之, 不去, 則左右視晏子與景公. 景公心怍, 麾而去之. 有頃, 齊有司趨而進曰, "請奏宮中之樂." 景公曰, "諾." 優倡侏儒爲戲而前. 孔子趨而進, 歷階而登, 不盡一等, 曰, "匹夫而營惑諸侯者罪當誅! 請命有司!" 有司加法焉, 手足異處. 景公懼而動, 知義不若, 歸而大恐, 告其群臣曰, "魯以君子之道輔其君, 而子獨以夷狄之道敎寡人, 使得罪於魯君, 爲之奈何?"
有司進對曰, "君子有過則謝以質, 小人有過則謝以文. 君若悼之, 則謝
以質." 於是齊侯乃歸所侵魯之鄆·汶陽·龜陰之田以謝過. 定公十三
年夏, 孔子言於定公曰, "臣無藏甲, 大夫毋百雉之城." 使仲由爲季氏
宰, 將墮三都. 於是叔孫氏先墮郈. 季氏將墮費, 公山不狃·叔孫輒率
費人襲魯. 公與三子入于季氏之宮, 登武子之臺. 費人攻之, 弗克, 入及
公側. 孔子命申句須·樂頎下伐之, 費人北. 國人追之, 敗諸姑蔑. 二子
奔齊, 遂墮費. 將墮成, 公斂處父謂孟孫曰, "墮成, 齊人必至于北門. 且
成, 孟氏之保鄣, 無成是無孟氏也. 我將弗墮." 十二月, 公圍成, 弗克.
定公十四年, 孔子年五十六, 由大司寇行攝相事, 有喜色. 門人曰, "聞
君子禍至不懼, 福至不喜." 孔子曰, "有是言也. 不曰'樂其以貴下人'
乎?" 於是誅魯大夫亂政者少正卯. 與聞國政三月, 粥羔豚者弗飾賈, 男
女行者別於塗, 塗不拾遺, 四方之客至乎邑者不求有司, 皆予之以歸.
齊人聞而懼, 曰, "孔子爲政必霸, 霸則吾地近焉, 我之爲先幷矣. 盍致
地焉?" 黎鉏曰, "請先嘗沮之, 沮之而不可則致地, 庸遲乎!" 於是選齊
國中女子好者八十人, 皆衣文衣而舞康樂, 文馬三十駟, 遺魯君. 陳女
樂文馬於魯城南高門外, 季桓子微服往觀再三, 將受, 乃語魯君爲周道
遊, 往觀終日, 怠於政事. 子路曰, "夫子可以行矣." 孔子曰, "魯今且郊,
如致膰乎大夫, 則吾猶可以止." 桓子卒受齊女樂, 三日不聽政, 郊, 又
不致膰俎於大夫.

공자는 마침내 노나라를 떠나 둔屯에서 하루를 묵었다. 악사 기己
가 공자를 전송하며 말했다.

"선생에게는 아무 잘못이 없는데 왜 떠나십니까?"

공자가 말했다.

"내가 노래로 대답해도 괜찮겠는가?"

그러고는 이같이 노래 불렀다.

군주가 여인 말을 믿어 군자가 떠나고

군주가 여인을 친애하면 나라가 망하지

유유자적하며 이같이 세월이나 보내자

악사 기가 돌아오자 계환자가 물었다.

"공자는 또 뭐라고 하던가?"

기가 사실대로 고하자 계환자가 크게 탄식했다.

"공자는 내가 제나라의 무녀를 받아들인 것 때문에 나를 책망하고 있구나!"

공자가 마침내 위衛나라에 도착해 자로의 처형인 안탁추顏濁鄒의 집에 머물렀다. 위영공이 공자에게 물었다.

"노나라에 있을 때 봉록을 얼마나 받았소?"

공자가 대답했다.

"조 6만 두를 받았습니다."

위衛나라에서도 역시 조 6만 두의 봉록을 주었다. 공자가 이곳에 거한 지 얼마 후 누가 위영공에게 공자를 참소했다. 위영공이 공손여가公孫余假에게 무장한 채 출입하며 공자를 감시하게 했다. 공자는 억울한 누명이나 쓰지 않을까 두려워하며 열 달을 머문 뒤 위衛나라를 떠났다. 공자가 장차 진陳나라로 가려고 광匡 땅을 지나갔다. 당시 안각顏刻이 말을 몰았다. 말채찍으로 한곳을 가리키며 말했다.

"전에 제가 이곳에 왔을 때는 저 파손된 성곽의 틈으로 들어왔습니다."

광 땅 사람들은 이를 듣고 노나라의 양호가 또 왔다고 여겼다. 양호는 일찍이 광 땅 사람들에게 포악하게 대한 적이 있다. 광 땅 사람들은 마침내 공자의 앞길을 막았다. 공자의 모습이 양호와 비슷했기에 공자는 닷새 동안이나 포위당해 있었다. 안연顔淵이 뒤따라 이르자 공자가 말했다.

"나는 자네가 난 중에 이미 죽은 줄로 알았다!"

안연이 말했다.

"선생님이 살아 계시는데, 제가 어찌 감히 무모하게 죽겠습니까?"

광 땅 사람들이 공자를 향해 더욱 급박하게 포위망을 좁혀오자 제자들이 두려워하기 시작했다. 공자가 말했다.

"주문왕은 이미 돌아가셨으나 문文은 여기에 있지 않은가? 하늘이 문을 없애고자 하셨다면 우리에게 문을 전승할 수 없게 했을 것이다. 하늘이 문을 없애고자 하지 않으신다. 광 땅 사람들이 나를 어찌하겠는가!"

공자는 사자를 영무자寧武子에게 보내 위衛나라의 신하가 되게 한 후에야 비로소 그곳을 떠날 수 있었다. 광 땅을 떠난 뒤 곧 포蒲 땅에 도착했다. 여기서 한 달 남짓 머문 후 다시 위衛나라로 돌아와 거백옥의 집에 머물렀다. 위영공에게 남자라는 부인이 있었다. 그녀는 사람을 시켜 공자에게 일렀다.

"사방의 군자들은 우리 군주와 친하게 사귀고 싶은 생각이 있으면 반드시 그 부인을 만납니다. 우리 부인이 뵙기를 원합니다."

공자가 사양하다가 부득불 찾아가 만났다. 부인은 휘장 안에 있었다. 공자가 문을 들어가 북쪽을 향해 절을 하자 부인도 휘장 안에서 답례했다. 당시 허리에 찬 구슬 장식이 맑고 아름다운 소리를 냈다. 돌아와 공자가 말했다.

"나는 원래 만나고 싶지 않았다. 기왕에 부득이하게 만났으니 이 제는 예로 대접해주어야겠다."

자로는 역시 기뻐하지 않았다. 공자는 단호하게 말했다.

"내가 만일 잘못했다면 하늘이 나를 버릴 것이다. 하늘이 나를 버 릴 것이다!"

위衛나라에 머문 지 한 달 남짓 되었을 때 위영공은 부인과 함께 수레를 탄 채 곁에 옹거雍渠를 호위병으로 태우고 궁문을 나섰다. 공 자가 뒤따르는 수레를 타고 따라갔다. 위영공의 수레가 거드름을 피 우고 뽐내며 시내를 지나갔다. 공자가 말했다.

"나는 덕을 좋아하기를 색을 좋아하는 것과 같이 하는 자를 보지 못했다."

이곳의 정사 환경에 실망하고 위나라를 떠나 조나라로 갔다. 이해 에 노정공이 죽었다. 공자는 조나라를 떠나 송나라로 갔다. 공자는 제자들과 큰 나무 아래서 예의에 관해 강습했다. 송나라 사마 환퇴 가 공자를 죽이려 했고 그 나무도 뽑아버렸다. 공자는 그곳을 떠날 수밖에 없었다. 제자들이 말했다.

"빨리 떠나는 것이 좋겠습니다."

공자가 말했다.

"하늘이 나에게 덕을 이을 사명을 주셨다. 환퇴가 나를 어찌하겠 는가!"

공자가 정나라에 갔다. 제자들과 서로 길이 어긋나 홀로 성곽 동문에 서 있었다. 정나라 출신 인사가 자공에게 말했다.

"동문에 어떤 자가 있소. 이마는 요임금, 목덜미는 요陶와 닮았고, 어깨는 자산과 닮았소. 그러나 허리 이하는 우왕보다 3촌이 짧았소. 풀 죽은 모습은 마치 상갓집 개와 같았소."

자공은 이 말을 그대로 공자에게 고했다. 공자는 흔쾌히 웃으며 말했다.

"한 사람의 모습이 어떤지는 그리 중요한 것이 아니다. 상갓집 개와 같다고 했나? 이는 실로 그렇지! 그렇지 말고!"

공자는 마침내 진陳나라에 이르러 사성정자司城貞子의 집에 머물렀다. 1년 남짓 되었을 때 오왕 부차가 진陳나라를 쳐서 세 개의 성읍을 빼앗아 돌아갔다. 진나라 권신 조앙이 조가를 쳤다. 초나라는 채나라를 포위했고, 채나라는 오나라의 땅으로 옮겨가서 오나라의 보호를 받았다. 오나라는 월왕 구천을 회계에서 격파했다. 어느 날 매 한 마리가 진陳나라 궁정에 떨어져 죽었다. 싸리나무로 만든 화살이 몸에 꽂혀 있었고 그 화살촉은 돌로 되어 있었다. 화살의 길이는 1척 8촌이었다. 진민공이 사자를 보내 공자에게 물었다. 공자가 말했다.

"매는 멀리서 왔습니다. 이는 숙신肅愼의 화살입니다. 옛날 주무왕이 은나라를 멸한 후 여러 소수민족과 교통하고 각각 그 지방의 특산물을 조공하게 함으로 이들의 직책과 의무를 잊지 않게 했습니다. 숙신은 싸리나무로 만든 화살과 돌로 만든 화살촉을 바쳤습니다. 길이가 1척 8촌이었습니다. 선왕은 그의 미덕을 표창하고자 숙신의 화살을 장녀 대희大姬에게 나누어주었습니다. 이후 장녀를 우호공虞胡公과 결혼을 시키고, 우호공을 진陳나라에 봉했지요. 성이 같은 제후들에게는 진귀한 옥을 나누어주어 친척의 도리를 다하게 했고, 이성

제후들에게는 먼 지방에서 들어온 공물을 나누어주어 무왕에게 복종할 것을 잊지 않게 했습니다. 진陳나라에게는 숙신의 화살을 나누어주었던 것입니다."

진민공이 시험 삼아 옛 창고에서 그 화살을 찾아보게 했다. 과연 그것이 있었다. 공자가 진陳나라에 머문 지 3년이 되던 해에 마침 진晉과 초나라가 강함을 다투며 서로 차례로 진陳나라를 침공했다. 오나라가 진陳나라를 침공할 때까지 진陳나라는 늘 침공을 당했다. 공자가 말했다.

"돌아가자, 돌아가자! 내 고장의 젊은이들은 뜻은 크지만 단지 일을 함에는 소홀한 면이 있다. 그러나 이들에게는 진취성이 있고, 이들은 초지를 잊지 않고 있다."

공자는 진나라를 떠났다. 포 땅을 지날 때 때마침 공숙씨公叔氏가 포에서 반기를 들었다. 포 땅의 사람들이 공자의 앞길을 막았다. 제자 가운데 공양유公良孺라는 자가 있어 개인 수레 다섯 대를 가지고 공자를 따라 주유하고 있었다. 그는 키가 크고 사람됨이 어질며 용기와 힘이 있었다. 그가 말했다.

"내가 전에 선생님을 모시고 광 땅에서 난을 당했다. 오늘 또다시 여기서 위험에 부딪히니 실로 운명인가보다. 선생님과 함께 다시 위험에 빠지니 차라리 싸우다 죽겠다."

싸움이 심히 격해졌다. 포 땅의 사람들이 두려운 나머지 공자에게 말했다.

"만일 위衛나라로 가지 않으면 그대를 놓아주겠소."

공자가 맹약하자 이들은 공자 일행을 동문으로 내보냈다. 그러나 공자는 끝내 위나라로 갔다. 자공이 말했다.

"맹약을 저버려도 됩니까?"

공자가 말했다.

"강요된 맹약은 신神도 인정하지 않는다."

위영공은 공자가 온다는 소식을 듣고 기뻐하며 교외까지 나가 영접하며 물었다.

"포 땅을 칠 수 있습니까?"

공자가 대답했다.

"있습니다."

위영공이 말했다.

"우리 대부들은 불가능하다고 여깁니다. 오늘날 포는 위衛나라가 진晉과 초나라를 방어하는 요지인데 위나라가 직접 그곳을 공격한다는 것은 무리가 있지 않겠습니까?"

공자가 말했다.

"그곳의 장정은 모두 위나라를 위해 목숨을 바칠 의지가 있습니다. 부녀자들도 이들의 서하 땅을 지키려는 의지가 있습니다. 우리가 토벌하려는 사람은 반란을 일으킨 우두머리 네다섯 명에 불과합니다."

"좋습니다."

그러나 위영공은 포 땅을 치지 않았다. 위영공은 늙어 정사에 태만했고, 또한 공자를 등용하지도 않았다. 공자가 크게 탄식했다.

"만일 나를 등용하는 자가 있으면 그 나라는 단 1년 동안에 자리가 바로잡힐 것이고, 3년이면 구체적인 성과가 나타날 텐데."

공자는 위나라를 떠났다.

불힐佛肹은 중모 땅의 지방장관으로 있었다. 진나라의 조간자가 범씨와 중항씨를 격파하려 할 때 중모에서 조간자에게 불복했다. 조간자가 이 일대를 쳤다. 불힐이 중모를 근거지로 반기를 들었다. 그리고 사람을 보내 협조를 구하고자 공자를 초빙했다. 공자는 응하고자 했다. 자로가 말했다.

"제가 선생님에게 듣건대 '스스로 좋지 못한 일을 한 자에게 군자는 가지 않는다'라고 했습니다. 지금 불힐은 친히 중모에서 반기를 들었습니다. 그런데도 선생님이 가고자 하시니 이는 어찌 된 연유입니까?"

공자가 말했다.

"내가 그런 말을 한 적이 있었다. 그러나 나 또한 진정으로 강한 것은 갈아도 얇아지지 않고, 진정으로 하얀 것은 물들여도 검어지지 않는다고 말하지 않았던가! 내 어찌 쓸모없는 박이 되란 말이냐? 어찌 매달려 있기만 하고 사람에게 먹히지 않을 수 있는가 말이다."

공자가 경음악을 연주했다. 그때 망태를 메고 문 앞을 지나가던 자가 듣고 말했다.

"깊은 생각에 빠졌구나, 경을 연주하는 이여! 쩽강쩽강, 세상에 자신을 알아주는 이가 없으면 그것으로 그만이지!"

공자가 사양자師襄子로부터 거문고를 배웠다. 열흘 동안 진전이 없었다. 사양자가 말했다.

"이제는 다른 곡을 배워도 되겠습니다."

"나는 이미 그 곡조는 익혔으나 아직 그 연주하는 술수는 터득하지 못했습니다."

얼마 후 사양자가 말했다.

"이제는 연주하는 술수를 익혔으니 다른 곡을 배워도 되겠습니다."

"나는 아직 그 곡조의 뜻을 터득하지 못했습니다."

얼마 후 사양자가 말했다.

"이제는 곡조의 뜻을 익혔으니 다른 곡조를 배워도 되겠습니다."

"나는 아직 이 곡중인曲中人의 사람됨을 터득하지 못했습니다."

얼마 후 공자는 엄숙하고 경건하게 깊이 여겼고, 또 유쾌하게 원대한 뜻을 바라보게 되었다. 공자가 말했다.

"이제야 나는 그 곡중인의 사람됨을 알았습니다. 피부는 검고, 키는 크고, 눈은 빛나고 멀리 바라보는 것이 마치 사방 봉국을 다스리는 것 같았으니 이는 문왕文王이 아니면 그 누구겠습니까!"

사양자가 자리에서 일어나 재배하며 말했다.

"원래 나의 은사도 이는 〈문왕조文王操〉라고 이르셨습니다."

공자는 위衛나라에서 등용되지 못했다. 장차 서쪽으로 가 진나라의 조간자를 만나려 했다. 황하에 이르러 두명독竇鳴犢과 순화舜華가 피살되었다는 소식을 듣고 탄식했다.

"아름답구나, 황하여! 넓고 넓구나! 내가 이 황하를 건너지 못하는 것 또한 운명이다!"

자공이 달려 나와 물었다.

"이제 하신 말씀은 무슨 뜻입니까?"

공자가 말했다.

"두명독과 순화는 진나라의 어진 대부였다. 조간자가 아직 뜻을 얻지 못했을 때 모름지기 이 두 사람의 도움으로 정사를 펼쳤다. 지금은 그가 뜻을 이루자 오히려 이들을 죽이고 정권을 장악하고 있다. 내가 들건대 배를 갈라 어린 것을 죽이면 기린麒麟이 교외에 이르지 않고, 연못을 마르게 해 고기잡이를 하면 교룡蛟龍이 비구름을 일으켜 음양의 조화를 이루려 하지 않고, 둥지를 뒤엎어 알을 깨뜨리면 봉황이 날아오지 않는다고 한다. 이는 군자는 자기와 같은 무리가 상하는 것을 꺼리기 때문이다. 무릇 새와 짐승도 그 의롭지 못한 것을 오히려 피할 줄 안다. 하물며 이 공구에게서랴!"

추향鄹鄕에 되돌아가 쉬면서 〈추조鄹操〉를 지어 두명독과 순화를 애도했다. 공자가 위衛나라로 돌아가 거백옥의 집에서 살았다. 어느 날 위영공이 군사의 진법陣法을 물었다. 공자가 말했다.

"제사를 지내는 일은 일찍이 들었으나 군사의 일은 배우지 못했습니다."

다음날 영공이 공자와 더불어 이야기하다가 날아가는 기러기를 보자 이를 우러러보며 공자의 말에는 열중하지 않았다. 공자는 마침내 그곳을 떠나 다시 진陳나라로 갔다. 이해 여름, 위영공이 죽자 손자 첩을 세웠다. 그가 위출공이다. 이해 6월, 조앙이 위나라 태자 괴외를 척戚으로 받아들였다. 조앙의 명을 받은 양호가 태자에게 문縗을 입히고, 여덟 명에게 최질衰絰을 입혔다. 이어 위衛나라에서 온 영접자로 가장해 울며 척 땅으로 들어와 마침내 거기서 머물렀다. 이해 겨울, 채나라가 주래로 천도했다.

●● 孔子遂行, 宿乎屯. 而師己送, 曰, "夫子則非罪." 孔子曰, "吾歌可夫?" 歌曰, "彼婦之口, 可以出走, 彼婦之謁, 可以死敗. 蓋優哉遊哉, 維以卒歲!" 師己反, 桓子曰, "孔子亦何言?" 師己以實告. 桓子喟然歎曰, "夫子罪我以群婢故也夫!" 孔子遂適衛, 主於子路妻兄顏濁鄒家. 衛靈公問孔子, "居魯得祿幾何?" 對曰, "奉粟六萬." 衛人亦致粟六萬. 居頃之, 或譖孔子於衛靈公. 靈公使公孫余假一出一入. 孔子恐獲罪焉, 居十月, 去衛. 將適陳, 過匡, 顏刻爲僕, 以其策指之曰, "昔吾入此, 由彼缺也." 匡人聞之, 以爲魯之陽虎. 陽虎嘗暴匡人, 匡人於是遂止孔子.

孔子狀類陽虎, 拘焉五日. 顏淵後, 子曰, "吾以汝爲死矣." 顏淵曰, "子在, 回何敢死!" 匡人拘孔子益急, 弟子懼. 孔子曰, "文王旣沒, 文不在玆乎? 天之將喪斯文也, 後死者不得與于斯文也. 天之未喪斯文也, 匡人其如予何!" 孔子使從者爲甯武子臣於衛, 然後得去. 去卽過蒲. 月餘, 反乎衛, 主蘧伯玉家. 靈公夫人有南子者, 使人謂孔子曰, "四方之君子不辱欲與寡君爲兄弟者, 必見寡小君. 寡小君願見." 孔子辭謝, 不得已而見之. 夫人在絺帷中. 孔子入門, 北面稽首. 夫人自帷中再拜, 環珮玉聲璆然. 孔子曰, "吾鄉爲弗見, 見之禮答焉." 子路不說. 孔子矢之曰, "予所不者, 天厭之! 天厭之!" 居衛月餘, 靈公與夫人同車, 宦者雍渠參乘, 出, 使孔子爲次乘, 招搖市過之. 孔子曰, "吾未見好德如好色者也." 於是醜之, 去衛, 過曹. 是歲, 魯定公卒. 孔子去曹適宋, 與弟子習禮大樹下. 宋司馬桓魋欲殺孔子, 拔其樹. 孔子去. 弟子曰, "可以速矣." 孔子曰, "天生德於予, 桓魋其如予何!" 孔子適鄭, 與弟子相失, 孔子獨立郭東門. 鄭人或謂子貢曰, "東門有人, 其顙似堯, 其項類皋陶, 其肩類子産, 然自要以下不及禹三寸. 纍纍若喪家之狗." 子貢以實告孔子. 孔子欣然笑曰, "形狀, 末也. 而謂似喪家之狗, 然哉! 然哉!" 孔子遂至陳, 主於司城貞子家. 歲餘, 吳王夫差伐陳, 取三邑而去. 趙鞅伐朝歌. 楚圍蔡, 蔡遷于吳. 吳敗越王句踐會稽. 有隼集于陳廷而死, 楛矢貫之, 石砮, 矢長尺有咫. 陳湣公使使問仲尼. 仲尼曰, "隼來遠矣, 此肅愼之矢也. 昔武王克商, 通道九夷百蠻, 使各以其方賄來貢, 使無忘職業. 於是肅愼貢楛矢石砮, 長尺有咫. 先王欲昭其令德, 以肅愼矢分大姬, 配虞胡公而封諸陳. 分同姓以珍玉, 展親, 分異姓以遠方職, 使無忘服. 故分陳以肅愼矢." 試求之故府, 果得之. 孔子居陳三歲, 會晉楚爭彊, 更伐陳, 及吳侵陳, 陳常被寇. 孔子曰, "歸與歸與! 吾黨之小子狂簡, 進取不忘其初." 於是孔子去陳. 過蒲, 會公叔氏以蒲畔, 蒲人止孔子. 弟子有公良孺者, 以私車五乘從孔子. 其爲人長賢, 有勇力, 謂曰, "吾昔從夫子遇難於匡, 今又遇難於此, 命也已. 吾與夫子再罹難, 寧鬪而死." 鬪甚疾. 蒲人懼, 謂孔子曰, "苟毋適衛, 吾出子." 與之盟, 出孔子東門. 孔子遂適衛. 子貢曰, "盟可負邪?" 孔子曰, "要盟也, 神不聽." 衛靈公聞孔子來, 喜, 郊迎. 問曰, "蒲可伐乎?" 對曰, "可." 靈公曰, "吾大夫以爲不可. 今蒲, 衛之所以待晉楚也, 以衛伐之, 無乃不可乎?" 孔子曰, "其男子有死之志, 婦人有保西河之志. 吾所伐者不過四五人." 靈公曰, "善." 然不伐蒲. 靈公老, 怠於政, 不用孔子. 孔子喟然歎曰, "苟有用我者, 朞月而已, 三年有成." 孔子行. 佛肸爲中牟宰. 趙簡子攻范·中行, 伐中牟. 佛肸畔, 使人召孔子. 孔子欲往. 子路曰, "由聞諸夫子, '其身親爲不善者, 君子不入也'. 今佛肸親以中牟畔, 子欲往, 如之何?" 孔子曰, "有是言也. 不曰堅乎, 磨而不磷, 不曰白乎, 涅而不淄. 我豈匏瓜也哉, 焉能繫而不食?" 孔子擊磬. 有荷簣而過門者, 曰, "有心哉, 擊磬乎! 硜硜乎, 莫己知也夫而已矣!" 孔子學鼓琴師襄子, 十日不進. 師襄子曰, "可以益矣." 孔子曰, "丘已習其曲矣, 未得其數也." 有閒, 曰, "已習其數, 可以益矣." 孔子曰, "丘未得其志也." 有閒, 曰, "已習其志, 可以益矣." 孔子曰, "丘未得其爲人也." 有閒, 曰有所穆然深思焉, 有所怡然高望而遠志焉. 曰, "丘得其爲人, 黯然而黑, 幾然而長, 眼如望羊, 如王四國, 非文王其誰能爲此也!" 師襄子辟席再拜, 曰, "師蓋云文王操也." 孔子旣不得用於衛, 將西見趙簡子. 至於河而聞竇鳴犢·舜華之死也, 臨河而歎曰, "美哉水, 洋洋乎! 丘之不濟此, 命也夫!" 子貢趨而進曰, "敢問何謂也?" 孔子曰, "竇鳴犢·舜華, 晉國之賢大夫也. 趙簡子未得志之時, 須此兩人而從政, 及其已得志, 殺之乃從政. 丘聞之也, 刳胎殺夭則麒麟不至郊, 竭澤涸漁則蛟龍不合陰陽, 覆巢毀卵則鳳皇不翔. 何則? 君子諱傷其類也. 夫鳥獸之於不義也尙知辟之, 而況乎丘哉!"乃還息乎陬鄉, 作爲陬操以哀之. 而反乎衛, 入主蘧伯玉家. 他日, 靈公問兵陳. 孔子曰, "俎豆之事則嘗聞之, 軍旅之事未之學也."明日, 與孔子語, 見蜚鴈, 仰視之, 色不在孔子. 孔子遂行, 復如陳. 夏, 衛靈公卒, 立孫輒, 是爲衛出公. 六月, 趙鞅內太子蒯聵于戚. 陽虎使太子絻, 八人衰絰, 僞自衛迎者, 哭而入, 遂居焉. 冬, 蔡遷于州來. 是歲.

노애공 3년, 공자의 나이 예순이었다. 이해에 위나라는 제나라의 도움으로 척 땅을 포위했다. 이는 위나라의 태자 괴외가 그곳에 있었기 때문이다. 이해 여름, 노환공과 노희공의 묘에 불이 났다. 남궁경숙이 불을 껐다. 그때 공자는 진陳나라에 있었다. 이 소식을 듣고 말했다.

"재해는 틀림없이 노환공과 노희공의 묘에서 났을 것이다."

과연 뒤에 알아보니 그러했다. 이해 가을, 계환자가 병이 들었다. 마차에 올라 노나라 도성을 바라보고 탄식했다.

"전에 이 나라는 거의 흥성할 수가 있었다. 내가 공자를 등용해 그의 말을 듣지 않았던 까닭에 흥성하지 못했다."

그는 또 후계자인 계강자를 돌아보고 말했다.

"내가 죽으면 너는 반드시 노나라의 정권을 이어받을 것이다. 그리되거든 반드시 공자를 초청해오도록 해라."

이후 며칠 후 계환자가 죽고 계강자가 뒤를 이었다. 장례가 끝난 뒤 강자는 공자를 부르려 했다. 공지어公之魚가 만류했다.

"지난날에 선군이 그를 등용하고자 하셨으나 좋은 결과를 거두지 못해 결국 제후의 웃음거리가 되었습니다. 이제 또 그를 등용하려다가 좋은 결과를 거두지 못하게 되면 또다시 제후들의 웃음거리가 될 것입니다."

"그러면 누구를 초빙하면 좋겠소?"

공지어가 말했다.

"반드시 염구冉求를 부르십시오."

사람을 보내 염구를 불렀다. 염구가 초빙에 응하려 했다. 공자가 말했다.

"우리 노나라 사람이 염구를 부르는 것을 보니 이는 작게 등용하려는 것이 아니다. 장차 크게 등용하려는 취지다."

이날 공자는 또 말했다.

"돌아가자, 돌아가자! 내 고장의 젊은이들은 뜻은 크지만 행하는 것에는 소홀하고 거칠지만 문장은 훌륭하니 나는 이들을 어찌 지도해야 좋을지 모르겠다."

자공은 공자에게 노나라로 돌아갈 생각이 있음을 알고 염구를 전송할 때 부탁해 말했다.

"곧 등용되면 선생님을 모셔가도록 해주시오."

염구가 계강자에게 갔다. 이듬해에 공자는 진陳나라에서 채나라로 옮겨갔다. 채소공蔡昭公이 장차 오나라로 가려 했다. 오왕이 그를 불렀기 때문이다. 지난날 채소공이 신하들을 속이고 주래로 천도했다. 지금 다시 오나라로 가고자 하자 대부들이 또 천도할까 두려워했다. 마침내 공손편公孫翩이 채소공을 쏘아 죽였다. 초나라가 채나라를 침공했다. 이해 가을, 제경공이 죽었다. 이듬해, 공자는 채나라에서 섭葉 땅으로 갔다. 섭공이 공자에게 정사를 묻자 공자가 이같이 말했다.

"정사란 먼 데 있는 사람을 찾아오게 하고, 가까이 있는 사람의 마음을 얻는 데 있습니다."

훗날 섭공이 자로에게 공자의 사람됨을 물었으나 자로는 대답하지 않았다. 공자가 이를 듣고 말했다.

"중유仲由(자로)야, 너는 왜 선생의 사람됨이 도를 배우는 데 권태를 느끼지 않고, 사람을 깨우치는 일에 싫증을 내지 않고, 일에 열중해 먹는 것조차 잊어버리고, 즐거움으로 근심을 잊으면서, 늙어가는 것도 모르고 살아가는 사람이라고 말하지 않았는가?"

공자가 섭 땅을 떠나 채나라로 돌아오는 도중에 장저長沮와 걸닉桀溺이 같이 밭을 가는 것을 보았다. 공자는 그 사람들이 은자라고 생각해 자로에게 나루터로 가는 길을 물어보게 했다. 장저가 자로에게 물었다.

"수레 위의 고삐를 잡고 있는 저 사람은 누구요?"

"공자입니다."

"그가 노나라 공자인가?"

"그렇습니다."

"그렇다면 나루터를 알고 있을 것이오."

걸닉이 자로를 향해 물었다.

"그대는 누구인가?"

"중유입니다."

"그대는 공자의 제자인가?"

"그렇습니다."

그러자 걸닉이 말했다.

"천하가 온통 어지러운데, 그 누가 이를 바로잡을 수 있겠는가? 그

대는 사람을 피하는 선비를 따르는 것보다는 차라리 세상을 피하는
선비를 따르는 것이 낫지 않겠는가!"

장저와 걸닉은 이같이 말하고 흙으로 씨를 덮는 일을 계속했다.
자로가 이들이 한 말을 공자에게 알리자 공자가 말했다.

"사람이란 출신 사회를 피해 짐승과 무리를 같이 살 수는 없다. 천
하에 도가 통하면 나도 이를 바꾸려고 여러 나라로 쫓아다니지 않을
것이다."

이후 어느 날 자로가 길을 가다가 다래끼를 메고 있는 노인을 만
나 물었다.

"우리 선생님을 보지 못했습니까?"

"팔다리로 부지런히 일도 하지 않고, 오곡도 구별하지 못할 터이
다. 그대의 선생이 누군지 내가 어찌 알겠는가!"

그는 계속 지팡이를 세워두고 풀을 뽑았다. 자로가 이를 고하자
공자가 말했다.

"그는 은자임에 틀림없다."

다시 가보았으나 그는 이미 떠나가고 없었다. 공자가 채나라로 옮
긴 지 3년이 되던 해에 오나라는 진陳나라를 쳤다. 초나라는 진나라
를 구하기 위해 진보陳父에 군사를 주둔시켰다. 초나라에서는 공자가
진나라와 채나라의 중간 땅에 있다는 말을 듣고 사람을 보내 공자를
초빙했다. 공자가 찾아가 예를 갖추고자 했다. 진나라와 채나라 대부
들이 의논했다.

"공자는 현인이다. 그가 비난하는 바는 모두 제후들의 잘못과 들
어맞는다. 지금 그가 진나라와 채나라의 중간에 오래 머물고 있다.
그간 여러 대부가 한 행실은 모두 공자의 뜻에 맞지 않는다. 오늘의

초나라는 큰 나라인데 공자를 초빙하려 한다. 공자가 초나라에 등용되면 우리 진나라와 채나라에서 일하는 대부들은 모두 위험해질 것이다."

진나라와 채나라 대부들은 각각 노역자를 보내 들판에서 공자를 포위했다. 공자는 초나라로 가지 못하고 식량마저 떨어졌다. 따르는 제자들은 굶고 병들어 잘 일어서지도 못했다. 공자는 조금도 흐트러짐이 없이 학술강의도 하고 책도 낭송하고 거문고도 타면서 지냈다. 자로가 화가 나 공자에게 말했다.

"군자도 이처럼 곤궁할 때가 있습니까?"

"군자는 곤궁해도 절조를 지키지만 소인은 곤궁해지면 탈선한다."

자공이 화가 나 얼굴색이 변했다. 공자가 말했다.

"사^賜(자공)야, 너는 내가 박학다식하다고 생각하는가?"

"그렇습니다. 그렇지 않다는 말씀이십니까?"

"나는 박학다식하지 않다. 한 가지 기본 원칙으로 전체의 지식을 통찰한 것뿐이다."

공자는 제자들이 마음이 상했다는 것을 알고 곧 자로를 불러놓고 물었다.

"《시》에 이르기를, '코뿔소도 아니고 호랑이도 아닌 것이 광야에서 헤매고 있다'라고 했다. 나의 도에 무슨 잘못이라도 있단 말이냐? 우리가 왜 여기서 곤란을 당해야 한다는 말이냐?"

"아마도 우리가 어질지 못하기 때문이 아니겠습니까? 사람들이 우리를 믿지 못하는 것이지요. 아마도 우리가 지혜롭지 못하기 때문이 아니겠습니까? 사람들이 우리를 놓아주지 않는 것이지요."

공자가 말했다.

"그럴 리는 없을 것이다. 중유야, 만일 어진 사람이 반드시 남의 신임을 얻는다면 어찌해서 백이와 숙제가 수양산에서 굶어 죽었겠는가? 또 만일 지혜로운 사람이 반드시 장애 없이 실행할 수 있다면 어찌 왕자 비간이 심장을 도려내는 일을 당했겠는가?"

자로가 나가자 자공이 들어와 공자를 뵈었다. 공자가 말했다.

"사야, 《시》에 이르기를, '코뿔소도 아니고 호랑이도 아닌 것이 광야에서 헤매고 있다'라고 했다. 나의 도에 무슨 잘못이라도 있단 말이냐? 우리가 왜 여기서 곤란을 당해야 한다는 말이냐?"

"선생님의 도가 지극히 크기에 천하의 그 어느 나라에서도 선생님을 받아들이지 못합니다. 선생님은 어찌해서 자신의 도를 약간 낮추지 않는 것입니까?"

공자가 말했다.

"사야, 훌륭한 농부가 비록 씨 뿌리기에 능하다고 반드시 곡식을 잘 수확하는 것은 아니고, 훌륭한 장인이 비록 솜씨가 정교할지라도 반드시 상대를 만족시키는 것은 아니다. 군자가 그 도를 잘 닦아서 기강을 세우고 이치가 잘 통하게 할 수는 있겠지만 반드시 세상에 수용되는 것은 아니다. 지금 너는 너의 도는 닦지 않고서, 스스로의 도를 낮추어서까지 남에게 수용되기를 바라고 있다. 사야, 너의 뜻이 원대하지 못하다."

자공이 나가고 안회顔回가 들어와 공자를 뵈었다. 공자가 물었다.

"회야, 《시》에 이르기를, '코뿔소도 아니고 호랑이도 아닌 것이 광야에서 헤매고 있다'라고 했다. 나의 도에 무슨 잘못이라도 있단 말이냐? 우리가 왜 여기서 곤란을 당해야 한다는 말이냐?"

안회가 대답했다.

"선생님의 도가 지극히 크기에 천하의 그 어느 나라에서도 선생님을 받아들이지 못합니다. 비록 그렇기는 하지만 선생님은 선생님의 도를 추진시키고 있습니다. 그러니 이들이 듣지 않는다고 해서 무슨 걱정이 있겠습니까? 받아들여지지 않은 연후에 더욱 군자의 참모습이 드러나는 것입니다. 무릇 도를 닦지 않는다는 것은 우리의 수치입니다. 그리고 무릇 도가 잘 닦인 인재를 등용하지 않는다는 것은 나라를 가진 자의 수치입니다. 그러니 받아들여지지 않는다고 해서 무슨 걱정이 되겠습니까? 받아들여지지 않은 연후에 더욱더 군자의 참모습이 드러날 것입니다."

공자가 기뻐서 웃으며 말했다.

"그렇던가, 안씨 집안의 자제여! 자네가 만일 큰 부자가 된다면 나는 자네 집안의 집사가 되겠다!"

자공을 초나라에 보냈다. 초소왕이 군사를 보내 공자를 보호해 맞이했다. 공자가 비로소 곤경에서 벗어난 배경이다. 초소왕이 장차 서사書社의 땅 700리로 공자를 봉하고자 했다. 초나라 재상 자서가 초소왕에게 말했다.

"대왕의 사자로 제후에게 보낼 출신 가운데 자공만한 사람이 있습니까?"

"없소."

"대왕을 보필할 신하 가운데 안회만한 사람이 있습니까?"

"없소."

"대왕의 장수 가운데 자로만한 사람이 있습니까?"

"없소."

"대왕의 장관 가운데 재여宰予만한 사람이 있습니까?"

"없소."

자서가 말했다.

"하물며 초나라의 선조가 주나라로부터 봉하는 것을 받았습니다. 그때 봉호는 자작子爵이나 남작이었고, 봉지는 50리였습니다. 지금 공자는 삼황오제三皇五帝의 치국방법을 말하고 주공과 소공의 덕치를 본받고 있으니 대왕이 만일 공자를 등용하면 초나라가 어떻게 대대로 당당하게 다스려온 사방 수천 리의 땅을 보존할 수 있겠습니까? 무릇 주문왕은 풍 땅에서 일어났고, 주무왕은 호 땅에서 일어났지만 100리밖에 안 되는 작은 땅을 가진 군주가 마침내 천하를 통일했습니다. 지금 공자가 근거할 땅을 얻고 저렇게 많은 현명한 제자가 그를 보좌하면 이는 우리 초나라에 결코 좋은 일이 되지 못할 것입니다."

초소왕은 이를 듣고 본래의 계책을 취소했다. 이해 가을, 초소왕은 성보에서 죽었다. 초나라의 은자 접여接輿가 공자 앞을 지나가며 이같이 노래를 불렀다.

봉황이여, 봉황이여! 너의 덕이 어찌 이리 쇠락했지
옛 잘못 돌릴 수 없지만 앞날의 잘못은 피할 수 있지
그만두어라, 그만두어라, 지금 위정자 모두 위험할 뿐이다

공자가 마차에서 내려 이야기를 나누려 했으나 그가 급히 피해버려 이야기를 나눌 수 없었다. 당시 공자는 초나라에서 위衛나라로 돌아왔다. 이해에 공자의 나이 예순셋이었다. 노애공 6년이다. 노애공 7년, 오나라가 노나라와 증 땅에서 회합하고 노나라에게 제사에 쓸

백뢰를 요구했다. 태재 비嚭가 계강자를 소환했다. 계강자는 자공을 초나라로 보내 응대하게 함으로 비로소 가축을 바치는 일을 모면하게 되었다. 공자가 말했다.

"노나라와 위나라의 정사는 형제처럼 비슷하다."

당시 위나라 군주 첩의 부친 괴외는 보위에 오르지 못하고 국외에 망명 중이었다. 제후들은 위나라 군주에 관해 부친에게 양위해야 한다고 수차례 책망했다. 공자의 제자 가운데 위나라에서 벼슬을 하고 있는 사람이 많았고 위나라 군주는 공자에게 정사를 맡기고자 했다. 자로가 말했다.

"위나라 군주가 선생님에게 정사를 맡기고자 합니다. 맡으신다면 선생님은 장차 무슨 일을 제일 먼저 하시겠습니까?"

"반드시 명분을 바르게 하겠다."

자로가 말했다.

"세인들이 선생님을 절실하지 못하고 현실과 멀다고 하더니 실로 그렇습니다. 무슨 명분을 바르게 하신다는 말씀입니까?"

공자가 말했다.

"실로 거칠구나, 유야! 무릇 명분이 바르지 않으면 말이 순조롭지 못하고, 말이 순조롭지 못하면 일이 이루어지지 않는다. 일이 이루어지지 않으면 예악이 일어나지 않는다. 예악이 일어나지 않으면 형벌이 적중하지 않고, 형벌이 적중하지 않으면 백성이 어찌할 바를 모르고 당황한다. 군자는 무슨 일을 하든 반드시 명분에 부합되어야 하고, 말을 했으면 반드시 실행해야 한다. 그리고 군자의 말에는 경솔함이 없어야 한다."

이듬해, 염유가 계씨의 명을 받고 장군이 되어 낭郞 땅에서 제나라와 싸워 이겼다. 계강자가 말했다.

"그대는 군사에 관한 것을 배웠는가? 아니면 원래 그 방면에 재주가 있는 것인가?"

"공자에게서 배웠습니다."

"공자는 어떤 사람인가?"

염유가 대답했다.

"공자를 등용하면 나라의 명성이 높아지고, 그의 정사방법은 백성에게 시행하든 신명에게 고하든지 간에 아무런 유감스러운 일이 없을 것입니다. 그에게 나와 같은 이 길을 걷게 하면 비록 수천 사를 준다 해도 공자는 그 이익을 취하지 않을 것입니다."

"나는 공자를 초빙하고 싶은데, 가능하겠소?"

"그를 부르고자 하면 그를 신임하시어 소인들이 그를 방해하지 못하게만 하면 가능할 것입니다."

당시 위衛나라의 공문자는 장차 태숙을 치려고 했다. 그 계책을 공자에게 물었다. 공자는 모른다고 사양하고, 곧 물러나 수레를 준비시켜 떠나면서 말했다.

"새는 나무를 선택하며 서식할 수 있지만 나무가 어찌 새를 택할 수 있겠는가?"

공문자가 한사코 만류했다. 마침 당시 계강자가 공화·공빈公賓·공림公林을 내쫓고 예물을 갖추어 공자를 초빙했다. 공자가 노나라로 돌아왔다. 노나라를 떠난 지 14년 만의 귀국이었다.

●● 魯哀公三年, 而孔子年六十矣. 齊助衛圍戚, 以衛太子蒯聵在故也. 夏, 魯桓釐廟燔, 南宮敬叔救火. 孔子在陳, 聞之, 曰, "災必於桓釐廟乎?" 已而果然. 秋, 季桓子病, 輦而見魯城, 喟然歎曰, "昔此國幾興矣, 以吾獲罪於孔子, 故不興也." 顧謂其嗣康子曰, "我卽死, 若必相魯, 相魯, 必召仲尼." 後數日, 桓子卒, 康子代立. 已葬, 欲召仲尼. 公之魚曰, "昔吾先君用之不終, 終爲諸侯笑. 今又用之, 不能終, 是再爲諸侯笑." 康子曰, "則誰召而可?" 曰, "必召冉求." 於是使使召冉求. 冉求將行, 孔子曰, "魯人召求, 非小用之, 將大用之也." 是日, 孔子曰, "歸乎歸乎! 吾黨之小子狂簡, 斐然成章, 吾不知所以裁之." 子贛知孔子思歸, 送冉求, 因誡曰 '卽用, 以孔子爲招'云. 冉求既去, 明年, 孔子自陳遷于蔡. 蔡昭公將如吳, 吳召之也. 前昭公欺其臣遷州來, 後將往, 大夫懼復遷, 公孫翩射殺昭公. 楚侵蔡. 秋, 齊景公卒. 明年, 孔子自蔡如葉. 葉公問政, 孔子曰, "政在來遠附邇." 他日, 葉公問孔子於子路, 子路不對. 孔子聞之, 曰, "由, 爾何不對曰 '其爲人也, 學道不倦, 誨人不厭, 發憤忘食, 樂以忘憂, 不知老之將至'云爾." 去葉, 反于蔡. 長沮·桀溺耦而耕, 孔子以爲隱者, 使子路問津焉. 長沮曰, "彼執輿者爲誰?" 子路曰, "爲孔丘." 曰, "是魯孔丘與?" 曰, "然." 曰, "是知津矣." 桀溺謂子路曰, "子爲誰?" 曰, "爲仲由." 曰, "子, 孔丘之徒與?" 曰, "然." 桀溺曰, "悠悠者天下皆是也, 而誰以易之? 且與其從辟人之士, 豈若從世之士哉!" 耰而不輟. 子路以告孔子, 孔子憮然曰, "鳥獸不可與同群. 天下有道, 丘不與易也." 他日, 子路行, 遇荷蓧丈人, 曰, "子見夫子乎?" 丈人曰, "四體不勤, 五穀不分, 孰爲夫子!" 植其杖而芸. 子路以告, 孔子曰, "隱者也." 復往, 則亡. 孔子遷于蔡三歲, 吳伐陳. 楚救陳, 軍于城父. 聞孔子在陳蔡之閒, 楚使人聘孔子. 孔子將往拜禮, 陳蔡大夫謀曰, "孔子賢者, 所刺譏皆中諸侯之疾. 今者久留陳蔡之閒, 諸大夫所設行皆非仲尼之意. 今楚, 大國也, 來聘孔子. 孔子用於楚, 則陳蔡用事大夫危矣." 於是乃相與發徒役圍孔子於野. 不得行, 絕糧. 從者病, 莫能興. 孔

子講誦弦歌不衰. 子路慍見曰, "君子亦有窮乎?" 孔子曰, "君子固窮,
小人窮斯濫矣." 子貢色作. 孔子曰, "賜, 爾以予爲多學而識之者與?"
曰, "然. 非與?" 孔子曰, "非也. 予一以貫之." 孔子知弟子有慍心, 乃召
子路而問曰, "詩云 '匪兕匪虎, 率彼曠野'. 吾道非邪? 吾何爲於此?" 子
路曰, "意者吾未仁邪? 人之不我信也. 意者吾未知邪? 人之不我行也."
孔子曰, "有是乎! 由, 譬使仁者而必信, 安有伯夷·叔齊? 使知者而必
行, 安有王子比幹?" 子路出, 子貢入見. 孔子曰, "賜, 詩云 '匪兕匪虎,
率彼曠野'. 吾道非邪? 吾何爲於此?" 子貢曰, "夫子之道至大也, 故天
下莫能容夫子. 夫子蓋少貶焉?" 孔子曰, "賜, 良農能稼而不能爲穡, 良
工能巧而不能爲順. 君子能脩其道, 綱而紀之, 統而理之, 而不能爲容.
今爾不脩爾道而求爲容. 賜, 而志不遠矣!" 子貢出, 顔回入見. 孔子曰,
"回, 詩云 '匪兕匪虎, 率彼曠野'. 吾道非邪? 吾何爲於此?" 顔回曰, "夫
子之道至大, 故天下莫能容. 雖然, 夫子推而行之, 不容何病, 不容然後
見君子! 夫道之不脩也, 是吾醜也. 夫道旣已大脩而不用, 是有國者之
也. 不容何病, 不容然後見君子!" 孔子欣然而笑曰, "有是哉顔氏之子!
使爾多財, 吾爲爾宰." 於是使子貢至楚. 楚昭王興師迎孔子, 然後得免.
昭王將以書社地七百里封孔子. 楚令尹子西曰, "王之使使諸侯有如子
貢者乎?" 曰無有. 王之輔相有如顔回者乎? 曰無有. 王之將率有如子
路者乎? 曰無有. 王之官尹有如宰予者乎? 曰無有. 且楚之祖封於周,
號爲子男五十里. 今孔丘述三五之法, 明周召之業, 王若用之, 則楚安
得世世堂堂方數千里乎? 夫文王在豐, 武王在鎬, 百里之君卒王天下.
今孔丘得據土壤, 賢弟子爲佐, 非楚之福也." 昭王乃止. 其秋, 楚昭王
卒于城父. 楚狂接輿歌而過孔子, 曰, "鳳兮鳳兮, 何德之衰! 往者不可
諫兮, 來者猶可追也! 已而已而, 今之從政者殆而!" 孔子下, 欲與之言.

趨而去, 弗得與之言. 於是孔子自楚反乎衛. 是歲也, 孔子年六十三, 而魯哀公六年也. 其明年, 吳與魯會繒, 徵百牢. 太宰嚭召季康子. 康子使子貢往, 然後得已. 孔子曰, "魯衛之政, 兄弟也." 是時, 衛君輒父不得立, 在外, 諸侯數以爲讓. 而孔子弟子多仕於衛, 衛君欲得孔子爲政. 子路曰, "衛君待子而爲政, 子將奚先?" 孔子曰, "必也正名乎!" 子路曰, "有是哉, 子之迂也! 何其正也?" 孔子曰, "野哉由也! 夫名不正則言不順, 言不順則事不成, 事不成則禮樂不興, 禮樂不興則刑罰不中, 刑罰不中則民無所錯手足矣. 夫君子爲之必可名, 言之必可行. 君子於其言, 無所苟而已矣." 其明年, 冉有爲季氏將師, 與齊戰於郎, 克之. 季康子曰, "子之於軍旅, 學之乎? 性之乎?" 冉有曰, "學之於孔子." 季康子曰, "孔子何如人哉?" 對曰, "用之有名, 播之百姓, 質諸鬼神而無憾. 求之至於此道, 雖累千社, 夫子不利也." 康子曰, "我欲召之, 可乎?" 對曰, "欲召之, 則毋以小人固之, 則可矣." 而衛孔文子將攻太叔, 問策於仲尼. 仲尼辭不知, 退而命載而行, 曰, "鳥能擇木, 木豈能擇鳥乎!" 文子固止. 會季康子逐公華·公賓·公林, 以幣迎孔子, 孔子歸魯. 孔子之去魯凡十四歲而反乎魯.

공자가 귀국하자 노애공이 공자를 불러 정사에 관해 물었다. 공자가 대답했다.

"정사의 근본은 신하를 잘 등용하는 데 있습니다."

계강자도 정사에 관해 물었다. 공자가 대답했다.

"정직한 사람을 등용해 정직하지 못한 사람 위에 놓으면 정직하지 못한 사람도 정직해집니다."

계강자가 도적이 횡행하는 것을 근심하자 공자가 말했다.

"실로 당신 자신이 탐욕을 부리지 않으면 백성은 비록 상을 준다 해도 남의 물건을 훔치지 않을 것입니다."

그러나 노나라는 끝내 공자를 등용하지 못했고, 공자 또한 관직을 구하지 않았다. 공자의 시대에는 주나라 왕실이 쇠퇴해져 예악이 폐지되었고, 《시》와 《서》가 흩어졌다. 공자는 삼대의 예를 추적해 《서경》의 편차를 정했다. 위로는 요임금과 순임금 시대부터, 아래로는 진목공 시대에 이르기까지 그 사적을 순서에 따라 정리했다. 그러고는 이같이 말했다.

"하나라의 예는 내가 능히 이를 말할 수 있지만, 이후 대인 기나라의 것에 대해서는 자료가 없어 증명하기에 부족하다. 은나라의 예는 내가 말할 수 있지만 송나라의 것에 대해서는 증명하기에 부족하다. 만일 기나라와 송나라의 문헌이 충분했다면 이를 증명할 수 있었을 것이다."

공자는 또 은나라와 하나라 이래의 예가 부족하거나 더해진 것을 보고 말했다.

"차후로는 비록 백세의 세월이 흐르더라도 예제禮制의 변천을 알 수 있다. 이는 은나라는 질박한 것을 귀히 여겼고 주나라는 문화文華하는 것을 귀히 여겼기 때문이다. 주周 왕조는 하와 은 2대의 제도를 귀감으로 삼았기에 그 문화는 실로 풍성하고 화려하다! 나는 주나라를 따르겠다."

《서경》과 《예기》는 공자로부터 처음으로 편찬되어 나온 것이다. 공자가 노나라의 태사에게 말했다.

"음악을 연주하는 과정은 이해할 수 있다. 연주를 시작할 때는 오음이 조화를 이루고, 그 다음으로는 청순하고 잘 어울려 끊이지 않고 잘 이어져 여운을 남김으로써 비로소 한 곡이 완성되는 것이다.”

또 말했다.

“내가 위나라에서 노나라로 돌아온 이후에 비로소 음악이 바르게 되고 〈아雅〉와 〈송〉이 각기 제자리를 찾았다.”

옛날에는 시가 3,000여 편이었으나 공자에 이르러 중복된 것을 빼고 예의에 응용할 수 있는 것만 취했다. 위는 설과 후직에 관한 시이고, 중간은 은나라와 주나라의 성대함을 서술한 시이고, 아래는 주유왕과 주여왕의 실정失政에 관한 시까지 이르렀다. 시의 내용은 임석衽席 등 비교적 이해하기 쉬운 것부터 시작했다.

“풍風은 〈관저關雎〉, 소아小雅는 〈녹명鹿鳴〉, 대아는 〈문왕文王〉, 송은 〈청묘淸廟〉로 시작한다.”

이같이 정리한 305편의 시에 공자는 모두 곡조를 붙여 노래로 부름으로써 〈소〉·〈무武〉·〈아〉·〈송〉 음악에 맞추고자 했다. 예악이 이로부터 회복되어 서술할 수 있게 되었다. 왕도가 갖추어지고 육예六藝가 완성된 배경이다. 공자는 만년에 《역易》을 좋아했다. 〈단象〉·〈계繫〉·〈상象〉·〈설괘說卦〉·〈문언文言〉을 정리했다. 그는 죽간을 꿴 가죽끈이 세 번이나 끊어질 만큼 《역》을 무수히 읽었다. 그가 말했다.

“만일 나에게 몇 년의 시간을 더 준다면 나는 《역》에 대해서는 그 문사文辭와 의리에 다 통달할 수 있을 것이다.”

공자는 《시》·《서》·《예》·《악》을 교재로 삼아 가르쳤다. 제자가 약 3,000명에 이르렀고, 그중 육예에 통달한 자도 일흔두 명이나 되었다. 그런가 하면 안탁추처럼 다방면으로 가르침을 받고도 일흔두 명의 제자에 들지 못한 자도 크게 많았다. 공자는 네 가지 방면으로 제자들을 가르쳤다. 문文·행行,·충忠·신信이 그것이다. 그리고 네 가지를 금지시켰다. 억측하거나, 독단하거나, 고집하거나, 스스로 옳다고 여기는 것이 그것이다. 그가 신중히 여겼던 것은 곧 재계齋戒와 전쟁 및 질병 등 세 가지다.

공자는 이익에 대해서는 거의 말하지 않았다. 어쩌다가 이익에 관해 말해야 할 때는 반드시 운명과 결부시키거나 인덕과 결부시켜 말했다. 공자는 제자를 가르칠 때 발분하지 않으면 깨우쳐주지 않았다. 또 한 가지 문제를 가르쳐서 이와 유사한 다른 세 가지 문제를 물어 오지 않으면 다시 되풀이해 가르치지 않았다.

공자는 향당鄕黨●에서는 공손해 마치 말을 하지 못하는 사람과도 같았으나 종묘나 조정에서는 조리 있게 말을 잘하면서도 오로지 신중히 했다. 조정에서 상대부들과 이야기할 때는 태연하면서도 할 말을 능히 다했다. 하대부들과 이야기할 때는 온화하면서도 즐겁게 대했다. 군주의 궁문을 들어갈 때는 머리를 숙이고 허리를 굽혀 경의를 표했고, 앞으로 빨리 걸어 나아갈 때는 단정하게 예의를 차렸다. 군왕이 그에게 손님을 접대하게 명하면 정성을 다하는 표정을 지었다. 군왕의 부름이 있을 때는 마차가 준비될 때까지 기다리지 않고 서둘러 달려갔다. 생선이 상했거나 고기가 부패했거나 또는 아무렇게나 잡아서 멋대로 잘라놓은 고기는 먹지 않았다. 자리가 바르지 않으면 앉지 않았고, 상을 당한 출신 곁에서 식사할 때는 배불리 먹은 일이 없었다. 곡哭한 날은 종일 노래를 부르지 않았다. 상복을 입은 사람이나 맹인을 보면 비록 그가 어린아이라고 할지라도 반드시

● 향당의 향鄕은 2만 5,000호, 당黨은 200호를 지칭한다. 향당은 마을을 의미한다. 작은 마을은 통상 25호로 구성되었다. 이를 사社라고 했다. 진한秦漢시대에 현령은 1만 호 이상, 현장縣長은 1만 호 미만의 지방관장을 지칭했다.

표정을 바꿔 동정을 표시했다. 이같이 말했다.

"세 명이 걸어가면 그중에는 반드시 나의 스승이 될 사람이 있다."

또 이같이 말하기도 했다.

"덕을 닦지 않고, 학문을 강습하지 않고, 의로운 이치를 듣고도 좇아가 행하지 않고, 잘못이 있어도 고치지 않은 것, 이 몇 가지가 바로 내가 우려하는 것이다."

노래를 시켜서 잘 부르면 다시 부르게 하고, 그런 다음에는 그를 따라 불렀다. 공자는 괴이한 것, 폭력, 문란한 것, 귀신 등 괴력난신怪力亂神에 대해서는 말하지 않았다. 자공이 말했다.

"선생님의 시·서·예·악에 관한 가르침은 들을 수 있으나 선생님의 천도天道와 성명性命에 관한 가르침은 들을 수 없었다."

안연은 이같이 탄식한 바 있다.

"선생님의 도학은 우러러볼수록 더욱 높고, 깊이 뚫을수록 더욱 견고하며 앞에 있다고 생각하면 홀연히 뒤에 가 있다. 선생님은 차근차근 단계적으로 사람을 잘 이끌어주시고, 풍부한 전적과 문장으로 나를 박학하게 해주시고, 예의와 도덕으로 나를 절제하게 하시니 내가 학문을 그만두고자 해도 그만둘 수가 없었다. 내 재주를 다해보았지만, 그러나 선생님의 학문은 탁연히 내 앞에 우뚝 서 있어 아무리 따라가려 해도 따라갈 방법이 없는 것 같다."

달항達巷이라는 어떤 고을의 사람이 말했다.

"공자는 실로 위대하다. 그러나 아깝게도 박학하면서도 일예一藝에도 명성을 세우지 못했다!"

공자가 이를 듣고 말했다.

"나는 어느 예藝로 명성을 세울까? 마부가 될까? 사수가 될까? 나는 마부가 되련다.”

이를 두고 자뢰子牢는 이같이 풀이했다.

“선생님은 말씀하기를, ‘나는 등용되지 못했기에 많은 기예를 배울 수 있었다’고 했다.”

노애공 14년 봄, 대야大野에서 수렵을 했다. 숙손씨의 마부 서상鉏商이 괴상한 짐승을 잡았다. 사람들은 이를 상서로운 일이 아니라고 여겼다. 공자가 이를 보고 말했다.

“이는 기린이다.”

이들이 기린을 잡아 돌아왔다. 공자가 탄식했다.

“옛날처럼 황하에서 다시는 용이 그림판을 메고 나타나지 않고, 낙수洛水에서 다시는 거북이 글씨판을 지고 나타나지 않는다. 나의 희망도 이제는 끝나는가보다!”

안연이 죽자 공자는 탄식했다.

“하늘이 나를 망치는구나!”

곡부의 서쪽에서 잡힌 기린을 보자 공자가 말했다.

“도를 행하고자 하는 나의 희망도 이제는 다 끝났구나!”

공자는 탄식했다.

“나를 알아주는 이는 아무도 없구나!”

자공이 물었다.

“어찌 선생님을 알아주는 이가 없다고 하십니까?”

공자가 대답했다.

“나는 하늘을 원망하지도 않고, 사람을 탓하지도 않는다. 다만 아래서 인간사를 배우고, 위로 천명에 이르고자 했을 뿐이다. 그러니 나를 알아주는 이는 하늘뿐이 아니겠느냐!”

이어 말했다.

"그 뜻을 굽히지 않고, 그 몸을 욕되게 하지 않은 사람은 바로 백이와 숙제가 아닌가!"

또 말했다.

"유하혜柳下惠와 소련少連은 뜻을 굽히고 몸을 욕되게 했다."

또 말했다.

"우중과 이일夷逸은 은거해 세상사를 논하지 않았고, 행동은 깨끗했다. 자리에서 물러나 화를 면하는 방법도 시의적절했다."

이어 말했다.

"그러나 나는 이들과 다르다. 가한 것도 없고 불가한 것도 없다."

공자가 또 말했다.

"안 되지, 안 돼. 군자는 죽은 후 이름이 알려지지 않을 것을 걱정한다. 나의 도가 행해지지 않았으니 그럼 나는 무엇으로 후대에 이름을 남기겠는가?"

공자는 역사의 기록에 근거해《춘추》를 지었다. 이는 위로는 노은공에서 아래로는 노애공 14년까지 노나라 열두 명 군주의 시대를 포괄했다.《춘추》는 노나라의 역사를 중심으로 삼고, 주나라를 종주로하고 은나라의 제도를 참작해 하·은·주 삼대의 법률을 계승하고 있다. 그 문사는 간략하지만 제시하고자 하는 뜻은 넓다. 오나라와 초나라 군주가 왕을 자칭했지만《춘추》에서는 이를 낮추어 본래의 작위인 자작으로 칭했다. 천토의 회맹은 실로 제후가 주나라의 천자를부른 것이지만《춘추》에서는 그 사실을 피해 "천자가 하양河陽으로수렵을 나갔다"고 기록했다. 이런 사안들을 들어서 당대의 법통을바로잡는 기준으로 삼았다. 이런 제후들에 관해 폄하하고 꾸짖는 의 도는 이후 군주가 될 자들이 참고해 실행하는 데 도움을 주고자 한 것이다. 《춘추》의 대의가 행해지면 곧 천하의 난신적자亂臣賊子가 두려워하게 될 것이다.

공자는 지난날 소송안건을 심리할 당시 문사를 두고 다른 사람과 의논해야 할 때는 결코 홀로 판단을 내리지 않았다. 그러나 《춘추》를 지을 때는 결단코 기록할 것은 기록하고, 삭제할 것은 삭제했다. 자하 같은 제자도 한마디 거들 수가 없었다. 제자들이 《춘추》의 뜻을 전수받은 후 공자는 말했다.

"후대에 나를 알아주는 사람이 있다면 《춘추》 때문일 것이고, 나를 비난하는 사람이 있다면 그 역시 《춘추》 때문일 것이다."

이듬해, 자로가 위衛나라에서 죽었다. 공자가 병이 나 자공이 뵙기를 청했다. 공자는 마침 지팡이에 의지해 문 앞을 거닐고 있다가 물었다.

"사야, 너는 왜 이같이 늦게 왔는가?"

그러고는 탄식하며 이런 노래를 불렀다.

태산이 무너지려는가!
기둥이 부러지려는가!
철인이 죽으려 하는가!

그러고는 눈물을 흘렸다. 또 자공을 보고 말했다.

"천하에 도가 없어진 지 오래되었다! 아무도 나의 주장을 믿지 않는다. 장사를 치를 때 하나라 백성은 유해를 동쪽 계단에 모셨고, 주나라 백성은 서쪽 계단에 모셨고, 은나라 백성은 두 기둥 사이에 모셨다. 어젯밤에 나는 두 기둥 사이에 놓여 사람들의 제사를 받는 꿈을 꾸었다. 나의 조상은 원래 은나라 사람이다."

이후 이레가 지나 공자는 죽었다. 공자의 나이 일흔세 살이었다. 노애공 16년 4월 기축일이다. 노애공이 그를 애도하는 글을 지어 말했다.

"하늘도 무심해 이 한 노인마저 남겨놓지 않고 데려가고, 나 한 사람만 여기다가 버려두어 외로움에 울게 하는구나! 아, 슬프다! 이보尼父(공자)여, 내 다시는 스스로에 얽매이지 않으리라!"

자공이 말했다.

"군주는 아마도 노나라에서 천명을 다할 수 없을 것이다! 선생님이 전에 말씀하시기를, '예법을 잃으면 질서가 무너지고, 명분을 잃으면 과오가 생긴다. 의지를 잃는 것은 혼란이고, 당위성을 잃는 것은 과실이다'라고 하셨다. 살아생전에 중용하지 못하고 죽은 후 애도하는 것은 곧 예의에 합당하지 않는 말이다. 그리고 제후의 신분으로 '나 한 사람'이라고 칭하는 것은 실로 명분에 맞는 말이 아니다."

공자는 노나라 도성 북쪽의 사수 부근에 매장되었다. 제자들은 모두 3년 동안 상복을 입었다. 이들은 마음에서 우러나는 슬픔으로 삼년상을 다 마치고 서로 이별을 고하고 헤어졌다. 헤어질 때 한바탕 통곡하고 각자 다시금 애도를 다했다. 어떤 제자는 다시 머무르기도 했다. 오직 자공만은 무덤 곁에 여막廬幕을 짓고 6년을 더 지키다가 떠나갔다. 이후 공자의 제자와 노나라 백성이 무덤가에 와서 집을 짓고 산 것이 100여 가구나 되었다. 이곳을 '공자 마을'이라고 했다.

노나라에서는 대대로 새해를 맞을 때마다 공자의 무덤에 제사를 지냈다. 많은 유생들도 이곳에 모여서 예의를 논하고 향음례鄕飮禮를 행하고 활쏘기를 했다. 공자의 무덤은 크기가 1경頃이나 되었다. 공자가 살던 집과 제자들이 쓰던 내실은 훗날 공자의 묘로 만들어져, 공자가 사용하던 의관과 거문고, 수레, 서적 등이 소장되었다. 이는 한나라에 이르기까지 200여 년 동안이나 그대로 있었다. 한고조가 노나라를 지나게 되었을 때 태뢰太牢로 공자의 묘에 제사를 지냈다. 이후 제후·경대부·재상이 부임하면 늘 먼저 공자의 묘를 참배한 후 정사에 임했다.

공자는 이鯉를 낳았다. 그의 자는 백어伯魚다. 백어는 나이 쉰에 공자보다 먼저 죽었다. 백어는 급을 낳았다. 그의 자는 자사子思이고, 예순둘까지 살았다. 자사는 일찍이 송나라에서 고생을 했고, 《중용中庸》을 지었다. 자사는 백白을 낳았다. 백의 자는 자상子上이고, 마흔일곱에 죽었다. 자상은 구求를 낳았다. 구의 자는 자가이고, 마흔다섯 살까지 살았다. 자가는 기箕를 낳았다. 기의 자는 자경子京이고, 마흔여섯 살까지 살았다. 자경은 천穿을 낳았다. 천의 자는 자고子高이고, 쉰하나까지 살았다. 자고는 자신子慎을 낳았다. 자신은 쉰일곱까지 살았다. 일찍이 위나라 재상을 지냈다. 자신은 부鮒를 낳았다. 부는 쉰일곱까지 살았다. 일찍이 진왕陳王 섭涉의 박사博士가 되었고, 진陳에서 죽었다. 부의 아우 자양子襄은 쉰일곱까지 살았다. 일찍이 혜제의 박사가 되었다가 장사의 태수로 옮겨갔다. 키가 9척 6촌이었다. 자양은 충忠을 낳았다. 충은 쉰일곱까지 살았다. 충은 무武를 낳았고, 무는 연년延年과 안국安國을 낳았다. 안국은 지금의 황제인 무제의 박사가 되었다. 관직이 임회臨淮에 태수 자리까지 올랐으나 일찍 죽었다. 안국은 앙卬, 앙은 환驩을 낳았다.

●● 魯哀公問政, 對曰, "政在選臣." 季康子問政, 曰, "擧直錯諸枉, 則

枉者直." 康子患盗, 孔子曰, "苟子之不欲, 雖賞之不竊." 然魯終不能
用孔子, 孔子亦不求仕. 孔子之時, 周室微而禮樂廢, 詩書缺. 追跡三
代之禮, 序書傳, 上紀唐虞之際, 下至秦繆, 編次其事. 曰, "夏禮吾能言
之, 杞不足徵也. 殷禮吾能言之, 宋不足徵也. 足, 則吾能徵之矣." 觀
殷夏所損益, 曰, "後雖百世可知也, 以一文一質. 周監二代, 鬱鬱乎文
哉. 吾從周." 故書傳 · 禮記自孔氏. 孔子語魯大師, "樂其可知也. 始作
翕如, 縱之純如, 皦如, 繹如也, 以成." "吾自衛反魯, 然後樂正, 雅頌各
得其所." 古者詩三千餘篇, 及至孔子, 去其重, 取可施於禮義, 上采契
后稷, 中述殷周之盛, 至幽厲之缺, 始於衽席, 故曰, "關雎之亂以爲風
始, 鹿鳴爲小雅始, 文王爲大雅始, 清廟爲頌始." 三百五篇孔子皆弦歌
之, 以求合韶武雅頌之音. 禮樂自此可得而述, 以備王道, 成六藝. 孔子
晚而喜易, 序象 · 繫 · 象 · 說卦 · 文言. 讀易, 韋編三絶. 曰, "假我數年,
若是, 我於易則彬彬矣." 孔子以詩書禮樂教, 弟子蓋三千焉, 身通六藝
者七十有二人. 如顏濁鄒之徒, 頗受業者甚衆. 孔子以四教, 文, 行, 忠,
信. 絶四, 毋意, 毋必, 毋固, 毋我. 所愼, 齊, 戰, 疾. 子罕言利與命與仁.
不憤不啓, 擧一隅不以三隅反, 則弗復也. 其於鄉黨, 恂恂似不能言者.
其於宗廟朝廷, 辯辯言, 唯謹爾. 朝, 與上大夫言, 誾誾如也, 與下大夫
言, 侃侃如也. 入公門, 鞠躬如也, 趨進, 翼如也. 君召使儐, 色勃如也.
君命召, 不俟駕行矣. 魚餒, 肉敗, 割不正, 不食. 席不正, 不坐. 食於有
喪者之側, 未嘗飽也. 是日哭, 則不歌. 見齊衰 · 瞽者, 雖童子必變. "三
人行, 必得我師." "德之不脩, 學之不講, 聞義不能徙, 不善不能改, 是
吾憂也." 使人歌, 善, 則使復之, 然後和之. 子不語, 怪, 力, 亂, 神. 子貢
曰, "夫子之文章, 可得聞也. 夫子言天道與性命, 弗可得聞也已." 顏淵
喟然歎曰, "仰之彌高, 鑽之彌堅. 瞻之在前, 忽焉在後. 夫子循循然善

誘人, 博我以文, 約我以禮, 欲罷不能. 既竭我才, 如有所立, 卓爾. 雖欲從之, 蔑由也已." 達巷黨人童子曰, "大哉孔子, 博學而無所成名." 子聞之曰, "我何執? 執御乎? 執射乎? 我執御矣." 牢曰, "子云'不試, 故藝'." 魯哀公十四年春, 狩大野. 叔孫氏車子鉏商獲獸, 以爲不祥. 仲尼視之, 曰, "麟也!" 取之. 曰, "河不出圖, 雒不出書, 吾已矣夫!" 顔淵死, 孔子曰, "天喪予!" 及西狩見麟, 曰, "吾道窮矣!" 喟然歎曰, "莫知我夫!" 子貢曰, "何爲莫知子?" 子曰, "不怨天, 不尤人, 下學而上達, 知我者其天乎!" "不降其志, 不辱其身, 伯夷·叔齊乎!" 謂"柳下惠·少連降志辱身矣." 謂"虞仲·夷逸隱居放言, 行中淸, 廢中權." "我則異於是, 無可無不可." 子曰, "弗乎弗乎, 君子病沒世而名不稱焉. 吾道不行矣, 吾何以自見於後世哉?" 乃因史記作春秋, 上至隱公, 下訖哀公十四年, 十二公. 據魯, 親周, 故殷, 運之三代. 約其文辭而指博. 故吳楚之君自稱王, 而春秋貶之曰'子', 踐土之會實召周天子, 而春秋諱之曰'天王狩於河陽', 推此類以繩當世. 貶損之義, 後有王者擧而開之. 春秋之義行, 則天下亂臣賊子懼焉. 孔子在位聽訟, 文辭有可與人共者, 弗獨有也. 至於爲春秋, 筆則筆, 削則削, 子夏之徒不能贊一辭. 弟子受春秋, 孔子曰, "後世知丘者以春秋, 而罪丘者亦以春秋." 明歲, 子路死於衛. 孔子病, 子貢請見. 孔子方負杖逍遙於門, 曰, "賜, 汝來何其晚也?" 孔子因歎, 歌曰, "太山壞乎! 梁柱摧乎! 哲人萎乎!" 因以涕下. 謂子貢曰, "天下無道久矣, 莫能宗予. 夏人殯於東階, 周人於西階, 殷人兩柱間. 昨暮予夢坐奠兩柱之閒, 予始殷人也." 後七日卒. 孔子年七十三, 以魯哀公十六年四月己丑卒. 哀公誄之曰, "旻天不弔, 不憖遺一老, 俾屛余一人以在位, 煢煢余在疚. 嗚呼哀哉! 尼父, 毋自律!" 子貢曰, "君其不沒於魯乎! 夫子之言曰, '禮失則昏, 名失則愆. 失志爲昏, 失所爲

愆.' 生不能用, 死而誄之, 非禮也. 稱 '余一人', 非名也." 孔子葬魯城北
泗上, 弟子皆服三年. 三年心喪畢, 相訣而去, 則哭, 各復盡哀, 或復留.
唯子贛廬於冢上, 凡六年, 然後去. 弟子及魯人往從冢而家者百有餘
室, 因命曰孔里. 魯世世相傳以歲時奉祠孔子冢, 而諸儒亦講禮鄕飮大
射於孔子冢. 孔子冢大一頃. 故所居堂·弟子內, 後世因廟, 藏孔子衣
冠琴車書, 至于漢二百餘年不絶. 高皇帝過魯, 以太牢祠焉. 諸侯卿相
至, 常先謁然後從政. 孔子生鯉, 字伯魚. 伯魚年五十, 先孔子死. 伯魚
生伋, 字子思, 年六十二. 嘗困於宋. 子思作中庸. 子思生白, 字子上, 年
四十七. 子上生求, 字子家, 年四十五. 子家生箕, 字子京, 年四十六. 子
京生穿, 字子高, 年五十一. 子高生子愼, 年五十七, 嘗爲魏相. 子愼生
鮒, 年五十七, 爲陳王涉博士, 死於陳下. 鮒弟子襄, 年五十七. 嘗爲孝
惠皇帝博士, 遷爲長沙太守. 長九尺六寸. 子襄生忠, 年五十七. 忠生
武, 武生延年及安國. 安國爲今皇帝博士, 至臨淮太守, 蚤卒. 安國生
卬, 卬生驩.

　태사공은 평한다.

　"《시경》에 이르기를, '높은 산은 우러러보고, 큰 길은 따라간다'고
했다. 내가 비록 그 경지에 이르지는 못할지라도 마음은 늘 그를 따
르고 있다. 나는 공자의 저술을 읽어보고, 그 사람됨이 얼마나 위대
한지 상상할 수 있었다. 노나라로 가 공자의 묘당·수레·의복·예기
를 참관했다. 또 여러 유생이 때때로 그 집에서 예를 익히고 있음을
보았다. 존경하고 사모하는 마음이 우러나 머뭇거리며 그곳을 떠날
수 없었다. 역대로 천하에는 군왕에서 현인에 이르기까지 많은 사람
이 있었다. 모두 생존 당시는 영예로웠으나 일단 죽으면 그것으로

모든 것이 끝나고 말았다. 그러나 공자는 포의布衣로 평생을 보냈지만 10여 세대를 지나왔어도 여전히 학자들이 그를 추앙한다. 천자와 왕후로부터 나라 안의 육예를 담론하는 모든 사람에 이르기까지 모두 공자의 말씀을 판단기준으로 삼고 있다. 실로 최고의 성인인 지성至聖으로 일컬을 만하다!"

●● 太史公曰, "詩有之, '高山仰止, 景行行止.' 雖不能至, 然心鄕往之. 余讀孔氏書, 想見其爲人. 適魯, 觀仲尼廟堂車服禮器, 諸生以時習禮其家, 余祗迴留之不能去云. 天下君王至于賢人衆矣, 當時則榮, 沒則已焉. 孔子布衣, 傳十餘世, 學者宗之. 自天子王侯, 中國言六藝者折中於夫子, 可謂至聖矣!"

권 48

진섭세가
陳涉世家

〈진섭세가〉역시 〈공자세가〉와 마찬가지로 제후왕이 아닌 인물인 진섭을 〈열전〉대신에 〈세가〉에 기록한 사례에 속한다. 사마천이 진시황 사후 최초로 거병한 진승陳勝의 행보를 높이 평가한 결과다. 일개 머슴에서 난세의 어지러운 틈을 타 일약 왕의 자리까지 오른 것을 경이로운 눈으로 파악했음을 짐작하게 해주는 대목이다. 그러나 사마천은 이로 인해 후대 사가들로부터 적잖은 비판을 받았다. 일개 반란군의 수장을 공자와 같은 반열로 격상시킨 것은 도가 지나쳤다는 지적이 그렇다. 실제로 반고는 《한서》에서 진섭을 항우와 묶어 〈열전〉에 편제했다. 크게 부각시킬 필요가 없다고 판단한 것이다.

그러나 진섭의 일대기를 〈세가〉에 실은 사마천의 판단은 일리가 있다. 난세에 몸을 일으킨 자들 가운데 한미한 가문 출신이 적지 않다. 진섭은 결국 실패로 끝났으나 한나라를 건립한 유방은 포의에서 몸을 일으켜 천하를 거머쥔 대표적인 경우에 속한다. 유방도 초기에 진섭 휘하의 장수에 불과했던 점을 감안할 때 사마천이 진섭을 높이 평가한 것은 크게 문제 삼을 일이 아니다. 한문제 때 활약한 가의도 〈과진론〉에서 진섭의 거병을 두고 장대를 높이 들고 기의起義했다는 뜻의 게간이기揭竿而起로 표현한 데서 알 수 있듯이 매우 긍정적으로 평가했다. 사마천이 진섭을 〈세가〉에 수록대상으로 삼은 이유는 가의의 이런 견해에 적극 동조한 결과로 볼 수 있다.

진승은 양성陽城 사람으로 자는 섭涉이다. 오광은 양하陽夏 사람으로 자는 숙叔이다. 진승은 젊었을 때 다른 사람들과 함께 머슴살이를 했다. 어느 날 밭두둑에서 잠시 일손을 멈추고 휴식을 취했다. 그가 불평과 원망을 하며 이같이 제안했다.

"만일 부귀하게 된다면 피차 모두 서로를 잊지 맙시다."

머슴들이 비웃으며 대꾸했다.

"그대는 고용당해 머슴살이를 하고 있다. 장차 무슨 부귀가 있겠는가?"

진승이 탄식했다.

"아, 연작燕雀(제비와 참새)이 어찌 홍혹鴻鵠(기러기와 고니)의 뜻을 알리오!"

2세 황제 원년 7월, 조정에서는 이문里門 왼쪽에 거주하는 빈민들을 변경 부근인 어양漁陽으로 옮겨가도록 명했다. 900여 명이 가는 도중에 대택향大澤鄉에 주둔했다. 진승과 오광은 모두 이 행렬 가운데 끼어들어 둔장屯長을 맡았다. 당시 마침 천하에 큰비가 내려 도로가 불통되었으므로 기한 내에 도착하기란 이미 어려웠다. 만일 기한을 어기면 모두 법률에 의거해 참수를 당해야만 했다. 진승과 오광은 서로 상의했다.

"지금 도망을 해도 죽고 의거義擧를 일으켜도 죽는다. 이왕 똑같이 죽을 바에는 나라를 위해 죽는 것이 좋지 않겠는가?"

진승이 호응해 말했다.

"천하의 사람들이 진나라의 가혹한 통치에 고통을 받은 지 오래되었다. 나는 2세 황제가 막내아들이므로 제위를 계승해서는 안 되고, 응당 장자인 부소扶蘇가 제위를 이어야 한다고 들었다. 부소가 누차 간했다는 이유로 진시황은 부소에게 병사를 이끌고 외지로 나가게 했다. 지금 사람들이 그는 죄가 없는데 2세 황제가 그를 죽였다고 한다. 백성이 모두 부소가 어질고 재능이 있다고 말하는데 그가 이미 죽었는지 여부를 모른다. 항연은 초나라 장군으로 누차 공을 세웠으며 병사들을 사랑해 초나라 백성은 모두 그를 우러러 받든다. 어떤 사람들은 그가 죽었다고 말하고, 어떤 사람들은 그가 외지로 도망을 가 숨었다고도 한다. 지금 만일 우리가 부소와 항연을 가장해 천하 사람들을 위해 앞장선다면 당연히 호응을 하는 사람들이 많을 것이다.”

오광은 옳다고 여겼다. 곧 점을 치러 갔다. 점쟁이는 이들이 온 의도를 알고 이같이 말했다.

“당신네 일이 성공하면 커다란 공을 세우는 것입니다. 그러나 당신들은 귀신에게 점을 쳐야만 합니다.”

진승과 오광이 크게 기뻐했다. 내심 귀신에게 점칠 일을 모두 생각해두고는 이같이 말했다.

“이는 우리가 먼저 귀신인 척해서 사람들에게 위신을 얻으라는 뜻이다.”

이들은 비단 위에 붉은 글씨로 ‘진승왕陳勝王’ 세 글자를 써서 남들이 그물로 잡아온 물고기의 뱃속에 몰래 쑤셔 넣었다. 수졸들이 이 물고기를 사서 먹은 후 물고기 뱃속에 있는 비단에 쓴 글을 보게 했다. 기괴함을 느끼게 하려는 것이었다. 진승은 또 오광에게 몰래 주둔지의 나무숲에 있는 신사에 가 밤중에 장작불을 피워놓고 여우로 위장을 해 큰소리로 “대흥초大興楚, 진승왕”을 외치게 했다. 수졸들은 모두 심야에 무서워하고 불안해했다. 다음날 아침, 수졸들이 도처에서 이를 이야기했다. 모두 진승을 주목하기 시작했다.

오광은 평소에 사람들을 자상하게 돌보아주었으므로 수졸들 대부분은 기꺼이 그가 시키는 대로 했다. 수졸을 인솔하는 장위將尉가 술에 취하자 오광은 일부러 누차 도망가자고 떠벌리며 장위를 분노하게 만들었다. 장위가 많은 사람 앞에서 오광 자신을 모욕하게 함으로써 여러 사람을 분노하게 했다. 과연 장위는 채찍으로 오광을 때렸다. 장위가 검을 빼어들려 하자 오광이 벌떡 일어나 검을 빼앗고 장위를 죽였다. 진승 또한 오광을 거들어주었으며 함께 두 명의 장위를 죽였다. 아울러 부하들을 불러 모아 호소했다.

"너희는 비를 만났으므로 모두 기한을 어기게 되었다. 기한을 어기면 응당 모두 죽임을 당해야 한다. 만일 죽지 않는다고 해도 변경을 지키다 죽는 사람이 원래 열에 여서 일곱은 된다. 하물며 장사는 죽지 않을 뿐이다. 만일 죽으려면 세상에 커다란 명성을 남겨야 하는 것이다. 어찌 왕후장상王侯將相의 씨가 따로 있겠는가?"

부하들 모두 입을 모아 말했다.

"경건히 명을 받들겠습니다."

부소와 항연을 사칭해 의거를 일으켜 백성의 요구를 좇았다. 수졸들은 모두 오른쪽 팔을 드러내어 위대한 초나라[大楚]를 칭했다. 이들은 단을 높이 쌓고 맹서를 했다. 장위의 머리를 제물로 사용했다. 진승은 장군, 오광은 도위都尉가 되었다. 이들은 대택향을 쳤다. 병사를 모집하고 군비를 확장해 기현蘄縣으로 진공했다. 기현을 함락시킨 후 부리符離 출신 갈영葛嬰에게 병사들을 이끌고 기현 동쪽 일대를 공략하게 했다. 이들은 질銍·찬酇·고苦·자柘·초譙의 현 등을 공격해 모두 함락시켰다. 공격 도중에도 끊임없이 병사를 모집하고 군비를 확장했다. 진현陳縣에 이르렀을 때는 이미 전거가 600~700량輛, 기병이

1,000여 명, 병사들이 수만 명이나 되었다. 진현을 쳤을 때 수령은 모두 달아나고 없었다. 단지 수승守丞만이 홀로 초문譙門에서 저항했지만 당해낼 수가 없었다. 수승은 전사했다. 이들은 마침내 입성해 진현을 점령했다.

며칠 후 진승은 향관삼로鄕官三老와 지방 호걸을 모두 소집할 것을 명했다. 삼로와 향신들은 입을 모아 말했다.

"장군은 몸에는 갑옷을 걸치고 손에는 예리한 무기를 들고 무도한 자들을 토벌하고 포학한 진나라를 제거해 초나라의 사직을 중건하시고자 하니 공을 논하면 왕을 칭해야 마땅합니다."

진승이 즉위한 뒤 국호를 장초張楚라고 했다. 당시 여러 군현은 진나라 관원의 폭정으로 고생을 했기에 장리長吏를 모두 처벌했다. 또 이들을 죽이고 진승에 호응했다. 오광을 대리왕代理王에 임명했다. 여러 장령을 이끌고 서쪽의 형양을 쳤다. 진현 출신 무신武臣·장이張耳·진여陳餘에게 조나라 땅을 공격하게 했다. 여음汝陰 출신 등종鄧宗에게는 구강군九江郡을 치게 했다. 당시 초나라 병사 수천 명이 일제히 모여들었다. 그 수를 헤아릴 수가 없었다.

갈영은 동성東城에 이르러 양강襄彊을 초왕楚王으로 세웠다. 갈영은 진승이 이미 즉위했다는 것을 듣고 양강을 살해한 뒤 되돌아와 보고했다. 진현에 이르자 진왕 진승이 곧바로 갈영을 주살했다. 진왕은 위나라 출신 주불周市에게 북쪽 위나라 땅을 공격하게 했다. 오광은 형양을 포위했다. 승상 이사의 아들 이유李由가 삼천군수에 임명되어 형양을 지켰다. 오광은 이곳을 함락시킬 수 없었다. 진왕은 국내 호걸들을 불러 모아 대책을 상의했다. 상채 출신 방군房君 채사蔡賜를 상주국으로 삼았다. 주문周文은 진현의 현인으로 일찍이 항연의 군중

軍中에서 천문을 다루는 시일視日을 역임했다. 또 춘신군을 모신 적도 있다. 스스로 군사에 능통하다고 자부했다. 진왕 진승이 그에게 장군의 인수印綬를 수여한 뒤 서쪽으로 진나라를 공격하게 했다.

장초의 군사는 진격 도중 병마를 수습해 함곡관에 이르렀다. 그때 전거가 1,000승, 병사가 수십 만 명이나 되었다. 희정戲亭에 이르러 병사를 주둔시켰다. 2세 황제는 소부 장함章邯에게 명해 역산酈山에서 복역하는 형도刑徒와 노비의 자식을 사면한 뒤 이들을 이끌고 가 초나라 군사를 영격하게 했다. 덕분에 초나라 군사를 모두 물리칠 수 있었다. 주문은 싸움에 패하자 함곡관 밖으로 달아나 조양曹陽에서 두세 달 머물렀다. 장함이 추격해 이들을 대패시키자 다시 또 퇴각해 민지澠池에 약 열흘 동안 주둔했다. 장함은 이들을 공격해 대파시켰다. 주문은 자진했고 군사는 마침내 더는 전투를 할 수 없었다.

무신은 한단에 이르러 스스로 조왕趙王이 되었다. 진여를 대장군, 장이와 소소召騷를 좌우 승상에 임명했다. 진왕 진승이 격노해 무신 등의 가족들을 체포해 옥에 가두었다. 장차 살해할 심산이었다. 상주국 채사가 간했다.

"진나라를 아직 멸하지 못했습니다. 조왕趙王과 장상의 가족들을 죽이는 것은 또 다른 하나의 진나라를 적으로 만드는 것과 같습니다. 차라리 이 기회에 무신을 조왕으로 세우시는 것이 낫습니다."

진왕 진승은 곧 사자를 조나라로 보내 축하했다. 감금했던 무신 등의 가족을 궁중으로 옮기게 했다. 그리고 장이의 아들 장오를 성도군成都君으로 삼았다. 조나라 병사들이 신속히 함곡관으로 진격하도록 재촉했다. 조왕과 장상들이 서로 상의했다.

"진왕이 조나라에 왕을 세운 것은 초나라의 본래 의도가 아닙니다. 초나라는 진나라를 멸한 후 반드시 조나라를 칠 것입니다. 묘책은 서쪽으로 진격하기보다는 차라리 북쪽으로 사자를 보내 연 땅을 공략해 우리 영토를 확충하는 것이 낫습니다. 조나라 남쪽으로는 황하가 있고, 북쪽으로는 연과 대 땅의 광대한 지역이 있으므로 초나라가 비록 진나라를 이긴다 하더라도 감히 조나라를 제압할 수 없습니다. 만일 초나라가 진나라를 이길 수 없다면 반드시 조나라를 중시할 것입니다. 조나라는 진나라가 쇠약한 것을 틈타 천하를 얻는 뜻을 이룰 수 있습니다."

조왕은 옳다고 생각되었으므로 서쪽으로 출병시키지 않고 상곡上谷의 졸사卒史인 한광韓廣에게 병사들을 이끌고 북으로 연나라를 공격하게 했다. 옛 연나라의 호문귀족豪門貴族들이 한광에게 권했다.

"초나라도 왕을 세웠고 조나라도 왕을 세웠소. 연나라는 비록 작을지라도 또한 만승의 나라이므로 장군이 자립해 연나라의 왕이 되시기 바라오."

한광이 사양했다.

"나의 모친이 조나라에 있기에 그리할 수 없습니다!"

연나라 백성이 말했다.

"조나라는 바야흐로 서쪽으로는 진나라를 우려하고 있고, 남쪽으로는 초나라를 우려하고 있으므로, 이들의 세력으로 우리를 당해낼 수 없습니다. 하물며 초나라는 그리 강대함에도 오히려 감히 조왕과 장상의 가족들을 해치지 못했습니다. 조나라가 단독으로 어찌 감히 장수의 가족을 해칠 수가 있겠습니까?"

한광은 옳다고 생각되었으므로 마침내 스스로 연나라에 즉위했다. 몇 달 후 조나라는 연나라 왕의 모친과 가족들을 연나라로 돌려보냈다. 마침 당시는 각지의 장군들이 병사들을 이끌고 성을 공략하는 것이 그 수를 헤아릴 수 없을 만큼 많았다. 주불은 북쪽으로 진격해 적현狄縣에 이르렀다. 적현 출신 전담田儋은 적현령狄縣令을 죽이고 자립해 제왕齊王이 되었다. 제나라에서 기병해 주불을 쳤다. 주불의 군사들은 패해 사방으로 흩어져 위나라의 땅으로 돌아왔다. 위왕魏王의 후예 영릉군寧陵君 구咎를 왕으로 세우려고 했다. 당시 구는 진왕 진승과 함께 있었기에 위나라로 갈 수가 없었다. 위나라의 땅이 평정되자 사람들은 주불을 위왕으로 세우려 했다. 주불이 응하지 않았다. 사자가 진왕 진승과 위나라 사이를 다섯 번 오갔다. 진왕 진승이 비로소 영릉군 구를 위왕으로 세우는 것을 허락하고, 위나라로 돌아가게 했다. 주불이 마침내 승상이 되었다. 장군 전장田藏 등이 함께 상의했다.

"주장의 군사는 이미 사방으로 흩어졌다. 진나라 병사들이 조만간 이를 것이다. 우리는 형양성滎陽城을 포위한 지 오래되었지만 함락시키지 못하고 있다. 진나라 병사들이 이르면 반드시 대패할 것이다. 차라리 형양성을 포위하는 데 필요한 소수 병력만 남겨놓고 정예병을 모두 이동시켜 진나라 군사를 맞이해 싸우느니만 못하다. 현재 대리왕인 오광은 거만하고 횡포하며 병법을 알지 못하는 까닭에 함께 일을 도모할 수 없다. 그를 제거하지 않으면 대사를 그르칠지도 모른다."

이들은 함께 진왕 진승의 명을 위조해 오광을 주살한 뒤 그 머리를 진왕 진승에게 바쳤다. 진왕 진승은 사자를 보내 전장에게 초나라 영윤의 인장을 내리고, 상장군에 임명했다. 전장은 곧 이귀李歸 등의 여러 장수를 형양성 밖에 주둔시켰다. 자신은 정예 병사들을 이끌고 서진해 오창放倉에서 진나라 군사를 맞이해 싸웠다. 교전하는 와중에 전장이 전사했다. 그의 군사가 사방으로 흩어졌다. 장함이 진격해 형양성 아래에 주둔한 이귀 등을 공격해 대파했다. 이귀 등이 전사했다.

양성 출신 등열鄧說의 군사가 담현郯縣에 주둔했다. 장함의 다른 부대에게 공격을 당해 패하자 이내 흩어져 진현으로 들어갔다. 질현銍縣 출신 오서伍徐의 부대가 허현許縣에 주둔했다. 장함은 이들을 격파했고 오서의 군사는 모두 흩어져 진현으로 달아났다. 진왕 진승이 등열을 주살했다. 진승이 당초 보위에 올랐을 때 능현陵縣 출신 진가秦嘉, 질현 출신 동설董緤, 부리 출신 주계석朱鷄石, 취려取慮 출신 정포鄭布, 서현徐縣 출신 정질丁疾 등이 모두 단독으로 기병했다. 군사를 이끌고 담현에서 동해군수 경慶을 포위했다. 진왕 진승은 이를 듣고 곧 무평군武平君 반畔을 장군으로 삼아 담현성을 포위하고 있는 반란군을 감독하고 통솔하게 했다. 진가는 명을 듣지 않고 자립해 대사마가 되었다. 그는 무평군 휘하에 들어가는 것을 원치 않았다. 그가 장병들에게 말했다.

"무평군은 나이가 어려 군사軍事를 알지 못한다. 그의 말을 듣지 마라!"

진왕 진승의 명을 위조해 무평군 반을 죽였다. 장함은 이미 오서를 격파했고 진현을 쳤다. 상주국 방군 채사는 전사했다. 장함은 또 진격해 진현 서쪽에 주둔한 장하張賀의 군사를 쳤다. 진왕 진승은 친히 군사를 이끌고 전쟁에 참여했다. 그의 군대는 패해 사방으로 흩어졌으며 장하는 전사했다. 이해 납월臘月, 진왕 진승이 여음에 이르렀다. 이내 방향을 바꿔 다시 하성보下城父로 나아갔다. 그의 수레를

끄는 장가莊賈가 진왕 진승을 살해한 후 진나라 군에 투항했다. 탕군
碭郡에서 진승을 장사지냈다. 시호를 은왕隱王이라 했다.

진승의 옛 시종으로 장군이 된 여신呂臣은 창두군蒼頭軍을 조직해
신양新陽에서 기병한 뒤 진현을 공격·함락시켜 장가를 죽였다. 또 진
현을 초나라 도성으로 삼았다. 당시 진왕이 당초 진현에 왔을 때 질
현 출신 송류宋留에게 군사를 이끌고 남양을 평정하고 무관으로 진
입하게 명했다. 송류는 남양을 공격해 점령했으나 진왕 진승이 죽었
다는 소식을 듣자 남양은 다시 진秦나라 군의 공격으로 점령당했다.
송류는 무관으로 들어갈 수가 없었으므로 동쪽에 있는 신채新蔡로
나아갔다. 도중에 진나라 군사와 마주쳤다. 송류는 군사를 이끌고 진
나라에 항복했다. 진나라 군사가 송류를 함양으로 압송했다. 거열형
車裂刑에 처해 시신을 여러 사람에게 보여주었다. 진가 등은 진왕의
군사가 패해 달아났다는 이야기를 듣고는 곧 경구景駒를 초왕楚王으
로 세웠다. 군사를 이끌고 방여에 이르러 정도 밖에서 진나라 군사
를 치려 했다. 공손경公孫慶을 제나라 왕에게 보낸 뒤 합세해 공격하
고자 했다. 제나라 왕이 말했다.

"듣자 하니 진왕 진승은 패해 지금 생사가 불명한데 초나라는 어
찌해서 나에게 지시를 구하지도 않고 왕을 세웠는가?"

공손경이 말했다.

"제나라는 초나라의 지시를 받지도 않고 왕을 세웠습니다. 초나라
역시 어찌해서 제나라의 지시를 받아야만 비로소 왕을 세울 수 있습
니까? 하물며 초나라가 먼저 군사를 일으켰으므로 당연히 천하를 호
령해야만 합니다."

전담이 공손경을 주살했다. 진나라의 좌우교左右校가 군사를 이끌

고 재차 진陳으로 쳐들어가 성을 함락시켰다. 여장군呂將軍은 패해 달아났다. 다시 병사를 모집해 결집했다. 파양鄱陽에서 도적이 된 당양군當陽君 경포黥布의 군사가 여신의 군사와 서로 연합했다. 다시 진나라 군의 좌우 교위를 공격해 청파靑波에서 격파했다. 진현을 재차 초나라 도성으로 삼았다. 이때 마침 항량項梁이 초회왕의 손자 미심芈心을 초나라 왕으로 세웠다.

●● 陳勝者, 陽城人也, 字涉. 吳廣者, 陽夏人也, 字叔. 陳涉少時, 嘗與人傭耕, 輟耕之壟上, 悵恨久之, 曰, "苟富貴, 無相忘." 傭者笑而應曰, "若爲傭耕, 何富貴也?" 陳涉太息曰, "嗟乎, 燕雀安知鴻鵠之志哉!" 二世元年七月, 發閭左適戍漁陽, 九百人屯大澤鄕. 陳勝·吳廣皆次當行, 爲屯長. 會天大雨, 道不通, 度已失期. 失期, 法皆斬. 陳勝·吳廣乃謀曰, "今亡亦死, 擧大計亦死, 等死, 死國可乎?" 陳勝曰, "天下苦秦久矣. 吾聞二世少子也, 不當立, 當立者乃公子扶蘇. 扶蘇以數諫故, 上使外將兵. 今或聞無罪, 二世殺之. 百姓多聞其賢, 未知其死也. 項燕爲楚將, 數有功, 愛士卒, 楚人憐之. 或以爲死, 或以爲亡. 今誠以吾衆詐自稱公子扶蘇·項燕, 爲天下唱, 宜多應者." 吳廣以爲然. 乃行卜. 卜者知其指意, 曰, "足下事皆成, 有功. 然足下卜之鬼乎!" 陳勝·吳廣喜, 念鬼, 曰, "此敎我先威衆耳." 乃丹書帛曰'陳勝王', 置人所罾魚腹中. 卒買魚烹食, 得魚腹中書, 固以怪之矣. 又閒令吳廣之次所旁叢祠中, 夜篝火, 狐鳴呼曰, "大楚興, 陳勝王." 卒皆夜驚恐. 旦日, 卒中往往語, 皆指目陳勝. 吳廣素愛人, 士卒多爲用者. 將尉醉, 廣故數言欲亡, 忿恚尉, 令辱之, 以激怒其衆. 尉果笞廣. 尉劍挺, 廣起, 奪而殺尉. 陳勝佐之, 幷殺兩尉. 召令徒屬曰, "公等遇雨, 皆已失期, 失期當斬. 藉弟令毋斬, 而戍死者固十六七. 且壯士不死卽已, 死卽擧大名耳, 王侯將相寧有種乎!"徒屬皆曰, "敬受命." 乃詐稱公子扶蘇·項燕, 從民欲也. 袒右, 稱大楚. 爲壇而盟, 祭以尉首. 陳勝自立爲將軍, 吳廣爲都尉. 攻大澤鄉, 收而攻蘄. 蘄下, 乃令符離人葛嬰將兵徇蘄以東. 攻銍·酇·苦·柘·譙皆下之. 行收兵. 比至陳, 車六七百乘, 騎千餘, 卒數萬人. 攻陳, 陳守令皆不在, 獨守丞與戰譙門中. 弗勝, 守丞死, 乃入據陳. 數日, 號令召三老·豪與皆來會計事. 三老·豪皆曰, "將軍身被堅執銳, 伐無道, 誅暴秦, 復立楚國之社稷, 功宜爲王." 陳涉乃立爲王, 號爲張楚. 當此時, 諸郡縣苦秦吏者, 皆刑其長吏, 殺之以應陳涉. 乃以吳叔爲假王, 監諸將以西擊滎陽. 令陳人武臣·張耳·陳餘徇趙地, 令汝陰人鄧宗徇九江郡. 當此時, 楚兵數千人爲聚者, 不可勝數. 葛嬰至東城, 立襄彊爲楚王. 嬰後聞陳王已立, 因殺襄彊, 還報. 至陳, 陳王誅殺葛嬰. 陳王令魏人周市北徇魏地. 吳廣圍滎陽. 李由爲三川守, 守滎陽, 吳叔弗能下. 陳王徵國之豪與計, 以上蔡人房君蔡賜爲上柱國. 周文, 陳之賢人也, 嘗爲項燕軍視日, 事春申君, 自言習兵, 陳王與之將軍印, 西擊秦. 行收兵至關, 車千乘, 卒數十萬, 至戲, 軍焉. 秦令少府章邯免酈山徒·人奴產子生, 悉發以擊楚大軍, 盡敗之. 周文敗, 走出關, 止次曹陽二三月. 章邯追敗之, 復走次澠池十餘日. 章邯擊, 大破之. 周文自剄, 軍遂不戰. 武臣到邯鄲, 自立爲趙王, 陳餘爲大將軍, 張耳·召騷爲左右丞相. 陳王怒, 捕繫武臣等家室, 欲誅之. 柱國曰, "秦未亡而誅趙王將相家屬, 此生一秦也. 不如因而立之." 陳王乃遣使者賀趙, 而徙武臣等家屬宮中, 而封耳子張敖爲成都君, 趣趙兵亟入關. 趙王將相相與謀曰, "王王趙, 非楚意也. 楚已誅秦, 必加兵於趙. 計莫如毋西兵, 使使北徇燕地以自廣也. 趙南據大河, 北有燕·代, 楚雖勝秦, 不敢制趙. 若楚不勝秦, 必重趙. 趙乘秦之弊, 可以得志於天下." 趙王以爲然, 因不西兵, 而遣故上谷卒史韓廣將兵北徇燕地. 燕故貴人豪傑謂韓廣曰, "楚已立王, 趙又已立王. 燕雖小, 亦萬乘之國也, 願將軍立爲燕王." 韓廣曰, "廣母在趙, 不可." 燕人曰, "趙方西憂秦, 南憂楚, 其力不能禁我. 且以楚之彊, 不敢害趙王將相之家, 趙獨安敢害將軍之家!" 韓廣以爲然, 乃自立爲燕王. 居數月, 趙奉燕王母及家屬歸之燕. 當此之時, 諸將之徇地者, 不可勝數. 周市北徇地至狄, 狄人田儋殺狄令, 自立爲齊王, 以齊反, 擊周市. 市軍散, 還至魏地, 欲立魏後故甯陵君咎爲魏王. 時咎在陳王所, 不得之魏. 魏地已定, 欲相與立周市爲魏王, 周市不肯. 使者五反, 陳王乃立甯陵君咎爲魏王, 遣之國. 周市卒爲相. 將軍田臧等相與謀曰, "周章軍已破矣, 秦兵旦暮至, 我圍滎陽城弗能下, 秦軍至, 必大敗. 不如少遺兵, 足以守滎滎陽, 悉精兵迎秦軍. 今假王驕, 不知兵權, 不可與計, 非誅之, 事恐敗." 因相與矯王令以誅吳叔, 獻其首於陳王. 陳王使使賜田臧楚令尹印, 使爲上將. 田臧乃使諸將李歸等守滎陽城, 自以精兵西迎秦軍於敖倉. 與戰, 田臧死, 軍破. 章邯進兵擊李歸等滎陽下, 破之, 李歸等死. 陽城人鄧說將兵居郯, 章邯別將擊破之, 鄧說軍散走陳. 銍人伍徐將兵居許, 章邯擊破之, 伍徐軍皆散走陳. 陳王誅鄧說. 陳王初立時, 陵人秦嘉 · 銍人董緤 · 符離人朱雞石 · 取慮人鄭布 · 徐人丁疾等皆特起, 將兵圍東海守慶於郯. 陳王聞, 乃使武平君畔爲將軍, 監郯下軍. 秦嘉不受命, 嘉自立爲大司馬, 惡屬武平君. 告軍吏曰, "武平君年少, 不知兵事, 勿聽!" 因矯以王命殺武平君畔. 章邯已破伍徐, 擊陳, 柱國房君死. 章邯又進兵擊陳西張賀軍. 陳王出監戰, 軍破, 張賀死. 臘月, 陳王之汝陰, 還至下城父, 其御莊賈殺以降秦. 陳勝葬碭, 諡曰隱王. 陳王故涓人將軍呂臣爲蒼頭軍, 起新陽, 攻陳下之, 殺莊賈, 復以陳爲楚. 初, 陳王至陳, 令銍人宋留將兵定南陽, 入武關. 留已徇南陽, 聞陳王死, 南陽復爲秦. 宋留不能入武關, 乃東至新蔡, 遇秦軍, 宋留以軍降秦. 秦傳留至咸陽, 車裂留以徇. 秦嘉等聞陳王軍破出走, 乃立景駒爲楚王, 引兵之方與, 欲擊秦軍定陶下. 使公孫慶使齊王, 欲與幷力俱進. 齊王曰, "聞陳王戰敗, 不知其死生, 楚安得不請而立王!" 公孫慶曰, "齊不請楚而立王, 楚何故請齊而立王! 且楚首事, 當令於天下." 田儋誅殺公孫慶. 秦左右校復攻陳, 下之. 呂將軍走, 收兵復聚. 鄱盜當陽君黥布之兵相收, 復擊秦左右校, 破之靑波, 復以陳爲楚. 會項梁立懷王孫心爲楚王.

태사공은 말한다.•

"진승이 왕으로 불린 것은 모두 여섯 달이다. 그는 왕이 된 후 진현을 왕도王都로 삼았다. 진승의 옛 친구가 자신과 함께 머슴살이를 했던 사람으로부터 그가 즉위했다는 말을 듣고는 진나라로 왔다. 그 사람은 궁문을 두드리면서 말하기를, '나는 진승을 만나려고 한다'고 했다. 궁을 지키는 관리가 그를 묶으려 했다. 그가 누차 해명하자 비로소 풀어주었다. 그러나 진승에게 보고하지는 않았다. 진승이 궁문을 나설 때 그가 길을 막고 큰소리로 불렀다. 진승은 자신을 부르는 소리를 듣자 그를 불러 만난 뒤 함께 수레를 타고 궁으로 돌아갔다. 왕궁으로 돌아와 궁궐과 둘러쳐진 휘장을 본 친구가 말하기를, '실로 화려하다, 진섭이 왕이 되니 궁궐이 높고 크고 심오하다!'라고 했다. 초나라 사람은 다多를, 화夥로 표현한다. 이 말이 세상에 전해지기 시작했다. 화섭위왕夥涉爲王 성어는 진승에서 시작되었다. 이 손님

• 본문에는 주어가 없으나 내용상 태사공의 말에 해당한다. 이를 보완해 해석했다.

은 들어가고 나가는 것이 가면 갈수록 더욱 방자하고 구애됨이 없었다. 제멋대로 진왕의 지난 일을 떠들어댔다. 어떤 자가 진승에게 말하기를, '손님이 우매하고 무지하고, 오로지 허튼소리만 마구 떠들어대니 왕의 위엄을 해치게 되는 것입니다'라고 했다. 진승이 곧 그 옛 친구를 참수했다. 진승의 옛 사람들은 모두 스스로 떠났으며 이로부터 진승에게 접근하려는 자가 없었다.

진승은 주방朱房을 중정관中正官, 호무胡武를 사과관司過官에 임명했다. 군신의 과실을 전문적으로 심사하고 규찰하도록 한 것이다. 여러 장수가 임무를 수행하고 돌아와 복명할 때 주방과 호무의 명에 듣지 않는 사람은 잡아다 죄를 다스렸다. 다스림은 가혹했다. 하찮은 일도 지나치게 처리함으로 진승에 관한 충성을 표현했다. 무릇 이 두 사람과 사이가 좋지 않은 사람이나, 죄상을 조사하는 관원에게 관계 자료를 주지 않는 사람은 언제나 두 사람이 친히 그 죄를 다스렸다. 진승은 이 두 사람을 신임했다. 여러 장수는 이런 이유 때문에 진승에게 가까이 접근할 수가 없었다. 진왕이 실패한 이유가 여기에 있다.

진승은 비록 이미 죽었을지라도 그러나 그가 세우고 파견한 왕후장상들이 마침내 진나라를 멸했다. 진승에 의해 처음으로 시작된 반란이 그런 결과를 촉진한 것이다. 한고조 때는 진승을 위해 무덤을 지키는 서른 가구를 탕군에 배치했다. 지금도 여전히 그때가 되면 희생을 잡아 그를 제사 지낸다."

●●"陳勝王凡六月. 已爲王, 王陳. 其故人嘗與庸耕者聞之, 之陳, 扣宮門曰, '吾欲見涉.' 宮門令欲縛之. 自辯數, 乃置, 不肯爲通. 陳王出, 遮道而呼涉. 陳王聞之, 乃召見, 載與俱歸. 入宮, 見殿屋帷帳, 客曰,

'夥頤! 涉之爲王沈沈者!' 楚人謂多爲夥, 故天下傳之, 夥涉爲王, 由陳
涉始. 客出入愈益發舒, 言陳王故情. 或說陳王曰, '客愚無知, 顓妄言,
輕威.' 陳王斬之. 諸陳王故人皆自引去, 由是無親陳王者. 陳王以朱房
爲中正, 胡武爲司過, 主司群臣. 諸將徇地, 至, 令之不是者, 繫而罪之,
以苛察爲忠. 其所不善者, 弗下吏, 輒自治之. 陳王信用之. 諸將以其故
不親附. 此其所以敗也. 陳勝雖已死, 其所置遣侯王將相竟亡秦, 由涉
首事也. 高祖時爲陳涉置守冢三十家碭, 至今血食.'

저선생*은 말한다.

"지형이 험준하고 단절된 곳은 방비를 공고히 하기에 좋다. 군사
와 형법은 나라를 다스리기 위해 있는 것이다. 이는 반드시 절실하
게 의지할 만한 것이라고 할 수는 없다. 무릇 선왕은 나라를 세우는
근본으로 인의를 삼았다. 견고한 요새와 법률 제정을 부차적인 것으
로 여겼다. 어찌 일의 도리가 이런 것이 아니겠는가? 나는 전에 진나
라의 패망 원인을 논한 가의의《과진론》상편에 나오는 다음과 같은
글을 읽은 적이 있다."

진효공秦孝公은 효산, 함곡관의 그 같은 견고한 천해의 요새에 의탁
해 옹주雍州의 광대한 일대를 소유하고 있었다. 신하들은 착실하게

● 한원제漢元帝와 한성제漢成帝 연간에 활약한 박사 저소손褚少孫을 말한다. 사마천 사후《사
기》의 누락된 일부분이 그에 의해 보충되었다. 나름대로 뜻 깊은 작업이었음에도《사기》의
기본입장이 훼손된 대목도 적지 않다. 일각에서는 보완 과정에서 의도적인 왜곡이 이루어졌
을 가능성도 제기하고 있다. 실제로《춘추좌전》및《전국책》등과 배치되는 내용은 사마천이
《사기》를 저술하면서 무엇보다 사실史實에 충실하고자 한 취지를 감안해 판단할 필요가 있
다. 저소손을 포함한 후대인에 의한 왜곡 가능성을 염두에 두어야 한다.

근거지를 지키면서 주나라 왕실을 엿보고 있었다. 천하를 석권하고, 통괄하고, 차지할 뜻과 팔황八荒을 병탄할 마음이 있었던 것이다. 당시 상군商君이 그를 보필했다. 상군은 대내적으로는 법령과 제도를 건립했고 경작과 직조를 장려했고, 수비와 작전의 군비를 정돈했다. 대외적으로는 연횡을 도모해 그 외 다른 봉국이 서로 투쟁하게 부추겼다. 진나라 백성은 손을 맞잡고 서하 밖의 커다란 땅을 차지했다. 진효공은 이미 죽었어도 진혜문왕·진무왕·진소양왕이 진혜공의 구업舊業을 계승했다. 선인의 유업을 좇아 남쪽으로 한중을 점령하고, 서쪽으로 파촉을 점령하고, 동쪽으로 제후들의 비옥한 땅을 잘라서 점령한 것이 그렇다. 지형과 산천이 험준한 주군州郡을 빼앗아 점령했다.

여러 봉국은 심히 두려워 불안을 느꼈으며 동맹을 맺어 진나라를 약화시킬 계책을 도모했다. 이들은 진귀한 물품과 귀중한 보화와 비옥한 땅을 아까워하지 않고 이를 사용해 널리 천하의 인재를 불러 모았다. 이들은 상호 동맹을 맺어 함께 진나라에 대항하기에 이르렀다.

당시 제나라에는 맹상군, 조나라에는 평원군, 초나라에는 춘신군, 위나라에는 신릉군이 있었다. 이 네 명의 봉군封君은 모두 지혜가 명철하고 충신을 중히 여겼다. 후덕하고 백성을 사랑하고 현자를 존중하고 인재를 중시했다. 각국은 연맹해 조약을 맺었다. 한·위·연·조·송·위衛·중산 등이 연합군을 결성한 이유다. 여기에 육국의 재사인 영월寧越·서상徐尙·소진·두혁杜赫 등이 이들을 위해 계책을 냈다. 제명齊明·주최周冣·진진·소활邵滑·누완·적경翟景·소려·악의 등이 그 뜻을 설명했다. 오기·손빈·대타帶他·아량兒良·왕료王廖·전기·염파·조사 등이 군사를 훈련시키고 통솔했다.

진나라의 열 배나 되는 영토와 100만 대군으로 함곡관을 향해 진나라로 공격해 들어갔다. 진나라는 문을 열고 적군을 유인했으나 아홉 나라 군사는 오히려 도망을 가면서 감히 앞으로 나아가지 못했다. 진나라는 단 한 발의 화살도 낭비하지 않았다. 제후 각국은 이미 크게 피곤해 했다. 합종은 와해되고 조약은 파괴되었다. 다투어서 땅을 할양해 진나라에 뇌물로 바쳤다. 진나라는 풍족한 힘으로 각 제후의 약점을 제압했다. 흩어져서 도망치는 패잔병들을 추격했다. 엎어져 있는 시체는 100만을 헤아렸고, 흐르는 피 위로 방패가 뜰 정도였다. 진나라는 유리한 지세와 편리한 시기를 이용해 온 천하를 치고 압박하고 착취했고, 각국의 영토를 분열시켰다. 강한 나라는 귀순을 청하고, 약소한 나라는 조정에 들어와 공물을 바치고 신하가 되어 복종하게 되었다. 이후 진효문왕과 진장양왕 때에 이르러서는 이들이 재위한 날은 매우 짧았으나 나라에는 큰일이 일어나지 않았다.

진시황에 이르러 6대 조상의 풍요한 공적이 장대해져 긴 채찍을 휘두르며 천하를 지배했다. 동주와 서주를 병탄하고 열국을 차례로 멸한 뒤 황제의 자리에 올랐다. 천하를 제압하는 대권을 장악한 배경이다. 손에는 형장刑杖을 들고 천하를 위협했다. 그 위력은 천하를 진동시켰다. 남쪽으로 백월百越 일대를 탈취해 계림군桂林郡, 상군象郡을 설립했다. 백월의 군장들은 스스로 목에 새끼를 매고 머리를 숙이고 명을 들었다. 진나라 관원이 하는 대로 내버려두었다. 몽념蒙恬을 북방으로 보내 장성을 축조해 변새를 지키게 했다. 덕분에 흉노를 700여 리 밖으로 몰아낼 수 있었다. 이후 호인胡人은 감히 남하해 약탈과 소요를 일으킬 수가 없었다. 육국의 유민 또한 감히 병사를 일으켜 복수할 거동을 하지 못했다.

진시황은 선왕이 나라를 다스리던 방법을 폐기하고 제자백가의 서적을 불태웠다. 백성을 우롱하고자 한 것이다. 육국의 뛰어난 성을 파괴했다. 또 봉국의 영웅호걸들을 죽였다. 천하의 병기를 수집해 함양에 집중시켰다. 칼·창·활·화살 등을 녹여 동인銅人 열두 개를 주조했다. 천하 백성의 반항을 약화시키고자 한 것이다. 이후 화산에 의지해 성곽을 쌓고, 황하에 의지해 해자를 만들었다. 위로는 억장億仗의 견성堅城, 아래로는 밑바닥이 없는 심계深溪를 따라 견고한 장벽을 만들었다. 훌륭한 장수와 강한 군사들에게 군사적인 요충지대를 지키게 했다. 충실한 신하와 정예의 병사들에게 예리한 무기를 가지고 요도要道를 지키면서 오가는 행인들을 검문하게 했다. 천하는 이미 평정되었다. 진시황은 내심 관중關中의 형세는 험하고 금성金城이 천리나 되므로 이는 자자손손 제왕의 자리를 계승할 만세의 대업이라고 여겼다. 진시황은 이미 죽었을지라도 여위餘威는 여전히 먼 국경지역까지 진동했다.

원래 진승은 깨진 항아리의 아가리를 끼워 창문을 만들고 새끼로 지도리를 맬 정도로 매우 가난한 집에 살았다. 땅을 갈고 파종하는 고용살이 농민으로 변경에 배치되어 떠나는 정부征夫였다. 재능은 보통 사람에도 미치지 못했다. 중니(공자)나 묵적墨翟(묵자)과 같은 현덕도 없었다. 또한 도주陶朱(범리)나 의돈猗頓 같은 부유함도 없었다. 그러나 일단 사병행렬에 투신해 수많은 사람을 굽어보는 대장이 되어 피곤하고 산란한 오합의 수졸을 통솔했다. 수백 대오隊伍의 창끝을 돌려 진나라를 쳤다. 이들은 수목을 베어 병기를 만들었고 죽간을 높이 들어 기치로 삼았다. 천하의 백성이 풍운과 같이 모여들어 호응했다. 양식을 휴대한 채 그림자가 형체를 따르는 것과 같이 봉기에 참가했다.

효산과 함곡관 이동以東의 광대한 땅의 제후들이 동시에 병사를 일으켜서 마침내 진 왕실을 멸했다. 하물며 진나라의 천하에는 축소되거나 변하거나 약해진 것이 없었다. 옹주의 지리적 우세함과 효산과 함곡관의 험함과 견고한 바는 지난날과 다름이 없었다. 진승의 지위와 위망은 결코 제·초·연·조·한·위·송·위·중산의 국왕보다 존귀하지도 않았다. 호미 끝이나 곰방메와 같은 농기구는 끝이 굽은 창이나 긴 창에 비해 결코 예리하지도 않았다. 변경에 배치된 그 몇백 명의 사람도 9국의 군사처럼 결코 그리 강대하지도 않았다. 심모원려와 용병술은 이전의 모사와 필적할 도성이 없었다.

그러나 성공과 실패는 완전히 다른 것이며 공적功業은 완전히 상반되는 것이다. 이해에 산동의 제후와 진승의 재주의 많고 적음과 권력의 힘을 비교해보면 결코 함께 논하며 비교할 수 있는 것이 아니다. 그러나 진나라는 여러 기반과 만승에 해당하는 권력을 토대로 여덟 개 주州를 제압했다. 제후들에게 조공을 드리러 오게 했다. 이같이 하는 것이 100여 년이나 되었다. 최후에 천하를 통일해 사방의 천하를 사유물로 삼았다. 효산과 함곡관을 궁궐의 담장으로 삼았다. 그러나 진승 한 사람이 반란을 일으키자 진나라의 7대 조상의 사당은 모두 파괴되고 말았다. 2세 황제 자영 역시 살해되어 천하 사람들의 웃음거리가 되었다. 이는 어찌된 일인가? 인의의 정사를 펼치지 않은 탓이다. 대략 공격해 취하는 것과 그것을 지키는 것의 형세가 서로 다른 탓도 있을 것이다.

●● 褚先生曰, "地形險阻, 所以爲固也, 兵革刑法, 所以爲治也. 猶未足恃也. 夫先王以仁義爲本, 而以固塞文法爲枝葉, 豈不然哉! 吾聞賈生之稱曰,"

秦孝公據殽函之固, 擁雍州之地, 君臣固守, 以窺周室. 有席卷天下, 包擧宇內, 囊括四海之意, 幷吞八荒之心. 當是時也, 商君佐之, 內立法度, 務耕織, 修守戰之備, 外連衡而鬪諸侯. 於是秦人拱手而取西河之外. 孝公旣沒, 惠文王 · 武王 · 昭王蒙故業, 因遺策, 南取漢中, 西擧巴蜀, 東割膏腴之地, 收要害之郡. 諸侯恐懼, 會盟而謀弱秦. 不愛珍器重寶肥饒之地, 以致天下之士. 合從締交, 相與爲一. 當此之時, 齊有孟嘗, 趙有平原, 楚有春申, 魏有信陵, 此四君者, 皆明知而忠信, 寬厚而愛人, 尊賢而重士. 約從連衡, 兼韓 · 魏 · 燕 · 趙 · 宋 · 衛 · 中山之衆.

於是六國之士有甯越 · 徐尙 · 蘇秦 · 杜赫之屬爲之謀, 齊明 · 周最 · 陳軫 · 邵滑 · 樓緩 · 翟景 · 蘇厲 · 樂毅之徒通其意, 吳起 · 孫臏 · 帶他 · 兒良 · 王廖 · 田忌 · 廉頗 · 趙奢之倫制其兵. 嘗以什倍之地, 百萬之師, 仰關而攻秦. 秦人開關而延敵, 九國之師遁逃而不敢進. 秦無亡矢遺鏃之費, 而天下固已困矣. 於是從散約敗, 爭割地而賂秦. 秦有餘力而制其弊, 追亡逐北, 伏尸百萬, 流血漂櫓, 因利乘便, 宰割天下, 分裂山河, 彊國請服, 弱國入朝. 施及孝文王 · 莊襄王, 享國之日淺, 國家無事.

及至始皇, 奮六世之餘烈, 振長策而御宇內, 吞二周而亡諸侯, 履至尊而制六合, 執敲樸以鞭笞天下, 威振四海. 南取百越之地, 以爲桂林 · 象郡, 百越之君俛首係頸, 委命下吏. 乃使蒙恬北築長城而守藩籬, 卻匈奴七百餘里, 胡人不敢南下而牧馬, 士亦不敢貫弓而報怨. 於是廢先王之道, 燔百家之言, 以愚黔首. 墮名城, 殺豪俊, 收天下之兵聚之咸陽, 銷鋒鍉, 鑄以爲金人十二, 以弱天下之民. 然後踐華爲城, 因河爲池, 據億丈之城, 臨不測之谿以爲固. 良將勁弩, 守要害之處, 信臣精卒, 陳利兵而誰何. 天下已定, 始皇之心, 自以爲關中之固, 金城千里,子孫帝王萬世之業也.

始皇旣沒, 餘威振於殊俗. 然而陳涉甕牖繩樞之子, 甿隷之人, 而遷徙之徒也. 材能不及中人, 非有仲尼·墨翟之賢, 陶朱·猗頓之富也. 躡足行伍之閒, 俛仰仟佰之中, 率罷散之卒, 將數百之衆, 轉而攻秦. 斬木爲兵, 揭竿爲旗, 天下雲會響應, 嬴糧而景從, 山東豪俊遂並起而亡秦族矣. 且天下非小弱也, 雍州之地, 殽函之固自若也. 陳涉之位, 非尊於齊·楚·燕·趙·韓·魏·宋·衛·中山之君也, 鉏櫌棘矜, 非銛於句戟長鎩也, 適戍之衆, 非儔於九國之師也, 深謀遠慮, 行軍用兵之道, 非及鄉時之士也. 然而成敗異變, 功業相反也. 嘗試使山東之國與陳涉度長絜大, 比權量力, 則不可同年而語矣. 然而秦以區區之地. 致萬乘之權, 抑八州而朝同列, 百有餘年矣. 然後以六合爲家, 殽函爲宮. 一夫作難而七廟墮, 身死人手, 爲天下笑者, 何也? 仁義不施, 而攻守之勢異也.

외척세가
外戚世家

〈외척세가〉는 말 그대로 황실 외척의 역사를 다루고 있다. 주로 한 고조 유방 이후 한무제에 이르기까지 한실의 외척에 관한 이야기로 꾸며져 있다. 내용상 후비세가后妃世家로 명명하는 것이 나았을 듯하다. 한고조의 부인인 여후와 후궁인 박후를 위시해 한문제의 부인인 두후와 한경제의 부인인 왕후, 한무제의 부인인 위후 등을 둘러싼 궁중 암투를 그리고 있기 때문이다. 후비의 권력투쟁에 초점을 맞춘 것이지 외척에 방점을 찍은 것은 아니라는 이야기다.

사마천은 후비의 인품이 국가의 흥망과 불가분의 관계를 맺고 있다고 보았다. 외척의 발호 여부와 직결되어 있다고 파악한 것이 그렇다. 군이 이 장을 후비세가가 아닌 외척세가로 명명한 것도 이와 무관치 않을 듯싶다.

혜후세가

예로부터 천명을 받은 개국 군주와 선제先帝의 뒤를 이어받고 성법成
法을 계승한 군주는 개인의 덕성이 고상하기도 했지만 외척의 도움
또한 컸다. 하나라가 흥기한 것은 도산씨塗山氏가 있었기 때문이고,
하나라 걸이 유배된 것은 말희末喜가 있었기 때문이다. 은나라가 흥
기한 것은 유융씨有娀氏가 있었기 때문이고, 주가 주살당한 것은 달
기妲己를 총애했기 때문이다. 주나라가 흥기한 것은 강원姜原과 대임
大任이 있었기 때문이고, 주유왕이 포로로 잡힌 것은 포사에 탐닉했
기 때문이다.

《주역》은 건괘乾卦와 곤괘坤卦에 기초를 두고 있다. 《시경》은 〈관
저〉에서 시작한다. 요임금이 친히 두 명의 딸을 순임금에게 시집보
낸 일을 찬미한 내용이다. 《춘추》는 아내를 맞이하면서 친히 나가서
맞이하지 않는 실례 행위를 풍자했다. 부부간의 화목은 도덕규범의
근본 준칙에 해당한다.

예제는 혼인에서 가장 주의해야 한다. 음조가 잘 어울리는 것은
사계절 절기의 조화가 잘되는 것이다. 음양의 변화는 만물의 생장과
변화의 근본이다. 그러니 어찌 신중하지 않을 수 있겠는가? 사람은
인륜의 도를 크게 확대·발전시킬 수 있다. 그러나 천명에 대해서는
오히려 어찌할 수 없다. 부부간의 사랑은 군주라고 해서 신하로부터
얻을 수 있는 것이 아니다. 부친이라고 해서 이를 아들로부터 얻을
수 있는 것도 아니다. 하물며 지위가 낮은 사람의 경우이겠는가? 설
령 남녀가 서로 흔쾌히 합쳤을지라도 후손이 제대로 번성하지 않을
지도 모르고, 설령 후손을 기를지라도 제대로 천수를 누리지 못할지

도 모른다. 이 어찌 천명이 아니겠는가? 공자는 천명을 이야기하는 것이 매우 적었다. 이는 아마 또 매우 분명하게 말하기가 곤란했기 때문일지도 모른다. 만일 음양의 변화에 통달할 수 없다면 어떻게 인성人性과 천명의 관계를 이해할 수 있겠는가? 태사공은 평한다.

"진나라 이전 외척의 정황은 심히 간략해 상세한 정황을 기술하기가 매우 어렵다. 한나라가 홍기하자 여아후呂娥姁는 한고조의 황후가 되고, 아들은 태자가 되었다. 여아후가 만년에 이르러 자색姿色이 스러져 총애를 잃게 되자, 척부인戚夫人이 총애를 입었다. 그녀의 아들 여의如意가 태자의 자리를 빼앗을 일이 여러 번 일어났다. 한고조가 죽자 여후는 척씨를 멸하고, 조왕趙王 여의를 주살했다. 한고조의 후궁과 비빈 가운데 오직 한고조에게 소외당해 총애를 받지 못한 사람만이 무사할 수 있었다."

여후의 장녀는 선평후宣平侯 장오의 부인이다. 장오의 딸은 혜제의 황후가 되었다. 여태후는 혜제의 황후가 겹사돈이기에 그녀가 자식을 낳게끔 갖은 방법을 다 써보았다. 그러나 결국 자식을 낳지 못했다. 후궁의 자식을 데려와서 아들로 삼게 한 이유다. 황위를 계승할 사람이 아직 확정되지 않았으므로 외가 사람을 중용했다. 여러 여씨들을 왕으로 봉해 보좌하게 하고, 여록呂祿의 딸을 소제少帝의 황후로 삼은 이유다. 황실의 뿌리를 견고히 하고자 한 것이다. 그러나 이 또한 아무런 도움이 되지 않았다. 여후가 죽자 장릉長陵에 한고조와 합장시켰다. 여록과 여산呂産 등은 주살당할 것이 두려워 반란을 꾀했다. 진평과 주발 등의 대신이 이들을 일거에 제거했다. 하늘이 유씨劉氏 천하의 대통을 계속 이어지게 한 것이다. 여씨 일족을 멸한 이유다. 단지 혜제의 황후만 북궁北宮에 머물도록 배려했다.

●● 自古受命帝王及繼體守文之君, 非獨內德茂也, 蓋亦有外戚之助焉. 夏之興也以塗山, 而桀之放也以末喜. 殷之興也以有娀, 紂之殺也嬖妲己. 周之興也以姜原及大任, 而幽王之禽也淫於褒姒. 故易基乾坤, 詩始關雎, 書美釐降, 春秋譏不親迎. 夫婦之際, 人道之大倫也. 禮之用, 唯婚姻爲兢兢. 夫樂調而四時和, 陰陽之變, 萬物之統也. 可不愼與? 人能弘道, 無如命何. 甚哉, 妃匹之愛, 君不能得之於臣, 父不能得之於子, 況卑下乎! 旣驩合矣, 或不能成子姓, 能成子姓矣, 或不能要其終, 豈非命也哉? 孔子罕稱命, 蓋難言之也. 非通幽明之變, 惡能識乎性命哉? 太史公曰, "秦以前尙略矣, 其詳靡得而記焉. 漢興, 呂娥姁爲高祖正后, 男爲太子. 及晩節色衰愛弛, 而戚夫人有寵, 其子如意幾代太子者數矣. 及高祖崩, 呂后夷戚氏, 誅趙王, 而高祖後宮唯獨無寵疏遠者得無恙." 呂后長女爲宣平侯張敖妻, 敖女爲孝惠皇后. 呂太后以重親故, 欲其生子萬方, 終無子, 詐取後宮人子爲子. 及孝惠帝崩, 天下初定未久, 繼嗣不明. 於是貴外家, 王諸呂以爲輔, 而以呂祿女爲少帝后, 欲連固根本牢甚, 然無益也. 高后崩, 合葬長陵. 祿·産等懼誅, 謀作亂. 大臣征之, 天誘其統, 卒滅呂氏. 唯獨置孝惠皇后居北宮.

박후세가

당시 대신들은 여씨 일족을 몰아내면서 대왕을 옹립했다. 그가 한문제다. 그가 한실의 종묘를 섬기게 된 것이 어찌 천명이 아니겠는가? 천명이 아니면 누가 그런 임무를 담당할 수 있겠는가! 박태후薄太后의 부친은 오나라 출신으로 성은 박씨薄氏다. 진나라 때 과거 위나라 왕의 종가 사람인 위온魏溫과 사통해 박희薄姬를 낳았다. 박희의 부친은 산음山陰에서 죽었다. 그곳에 매장된 이유다. 제후들이 진나라에 반기를 들자 위표魏豹가 위왕으로 즉위했다. 위온은 그녀의 딸을 궁에 들어가게 했다. 이때 위온이 허부許負에게 관상을 보게 했다. 박희가 천자를 낳을 수 있다고 했다. 당시 항우는 마침 유방과 형양에서 대치하고 있었을 때다. 천하는 아직 형세가 정해지지 않았다. 위표는 당초 한나라와 합세해 초나라를 쳤다. 그는 허부의 말을 듣고는 내심 크게 기뻐했다. 유방을 배반하고 중립을 지키고, 나아가 초나라와 합세해 화목을 유지한 이유다.

한나라는 조참 등에게 명해 위나라를 치게 했다. 위표를 사로잡은 뒤 그 영토를 군郡으로 삼았다. 박희는 직실織室로 보내졌다. 위표는 이미 죽었다. 유방이 몇 차례 직실에 드나들었다. 박희가 자색이 있는 것을 보고 조서를 내려 후궁으로 들이도록 했다. 그러나 1년여 동안 동침하지 않았다. 당초 박희가 젊었을 때 관부인管夫人 및 조자아趙子兒 등과 친하게 지냈다. 세 명은 서로 약속하기를, "누가 먼저 부귀하게 될지라도 서로를 잊지 말자"고 했다. 얼마 후 관부인과 조자아가 먼저 유방의 총애를 입었다. 유방이 하남궁河南宮의 성고대成皐臺에 앉아 있을 때 두 명의 미인이 박희와 당초 했던 약속을 조롱하며 비웃었다. 유방이 이를 듣고 연유를 물었다. 두 명의 미인이 사실대로 말해주자 유방이 내심 매우 슬퍼했다. 박희를 불쌍히 여겨 그날로 박희를 불러 동침했다. 박희가 말했다.

"어젯밤 저는 창룡蒼龍이 저의 배 위에 드러누워 있는 꿈을 꾸었습니다."

유방이 말했다.

"이는 귀하게 될 징조다. 나는 너를 도와 일을 이루도록 하겠다."

마침내 동침을 해 사내아이를 낳았다. 그 사람이 바로 뒤에 나올 대왕이다. 동침 이후 박희가 유방을 만나는 일이 매우 적었다. 한고조가 죽자 여후는 한고조의 시중을 들며 총애를 받던 척부인 등에게 대로했다. 그녀들을 모두 가두고 궁 밖으로 나가지 못하게 했다. 박희는 한고조의 시중을 들며 잠자리를 같이한 것이 매우 적었던 까닭에 궁 밖으로 나갈 수 있었다. 아들을 따라 대나라로 가 대왕의 태후가 되었다. 태후의 동생 박소薄昭 또한 함께 대나라로 갔다. 대왕이 보위에 오른 지 17년이 지나 여후가 죽었다. 대신들은 새로운 황제를 옹립할 것을 상의했다. 이들은 외척 여씨 세력이 강대해지는 것을 적대시했다. 그러나 박씨의 가문은 어질고 착하다고 여겼다. 대왕을 영접해 한문제로 옹립한 이유다. 박태후는 황태후皇太后가 되었다. 박태후의 동생 박소는 지후軹侯에 봉해졌다.

박태후의 모친은 전에 세상을 떠나 약양의 북쪽에 묻혔다. 박태후의 부친에게 영문후靈文侯라는 존호가 추서되었다. 회계군에 300호를 떼어내 제사를 전담하는 읍을 두었다. 장승長丞 이하 관원이 파견되어 능원陵園을 지켰다. 사당에 음식을 바쳐 제사를 드리는 것은 모두 후위侯位의 예의를 좇아 진행되었다. 낙양 북쪽에 영문후 부인의 능원을 두었다. 모든 예의는 영문후의 능원과 같았다. 박태후는 모계가 위나라 왕임을 알았다. 부모는 일찍 서거했으나 자신을 도우며 힘을 냈던 사람들에 관해 이들의 부역 또는 각종 세금을 면제하는 명을 내렸다. 또 친소의 정도에 따라 각기 달리 상을 내렸다. 박씨 일족 가운데 후侯에 봉해진 사람은 모두 한 명뿐이다. 박태후는 한문제보다 2년 늦은 한경제 2년에 죽어 남릉南陵에 묻혔다. 여후가 한고조와 장릉에 합장되었기에 박태후의 능묘는 특별히 단독으로 만들어졌다. 위치는 한문제의 패릉霸陵과 가깝다.

●● 迎立代王, 是爲孝文帝, 奉漢宗廟. 此豈非天邪? 非天命孰能當之? 薄太后, 父吳人, 姓薄氏, 秦時與故魏王宗家女魏媼通, 生薄姬, 而薄父死山陰, 因葬焉. 及諸侯畔秦, 魏豹立爲魏王, 而魏媼內其女於魏宮. 媼之許負所相, 相薄姬, 當生天子. 是時項羽方與漢王相距滎陽, 天下未有所定. 豹初與漢擊楚, 及聞許負言, 心獨喜, 因背漢而畔, 中立, 更與楚連和. 漢使曹參等擊虜魏王豹, 以其國爲郡, 而薄姬輸織室. 豹已死, 漢王入織室, 見薄姬有色, 詔內後宮, 歲餘不得幸. 始姬少時, 與管夫人·趙子兒相愛, 約曰, "先貴無相忘." 已而管夫人·趙子兒先幸漢王. 漢王坐河南宮成皐臺, 此兩美人相與笑薄姬初時約. 漢王聞之, 問其故, 兩人具以實告漢王. 漢王心慘然, 憐薄姬, 是日召而幸之. 薄姬曰, "昨暮夜妾夢蒼龍據吾腹." 高帝曰, "此貴徵也, 吾爲女遂成之." 一幸生男, 是爲代王. 其後薄姬希見高祖. 高祖崩, 諸御幸姬戚夫人之屬, 呂太后怒, 皆幽之, 不得出宮. 而薄姬以希見故, 得出, 從子之代, 爲代王太后. 太后弟薄昭從如代. 代王立十七年, 高后崩. 大臣議立後, 疾外家呂氏彊, 皆稱薄氏仁善, 故迎代王, 立爲孝文皇帝, 而太后改號曰皇太后, 弟薄昭封爲軹侯. 薄太后母亦前死, 葬櫟陽北. 於是乃追尊薄父爲靈文侯, 會稽郡置園邑三百家, 長丞已下吏奉守冢, 寢廟上食祠如法. 而櫟陽北亦置靈文侯夫人園, 如靈文侯園儀. 薄太后以爲母家魏王后, 早失父母, 其奉薄太后諸魏有力者, 於是召復魏氏, 及尊賞賜各以親疏受之. 薄氏侯者凡一人. 薄太后後文帝二年, 以孝景帝前二年崩, 葬南陵. 以呂后會葬長陵, 故特自起陵, 近孝文皇帝霸陵.

두후세가

두태후竇太后는 조나라 청하淸河의 관진 사람이다. 여태후가 살아 있었을 때 두희竇姬는 양가의 자식 자격으로 입궁해 여후의 시중을 들었다. 이후 여후는 궁녀들을 내보내 여러 왕에게 내렸다. 왕 한 명당 다섯 명씩으로 했다. 두희 또한 이 출궁 행렬에 끼었다. 두희의 집은 청하군淸河郡에 있었다. 두희는 조나라가 집에서 가까운 것을 생각해내고는 궁녀의 송환을 주관하는 환관에게 간청했다.

"저의 명부를 반드시 조나라로 가는 궁녀의 명단 속에 포함시켜 주십시오."

환관이 이를 잊고 잘못해 대나라로 가는 궁녀의 명단 속에 포함시켰다. 명부가 위로 보고되자 여태후가 이를 허락한다는 조서를 내렸다. 이에 따라 출발해야만 했다. 두희가 흐느껴 울며 그 환관을 원망했다. 가지 않으려 했으나 강압에 의해 이를 따르게 되었다. 대나라에 이르자 대왕은 오로지 두희만을 총애했다. 딸 유표劉嫖를 낳고, 이후 두 명의 아들을 더 낳았다. 대왕의 정실 왕후는 모두 네 명의 아들을 낳았다. 그러나 이 모두 대왕이 아직 황제가 되기 이전에 죽었다. 대왕이 보위에 오르자 왕후가 낳은 네 명의 아들 모두 잇달아서 병사했다.

한문제가 보위를 이은 지 몇 달 안 되어 공경대신들이 태자 건립을 청했다. 두희의 장남이 가장 연장자였다. 그를 태자로 세웠다. 이로써 두희는 황후, 딸 유표는 장공주長公主가 되었다. 이듬해, 막내아들 유무劉武를 대왕으로 세웠다. 얼마 후 그는 다시 양나라로 옮겨갔다. 그가 양효왕梁孝王이다. 두황후의 양친은 일찍 죽어 관진에 묻혔다. 박태후는 관원에게 명을 해 두황후의 부친을 안성후安成侯에 추서하게 했다. 그녀의 모친은 안성부인安成夫人에 추서되었다. 청하군에 능원을 관할하는 읍을 설치해 200호를 할당했다. 장승이 받들어 지켰다. 예식은 영문후 능원과 똑같이 했다.

두황후의 오빠는 두장군竇長君, 동생은 두광국竇廣國이다. 두광국의 자는 소군少君이다. 소군이 네다섯 살에 집안 형편이 어려웠다. 어떤 사람에게 유괴를 당해 팔려갔다. 그를 판 집이 어느 곳인지 몰랐다. 그는 약 열 집에 팔려 다닌 끝에 의양에 이르렀다. 두소군은 주인을 위해 산으로 들어가 숯을 구웠다. 저녁에 100여 명이 절벽에서 잠을 잤다. 절벽이 무너져 잠자던 사람이 모두 압사했다. 다만 두소군 한 사람만 그곳에서 벗어나 있었던 덕분에 죽지 않았다. 스스로 점을 쳐보니 수일 내에 후侯에 봉해진다는 점괘가 나왔다. 주인집을 빠져나와 장안으로 달려갔다. 당시 두황후가 새로 즉위했다. 자신의 고향이 관진이고, 성이 두씨竇氏라고 들은 바가 있었다. 두광국은 집을 떠날 때 비록 어렸을지라도 현 이름과 성씨, 또 누이와 함께 뽕잎을 따다가 나무에서 떨어졌던 것을 기억해냈다. 이를 증거로 삼아 상서해 자신을 설명했다. 두황후가 이를 한문제에게 알렸다. 한문제가 광국을 불러들여 물어보자 두광국은 그때의 정황을 일일이 설명해주었다. 과연 같았다. 또다시 그에게 어떻게 검증할 수 있는지 묻자 두광국이 이같이 대답했다.

"누이는 제가 서쪽으로 갈 때 저와 역참의 숙박소에서 헤어졌습니다. 쌀 씻은 물을 구해다가 저의 머리를 씻어주었습니다. 또 밥을 구해다가 저를 먹인 후 비로소 헤어졌습니다."

두황후가 그를 붙잡고 울었다. 눈물과 콧물이 엉켜 흘러내렸다. 시자侍者들 또한 좌우에서 모두 땅바닥에 엎드려 통곡했다. 두황후가 헤어진 동생과 만나는 비애의 분위기를 고조시켰다. 두광국에게 논밭, 그리고 집과 돈 등이 후하게 내려졌다. 다른 두씨 형제들까지 봉해 장안으로 집을 옮기게 했다. 강후絳侯와 관장군灌將軍 등이 말했다.

"우리가 살아 있는 동안 우리의 운명은 곧 이 두 사람의 손안에 달려 있다. 두 사람은 출신이 미천하므로 이들을 위해 스승이나 빈객을 선택할 수밖에 없다. 그렇지 않으면 또 여씨가 대사를 일으킨 것을 재현하게 될 것이다."

나이가 많고 너그럽고 관대한 학자 가운데 양호하고 절조가 있고, 방정한 사람을 택해 두 사람과 함께 기거하게 했다. 두장군과 두소군은 이로부터 공손하고 겸손하며 양보하는 군자가 되었다. 감히 존귀한 지위를 이용해 다른 출신 면전에서 자만해하지 않았다. 두황후가 중병을 얻어 두 눈이 실명되었다. 당시 한문제는 한단 신부인愼夫人・윤희尹姬를 총애했다. 그녀들에게서 자식을 얻지 못했다. 한문제가 죽자 한경제가 즉위했다. 그는 두광국을 장무후章武侯에 봉했다. 두장군은 전에 이미 죽었으므로 그의 아들 두팽조竇彭祖를 남피후南皮侯에 봉했다. 오초칠국吳楚七國의 난이 일어났을 때 두태후의 사촌 형제 두영竇嬰은 협사들과 교유하는 것을 좋아했다. 군사를 통솔해 군공을 세움으로써 위기후魏其侯에 봉해졌다. 두씨는 이로써 모두 세 명이 후에 봉해졌다.

두태후는 황제와 노자의 학설을 좋아했다. 한경제와 태자 및 두씨의 외척 모두 황제와 노자의 책을 읽지 않을 수 없었다. 노자의 학술을 공경해 받든 이유다. 두태후는 한경제보다 6년 늦게 죽었다. 한문제와 패릉에 합장되었다. 모든 동궁의 금전과 재물을 장공주 유표에게 주라는 조서를 남겼다.

●● 竇太后, 趙之淸河觀津人也. 呂太后時, 竇姬以良家子入宮侍太后. 太后出宮人以賜諸王, 各五人, 竇姬與在行中. 竇姬家在淸河, 欲如趙近家, 請其主遣宦者吏, "必置我籍趙之伍中." 宦者忘之, 誤置其籍代伍中. 籍奏, 詔可, 當行. 竇姬涕泣, 怨其宦者, 不欲往, 相彊, 乃肯行. 至代, 代王獨幸竇姬, 生女嫖, 後生兩男. 而代王王后生四男. 先代王未入立爲帝而王后卒. 及代王立爲帝, 而王后所生四男更病死. 孝文帝立數月, 公卿請立太子, 而竇姬長男最長, 立爲太子. 立竇姬爲皇后, 女嫖爲長公主. 其明年, 立少子武爲代王, 已而又徙梁, 是爲梁孝王. 竇皇后親蚤卒, 葬觀津. 於是薄太后乃詔有司, 追尊竇后父爲安成侯, 母曰安成夫人. 令淸河置園邑二百家, 長丞奉守, 比靈文園法. 竇皇后兄竇長君, 弟曰竇廣國, 字少君. 少君年四五歲時, 家貧, 爲人所略賣, 其家不知其處. 傳十餘家, 至宜陽, 爲其主入山作炭, 寒暮臥岸下百餘人, 岸崩, 盡壓殺臥者, 少君獨得脫, 不死. 自卜數日當爲侯, 從其家之長安. 聞竇皇后新立, 家在觀津, 姓竇氏. 廣國去時雖小, 識其縣名及姓, 又常與其姊採桑墮, 用爲符信, 上書自陳. 竇皇后言之於文帝, 召見, 問之, 具言其故, 果是. 又復問他何以爲驗? 對曰, "姊去我西時, 與我決於傳舍中, 丐沐沐我, 請食飯我, 乃去." 於是竇后持之而泣, 泣涕交橫下. 侍御左右皆伏地泣, 助皇后悲哀. 乃厚賜田宅金錢, 封公昆弟, 家於長安. 絳侯·灌將軍等曰, "吾屬不死, 命乃且縣此兩人. 兩人所出微, 不可不爲擇師傅賓客, 又復效呂氏大事也." 於是乃選長者士之有節行者與居. 竇長君·少君由此爲退讓君子, 不敢以尊貴驕人. 竇皇后病, 失明. 文帝幸邯鄲愼夫人·尹姬, 皆母子. 孝文帝崩, 孝景帝立, 乃封廣國爲章武侯. 長君前死, 封其子彭祖爲南皮侯. 吳楚反時, 竇太后從昆弟子竇

嬰, 任俠自喜, 將兵, 以軍功爲魏其侯. 竇氏凡三人爲侯. 竇太后好黃
帝·老子言, 帝及太子諸竇不得不讀黃帝·老子, 尊其術. 竇太后後孝
景帝六歲建元六年崩, 合葬霸陵. 遺詔盡以東宮金錢財物賜長公主嫖.

왕후세가

왕태후王太后는 괴리槐里 출신으로 모친은 장아臧兒다. 장아는 과거
연나라 왕인 장도臧荼의 손녀다. 장아는 괴리 출신 왕중王仲에게 시집
을 가 신信이라는 아들과 두 명의 딸을 낳았다. 왕중이 죽자 장아는
장릉 전씨에게 개가했다. 아들 전분田蚡과 전승田勝을 낳았다. 장아의
큰딸은 김왕손金王孫에게 시집을 가 딸을 하나 낳았다. 장아가 그녀
의 자녀들을 위해 점을 쳤다. 두 딸이 모두 귀인이 된다는 점괘가 나
왔다. 그녀는 두 딸을 기이하고 비범하게 키우고자 했다. 김씨 집안
에 시집간 딸을 빼앗아온 이유다. 당시 김씨는 대로해 이혼하지 않
으려 했으나 소용없었다. 장아는 곧 딸을 태자궁으로 들여보냈다. 태
자는 그녀를 크게 총애해 세 딸과 아들 하나를 낳았다. 남자아이를
잉태했을 때 왕미인王美人은 태양이 그녀의 품속으로 들어오는 꿈을
꾸었다. 그녀는 이를 곧 태자에게 알렸다. 태자가 말하기를, "이는 크
게 귀하게 될 징조다"라고 했다.

왕미인이 아직 분만하지 않았을 때 한문제가 죽고 한경제가 즉위
했다. 이때 왕부인王夫人이 아들을 낳았다. 전에 장아는 또 그녀의 막
내딸 아후兒姁를 궁으로 들여보냈다. 아후는 네 명의 아들을 낳았다.
한경제가 태자가 되었을 때 박태후는 박씨 가문의 여자 한 명을 택

한 뒤 그에게 보내 태자비가 되게 했다. 한경제가 즉위하자 박비는 황후가 되었으나 자식을 낳지 못했다. 총애를 받지 못한 이유다. 박태후가 죽자 한경제는 박황후를 폐했다.

한경제의 장남은 유영劉榮이다. 그의 모친은 율희栗姬다. 율희는 제나라 출신이다. 유영이 태자가 되었다. 장공주 유표에게 딸이 하나 있었다. 태자에게 보내 태자비로 만들고자 했다. 율희는 질투가 심했다. 한경제의 여러 미인은 모두 장공주를 통해 한경제를 만났다. 귀함과 총애를 받는 정도가 모두 율희를 뛰어넘었다. 율희의 원한이 날로 깊어졌다. 장공주에게 사절을 표명한 뒤 혼사에 응하지 않았다. 장공주가 딸을 왕부인의 아들에게 보내 태자비를 만들고자 했다. 당시 왕부인은 이에 응했다. 장공주 유표가 늘 화난 표정으로 한경제의 면전에서 율희를 비방했다.

"율희는 여러 귀부인이나 총희와 모임을 할 때 시자에게 명해 이들의 뒤에서 저주하며 욕하게 합니다. 이는 옳지 않은 행동입니다."

한경제는 이런 이유 등으로 인해 율희를 미워했다. 한경제는 늘 몸이 편안하지 않았기에 마음이 즐겁지 못했다. 왕으로 봉해진 아들들에 관해 율희에게 부탁했다.

"내가 죽은 뒤 이들을 잘 돌보아주기 바라오."

율희는 화가 나 대답을 하지 않고, 불손한 모습을 드러냈다. 경제가 화가 나 속으로 그녀를 크게 증오했으나 겉으로 드러내지는 않았다. 장공주 유표는 날마다 왕부인의 아들이 미덕을 지니고 있다고 칭찬했다. 한경제 또한 그가 매우 현능하고, 전에 왕부인이 태양이 가슴으로 들어오는 상서로운 태몽을 꾼 것까지 알고 있었다. 그러나 태자를 바꾼다는 생각은 아직 하지 않았다. 왕부인은 한경제가 율희를 미워하는 것을 알고는 곧 한경제의 노기가 아직 가시지 않은 것을 이용했다. 몰래 사람을 보내 대행大行이 율희를 황후로 세우라는 청을 하도록 재촉한 것이 그것이다. 어느 날 대행이 주청하는 일이 끝났을 때 말했다.

"아들은 모친을 귀히 여기고 모친은 자식을 귀히 여깁니다. 현재 태자의 모친은 봉호가 없으니 응당 황후로 세우셔야 합니다."

한경제가 화를 냈다.

"이것이 네가 응당 해야 할 말인가?"

그러고는 이내 대행을 문책해 주살하고, 태자를 폐해 임강왕臨江王에 봉했다. 율희의 원한이 더욱 깊어졌다. 율희는 한경제를 만날 수 없었던 탓에 이내 우울해하다가 죽었다. 마침내 왕부인이 황후가 되었고, 그녀의 아들이 태자가 되었다. 황후의 오빠 신信은 개후蓋侯에 봉해졌다. 한경제가 죽자 태자가 이를 계승해 황제가 되었다. 황태후의 모친 장아는 평원군, 전분은 무안후武安侯, 전승은 주양후周陽侯가 되었다.

한경제는 모두 열세 명의 아들을 두었다. 한 명은 황제, 나머지 열두 명은 왕이 되었다. 아후는 일찍 세상을 떠났지만 그녀의 네 아들 모두 왕에 봉해졌다. 왕태후의 첫째는 평양공주平陽公主, 둘째는 남궁공주南宮公主, 셋째는 임려공주林慮公主가 되었다. 개후 신은 술을 좋아했다. 전분과 전승은 매우 탐욕스러웠고 변설을 잘했다. 왕중은 일찍 죽어 괴리에 묻혔다. 그에게 공후共侯라는 존호가 추서되었다. 200호를 선발해 그의 능원을 지키는 읍으로 삼았다. 평원군 장아가 죽자 전씨와 함께 장릉에 합장되었다. 능원을 세우는 것은 공후의 법도와 같게 했다. 왕태후는 한경제보다 16년 늦은 원삭元朔 4년에 죽었다.

한경제와 양릉에 합장되었다. 왕태후의 집안에서는 모두 세 명이 제
후에 봉해졌다.

●● 王太后, 槐里人, 母曰臧兒. 臧兒者, 故燕王臧荼孫也. 臧兒嫁爲
槐里王仲妻, 生男曰信, 與兩女. 而仲死, 臧兒更嫁長陵田氏, 生男蚡·
勝. 臧兒長女嫁爲金王孫婦, 生一女矣, 而臧兒卜筮之, 曰兩女皆當貴.
因欲奇兩女, 乃奪金氏. 金氏怒, 不肯予決, 乃內之太子宮. 太子幸愛
之, 生三女一男. 男方在身時, 王美人夢日入其懷. 以告太子, 太子曰,
"此貴徵也." 未生而孝文帝崩, 孝景帝卽位, 王夫人生男. 先是臧兒又
入其少女兒姁, 兒姁生四男. 景帝爲太子時, 薄太后以薄氏女爲妃. 及
景帝立, 立妃曰薄皇后. 皇后母子, 母寵. 薄太后崩, 廢薄皇后. 景帝長
男榮, 其母栗姬. 栗姬, 齊人也. 立榮爲太子. 長公主嫖有女, 欲予爲妃.
栗姬妒, 而景帝諸美人皆因長公主見景帝, 得貴幸, 皆過栗姬, 栗姬日
怨怒, 謝長公主, 不許. 長公主欲予王夫人, 王夫人許之. 長公主怒, 而
日讒栗姬短於景帝曰, "栗姬與諸貴夫人幸姬會, 常使侍者祝唾其背,
挾邪媚道." 景帝以故望之. 景帝嘗體不安, 心不樂, 屬諸子爲王者於栗
姬, 曰, "百歲後, 善視之." 栗姬怒, 不肯應, 言不遜. 景帝恚, 心嗛之而
未發也. 長公主日譽王夫人男之美, 景帝亦賢之, 又有曩者所夢日符,
計未有所定. 王夫人知帝望栗姬, 因怒未解, 陰使人趣大臣立栗姬爲皇
后. 大行奏事畢, 曰, "'子以母貴, 母以子貴', 今太子母無號, 宜立爲皇
后." 景帝怒曰, "是而所宜言邪!" 遂案誅大行, 而廢太子爲臨江王. 栗
姬愈恚恨, 不得見, 以憂死. 卒立王夫人爲皇后, 其男爲太子, 封皇后兄
信爲蓋侯. 景帝崩, 太子襲號爲皇帝. 尊皇太后母臧兒爲平原君. 封田
蚡爲武安侯, 勝爲周陽侯. 景帝十三男, 一男爲帝, 十二男皆爲王. 而兒
姁早卒, 其四子皆爲王. 王太后長女號曰平陽公主, 次爲南宮公主, 次

爲林慮公主. 蓋侯信好酒. 田蚡·勝貪, 巧於文辭. 王仲蚤死, 葬槐里, 追尊爲共侯, 置園邑二百家. 及平原君卒, 從田氏葬長陵, 置園比共侯園. 而王太后後孝景帝十六歲, 以元朔四年崩, 合葬陽陵. 王太后家凡三人爲侯.

위후세가

위황후衛皇后의 자는 자부子夫다. 그의 출신은 미천했다. 성씨는 위씨衛氏로, 평양후平陽侯의 영지 출신이다. 위자부는 원래 평양공주의 가희歌姬였다. 한무제는 즉위한 뒤 여러 해 동안 자식이 없었다. 평양공주는 양갓집 여인 10여 명을 물색해 화장을 시켜 집안에 배치해두었다. 한무제가 파상霸上에서 불계祓禊를 끝내고 돌아올 때 길에서 평양공주를 만났다. 공주가 시중을 드는 미인들을 바쳤으나 한무제는 좋아하지 않았다. 술을 마신 후 가희가 들어와 노래를 했다. 한무제가 이를 바라보며 위자부 한 사람만 좋아했다. 이날 한무제가 자리에서 일어나 옷을 갈아입으러 가자 위자부가 뒤따라가 시중을 들었다. 경의실更衣室에서 총애를 입었다. 한무제가 원래의 자리로 돌아왔을 때 기분이 고양되어 평양공주에게 금 1,000근을 내렸다. 평양공주가 이 기회를 이용해 위자부를 입궁시킬 것을 청했다. 위자부가 가마에 오를 때 평양공주가 그녀의 등허리를 어루만지며 말했다.

"가거라. 몸조심하고 위로 올라가도록 노력하라! 만일 존귀하게 된다면 나를 잊지 마라."

위자부가 입궁한 지 1년여가 되었지만 더는 한무제와 동침하지 못했다. 한무제는 총애받지 못한 궁인을 골라서 궁에서 내보내 집으로 돌려보냈다. 위자부는 한무제를 볼 기회가 오자 눈물을 흘리며 출궁을 허락해줄 것을 간청했다. 한무제는 그녀를 매우 가련히 여겨 다시 동침했다. 마침내 위자부가 잉태했다. 이후 존귀와 총애가 날로 더해갔다. 한무제는 그녀의 오빠 위장군衛長君, 동생 위청衛靑을 불러들여 시중侍中으로 삼았다. 위자부는 늘 한무제와 동침하는 커다란 총애를 입었다. 모두 세 명의 딸과 한 명의 아들을 낳았다. 아들의 이름은 유거劉據다.

당초 한무제가 태자가 되었을 때 장공주의 딸을 취해 태자비로 삼았다. 황제로 즉위한 후 태자비는 황후가 되었으나 성이 진씨인 그녀는 자식을 낳지 못했다. 한무제는 황위 계승자가 될 수 있었으므로 대장공주大長公主는 적지 않은 힘을 차지하게 되었다. 진황후陳皇后는 교만하고 거만했다. 그녀는 위자부가 커다란 총애를 받는다는 것을 듣고 내심 크게 분노했다. 화가 나 거의 죽을 뻔한 적이 여러 차례 있었다. 이 사실을 안 한무제가 더욱 화를 냈다. 진황후는 몰래 여인을 시켜 저주하게 했다. 이 일이 발각된 후 진황후는 폐출되었고, 위자부가 황후가 되었다. 진황후의 모친인 대장공주는 한경제의 누이였다. 한무제의 누이인 평양공주를 누차 책망했다.

"황제는 내가 아니었다면 그 자리에 설 수가 없었다. 즉위한 지 얼마 지나지 않아 내 딸을 버렸으니 자애를 알지 못하고 본분을 망각하는 것이다."

평양공주가 반박했다.

"자식이 없는 이유 때문에 폐출된 것입니다!"

진황후는 아들을 낳으려고 모두 9,000만 전에 달하는 약값을 썼지만 끝내 자식을 낳지 못했다. 위자부가 황후가 되기 전에 위장군이 죽은 까닭에 위청이 장군이 되었다. 그는 호족을 물리친 공적이 있어 장평후長平侯에 봉해졌다. 위청의 아들 가운데 세 명은 아직 강보에 싸여 있었지만 모두 열후列侯에 봉해졌다. 위황후의 언니는 위소아衛少兒를 말한다. 위소아는 아들 곽거병을 낳았다. 곽거병은 군공을 세워 관군후冠軍侯에 봉해지고, 표기장군驃騎將軍에 임명되었다. 위청은 대장군에 임명되었다. 위황후의 아들 유거는 태자로 세워졌다. 위씨 일족은 군공 덕분에 집안이 흥기해 다섯 명이나 제후에 봉해진 셈이다.

위황후의 미색이 쇠해지자 조나라 왕부인이 총애를 입었다. 왕부인에게는 아들이 하나 있었다. 그는 제왕齊王에 봉해졌다. 왕부인은 일찍 세상을 떠났다. 이후 중산국 이부인李夫人이 총애를 입었다. 그녀에게도 아들이 하나 있었다. 그는 창읍왕昌邑王에 봉해졌다. 이부인도 일찍 죽었다. 그녀의 오빠 이연년李延年은 음률에 정통해 총애를 입었다. 협률協律이 된 이유다. 협률은 과거에 예인藝人이다. 이들 형제는 모두 음란죄를 범해 궁형에 처해지는 등 멸족을 당했다. 당시 마침 그의 만형 이광리李廣利는 이사장군貳師將軍으로 병사들을 이끌고 대원大宛을 토벌하러 갔으므로 죽음을 면했다. 그가 돌아왔을 때 한무제는 이미 이씨를 멸족시킨 후였다. 그의 일가를 가련히 여겨 그를 해서후海西侯에 봉했다. 다른 희비姬妃가 낳은 두 명의 아들은 연왕燕王과 광릉왕廣陵王에 봉해졌다. 이들의 모친은 총애를 받지 못했기에 우울해하다가 죽었다.

이부인이 죽은 후 윤첩여尹婕妤의 무리가 계속 총애를 입었다. 그녀들 모두 가무 등의 재주를 팔아 생계를 유지하는 창우倡優로 있다가 입신한 자들이다. 봉지를 소유한 왕후 집안 출신의 규수가 아니었던 까닭에 황상의 배필이 될 자격이 없었다.

●● 衛皇后字子夫, 生微矣. 蓋其家號曰衛氏, 出平陽侯邑. 子夫爲平陽主謳者. 武帝初卽位, 數歲無子. 平陽主求諸良家子女十餘人, 飾置家. 武帝祓霸上還, 因過平陽主. 主見所侍美人, 上弗說. 既飮, 謳者進, 上望見, 獨說衛子夫. 是日, 武帝起更衣, 子夫侍尙衣軒中, 得幸. 上還坐, 驩甚, 賜平陽主金千斤. 主因奏子夫奉送入宮. 子夫上車, 平陽主拊其背曰, "行矣, 彊飯, 勉之! 卽貴, 無相忘." 入宮歲餘, 竟不復幸. 武帝擇宮人不中用者, 斥出歸之. 衛子夫得見, 涕泣請出. 上憐之, 復幸, 遂有身, 尊寵日隆. 召其兄衛長君·弟靑爲侍中. 而子夫後大幸, 有寵, 凡生三女一男. 男名據. 初, 上爲太子時, 娶長公主女爲妃. 立爲帝, 妃立爲皇后, 姓陳氏, 無子. 上之得爲嗣, 大長公主有力焉, 以故陳皇后驕貴. 聞衛子夫大幸, 恚, 幾死者數矣. 上愈怒. 陳皇后挾婦人媚道, 其事頗覺, 於是廢陳皇后, 而立衛子夫爲皇后. 陳皇后母大長公主, 景帝姊也, 數讓武帝姊平陽公主曰, "帝非我不得立, 已而棄捐吾女, 壹何不自喜而倍本乎!" 平陽公主曰, "用無子故廢耳." 陳皇后求子, 與醫錢凡九千萬, 然竟無子. 衛子夫已立爲皇后, 先是衛長君死, 乃以衛靑爲將軍, 擊胡有功, 封爲長平侯. 靑三子在襁褓中, 皆封爲列侯. 及衛皇后所謂姊衛少兒, 少兒生子霍去病, 以軍功封冠軍侯, 號驃騎將軍. 靑號大將軍. 立衛皇后子據爲太子. 衛氏枝屬以軍功起家, 五人爲侯. 及衛后色衰, 趙之王夫人幸, 有子, 爲齊王. 王夫人蚤卒, 而中山李夫人有寵, 有男一人, 爲昌邑王. 李夫人蚤卒, 其兄李延年以音幸, 號協律. 協律者, 故倡也. 兄弟皆坐姦, 族. 是時其長兄廣利爲貳師將軍, 伐大宛, 不及誅, 還, 而上旣夷李氏, 後憐其家, 乃封爲海西侯. 他姬子二人爲燕王·廣陵王. 其母無寵, 以憂死. 及李夫人卒, 則有尹婕妤之屬, 更有寵. 然皆以倡見, 非王侯有土之士女, 不可以配人主也.

저선생은 말한다.

"내가 낭관郞官으로 있을 때 일찍이 한나라의 고사故事를 모두 알고 있는 종리생鍾離生에게 물은 적이 있다. 그의 말은 이렇다. 왕태후는 입궁하기 전 민간에서 딸을 하나 낳았다. 그 아이의 부친은 김왕손이다. 김왕손은 이미 죽었고, 한경제 사후 한무제가 보위를 이었다. 왕태후는 아직 살아 있었다. 한왕손韓王孫의 이름은 언嫣으로, 평소 황제의 신임을 받았다. 그는 기회를 보아 태후에게 장릉에 딸이 하나 있다고 알려주었다. 한무제가 말하기를, '어째서 일찍 말하지 않았는가!'라고 했다. 곧 사람을 보내 먼저 살펴보니 과연 그 집에 살고 있었다. 한무제가 친히 그녀를 맞이하러 갔다.

거리의 통행을 금하는 명을 내렸다. 앞에는 기병이 기치를 앞세우고 횡성문橫城門을 나갔고 무제의 어거御車가 뒤이어 장릉으로 달려갔다. 골목길에서 마을로 들어섰다. 마을의 문이 닫혀 있었으므로 세차게 문을 열었다. 황제의 어거가 곧바로 마을로 들어선 뒤 김씨의 집 문 밖에서 멈추어 섰다. 한무제는 기병들에게 김씨의 집 주위를 포위하게 했다. 이는 그녀가 도망가는 것을 방지하기 위해서였다. 한무제가 친히 갔다. 만날 수 없을까 걱정이 되었기 때문이다. 좌우의 신하들에게 집으로 들어가 그녀를 찾으라고 했다. 집안의 사람들 모두 크게 두려워했다. 여인은 달아나 내실의 침대 아래에 숨었다. 신하들이 그녀를 부축해 문을 나온 뒤 황상을 배견하게 했다. 한무제가 수레에서 내려 흐느끼며 말하기를, '아, 큰누님! 어찌해서 이같이 깊은 땅에 숨어 있었습니까?'라고 했다. 부거에 그녀를 태우고 수레 머리를 돌려 궁성으로 돌아갔다. 곧바로 장락궁長樂宮으로 들어갈 것을 명했다. 궁문 간수에게 궁문 통행 증서를 다 써놓으라고 명했기에 곧바로 궁궐에 이르러 태후를 배견할 수 있었다.

태후가 묻기를, '황제에게 누를 끼치는 것이 되었소. 어디에서 오는 것이오?'라고 했다. 한무제가 대답하기를, '지금 장릉으로 가 누이를 만난 후 함께 돌아왔습니다'라고 했다. 한무제가 고개를 돌려 그의 누이에게 말하기를, '태후를 조현하십시오!'라고 했다. 태후가 묻기를, '실로 나의 그 딸이냐?'라고 하니 '그렇습니다'라고 대답했다. 태후가 흐느껴 울었다. 딸 또한 땅바닥에 엎드려 흐느꼈다.

한무제가 술을 받들고 앞으로 나와 태후를 위해 축수祝壽했다. 돈 1,000만, 노비 300여 명, 논밭 100경을 내놓았다. 또 상등의 저택을 누이에게 내렸다. 태후가 감사해하며 이르기를, '황제에게 돈을 너무 많이 쓰게 하고 있소'라고 했다. 평양공주·남궁공주·임려공주 세 명을 모두 불러 언니를 배견하게 했다. 그녀를 수성군修成君에 봉했다. 수성군에게는 아들 하나, 딸 하나가 있었다. 아들은 수성자중修成子仲으로 불리었다. 딸은 회남왕淮南王 유안劉安의 태자비가 되었다. 이들 두 사람이 유씨 성이 아니므로 태후는 이들을 불쌍히 여겼다. 수성자중은 교활하고 방자해 관리와 백성을 괴롭혔다. 사람들은 모두 그를 싫어하고 두려워했다.

위자부가 황후가 될 때 그녀의 동생 위청은 자가 중경仲卿인데 대장군의 신분으로서 장평후에 봉해졌다. 그에게 네 명의 아들이 있었다. 큰아들 위항衛伉은 후세자侯世子가 되었다. 후세자는 늘 시중에 임명되었으므로 존귀하고, 큰 총애를 입었다. 그의 세 동생 모두 제후에 봉해졌다. 각각 식읍 1,300호가 주어졌다. 한 사람은 음안후陰安侯, 한 사람은 발간후發幹侯, 한 사람은 의춘후宜春侯가 되었다. 그 존귀함이 천하를 진동시켰다. 항간에는 '아들을 낳았다고 기뻐하지 말고, 딸을 낳았다고 슬퍼하지 마라. 위자부가 천하를 제패하는 것을 보지 못했는가?'라는 노래가 유행했다.

당시 평양공주는 과부가 된 후 홀로 지내고 있었다. 응당 열후 한 명을 택해 짝을 지어줄 만했다. 평양공주는 좌우와 장안성의 어떤 열후가 남편이 될 만한 인물인지 상의했다. 모두 대장군 위청이 좋다고 말했다. 평양공주가 웃으며 말하기를, '이 사람은 우리 집에서 나왔다. 그에게 기병이 되어 나를 호위하고 따라다니게끔 했다. 어떻게 그를 남편으로 삼을 수 있겠는가?'라고 했다. 좌우의 시어侍御가 말하기를, '현재 대장군의 누이는 황후이고, 세 아들 모두 제후가 되어 그 부귀가 천하를 진동시킵니다. 공주는 어찌해서 사람을 그토록 가벼이 보는 것입니까?'라고 했다. 공주가 비로소 혼사를 허락했다. 이 일은 황후에게 알려졌고 한무제에게 보고되었다. 위장군에게 평양공주를 맞이하라는 조서가 내려졌다."

저선생은 말한다.

"장부는 용과 같이 변한다. 《좌전左傳》에 이르기를, '뱀이 용으로 변해도 그 무늬는 변하지 않는다. 가주家主에서 국주國主가 되어도 성씨는 변하지 않는다'고 했다. 장부가 부귀해지면 온갖 결함이 모두 가려져 영예만이 빛나게 된다. 빈천할 때의 작은 일을 어떻게 연루시킬 수 있겠는가! 무제는 부인 윤첩여를 총애했다. 또 형부인邢夫人을 형아娙娥라고 했기에 사람들은 그녀를 형하娙何라고 불렀다. 형하의 품급은 중中 2,000석, 용화容華는 군수와 같은 2,000석, 첩여는 열후에 해당한다. 일반적으로 첩여 가운데 황후를 선발했다. 윤부인은 형부인과 동시에 총애를 입었다. 한무제는 그녀 둘이 만나서는 안 된다는 조서를 내렸다. 윤부인은 한무제에게 형부인을 만나보고 싶다고 간청했다. 한무제가 이를 허락했다. 곧 다른 부인에게 분장을 시켜 시종을 드는 수십 명에게 형부인을 모시고 앞으로 나오게 했다. 윤부인이 앞으로 다가가 그녀를 보고는 말하기를, '이 사람은 형부인이 아닙니다'라고 했다. 한무제가 묻기를, '무슨 근거로 그같이 말하는 것이오?'라고 했다. 윤부인이 대답하기를, '그녀의 용모와 자태를 보건대 군주의 배필이 되기에 부족합니다'라고 했다. 한무제가 형부인에게 원래 입었던 옷을 입고 홀로 앞으로 걸어 나오도록 했다. 윤부인이 멀리서 그녀를 바라보면서 이르기를, '이제야 정말이로구나'라고 했다. 그러고는 고개를 숙이고 흐느꼈다. 자신이 남보다 못한 것을 비통해한 것이다. 속담에 이르기를, '미녀가 방 안에 들어가면 추녀의 원수가 된다'고 했다."

저선생은 또 말한다.

"목욕은 반드시 강이나 바다로 가서 해야 되는 것은 아니나 때는 씻을 수 있어야 한다. 말은 반드시 준마일 필요는 없으나 달리는 것만은 잘해야 한다. 사인士人은 반드시 세상 사람보다 현명할 필요는 없으나 도리는 알아야 한다. 여인은 반드시 귀한 집안 출신이어야 할 필요는 없으나 절개만은 곧아야 한다. 《좌전》에서 말하기를, '여인은 아름답고 추함에 관계없이 일단 궁실에 들어가기만 하면 질투를 받고, 사인은 어젊과 못남에 관계없이 일단 조정에 들어가기만 하면 시기를 받는다'고 했다. 아름다운 여인이 추녀의 원수인 것이 어찌 이런 것이 아니겠는가!"

●● 褚先生曰, 臣爲郞時, 問習漢家故事者鍾離生. 曰, 王太后在民閒時所生子一女者, 父爲金王孫. 王孫已死, 景帝崩後, 武帝已立, 王太后獨在. 而韓王孫名嫣素得幸武帝, 承閒白言太后有女在長陵也. 武帝曰, "何不蚤言!" 乃使使往先視之, 在其家. 武帝乃自往迎取之. 蹕道, 先驅旄騎出橫城門, 乘輿馳至長陵. 當小市西入里, 里門閉, 暴開門, 乘輿直入此里, 通至金氏門外止, 使武騎圍其宅, 爲其亡走, 身自往取不得也. 卽使左右群臣入呼求之. 家人驚恐, 女亡匿內中牀下. 扶持出門, 令拜謁. 武帝下車泣曰, "嚄! 大姊, 何藏之深也!" 詔副車載之, 迴車馳還, 而直入長樂宮. 行詔門著引籍, 通到謁太后. 太后曰, "帝倦矣, 何從來?" 帝曰, "今者至長陵得臣姊, 與俱來." 顧曰, "謁太后!" 太后曰, "女某邪?" 曰, "是也." 太后爲下泣, 女亦伏地泣. 武帝奉酒前爲壽, 奉錢千萬, 奴婢三百人, 公田百頃, 甲第, 以賜姊. 太后謝曰, "爲帝費焉." 於是召平陽主·南宮主·林慮主三人俱來謁見姊, 因號曰脩成君. 有子男一人, 女一人. 男號爲脩成子仲, 女爲諸侯王王后. 此二子非劉氏, 以故太后憐之. 脩成子仲驕恣, 陵折吏民, 皆患苦之. 衛子夫立爲皇后, 后弟衛靑字仲卿, 以大將軍封爲長平侯. 四子, 長子伉爲侯世子, 侯世子常侍中, 貴幸. 其三弟皆封爲侯, 各千三百戶, 一曰陰安侯, 二曰發幹侯, 三曰宜春侯, 貴震天下. 天下歌之曰, "生男無喜, 生女無怒, 獨不見衛子夫霸天下!" 是時平陽主寡居, 當用列侯尙主. 主與左右議長安中列侯可爲夫者, 皆言大將軍可. 主笑曰, "此出吾家, 常使令騎從我出入耳, 奈何用爲夫乎?" 左右侍御者曰, "今大將軍姊爲皇后, 三子爲侯, 貴振動天下, 主何以易之乎?" 於是主乃許之. 言之皇后, 令白之武帝, 乃詔衛將軍尙平陽公主焉.

褚先生曰, "丈夫龍變. 傳曰, '蛇化爲龍, 不變其文, 家化爲國, 不變

其姓.' 丈夫當時富貴, 百惡滅除, 光耀榮華, 貧賤之時何足累之哉! 武
帝時, 幸夫人尹婕好. 邢夫人號娙娥, 衆人謂之'娙何.' 娙何秩比中二千
石, 容華秩比二千石, 婕好秩比列侯. 常從婕好遷爲皇后. 尹夫人與邢
夫人同時並幸, 有詔不得相見. 尹夫人自請武帝, 願望見邢夫人, 帝許
之. 卽令他夫人飾, 從御者數十人, 爲邢夫人來前. 尹夫人前見之, 曰,
'此非邢夫人身也.' 帝曰, '何以言之?' 對曰, '視其身貌形狀, 不足以當
人主矣.' 於是帝乃詔使邢夫人衣故衣, 獨身來前. 尹夫人望見之, 曰,
'此眞是也.' 於是乃低頭俛而泣, 自痛其不如也. 諺曰, 美女入室, 惡女
之仇."

褚先生曰, "浴不必江海, 要之去垢, 馬不必騏驥, 要之善走, 士不必
賢世, 要之知道, 女不必貴種, 要之貞好. 傳曰, '女無美惡, 入室見妒,
士無賢不肖, 入朝見嫉.' 美女者, 惡女之仇. 豈不然哉!"

구익세가

구익부인鉤弋夫人은 성이 조씨로, 하간河間 출신이다. 그녀는 한무제
의 총애를 받아 아들 하나를 낳았다. 그가 한소제漢昭帝다. 한무제 나
이 일흔에 비로소 한소제가 태어났다. 한소제가 제위에 올랐을 때는
나이가 겨우 다섯 살이었다. 위태자衛太子는 폐출된 뒤 더는 태자로
있지 못했다. 연왕燕王 단旦이 상서를 통해 국도國都로 돌아가 입궁해
숙위宿衛를 담당하기를 원한다고 했다. 한무제가 크게 노해 곧바로
그 사자를 북궐北闕에서 참했다.

한무제는 감천궁甘泉宮에 머물렀다. 화공을 불러 주공이 주성왕을

업은 그림을 그리게 했다. 좌우의 신하들은 한무제가 어린 아들을 태자로 옹립하려는 것을 알았다. 며칠 후 한무제가 구익부인을 책망했다. 구익부인이 비녀와 장식들을 뽑은 뒤 머리를 조아리며 용서를 구했다. 한무제가 명했다.

"끌어내서 액정옥掖庭獄으로 보내라!"

구익부인이 머리를 돌려 바라보자 한무제가 명했다.

"빨리 가라, 너는 더는 살 수가 없다!"

구익부인이 운양궁雲陽宮에서 죽었다. 그때 폭풍이 일어 먼지를 일으켰다. 백성 또한 슬픔에 빠졌다. 사자가 밤에 관재棺材를 가지고 가 그녀를 묻어주고, 분묘 위에 표지를 해두었다. 후에 한무제가 한가할 때 좌우에게 물었다.

"사람들이 뭐라고 말하는가?"

좌우가 말했다.

"사람들이 말하기를, '그 아들을 세우고자 하면서 어찌해서 그 생모를 제거하려 하는가?'라고 합니다."

한무제가 말했다.

"그럴 것이다. 이는 소인배나 어리석은 이들이 이해할 수 있는 바가 아니다. 예로부터 나라에 난이 일어난 것은 황제의 어미가 혈기 왕성한 나이에 있었기 때문이다. 황후가 독단적이며 교만 방자하고 음탕하기 이를 데 없을지라도 이를 말릴 수 있는 자가 없게 된다. 너희는 여후의 이야기를 들어보지도 못했는가?"

한무제를 위해 아이를 낳은 비빈들은 남아를 낳든 여아를 낳든 그 생모의 경우 문책당해 죽음에 이르지 않은 적이 없었다. 이 어찌 현명한 군주가 아니라고 말할 수 있겠는가? 멀리 내다보는 식견은 자신의 사후에 일어날 나라의 운명을 헤아린 데 따른 것이다. 이는 천박한 식견과 비루하고 멍청한 유생들이 이해할 수 있는 바가 아니다. 그의 시호는 무武다. 이것이 어찌 헛되이 나온 것이겠는가!

●● 鉤弋夫人姓趙氏, 河閒人也. 得幸武帝, 生子一人, 昭帝是也. 武帝年七十, 乃生昭帝. 昭帝立時, 年五歲耳. 衛太子廢後, 未復立太子. 而燕王旦上書, 願歸國入宿衛. 武帝怒, 立斬其使者於北闕. 上居甘泉宮, 召畫工圖畫周公負成王也. 於是左右群臣知武帝意欲立少子也. 後數日, 帝譴責鉤弋夫人. 夫人脫簪珥叩頭. 帝曰, "引持去, 送掖庭獄!" 夫人還顧, 帝曰, "趣行, 女不得活!" 夫人死雲陽宮. 時暴風揚塵, 百姓感傷. 使者夜持棺往葬之, 封識其處. 其後帝閑居, 問左右曰, "人言云何?" 左右對曰, "人言且立其子, 何去其母乎?" 帝曰, "然. 是非兒曹愚人所知也. 往古國家所以亂也, 由主少母壯也. 女主獨居驕蹇, 淫亂自恣, 莫能禁也. 女不聞呂后邪?" 故諸爲武帝生子者, 無男女, 其母無不譴死, 豈可謂非賢聖哉! 昭然遠見, 爲後世計慮, 固非淺聞愚儒之所及也. 諡爲 '武', 豈虛哉!

권 50

초원왕세가

楚元王世家

〈초원왕세가〉는 한고조 유방 자신과 동복 및 이복동생 후손들의 이야기를 다루고 있다. 초원왕楚元王은 유방의 동복동생인 유교劉交를 지칭한다. 원래 유교는 형과 달리 선비의 풍모가 있어 글을 좋아하고 겸허한 행보를 보인 인물이다. 이는 〈초원왕세가〉가 아닌 《한서》〈초원왕전楚元王傳〉을 통해 확인할 수 있다. 〈초원왕세가〉에서는 주로 유교의 손자인 유무劉戊와 유방의 손자인 유수劉遂, 유방의 둘째 형인 유중劉仲의 아들 유비劉濞의 모반 문제에 초점을 맞추고 있다. 지나친 욕심은 오히려 화를 자초하게 된다는 사실을 극명하게 보여준다.

초원왕 유교는 한고조의 친동생으로 자는 유遊다. 한고조 유방의 형제는 모두 네 명이다. 맏형은 유백劉伯으로 요절했다. 당초 한고조가 미천한 신분일 때 일을 구실 삼아 자주 손님들과 큰형수의 집에서 밥을 먹었다. 형수는 그를 싫어해 그가 손님들과 함께 오면 짐짓 밥과 국을 다 먹은 체했고, 주걱으로 솥바닥을 긁었다.• 이로 인해 손님들이 중간에 돌아가곤 했다. 손님들이 돌아간 뒤 그는 솥에 아직 국이 남아 있는 것을 보았다. 그가 형수에게 원망을 품게 된 이유다. 이후 유방이 황제가 된 후 형제들을 제후로 삼아 봉지를 주었다. 유독 큰형의 아들에게만 그러지 않았다. 태상황太上皇이 그 일을 언급하자 한고조가 이같이 말했다.

"제가 조카를 봉하는 것을 잊은 것이 아니라, 그 어미가 후덕하지 못하기 때문입니다."

그러고는 곧 그녀 소생의 조카 유신劉信을 갱힐후羹頡侯,•• 둘째형 유중을 대왕에 봉했다. 한고조 6년, 초왕楚王 한신을 진현에서 체포한 뒤 동생 유교를 초왕으로 삼고, 팽성에 도읍하게 했다. 유교는 재위 23년 만에 죽었다. 아들 이왕夷王 유영劉郢이 뒤를 이었다. 유영이 재위 4년 만에 죽자 아들 유무가 뒤를 이었다. 초왕이 된 후 20년이 흐른 겨울날, 유무가 박태후의 복상 때 사적으로 통간한 죄를 범했다. 동해군東海郡을 빼앗긴 이유다.

이듬해 봄, 초왕 유무가 오왕 유비와 합세해 반기를 들었다. 그는

• 《사기색은》에 따르면 역부櫟釜는 주걱으로 솥바닥을 박박 긁는다는 뜻으로, 《한서》 〈초원왕유교전楚元王劉交傳〉에는 요부轑釜로 나온다.
•• 갱힐羹頡은 국이 말라버렸다는 뜻이다. 유방이 자신을 구박했던 형수를 원망한 나머지 조카에게 이런 명칭의 관내후關內侯에 봉한 것이다.

재상인 장상張尙과 태부인 조이오趙夷吾가 간했으나 듣지 않은 것은 물론 곧바로 그들을 죽였다. 오왕과 함께 병사를 일으켜 서쪽으로 양을 치고 극벽棘壁을 격파했다. 창읍昌邑의 남쪽에 이르러 한나라 장수 주아부周亞夫와 접전했다. 주아부가 오나라와 초나라의 군량보급로를 차단하자 오나라와 초나라 군사가 기아에 시달렸다. 마침내 오왕이 달아나고, 초왕이 자진했다. 나머지 군사들 모두 투항했다. 오초칠국의 난이 평정된 뒤 경제는 덕후德侯 유광劉廣의 아들에게 오왕, 원왕 유교의 아들 유찰劉劄에게 초왕의 자리를 잇게 했다. 당시 두태후가 이같이 질타했다.

"오왕은 나이를 먹은 만큼 응당 종실을 위해 충성했어야 했다. 그런데도 오히려 칠국七國의 두목이 되어 천하를 어지럽혔다. 무엇 때문에 그의 후사를 잇게 하는가!"

오왕의 후사를 허락지 않고, 초왕의 후사만 허락한 이유다. 당시 유찰은 한나라 조정의 종정宗正으로 있었다. 곧 초왕으로 봉해졌고 원왕의 종묘에 제사를 지냈다. 그가 초문왕이다. 초문왕이 재위 3년 만에 죽자 아들 안왕安王 유도劉道가 뒤를 이었다. 안왕 유도가 재위 22년 만에 죽자 아들 양왕襄王 유주劉注가 뒤를 이었다. 양왕 유주가 재위 14년 만에 죽자 아들 유순劉純이 뒤를 이었다. 유순이 즉위한 뒤인 지절地節 2년, 어떤 환관이 초왕 유순이 모반을 꾀한다고 고발했다. 초왕 유순이 자진하고, 초나라도 없어졌다. 봉국은 조정으로 반환되어 팽성군彭城郡으로 개편되었다.

조왕趙王 유수의 부친 유우劉友는 한고조의 가운데 아들이다. 시호는 유幽다. 근심으로 죽은 까닭에 시호를 유라 한 것이다. 여후는 생전에 여록을 조왕으로 봉했고, 1년 뒤 죽었다. 조정대신들이 여록 등 여씨 일족을 주살한 뒤 조유왕趙幽王 유우의 아들 유수를 조왕으로 삼았다. 한문제는 즉위 이듬해에 조왕 유수의 동생인 유벽강劉辟疆을 왕으로 봉했다. 조나라의 하간군河間郡을 떼어낸 뒤 하간왕으로 삼은 결과다. 그가 하간문왕河間文王이다. 하간문왕 유벽강이 재위 13년 만에 죽자 아들 하간애왕河間哀王 유복劉福이 뒤를 이었다. 그는 1년 만에 죽었다. 자식이 없어 후대가 끊겼다. 봉국이 없어져 조정으로 반환된 이유다.

유수가 조왕으로 재위한 지 26년이 지난 경제 때, 조조晁錯에 의해 조왕의 봉지에 있는 상산군常山郡이 삭감되었다. 오초칠국의 난 당시 조왕 유수가 이들과 합세해 거병하는 문제를 상의했다. 재상인 건덕建德과 내사인 왕한王悍이 간했으나 듣지 않고 오히려 이들을 태워 죽였다. 이어 군사를 일으켜 조나라의 서쪽 경계에 주둔시켰다. 오나라 군사를 기다렸다가 함께 서쪽으로 진공할 요량이었다. 이때 그는 북쪽 흉노에 사자를 보냈다. 이들과 함께 조정을 칠 생각도 한 것이다. 한나라 조정은 곡주曲周의 제후인 역기酈寄에게 유수를 치게 했다. 유수가 퇴각해 한단을 지켰다. 서로 일곱 달 동안 대치했다. 오·초의 군사가 양 땅에서 패한 까닭에 유수는 서쪽으로 진격하지 못했다. 흉노는 이 소식을 듣고 진격을 멈추었다. 한나라 경계로 들어오지 못한 이유다. 난포欒布가 제나라 반군을 격파하고 돌아오다가, 한나라 군사와 합세했다. 물을 끌어들여 조나라 도성으로 흘러들어가게 했다. 조나라 도성이 무너지자 조왕 유수가 자진했다. 한단의 투항으로 조유왕의 후손이 끊기게 되었다.

●● 楚元王劉交者, 高祖之同母少弟也, 字游. 高祖兄弟四人, 長兄伯, 伯蚤卒. 始高祖微時, 嘗辟事, 時時與賓客過巨嫂食. 嫂厭叔, 叔與客來, 嫂詳爲羹盡, 櫟釜, 賓客以故去. 已而視釜中尚有羹, 高祖由此怨其嫂. 及高祖爲帝, 封昆弟, 而伯子獨不得封. 太上皇以爲言, 高祖曰, "某非忘封之也, 爲其母不長者耳." 於是乃封其子信爲羹頡侯. 而王次兄仲於代. 高祖六年, 已禽楚王韓信於陳, 乃以弟交爲楚王, 都彭城. 卽位二十三年卒, 子夷王郢立. 夷王四年卒, 子王戊立. 王戊立二十年, 冬, 坐爲薄太后服私姦, 削東海郡. 春, 戊與吳王合謀反, 其相張尙·太傅趙夷吾諫, 不聽. 戊則殺尙·夷吾, 起兵與吳西攻梁, 破棘壁. 至昌邑南, 與漢將周亞夫戰. 漢絶吳楚糧道, 士卒飢, 吳王走, 楚王戊自殺, 軍遂降漢. 漢已平吳楚, 孝景帝欲以德侯子續吳, 以元王子禮續楚. 竇太后曰, "吳王, 老人也, 宜爲宗室順善. 今乃首率七國, 紛亂天下, 奈何續其後!" 不許吳, 許立楚後. 是時禮爲漢宗正. 乃拜禮爲楚王, 奉元王宗廟, 是爲楚文王. 文王立三年卒, 子安王道立. 安王二十二年卒, 子襄王注立. 襄王立十四年卒, 子王純代立. 王純立, 地節二年, 中人上書告楚王謀反, 王自殺, 國除, 入漢爲彭城郡. 趙王劉遂者, 其父高祖中子, 名友, 諡曰'幽'. 幽王以憂死, 故爲"幽." 高王呂祿於趙, 一歲而高崩. 大臣誅諸呂呂祿等, 乃立幽王子遂爲趙王. 孝文帝卽位二年, 立遂弟辟彊, 取趙之河閒郡爲河閒王, 以是爲文王. 立十三年卒, 子哀王福立. 一年卒, 無子, 絶後, 國除, 入于漢. 遂旣王趙二十六年, 孝景帝時坐鼂錯以適削趙王常山之郡. 吳楚反, 趙王遂與合謀起兵. 其相建德·內史王悍諫, 不聽. 遂燒殺建德·王悍, 發兵屯其西界, 欲待吳與俱西. 北使匈奴, 與連和攻漢. 漢使曲周侯酈寄擊之. 趙王遂還, 城守邯鄲, 相距七月. 吳楚敗於梁, 不能西. 匈奴聞之, 亦止, 不肯入漢邊. 欒布自破齊還, 乃幷兵引水灌趙城. 趙城壞, 趙王自殺, 邯鄲遂降. 趙幽王絶後.

태사공은 평한다.

"나라가 흥하려면 반드시 상서로운 징조가 나타나고, 군자는 쓰이고 소인은 배척당한다. 나라가 망하려면 현인은 숨고 어지럽히는 자들이 귀하게 된다. 초왕 유무가 신공을 벌하지 않고 그의 말을 따르고, 조나라가 방여防與 선생을 등용했으면 어찌 찬탈의 음모가 있고 천하의 죄인이 될 리 있었겠는가? 현인이여, 현인이여! 자질을 지녔는지 여부가 중요한 것이 아니라, 어떻게 능히 그를 쓰는지 여부가 중요하지 않은가? 심하다, '나라의 안위는 제때 명을 내리는 데에 있고, 나라의 존망은 신하의 등용에 있다'는 말은 실로 이를 말한 것이리라!"

●● 太史公曰, "國之將興, 必有禎祥, 君子用而小人退. 國之將亡, 賢人隱, 亂臣貴. 使楚王戊毋刑申公, 遵其言, 趙任防與先生, 豈有簒殺之謀, 爲天下僇哉? 賢人乎, 賢人乎! 非質有其內, 惡能用之哉? 甚矣, '安危在出令, 存亡在所任', 誠哉是言也!"

●
권 51
●

형연세가

荊燕世家

〈형연세가〉는 유씨 일족인 형왕荊王 유가劉賈와 연왕 유택劉澤 일족
의 흥망을 다루고 있다. 유가는 나름의 공을 세워 제후에 봉해졌으
나 유택의 경우는 황실의 후광에 힘입어 제후에 봉해졌다. 사마천
이 유택에 대해 냉소적인 모습을 보인 것도 이런 맥락에서 이해할
수 있다.

〈형연세가〉는 뒤에 나오는 〈제도혜왕세가〉와 연계되어 있기에 함
께 읽었을 때 온전하게 이해할 수 있다.

형왕세가

형왕 유가는 유씨 일족이지만, 어느 유파에 속하는지 알 수 없다. 그가 일을 시작한 것은 유방 원년이다. 그는 관중으로 돌아와 삼진三秦을 평정했다. 유가는 장군으로서 변경을 평정한 후, 한고조 유방을 따라 동쪽으로 항우를 쳤다. 한고조 4년, 유방이 성고에서 패해 북쪽으로 황하를 건넜다. 장이와 한신의 군사를 얻어 수무修武에 주둔했다. 고랑을 깊게 파고 성벽을 높이 쌓았다. 유방이 유가에게 보병 2만 명과 기병 수백 명을 주어 백마진白馬津을 건넌 뒤 초나라 땅으로 들어가게 했다. 유가는 항우의 군량미와 군수품을 불태우고, 후방의 보급로를 파괴했다. 군량미 공급을 차단한 것이다. 초나라 군사가 유가를 쳤으나 유가는 성문을 굳게 걸어 잠그고 출전하지 않았다. 팽월彭越과 서로 응원하며 보호했다.

한고조 5년, 유방이 항우를 추격해 고릉固陵에 이른 뒤 유가를 보내 남으로 회수를 건너 수춘을 포위하게 했다. 유가가 신속히 수춘에 이른 뒤 몰래 사람을 보내 초나라의 대사마 주은周殷을 회유했다. 주은이 초나라를 배반하고 유가를 도와 구강九江을 쳤다. 무왕武王 경포의 군사를 맞아들여 해하垓下에서 회합하고, 함께 항우를 친 배경이다. 유방은 급히 유가를 보내 구강의 군사를 통솔해 태위太尉 노관盧綰과 합세한 뒤 서남쪽으로 임강왕 공위共尉를 치게 했다. 공위가 죽자 임강臨江 일대를 남군南郡으로 개편했다.

한고조 6년 봄, 한고조 유방은 진현에서 제후들과 회합했다. 이때 초왕 한신을 폐위시키고 그를 감금했다. 초나라 땅을 둘로 쪼갰다. 당시 한고조의 아들 유영은 너무 어렸다. 형제도 많지 않았고, 현명하지도 못했다. 한고조는 같은 성씨를 세워 천하를 안정시키고자 했다. 마침내 조서를 내렸다.

> 장군 유가는 많은 공을 세웠다. 그는 응당 유씨 자제 가운데 왕이 될 만한 자다.

신하들이 입을 모아 말했다.

"유고를 형왕으로 삼아 회동淮東 쉰두 개 성읍을 다스리고, 아우 유교를 초왕楚王으로 삼아 회서淮西 서른여섯 개 성읍을 다스리게 하십시오."

이를 좇는 동시에 아들 유비劉肥를 제왕齊王으로 삼았다. 이를 계기로 비로소 유씨 형제들이 왕으로 봉해지기 시작했다. 한고조 11년 가을, 회남왕 경포가 반기를 들어 동쪽으로 형荊 땅을 쳤다. 형왕 유가가 경포와 교전했으나 이기지 못하고 부릉富陵으로 패주했다. 결국 경포의 군사에게 잡혀 피살되었다. 한고조가 친히 출정해 경포의 군사를 격파했다. 한고조 12년, 패후沛侯 유비劉濞를 오왕으로 봉해 형 땅을 다스리게 했다.

●● 荊王劉賈者, 諸劉, 不知其何屬初起時. 漢王元年, 還定三秦, 劉賈爲將軍, 定塞地, 從東擊項籍. 漢四年, 漢王之敗成皐, 北渡河, 得張耳·韓信軍, 軍脩武, 深溝高壘, 使劉賈將二萬人, 騎數百, 渡白馬津入楚地, 燒其積聚, 以破其業, 無以給項王軍食. 已而楚兵擊劉賈, 賈輒壁不肯與戰, 而與彭越相保. 漢五年, 漢王追項籍至固陵, 使劉賈南渡淮圍壽春. 還至, 使人間招楚大司馬周殷. 周殷反楚, 佐劉賈擧九江, 迎武王黥布兵, 皆會垓下, 共擊項籍. 漢王因使劉賈將九江兵, 與太尉盧綰西南擊臨江王共尉. 共尉已死, 以臨江爲南郡. 漢六年春, 會諸侯於陳, 廢楚王信, 囚之, 分其地爲二國. 當是時也, 高祖子幼, 昆弟少, 又不賢, 欲王同姓以鎭天下, 乃詔曰, “將軍劉賈有功, 及擇子弟可以爲王者.” 群臣皆曰, “立劉賈爲荊王, 王淮東五十二城, 高祖弟交爲楚王, 王淮西三十六城.” 因立子肥爲齊王. 始王昆弟劉氏也. 高祖十一年秋, 淮南王黥布反, 東擊荊. 荊王賈與戰, 不勝, 走富陵, 爲布軍所殺. 高祖自擊破布. 十二年, 立沛侯劉濞爲吳王, 王故荊地.

연왕세가

연왕 유택은 한고조 유방의 먼 친척으로 한고조 3년에 낭중이 되었다. 한고조 11년, 장군이 되어 한고조를 수행해 진희陳豨를 격파했다. 진희의 휘하장수 왕황王黃을 생포한 공으로 영릉후營陵侯에 봉해졌다. 여후의 집권 당시 제나라 출신 전생田生이 유세를 나갔다가 여비가 떨어졌다. 계책을 바친다는 구실로 영릉후 유택에게 도움을 청했다. 유택이 크게 기뻐하며 황금 200근을 생일 축의금으로 주었다. 전생이 황금을 얻자 곧바로 제나라로 돌아왔다. 이듬해, 유택이 사람을 보내 전생에게 물었다.

“나와 함께하지 않을 것인가?”

전생은 장안으로 온 뒤 유택은 만나지 않고 큰 저택을 빌렸다. 이어 아들을 매개로 여후의 은총을 입고 있는 대알자大謁者 장자경張子卿과 면담을 추진했다. 몇 달 후 전생의 아들이 장자경을 초대했다. 전생이 친히 모신다고 하자 장자경이 이에 응했다. 전생이 실내를 화려하게 장식하고 호사스러운 집기를 갖추었다. 그 규모가 마치 제후와 같았다. 장자경은 깜짝 놀랐다. 주흥이 무르익을 무렵, 전생이 좌우의 사람을 물리치고 장자경에게 은밀히 말했다.

"신이 보기에 제후왕의 사처私處 100여 군데가 모두 한고조의 공신들 것입니다. 지금 여씨들은 줄곧 한고조를 보좌해 한고조가 천하를 차지하게 했습니다. 이들 가운데 공이 지대하고 또 태후의 존경을 받는 친척도 있습니다. 태후는 춘추가 이미 많고, 여씨의 역량은 너무나 약합니다. 태후는 여산을 왕으로 봉해 대 땅을 다스리게 할 생각입니다. 그러나 태후의 입장에서 직접 말을 꺼내기가 어렵습니다. 그 경우 대신들도 듣지 않을 것입니다. 지금 경은 가장 은총을 입고 있고, 대신들 또한 경을 존경하고 있습니다. 어찌해서 대신들에게 은근히 권해 여씨를 왕으로 봉하게 하고 그 일이 태후에게 알려지도록 하지 않는 것입니까? 태후가 틀림없이 기뻐하실 것입니다. 여씨들이 왕이 되면 만호후萬戶侯 또한 반드시 경의 것입니다. 태후는 반드시 그리할 것입니다. 경은 신하의 몸입니다. 서두르지 않으면 이내 화가 몸에 미칠 것입니다."

장자경은 그 말이 옳다고 여겼다. 곧 여씨가 왕에 봉해지는 것을 동의하도록 대신들에게 권했다. 아울러 이를 태후에게 보고했다. 태후가 조회 때 대신들에게 물었다. 대신들이 여산을 왕으로 봉할 것을 주청했다. 태후가 장자경에게 황금 1,000근을 내렸다. 장자경이 그 반을 전생에게 주었다. 전생이 이를 받지 않고, 기회를 틈타 말했다.

"여산이 왕이 되었으나 대신들은 심복하지 않을 것입니다. 지금 영릉후 유택은 유씨의 일족으로 대장군을 맡고 있으나 자신만 왕이 되지 못해 실망하고 있습니다. 지금 경이 태후에게 권해 10여 개의 현을 쪼개 그를 왕으로 봉하면 그는 크게 기뻐할 것이고, 여씨 왕들의 지위도 공고해질 것입니다."

장자경이 입궐해 태후에게 청하자 태후도 옳다고 여겨 곧 영릉후 유택을 낭야왕琅邪王에 봉했다. 낭야왕이 이내 전생과 함께 봉지로 갔다. 전생은 유택에게 머뭇거리지 말고 급히 갈 것을 권했다. 함곡관을 나설 때 태후가 과연 사람을 급파해 이들을 저지하고자 했다. 그러나 유택은 이미 함곡관을 빠져나와 봉지로 들어갔다. 태후가 죽자 낭야왕 유택이 말했다.

"황제가 어려, 여씨들이 권력을 잡고 유씨의 힘은 약해졌다."

유택은 군사를 이끌고 제왕齊王과 합세해 서쪽으로 진격해 여씨들을 주살할 요량이었다. 양 땅에 이르렀을 때 한나라 조정이 관영灌嬰을 보내 형양에 주둔시키고 있다는 이야기를 들었다. 곧 군사를 돌려 본국의 서쪽 경계를 수비하도록 한 뒤 홀로 말을 달려 장안으로 급히 갔다. 대왕 유항劉恒 역시 대나라로부터 장안으로 왔다. 여러 장군과 신하가 낭야왕과 함께 대왕 유항을 옹립했다. 천자가 낭야왕 유택을 연왕燕王으로 새로 봉했다. 이어 낭야 일대를 제나라에 돌려주어 제나라 본래의 땅을 회복하게 했다. 유택은 연왕이 봉해진 지 2년 뒤 죽었다. 시호는 경왕敬王이다. 보위는 아들 유가劉嘉에게 전해졌다. 그가 강왕康王이다.

유택의 손자 유정국劉定國 때에 이르러, 그는 부친 강왕의 희첩과 통간해 아들 하나를 낳았다. 또 제수를 강탈해 첩으로 삼았다. 세 딸과 통간하기도 했다. 유정국은 천자의 신하이며 비여肥如의 현령인 영인郢人을 죽이려 했다. 영인 등이 자신의 비행을 조정에 고하고자 했기 때문이다. 유정국은 사람을 보내 체포한 뒤 다른 법을 적용해 영인을 잡아 죽임으로써 입을 막았다. 원삭 원년, 영인의 형제가 상서를 올려 유정국의 추악한 죄상을 알렸다. 유정국의 죄상이 드러났다. 천자가 조서를 내려 대신들에게 이를 논의하게 하자 모두 입을 모아 말했다.

"정국의 금수와 같은 행위는 인륜을 어지럽히고 하늘을 거역한 것입니다. 주살해야 마땅합니다."

천자가 이를 받아들였다. 유정국은 자진했고, 봉국은 폐해져 군郡이 되었다.

●● 燕王劉澤者, 諸劉遠屬也. 高帝三年, 澤爲郎中. 高帝十一年, 澤以將軍擊陳豨, 得王黃, 爲營陵侯. 高后時, 齊人田生遊乏資, 以畫幹營陵侯澤. 澤大說之, 用金二百斤爲田生壽. 田生已得金, 卽歸齊. 二年, 澤使人謂田生曰, "弗與矣." 田生如長安, 不見澤, 而假大宅, 令其子求事呂后所幸大謁者張子卿. 居數月, 田生子請張卿臨, 親脩具. 張卿許往. 田生盛帷帳共具, 譬如列侯. 張卿驚. 酒酣, 乃屏人說張卿曰, "臣觀諸侯王邸弟百餘, 皆高祖一切功臣. 今呂氏雅故本推轂高帝就天下, 功至大, 又親戚太后之重. 太后春秋長, 諸呂弱, 太后欲立呂産爲呂王, 王代. 太后又重發之, 恐大臣不聽. 今卿最幸, 大臣所敬, 何不風大臣以聞太, 太后必喜. 諸呂已王, 萬戶侯亦卿之有. 太后心欲之, 而卿爲內臣, 不急發, 恐禍及身矣." 張卿大然之, 乃風大臣語太后. 太后朝, 因問大臣. 大臣請立呂産爲呂王. 太后賜張卿千斤金, 張卿以其半與田生. 田生弗受, 因說之曰, "呂産王也, 諸大臣未大服. 今營陵侯澤, 諸劉, 爲大將軍, 獨此尙觖望. 今卿言太后, 列十餘縣王之, 彼得王, 喜去, 諸呂王益固矣." 張卿入言, 太后然之. 乃以營陵侯劉澤爲琅邪王. 琅邪王乃與田生之國. 田生勸澤急行, 毋留. 出關, 太后果使人追止之, 已出, 卽還. 及太后崩, 琅邪王澤乃曰, "帝少, 諸呂用事, 劉氏孤弱." 乃引兵與齊王 合謀西, 欲誅諸呂. 至梁, 聞漢遣灌將軍屯滎陽, 澤還兵備西界, 遂跳驅 至長安. 代王亦從代至. 諸將相與琅邪王共立代王爲天子. 天子乃徙澤 爲燕王, 乃復以琅邪予齊, 復故地. 澤王燕二年, 薨, 謚爲敬王. 傳子嘉, 爲康王. 至孫定國, 與父康王姬姦, 生子男一人. 奪弟妻爲姬. 與子女三 人姦. 定國有所欲誅殺臣肥如令郢人, 郢人等告定國, 定國使謁者以他 法劾捕格殺郢人以滅口. 至元朔元年, 郢人昆弟復上書具言定國陰事, 以此發覺. 詔下公卿, 皆議曰, "定國禽獸行, 亂人倫, 逆天, 當誅." 上許 之. 定國自殺, 國除爲郡.

태사공은 말했다.

"형왕 유가가 왕으로 봉해진 것은 한나라가 건립된 지 오래되지 않았고 천하가 안정되지 않았기 때문이다. 유가는 비록 유씨의 먼 친척이었지만 계책으로 왕이 될 수 있었고, 양자강과 회수 일대를 평정하고 안정시켰다. 유택이 왕이 된 것은 권모술수로 먼저 여씨를 격려했기 때문이다. 그는 결국 남면南面◆하는 왕이 되었고, 삼대까지 보위를 물려주었다. 전생의 계책을 활용해 여씨를 왕에 봉하도록 함으로써 자신도 신임을 받아 왕이 되었으니 이 어찌 비범한 일이 아니겠는가!"

●● 太史公曰, "荊王王也, 由漢初定, 天下未集, 故劉賈雖屬疏, 然以

● 남면은 곧 제왕으로 군림하는 것을 말한다. 남쪽을 바라보고 앉은 데서 비롯된 말이다. 통상 남면칭왕南面稱王 또는 남면칭고南面稱孤 등으로 표현된다. 칭고稱孤는 군주가 자신을 고孤로 칭하는 것을 말한다. 고는 덕이 적은 사람이라는 뜻의 과인寡人과 같은 말이다.

策爲王, 塡江淮之閒. 劉澤之王, 權激呂氏, 然劉澤卒南面稱孤者三世.
事發相重,˚豈不爲偉乎!"

● 《사기색은》은 사발事發이 전생의 계책을 활용해 먼저 여씨를 왕에 봉하도록 한 것을 뜻하
고, 상중相重은 그 공으로 왕이 된 것을 지칭한다고 풀이했다.

제도혜왕세가

齊悼惠王世家

〈제도혜왕세가〉는 유방의 서장자인 유비 일족에 관한 이야기를 다루고 있다. 원래 제나라는 개국공신인 당대 최고의 병법가 한신의 봉국이다. 유방은 항우를 제압하자 곧바로 한신을 초왕楚王으로 이봉移封한 뒤 이내 모반 혐의를 뒤집어씌워 회음후淮陰侯로 강등시켰다. 회음후로 강등된 것을 계기로 내심 불만을 품고 있던 한신은 진희의 모반에 동조하는 기미를 보였다가 이내 체포되어 멸문지화를 당하고 말았다. 모두 전격적으로 이루어진 일이다. 유방이 한신을 제왕에서 초왕으로 이봉할 때부터 이미 토사구팽 계책을 구체화한 셈이다. 여기에는 자신의 자식을 제나라와 같은 대국의 제후에 봉해 황실을 튼튼히 하고자 하는 유방의 속셈이 크게 작용했다. 한신을 토사구팽의 제물로 삼은 데 따른 반사이익을 누린 인물이 바로 유방의 서장자 유비였다. 여섯 개 군에 70여 개의 현으로 구성된 당대 최고의 제후국인 제나라의 왕에 봉해진 것이 그렇다.

그러나 자식을 대국의 제후에 봉해 황실을 튼튼히 하고자 하는 유방의 이런 계책은 그의 사후 여씨 일족의 발호로 인해 커다란 훼손을 입는다. 여후가 유방의 자식들을 가차 없이 도륙하면서 여씨 일족을 대거 왕에 봉한 것이 그렇다. 제도혜왕齊悼惠王 유비가 여후의 압박 속에 전전긍긍하다 이내 세상을 떠난 것이 대표적이다. 이후 한나라는 사실상 여씨의 나라로 변질되었으나 여후의 죽음을 계기로 진평이 주발과 손을 잡고 일거에 여씨 일족을 제거함으로 천하는 다시 유씨의 천하로 바뀌었다.

〈제도혜왕세가〉는 〈여태후본기呂太后本紀〉 등과 함께 읽어야 당시의 상황을 보다 상세히 파악할 수 있다.

도애세가

제도혜왕 유비는 한고조 유방의 장남으로 서자다. 그의 모친은 소실로 성은 조씨曹氏다. 한고조 6년, 유비를 제왕齊王으로 삼아 일흔 개의 성읍을 봉지로 주었다. 백성 가운데 제나라 말을 할 줄 아는 자는 모두 제왕의 백성으로 귀속시켰다. 제도혜왕은 한혜제의 형이다. 한혜제 2년, 제왕 유비가 입조했다. 한혜제는 제왕 유비를 위해 연회를 베풀었다. 서로 평등한 예로 집안사람을 대하듯 했다. 여태후가 노해 제왕을 죽이고자 했다. 제왕 유비는 크게 두려워했으나 몸을 빼내지 못했다. 그의 내사가 계책을 냈다. 성양군城陽郡을 바쳐 노원공주魯元公主의 탕목읍湯沐邑으로 삼는 계책이었다. 여태후가 기뻐했다. 제왕이 작별을 고하고 무사히 귀국할 수 있었던 이유다. 제도혜왕은 즉위한 지 13년 만인 한혜제 6년에 죽었다. 아들 유양劉襄이 보위를 물려받았다. 그가 제애왕齊哀王이다.

제애왕 원년, 혜제가 붕어했다. 여태후가 천자의 직무를 대행하면서 국가대사가 모두 여태후에 의해 결정되었다. 제애왕 2년, 여태후는 오빠의 아들 역후酈侯 여태呂台를 여왕呂王에 봉했다. 제나라의 제남군濟南郡을 쪼개 여왕의 봉지로 내주었다. 제애왕 3년, 제애왕의 동생 유장劉章이 입조해 궁중의 야간경호를 맡게 되었다. 여태후가 그를 주허후朱虛侯에 봉한 뒤 여록의 딸을 그에게 시집보냈다. 이로부터 4년 뒤 유장의 동생 유흥거劉興居를 동모후東牟侯에 봉한 뒤 이 두 사람에게 장안의 궁중을 지키게 했다.

제애왕 8년, 여태후가 제나라의 낭야군琅邪郡을 떼어낸 뒤 영릉후 유택을 낭야왕에 봉했다. 제애왕 9년, 조왕 유우가 입조했다가 관저에 감금되어 죽었다. 세 명의 조왕이 모두 폐해졌다. 여태후는 여씨 자제 세 명을 연왕燕王·조왕趙王·양왕梁王에 봉해 전권을 장악하게 했다.

주허후 유장은 당시 스무 살이었다. 혈기가 왕성한 그는 유씨가 관작을 얻지 못하는 것에 분개했다. 일찍이 연회석에서 여태후를 모신 적이 있다. 여태후가 그에게 술을 관장하는 주리酒吏를 맡게 했다. 그가 자청해 말했다.

"신은 장수 가문의 출신입니다. 청컨대 군법으로 주리를 담당하게 해주십시오."

"좋소."

주흥이 무르익을 무렵, 가무 판이 벌어졌다. 잠시 후 유장이 말했다.

"청컨대 태후를 위해 경전가耕田歌를 부르게 해주십시오."

여후는 그를 아이로 취급하고 웃으며 말했다.

"오히려 너의 부친이나 밭을 가는 경전을 알지, 너처럼 왕자로 태어난 자가 어찌 경전을 알겠는가?"

"신도 경전을 압니다."

"그러면 나를 위해 경전가를 한번 불러보아라."

유장이 다음과 같이 노래했다.

깊이 갈고 조밀히 심고
싹은 듬성듬성 남기지
같은 종자가 아닐진대
호미질을 해 뽑아버리지

여후가 묵묵히 듣고 아무 말도 하지 않았다. 잠시 후 여씨 일족 가운데 한 사람이 취해 술자리에서 빠져나오자 유장이 쫓아가 칼을 뽑아 베고는 제자리로 돌아와 이같이 고했다.

"술자리에서 달아나는 자를 삼가 군법을 집행해 죽였습니다."

여태후와 좌우의 사람들 모두 크게 놀랐다. 그러나 이미 군법에 따라 술을 마시기로 한 이상, 그에게 죄를 물을 수는 없었다. 자연히 연회는 끝이 나고 말았다. 이후 여씨들은 주허후 유장을 두려워하기 시작했다. 조정의 대신 모두 주허후를 따르자 유씨의 위엄이 높아졌다. 이듬해, 여후가 죽었다. 조왕 여록은 상장군, 여왕呂王 여산은 상국으로 모두 장안에 거주하고 있었다. 이들은 병력을 모아 대신들을 위협하며 반란을 꾀했다. 주허후 유장은 처가 여록의 딸이기에 이를 진즉에 알고 있었다. 몰래 사람을 형인 제왕齊王 유양에게 보냈다. 제왕에게 군사를 일으켜 서쪽으로 향하게 하고, 자신은 동모후와 함께 안에서 호응하는 계책이었다. 여씨 일족을 일거에 주살하고 기회를 틈타 제왕을 황제로 옹립할 심산이었다. 제왕 유양은 이를 전해 듣고는 이내 외숙인 사균駟鈞, 낭중령郎中令인 축오祝午, 중위인 위발魏勃과 상의한 뒤 함께 군사를 일으키기로 했다. 제왕 유양의 상국인 소평召平이 이를 듣고는 곧바로 군사를 일으켜 왕궁을 포위했다. 위발이 소평에게 짐짓 말했다.

"왕이 군사를 일으키고자 하나 한나라 조정의 호부虎符가 없소. 그대가 왕궁을 포위한 것은 실로 잘한 일이오. 내가 그대를 위해 군사를 이끌고 제왕의 궁을 지키겠소."

소평은 위발의 말을 믿고, 그에게 군사를 이끌고 왕궁을 포위하게 했다. 위발은 군사를 이끌게 되자 오히려 상국인 소평을 포위했다.

소평이 탄식했다.

"아! 도가에서 말하기를, '잘라야 할 것을 자르지 못하면 반대로 그 해를 입는다'라고 했다. 지금이 바로 그 꼴이구나."

그러고는 자진했다. 제왕은 사균을 재상, 위발을 장군, 축오를 내사로 임명했다. 이어 나라 안의 모든 군사를 동원했다. 축오를 동쪽으로 보내 낭야왕에게 짐짓 이같이 말하게 했다.

"여씨들이 난을 일으키자 제왕이 군사를 일으킨 뒤 서쪽으로 진격해 여씨 일족을 주살할 생각입니다. 다만 제왕은 스스로 아직 나이가 어려 군사 일에 익숙하지 못하다고 생각해 나라를 모두 대왕에게 위탁할 생각입니다. 대왕은 한고조 시절부터 장군이었기에 군사 일에 익숙하십니다. 제왕은 감히 군사를 떠나 귀국貴國으로 향하지 못하고 저를 보낸 것입니다. 모쪼록 대왕은 임치로 가 제왕과 상의하십시오. 대왕이 제나라 군사를 이끌고 서쪽으로 가 관중의 난을 평정하십시오."

낭야왕이 그의 말이 옳다고 여기고 맹신했다. 곧 말을 달려 제왕을 만나러 갔다. 제왕과 위발 등은 기회를 이용해 낭야왕을 연금했다. 축오를 보내 낭야의 병력을 모두 징발하고, 그 군사를 통솔했다. 낭야왕 유택은 자신이 이미 속은 줄 알았으나 낭야로 돌아갈 방법이 없었다. 그는 곧 제왕에게 말했다.

"제도혜왕은 한고조의 장남이오. 근본을 들여다보면 그대는 한고조의 적장손嫡長孫에 해당하오. 제위를 잇는 것이 마땅하오. 지금 대신들은 주저하며 누구를 옹립할 것인지 확정하지 못하고 있소. 나 유택은 유씨 가운데 가장 연장자요. 대신들은 반드시 나의 결정을 기다릴 것이오. 지금 대왕이 나를 이곳에 머물게 하는 것은 아무 도움이 되지 않소. 나를 관중으로 보내 일을 계책함이 더 나을 것이오."

제왕 유양은 그 말이 옳다고 여겨 이내 많은 거마를 준비해 낭야왕을 관중으로 보냈다. 낭야왕이 출발하자 제왕 유양은 군사를 일으켜 여씨가 다스리는 제남濟南을 쳤다. 제왕 유양은 제후왕들에게 이런 격문을 보냈다.

고조 황제가 천하를 평정한 뒤, 유씨 종실의 여러 자제를 왕으로 봉하면서 제도혜왕을 제나라의 왕으로 봉하셨다. 제도혜왕이 세상을 떠난 후 혜제는 유후留侯 장량을 신하로서 제왕에 봉하셨다. 혜제가 붕어한 후 고후가 집정했으나 고후는 춘추가 연로해 여씨들이 임의로 고제가 봉한 왕들을 폐하는 것을 방임했다. 또한 은왕隱王 유여의劉如意, 유왕幽王 유우, 양왕梁王 유회劉恢 등 세 명의 조왕趙王을 죽였다. 유씨의 양·연·조 삼국을 폐했고, 여씨들을 삼국의 왕으로 봉했다. 아울러 제나라를 넷으로 나누었다. 충신들이 간했으나 여후는 미혹되어 어리석게도 듣지 않았다. 지금 여후가 죽었으나 황제는 연소해 천하를 다스리지 못하고 있다. 대신이나 제후에게 의지하고 있을 뿐이다. 지금 여씨들은 멋대로 높은 관직을 차지한 뒤 병력을 집결시켜 위엄을 떨치고 있다. 여러 제후와 충신을 협박하고, 황제의 명령을 사칭해 천하를 호령하고 있다. 종묘사직이 위태롭기 그지없다. 지금 과인은 군사를 이끌고 장안으로 쳐들어가 부당하게 왕이 된 자들을 주살하고자 한다.

한나라 조정은 제나라가 군사를 일으켜 서쪽으로 진격한다는 소식을 들었다. 상국 여산이 곧 대장군 관영을 동쪽으로 보내 제나라 군사를 치게 했다. 관영은 형양에 이르자 이같이 분석했다.

"여씨 일족은 군사를 이끌고 관중에 주둔하는 식으로 유씨에게 위해를 가한 뒤 자신들이 황제가 되고자 한다. 내가 지금 제나라를 깨뜨리고 승전의 소식을 알리는 것은 여씨를 돕는 일이다. 이는 여씨의 입지를 강화시켜줄 뿐이다."

이내 진격을 멈추고 형양에 군사를 주둔시켰다. 곧 사자를 제왕과 제후들에게 보내 설득하고자 했다. 여씨들이 반란을 일으키는 것을 기다려 제왕·제후 들과 함께 여씨들을 주살하고자 한 것이다. 제왕은 이 소식을 듣고 서쪽으로 가 제나라의 옛 땅인 제남군을 취했다. 이어 제나라 서쪽 경계에 병력을 주둔시키고 담판을 기다렸다. 여록과 여산이 관중에서 모반을 꾀하자 주허후와 태위 주발, 승상 진평 등은 여씨 일족을 일거에 주살하고자 했다. 주허후가 먼저 여산을 죽였다. 태위 주발 등은 나머지 여씨들을 모두 제거했다. 낭야왕도 급히 제나라에서 장안으로 왔다. 대신들이 의논해 제왕 유양을 옹립하고자 했다. 낭야왕과 몇몇 대신이 말했다.

"제왕의 외숙인 사균은 매우 흉포하오. 그 흉포한 모습이 호랑이 가운데에서도 으뜸이라 할 수 있소. 지금까지 여씨들로 인해 천하가 어지러웠소. 지금 또 제왕을 옹립하는 것은 또 다른 여씨를 세우는 것과 같소. 대왕 유항의 외가는 박씨로, 군자의 도가 있는 집안이오. 또한 대왕은 한고조의 친아들로 지금 살아 있을 뿐 아니라 가장 연장자에 해당하오. 그는 아들에게 순조롭게 양위했소. 인품이 후덕하니 대신들이 마음을 놓을 수 있을 것이오."

대신들은 대왕을 옹립하기로 했다. 주허후를 보내 여씨들을 주살한 일을 제왕에게 통지하도록 하고, 동시에 군사를 물리도록 영을 내렸다. 관영은 형양에 있을 때 위발이 원래 제왕에게 모반하게 교사했고, 여씨들이 이미 주살되었으며, 제나라 군사를 물리도록 하는 영이 내려졌다는 소식을 들었다. 곧 사자를 보내 위발을 불러 문책했다. 위발이 말했다.

"집에 불이 났는데 어떻게 주인에게 먼저 알리고 난 연후에 불을 끌 수 있겠습니까?"

그는 두 다리를 벌벌 떨며, 말을 하지 못할 정도로 두려워했다. 끝내 다른 말은 하지 못했다. 관영이 그를 뚫어지게 쳐다보다가 웃으며 말했다.

"사람들은 위발이 용감하다고 하나, 망령되고 용렬한 자에 지나지 않는다. 그가 무슨 일을 할 수 있겠는가!"

그러고는 관직만 파하고 벌은 주지 않았다. 원래 위발의 부친은 거문고를 잘 타 진시황을 조현한 바 있다. 위발은 청년이 되자 제나라 재상으로 있던 조참을 뵙고자 했다. 그러나 집안이 가난해 소개해줄 사람을 찾을 길이 없었다. 늘 홀로 이른 새벽에 조참 사인의 집 앞을 청소했다. 사인은 괴이하게 생각해 무슨 괴물인가 싶어 몰래 엿보다가 위발을 발견했다. 위발이 말했다.

"재상을 뵙고자 했으나 달리 방법이 없었습니다. 그대의 집 앞을 청소해 재상을 뵐 수 있는 기회를 구하고자 한 것입니다."

사인이 다리를 놓아 조참을 만날 수 있게 해주었다. 위발이 조참의 사인이 된 배경이다. 한번은 위발이 조참의 수레를 몰고 가다가 몇 가지 건의를 했다. 그것이 조참의 마음에 들었다. 조참도 그가 능력이 있다고 여겨 제도혜왕에게 천거했다. 제도혜왕은 위발을 접견한 뒤 내사로 임명했다. 당초 제도혜왕은 2,000석의 관원을 임명할 수 있는 권한을 황실로부터 인정받았다. 제도혜왕이 죽고 제애왕이 보위를 잇자 위발이 실권을 잡았다. 제나라 재상으로 중용된 배경이다. 제애왕 유양은 이미 군사를 해산하고 자신의 나라로 돌아갔다. 대왕 유항이 장안으로 와서 천자로 즉위했다. 그가 한문제다.

한문제 원년, 여후 때 분할된 제나라의 성양城陽·낭야·제남 등이 모두 제나라에 반환되었다. 낭야왕 유택은 연왕燕王으로 이봉되었다. 주허후와 동모후의 봉지는 각각 2,000호로 늘어났다. 이해에 제애왕 유양이 죽었다. 태자 유칙劉則이 뒤를 이었다. 그가 제문왕齊文王이다.

●● 齊悼惠王劉肥者, 高祖長庶男也. 其母外婦也, 曰曹氏. 高祖六年, 立肥爲齊王, 食七十城, 諸民能齊言者皆予齊王. 齊王, 孝惠帝兄也. 孝惠帝二年, 齊王入朝. 惠帝與齊王燕飮, 亢禮如家人. 呂太后怒, 且誅齊王. 齊王懼不得脫, 乃用其內史勳計, 獻城陽郡, 以爲魯元公主湯沐邑. 呂太后喜, 乃得辭就國. 悼惠王卽位十三年, 以惠帝六年卒. 子襄立, 是爲哀王. 哀王元年, 孝惠帝崩, 呂太后稱制, 天下事皆決於高后. 二年, 高后立其兄子酈侯呂台爲呂王, 割齊之濟南郡爲呂王奉邑. 哀王三年, 其弟章入宿衛於漢, 呂太后封爲朱虛侯, 以呂祿女妻之. 後四年, 封章弟興居爲東牟侯, 皆宿衛長安中. 哀王八年, 高后割齊琅邪郡立營陵侯劉澤爲琅邪王. 其明年, 趙王友入朝, 幽死于邸. 三趙王皆廢. 高后立諸呂爲三王, 擅權用事. 朱虛侯年二十, 有氣力, 忿劉氏不得職. 嘗入待高后燕飮, 高后令朱虛侯劉章爲酒吏. 章自請曰, "臣, 將種也, 請得以軍法行酒." 高后曰, "可." 酒酣, 章進飮歌舞. 已而曰, "請爲太后言耕田歌." 高兒子畜之, 笑曰, "顧而父知田耳. 若生而爲王子, 安知田乎?" 章曰, "臣知之." 太后曰, "試爲我言田." 章曰, "深耕槩種, 立苗欲疏, 非其種者, 鉏而去之." 呂后黙然. 頃之, 諸呂有一人醉, 亡酒, 章追, 拔劍斬

之而還, 報曰, "有亡酒一人, 臣謹行法斬之." 太后左右皆大驚. 業已許
其軍法, 無以罪也. 因罷. 自是之後, 諸呂憚朱虛侯, 雖大臣皆依朱虛
侯, 劉氏爲益彊. 其明年, 高后崩. 趙王呂祿爲上將軍, 呂王産爲相國,
皆居長安中, 聚兵以威大臣, 欲爲亂. 朱虛侯章以呂祿女爲婦, 知其謀,
乃使人陰出告其兄齊王, 欲令發兵西, 朱虛侯·東牟侯爲內應, 以誅諸
呂, 因立齊王爲帝. 齊王既聞此計, 乃與其舅父駟鈞·郎中令祝午·中
尉魏勃陰謀發兵. 齊相召平聞之, 乃發卒衛王宮. 魏勃給召平曰, "王欲
發兵, 非有漢虎符驗也. 而相君圍王, 固善. 勃請爲君將兵衛衛王." 召
平信之, 乃使魏勃將兵圍王宮. 勃既將兵, 使圍相府. 召平曰, "嗟乎! 道
家之言'當斷不斷, 反受其亂', 乃是也." 遂自殺. 於是齊王以駟鈞爲相,
魏勃爲將軍, 祝午爲內史, 悉發國中兵. 使祝午東詐琅邪王曰, "呂氏作
亂, 齊王發兵欲西誅之. 齊王自以兒子, 年少, 不習兵革之事, 願擧國委
大王. 大王自高帝將也, 習戰事. 齊王不敢離兵, 使臣請大王幸之臨菑
見齊王計事, 并將齊兵以西平關中之亂." 琅邪王信之, 以爲然, 西馳
見齊王. 齊王與魏勃等因留琅邪王, 而使祝午盡發琅邪國而并將其兵.
琅邪王劉澤既見欺, 不得反國, 乃說齊王曰, "齊悼惠王高皇帝長子, 推
本言之, 而大王高皇帝適長孫也, 當立. 今諸大臣狐疑未有所定, 而澤
於劉氏最爲長年, 大臣固待澤決計. 今大王留臣無爲也, 不如使我入關
計事." 齊王以爲然, 乃益具車送琅邪王. 琅邪王既行, 齊遂擧兵西攻呂
國之濟南. 於是齊哀王遺諸侯王書曰, "高帝平定天下, 王諸子弟, 悼惠
王於齊. 悼惠王薨, 惠帝使留侯張良立臣爲齊王. 惠帝崩, 高后用事, 春
秋高, 聽諸呂擅廢高帝所立, 又殺三趙王, 滅梁·燕·趙以王諸呂, 分齊
國爲四. 忠臣進諫, 上惑亂不聽. 今高后崩, 皇帝春秋富, 未能治天下,
固恃大臣諸將侯. 今諸呂又擅自尊官, 聚兵嚴威, 劫列侯忠臣, 矯制以

令天下, 宗廟所以危. 今寡人率兵入誅不當爲王者." 漢聞齊發兵而西, 相國呂産乃遣大將軍灌嬰東擊之. 灌嬰至滎陽, 乃謀曰, "諸呂將兵居關中, 欲危劉氏而自立. 我今破齊還報, 是益呂氏資也." 乃留兵屯滎陽, 使使喩齊王及諸侯, 與連和, 以待呂氏之變而共誅之. 齊王聞之, 乃西取其故濟南郡, 亦屯兵於齊西界以待約. 呂祿・呂産欲作亂關中, 朱虛侯與太尉勃・丞相平等誅之. 朱虛侯首先斬呂産, 於是太尉勃等乃得盡誅諸呂. 而琅邪王亦從齊至長安. 大臣議欲立齊王, 而琅邪王及大臣曰, "齊王母家駟鈞, 惡戾, 虎而冠者也. 方以呂氏故幾亂天下, 今又立齊王, 是欲復爲呂氏也. 代王母家薄氏, 君子長者, 且代王又親高帝子, 於今見在, 且最爲長. 以子則順, 以善人則大臣安." 於是大臣乃謀迎立代王, 而遣朱虛侯以誅呂氏事告齊王, 令罷兵. 灌嬰在滎陽, 聞魏勃本敎齊王反, 旣誅呂氏, 罷齊兵, 使使召責問魏勃. 勃曰, "失火之家, 豈暇先言大人而後救火乎!" 因退立, 股戰而栗, 恐不能言者, 終無他語. 灌將軍熟視笑曰, "人謂魏勃勇, 妄庸人耳, 何能爲乎!" 乃罷魏勃. 魏勃父以善鼓琴見秦皇帝. 及魏勃少時, 欲求見齊相曹參, 家貧無以自通, 乃常獨早夜埽齊相舍人門外. 相舍人怪之, 以爲物, 而伺之, 得勃. 勃曰, "願見相君, 無因, 故爲子埽, 欲以求見." 於是舍人見勃曹參, 因以爲舍人. 一爲參御, 言事, 參以爲賢, 言之齊悼惠王. 悼惠王召見, 則拜爲內史. 始, 悼惠王得自置二千石. 及悼惠王卒而哀王立, 勃用事, 重於齊相. 王旣罷兵歸, 而代王來立, 是爲孝文帝. 孝文帝元年, 盡以高后時所割齊之城陽・琅邪・濟南郡復與齊, 而徙琅邪王王燕, 益封朱虛侯・東牟侯各二千戶. 是歲, 齊哀王卒, 太子側則立, 是爲文王.

효려세가

제문왕 원년, 한나라 조정은 제나라의 성양군을 주허후에게 내주고, 그를 성양왕에 봉했다. 또 제북군濟北郡을 동모후에게 내주고, 그를 제북왕濟北王에 봉했다. 제문왕 2년, 제북왕이 반기를 들었다. 한나라 조정에서 군사를 보내 그를 주살하고, 봉지를 조정에 반환시켰다. 2년 후 한문제는 제도혜왕의 아들 유파군劉罷軍 등 일곱 명을 모두 열후에 봉했다. 제문왕은 재위 14년 만에 죽었다. 자식이 없어 나라가 사라지고, 봉지는 한나라 조정에 반환되었다. 1년 뒤 한문제는 제나라 땅을 나누어 제도혜왕의 모든 아들을 각각 왕으로 봉한 것이다. 제효왕齊孝王 유장려劉將閭는 제도혜왕의 아들로, 양허후楊虛侯의 신분으로 제왕齊王이 되었다. 원래 제나라의 다른 군은 모두 제도혜왕의 아들이 관할했다. 유지劉志는 제북왕, 유벽광劉辟光은 제남왕濟南王, 유현劉賢은 치천왕菑川王, 유앙劉卬은 교서왕膠西王, 유웅거劉雄渠는 교동왕膠東王으로 각각 봉해졌다. 여기에 성양왕 유장과 제왕 유장려를 합하면 옛날 제나라 땅에는 모두 일곱 명의 왕이 등장한 셈이다.

제효왕 11년, 오왕 유비와 초왕 유무가 난을 일으켜 서쪽으로 진격했다. 그들이 제후들에게 격문을 돌렸다.

한나라의 적신 조조晁錯를 주살해 종묘사직을 안정시키고자 한다.

교서膠西·교동膠東·치천菑川·제남 등은 독자적으로 군사를 일으켜 오와 초에 호응했다. 제나라와 제휴를 꾀했으나, 제효왕은 주저해 성문을 군게 닫은 채 호응하지 않았다. 교서·치천·제남 삼국의 군사가 제나라 도성 임치를 포위했다. 제왕 유장려는 중대부中大夫 노앙路卬을 장안으로 보내 이 사실을 한경제에게 고했다. 한경제가 노앙을 돌려보내며 격려했다.

"잘 수비하고 있으면 짐의 군사가 곧 오와 초를 쳐부술 것이다."

노앙이 돌아왔을 때 삼국의 군사가 이미 임치성을 겹겹이 포위해 성안으로 들어갈 수 없었다. 삼국의 장수들은 노앙을 협박했다.

"너는 돌아가 전하라. 한나라 조정은 이미 항복했고, 제나라도 빨리 삼국에 투항하지 않으면 성을 무너뜨릴 것이라고 말하라."

노앙이 그러겠다고 응답하고 성 아래에 도착했다. 막상 제왕 유장려를 보고는 이같이 말했다.

"한나라 조정에서는 이미 100만의 군사를 출정시켰습니다. 태위 주아부를 보내 오·초의 반군을 격파했고, 지금 막 이곳으로 군사를 이끌고 구하러 오고 있습니다. 대왕은 견고하게 수비하고 결코 항복하지 마십시오!"

삼국의 장수가 그를 주살했다. 당초 제나라는 포위가 급박해지자 몰래 삼국과 내통할 생각이었다. 조약이 확정되지 않아 미루고 있던 차에 중대부 노앙이 한나라 조정으로부터 돌아와 한 말을 듣고는, 제나라 백성 모두 크게 기뻐했다. 대신들도 제왕 유장려에게 투항하지 말 것을 거듭 권유했다. 얼마 후 한나라 장수 난포와 평양후 조기曹寄 등이 군사를 이끌고 와 삼국의 군사를 격파하고, 포위를 풀었다. 이들은 이내 제왕 유장려가 삼국과 내통하고자 했다는 이야기를 들었다. 곧 군사를 이동해 제나라를 토벌하고자 했다. 제효왕 유장려는 두려움에 떨다가 결국 약을 먹고 자진했다.

한경제가 이 소식을 듣고는 제왕 유장려가 처음에는 잘하다가 협박으로 인해 살아날 방도를 꾀한 것은 그의 죄가 아니라고 여겼다. 제효왕의 태자인 유수를 제왕으로 봉했다. 그가 제의왕齊懿王이다. 제왕의 후사가 이어진 이유다. 교서·교동·제남·치천의 왕은 모두 주살되었고, 봉지 또한 한나라 조정으로 반환되었다. 제북왕을 이봉해 치천을 다스리게 했다.

제의왕이 재위 22년 만에 죽자 아들 유차경劉次景이 뒤를 이었다. 그가 제여왕齊厲王이다. 제여왕의 모친은 기태후紀太后다. 기태후는 동생의 딸을 제여왕의 왕후로 삼고자 했다. 제여왕은 기씨 여인을 좋아하지 않았다. 그러나 기태후는 기씨 집안이 대대로 군주의 총애를 받도록 만들고자 했다. 집안의 장녀인 기옹주紀翁主를 왕궁으로 들여보낸 뒤 후궁의 궁녀들을 단속했다. 그녀들이 제여왕과 가까이하지 못하게 하고, 제여왕이 오직 기씨 여인만을 좋아하게 만들었다. 제여왕은 누이인 기옹주와 통간한 셈이다.

제나라에 서갑徐甲이라는 환관이 있었다. 장안으로 가 한무제의 모친인 왕태후를 모시게 되었다. 왕태후에게 수성군이라는 아끼는 딸이 있었다. 수성군은 유씨 소생이 아니었기에 왕태후는 그녀를 매우 불쌍히 여겼다. 또 수성군에게는 아娥라는 딸이 있었다. 왕태후는 그녀를 제후왕에게 시집보내고 싶어 했다. 환관 서갑이 곧 제나라에 사자로 가기를 청했다. 반드시 제왕에게, 아에게 청혼하는 글을 올리게 할 생각이었다. 왕태후가 크게 기뻐하며 서갑을 제나라로 보냈다. 당시 제나라 출신 주보언主父偃은 서갑이 제나라로 가 제왕에게 혼사를 청하게끔 한다는 것을 알고 있었다. 주보언이 기회를 틈타 서갑에게 말했다.

"일이 성사되면 제 딸을 후궁으로 보내주시기를 부탁하오."

서갑은 제나라에 이르러 그 일을 암시했다. 기태후가 대로했다.

"왕에게는 왕후가 있고, 후궁 또한 이미 있다. 하물며 서갑은 제나라의 가난뱅이 출신으로 부득불 환관이 된 자다. 조정으로 들어가 아무런 도움이 되지 못하자 이내 제나라 왕가를 소란하게 만들고자 한 것이다. 또 주보언은 무엇을 하는 작자인가? 그도 딸을 후궁에 넣고자 하는가!"

서갑이 크게 난감해하며 돌아온 뒤 왕태후에게 이같이 보고했다.

"왕은 아를 맞아들이기를 원하지만, 한 가지 문제가 있습니다. 아마도 연왕燕王과 같은 일인 듯합니다."

연왕은 자신의 딸 및 누이와 통간해 최근에 벌을 받아 죽고 나라를 망하게 한 자다. 서갑은 연왕의 일을 예로 들어 왕태후가 스스로 느끼도록 하고자 한 것이다. 왕태후가 말했다.

"제나라에 시집보내는 일은 다시는 꺼내지도 마라."

이 일이 마침내 한경제의 귀까지 들어갔다. 주보언은 이로써 제나라와 사이가 벌어졌다. 당시 주보언은 천자의 총애를 받아 권력을 잡고 있었다. 기회를 틈타 말했다.

"제나라의 임치에는 10만 호가 있어 세금만 하루에 1,000금입니다. 사람이 많을 뿐 아니라 부유해 장안을 능가합니다. 그곳은 천자의 친동생이나 사랑하는 아들이 아니면 왕이 될 자격이 없습니다. 지금 제왕은 친척들과 날이 갈수록 소원해지고 있습니다."

이어 말했다.

"여태후 시절에 제나라는 모반을 꾀했고, 오초칠국의 난 때는 난에 가담하고자 했습니다. 지금 제왕이 그 누이와 통간해 인륜을 어지럽힌다고 합니다."

한경제가 주보언을 제나라 재상으로 임명해 이를 바로잡게 했다. 주보언이 제나라에 도착하자마자 제여왕의 후궁과 환관 가운데 제여왕을 도와 그 누이인 기옹주와 통간하게 한 자들을 심문했다. 이들의 말을 증거로 제여왕을 이끌어낼 참이다. 제여왕은 어리고 죄가 커서 관원에게 잡혀 죽을 것을 두려워해 약을 먹고 자진했다. 후대가 끊기게 된 이유다.

당시 조왕 유수는 주보언이 두각을 나타내어 제나라가 없어질까 두려워했다. 점차 유씨의 골육을 이간시킬까 걱정한 배경이다. 곧 상서를 올려 주보언이 뇌물을 받고, 사사로운 원한으로 일을 공평하게 처리하지 않는다고 고했다. 한경제가 이내 주보언을 감금했다. 공손홍公孫弘이 말했다.

"제왕은 우려하다가 죽어 후세가 없고, 봉국은 한나라 조정으로 반환되었습니다. 주보언을 죽이지 않으면 천하 사람들의 원망을 막을 수 없습니다."

마침내 주보언이 주살되었다. 제여왕은 재위 5년 만에 죽었다. 후사가 없어 제나라 땅은 한나라 조정에 반환되었다.

●● 齊文王元年, 漢以齊之城陽郡立朱虛侯爲城陽王, 以齊濟北郡立東牟侯爲濟北王. 二年, 濟北王反, 漢誅殺之, 地入于漢. 後二年, 孝文帝盡封齊悼惠王子罷軍等七人皆爲列侯. 齊文王立十四年卒, 無子, 國除, 地入于漢. 後一歲, 孝文帝以所封悼惠王子分齊爲王, 齊孝王將閭以悼惠王子楊虛侯爲齊王. 故齊別郡盡以王悼惠王子, 子志爲濟北王, 子辟光爲濟南王, 子賢爲菑川王, 子卬爲膠西王, 子雄渠爲膠東王, 與城陽·齊凡七王. 齊孝王十一年, 吳王濞·楚王戊反, 興兵西, 告諸侯曰, "將誅漢賊臣鼂朝錯以安宗廟." 膠西·膠東·菑川·濟南皆擅發兵應吳楚. 欲與齊, 齊孝王狐疑, 城守不聽, 三國兵共圍齊. 齊王使路中大夫告於天子. 天子復令路中大夫還告齊王, "善堅守, 吾兵今破吳楚矣." 路中大夫至, 三國兵圍臨菑數重, 無從入. 三國將劫與路中大夫盟, 曰, "若反言漢已破矣, 齊趣下三國, 不且見屠." 路中大夫旣許之, 至城下, 望見齊王, 曰, "漢已發兵百萬, 使太尉周亞夫擊破吳楚, 方引兵救齊, 齊必堅守無下!" 三國將誅路中大夫. 齊初圍急, 陰與三國通謀, 約未定, 會聞路中大夫從漢來, 喜, 及其大臣乃復勸王毋下三國. 居無何, 漢將欒布·平陽侯等兵至齊, 擊破三國兵, 解齊圍. 已而復聞齊初與三國有謀, 將欲移兵伐齊. 齊孝王懼, 乃飮藥自殺. 景帝聞之, 以爲齊首善, 以迫劫有謀, 非其罪也, 乃立孝王太子壽爲齊王, 是爲懿王, 續齊後. 而膠西·膠東·濟南·菑川王咸誅滅, 地入于漢. 徙濟北王王菑川. 齊懿王立二十二年卒, 子次景立, 是爲厲王. 齊厲王, 其母曰紀太后. 太后取其弟紀氏女爲厲王后. 王不愛紀氏女. 太后欲其家重寵, 令其長女紀翁主入王宮, 正其後宮, 毋令得近王, 欲令愛紀氏女. 王因與其姊翁主姦. 齊有宦者徐甲, 入事漢皇太后. 皇太后有愛女曰脩成君, 脩成君非劉氏, 太后憐之. 脩成君有女名娥, 太后欲嫁之於諸侯, 宦者甲乃請使齊, 必令王上書請娥. 皇太后喜, 使甲之齊. 是時齊人主父偃知甲之使齊以取后事, 亦因謂甲, "卽事成, 幸言偃女願得充王后宮." 甲旣至齊, 風以此事. 紀太后大怒, 曰, "王有后, 後宮具備. 且甲, 齊貧人, 急乃爲宦者, 入事漢, 無補益, 乃欲亂吾王家! 且主父偃何爲者? 乃欲以女充後宮!" 徐甲大窮, 還報皇太后曰, "王已願尙娥, 然有一害, 恐如燕王." 燕王者, 與其子昆弟姦, 新坐以死, 亡國, 故以燕感太后. 太后曰, "無復言嫁女齊事." 事浸潯不得聞於天子. 主父偃由此亦與齊有郤. 主父偃方幸於天子, 用事, 因言, "齊臨菑十萬戶, 市租千金, 人衆殷富, 巨於長安, 此

非天子親弟愛子不得王此. 今齊王於親屬益疏." 乃從容言, "呂太后時
齊欲反, 吳楚時孝王幾爲亂. 今聞齊王與其姊亂." 於是天子乃拜主父
偃爲齊相, 且正其事. 主父偃旣至齊, 乃急治王后宮宦者爲王通於姊翁
主所者, 令其辭證皆引王. 王年少, 懼大罪爲吏所執誅, 乃飮藥自殺. 絶
無後. 是時趙王懼主父偃一出廢齊, 恐其漸疏骨肉, 乃上書言偃受金及
輕重之短. 天子亦旣囚偃. 公孫弘言, "齊王以憂死毋後, 國入漢, 非誅
偃無以塞天下之望." 遂誅偃. 齊厲王立五年死, 毋後, 國入于漢.

사왕세가

제나라 땅이 조정에 반환될 당시 제도혜왕의 후예가 다스리는 나
라가 있었다. 성양과 치천이 그곳이다. 치천의 봉지는 제나라와 마
찬가지로 규모가 컸다. 한경제는 제나라를 불쌍히 여겼다. 제도혜왕
의 분묘는 군郡에 있었다. 제도혜왕의 분묘를 둘러싸고 있는 임치 동
쪽 일대를 쪼개 치천국菑川國에게 내준 뒤 제도혜왕의 제사를 지내게
한 이유다. 성양경왕城陽景王 유장은 제도혜왕의 아들이다. 주허후의
신분으로 대신들과 함께 여씨들을 주살키로 한 뒤 먼저 상국인 여왕
呂王 여산을 미앙궁未央宮에서 죽였다. 한문제가 즉위한 뒤 2,000호의
봉지를 더 받았다. 황금 1,000근을 부상으로 받았다. 한문제 2년, 제
나라에 속해 있는 성양군을 베어 유장에게 내주면서 그를 성양왕에
봉했다. 유장이 재위한 지 2년 만에 죽자 아들 유희劉喜가 뒤를 이었
다. 그가 성양공왕城陽共王이다.

성양공왕 8년, 봉지를 회남淮南으로 옮겼다. 4년 뒤 다시 돌아와 성

양을 다스렸다. 성양공왕城陽頃王은 33년을 재위한 뒤 죽자 아들 유연劉延이 뒤를 이었다. 그가 성양경왕城陽敬王이다. 성양경왕이 재위 26년 만에 죽자 아들 유의劉義가 뒤를 이었다. 그가 성양경왕이다. 성양경왕이 재위 9년 만에 죽자 아들 유무劉武가 뒤를 이었다. 그가 성양혜왕城陽惠王이다. 성양혜왕이 재위 11년 만에 죽자 아들 유순劉順이 뒤를 이었다. 그가 성양황왕城陽荒王이다. 성양황왕이 재위 46년 만에 죽자 아들 유회가 뒤를 이었다. 그가 성양대왕城陽戴王이다. 성양대왕이 재위 8년 만에 죽자 아들 유경劉景이 뒤를 이었다. 그는 한성제 건시建始 3년, 열다섯의 나이로 죽었다.

제북왕 유흥거는 제도혜왕의 아들이다. 동모후의 신분으로 대신들과 협조해 여씨들을 주살했으나 공로가 크지 않았다. 한문제가 대 땅에서 장안으로 돌아왔을 때 유흥거가 청했다.

"청컨대 신과 태복太僕 하후영夏侯嬰이 궁을 말끔히 청소할 수 있도록 입궁시켜 주십시오."

얼마 후 그는 소제 유홍劉弘을 폐출한 뒤 대신들과 함께 한문제 유항을 옹립했다. 한문제 2년, 제나라의 제북군을 떼어낸 뒤 유흥거를 제북왕에 봉했다. 그는 성양왕 유장과 동시에 즉위했다. 유흥거는 재위 2년 만에 모반을 일으켰다. 당초 대신들이 여씨들을 주살할 때 주허후 유장의 공로가 매우 컸다. 조나라 땅을 모두 주허후에게 봉지로 내주며 왕으로 삼고, 동모후에게는 양나라 땅을 모두 봉지로 내주며 왕으로 삼았다. 그러나 한문제는 즉위 후 주허후와 동모후가 애초에는 제왕을 황제로 옹립하고자 했다는 말을 듣고는 이들의 공을 깎아버렸다. 한문제 2년, 유씨 자제들을 왕으로 봉할 때 비로소 제나라의 두 군을 쪼개 유장과 유흥거를 각각 왕으로 삼았다. 유장과 유흥거는 그 이전에 이미 자연히 직위를 잃고 공로도 깎여 있었던 상태다.

유장 사후 유흥거는, 흉노가 대대적으로 한의 국경을 침입했고, 한나라 조정이 많은 군사를 동원한 뒤 승상 관영을 시켜 흉노에 반격하게 했고, 한문제가 친히 태원으로 가 군사들을 독려하며 흉노와 싸우려 한다는 소식을 들었다. 유흥거가 이 기회를 틈타 제북濟北에서 반기를 들었다. 한문제가 이 소식을 듣고 승상의 파견을 취소했다. 또 이미 동원한 병사를 모두 장안으로 돌아오게 했다. 극포후棘蒲侯 시장군柴將軍을 보내 반란군을 격파하고, 제북왕 유흥거를 포획하게 했다. 제북왕 유흥거가 자진했다. 봉지는 한나라 조정으로 반환되어 군으로 개편되었다.

이로부터 13년 후인 한문제 16년, 다시 제도혜왕의 아들 안도후安都侯 유지를 제북왕에 봉했다. 11년 뒤 오·초가 반기를 들었을 때 유지는 이곳을 군건히 지키며 제후들과 같이 모반하지 않았다. 오초칠국의 난이 평정된 뒤 한나라 조정은 유지를 치천으로 이봉해 그곳의 왕으로 삼았다.

제남왕 유벽광은 도혜왕의 아들이다. 늑후勒侯의 신분으로 한문제 16년에 제남왕으로 즉위했다. 11년 뒤 오·초와 함께 반기를 들었다. 한나라 조정이 반란군을 격파한 뒤 유벽광을 죽였다. 제남을 군으로 개편하고, 봉지를 한나라 조정으로 귀속시켰다. 당초 치천왕 유현은 제도혜왕의 아들이다. 무성후武城侯의 신분으로 한문제 16년에 치천왕으로 즉위했다. 11년 뒤 오·초와 함께 반기를 들었을 때 이에 가담했다. 한나라 조정이 반란군을 격파하고 유현을 죽였다. 한문제가 제북왕 유지를 치천왕으로 이봉했다. 유지 역시 제도혜왕의 아들이다. 당시 안도후의 자격으로 제북을 다스리고 있던 차였다. 치천왕이 반기를 들어 죽고 후사가 없자 제북왕 유지를 치천왕으로 이봉한 배경이다. 그는 모두 35년 동안 재위하고 죽었다. 시호는 의왕懿王이다. 아들 유건劉建이 뒤를 이었다. 그가 치천정왕菑川靖王이다.

치천정왕은 35년 동안 재위하다 죽었다. 아들 유유劉遺가 뒤를 이었다. 그가 치천경왕菑川頃王이다. 그는 36년 동안 재위하다 죽었다. 아들 유종고劉終古가 뒤를 이었다. 그가 치천사왕菑川思王이다. 그는 28년 동안 재위하다 죽었다. 아들 유상劉尙이 뒤를 이었다. 그가 치천효왕菑川孝王이다. 그는 5년 동안 재위하다 죽었다. 아들 유횡劉橫이 뒤를 이었다. 그는 한성제 건시 3년, 열한 살의 나이로 죽었다.

교서왕 유앙도 제도혜왕의 아들이다. 창평후昌平侯의 신분으로 한문제 16년에 교서왕으로 즉위했다. 11년 뒤 오·초와 함께 반기를 들었을 때 가담했다. 한나라 조정은 반란군을 격파하고, 유앙을 죽였다. 봉지는 한나라 조정으로 반환되어 교서군膠西郡으로 개편되었다.

교동왕 유웅거도 제도혜왕의 아들이다. 백석후白石侯의 신분으로 한문제 16년에 교동왕에 즉위했다. 11년 뒤 오·초와 함께 반기를 들었을 때 동조했다. 한나라 조정은 반란군을 격파하고, 유웅거를 죽였다. 봉지는 한나라 조정으로 반환되어 교동군으로 개편되었다.

●● 齊悼惠王后尙有二國, 城陽及菑川. 菑川地比齊. 天子憐齊, 爲悼惠王冢園在郡, 割臨菑東環悼惠王冢園邑盡以予菑川, 以奉悼惠王祭祀. 城陽景王章, 齊悼惠王子, 以朱虛侯與大臣共誅諸呂, 而章身首先斬相國呂王產於未央宮. 孝文帝旣立, 益封章二千戶, 賜金千斤. 孝文二年, 以齊之城陽郡立章爲城陽. 立二年卒, 子喜立, 是爲共王. 共王八年, 徙王淮南. 四年, 復還王城陽. 凡三十三年卒, 子建延立, 是爲頃王. 頃王二十八六年卒, 子義立, 是爲敬王. 敬王九年卒, 子武立, 是爲惠王. 惠王十一年卒, 子順立, 是爲荒王. 荒王四十六年卒, 子恢立, 是爲戴王. 戴王八年卒, 子景立, 至建始三年, 十五歲, 卒. 濟北王興居, 齊悼惠王子, 以東牟侯助大臣誅諸呂, 功少. 及文帝從代來, 興居曰, "請與太僕嬰入清宮." 廢少帝, 共與大臣尊立孝文帝. 孝文帝二年, 以齊之濟北郡立興居爲濟北王, 與城陽王俱立. 立二年, 反. 始大臣誅呂氏時, 朱虛侯功尤大, 許盡以趙地王朱虛侯, 盡以梁地王東牟侯. 及孝文帝立, 聞朱虛·東牟之初欲立齊王, 故絀其功. 及二年, 王諸子, 乃割齊二郡以王章·興居. 章·興居自以失職奪功. 章死, 而興居聞匈奴大入漢, 漢多發兵, 使丞相灌嬰擊之, 文帝親幸太原, 以爲天子自擊胡, 遂發兵反於濟北. 天子聞之, 罷丞相及行兵, 皆歸長安. 使棘蒲侯柴將軍擊破虜濟北王, 王自殺, 地入于漢, 爲郡. 後十二三年, 文帝十六年, 復以齊悼惠王子安都侯志爲濟北王. 十一年, 吳楚反時, 志堅守, 不與諸侯合謀. 吳楚已平, 徙志王菑川. 濟南王辟光, 齊悼惠王子, 以勒侯孝文十六年爲濟南王. 十一年, 與吳楚反. 漢擊破, 殺辟光, 以濟南爲郡, 地入于漢. 菑川王賢, 齊悼惠王子, 以武城侯文帝十六年爲菑川王. 十一年, 與吳楚反, 漢擊破, 殺賢. 天子因徙濟北王志王菑川. 志亦齊悼惠王子, 以安都侯王濟北. 菑川王反, 毋後, 乃徙濟北王王菑川. 凡立三十五年卒, 諡爲懿王. 子建代立, 是爲靖王. 二十年卒, 子遺代立, 是爲頃王. 三十六年卒, 子終古立, 是爲思王. 二十八年卒, 子尚立, 是爲孝王. 五年卒, 子橫立, 至建始三年, 十一歲, 卒. 膠西王卬, 齊悼惠王子, 以昌平侯文帝十六年爲膠西王. 十一年, 與吳楚反. 漢擊破, 殺卬, 地入于漢, 爲膠西郡. 膠東王雄渠, 齊悼惠王子, 以白石侯文帝十六年爲膠東王. 十一年, 與吳楚反, 漢擊破, 殺雄渠, 地入于漢, 爲膠東郡.

태사공은 평한다.

"제후들의 대국 가운데 제도혜왕보다 큰 나라는 없었다. 천하가 막 평정되었을 때 유씨의 자제는 그 수가 적었다. 진나라가 한 뼘의 땅도 친척에게 봉지로 내주지 않아 급속히 패망한 점을 통감해 한 고조 유방은 대대적으로 같은 성씨를 제후왕에 봉했다. 이런 식으로 천하 백성의 마음을 안정시키고자 한 것이다. 그러나 이후 이로 인해 커다란 분열이 일어난 것은 실로 당연한 이치다."

●● 太史公曰, "諸侯大國無過齊悼惠王. 以海內初定, 子弟少, 激秦之無尺土封, 故大封同姓, 以塡萬民之心. 及後分裂, 固其理也."

소상국세가

蕭相國世家

〈소상국세가〉는 한나라 건국의 일등공신인 상국 소하와 그 후손에 관한 이야기를 다루고 있다. 공신에 대한 논공행사 당시 뛰어난 군 공을 세운 조참 등은 소하의 공적을 최고로 평한 것에 강한 불만을 표시했다. 이때 유방은 조참 등을 사냥개에 비유하며 크게 깎아내 린 데 반해 소하를 사냥개를 부리는 사람에 비유하며 칭송을 아끼 지 않았다. 유방이 소하의 공적을 얼마나 높이 평가했는지 짐작하 게 해주는 대목이다. 그러나 몸과 마음을 바쳐 충성을 다한 소하조 차 유방의 의심에서 완전히 벗어날 수는 없었다. 한때 모반 혐의를 받고 투옥된 것이 그렇다. 개국공신을 가차 없이 토사구팽의 제물 로 삼은 유방의 냉혹한 모습이 여실히 드러나는 대목이다.

소상국蕭相國 소하는 패현沛縣 풍읍 사람이다. 그는 형법과 율령律令에 통달해 패현의 아전을 총괄하는 주리主吏를 지냈다. 한고조 유방이 포의로 있을 때 소하는 누차 관원의 신분으로 유방을 돌보았다. 유방이 정장亭長이 되었을 때도 계속 도와주었다. 유방이 관원의 자격으로 일꾼을 이끌고 함양으로 부역을 갔을 때도 다른 관원은 그에게 300전을 주었으나 소하만은 500전을 내주었다.

진秦나라 어사御史가 공무를 감독하기 위해 지방에 와서 소하와 함께 일을 한 적이 있다. 소하가 늘 일을 조리 있게 처리했다. 사수군의 졸사 직책이 주어진 이유다. 그의 공무를 처리하는 성적이 으뜸이었다. 진나라 어사가 소하를 입조시켜 등용하고자 했으나 소하는 극구 사양하며 가지 않았다. 유방이 군사를 일으켜 패공沛公이 되자 소하는 그를 보좌하는 승丞이 되어 공무를 감독했다. 유방이 함양으로 진공했을 때 모든 장수들이 앞다투어 금은보화가 가득한 창고로 달려가 나누어 가졌다. 유독 소하만은 먼저 궁으로 들어가 진나라의 승상부丞相府와 어사부御史府의 법령과 도적圖籍 문서를 수거해 보관했다.

유방이 항우에 의해 한왕으로 봉해지자 소하를 승상으로 삼았다. 항우는 제후들과 함께 함양을 모조리 약탈하고 불태운 뒤 떠났다. 유방은 천하의 산천과 요새, 호적과 인구의 많고 적음, 강성한 지역과 쇠약한 지역의 분포, 백성의 고통 등을 모두 알고 있었다. 소하가 진나라의 도적 문서를 완벽히 손에 넣은 덕분이다. 소하가 병법의 대가 한신을 천거하자, 유방은 한신을 대장군에 임명했다. 이는 〈회음후열전淮陰侯列傳〉에 자세히 기록되어 있다.

유방이 군사를 이끌고 동진해 삼진三秦을 평정할 때 소하는 승상으로서 파촉에 머물며 세금을 거두었다. 유시論示를 통해 백성을 다독이면서 군량을 차질 없이 보급했다. 한고조 2년, 유방이 제후들과 함께 항우를 격파하러 갔을 때 관중을 지키면서 태자를 모셨고, 도성인 약양을 잘 다스렸다. 이때 법령과 규약을 제정하고, 종묘사직과 궁실 및 각 현읍의 여러 기구를 건립했다. 매번 위에 보고한 뒤 유방이 허락한 연후에 실행했다. 불가피하게 보고하지 못했을 때는 가장 합리적으로 처리한 뒤 유방이 돌아오면 전말을 상세히 보고했다. 소하는 관중에서 호구를 관리하며 군량을 징수한 뒤 이를 육로 또는 수로를 이용해 차질 없이 공급했다. 유방은 누차 군사를 잃고 달아났으나 소하는 늘 관중의 사병을 징발해 결손 인원을 보충하곤 했다. 유방이 소하에게 관중의 업무를 전적으로 맡긴 이유다.

한고조 3년, 유방과 항우가 경현京縣과 삭정索亭 사이에서 대치했다. 유방이 여러 번 사자를 보내 승상을 위로했다. 포씨 성을 가진 어떤 자가 승상 소하에게 말했다.

"한왕이 햇볕에 얼굴을 그을리며 들에서 노숙하며 전쟁하는 와중에 매번 사자를 보내 그대를 위로하는 것은 그대를 의심하기 때문이오. 내 생각에는 그대의 자제와 형제들 가운데 싸울 수 있는 자들을 모두 싸움터로 보내는 것이 좋을 듯하오. 그러면 한왕은 반드시 그대를 더욱 신임할 것이오."

소하가 이를 좇았다. 유방이 크게 기뻐했다. 한고조 5년, 이미 항우를 격파하고, 천하를 평정했다. 논공행상이 시작되었다. 신하들이 서로 공을 다투었는데 1년이 지나도록 결판이 나지 않았다. 한고조 유방은 소하가 가장 공이 크다고 여겨, 찬후酇侯*로 봉했다. 식읍도 가장 많았다. 공신들이 반발했다.

"신들은 몸에는 갑옷을 입었고, 손에는 예리한 창칼을 잡았습니다. 많은 자는 100여 차례, 적은 자는 수십 차례 적과 싸웠습니다. 성을 치고 땅을 빼앗는 과정에서 각각 크고 작은 공로의 차이가 있습니다. 지금 소하에게 어찌 힘들여 싸운 전쟁의 공로가 있다고 할 수 있겠습니까? 그는 단지 붓을 잡고 의론했을 뿐 전투에 참여하지도 않았습니다. 그런데도 포상이 오히려 우리보다 많으니 이는 어찌된 일입니까?"

유방이 물었다.

"그대들은 사냥을 아는가?"

"압니다."

또다시 물었다.

"사냥개를 아는가?

"압니다."

유방이 말했다.

"사냥할 때 짐승이나 토끼를 쫓아가 죽이는 것은 사냥개다. 그러나 개의 줄을 놓아 짐승이 있는 곳을 지시하는 것은 사람이다. 지금 그대들이 할 수 있는 것은 단지 짐승을 잡아온 것뿐이니 그 공로는 마치 사냥개와 같다. 소하로 말하면 개의 줄을 놓아 사냥 대상을 잡아오도록 지시한 것이니 그 공로는 사냥꾼과 같다. 더욱이 그대들은 단지 혼자 또는 많아야 두세 명이 나를 따랐을 뿐이다. 소하는 가문

● 찬후의 찬酇 음을 두고 이론이 분분하다.《사기집해》는 손검孫檢의 주석을 인용해 동일한 지명이 두 곳 있었다며 패군沛郡 소속은 차酇, 남양군南陽郡 소속은 찬酇과 음이 같다고 했다. 《사기색은》은 소하의 식읍이 남양군에 있었다는《무릉서茂陵書》의 주석을 인용해 찬酇에 손을 들어주었다.

출신 수십 명이 모두 나를 따라 전쟁을 치렀다. 그런 공로를 잊어서는 안 될 것이다."

신하들 모두 감히 더는 말을 하지 못했다. 열후가 모두 봉해진 뒤 위계를 정하는 과정에서 사람들이 모두 입을 모아 말했다.

"평양후 조참은 70여 군데나 상처를 입었고, 성을 치고 땅을 빼앗는 과정에서 공이 가장 큽니다. 응당 1위로 꼽아야 합니다."

유방은 이미 공신들에게 무안을 주었고, 소하를 크게 봉한 까닭에 위계를 정하는 과정에서는 이들을 난감하게 만들지 않으려 했다. 그러나 마음만큼은 여전히 소하를 제일로 두고 싶어 했다. 이때 관내후 악천추鄂千秋가 이같이 진언했다.

"신하들의 의론은 모두 틀렸습니다. 조참이 비록 야전에서 땅을 빼앗은 공은 있지만, 이는 단지 한때의 일일 뿐입니다. 폐하는 초나라 군사와 5년 동안 대치했습니다. 자주 군사를 잃었고, 몸만 달아난 것이 수차례나 됩니다. 소하는 늘 관중에서 군사를 보내 병력을 보충해주었습니다. 이는 폐하가 명을 내려 한 것이 아닙니다. 또한 관중에서 수만 명의 군사를 전선으로 보낸 것은 마침 폐하가 병력을 잃은 매우 위급할 때였고, 그런 적이 수차례나 됩니다. 한나라와 초나라 군사는 형양에서 수년 동안 대치했습니다. 군사들이 양식이 없을 때 소하는 육로나 수로로 관중의 군량을 제때 공급했습니다. 폐하는 비록 누차 효산 동쪽의 큰 땅을 잃기도 했으나, 소하는 늘 관중을 잘 보전하며 폐하를 기다렸습니다. 이는 만세의 공입니다. 지금 조참과 같은 사람이 100여 명이 없다고 한들 어찌 한나라의 앞날에 문제 될 일이 있겠습니까? 한나라가 반드시 이들을 얻어야 보존할 수 있는 것은 아닙니다. 어떻게 하루아침의 공을 세운 자가 만세의

공을 세운 자를 능가할 수 있겠습니까? 응당 소하를 제일, 조참을 그 다음으로 배치해야 합니다."

"좋은 생각이오."

이에 소하를 제일로 확정했다. 소하가 전殿 위로 오를 때 칼을 차고 신을 신는 것을 특별히 허락했다. 황제를 배견할 때도 종종걸음으로 걷지 않아도 되었다. 한고조가 말했다.

"짐이 듣건대, 현명한 자를 천거한 사람은 포상을 받아야 한다고 했소. 소하가 비록 공이 크지만 악천추의 논변을 통해 더욱 빛이 나고 있소."

악천추를 원래의 관내후 작위 위에 안평후安平侯의 식읍을 더해 봉했다. 이날 소하의 부자 형제 10여 명이 모두 식읍을 받았다. 소하에게는 2,000호의 식읍이 더해졌다. 이는 한고조가 옛날 함양으로 사람들을 이끌고 부역하러 갈 때 소하가 다른 사람보다 200전을 더 얹어 500전을 준 것에 보답한 것이다.

한고조 11년 가을, 진희가 반기를 들었다. 한고조는 친히 군사를 이끌고 출정해 한단에 이르렀다. 아직 전쟁이 끝나지 않았을 때 회음후 한신이 관중에서 모반을 일으켰다. 여후가 소하의 계책을 이용해 한신을 주살했다. 이는 〈회음후열전〉에 자세히 기록되어 있다. 한고조는 회음후 한신이 주살되었다는 말을 듣고 사자를 보내 승상 소하를 상국에 제수하고, 식읍 5,000호를 더 주었다. 아울러 500명의 군사와 도위 한 명을 보내 상국을 호위하게 했다. 이때 많은 대소 관원이 축하했으나 오직 소평만은 애도를 표했다. 소평은 원래 진나라 때 동릉후東陵侯로 있었다. 진나라가 망하자 서민이 되었다. 집이 가난해 장안성 동쪽에서 오이를 심었다. 오이가 맛이 좋아 세간에서는 동릉과東陵瓜로 불렀다. 이는 소평의 봉호에서 비롯된 것이다. 당시 소평은 소하에게 이같이 말했다.

"화근은 이로부터 시작됩니다. 황제는 밖에서 고된 전쟁을 치르고 있는데 그대는 궁궐에 남아 단지 지키고 있을 뿐입니다. 그런데도 그대의 봉지를 늘려줄 뿐 아니라 호위부대까지 붙여주었습니다. 이는 지금 회음후가 막 반기를 든 상황에서 그대까지 의심하는 마음이 생겼기 때문입니다. 호위부대를 설치해 그대를 호위하는 것은 당신에게 은총을 베푸는 것이 아닙니다. 늘어난 봉지를 사양하고, 재산을 기울여 군비에 보태면 황상이 기뻐할 것입니다."

상국 소하가 그의 계책을 좇았다. 한고조 유방이 과연 크게 기뻐했다.

●● 蕭相國何者, 沛豐人也. 以文無害爲沛主吏掾. 高祖爲布衣時, 何數以吏事護高祖. 高祖爲亭長, 常左右之. 高祖以吏繇咸陽, 吏皆送奉錢三, 何獨以五. 秦御史監郡者與從事, 常辨之. 何乃給泗水卒史事, 第一. 秦御史欲入言徵何, 何固請, 得毋行. 及高祖起爲沛公, 何常爲丞督事. 沛公至咸陽, 諸將皆爭走金帛財物之府分之, 何獨先入收秦丞相御史律令圖書藏之. 沛公爲漢王, 以何爲丞相. 項王與諸侯屠燒咸陽而去. 漢王所以具知天下阨塞, 戶口多少, 彊弱之處, 民所疾苦者, 以何具得秦圖書也. 何進言韓信, 漢王以信爲大將軍. 語在淮陰侯事中. 漢王引兵東定三秦, 何以丞相留收巴蜀, 塡撫諭告, 使給軍食. 漢二年, 漢王與諸侯擊楚, 何守關中, 侍太子, 治櫟陽. 爲法令約束, 立宗廟社稷宮室縣邑, 輒奏上, 可, 許以從事, 卽不及奏上, 輒以便宜施行, 上來以聞. 關中事計戶口轉漕給軍, 漢王數失軍遁去, 何常興關中卒, 輒補缺. 上以此專屬任何關中事. 漢三年, 漢王與項羽相距京索之閒, 上數使使勞苦丞相. 鮑生謂丞相曰, "王暴衣露蓋, 數使使勞苦君者, 有疑君心也. 爲君計, 莫若遣君子孫昆弟能勝兵者悉詣軍所, 上必益信君." 於是何從其計, 漢王大說. 漢五年, 旣殺項羽, 定天下, 論功行封. 群臣爭功, 歲餘功不決. 高祖以蕭何功最盛, 封爲酇侯, 所食邑多. 功臣皆曰, "臣等身被堅執銳, 多者百餘戰, 少者數十合, 攻城略地, 大小各有差. 今蕭何未嘗有汗馬之勞, 徒持文墨議論, 不戰, 顧反居臣等上, 何也?" 高帝曰, "諸君知獵乎?" 曰, "知之." "知獵狗乎?" 曰, "知之." 高帝曰, "夫獵, 追殺獸兔者狗也, 而發蹤指示獸處者人也. 今諸君徒能得走獸耳, 功狗也. 至如蕭何, 發蹤指示, 功人也. 且諸君獨以身隨我, 多者兩三人. 今蕭何擧宗數十人皆隨我, 功不可忘也." 群臣皆莫敢言. 列侯畢已受封, 及奏位次, 皆曰, "平陽侯曹參身被七十創, 攻城略地, 功最多, 宜第一." 上已橈功臣, 多封蕭何, 至位次未有以復難之, 然心欲何第一. 關內侯鄂君進曰, "群臣議皆誤. 夫曹參雖有野戰略地之功, 此特一時之事. 夫上與楚相距五歲, 常失軍亡衆, 逃身遁者數矣. 然蕭何常從關中遣軍補其處, 非上所詔令召, 而數萬衆會上之乏絶者數矣. 夫漢與楚相守滎陽數年, 軍無見糧, 蕭何轉漕關中, 給食不乏. 陛下雖數亡山東, 蕭何常全關中以待陛下, 此萬世之功也. 今雖亡曹參等百數, 何缺於漢? 漢得之不必待以全. 奈何欲以一旦之功而加萬世之功哉! 蕭何第一, 曹參次之." 高祖曰, "善." 於是乃令蕭何第一, 賜帶劍履上殿, 入朝不趨. 上曰, "吾聞進賢受上賞. 蕭何功雖高, 得鄂君乃益明." 於是因鄂君故所食關內侯邑封爲安平侯. 是日, 悉封何父子兄弟十餘人, 皆有食邑. 乃益封何二千戶, 以帝嘗繇咸陽時何送我獨贏錢二也. 漢十一年, 陳豨反, 高祖自將, 至邯鄲. 未罷, 淮陰侯謀反關中, 呂后用蕭何計, 誅淮陰侯, 語在淮陰事中. 上已聞淮陰侯誅, 使使拜丞相何爲相國, 益封五千戶, 令卒五百人一都尉爲相國衛. 諸君皆賀, 召平獨弔. 召平者, 故秦東陵侯. 秦破, 爲布衣, 貧, 種瓜於長安城東, 瓜美, 故世俗謂之 "東陵瓜", 從召平以爲名也. 召平謂相國曰, "禍自此始矣. 上暴露於外而君守於中, 非被矢石之事而益君封置衛者, 以今者淮陰侯新反於中, 疑君心矣. 夫置衛衛君, 非以寵君也. 願君讓封勿受, 悉以家私財佐軍, 則上心說." 相國從其計, 高帝乃大喜.

한고조 12년 가을, 경포가 반기를 들었다. 한고조가 친히 군사를 이끌고 그를 토벌하러 갔다. 누차 사람을 보내 상국 한신이 무엇을 하고 있는지 알아보았다. 상국 소하는 한고조가 군사를 이끌고 나간 까닭에 열성을 다해 백성을 다독였다. 또 자신의 재산을 모두 기울여 군비에 보탰다. 진희가 반기를 들었을 때와 똑같이 한 것이다. 어떤 빈객이 상국에게 이같이 간했다.

"그대가 멸족당하는 날이 멀지 않았습니다. 그대의 지위는 상국이고, 공로도 제일 크니 다시 무엇을 더하겠습니까? 그대가 당초 관중으로 들어간 뒤 민심을 얻은 것이 10여 년에 달합니다. 백성은 모두 그대를 따르고 그대도 부지런히 일을 처리해 백성의 사랑을 받고 있습니다. 황제가 누차 그대의 근황을 물은 것은 그대가 관중을 동요시킬까 두려워하기 때문입니다. 지금 그대는 어찌해서 많은 전택을 싸게 사서 빌려주는 식으로 자신의 명예를 훼손시키지 않는 것입니까? 그래야만 황제는 비로소 안심할 것입니다."

소하가 그의 계책을 좇았다. 한고조는 크게 기뻐했다. 한고조가 경포의 군사를 격파하고 장안으로 돌아올 때 백성들이 길을 막고 상서했다. 상국이 백성의 전택 수천만 전을 강매했다는 내용이었다. 고조가 귀국하자 소하가 배견했다. 한고조가 웃으며 말했다.

"상국은 이런 식으로 백성을 이롭게 했는가?"

백성이 올린 상서를 모두 상국에게 보여주며 이같이 말했다.

"상국이 직접 백성에게 사죄하라!"

소하가 이 기회를 틈타 백성을 위한다는 구실로 이같이 주청했다.

"장안은 땅이 좁습니다. 상림원上林苑에는 많은 공터가 있는데, 모두 황폐한 상황입니다. 원컨대 백성이 그곳에 들어가 농사를 짓게 해주십시오. 벼와 보리 이삭은 짐승들이 먹도록 거두지 않으면 될 것입니다."

한고조가 대로했다.

"상국이 상인들의 재물을 많이 받았구나. 그들을 위해 짐의 상림원을 요구하다니!"

그러고는 곧 상국을 정위廷尉에게 보냈다. 족쇄와 수갑을 찬 채 구금되었다. 며칠 후 왕씨王氏 성의 위위衛尉가 물었다.

"상국이 무슨 대죄를 저질렀기에 폐하는 그를 그리 엄하게 구금한 것입니까?"

한고조가 대답했다.

"짐은 승상 이사가 진시황을 보좌할 때 업적이 있으면 황제에게 돌리고 과실이 있으면 자신이 떠맡았다고 들었소. 지금 상국은 간사한 상인들에게 뇌물을 받고도 백성을 위한다는 구실로 짐의 상림원을 요구했소. 이는 스스로 백성에게 잘 보이려는 짓이오. 그를 구금해 죄를 다스리고자 한 이유요."

왕위위가 말했다.

"직책상 백성에게 도움이 될 것 같으면 백성을 위해 주청하는 것

이 승상의 본분입니다. 폐하는 어찌해서 상국이 상인의 뇌물을 받았
았다고 의심하는 것입니까? 폐하는 과거 여러 해 동안 초나라와 싸
웠고, 진희와 경포의 모반 때는 친히 군사를 지휘해 난을 평정했습
니다. 당시 상국은 관중에 남아 굳게 지켰습니다. 만일 그가 동요했
으면 함곡관 이서의 관중 땅은 폐하에게 돌아오지 않았을 것입니다.
상국은 그때도 이익을 취하지 않았습니다. 그런 그가 상인의 뇌물을
받을 리 있겠습니까? 진시황은 잘못을 지적하는 간언을 듣지 않아
천하를 잃었습니다. 이사가 황제의 과실을 분담한 것이 어찌 본받을
만한 것이겠습니까! 폐하는 승상을 왜 그리 천박하게 의심하는 것입
니까?"

한고조가 불쾌하게 여겼다. 이날 부절을 든 사자를 보내 소하를
석방했다. 소하는 연로한데다 평소 공손하고 신중했다. 황제를 배견
할 때 맨발로 가 사죄했다. 한고조가 말했다.

"상국은 그만하시오! 상국은 백성을 위해 상림원을 요구했고, 짐
은 윤허하지 않았소. 이로써 짐은 걸주桀紂 같은 군주에 불과하고, 상
국은 현명한 재상이 되었소. 짐이 상국을 구금한 것은 백성에게 짐
의 잘못을 알도록 하려는 취지였소."

소하는 평소 조참과 서로 좋지 못했다. 소하가 병이 들자 한혜제
가 친히 문병을 와 이같이 물었다.

"상국이 만일 죽는다면 과연 누가 대신할 수 있겠소?"

소하가 대답했다.

"신하를 아는 사람으로 군주보다 나은 사람은 없습니다."

한혜제가 물었다.

"조참은 어떻소?"

소하는 머리를 조아리며 대답했다.

"폐하가 잘 택했습니다. 신은 죽어도 여한이 없습니다!"

소하는 전택을 살 때 반드시 외딴 땅에 마련했다. 집을 지을 때도 담장을 두르지 않았다. 그러면서 그는 이같이 말했다.

"후손이 현명하면 나의 검소함을 배울 것이고, 현명하지 못할지라도 권세가에게 빼앗기지는 않을 것이다."

한혜제 2년, 상국 소하가 죽었다. 시호는 문종후文終侯다. 소하의 후손이 죄를 지어 제후의 지위를 잃은 것이 4대에 걸쳤다. 매번 뒤를 이을 자가 끊겼다. 천자는 번번이 소하의 후손을 찾아내 찬후에 봉했다. 다른 공신들 모두 그와 비교할 수조차 없었다.

●● 漢十二年秋, 黥布反, 上自將擊之, 數使使問相國何爲. 相國爲上在軍, 乃拊循勉力百姓, 悉以所有佐軍, 如陳豨時. 客有說相國曰, "君滅族不久矣. 夫君位爲相國, 功第一, 可復加哉? 然君初入關中, 得百姓心, 十餘年矣, 皆附君, 常復孳孳得民和. 上所爲數問君者, 畏君傾動關中. 今君胡不多買田地, 賤貰貸以自汙? 上心乃安." 於是相國從其計, 上乃大說. 上罷布軍歸, 民道遮行上書, 言相國賤彊買民田宅數千萬. 上至, 相國謁. 上笑曰, "夫相國乃利民!" 民所上書皆以與相國, 曰, "君自謝民." 相國因爲民請曰, "長安地狹, 上林中多空地, 棄, 願令民得入田, 毋收稿爲禽獸食." 上大怒曰, "相國多受賈人財物, 乃爲請吾苑!" 乃下相國廷尉, 械繫之. 數日, 王衛尉侍, 前問曰, "相國何大罪, 陛下繫之暴也?" 上曰, "吾聞李斯相秦皇帝, 有善歸主, 有惡自與. 今相國多受賈豎金而爲民請吾苑, 以自媚於民, 故繫治之." 王衛尉曰, "夫職事苟有便於民而請之, 眞宰相事, 陛下奈何乃疑相國受賈人錢乎! 且陛下距楚數歲, 陳豨·黥布反, 陛下自將而往, 當是時, 相國守關中, 搖足則關以西非陛下有也. 相國不以此時爲利, 今乃利賈人之金乎? 且秦以不聞其過亡天下, 李斯之分過, 又何足法哉. 陛下何疑宰相之淺也.” 高帝不懌. 是日, 使使持節赦出相國. 相國年老, 素恭謹, 入, 徒跣謝. 高帝曰, “相國休矣! 相國爲民請苑, 吾不許, 我不過爲桀紂主, 而相國爲賢相. 吾故相國, 欲令百姓聞吾過也.” 何素不與曹參相能, 及何病, 孝惠自臨視相國病, 因問曰, “君卽百歲後, 誰可代君者?” 對曰, “知臣莫如主.” 孝惠曰, “曹參何如?” 何頓首曰, “帝得之矣! 臣死不恨矣!” 何置田宅必居窮處, 爲家不治垣屋. 曰, “後世賢, 師吾儉, 不賢, 毋爲勢家所奪.” 孝惠二年, 相國何卒, 諡爲文終侯. 後嗣以罪失侯者四世, 絶, 天子輒復求何後, 封續鄼侯, 功臣莫得比焉.

　　태사공은 평한다.

　　“상국 소하는 진나라 때는 아전인 도필리刀筆吏에 불과했다. 매우 평범해 특별한 공적이 없다. 한나라가 일어날 때 고조의 남은 빛에 의지해 직책을 충실히 수행했다. 백성들이 진나라의 혹법을 증오하는 것을 알고 시류를 좇아 새롭게 바꾼 것이 그렇다. 한신과 경포 등은 모두 주살되었으나 그의 공훈은 이후에도 찬연히 빛났다. 지위 또한 신하들 가운데 최고였다. 그 명성은 후대까지 면면히 이어졌다. 주문왕 때의 명신인 굉요 및 산의생 등과 다툴 만했다.”

　　●● 太史公曰, “蕭相國何於秦時爲刀筆吏, 錄錄未有奇節. 及漢興, 依日月之末光, 何謹守管籥, 因民之疾奉秦法, 順流與之更始. 淮陰·黥布等皆以誅滅, 而何之勳爛焉. 位冠羣臣, 聲施後世, 與閎夭·散宜生等爭烈矣.”

조상국세가
曹相國世家

〈조상국세가〉는 소하의 뒤를 이어 상국이 된 개국공신 조참과 그의 후손에 관한 이야기를 다루고 있다. 조참은 한신에 이어 많은 군공을 세운 인물이다. 한신이 토사구팽으로 제거된 뒤 조참의 것으로 둔갑한 한신의 업적이 적지 않다. 후대인의 가필이 의심되는 대목이다.

일인지하 만인지상의 자리에 오른 조참의 이인자 리더십은 도가의 무위지치를 적극 활용한 데서 그 정수를 보여주었다. 초한전의 후유증이 아직 가시지 않은 상황에서 그의 무위지치는 민력의 회복에 결정적인 공헌을 했다. 사마천이 뛰어난 문체를 동원해 조참을 극찬한 이유다. 당나라 때의 문인 한유는 사마천이 조참의 행보를 생생히 묘사하기 위해 다양한 어휘를 종횡무진으로 구사한 점에 주목해 〈조상국세가〉를 《사기》의 최고 명문으로 꼽았다.

평양후 조참은 패현 출신이다. 조참은 진나라 때 패현의 감옥을 관리하는 아전인 옥연獄掾으로 있었다. 소하는 아전을 총괄하는 주리였다. 이들은 현 내에서 권세 있는 아전인 호리豪吏로 통했다. 한고조가 패공이 되어 거병할 때 조참은 중연의 신분으로 군사를 이끌고 호릉胡陵·방여로 진격했다. 진나라 감공監公의 군사를 공격해 대파했다. 이어 동쪽으로 설현薛縣을 점령하고, 설군의 외성 서쪽에서 사수군의 수비군을 격파했다. 그러고는 재차 호릉을 공격해 점령했다. 이때 조참은 방여 쪽으로 이동했다. 방여가 위왕魏王에게 투항한 까닭에 진격한 것이다. 풍읍도 배반해 위나라에 투항했다. 조참이 방여에 이어 풍읍을 친 이유다.

당시 한고조 유방은 조참에게 칠대부七大夫 작위를 내렸다. 조참은 탕군의 동쪽에서 진나라 사마 니尼가 이끄는 군사를 격파했다. 또 탕군과 호보狐父를 포함해 기현祁縣의 선역善驛 일대를 빼앗았다. 서쪽으로 하읍下邑을 공격하고 우현虞縣에 이르렀다. 진나라 장수 장함의 거기車騎부대를 향해 진격했다. 원척爰戚과 항보亢父를 칠 때는 제일 먼저 성루에 올랐다. 공을 인정받아 오대부五大夫로 승진했다. 또 북쪽으로 아현阿縣을 구하고, 장함의 군사를 격파한 뒤 진陳을 함락시키고 복양까지 추격했다. 정도를 치고, 임제臨濟를 빼앗았다. 남진해 옹구를 구하고, 이유의 군사를 격파했다. 이때 이유를 사살하고 진나라 군사의 군후軍侯 한 명을 포획했다.

당시 진나라 장수 장함은 항량의 군사를 격파하고 항량을 죽였다. 소식을 들은 패공 유방과 항우가 군사를 이끌고 동쪽으로 귀환했다. 초회왕은 패공 유방에게 명해 탕군의 장이 되어 탕군의 군사를 이끌게 했다. 유방은 조참을 집백執帛에 임명하고, 건성군建成君으로 불렀다. 이후 조참을 다시 원척현의 현령에 임명한 뒤 탕군에 예속시켰다. 이후 조참은 패공을 따라 동군 군위郡尉의 군사를 공격해 성무成武의 남쪽에서 격파했다. 왕리王離가 이끄는 진나라 군사를 성양 남쪽에서 격파하고, 다시 왕리의 군사를 강리杠里에서 공격해 대파시켰다.

적군을 추격해 서쪽으로 개봉에 이르자 조분趙賁의 군사를 격파하고, 개봉성開封城에서 조분의 군사를 포위했다. 서쪽으로 곡우曲遇에서 진나라 장수 양웅楊熊의 군사를 격파하고, 진나라의 사마와 어사 각 한 명을 포획했다. 그 공으로 집규로 승진했다. 또 패공을 따라 양무陽武를 공격해 환원轘轅과 구씨緱氏를 점령했다. 황하 나루터를 봉쇄한 뒤 회군해 시향尸鄕 북쪽에서 조분의 군사를 물리쳤다. 패공을 따라 남진해 주犨를 쳤고, 남양군수 여의呂齮와 양성陽城의 외성 동쪽에서 교전했다. 적군의 진영을 격파하고, 완성을 빼앗았다. 이때 여의를 포획하고 남양군을 완전히 평정했다. 패공을 따라 서진해 무관과 요관嶢關을 공격해 빼앗았다. 먼저 진나라 군사를 남전의 남쪽에서 격파하고, 한밤에 남전의 북쪽을 공격해 대파했다. 함양에 이르러 마침내 진나라를 멸했다.

항우가 관중에 이르러 패공을 한왕漢王으로 삼았다. 유방은 조참을 건성후建成侯에 봉했다. 조참은 유방을 따라 한중에 이르러 장군으로 승진했다. 유방을 따라 회군해 삼진三秦을 평정하고, 처음으로 하변下辯과 고도故道 및 옹과 태斄를 쳤다. 호치好畤 남쪽에서 장평章平이 이끄는 삼진三秦의 군사를 물리친 뒤 호치를 포위해 양향壤鄕을 빼앗았다. 양향의 동쪽과 고력高櫟 일대에서 삼진의 군사를 격파했다. 재차 장평의 군사를 포위하자 장평은 호치의 포위망을 뚫고 달아났다. 여세를 몰아 조분과 그의 내사인 보保의 군사를 격파한 뒤 동진해 함양을 공략했다. 유방은 함양을 신성으로 개명했다.

조참이 군사를 이끌고 스무날 동안 경릉景陵을 지키자 삼진은 장평 등을 보내 조참을 쳤다. 조참이 곧바로 출격해 이들을 대파했다. 유방은 영진寧秦을 조참에게 식읍으로 주었다. 조참은 장군의 신분으로 군사를 이끌고 가 진나라 장수 장한을 폐구廢丘에서 포위했고, 또 중위의 신분으로 유방을 따라 임진관臨晉關을 빠져나왔다. 하내에 이르러 수무를 점령하고, 위진圍津 나루터에서 황하를 건넌 뒤 동진해 정도定道에서 용저龍且와 항타項他 등을 물리쳤다. 계속 동진해 탕碭·소蕭·팽성을 빼앗았다. 유방이 항우의 군사를 치다가 대패해 달아나자, 조참은 중위의 신분으로 군사를 이끌고 옹구를 포위해 빼앗았다. 한나라 장수 왕무王武가 외황에서 반기를 들고, 정처程處가 연 땅에서 반기를 들자 조참이 군사를 이끌고 진격해 이들을 물리쳤다. 주천후柱天侯가 연씨衍氏에서 반기를 들자 또 진격해 반란군을 격파하고 연씨를 탈환했다. 우영羽嬰을 곤양에서 친 뒤 섭 땅까지 추격했다. 회군해 무강武彊을 치고, 여세를 몰아 형양에 이르렀다.

한중에서부터 장군이 된 것부터 따지면 중위가 되어 유방을 따라 제후 및 항우를 친 뒤 형양으로 돌아온 셈이다. 모두 2년 사이에 일어난 일이다.

한고조 2년, 조참이 대리 좌승상左丞相이 되어 군사를 이끌고 관중에 주둔했다. 한 달여 뒤 위왕魏王 위표가 반란을 일으켰다. 조참이 대리 좌승상의 신분으로 한신과 함께 각기 군사를 이끌고 동진해 위나라 장수 손속孫遫의 군사를 동장東張에서 대파했다. 승세를 몰아 안읍을 치고 위나라 장수 왕양王襄을 포획했다. 곡양에서 위왕 위표를 쳤다. 마침내 무원까지 추격해 위표를 생포했다. 평양을 점령한 뒤 위표의 모친과 처, 자녀들을 포획해 위魏 땅을 평정했다. 빼앗은 성읍이 모두 쉰두 개에 달했다. 유방이 평양을 조참에게 식읍으로 주었다.

이후 한신을 쫓아 조나라 상국 하열夏說의 군사를 오성鄔城의 동쪽에서 대파하고, 하열을 죽였다. 한신은 옛 상산왕常山王 장이와 함께 군사를 이끌고 정형井陘으로 내려와 성안군을 쳤다. 이때 조참에게 명해 회군한 뒤 조나라 별장別將 척장군戚將軍을 오성에서 포위하게 했다. 척장군이 포위망을 뚫고 달아나자 곧바로 추격해 목을 베었다. 이어 군사를 이끌고 오창에 있는 유방의 영채로 갔다. 당시 한신은 이미 조나라를 점령해 상국이 된 뒤 동쪽 제나라를 향해 진격했다. 조참은 우승상右丞相의 신분으로 한신에 예속되었다. 곧 역하가 이끄는 제나라 군사를 격파하고 임치를 점령했다. 회군해 제북군을 평정한 뒤 저著·탑음漯陰·평원平原·격鬲·노盧 등을 쳤다.

얼마 후 한신을 따라 상가밀上假密에서 용저의 군사를 쳐서 대파했다. 용저의 목을 벤 뒤 그의 부장 주란周蘭을 포획했다. 제나라 땅을 평정해 모두 70여 개의 현을 얻었다. 옛 제왕 전광田廣, 재상 전광田光, 대리 승상인 수상守相 허장許章, 옛 제나라 교동장군膠東將軍 전기田旣 등을 포획했다. 이후 한신은 제왕齊王으로 봉해진 뒤 군사를 이끌고 진현에 도착해 유방과 합세해 항우를 격파했다. 이때 조참은 제나라 땅에 머물며 아직 굴복하지 않은 땅을 평정했다.

항우가 죽자 유방이 황제의 자리에 올랐다. 한신은 초왕楚王으로 이봉되었고, 제나라 땅은 군郡이 되었다. 조참은 한나라 승상의 인수를 반환했다. 한고조가 서장자 유비劉肥를 제왕에 봉하고, 조참을 제나라의 상국으로 임명했다. 한고조 6년, 조정이 조참에게 열후의 작위를 내릴 때 제후와 나누어 가지는 신부信符를 내리며 작위를 대대로 전해 끊기지 않게 했다. 조참은 평양의 1만 630호를 식읍으로 한 평양후에 봉해졌다. 전에 받은 식읍은 반환되었다.

진희가 반기를 들었을 때 조참은 제나라 상국의 신분으로 군사를 이끌고 가 진희의 부장 장춘張春의 군사를 격파했다. 경포가 반기를 들었을 때는 제나라 상국의 신분으로 제도혜왕을 따라 보병과 거기 부대 20만 명을 이끌고 가 한고조와 함께 경포의 군사를 쳐 대파했다. 이어 남쪽으로 기蘄를 치고 회군하는 과정에서 죽읍竹邑·상相·소蕭·유留 땅을 평정했다. 조참의 공적을 요약하면 이렇다. 두 개의 봉국과 122개의 현을 함락시켰다. 두 명의 제후왕, 세 명의 봉국 승상, 여섯 명의 장군을 포함해 대막오大莫敖·군수郡守·사마·군후·어사 각 한 명씩을 포획했다.

한혜제 원년, 봉국에 상국을 설치하는 법령을 폐지하면서 조정이 조참을 제나라의 승상으로 임명했다. 조참은 제나라의 승상이 되어 제나라의 일흔 개 성읍을 거느리게 되었다. 천하가 막 평정되었을 때 제도혜왕의 나이가 어렸다. 조참이 장로長老와 사인을 모두 불러 들여 백성을 안정시키는 방법을 물었다. 제나라에는 원래 100명을 헤아리는 유생이 있었다. 설이 분분해 어떻게 결정해야 좋을지 몰랐다. 이내 교서 땅에 갑공蓋公이라는 자가 황로학黃老學에 정통하다는 이야기를 듣고는 곧바로 후한 폐물을 보내 초청했다. 갑공을 만나자 갑공은 조참에게 권했다.

"나라를 다스리는 가장 좋은 방법은 도가에서 말하는 청정무위淸靜無爲입니다. 그리하면 백성은 절로 안정될 것입니다."

갑공이 청정무위와 관련한 여러 사례를 들어 설득했다. 조참이 정당正堂을 양보해 갑공에게 그곳에 머물게 했다. 제나라를 다스리는 기본 치술로 황로학 이론을 채택했다. 제나라 승상이 된 지 9년 만에 백성이 편안해졌다. 사람들이 그를 현상賢相이라 칭송한 이유다.

●● 平陽侯曹參者, 沛人也. 秦時爲沛獄掾, 而蕭何爲主吏, 居縣爲豪吏矣. 高祖爲沛公而初起也, 參以中涓從. 將擊胡陵·方與, 攻秦監公軍, 大破之. 東下薛, 擊泗水守軍薛郭西. 復攻胡陵, 取之. 徙守方與. 方與反爲魏, 擊之. 豐反爲魏, 攻之. 賜爵七大夫. 擊秦司馬尼軍碭東, 破之, 取碭·狐父·祁善置. 又攻下邑以西, 至虞, 擊章邯車騎. 攻爰戚及亢父, 先登. 遷爲五大夫. 北救阿, 擊章邯軍, 陷陳, 追至濮陽. 攻定陶, 取臨濟. 南救雍丘. 擊李由軍, 破之, 殺李由, 虜秦候一人. 秦將章邯破殺項梁也, 沛公與項羽引而東. 楚懷王以沛公爲碭郡長, 將碭郡兵. 於是乃封參爲執帛, 號曰建成君. 遷爲戚公, 屬碭郡. 其後從攻東郡尉軍, 破之成武南. 擊王離軍成陽南, 復攻之杠里, 大破之. 追北, 西至開封, 擊趙賁軍, 破之, 圍趙賁開封城中. 西擊秦將楊熊軍於曲遇, 破之, 虜秦司馬及御史各一人. 遷爲執珪. 從攻陽武, 下轘轅·緱氏, 絶河津, 還擊趙賁軍尸北, 破之. 從南攻犨, 與南陽守齮戰陽城郭東, 陷陳, 取宛, 虜齮, 盡定南陽郡. 從西攻武關·嶢關, 取之. 前攻秦軍藍田南, 又夜擊其北, 秦軍大破, 遂至咸陽, 滅秦. 項羽至, 以沛公爲漢王. 漢王封參爲建成侯. 從至漢中, 遷爲將軍. 從還定三秦, 初攻下辯·故道·雍·斄. 擊章平軍於好畤南, 破之, 圍好畤, 取壤鄕. 擊三秦軍壤東及高櫟, 破之. 復圍章平, 章平出好畤走. 因擊趙賁·內史保軍, 破之. 東取咸陽, 更名曰新城. 參將兵守景陵二十日, 三秦使章平等攻參, 參出擊, 大破之. 賜食邑於寧秦. 參以將軍引兵圍章邯於廢丘. 以中尉從漢王出臨晉關. 至河內, 下脩武, 渡圍津, 東擊龍且·項他定陶, 破之. 東取碭·蕭·彭城. 擊項籍軍, 漢軍大敗走. 參以中尉圍取雍丘. 王武反於外黃, 程處反於燕, 往擊, 盡破之. 柱天侯反於衍氏, 又進破取衍氏. 擊羽嬰於昆陽, 追至葉. 還攻武彊, 因 至滎陽. 參自漢中爲將軍中尉, 從擊諸侯及項羽, 敗, 還至滎陽, 凡二歲. 高祖三二年, 拜爲假左丞相, 入屯兵關中. 月餘, 魏王豹反, 以假左丞相別與韓信東攻魏將軍孫遬軍東張, 大破之. 因攻安邑, 得魏將王襄. 擊魏王於曲陽, 追至武垣, 生得魏王豹. 取平陽, 得魏王母妻子, 盡定魏地, 凡五十二城. 賜食邑平陽. 因從韓信擊趙相國夏說軍於鄔東, 大破之, 斬夏說. 韓信與故常山王張耳引兵下井陘, 擊成安君, 而令參還圍趙別將戚將軍於鄔城中. 戚將軍出走, 追斬之. 乃引兵詣敖倉漢王之所. 韓信已破趙, 爲相國, 東擊齊. 參以右丞相屬韓信, 攻破齊歷下軍, 遂取臨菑. 還定濟北郡, 攻著·漯陰·平原·鬲·盧. 已而從韓信擊龍且軍於上假密, 大破之, 斬龍且, 虜其將軍周蘭. 定齊, 凡得七十餘縣. 得故齊王田廣相田光, 其守相許章, 及故齊膠東將軍田既. 韓信爲齊王, 引兵詣陳, 與漢王共破項羽, 而參留平齊未服者. 項籍已死, 天下定, 漢王爲皇帝, 韓信徙爲楚王, 齊爲郡. 參歸漢相印. 高帝以長子肥爲齊王, 而以參爲齊相國. 以高祖六年賜爵列侯, 與諸侯剖符, 世世勿絕. 食邑平陽萬六百三十戶, 號曰平陽侯, 除前所食邑. 以齊相國擊陳豨將張春軍, 破之. 黥布反, 參以齊相國從悼惠王將兵車騎十二萬人, 與高祖會擊黥布軍, 大破之. 南至蘄, 還定竹邑·相·蕭·留. 參功, 凡下二國, 縣一百二十二, 得王二人, 相三人, 將軍六人, 大莫敖·郡守·司馬·候·御史各一人. 孝惠帝元年, 除諸侯相國法, 更以參爲齊丞相. 參之相齊, 齊七十城. 天下初定, 悼惠王富於春秋, 參盡召長老諸生, 問所以安集百姓, 如齊故俗諸儒以百數, 言人人殊, 參未知所定. 聞膠西有蓋公, 善治黃老言, 使人厚幣請之. 既見蓋公, 蓋公爲言治

道貴清靜而民自定, 推此類具言之. 參於是避正堂, 舍蓋公焉. 其治要
用黃老術, 故相齊九年, 齊國安集, 大稱賢相.

한혜제 2년, 소하가 죽었다. 조참은 이 소식을 듣고는 그의 사인들
에게 행장을 속히 꾸릴 것을 재촉했다.

"내가 곧 입궐해 상국이 될 것이다."

얼마 후 과연 사자가 조참을 부르러 왔다. 조참이 떠날 때 후임인
제나라 승상에게 당부했다.

"제나라의 감옥과 시장은 간사한 사람들이 모여드는 장소요. 그런
곳은 응당 신중히 대해야 하고, 혼란스럽게 만들어서는 안 되오."

후임 승상이 말했다.

"나라를 다스리는 일로 이보다 중요한 것이 없습니까?"

조참이 말했다.

"그렇지는 않소. 감옥과 시장이라는 곳은 선과 악이 공존하는 곳
이오. 만일 그대가 그곳을 엄중히 처리하지 않으면 나쁜 사람이 어
디에 가 몸을 의탁하겠소? 나는 이를 매우 중시해 우선시한 것이오."

조참이 아직 미천했을 때 소하와 사이가 좋았다. 그러나 조참이
장군, 소하가 상국이 된 후 틈이 벌어졌다. 소하가 죽음에 임박해 천
거한 사람은 오직 조참뿐이다. 조참은 소하의 뒤를 이어 한나라의
상국이 되어 모든 일을 처리할 때 하나같이 소하가 제정한 법령을
좇았다. 조참은 각 군이나 봉국의 관원 가운데 문사가 질박하고 꾸
밈이 없는 중후한 장자長者가 있으면 곧바로 불러들여 승상부 관원
으로 썼다. 관원 가운데 언어와 문사가 각박하고 칭송이나 명성을
얻기에만 힘쓰는 자는 곧바로 내쫓았다. 조참은 밤낮으로 술을 마셨

다. 경대부 이하의 관원이나 빈객들은 조참이 정사를 돌보지 않는 것을 보고는 내방할 때마다 간하고자 했다. 그런 사람이 찾아오면 조참은 곧 맛있는 술을 마시게 했고, 잠시 후 말을 다시 하려고 들면 또다시 술을 권해 취하게 만든 뒤 돌려보냈다. 방문한 사람들 모두 끝내 말을 꺼내지 못했다. 그는 늘 그러했다.

상국의 집 후원은 관원들의 숙사宿舍와 가까웠다. 관원들이 숙사에서 종일 술을 마시고 노래하며 큰소리로 떠들어댔다. 조참을 수종하는 자들이 이들을 미워했으나 어찌할 도리가 없었다. 마침내 하루는 수종하는 자가 조참에게 후원에 나와 놀게 했다. 관원들이 취해 떠들고 노래하는 것을 듣고 적절한 조치를 취하기를 바란 것이다. 그런데 조참은 오히려 술자리를 편 뒤 이들과 같이 마시고 고성방가를 하며 사이좋게 지냈다. 조참은 관원들의 사소한 잘못을 보면 오로지 숨겨주고 덮어주었다. 상국부相國府에서 거의 문제가 일어나지 않은 이유다. 조참의 아들 조줄曹窋은 중대부였다. 한혜제는 상국이 정무를 처리하지 않는 것을 내심 괴이하게 여겼다.

"어찌해서 짐을 경시하는 것인가?"

곧 조줄에게 이같이 말했다.

"그대가 집에 돌아가거든 은밀히 부친에게 다음과 같이 물어보시오. '고황제가 붕어해 신하들과 이별한 지 얼마 되지 않았고 황상 또한 나이가 젊습니다. 아버님은 상국이 되어 날마다 술만 드시고 황상에게 소청하거나 보고하는 일도 없습니다. 장차 천하사를 어찌 대처하려는 것입니까?' 다만 짐이 그대에게 시켰다고는 하지 마시오."

조줄이 휴가를 얻어 귀가한 뒤 부친을 모시고 있다가 한혜제의 말을 그대로 옮겼다. 조참이 크게 화를 내며 조줄의 종아리를 200대나

때리고 말했다.

"빨리 궁에 들어가 황상을 모시기나 해라. 천하의 일은 네가 말할 바가 아니다."

조참이 조회에 참석하자 한혜제가 나무랐다.

"왜 조줄을 그토록 혼을 낸 것이오? 지난번 일은 짐이 시켜 그대에게 간하게 한 것이었소."

조참이 관을 벗고 사죄했다.

"폐하가 보건대 폐하와 고황제 가운데 누가 더 현명하고 영민하며 용맹스럽습니까?"

"짐이 어찌 감히 선제를 넘보겠소?"

"폐하가 보실 때 저와 소하 가운데 누가 더 능력이 뛰어납니까?"

"그대가 못 미칠 것 같소."

조참이 말했다.

"폐하의 말씀이 옳습니다. 고황제와 소하가 천하를 평정했고, 법령도 이미 밝게 정해놓았습니다. 폐하는 팔짱을 낀 채 편히 계시고, 저희는 직분을 지키면서 옛 법도를 따르기만 하면 됩니다. 그런 식으로 지키는 것이 좋지 않겠습니까?"

"옳은 이야기요. 이제 그대는 쉬도록 하시오."

조참이 한나라 상국이 된 지 3년 만에 죽었다. 시호는 의후懿侯다. 아들 조줄이 제후의 작위를 이어받았다. 백성이 이런 노래를 불렀다.

소하가 제정한 법은 하나같이 밝고 곧았지
조참이 대를 이어 지켜가며 잃지 않았지
청정무위 계책을 행하니 온 백성이 편했지

평양후 조줄은 여태후 때 어사대부를 지냈다. 한문제 즉위 후 관직을 사직하고 제후가 되었다. 조줄은 제후가 된 지 29년 만에 세상을 떠났다. 시호는 정후靜侯다. 아들 조기가 작위를 계승한 뒤 7년 만에 죽었다. 시호는 간후簡侯다. 아들 조시曹時가 그 작위를 이었다. 조시는 평양공주와 결혼해 아들 조양曹襄을 낳았다. 조시는 나병에 걸려 봉국으로 돌아갔다. 작위를 이은 지 23년 만에 죽었다. 시호는 이후夷侯다. 조양은 위장공주衛長公主와 결혼해 아들 조종曹宗을 낳았다. 조양은 작위를 이은 지 16년 만에 죽었다. 시호는 공후共侯다. 조종이 작위를 이어받았다. 정화征和 2년, 조종이 태자의 모반 사건에 연루되어 죽으면서 봉국이 폐지되었다.

●● 惠帝二年, 蕭何卒. 參聞之, 告舍人趣治行, "吾將入相." 居無何, 使者果召參. 參去, 屬其後相曰, "以齊獄市爲寄, 愼勿擾也." 後相曰, "治無大於此者乎?" 參曰, "不然. 夫獄市者, 所以幷容也, 今君擾之, 人安所容也? 吾是以先之." 參始微時, 與蕭何善, 及爲將相, 有卻. 至何且死, 所推賢唯參. 參代何爲漢相國, 擧事無所變更, 一遵蕭何約束. 擇郡國吏木訥於文辭, 重厚長者, 卽召除爲丞相史. 吏之言文刻深, 欲務聲名者, 輒斥去之. 日夜飮醇酒. 卿大夫已下吏及賓客見參不事事, 來者皆欲有言. 至者, 參輒飮以醇酒, 閒之, 欲有所言, 復飮之, 醉而後去, 終莫得開說, 以爲常. 相舍後園近吏舍, 吏舍日飮歌呼. 從吏惡之, 無如之何, 乃請參遊園中, 聞吏醉歌呼, 從吏幸相國召按之. 乃反取酒張坐飮, 亦歌呼與相應和. 參見人之有細過, 專掩匿覆蓋之, 府中無事. 參子窋爲中大夫. 惠帝怪相國不治事, 以爲'豈少朕與'? 乃謂窋曰, "若歸, 試私從容問而父曰, '高帝新棄群臣, 帝富於春秋, 君爲相, 日飮, 無所請事, 何以憂天下乎?' 然無言吾告若也." 窋旣洗沐歸, 閒侍, 自從其所諫參. 參怒, 而笞窋二百, 曰, "趣入侍, 天下事非若所當言也." 至朝時, 惠帝讓參曰, "與窋胡治乎? 乃者我使諫君也." 參免冠謝曰, "陛下自察聖武孰與高帝?" 上曰, "朕乃安敢望先帝乎!" 曰, "陛下觀臣能孰與蕭何賢?" 上曰, "君似不及也." 參曰, "陛下言之是也. 且高帝與蕭何定天下, 法令旣明, 今陛下垂拱, 參等守職, 遵而勿失, 不亦可乎?" 惠帝曰, "善. 君休矣!" 參爲漢相國, 出入三年. 卒, 謚懿侯. 子窋代侯. 百姓歌之曰, "蕭何爲法, 顜若畫一, 曹參代之, 守而勿失. 載其清淨, 民以寧一." 平陽侯窋, 高后時爲御史大夫. 孝文帝立, 免爲侯. 立二十九年卒, 謚爲靜侯. 子奇代侯, 立七年卒, 謚爲簡侯. 子時代侯. 時尚平陽公主, 生子襄. 時病癘, 歸國. 立二十三年卒, 謚夷侯. 子襄代侯. 襄尚衛長公主, 生子宗. 立十六年卒, 謚爲共侯. 子宗代侯. 征和二年中, 宗坐太子死, 國除.

태사공은 평한다.

"상국 조참은 야전野戰에서 세운 공로가 위에서 언급한 것처럼 매우 많다. 회음후 한신과 거의 같다. 한신이 패망한 후 전공을 인정받은 열후 가운데 유독 조참만이 명성을 크게 떨쳤다. 조참은 한나라 상국이 된 후 도가의 청정무위만이 치도에 부합한다고 여겼다. 당시는 백성이 진나라의 잔혹한 통치를 받은 직후였다. 조참은 이들에게 도가의 무위지치를 통해 휴식을 줄 필요가 있다고 여겼다. 천하 사람들이 입을 모아 조참의 공덕을 칭송한 이유다."

●● 太史公曰, "曹相國參攻城野戰之功所以能多若此者, 以與淮陰侯俱. 及信已滅, 而列侯成功, 唯獨參擅其名. 參爲漢相國, 清靜極言合道. 然百姓離秦之酷後, 參與休息無爲, 故天下俱稱其美矣."

유후세가

留侯世家

〈유후세가〉는 소하 및 조참과 더불어 한나라 건국에 결정적인 공헌을 한 책사 장량과 그 후손에 관한 이야기를 다루고 있다. 장량은 삼국시대의 제갈량 및 명태조 주원장의 책사인 유기劉基와 더불어 중국 역사상 최고의 꾀주머니인 지낭智囊으로 평가받고 있다. 그 전거가 바로 〈유후세가〉다. 객관적으로 볼 때 한나라 건국공신 가운데 장량만큼 뛰어난 학식을 지닌 자가 없었다. 유방 자신이 한미한 정장 출신인 데서 알 수 있듯이 그의 주변 인물들 모두 시정잡배 수준에 지나지 않았다. 소하와 조참은 그래도 소리小吏를 지낸 까닭에 그나마 나은 편이었다.

장량은 조상이 한韓나라에서 대대로 고관을 지낸 명문가 출신이었을 뿐 아니라 경전과 병서 등을 체계적으로 깊숙이 공부한 인물이다. 차원이 달랐던 것이다. 그런 그가 유방의 휘하로 들어간 것은 자신이 지니지 못한 뛰어난 일인자 리더십이 유방에게 있다는 사실을 알아챘기 때문이다. 그가 토사구팽을 당한 한신과 달리 시종이인자 리더십을 발휘하며 유방의 의심으로부터 벗어나 있었던 이유다. 그는 유방이 천하를 평정하자마자 신선술을 배우는 등 도인을 흉내냈다.《도덕경》이 역설한 공성신퇴를 실천한 것이다. 여러 모로 월왕 구천의 패업 완수를 도운 뒤 미련 없이 그 곁을 떠난 범리의 행보를 연상하게 만드는 대목이다. 장량이 21세기 현재에 이르기까지 지낭의 대명사로 불리는 것도 그의 이런 행보와 무관치 않을 것이다.

유후 장량은 그 선조가 전국시대 한나라 출신이다. 조부 장개지張開地는 한소후와 한선혜왕 및 한양애왕韓襄哀王 때 재상을 지냈다. 부친 장평張平은 한희왕과 한도혜왕韓悼惠王의 재상을 지냈다. 한도혜왕 23년, 부친 장평이 죽었다. 이후 20년 만에 진나라가 한나라를 멸했다. 당시 장량은 나이가 어려 한나라에서 벼슬을 하지는 않았다. 그러나 한나라가 멸망했음에도 그의 집에는 노복이 300명이나 있었다. 그의 동생이 죽었을 때 장례를 크게 치르기는커녕 오히려 가산을 모두 기울여 진시황을 척살할 자객을 구했다. 조국 한나라의 원수를 갚고자 한 것이다. 조부와 부친이 한나라에서 5대에 걸쳐 재상을 지낸 결과다.

장량은 일찍이 회양淮陽에서 예를 배웠고, 동쪽으로 가 창해군倉海君을 배견했다. 이어 강력한 역사 한 사람을 찾아내 120근의 철추鐵椎 하나를 만들었다. 진시황이 동쪽을 순시할 때 장량과 역사는 박랑사博浪沙에 매복해 있다가 저격을 시도했다. 그러나 철추는 실수로 뒤따르는 수레를 맞추고 말았다. 진시황이 크게 노해 전국 각지를 대거 수색해 긴급히 자객들을 잡아들였다. 모두 장량 때문이었다. 장량이 이름을 바꾸고 하비로 달아나 숨었다. 하루는 장량이 한가한 틈을 타 하비의 다리 위를 천천히 거닐었다. 한 노인이 거친 삼베옷을 걸친 채 그에게 다가와 일부러 신을 다리 밑으로 떨어뜨린 뒤 그를 돌아보고는 이같이 말했다.

"얘야, 내려가서 내 신을 주워오너라!"

장량은 의아해하며 한바탕 때려주려고도 했으나 그 사람이 노인이었으므로 억지로 참고 다리 아래로 내려가서 신을 주워왔다. 노인이 말했다.

"신발을 신겨라!"

장량은 기왕에 노인을 위해 신을 주워왔으므로 윗몸을 곧게 세우고 꿇어앉아 신을 신겨주었다. 노인은 발을 뻗어 신을 신기게 하고는 웃으면서 가버렸다. 장량은 크게 놀라서 노인이 가는 대로 물끄러미 바라다보았다. 노인은 1리쯤 가다가 다시 돌아와 말했다.

"이놈, 실로 가르칠 만하구나! 닷새 뒤 새벽에 여기서 나와 만나자."

장량은 더욱 괴이하게 여기며 꿇어앉아 "예" 하고 대답했다. 그리고 닷새째 되는 날 새벽에 장량이 그곳으로 가보니 노인은 벌써 나와 있었다. 노인은 화를 냈다.

"늙은이와 약속을 하고 뒤늦게 오다니 어찌 된 노릇이냐?"

그러고는 되돌아가며 다시 말했다.

"닷새 뒤 좀더 일찍 나오너라."

닷새가 지나 새벽닭이 울 때 장량은 다시 그곳으로 갔다. 노인은 또 먼저 그곳에 와 있었다. 다시 화를 냈다.

"또 늦게 오니 어찌 된 것이냐?"

그곳을 떠나면서 다시 말했다.

"닷새 뒤 좀더 일찍 나오너라."

닷새 뒤 장량은 밤이 반도 지나지 않았을 때 그곳으로 갔다. 잠시 뒤 노인도 그곳으로 와서는 기쁜 표정으로 말했다.

"마땅히 이같이 해야지!"

그러고는 책 한 권을 내놓으며 말했다.

"이 책을 읽으면 제왕의 스승이 될 수 있다. 10년 뒤 뜻을 이룰 것이다. 그리고 13년 뒤 제수 북쪽에서 나를 만날 수 있을 것이다. 곡성산穀城山 아래의 누런 돌이 바로 나다."

노인이 이내 그곳을 떠나가며 더는 아무 말도 하지 않았다. 이후 다시는 볼 수 없었다. 날이 밝아 책을 보니 바로《태공병법太公兵法》이었다. 장량은 그 책을 기이하게 여겨 늘 익히고 외워가며 읽었다. 하비에 숨어 있을 때 협객으로 지냈다. 당시 항백項伯은 전에 사람을 죽인 일이 있어 장량을 따라다니며 숨어 지냈다. 10년 뒤 진섭 등이 봉기하자 장량도 청년 100여 명을 모았다. 경구가 자립해 초왕을 자처하며 유현留縣에 머물 때 장량이 그곳으로 가 그를 따르고자 했다. 그러나 도중에 패공 유방을 만나게 되었다. 당시 유방은 무리 수천 명을 이끌고 하비 서쪽의 땅을 공격해 점령했다. 장량이 마침내 패공을 따라갔다. 유방은 장량을 마구간을 총괄하는 구장廐將으로 임명했다. 장량이 자주《태공병법》으로 패공에게 유세했다. 유방이 기뻐하며 늘 그의 계책을 좇았다. 장량은 또 다른 사람에게도《태공병법》을 말했으나 이들은 모두 이해하지 못했다. 장량이 유방을 칭송했다.

"패공은 아마도 하늘이 낸 인물일 것이다."

장량은 유방을 따르면서 경구를 찾지 않았다. 유방이 설현으로 가 항량을 만났을 때 항량이 초회왕을 옹립했다. 장량이 건의했다.

"그대는 이미 초나라 후예를 세웠습니다. 한나라의 여러 공자 가운데 횡양군橫陽君 한성韓成이 가장 현명하니 그를 한왕韓王으로 세워 우군 세력을 늘리십시오."

항량이 장량을 시켜 한성을 찾아낸 뒤 한왕으로 삼았다. 이어 장량을 한나라 사도로 삼아 유방을 따르게 했다. 당시 장량은 1,000여 명의 군사를 이끌고 서쪽으로 나아가 한나라 원래 땅을 공략했다. 몇 개의 성을 빼앗았으나 번번이 진나라가 다시 탈환했다. 한나라 군사가 근거지도 없이 영천 일대에서 이리저리 옮겨 다니며 싸움을 하게 된 이유다.

유방이 낙양에서 남쪽으로 환원산轘轅山으로 나아갔을 때 장량은 군사를 이끌고 패공을 따라 한나라 땅 10여 성을 무너뜨리고 양웅의 군사를 격파했다. 당시 유방은 한왕 한성에게 남아서 양적을 지키게 했다. 그러고는 장량과 함께 남하해 원宛을 격파한 뒤 서쪽 무관으로 들어갔다. 유방이 병사 2만 명으로 요관을 지키는 진나라 군사를 치려고 했다. 장량이 계책을 냈다.

"진나라 군사가 아직은 강성하니 가볍게 볼 수 없습니다. 제가 듣건대 이들 장수는 백정의 자식이라고 합니다. 장사꾼은 돈이나 재물로 쉽게 움직일 수 있습니다. 원컨대 잠시 진영 내에 머물러 있으십시오. 사람을 시켜 먼저 가서 5만 명의 식량을 준비하고, 모든 산 위에 많은 깃발을 세워 의병疑兵으로 삼으십시오. 이어 역이기酈食其에게 많은 보물을 가지고 가 진나라 장수를 매수하도록 하십시오."

진나라 장수가 과연 진나라를 배반하고 패공과 합세해 서쪽으로 함양을 치려 했다. 유방이 곧 진나라 장수의 요구를 들어주려고 했다. 장량이 간했다.

"저 장수는 매수되어 진나라를 배반하고자 합니다. 신은 그 병사들이 듣지 않을까 두렵습니다. 저들이 듣지 않으면 매우 위험해집니다. 이들이 태만해진 틈을 타 치느니만 못합니다."

유방이 군사를 이끌고 진나라 군사를 공격해 대파했다. 이어 패잔병을 쫓아 남전에 이른 뒤 다시 싸웠다. 진나라 군사가 마침내 붕괴되었다. 마침내 함양에 다다르자 진왕 자영子嬰이 패공 유방에게 항복했다. 유방은 진나라 궁궐로 들어가 궁실, 휘장, 개와 말, 값진 보배, 부녀자 등이 수천을 헤아릴 정도로 많은 것을 보고 내심 그곳에 머물고 싶어 했다. 번쾌樊噲가 패공에게 궁궐 밖으로 나가기를 충간했으나 유방이 듣지 않았다. 다시 장량이 간했다.

"무릇 진나라가 무도했기에 여기까지 올 수 있었습니다. 모름지기 천하 사람을 위해 남은 적을 제거하려면 응당 검소함을 바탕으로 삼아야 합니다. 비로소 진나라에 들어온 지금 바로 그 즐거움을 편안히 누리신다면 이는 곧 이른바 '하나라 걸이 포학한 짓을 하게 돕는 것'에 해당합니다. 속담에 이르기를, '충성스러운 말은 귀에 거슬리지만 행실에 이롭고, 독한 약은 입에 쓰지만 병에 이롭다'고 했습니다. 원컨대 번쾌의 말을 들으십시오."

유방이 곧 파상으로 환군했다. 항우가 홍문鴻門 아래에 이르러 패공을 치려 하자 항백이 밤중에 패공의 군영으로 달려왔다. 함께 달아나자는 취지로 말하자 장량이 반대했다.

"저는 한왕韓王을 대신해 패공을 호송하고 있습니다. 지금 위급하다는 이유로 달아나는 것은 의롭지 못한 행동입니다."

그러고는 모든 사정을 패공에게 고했다. 유방이 크게 놀라 물었다.

"장차 어찌해야 좋겠소?"

장량이 반문했다.

"군주는 실로 항우를 배반하고자 하십니까?"

유방이 대답했다.

"소인배들이 나더러 함곡관을 막고 다른 제후의 군사를 듣지 않으면 진나라 땅 전부를 차지해 왕이 될 수 있다고 했소. 나는 그 말을 따른 것이오."

장량이 물었다.

"패공 스스로 판단컨대 항우를 능히 물리칠 수 있다고 생각하는 것입니까?"

유방이 한참 동안 묵묵히 있다가 입을 열었다.

"물론 물리칠 수 없소. 이제 어찌하면 좋겠소?"

장량이 항백에게 패공을 만나게 했다. 항백이 유방을 만나자 유방은 그와 함께 술을 마시며 축수祝壽하고 서로 친구가 되었다. 아울러 인척 관계도 맺었다. 그러고는 항백을 시켜 유방은 항우를 감히 배반하지 않았고, 함곡관을 지킨 것은 다른 도적들을 막기 위한 것이라는 식으로 이야기하도록 했다. 유방이 항우를 만났을 때 서로 화해한 배경이다. 자세한 이야기는 〈항우본기〉에 나온다.

◉◉ 留侯張良者, 其先韓人也. 大父開地, 相韓昭侯 · 宣惠王 · 襄哀王. 父平, 相釐王 · 悼惠王. 悼惠王二十三年, 平卒. 卒二十歲, 秦滅韓. 良年少, 未宦事韓. 韓破, 良家僮三百人, 弟死不葬, 悉以家財求客刺秦王, 爲韓報仇, 以大父 · 父五世相韓故. 良嘗學禮淮陽. 東見倉海君. 得力士, 爲鐵椎重百二十斤. 秦皇帝東遊, 良與客狙擊秦皇帝博浪沙中, 誤中副車. 秦皇帝大怒, 大索天下, 求賊甚急, 爲張良故也. 良乃更名姓, 亡匿下邳. 良嘗閒從容步遊下邳圯上, 有一老父, 衣褐, 至良所, 直墮其履圯下, 顧謂良曰, "孺子, 下取履!"良鄂然, 欲毆之. 爲其老, 彊忍, 下取履. 父曰, "履我!"良業爲取履, 因長跪履之. 父以足受, 笑而去. 良殊大驚, 隨目之. 父去里所, 復還, 曰, "孺子可敎矣. 後五日平明, 與我會此."良因怪之, 跪曰, "諾."五日平明, 良往. 父已先在, 怒曰, "與老人期, 後, 何也?"去, 曰, "後五日早會."五日雞鳴, 良往. 父又先在, 復怒曰, "後, 何也?"去, 曰, "後五日復早來."五日, 良夜未半往. 有頃, 父亦來, 喜曰, "當如是."出一編書, 曰, "讀此則爲王者師矣. 後十年興. 十三年孺子見我濟北, 穀城山下黃石卽我矣."遂去, 無他言, 不復見.

旦日視其書, 乃太公兵法也. 良因異之, 常習誦讀之. 居下邳, 爲任俠.
項伯常殺人, 從良匿. 後十年, 陳涉等起兵, 良亦聚少年百餘人. 景駒自
立爲楚假王, 在留. 良欲往從之, 道還沛公. 沛公將數千人, 略地下邳
西, 遂屬焉. 沛公拜良爲廐將. 良數以太公兵法說沛公, 沛公善之, 常用
其策. 良爲他人言, 皆不省. 良曰, "沛公殆天授." 故遂從之, 不去見景
駒. 及沛公之薛, 見項梁. 項梁立楚懷王. 良乃說項梁曰, "君已立楚後,
而韓諸公子橫陽君成賢, 可立爲王, 益樹黨." 項梁使良求韓成, 立以爲
韓王. 以良爲韓申徒, 與韓王將千餘人西略韓地, 得數城, 秦輒復取之,
往來爲遊兵潁川. 沛公之從雒陽南出轘轅, 良引兵從沛公, 下韓十餘
城, 擊破楊熊軍. 沛公乃令韓王成留守陽翟, 與良俱南, 攻下宛, 西入武
關. 沛公欲以兵二萬人擊秦嶢下軍, 良說曰, "秦兵尚彊, 未可輕. 臣聞
其將屠者子, 賈豎易動以利. 願沛公且留壁, 使人先行, 爲五萬人具食,
益爲張旗幟諸山上, 爲疑兵, 令酈食其持重寶啗秦將." 秦將果畔, 欲連
和俱西襲咸陽, 沛公欲聽之. 良曰, "此獨其將欲叛耳, 恐士卒不從. 不
從必危, 不如因其解擊之." 沛公乃引兵擊秦軍, 大破之. 遂逐北至藍田,
再戰, 秦兵竟敗. 遂至咸陽, 秦王子嬰降沛公. 沛公入秦宮, 宮室帷帳
狗馬重寶婦女以千數, 意欲留居之. 樊噲諫沛公出舍, 沛公不聽. 良曰,
"夫秦爲無道, 故沛公得至此. 夫爲天下除殘賊, 宜縞素爲資. 今始入秦,
卽安其樂, 此所謂'助桀爲虐'. 且'忠言逆耳利於行, 毒藥苦口利於病',
願沛公聽樊噲言." 沛公乃還軍霸上. 項羽至鴻門下, 欲擊沛公, 項伯乃
夜馳入沛公軍, 私見張良, 欲與俱去. 良曰, "臣爲韓王送沛公, 今事有
急, 亡去不義." 乃具以語沛公. 沛公大驚, 曰, "爲將奈何?" 良曰, "沛公
誠欲倍項羽邪?" 沛公曰, "鯫生教我距關無內諸侯, 秦地可盡王, 故聽
之." 良曰, "沛公自度能卻項羽乎?" 沛公默然良久, 曰, "固不能也. 今

爲柰何?"良乃固要項伯. 項伯見沛公. 沛公與飮爲壽, 結賓婚. 令項伯
具言沛公不敢倍項羽, 所以距關者, 備他盜也. 及見項羽後解, 語在項
羽事中.

　　한고조 원년 정월, 유방이 한왕漢王이 되어 파촉을 다스렸다. 유방
은 장량에게 황금 100일益과 진주 두 말을 상으로 내렸다. 장량은 이
를 모두 항백에게 바쳤다. 유방 역시 장량을 시켜 많은 재물을 항백
에게 전하면서, 한중 땅을 떼어줄 것을 항우에게 부탁하게 했다. 항
우가 이를 허락했다. 한중 땅을 손에 넣게 된 배경이다.

　　유방이 봉국으로 갈 때 장량이 배웅했다. 포중褒中에 이르러 장량
은 한나라로 갔다. 장량이 유방에게 권했다.

　　"대왕은 어찌해 지나간 곳의 잔도棧道를 불태워 끊지 않는 것입니
까? 천하 사람들에게 동쪽으로 돌아올 뜻이 없음을 보여주고, 그것
으로 항우의 마음을 안정시켜야 합니다."

　　유방은 장량을 한나라로 돌아가게 한 뒤 앞으로 나아갈 때마다 지
나온 잔도를 모두 불태워 끊어버렸다. 장량이 한나라로 갈 당시 항
우는 한왕韓王 한성을 봉국인 한나라로 돌려보내지 않고 자신을 따
라 함께 동진하게 했다. 장량이 일찍이 유방을 따라간 일로 인한 것
이다. 장량이 항우를 설득했다.

　　"한왕 유방은 잔도를 태워 끊어버렸으니 돌아올 마음이 없다는 뜻
입니다."

　　장량은 또 제왕齊王 전영田榮이 모반했다는 사실을 서신으로 고했
다. 항우가 서쪽 유방에 대한 경계를 푼 이유다. 곧 군사를 내어 북쪽
으로 제나라를 쳤다. 항우는 한왕韓王 한성을 봉국으로 돌려보내지

않았다. 이후 그를 다시 후侯에 봉했다가 팽성에서 죽었다. 장량은 황급히 달아났다. 샛길을 택해 유방에게 돌아갔다. 당시 유방 역시 이미 회군해 삼진三秦을 평정했다. 유방이 다시 장량을 성신후成信侯로 봉했다. 이어 동쪽으로 초나라를 칠 때 자신을 보좌하게 했다. 팽성에 이르러 한나라 군사는 패해 돌아왔다. 하읍에 이르자 유방이 말에서 내려 말안장에 기대며 물었다.

"내가 함곡관 동쪽을 떼어서 상으로 주고자 한다. 누가 나와 통일 천하의 대공을 함께할 수 있겠는가?"

장량이 말했다.

"구강왕九江王 경포는 초나라의 맹장이나 항우와 사이가 좋지 않습니다. 팽월은 제왕 전영과 함께 양 땅에서 반기를 들었으니 이 두 사람을 급히 써야 합니다. 대왕의 장수들 가운데 한신만이 큰일을 맡기면 한 방면을 담당할 수 있습니다. 만일 함곡관 동쪽을 떼어내 포상하고자 하면 이 세 명에게 주십시오. 그러면 능히 초나라를 격파할 수 있습니다."

유방이 수하隨何를 보내 구강왕 경포를 설득하게 했다. 또 팽월에게도 사람을 보내 연락하게 했다. 위왕 위표가 반기를 들자 유방은 곧 한신을 시켜 군사를 이끌고 가 그를 치게 했다. 이어 여세를 몰아 연·대·제·조 땅을 모두 점령하게 했다. 끝내 항우를 격파한 것은 바로 이 세 명의 도움 때문이다. 원래 장량은 병이 많았기에 독자적으로 군사를 통솔한 적이 없다. 늘 계책을 내는 신하로 활약하면서 가끔 유방을 쫓아 종군한 배경이다. 한고조 3년, 항우가 급히 형양에서 유방을 포위했다. 유방이 이를 크게 우려하면서 역이기와 함께 초나라의 힘을 약화시키고자 했다. 역이기가 말했다.

"옛날 은나라 탕왕은 하나라 걸을 토벌하고 이후 손을 기나라에 봉해주었고, 주무왕은 은나라 주를 토벌하고 이후 손을 송나라에 봉해주었습니다. 지금 진나라가 덕을 잃고 도의를 저버린 채 각 봉국을 침공해 육국의 후대를 끊어버렸습니다. 이들은 송곳 하나 세울 곳이 없습니다. 대왕이 실로 육국의 후손을 복위시켜 이들 모두에게 대왕의 관인官印을 받게 하면 그 나라의 군신과 백성이 반드시 대왕의 은덕을 우러러 받들게 될 것입니다. 또한 대왕의 덕의德義를 흠모해 마지않을 것이고, 대왕의 신민이 되기를 바랄 것입니다. 덕의가 행해지면 대왕은 남면해 패왕으로 불릴 것이고, 초나라는 반드시 옷깃을 여미고 조현할 것입니다."

유방이 말했다.

"좋소. 급히 관인을 새길 것이니 선생이 직접 육국에 가지고 가도록 하시오."

역이기가 떠나기 전에 장량이 마침 외지에서 돌아와 유방을 만났다. 유방이 막 식사를 하던 중이었다.

"자방子房(장량), 어서 들어오시오. 빈객 가운데 나를 위해 초나라의 권세를 약하게 할 계책을 낸 사람이 있었소."

그러고는 역이기의 계책을 모두 장량에게 말한 뒤 물었다.

"자방은 어떻게 생각하오?"

장량이 대답했다.

"누가 대왕을 위해 이런 계책을 세운 것입니까? 이 계책대로 하면 대왕의 대업은 가망이 없습니다."

"어째서 그렇소?"

장량이 대답했다.

"청컨대 앞에 있는 젓가락을 빌려주시면 대왕을 위해 당면한 형세를 하나하나 따져보겠습니다."

그러고는 물었다.

"옛날 은나라 탕왕이 하나라 걸을 토벌하고 그 후손을 기나라에 봉한 것은 하나라 걸을 사지로 몰아넣을 수 있다고 여겼기 때문입니다. 지금 대왕은 항우를 사지로 몰아넣으실 수 있습니까?"

"그럴 수 없소."

장량이 또 말했다.

"이것이 육국의 후손을 봉하는 것이 불가한 첫 번째 이유입니다. 주무왕이 은나라 주를 토벌한 후 후손을 송나라에 봉한 것은 은나라 주의 머리를 얻을 수 있다고 여겼기 때문입니다. 지금 대왕은 항우의 머리를 얻으실 수 있습니까?"

"그럴 수 없소."

장량이 말했다.

"이것이 불가한 두 번째 이유입니다. 주무왕이 은나라로 쳐들어갈 때 상용의 마을 문에 그의 덕행을 표창하고, 감옥에 구금되어 있는 기자를 석방하고, 비간의 무덤에 흙을 북돋아주었습니다. 지금 대왕은 성인의 무덤에 흙을 북돋고, 현자의 마을 문에 그 덕행을 표창하고, 지자의 문 앞을 지나며 경의를 표하실 수 있습니까?"

"그럴 수 없소."

장량이 말했다.

"이것이 불가한 세 번째 이유입니다. 주무왕은 일찍이 거교의 곡식을 풀고, 녹대 창고의 돈을 꺼내 빈궁한 사람들에게 나누어주었습니다. 지금 대왕은 창고를 열어 돈과 식량을 빈궁한 사람들에게 나누어주실 수 있습니까?"

"그럴 수 없소."

장량이 말했다.

"이것이 불가한 네 번째 이유입니다. 은나라를 치는 일이 이미 끝나자 주무왕은 병거를 고쳐 일반 수레로 만들고, 병기를 거꾸로 해 창고 속에 넣은 뒤 호랑이 가죽으로 덮어씌웠습니다. 천하에 더는 병기를 사용하지 않으리라 본 것입니다. 지금 대왕은 무력을 버리고 문교文敎를 행해 다시는 병기를 사용치 않을 수 있습니까?"

"그럴 수 없소."

장량이 말했다.

"이것이 불가한 다섯 번째 이유입니다. 주무왕은 전투용 말을 화산 남쪽에 풀어놓고 앞으로 사용치 않을 뜻을 드러냈습니다. 지금 대왕도 말을 풀어놓고 앞으로 사용하지 않을 수 있습니까?"

"그럴 수 없소."

장량이 말했다.

"이것이 불가한 여섯 번째 이유입니다. 주무왕은 군수품을 나르는 소를 도림 북쪽에 풀어놓고 다시는 군수품을 운반하거나 식량이나 마초馬草를 한곳에 모으는 데 쓰지 않을 뜻을 드러냈습니다. 지금 대왕은 소를 풀어놓고 다시는 군수품 수송용으로 쓰지 않으실 수 있습니까?"

"그럴 수 없소."

장량이 말했다.

"이것이 불가한 일곱 번째 이유입니다. 천하의 유사遊士들이 친척과 헤어지고 조상의 분묘를 버려두고 친구를 떠나 대왕을 따라 분주히 다니는 것은 단지 작은 땅덩어리라도 떼어주기를 밤낮으로 바라기 때문입니다. 지금 육국을 회복해 한·위·조·연·제·초의 후대를 세우면 천하의 유사들 모두 각자 돌아가 그 주인을 섬기고, 일가친척을 쫓아 조상의 분묘가 있는 곳으로 돌아갈 것입니다. 그 경우 대왕은 과연 누구와 더불어 천하를 차지하려는 것입니까? 이것이 불가한 여덟 번째 이유입니다. 그뿐 아니라 지금은 오직 초나라가 강성할 도리가 없지만, 만일 강성해지면 대왕이 세운 육국의 후손들이 다시 굽히고 초나라를 따르게 될 것입니다. 그 경우 대왕은 어떻게 이들을 신하로 삼을 수 있겠습니까? 실로 그 빈객의 계책을 사용하면 대왕의 사업은 다 그르치고 말 것입니다."

유방이 입안의 음식을 내뱉은 뒤 큰소리로 꾸짖었다.

"그 유생儒生 놈이 하마터면 대사를 그르치게 할 뻔했다!"

그러고는 황급히 관인을 녹이게 했다.

●● 漢元年正月, 沛公爲漢王, 王巴蜀. 漢王賜良金百溢, 珠二斗, 良具以獻項伯. 漢王亦因令良厚遺項伯, 使請漢中地. 項王乃許之, 遂得漢中地. 漢王之國, 良送至褒中, 遣良歸韓. 良因說漢王曰, "王何不燒絶所過棧道, 示天下無還心, 以固項王意."乃使良還. 行, 燒絶棧道. 良至韓, 韓王成以良從漢王故, 項王不遣成之國, 從與俱東. 良說項王曰, "漢王燒絶棧道, 無還心矣."乃以齊王田榮反書告項王. 項王以此無西憂漢心, 而發兵北擊齊. 項王竟不肯遣韓王, 乃以爲侯, 又殺之彭城. 良亡, 閒行歸漢王, 漢王亦已還定三秦矣. 復以良爲成信侯, 從東擊楚. 至彭城, 漢敗而還. 至下邑, 漢王下馬踞鞍而問曰, "吾欲捐關以東等棄之, 誰可與共功者?"良進曰, "九江王黥布, 楚梟將, 與項王有郤, 彭越與齊王田榮反梁地, 此兩人可急使. 而漢王之將獨韓信可屬大事, 當一面. 卽欲捐之, 捐之此三人, 則楚可破也." 漢王乃遣隨何說九江王布, 而使人連彭越. 及魏王豹反, 使韓信將兵擊之, 因擧燕‧代‧齊‧趙. 然卒破楚者, 此三人力也. 張良多病, 未嘗特將也, 常爲畫策臣, 時時從漢王. 漢三年, 項羽急圍漢王滎陽, 漢王恐憂, 與酈食其謀橈楚權. 食其曰,"昔湯伐桀, 封其後於杞. 武王伐紂, 封其後於宋. 今秦失德棄義, 侵伐諸侯社稷, 滅六國之後, 使無立錐之地. 陛下誠能復立六國後世, 畢已受印, 此其君臣百姓必皆戴陛下之德, 莫不鄕風慕義, 願爲臣妾. 德義已行, 陛下南鄕稱霸, 楚必斂衽而朝." 漢王曰,"善. 趣刻印, 先生因行佩之矣." 食其未行, 張良從外來謁. 漢王方食, 曰,"子房前! 客有爲我計橈楚權者." 其以酈生語告, 曰,"於子房何如?" 良曰,"誰爲陛下畫此計者? 陛下事去矣." 漢王曰,"何哉?" 張良對曰,"臣請藉前箸爲大王籌之." 曰,"昔者湯伐桀而封其後於杞者, 度能制桀之死命也. 今陛下能制項籍之死命乎?" 曰,"未能也.""其不可一也. 武王伐紂封其後於宋者, 度能得紂之頭也. 今陛下能得項籍之頭乎?" 曰,"未能也.""其不可二也. 武王入殷, 表商容之閭, 釋箕子之拘, 封比干之墓. 今陛下能封聖人之墓, 表賢者之閭, 式智者之門乎?" 曰,"未能也.""其不可三也. 發鉅橋之粟, 散鹿之錢, 以賜貧窮. 今陛下能散府庫以賜貧窮乎?" 曰,"未能也.""其不可四矣. 殷事已畢, 偃革爲軒, 倒置干戈, 覆以虎皮, 以示天下不復用兵. 今陛下能偃武行文, 不復用兵乎?" 曰,"未能也.""其不可五矣. 休馬華山之陽, 示以無所爲. 今陛下能休馬無所用乎?" 曰,"未能也.""其不可六矣. 放牛桃林之陰, 以示不復輸積. 今陛下能放牛不復輸積乎?" 曰,"未能也.""其不可七矣. 且天下遊士離其親戚, 棄墳墓, 去故舊, 從陛下遊者, 徒欲日夜望咫尺之地. 今復六國, 立韓‧魏‧燕‧趙‧齊‧楚之後, 天下遊士各歸事其主, 從其親戚, 反其故舊墳墓, 陛下

與誰取天下乎? 其不可八矣. 且夫楚唯無疆, 六國立者復橈而從之, 陛
下焉得而臣之? 誠用客之謀, 陛下事去矣."漢王輟食吐哺, 罵曰, "豎
儒, 幾敗而公事!"令趣銷印.

한고조 4년, 한신이 제나라를 격파하고 스스로 제왕齊王이 되고자
했다. 유방이 크게 노했다. 장량이 유방을 진정시켰다. 유방이 장량
을 보내 한신에게 제왕의 관인을 주게 했다. 이는〈회음후열전〉에 자
세히 기록되어 있다. 이해 가을, 유방은 초나라 군사를 추격해 양하
남쪽에 이르렀으나 전세가 불리하자 고릉의 보루를 굳게 지켰다. 제
후들이 약속한 기일이 되어도 오지 않았다. 장량이 유방을 설득했다.
유방이 그의 계책을 쓰자 제후들이 모두 이르렀다. 이 이야기는〈항
우본기〉에 자세히 기록되어 있다. 한고조 6년 정월, 공신들을 크게
봉했다. 장량은 일찍이 별다른 전공을 세운 적이 없다. 그런데도 한
고조는 오히려 이같이 말했다.

"군영의 장막 안에서 계책을 세워 1,000리 밖의 승부를 결정짓는
것은 모두 자방의 공이다. 제나라 영토 안에서 3만 호를 직접 고르도
록 하라."

장량이 사양했다.

"신은 당초 하비에서 일어난 뒤 폐하를 유 땅에서 만났습니다. 이
는 하늘이 신을 폐하에게 보내주신 것입니다. 폐하는 신의 계책을
썼고, 요행히도 그 계책이 맞아떨어졌습니다. 신은 유후에 봉해지는
것으로 족합니다. 3만 호는 도저히 감당할 수 없습니다."

이에 장량을 유후에 봉했다. 소하 등과 함께 봉지를 받았다. 한고
조 유방이 이미 큰 공을 세운 공신 20여 명을 봉했으나 나머지 사람

들은 밤낮으로 공을 다투었다. 결론을 내지 못해 봉할 수가 없었다. 유방이 낙양의 남궁南宮에 있을 때 구름다리 위에서 보니, 여러 장수가 자주 모래밭에 모여 앉아 뭔가를 이야기하고 있었다. 장량에게 물었다.

"저기서 무슨 말들을 하는 것인가?"

"폐하는 모르고 있습니까? 이는 모반하려는 것입니다."

"천하가 막 안정되었는데 무슨 까닭으로 모반하려는 것인가?"

장량이 대답했다.

"폐하는 포의의 신분으로 일어난 뒤 저들에게 의지해 천하를 차지했습니다. 이제 폐하가 천자가 되어 봉한 자들 모두 폐하가 친애하는 소하나 조참 같은 옛 친구들이고, 죽인 자들은 모두 평소에 원한이 있던 자들입니다. 지금 군리軍吏가 따져보니 천하의 땅을 다 가지고도 전공을 세운 자들을 모두 봉하기에는 부족하다고 합니다. 저들은 폐하가 모두 봉해주지 않을까 두렵고, 또 평소의 잘못을 의심받아 죽게 되지나 않을까 두려워하고 있습니다. 그래서 서로 모여 모반하려는 것입니다."

유방이 이를 걱정해 물었다.

"어찌하면 좋겠소?"

장량이 반문했다.

"황상이 평소 미워하면서도 신하들이 모두 아는 자 가운데 가장 심한 자가 누구입니까?"

유방이 대답했다.

"옹치雍齒와 짐 사이에 구원이 있소. 일찍이 짐을 여러 차례 곤욕스럽게 만들어 죽이고자 했소. 허나 그의 공이 많은 까닭에 차마 죽이지 못하는 것이오."

유방이 말했다.

"지금 급히 옹치를 봉하는 모습을 신하들에게 내보이십시오. 옹치를 봉하는 것을 보면 자신들도 봉해질 것을 굳게 믿을 것입니다."

유방이 곧 술자리를 베풀고 옹치를 십방후什方侯에 봉했다. 이어 급히 승상과 어사를 재촉해 공을 정한 뒤 각지에 봉했다. 신하들 모두 주연이 끝나자 기뻐했다.

"옹치도 후侯에 봉해졌으니 우리는 걱정할 일이 없다."

이때 유경劉敬이 유방을 설득했다.

"관중에 도읍하십시오."

한고조 유방이 머뭇거리며 결정하지 못했다. 좌우 대신 모두 산동 출신이었다. 대다수가 낙양에 도읍할 것을 권했다.

"낙양 동쪽에는 성고가 있고, 서쪽에는 효산崤山과 민지가 있습니다. 또한 황하를 등지고 이수伊水와 낙수雒水를 마주하고 있으니 그 견고함이 가히 안심할 만합니다."

장량이 반대했다.

"낙양이 비록 그토록 견고하나 그 중심지역이 좁아 수백 리에 불과하고, 땅이 척박합니다. 더구나 사방에서 적의 공격을 받을 수 있는 곳이어서 힘을 쓸 만한 곳이 아닙니다. 반면 관중 일대는 동쪽으로 효산과 함곡관이 있고, 서쪽으로 농산隴山과 촉산蜀山이 있습니다. 중심지에는 비옥한 들이 1,000리에 걸쳐 있고, 남쪽으로 파촉의 풍부한 자원이 있습니다. 또 북쪽으로는 소와 말을 방목할 수 있는 이점이 있습니다. 나아가 삼면은 험준한 지형에 의지해 굳게 지켜질 수 있습니다. 오직 동쪽 한 방면으로 제후를 통제하기만 하면 됩니다. 제후들이 안정되면 황하와 위수를 통해 천하의 식량을 운반해 서쪽 도성에 공급할 수 있습니다. 설령 제후가 반란을 일으킬지라도 물길을 따라 내려가 능히 군사와 군수물자를 수송할 수 있습니다. 이는 곧 1,000리에 걸친 철옹성鐵甕城을 뜻하는 금성천리金城千里이자, 천하의 창고에 해당하는 나라인 이른바 천부지국天府之國입니다. 유경의 말이 옳습니다."

한고조 유방이 곧바로 그날로 수레를 타고 서쪽을 향해 나아간 뒤 관중에 도읍했다. 유후 장량도 한고조를 따라 관중으로 들어갔다.

●● 漢四年, 韓信破齊而欲自立爲齊王, 漢王怒. 張良說漢王, 漢王使良授齊王信印, 語在淮陰事中. 其秋, 漢王追楚至陽夏南, 戰不利而壁固陵, 諸侯期不至. 良說漢王, 漢王用其計, 諸侯皆至. 語在項籍事中. 漢六年正月, 封功臣. 良未嘗有戰鬪功, 高帝曰, "運籌策帷帳中, 決勝千里外, 子房功也. 自擇齊三萬戶." 良曰, "始臣起下邳, 與上會留, 此天以臣授陛下. 陛下用臣計, 幸而時中, 臣願封留足矣, 不敢當三萬戶." 乃封張良爲留侯, 與蕭何等俱封. 六年上已封大功臣二十餘人, 其餘日夜爭功不決, 未得行封. 上在雒陽南宮, 從復道望見諸將往往相與坐沙中語. 上曰, "此何語?" 留侯曰, "陛下不知乎? 此謀反耳." 上曰, "天下屬安定, 何故反乎?" 留侯曰, "陛下起布衣, 以此屬取天下, 今陛下爲天子, 而所封皆蕭·曹故人所親愛, 而所誅者皆生平所仇怨. 今軍吏計功, 以天下不足遍封, 此屬畏陛下不能盡封, 恐又見疑平生過失及誅, 故卽相聚謀反耳." 上乃憂曰, "爲之奈何?" 留侯曰, "上平生所憎, 群臣所共知, 誰最甚者?" 上曰, "雍齒與我故, 數嘗窘辱我. 我欲殺之, 爲其功多, 故不忍." 留侯曰, "今急先封雍齒以示群臣, 群臣見雍齒封, 則人人自堅矣." 於是上乃置酒, 封雍齒爲什方侯, 而急趣丞相·御史定功行

封. 群臣罷酒, 皆喜曰, "雍齒尚爲侯, 我屬無患矣." 劉敬說高帝曰, "都
關中." 上疑之. 左右大臣皆山東人, 多勸上都雒陽, "雒陽東有成臯, 西
有殽黽, 倍河, 向伊雒, 其固亦足恃." 留侯曰, "雒陽雖有此固, 其中小,
不過數百里, 田地薄, 四面受敵, 此非用武之國也. 夫關中左殽函, 右隴
蜀, 沃野千里, 南有巴蜀之饒, 北有胡苑之利, 阻三面而守, 獨以一面東
制諸侯. 諸侯安定, 河渭漕輓天下, 西給京師, 諸侯有變, 順流而下, 足
以委輸. 此所謂金城千里, 天府之國也, 劉敬說是也." 於是高帝卽日駕,
西都關中. 留侯從入關.

유후는 천성적으로 병이 많았다. 도가의 양생술養生術인 도인道引
을 행하면서 곡식을 먹지 않고 1년여 동안 두문불출했다. 한고조 유
방이 태자를 폐하고 척부인의 아들 조왕趙王 유여의를 세우고자 했
다. 많은 대신이 다투어 간했으나 명확히 결단하지 않았다. 여후가
두려워하며 어찌할 바를 몰랐다. 어떤 자가 여후에게 말했다.

"유후는 대책을 잘 세웁니다. 게다가 황제가 그를 신임하고 있습
니다."

여후가 곧 건성후 여택呂澤을 시켜 유후를 강압했다.

"그대는 일찍이 황제의 모신謀臣으로 활약했소. 지금 황상이 태자
를 바꾸려 하고 있소. 그런데도 어찌해서 베개를 높이 한 채 누워만
있는 것이오?"

장량이 말했다.

"전에 황상은 누차 곤란하고 위급할 때 요행히도 저의 계책을 써
주셨습니다. 지금 천하가 안정된 상황에서 총애하는 자식으로 태
자를 바꾸고자 하니 이는 곧 골육 간의 일입니다. 저와 같은 사람이

100여 명이 있다고 한들 무슨 소용이 있겠습니까?"

여택이 더욱 세게 강요했다.

"부디 나를 위해 계책을 세워주시오."

장량이 말했다.

"이는 말로 다투기 어려운 일입니다. 돌이켜 생각해보니 황상이 임의로 불러올 수 없었던 사람으로 천하에 네 명이 있습니다. 이들 모두 연로합니다. 황상이 자신들을 업신여긴다고 생각한 까닭에 상산에 은거하며 절조를 지키고 있습니다. 한나라의 신하가 되지 않으려고 그런 것입니다. 황상은 이들을 높이 평가하고 있습니다. 지금 공은 실로 금옥과 비단을 아끼지 말고, 태자에게 공손한 내용의 서신을 쓰게 하고, 안거安車를 준비한 뒤 변사辯士를 시켜 간곡히 청하도록 하십시오. 그러면 이들은 틀림없이 올 것입니다. 이들이 오면 귀한 손님으로 예우하고 때때로 태자를 따라 조정으로 들어가 조현하게 하십시오. 황제가 이들을 보면 반드시 기이하게 여겨 이들에 관해 물으실 것입니다. 그리되면 황제는 이 네 명이 현자임을 알게 되고, 그러면 태자에게 큰 도움이 될 것입니다."

여후는 여택에게 명해 사람을 시켜 태자의 편지를 받들어 겸손한 말과 후한 예물로 이 네 명을 맞아오게 했다. 네 명이 이른 뒤 귀한 손님의 대접을 받으며 건성후의 집에 묵게 되었다. 한고조 11년, 경포가 모반했다. 한고조 유방은 마침 병이 난 까닭에 태자를 대장으로 삼아 그를 토벌하고자 했다. 네 노인이 서로 의논했다.

"우리가 온 것은 장차 태자를 보위하기 위한 것이다. 태자가 군사를 이끌고 싸운다면 일이 위험해질 수 있다."

곧 건성후를 설득했다.

"태자가 군사를 이끌고 출정해 공을 세우더라도 태자의 권위에는 더는 보탬이 없지만, 만일 공을 세우지 못하고 돌아오신다면 바로 그 때문에 화를 입게 될 것이오. 또 태자와 함께 출정할 여러 장수는 모두 전에 황상과 함께 천하를 평정한 맹장들이오. 지금 태자에게 이들을 거느리게 하면 이는 양에게 이리를 이끌게 하는 것과 다름없소. 이들 모두 태자를 위해 힘을 다하려 하지 않을 터이니 태자가 공을 세우지 못할 것이 틀림없소. 내가 듣건대, '어미가 총애를 받으면 그 자식도 귀여움을 받는다'고 했소. 지금 척부인이 밤낮으로 황제를 받들어 모시니 조왕趙王 유여의는 늘 황제 앞에 안기어 있소. 황제 또한 말하기를, '아무래도 불초한 자식을 사랑스러운 자식 위에 있게 할 수는 없다'고 했소. 태자의 지위를 대신할 것이 틀림없소. 그대는 어찌해 급히 여후에게 기회를 봐 황제에게 눈물을 흘리며 이같이 말하도록 청하지 않는 것이오?

'경포는 천하의 맹장이고 군사를 쓰는 것이 뛰어납니다. 지금 여러 장군은 모두 폐하의 옛 동료입니다. 바로 태자에게 이들을 거느리게 하는 것은 양에게 이리를 거느리게 하는 것과 다름없습니다. 이들은 힘을 쓰고자 하지 않을 것입니다. 게다가 만일 경포가 이 사실을 알게 되면 분명 북을 치며 서쪽 장안으로 진격해올 것입니다. 폐하가 비록 병환 중이기는 하나 큰 수레를 준비해 누워서라도 장수들을 통솔하면 여러 장수가 감히 힘을 다하지 않을 수 없을 것입니다. 폐하가 비록 고통스럽겠지만 처자를 위해 친히 힘써 주십시오'라고 말하도록 청하시오."

여택이 이날 밤 곧바로 여후를 만났다. 여후가 틈을 보아 황제에게 눈물을 흘리며 네 명이 의도한 것처럼 말했다. 한고조 유방이 말했다.

"짐도 원래 그 어린아이는 보낼 만하지 않다고 여겼소. 짐이 직접 가겠소."

한고조 유방이 직접 군사를 이끌고 동쪽으로 갔다. 신하와 유수留守 들이 모두 파상까지 전송을 나왔다. 유후 장량은 병상에 있었으나 억지로 일어나 전송했다. 곡우曲郵에 이르러 황제를 만난 자리에서 이같이 말했다.

"신이 응당 따라가야 하나 병이 심합니다. 초나라 사람은 용맹하고 민첩합니다. 원컨대 폐하는 초나라 군사와 직접 예봉을 다투지 마십시오."

이후 다시 기회를 보아서 설득했다.

"태자를 장군으로 삼아 관중의 군사를 감독하게 하십시오."

한고조 유방이 말했다.

"자방은 비록 병중이기는 하지만 누워서라도 힘써 태자를 보필하도록 하시오."

당시 숙손통叔孫通은 태자태부太子太傅, 장량은 태자소부太子少傅 직책을 맡고 있었다. 한고조 12년, 황제가 경포의 군사를 격파하고 돌아온 뒤 병이 더욱 심해졌다. 더욱 태자를 바꾸고자 했다. 장량이 거듭 간했으나 한고조가 듣지 않았다. 장량은 병을 핑계 삼아 공무를 돌보지 않았다. 태자태부 숙손통이 고금의 일을 인용해 설득하며 죽을 각오로 태자를 보위했다. 황제는 짐짓 그의 말을 들어주는 것처럼 했다. 실제로는 태자를 교체할 마음을 바꾸지 않았다. 한번은 연회가 베풀어졌을 때 태자가 황제를 모시게 되었다. 네 명의 은자가 태자를 따랐다. 이들 모두 나이가 여든이 넘었다. 수염과 눈썹이 희고, 의관은 매우 위엄이 있었다. 한고조 유방이 괴이하게 여겨 물었다.

"그대들은 무엇을 하는 사람들인가?"

네 명이 앞으로 나아가 대답하며 각각 이름을 밝혔다. 동원공東園公·녹리선생用里先生·기리계綺里季·하황공夏黃公이라 했다. 한고조 유방이 크게 놀랐다.

"짐이 그대들을 가까이 두고자 한 것이 이미 여러 해 되었소. 그대들은 기어이 짐을 피해 도망가더니 이제 어찌해서 스스로 태자를 좇아 노니는 것이오?"

네 명이 입을 모아 말했다.

"폐하는 선비를 업신여기고 잘 꾸짖습니다. 신들은 의義에 욕되지나 않을까 두려운 나머지 달아나 숨은 것입니다. 삼가 듣건대, 태자는 사람됨이 어질고 효성스럽고, 사람을 공축하고, 선비를 사랑합니다. 천하에 목을 빼고 태자를 위해 죽고자 하지 않는 자가 없다고 한 까닭에 신들이 온 것입니다."

한고조가 말했다.

"번거롭겠지만 공들이 끝까지 태자를 잘 돌보아주기를 바라오."

네 명이 축수祝壽를 마치고 급히 떠나자 황제는 눈길로 이들을 전송해 보냈다. 이때 척부인을 불러 이 네 명을 가리키며 말했다.

"짐이 태자를 바꾸고자 했으나 저 네 명이 보좌해 태자의 우익羽翼이 이미 이루어졌으니 어떻게 할 수가 없소. 여후는 진정으로 그대의 주인이오."

척부인이 흐느끼자 황제가 말했다.

"짐을 위해 초나라 춤을 추어 보여주시오. 짐도 부인을 위해 초나라 노래를 부르리다."

그러고는 이같이 노래했다.

> 홍혹이 높이 날아, 한 번에 1,000리를 나니
> 날개가 이미 자라, 천하를 마음껏 날지
> 천하를 마음껏 나니, 이를 어쩔 것인가
> 설령 주살이 있은들, 무슨 소용이 있으리

몇 번 잇달아 노래를 부르자 척부인이 한숨을 내쉬며 눈물을 흘렸다. 한고조가 일어나 자리를 뜨자 연회가 끝났다. 태자를 바꾸지 못한 것은 유후 장량이 이 네 명을 불러오도록 했기 때문이다. 장량은 유방을 따라 대 땅을 치고, 마읍馬邑 성 아래서 기책을 냈다. 소하를 상국에 임명하도록 건의하는 등 황제와 함께 조용히 천하 대사를 논의한 것이 매우 많았다. 이는 천하의 존망에 관련된 것이 아니므로 여기에 일일이 기록하지 않겠다. 당시 장량은 늘 이같이 공언했다.

"우리 집안은 대대로 한나라 재상을 지냈다. 한나라가 멸망한 후 만금의 가산을 아끼지 않고 한나라를 위해 강대한 진나라에 복수함으로써 천하를 떠들썩하게 만들고자 했다. 그리고 지금은 세 치의 혀로 황제의 군사軍師가 되어 식읍이 만 호에 이르고, 지위가 제후의 반열에 올랐다. 이는 백성으로서 최고의 지위에 오른 것이다. 나 장량은 매우 만족스럽게 생각한다. 원컨대 세속의 일은 떨치고 전설적인 신선인 적송자赤松子를 따라 고고히 노닐고자 한다."

곡식을 먹지 않는 벽곡술辟穀術을 배웠고, 도가의 양생술인 도인을 행해 몸을 가벼이 했다. 마침 한고조 유방이 붕어하자 여후가 장량의 은덕에 감격해하며 억지로 음식을 먹게 했다.

"사람의 한평생은 마치 흰 망아지가 문틈을 지나는 것처럼 빠르오. 군이 스스로 그토록 고통스럽게까지 할 필요가 있소?"

유후 장량이 부득불 여태후의 말을 듣고 음식을 먹었다. 8년 뒤 유후 장량이 세상을 떠났다. 시호는 문성후文成侯다. 아들 장불의張不疑가 부친의 작위를 이어받았다. 자방 장량이 당초 하비의 다리 위에서 자신에게《태공병법》을 준 노인을 만난 지 13년 뒤 한고조를 따라 제북을 지나게 되었다. 과연 곡성산 아래서 누런 돌을 보게 되었다. 장량이 이를 가지고 돌아와 보물처럼 받들며 제사까지 지냈다. 장량이 죽을 때 누런 돌을 함께 안장했다. 후대인은 성묘하는 날이나 복일伏日 또는 납일臘日이면 으레 장량뿐 아니라 누런 돌에게도 제사를 지냈다. 유후 장불의는 한문제 5년, 불경죄를 범했다. 그의 봉국도 폐지되고 말았다.

●● 留侯性多病, 卽道引不食穀, 杜門不出歲餘. 上欲廢太子, 立戚夫人子趙王如意. 大臣多諫爭, 未能得堅決者也. 呂后恐, 不知所爲. 人或謂呂后曰, "留侯善畫計筴, 上信用之." 呂后乃使建成侯呂澤劫留侯, 曰, "君常爲謀臣, 今上欲易太子, 君安得高枕而臥乎?" 留侯曰, "始上數在困急之中, 幸用臣筴. 今天下安定, 以愛欲易太子, 骨肉之閒, 雖臣等百餘人何益." 呂澤彊要曰, "爲我畫計." 留侯曰, "此難以口舌爭也. 顧上有不能致者, 天下有四人. 四人者年老矣, 皆以爲上慢侮人, 故逃匿山中, 義不爲漢臣. 然上高此四人. 今公誠能無愛金玉璧帛, 令太子爲書, 卑辭安車, 因使辯士固請, 宜來. 來, 以爲客, 時時從入朝, 令上見之, 則必異而問之. 問之, 上知此四人賢, 則一助也." 於是呂后令呂澤使人奉太子書, 卑辭厚禮, 迎此四人. 四人至, 客建成侯所. 漢十一年, 黥布反, 上病, 欲使太子將, 往擊之. 四人相謂曰, "凡來者, 將以存太子. 太子將兵, 事危矣." 乃說建成侯曰, "太子將兵, 有功則位不益太子, 無功還, 則從此受禍矣. 且太子所與俱諸將, 皆嘗與上定天下梟將也, 今使太子將之, 此無異使羊將狼也, 皆不肯爲盡力, 其無功必矣. 臣聞'母愛者子抱', 今戚夫人日夜侍御, 趙王如意常抱居前, 上曰'終不使不肖子居愛子之上', 明乎其代太子位必矣. 君何不急請呂后承閒爲上泣言, '黥布, 天下猛將也, 善用兵, 今諸將皆陛下故等夷, 乃令太子將此屬, 無異使羊將狼, 莫肯爲用, 且使布聞之, 則鼓行而西耳. 上雖病, 彊載輜車, 臥而護之, 諸將不敢不盡力. 上雖苦, 爲妻子自彊.'" 於是呂澤立夜見呂后, 呂后承閒爲上泣涕而言, 如四人意. 上曰, "吾惟豎子固不足遣, 而公自行耳." 於是上自將兵而東, 群臣居守, 皆送至灞上. 留侯病, 自彊起, 至曲郵, 見上曰, "臣宜從, 病甚. 楚人剽疾, 願上無與楚人爭鋒." 因說上曰, "令太子爲將軍, 監關中兵." 上曰, "子房雖病, 彊臥而傅太子." 是時叔孫通爲太傅, 留侯行少傅事. 漢十二年, 上從擊破布軍歸, 疾益甚, 愈欲易太子. 留侯諫, 不聽, 因疾不視事. 叔孫太傅稱說引古今, 以死爭太子. 上詳許之, 猶欲易之. 及燕, 置酒, 太子侍. 四人從太子, 年皆八十有餘, 鬚眉皓白, 衣冠甚偉. 上怪之, 問曰, "彼何爲者?" 四人前對, 各言名姓, 曰東園公, 角里先生, 綺里季, 夏黃公. 上乃大驚, 曰, "吾求公數歲, 公辟逃我, 今公何自從吾兒遊乎?" 四人皆曰, "陛下輕士善罵, 臣等義不受辱, 故恐而亡匿. 竊聞太子爲人仁孝, 恭敬愛士, 天下莫不延頸欲爲太子死者, 故臣等來耳." 上曰, "煩公幸卒調護太子." 四人爲壽已畢, 趨去. 上目送之, 召戚夫人指示四人者曰, "我欲易之, 彼四人輔之, 羽翼已成, 難動矣. 呂后眞而主矣." 戚夫人泣, 上曰, "爲我楚舞, 吾爲若楚歌." 歌曰, "鴻鵠高飛, 一擧千里. 羽翮已就,

橫絶四海. 橫絶四海, 當可柰何! 雖有矰繳, 尙安所施!"歌數闋, 戚夫
人噓唏流涕, 上起去, 罷酒. 竟不易太子者, 留侯本招此四人之力也. 留
侯從上擊代, 出奇計馬邑下, 及立蕭何相國, 所與上從容言天下事甚
衆, 非天下所以存亡, 故不著. 留侯乃稱曰, "家世相韓, 及韓滅, 不愛萬
金之資, 爲韓報讎彊秦, 天下振動. 今以三寸舌爲帝者師, 封萬戶, 位列
侯, 此布衣之極, 於良足矣. 願棄人閒事, 欲從赤松子遊耳."乃學辟穀,
道引輕身. 會高帝崩, 呂后德留侯, 乃彊食之, 曰, "人生一世閒, 如白駒
過隙, 何至自苦如此乎!"留侯不得已, 彊聽而食. 後八年卒, 諡爲文成
侯. 子不疑代侯. 子房始所見下邳圯上老父與太公書者, 後十三年從高
帝過濟北, 果見穀城山下黃石, 取而葆祠之. 留侯死, 幷葬黃石冢. 每上
冢伏臘, 祠黃石. 留侯不疑, 孝文帝五年坐不敬, 國除.

　태사공은 평한다.

　"학자들은 대부분 귀신은 없다고 말하면서도 괴이한 일이 있다고
한다. 유후 장량을 만난 노인이 그에게 책을 준 것은 괴이한 일에 속
한다. 한고조가 곤궁에 처한 일이 여러 번 있었다. 유후는 그때마
다 늘 공을 세웠다. 이 어찌 하늘의 뜻이 아니라고 할 수 있겠는가?
한고조는 일찍이 말하기를, '무릇 군영의 장막 안에서 계책을 세워
1,000리 밖의 승부를 결정짓는 것은 내가 자방만 못하다'고 했다. 나
는 원래 자방이 체격이 매우 크리라고 여겼다. 나중에 그의 화상畵像
을 보니 얼굴 생김새가 여자처럼 예뻤다. 원래 공자도 말하기를, '용
모로 사람을 평가하면서 나는 자우子羽에 대해 실수한 적이 있다'고
했다. 나의 유후에 대한 평가도 대략 그 경우에 속할 것이다."

　●● 太史公曰, "學者多言無鬼神, 然言有物. 至如留侯所見老父予書,

亦可怪矣. 高祖離困者數矣, 而留侯常有功力焉, 豈可謂非天乎? 上曰, '夫運籌筴帷帳之中, 決勝千里外, 吾不如子房.' 余以爲其人計魁梧奇偉, 至見其圖, 狀貌如婦人好女. 蓋孔子曰, '以貌取人, 失之子羽.' 留侯亦云."

진승상세가

陳丞相世家

〈진승상세가〉는 뛰어난 기책을 구사해 항우를 패망의 늪으로 밀어 넣은 진평과 그의 후손에 관한 이야기를 다루고 있다. 주목할 것은 여씨 일족이 사실상 천하의 대권을 장악했을 때 도회술韜晦術을 구사해 여후의 의심을 피한 뒤 여후가 죽자 일거에 판을 뒤엎어 유씨 천하를 회복시킨 점이다. 한나라의 운명을 가른 이 사건은 소하와 조참 및 장량 등 건국공신들이 차례로 세상을 떠난 후 일어난 까닭에 그 의미가 더욱 깊다. 후대의 사가들이 그를 사직지신社稷之臣으로 평하는 이유다. 사마천이 진평의 사적을 소하 및 조참과 마찬가지로 〈세가〉에서 다룬 것도 이런 평가와 무관치 않다고 보아야 한다.

승상 진평은 양무현陽武縣 호유향戶牖鄉 출신이다. 그는 젊은 시절에 집은 가난했으나 책 읽기를 매우 좋아했다. 집에는 30무의 땅이 있었다. 그는 형 진백陳伯과 함께 살았다. 진백은 늘 농사를 지으면서도 진평만큼은 마음껏 다른 곳으로 가 공부를 하도록 배려했다. 진평은 기골이 장대하고 풍채가 좋았다. 사람들 가운데 간혹 이같이 말하는 자도 있었다.

"집도 가난한데 무얼 먹었기에 이토록 살이 쪘는가?"

그의 형수는 진평이 집안일을 돌보지도 않고, 농사일을 거들지도 않는 것을 못마땅하게 여겼다.

"아무래도 쌀겨나 먹을 수밖에 없다. 시동생이라는 자가 저와 같으니 차라리 없느니만 못하다."

형 진백이 그 소리를 듣고 아내를 내쫓아버렸다. 진평이 성장해 장가를 갈 나이가 되었다. 부잣집에서는 그에게 딸을 주고자 하지 않았다. 가난한 집에 장가드는 것은 그 자신이 수치스럽게 여겼다. 한참 지나 호유향에 장부張負라는 부자가 있었다. 그의 손녀가 다섯 번이나 시집을 갔으나 그때마다 남편이 죽었다. 사람들은 감히 그녀에게 더는 장가들고자 하지 않았다. 진평은 그녀를 아내로 맞이하고자 했다. 하루는 마을에 초상을 당한 집이 생겼다. 진평은 집안이 가난했기에 상가 일을 도와주러 갔다. 남들보다 먼저 가 늦게 돌아오는 방법으로 보탬이 되고자 했다. 장부는 상가에서 진평을 보고 특히 그의 뛰어난 풍채를 주시했다. 진평 역시 장부에게 잘 보이기 위해 가장 늦게 상가를 떠났다. 장부가 진평을 따라 그의 집으로 가보았다. 그의 집은 성벽을 등진 후미진 골목에 있었고, 비록 해진 자리로 문을 만들어놓았지만 문 밖에는 많은 귀인의 수레가 멈추었던 바퀴 자국이 남아 있었다. 장부가 집으로 돌아와 아들 장중張仲에게 말했다.

"나는 손녀를 진평에게 시집보내려 한다."

장중이 반대했다.

"진평은 집이 가난한데도 생업에 종사하지 않아 온 고을 사람들이 그를 비웃고 있습니다. 어찌해서 저의 딸아이를 군이 그에게 주려는 것입니까?"

장부가 말했다.

"사람 가운데 진평처럼 뛰어난 용모를 지니고도 끝까지 빈천하게 지낸 자가 있었는가?"

그러고는 마침내 손녀를 진평에게 출가시켰다. 진평이 가난했기에 장부는 그에게 예물을 빌려주어 약혼하게 했다. 또 술과 고기를 살 돈을 대주어 아내를 맞게 했다. 장부가 손녀를 타일렀다.

"진평이 가난하다고 해서 섬길 때 불손하게 대하는 일이 없도록 하라. 시숙을 섬길 때 아버지를 섬기듯 하고, 동서를 섬길 때 어머니를 섬기듯 하라."

진평은 장부의 손녀에게 장가를 든 뒤 쓸 재물이 나날이 넉넉해졌다. 교유의 범위가 날로 넓어진 이유다. 진평이 사는 마을에 사제社祭가 있었다. 진평이 제사를 관리하는 재宰가 되었다. 고기를 나누는 것이 매우 공평했다. 동네 어른들이 그를 칭송했다.

"진씨네 젊은이가 재 노릇을 실로 잘한다!"

이 이야기를 들은 진평이 탄식했다.

"아, 슬프다! 나를 천하의 재상으로 삼으면 고기를 나누듯 공평히 할 터인데!"

진섭이 기병해 진陳 땅에서 왕을 칭했다. 주불에게 위나라 땅을 평정한 뒤 위구魏咎를 위왕魏王으로 세우고, 임제에서 진秦나라 군사와 싸우게 했다. 당시 진평은 이미 형 진백과 이별하고 몇몇 젊은이를 쫓아 임제로 가 위구를 섬기고 있었다. 위구가 그를 태복에 임명했다. 진평이 위구에게 큰 계책으로 유세했으나 받아들여지지 않았다. 어떤 자가 그를 헐뜯자 이내 위구 곁을 달아나듯 떠났다. 얼마 후 항우가 사방을 경영하고 다스리며 황하 부근까지 이르렀다. 진평이 항우를 찾아가 귀순한 뒤 함께 관중으로 들어가 진나라 군사를 격파했다. 항우가 진평에게 경의 작위를 내렸다.

　이후 항우는 동쪽으로 가 팽성에서 초왕楚王을 칭했다. 당시 유방은 군사를 돌려 삼진三秦 땅을 평정한 뒤 계속 동진했다. 은왕殷王이 초나라를 배반하자 항우는 진평을 신무군信武君에 봉한 뒤 초나라 땅에 있는 위구의 막료들을 이끌고 가 토벌하게 했다. 진평은 은왕을 쳐 항복시키고 돌아왔다. 항우는 항한項悍을 보내 진평을 도위에 임명하고 황금 20일을 상으로 내렸다. 그러나 얼마 후 유방이 은 땅을 점령하자 항우가 대로한 나머지 지난번에 은 땅을 평정했던 장수와 군관을 죽이고자 했다. 진평은 살해될 것을 두려워한 나머지 항우가 준 황금과 관인을 싸서 사람을 시켜 항우에게 돌려준 뒤 칼 한 자루를 찬 채 단신으로 샛길을 택해 달아났다. 황하를 건널 때 사공은 진평이 기골이 장대한 호남아로서 혼자 가는 것을 보고는 진평을 망명하는 장수로 여겼다. 허리에 틀림없이 황금이나 옥 등의 보물을 감추고 있을 것으로 생각해 틈을 보아 죽이려 했다. 진평이 두려운 나머지 옷을 벗어던진 뒤 알몸으로 사공이 배 젓는 것을 도왔다. 사공은 그가 아무것도 가지고 있지 않다는 것을 알고 죽이려던 생각을 그만두었다.

진평이 마침내 수무에 이르러 유방이 이끄는 한나라 군사에 투항했다. 위무지魏無知를 통해 유방을 만나고자 했다. 유방이 그를 불렀다. 당시 만석군萬石君 석분石奮이 유방의 중연으로 있었다. 진평의 명함을 접수한 뒤 진평을 이끌고 안으로 들어가 유방을 배견하게 했다. 진평 등 일곱 명이 함께 유방 앞으로 나아갔다. 유방이 이들에게 술과 음식을 내리면서 말했다.

"먹고 난 후 숙소로 가 쉬도록 하라!"

진평이 말했다.

"저는 중요한 일 때문에 왔습니다. 제가 드려야 할 말씀은 오늘을 넘길 수가 없습니다."

유방이 함께 이야기를 나누고는 기뻐했다.

"그대가 초나라에 있을 때 무슨 벼슬을 했는가?"

"도위였습니다."

그날로 진평을 도위로 삼아 함께 수레를 타는 참승參乘을 허락했다. 이어 군사를 감찰하는 호군護軍의 직책을 맡겼다. 여러 장수가 이구동성으로 떠들었다.

"대왕은 어찌 하루 만에 초나라에서 도주한 졸병을 얻어 그 재능을 알아보지도 않은 채 참승을 허락하고, 나아가 우리 같은 노장들을 감독하게 하는 것인가?"

유방이 그 소리를 듣고는 진평을 더욱 총애했다. 이후 마침내 진평과 함께 동쪽으로 항우를 치러 갔다. 그러나 팽성에 이르러 초나라에 대패하고 말았다. 유방은 군사를 이끌고 돌아오면서 간신히 흩어진 군사들을 수습해 형양에 이르렀다. 이때 진평을 아장亞將으로 삼아 한왕韓王 한신에게 예속시킨 뒤 광무廣武에 주둔하게 했다. 강후와 관영 등이 모두 진평을 헐뜯었다.

"진평이 비록 잘생긴 장부이기는 하나 용모만 관옥冠玉과 같을 뿐, 그 속에는 틀림없이 아무것도 없을 것입니다. 신들이 듣건대, 진평이 집에 있을 때는 형수와 사통했고, 위나라를 섬길 때는 받아들여지지 않자 달아나 초나라에 귀의했고, 초나라에 귀순한 뒤에는 뜻대로 되지 않자 다시 달아나 한나라에 귀의했다고 합니다. 오늘 대왕은 그를 높여 관직을 주시고 호군을 삼았습니다. 또 신들이 듣건대, 진평은 여러 장군에게 금을 받으면서 금을 많이 준 자는 좋은 자리에 배치하는 선처善處를 하고, 적게 준 자는 나쁜 자리에 배치하는 악처惡處를 했다고 합니다. 진평은 반복무상反覆無常한 난신일 뿐입니다. 원컨대 대왕은 그를 자세히 살피도록 하십시오."

유방이 진평을 의심하고 진평을 천거한 위무지를 불러 꾸짖었다. 위무지가 말했다.

"신이 말씀드린 바는 능력이고, 대왕이 물으신 바는 행실입니다. 지금 만일 그에게 신의를 지키기 위해 목숨을 바친 미생尾生이나 천하의 효자로 소문난 효기孝己와 같은 행실이 있다고 할지라도 승부를 다투는 데에는 아무런 보탬이 되지 않습니다. 대왕이 어느 겨를에 그런 사람을 쓸 수 있겠습니까? 지금 바야흐로 초나라와 한나라가 서로 대치하고 있기에 신은 기모奇謀가 있는 선비를 천거한 것입니다. 생각건대 그 계책이 실로 나라에 이로운지 여부만 살피면 됩니다. 어찌 형수와 사통하거나 금을 받은 것을 의심할 필요가 있겠습니까?"

유방이 진평을 불러 나무랐다.

"선생은 위왕을 섬기다가 마음이 맞지 않자 마침내 초왕을 섬기러 갔고, 지금은 또 나를 따라 일을 하고 있소. 신의 있는 사람은 원래 이처럼 여러 마음을 품는 것이오?"

진평이 말했다.

"신이 위왕을 섬길 때 위왕은 신의 말을 채용하지 않았습니다. 그래서 위왕을 떠나 항우를 섬겼습니다. 항우는 다른 사람을 믿지 못했습니다. 오직 그가 신임하고 총애하는 사람은 항씨項氏 일가가 아니면 곧 그의 처남들이었습니다. 설령 뛰어난 책사가 있을지라도 중용되지 않는 까닭에 저는 초나라를 떠난 것입니다. 듣건대 대왕은 사람을 잘 가려 쓴다기에 대왕에게 귀순한 것입니다. 신은 맨몸으로 온 탓에 여러 장군이 보내준 황금을 받지 않고서는 쓸 돈이 없었습니다. 만일 신의 계책에서 쓸 만한 것이 있다면 원컨대 채용해주시고, 쓸 만한 것이 없다면 황금이 아직 그대로 있으니 청컨대 잘 봉해 관청으로 보내고 사직하도록 해주십시오."

유방이 진평에게 사과하며 많은 상을 내린 뒤 호군중위護軍中尉에 임명해 모든 장수를 감독하게 했다. 여러 장수가 감히 더는 말하지 못했다.

●● 陳丞相平者, 陽武戶牖鄉人也. 少時家貧, 好讀書, 有田三十畝, 獨與兄伯居. 伯常耕田, 縱平使遊學. 平爲人長大美色. 人或謂陳平曰, "貧何食而肥若是?" 其嫂嫉平之不視家生産, 曰, "亦食穅覈耳. 有叔如此, 不如無有." 伯聞之, 逐其婦而棄之. 及平長, 可娶妻, 富人莫肯與者, 貧者平亦恥之. 久之, 戶牖富人有張負, 張負女孫五嫁而夫輒死, 人莫敢娶. 平欲得之. 邑中有喪, 平貧, 侍喪, 以先往後罷爲助. 張負旣見之喪所, 獨視偉平, 平亦以故後去. 負隨平至其家, 家乃負郭窮巷, 以幣席爲門, 然門外多有長者車轍. 張負歸, 謂其子仲曰, "吾欲以女孫予陳平." 張仲曰, "平貧不事事, 一縣中盡笑其所爲, 獨奈何予女乎?" 負曰, "人固有好美如陳平而長貧賤者乎?" 卒與女. 爲平貧, 乃假貸幣以聘, 予酒肉之資以內婦. 負誡其孫曰, "毋以貧故, 事人不謹. 事兄伯如事父, 事嫂如母." 平旣娶張氏女, 齎用益饒, 遊道日廣. 里中社, 平爲宰, 分肉食甚均. 父老曰, "善, 陳孺子之爲宰!" 平曰, "嗟乎, 使平得宰天下, 亦如是肉矣!" 陳涉起而王陳, 使周市略定魏地, 立魏咎爲魏王, 與秦軍相攻於臨濟. 陳平固已前謝其兄伯, 從少年往事魏王咎於臨濟. 魏王以爲太僕. 說魏王不聽, 人或讒之, 陳平亡去. 久之, 項羽略地至河上, 陳平往歸之, 從入破秦, 賜平爵卿. 項羽之東王彭城也, 漢王還定三秦而東, 殷王反楚. 項羽乃以平爲信武君, 將魏王咎客在楚者以往, 擊降殷王而還. 項王使項悍拜平爲都尉, 賜金二十溢. 居無何, 漢王攻下殷王. 項王怒, 將誅定殷者將吏. 陳平懼誅, 乃封其金與印, 使使歸項王, 而平身閒行杖劍亡. 渡河, 船人見其美丈夫獨行, 疑其亡將, 要中當有金玉寶器, 目之, 欲殺平. 平恐, 乃解衣躶而佐刺船. 船人知其無有, 乃止. 平遂至修武降漢, 因魏無知求見漢王, 漢王召入. 是時萬石君奮爲漢王中涓, 受平謁, 入見平. 平等七人俱進, 賜食. 王曰, "罷, 就舍矣." 平曰, "臣爲事來, 所言不可以過今日." 於是漢王與語而說之, 問曰, "子之居楚何官?" 曰, "爲都尉." 是日乃拜平爲都尉, 使爲參乘, 典護軍. 諸將盡讙, 曰, "大王一日得楚之亡卒, 未知其高下, 而卽與同載, 反使監護軍長者!" 漢王聞之, 愈益幸平. 遂與東伐項王. 至彭城, 爲楚所敗. 引而還, 收散兵至滎陽, 以平爲亞將, 屬於韓王信, 軍廣武. 絳侯·灌嬰等咸讒陳平曰, "平雖美丈夫, 如冠玉耳, 其中未必有也. 臣聞平居家時, 盜其嫂, 事魏不容, 亡歸楚, 歸楚不中, 又亡歸漢. 今日大王尊官之, 令護軍.

臣聞平受諸將金, 金多者得善處, 金少者得惡處. 平, 反覆亂臣也, 願王察之." 漢王疑之, 召讓魏無知. 無知曰, "臣所言者, 能也, 陛下所問者, 行也. 今有尾生・孝己之行而無益處於勝負之數, 陛下何暇用之乎? 楚漢相距, 臣進奇謀之士, 顧其計誠足以利國家不耳. 且盜嫂受金又何足疑乎?" 漢王召讓平曰, "先生事魏不中, 遂事楚而去, 今又從吾遊, 信者固多心乎?" 平曰, "臣事魏王, 魏王不能用臣說, 故去事項王. 項王不能信人, 其所任愛, 非諸項卽妻之昆弟, 雖有奇士不能用, 平乃去楚. 聞漢王之能用人, 故歸大王. 臣躶身來, 不受金無以爲資. 誠臣計畫有可采者, 顧願大王用之, 使無可用者, 金具在, 請封輸官, 得請骸骨." 漢王乃謝, 厚賜, 拜爲護軍中尉, 盡護諸將. 諸將乃不敢復言.

이후 초나라의 항우가 급히 공격해 양초糧草를 운반하는 한나라의 용도甬道(보급로)를 끊고, 형양성에서 유방을 포위했다. 유방이 이를 걱정해 형양 서쪽을 떼어주며 강화를 청했지만 항우가 듣지 않았다. 유방이 진평에게 물었다.

"천하가 매우 어지러운데 언제나 안정이 되겠소?"

진평이 대답했다.

"항우는 사람됨이 사람을 공축하고 사랑합니다. 청렴하며 지조 있고 예를 좋아하는 선비들 대부분이 그에게 귀의했습니다. 그러나 논공행상을 하고 작위와 봉지를 내리는 데 매우 인색합니다. 선비들이 그에게 완전히 귀의하지 않는 이유입니다. 지금 대왕은 오만하고 예의를 가볍게 여깁니다. 청렴하고 절개 있는 선비들이 오지 않는 이유입니다. 그러나 대왕은 작위와 봉지를 아낌없이 내리는 까닭에 청렴과 절개를 돌아보지 않은 채 이익을 탐하며 수치를 모르는 자들이 대거 한나라로 귀의했습니다. 만일 양자의 결점을 버리고 장점을 취하면 손만 휘저어도 쉽게 천하를 평정할 수 있을 것입니다. 대왕은 내키는 대로 사람을 모욕하고 있습니다. 그런 식으로는 청렴하고 절개 있는 선비를 얻을 수 없습니다.

다만 초나라도 어지러워질 수 있는 요소가 있습니다. 항우 휘하의 강직한 신하로는 범증范曾 · 종리매鍾離昧 · 용저 · 주은 등 몇 사람에 불과합니다. 대왕이 만일 수만 근의 황금을 내어 이간책을 행하면 초나라 군신의 사이를 떼어놓고, 서로 의심하는 마음을 품게 할 수 있습니다. 항우는 위인이 시기를 잘하고 의심이 많아 참소를 잘 믿습니다. 반드시 내부에서 서로가 서로를 죽이는 일이 일어난 것입니다. 한나라는 바로 그 틈을 타 군사를 일으켜 치면 됩니다. 초나라 격파는 반드시 이루어질 것입니다."

유방도 그럴 것으로 여겼다. 곧 황금 4만 근을 진평에게 내주면서 멋대로 쓰게 하고, 돈의 출납에 대해서는 일절 묻지 않았다. 진평이 많은 황금을 사용해 초나라 군내에 대거 첩자를 심은 뒤 드러내놓고 유언비어를 퍼뜨렸다. 당시 종리매 등의 장수는 공을 많이 쌓았으나 항우는 끝내 땅을 떼어 왕으로 봉하지 않았다. 이에 한나라와 결탁해 항우를 멸한 뒤 그 땅을 나누어 각기 왕이 되려 한다는 식으로 선전했다. 항우가 종리매 등을 불신하기 시작했다. 이 와중에 사자를 한나라로 보냈다. 진평은• 사람을 시켜 풍성한 태뢰를 마련해 들고 들

• '진평은'의 원문이 한왕漢王으로 되어 있다. 이는 유방을 미화하기 위한 후대인의 가필로 보인다. 반간계는 진평의 머릿속에서 나온 것이므로 한왕을 진평으로 바꿔야 문맥이 통한다. 번역문에서 진평으로 바꿔놓았다. 《사기》에는 이처럼 유방을 미화한 대목이 여러 번 나온다. 모두 후대인의 가필이다.

어가게 했다. 이어 초나라 사자를 보고 짐짓 놀라는 척하며 말했다.

"나는 범아부의 사자인 줄 알았는데, 알고 보니 항우의 사자였네!"

그러고는 풍성하게 차린 음식을 가지고 나가게 한 뒤 조악한 음식을 초나라 사자에게 올리게 했다.* 초나라 사자가 돌아가 모든 사실을 항우에게 보고하자 항우가 과연 범증을 크게 의심했다. 당시 범증은 급히 형양성을 공격해 항복시키려 했으나 항우는 그의 말을 의심하며 좇으려 하지 않았다. 범증은 항우가 자신을 의심한다는 말을 듣고는 크게 화를 냈다.

"천하의 대사가 대략 확정되었으니 이제 대왕이 직접 경영하십시오. 원컨대 이 늙은 해골이 집으로 돌아갈 수 있도록 허락해주십시오."

결국 그는 귀가 도중 팽성에 못 미쳤을 때 등에 종기가 나 죽고 말았다. 진평이 야음을 틈타 여자 2,000명을 형양성 동문으로 내보내자 초나라가 곧 이들을 쳤다. 그 틈에 진평은 유방과 함께 성의 서문을 통해 사지를 빠져나왔다. 유방이 관중으로 들어간 뒤 흩어진 병사를 모아 재차 동쪽으로 진격했다.

●● 其後, 楚急攻, 絶漢甬道, 圍漢王於滎陽城. 久之, 漢王患之, 請割滎陽以西以和. 項王不聽. 漢王謂陳平曰, "天下紛紛, 何時定乎?" 陳平曰, "項王爲人, 恭敬愛人, 士之廉節好禮者多歸之. 至於行功爵邑, 重之, 士亦以此不附. 今大王慢而少禮, 士廉節者不來, 然大王能饒人以爵邑, 士之頑鈍嗜利無恥者亦多歸漢. 誠各去其兩短, 襲其兩長, 天下指麾則定矣. 然大王恣侮人, 不能得廉節之士. 顧楚有可亂者, 彼項王

● 원문은 이악초구진초사以惡草具進楚使다. 여기의 초草를 《사기집해》는 《한서음의》를 인용해 조악할 조粗와 통한다고 했다. 《전국책》 〈제책〉에 초구草具라는 표현이 나온다.

骨鯁之臣亞父·鍾離眛·龍且·周殷之屬, 不過數人耳. 大王誠能出捐
數萬斤金, 行反閒, 閒其君臣, 以疑其心, 項王爲人意忌信讒, 必內相
誅. 漢因擧兵而攻之, 破楚必矣." 漢王以爲然, 乃出黃金四萬斤, 與陳
平, 恣所爲, 不問其出入. 陳平旣多以金縱反閒於楚軍, 宣言諸將鍾離
眛等爲項王將, 功多矣, 然而終不得裂地而王, 欲與漢爲一, 以滅項氏
而分王其地. 項羽果意不信鍾離眛等. 項王旣疑之, 使使至漢. 漢王爲
太牢具, 擧進. 見楚使, 卽詳驚曰, "吾以爲亞父使, 乃項王使!" 復持去,
更以惡草具進楚使. 楚使歸, 具以報項王. 項王果大疑亞父. 亞父欲急
攻下滎陽城, 項王不信, 不肯聽. 亞父聞項王疑之, 乃怒曰, "天下事大
定矣, 君王自爲之! 願請骸骨歸!" 歸未至彭城, 疽發背而死. 陳平乃夜
出女子二千人滎陽城東門, 楚因擊之, 陳平乃與漢王從城西門夜出去.
遂入關, 收散兵復東.

이듬해, 회음후 한신이 제나라를 격파하고 자립해 제왕齊王이 되었
다. 사자를 보내 그 사실을 유방에게 알렸다. 유방이 대로해 마구 욕
을 했다. 진평이 은밀히 유방의 발을 밟았다. 유방도 문득 크게 깨닫
고 곧 제나라 사자를 후하게 대접했다. 이내 장량을 보내 결국 제왕
으로 삼았다. 유방은 진평을 그의 고향인 호유향에 봉하고, 그의 기
책을 사용해 마침내 초나라를 멸했다. 진평은 일찍이 호군중위 신분
으로 유방을 쫓아 연왕燕王 장도를 평정하기도 했다. 한고조 6년, 어
떤 자가 상서해 초왕楚王 한신이 모반하려 한다고 밀고했다. 한고조
유방이 여러 장군에게 묻자 이들이 입을 모아 대답했다.

"속히 군대를 보내 그놈을 산 채로 묻어야 합니다!"

한고조 유방은 묵묵히 말이 없었다. 진평에게 묻자 진평이 거듭

사양하다가 반문했다.

"제장諸將들은 뭐라고 했습니까?"

한고조 유방이 이들이 한 말을 자세히 일러주자 진평이 말했다.

"누군가 한신의 모반을 상서했다고 하는데, 이를 달리 아는 자가 있습니까?"

"없소."

"한신 자신은 이를 알고 있습니까?"

"모르고 있소."

진평이 물었다.

"폐하의 정예병을 초나라와 비교할 때 누가 더 낫습니까?"

"우리가 그들을 능가할 수 없소."

"휘하 장수들의 용병술이 한신을 능가합니까?"

"그에게 미치지 못하오."

진평이 말했다.

"지금 군사도 초나라의 정예병만 못하고, 장수 또한 한신에 미치지 못하면서 군사를 보내 공격하면 이는 곧 모반을 재촉하는 것입니다. 생각건대 이는 폐하에게 매우 위험한 방안입니다."

"그렇다면 어찌해야 좋은 것이오?"

진평이 대답했다.

"옛날 천자는 땅을 순수巡狩하며 제후를 불러 접견했습니다. 남방에 운몽이라는 곳이 있습니다. 폐하는 짐짓 그곳으로 가 운몽 일대를 순수하면서 제후들을 진陳 땅으로 불러 모으십시오. 진 땅은 초나라의 서쪽 경계입니다. 한신은 천자가 즐겁게 다른 곳으로 나가셨다는 소식을 듣고, 틀림없이 아무런 일이 없을 것으로 생각해 교외에서 맞이할 것입니다. 그가 맞이하러 올 때 그를 잡으면 됩니다. 이는 역사 한 사람으로도 능히 할 수 있는 일입니다."

한고조 유방이 옳다고 생각해 곧 사자를 제후들에게 보내 진 땅에 모이도록 했다.

"짐이 장차 남쪽 운몽을 순수할 것이다."

그러고는 곧바로 길을 떠났다. 한고조 유방이 아직 진 땅에 도착하기도 전에 초왕 한신이 과연 교외의 큰길에서 그를 맞이했다. 한고조 유방은 미리 무사들을 준비해두었다가 한신이 이르는 것을 보고 곧바로 포박한 뒤 뒤따르는 수레에 실었다. 한신이 소리쳤다.

"천하가 이미 평정되자 나는 토사구팽을 당하는 것이다!"

한고조 유방이 돌아보며 한신에게 말했다.

"그대는 소리치지 마라! 그대가 모반한 것이 이미 명백해졌다!"

무사들이 한신의 두 손을 등 뒤로 교차시켜 묶었다. 한고조 유방이 진 땅에서 제후들을 회동하고 초나라 땅을 완전히 평정했다. 귀경 도중 낙양雒陽에 이르러 한신을 사면하고 회음후에 봉했다. 또 공신들에게 부절을 쪼개주며 봉지를 확정했다. 한고조 유방은 진평에게도 부절을 쪼개주고, 대대로 작위가 단절되지 않도록 호유후戶牖侯에 봉했다. 진평이 사양했다.

"이는 신의 공이 아닙니다."

"짐이 선생의 계책을 쓴 덕분에 늘 싸워 이기고 적을 격파할 수 있었소. 선생의 공이 아니고 누구의 공이란 말이오?"

"위무지가 아니었으면 신이 어찌 천거될 수 있었겠습니까?"

한고조 유방이 찬탄했다.

"그대는 가히 근본을 잊지 않는 사람이라고 할 만하오!"

그러고는 다시 위무지에게 상을 내렸다.

●● 其明年, 淮陰侯破齊, 自立爲齊王, 使使言之漢王. 漢王大怒而罵, 陳平躡漢王. 漢王亦悟, 乃厚遇齊使, 使張子房卒立信爲齊王. 封平以戶牖鄕. 用其奇計策, 卒滅楚. 常以護軍中尉從定燕王臧荼. 漢六年, 人有上書告楚王韓信反. 高帝問諸將, 諸將曰, "亟發兵阬豎子耳." 高帝黙然. 問陳平, 平固辭謝, 曰, "諸將云何?" 上具告之. 陳平曰, "人之上書言信反, 有知之者乎?" 曰, "未有." 曰, "信知之乎?" 曰, "不知." 陳平曰, "陛下精兵孰與楚?" 上曰, "不能過." 平曰, "陛下將用兵有能過韓信者乎?" 上曰, "莫及也." 平曰, "今兵不如楚精, 而將不能及, 而擧兵攻之, 是趣之戰也, 竊爲陛下危之." 上曰, "爲之柰何?" 平曰, "古者天子巡狩, 會諸侯. 南方有雲夢, 陛下弟出僞遊雲夢, 會諸侯於陳. 陳, 楚之西界, 信聞天子以好出遊, 其勢必無事而郊迎謁. 謁, 而陛下因禽之, 此特一力士之事耳." 高帝以爲然, 乃發使告諸侯會陳, "吾將南遊雲夢." 上因隨以行. 行未至陳, 楚王信果郊迎道中. 高帝豫具武士, 見信至, 卽執縛之, 載後車. 信呼曰, "天下已定, 我固當烹!" 高帝顧謂信曰, "若毋聲! 而反, 明矣!" 武士反接之. 遂會諸侯于陳, 盡定楚地. 還至雒陽, 赦信以爲淮陰侯, 而與功臣剖符定封. 於是與平剖符, 世世勿絶, 爲戶牖侯. 平辭曰, "此非臣之功也." 上曰, "吾用先生謀計, 戰勝剋敵, 非功而何?" 平曰, "非魏無知臣安得進?" 上曰, "若子可謂不背本矣!" 乃復賞魏無知.

이듬해, 진평이 호군중위의 신분으로 한고조 유방을 따라 반기를 든 한왕韓王 신信을 대 땅에서 쳤다. 문득 평성平城에 이르렀을 때 흉노에게 포위되어 이레 동안 음식을 구하지 못했다. 당시 한고조 유방은 진평의 기책을 써 선우單于의 부인 연지閼氏에게 사자를 보내 비로소 포위를 풀 수 있었다. 유방이 포위를 벗어난 이후에도 진평의 기책은 줄곧 비밀에 붙여졌다. 세인들 가운데 아무도 그 내용을 알 수 없었다. 유방이 남쪽으로 중산 일대의 곡역曲逆 땅을 지나다가 성루에 올랐다. 성안의 집들이 매우 큰 것을 보고 찬탄했다.

"고을이 실로 장관이다! 짐이 천하를 두루 다녔지만 이런 장관은 오직 낙양과 이곳뿐이다."

고개를 돌려 어사에게 물었다.

"이곳의 호구는 얼마나 되는가?"

"당초 진나라 때는 3만여 호였습니다. 근래 병란이 계속 일어나 많은 사람이 달아나거나 숨어버려 지금은 5,000호만 남아 있습니다."

유방이 어사에게 명해 진평을 곡역후曲逆侯로 이봉해 현 전체를 식읍으로 주고, 앞서 봉한 호유향은 취소했다. 이후 진평은 늘 호군중위 자격으로 유방을 쫓아 참전하면서 진희와 경포의 난을 평정했다. 모두 여섯 번이나 기책을 냈다. 그때마다 봉읍이 더해져 모두 여섯 번 가봉加封되었다. 그의 기책 가운데 어떤 것은 크게 비밀에 부쳐진 까닭에 세인들은 그 내용을 알 수 없었다.

●● 其明年, 以護軍中尉從攻反者韓王信於代. 卒至平城, 爲匈奴所圍, 七日不得食. 高帝用陳平奇計, 使單于閼氏, 圍以得開. 高帝既出, 其計祕, 世莫得聞. 高帝南過曲逆, 上其城, 望見其屋室甚大, 曰, "壯哉縣! 吾行天下, 獨見洛陽與是耳." 顧問御史曰, "曲逆戶口幾何?" 對曰, "始秦時三萬餘戶, 閒者兵數起, 多亡匿, 今見五千戶." 於是乃詔御史, 更以陳平爲曲逆侯, 盡食之, 除前所食戶牖. 其後常以護軍中尉從攻陳豨及黥布. 凡六出奇計, 輒益邑, 凡六益封. 奇計或頗祕, 世莫能聞也.

한고조 유방이 경포를 친 군사를 이끌고 돌아올 때 부상이 심해 천천히 행군해 장안에 이르렀다. 이때 연왕燕王 노관盧綰이 모반을 했다. 유방이 번쾌를 시켜 상국의 신분으로 군사를 이끌고 가 토벌하게 했다. 번쾌가 출병한 후 그를 헐뜯는 사람이 있었다. 유방이 대로했다.

"번쾌가 과연 짐이 병이 났으니 죽기를 고대했단 말인가!"

진평의 계책을 써 강후 주발을 병상 아래로 부른 뒤 이런 조칙을 내렸다.

> 진평은 급히 역참의 수레로 주발을 태우고 가 번쾌의 군사를 대신 통솔하게 하고, 또 진평은 군중에 이르는 곧바로 번쾌의 머리를 베도록 하라!

두 사람은 조칙을 받은 뒤 역참의 수레를 몰면서 군중에 이르기 전에 서로 상의했다.

"번쾌는 황제의 오랜 친구이고, 공로도 많으며, 여후의 동생 여수呂嬃의 남편이기도 하다. 황상과 친척이고 지위도 높다. 황상이 한때의 분노 때문에 죽이고자 하지만, 나중에 후회할까 두렵다. 차라리 그를 묶어 황상에게 보내서 황상이 직접 죽이도록 하는 것이 좋을 듯하다."

이들은 군영 안에는 들어가지 않은 채 밖에서 단壇을 쌓아놓고 황상이 내린 부절로 번쾌를 불렀다. 번쾌가 조칙을 받자, 곧바로 그의 두 손을 뒤로 묶은 뒤 죄수의 수레에 실어 장안으로 보냈다. 강후 주발은 번쾌 대신 장군이 되어 군사를 이끌고 모반에 참여한 연나라의 각 현을 평정했다. 진평은 돌아오는 도중 한고조 유방이 붕어했다는 소식을 들었다. 여수의 참소로 여태후가 노할까 두려운 나머지 서둘러 수레를 몰아 번쾌의 일행보다 한발 앞서 달려갔다. 도중에 조정의 사자를 만났다. 그는 진평과 관영에게 형양에 주둔하라는 조칙을 전했다. 진평이 조칙을 받은 곧바로 다시 수레를 몰아 황궁으로 달려간 뒤 매우 애절하게 통곡했다. 기회를 틈타 한고조 유방의 영구 앞에서 여후에게 번쾌에 관한 일을 고했다. 여후가 진평을 가련히 여겨 이같이 말했다.

"그대는 수고했으니 나가 쉬도록 하시오."

진평은 참소가 자신에게 미칠까 두려워 숙위를 간절히 청했다. 여후가 진평을 낭중령에 임명하며 당부했다.

"새 황제를 잘 보필하도록 하시오."

얼마 후 여수의 참언이 이내 효력이 없어지게 되었다. 번쾌는 장안에 이르러 사면을 받고 원래의 작위와 봉읍을 회복했다. 한혜제 6년, 상국 조참이 죽자 안국후安國侯 왕릉王陵을 우승상, 진평을 좌승상으로 삼았다. 왕릉은 옛 패현 출신으로, 원래 패현의 호협豪俠이다. 한고조 유방이 미천했을 때 그를 형님으로 모셨다. 왕릉은 예의가 부족한데다 감정적으로 일을 처리했다. 그러나 직언을 좋아했다. 유방이 패현에서 봉기해 관중으로 들어가 함양에 이르렀을 때 왕릉은 독자적으로 무리 수천 명을 모아 남양에 있으면서 패공을 쫓지 않으려 했다. 유방이 회군해 항우를 칠 때 비로소 군사를 한나라에 예속시켰다. 당시 항우는 왕릉의 모친을 잡아다 군중에 두고 있었다. 왕릉의 사자가 이르자 왕릉의 모친을 윗자리에 앉힌 뒤 왕릉을 귀순시키고자 했다. 그러나 왕릉의 모친은 몰래 심부름꾼을 보내는 자리에서 눈물을 흘리며 이같이 말했다.

"이 늙은이를 위해 왕릉에게 부디 한왕을 잘 섬길 것을 당부했다고 전해주시오. 한왕은 훌륭한 어른이오. 이 늙은이 때문에 두 마음을 먹어서는 안 된다고 전해주시오. 이 늙은이가 죽음으로 그대를 전송하겠소."

그러고는 칼을 뽑아 자진했다. 항우가 대로해 왕릉의 모친을 삶아버렸다. 왕릉은 마침내 유방을 수행해 천하를 평정했다. 왕릉은 옹치와 사이가 좋았다. 옹치는 유방의 원수였다. 왕릉도 원래 유방을 따르고자 하지 않았기에 뒤늦게 봉지를 받아 안국후가 되었다. 안국후 왕릉이 우승상이 된 지 2년 만에 한혜제가 붕어했다. 여태후가 여러 여씨를 왕으로 삼고자 했다. 이를 우승상 왕릉에게 묻자 왕릉이 반대했다.

"안 됩니다."

다시 진평에게 물었다. 진평이 찬성했다.

"됩니다."

여태후가 왕릉을 승진시키는 것처럼 해 태부로 삼았다. 실제로는 그를 중용하지 않은 것이다. 왕릉은 화가 나 병을 칭한 채 사직하고 두문불출했다. 끝내 조현하지 않다가 7년 만에 죽었다. 왕릉이 승상에서 면직된 후에 여태후는 진평을 우승상으로 옮긴 뒤 벽양후辟陽侯 심이기審食其를 좌승상에 임명했다. 좌승상은 일을 처리할 곳이 없어 늘 궁중에서 정무를 처리했다.

심이기는 한고조와 마찬가지로 패현 출신이다. 유방이 팽성에서 패하고 서쪽으로 달아날 때 항우는 유방의 부친 태공과 여후를 잡아다가 볼모로 삼았다. 심이기는 가신 자격으로 여후를 곁에서 모셨다.

이후 그는 유방을 따라 항우를 쳐부순 뒤 후侯로 봉해졌다. 여후에게 커다란 총애를 입었다. 그가 좌승상이 되어 궁중에 머무르자 모든 관원들이 그를 거쳐 사안을 결정하고 정사를 다루었다. 여수는 늘 진평이 한고제에게 번쾌의 체포 계책을 낸 일로 인해 누차 여태후에 게 참소했다.

"진평은 승상이 되어 정사는 처리하지 않고 매일 좋은 술이나 마시며 부녀자를 희롱합니다."

그 소리를 들은 뒤 날로 그 도가 심해졌다. 여태후가 그 사실을 알고는 홀로 은근히 기뻐했다. 어느 날 여태후는 여수의 면전에서 진평에게 이같이 말했다.

"속담에 이르기를, '어린아이와 부녀자의 말은 신용할 수가 없다' 고 했소. 나는 다만 그대가 나에게 어찌하는지만 따질 뿐이오. 여수의 참언은 두려워할 것이 없소."

여태후가 여러 여씨들을 왕으로 삼자 진평은 짐짓 동의하는 척했다. 그러나 여태후가 죽자 진평과 태위 주발이 함께 모의해 일거에 여씨 일족을 제거하고 한문제 유항을 옹립했다. 진평이 주모자였다. 심이기는 좌승상에서 면직되었다.

●● 高帝從破布軍還, 病創, 徐行至長安. 燕王盧綰反, 上使樊噲以相國將兵攻之. 既行, 人有短惡噲者. 高帝怒曰, "噲見吾病, 乃冀我死也." 用陳平謀而召絳侯周勃受詔牀下, 曰, "陳平亟馳傳載勃代噲將, 平至軍中卽斬噲頭!" 二人既受詔, 馳傳未至軍, 行計之曰, "樊噲, 帝之故人也, 功多, 且又乃呂后弟呂嬃之夫, 有親且貴, 帝以忿怒故, 欲斬之, 則恐後悔. 寧囚而致上, 上自誅之." 未至軍, 爲壇, 以節召樊噲. 噲受詔, 卽反接載檻車, 傳詣長安, 而令絳侯勃代將, 將兵定燕反縣. 平行聞高帝崩, 平恐呂太后及呂嬃讒怒, 乃馳傳先去. 逢使者詔平與灌嬰屯於榮陽. 平受詔, 立復馳至宮, 哭甚哀, 因奏事喪前. 呂太后哀之, 曰, "君勞, 出休矣." 平畏讒之就, 因固請得宿衛中. 太后乃以爲郎中令, 曰, "傳敎孝惠." 是後呂嬃讒乃不得行. 樊噲至, 則赦復爵邑. 孝惠帝六年, 相國曹參卒, 以安國侯王陵爲右丞相, 陳平爲左丞相.

王陵者, 故沛人, 始爲縣豪, 高祖微時, 兄事陵. 陵少文, 任氣, 好直言. 及高祖起沛, 入至咸陽, 陵亦自聚黨數千人, 居南陽, 不肯從沛公. 及漢王之還攻項籍, 陵乃以兵屬漢. 項羽取陵母置軍中, 陵使至, 則東鄉坐陵母, 欲以招陵. 陵母旣私送使者, 泣曰, "爲老妾語陵, 謹事漢王. 漢王, 長者也, 無以老妾故, 持二心. 妾以死送使者." 遂伏劍而死. 項王怒, 烹陵母. 陵卒從漢王定天下. 以善雍齒, 雍齒, 高帝之仇, 而陵本無意從高帝, 以故晚封, 爲安國侯. 安國侯旣爲右丞相, 二歲, 孝惠帝崩. 高后欲立諸呂爲王, 問王陵, 王陵曰, "不可." 問陳平, 陳平曰, "可." 呂太后怒, 乃詳遷陵爲帝太傅, 實不用陵. 陵怒, 謝疾免, 杜門竟不朝請, 七年而卒. 陵之免丞相, 呂太后乃徙平爲右丞相, 以辟陽侯審食其爲左丞相. 左丞相不治, 常給事於中.

食其亦沛人. 漢王之敗彭城, 西, 楚取太上皇·呂后爲質, 食其以舍人侍呂后. 其後從破項籍爲侯, 幸於呂太后. 及爲相, 居中, 百官皆因決事. 呂嬃常以前陳平爲高帝謀執樊噲, 數讒曰, "陳平爲相非治事, 日飲醇酒, 戲婦女." 陳平聞, 日益甚. 呂太后聞之, 私獨喜. 面質呂嬃於陳平曰, "鄙語曰 '兒婦人口不可用', 顧君與我何如耳. 無畏呂嬃之讒也." 呂太后立諸呂爲王, 陳平僞聽之. 及呂太后崩, 平與太尉勃合謀, 卒誅諸呂, 立孝文皇帝, 陳平本謀也. 審食其免相.

한문제가 즉위할 당시 태위 주발은 직접 군사를 이끌고 여씨들을 제거했다. 그 공로가 매우 컸다. 진평은 우승상의 자리를 주발에게 양보한 뒤 병을 구실로 사퇴하고자 했다. 한문제는 자신이 막 즉위할 당시 진평이 병을 핑계 삼는 것을 괴이하게 여겨 그 연유를 물었다. 진평이 대답했다.

"고황제 때 주발의 공로는 저만 못했습니다. 그러나 여씨를 제거하는 데에는 저의 공로가 주발만 못합니다. 원컨대 우승상의 자리를 주발에게 양보하고자 합니다."

한문제가 강후 주발을 우승상에 임명해 최고의 벼슬자리에 앉혔다. 또 진평을 좌승상으로 옮겨 다음 자리에 배치했다. 진평에게 황금 1,000근을 상으로 내리고 식읍 3,000호를 더해주었다. 얼마 후 한문제는 국가대사에 더욱 밝아졌다. 한번은 조회에서 우승상 주발에게 물었다.

"1년 동안 나라에서 처결하는 옥사獄事 건수가 얼마나 되오?"

주발이 사죄했다.

"잘 모르겠습니다."

"1년 동안 천하에서 거두어들이는 금전과 곡식의 출입은 얼마나 되오?"

"잘 모르겠습니다."

주발은 땀으로 등을 적시면서 대답을 제대로 하지 못한 것을 수치스러워했다. 한문제가 다시 좌승상 진평에게 묻자 진평이 말했다.

"주관하는 관원이 있습니다."

"주관하는 관원이 누구요?"

진평이 대답했다.

"옥사 처결이 궁금하면 정위에게 묻고, 전곡 출입이 궁금하면 치속내사治粟內史에게 물으십시오."

한문제가 말했다.

"각기 주관하는 관원이 있으면 승상이 주관하는 일은 무엇이오?"

진평이 사죄하며 이같이 말했다.

"황공합니다! 폐하는 신의 노쇠하고 둔한 것[老鈍]을 알지 못하고, 재상에 임명했습니다. 무릇 재상은 위로는 천자를 보필하며 음양을 다스려 사계를 순조롭게 하고, 아래로는 만물이 제때 성장하도록 어루만지고, 밖으로는 사방의 오랑캐와 제후를 진압해 어루만지고, 안으로는 백성을 가까이하며 경대부에게 자신의 직무를 제대로 이행하도록 하는 자입니다."

한문제가 기렸다. 우승상 주발은 크게 부끄러워하며 조정에서 나온 뒤 진평을 원망했다.

"그대는 어찌해서 평소 나에게 답을 일러주지 않은 것이오!"

진평이 웃으며 말했다.

"그대는 승상의 자리에 있으면서도 승상의 임무를 모르고 있었던 것이오? 만일 폐하가 장안의 도적 수를 물었으면 그대는 억지로 대답할 생각이었소?"

강후 주발은 자신의 능력이 진평에 훨씬 미치지 못함을 알고, 이내 병을 핑계 삼아 재상의 자리를 내놓기를 청했다. 이로써 진평만이 유일한 승상이 되었다. 한문제 2년, 승상 진평이 죽었다. 시호는 헌후獻侯다. 아들 공후 진매陳買가 작위를 세습했다. 2년 뒤 공후가 죽자 아들 간후簡侯 진회陳恢가 작위를 이었다. 이로부터 23년 뒤 간후가 죽자 아들 진하陳何가 작위를 세습했다. 23년 뒤 진하가 남의 아내를 강탈한 죄로 사형을 당했다. 봉국도 폐지되었다. 진평이 일찍이 이같이 말했다.

"나는 음모를 많이 썼다. 이는 도가에서 꺼리는 것이다. 후손의 작위가 폐지되면 그것으로 끝이다. 끝내 다시는 일어서지 못할 것이다. 내가 음모를 많이 쓴 탓이다."

훗날 그의 증손 진장陳掌이 위씨衛氏와 친척관계를 맺은 덕에 귀해졌다. 진씨의 원래 봉호를 계속 이어가고자 했으나 끝내 그러지 못했다.

●● 孝文帝立, 以爲太尉勃親以兵誅呂氏, 功多, 陳平欲讓勃尊位, 乃謝病. 孝文帝初立, 怪平病, 問之. 平曰, "高祖時, 勃功不如臣平. 及誅諸呂, 臣功亦不如勃. 願以右丞相讓勃." 於是孝文帝乃以絳侯勃爲右丞相, 位次第一, 平徙爲左丞相, 位次第二. 賜平金千斤, 益封三千戶. 居頃之, 孝文皇帝旣益明習國家事, 朝而問右丞相勃曰, "天下一歲決獄幾何?" 勃謝曰, "不知." 問, "天下一歲錢出入幾何?" 勃又謝不知, 汗出沾背, 愧不能對. 於是上亦問左丞相平. 平曰, "有主者." 上曰, "主者謂誰?" 平曰, "陛下卽問決獄, 責廷尉, 問錢穀, 責治粟內史." 上曰, "苟各有主者, 而君所主者何事也?" 平謝曰, "主臣! 陛下不知其駑下, 使待罪宰相. 宰相者, 上佐天子理陰陽, 順四時, 下育萬物之宜, 外鎭撫四夷諸侯, 內親附百姓, 使卿大夫各得任其職焉." 孝文帝乃稱善. 右丞相大慙, 出而讓陳平曰, "君獨不素教我對!" 陳平笑曰, "君居其位, 不知其任邪? 且陛下卽問長安中盜賊數, 君欲彊對邪?" 於是絳侯自知其能不如平遠矣. 居頃之, 絳侯謝病請免相, 陳平專爲一丞相. 孝文帝二年, 丞相陳平卒, 謚爲獻侯. 子共侯買代侯. 二年卒, 子簡侯恢代侯. 二十三年卒, 子何代侯. 二十三年, 何坐略人妻, 棄市, 國除. 始陳平曰, "我多陰

謀, 是道家之所禁. 吾世卽廢, 亦已矣, 終不能復起, 以吾多陰禍也."然
其後曾孫陳掌以衛氏親貴戚, 願得續封陳氏, 然終不得.

태사공은 평한다.

"승상 진평은 젊었을 때 원래 황로학黃老學•을 좋아했다. 그는 일찍
이 도마 위의 고기를 나눌 때부터 포부가 원대했다. 나중에 초나라
와 위나라 사이에서 배회하며 분주했으나 결국은 한고조에게 귀의
했다. 그는 늘 기책을 내 복잡하게 얽힌 분쟁을 해결했고, 나라의 환
난을 제거했다. 여후 때 이르러 국사에 변고가 많았으나 진평은 끝
내 스스로 화를 면했고, 나라의 종묘사직을 안정시켰다. 영광스러운
명성을 죽을 때까지 유지하며 현상이라는 칭송을 받은 이유다. 이
어찌 시작과 끝이 모두 좋았다고 하지 않을 수 있겠는가! 지략이 없
으면 과연 그 누가 이처럼 할 수 있겠는가?"

●● 太史公曰, "陳丞相平少時, 本好黃帝·老子之術. 方其割肉俎上
之時, 其意固已遠矣. 傾側擾攘楚魏之閒, 卒歸高帝. 常出奇計, 救紛糾
之難, 振國家之患. 及呂后時, 事多故矣, 然平竟自脫, 定宗廟, 以榮名
終, 稱賢相, 豈不善始善終哉! 非知謀孰能當此者乎?"

• 전설적인 황제黃帝의 다스림을, 무위無爲로 천하를 다스리는 노자의 학설과 결합시킨 학
문이다.

권 57

강후주발세가

絳侯周勃世家

〈강후주발세가〉는 진평과 더불어 여씨 일족을 일거에 제거하고 유씨 천하를 회복하는 데 결정적인 공을 세운 주발 및 그의 후손에 관한 이야기를 다루고 있다. 그의 사적을 〈열전〉이 아닌 〈세가〉에서 다룬 것은 진평을 〈세가〉에서 다룬 것과 같은 맥락이다. 위기상황에서 사직을 구한 그의 사직지신 행보를 높이 평가한 것이다. 주발의 성정을 소박하면서도 돈후하다는 뜻의 목강돈후木強敦厚로 표현한 사실이 이를 뒷받침한다. 목강돈후는 좋은 덕목이기는 하나 지나치면 자칫 화를 입을 수 있다. 주발이 한때 모반 혐의로 투옥된 사실이 이를 뒷받침한다.

〈강후주발세가〉의 후반부는 주발의 아들인 주아부의 일화로 꾸며져 있다. 주아부는 오초칠국의 난을 평정하는 데 결정적인 공을 세웠음에도 한경제 때 태자 교체 문제에 지나치게 강경한 입장을 취하는 바람에 옥사하고 말았다. 강신強臣을 그대로 둘 경우 후사의 앞날에 적잖은 풍파가 일 것을 우려한 사전조치였다. 일종의 토사구팽으로 볼 수도 있으나 주아부의 옥사는 자초한 측면이 크다. 신하가 후사 문제에 지나치게 깊숙이 관여할 경우 권력을 농단하려

는 간계로 비칠 소지가 크기 때문이다. 주아부 역시 부친 주발처럼
목강돈후한 성정으로 인해 비명횡사했던 셈이다.

강후 주발도 패현 출신이다. 그의 선조는 권卷 땅 출신으로 이후 패현으로 이주했다. 주발은 젊었을 때 누에를 치며 생활을 유지했고, 늘 피리를 불어 남의 상사를 처리해주었다. 후에는 강한 활을 쏘는 용사가 되었다. 한고조 유방이 패공이 되어 의거를 일으킬 때 중연의 신분으로 유방을 좇아 호릉을 공격하고 방여를 함락시켰다. 방여에서 반란이 일어나자 참전해 적군을 물리쳤다. 풍읍을 치고 탕군 동쪽에서 진秦나라 군사를 격파한 뒤 군사를 이끌고 유현과 소현蕭縣으로 돌아왔다. 이어 재차 탕군을 격파했다. 하읍을 공략했을 때는 가장 먼저 성루에 오르기도 했다. 유방이 오대부의 작위를 내린 이유다. 이후 몽읍蒙邑과 우현을 공략했다.

유방이 진나라 장수 장함의 거기부대를 칠 때 군사를 이끌고 후진에 있었다. 이어 위나라 땅을 평정했다. 또 원척과 동민東緡을 치고 곧바로 율栗 땅에 도착해 모두 함락시켰다. 설상을 칠 때도 가장 먼저 성루에 올랐다. 또 동아성東阿城 아래서 진나라 군사를 공격해 격파한 뒤 복양까지 추격해 견성甄城을 함락시켰다. 도관都關과 정도를 친 뒤 완구宛朐를 습격해 탈취하고 선보單父의 현령을 생포했다. 밤중에 임제를 습격해 함락시키고 다시 장현張縣을 쳤다. 그의 군사가 선봉이 되어 권현의 성을 격파했다. 옹구성雍丘城 아래서 진나라 장수 이유의 군사를 쳤다. 개봉을 칠 때는 그의 군사가 다투어 성 아래에 이르러 다른 부대보다 수가 많았다. 이후 장함이 항량의 군사를 대파하고 항량을 죽이자 패공 유방과 항우는 군사를 이끌고 동쪽 탕군으로 돌아왔다. 패현에서 기의한 후 탕군으로 회군하기까지 모두 1년 2개월이 걸렸다.

초회왕은 패공 유방을 안무후安武侯로 봉해 탕군을 맡게 했다. 유방이 주발을 호분령虎賁令으로 임명했다. 그는 호분령의 신분으로 패공을 따라 위나라 땅을 평정했다. 성무城武에서 동군 군위의 부대를 공격해 대파했다. 또 왕리가 이끄는 진나라 군사를 대파했다. 장사長社를 칠 때 가장 먼저 성루에 올랐다. 이어 영양潁陽과 구씨를 쳤고, 황하의 중요한 나루터인 평음진平陰津을 끊고, 시향 북쪽에서 조분의 군사를 격파했다. 또 남쪽으로 남양군수 여의를 쳤다. 무관과 요관을 격파했다. 남전에서 진나라 군사를 대파하고, 함양으로 진격해 진나라를 멸했다.

항우는 함양에 입성한 후 유방을 한왕에 봉했다. 유방은 주발에게 위무후의 작위를 내렸다. 주발이 유방을 따라 한중으로 들어가자 유방이 그를 장군으로 임명했다. 그가 회군해 삼진三秦을 평정하고 진나라 땅에 이르자 유방이 회덕현懷德縣을 그에게 식읍으로 내렸다. 괴리와 호치를 칠 때도 최고의 공을 세웠다. 함양에서 조분과 내사보의 군사를 칠 때도 최고의 공을 세웠다. 북쪽으로 칠현漆縣을 치고, 장평章平과 요앙姚卬의 군사를 공격해 서쪽으로 견현汧縣을 평정했다. 다시 회군해 미성郿城과 번양頻陽을 공략하고, 장함의 군사를 폐구에서 쳤다. 또 서현西縣 현승縣丞의 수비군을 격파하고, 도파盜巴의 부대를 대파했다. 다시 상규上邽를 치고 동쪽으로 가 요관을 수비한 뒤 회군해 항우를 쳤다. 곡우曲遇를 칠 때도 최고의 공을 세웠다. 회군해 오창을 지켰다. 이후 항우를 추격했다. 항우 사후 여세를 몰아 동쪽으로 초나라 땅의 사수와 동해 두 군을 평정하고 모두 스물두 개의 현을 함락시켰다. 회군한 뒤 낙양雒陽과 약양을 지켰다. 유방이 종리현鍾離縣을 그와 영음후潁陰侯 관영에게 공동의 식읍으로 내렸다.

주발은 또 장수의 신분으로 한고조를 따라 반란을 일으킨 연왕 장도를 토벌하러 가서는 역성易城 아래서 격파했다. 그가 이끈 병사들이 치도馳道에서 반군을 쳤다. 그 공로가 가장 컸다. 한고조 6년, 한고조 유방이 주발에게 열후의 작위를 내리고 신표를 쪼개주었다. 주발의 작위가 대대로 전해져 끊기지 않게 한 것이다. 강을 식읍으로 해 8,180호의 부세賦稅를 받게 했다. 강후絳侯로 불린 이유다.

주발은 장수의 신분으로 한고조 유방을 도와 반란을 일으킨 한왕韓王 신信을 대 땅에서 토벌하고, 곽인현霍人縣을 항복시켰다. 또 선봉이 되어 무천武泉에 이르러 흉노의 기병을 무천 북쪽에서 격파했다. 회군해 한왕 신의 군사를 동제銅鞮에서 대파했다. 이때 태원군 여섯 개 성읍의 항복을 받아냈다. 진양성 아래서 한왕 신과 흉노의 기병을 격파하고 진양성을 함락시켰다. 이후 다시 사석硰石에서 한왕 신의 군사를 대파하고, 80리를 추격했다. 누번의 세 개의 성읍을 친 뒤 여세를 몰아 평성 일대에서 흉노의 기병을 격파했다. 그가 거느린 군사는 치도에서 흉노의 기병을 쳤다. 그 공로가 가장 컸다. 주발이 태위로 승진한 이유다.

한고조 10년, 주발이 군사를 이끌고 반기를 든 진희를 토벌해 마읍현馬邑縣을 도륙했다. 그의 병사들은 진희의 휘하장수 승마치乘馬絺•를 베었다. 또 한왕 신과 진희, 조리趙利의 군사를 누번에서 공격해 격파했다. 진희의 장수 송최宋最와 안문군雁門郡의 군수 환圂을 생포했다. 여세를 몰아 운중군雲中郡을 공격해 군수 속遫과 승상 기사箕肆, 장수 훈勳을 생포했다. 안문군의 열일곱 개 현과 운중군의 열두 개 현을 평정했다. 여세를 몰아 영구靈丘에서 진희를 격파하고, 마침내

• 승마치를 《사기집해》는 서광의 말을 인용해 승마乘馬가 성이라고 했다.

진희를 베었다. 진희의 승상 정종程縱, 장수 진무陳武, 도위 고사高肆 등을 포획했다. 대군代郡의 아홉 개 현을 평정했다.

한고조 12년, 연왕 노관이 반기를 들었다. 주발이 상국의 신분으로 번쾌를 대신해 부대를 이끌고 가 계현薊縣을 함락시켰다. 노관의 대장 저抵, 승상 언偃, 군수 형陘, 태위 약弱, 어사대부 시施 등을 생포하고 혼도渾都를 도륙했다. 상란上蘭에서 노관의 군사를 깨뜨리고, 다시 저양沮陽에서 노관의 군사를 격파했다. 곧바로 장성까지 추격했다. 상곡군上谷郡의 열두 개 현, 우북평군右北平郡의 열여섯 개 현, 요서遼西와 요동 두 군의 스물아홉 개 현, 어양군漁陽郡의 스물두 개 현을 평정했다. 종합적으로 말하면 주발은 한고조 유방을 쫓아 참전해서는 상국 한 명, 승상 두 명, 장군과 2,000석 이상 관원 각 세 명을 포획했다. 단독으로는 두 개의 군대를 격파하고, 세 개의 성읍을 함락하고, 다섯 개 군과 일흔아홉 개의 현을 평정하고, 승상과 대장을 각 한 명씩 포획했다.

●● 絳侯周勃者, 沛人也. 其先卷人, 徙沛. 勃以織薄曲爲生, 常爲人吹簫給喪事, 材官引彊. 高祖之爲沛公初起, 勃以中涓從攻胡陵, 下方與. 方與反, 與戰, 卻適. 攻豐. 擊秦軍碭東. 還軍留及蕭. 復攻碭, 破之. 下下邑, 先登. 賜爵五大夫. 攻蒙·虞, 取之. 擊章邯車騎, 殿. 定魏地. 攻爰戚·東緡, 以往至栗, 取之. 攻齧桑, 先登. 擊秦軍阿下, 破之. 追至濮陽, 下甄城. 攻都關·定陶, 襲取宛朐, 得單父令. 夜襲取臨濟, 攻張, 以前至卷, 破之. 擊李由軍雍丘下. 攻開封, 先至城下爲多. 後章邯破殺項梁, 沛公與項羽引兵東如碭. 自初起沛還至碭, 一歲二月. 楚懷王封沛公號安武侯, 爲碭郡長. 沛公拜勃爲虎賁令, 以令從沛公定魏地. 攻東郡尉於城武, 破之. 擊王離軍, 破之. 攻長社, 先登. 攻潁陽·緱氏, 絶

河津. 擊趙賁軍尸北. 南攻南陽守齮, 破武關·嶢關. 破秦軍於藍田, 至
咸陽, 滅秦. 項羽至, 以沛公爲漢王. 漢王賜勃爵爲威武侯. 從入漢中,
拜爲將軍. 還定三秦, 至秦, 賜食邑懷德. 攻槐里·好畤, 最. 擊趙賁·內
史保於咸陽, 最. 北攻漆. 擊章平·姚卬軍. 西定汧. 還下郿·頻陽. 圍章
邯廢丘. 破西丞. 擊盜巴軍, 破之. 攻上邽. 東守嶢關. 轉擊項籍. 攻曲
逆, 最. 還守敖倉, 追項籍. 籍已死, 因東定楚地泗川水·東海郡, 凡得
二十二縣. 還守雒陽·櫟陽, 賜與潁陽陰侯共食鍾離. 以將軍從高帝反
者燕王臧荼, 破之易下. 所將卒當馳道爲多. 賜爵列侯, 剖符世世勿絶.
食絳八千一百八十戶, 號絳侯. 以將軍從高帝擊反韓王信於代, 降下霍
人. 以前至武泉, 擊胡騎, 破之武泉北. 轉攻韓信軍銅鞮, 破之. 還, 降太
原六城. 擊韓信胡騎晉陽下, 破之, 下晉陽. 後擊韓信軍於磑石, 破之,
追北八十里. 還攻樓煩三城, 因擊胡騎平城下, 所將卒當馳道爲多. 勃
遷爲太尉. 擊陳豨, 屠馬邑. 所將卒斬豨將軍乘馬絺. 擊韓信·陳豨·趙
利軍於樓煩, 破之. 得豨將宋最·鴈門守圂. 因轉攻得雲中守遬·丞相
箕肆·將勳. 定鴈門郡十七縣, 雲中郡十二縣. 因復擊豨靈丘, 破之, 斬
豨, 得豨丞相程縱·將軍陳武·都尉高肆. 定代郡九縣. 燕王盧綰反, 勃
以相國代樊噲將, 擊下薊, 得綰大將抵·丞相偃·守陘·太尉弱·御史
大夫施, 屠渾都. 破綰軍上蘭, 復擊破綰軍沮陽. 追至長城, 定上谷十二
縣, 右北平十六縣, 遼西·遼東二十九縣, 漁陽二十二縣. 最從高帝得
相國一人, 丞相二人, 將軍·二千石各三人, 別破軍二, 下城三, 定郡五,
縣七十九, 得丞相·大將各一人.

주발은 사람됨이 소박하고 강직하며 인자했다. 한고조 유방은 국
가대사를 맡길 만하다고 여겼다. 문사와 예절을 좋아하지 않아 유생

과 유세객을 접견할 때마다 스스로 동쪽을 향해 앉은 뒤 이같이 말했다.

"빨리 말하시오!"

질박하고 예의를 따지지 않는 모습이 이와 같았다. 주발이 연나라를 평정하고 돌아왔을 때는 한고조 유방이 이미 붕어한 뒤였다. 그는 열후의 신분으로 한혜제를 보필했다. 한혜제 6년, 태위관太尉官을 두고, 주발을 태위로 임명했다. 10년 뒤 여후가 붕어했다. 직전에 여록은 조왕趙王의 신분으로 한나라의 상장군이 되었고, 여산은 왕의 신분으로 한나라의 상국이 되었다. 조정의 대권을 장악해 유씨 천하를 전복시키고자 한 것이다. 주발은 태위인데도 군영의 문에 진입할 수 없었다. 진평 역시 승상인데도 정무를 처리할 수 없었다. 주발이 진평과 모의해 마침내 여씨 일족의 세력을 주멸하고 한문제를 옹립했다. 이 일은 〈여태후본기〉와 〈효문제본기孝文帝本紀〉에 상세히 기록되어 있다.

한문제는 즉위 후 주발을 우승상에 앉히고 황금 5,000근을 하사했다. 또 식읍을 1만 호까지 늘려주었다. 한 달여 뒤 어떤 자가 주발에게 말했다.

"그대는 이미 여씨 일족을 주멸하고 대왕을 옹립하면서 그 위세를 천하에 떨쳤습니다. 게다가 막대한 포상도 받고, 존귀한 지위에서 황상의 총애도 얻었습니다. 이런 상태가 오래가면 언제 화가 그대 몸에 미칠 것입니다."

주발이 두려워했다. 자신의 처지가 위험하다고 느껴 사직하며 승상의 인수를 반환하겠다고 말했다. 한문제가 이를 허락했다. 1년여 뒤 승상 진평이 죽자 한문제가 재차 주발을 승상에 제수했다. 이로부터 열 달쯤 뒤 한문제가 말했다.

"며칠 전 짐이 조명을 내려 열후 모두 자신의 봉지로 돌아가라고 했소. 그런데도 일부는 아직 떠나지 않고 있소. 승상은 짐이 존중하는 사람이니 솔선수범해 봉지로 돌아가도록 하시오."

주발이 곧 승상의 인수를 반납한 뒤 봉지인 강현絳縣으로 돌아갔다. 1년여 뒤 하동의 군수와 군위가 현을 순시하다가 강현에 이를 때면 주발은 혹여 죽임을 당할지나 않을까 두려워했다. 늘 몸에 갑옷을 입고 지내면서, 가인家人들에게도 병기를 지닌 채 군수와 군위를 만나도록 명한 이유다. 이후 어떤 자가 조정에 주발이 반란을 꾀한다고 상서했다. 조정이 이 사건을 정위에게 넘겨 처리하게 했다. 정위가 이를 다시 장안으로 넘기면서 주발을 체포해 심문하도록 했다. 주발은 매우 두려운 나머지 어떻게 답변해야 좋을지 몰라 했다. 옥리는 점차 그에게 모욕을 주었다. 당시 주발은 1,000근의 황금을 옥리에게 뇌물로 주었다. 옥리가 장부 뒷면에 글을 써 그에게 보여주었다.

공주를 증인으로 삼으시오.

공주는 주발의 장남 주승지周勝之에게 시집간 한문제의 딸을 말한다. 옥리가 주발에게 공주를 증인으로 불러 재판을 유리하게 이끌도록 가르쳐준 것이다. 주발은 평소 황제가 하사한 포상을 모두 박소에게 보냈다. 이 안건을 심리할 때 박소는 누나인 박태후에게 주발을 대신해 간곡히 사정했다. 태후도 주발이 반란을 일으키려 하지는 않았다고 여겼다. 한문제가 문안을 오자 박태후가 두건을 벗어 한문제에게 내던지며 이같이 말했다.

"강후는 황제의 옥새를 보관하고, 북군北軍에서 군사를 통솔했습니다. 그때도 모반하지 않았는데, 지금 작은 현에 있으면서 모반할리 있겠습니까?"

한문제는 이미 강후 주발의 옥중 공술서供述書를 본 까닭에 박태후에게 사죄했다.

"관원들이 사건 조사를 끝낸 후 곧 풀어줄 것입니다."

사자를 보내 부절을 가지고 가 강후를 사면하고, 원래 작위와 식읍을 회복시켰다. 강후 주발은 출옥한 뒤 당시의 소회를 이같이 술회했다.

"나는 일찍이 100만 대군을 거느렸다. 그러니 옥리 한 사람의 위세가 이토록 대단한 것인지 어찌 알 수 있었겠는가!"

강후가 다시 봉지로 돌아갔다. 한문제 11년, 주발이 죽었다. 시호는 무후武侯다. 아들 주승지가 작위를 이었다. 6년 뒤 부인인 공주와사이가 벌어지고 또 살인죄에 연루되어 작위와 봉지를 잃었다. 작위가 끊긴 지 1년 뒤 한문제가 주발의 자식들 가운데 현능한 하내군수주아부를 택해 조후條侯로 봉하면서 강후의 뒤를 잇게 했다.

●● 勃爲人木彊敦厚, 高帝以爲可屬大事. 勃不好文學, 每召諸生說士, 東鄉坐而責之, "趣爲我語." 其椎少文如此. 勃旣定燕而歸, 高祖已崩矣, 以列侯事孝惠帝. 孝惠帝六年, 置太尉官, 以勃爲太尉. 十歲, 高后崩. 呂祿以趙王爲漢上將軍, 呂産以呂王爲漢相國, 秉漢權, 欲危劉氏. 勃爲太尉, 不得入軍門. 陳平爲丞相, 不得任事. 於是勃與平謀, 卒誅諸呂而立孝文皇帝. 其語在呂后·孝文事中. 文帝旣立, 以勃爲右丞相, 賜金五千斤, 食邑萬戶. 居月餘, 人或說勃曰, "君旣誅諸呂, 立代

王, 威震天下, 而君受厚賞, 處尊位, 以寵, 久之即禍及身矣." 勃懼, 亦
自危, 乃謝請歸相印. 上許之. 歲餘, 丞相平卒, 上復以勃爲丞相. 十餘
月, 上曰, "前日吾詔列侯就國, 或未能行, 丞相吾所重, 其率先之." 乃
免相就國. 歲餘, 每河東守尉行縣至絳, 絳侯勃自畏恐誅, 常被甲, 令
家人持兵以見之. 其後人有上書告勃欲反, 下廷尉. 廷尉下其事長安,
逮捕勃治之. 勃恐, 不知置辭. 吏稍侵辱之. 勃以千金與獄吏, 獄吏乃
書牘背示之, 曰, "以公主爲證." 公主者, 孝文帝女也, 勃太子勝之尙
之, 故獄吏教引爲證. 勃之益封受賜, 盡以予薄昭. 及繫急, 薄昭爲言
薄太后, 太后亦以爲無反事. 文帝朝, 太后以冒絮提文帝, 曰, "絳侯綰
皇帝璽, 將兵於北軍, 不以此時反, 今居一小縣, 顧欲反邪!" 文帝旣
見絳侯獄辭, 乃謝曰, "吏事方驗而出之." 於是使使持節赦絳侯, 復爵
邑. 絳侯旣出, 曰, "吾嘗將百萬軍, 然安知獄吏之貴乎!" 絳侯復就國.
孝文帝十一年卒, 諡爲武侯. 子勝之代侯. 六歲, 尙公主, 不相中, 坐殺
人, 國除. 絶一歲, 文帝乃擇絳侯勃子賢者河內守亞夫, 封爲條侯, 續
絳侯後.

　조후 주아부가 하내군수로 있으면서 봉후封侯를 받지 못했을 때
관상가 허부가 그의 관상을 보고 이같이 말했다.

　"그대는 3년 뒤에는 제후의 작위를 받고, 8년 뒤에는 대장과 승상
이 되어 나라의 대권을 장악함으로써 그 존귀함이 신하들 가운데 으
뜸이 될 것이오. 그러나 9년 뒤에는 이내 굶어 죽고 말 것이오."

　주아부가 웃으며 말했다.

　"나의 형님이 이미 선친의 작위를 계승해 제후가 되었소. 설령 형
님이 돌아가시더라도 그 아들이 계승하게 될 것이오. 내가 어찌 봉

후를 이야기할 자격이 되겠소? 만일 내가 그대의 말대로 존귀해지면
또 어찌 굶어 죽을 리 있겠소? 그리되면 내게 잘 알려주시오."

관상가 허부가 주아부의 입을 가리키며 말했다.

"그대의 얼굴에 직선 무늬가 입까지 내려와 있소. 그것이 바로 굶
어 죽을 관상이오."

3년 뒤 그의 형 강후 주승지가 죄를 범했다. 한문제가 주발의 아들
가운데 현능한 자를 선택하고자 했다. 모두 주아부를 천거했다. 한문
제는 주아부를 조후로 봉해 강후의 작위를 잇게 했다. 한문제 후원
6년, 흉노가 대거 변경을 침공했다. 한문제가 종정 유례劉禮를 장군
으로 삼아 파상에 주둔시키고, 축자후祝玆侯 서려徐厲를 장군으로 삼
아 극문棘門에 주둔시키고, 하내군수 주아부를 장군으로 삼아 세류細
柳에 주둔시켜 방비하게 했다. 이때 한문제가 친히 군사를 위문하러
갔다. 파상과 극문의 군영에 이르렀을 때 곧바로 말을 달려 진영으
로 들어가자 장군들과 군사들이 모두 말을 타고 영접했다. 이어 세
류의 군영으로 가자 군영의 장병들이 모두 갑옷을 입고 예리한 병기
를 든 채 화살을 당기려 했다. 천자의 선발대가 도착했으나 군영 안
으로 들어갈 수 없었다. 선발대가 말했다.

"천자가 곧 이를 것이다."

영문을 지키는 도위가 대답했다.

"장군이 명하기를, '군중軍中에서는 단지 장수의 명만 듣고 천자의
명도 듣지 말라'고 했다."

얼마 후 한문제가 도착했다. 그런데도 군영에 들어갈 수 없었다.
한문제가 사자를 시켜 부절을 들고 주아부에게 알리게 했다.

"짐이 군사를 위문하기 위해 군영에 들어가려 한다."

주아부가 명을 내려 영문을 열게 했다. 영문을 지키는 군관이 황제를 시종하는 거기車騎에게 말했다.

"장군의 규정에 따르면 군영에서는 말을 달릴 수 없소."

한문제가 말고삐를 잡고 서서히 전진했다. 군영에 이르자 장수 주아부가 무기를 들고 읍揖했다.

"갑옷을 입고 투구를 쓴 무사는 절을 하지 않는 법이니, 군례軍禮로 배견하고자 합니다."

한문제가 크게 감동했다. 얼굴빛을 엄숙히 한 채 수레 앞 횡목에 의지해 경의를 표하고 사람을 보내 이같이 말했다.

"짐이 정중히 장군을 치하하는 바이오."

위문 의식을 마치고 떠났다. 영문을 나오자 신하들이 모두 놀랍게 여겼다. 한문제가 주아부를 기렸다.

"아, 그야말로 진정한 장군이다! 전에 본 파상과 극문의 군사는 아이의 장난과 같다. 그곳의 장군은 습격해 생포할 수 있겠지만, 주아부는 어찌 범할 수 있겠는가?"

한문제가 오랫동안 기렸다. 문제는 한 달여 뒤 세 군영을 모두 철수시키고는 주아부를 수도의 치안을 책임지는 중위에 임명했다. 한문제가 붕어할 때 태자에게 일렀다.

"나라에 긴급한 난이 발생했을 때 주아부야말로 군사를 거느리는 중임을 맡을 만하다."

한문제가 서거한 후, 한경제가 즉위했다. 주아부를 거기장군車騎將軍에 임명했다.

●● 條侯亞夫自未侯爲河內守時, 許負相之, 曰, "君後三歲而侯. 侯八歲爲將相, 持國秉, 貴重矣, 於人臣無兩. 其後九歲而君餓死." 亞夫

笑曰, "臣之兄已代父侯矣, 有如卒, 子當代, 亞夫何說侯乎? 然旣已貴
如負言, 又何說餓死? 指示我." 許負指其口曰, "有從理入口, 此餓死法
也." 居三歲, 其兄絳侯勝之有罪, 孝文帝擇絳侯子賢者, 皆推亞夫, 乃
封亞夫爲條侯, 續絳侯後. 文帝之後六年, 匈奴大入邊. 乃以宗正劉禮
爲將軍, 軍霸上, 祝茲侯徐厲爲將軍, 軍棘門, 以河內守亞夫爲將軍, 軍
細柳, 以備胡. 上自勞軍. 至霸上及棘門軍, 直馳入, 將以下騎送迎. 已
而之細柳軍, 軍士吏被甲, 銳兵刃, 彀弓弩, 持滿. 天子先驅至, 不得入.
先驅曰, "天子且至!" 軍門都尉曰, "將軍令曰 '軍中聞將軍令, 不聞天
子之詔'." 居無何, 上至, 又不得入. 於是上乃使使持節詔將軍, "吾欲入
勞軍." 亞夫乃傳言開壁門. 壁門士吏謂從屬車騎曰, "將軍約, 軍中不
得驅馳." 於是天子乃按轡徐行. 至營, 將軍亞夫持兵揖曰, "介冑之士
不拜, 請以軍禮見." 天子爲動, 改容式車. 使人稱謝, "皇帝敬勞將軍."
成禮而去. 旣出軍門, 群臣皆驚. 文帝曰, "嗟乎, 此眞將軍矣! 曩者霸
上 · 棘門軍, 若兒戲耳, 其將固可襲而虜也. 至於亞夫, 可得而犯邪!"
稱善者久之. 月餘, 三軍皆罷. 乃拜亞夫爲中尉. 孝文且崩時, 誡太子
曰, "卽有緩急, 周亞夫眞可任將兵." 文帝崩, 拜亞夫爲車騎將軍.

한경제 3년, 오 · 초가 반기를 들었다. 주아부는 중위의 신분으로
태위의 직무를 대행하기 위해 군사를 이끌고 동쪽 오 · 초를 향해 진
격했다. 기회를 보아 한경제에게 상주했다.

"오 · 초의 군사는 난폭하고 민첩해 정면으로 맞붙기는 어렵습니
다. 잠시 이들이 양나라를 치는 것을 방치한 채 군사를 보내 이들의
양도糧道를 차단하고자 합니다. 그래야 이들을 제어할 수 있습니다."

한경제가 동의했다. 태위 주아부가 군사를 모아 형양에 이르렀을

때 오나라 군사가 바야흐로 양나라를 치고 있었다. 위급해지자 양나라 왕이 주아부에게 구원을 요청했다. 주아부는 군사를 이끌고 동북쪽을 향해 급히 행군해 창읍에 이른 뒤 보루를 쌓고 방어에 나섰다. 양나라는 매일 사자를 보내 태위에게 구원을 청했으나 주아부는 유리한 전황을 지키기 위해 도와줄 생각을 하지 않았다. 양나라 왕이 한경제에게 상서했다. 한경제가 사자를 보내 양나라 구원을 명했다. 주아부는 황제의 명을 무시한 채 보루를 굳게 지켰다. 대신 궁고후_弓高侯• 등에게 명해 경기병_{輕騎兵}을 이끌고 가 오·초 군사의 양도를 끊게 했다.

오나라 병사가 군량 부족으로 기아에 허덕이자 여러 차례 싸움을 걸어왔으나 주아부는 전혀 싸움에 응하지 않았다. 어느 날 밤, 주아부의 군사 내에서 돌연 아군끼리 서로 공격하는 사태가 일어났다. 이 사실이 이내 태위 주아부의 군영에까지 알려졌다. 주아부는 끝내 누워 있기만 할 뿐 일어날 기미를 보이지 않았다. 잠시 후 안정을 되찾았다.

얼마 후 오나라 군사가 한나라 군영의 동남쪽 모퉁이를 습격했다. 주아부는 정반대로 서북쪽을 방비하게 했다. 오나라 정예군이 과연 서북쪽으로 습격했다. 그러나 삼엄한 방비로 인해 성내 진입이 불가능했다. 오나라 군사는 기아에 허덕이자 이내 철군했다. 주아부가 곧바로 정예군을 보내 철군하는 오나라 군사를 대파했다. 오왕 유비는 주력부대를 잃고 수천 명의 친위부대와 함께 황급히 달아나 강남의 단도현_{丹徒縣}에 주둔했다. 한나라 군사가 여세를 몰아 이들을

• 궁고후를《사기색은》은 한퇴당_{韓頹當}이라고 했다.

추격해 모두 포로로 잡았다. 적병이 모두 항복했다. 현상금으로 황금 1,000근을 내걸어 오왕 유비를 잡고자 했다. 한 달여 뒤 월나라 사람이 오왕 유비의 수급을 가지고 와 보고했다.

오·초의 반란은 석 달 동안의 공방전 끝에 평정되었다. 당시 장수들은 비로소 태위 주아부의 계책이 완벽하고 정확하다는 것을 깨달았다. 그러나 이로 인해 양효왕과 주아부 사이에 틈이 벌어졌다. 주아부가 개선하자 조정이 태위관을 설치해 정식으로 주아부를 태위에 임명했다. 5년 뒤 승상으로 승진했고, 한경제가 그를 전적으로 신임했다.

이후 경제가 율태자栗太子를 폐위하려 하자 승상 주아부가 강력히 반대했다. 그러나 끝내 자신의 뜻을 이루지는 못했다. 한경제는 이 일로 인해 주아부와 소원해졌다. 또한 양효왕은 한경제를 배견할 때마다 두태후에게 조후 주아부의 단점을 말하곤 했다. 두태후가 한경제에게 말했다.

"왕황후의 오라비 왕신王信을 제후로 봉할 만하오."

한경제는 공손히 반대했다.

"태후의 조카 남피후와 태후의 동생 장무후는 선제가 제후로 봉하지 않았습니다. 제가 즉위한 후 비로소 이들을 제후로 봉했습니다. 왕신은 아직 제후로 봉할 수 없습니다."

두태후는 말했다.

"군왕은 각기 당시의 상황을 좇아 일을 처리할 뿐이오. 나의 오라비인 두장군은 생전에 봉지를 받지 못했소. 사후 아들 두팽조가 제후의 작위를 받았소. 나는 이 일에 관해 매우 후회하고 있소. 황상은 서둘러 왕신을 제후에 봉하도록 하시오."

한경제는 말했다.

"승상과 상의해보겠습니다."

승상 주아부가 말했다.

"고조는 일찍이 신하들과 약속하기를, '유씨가 아니면 왕으로 봉할 수 없고, 공을 세우지 않은 자는 제후로 봉할 수 없다. 이를 지키지 않은 자는 천하인이 함께 그를 칠 것이다'라고 했습니다. 지금 왕신은 황후의 오라비이기는 하나 공을 세우지 못했습니다. 그를 제후에 봉하는 것은 규정에 맞지 않습니다."

한경제가 묵묵히 듣고는 왕신을 제후에 봉하는 일을 그만두었다. 이후 흉노의 왕 유서로唯徐盧 등 다섯 명이 한나라에 투항했다. 한경제는 이들을 제후에 봉했다. 이후 투항할 자를 고무시키고자 한 것이다. 승상 주아부가 간했다.

"그들은 자신의 군주를 버리고 폐하에게 투항한 자들입니다. 폐하가 이들을 후로 봉하면 앞으로 절조 없는 신하들을 어떻게 책망하려는 것입니까?"

한경제가 말했다.

"승상의 건의는 받아들일 수 없소."

그러고는 유서로 등을 모두 열후에 봉했다. 주아부가 짐짓 병을 구실로 사의를 표했다. 한경제 중 3년, 병을 이유로 물러나는 것을 허락했다. 얼마 후 한경제는 궁중에서 주아부를 접견하면서 음식을 내렸다. 주아부의 상 위에는 단지 큰 고깃덩이 하나만 놓여 있었고, 작게 썬 고기나 젓가락은 놓여 있지 않다. 주아부는 마음이 내키지 않아 고개를 돌려 주석酒席을 주관하는 관원에게 젓가락을 가져오게 했다. 한경제가 웃으며 말했다.

"젓가락이 그대의 자리에 없소?"•

주아부가 관을 벗고 사죄했다. 한경제가 일어나자 주아부도 이내 밖으로 나왔다. 한경제가 그를 눈으로 전송하고는 이같이 말했다.

"저 불평 많은 사람은 어린 황제의 신하가 아니다!"

얼마 후 조후 주아부의 아들이 부친을 위해 공관工官이 있는 상방尚方에서 500구具에 달하는 황가의 매장용 갑옷과 방패를 구입했다. 상방에 고용된 자들이 애쓰게 만들었는데도 값을 치르지 않았다. 고용된 자들은 주아부의 아들이 황실용 기물을 몰래 구입한 사실을 알고 있었다. 크게 노한 나머지 곧 상서를 올려 고변告變했다. 주아부가 이 일에 연루되었다. 한경제는 상서를 보고는 곧 유사有司에게 넘겨 조사하게 했다. 관원이 상서에 적힌 죄상을 묻자 주아부는 대답하지 못했다. 한경제가 그 이야기를 듣고는 크게 욕했다.

"짐은 그를 더는 임용하지 않을 것이다."

곧 조령詔令을 내려 정위에게 넘겨 치죄治罪하게 했다. 정위가 조후를 문책했다.

"그대는 모반하고자 한 것인가?"

"내가 구입한 병기는 모두 매장용인데 어찌 모반할 수 있겠는가?"

정위가 말했다.

"설령 지상에서 모반하지 않았을지라도, 지하에 가서 모반하고자 한 것이 아닌가!"

• 이 구절을 두고 예로부터 해석이 분분하다. 《사기집해》에 따르면 맹강孟康은 "고깃덩이를 제공하면서 젓가락을 뺀 것은 잘못이 아니지 않소?"라고 풀이했다. 이에 대해 여순如淳은 "고의로 젓가락을 뺀 것이 아니다. 우연히 실수한 것이다"라고 해석했다. 《사기색은》은 위무제 조비가 순욱에게 빈 그릇을 내린 것과 같은 취지로 풀이한 고씨顧氏의 해석을 맹씨와 유사한 풀이로 간주하면서 여순의 해석을 좇았다. 한경제가 웃으며 말한 것을 논거로 들었다.

관원의 심문은 더욱 심해졌다. 당초 관원이 주아부를 체포할 때 주아부는 원래 자진할 생각이었다. 아내의 저지로 자진하지 못한 채 정위의 손에 넘겨진 것이다. 그는 닷새 동안 단식하다가 피를 토하고 죽었다. 봉지도 반환되었다. 작위가 끊긴 지 1년 뒤 한경제가 강후 주발의 또 다른 아들 주견周堅을 평곡후平曲侯에 봉하고 강후의 작위를 잇게 했다. 19년 뒤 주견이 죽었다. 공후共侯의 시호를 내렸다. 주견의 아들 주건덕周建德이 작위를 계승했다. 13년 뒤 주건덕이 태자 태부에 임명되었다. 이후 그가 바친 주금酎金°이 좋지 않았다. 한무제 원정元鼎 5년, 유죄가 인정되어 봉지가 반환되었다. 관상가 허부의 예언처럼 과연 조후 주아부는 굶어 죽고 말았다. 그의 사후 한경제는 왕신을 개후에 봉했다.

●● 孝景三年, 吳楚反. 亞夫以中尉爲太尉, 東擊吳楚. 因自請上曰, "楚兵剽輕, 難與爭鋒. 願以梁委之, 絶其糧道, 乃可制." 上許之. 太尉旣會兵滎陽, 吳方攻梁, 梁急, 請救. 太尉引兵東北走昌邑, 深壁而守. 梁日使使請太尉, 太尉守便宜, 不肯往. 梁上書言景帝, 景帝使使詔救梁. 太尉不奉詔, 堅壁不出, 而使輕騎兵弓高侯等絶吳楚兵後食道. 吳兵乏糧, 飢, 數欲挑戰, 終不出. 夜, 軍中驚, 內相攻擊擾亂, 至於太尉帳下. 太尉終臥不起. 頃之, 復定. 後吳奔壁東南陬, 太尉使備西北. 已

● 주금은 천자가 햇곡식으로 빚은 진한 술인 순주醇酒를 종묘에 바칠 때 제후가 그 순주를 마시고 천자에게 바치는 금을 말한다. 일종의 헌금을 강요한 것이다. 한무제는 제후왕 내지 열후가 바친 주금의 성분이나 양이 부족하면 작위를 취소하는 조치를 내렸다. 이를 주금율酎金律이라고 했다. 한무제 때 제후왕 내지 열후로 임명된 사람은 175명이고, 여러 죄목으로 폐위된 사람은 113명이었다. 주금율은 제후왕 사후 적장자 이외의 자식에게도 토지를 나누어 주고 열후로 승격시켜 중앙정부의 관할하의 군郡에 소속시키는 추은령推恩令과 함께 신권臣權 세력을 무너뜨리는 데 일조했다. 이를 계기로 막강한 황권皇權이 수립되었다. 사가들이 진시황 때 봉건정을 대신해 처음으로 등장한 제왕정帝王政이 한무제 때 비로소 완성되었다고 평하는 이유다.

而其精兵果奔西北, 不得入. 吳兵旣餓, 乃引而去. 太尉出精兵追擊, 大破之. 吳王濞棄其軍, 而與壯士數千人亡走, 保於江南丹徒. 漢兵因乘勝, 遂盡虜之, 降其兵, 購吳王千金. 月餘, 越人斬吳王頭以告. 凡相攻守三月, 而吳楚破平. 於是諸將乃以太尉計謀爲是. 由此梁孝王與太尉有卻. 歸, 復置太尉官. 五歲, 遷爲丞相, 景帝甚重之. 景帝廢栗太子, 丞相固爭之, 不得. 景帝由此疏之. 而梁孝王每朝, 常與太后言條侯之短. 竇太后曰, "皇兄王信可侯也." 景帝讓曰, "始南皮·章武侯先帝不侯, 及臣卽位乃侯之. 信未得封也." 竇太后曰, "人主各以時行耳. 自竇長君在時, 竟不得侯, 死後乃封其子彭祖顧得侯. 吾甚恨之. 帝趣侯信也!" 景帝曰, "請得與丞相議之." 丞相議之, 亞夫曰, "高皇帝約'非劉氏不得王, 非有功不得侯. 不如約, 天下共擊之'. 今信雖皇后兄, 無功, 侯之, 非約也." 景帝黙然而止. 其後匈奴王唯徐盧等五人降, 景帝欲侯之以勸後. 丞相亞夫曰, "彼背其主降陛下, 陛下侯之, 則何以責人臣不守節者乎?" 景帝曰, "丞相議不可用." 乃悉封唯徐盧等爲列侯. 亞夫因謝病. 景帝中三年, 以病免相. 頃之, 景帝居禁中, 召條侯, 賜食. 獨置大胾, 無切肉, 又不置櫡. 條侯心不平, 顧謂尙席取櫡. 景帝視而笑曰, "此不足君所乎?" 條侯免冠謝. 上起, 條侯因趨出. 景帝以目送之, 曰, "此怏怏者非少主臣也!" 居無何, 條侯子爲父買工官尙方甲楯五百被可以葬者. 取庸苦之, 不予錢. 庸知其盜買縣官器,* 怒而上變告子, 事連汙條侯. 書旣聞上, 上下吏. 吏簿責條侯, 條侯不對. 景帝罵之曰, "吾不用也." 召詣廷尉. 廷尉責曰, "君侯欲反邪?" 亞夫曰, "臣所買器, 乃葬器也, 何謂反邪?" 吏曰, "君侯縱不反地上, 卽欲反地下耳." 吏侵之益急.

● 현관縣官은 천자를 지칭한다.《사기색은》은 하나라 때 왕기王畿 내의 현은 국도를 뜻했고, 왕은 천하를 관장한 까닭에 현관은 곧 천자를 가리킨다고 풀이했다.

初, 吏捕條侯, 條侯欲自殺, 夫人止之, 以故不得死, 遂入廷尉. 因不食
五日, 嘔血而死. 國除. 絶一歲, 景帝乃更封絳侯勃他子堅爲平曲侯, 續
絳侯後. 十九年卒, 謚爲共侯. 子建德代侯, 十三年, 爲太子太傅. 坐
酎金不善, 元鼎五年, 有罪, 國除. 條侯果餓死. 死後, 景帝乃封王信爲
蓋侯.

태사공은 평한다.

"강후 주발은 당초 포의로 있을 때 비천하고 소박한 사람이었다.
재능이 보통 사람을 뛰어넘지 못했다. 그러던 그가 한고조를 도와
천하를 평정한 공으로 시종 장상의 높은 자리에 있었다. 여씨 일족
이 모반하자 나라를 위험으로부터 구해 정상적인 상태로 회복시켰
다. 설령 은나라의 이윤이나 주나라의 주공일지라도 어찌 그를 뛰어
넘을 수 있겠는가? 주아부 역시 용병에서 엄중하고 견실하며 날카로
운 모습을 드러냈다. 사마양저司馬穰苴라도 어찌 그를 뛰어넘을 수 있
겠는가! 애석하게도 주아부는 자신의 지모에 만족하며 고인을 배
우지 않은 탓에 절조는 엄격히 지켰으나 공손하지 못해 마침내 궁곤
窮困에 처하게 되었다. 슬픈 일이다!"

●● 太史公曰, "絳侯周勃始爲布衣時, 鄙樸人也, 才能不過凡庸. 及
從高祖定天下, 在將相位, 諸呂欲作亂, 勃匡國家難, 復之乎正. 雖伊
尹·周公, 何以加哉? 亞夫之用兵, 持威重, 執堅刃, 穰苴曷有加焉! 足
己而不學, 守節不遜, 終以窮困. 悲夫!"

양효왕세가

梁孝王世家

〈양효왕세가〉는 한경제의 동복동생인 양효왕 유무와 그의 후손에 관한 이야기를 다루고 있다. 양효왕은 모친인 두태후의 극진한 총 애를 믿고 방자하게 행동한 탓에 한경제의 견제를 받아 우울한 나 날을 보내다가 병사했다. 자신의 신분을 잊은 채 보위를 노리는 등 지나친 욕심을 부린 후과다. 여기에는 두태후가 그에게 보인 지나 친 애정도 한몫했다. 보위가 한경제의 후손이 아닌 양효왕에게 넘 어가기를 은근히 바란 것이 그렇다.

고금동서를 막론하고 적장자가 뒤를 잇는 계위의 기본원칙이 흔 들리면 필연적으로 엄청난 피바람을 불러오게 마련이다. 그럼에도 두태후는 양효왕을 지나치게 총애한 나머지 이런 모습을 보인 것 이다. 결국 대신들의 반대로 양효왕의 계위는 무산되었지만 조정 대신들이 양효왕이 보낸 자객에 의해 척살되는 등의 참극이 일어 났다. 이 사건 또한 두태후로 인해 흐지부지되고 말았다. 국기國紀 가 문란해질 수밖에 없었다. 두태후 역시 사실상의 여제女帝로 군림 하며 유씨의 천하를 여씨의 천하로 바꾼 여태후에 버금할 정도로 천하를 시끄럽게 만든 장본인에 해당한다.

효왕세가

양효왕 유무는 한문제의 아들이고, 한경제의 동복동생이다. 모친은 두태후다. 한문제는 모두 네 명의 아들을 두었다. 첫째가 태자로 곧 한경제다. 둘째가 양효왕 유무다. 셋째가 유참劉參, 넷째가 유승劉勝이다. 한문제는 즉위 2년이 되자 유무를 대왕, 유참을 태원왕太原王, 유승을 양왕梁王에 각각 봉했다. 1년 뒤 대왕 유무를 회양왕淮陽王으로 이봉하면서 대 땅을 모두 태원왕 유참에게 주고 대왕으로 불렀다. 유참은 재위 17년 만에 죽었다. 한문제 후원 2년이다. 시호는 효왕孝王이다. 아들 유등劉登이 작위를 이었다. 그가 대공왕代共王이다. 대공왕은 재위 29년 만인 원광元光 2년에 죽었다. 아들 유의가 작위를 이었다. 그가 대왕이다. 유의가 작위를 계승한 지 19년 만에 한나라가 관關을 확충하면서 상산을 경계로 삼아 대왕을 청하왕淸河王으로 이봉했다. 청하왕 이봉은 원정 3년의 일이다.

당초 유무가 회양왕으로 이봉된 지 10년째 되던 해에 양왕 유승이 죽었다. 시호는 양회왕梁懷王이다. 양회왕은 한문제의 막내아들로, 그에 대한 한문제의 총애가 한층 깊었다. 이듬해에 회양왕 유무를 양왕으로 이봉했다. 양효왕 유무가 양 땅을 다스리기 시작한 것은 한문제 12년이다. 양효왕이 당초 왕으로 봉해진 지 통산 11년째가 되던 해다. 양효왕 14년, 장안으로 가 황제를 배견했다. 양효왕 17년과 18년에도 계속 장안으로 가 황제를 배견하고 그곳에 머물렀다. 이듬해에 비로소 양나라로 돌아왔다. 양효왕 21년, 다시 입조했다. 양효왕 22년, 한문제가 붕어했다. 양효왕 24년, 입조했다. 양효왕 25년, 재차 입조했다. 당시 한경제는 아직 태자를 확정하지 않았다. 일찍이 한경제는 연회 때 양효왕에게 은밀히 이같이 말했다.

"짐이 죽으면 제위를 그대에게 전해주도록 하겠소."

양효왕이 사양했다. 비록 진심이 아닌 줄 알았지만 양효왕은 내심 기뻐했다. 두태후도 같은 마음이었다. 이해 봄, 오·초·조·교동·교서·제남·치천 등 7국이 반기를 들었다. 오·초 연합군이 먼저 양나라의 극벽을 공격해 수만 명을 죽였다. 양효왕은 수양睢陽을 지키면서 한안국韓安國과 장우張羽를 대장군으로 삼아 오·초 연합군에 대항했다. 오·초 연합군은 양나라가 가로막고 있었던 까닭에 더는 서진할 수 없었다. 태위 주아부와 석 달을 대치한 이유다. 마침내 오·초 연합군을 격파할 때 양나라가 죽이거나 포획한 오·초의 군사가 매우 많았다. 대략 한나라 조정이 죽이거나 포로로 잡은 숫자와 비슷했다. 이듬해, 한나라 조정이 태자를 세웠다. 이후 양나라는 한나라 조정과 가장 가까웠고, 전공도 있었다. 게다가 양나라는 대국이면서도 천하의 비옥한 땅에 위치했다. 북쪽으로 태산에 연접해 있고, 서쪽으로 고양高陽에 이르렀다. 40여 개의 성이 모두 큰 현이었다.

양효왕은 두태후의 작은아들로, 매우 총애를 받은 덕에 하사받은 재물이 이루 말할 수 없을 정도로 많았다. 당시 그는 동원東苑을 짓고 있었다. 둘레가 300여 리나 되었다. 또 수양성睢陽城을 확장해 70여 리가 되었다. 궁궐을 크게 짓고 복도複道도 만들었다. 궁궐에서 평대平臺까지 장장 30여 리나 되었다. 천자의 정기旌旗를 하사받기도 했다. 출입할 때마다 천자처럼 수많은 수레와 호위병으로 구성된 천승만기千乘萬騎●가 뒤따랐다. 동서로 수레를 달리며 사냥하면 그 위

● 천승만기를 《사기색은》은 《한관의漢官儀》의 "천자의 법가法駕는 36승, 대가大駕는 81승으로 모든 장비를 갖추어 출입하는 것을 천승만기라 한다"는 구절을 인용해 천자의 출입으로

세가 천자와 같았다. 외출할 때는 미리 길을 치워 행인을 차단하고, 돌아올 때는 큰소리로 어가御駕의 이동을 알리는 경필警蹕˙을 행했다. 사방의 호걸을 불러들이자 효산崤山 이동의 유세객 가운데 오지 않는 자가 없었다. 제나라의 양승羊勝·공손궤公孫詭·추양鄒陽 등이 바로 이들이다.

공손궤는 기책을 많이 냈다. 양효왕을 조현하자마자 양효왕은 그에게 1,000금을 내리고, 중위의 벼슬을 맡겼다. 양나라에서는 그를 공손장군으로 불렀다. 양나라는 쇠뇌와 활, 창 등의 병기를 수십만 개나 제조했다. 창고에 쌓아놓은 금전이 근 1억 전에 달했다. 주옥과 보기도 한나라 조정을 능가했다.

양효왕 29년 10월, 양효왕이 입조했다. 한경제가 사자를 시켜 부절을 소지한 채 사마駟馬 수레를 타고 관문까지 가 양효왕을 맞이하도록 했다. 양효왕은 조현을 마친 뒤 상서를 올리고 수도에 머물렀다. 두태후가 총애했기 때문이다. 양효왕은 황궁에 들어가 한경제와 같은 수레에 앉았고, 궁 밖에서도 같은 수레를 타고 사냥했다. 상림원에서 함께 금수를 사냥한 것이 대표적이다. 양나라의 시중·낭관郎官·알자謁者 모두 장부에 이름을 기록한 뒤 황궁의 금문禁門을 임의로 출입했다. 궁정의 환관과 아무런 구분이 없었다. 이해 11월, 한경제가 율태자를 폐위했다. 두태후는 속으로 양효왕을 후계자로 삼고자 했다. 대신과 원앙袁盎 등이 한경제에게 간했으나 두태후가 이를 저지했다. 이후 양효왕을 후사로 삼는 논의 역시 다시는 제기하지 못

풀이했다.
● 필이 원문에는 필蹕로 나온다. 《사기색은》은 《한구의漢舊儀》의 "황제의 연輦이 움직이는 것을 경蹕이라 한다. 궁궐을 나갈 때는 통행을 금하고 길을 치우는 필蹕을 행한다. 경필은 사람의 출입을 막고 길을 깨끗이 청소하는 것을 뜻한다"는 구절을 인용해 필蹕로 새겼다.

하게 했다. 이 일은 비밀로 했기에 세상에서는 알지 못했다. 양효왕이 하직 인사를 올리고 봉국으로 돌아갔다.

이해 여름 4월, 한경제가 교동왕 유철劉徹을 태자로 세웠다. 양효왕은 원앙과 후사를 논의한 대신들을 크게 원망했다. 몰래 양승 및 공손궤 등과 공모한 뒤 사람을 보내 원앙과 후사를 논의한 대신 10여 명을 살해한 배경이다. 조정은 살인자를 조사했으나 찾지 못했다. 한경제는 양효왕을 의심한 나머지 재차 수사에 나서 하수인을 체포했다. 과연 양나라에서 파견한 자들이었다. 조정에서 곧 사자를 잇달아 보내 양나라 조정을 샅샅이 조사한 뒤 공손궤와 양승을 체포하고자 했다. 당시 공손궤와 양승은 양효왕의 후궁에 숨어 있었다. 사자가 양나라 재상을 급히 꾸짖자 양나라 재상 헌구표軒丘豹와 내사 한안국이 양효왕에게 간했다. 양효왕은 양승과 공손궤를 자진하게 만든 뒤 그 시신을 넘겨주었다.

한경제는 이 일로 인해 양효왕을 원망했다. 양효왕은 두려운 나머지 곧 한안국을 보내 장공주를 통해 두태후에게 사죄했다. 이로써 간신히 용서를 받았다. 한경제의 노기가 조금 풀어지자 양효왕이 상서해 조현을 청했다. 관문에 이르자 양효왕의 대신 모란茅蘭이 양효왕에게 계책을 제시했다. 격을 낮추어 베로 만든 수레를 타고 두 명의 시종관을 대동한 채 관문 안으로 들어간 뒤 장공주의 화원에 숨는 방안이었다. 한나라 조정이 사자를 보내 양효왕을 영접하고자 했으나 양효왕은 이미 관문 안으로 들어온 뒤였다. 수레와 말은 관문 밖에 있고, 양효왕의 소재는 파악할 길이 없었다. 두태후가 울며 말했다.

"황상이 내 아들을 죽였소!"

한경제도 크게 걱정하며 두려워했다. 이때 양효왕이 대궐 문 앞에 와서 부질斧質에 엎드려 사죄했다. 두태후와 한경제가 기뻐하며 서로 껴안고 울었다. 이로써 사이가 다시 이전과 같아졌고, 양효왕의 수행원 모두 입관할 수 있었다. 그러나 이후 한경제는 양효왕을 멀리해 이전처럼 같은 수레에 태우지는 않았다. 양효왕 35년 겨울, 양효왕이 또 한경제를 조현했다. 양효왕이 상서해 도성에 머물고자 했으나 한경제가 이를 허락지 않았다. 양효왕이 봉국으로 돌아갔으나 즐겁지 않았다. 그가 북쪽 양산良山에 올라가 사냥할 때 어떤 자가 소 한 마리를 헌상했다. 그 소는 발이 등 위에 있었다. 양효왕이 이를 혐오했다. 이해 6월 중순, 양효왕이 열병에 걸려 엿새 만에 죽었다. 시호는 효왕孝王이다.

양효왕은 평소 모친인 두태후에게 효성이 지극했다. 두태후가 병에 걸렸다는 이야기를 들으면 음식을 먹지 못했고, 편히 잠자지 못했다. 늘 장안에 머물며 봉양하고자 했다. 두태후도 그를 극히 사랑했다. 양효왕이 죽었다는 소식을 듣자 두태후가 애통해하며 음식을 먹지 못했다.

"황제가 과연 내 아들을 죽였다!"

한경제 또한 슬프고 두려워 어찌할 바를 몰랐다. 장공주와 상의해 양나라를 다섯 개 나라로 쪼갠 뒤 양효왕의 다섯 아들을 모두 왕으로 봉했다. 다섯 딸에게는 탕목읍을 하사했다. 이를 두태후에게 보고하자 두태후가 크게 기뻐하며 한경제의 조치를 칭송하고, 음식을 들기 시작했다. 양효왕의 장남 유매劉買가 뒤를 이어 양왕梁王이 되었다. 그가 양공왕梁共王이다. 차남 유명劉明은 제천왕濟川王, 셋째 아들 유팽리劉彭離는 제동왕濟東王, 넷째 아들 유정劉定은 산양왕山陽王, 막내아들 유불식劉不識은 제음애왕濟陰哀王에 봉해졌다. 양효왕이 죽기 전 재산이 억만 금에 달하는 것으로 알려졌으나 자세히 알 수는 없었다. 양효왕 사후 부고府庫에 남은 황금은 40만여 근이었다. 그 밖의 재산도 이와 비슷했다. 양공왕 3년, 한경제가 붕어했다. 양공왕은 재위 7년 만에 죽자 아들 유양劉襄이 뒤를 이었다. 그가 양평왕梁平王이다.

●● 梁孝王武者, 孝文皇帝子也, 而與孝景帝同母. 母, 竇太后也. 孝文帝凡四男, 長子曰太子, 是爲孝景帝, 次子武, 次子參, 次子勝. 孝文帝卽位二年, 以武爲代王, 以參爲太原王, 以勝爲梁王. 二歲, 徙代王爲淮陽王. 以代盡與太原王, 號曰代王. 參立十七年, 孝文後二年卒, 諡爲孝王. 子登嗣立, 是爲代共王. 立二十九年, 元光二年卒. 子義立, 是爲代王. 十九年, 漢廣關, 以常山爲限, 而徙代王王淸河. 淸河王徙以元鼎三年也. 初, 武爲淮陽王十年, 而梁王勝卒, 諡爲梁懷王. 懷王最少子, 愛幸異於他子. 其明年, 徙淮陽王武爲梁王. 梁王之初王梁, 孝文帝之十二年也. 梁王自初王通歷已十一年矣. 梁王十四年, 入朝. 十七年, 十八年, 比年入朝, 留, 其明年, 乃之國. 二十一年, 入朝. 二十二年, 孝文帝崩. 二十四年, 入朝. 二十五年, 復入朝. 是時上未置太子也. 上與梁王燕飮, 嘗從容言曰, "千秋萬歲後傳於王." 王辭謝. 雖知非至言, 然心內喜. 太后亦然. 其春, 吳楚齊趙七國反. 吳楚先擊梁棘壁, 殺數萬人. 梁孝王城守睢陽, 而使韓安國·張羽等爲大將軍, 以距吳楚. 吳楚以梁爲限, 不敢過而西, 與太尉亞夫等相距三月. 吳楚破, 而梁所破殺虜略與漢中分. 明年, 漢立太子. 其後梁最親, 有功, 又爲大國, 居天下膏腴地. 地北界泰山, 西至高陽, 四十餘城, 皆多大縣. 孝王, 竇太后少子也, 愛之, 賞賜不可勝道. 於是孝王築東苑, 方三百餘里. 廣睢陽城七十里. 大治宮室, 爲複道, 自宮連屬於平三十餘里. 得賜天子旌旗, 出從千乘萬騎. 東西馳獵, 擬於天子. 出言蹕, 入言警. 招延四方豪桀, 自山以東遊說之士莫不畢至. 齊人羊勝·公孫詭·鄒陽之屬. 公孫詭多奇邪計, 初見王, 賜千金, 官至中尉, 梁號之曰公孫將軍, 梁多作兵器弩弓矛數十萬, 而府庫金錢且百巨萬, 珠玉寶器多於京師. 二十九年十月, 梁孝王入朝. 景帝使使持節乘輿駟馬, 迎梁王於關下. 旣朝, 上疏因留, 以太后親故. 王入則侍景帝同輦, 出則同車遊獵, 射禽獸上林中. 梁之侍中·郎·謁者著籍引出入天子殿門, 與漢宦官無異. 十一月, 上廢栗太子, 竇太后心欲以孝王爲後嗣. 大臣及袁盎等有所關說於景帝, 竇太后義格, 亦遂不復言以梁王爲嗣事由此. 以事祕, 世莫知. 乃辭歸國. 其夏四月, 上立膠東王爲太子. 梁王怨袁盎及議臣, 乃與羊勝·公孫詭之屬陰使人刺殺袁盎及他議臣十餘人. 逐其賊, 未得也. 於是天子意梁王, 逐賊, 果梁使之. 乃遣使冠蓋相望於道, 覆按梁, 捕公孫詭·羊勝. 公孫詭·羊勝匿王后宮. 使者責二千石急, 梁相軒丘豹及內史韓安國進諫王, 王乃令勝·詭皆自殺, 出之. 上由此怨望於梁王. 梁王恐, 乃使韓安國因長公主謝罪太后, 然后得釋. 上怒稍解, 因上書請朝. 旣至關, 茅蘭說王, 使乘布車, 從兩騎入, 匿於長公主園. 漢使使迎王, 王已入關, 車騎盡居外, 不知王處. 太后泣曰, "帝殺吾子!" 景帝憂恐. 於是梁王伏斧質於闕下, 謝罪, 然後太后·景帝大喜, 相泣, 復如故. 悉召王從官入關. 然景帝益疏王, 不同車輦矣. 三十五年冬, 復朝. 上疏欲留, 上弗許. 歸國, 意忽忽不樂. 北獵良山, 有獻牛, 足出背上, 孝王惡之. 六月中, 病熱, 六日卒, 諡曰孝王. 孝王慈孝, 每聞太后病, 口不能食, 居不安寢, 常欲留長安侍太后. 太后亦愛之. 及聞梁王薨, 竇太后哭極哀, 不食, 曰, "帝果殺吾子!" 景帝哀懼, 不知所爲. 與長公主計之, 乃分梁爲五國, 盡立孝王男五人爲王, 女五人皆食湯沐邑. 於是奏之太后, 太后乃說, 爲帝加壹湌. 梁孝王長子買爲梁王, 是爲共王, 子明爲濟川王, 子彭離爲濟東王, 子定爲山陽王, 子不識爲濟陰王. 孝王未死時, 財以巨萬計, 不可勝數. 及死, 藏府餘黃金尙四十餘萬斤, 他財物稱是. 梁共王三年, 景帝崩. 共王立七年卒, 子襄立, 是爲平王.

양왕세가

양평왕 14년, 그의 모친은 진태후陳太后다. 양공왕의 모친은 이태후李太后라고 불리었다. 이태후는 곧 양평왕의 친조모다. 양평왕의 왕후는 성이 임씨任氏여서 임왕후任王后로 불리었다. 임왕후는 양평왕 유양의 총애를 입었다. 양효왕이 살아 있을 때 황금으로 장식한 청동제 술단지인 뇌준罍樽이 있었다. 그 가치가 1,000금에 달했다. 양효왕은 일찍이 자식들에게 이같이 당부한 바가 있다.

"뇌준을 잘 보존하고 타인에게 주지 마라."

임왕후가 이 소식을 듣고는 뇌준을 가지고 싶어 했다. 양평왕의 조모 이태후가 말했다.

"선왕은 이 뇌준을 남에게 주지 말라고 당부했다. 다른 것이라면 비록 그 가치가 100억 전에 달할지라도 임의로 처분해도 좋다."

임왕후는 더욱더 뇌준을 가지고 싶어 했다. 양평왕 유양이 곧바로 사람을 보내 창고에서 뇌준을 꺼냈다. 임왕후에게 뇌준을 상으로 내린 배경이다. 이 사실을 안 이태후가 크게 노했다. 한나라 조정의 사자가 올 때 이를 호소하고자 했다. 양평왕과 임왕후가 이태후를 저지하기 위해 출입문을 잠가버렸다. 이태후는 잠긴 문을 열려 했으나 손가락이 들어가지 않아 한나라 조정의 사자를 만나보지 못했다. 이태후 또한 전에 몰래 식관장食官長 및 낭중 윤패尹霸 등과 통간한 적이 있었다. 양평왕과 임왕후는 이를 구실로 사람을 시켜 이태후에게 넌지시 압박했다. 이태후가 뇌준에 관한 일을 다시는 폭로하지 못하게 조치한 것이다. 이태후는 몰래 음란한 행위를 한 까닭에 이 문제를 더는 제기할 수 없었다. 얼마 후 병사했다. 이태후가 병환에 있을 때 때 임왕후는 병문안을 가지 않았고, 서거 후에도 상복을 입지 않았다.

한무제 원삭 연간에 수양 땅에 유안반類奸反이라는 자가 있었다. 다른 사람이 그의 부친을 모욕하자 유안반이 회양 태수의 손님과 함께 수레를 타고 외출했다. 태수의 손님이 수레에서 내린 뒤 떠나자 유안반은 그의 원수를 수레 위에서 살해한 후 달아났다. 회양 태수가 노해 양나라의 2,000석급의 고관을 책망했다. 양나라의 2,000석급의 고관이 급히 유안반을 체포하고 그의 일족을 잡아들였다. 유안반은 양나라 왕실의 내막을 알고 있었다. 곧 한나라 조정에 양평왕과 그의 조모 이태후가 뇌준을 둘러싸고 벌인 추문을 보고했다. 한나라 조정의 승상 이하 관원들이 곧 사건의 전모를 상세히 파악했다. 그는 양나라 고관에게 타격을 줄 생각에 빠짐없이 보고했다. 천자가 법관에게 넘겨 심문하게 하자 과연 모두 사실로 드러났다. 공경대신 모두 양평왕 유양을 폐출시켜 서인으로 만들 것을 청했다. 천자가 말했다.

"이태후는 음란한 행위가 있었고, 양평왕 유양은 훌륭한 스승이 없어 불의에 빠졌다."

그러고는 곧바로 양나라의 여덟 개 성읍을 삭감하고, 임왕후를 저잣거리에서 효시梟示했다. 양나라에는 아직 열 개의 성읍이 남아 있었다. 유양은 재위 29년 만에 죽었다. 시호는 평왕平王이다. 아들 유무상劉無傷이 뒤를 이어 즉위했다.

제천왕 유명은 양효왕의 아들이다. 환읍후桓邑侯의 자격으로 한경제 중원中元 6년에 제천왕이 되었다. 7년 뒤 중위를 죽인 일로 인해 한나라 조정의 담당 관원이 참수를 청했다. 천자가 차마 죽이지 못하고 서인으로 폐출한 뒤 방릉房陵으로 이주시켰다. 영지는 조정에 귀속시켜 군郡으로 만들었다.

제동왕 유팽리는 양효왕의 아들이다. 한경제 중원 6년, 제동왕으로 즉위했다. 보위에 오른 지 29년 뒤 거만하고 포악한 모습을 보이며 군주의 예의를 잃었다. 밤에 몰래 노복이나 악동 수십 명과 함께 살인을 하고 재물을 탈취하는 일을 즐긴 것이 그렇다. 살해당한 사람이 이미 100여 명이나 되었다. 백성들 모두 이를 알고는 밤에 나다니지 못할 정도가 되었다. 피살자의 아들이 이를 상서했다. 한나라 조정의 담당 관원이 참수를 청했으나 천자는 차마 죽이지 못하고 서인으로 폐출한 뒤 상용으로 이주시켰다. 영지는 조정에 귀속시켜 대하군大河郡으로 만들었다.

산양애왕山陽哀王 유정은 양효왕의 아들이다. 한경제 중원 6년, 산양왕이 되었다. 중원 9년에 죽었다. 아들이 없어 봉국이 반환되었고, 영지는 조정에 귀속되어 산양군山陽郡이 되었다.

제음애왕 유불식은 양효왕의 아들이다. 한경제 중원 6년, 제음왕이 된 지 1년 만에 죽었다. 아들이 없어 봉국이 반환되었고, 영지는 조정에 귀속되어 제음군濟陰郡이 되었다.

●● 梁平王襄十四年, 母曰陳太后. 共王母曰李太后. 李太后, 親平王之大母也. 而平王之后姓任, 曰任王后. 任王后甚有寵於平王襄. 初, 孝王在時, 有罍樽, 直千金. 孝王誡後世, 善保罍樽, 無得以與人. 任王后聞而欲得罍樽. 平王大母李太后曰, "先王有命, 無得以罍樽與人. 他物雖百巨萬, 猶自恣也." 任王后絶欲得之. 平王襄直使人開府取罍樽, 賜任王后. 李太后大怒, 漢使者來, 欲自言, 平王襄及任王后遮止, 閉門, 李太后與爭門, 措指, 遂不得見漢使者. 李太后亦私與食官長及郎中尹霸等士通亂, 而王與任王后以此使人風止李太后, 李太后內有淫行, 亦已. 後病薨. 病時, 任后未嘗請病, 薨, 又不持喪. 元朔中, 睢陽人類犴反者, 人有辱其父, 而與淮陽太守客出同車. 太守客出下車, 類犴反殺其仇於車上而去. 淮陽太守怒, 以讓梁二千石. 二千石以下求反甚急, 執反親戚. 反知國陰事, 乃上變事, 具告知王與大母爭樽狀. 時丞相以下見知之, 欲以傷梁長吏, 其書聞天子. 天子下吏驗問, 有之. 公卿請廢襄爲庶人. 天子曰, "李太后有淫行, 而梁王襄無良師傅, 故陷不義." 乃削梁八城, 梟任王后首于市. 梁餘尚有十城. 襄立三十九年卒, 謚爲平王. 子無傷立爲梁王也. 濟川王明者, 梁孝王子, 以桓邑侯孝景中六年爲濟川王. 七歲, 坐射殺其中尉, 漢有司請誅, 天子弗忍誅, 廢明爲庶人. 遷房陵, 地入于漢爲郡. 濟東王彭離者, 梁孝王子, 以孝景中六年爲濟東王. 二十九年, 彭離驕悍, 無人君禮, 昏暮私與其奴・亡命少年數十人行剽殺人, 取財物以爲好. 所殺發覺者百餘人, 國皆知之, 莫敢夜行. 所殺者子上書言. 漢有司請誅, 上不忍, 廢以爲庶人, 遷上庸, 地入于漢, 爲大河郡. 山陽哀王定者, 梁孝王子, 以孝景中六年爲山陽王. 九年卒, 無子, 國除, 地入于漢, 爲山陽郡. 濟陰哀王不識者, 梁孝王子, 以孝景中六年爲濟陰王. 一歲卒, 無子, 國除, 地入于漢, 爲濟陰郡.

태사공은 평한다.

"양효왕은 한경제의 동생으로서 두태후의 두터운 총애를 입어 비옥한 땅을 보유했다. 한나라가 융성하고 백성이 부유한 덕분에 많은 재산을 축적하고, 궁실을 확장하고, 의복을 천자처럼 입었다. 그러나 이는 규정을 넘어서는 짓이었다."

●● 太史公曰, "梁孝王雖以親愛之故, 王膏腴之地, 然會漢家隆盛, 百姓殷富, 故能植其財貨, 廣宮室, 車服擬於天子. 然亦僭矣."

저선생은 말한다.

"내가 낭관으로 있을 때 궁궐에 말하기 좋아하는 늙은 낭관으로부터 이들에 관한 이야기를 들은 바가 있다. 나름대로 생각건대, 양효왕이 제위를 이으려는 야심을 품게 된 것은 궁중에서 비롯되었다고 본다. 두태후는 사실상의 여주女主로서 작은아들인 양효왕을 극히 총애한 나머지 태자로 삼고자 했다. 대신들은 불가하다고 직언하지 못하고 여주에게 영합하고자 했다. 은밀히 태후의 환심을 얻어 상을 받고자 했으니 이들은 충신이 아니었다. 만일 모두 위기후 두영처럼 직언했다면 어떻게 후환이 있었겠는가? 한경제가 양효왕과 궁중에서 만나 함께 두태후를 모시고 술을 마실 때 이같이 말한 바가 있다.

'내가 천년만년 후 그대에게 제위를 전할 것이다.'

두태후가 크게 기뻐했다. 그때 두영은 면전에서 땅에 엎드려 이같이 간했다.

'한나라 법제에 따르면 제위는 후손 중의 적손에게 전하도록 되어 있습니다. 황상은 무슨 근거로 동생에게 제위를 전해 멋대로 한고조

의 규정을 고치려는 것입니까?'

한경제가 묵묵히 아무 대답도 하지 않았다. 두태후가 내심 언짢아했다. 옛날 주성왕은 어린 아우에게 나무 아래서 오동잎을 건네주며 이같이 말한 적이 있다.

'이것으로 너를 봉한다.'

당시 주공은 이를 듣고 이같이 말했다.

'천자가 아우를 봉하는 것은 잘한 일입니다.'

주성왕이 말했다.

'나는 단지 장난삼아 말했을 뿐이오.'

주공이 힐난했다.

'사람의 주인 된 자[人主]는 잘못된 행동을 해서도 안 되고, 희롱하는 말을 해도 안 됩니다. 말을 했으면 반드시 실행에 옮겨야 합니다.'

주성왕이 어린 아우를 응국應國에 봉한 이유다. 이후 주성왕은 일생 동안 감히 희롱하는 말을 하지 않았다. 일단 말을 했으면 반드시 실행한 이유다. 《효경孝經》에서 말했다.

'법도가 아니면 말하지 않고, 법도가 아니면 행하지 않는다.'

이는 성인의 격언이다. 당시 한경제는 듣기 좋은 말을 양효왕에게 하지 말았어야 했다. 양효왕은 두태후의 총애를 받고 있었다. 교만한 태도가 이미 오래되었고, 자주 한경제에게서 듣기 좋은 말을 들어왔다. 한경제 사후 양효왕에게 제위를 전한다는 말이 실행되지는 않았다.

한나라의 법제에 따르면 제후왕諸侯王은 천자를 조현할 때 모두 네 번 조현을 하게 되어 있다. 먼저 도성에 이르면 궁중에 들어가 간략히 조현하는 소현小見을 행한다. 정월 초하룻날 아침에 사슴 가죽을

깐 벽옥을 헌상해 정월을 축하하고, 예의에 따라 정식으로 조현을 한다. 사흘 후 천자는 제후왕을 위해 주연을 베풀고 금전과 재물을 내려준다. 다시 이틀 뒤 궁중으로 들어가 소현한 후 하직 인사를 올린다. 장안에 체류하는 기간은 모두 스무날을 초과하지 않아야 한다.

이른바 소현은 천자가 한가할 때 궁중에서 조현하고 궁중에서 술 마시는 것을 말한다. 일반 사민士民은 할 수 없는 일이다. 양효왕은 서쪽 장안으로 와 천자를 조현한 뒤 기회를 틈타 거의 반년 가까이 머물렀다. 입궁한 후에는 천자와 함께 수레를 탔고, 외출할 때도 천자와 함께 큰 수레를 탔다. 당시 천자는 농담조로 제위를 넘기겠다는 말을 한 것이다. 실제로 그러고자 한 것은 아니다. 그러나 이로 인해 양효왕에게 원망하는 말을 내뱉고, 반역까지 꾀하게 만들었다. 한나라 조정이 이를 우려할 수밖에 없는 상황이 일어난 이유다. 이 어찌 사리에 어긋나는 일이 아니겠는가! 대현인大賢人이 아니면 사양할 줄 모르는 법이다.

지금 한나라 예제에 따르면 황제를 조현하며 정월의 새해를 축하하는 예법은 늘 한 명의 왕과 네 명의 제후만이 동시에 행하도록 되어 있다. 이런 기회는 10여 년에 한 번만 온다. 그런데도 양효왕은 늘 해마다 입조해 조현하고는 오래도록 머물렀다. 속담에 이르기를, '교만한 자식은 효도하지 않는다'고 했다. 이는 틀린 말이 아니다. 훌륭한 태사태부를 모시고, 충심으로 간하는 선비를 재상으로 임용해야 하는 이유다. 급암汲黯과 한장유韓長孺 등은 감히 직언으로 지극히 간했으니 어찌 화를 입을 수 있었겠는가!

대략 듣건대 양효왕은 서쪽 장안으로 와 두태후를 배견하면 연회 자리에서 두태후 앞에 한경제와 함께 앉은 뒤 은밀히 사적으로 이야기를 나누었다고 한다. 당시 두태후는 한경제에게 이같이 말했다.

'내가 듣건대 은나라의 도는 친애할 사람을 친애하는 친친親親, 주나라의 도는 존중할 사람을 존중하는 존존尊尊에 있다고 했소. 그 이치는 같소. 내가 죽은 뒤 양효왕을 부탁하오.'

한경제가 자리에서 일어나 꿇어앉은 뒤 몸을 일으키며 대답했다.

'그리하겠습니다.'

주연을 마친 뒤 한경제가 유가 경전에 통달한 원앙 등의 대신을 모아놓고 물었다.

'태후의 말씀이 이러한데 이는 어떤 뜻이오?'

대신들이 입을 모아 대답했다.

'태후의 뜻은 양효왕을 태자로 삼는 데 있습니다.'

한경제가 그 이치를 묻자 원앙 등이 이같이 대답했다.

'은나라 도가 친친에 있다는 것은 아우에게, 주나라 도가 존존에 있다는 것은 자식에게 보위를 넘기는 것을 뜻합니다. 은나라의 도는 질박을 숭상하고, 질박은 하늘을 본받는 것입니다. 친근하게 여겨야 할 자를 친근하게 여기는 까닭에 아우를 세웁니다. 주나라의 도는 문채를 숭상하고, 문채는 땅을 본받는 것입니다. 존경은 곧 공경을 뜻합니다. 곧 본원을 공축하는 까닭에 장자를 세웁니다.'

한경제가 물었다.

'그대들은 어찌 생각하오?'

대신들이 입을 모아 대답했다.

'지금 한나라는 주나라의 도를 본받고 있습니다. 주나라의 도는 아우를 세우지 않고, 자식을 세웁니다. 《춘추》가 송선공을 비난한 이유입니다. 송선공은 죽으면서 아들을 세우지 않고 보위를 아우에게 넘겨주었습니다. 이후 송선공의 아우는 나라를 다스리다 죽게 되자 보위를 다시 송선공의 아들에게 돌려주었습니다. 이때 송선공 아우의 아들은 보위를 다투면서 자신이 계승해야 한다고 생각해 송선공의 아들을 죽였습니다. 나라가 혼란에 빠지고 환란이 끊이지 않았던 이유입니다. 《춘추》가 군자는 상도의 준수를 숭상해야 하고, 송나라의 환란은 송선공이 만든 것이라고 쓴 것은 이 때문입니다. 신들이 태후를 알현해 이런 이치를 밝히도록 하겠습니다.'

원앙 등이 입궁한 뒤 두태후를 조현하면서 이같이 물었다.

'태후는 양효왕을 세우고자 하시나, 양효왕 사후에는 과연 누구를 세우려는 것입니까?'

태후가 대답했다.

'나는 황상의 아들을 세우고자 하오.'

원앙 등은 송선공이 적장자를 세우지 않아 송나라에 환란이 일어났고, 그 환란이 5대를 거치도록 끊이지 않은 사례를 언급했다. 작은 애정을 참지 않으면 대의를 해치게 되는 정황을 일깨워 설득한 것이다. 두태후가 이내 깨달은 바가 있어 크게 기뻐하며 양효왕에게 봉국으로 돌아가게 했다. 양효왕은 그런 생각이 원앙을 비롯한 여러 대신에게서 나왔다는 이야기를 듣고는 원한을 품었다. 이내 사람을 시켜 원앙을 살해한 이유다. 당시 원앙은 머리를 돌려 자객을 바라보며 물었다.

'나는 사람들이 말하는 원장군袁將軍이다. 그대가 사람을 착각한 것이 아닌가?'

자객이 대답했다.

'착각한 것이 아니다.'

그러고는 칼로 원앙을 찔렀다. 칼이 원앙의 몸에 박혔다. 칼을 조사해보니 새로 주조한 것이었다. 장안의 도검 기술자를 심문하자 그 기술자가 고했다.

'양나라의 어떤 낭관이 와서 이 칼을 만들어 달라고 했습니다.'

자객의 신원이 이내 밝혀졌다. 사자를 보내 자객을 생포했다. 양효왕이 자객을 보내 죽이려 한 대신은 10여 명이었다. 심문관이 사건을 추궁하자 양효왕의 모반 혐의가 거의 숨김없이 드러났다. 두태후가 음식을 들지 못하고 밤낮으로 울음을 그치지 않았다. 한경제가 매우 걱정스러운 모습으로 공경대신에게 처리방안을 묻자 대신들은 경전에 통달한 관원을 보내 처리하면 잘 매듭지을 수 있을 것이라고 했다. 이에 전숙田叔과 여계주呂季主를 보내 이 문제를 처리하게 했다. 이 두 사람은 유가 경전에 통달한 것은 물론 대례大禮에도 밝았다. 이들은 심문을 마치고 돌아오는 길에 패창구霸昌廄에 이르러 양효왕의 모반에 관한 공술서를 모두 소각한 뒤 빈손으로 돌아와 한경제에게 보고했다. 한경제가 물었다.

'어찌되었는가?'

두 사람이 입을 모아 대답했다.

'양효왕은 모르는 일입니다. 이번 사건을 일으킨 당사자는 양효왕이 총애하는 신하인 양승과 공손궤의 무리입니다. 이들 모두 주살되었고, 양효왕은 아무 탈이 없습니다.'

한경제가 기뻐했다.

'빨리 태후에게 고하러 가자.'

두태후가 이 이야기를 듣고는 곧바로 일어나 밥을 먹었다. 심기도 평정을 되찾았다. '경술經術을 통달하지 못하고 고금의 대례에 밝지

않으면 삼공과 좌우의 근신近臣의 자리를 맡아서는 안 된다. 식견이
부족한 자는 대롱을 통해 하늘을 살피는 것[管中闚天]과 같다'는 말은
바로 이 경우를 두고 하는 말이다."

●● 褚先生曰, "臣爲郎時, 聞之於宮殿中老郎吏好事者稱道之也. 竊
以爲令梁孝王怨望, 欲爲不善者, 事從中生. 今太后, 女主也, 以愛少子
故, 欲令梁王爲太子. 大臣不時正言其不可狀, 阿意治小, 私說意以受
賞賜, 非忠臣也. 齊如魏其侯竇嬰之正言也, 何以有後禍? 景帝與王燕
見, 侍太后飮, 景帝曰, '千秋萬歲之後傳王.' 太后喜說. 竇嬰在前, 據
地言曰, '漢法之約, 傳子適孫, 今帝何以得傳弟, 擅亂高帝約乎!' 於是
景帝黙然無聲. 太后意不說. 故成王與小弱弟立樹下, 取一桐葉以與
之, 曰, '吾用封汝.' 周公聞之, 進見曰, '天王封弟, 甚善.' 成王曰, '吾
直與戲耳.' 周公曰, '人主無過擧, 不當有戲言, 言之必行之.' 於是乃
封小弟以應縣. 是後成王沒齒不敢有戲言, 言必行之. 孝經曰, '非法不
言, 非道不行.' 此聖人之法言也. 今主上不宜出好言於梁王. 梁王上有
太后之重, 驕蹇日久, 數聞景帝好言, 千秋萬世之後傳王, 而實不行. 又
諸侯王朝見天子, 漢法凡當四見耳. 始到, 入小見, 到正月朔旦, 奉皮薦
璧玉賀正月, 法見, 後三日, 爲王置酒, 賜金錢財物, 後二日, 復入小見,
辭去. 凡留長安不過二十日. 小見者, 燕見於禁門內, 飮於省中, 非士人
所得入也. 今梁王西朝, 因留, 且半歲. 入與人主同輦, 出與同車. 示風
以大言而實不與, 令出怨言, 謀畔逆, 乃隨而憂之, 不亦遠乎! 非大賢
人, 不知退讓. 今漢之儀法, 朝見賀正月者, 常一王與四侯俱朝見, 十
餘歲一至. 今梁王常比年入朝見, 久留. 鄙語曰 '驕子不孝', 非惡言也.
故諸侯王當爲置良師傅, 相忠言之士, 如汲黯 · 韓長孺等, 敢直言極諫,
安得有患害! 蓋聞梁王西入朝, 謁竇太后, 燕見, 與景帝俱侍坐於太后

前, 語言私說. 太后謂帝曰, '吾聞殷道親親, 周道尊尊, 其義一也. 安車大駕, 用梁孝王爲寄.' 景帝跪席擧身曰, '諾.' 罷酒出, 帝召袁盎諸大臣通經術者曰, '太后言如是, 何謂也?' 皆對曰, '太后意欲立梁王爲帝太子.' 帝問其狀, 袁盎等曰, '殷道親親者, 立弟. 周道尊尊者, 立子. 殷道質, 質者法天, 親其所親, 故立弟. 周道文, 文者法地, 尊者敬也, 敬其本始, 故立長子. 周道, 太子死, 立適孫. 殷道, 太子死, 立其弟.' 帝曰, '於公何如?' 皆對曰, '方今漢家法周, 周道不得立弟, 當立子. 故春秋所以非宋宣公. 宋宣公死, 不立子而與弟. 弟受國死, 復反之與兄之子. 弟之子爭之, 以爲我當代父後, 卽刺殺兄子. 以故國亂, 禍不絶. 故春秋曰, 君子大居正, 宋之禍宣公爲之. 臣請見太后白之.' 袁盎等入見太后, '太后言欲立梁王, 梁王卽終, 欲誰立?' 太后曰, '吾復立帝子.' 袁盎等以宋宣公不立正, 生禍, 禍亂後五世不絶, 小不忍害大義狀報太后. 太后乃解說, 卽使梁王歸就國. 而梁王聞其義出於袁盎諸大臣所, 怨望, 使人來殺袁盎. 袁盎顧之曰, '我所謂袁將軍者也, 公得毋誤乎?' 刺者曰, '是矣!' 刺之, 置其劍, 劍著身. 視其劍, 新治. 問長安中削厲工, 工曰, '梁郎某子來治此劍.' 以此知而發覺之, 發使者捕逐之. 獨梁王所欲殺大臣十餘人, 文吏窮本之, 謀反端頗見. 太后不食, 日夜泣不止. 景帝甚憂之, 問公卿大臣, 大臣以爲遣經術吏往治之, 乃可解. 於是遣田叔·呂季主往治之. 此二人皆通經術, 知大禮. 來還, 至霸昌廏, 取火悉燒梁之反辭, 但空手來對景帝. 景帝曰, '何如?' 對曰, '言梁王不知也. 造爲之者, 獨其幸臣羊勝·公孫詭之屬爲之耳. 謹以伏誅死, 梁王無恙也.' 景帝喜說, 曰, '急趨謁太后.' 太后聞之, 立起坐飡, 氣平復. 故曰, '不通經術知古今之大禮, 不可以爲三公及左右近臣. 少見之人, 如從管中闚天也.'"

오종세가

五宗世家

〈오종세가〉는 한경제와 다섯 명의 후비 사이에서 태어난 열세 명의 황자皇子와 그 후손에 관한 이야기를 다루고 있다. 제목에 오종五宗이라는 명칭이 붙은 이유는 다섯 명의 후비에 초점을 맞춘 결과다. 《한서》는 열세 명의 황자에 초점을 맞추어 편명을 〈경십삼왕景十三王〉으로 지었다.

원래 한무제 유철은 한경제의 열한 번째 아들이나 보위를 이은 까닭에 〈오종세가〉에서 빠졌다. 그의 사적은 〈효무본기孝漢本紀〉에 상세히 기록되어 있다.

〈오종세가〉는 열세 명의 제후왕이 보여준 다양한 행보의 특징을 일목요연하게 정리해놓았다. 제후왕들의 사치스럽고 부패한 모습이 적나라하게 묘사되어 있는 것이 특징이다. 이는 당시 제후왕의 일반적인 모습이기도 했다. 〈외척세가〉·〈양효왕세가〉·〈형연세가〉 등과 함께 읽을 필요가 있다. 그래야 황제와 후궁 및 그 자식들 사이에 일어난 다양한 갈등의 배경과 전개과정을 입체적으로 조망할 수 있다.

율희세가

한경제의 아들 열세 명이 모두 왕으로 봉해졌다. 이들은 각각 다섯 명의 모친에게서 나온 자식들이다. 같은 모친이 낳은 자식을 일종一宗으로 친다. 율희 소생은 유영劉榮·유덕劉德·유알우劉閼于다. 정희程姬 소생은 유여劉餘·유비劉非·유단劉端이다. 가부인賈夫人 소생은 유팽조劉彭祖·유승劉勝이다. 당희唐姬 소생은 유발劉發이다. 왕부인 아후 소생은 유월劉越·유기劉寄·유승劉乘·유순劉舜이다.

하간헌왕河間獻王 유덕은 한경제 전원前元 2년에 황자의 신분으로 하간왕에 봉해졌다. 유학을 좋아해 복장과 행동에서 모두 유자를 모범으로 삼았다. 산동의 많은 유생이 그를 따르며 교유했다. 재위 26년 만에 죽자 아들 공왕 유불해劉不害가 뒤를 이었다. 하간공왕이 재위 4년 만에 죽자 아들 강왕剛王 유기劉基가 뒤를 이었다. 하간강왕이 재위 12년 만에 죽자 아들 경왕頃王 유수劉授가 뒤를 이었다.

임강애왕臨江哀王 유알우는 한경제 전원 2년에 황자의 신분으로 임강왕에 봉해졌다. 재위 3년 만에 죽었다. 후손이 없어 봉국이 폐지되고 군郡으로 바뀌었다. 임강민왕臨江閔王 유영은 한경제 전원 4년에 황태자에 책봉되었으나 4년 뒤 폐출되었다. 원래 임강의 태자였던 까닭에 임강왕에 봉해졌다. 임강민왕 4년, 종묘의 담장 밖 공터를 침범해 궁실을 증축한 죄로 황상이 소환했다. 유영이 강릉성江陵城 북문에서 노신路神에게 제를 올린 뒤 길을 떠나려 수레에 올랐을 때 문득 굴대가 부러지고 수레가 망가졌다. 강릉의 부로父老들이 눈물을 흘리며 은밀히 이야기를 주고받았다.

"우리 왕은 이제 다시는 돌아오시지 못할 것이다."

유영이 경성에 이른 뒤 중위의 관부로 가 심문을 받았다. 중위 질
도郅都가 엄히 심문하자 놀란 나머지 자진하고 말았다. 그를 남전에
묻었다. 수만 마리의 제비들이 흙을 물어다 그의 묘 위에 놓았다. 백
성들 모두 그를 애도했다. 유영은 한경제의 맏아들이다. 그의 사후
후손이 없어 봉국이 폐지되었고, 영지는 조정에 귀속되어 남군으로
바뀌었다. 이상 3개국의 제1대 왕은 모두 율희 소생이다.

●● 孝景皇帝子凡十三人爲王, 而母五人, 同母者爲宗親. 栗姬子曰
榮·德·閼于. 程姬子曰餘·非·端. 賈夫人子曰彭祖·勝. 唐姬子曰發.
王夫人兒姁子曰越·寄·乘·舜. 河閒獻王德, 以孝景帝前二年用皇子
爲河閒王. 好儒學, 被服造次必於儒者. 山東諸儒多從之遊. 二十六年
卒, 子共王不害立. 四年卒, 子剛王基代立. 十二年卒, 子頃王授代立.
臨江哀王閼于, 以孝景帝前二年用皇子爲臨江王. 三年卒, 無後, 國除
爲郡. 臨江閔王榮, 以孝景前四年爲皇太子, 四歲廢, 用故太子爲臨江
王. 四年, 坐侵廟壖垣爲宮, 上徵榮. 榮行, 祖於江陵北門. 旣已上車, 軸
折車廢. 江陵父老流涕竊言曰,"吾王不反矣!"榮至, 詣中尉府簿. 中
尉郅都責訊王, 王恐, 自殺. 葬藍田. 燕數萬銜土置冢上, 百姓憐之. 榮
最長, 死無後, 國除, 地入于漢, 爲南郡. 右三國本王皆栗姬之子也.

정희세가

노공왕魯共王 유여는 한경제 전원 2년에 황자의 신분으로 회양왕
에 봉해졌다. 재위 2년인 한경제 전원 3년에 오초칠국의 난이 평정된
직후 노왕魯王으로 이봉되었다. 궁실과 정원을 축조하고, 개와 말을

사육하는 것을 좋아했다. 만년에는 음악을 좋아했다. 말을 많이 하는 것을 그다지 좋아하지 않았다. 본인이 말을 더듬기도 했다. 노공왕이 재위 26년 만에 죽자 아들 유광劉光이 뒤를 이었다. 그 역시 음악과 수레와 말을 좋아했다. 만년에 인색해져 재물을 탐했다.

강도역왕江都易王 유비는 한경제 전원 2년에 황자의 신분으로 여남왕汝南王에 봉해졌다. 오초칠국의 난 때 유비는 열다섯이었다. 기력이 넘쳐 오나라를 치겠다는 상서를 올렸다. 한경제가 그에게 장수의 인수를 내주면서 오나라를 치게 했다. 오나라 패망 2년 뒤 강도왕江都王으로 이봉되었다. 오왕 유비의 옛 영토를 다스리면서 군공을 세워 황제의 정기를 하사받았다. 한무제 원광 5년, 흉노가 한나라의 변경을 대거 침입했다. 유비가 흉노를 치겠다는 상서를 올렸다. 황상이 이를 허락지 않았다. 유비는 힘자랑을 즐기면서 궁실 축조를 좋아했다. 사방의 호걸을 모아 교만과 사치를 일삼았다. 재위 26년 만에 죽자 아들 유건이 뒤를 이었다. 유건은 재위 7년 만에 자진했다.

당초 회남왕과 형산왕衡山王이 모반을 일으켰을 때 유건은 이들의 음모를 대략 알고 있었다. 자신의 영지가 회남에 인접해 있어 회남왕이 모반할 경우 병탄될지 모른다는 우려를 했다. 몰래 병기를 만들고, 황제가 부친에게 하사한 장수의 인수를 늘 패용하며 황제의 정기를 수레에 꽂고 다닌 이유다. 부왕인 강도역왕 사후 미처 안장도 하기 전에 유건은 부왕이 총애했던 요희淖姬에게 반한 나머지 밤중에 사람을 보내 요희를 빈소로 부른 뒤 관계를 가졌다. 회남왕의 모반 사건이 발각되자 조정에서 회남왕의 무리를 징벌했다. 당시 강도왕 유건도 이에 연루되어 있었다. 유건은 두려움을 느낀 나머지 사람을 시켜 많은 재물로 사건을 무마하고자 했다.

무당을 믿은 그는 사람을 시켜 제사와 기도를 드리고, 황당무계한 말을 지어내기도 했다. 그는 자매들과도 관계를 가졌다. 이런 추문이 조정에 알려지자 공경대신들은 유건을 잡아다 처벌할 것을 청했다. 황상이 더는 참을 수 없어 대신을 보내 그를 심문하게 했다. 그는 곧 자신의 죄를 인정하고 자진했다. 봉국이 폐지되었고 영지는 조정에 귀속되어 광릉군廣陵郡으로 바뀌었다.

교서우왕膠西于王 유단은 한경제 전원 3년에 오초칠국의 난이 평정된 직후 황자의 신분으로 교서왕에 봉해졌다. 그는 성격이 매우 포악했다. 게다가 음위병陰痿病이 있어서 여자와 한 번 접촉하면 몇 달을 앓아누웠다. 총애하는 한 젊은이를 시종관에 임명하자 시종관이 이내 후궁과 난잡한 행동을 했다. 유단이 곧 시종관을 잡아 죽이면서 그와 관계한 후궁과 그 자식을 모두 죽였다. 유단이 누차 조정의 법령을 어긴 까닭에 조정의 공경대신이 거듭 그의 주살을 청했다. 한무제는 형제관계인 까닭에 차마 그리하지 못했다. 유단의 범법 행위가 날로 더욱 심해진 이유다.

조정 관원이 두 차례에 걸쳐 그의 영지를 박탈할 것을 청해 영지의 절반 이상이 몰수되었다. 대로한 유단은 마침내 봉국 안에서 일어나는 모든 일에 전혀 아랑곳하지 않았다. 창고가 완전히 허물어지고 엄청난 재물이 훼손되었으나 이를 수습하지 않았다. 심지어 관원에게 명해 조세를 거두지 말게 했다. 또 경호원을 모두 물리치고, 궁문을 폐쇄한 뒤 한쪽 문으로만 다녔다. 누차 성명을 바꾸고 서민으로 변복한 뒤 다른 군국郡國을 왕래했다. 교서에 파견된 상국이나 2,000석급의 관원 가운데 조정의 법령에 따라 정무를 처리하는 자가 있으면 그의 죄를 찾아낸 뒤 조정에 처벌을 요구했다. 죄를 발견하지 못하면 기만적인 수법으로 제거했다. 기만적인 수법은 무궁무진했다. 워낙 고집이 세 남의 권유를 완전히 무시했다. 지모가 뛰어나 자신의 과오를 잘 감추었다. 상국이나 2,000석급의 관원 가운데 그의 명을 좇아 정무를 처리한 자는 조정에 의해 곧바로 의법에 따라 처단되었다. 교서는 소국이었으나 피살되거나 피해를 입은 2,000석급의 관원이 매우 많았다. 교서우왕은 재위 47년 만에 죽었다. 뒤를 이을 아들이 없어 봉국이 폐지되었고, 영지는 조정에 귀속되어 교서군이 되었다. 이상 3개국의 제1대 왕은 모두 정희 소생이다.

●● 魯共王餘, 以孝景前二年用皇子爲淮陽王. 二年, 吳楚反破後, 以孝景前三年徙爲魯王. 好治宮室苑囿狗馬. 季年好音, 不喜辭辯. 爲人吃. 二十六年卒, 子光代爲王. 初好音輿馬, 晚節嗇, 惟恐不足於財. 江都易王非, 以孝景前二年用皇子爲汝南王. 吳楚反時, 非年十五, 有材力, 上書願擊吳. 景帝賜非將軍印, 擊吳. 吳已破, 二歲, 徙爲江都王, 治吳故國, 以軍功賜天子旌旗. 元光五年, 匈奴大入漢爲賊, 非上書願擊匈奴, 上不許. 非好氣力, 治宮觀, 招四方豪桀, 驕奢甚. 立二十六年卒, 子建立爲王. 七年自殺. 淮南·衡山謀反時, 建頗聞其謀. 自以爲國近淮南, 恐一日發, 爲所幷, 卽陰作兵器, 而時佩其父所賜將軍印, 載天子旗以出. 易王死未葬, 建有所說易王寵美人淖姬, 夜使人迎與姦服舍中. 及淮南事發, 治黨與頗及江都王建. 建恐, 因使人多持金錢, 事絶其獄. 而又信巫祝, 使人禱祠妄言. 建又盡與其姊弟姦. 事旣聞, 漢公卿請捕治建. 天子不忍, 使大臣卽訊王. 王服所犯, 遂自殺. 國除, 地入于漢, 爲廣陵郡. 膠西于王端, 以孝景前三年吳楚七國反破後, 端用皇子爲膠西王. 端爲人賊戾, 又陰痿, 一近婦人, 病之數月. 而有愛幸少年爲郎. 爲郎者頃之與後宮亂, 端禽滅之, 及殺其子母. 數犯上法, 漢公卿數請誅端, 天子爲兄弟之故不忍, 而端所爲滋甚. 有司再請削其國, 去太半. 端心愠, 遂爲無訾省. 府庫壞漏盡, 腐財物以巨萬計, 終不得收徒. 令吏毋得收租賦. 端皆去衛, 封其宮門, 從一門出遊. 數變名姓, 爲布衣, 之他郡國. 相 · 二千石往者, 奉漢法以治, 端輒求其罪告之, 無罪者詐藥殺之. 所以設詐究變, 彊足以距諫, 智足以飾非. 相 · 二千石從王治, 則漢繩以法. 故膠西小國, 而所殺傷二千石甚衆. 立四十七年, 卒, 竟無男代後, 國除, 地入于漢, 爲膠西郡. 右三國本王皆程姬之子也.

가희세가

조왕趙王 유팽조는 한경제 전원 2년에 황자의 신분으로 광천왕廣川王에 봉해졌다. 조왕 유수의 반란이 평정된 이후에도 유팽조는 여전히 광천왕으로 있었다. 4년 뒤 조왕으로 이봉되었다. 재위 15년이 되는 해에 한경제가 붕어했다. 유팽조는 사람됨이 간사하고 악독해 아첨을 잘했다. 겉모습은 크게 공손했으나, 속마음은 모질고 잔인했다. 법률을 좌지우지하면서 궤변으로 남을 중상모략했다. 그에게는 총애하는 첩과 후손이 매우 많았다.

당시 상국이나 2,000석급의 관원이 조정의 법령을 좇아 정무를 처리할 경우 왕가에 불리한 일이 매우 많았다. 매번 조정에서 2,000석급의 관원을 보내면 유팽조는 노복이 입는 검은 옷으로 갈아입은 뒤 직접 마중을 나갔고, 해당 관원의 숙사를 청소해주었다. 이때 그는 일부러 어려운 문제를 제기해 상대방의 답변을 들었다. 해당 관원이 실언해 조정의 금기를 어기면 곧바로 이를 기록해두었다가 해당 관원이 법대로 처리하려 하면 이를 들이대며 협박했다. 협박해도 듣지 않으면 곧바로 조정에 상서해 고발했다. 이때 해당 관원이 사욕을 채우기 위해 간사한 방법을 동원했다는 죄명을 씌워 무고했다.

유팽조가 재위한 50여 년 동안 상국이나 2,000석급의 관원 가운데 2년을 채운 자가 없었다. 늘 범죄 혐의로 직위를 잃었다. 중죄인은 처형되었고, 경미한 자도 처벌받았다. 2,000석급의 관원 가운데 아무도 감히 조나라를 다스릴 엄두를 내지 못했다. 조왕 홀로 권력을 휘두른 배경이다. 그는 사람을 각 현으로 보내 상업에 종사하게 하면서 독점 경영으로 많은 이익을 취했다. 그 수익이 조나라의 조세 수입을 능가할 정도였다. 조왕의 창고에는 금전이 매우 많았다. 이를 모두 첩과 후손에게 하사해 탕진했다. 그는 과거 강도역왕의 애첩이자, 유건이 빼앗아 관계를 가진 요희를 첩으로 삼아 크게 총애했다.

유팽조는 궁실 축조나 귀신에게 복을 비는 일은 좋아하지 않았다. 하급 관원이 해야 할 일을 직접 하는 것을 좋아했다. 조정에 상서해 나라 안의 도적을 다스리고 싶다고 한 것이 그렇다. 실제로 그는 자주 밤중에 군사들을 데리고 한단 성내를 순시했다. 다른 군국의 사자나 과객 들은 유팽조의 음험한 횡포로 인해 감히 한단에 머물지 못했다. 그의 태자 유단劉丹은 이복은 물론 동복 누나와도 관계를 가졌다. 문객 강충江充과 틈이 생기자 강충이 유단을 고발했다. 유단은 이내 폐출되었고, 조나라는 다시 태자를 세웠다.

중산정왕中山靖王 유승劉勝은 한경제 전원 3년에 황자의 신분으로 중산왕中山王에 봉해졌다. 재위 14년 때 한경제가 붕어했다. 유승은 술과 여인을 좋아해 후손이 모두 120여 명이 되었다. 그는 늘 친형인 조왕 유팽조를 비난했다.

"형님은 국왕으로서 매번 하급 관원이 하는 일만 한다. 국왕이라면 응당 매일 음악과 여색을 즐겨야 한다."

조왕 유팽조도 동생 유승을 비난했다.

"중산왕은 날마다 음란함만 누릴 뿐이다. 천자를 도와 백성을 돌볼 생각을 하지 않으니 어찌 제후라고 칭할 수 있겠는가?"

유승이 재위 42년 만에 죽자 아들 애왕哀王 유창劉昌이 뒤를 이었다. 중산애왕 유창이 재위 1년 만에 죽자 아들 유곤치劉昆侈가 중산왕으로 즉위했다. 이상 2개국의 제1대 왕은 모두 가희 소생이다.

●● 趙王彭祖, 以孝景前二年用皇子爲廣川王. 趙王遂反破後, 彭祖王廣川. 四年, 徙爲趙王. 十五年, 孝景帝崩. 彭祖爲人巧佞卑諂, 恭而心刻深. 好法律, 持詭辯以中人. 彭祖多內寵姬及子孫. 相·二千石欲奉漢法以治, 則害於王家. 是以每相·二千石至, 彭祖衣皁布衣, 自行迎, 除二千石舍, 多設疑事以作動之, 得二千石失言, 中忌諱, 輒書之. 二千石欲治者, 則以此迫劫, 不聽, 乃上書告, 及汙以姦利事. 彭祖立五十餘年, 相·二千石無能滿二歲, 輒以罪去, 大者死, 小者刑, 以故二千石莫敢治. 而趙王擅權, 使使卽縣爲賈人榷會, 入多於國經租稅. 以是趙王家多金錢, 然所賜姬諸子, 亦盡之矣. 彭祖取故江都易王寵姬王建所盜與姦淖姬者爲姬, 甚愛之. 彭祖不好治宮室·禨祥, 好爲吏事. 上書願督國中盜賊. 常夜從走卒行徼邯鄲中. 諸使過客以彭祖險陂, 莫敢留邯鄲. 其太子丹與其女及同産姊姦, 與其客江充有卻. 充告丹, 丹以故廢. 趙更立太子. 中山靖王勝, 以孝景前三年用皇子爲中山王. 十四年, 孝景帝崩. 勝爲人樂酒好內, 有子枝屬百二十餘人. 常與兄趙王相非, 曰, "兄爲王, 專代吏治事. 王者當日聽音樂聲色." 趙王亦非之, 曰, "中山王徒日淫, 不佐天子拊循百姓, 何以稱爲藩臣!" 立四十二

年卒, 子哀王昌立. 一年卒, 子昆侈代爲中山王. 右二國本王皆賈夫人
之子也.

당희세가

장사정왕長沙定王은 유발이다. 그의 모친은 당희로 원래 정희의 시
녀였다. 한경제가 정희를 불렀을 때 마침 정희가 월경 중이었다. 이
에 자신이 나아가지 못하고 시녀인 당아唐兒를 분장시켜 대신 들여
보냈다. 한경제가 술이 취해 이를 눈치채지 못한 채 그녀가 정희인
줄 알고 일을 치렀다. 임신을 한 후 정희가 아닌 것을 알게 되었다.
아들을 낳자 아이의 이름을 뒤늦게 발각發覺했다는 취지에서 유발劉
發이라 지었다. 유발은 한경제 전원 2년에 황자의 신분으로 장사왕長
沙王이 되었다. 모친의 신분이 낮아 총애를 받지 못했기에 저습하고
궁핍한 장사 땅에 봉해진 것이다. 유발이 재위 27년 만에 죽자 아들
강왕康王 유용劉庸이 뒤를 이었다. 장사강왕 유용이 재위 28년 만에
죽자 아들 유부구劉鮒鉤가 장사왕으로 즉위했다. 이상 1개국의 제1대
왕은 당희 소생이다.

●● 長沙定王發, 發之母唐姬, 故程姬侍者. 景帝召程姬, 程姬有所辟,
不願進, 而飾侍者唐兒使夜進. 上醉不知, 以爲程姬而幸之, 遂有身. 已
乃覺非程姬也. 及生子, 因命曰發. 以孝景前二年用皇子爲長沙王. 以
其母微, 無寵, 故王卑溼貧國. 立二十七年卒, 子康王庸立. 二十八年,
卒, 子鮒鉤立爲長沙王. 右一國本王唐姬之子也.

왕희세가

광천혜왕廣川惠王 유월은 한경제 중원 2년에 황자의 신분으로 광천왕에 봉해졌다. 재위 12년 만에 죽자 아들 유제劉齊가 뒤를 이었다. 유제에게 총애하는 신하 상거桑距가 있었다. 훗날 상거가 죄를 짓자 유제는 그를 주살하고자 했다. 상거가 달아나자 유제가 그의 가족을 체포했다. 상거는 유제를 원망한 나머지 상서해 유제가 친누이들과 관계를 가졌다고 고발했다. 이후 유제는 누차 상서해 조정의 공경대신과 한경제의 총신 소충所忠 등을 고발했다.

교동강왕膠東康王 유기劉寄는 한경제 중원 2년에 황자의 신분으로 교동왕에 봉해졌다. 재위 28년 만에 죽었다. 회남왕이 반기를 들었을 때 유기는 이 일에 관해 대략 들은 것이 있었다. 몰래 누거樓車와 화살촉을 만들어 방어태세를 갖추고 회남왕의 거사를 기다렸다. 훗날 조정 관원이 회남왕 사건을 심리하다가 진술 내용이 유기에 이르게 되었다. 유기는 황제와 매우 밀접했기에 이 일로 심적 고통을 겪다가 끝내 병사하고 말았다. 후계자도 감히 정해놓지 못한 상태였다는 사실이 황제의 귀에 들어갔다.

유기에게 맏아들 유현이 있었으나, 그의 모친은 총애를 받지 못했다. 작은아들 유경의 모친은 총애를 받았다. 유기는 늘 유경을 후계자로 내세우고 싶어 했다. 그러나 순서가 맞지 않은데다가 자신에게도 과오가 있었던 터라 이를 감히 입 밖에 내지 못했다. 황제가 이를 동정해 유현을 교동왕으로 봉해 교동강왕의 후계자로 삼고, 또 유경을 옛 형산왕의 땅에 봉해 육안왕六安王으로 삼았다. 교동왕 유현은 재위 14년 만에 죽었다. 시호는 애왕哀王이다. 아들 유경劉慶*이 뒤를 이었다. 육안왕 유경은 한무제 원수元狩 2년에 교동강왕의 왕자 신분으로 육안왕에 봉해졌다.

청하애왕淸河哀王 유승劉乘은 한경제 중원 3년에 황자의 신분으로 청하왕에 봉해졌다. 재위 12년 만에 죽었다. 후손이 없어 봉국이 폐지되고, 영지는 조정에 귀속되어 청하군으로 바뀌었다.

상산헌왕常山憲王 유순은 한경제 중원 5년에 황자의 신분으로 상산왕에 봉해졌다. 유순은 황제와 사이가 좋았다. 그러나 막내아들로 태어나 교만한데다가 음란했다. 누차 법을 어겼지만 황제가 늘 용서해주었다. 재위 32년 만에 죽자 태자 유발劉勃이 뒤를 이었다. 당초 상산헌왕 유순에게는 총애하지 않는 첩이 낳은 맏아들 유탈劉梲이 있었다. 모친이 은총을 입지 못한 까닭에 유탈도 상산헌왕의 총애를 받지 못했다. 상산헌왕의 왕후 수脩는 태자 유발을 낳았다. 상산헌왕에게도 첩이 매우 많았다. 그가 총애하는 첩이 유평劉平과 유상劉商을 낳았다. 왕후 수는 좀처럼 상산헌왕의 총애를 얻지 못했다.

상산헌왕의 병이 위독해지자 많은 첩이 시중을 들었다. 왕후 수는 질투심으로 인해 문병이나 간호를 하지 않은 채 늘 자기 방에 틀어박혀 있었다. 의원이 약을 올려도 태자 유발은 자신이 직접 먼저 약을 먹어보거나, 밤을 새워 간호하지 않았다. 상산헌왕이 죽은 뒤 비로소 왕후와 태자가 달려왔다. 상산헌왕은 평소 장남인 유탈을 사람으로 취급하지 않았다. 죽음에 임해서도 재물을 남겨주지 않았다. 한 시랑侍郞이 태자와 왕후에게 상산헌왕의 여러 아들과 맏아들 유탈에게도 재물을 나누어줄 것을 권유했으나 태자 유발과 왕후는 이를 듣

● 《사기집해》는 서광의 말을 인용해 일부 판본에는 유건劉建으로 되어 있다고 밝히면서, 숙부인 육안왕과 같은 이름인 유경은 필사 과정의 착오일 공산이 크다고 풀이했다.

지 않았다. 태자가 즉위 이후에도 유탈을 돌보지 않았다. 유탈이 왕후와 태자를 원망했다.

조정의 사자가 상산헌왕의 상례에 참석하기 위해 오자, 유탈이 직접 나서 왕후와 태자를 고발했다. 상산헌왕이 병상에 있을 때 왕후와 태자가 간호하지도 않고, 죽은 지 겨우 엿새 만에 빈소를 뛰쳐나왔고, 태자 유발이 음란한데다 음주와 도박과 축_鞠을 즐겼고, 여자들과 수레를 타고 놀러 다니며 성곽을 넘어 소란을 피운 것은 물론 감방에 들어가 죄인들을 시찰했다는 등의 내용이었다. 황제가 대행 장건張騫을 보내 왕후와 새로 즉위한 유발을 심문하게 했다. 유발과 놀아난 자들을 모두 잡아다 증인으로 삼으려 하자 유발이 이들을 숨겼다. 조정 관원이 이들을 찾아내 체포하려 할 즈음 유발이 황급히 사람을 시켜 폭로한 자를 고문해 입을 다물게 하고, 또 혐의가 있다고 잡아놓은 자들을 멋대로 석방했다. 조정 관원이 왕후 수와 유발을 주살할 것을 청했다. 황제는 왕후 수가 평소 덕이 모자라 유탈의 고발을 불러왔고, 유발은 좋은 사부가 없어 그리된 것으로 생각해 차마 이들을 주살하지 못했다. 조정 관원이 왕후 수를 폐출하고, 유발과 그 일족을 방릉으로 이주시킬 것을 건의했다. 황제가 이를 받아들였다. 유발은 즉위 몇 달 만에 방릉으로 쫓겨났고, 봉국도 폐지되었다. 한 달여 뒤 황제는 상산헌왕과 친밀했던 점을 고려해 해당 관원에게 이같이 명했다.

"상산헌왕이 일찍 죽어 왕후와 첩 들이 서로 불화를 일으키고, 적서嫡庶가 서로 고발하는 지경에 이르렀다. 옳지 못한 행동으로 마침내 봉국이 폐지되었으니 짐은 이를 심히 애석하게 생각한다. 상산헌왕의 아들 유평에게 3만 호를 주어 진정왕眞定王에 봉하고, 유상에게

도 3만 호를 주어 사수왕泗水王에 봉한다."

진정왕 유평은 한무제 원정 4년에 상산헌왕의 왕자 신분으로 진정왕으로 즉위했다. 사수사왕泗水思王 유상은 한무제 원정 4년에 상산헌왕의 왕자 신분으로 사수왕으로 즉위했다. 재위 11년 만에 죽자 아들 애왕哀王 유안세劉安世가 뒤를 이었다. 사수애왕 유안세가 재위 11년 만에 죽었으나 아들이 없었다. 황제는 사수왕의 후손이 없는 것을 애틋하게 여겨 유안세의 동생 유하劉賀를 사수왕으로 봉했다. 이상 4개국의 제1대 왕은 모두 왕희 소생이다. 훗날 조정에서 이들의 서자를 각각 육안왕과 사수왕에 봉했다. 왕아후 소생은 지금까지 모두 6개국의 왕으로 즉위한 셈이다.

◉◉ 廣川惠王越, 以孝景中二年用皇子爲廣川王. 十二年卒, 子齊立爲王. 齊有幸臣桑距. 已而有罪, 欲誅距, 距亡, 王因禽其宗族. 距怨王, 乃上書告王齊與同産姦. 自是之後, 王齊數上書告言漢公卿及幸臣所忠等. 膠東康王寄, 以孝景中二年用皇子爲膠東王. 二十八年卒. 淮南王謀反時, 寄微聞其事, 私作樓車鏃矢戰守備, 候淮南之起. 及吏治淮南之事, 辭出之. 寄於上最親, 意傷之, 發病而死, 不敢置後, 於是上問聞. 寄有長子者名賢, 母無寵, 少子名慶, 母愛幸, 寄常欲立之, 爲不次, 因有過, 遂無言. 上憐之, 乃以賢爲膠東王奉康王嗣, 而封慶於故衡山地, 爲六安王. 膠東王賢立十四年卒, 諡爲哀王. 子慶爲王. 六安王慶, 以元狩二年用膠東康王子爲六安王. 清河哀王乘, 以孝景中三年用皇子爲清河王. 十二年卒, 無後, 國除, 地入于漢, 爲清河郡. 常山憲王舜, 以孝景中五年用皇子爲常山王. 舜最親, 景帝少子, 驕怠多淫, 數犯禁, 上常寬釋之. 立三十二年卒, 太子勃代立爲王. 初, 憲王舜有所不愛姬生長男梲. 梲以母無寵故, 亦不得幸於王. 王后脩生太子勃. 王內多, 所

幸姬生子平·子商, 王后希得幸. 及憲王病甚, 諸幸姬常侍病, 故王后
亦以妒媚不常侍病, 輒歸舍. 醫進藥, 太子勃不自嘗藥, 又不宿留侍病.
及王薨, 王后·太子乃至. 憲王雅不以長子稅爲人數, 及薨, 又不分與
財物. 郎或說太子·王后, 令諸子與長子稅共分財物, 太子·王后不聽.
太子代立, 又不收恤稅. 稅怨王后·太子. 漢使者視憲王喪, 稅自言憲
王病時, 王后·太子不侍, 及薨, 六日出舍, 太子勃私姦, 飲酒, 博戲, 擊
築, 與女子載馳, 環城過市, 入牢視囚. 天子遣大行騫驗王后及問王勃,
請逮勃所與姦諸證左, 王又匿之. 吏求捕, 勃大急, 使人致擊笞掠, 擅出
漢所疑囚者. 有司請誅憲王后脩及王勃. 上以脩素無行, 使稅陷之罪,
勃無良師傅, 不忍誅. 有司請廢王后脩, 徙王勃以家屬處房陵, 上許之.
勃王數月, 遷于房陵, 國絶. 月餘, 天子爲最親, 乃詔有司曰, "常山憲王
蚤夭, 后妾不和, 適孽誣爭, 陷于不義以滅國, 朕甚閔焉. 其封憲王子平
三萬戶, 爲眞定王, 封子商三萬戶, 爲泗水王." 眞定王平, 元鼎四年用
常山憲王子爲眞定王. 泗水思王商, 以元鼎四年用常山憲王子爲泗水
王. 十一年卒, 子哀王安世立. 十一年卒, 無子. 於是上憐泗水王絶, 乃
立安世弟賀爲泗水王. 右四國本王皆王夫人兒姁子也. 其後漢益封其
支子爲六安王·泗水王二國. 凡兒姁子孫, 於今爲六王.

태사공은 평한다.

"고조가 재위할 때만 해도 제후들은 봉지 내의 세금을 모두 자신
의 소유로 했고, 임의로 내사 이하의 관원을 임명할 수 있었다. 조정
은 다만 승상만 파견했을 뿐이다. 승상은 황금으로 된 인신印信을 몸
에 달았다. 제후왕이 직접 어사와 정위정廷尉正 및 박사 등을 임명한
까닭에 황제의 위세와 거의 같았다. 오초칠국의 난 이후 오종이 왕

에 봉해지는 것을 계기로 2,000석급의 관원 모두 조정에서 파견되었다. 승상의 명칭은 상相으로 바뀌었고, 황금 대신 은으로 만든 인신을 몸에 달았다. 제후왕은 세금만 거두었고, 인사를 좌우하는 권한은 박탈되었다. 이후 제후왕 가운데 빈한한 자는 말 대신 소가 끄는 수레를 타게 되었다."

●● 太史公曰, "高祖時諸侯皆賦, 得自除內史以下, 漢獨爲置丞相, 黃金印. 諸侯自除御史·廷尉正·博士, 擬於天子. 自吳楚反後, 五宗王世, 漢爲置二千石, 去'丞相', 曰'相', 銀印. 諸侯獨得食租稅, 奪之權. 其後諸侯貧者或乘牛車也."

삼왕세가
三王世家

〈삼왕세가〉는 한무제가 세 명의 황자를 제후왕에 봉하게 된 배경을 밝히고 있다. 사마천은 〈열전〉의 마지막 편인 〈태사공자서〉에서 책문策文의 글이 볼만해 〈삼왕세가〉를 짓게 되었다고 밝혔다. 책문의 내용을 후대에 전할 생각으로 특별히 〈삼왕세가〉를 편제한 사실을 드러낸 것이다.

〈삼왕세가〉는 예로부터 적잖은 위작 시비를 불러일으켰다. "저선생 왈"로 시작하는 내용이 "태사공 왈"로 시작하는 문단들의 논지와 사뭇 다르기 때문이다. 일각에서는 뒷부분은 물론 앞부분까지도 후대인의 위작으로 보고 있다. 학계에서는 아직 통일된 의견이 나오지 않고 있으나 뒷부분만 후대인의 위작으로 보는 견해가 중론이다.

일찍이 대사마 곽거병은 이같이 상서한 바가 있다.

신은 죽음을 무릅쓰고 재배하며 황제 폐하께 고합니다. 신은 폐하의
과분한 은총을 받아 군에 봉직하게 되었습니다. 응당 전심전력으로
변경의 방어에 열중하고, 분골쇄신해 황야에서 죽을지라도 황은에
보답하지 못할 것입니다. 신이 감히 직분을 벗어나 이견을 제시하게
된 것은 폐하가 천하를 위해 늘 염려하며 백성을 돌보느라 스스로를
잊고, 음식을 절약하며 오락을 절제하고, 낭관까지 줄이는 모습을 보
았기 때문입니다. 이제 황자들은 하늘의 보우로 능히 조복을 입고 폐
하를 배견할 수 있을 만큼 성장했습니다. 그러나 아직까지 봉호와 봉
위封位도 없고, 스승조차 정하지 않았습니다. 폐하는 사양하며 황자
를 돌보지 않고 있으나, 대신들은 나름의 복안이 있으면서도 감히 직
분을 벗어나 진언하지 못하고 있습니다. 신이 견마犬馬의 심정으로
죽음을 무릅쓰고 청하자 담당 관원에게 명해 한여름에 길일을 택해
황자의 봉호와 봉위를 정하시기 바랍니다. 부디 폐하가 이를 통촉해
주셨으면 합니다. 신 곽거병은 죽음을 무릅쓰고 재배하며 황제 폐하
께 고합니다.

원수 6년 3월 을해일, 어사 겸 상서령尙書令인 광이 미앙궁에 있는
황제에게 상서하자 황제가 이같이 분부했다.
"어사에게 넘겨 처리하도록 하라."
같은 3월 을해일, 어사 겸 상서령인 광과 상서승尙書丞 비非가 어사
에게 문서를 전달했다. 문서에 이같이 기록되어 있었다.

신 승상 장청적莊靑翟, 어사대부 장탕張湯, 태상太常 조충趙充, 대행령大
行令 이식李息, 태자소부 겸 종정 임안任安 등은 죽음을 무릅쓰고 고합
니다. 대사마 곽거병이 상서하기를, "신은 폐하의 과분한 은총을 받
아 군에 봉직하게 되었습니다. 응당 전심전력으로 변경의 방어에 열
중하고, 분골쇄신해 황야에서 죽을지라도 황은에 보답하지 못할 것
입니다. 신이 감히 직분을 벗어나 이견을 제시하게 된 것은 폐하가
천하를 위해 늘 염려하며 백성을 돌보느라 스스로를 잊고, 음식을 절
약하며 오락을 절제하고, 낭관까지 줄이는 모습을 보았기 때문입니
다. 이제 황자들은 하늘의 보우로 능히 조복을 입고 폐하를 배견할
수 있을 만큼 성장했습니다. 그러나 아직까지 봉호와 봉위도 없고,
스승조차 정하지 않았습니다. 폐하는 사양하며 황자를 돌보지 않고
있으나, 대신들은 나름의 복안이 있으면서도 감히 직분을 벗어나 진
언하지 못하고 있습니다. 신이 견마의 심정으로 죽음을 무릅쓰고 청
하자 담당 관원에게 명해 한여름에 길일을 택해 황자의 봉호와 봉위
를 정하시기 바랍니다. 부디 폐하가 이를 통촉해주셨으면 합니다"
라고 했습니다. 폐하는 명하기를, "어사에게 넘겨 처리하도록 하라"
고 했습니다.

신들이 중 2,000석 및 2,000석의 공손하公孫賀 등과 의논한 바는 이렇
습니다. 옛날에 영토를 나누어 나라를 건립하고 제후를 세워 천자를
받들게 한 것은 종묘사직을 존중했기 때문입니다. 지금 곽거병은 폐
하께 상서하며 자신의 직책을 잊지 않고 이로써 황은을 선양했습니
다. 폐하가 사양하며 스스로를 낮추고, 천하를 위해 애쓴다고 한 것
은 황자들에게 아직 봉호와 봉위가 없는 것을 염려했기 때문입니다.
신 장청적과 장탕 등은 응당 의를 받들며 직책을 준수했어야 했음에

도 우매한 까닭에 이를 제대로 처리하지 못했습니다. 이제 마침 성하의 길일이 다가왔으니 신 장청적과 장탕 등은 죽음을 무릅쓰고 황자 유굉劉閎·유단劉旦·유서劉胥를 제후왕에 봉해줄 것을 청합니다. 나아가 신들은 죽음을 무릅쓰고 이들에게 봉할 국명을 정해줄 것을 청합니다.

황제가 분부했다.

"짐은 듣건대 주나라에서 800명의 제후를 봉할 때 모든 왕족을 나란히 세워 혹자는 자작국子爵國, 혹자는 남작국男爵國, 혹자는 부용국附庸國으로 정했다고 한다. 《예기》에 이르기를, '서자는 종묘에 제사를 지낼 수 없다'라고 했다. 그대들은 제후를 봉하는 것이 사직을 존중하기 위한 것이라고 했지만 짐은 그런 이야기를 듣지 못했다. 하늘은 결코 군주를 위해 백성을 내려준 것이 아니다. 짐이 덕이 없어 천하가 안정되지 않은 터에 아직 제대로 교육받지 못한 황자에게 억지로 넓은 땅을 다스리게 하면 보필하는 신하들이 어떻게 그를 가르쳐 이끌 수 있겠는가? 황자들을 열후에 봉해 식읍을 내리는 쪽으로 다시 의논하도록 하라."

3월 병자일, 논의 결과를 문서로 고했다.

신 승상 장청적과 어사대부 장탕은 죽을죄를 무릅쓰고 고합니다. 신들이 삼가 열후인 영제嬰齊, 중 2,000석 및 2,000석인 공손하, 간의대부諫議大夫 박사인 안安 등과 함께 논의한 바는 다음과 같습니다.

삼가 듣건대 주나라는 800명의 제후를 봉했습니다. 왕족인 희성도 나란히 천자를 받들었습니다. 위衛나라 강숙은 조부와 죽은 부친 덕에 현달하게 되었고, 노나라 백금은 부친인 주공 단 덕에 제후에 봉해졌습니다. 이들 모두 봉해진 후 상국과 사부의 보좌를 받았습니다. 모든 관원이 법규를 받들어 행하고, 각자의 직분을 지키자 나라의 기강이 완비되었습니다.

신들이 봉국을 세우는 것만이 종묘사직을 존중하는 길이라 여기는 것은 천하의 제후들이 각기 그 직분에 따라 공물과 제물을 받들어 올리기 때문입니다. 서자가 종묘의 제사를 받들 수 없는 것은 예법에 규정되어 있습니다. 서자를 제후로 봉해 변경의 봉국을 지키게 하는 것은 제왕으로서 은덕을 심고 교화를 베푸는 일입니다. 폐하는 천통天統을 받들어 성스러운 사업을 밝게 열고, 현자와 공 있는 자를 크게 드러내고, 멸망한 제후국을 일으키거나 끊긴 후사를 다시 이어주었습니다. 문종후 소하의 후손을 찬현酇縣에 봉해 이어주고, 평진후平津侯 공손홍 등의 대신들을 포상하며 격려한 것이 그렇습니다.

육친六親의 순서를 밝히고, 하늘의 은혜가 미치는 친족관계를 표명하고, 제후와 왕 및 봉군에게 사적인 은덕을 널리 펴 자제들에게 봉토를 나누어주도록 하고, 봉호를 주고 봉국을 세운 것이 100여 국이 되었습니다. 황자에게 황실의 식읍을 나누어주어 열후로 만드는 것은 신분의 귀함과 천함의 관계를 흐트러뜨리고, 위계질서를 뒤바꾸는 것입니다. 이는 자손만대에 물려주는 전통이 될 수 없습니다. 신들은 황자인 유굉·유단·유서를 제후왕에 봉해줄 것을 간절히 바랍니다.

3월 병자일, 미앙궁에 상주하자 황제가 이같이 분부했다.

"위나라 강숙의 친형제는 열 명이나 되었다. 유독 그만이 존귀하게 된 것은 주문왕이 덕 있는 자를 포상했기 때문이다. 주공 단은 교제를 통해 하늘에 제사를 지냈다. 노나라는 흰색과 붉은색 수소를 제사의 희생으로 썼다. 여타 공후들은 털빛이 순수하지 않은 희생을 사용했다. 이는 현자와 그렇지 못한 자를 구분한 것이다.《시경》〈소아, 거할車舝〉에서 이르기를, '높은 산은 우러러보고, 큰 길은 따라간다'고 했다. 짐은 이런 주나라 제도를 매우 연모한다. 아직 제대로 교육받지 못한 황자를 눌러두고, 황실의 식읍을 내려 열후로 삼는 것이 좋겠다."

4월 무인일, 다시 이같이 상서했다.

신 승상 장청적과 어사대부 장탕은 죽을죄를 무릅쓰고 고합니다. 신 장청적 등은 열후와 2,000석급의 관원, 간의대부, 박사 경 등과 논의한 뒤 죽음을 무릅쓰고 황자들을 제후왕으로 봉할 것을 청했습니다. 이에 분부하기를, "위나라 강숙의 친형제는 열 명이나 되었다. 유독 그만이 존귀하게 된 것은 주문왕이 덕 있는 자를 포상했기 때문이다. 주공 단은 교제를 통해 하늘에 제사를 지냈다. 노나라는 흰색 암소와 붉은색 수소를 제사의 희생으로 썼다. 여타 공후들은 털빛이 순수하지 않은 희생을 사용했다. 이는 현자와 그렇지 못한 자를 구분한 것이다.《시경》〈소아, 거할〉에서 이르기를, '높은 산은 우러러보고, 큰 길은 따라간다'고 했다. 짐은 이런 주나라 제도를 매우 연모한다. 아직 제대로 교육받지 못한 황자를 눌러두고, 황실의 식읍을 내려 열후로 삼는 것이 좋겠다"고 했습니다. 신 장청적과 장탕 및 박사 장행將行 등은 삼가 이같이 들었습니다.

위나라 강숙의 형제는 열 명인데 주무왕이 보위를 계승하자 주공이 어린 조카 주성왕을 보필하고, 나머지 여덟 명은 조부와 죽은 부친의 존귀한 지위 덕분에 대국에 봉해졌다고 합니다. 강숙이 어렸을 때 이미 주공은 삼공의 자리에 있었고, 백금은 노나라를 봉국으로 가지고 있었습니다. 강숙과 백금은 제후에 봉해졌을 때 아직 성년이 되지 않았을 것입니다. 그럼에도 강숙은 이후 녹보의 난을 막아냈고, 백금은 회이의 난을 평정했습니다. 오제五帝는 서로 제도를 달리했습니다. 주나라의 작위는 5등급입니다. 춘추시대는 3등급이었습니다. 모두 시대의 상황을 좇아 귀하고 천함의 차례를 정한 것입니다. 고황제는 난세를 바로잡아 성덕을 밝히고, 천하를 안정시킨 뒤 제후들을 봉할 때 작위를 2등급으로 나누었습니다. 때로는 황자가 아직 어려 강보에 싸인 채로 제후왕이 되어 황제를 받들었습니다. 이는 이미 자손만대의 규범이 된 까닭에 변경할 수 없는 것입니다.

폐하는 친히 인의를 시행하며 성덕을 실천했고, 문무를 조화시켰습니다. 또 자애롭고 효성스러운 품행을 표창했고, 현능한 자들이 출사出仕할 길을 넓혔습니다. 안으로는 유덕한 자를 포상하고, 밖으로는 힘세고 포악한 자를 쳤습니다. 멀리 북쪽으로 북해北海에 이르고, 서쪽으로 월지국月氏國에 이르렀습니다. 흉노와 서역의 모든 나라가 다투어 천자의 군사를 받들었습니다. 수레와 기계 등의 제작비를 백성에게 부과하지 않았고, 황실의 창고를 헐어 장병에게 포상했습니다. 또 궁중의 창고를 열어 빈궁한 자들을 구제했고, 변경을 지키는 군사를 반으로 줄였습니다. 덕분에 수많은 오랑캐 군주들이 하나같이 한나라의 교화를 우러러 받들고 조정의 뜻에 화합했습니다. 풍속이 다른 먼 이역의 사자가 여러 차례의 통역을 거쳐 황상을 알현하니 천자의 은덕이 나라 밖 먼 곳까지 미치게 된 덕분입니다. 진귀한 짐승이 진상되었고, 상서로운 곡식이 자라났습니다. 하늘의 응험應驗이 매우 분명해진 것입니다.

지금 제후의 서자를 제후왕에 봉하고, 황상의 자제를 대부 수준의 열후로 삼고자 합니다. 신 장청적과 장탕 등이 삼가 자세히 살핀 결과 이는 모두 존비귀천의 질서를 잃게 만드는 것으로 천하인을 실망하게 만들 뿐입니다. 불가합니다. 신들은 황자 유굉·유단·유서를 제후왕에 봉해줄 것을 거듭 청합니다.

4월 계미일, 상서가 미앙궁에 올라갔으나 보류된 채 분부가 내려지지 않았다. 같은 계미일, 다시 상서했다.

신 승상 장청적, 태복(어사대부 직무대행) 공손하, 태상 조충, 태자소부(종정 직무대행) 임안 등은 죽을죄를 무릅쓰고 고합니다. 신 장청적 등은 지난번에 '황자에게 봉호와 봉위가 없다'는 내용의 대사마 곽거병의 상서를 고한 바가 있습니다. 이후 신은 삼가 어사대부 장탕, 중 2,000석, 2,000석급, 간의대부, 박사 경 등과 함께 죽음을 무릅쓰고 황자인 유굉 등을 제후왕에 봉해줄 것을 청했습니다.

폐하는 폐하의 뛰어난 문치文治와 무공武功을 겸양하고, 자신에 관한 질책을 엄격하게 하면서 황자들이 아직 다 배우지 못했다고 말했습니다. 신들이 의론한 결과 유자는 자신의 학술을 말할 때 경우에 따라서는 그 마음과 다른 말도 한다는 것입니다. 폐하는 군이 사양하며 황자를 열후에 봉하는 것만 허락한다고 했습니다. 신 장청적 등이 삼가 열후인 수성壽成 등 스물일곱 명과 논의한 결과 이는 존비귀천의 순서를 잃는 것이라고 여겼습니다. 고황제는 천하를 바로 세워 한나라의 시조가 된 후 후손들을 제후왕에 봉해 황실에 관한 지족支族의 보필을 두텁게 했습니다. 선제의 규범을 고치지 않고 준수하는 것은 선제가 이를 최고의 도리라고 선포했기 때문입니다. 청컨대 사관에게 길일을 택해 의식을 갖추게 하고, 어사에게 지도를 바치게 하고, 다른 것은 모두 과거의 관례를 좇게 하십시오.

황제가 재가했다.

"그리하도록 하라."

4월 병신일, 미앙궁에 이같이 상서했다.

어사대부 직무를 겸한 태복 신 공손하는 죽을죄를 무릅쓰고 고합니다. 태상 조충이 점을 친 결과, 4월 28일 을사일이 제후왕을 세우기에 합당하다고 합니다. 죽을죄를 무릅쓰고 지도를 올리며 봉국의 이름을 정해줄 것을 청합니다. 관계되는 의식에 관해서는 따로 고하겠습니다. 죽음을 무릅쓰고 청합니다.

황제가 분부했다.

"황자 유굉은 제왕, 유단은 연왕, 유서는 광릉왕에 봉한다."

4월 정유일, 의식 절차를 고했다. 원수 6년 4월 계묘일, 어사대부 장탕이 황제의 명을 승상에게 하달했다. 이어 승상은 중 2,000석 관원, 2,000석급 관원은 군 태수와 제후의 상相, 군국의 승서丞書와 종사從事는 담당 관원에게 차례로 하달했다. 모두 율령에 따라 시행되었다.

원수 6년 4월 을사일, 황제가 어사대부 장탕을 시켜 태묘에서 황자 유굉을 제왕에 봉했다. 황제가 당부하기를, "아, 아들 굉閎아, 이 청색의 사토社土를 받도록 하라. 짐은 선조의 위업을 계승하고 옛 제도를 참고해 너에게 나라를 세우도록 한다. 동쪽의 땅을 봉하니 대대손손 한나라를 옹호하고 지지하도록 하라. 아, 기억하라! 짐의 가르침을 잘 받들지니 천명은 고정불변한 것이 아니다. 윗사람이 덕을 좋아하면 밝은 빛을 낼 수 있다. 그러나 의를 추구하지 않으면 관원의 마음이 나태해진다. 너의 마음을 다하고 실로 중용의 도를 지키도록 하라. 그러면 하늘의 복록이 영원히 함께할 것이다. 잘못을 범하며 선을 듣지 않으면 너의 나라를 위태롭게 하고, 너 자신까지 해칠 것이다. 아, 나라를 보전하고 백성을 다스리고자 하면서 공경스럽지 않을 수 있겠는가! 제왕은 부디 조심하도록 하라!"고 했다.

이상은 유굉을 제왕에 봉할 때의 책문이다.

원수 6년 4월 을사일, 황제가 어사대부 장탕을 시켜 태묘에서 황자 유단을 연왕燕王에 봉했다. 황제가 당부하기를, '아, 아들 단아, 이 흑색의 사토를 받도록 하라. 짐은 선조의 위업을 계승하고 옛 제도를 참고해 너에게 나라를 세우도록 한다. 북쪽의 땅을 봉하니 대대손손 한나라를 옹호하고 지지하도록 하라. 아, 훈육葷粥은 노인을 학대하는 금수의 마음을 지니고 있다. 한나라의 땅을 침공하며 노략질하고, 게다가 변경의 백성을 간교히 속였다. 짐이 장수에게 명해 이들의 죄를 징벌한 이유다. 만부장萬夫長과 천부장千夫長 등 서른두 명의 군장이 모두 기고旗鼓를 아래로 내린 채 투항하자 훈육의 병사가 사방으로 흩어졌다. 훈육이 서쪽으로 옮겨가자 북쪽의 주군州郡이 평안해졌다. 너의 마음을 다하고, 원한을 사지 말고, 은덕을 저버리지 말고, 전비戰備를 폐하지 마라. 훈련받지 않은 사병을 징발해서는 안 된다. 아, 나라를 보전하고 백성을 다스리고자 하면서 공경스럽지 않을 수 있겠는가! 연왕은 부디 조심하도록 하라!'고 했다.

이상은 유단을 연왕에 봉할 때의 책문이다.

원수 6년 4월 을사일, 황제가 어사대부 장탕을 시켜 태묘에서 황자 유서를 광릉왕에 봉했다. 황제가 당부하기를, '아, 아들 서胥야, 이 적색의 사토를 받도록 하라. 짐은 선조의 위업을 계승하고 옛 제도를 참고해 너에게 나라를 세우도록 한다. 남쪽의 땅을 봉하니 대대손손 한나라를 옹호하고 지지하도록 하라. 옛사람이 이르기를, 강호江湖의 사람들은 마음이 가벼우며 양주楊州는 중원을 지키는 변경이고 하·은·주 삼대에는 도성에서 먼 요복要服에 해당하는 까닭에 정교가 미치지 못했다고 했다. 아, 너의 마음을 다하고, 매사에 신중하고, 자애롭고 순종하는 모습을 보이도록 하라. 방탕과 안일에 빠지지 말고, 소인배를 가까이하지 말고, 법과 규범을 지키도록 하라. 《서경》에 이르기를, 신하 된 자는 위엄을 부리지 않고 상을 함부로 내리지 말라고 했다. 그래야 훗날 치욕이 없다. 아, 나라를 보전하고 백성을 다스리고자 하면서 공경스럽지 않을 수 있겠는가! 광릉왕은 부디 조심하도록 하라!'고 했다.

이상은 유서를 광릉왕에 봉할 때의 책문이다.

●● "大司馬臣去病昧死再拜上疏皇帝陛下, 陛下過聽, 使臣去病待罪行閒. 宜專邊塞之思慮, 暴骸中野無以報, 乃敢惟他議以幹用事者, 誠見陛下憂勞天下, 哀憐百姓以自忘, 虧膳貶樂, 損郎員. 皇子賴天, 能勝衣趨拜, 至今無號位師傅官. 陛下恭讓不恤, 群臣私望, 不敢越職而言. 臣竊不勝犬馬心, 昧死願陛下詔有司, 因盛夏吉時定皇子位. 唯陛下幸察. 臣去病昧死再拜以聞皇帝陛下." 三月乙亥, 御史臣光守尙書令奏未央宮. 制曰, "下御史." 六年三月戊申朔, 乙亥, 御史臣光, 守尙書令·丞非, 下御史書到, 言, "丞相臣靑翟·御史大夫臣湯·太常臣充·大行令臣息·太子少傅臣安行宗正事昧死上言, 大司馬去病上疏曰, '陛下過聽, 使臣去病待罪行閒. 宜專邊塞之思慮, 暴骸中野無以報, 乃敢惟他議以幹用事者, 誠見陛下憂勞天下, 哀憐百姓以自忘, 虧膳貶樂, 損郎員. 皇子賴天, 能勝衣趨拜, 至今無號位師傅官. 陛下恭讓不恤, 群臣私望, 不敢越職而言. 臣竊不勝犬馬心, 昧死願陛下詔有司, 因盛夏吉時定皇子位. 唯願陛下幸察.' 制曰 '下御史'. 臣謹與中二千石·二千石臣賀等議, 古者裂地立國, 並建諸侯以承天子, 所以尊宗廟重社稷也. 今臣去病上疏, 不忘其職, 因以宣恩, 乃道天子卑讓自貶以勞天下, 慮皇子未有號位. 臣靑翟·臣湯等宜奉義遵職, 愚憧而不逮事. 方今盛夏吉時, 臣靑翟·臣湯等昧死請立皇子臣閎·臣旦·臣胥爲諸侯王. 昧死請所立國名." 制曰, "蓋聞周封八百, 姬姓列, 或子·男·附庸. 禮'支子不祭'. 云並建諸侯所以重社稷, 朕無聞焉. 且天非爲君生民也. 朕之不德, 海內未洽, 乃以未敎成者彊君連城, 卽股肱何勸? 其更議以列侯家之."

三月丙子, 奏未央宮. "丞相臣靑翟·御史大夫臣湯昧死言, 臣謹與列侯臣嬰齊·中二千石二千石臣賀·諫大夫博士臣安等議曰, 伏聞周封八百, 姬姓並列, 奉承天子. 康叔以祖考顯, 而伯禽以周公立, 咸爲建國諸侯, 以相傳爲輔. 百官奉憲, 各遵其職, 而國統備矣. 竊以爲建諸侯所以重社稷者, 四海諸侯各以其職奉貢祭. 支子不得奉祭宗祖, 禮也. 封建使守藩國, 帝王所以扶德施化. 陛下奉承天統, 明開聖緒, 尊賢顯功, 興滅繼絶. 續蕭文終之後于酇, 襃厲群臣平津侯等. 昭六親之序, 明天施之屬, 使諸侯王封君得推私恩分子弟戶邑, 錫號尊建百有餘國. 而家皇子爲列侯, 則尊卑相踰, 列位失序, 不可以垂統於萬世. 臣請立臣閎 · 臣旦 · 臣胥爲諸侯王."

三月丙子, 奏未央宮. 制曰, "康叔親屬有十而獨尊者, 襃有德也. 周公祭天命郊, 故魯有白牡 · 騂剛之牲.* 群公不毛, 賢不肖差也. '高山仰之, 景行嚮之', 朕甚慕焉. 所以抑未成, 家以列侯可." 四月戊寅, 奏未央宮. "丞相臣靑翟 · 御史大夫臣湯昧死言, 臣靑翟等與列侯 · 吏二千石 · 諫大夫 · 博士臣慶等議, 昧死奏請立皇子爲諸侯王. 制曰, '康叔親屬有十而獨尊者, 襃有德也. 周公祭天命郊, 故魯有白牡 · 騂剛之牲. 群公不毛, 賢不肖差也. 高山仰之, 景行嚮之, 朕甚慕焉. 所以抑未成, 家以列侯可.' 臣靑翟 · 臣湯 · 博士臣將行等伏聞康叔親屬有十, 武王繼體, 周公輔成王, 其八人皆以祖考之尊建爲大國. 康叔之年幼, 周公在三公之位, 而伯禽據國於魯, 蓋爵命之時, 未至成人. 康叔後扞祿父之難, 伯禽殄淮夷之亂. 昔五帝異制, 周爵五等, 春秋三等, 皆因時而序尊卑. 高皇帝撥亂世反諸正, 昭至德, 定海內, 封建諸侯, 爵位二等. 皇子或在繦緥而立爲諸侯王, 奉承天子, 爲萬世法則, 不可易. 陛下躬親仁義, 體行聖德, 表裏文武. 顯慈孝之行, 廣賢能之路. 內襃有德, 外討彊暴. 極臨北海, 西湊湊月氏, 匈奴 · 西域, 擧國奉師. 興械之費, 不賦於

● 성강지생騂剛之牲의 성騂은 원래 털빛이 붉은 말을 지칭한다. 성강騂剛은 붉은색의 단단한 흙을 뜻하는 말로 여기서는 붉은색 수소를 의미한다.

民. 虛御府之藏以賞元戎, 開禁倉以振貧窮, 減戍卒之半. 百蠻之君, 靡不鄉風, 承流稱意. 遠方殊俗, 重譯而朝, 澤及方外. 故珍獸至, 嘉穀興, 天應甚彰. 今諸侯支子封至諸侯王, 而家皇子爲列侯, 臣靑翟·臣湯等竊伏執計之, 皆以爲尊卑失序, 使天下失望, 不可. 臣請立臣閎·臣旦·臣胥爲諸侯王." 四月癸未, 奏未央宮, 留中不下.

"丞相臣靑翟·太僕臣賀·行御史大夫事太常臣充·太子少傅臣安行宗正事昧死言, 臣靑翟等前奏大司馬臣去病上疏言, 皇子未有號位, 臣謹與御史大夫臣湯·中二千石·二千石·諫大夫·博士臣慶等昧死請立皇子臣閎等爲諸侯王. 陛下讓文武, 躬自切, 及皇子未敎. 群臣之議, 儒者稱其術, 或誖其心. 陛下固辭弗許, 家皇子爲列侯. 臣靑翟等竊與列侯臣壽成等二十七人議, 皆曰以爲尊卑失序. 高皇帝建天下, 爲漢太祖, 王子孫, 廣支輔. 先帝法則弗改, 所以宣至尊也. 臣請令史官擇吉日, 其禮儀上, 御史奏輿地圖, 他皆如前故事." 制曰, "可."

四月丙申, 奏未央宮. "太僕臣賀行御史大夫事昧死言, 太常臣充言卜入四月二十八日乙巳, 可立諸侯王. 臣昧死奏輿地圖, 請所立國名. 禮儀別奏. 臣昧死請." 制曰, "立皇子閎爲齊王, 旦爲燕王, 胥爲廣陵王." 四月丁酉, 奏未央宮. 六年四月戊寅朔, 癸卯, 御史大夫湯下丞相, 丞相下中二千石, 二千石下郡太守·諸侯相, 丞書從事下當用者. 如律令. "維六年四月乙巳, 皇帝使御史大夫湯廟立子閎爲齊王. 曰, 於戲, 小子閎, 受茲靑社! 朕承祖考, 維稽古建爾國家, 封于東土, 世爲漢藩輔. 於戲念哉! 恭朕之詔, 惟命不于常. 人之好德, 克明顯光. 義之不圖, 俾君子怠. 悉爾心, 允執其中, 天祿永終. 厥有愆不臧, 乃凶于而國, 害于爾躬. 於戲, 保國艾民, 可不敬與! 王其戒之." 右齊王策. "維六年四月乙巳, 皇帝使御史大夫湯廟立子旦爲燕王. 曰, 於戲, 小子旦, 受茲玄

社! 朕承祖考, 維稽古, 建爾國家, 封于北土, 世爲漢藩輔. 於戲! 葷粥

氏虐老獸心, 侵犯寇盜, 加以姦巧邊萌. 於戲! 朕命將率徂征厥罪, 萬

夫長, 千夫長, 三十有二君皆來, 降期奔師. 葷粥徙域, 北州以綏. 悉爾

心, 母作怨, 母俷德, 母乃廢備. 非敎士不得從徵. 於戲, 保國艾民, 可不

敬與! 王其戒之." 右燕王策. "維六年四月乙巳, 皇帝使御史大夫湯廟

立子胥爲廣陵王. 曰, 於戲, 小子胥, 受茲赤社! 朕承祖考, 維稽古建爾

國家, 封于南土, 世爲漢藩輔. 古人有言曰, '大江之南, 五湖之閒, 其人

輕心. 楊州保彊, 三代要服, 不及以政.' 於戲! 悉爾心, 戰戰兢兢, 乃惠

乃順, 母侗好軼, 母邇宵人, 維法維則. 書云, '臣不作威, 不作福', 靡有

後羞. 於戲, 保國艾民, 可不敬與! 王其戒之." 右廣陵王策.

태사공은 평한다.

"옛사람이 이르기를, '사랑하면 부유하게 만들고자 하고, 친하면

고귀하게 만들고자 한다'라고 했다. 왕자王者가 땅을 쪼개 나라를 세

우면서 자제들을 봉하는 이유다. 친족을 포상하고, 골육의 친소를

구별하고, 선조를 존중하고, 지족을 현귀하게 하는 것은 같은 성씨

의 세력을 천하에 확대하고자 하는 취지다. 덕분에 형세가 강해지고

왕실이 안정된다. 이는 예로부터 지금까지 이어진 것으로 그 유래

가 오래되었다. 새삼 특별한 바가 없어 따로 평할 것도 없다. 연나라

와 제나라의 사적에는 채록할 만한 것이 별로 없다. 다만 한무제가

삼왕을 책봉하는 과정에서 천자가 스스로 겸양하고, 신하들이 의를

굳게 지킨 점이 눈에 띈다. 문사가 찬연해 실로 감상할 만하다. 이를

〈삼왕세가〉에 부연한다."

●● 太史公曰, "古人有言曰 '愛之欲其富, 親之欲其貴.' 故王者彊土

建國, 封立子弟, 所以褒親親, 序骨肉, 尊先祖, 貴支體, 廣同姓於天下
也. 是以形勢彊而王室安. 自古至今, 所由來久矣. 非有異也, 故弗論箸
也. 燕齊之事, 無足采者. 然封立三王, 天子恭讓, 群臣守義, 文辭爛然,
甚可觀也, 是以附之世家."

저선생은 말한다.

"나는 운이 좋게도 문학文學으로 시랑이 된 덕분에 태사공의 〈세
가〉와 〈열전〉을 즐겨 읽게 되었다. 그 가운데 〈삼왕세가〉의 문장이
가장 볼만하다고 해 이를 구해 읽고자 했으나 끝내 손에 넣을 수가
없었다. 이후 사적으로 옛 이야기를 좋아하는 장로로부터 삼왕을 봉
한 책문을 구할 수 있었다. 지금 그 사적을 편찬해 전함으로 후대인
이 현명한 군주의 의도를 이해할 수 있도록 만들고자 한다.

내가 듣건대, 한무제 때 같은 날 세 명의 황자를 왕으로 봉했다. 제
왕·광릉왕·연왕이 그들이다. 각기 그 재능과 지력知力, 토지의 비옥
도, 백성의 경중에 따라 책문을 지은 뒤 이같이 경계했다.

'대대손손 한나라를 옹호하고 지지하도록 하라. 나라를 보전하고
백성을 다스리고자 하면서 공경스럽지 않을 수 있겠는가! 왕은 부디
조심하도록 하라.'

무릇 현군의 글은 식견이 천박한 자는 이해할 수 없다. 널리 듣고
기억력이 뛰어난 군자가 아니면 그 깊은 뜻을 제대로 이해할 수 없
는 법이다. 책문은 글의 순서와 단락, 문자의 사용, 문장의 들쭉날쭉
한 참치參差와 길고 짧은 장단 등에 따라 나름대로 어떤 의도를 담고
있다. 이는 사람들이 쉽게 알 수 없는 것이다. 나는 삼가 해서와 초서
로 된 이 책문을 차례로 검토하면서 아래와 같이 편집해놓았다. 독

자들이 스스로 그 의미를 깨닫기를 바란다.

원래 왕부인은 조나라 출신이다. 위부인衛夫人과 함께 한무제의 총애를 입었다. 그녀는 아들 유굉을 낳았다. 유굉이 왕에 봉해질 즈음 왕부인이 병으로 자리에 누웠다. 한무제가 친히 문병 와 물었다.

'아들이 왕으로 봉해질 터인데 어느 곳이 좋겠소?'

왕부인이 대답했다.

'폐하가 계신데 첩이 또 무슨 말씀을 드리겠습니까?'

'설령 그렇다고 할지라도 그대의 생각으로는 어느 곳의 왕으로 봉하기를 바라오?'

왕부인이 대답했다.

'낙양에 봉해주었으면 합니다.'

'낙양은 무기 창고와 식량 창고인 오창이 있소. 천하의 요충지이자 한나라의 대도시오. 선제 이래 그 누구도 낙양에 봉해진 적이 없소. 낙양이 아니면 어느 곳이든 가하오.'

왕부인이 아무 말도 하지 않았다. 한무제가 말했다.

'관동의 여러 나라 가운데 제나라보다 큰 곳은 없소. 제나라는 동쪽에 바다가 있고, 성곽이 크오. 옛날에는 임치에만 10만 호가 있었소. 천하에 제나라보다 더 비옥한 땅을 보유한 곳이 없소.'

왕부인이 손으로 머리를 치며 사례했다.

'너무 좋습니다.'

왕부인이 죽자 한무제가 크게 비통해했다. 사자를 시켜 절하고 제물을 올린 뒤 이같이 고하게 했다.

'황제가 삼가 사자 태중대부太中大夫 명明을 보내 벽옥 한 개를 올리고, 부인을 제왕태후齊王太后로 봉했습니다.'

황자 유굉은 왕이 되었으나 나이가 어려 아들이 없었다. 즉위 후 불행히도 요절하는 바람에 봉국이 폐지되었고 군郡으로 바뀌었다. 이후 세인들은 제나라를 봉국으로 만드는 것은 적절치 못하다고 했다.

이 사토를 받도록 하라는 뜻의 이른바 수차토受此土는 봉후될 때 반드시 천자의 사직단社稷壇에서 흙을 받은 뒤 자신의 봉지로 와 그것으로 사당을 짓고, 매년 때맞추어 제사 지내는 일을 가리킨다.《춘추대전春秋大傳》에 이르기를, '천자의 나라에는 태사泰社가 있다. 동방은 푸른색, 서방은 흰색, 남방은 붉은색, 북방은 검은색, 중앙은 노란색이다'라고 했다. 동쪽에 봉해질 제후는 푸른색의 흙, 서쪽에 봉해질 제후는 흰색의 흙, 남쪽에 봉해질 제후는 붉은색의 흙, 북쪽에 봉해질 제후는 검은색의 흙, 중앙에 봉해질 제후는 노란색의 흙을 가지고 간다. 각기 해당 색의 흙을 취해 흰 띠 풀에 싸서 봉지로 간 뒤 그 흙을 쌓아올려 봉국의 사단을 짓는다. 이같이 해야 비로소 천자가 봉한 제후가 되는 것이다. 이를 주토土土라 한다. 주토는 봉국에 사직단을 지어 제사를 지내는 것을 말한다. '짐은 선조의 위업을 이었다'는 뜻의 짐승조고朕承祖考에서 조祖는 선조, 고考는 돌아가신 부친을 뜻한다. 옛 제도를 참고한다는 뜻의 유계고維稽古에서 유維는 헤아리거나 참고한다는 뜻이고, 계稽는 마땅하다는 뜻이다. 응당 옛 도를 좇아야 한다는 의미다.

제나라 일대는 사술詐術이 많고 예의가 통하지 않는 곳이다. 그래서 한무제는 이같이 훈계했다.

'짐의 가르침을 잘 받들지니 천명은 고정불변한 것이 아니다. 윗사람이 덕을 좋아하면 밝은 빛을 낼 수 있다. 그러나 의를 추구하지 않으면 관원의 마음이 나태해진다. 너의 마음을 다하고 실로 중용의 도를 지키도록 하라. 그러면 하늘의 복록이 영원히 함께할 것이다. 잘못을 범하며 선을 듣지 않으면 너의 나라를 위태롭게 하고, 너 자신까지 해칠 것이다.'

제왕 유굉이 봉국에 이르자 좌우 신하들이 예의를 다해 보필했다. 불행히도 제왕 유굉은 도중에 요절했다. 평생 과오가 없었으니 책문의 취지와 부합했다. 《순자》〈권학勸學〉에 이르기를, '푸른색은 남색에서 나왔으나 더 푸르다'고 했다. 이는 교화를 통해 그리된 것이다. 선견지명을 지닌 현명한 군주로서 한무제는 이 점을 분명히 알고 있었다. 제왕 유굉에게 내부의 일을 신중히 하고, 연왕 유단에게 남의 원한을 사거나 은덕을 저버리지 말고, 광릉왕 유서에게 외부의 일을 신중히 해 권력을 함부로 쓰지 말라고 훈계한 이유다.

광릉은 오월吳越의 땅으로 그곳 백성은 정교하기는 하나 가벼웠다. 그래서 한무제는 광릉왕에게 이같이 훈계했다.

'강호의 사람들은 마음이 가벼우며 양주는 중원을 지키는 변경이고 하·은·주 삼대에는 도성에서 먼 요복에 해당하는 까닭에 정교가 미치지 못했다. 명목상의 통치만 한 이유다. 방탕해 안일에 탐닉하거나 못된 자들을 가까이하지 말고 모든 것을 법도에 따라 처리하도록 하라. 일락佚樂과 수렵에 몰두하거나, 음탕한 짓을 즐기며 소인배와 어울리는 일이 없도록 하라. 늘 법도를 염두에 두면 결코 부끄러운 일은 일어나지 않을 것이다.'

삼강三江과 오호五湖 일대는 물고기와 소금이 많이 생산되는 곳이다. 동산銅山의 자원도 풍부해 천하가 부러워하는 곳이다. 한무제가 신하로서 함부로 상을 주지 말라[臣不作福]고 훈계한 이유다. 풍부한 재화로 후상厚賞을 내리는 식으로 명성을 얻어 사방에서 사람들이 귀의하는 일이 없도록 하라고 주의를 준 것이다. 또 신하 된 자는 위엄을 부리지 않고 상을 함부로 내리지 말라[臣不作威]고 훈계했다. 이는 그곳 사람들의 경박한 마음을 이용해 의를 저버리는 일이 없도록 하라고 주의를 준 것이다.

한무제가 붕어하고 한소제가 즉위했다. 한소제는 먼저 광릉왕 유서를 불러 3,000여만 전에 이르는 후한 상금과 재물을 내리고, 영지 100리와 식읍 1만 호를 더해주었다. 한소제가 붕어하고 한선제가 즉위했다. 한선제는 골육의 은혜를 베풀었다. 본시 원년, 조정이 직할하는 땅을 떼어 광릉왕 유서의 네 아들에게 나누어주었다. 유성劉聖은 조양후朝陽侯, 유증劉曾은 평곡후, 유창은 남리후南利侯, 가장 총애하는 막내 유홍은 고밀왕高密王에 봉해졌다. 유서는 상벌을 멋대로 행하고 권세를 부렸다. 사자를 보내 초왕 유연수劉延壽와 결탁하기도 했다. 초왕은 이같이 호언장담했다.

'선왕인 초원왕은 고황제의 동생으로 서른두 개 성읍에 봉해졌다. 지금 영지와 성읍이 더욱 줄어들었다. 이제 광릉왕과 함께 군사를 일으키고자 한다. 광릉왕을 황제로 옹립하고 나는 초원왕 때처럼 다시 초나라 서른두 개 성읍을 다스리고자 한다.'

이 일이 발각되자 공경대부와 해당 관원 모두 그를 주살할 것을 청했다. 한무제는 골육의 정을 생각해 유서를 차마 법대로 처리하지 못했다. 조서를 내려 광릉왕은 처형하지 말고 괴수 초왕만 주살하도록 명했다. 《순자》〈권학〉에 이르기를, '쑥이 삼밭에서 자라면 붙들어 매지 않아도 자연히 곧게 되고, 흰 모래가 진흙 속에 있으면 진흙과 같이 검게 된다'고 했다. 이는 그 위치한 곳의 영향을 받았기 때문이다. 이후 유서는 귀신을 저주하며 모반을 꾀하다가 발각되어 결국 자진했고 봉국도 폐지되었다.

연나라는 토지가 척박하고 북쪽으로 흉노와 인접해 있다. 백성은 용감하지만 지략이 뛰어나지 못했다. 그래서 한무제는 연왕 유단에게 이같이 훈계했다.

'훈육은 노인을 학대하는 금수의 마음을 지니고 있다. 한나라의 땅을 침공하며 노략질하고, 게다가 변경의 백성을 간교히 속였다. 짐이 장수에게 명해 이들의 죄를 징벌한 이유다. 만부장과 천부장 등 서른두 명의 군장이 모두 기고를 아래로 내린 채 투항하자 훈육의 병사가 사방으로 흩어졌다. 훈육이 서쪽으로 옮겨가자 북쪽의 주군州郡이 평안해졌다.'

너의 마음을 다하고, 원한을 사지 말라는 것[悉若心, 無作怨]은 연왕 유단이 흉노의 풍속을 좇아 원한을 사는 일이 없게 하려는 취지다. 은덕을 저버리지 말라는 것[無俾德]은 연왕에게 패덕한 일을 하지 말라고 당부한 것이다. 전비를 폐하지 말라는 것[無廢備]은 무력증강을 소홀히 하지 말고 늘 흉노에 대비하라는 의미다. 훈련받지 않은 사병을 징발하지 말라는 것[非教士不得從徵]은 예의를 습득하지 못한 자는 곁에 두지 말라는 취지다.

한무제는 연로할 때 불행히도 태자 유거를 잃었다. 아직 새 태자를 책봉하지 못했을 때 연왕 유단이 사자를 보내 상서하면서 장안으로 와 숙위할 뜻을 밝혔다. 한무제가 상서를 보고는 땅바닥에 내던지며 대로했다.

'아들을 낳으면 응당 제나라와 노나라처럼 예의를 지향하는 곳에 보내야 한다. 조나라와 연나라 땅으로 보내면 과연 쟁탈하고자 하는 마음이 생겨 겸양을 모르는 기미가 나타난다.'

그러고는 사람을 보내 궁궐 아래서 유단의 사자를 죽였다. 한무제가 붕어하고 한소제가 새로이 즉위하자 유단은 과연 원한을 품고 조정 대신들을 원망했다. 유단은 응당 장자인 자신이 황위를 이어야 한다고 생각했다. 이전 제왕 유굉의 아들 유택劉澤 등과 반란을 꾀한 이유다. 그는 드러내놓고 말하기를, '내게 어떻게 연로하신 선황이 낳은 동생이 있을 수 있단 말인가? 지금 즉위한 자는 대장군의 아들이다'라고 했다. 그러면서 군사를 동원하고자 했다. 이 일이 발각되어 그를 처형해야 했지만 한소제는 골육의 정 때문에 은전을 베풀어 용서하고 이를 거론치 못하게 했다. 공경대신은 조정에서 종정이 태중대부 공호만의公戶滿意 및 어사 두 명과 함께 연나라로 가 연왕 유단을 계도하는 방안을 제시했다. 이들은 연나라에 이르러 각각 다른 날에 번갈아가며 연왕 유단을 만나 책망했다. 종정은 종실宗室인 유씨의 호적을 관장했다. 그가 먼저 연왕 유단에게 있는 사실을 하나하나 열거하며 한소제가 분명 한무제의 아들임을 설명했다. 이어 시어사侍御史가 연왕 유단을 만나 국법에 따라 책망했다.

'왕이 군사를 일으켜 모반하고자 한 죄상은 이미 명백해졌으니 응당 처벌을 받아야 합니다. 한나라 조정에는 명확한 법이 있습니다. 제후는 사소한 죄를 범하기만 해도 곧바로 의법에 따라 처단해야 합니다. 어찌 왕을 용서할 수 있겠습니까?'

법조문을 들이대 연왕을 두려움에 떨게 했다. 연왕 유단은 심리적으로 크게 위축되어 불안해했다. 공호만의는 유가 경전의 의리에 밝았다. 그가 마지막으로 연왕 유단을 만나 고금의 보편적인 도리와 나라의 중요한 제도를 인용했다. 그 언사가 매우 당당했다. 그는 이같이 말했다.

'옛 천자의 조정에는 반드시 성씨가 다른 대부가 있었습니다. 이들은 왕족의 자제를 바로잡는 일을 맡았습니다. 조정 밖에 있는 같은 성씨의 대부는 이성의 제후를 바로잡는 일을 했습니다. 주공이 주성왕을 보좌할 때 두 동생을 주살함으로써 천하가 태평해졌습니다. 선제인 무제가 살아 계실 때는 그래도 왕을 용서할 수 있었습니다. 지금은 새 황제가 막 즉위한 때입니다. 춘추가 어려 아직 남은 세월이 많습니다. 직접 집정치 않고 조정 대사를 대신들에게 위임한 이유입니다. 예로부터 주살하는 형벌은 친척을 가리지 않았습니다. 그러니 천하가 태평해졌습니다. 지금 대신들이 정사를 보좌하면서 법률에 따라 정직하게 일을 처리하고 있는 까닭에 감히 아부하는 일이 없습니다. 아마 왕을 용서할 수 없을 것입니다. 왕은 부디 스스로 근신해 자신과 나라를 망쳐 천하의 웃음거리가 되는 일이 없도록 하십시오.'

연왕 유단이 겁을 먹은 나머지 죄를 인정하고 머리를 조아리며 사죄했다. 대신들은 골육지간의 화합을 생각해 차마 의법조치를 하지 못했다. 이후 유단은 다시 좌장군左將軍 상관걸上官桀 등과 모반하며 이같이 말했다.

'나는 이전 태자의 바로 아래 동생이다. 태자가 없으니 내가 보위를 잇는 것이 마땅하다. 그런데도 대신들이 일제히 나를 억압하고 있다.'

대장군 곽광霍光이 정사를 보좌하면서 공경대신들과 의논했다.

'연왕 유단은 자신의 과오를 뉘우쳐 정도를 걸을 생각을 하지 않고 여전히 나쁜 짓을 꾀하면서 반성할 줄 모른다.'

법률에 따라 곧바로 제재를 가해 주살하기로 결정했다. 마침내 유단은 자진했고 봉국도 폐지되었다. 책문에서 우려한 바와 꼭 같이 된 것이다. 해당 관원은 유단의 처자식까지 처형할 것을 청했으나 한소제는 골육의 정 때문에 차마 법대로 집행하지 못했다. 유단의 처자식을 사면해 서민으로 만든 것이 그렇다. 《순자》〈권학〉에 이르기를, '난초와 지초芝草 같은 향초라도 구정물에 담가두면 군자는 이를 가까이하지 않고 서민도 이를 몸에 차지 않는다'고 했다. 스며든 구정물 때문에 그리된다는 것이다.•

한선제가 새로 즉위한 뒤 두루 은덕을 베풀고 덕을 선양했다. 본시 원년, 다시 연왕 유단의 두 아들을 열후와 왕으로 봉했다. 한 아들은 안정후安定侯에 봉했고, 원래 연왕 유단의 태자였던 유건은 광양왕廣陽王에 봉해 연왕의 제사를 받들게 했다."

●● 褚先生曰, "臣幸得以文學爲侍郎, 好覽觀太史公之列傳. 傳中稱三王世家文辭可觀, 求其世家終不能得. 竊從長老好故事者取其封策書, 編列其事而傳之, 令後世得觀賢主之指意. 蓋聞孝武帝之時, 同日而俱拜三子爲王, 封一子於齊, 一子於廣陵, 一子於燕. 各因子才力智能, 及土地之剛柔, 人民之輕重, 爲作策以申戒之. 謂王, '世爲漢藩輔, 保國治民, 可不敬與! 王其戒之.' 夫賢主所作, 固非淺聞者所能知, 非博聞彊記君子者所不能究竟其意. 至其次序分絶, 文字之上下, 簡之參差長短, 皆有意, 人莫之能知. 謹論次其眞草詔書, 編于左方. 令覽者自通其意而解說之. 王夫人者, 趙人也, 與衛夫人並幸武帝, 而生子閎. 閎

• 이 문장은 《순자》〈권학〉에서 인용한 것으로 원문은 "난괴지근시위지蘭槐之根是爲芷, 기점지수其漸之滫"다. 난괴蘭槐는 향초의 일종이다. 난근蘭根은 그 뿌리를 지칭한다. 지芷는 향초로 지초 지芝와 같다. 수滫는 구정물을 뜻한다.〈권학〉의 원문을 직역하면 이렇다. "난초의 뿌리는 바로 지초가 된다. 이를 구정물에 담가두면 군자도 가까이하지 않고, 서민도 몸에 차지 않는다. 이는 그 바탕이 아름답지 않기 때문이 아니라 그것을 그런 땅에 담가두었기 때문이다."

且立爲王時, 其母病, 武帝自臨問之. 曰, '子當爲王, 欲安所置之?' 王夫人曰, '陛下在, 妾又何等可言者.' 帝曰, '雖然, 意所欲, 欲於何所王之?' 王夫人曰, '願置之雒陽.' 武帝曰, '雒陽有武庫敖倉, 天下衝阸, 漢國之大都也. 先帝以來, 無子王於雒陽者. 去雒陽, 餘盡可.' 王夫人不應. 武帝曰, '關東之國無大於齊者. 齊東負海而城郭大, 古時獨臨菑中十萬戶, 天下膏腴地莫盛於齊者矣.' 王夫人以手擊頭, 謝曰, '幸甚.' 王夫人死而帝痛之, 使使者拜之曰, '皇帝謹使使太中大夫明奉璧一, 賜夫人爲齊王太后.' 子閎王齊, 年少, 無有子, 立, 不幸早死, 國絶, 爲郡. 天下稱齊不宜王云. 所謂 '受此土' 者, 諸侯王始封者必受土於天子之社, 歸立之以爲國社, 以歲時祠之. 春秋大傳曰, '天子之國有泰社. 東方靑, 南方赤, 西方白, 北方黑, 上方黃.' 故將封於東方者取靑土, 封於南方者取赤土, 封於西方者取白土, 封於北方者取黑土, 封於上方者取黃土. 各取其色物, 裹以白茅, 封以爲社. 此始受封於天子者也. 此之爲主土. 主土者, 立社而奉之也. '朕承祖考', 祖者先也, 考者父也. '維稽古', 維者度也, 念也, 稽者當也, 當順古之道也. 齊地多變詐, 不習於禮義, 故戒之曰, '恭朕之詔, 唯命不可爲常. 人之好德, 能明顯光. 不圖於義, 使君子怠慢. 悉若心, 信執其中, 天祿長終. 有過不善, 乃凶于而國, 而害于若身.' 齊王之國, 左右維持以禮義, 不幸中年早夭. 然全身無過, 如其策意. 傳曰 '靑采出於藍, 而質靑於藍' 者, 教使然也. 遠哉賢主, 昭然獨見, 誠齊王以愼內, 誠燕王以無作怨, 無俷德, 誠廣陵王以愼外, 無作威與福. 夫廣陵在吳越之地, 其民精而輕, 故誠之曰, '江湖之閒, 其人輕心. 楊州葆疆, 三代之時, 迫要使從中國俗服, 不大及以政敎, 以意御之而已. 無侗好佚, 無邇宵人, 維法是則. 無長好佚樂馳騁弋獵淫康, 而近小人. 常念法度, 則無羞辱矣.' 三江·五湖有魚鹽之利, 銅山之富, 天下所仰. 故誡之曰‘臣不作福’者, 勿使行財幣, 厚賞賜, 以立聲譽, 爲四方所歸也. 又曰‘臣不作威’者, 勿使因輕以倍義也. 會孝武帝崩, 孝昭帝初立, 先朝廣陵王胥, 厚賞賜金錢財幣, 直三千餘萬, 益地百里, 邑萬戶. 會昭帝崩, 宣帝初立, 緣恩行義, 以本始元年中, 裂漢地, 盡以封廣陵王胥四子, 一子爲朝陽侯, 一子爲平曲侯, 一子爲南利侯, 最愛少子弘, 立以爲高密王. 其後胥果作威福, 通楚王使者. 楚王宣言曰, ‘我先元王, 高帝少弟也, 封三十二城. 今地邑益少, 我欲與廣陵王共發兵. 立廣陵王爲上, 我復王楚三十二城, 如元王時.’ 事發覺, 公卿有司請行罰誅. 天子以骨肉之故, 不忍致法於胥, 下詔書無治廣陵王, 獨誅首惡楚王. 傳曰‘蓬生麻中, 不扶自直, 白沙在泥中, 與之皆黑’者, 土地教化使之然也. 其後胥復祝詛謀反, 自殺, 國除. 燕土墝塙, 北迫匈奴, 其人民勇而少慮, 故誡之曰, ‘葷粥氏無有孝行而禽獸心, 以竊盜侵犯邊民. 朕詔將軍往征其罪, 萬夫長, 千夫長, 三十有二君皆來, 降旗奔師. 葷粥徙域遠處, 北州以安矣.’ ‘悉若心, 無作怨’者, 勿使從俗以怨望也. ‘無俷德’者, 勿使上王背德也. ‘無廢備’者, 無乏武備, 常備匈奴也. ‘非敎士不得從徵’者, 言非習禮義不得在於側也.

會武帝年老長, 而太子不幸薨, 未有所立, 而旦使來上書, 請身入宿衛於長安. 孝武見其書, 擊地, 怒曰, ‘生子當置之齊魯禮義之鄉, 乃置之燕趙, 果有爭心, 不讓之端見矣.’ 於是使使卽斬其使者於闕下. 會武帝崩, 昭帝初立, 旦果作怨而望大臣. 自以長子當立, 與齊王子劉澤等謀爲叛逆, 出言曰, ‘我安得弟在者! 今立者乃大將軍子也.’ 欲發兵. 事發覺, 當誅. 昭帝緣恩寬忍, 抑案不揚. 公卿使大臣請, 遣宗正與太中大夫公戶滿意·御史二人, 偕往使燕, 風喩之. 到燕, 各異日, 更見責王. 宗正者, 主宗室諸劉屬籍, 先見王, 爲列陳道昭帝實武帝子狀. 侍御史乃復見王, 責之以正法, 問, '王欲發兵罪名明白, 當坐之. 漢家有正法, 王犯纖介小罪過, 卽行法直斷耳, 安能寬王.' 驚動以文法. 王意益下, 心恐. 公戶滿意習於經術, 最後見王, 稱引古今通義, 國家大禮, 文章爾雅. 謂王曰, '古者天子必內有異姓大夫, 所以正骨肉也, 外有同姓大夫, 所以正異族也. 周公輔成王, 誅其兩弟, 故治. 武帝在時, 尙能寬王. 今昭帝始立, 年幼, 富於春秋, 未臨政, 委任大臣. 古者誅罰不阿親戚, 故天下治. 方今大臣輔政, 奉法直行, 無敢所阿, 恐不能寬王. 王可自謹, 無自令身死國滅, 爲天下笑.' 於是燕王旦乃恐懼服罪, 叩頭謝過. 大臣欲和合骨肉, 難傷之以法. 其後旦復與左將軍上官桀等謀反, 宣言曰, '我次太子, 太子不在, 我當立, 大臣共抑我' 云云. 大將軍光輔政, 與公卿大臣議曰, '燕王旦不改過悔正, 行惡不變.' 於是脩法直斷, 行罰誅. 旦自殺, 國除, 如其策指. 有司請誅旦妻子. 孝昭以骨肉之親, 不忍致法, 寬赦旦妻子, 免爲庶人. 傳曰 '蘭根與白芷, 漸之滫中, 君子不近, 庶人不服'者, 所以漸然也. 宣帝初立, 推恩宣德, 以本始元年中盡復封燕王旦兩子, 一子爲安定侯, 立燕故太子建爲廣陽王, 以奉燕王祭祀."

부록

춘추전국 연표

기원전	연대	사건
781	주유왕 원년	신후의 딸을 왕후로 책립하다.
779	3년	주유왕이 포사를 총애하다.
777	5년	왕후 강씨와 태자 의구宜臼를 폐하다.
771	11년	신후가 견융과 결탁해 주유왕을 죽이고 평왕을 옹립하다.
770	주평왕 원년	주평왕이 주성왕 때 조성되어 일명 성주成周로 불리게 된 도성인 낙읍으로 천도하다. 춘추시대가 개막하다.
767	4년	정나라가 괵나라를 멸하다.
751	20년	진秦이 서융을 격파하고 기서岐西를 빼앗다.
741	30년	초나라의 분모가 죽고 웅통이 수장이 되다.
722	49년	노은공이 주의보邾儀父와 멸蔑에서 결맹하다.
720	51년	주환왕이 정장공을 홀대하다.
719	주환왕 원년	위나라 공자 주우가 주군을 시해하다.
715	5년	정나라가 노나라와 영지를 교환하다.
712	8년	노나라 공자 휘翬가 노은공을 시해하다.
710	10년	송독宋督이 시해하다. 제나라 문강文姜이 노나라로 시집가다.
709	11년	곡옥무공曲沃武公이 진애후를 사로잡다.
707	13년	주환왕 제후들의 군사를 이끌고 나가 정나라에 패하다.

705	15년	곡옥백曲沃伯이 소자후를 죽이다.
704	16년	초나라의 웅통이 무왕을 칭하다.
698	22년	진인秦人이 출자出子를 시해하다.
697	23년	정나라에서 제중 암살 계책에 실패하다.
696	주장왕 원년	위선공이 며느리를 가로채다.
695	2년	정나라 고거미가 정소공을 시해하다.
694	3년	제양공이 팽생을 시켜 노환공을 죽이다.
686	11년	제나라 무지가 제양공을 시해하다.
685	12년	포숙아가 제환공에게 관중을 천거하다.
684	13년	초나라가 채애공蔡哀公을 포로로 잡다.
682	15년	정여공이 복귀하다.
680	주희왕 2년	정나라 부하傅瑕가 자의子儀를 시해하다.
679	3년	제환공이 첫 패자가 되다.
678	4년	곡옥의 무공武公이 진후를 칭하다.
675	주혜왕 2년	연나라 및 위나라가 자퇴子頹를 옹립하다.
673	4년	정백과 괵숙이 자퇴를 죽이다.
672	5년	웅군熊頵이 찬위하다. 훗날 후손이 제나라를 찬탈하고 전씨田氏 성을 바꿔 전완田完으로 개명해 떠받든 진陳나라 공자 진완陳完이 제나라로 망명하다.
668	9년	진나라가 도성인 강에 도읍하다.
667	10년	제환공이 봉국과 회맹해 백伯이 되다.
666	11년	진헌공이 여희를 부인으로 삼다.
662	15년	노나라 경보가 자반을 시해하다.
661	16년	진나라가 위魏와 괵을 멸하고 2군을 창설하다.
660	17년	노나라 경보가 노민공을 시해하자 삼환이 흥성하다.
659	18년	제후들이 형邢을 이의夷儀로 옮기다. 형이 초를 칭하다.
658	19년	제후들이 위나라의 초구에 성을 쌓다.
656	21년	제환공이 채나라로 쳐들어가 초나라를 치다.
655	22년	진나라가 괵과 우를 멸하다. 중이가 적 땅으로 달아나다.
654	23년	진나라 공자 이오가 양梁 땅으로 달아나다.
651	주양왕 원년	규구에서 결맹이 이루어지다. 진나라 이극里克이 해제를 시해하다.

650	2년	이극이 탁자를 시해하다. 진秦이 이오를 귀국시키다.
649	3년	왕자 대가 융인을 불러들여 경사京師를 치다.
648	4년	관중이 주나라 왕실의 내분을 평정하다.
647	5년	진晉나라에 기근이 들자 진秦나라가 식량을 보내다.
646	6년	진秦나라에 기근이 드나 진晉나라가 식량을 보내지 않다.
645	7년	관중이 죽다. 진목공이 진혜공를 잡았다가 풀어주다.
643	9년	제환공이 죽다. 진나라 태자 어圉가 진秦에 볼모로 가다.
642	10년	중이가 제나라로 오다. 송양공이 제효공을 옹립하다.
641	11년	송양공이 증자鄫子를 희생으로 사용하다.
639	13년	송양공이 녹상에서 회맹하나 초나라가 그를 잡았다가 풀어주다.
638	14년	진나라 공자 어圉가 귀국하다. 초나라가 송양공을 홍泓에서 대파하다.
636	16년	중이가 진회공晉懷公을 죽이고 즉위하다. 주양왕이 정나라로 달아나다.
635	17년	진문공이 주양왕을 복위시키자 주양왕이 왕자 대를 죽이다.
633	19년	진나라가 삼군을 창설하다.
632	20년	진문공이 초군을 성복에서 대파하고 천토에서 결맹하다.
629	23년	진나라가 5군을 창설하다.
628	24년	진문공이 죽다. 정문공이 죽다.
627	25년	진나라가 진군秦軍을 효殽에서 격파하다.
626	26년	초나라 상신이 초성왕을 시해하고 초목왕으로 즉위하다.
624	28년	진목공이 진나라를 무찔러 주나라 왕실로부터 공인받다.
623	29년	초나라가 강나라를 멸하다.
621	31년	진나라가 2군을 감축하다. 진목공이 죽다.
620	32년	송성공의 아우 어禦가 태자를 죽이고 즉위하자 국인들이 어를 죽이다.

617	주경왕周頃王 2년	진진秦이 진晉을 치다.
615	4년	진진秦과 진晉이 하곡에서 교전하다.
614	5년	초목왕이 죽고 초장왕이 즉위하다.
613	6년	제나라 상인이 제소공을 시해하다.
611	주광왕 2년	송나라 사람이 시해하다.
609	4년	노나라 양중襄仲이 노선공을 세우다. 제의공이 시해 당하다.
607	6년	진나라 조돈이 진영공을 시해하다.
606	주정왕 원년	초장왕이 육혼의 융인을 치고 구정의 무게를 묻다.
605	2년	정나라 귀생歸生이 정영공을 시해하다.
599	8년	진陳의 하징서가 진영공을 시해하다.
598	9년	초장왕이 진陳으로 들어가 하징서를 죽이다.
597	10년	초장왕이 필邲에서 진군晉軍을 대파하고 청구淸丘에 서 결맹하다.
591	16년	초장왕이 죽다.
590	17년	노나라가 구갑제丘甲制를 실시하다. 왕사가 융인에 게 대패하다.
589	18년	진경공이 제후들의 군사를 이끌고 가 제나라를 대 파하다.
588	19년	진나라가 6군을 창설하다.
585	주간왕 원년	오왕 수몽이 처음으로 주나라 왕실에 입조하다.
583	3년	진나라가 대부 조동·조괄을 죽이다.
581	5년	진나라가 노성공을 억류하다.
576	10년	진여공이 조성공을 억류해 경사로 보내다.
575	11년	진나라 난염欒黶이 언릉에서 초군을 대파하다.
574	12년	진여공이 삼극三郤을 주살하자 난서가 진여공을 잡다.
573	13년	난서가 주군 주포州蒲를 죽이다.
566	주영왕 6년	정나라 자사子駟가 조鄵에서 정희공을 시해하다.
563	9년	진생陳生과 백여伯輿가 쟁송하자 진나라 사개士匄가 결단하다.
562	10년	노나라가 삼군을 창설하다.
559	13년	진나라가 삼군으로 감축하다.
557	15년	제나라가 내이萊夷를 멸하다. 진나라가 거자·주자 邾子를 사로잡다.

553	19년	제후들이 전연澶淵에서 결맹하다.
551	21년	공자가 태어나다.
550	22년	진나라 난서가 반기를 들자 국인들이 난영을 죽이다.
548	24년	대부 최저가 제장공을 시해하다. 오왕 제번이 전사하다.
546	26년	초나라가 진나라와 강화하다. 제나라 최저가 자진하다.
544	주경왕周景王 원년	오왕 여채가 혼인閽人에게 죽임을 당하다.
543	2년	주경왕周景王이 아우를 죽이자 왕자 하瑕가 분진奔晉하다.
542	3년	거인呂人이 주군을 시해하자 거질이 제나라로 망명하다.
541	4년	초나라 공자 위가 주군을 시해하고 등극하다.
538	7년	초영왕이 오나라를 치고 제나라의 경봉을 죽이다.
536	9년	정나라 자산이 형정刑鼎을 주조하다. 제나라가 연나라를 치다.
531	14년	초나라가 채나라의 태자를 희생으로 사용하다.
529	16년	초나라 공자 기질이 시역한 비比를 죽이고 등극하다.
527	18년	진나라가 선우鮮虞를 치고 고자鼓子를 잡아가다.
523	22년	허나라 세자 지止를 시해하다.
522	23년	오원伍員이 오나라로 도망가고 태자 건이 분송奔宋하다.
521	24년	송나라 화해華亥·상녕向寧이 남리南里에서 이반하다.
520	25년	왕자 조가 이반하다.
519	주경왕周敬王 원년	진나라가 왕자 조를 치고 오나라가 육국의 군사를 격파하다.
517	3년	노소공이 삼환씨 토벌에 실패해 분제奔齊하다. 공자가 제나라로 가다.
516	4년	주소왕이 귀국하자 왕자 조가 분초奔楚하다.
515	5년	오나라 공자 광이 주군을 시해하고 등극하다.
514	6년	진나라가 기씨와 양설씨를 멸하다.
512	8년	오나라가 서나라를 멸하다.
510	10년	노소공이 제나라에서 죽자 노정공이 보위에 오르다.

506	14년	오나라가 초나라 도성을 함락하자 초소왕이 낙향하다.
505	15년	월나라가 오나라를 치다. 초나라 신포서가 오나라를 격파하다.
504	16년	초나라가 약 땅으로 천도하고 왕자 조의 잔당이 난을 일으키다.
498	22년	노나라가 삼도를 무너뜨리다.
497	23년	진나라 조앙이 진양으로 들어가 이반하다.
496	24년	오왕 합려가 죽다. 위나라 세자 괴외가 분송奔宋하다.
494	26년	오왕 부차가 월왕 구천을 회계에서 항복시키다.
493	27년	조앙이 괴외를 척읍戚邑으로 들여보내다.
490	30년	진나라 순인과 범길석이 제나라로 망명하다.
489	31년	제나라 진기陳乞가 주군 도를 시해하다.
487	33년	송나라가 조나라를 멸하고 조백 양陽을 잡아가다.
485	35년	오자서가 죽다. 제도공이 포씨에게 살해당하다.
482	38년	오왕 부차가 황지에서 제후와 회맹하다.
481	39년	획린獲麟하다. 후손에 의해 전항田恒으로 이름이 바뀐 제나라 권신 진항陳恒이 제간공을 시해하다.
479	41년	공자가 죽다. 초나라 백공 승이 반기를 들었다가 자진하다.
478	42년	초나라가 진陳을 멸하다. 위나라 괴외가 도망치다 살해되다.
477	43년	위나라 석포石圃가 주군을 축출하다.
475	주원왕 원년	주경왕이 죽고 그의 아들 주원왕이 즉위하다.
473	3년	오왕 부차가 월왕 구천에게 포위되어 자진하자 오나라가 멸망하다.
469	7년	송나라 육경이 보위에 오른 공자 계를 축출하다.
468	주정정왕 원년	노애공이 주나라로 갔다가 월나라로 달아나다.
447	22년	초나라가 채나라를 멸하다.
445	24년	초나라가 기나라를 멸하다.
441	28년	주정정왕이 죽고 동생 주애왕과 주사왕, 주고왕이 차례로 찬위하다.
431	주고왕 10년	초나라가 거나라를 멸하다.

430	11년	의거義渠가 진秦나라를 공격해 위남渭南으로 진출하다.
426	15년	서주 혜공이 아들 반班을 공鞏에 세우고 동주를 칭하다.
423	주위열왕 3년	진나라가 정나라를 치고 정유공을 죽이다.
413	13년	진秦이 진晉에 패하다. 제가 진晉을 치고 양호를 포위하다.
409	17년	진秦이 백관에게 칼을 차게 하다. 위魏가 진秦을 치고 축성하다.
403	23년	삼진三晉이 시작되다.《자치통감》이 시작되다. 전국시대가 개막하다.
400	주안왕 2년	정나라가 한韓나라의 양척陽翟을 포위하다. 삼진이 초나라를 치다.
397	5년	자객 섭정이 한나라 재상 협루를 죽이다.
396	6년	위문후가 죽자 아들 위무후가 즉위하다.
387	15년	진秦이 촉의 남정을 공략하다.
386	16년	제나라의 전화를 제후로 봉하다.
382	20년	제나라와 위나라가 위衛를 도와 조를 치고 강평을 공략하다.
379	23년	제강공이 죽고 전씨가 제나라를 병합하다.
378	24년	삼진이 제나라의 영구靈丘까지 진격하다.
377	25년	촉나라가 초나라를 치다.
375	주열왕 원년	한나라가 정나라를 멸하고 양척으로 천도하다.
372	4년	맹자가 태어나다.
369	7년	조나라와 한나라가 위나라를 포위하다.
361	주현왕 8년	진秦나라가 상앙을 기용하다.
359	10년	진나라가 상앙을 좌서장左庶長에 기용해 제1차 개혁을 단행하다.
356	13년	노공후魯共侯·위성후·한소후가 위혜왕을 조현하다.
352	17년	제후들이 위나라의 양릉을 포위하다.
351	18년	신불해가 한나라 재상이 되다.
350	19년	진나라가 함양으로 천도하다. 상앙이 제2차 개혁을 단행하다.

338	31년	진효공이 죽고 상앙이 피살되다.
337	32년	신불해가 죽다. 초나라 등 4국이 진나라에 사절을 파견하다.
334	35년	위나라와 제나라가 서주에서 만나 칭왕하기로 합의하다.
329	40년	진나라가 위나라의 분음과 피씨를 빼앗고 초를 포위하다.
328	41년	진나라가 처음으로 상국 제도를 두고 장의를 상국으로 삼다.
325	44년	진나라가 처음으로 칭왕하다.
323	46년	장의가 제·초 두 나라와 회맹하다. 연·한이 칭왕하다.
318	주신정왕 3년	삼진과 연나라, 초나라가 합세해 진나라를 쳤으나 패배하다.
316	5년	진나라가 촉나라를 멸하다.
313	주난왕 2년	장의가 초나라 재상이 되어 제나라와 단교하다.
312	3년	초회왕이 진나라를 치다가 대패하다.
311	4년	장의가 각국에 유세하다.
309	6년	장의가 위나라에서 죽다.
307	8년	진나라가 한나라의 의양과 무수를 빼앗고 축성하다.
302	13년	위양왕과 한나라 태자가 진나라에 입조하다. 초나라 태자가 달아나 귀국하다.
301	14년	진나라가 위·제·한과 함께 초나라를 중구에서 격파하다.
300	15년	진나라가 초나라를 대파하다.
299	16년	맹상군이 진나라 승상이 되다. 진秦이 초를 치고 여덟 개 성을 점거하다.
298	17년	맹상군이 제나라로 달아나다. 한·위·제 삼국이 진나라의 함곡관을 치다.
297	18년	초회왕이 탈출에 실패하다.
296	19년	초회왕이 진나라에서 죽임을 당하다. 위양왕과 한양왕이 죽다.
295	20년	조나라 공자 성成이 조무령왕을 치다. 조무령왕이 아사하다.

293	22년	진나라 장수 백기가 한·위 연합군을 이궐에서 대파하다.
288	27년	진소왕이 서제를 칭하고 제왕이 동제를 칭하다.
285	30년	진나라의 몽무가 제나라의 9성을 점령하다. 진소왕이 초왕과 화해하다.
284	31년	진나라가 삼진 및 연나라와 함께 제나라를 쳐 임치로 진공하다.
280	35년	진나라가 초나라와 함께 조나라를 치다.
279	36년	연나라 악의가 조나라로 망명하다. 제나라 전단이 실지를 회복하다.
278	37년	진나라가 초나라 도성 영을 함락시키다.
277	38년	진나라가 초나라의 무와 검중을 점령하다. 굴원이 멱라에 투신하다.
276	39년	초나라가 장강 유역의 열다섯 개 성읍을 수복하다.
275	40년	조나라의 염파가 위나라의 방자와 안양을 빼앗다.
273	42년	조·위가 한韓의 화양을 치나, 진나라가 한나라를 도와 대승하다.
272	43년	초나라가 태자를 볼모로 진秦과 강화하다. 진·위·초가 연나라를 치다.
263	52년	초고열왕이 즉위하다. 춘신군이 재상이 되다.
262	53년	진나라가 한나라의 열 개의 성읍을 빼앗다.
260	55년	진나라 장수 백기가 장평에서 조나라 군사를 대파하다.
259	56년	진시황이 태어나다. 진나라가 한·조 두 나라와 강화하다.
257	58년	진나라 장수 백기가 자진하다. 위나라가 진나라 군사를 한단에서 격파하다.
256	59년	초나라가 노나라를 치고 거 땅으로 몰아내다. 진나라가 주나라 왕실을 멸하다.
251	진소양왕 56년	진소왕이 죽다. 조나라의 평원군이 죽다.
250	진효문왕 원년	진효문왕이 즉위 이틀 후에 죽자 아들 초장양왕楚莊襄王이 뒤를 잇다.
249	진장양왕 원년	여불위가 한韓을 치고 삼천군을 두다. 노나라가 멸망하다.

247	3년	위나라 신릉군이 진격秦軍을 격파하다. 태자 정政이 진시황으로 즉위하다.
242	진시황 5년	진나라가 위나라의 스무 개 성을 빼앗고 동군을 설치하다.
238	9년	장신후 노애嫪毐의 반란이 일어나다. 초나라 춘신군이 피살되다.
237	10년	진왕 정이 여불위를 파면하다.
236	11년	진나라가 조나라의 아홉 개 성읍을 빼앗다.
235	12년	여불위가 자진하다.
233	14년	한비자가 자진하다. 진나라가 조나라의 평양을 점령하다.
230	17년	진나라가 한나라를 멸하고 영수군潁水郡을 설치하다.
228	19년	진나라가 조나라를 멸하자 조나라 공자 가가 조대왕趙代王이 되다.
227	20년	형가가 암살에 실패하다. 연燕·대代 연합군이 진秦나라에 패하다.
225	22년	진나라 장수 왕분이 위나라를 쳐 멸망시키다.
224	23년	진나라 장수 왕전과 몽무가 초나라를 대파하다.
223	24년	초나라가 멸망하다.
222	25년	진나라가 요동에서 연왕燕王을 생포하고 조대왕도 생포하다.
221	26년	진시황이 제나라를 멸하고 천하를 통일하다. 전국시대가 끝이 나다.

초한지제 월표

기원전	연대	사건
221	진시황 26년	진시황이 제나라를 멸하고 천하를 통일하다.
220	27년	황하를 덕수德水, 백성을 검수黔首로 개칭하다. 천하를 36군으로 나누다.
219	28년	아방궁을 짓다. 치도馳道를 닦다. 진시황이 낭야로 가다.
218	29년	장량이 역사를 시켜 진시황 척살을 시도하다.
217	30년	아무 일도 일어나지 않다.
216	31년	납월을 가평嘉平으로 개칭하다. 백성에게 쌀 여섯 석과 양 두 마리씩을 하사하다.
215	32년	진시황이 갈석碣石으로 가다.
214	33년	남월南越을 공략해 계림桂林과 남해, 상군象郡을 설치하다.
213	34년	이사가 분서焚書를 건의하다.
212	35년	몽념에게 명해 직도直道를 닦아 구원까지 길을 내게 하다.
211	36년	백성 3만 명을 북하北河와 유중으로 이주시키다.
210	37년	7월 병인일, 진시황이 사구沙丘에서 붕어하다. 호해가 즉위하다.
209	7월	진시황 사후 1년 만에 초은왕楚隱王 추시追諡된 진승이 기병하다.
	8월	무신이 조왕으로 자립, 갈영이 양강을 초옹립하다.

	9월	유방이 기병하다. 제왕 전담, 연왕 한광, 위왕 위구가 자립하다.
209	2세 원년 10월	진승이 갈영을 주살하다.
	11월	조왕 무신이 살해되자 장이와 진여가 도주하다.
	12월	진승이 죽다. 옹치가 위나라에 투항하다. 진나라 장수 장함이 초병을 치다.
208	1월	장이와 진여가 조왕 헐歇을 옹립하다.
	2월	항량의 도강으로 경포가 귀속하다.
	3월	유방이 하읍을 공략하다.
	4월	항량이 초왕 경구를 치다.
	6월	항량이 초회왕과 유방韓王을 옹립하다. 제왕 전담이 패사하다. 위왕 위구가 자진하다.
	7월	진나라 군사가 동아東阿를 포위하다. 유방과 항우가 그를 구원하다.
	8월	항량이 전불을 제옹립하다.
	9월	항량이 진나라 장수 장함에게 패사하다. 위표가 위왕으로 자립하다.
	2세 2년 10월	장함이 조나라 한단을 공파해 백성을 하내로 이주시키다.
	11월	항우가 송의를 죽이고 상장군에 제수되다.
	12월	항우가 진나라 군사를 거록에서 대파하고 제후들을 호령하다.
207	1월	항우가 진나라 장수 왕리를 생포하다.
	2월	항우가 장함의 군사를 격파하다. 유방이 팽월의 군사를 얻다.
	3월	유방이 개봉에서 진나라 장수 양웅을 격파하다.
	4월	조고가 장함의 증원요청을 거부하다. 유방이 형양을 공략하다.
	5월	진나라 장수 사마흔이 장함에게 조고의 전횡을 고하다.
	6월	장함이 항우에게 투항할 것을 약속하다. 유방이 남양을 치다.
	7월	항우가 장함을 옹왕에 봉하다. 유방이 남양을 평정하다.

	8월	항우가 사마흔 등을 상장군에 임명하다. 유방이 무관을 공파하다.
	9월	유방이 장량의 계책으로 남전 등을 평정하다.
207	한고조 원년 10월	유방이 함양을 점령한 뒤 파상으로 물러나다.
	11월	항우가 진나라 항졸 20만 명을 산 채로 구덩이에 넣어 죽이다. 유방이 약법3장을 선포하다.
	12월	항우가 자영을 주살한 뒤에 봉국들을 소국으로 나누다.
	1월	항우가 서초패왕으로 자립하다.
	2월	항우가 18왕을 분봉하다.
	6월	제왕 전영이 교동왕 전불을 격살하다.
206	7월	팽월이 제북왕 전안을 죽이다.
	8월	항우가 정창을 유방韓王으로 세우다.
	9월	연왕 장도가 요동국을 병탄하다.
	한고조 2년 10월	항우가 의제를 죽이다.
	12월	조헐이 진여를 대왕으로 삼다.
	1월	항우가 전가를 제왕립하다.
	2월	전영의 동생 전횡이 전가를 치다. 전가가 망명지 초나라에서 피살되다
	3월	항우가 3만 병력으로 한나라의 56만 대군을 격파하다.
	4월	위표가 한나라 유방을 배반하다.
	5월	유방이 입관入關하다.
205	6월	유방이 옹 땅을 농서군 등으로 편입하다.
	8월	한나라 군사가 위표를 사로잡다.
	9월	한나라가 서위西魏를 군으로 편입하다. 이해 9월을 9월로 삼다.
	한고조 3년 10월	한나라 장수 한신이 진여를 참하다.
	11월	한나라가 상산국常山國을 태원군으로 편입시키다. 대국代國을 병탄하다.
	12월	구강왕 경포가 한나라에 투항하다. 항우가 구강국을 병탄하다.
204	4월	초나라 군사가 형양을 포위하다.
	7월	임강왕 공오가 죽다.

204	한고조 4년 11월	한신이 초나라 장수 용저를 격파하다. 유방이 장이를 조왕으로 세우다.
203	2월	유방이 한신을 제왕으로 세우다.
	7월	유방이 경포를 회남왕으로 세우다.
	9월	태공과 여후가 초나라 군영에서 풀려나 유방에게 오다.
	한고조 5년 12월	항우가 해하에서 패사하다. 이때가 진나라 음력으로 기원전 202년 12월이다.
202	1월	유방이 천하통일의 논공행상을 행하다. 초한지제가 끝이 나다.

전한제국 연표

기원전	연대	사건
202	한고조 5년 2월	유방이 황제 자리에 오르다. 전한이 건국되다.
	8월	연왕 장도가 모반하다.
	10월	장도의 군사를 대파하다.
201	한고조 6년 10월	유방韓王 한신이 흉노에게 항복하다.
	11월	유방 군사의 공격을 받고 대왕 한신이 흉노 쪽으로 달아나다.
200	한고조 7년 1월	흉노의 군사가 유방을 백등산白登山에서 포위하다.
	3월	유방이 장안으로 돌아오다.
199	한고조 8년 9월	대왕 한신이 흉노 군사를 이끌고 북변을 침공하다.
197	한고조 10년 9월	진희가 모반해 대왕을 자처하다.
	12월	강후 주발이 진희의 군사를 대파하다.
196	한고조 11년	회음후 한신과 팽월을 주살하다. 경포가 모반을 하다.
195	한고조 12년	고황제 유방이 경포 토벌 후 고향에 들르다. 환궁 후 죽다.
194	혜제 원년	장안성을 서북쪽에 조영하다. 소하가 죽고 조참이 상국이 되다.
193	2년	종실의 여인을 공주라고 속여 흉노의 모두선우冒頓單于에게 시집보내다.
192	3년	노원공주의 딸을 황후로 맞이하다. 혜제가 관례를 치르다.

191	4년	조참이 죽다. 장안성 축조가 완료되다.
190	5년	장량이 죽다. 왕릉과 진평이 승상이 되다.
189	6년	혜제가 죽다. 여후가 대권을 잡다.
188	고황후 원년	여후가 선부先父를 선왕宣王으로 추존하다.
185	4년	여후가 소제를 살해하다. 유의를 세우고 이름을 홍弘으로 바꾸다.
181	8년	여후가 죽자 진평이 여씨를 평정하다. 대왕 항恒을 문제로 옹립하다.
168	문제 13년	태형을 없애고, 조세를 면제해주다.
158	후7년	문제가 죽다. 태자 계啟가 경제로 즉위하다.
156	경제 원년	민전民田의 세금을 30분의 1로 정하다.
154	3년	오초칠국의 난이 일어나다.
141	후3년	경제가 죽고 태자 철徹이 무제로 즉위하다.
140	건원 원년	동중서의 건의대로 독존유술獨尊儒術을 선언하다.
139	2년	장건을 서역으로 파견하다.
134	원광 원년	효렴제孝廉制를 확립하다.
133	2년	한안국 등에게 30만 대군을 이끌고 가 흉노를 치게 하다.
127	원삭 2년	위청 등을 보내 흉노를 치고 삭방군朔方郡을 설치하다.
123	6년	대장군 위청이 여섯 명의 장군을 이끌고 가 흉노를 격파하다.
121	원수 2년	곽거병이 1만의 기병을 이끌고 가 흉노를 치다. 흉노 혼야왕이 투항하다.
119	4년	위청과 곽거명이 5만의 기병으로 흉노를 치다. 염관鹽官과 철관鐵官을 설치하다.
118	5년	오수전五銖錢을 주조하다.
115	원정 2년	장건이 귀환하고 서역의 길이 열리다.
114	3년	고민령告緡令을 발포해 탈세를 엄단하다.
112	5년	10만여 대군을 보내 남월을 치다.
111	6년	남월을 평정하고 남해와 창오蒼梧·교지交趾 등 9군을 설치하다.
110	원봉 원년	상홍양桑弘羊의 주도로 균수均輸와 평준平准을 실시하다.

108	3년	조선왕 우거右渠가 항복하다. 낙랑樂浪 등 4군을 설치하다.
106	5년	삭방朔方과 교지 등 13부部에 자사刺史를 두다.
104	태초 원년	태초력太初曆을 만들어 이전처럼 정월을 세수歲首로 삼다.
102	3년	이광리가 재차 서정西征하다.
100	천한 원년	소무蘇武가 흉노에 붙잡히다.
98	3년	상홍양이 술 전매를 시작하다.
95	태시 2년	중대부 백공이 경수를 위수로 끌어들일 것을 주청하다.
92	정화 원년	무고巫蠱 사건이 일어나다.
87	후원 2년	무제가 죽다. 태자 불릉弗陵이 소제로 즉위하다. 곽광 등이 보정輔政하다.
81	시원 6년	현량賢良과 문학을 소집해 염철과 술의 전매를 논의하게 하다.
	7월	군국의 술 전매와 관내의 철관을 폐지하다.
80	원봉 원년	연왕 유단과 상관걸 등이 모반했다가 자진하다.
74	원평 원년	소제가 죽다. 곽광 등이 유하를 옹립했다가 27일 만에 폐립하다.
	7월	무제의 증손 순詢이 선제로 즉위하다.
61	신작 원년	조충국趙充國 등을 보내 서강西羌을 격파하다.
60	2년	흉노 선우가 한나라 사자를 보내다.
57	오봉 원년	흉노의 내분으로 동서로 나뉘다.
54	4년	대사농 중승 경수창耿壽昌의 건의를 좇아 상평창常平倉을 설치하다.
53	감로 원년	흉노 호한야呼韓邪 선우가 자식을 보내 입조하다.
51	3년	흉노 호한야 선우가 장안으로 와 선조를 배견하다.
49	황룡 원년	12월, 선제가 죽다. 태자 석이 뒤를 이어 원제로 즉위하다.
33	경녕 원년	호한야 선우가 입조하다. 궁녀 왕소군王昭君을 하사하다.
	5월	원제가 죽다. 태자 오가 성제로 즉위하다.
8	수화 원년	대사마 표기장군을 대사마, 어사대부를 대사공으로 해 삼공제도를 수립하다.

7	2년	성제가 죽다. 태자 흔欣이 애제로 즉위하다.
5	건평 2년	대사공을 없애다. 주목州牧을 폐지하고 자사를 다시 설치하다.
1	원수 2년	승상이 대사도가 되어 민사를 총괄하다.
	6월	애제가 죽다. 중산왕 기箕의 아들이 평제로 즉위하다. 왕망 실권을 장악하다.
후1년	원시 원년 2월	왕망이 태부가 되어 안한공安漢公의 호를 더하다.
후5년	5년 12월	왕망이 평제를 독살하고 가황제假皇帝를 칭하다.
후8년	거섭 8년 11월	왕망이 보위에 오른 뒤 신新이라고 하다. 전한이 멸망하다.
후23년	지황 4년 6월	광무제光武帝 유수劉秀가 곤양에서 대승하다.
	9월	왕망이 피살당하다.

사마천 연보

나이	연대(기원전)	사건
1세	경제 11년(145)	섬서성 한성시 남쪽인 하양현에서 태어남.
4세	14년(142)	부친을 따라 서원에서 글자를 배우기 시작함.
5세	15년(141)	한경제가 죽고 열여섯의 한무제가 즉위함.
7세	무제 건원 2년(139)	사마담이 태사승이 되어 무릉 축조에 참여함. 사마천이 고문을 배움.
8세	3년(138)	태사령이 된 사마담이 장안으로 이주해 천문과 역법을 주관함.
10세	5년(136)	사마천이 고향에서 농사를 짓고 목축을 함.
11세	6년(135)	황로를 숭상한 두태후가 사망하자 한무제가 유가정사를 펼침.
12세	원광 원년(134)	유가인 동중서와 공손홍이 발탁됨.
13세	2년(133)	사마담이 잠시 고향으로 와 사마천과 함께 각지를 다니며 자료를 수집함.
14세	3년(132)	한무제가 황하의 치수사업에 10만 명을 동원함.
17세	6년(129)	동중서 및 공안국 밑에서 《춘추공양전》과 《고문상서古文尙書》를 배움.
19세	원삭 2년(127)	호족과 부호가 무릉으로 이주함. 유협 곽해郭解가 훗날 〈유협열전〉의 주인공이 됨.
20세	3년(126)	학업을 일시 중단하고 부친의 권유로 천하를 답사함.

21세	4년(125)	흉노의 칩입으로 사마담이 한무제를 수행해 감천으로 감.
22세	5년(124)	사마천이 낭중이 되어 벼슬길에 나섬.
24세	원수 원년(122)	부친과 함께 한무제를 수행해 옹현으로 가 제사를 지냄.
33세	원정 4년(113)	한무제가 지방 순시에 나서자 부친과 함께 수행함.
35세	6년(111)	황명을 받아 서남 일대를 순시함.〈화식열전〉 저술의 배경이 됨.
36세	원봉 원년(110)	한무제 봉선 가운데 부친이 위독하다는 전갈을 받고 낙양으로 와 유언을 들음.
37세	2년(109)	치수사업을 벌이자 역대 치수사업을 개괄한 〈하거서〉를 씀.
38세	3년(108)	태사령이 됨.
42세	태초 원년(104)	태초력 완성을 계기로 본격적으로《사기》저술에 들어감.
47세	천한 2년(99)	전투에서 패한 이릉을 보호하다 탄핵을 받음.
48세	3년(98)	태사령 직에서 파면되고 황제를 무고한 혐의로 사형이 확정됨.
49세	4년(97)	궁형을 자청해 죽음을 면함.
50세	태시 원년(96)	사면되어 중서령에 제수됨.《사기》완성에 박차를 가함.
51세	2년(95)	황제를 수행해 4년 동안 천하 각지를 순시함.
55세	정화 2년(91)	친구 임안에게 〈보임안서〉를 보냄.
60세	시원 원년(86)	한소제 원년. 늦어도 이해 전에 사망한 것으로 추정됨.

| 참고문헌 |

기본서

《논어》,《맹자》,《관자》,《순자》,《한비자》,《도덕경》,《장자》,《묵자》,《상군서》,《안자춘추》,《춘추좌전》,《춘추공양전》,《춘추곡량전》,《여씨춘추》,《회남자》,《춘추번로》,《오월춘추》,《월절서》,《신어》,《세설신어》,《잠부론》,《염철론》,《국어》,《설원》,《전국책》,《논형》,《공자가어》,《정관정요》,《자치통감》,《독통감론》,《일지록》,《명이대방록》,《근사록》,《설문해자》,《사기》,《한서》,《후한서》,《삼국지》.

저서 및 논문

• 한국어판

가오 나오카, 오이환 옮김,《중국철학사》, 을유문화사, 1995.

가이쯔까 시게끼, 김석근 외 옮김,《제자백가》, 까치, 1989.

강상중,《오리엔탈리즘을 넘어서》, 이산, 1997.

곽말약, 조성을 옮김,《중국고대사상사》, 까치, 1991.

김승혜,《원시유교》, 민음사, 1990.

김엽,〈전국·진한대의 지배계층〉,《동양사학연구》, 1989.

김용옥,《동양학 어떻게 할 것인가》, 민음사, 1985.

김충렬 외,《논쟁으로 보는 중국철학》, 예문서원, 1995.

김학주,《공자의 생애와 사상》, 태양문화사, 1978.

김형효,《맹자와 순자의 철학사상》, 삼지원, 1990.

니시지마 사다오, 최덕경 외 옮김,《중국의 역사: 진한사》, 혜안, 2004.

니콜로 마키아벨리, 강정인 옮김,《군주론》, 까치, 1997.

라이샤워 외, 고병익 외 옮김,《동양문화사》, 을유문화사, 1973.

마루야마 마사오, 김석근 옮김,《일본정사사상사연구》, 한국사상사연구
    소, 1995.

마쓰시마 다까히로 외, 조성을 옮김,《동아시아사상사》, 한울아카데미, 1991.

마준, 임홍빈 옮김,《손자병법강의》, 돌베개, 2010.

마오쩌둥, 이승연 옮김,《실천론·모순론》, 두레, 1989.

모리모토 준이치로, 김수길 옮김,《동양정사사상사 연구》, 동녘, 1985.

모리야 히로시, 이찬도 옮김,《중국고전의 사람학》, 을지서적, 1991.

박덕규 엮음,《중국역사이야기》, 일송북, 2006.

박한제,《중국역사기행》, 사계절, 2003.

벤자민 슈월츠, 나성 옮김,《중국고대사상의 세계》, 살림, 1996

북경대중국철학사연구실 엮음, 박원재 옮김,《중국철학사》, 자작아카데
    미, 1994.

사마광, 권중달 옮김,《자치통감》, 삼화, 2009.

서울대동양사학연구실 엮음,《강좌 중국사》, 지식산업사, 1989.

소공권, 최명 옮김,《중국정사사상사》, 서울대출판부, 2004.

송영배,《제자백가의 사상》, 현암사, 1994.

송인창,〈공자의 덕치사상〉,《현대사상연구 4》, 1987.

시오노 나나미, 김석희 옮김,《로마인이야기 1~6》, 한길사, 1998.

신동준,《인물로 읽는 중국근대사》, 에버리치홀딩스, 2010.

신동준,《조선국왕 대 중국황제》, 역사의아침, 2010.

양계초, 이민수 옮김,《중국문화사상사》, 정음사, 1980.

양지강, 고예지 옮김,《천추흥망》, 따뜻한손, 2009.

에드워드 맥널 번즈 외, 손세호 옮김,《서양문명의 역사》, 소나무, 1987.

에드워드 W. 사이드, 박홍규 옮김,《오리엔탈리즘》, 교보문고, 1997.

여동방, 문현선 옮김,《삼국지강의》, 돌베개, 2010.

오카다 히데히로, 이진복 옮김,《세계사의 탄생》, 황금가지, 2002.

윤내현,《상주사》, 민음사, 1988.

윤사순,《공자사상의 발견》, 민음사, 1992.

이강수,〈장자의 정사윤리사상〉,《정신문화연구》, 1986.

이성규,《동아사상의 왕권》, 한울아카데미, 1993.

이성규,《중국고대제국성립사 연구》, 일조각, 1984.

이재권,〈순자의 명학사상〉,《동서철학연구 8》, 1991.

이종오, 신동준 옮김,《후흑학》, 인간사랑, 2010.

이춘식,〈유가 정사사상의 이념적 제국주의〉,《인문논집 27》, 1982.

이탁오, 김혜경 옮김,《분서》, 한길사, 2004.

전락희,〈동양 정사사상의 윤리와 이상〉,《한국정사학회보 24》, 1990.

전목, 권중달 옮김,《중국사의 새로운 이해》, 집문당, 1990.

___, 신승하 옮김,《중국역대정사의 득실》, 박영사, 1975.

___, 추헌수 옮김,《중국역사정신》, 연세대출판부, 1977.

전세영,《공자의 정사사상》, 인간사랑, 1992.

전해종 외,《중국의 천하사상》, 민음사, 1988.

정영훈,〈선진 도가의 정사사상〉,《민주문화논총》, 1992.

조광수,〈노자 무위의 정사사상〉,《중국어문논집 4》, 1988.

차하순 엮음,《사관이란 무엇인가》, 청람, 1984.

최명,《삼국지 속의 삼국지》, 인간사랑, 2003.

___,《춘추전국의 정치사상》, 박영사, 2004.

최성철,〈선진유가의 정사사상 연구〉,《한국학논집 11》, 1987.

크레인 브린튼 외, 민석홍 외 옮김,《세계문화사》, 을유문화사, 1972.

퓌스델 드 쿨랑주, 김응종 옮김,《고대도시》, 아카넷, 2000.

풍우란, 정인재 옮김,《중국철학사》, 형설출판사, 1995.

플라톤, 박종혁 옮김,《나라·정체》, 서광사, 1997.

한국공자학회 엮음,《공자사상과 현대》, 사사연, 1986.

한조기, 이인호 옮김,《사기강의》, 돌베개, 2010.

헤로도토스, 박광순 옮김,《역사》, 범우사, 1995.

헤리슨 솔즈베리, 박월라 외 옮김,《새로운 황제들》, 다섯수레, 1993.

황원구,《중국사상의 원류》, 연세대출판부, 1988.

H. G 크릴, 이성규 옮김,《공자, 사람과 신화》, 지식산업사, 1989.

• 중국어판

郭志坤,《荀學論稾》, 三聯書店, 1991.

匡亞明,《孔子評傳》, 齊魯出版社, 1985.

喬木靑,〈荀況法後王考辨〉,《社會科學戰線 2》, 1978.

金德建,《先秦諸子雜考》, 中州書畵社, 1982.

勞思光,〈法家與秦之統一〉,《大學生活 153-155》, 1963.

童書業,《先秦七子思想硏究》, 齊魯書社, 1982.

鄧小平,《鄧小平文選》, 人民出版社, 1993.

毛澤東,〈新民主主義論〉,《毛澤東選集 2》, 人民出版社, 1991.

潘富恩·甌群,《中國古代兩種認識論的鬪爭》, 上海人民出版社, 1973.

方立天,《中國古代哲學問題發展史》, 中華書局, 1990.

傅樂成,〈漢法與漢儒〉,《食貨月刊 復刊 5-10》, 1976.

史尙輝,〈韓非: 戰國末期的反孔主將〉,《學習與批判 1974-9》, 1974.

徐復觀,《中國思想史論集》, 臺中印刷社, 1951.

聶文淵,〈孟子政治觀中的民本思想〉,《貴州社會科學 1993-1》, 1993.

蕭公權,《中國政治思想史》, 臺北聯經出版事業公司, 1980.

蘇誠鑑,〈漢武帝 獨尊儒術 考實〉,《中國哲學史硏究 1》, 1985.

蘇新鋈,〈孟子仁政首重經濟建設的意義〉,《中國哲學史硏究 1》, 1988.

蕭一山,《淸代通史》, 臺灣商務印書館, 1985.

孫 謙,〈儒法法理學異同論〉,《人文雜誌 6》, 1989.

孫家洲,〈先秦儒家與法家 忠孝 倫理思想述評〉,《貴州社會科學 4》, 1987.

孫開太,〈試論孟子的 仁政 學說〉,《思想戰線 1979-4》, 1979.

孫立平,〈集權·民主·政治現代化〉,《政治學硏究 5-15》, 1989.

梁啓超,《先秦政治思想史》, 商務印書館, 1926.

楊立著,〈對法家 法治主義 的再認識〉,《遼寧大學學報, 哲學社會科學 2》, 1989.

楊善群,〈論孟荀思想的階級屬性〉,《史林 1993-2》, 1993.

楊雅婷,〈荀子論道〉,《中國文學研究 2》, 1988.

楊幼炯,《中國政治思想史》, 商務印書館, 1937.

楊鴻烈,《中國法律思想史》, 商務印書館, 1937.

呂凱,〈韓非融儒道法三家成學考〉,《東方雜誌 23-3》, 1989.

呂思勉,《秦學術概論》, 中國大百科全書, 1985.

吳康,〈荀子論王霸〉,《孔孟學報 22》, 1973.

吳乃恭,《儒家思想研究》, 東北師範大學出版社, 1988.

吳辰佰,《皇權與紳權》, 儲安平, 1997.

王德敏,〈管子思想對老子道德論的影響〉,《中國社會科學 1991-2》, 1991.

王德昭,〈馬基雅弗裏與韓非思想的異同〉,《新亞書院學術年刊 9》, 1967.

王道淵,〈儒家的法治思想〉,《中華文史論叢 19》, 1989.

王文亮,《中國聖人論》, 中國社會科學院出版社, 1993.

王錫三,〈淺析韓非的極端專制獨裁論〉,《天津師大學報 1982-6》, 1982.

王亞南,《中國官僚政治研究》, 中國社會科學出版社, 1990.

王威宣,〈論荀子的法律思想〉,《山西大學學報, 哲學社會科學 2》, 1992.

王曉波,〈先秦法家之發展及韓非的政治哲學〉,《大陸雜誌 65-1》, 1982.

於孔寶,〈論孔子對管仲的評價〉,《社會科學輯刊 4》, 1990.

熊十力,《新唯識論 原儒》, 山東友誼書社, 1989.

劉奉光,〈孔孟政治思想比較〉,《南開學報, 哲學社會科學 6》, 1986.

劉如瑛,〈略論韓非的先王觀〉,《江淮論壇 1》, 1982.

劉澤華,《先秦政治思想史》, 南開大學出版社, 1984.

遊喚民,《先秦民本思想》, 湖南師範大學出版社, 1991.

李侃,〈中國近代儒法鬪爭駁議〉,《歷史研究 3》, 1977.

李德永,〈荀子的思想〉,《中國古代哲學論叢 1》, 1957.

李宗吾,《厚黑學》, 求實出版社, 1990.

李澤厚,《中國古代思想史論》, 人民出版社, 1985.

人民出版社編輯部 編,《論法家和儒法鬪爭》, 人民出版社, 1974.

林聿時·關峰,《春秋哲學史論集》, 人民出版社, 1963.

張豈之,《中國儒學思想史》, 陝西人民出版社, 1990.

張國華,〈略論春秋戰國時期的法治與人治〉,《法學研究 2》, 1980.

張君勱,《中國專制君主政制之評議》, 弘文館出版社, 1984.

張岱年,《中華的智慧: 中國古代哲學思想精髓》, 上海人民出版社, 1989.

田久川,〈孔子的覇道觀〉,《遼寧師範大學學報, 社會科學 5》, 1987.

鄭良樹,《商鞅及其學派》, 上海古籍出版社, 1989.

曹謙,《韓非法治論》, 中華書局, 1948.

趙光賢,〈什麼是儒家? 什麼是法家?〉,《歷史敎學 1》, 1980.

曹思峰,《儒法鬪爭史話》, 上海人民出版社, 1975.

趙守正,《管子經濟思想硏究》, 上海古籍出版社, 1989.

趙如河,〈韓非不是性惡論者〉,《湖南師範大學社會科學學報 22-4》, 1993.

曹旭華,〈管子論富國與富民的關係〉,《學術月刊 6》, 1988.

趙忠文,〈論孟子仁政與孔子仁及德政說的關係〉,《中國哲學史研究 3》,
    1987.

鍾肇鵬,《孔子研究, 增訂版》, 中國社會科學出版社, 1990.

周立升 編,《春秋哲學》, 山東大學出版社, 1988.

周雙利,〈略論儒法在名實問題上的論爭〉,《考古 4》, 1974.

周燕謀 編,《治學通鑑》, 臺北, 精益書局, 1976.

曾小華,《中國政治制度史論簡編》, 中國廣播電視出版社, 1991.

陳大絡,〈儒家民主法治思想的闡述〉,《福建論壇, 文史哲 6》, 1989.

陳飛龍,《荀子禮學之硏究》, 文史哲出版社, 1979.

陳進坤,〈論儒家的人治與法家的法治〉,《廈門大學學報, 哲學社會科學 2》, 1980.

鄒華玉,〈試論管子的富國安民之道〉,《北京師範學院學報, 社會科學 6》, 1992.

湯新,〈法家對黃老之學的吸收和改造: 讀馬王堆帛書 經法 等篇〉,《文物 8》, 1975.

夏子賢,〈儒法鬪爭的歷史眞相〉,《安徽師大學報, 哲學社會科學 3》, 1978.

郝鐵川,〈韓非子論法與君權〉,《法學硏究 4》, 1987.

韓學宏,〈荀子法後王思想硏究〉,《中華學苑 40》, 1990.

向仍旦,《荀子通論》, 福建人民出版社, 1987.

黃公偉,《孔孟荀哲學證義》, 臺北, 幼獅文化事業公司, 1975.

黃偉合,〈儒法墨三家義利觀的比較硏究〉,《江淮論壇 6》, 1987.

黃俊傑,〈孟子王霸三章集釋新詮〉,《文史哲學報 37》, 1989.

曉東,〈政治學和政治體制改革〉,《瞭望 20-21》, 1988.

• 일본어판

加藤常賢,《中國古代倫理學の發達》, 二松學舍大學出版部, 1992.

角田幸吉,〈儒家と法家〉,《東洋法學 12-1》, 1968.

岡田武彦,《中國思想における理想と現實》, 木耳社, 1983.

鎌田正,《左傳の成立と其の展開》, 大修館書店, 1972.

高文堂出版社 編,《中國思想史》, 高文堂出版社, 1986.

高山方尙,〈商子·荀子·韓非子の國家: 回歸と適應〉,《中國古代史硏究 4》, 1976.

高須芳次郎,《東洋思想十六講》, 東京, 新潮社, 1924.

高田眞治,〈孔子的管仲評: 華夷論の一端として〉,《東洋研究 6》, 1963.

顧頡剛 著 小倉芳彦 等 譯,《中國古代の學術と政治》, 大修館書店, 1978.

菅本大二,〈荀子の禮思想における法思想の影響について〉,《築波哲學 2》, 1990.

館野正美,《中國古代思想管見》, 汲古書院, 1993.

溝口雄三,《中國の公と私》, 研文出版, 1995.

宮崎市定,《アジア史研究, l-V》, 同朋社, 1984.

宮島博史 外,〈明淸と李朝の時代〉,《世界の 歷史》, 中央公論社, 1998.

金谷治,《管子の研究: 中國古代思想史の一面》, 岩波書店, 1987.

內山俊彦,《荀子: 古代思想家の肖像》, 東京, 評論社, 1976.

大久保隆郎也,《中國思想史, 上: 古代・中世》, 高文堂出版社, 1985.

大濱晧,《中國古代思想論》, 勁草書房, 1977.

大野實之助,〈禮と法〉,《東洋文化研究所創設三十周年紀念論集, 東洋 文化と明日》, 1970.

渡邊信一郎,《中國古代國家の思想構造》, 校倉書房, 1994.

木村英一,《法家思想の探究》, 弘文堂, 1944.

____,《孔子と論語》, 創文社, 1984.

茂澤方尚,〈韓非子の聖人について〉,《駒澤史學 38》, 1988.

服部武,《論語の人間學》, 東京, 富山房, 1986.

福澤諭吉,《福澤諭吉選集》, 岩波書店, 1989.

山口義勇,《列子研究》, 風間書房, 1976.

森秀樹,〈韓非と荀況: 思想の繼蹤と繼絶〉,《關西大學文學論集 28-4》, 1979.

森熊男,〈孟子の王道論: 善政と善敎をめぐて〉,《硏究集錄, 岡山大學敎育學部 50-2》, 1979.

上野直明,《中國古代思想史論》, 成文堂, 1980.

相原俊二,〈孟子の五覇について〉,《池田末利博士古稀記念東洋學論集》, 1980.

上田榮吉郞,〈韓非の法治思想〉,《中國の文化と社會 13》, 1968.

小林多加士,〈法家の社會體系理論〉,《東洋學硏究 4》, 1970.

小野勝也,〈韓非.帝王思想の一側面〉,《東洋學學術硏究 10-4》, 1971.

小倉芳彦,《中國古代政治思想硏究》, 靑木書店, 1975.

松浦玲,〈王道論をめぐる日本と中國〉,《東洋學術硏究 16-6》, 1977.

守本順一郞,《東洋政治思想史硏究》, 未來社, 1967.

狩野直禎,《韓非子の知慧》, 講談社, 1987.

守屋洋,《韓非子の人間學: 吾が存に善なる恃まず》, プレジデント社, 1991.

信夫淳平,《荀子の新硏究》, 硏文社, 1959.

兒玉六郞,〈荀況の政治論〉,《新潟大學敎育學部紀要, 人文社會科學 31-1》, 1989.

安岡正篤,《東洋學發掘》, 明德出版社, 1986.

安居香山 編,《讖緯思想の綜合的硏究》, 國書刊行會, 1993.

栗田直躬,《中國古代思想の硏究》, 岩波書店, 1986.

伊藤道治,《中國古代王朝の形成》, 創文社, 1985.

日原利國,《中國思想史, 上·下》, ペリカン社, 1987.

____,〈王道から覇道への轉換〉,《中國哲學史の展望と模索》, 東京, 創文社, 1976.

張柳雲,〈韓非子の治道與治術〉,《中華文化復興月刊 3-8》, 1970.

町田三郎 外, 《中國哲學史研究論集》, 葦書房, 1990.

佐川修, 〈董仲舒の王道說: その陰陽說との關連について〉, 《東北大學
　　敎養部紀要 19》, 1974.

中村哲, 〈韓非子の專制君主論〉, 《法學志林 74-4》, 1977.

中村俊也, 〈孟荀二者の思想と公羊傳の思想〉, 《國文學漢文學論叢 20》,
　　1975.

紙屋敦之, 《大君外交と東アジア》, 吉川弘文館, 1997.

陳柱著 中村俊也 譯, 《公羊家哲學》, 百帝社, 1987.

津田左右吉, 《左傳の思想史的研究》, 東京, 岩波書店, 1987.

淺間敏太, 〈孟荀における孔子〉, 《中國哲學 3》, 1965.

淺井茂紀他, 《孟子の禮知と王道論》, 高文堂出版社, 1982.

村瀨裕也, 《荀子の世界》, 日中出版社, 1986.

貝塚茂樹 編, 《諸子百家》, 築摩書房, 1982.

布施彌平治, 〈申不害の政治說〉, 《政經研究 4-2》, 1967.

戶山芳郎, 《古代中國の思想》, 放送大敎育振興會, 1994.

丸山松幸, 《異端と正統》, 每日新聞社, 1975.

丸山眞男, 《日本政治思想史研究》, 東京大出版會, 1993.

黃介騫, 〈荀子の政治經濟思想〉, 《經濟經營論叢 5-1》, 1970.

荒木見悟, 《中國思想史の諸相》, 中國書店, 1989.

• 서양어판

Ahern, E. M., *Chinese Ritual and Politics*, Cambridge Univ. Press, 1981.

Allinson, R., ed., *Understanding the Chinese Mind The Philosophical Roots*,
　　Hong Kong: Oxford Univ. Press, 1989.

Ames, R. T., *The Art of Rulership: A Study in Ancient Chinese Political Thought*, Honolulu Univ. Press of Hawaii, 1983.

Aristotle, *The Politics*, London: Oxford Univ. Press, 1969.

Barker, E., *The Political Thought of Plato and Aristotle*, New York: Dover Publications, 1959.

Bell, D. A., "Democracy in Confucian Societies The Challenge of Justification" in Daniel Bell et. al., *Towards Illiberal Democracy in Pacific Asia*, Oxford: St. Martin's Press, 1995.

Carr, E. H., *What is History*, London: Macmillan Co., 1961.

____, *Nationalism and After*, London: Macmillan, 1945.

Cohen, P. A., *Between Tradition and Modernity Wang T'ao and Reform in Late Ch'ing China*, Cambridge Harvard Univ. Press, 1974.

Creel, H. G., *Shen Pu-hai. A Chinese Political Philosopher of The Fourth Century B.C.*, Chicago: Univ. of Chicago Press, 1975.

Cua, A. S., *Ethical Argumentation: A study in Hsün Tzu's Moral Epistemology*, Univ. Press of Hawaii, 1985.

De Bary, W. T., *The Trouble with Confucianism*, Cambridge, Mass.: Harvard Univ. Press, 1991.

Fingarette, H., *Confucius The Secular as Sacred*, New York: Harper and Row, 1972.

Fukuyama, F., *The End of History and the Last Man*, London: Hamish Hamilton, 1993.

Hegel, F., *Lectures on the Philosophy of World History*, Cambridge: Cambridge Univ. Press, 1975.

Held, D., *Models of Democracy*, Cambridge: Polity Press, 1987.

Hsü, L. S., *Political Philosophy of Confucianism*, London: George Routledge & Sons, 1932.

Huntington, S. P., "The Clash of civilization.", *Foreign Affairs 7*, no. 3, summer.

Johnson, C., *MITI and the Japanese Miracle*, Stanford: Stanford University Press, 1996.

Machiavelli, N., *The Prince*, Harmondsworth Penguin, 1975.

Macpherson, C. B., *The Life and Times of Liberal Democracy*, Oxford: Oxford Univ. Press, 1977.

Mannheim, K., *Ideology and Utopia*, London: Routledge, 1963.

Marx, K., *Oeuvres Philosophie et Économie 1–5*, Paris: Gallimard, 1982.

Mills, C. W., *The Power Elite*, New York: Oxford Univ. Press, 1956.

Moritz, R., *Die Philosophie im alten China*, Berlin: Deutscher Verl. der Wissenschaften, 1990.

Munro, D. J., *The Concept of Man in Early China*, Stanford: Stanford Univ. Press, 1969.

Peerenboom, R. P., *Law and Morality in Ancient China: The Silk Manuscripts of Huang–Lao*, Albany, New York: State Univ. of New York Press, 1993.

Plato, *The Republic*, Oxford Univ. Press, 1964. Pott, W. S., *A Chinese Political Philosophy*, Alfred. A. Knopf, 1925.

Rawls, J., *A Theory of Justice*, Cambridge: Harvard Univ. Press, 1971.

Rubin, V. A., *Individual and State in Ancient China: Essays on Four Chinese Philosophers*, Columbia Univ. Press, 1976.

Sabine, G., *A History of Political Theory*, Holt, Rinehart and Winston, 1961.

Sartori, G., *The Theory of Democracy Revisited*, Catham House Publisher, Inc., 1987.

Schumpeter, J. A., *Capitalism, Socialism and Democracy*, London: George Allen & Unwin, 1952.

Schwartz, B. I., *The World of Thought in Ancient China*, Cambridge: Harvard Univ. Press, 1985.

Strauss, L., *Natural Right and History*, Chicago: Univ. of Chicago Press, 1953.

Taylor, R. L., *The Religious Dimensions of Confucianism*, Albany, New York: State Univ. of New York Press, 1990.

Tocqueville, Alexis de, *Democracy in America*, Garden City, N.Y.: Anchor Books, 1969.

Tomas, E. D., *Chinese Political Thought*, New York: Prentice-Hall, 1927.

Tu, Wei-ming, *Way, Learning and Politics: Essays on the Confucian Intellectual*, Albany, State Univ. of New York Press, 1993.

Waley, A., *Three Ways of Thought in Ancient China*, doubleday & company, 1956.

Weber, M., *The Protestant Ethics and the Spirit of Capitalism*, London: Allen and Unwin, 1971.

Wu, Geng, *Die Staatslehre des Han Fei: Ein Beitrag zur chinesischen Idee der Staatsräson*, Wien & New York Springer-Verl., 1978.

Wu, Kang, *Trois Theories Politiques du Tch'ouen Ts'ieou*, Paris: Librairie Ernest Leroux, 1932.

Zenker, E. V., *Geschichte der Chinesischen Philosophie*, Reichenberg: Verlag Gebrüder Stiepel Ges. M. B. H., 1926.